Merriam-Webster's
Illustrated Spanish-English STUDENT Dictionary

Merriam-Webster, Incorporated

Springfield, Massachusetts

USA

Merriam-Webster Inc.

Published by Merriam-Webster Inc. 2012
Dictionary text © 2012 Merriam-Webster Inc.
Images (including associated terminology), layout, and
design copyright © 2012 QA International

ISBN: 978-0-87779-177-5

*Merriam-Webster's Illustrated Spanish-English
Student Dictionary was created and produced by:*

Merriam-Webster Inc.
P.O. Box 281; 47 Federal Street
Springfield, MA, USA 01102
Phone: 413-734-3134
Fax: 413-731-5979
Merriam-Webster.com
LearnersDictionary.com

and

QA International
7240, Saint-Hubert Street
Montreal (Quebec) H2R 2N1 Canada
Phone: +1 514.499.3000
ikonet.com
qa-international.com
quebec-amerique.com

Printed and bound in India. Eleventh printing 2025.
16 15 14 13 12 11   28 27 26 25
PO 935 v.1.1

DIRECTION
Editor : Caroline Fortin
Editorial director: Martine Podesto
Artistic director: Johanne Plante

PRODUCTION
Production director: Véronique Loranger
Print production: Salvatore Parisi

EDITORIAL STAFF
Editors in chief:
Ophélie Delaunay
Hélène Mainville
Nicolas Morgantini

Editorial assistant:
Myriam Caron Belzile

Editorial consultant:
Eduardo Duque

ILLUSTRATION
Illustration Director: Anouk Noël
Jean-Yves Ahern
Pascal Bilodeau
Yan Bohler
Mélanie Boivin
François Escalmel
Alain Lemire
Rielle Lévesque
Raymond Martin
Carl Pelletier
Michel Rouleau
Claude Thivierge
Mamadou Togola

LAYOUT
Benjamin Dubé
Karine Lévesque
Fernando Salvador Marroquìn
Julie Villemaire

PROGRAMMING
Gabriel Trudeau-St-Hilaire

DATA MANAGEMENT and PREPRESS
François Hénault

MERRIAM-WEBSTER EDITORS

Susan L. Brady
Daniel B. Brandon
Rebecca R. Bryer-
   Charette
Christopher Connor

Robert Copeland
Daniel J. Hopkins
Benjamin T. Korzec
Adrienne M. Scholz

Neil S. Serven
Kory L. Stamper
Mark A. Stevens
Karen L. Wilkinson

COVER DESIGN
Lynn Stowe Tomb, Merriam-Webster Art Director

PREFACE

Merriam-Webster's Illustrated Spanish-English Student Dictionary is designed for both English-speaking students learning Spanish and Spanish-speaking students learning English. Its 45,000 entries and 50,000 translations provide up-to-date coverage of the basic vocabulary and idioms in both languages. In addition, the dictionary includes many specifically Latin American words and phrases.

This book has been created in collaboration with QA International, the creator of the family of Merriam-Webster's visual dictionaries. For this book, nearly every two-page spread includes at least one highly detailed color illustration selected to help students gain a fuller understanding of words and the concepts they represent and to add interest to the book. These illustrations are meant to encourage browsing and to help students broaden their vocabularies with interesting new words.

Users of this book are urged to explore the front and back matter of this book, especially for guidance regarding the pronunciation of English words.

PRÓLOGO

Merriam-Webster's Illustrated Spanish-English Student Dictionary está diseñado tanto para estudiantes de habla inglesa que estén aprendiendo español como para estudiantes de habla hispana que estén aprendiendo inglés. Sus 45,000 anotaciones y 50,000 traducciones proporcionan una cobertura actual del vocabulario básico y modismos en ambos idiomas. Además, el diccionario incluye muchas palabras y frases específicamente latinoamericanas.

Este libro ha sido creado en colaboración con QA International, el creador de la familia de los diccionarios visuales de Merriam-Webster. Para este libro, casi cada desplegable de dos páginas incluye, por lo menos, una ilustración en color muy detallada seleccionada para ayudar a los estudiantes a conseguir un entendimiento más completo de las palabras y los conceptos que representan y para añadir interés en el libro. Estas ilustraciones están destinadas para animar a los estudiantes a hojear el diccionario y para ayudarles a ampliar sus vocabularios con interesantes palabras nuevas.

Se ruega a los usuarios de este libro que exploren la materia en su parte inicial y final, especialmente para orientación con respecto a la pronunciación de palabras inglesas.

TABLE OF CONTENTS

ÍNDICE

HOW TO USE THIS DICTIONARY

1 **Main entries** are sorted in alphabetical order, without regard to intervening spaces or hyphens.

2 **Translations** appear in lower case, roman, light characters.

3 **Guide words** indicate the first and last main entries shown on the double page.

4 **Derivatives** are words related to the main entry. They are introduced with a dash and are in bold.

5 **Common phrases** composed of the main entry word and another word appear as run-on entries.

6 **Parts of speech indicators** provide information about the grammatical function of the word. See the list of abbreviations on page 14a.

7 **Gender** of Spanish nouns is given. See the list of abbreviations on page 14a.

8 **Inflected forms** are shown when they are irregular or when there might be a doubt about their spelling.

9 **Cross-references** lead to the appropriate main entry.

10 **Synonyms**, written in caps, may appear before the translation word(s) to clarify meaning of an entry.

11 **Title of the illustration**

12 **Terms** label specific parts of the illustration.

13 **Colored main entries** are illustrated in the double page.

14 **Homographs** are identical in spelling, but different in meaning. They can appear as run-on entries, or as separate entries if of distinctly different origin.

15 **Italic usage labels** may be added at the entry or sense as well (as **timbre** *nm* ... **4** *Lat* : postage stamp, **center** or *Brit* **centre** ... *n* ..., or **garra** *nf* ... **2** *fam* : hand, paw). These labels are also included in the translations (**bag** *n* ... **2** HANDBAG : bolso *m*, cartera *f Lat*).

---

alondra *nf* : lark
alpaca *nf* : alpaca
alpinismo *nm* : mountain climbing — **alpinista** *nmf* : mountain climber
alpiste *nm* : birdseed
alquilar *vt* : rent, lease — **alquilarse** *vr* : be for rent — **alquiler** *nm* : rent, rental
alquitrán *nm, pl* **-tranes** : tar
alrededor *adv* **1** : around, about **2 alrededor de** : approximately — **alrededor de** *prep phr* : around — **alrededores** *nmpl* : outskirts
alta *nf* : discharge (of a patient)
altanería *nf* : haughtiness — **altanero, -ra** *adj* : haughty
altar *nm* : altar
altavoz *nm, pl* **-voces** : loudspeaker
alterar *vt* **1** : alter, modify **2** PERTURBAR : disturb — **alterarse** *vr* : get upset — **alteración** *nf, pl* **-ciones 1** : alteration **2** ALBOROTO : disturbance — **alterado, -da** *adj* : upset
altercado *nm* : altercation, argument
alternar *vi* **1** : alternate **2 alternar con** : socialize with — *vt* : alternate — **alternarse** *vr* : take turns — **alternativa** *nf* : alternative — **alternativo, -va** *adj* : alternating, alternative — **alterno, -na** *adj* : alternate
Alteza *nf* : Highness
altiplano *nm* : high plateau
altitud *nf* : altitude
altivez *nf, pl* **-veces** : haughtiness — **altivo, -va** *adj* : haughty
alto, -ta *adj* **1** : tall, high **2** RUIDOSO : loud — **alto** *adv* **1** ARRIBA : high **2** : loud, loudly — **alto, -ta** *nm* **1** ALTURA : height, elevation **2** : stop, halt — **alto** *interj* : halt!, stop! — **altoparlante** *nm Lat* : loudspeaker
altruista *adj* : altruistic — **altruismo** *nm* : altruism
altura *nf* **1** : height **2** ALTITUD : altitude **3 a la altura de** : near, up by
alubia *nf* : kidney bean
alucinar *vi* : hallucinate — **alucinación** *nf, pl* **-ciones** : hallucination
alud *nm* : avalanche
aludir *vi* : allude, refer — **aludido, -da** *adj* **darse por aludido** : take it personally
alumbrar *vt* **1** : light, illuminate **2** PARIR : give birth to — **alumbrado** *nm* : (electric) lighting — **alumbramiento** *nm* : childbirth
aluminio *nm* : aluminum
alumno, -na *n* : pupil, student
alusión *nf, pl* **-siones** : allusion

aluvión *nm, pl* **-viones** : flood, barrage
alzar {21} *vt* : lift, raise — **alzarse** *vr* : rise (up) — **alza** *nf* : rise — **alzamiento** *nm* : uprising
ama → amo
amabilidad *nf* : kindness — **amable** *adj* : kind, nice
amaestrar *vt* : train
amagar {52} *vt* **1** : show signs of **2** AMENAZAR : threaten — *vi* : be imminent — **amago** *nm* **1** INDICIO : sign **2** AMENAZA : threat
amainar *vi* : abate
amamantar *v* : breast-feed, nurse
amanecer {53} *v impers* : dawn — *vi* : wake up — **amanecer** *nm* : dawn, daybreak
amanerado *adj* : affected, mannered
amansar *vt* **1** : tame **2** APACIGUAR : soothe — **amansarse** *vr* : calm down

CÓMO USAR ESTE DICCIONARIO

3

amante *adj* **amante de** : fond of — **amante** *nmf* : lover
amañar *vt* : rig, tamper with
amapola *nf* : poppy
amar *vt* : love
amargar {52} *vt* : make bitter — **amargado, -da** *adj* : embittered — **amargo, -ga** *adj* : bitter — **amargo** *nm* : bitterness — **amargura** *nf* : bitterness, grief
amarillo, -lla *adj* : yellow — **amarillo** *nm* : yellow
amarrar *vt* **1** : moor **2** ATAR : tie up
amasar *vt* **1** : knead **2** : amass (a fortune, etc.)
amateur *adj & nmf* : amateur
amatista *nf* : amethyst
ambages *nmpl* **sin ambages** : without hesitation, straight to the point
ámbar *nm* : amber

ambición *nf, pl* **-ciones** : ambition — **ambicionar** *vt* : aspire to — **ambicioso, -sa** *adj* : ambitious
ambiente *nm* **1** AIRE : atmosphere **2** MEDIO : environment, surroundings *pl* — **ambiental** *adj* : environmental
ambigüedad *nf* : ambiguity — **ambiguo, -gua** *adj* : ambiguous
ámbito *nm* : domain, sphere
ambos, -bas *adj & pron* : both
ambulancia *nf* : ambulance
ambulante *adj* : traveling, itinerant
ameba *nf* : amoeba
amedrentar *vt* : intimidate
amén *nm* **1** : amen **2** **amén de** : in addition to
amenazar {21} *vt* : threaten — **amenaza** *nf* : threat, menace
amenizar {21} *vt* : make pleasant, enliven — **ameno, -na** *adj* : pleasant

13

6

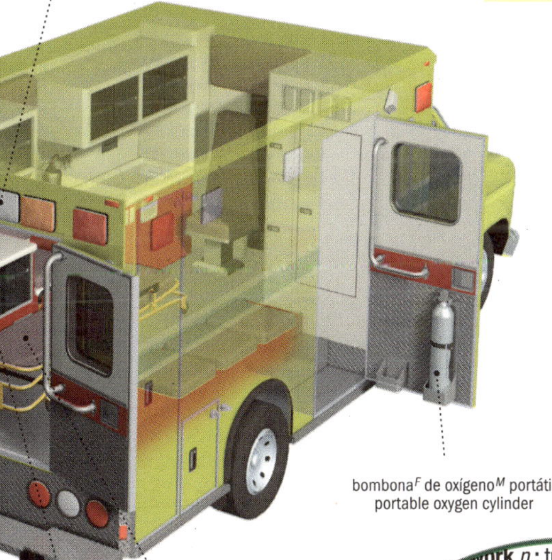

11

14

1 Las **anotaciones principales** son clasificadas en orden alfabético, sin considerar espacios intermedios o guiones.

2 Las **traducciones** aparecen en letra fina, minúscula y romana.

3 Las **palabras de orientación** indican la primera y la última anotación principal mostrada a doble página.

4 Las **derivadas** son palabras relacionadas con la anotación principal. Son introducidas con un guión y está en negrita.

5 **Frases comunes** que constan de la palabra de la anotación principal y otra palabra aparecen como anotaciones de texto seguido.

6 Los **indicadores de categoría gramatical** proporcionan información sobre la función gramatical de la palabra. Ver la lista de abreviaturas en página 14a.

7 Se aporta el **género** de sustantivos españoles. Ver la lista de abreviaturas en página 14a.

8 Las **conjugaciones** son mostradas cuando son irregulares o cuando puede haber una duda sobre la manera de deletrearlas.

9 Las **referencias cruzadas** dirigen a la anotación principal adecuada.

10 **Sinónimos**, escritos en mayúsculas, pueden aparecer antes de la(s) palabra(s) traducida(s) para clarificar el significado de una anotación.

11 **Título de la ilustración.**

12 **Términos** marcan partes específicas de la ilustración.

13 Las **anotaciones principales en color** son ilustradas a doble página

14 **Homógrafos** son deletreados igual, pero son distintos en significado. Pueden aparecer como anotaciones continuas, o como anotaciones separadas, si son de origen claramente diferente.

15 **Etiquetas sobre uso de cursiva** pueden ser añadidas a la anotación o en el significado también (como **timbre** *nm*...**4** *Lat* : postage stamp, **center** *or Brit* **centre**...*n*..., or **garra** *nf*... **2** *fam* : hand, paw). Estas etiquetas también se incluyen en las traducciones (**bag** *n* ... **2** HANDBAG : bolso *m*, cartera *f Lat*).

CONJUGATION OF SPANISH VERBS

Simple Tenses

TENSE	REGULAR VERBS ENDING IN -ar hablar		REGULAR VERBS ENDING IN -er comer		REGULAR VERBS ENDING IN -ir vivir	
PRESENT INDICATIVE	hablo	hablamos	como	comemos	vivo	vivimos
	hablas	habláis	comes	coméis	vives	vivís
	habla	hablan	come	comen	vive	viven
PRESENT SUBJUNCTIVE	hable	hablemos	coma	comamos	viva	vivamos
	hables	habléis	comas	comáis	vivas	viváis
	hable	hablen	come	coman	viva	vivan
PRETERIT INDICATIVE	hablé	hablamos	comí	comimos	viví	vivimos
	hablaste	hablasteis	comiste	comisteis	viviste	vivisteis
	habló	hablaron	comió	comieron	vivió	vivieron
IMPERFECT INDICATIVE	hablaba	hablábamos	comía	comíamos	vivía	vivíamos
	hablabas	hablabais	comías	comíais	vivías	vivíais
	hablaba	hablaban	comía	comían	vivía	vivían
IMPERFECT SUBJUNCTIVE	hablara	habláramos	comiera	comiéramos	viviera	viviéramos
	hablaras	hablarais	comieras	comierais	vivieras	vivierais
	hablara	hablaran	comiera	comieran	viviera	vivieran
	or		*or*		*or*	
	hablase	hablásemos	comiese	comiésemos	viviese	viviésemos
	hablases	hablaseis	comieses	comieseis	vivieses	vivieseis
	hablase	hablasen	comiese	comiesen	viviese	viviesen
FUTURE INDICATIVE	hablaré	hablaremos	comeré	comeremos	viviré	viviremos
	hablarás	hablaréis	comerás	comeréis	vivirás	viviréis
	hablará	hablarán	comerá	comerán	vivirá	vivirán
FUTURE SUBJUNCTIVE	hablare	habláremos	comiere	comiéremos	viviere	viviéremos
	hablares	hablareis	comieres	comiereis	vivieres	viviereis
	hablare	hablaren	comiere	comieren	viviere	vivieren
CONDITIONAL	hablaría	hablaríamos	comería	comeríamos	viviría	viviríamos
	hablarías	hablaríais	comerías	comeríais	vivirías	viviríais
	hablaría	hablarían	comería	comerían	viviría	vivirían
IMPERATIVE		hablemos		comamos		vivamos
	habla	hablad	come	comed	vive	vivid
	hable	hablen	coma	coman	viva	vivan
PRESENT PARTICIPLE (GERUND)	hablando		comiendo		viviendo	
PAST PARTICIPLE	hablado		comido		vivido	

Compound Tenses

1. Perfect Tenses

The perfect tenses are formed with *haber* and the past participle:

PRESENT PERFECT
>he hablado, etc. (*indicative*);
>haya hablado, etc. (*subjunctive*)

PAST PERFECT
>había hablado, etc. (*indicative*);
>hubiera hablado, etc. (*subjunctive*)
>*or*
>hubiese hablado, etc. (*subjunctive*)

PRETERIT PERFECT
>hube hablado, etc. (*indicative*)

FUTURE PERFECT
>habré hablado, etc. (*indicative*)

CONDITIONAL PERFECT
>habría hablado, etc. (*indicative*)

2. Progressive Tenses

The progressive tenses are formed with *estar* and the present participle:

PRESENT PROGRESSIVE
>estoy llamando, etc. (*indicative*);
>esté llamando, etc. (*subjunctive*)

IMPERFECT PROGRESSIVE
>estaba llamando, etc. (*indicative*);
>estuviera llamando, etc. (*subjunctive*)
>*or*
>estuviese llamando, etc. (*subjunctive*)

PRETERIT PROGRESSIVE
>estuve llamando, etc. (*indicative*)

FUTURE PROGRESSIVE
>estaré llamando, etc. (*indicative*)

CONDITIONAL PROGRESSIVE
>estaría llamando, etc. (*indicative*)

PRESENT PERFECT PROGRESSIVE
>he estado llamando, etc. (*indicative*);
>haya estado llamando, etc. (*subjunctive*)

PAST PERFECT PROGRESSIVE
>había estado llamando, etc. (*indicative*);
>hubiera estado llamando, etc. (*subjunctive*)
>*or*
>hubiese estado llamando, etc. (*subjunctive*)

Irregular Verbs

The *imperfect subjunctive*, the *future subjunctive*, the *conditional*, and most forms of the *imperative* are not included in the model conjugations list, but can be derived as follows:

The *imperfect subjunctive* and the *future subjunctive* are formed from the third person plural form of the preterit tense by removing the last syllable (*-ron*) and adding the appropriate suffix:

PRETERIT INDICATIVE, THIRD PERSON PLURAL (querer)	quisieron
IMPERFECT SUBJUNCTIVE (querer)	quisiera, quisieras, etc. *or* quisiese, quisieses, etc.
FUTURE SUBJUNCTIVE (querer)	quisiere, quisieres, etc.

The *conditional* uses the same stem as the future indicative:

FUTURE INDICATIVE (poner)	pondré, pondrás, etc.
CONDITIONAL (poner)	pondría, pondrías, etc.

The third person singular, first person plural, and third person plural forms of the *imperative* are the same as the corresponding forms of the present subjunctive.

The second person plural (vosotros) form of the *imperative* is formed by removing the final *-r* of the infinitive form and adding a *-d* (ex.: *oír* → *oíd*).

MODEL CONJUGATIONS OF IRREGULAR VERBS

The model conjugations below include the following simple tenses: the *present indicative (IND)*, the *present subjunctive (SUBJ)*, the *preterit indicative (PRET)*, the *imperfect indicative (IMPF)*, the *future indicative (FUT)*, the second person singular form of the *imperative (IMPER)*, the *present participle* or *gerund (PRP)*, and the *past participle (PP)*. Each set of conjugations is preceded by the corresponding infinitive form of the verb, shown in bold type. Only tenses containing irregularities are listed, and the irregular verb forms within each tense are displayed in bold type. Each irregular verb entry in the Spanish-English section of this dictionary is cross-referred by number to one of the following model conjugations. These cross-reference numbers are shown in curly braces { } immediately following the entry's functional label.

1   **abolir** *(defective verb)* : *IND* abolimos, abolís *(other forms not used)*; *SUBJ (not used)*; *IMPER (only second person plural is used)*

2   **abrir** : *PP* abierto

3   **actuar** : *IND* **actúo, actúas, actúa,** actuamos, actuáis, **actúan;** *SUBJ* **actúe, actúes, actúe,** actuemos, actuéis, **actúen;** *IMPER* **actúa**

4   **adquirir** : *IND* **adquiero, adquieres, adquiere,** adquirimos, adquirís, **adquieren;** *SUBJ* **adquiera, adquieras, adquiera,** adquiramos, adquiráis, **adquieran;** *IMPER* **adquiere**

5   **airar** : *IND* **aíro, aíras, aíra,** airamos, airáis, **aíran;** *SUBJ* **aíre, aíres, aíre,** airemos, airéis, **aíren;** *IMPER* **aíra**

6   **andar** : *PRET* **anduve, anduviste, anduvo, anduvimos, anduvisteis, anduvieron**

7   **asir** : *IND* **asgo,** ases, ase, asimos, asís, asen; *SUBJ* **asga, asgas, asga, asgamos, asgáis, asgan**

8   **aunar** : IND **aúno, aúnas, aúna,** aunamos, aunáis, **aúnan;** *SUBJ* **aúne, aúnes, aúne,** aunemos, aunéis, **aúnen;** *IMPER* **aúna**

9   **avergonzar** : *IND* **avergüenzo, avergüenzas, avergüenza,** avergonzamos, avergonzáis, **avergüenzan;** *SUBJ* **avergüence, avergüences, avergüence,** avergoncemos, avergoncéis, **avergüencen;** *PRET* **avergoncé;** *IMPER* **avergüenza**

10 **averiguar** : *SUBJ* **averigüe, averigües, averigüe, averigüemos, averigüéis, averigüen;** *PRET* **averigüé,** averiguaste, averiguó, averiguamos, averiguasteis, averiguaron

11 **bendecir** : *IND* **bendigo, bendices, bendice,** bendecimos, bendecís, **bendicen;** *SUBJ* **bendiga, bendigas, bendiga, bendigamos, bendigáis, bendigan;** *PRET* **bendije, bendijiste, bendijo, bendijimos, bendijisteis, bendijeron;** *IMPER* **bendice**

12 **caber** : *IND* **quepo,** cabes, cabe, cabemos, cabéis, caben; *SUBJ* **quepa, quepas, quepa, quepamos, quepáis, quepan;** *PRET* **cupe, cupiste, cupo, cupimos, cupisteis, cupieron;** *FUT* **cabré, cabrás, cabrá, cabremos, cabréis, cabrán**

13 **caer** : *IND* **caigo,** caes, cae, caemos, caéis, caen; *SUBJ* **caiga, caigas, caiga, caigamos, caigáis, caigan;** *PRET* caí, **caíste, cayó,** caímos, **caísteis, cayeron;** *PRP* **cayendo;** *PP* **caído**

14 **cocer** : *IND* **cuezo, cueces, cuece,** cocemos, cocéis, **cuecen;** *SUBJ* **cueza, cuezas, cueza,** cozamos, cozáis, **cuezan;** *IMPER* **cuece**

15 **coger** : *IND* **cojo,** coges, coge, cogemos, cogéis, cogen; *SUBJ* **coja, cojas, coja, cojamos, cojáis, cojan**

16 **colgar** : *IND* **cuelgo, cuelgas, cuelga,** colgamos, colgáis, **cuelgan;** *SUBJ* **cuelgue, cuelgues, cuelgue,** colguemos, **colguéis, cuelguen;** *PRET* **colgué,** colgaste, colgó, colgamos, colgasteis, colgaron; *IMPER* **cuelga**

17 **concernir** *(defective verb; used only in the third person singular and plural of the present indicative, present subjunctive, and imperfect subjunctive)* see 25 **discernir**

18 **conocer** : *IND* **conozco,** conoces, conoce, conocemos, conocéis, conocen; *SUBJ* **conozca, conozcas, conozca, conozcamos, conozcáis, conozcan**

19 **contar** : *IND* **cuento, cuentas, cuenta,** contamos, contáis, **cuentan;** *SUBJ* **cuente, cuentes, cuente,** contemos, contéis, **cuenten;** *IMPER* **cuenta**

20 **creer** : *PRET* creí, **creíste, creyó, creímos, creísteis, creyeron;** *PRP* **creyendo;** *PP* **creído**

21 **cruzar** : *SUBJ* **cruce, cruces, cruce, crucemos, crucéis, crucen;** *PRET* **crucé,** cruzaste, cruzó, cruzamos, cruzasteis, cruzaron

22 **dar** : *IND* **doy,** das, da, damos, **dais,** dan; *SUBJ* **dé,** des, **dé,** demos, **deis,** den; *PRET* **di, diste, dio, dimos, disteis, dieron**

23 **decir** : *IND* **digo, dices, dice,** decimos, decís, **dicen;** *SUBJ* **diga, digas, diga, digamos, digáis, digan;** *PRET* **dije, dijiste, dijo, dijimos, dijisteis, dijeron;** *FUT* **diré, dirás, dirá, diremos, diréis, dirán;** *IMPER* **di;** *PRP* **diciendo;** *PP* **dicho**

24 **delinquir** : *IND* **delinco,** delinques, delinque, delinquimos, delinquís, delinquen; *SUBJ* **delinca, delincas, delinca, delincamos, delincáis, delincan**

25 **discernir** : *IND* **discierno, disciernes, discierne,** discernimos, discernís, **disciernen;** *SUBJ* **discierna, disciernas, discierna,** discernamos, discernáis, **disciernan;** *IMPER* **discierne**

26 **distinguir** : *IND* **distingo,** distingues, distingue, distinguimos, distinguís, distinguen; *SUBJ* **distinga, distingas, distinga, distingamos, distingáis, distingan**

27 **dormir** : *IND* **duermo, duermes, duerme,** dormimos, dormís, **duermen;** *SUBJ* **duerma, duermas, duerma, durmamos, durmáis, duerman;** *PRET* dormí, dormiste, **durmió,** dormimos, dormisteis, **durmieron;** *IMPER* **duerme;** *PRP* **durmiendo**

28 **elegir** : *IND* **elijo, eliges, elige,** elegimos, elegís, **eligen;** *SUBJ* **elija, elijas, elija, elijamos, elijáis, elijan;** *PRET* elegí, elegiste, **eligió,** elegimos, elegisteis, **eligieron;** *IMPER* **elige;** *PRP* **eligiendo**

29 **empezar** : *IND* **empiezo, empiezas, empieza,** empezamos, empezáis, **empiezan;** *SUBJ* **empiece, empieces, empiece, empecemos, empecéis, empiecen;** *PRET* **empecé,** empezaste, empezó, empezamos, empezasteis, empezaron; *IMPER* **empieza**

30 **enraizar** : *IND* **enraízo, enraízas, enraíza,** enraizamos, enraizáis, **enraízan;** *SUBJ* **enraíce, enraíces, enraíce, enraicemos, enraicéis, enraícen;** *PRET* **enraicé,** enraizaste, enraizó, enraizamos, enraizasteis, enraizaron; *IMPER* **enraíza**

31 **erguir** : *IND* **irgo** *or* **yergo, irgues** *or* **yergues, irgue** *or* **yergue,** erguimos, erguís, **irguen** *or* **yerguen;** *SUBJ* **irga** *or* **yerga, irgas** *or* **yergas, irga** *or* **yerga,** irgamos, irgáis, **irgan** *or* **yergan;** *PRET* erguí, erguiste, **irguió,** erguimos, erguisteis, **irguieron;** *IMPER* **irgue** *or* **yergue;** *PRP* **irguiendo**

MODEL CONJUGATIONS OF IRREGULAR VERBS

32 errar : *IND* **yerro, yerras, yerra**, erramos, erráis, **yerran;** *SUBJ* **yerre, yerres, yerre**, erremos, erréis, **yerren;** *IMPER* **yerra**

33 escribir : *PP* **escrito**

34 estar : *IND* **estoy, estás, está**, estamos, estáis, **están;** *SUBJ* **esté, estés, esté**, estemos, estéis, **estén;** *PRET* **estuve, estuviste, estuvo, estuvimos, estuvisteis, estuvieron;** *IMPER* **está**

35 exigir : *IND* **exijo**, exiges, exige, exigimos, exigís, exigen; *SUBJ* **exija, exijas, exija, exijamos, exijáis, exijan**

36 forzar : *IND* **fuerzo, fuerzas, fuerza**, forzamos, forzáis, **fuerzan;** *SUBJ* **fuerce, fuerces, fuerce, forcemos, forcéis, fuercen;** *PRET* **forcé**, forzaste, forzó, forzamos, forzasteis, forzaron; *IMPER* **fuerza**

37 freír : *IND* **frío, fríes, fríe, freímos**, freís, **fríen;** *SUBJ* **fría, frías, fría, friamos, friáis, frían;** *PRET* freí, **freíste, frió, freímos, freísteis, frieron;** *IMPER* **fríe;** *PRP* **friendo;** *PP* **frito**

38 gruñir : *PRET* gruñí, gruñiste, **gruñó**, gruñimos, gruñisteis, **gruñeron;** *PRP* **gruñendo**

39 haber : *IND* **he, has, ha, hemos**, habéis, **han;** *SUBJ* **haya, hayas, haya, hayamos, hayáis, hayan;** *PRET* **hube, hubiste, hubo, hubimos, hubisteis, hubieron;** *FUT* **habré, habrás, habrá, habremos, habréis, habrán;** *IMPER* **he**

40 hacer : *IND* **hago**, haces, hace, hacemos, hacéis, hacen; *SUBJ* **haga, hagas, haga, hagamos, hagáis, hagan;** *PRET* **hice, hiciste, hizo, hicimos, hicisteis, hicieron;** *FUT* **haré, harás, hará, haremos, haréis, harán;** *IMPER* **haz;** *PP* **hecho**

41 huir : *IND* **huyo, huyes, huye**, huimos, huís, **huyen;** *SUBJ* **huya, huyas, huya, huyamos, huyáis, huyan;** *PRET* huí, huiste, **huyó**, huimos, huisteis, **huyeron;** *IMPER* **huye;** *PRP* **huyendo**

42 imprimir : *PP* **impreso**

43 ir : *IND* **voy, vas, va, vamos, vais, van;** *SUBJ* **vaya, vayas, vaya, vayamos, vayáis, vayan;** *PRET* **fui, fuiste, fue, fuimos, fuisteis, fueron;** *IMPF* **iba, ibas, iba, íbamos, ibais, iban;** *IMPER* **ve;** *PRP* **yendo;** *PP* **ido**

44 jugar : *IND* **juego, juegas, juega**, jugamos, jugáis, **juegan;** *SUBJ* **juegue, juegues, juegue, juguemos, juguéis, jueguen;** *PRET* **jugué**, jugaste, jugó, jugamos, jugasteis, jugaron; *IMPER* **juega**

45 lucir : *IND* **luzco**, luces, luce, lucimos, lucís, lucen; *SUBJ* **luzca, luzcas, luzca, luzcamos, luzcáis, luzcan**

46 morir : *IND* **muero, mueres, muere**, morimos, morís, **mueren;** *SUBJ* **muera, mueras, muera, muramos, muráis, mueran;** *PRET* morí, moriste, **murió**, morimos, moristeis, **murieron;** *IMPER* **muere;** *PRP* **muriendo;** *PP* **muerto**

47 mover : *IND* **muevo, mueves, mueve**, movemos, movéis, **mueven;** *SUBJ* **mueva, muevas, mueva**, movamos, mováis, **muevan;** *IMPER* **mueve**

48 nacer : *IND* **nazco**, naces, nace, nacemos, nacéis, nacen; *SUBJ* **nazca, nazcas, nazca, nazcamos, nazcáis, nazcan**

49 negar : *IND* **niego, niegas, niega**, negamos, negáis, **niegan;** *SUBJ* **niegue, niegues, niegue, neguemos, neguéis, nieguen;** *PRET* **negué**, negaste, negó, negamos, negasteis, negaron; *IMPER* **niega**

50 oír : *IND* **oigo, oyes, oye, oímos**, oís, **oyen;** *SUBJ* **oiga, oigas, oiga, oigamos, oigáis, oigan;** *PRET* oí, **oíste, oyó, oímos, oísteis, oyeron;** *IMPER* **oye;** *PRP* **oyendo;** *PP* **oído**

51 oler : *IND* **huelo, hueles, huele**, olemos, oléis, **huelen;** *SUBJ* **huela, huelas, huela**, olamos, oláis, **huelan;** *IMPER* **huele**

52 pagar : *SUBJ* **pague, pagues, pague, paguemos, paguéis, paguen;** *PRET* **pagué**, pagaste, pagó, pagamos, pagasteis, pagaron

53 parecer : *IND* **parezco**, pareces, parece, parecemos, parecéis, parecen; *SUBJ* **parezca, parezcas, parezca, parezcamos, parezcáis, parezcan**

54 pedir : *IND* **pido, pides, pide**, pedimos, pedís, **piden;** *SUBJ* **pida, pidas, pida, pidamos, pidáis, pidan;** *PRET* pedí, pediste, **pidió**, pedimos, pedisteis, **pidieron;** *IMPER* **pide;** *PRP* **pidiendo**

55 pensar : *IND* **pienso, piensas, piensa**, pensamos, pensáis, **piensan;** *SUBJ* **piense, pienses, piense**, pensemos, penséis, **piensen;** *IMPER* **piensa**

56 perder : *IND* **pierdo, pierdes, pierde**, perdemos, perdéis, **pierden;** *SUBJ* **pierda, pierdas, pierda**, perdamos, perdáis, **pierdan;** *IMPER* **pierde**

57 placer : *IND* **plazco**, places, place, placemos, placéis, placen; *SUBJ* **plazca, plazcas, plazca, plazcamos, plazcáis, plazcan;** *PRET* plací, placiste, plació *or* **plugo**, placimos, placisteis, placieron *or* **pluguieron**

58 poder : *IND* **puedo, puedes, puede**, podemos, podéis, **pueden;** *SUBJ* **pueda, puedas, pueda**, podamos, podáis, **puedan;** *PRET* **pude, pudiste, pudo, pudimos, pudisteis, pudieron;** *FUT* **podré, podrás, podrá, podremos, podréis, podrán;** *IMPER* **puede;** *PRP* **pudiendo**

59 podrir *or* **pudrir** : *PP* **podrido** *(all other forms based on pudrir)*

60 poner : *IND* **pongo**, pones, pone, ponemos, ponéis, ponen; *SUBJ* **ponga, pongas, ponga, pongamos, pongáis, pongan;** *PRET* **puse, pusiste, puso, pusimos, pusisteis, pusieron;** *FUT* **pondré, pondrás, pondrá, pondremos, pondréis, pondrán;** *IMPER* **pon;** *PP* **puesto**

61 producir : *IND* **produzco**, produces, produce, producimos, producís, producen; *SUBJ* **produzca, produzcas, produzca, produzcamos, produzcáis, produzcan;** *PRET* **produje, produjiste, produjo, produjimos, produjisteis, produjeron**

62 prohibir : *IND* **prohíbo, prohíbes, prohíbe**, prohibimos, prohibís, **prohíben;** *SUBJ* **prohíba, prohíbas, prohíba**, prohibamos, prohibáis, **prohíban;** *IMPER* **prohíbe**

63 proveer : *PRET* proveí, **proveíste, proveyó, proveímos, proveísteis, proveyeron;** *PRP* **proveyendo;** *PP* **provisto**

64 querer : *IND* **quiero, quieres, quiere**, queremos, queréis, **quieren;** *SUBJ* **quiera, quieras, quiera**, queramos, queráis, **quieran;** *PRET* **quise, quisiste, quiso, quisimos, quisisteis, quisieron;** *FUT* **querré, querrás, querrá, querremos, querréis, querrán;** *IMPER* **quiere**

65 raer : *IND* rao *or* **raigo** *or* **rayo**, raes, rae, raemos, raéis, raen; *SUBJ* **raiga** *or* **raya, raigas** *or* **rayas, raiga** *or* **raya, raigamos** *or* **rayamos, raigáis** *or* **rayáis, raigan** *or* **rayan;** *PRET* **raí, raíste, rayó, raímos, raísteis, rayeron;** *PRP* **rayendo;** *PP* **raído**

MODEL CONJUGATIONS OF IRREGULAR VERBS

66 **reír** : *IND* **río, ríes, ríe, reímos**, reís, **ríen**; *SUBJ* **ría, rías, ría, riamos, riáis, rían**; *PRET* reí, **reíste, rió, reímos, reísteis, rieron**; *IMPER* **ríe**; *PRP* **riendo**; *PP* **reído**

67 **reñir** : *IND* **riño, riñes, riñe**, reñimos, reñís, **riñen**; *SUBJ* **riña, riñas, riña, riñamos, riñáis, riñan**; *PRET* reñí, reñiste, **riñó**, reñimos, reñisteis, **riñeron**; *IMPER* **riñe**; *PRP* **riñendo**

68 **reunir** : *IND* **reúno, reúnes, reúne**, reunimos, reunís, **reúnen**; *SUBJ* **reúna, reúnas, reúna**, reunamos, reunáis, **reúnan**; *IMPER* **reúne**

69 **roer** : *IND* **roo** *or* **roigo** *or* **royo**, roes, roe, roemos, roéis, roen; *SUBJ* **roa** *or* **roiga** *or* **roya**, roas *or* **roigas** *or* **royas**, roa *or* **roiga** *or* **roya**, roamos *or* **roigamos** *or* **royamos**, roáis *or* **roigáis** *or* **royáis**, roan *or* **roigan** *or* **royan**; *PRET* roí, **roíste, royó, roímos, roísteis, royeron**; *PRP* **royendo**; *PP* **roído**

70 **romper** : *PP* **roto**

71 **saber** : *IND* **sé**, sabes, sabe, sabemos, sabéis, saben; *SUBJ* **sepa, sepas, sepa, sepamos, sepáis, sepan**; *PRET* **supe, supiste, supo, supimos, supisteis, supieron**; *FUT* **sabré, sabrás, sabrá, sabremos, sabréis, sabrán**

72 **sacar** : *SUBJ* **saque, saques, saque, saquemos, saquéis, saquen**; *PRET* **saqué**, sacaste, sacó, sacamos, sacasteis, sacaron

73 **salir** : *IND* **salgo**, sales, sale, salimos, salís, salen; *SUBJ* **salga, salgas, salga, salgamos, salgáis, salgan**; *FUT* **saldré, saldrás, saldrá, saldremos, saldréis, saldrán**; *IMPER* **sal**

74 **satisfacer** : *IND* **satisfago**, satisfaces, satisface, satisfacemos, satisfacéis, satisfacen; *SUBJ* **satisfaga, satisfagas, satisfaga, satisfagamos, satisfagáis, satisfagan**; *PRET* **satisfice, satisficiste, satisfizo, satisficimos, satisficisteis, satisficieron**; *FUT* **satisfaré, satisfarás, satisfará, satisfaremos, satisfaréis, satisfarán**; *IMPER* **satisfaz** *or* satisface; *PP* **satisfecho**

75 **seguir** : *IND* **sigo, sigues, sigue**, seguimos, seguís, **siguen**; *SUBJ* **siga, sigas, siga, sigamos, sigáis, sigan**; *PRET* seguí, seguiste, **siguió**, seguimos, seguisteis, **siguieron**; *IMPER* **sigue**; *PRP* **siguiendo**

76 **sentir** : *IND* **siento, sientes, siente**, sentimos, sentís, **sienten**; *SUBJ* **sienta, sientas, sienta**, sintamos, sintáis, **sientan**; *PRET* sentí, sentiste, **sintió**, sentimos, sentisteis, **sintieron**; *IMPER* **siente**; *PRP* **sintiendo**

77 **ser** : *IND* **soy, eres, es, somos, sois, son**; *SUBJ* **sea, seas, sea, seamos, seáis, sean**; *PRET* **fui, fuiste, fue, fuimos, fuisteis, fueron**; *IMPF* **era, eras, era, éramos, erais, eran**; *IMPER* **sé**; *PRP* **siendo**; *PP* **sido**

78 **soler** (*defective verb; used only in the present, preterit, and imperfect indicative, and the present and imperfect subjunctive*) see 47 **mover**

79 **tañer** : *PRET* tañí, tañiste, **tañó**, tañimos, tañisteis, **tañeron**; *PRP* **tañendo**

80 **tener** : *IND* **tengo, tienes, tiene**, tenemos, tenéis, **tienen**; *SUBJ* **tenga, tengas, tenga, tengamos, tengáis, tengan**; *PRET* **tuve, tuviste, tuvo, tuvimos, tuvisteis, tuvieron**; *FUT* **tendré, tendrás, tendrá, tendremos, tendréis, tendrán**; *IMPER* **ten**

81 **traer** : *IND* **traigo**, traes, trae, traemos, traéis, traen; *SUBJ* **traiga, traigas, traiga, traigamos, traigáis, traigan**; *PRET* **traje, trajiste, trajo, trajimos, trajisteis, trajeron**; *PRP* **trayendo**; *PP* **traído**

82 **trocar** : *IND* **trueco, truecas, trueca**, trocamos, trocáis, **truecan**; *SUBJ* **trueque, trueques, trueque**, troquemos, troquéis, **truequen**; *PRET* **troqué**, trocaste, trocó, trocamos, trocasteis, trocaron; *IMPER* **trueca**

83 **uncir** : *IND* **unzo**, unces, unce, uncimos, uncís, uncen; *SUBJ* **unza, unzas, unza, unzamos, unzáis, unzan**

84 **valer** : *IND* **valgo**, vales, vale, valemos, valéis, valen; *SUBJ* **valga, valgas, valga, valgamos, valgáis, valgan**; *FUT* **valdré, valdrás, valdrá, valdremos, valdréis, valdrán**

85 **variar** : *IND* **varío, varías, varía**, variamos, variáis, **varían**; *SUBJ* **varíe, varíes, varíe**, variemos, variéis, **varíen**; *IMPER* **varía**

86 **vencer** : *IND* **venzo**, vences, vence, vencemos, vencéis, vencen; *SUBJ* **venza, venzas, venza, venzamos, venzáis, venzan**

87 **venir** : *IND* **vengo, vienes, viene**, venimos, venís, **vienen**; *SUBJ* **venga, vengas, venga, vengamos, vengáis, vengan**; *PRET* **vine, viniste, vino, vinimos, vinisteis, vinieron**; *FUT* **vendré, vendrás, vendrá, vendremos, vendréis, vendrán**; *IMPER* **ven**; *PRP* **viniendo**

88 **ver** : *IND* veo, **ves, ve, vemos, veis, ven**; *PRET* **vi, viste, vio, vimos, visteis, vieron**; *IMPER* **ve**; *PRP* **viendo**; *PP* **visto**

89 **volver** : *IND* **vuelvo, vuelves, vuelve**, volvemos, volvéis, **vuelven**; *SUBJ* **vuelva, vuelvas, vuelva**, volvamos, volváis, **vuelvan**; *IMPER* **vuelve**; *PP* **vuelto**

90 **yacer** : *IND* **yazco** *or* **yazgo** *or* **yago**, yaces, yace, yacemos, yacéis, yacen; *SUBJ* **yazca** *or* **yazga** *or* **yaga**, **yazcas** *or* **yazgas** *or* **yagas**, **yazca** *or* **yazga** *or* **yaga**, **yazcamos** *or* **yazgamos** *or* **yagamos**, **yazcáis** *or* **yazgáis** *or* **yagáis**, **yazcan** *or* **yazgan** *or* **yagan**; *IMPER* yace *or* **yaz**

SOUND & SPELLING IN SPANISH

Below is a list of Spanish letters and letter combinations, with information about how those letters are pronounced. The sound for each letter or letter combination is shown using the International Phonetic Alphabet (IPA), followed by additional explanatory notes as needed. Information about the IPA symbols can be found on page 441.

VOWELS

a   [a]

e   [e] in open syllables (syllables ending with a vowel); [ɛ] in closed syllables (syllables ending with a consonant)

i   [i]; before another vowel in the same syllable pronounced as [j] ([ʒ] or [ʃ] in Argentina and Uruguay; [dʒ] when at the beginning of a word in the Caribbean)

o   [o] in open syllables (syllables ending with a vowel); [ɔ] in closed syllables (syllables ending with a consonant)

u   [u]; before another vowel in the same syllable pronounced as [w]

y   [i]; before another vowel in the same syllable pronounced as [j] ([ʒ] or [ʃ] in Argentina and Uruguay; [dʒ] when at the beginning of a word in the Caribbean)

CONSONANTS

b   [b] at the beginning of a word or after *m* or *n*; [β] elsewhere

c   [s] before *i* or *e* in Latin America and parts of southern Spain, [θ] in northern Spain; [k] elsewhere

ch   [tʃ]; frequently [ʃ] in Chile and Panama; sometimes [ts] in Chile

d   [d] at the beginning of a word or after *n* or *l*; [ð] elsewhere, frequently silent between vowels

f   [f]; [Φ] in Honduras (no English equivalent for this sound; like [f] but made with both lips)

g   [x] before *i* or *e* ([h] in the Caribbean and Central America); [g] at the beginning of a word or after *n* and not before *i* or *e*; [ɣ] elsewhere, frequently silent between vowels

gu   [gw] at the beginning of a word before *a, o*; [ɣw] elsewhere before *a, o*; frequently just [w] between vowels; [g] at the beginning of a word before *i, e*; [ɣ] elsewhere before *i, e*; frequently silent between vowels

gü   [gw] at the beginning of a word, [ɣw] elsewhere; frequently just [w] between vowels

h   silent

j   [x] ([h] in the Caribbean and Central America)

k   [k]

l   [l]

ll   [j]; [ʒ] or [ʃ] in Argentina and Uruguay; [dʒ] when at the beginning of a word in the Caribbean; [lʲ] in Bolivia, Paraguay, Peru, and parts of northern Spain (no English equivalent; like "lli" in *million*)

m   [m]

n   [n]; frequently [ŋ] at the end of a word when next word begins with a vowel

ñ   [ɲ]

p   [p]

qu   [k]

r   [r] (no English equivalent; a trilled sound) at the beginning of words; [t]/[ɾ] elsewhere

rr   [r] (no English equivalent; a trilled sound)

s   [s]; frequently [z] before *b, d, g, m, n, l, r*; at the end of a word [h] or silent in many parts of Latin America and some parts of Spain

t   [t]

v   [b] at the beginning of a word or after *m* or *n*; [β] elsewhere

x   [ks] or [gz] between vowels; [s] before consonants

z   [s] in Latin America and parts of southern Spain, [θ] in northern Spain; at the end of a word [h] or silent in many parts of Latin America and some parts of Spain

SOUND & SPELLING IN ENGLISH

Below is a list of English letters and letter combinations, with information about how those letters are pronounced. The list shows a common English word in which the letter or letters appear and shows the pronunciation of the letters in both the traditional Merriam-Webster system and in the International Phonetic Alphabet (IPA). More information about both of these systems appears at the back of this book on page 441.

a	above	\ə\	[ə]		ea	steak	\ā\	[eɪ]
	cat	\a\	[æ]			bread	\e\	[ɛ]
	made	\ā\	[eɪ]			easy	\ē\	[i:]
	father	\ä\	[ɑ]			ocean	\ə\	[ə]
ah	shah	\ä\	[ɑ]		ee	see	\ē\	[i:]
	cheetah	\ə\	[ə]		ei	vein	\ā\	[eɪ]
ai	main	\ā\	[eɪ]			receive	\ē\	[i:]
	captain	\ə\	[ə]		eo	luncheon	\ə\	[ə]
au	sausage	\ȯ\	[ɔ]		eu	rheumatism	\ü\	[u:]
aw	saw	\ȯ\	[ɔ]		ew	crew	\ü\	[u:]
ay	day	\ā\	[eɪ]		ey	key	\ē\	[i:]
b	baby	\b\	[b]			prey	\ā\	[eɪ]
bb	rubber	\b\	[b]		f	fan	\f\	[f]
c	fact	\k\	[k]		ff	offer	\f\	[f]
	race	\s\	[s]		g	go	\g\	[g]
	ocean	\sh\	[ʃ]			gem	\j\	[dʒ]
	cello	\ch\	[tʃ]		gg	egg	\g\	[g]
cc	soccer	\k\	[k]			exaggerate	\j\	[dʒ]
ch	rich	\ch\	[tʃ]		gh	ghost	\g\	[g]
	machine	\sh\	[ʃ]			laugh	\f\	[f]
	school	\k\	[k]		gi	region	\j\	[dʒ]
ci	special	\sh\	[ʃ]		gn	sign	\n\	[n]
ck	pick	\k\	[k]		gu	guide	\g\	[g]
cq	acquire	\k\	[k]		h	hat	\h\	[h]
d	did	\d\	[d]		i	vaccinate	\ə\	[ə]
dd	odd	\d\	[d]			ski	\ē\	[i:]
dg	budget	\j\	[dʒ]			tip	\i\	[ɪ]
di	soldier	\j\	[dʒ]			fine	\ī\	[aɪ]
dj	adjective	\j\	[dʒ]			opinion	\y\	[j]
e	silent	\ə\	[ə]		ie	grief	\ē\	[i:]
	bet	\e\	[ɛ]			lie	\ī\	[aɪ]
	me	\ē\	[i:]		ia	collegiate	\ə\	[ə]
					io	cushion	\ə\	[ə]
					j	joy	\j\	[dʒ]

SOUND & SPELLING IN ENGLISH

k	take	\k\	[k]
kn	knot	\n\	[n]
l	low	\l\	[l]
ll	dollar	\l\	[l]
m	me	\m\	[m]
mb	comb	\m\	[m]
mn	autumn	\m\	[m]
n	no	\n\	[n]
	ink	\ŋ\	[ŋ]
ng	sing	\ŋ\	[ŋ]
nn	banner	\n\	[n]
o	hillock	\ə\	[ə]
	above	\ə\	[ʌ]
	cot	\ä\	[ɑ]
	bone	\ō\	[o:]
	do	\ü\	[u:]
	woman	\u̇\	[ʊ]
oa	boat	\ō\	[o:]
oe	doe	\ō\	[o:]
oh	oh	\ō\	[o:]
oi	coin	\ȯi\	[ɔɪ]
oo	school	\ü\	[u:]
	wood	\u̇\	[ʊ]
ou	loud	\au̇\	[aʊ]
	boulder	\ō\	[o:]
	youth	\ü\	[u:]
	could	\u̇\	[ʊ]
	famous	\ə\	[ə]
	rough	\ə\	[ʌ]
ow	now	\au̇\	[aʊ]
	know	\ō\	[o:]
oy	boy	\ȯi\	[ɔɪ]
p	stop	\p\	[p]
ph	telephone	\f\	[f]
pp	supper	\p\	[p]
qu	liquor	\k\	[k]
r	red	\r\	[r]
rh	rhyme	\r\	[r]
rr	arrive	\r\	[r]
s	say	\s\	[s]

	sugar	\sh\	[ʃ]
	days	\z\	[z]
sc	science	\s\	[s]
	fascism	\sh\	[ʃ]
sch	schist	\sh\	[ʃ]
sci	conscious	\sh\	[ʃ]
se	nauseous	\sh\	[ʃ]
sh	shy	\sh\	[ʃ]
si	vision	\zh\	[ʒ]
ss	mass	\s\	[s]
	tissue	\sh\	[ʃ]
ssi	mission	\sh\	[ʃ]
t	eat	\t\	[t]
tch	match	\ch\	[tʃ]
th	thin	\th\	[θ]
	this	\t̲h̲\	[ð]
ti	question	\ch\	[tʃ]
	nation	\sh\	[ʃ]
tt	mattress	\t\	[t]
u	circus	\ə\	[ə]
	hum	\ə\	[ʌ]
	flu	\ü\	[u:]
	pull	\u̇\	[ʊ]
	persuade	\w\	[w]
ue	blue	\ü\	[u:]
v	very	\v\	[v]
vv	savvy	\v\	[v]
w	way	\w\	[w]
wh	whale	\w\	[w]
wr	write	\r\	[r]
x	xylophone	\z\	[z]
y	physician	\ə\	[ə]
	pretty	\ē\	[i]
	myth	\i\	[ɪ]
	sly	\ī\	[aɪ]
	yard	\y\	[j]
ye	dye	\ī\	[aɪ]
z	zone	\z\	[z]
zi	glazier	\zh\	[ʒ]
zz	buzz	\z\	[z]

	Spanish	English
adj	adjetivo	adjective
adv	adverbio	adverb
adv phr	frase adverbial	adverbial phrase
algn	alguien	someone
art	artículo	article
Brit	Gran Bretaña	Great Britain
conj	conjunción	conjunction
conj phr	frase conjuntiva	conjunctive phrase
esp	especialmente	especially
etc	etcétera	et cetera
f	femenino	feminine
fam	familiar, informal, coloquial	familiar, informal, colloquial
fpl	femenino plural	feminine plural
interj	interjección	interjection
Lat	América Latina	Latin America
m	masculino	masculine
mf	masculino o femenino	masculine or feminine
mpl	masculino plural	masculine plural
n	sustantivo	noun
nf	sustantivo femenino	feminine noun
nfpl	sustantivo femenino plural	feminine plural noun

	Spanish	English
nfs & pl	sustantivo femenino invariable singular o plural	invariable singular or plural feminine noun
nm	sustantivo masculino	masculine noun
nmf	sustantivo masculino o femenino	masculine or feminine noun
nmfpl	sustantivo plural invariable para género	plural noun invariable for gender
nmfs & pl	sustantivo invariable para género y número	noun invariable for both gender and number
nmpl	sustantivo masculino plural	masculine plural noun
nms & pl	sustantivo masculino invariable singular o plural	invariable singular or plural masculine noun
npl	sustantivo plural	plural noun
ns & pl	sustantivo invariable en plural	noun invariable for plural
pl	plural	plural
pp	participio pasado	past participle
prep	preposición	preposition
prep phr	frase preposicional	prepositional phrase
pron	pronombre	pronoun
usu	normalmente	usually
v	verbo	verb
v aux	verbo auxiliar	auxiliary verb
vi	verbo intransitivo	intransitive verb
v impers	verbo impersonal	impersonal verb
vr	verbo reflexivo	reflexive verb
vt	verbo transitivo	transitive verb

ESPAÑOL-INGLÉS

a[1] *nf* : a, first letter of the Spanish alphabet

a[2] *prep* **1** : to **2 a las dos** : at two o'clock **3 al día siguiente** : (on) the following day **4 a pied** : on foot **5 de lunes a viernes** : from Monday until Friday **6 tres veces a la semana** : three times per week **7 a la** : in the manner of, like

abadía *nf* : abbey

abajo *adv* **1** : down, below, downstairs **2 abajo de** *Lat* : under, beneath **3 de abajo** : (at the) bottom **4 hacia abajo** : downwards

abalanzarse {21} *vr* : hurl oneself, rush

abandonar *vt* **1** : abandon, leave **2** RENUNCIAR A : **give up** — **abandonarse** *vr* **1** : neglect oneself **2 abandonarse a** : give oneself over to — **abandonado, -da** *adj* **1** : abandoned, deserted **2** DESCUIDADO : neglected **3** DESALIÑADO : slovenly — **abandono** *nm* **1** : abandonment, neglect **2 por abandono** : by default

abanico *nm* : fan — **abanicar** {72} *vt* : fan

abaratar *vt* : lower the price of — **abaratarse** *vr* : become cheaper

abarcar {72} *vt* **1** : cover, embrace **2** *Lat* : monopolize

abarrotar *vt* : pack, cram — **abarrotes** *nmpl Lat* **1** : groceries **2 tienda de abarrotes** : grocery store

abastecer {53} *vt* : supply, stock — **abastecimiento** *nm* : supply, provisions — **abasto** *nm* **1** : supply **2 no dar abasto a** : be unable to cope with

abatir *vt* **1** : knock down, shoot down **2** DEPRIMIR : depress — **abatirse** *vr* **1** : get depressed **2 abatirse sobre** : swoop down on — **abatido, -da** *adj* : dejected, depressed — **abatimiento** *nm* : depression, dejection

abdicar {72} *v* : abdicate — **abdicación** *nf, pl* **-ciones** : abdication

abdomen *nm, pl* **-dómenes** : abdomen — **abdominal** *adj* : abdominal

abecé *nm* : ABC — **abecedario** *nm* : alphabet

abedul *nm* : birch

abeja *nf* : bee — **abejorro** *nm* : bumblebee

aberración *nf, pl* **-ciones** : aberration

abertura *nf* : opening

abeto *nm* : fir (tree)

abierto, -ta *adj* : open

abigarrado, -da *adj* : multicolored

abismo *nm* : abyss, chasm — **abismal** *adj* : vast, enormous

abjurar *vi* **abjurar de** : abjure

ablandar *vt* : soften (up) — **ablandarse** *vr* : soften

abnegarse {49} *vr* : deny oneself — **abnegado, -da** *adj* : self-sacrificing — **abnegación** *nf, pl* **-ciones** : self-denial

abochornar *vt* : embarrass — **abochornarse** *vr* : get embarrassed

abofetear *vt* : slap

abogado, -da *n* : lawyer — **abogacía** *nf* : legal profession — **abogar** {52} *vi* **abogar por** : plead for, defend

abolengo *nm* : lineage

abolir {1} *vt* : abolish — **abolición** *nf,*

cazadora^F
jacket

parka^F
parka

trinchera^F
trench coat

trenca^F
duffle coat

pl **-ciones** : abolition
abollar *vt* : dent — **abolladura** *nf* : dent
abominar *vt* : abominate —
abominable *adj* : abominable —
abominación *nf, pl* **-ciones** : abomination
abonar *vt* **1** : pay (a bill, etc.) **2** :
fertilize (the soil) — **abonarse** *vr*
: subscribe — **abonado, -da** *n* :
subscriber — **abono** *nm* **1** : payment,
installment **2** FERTILIZANTE : fertilizer **3**
: season ticket (to the theater, etc.)
abordar *vt* **1** : tackle (a problem) **2**
: accost, approach (a person) **3** *Lat* :
board — **abordaje** *nm* : boarding
aborigen *nmf, pl* **-rígenes** : aborigine
— **aborigen** *adj* : aboriginal, native
aborrecer {53} *vt* : abhor, detest
— **aborrecible** *adj* : hateful —
aborrecimiento *nm* : loathing
abortar *vi* : have a miscarriage — *vt* :
abort — **aborto** *nm* : abortion, miscarriage
abotonar *vt* : button —
abotonarse *vr* : button up
abovedado, -da *adj* : vaulted
abrasar *vt* : burn, scorch — **abrasarse** *vr*
: burn up — **abrasador, -dora** *adj* : burning
abrasivo, -va *adj* : abrasive
— **abrasivo** *nm* : abrasive
abrazar {21} *vt* : hug, embrace —
abrazarse *vr* : embrace — **abrazadera** *nf*
: clamp — **abrazo** *nm* : hug, embrace
abrebotellas *nms & pl* : bottle opener
— **abrelatas** *nms & pl* : can opener
abrevadero *nm* : watering trough
abreviar *vt* **1** : shorten, abridge
2 : abbreviate (a word) —
abreviación *nf, pl* **-ciones** : shortening
— **abreviatura** *nf* : abbreviation
abridor *nm* : bottle opener, can opener
abrigar {52} *vt* **1** : wrap up (in clothing)
2 ALBERGAR : cherish, harbor —
abrigarse *vr* : dress warmly — **abrigado,
-da** *adj* **1** : sheltered **2** : warm, wrapped
up (of persons) — **abrigo** *nm* **1** : coat,
overcoat **2** REFUGIO : shelter, refuge
abril *nm* : April
abrillantar *vt* : polish, shine
abrir {2} *vt* **1** : open **2** : unlock, undo
— *vi* : open up — **abrirse** *vr* **1** :
open up **2** : clear up (of weather)
abrochar *vt* : button, fasten —
abrocharse *vr* : fasten, do up
abrogar {52} *vt* : annul, repeal
abrumar *vt* : overwhelm — **abrumador,
-dora** *adj* : overwhelming, oppressive

abrupto, -ta *adj* **1** ESCARPADO
: steep **2** ÁSPERO : rugged,
harsh **3** REPENTINO : abrupt
absceso *nm* : abscess
absolución *nf, pl* **-ciones 1** :
absolution **2** : acquittal (in law)
absoluto, -ta *adj* **1** : absolute,
unconditional **2 en absoluto** : not at all
— **absolutamente** *adv* : absolutely
absolver {89} *vt* **1** : absolve
2 : acquit (in law)
absorber *vt* **1** : absorb **2** : take up (time,
energy, etc.) — **absorbente** *adj* **1** :
absorbent **2** INTERESANTE : absorbing —
absorción *nf, pl* **-ciones** : absorption —
absorto, -ta *adj* : absorbed, engrossed
abstemio, -mia *adj* : abstemious
— **abstemio, -mia** *n* : teetotaler
abstenerse {80} *vr* : abstain, refrain —
abstención *nf, pl* **-ciones** : abstention
— **abstinencia** *nf* : abstinence
abstracción *nf, pl* **-ciones** : abstraction
— **abstracto, -ta** *adj* : abstract
— **abstraer** {81} *vt* : abstract —
abstraerse *vr* : lose oneself in thought
— **abstraído, -da** *adj* : preoccupied
absurdo, -da *adj* : absurd, ridiculous
— **absurdo** *nm* : absurdity
abuchear *vt* : boo, jeer —
abucheo *nm* : booing
abuelo, -la *n* **1** : grandfather,
grandmother **2** abuelos *nmpl*
: grandparents
abulia *nf* : apathy, lethargy
abultar *vi* : bulge, be bulky — *vt* : enlarge,
expand — **abultado, -da** *adj* : bulky
abundar *vi* : abound, be plentiful
— **abundancia** *nf* : abundance
— **abundante** *adj* : abundant
aburrir *vt* : bore — **aburrirse** *vr* :
get bored — **aburrido, -da** *adj* **1**
: bored **2** TEDIOSO : boring —
aburrimiento *nm* : boredom
abusar *vi* **1** : go too far **2 abusar de** :
abuse — **abusivo, -va** *adj* : outrageous,
excessive — **abuso** *nm* : abuse
abyecto, -ta *adj* : abject, wretched
acá *adv* : here, over here
acabar *vi* **1** : finish, end **2 acabar de**
: have just (done something) **3 acabar
con** : put an end to **4 acabar por** : end
up (doing something) — *vt* : finish —
acabarse *vr* : come to an end — **acabado,
-da** *adj* **1** : finished, perfect **2** AGOTADO :
old, worn-out — **acabado** *nm* : finish

academia *nf* : academy —
académico, -ca *adj* : academic
acaecer {53} *vi* : happen, occur
acallar *vt* : quiet, silence
acalorar *vt* : stir up, excite —
acalorarse *vr* : get worked up —
acalorado, -da *adj* : emotional, heated
acampar *vi* : camp — **acampada** *nf*
ir de acampar : go camping
acanalado, -da *adj* **1** : grooved
2 : corrugated (of iron, etc.)
acantilado *nm* : cliff
acaparar *vt* **1** : hoard **2**
MONOPOLIZAR : monopolize
acápite *nm* Lat : paragraph
acariciar *vt* **1** : caress **2** :
cherish (hopes, ideas, etc.)
ácaro *nm* : mite
acarrear *vt* **1** : haul, carry **2** OCASIONAR
: give rise to — **acarreo** *nm* : transport
acaso *adv* **1** : perhaps, maybe
2 por si acaso : just in case
acatar *vt* : comply with, respect —
acatamiento *nm* : compliance, respect
acatarrarse *vr* : catch a cold
acaudalado, -da *adj* : wealthy, rich
acaudillar *vt* : lead
acceder *vi* **1** : agree **2 acceder
a** : gain access to, enter
acceso *nm* **1** : access **2** ENTRADA :
entrance **3** : attack, bout (of an illness)
— **accesible** *adj* : accessible
accesorio *nm* : accessory —
accesorio, -ria *adj* : incidental
accidentado, -da *adj* **1** : eventful,
turbulent **2** : rough, uneven (of
land, etc.) **3** HERIDO : injured —
accidentado, -da *n* : accident victim
accidental *adj* : accidental —
accidentarse *vr* : have an accident
— **accidente** *nm* **1** : accident
2 : unevenness (of land)
acción *nf, pl* **-ciones 1** : action **2** ACTO :
act, deed **3** : share, stock (in finance) —
accionar *vt* : activate — *vi* : gesticulate
— **accionista** *nmf* : stockholder
acebo *nm* : holly
acechar *vt* : watch, stalk — **acecho** *nm*
estar al acecho por : be on the lookout for
aceite *nm* : oil — **aceitar** *vt* : oil
— **aceitera** *nf* **1** : oilcan **2** : cruet
(in cookery) **3** Lat : oil refinery
— **aceitoso, -sa** *adj* : oily
aceituna *nf* : olive
acelerar *v* : accelerate — **acelerarse** *vr*

: hurry up — **aceleración** *nf,* *pl* **-ciones** : acceleration — **acelerador** *nm* : accelerator

acelga *nf* : (Swiss) chard

acentuar {3} *vt* **1** : accent **2** ENFATIZAR : emphasize, stress — **acentuarse** *vr* : stand out — **acento** *nm* **1** : accent **2** ÉNFASIS : stress, emphasis

acepción *nf, pl* **-ciones** : sense, meaning

aceptar *vt* : accept — **aceptable** *adj* : acceptable — **aceptación** *nf, pl* **-ciones** **1** : acceptance **2** ÉXITO : success

acequia *nf* : irrigation ditch

acera *nf* : sidewalk

acerbo, -ba *adj* : harsh, caustic

acerca *prep* **acerca de :** about, concerning

acercar {72} *vt* : bring near or closer — **acercarse** *vr* : approach, draw near

acero *nm* **1** : steel **2 acero inoxidable** : stainless steel

acérrimo, -ma *adj* **1** : staunch, steadfast **2** : bitter (of an enemy)

acertar {55} *vt* : guess correctly — *vi* **1** ATINAR : be accurate **2 acertar a** : manage to — **acertado, -da** *adj* : correct, accurate

acertijo *nm* : riddle

acervo *nm* : heritage

acetona *nf* : acetone, nail-polish remover

achacar {72} *vt* : attribute, impute

achacoso, -sa *adj* : sickly

achaparrado, -da *adj* : squat, stocky

achaque *nm* : aches and pains

achatar *vt* : flatten

achicar {72} *vt* **1** : make smaller **2** ACOBARDAR : intimidate **3** : bail out (water) — **achicarse** *vr* : become intimidated

achicharrar *vt* : scorch, burn to a crisp

achicoria *nf* : chicory

aciago, -ga *adj* : fateful, unlucky

acicalar *vt* : dress up, adorn — **acicalarse** *vr* : get dressed up

acicate *nm* **1** : spur **2** INCENTIVO : incentive

ácido, -da *adj* : acid, sour — **acidez** *nf, pl* **-deces** : acidity — **ácido** *nm* : acid

acierto *nm* **1** : correct answer **2** HABILIDAD : skill, sound judgment

aclamar *vt* : acclaim — **aclamación** *nf, pl* **-ciones** : acclaim, applause

aclarar *vt* **1** CLARIFICAR : clarify, explain **2** : rinse (clothing) **3 aclarar la voz** : clear one's throat — *vi* : clear up — **aclararse** *vr* : become clear — **aclaración** *nf, pl* **-ciones** : explanation

— **aclaratorio, -ria** *adj* : explanatory

aclimatar *vt* : acclimatize — **aclimatarse** *vr* **aclimatarse a** : get used to — **aclimatación** *nf, pl* **-ciones** : acclimatization

acné *nm* : acne

acobardar *vt* : intimidate — **acobardarse** *vr* : become frightened

acodarse *vr* **acodarse en :** lean (one's elbows) on

acoger {15} *vt* **1** REFUGIAR : shelter **2** RECIBIR : receive, welcome — **acogerse** *vr* **1** : take refuge **2 acogerse a** : resort to — **acogedor, -dora** *adj* : cozy, welcoming — **acogida** *nf* **1** : welcome **2** REFUGIO : refuge

acolchar *vt* : pad

acólito *nm* MONAGUILLO : altar boy

acometer *vt* **1** : attack **2** EMPRENDER : undertake — *vi* **acometer contra** : rush against — **acometida** *nf* : attack, assault

acomodar *vt* **1** ADAPTAR : adjust **2** COLOCAR : put, make a place for — **acomodarse** *vr* **1** : settle in **2 acomodarse a** : adapt to — **acomodado, -da** *adj* : well-to-do — **acomodaticio, -cia** *adj* : accommodating, obliging — **acomodo** *nm* : job, position

acompañar *vt* **1** : accompany **2** ADJUNTAR : enclose — **acompañamiento** *nm* : accompaniment — **acompañante** *nmf* **1** COMPAÑERO : companion **2** : accompanist (in music)

acompasado, -da *adj* : rhythmic, measured

acondicionar *vt* : fit out, equip — **acondicionado, -da** *adj* : equipped

acongojar *vt* : distress, upset — **acongojarse** *vr* : get upset

aconsejar *vt* : advise — **aconsejable** *adj* : advisable

acontecer {53} *vi* : occur, happen — **acontecimiento** *nm* : event

acopiar *vt* : gather, collect — **acopio** *nm* : collection, stock

acoplar *vt* : couple, connect — **acoplarse** *vr* : fit together — **acoplamiento** *nm* : connection, coupling

acorazado, -da *adj* : armored — **acorazado** *nm* : battleship

acordar {19} *vt* **1** : agree (on) **2** *Lat* : award — **acordarse** *vr* : remember

acorde 1 : in agreement **2 acorde con** : in keeping with — **acorde** *nm* : chord (in music)

acordeón *nm, pl* **-deones** : accordion

acordonar *vt* **1** : cordon off **2** : lace up (shoes)

acorralar *vt* : corner, corral

acortar *vt* : shorten, cut short — **acortarse** *vr* : get shorter

acosar *vt* : hound, harass — **acoso** *nm* : harassment

acostar {19} *vt* : put to bed — **acostarse** *vr* **1** : go to bed **2** TUMBARSE : lie down

acostumbrar *vt* : accustom — *vi* **acostumbrar a** : be in the habit of — **acostumbrarse** *vr* **acostumbrarse a :** get used to — **acostumbrado, -da** *adj* **1** HABITUADO : accustomed **2** HABITUAL : usual

acotar *vt* **1** ANOTAR : annotate **2** DELIMITAR : mark off (land) — **acotación** *nf, pl* **-ciones** : marginal note — **acotado, -da** *adj* : enclosed

acre *adj* **1** : pungent **2** MORDAZ : harsh, biting

acrecentar {55} *vt* : increase — **acrecentamiento** *nm* : growth, increase

acreditar *vt* **1** : accredit, authorize **2** PROBAR : prove — **acreditarse** *vr* : prove oneself — **acreditado, -da** *adj* **1** : reputable **2** : accredited (in politics, etc.)

acreedor, -dora *adj* : worthy — **acreedor, -dora** *n* : creditor

acribillar *vt* **1** : riddle, pepper **2 acribillar a** : harass with

acrílico *nm* : acrylic

acrimonia *nf or* acritud *nf* **1** : pungency **2** RESENTIMIENTO : bitterness, acrimony

acrobacia *nf* : acrobatics — **acróbata** *nmf* : acrobat — **acrobático, -ca** *adj* : acrobatic

acta *nf* **1** : certificato **2** : minutes *pl* (of a meeting)

actitud *nf* **1** : attitude **2** POSTURA : posture, position

activar *vt* **1** : activate **2** ESTIMULAR : stimulate, speed up — **actividad** *nf* : activity — **activo, -va** *adj* : active — **activo** *nm* : assets *pl*

acto *nm* **1** ACCIÓN : act, deed **2** : act (in theater) **3 en el acto** : right away

actor *nm* : actor — **actriz** *nf, pl* **-trices** : actress

actual *adj* : present, current — **actualidad** *nf* **1** : present time **2** actuales *nfpl* : current affairs — **actualizar** {21} *vt* : modernize — **actualización** *nf, pl* **-ciones** :

guitarra[F] **acústica**
acoustic guitar

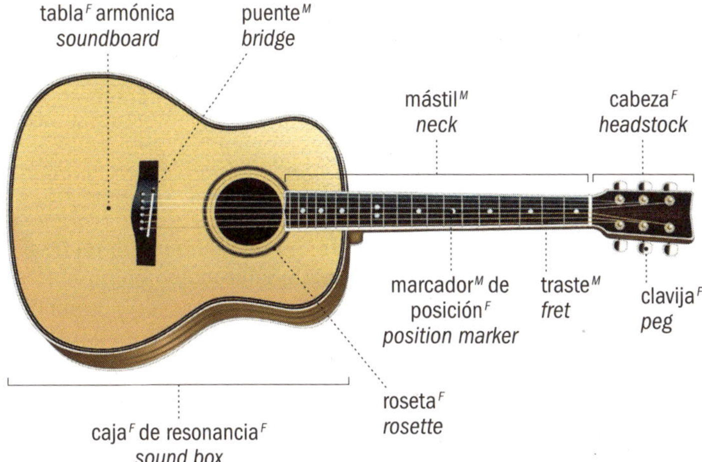

modernization — **actualmente** *adv*
: at present, nowadays
actuar {3} *vi* **1** : act, perform
2 actuar de : act as
acuarela *nf* : watercolor
acuario *nm* : aquarium
acuartelar *vt* : quarter (troops)
acuático, -ca *adj* : aquatic, water
acuchillar *vt* : knife, stab
acudir *vi* **1** : go, come **2 acudir a** : be
present at, attend **3 acudir a** : turn to
acueducto *nm* : aqueduct
acuerdo *nm* **1** : agreement **2**
de acuerdo : OK, all right **3 de**
acuerdo con : in accordance with
4 estar de acuerdo : agree
acumular *vt* : accumulate
— **acumularse** *vr* : pile up —
acumulación *nf, pl* **-ciones** : accumulation
— **acumulador** *nm* : storage battery
— **acumulativo, -va** *adj* : cumulative
acunar *vt* : rock
acuñar *vt* **1** : mint (money)
2 : coin (a word)
acuoso, -sa *adj* : watery
acupuntura *nf* : acupuncture
acurrucarse {72} *vr* : curl up, nestle
acusar *vt* **1** : accuse **2** MOSTRAR
: reveal, show — **acusación** *nf,*
pl **-ciones** : accusation, charge

— **acusado, -da** *adj* : prominent,
marked — **acusado, -da** *n* : defendant
acuse *nm* **acuse de recibo** :
acknowledgment of receipt
▸ **acústica** *nf* : acoustics —
acústico, -ca *adj* : acoustic
adagio *nm* **1** REFRÁN : adage,
proverb **2** : adagio (in music)
adaptar *vt* **1** : adapt **2** AJUSTAR : adjust,
fit — **adaptarse** *vr* **adaptarse a** : adapt
to — **adaptable** *adj* : adaptable —
adaptación *nf, pl* **-ciones** : adaptation —
adaptador *nm* : adapter (in electricity)
adecuar {8} *vt* : adapt, make suitable
— **adecuarse** *vr* **adecuarse a** :
be appropriate for — **adecuado,**
-da *adj* : suitable, appropriate
adelantar *vt* **1** : advance, move forward
2 PASAR : overtake **3** : pay in advance
— **adelantarse** *vr* **1** : move forward,
get ahead **2** : be fast (of a clock) —
adelantado, -da *adj* **1** : advanced, ahead
2 : fast (of a clock) **3 por adelantado**
: in advance — **adelante** *adv* **1** :
ahead, forward **2 ¡adelante!** : come
in! **3 más adelante** : later on, further
on — **adelanto** *nm* **1** : advance **2** *or*
adelanto de dinero : advance payment
adelgazar {21} *vt* : make
thin — *vi* : lose weight

ademán *nm, pl* **-manes 1** GESTO :
gesture **2 ademánes** *nmpl* : manners
3 en ademán de : as if to
además *adv* **1** : besides, furthermore **2**
además de : in addition to, as well as
adentro *adv* : inside, within
— **adentrarse** *vr* **adentrarse**
en : go into, get inside of
adepto, -ta *n* : follower, supporter
aderezar {21} *vt* : season, dress —
aderezo *nm* : dressing, seasoning
adeudar *vt* **1** : debit **2** DEBER : owe —
adeudo *nm* **1** DÉBITO : debit **2** *Lat* : debt
adherirse {76} *vr* : adhere, stick
— **adherencia** *nf* : adherence —
adhesión *nf, pl* **-siones 1** : adhesion **2**
APOYO : support — **adhesivo, -va** *adj* :
adhesive — **adhesivo** *nm* : adhesive
adición *nf, pl* **-ciones** : addition
— **adicional** *adj* : additional
adicto, -ta *adj* : addicted —
adicto, -ta *n* : addict
adiestrar *vt* : train
adinerado, -da *adj* : wealthy
adiós *nm, pl* **adioses 1** : farewell
2 ¡adiós! : good-bye!
aditamento *nm* : attachment, accessory
aditivo *nm* : additive
adivinar *vt* **1** : guess **2** PREDECIR :
foretell — **adivinación** *nf, pl* **-ciones** :
guessing, prediction — **adivinanza** *nf* :
riddle — **adivino, -na** *n* : fortune-teller
adjetivo *nm* : adjective
adjudicar {72} *vt* : award —
adjudicarse *vr* : appropriate —
adjudicación *nf, pl* **-ciones** : awarding
adjuntar *vt* : enclose (with a letter,
etc.) — **adjunto, -ta** *adj* : enclosed,
attached — **adjunto, -ta** *n* : assistant
administración *nf, pl* **-ciones 1** :
administration **2** : administering (of a
drug, etc.) **3** DIRECCIÓN : management —
administrador, -dora *n* : administrator,
manager — **administrar** *vt* **1** : manage,
run **2** : administer (a drug, etc.) —
administrativo, -va *adj* : administrative
admirar *vt* : admire — **admirarse** *vr*
: be amazed — **admirable** *adj* :
admirable — **admiración** *nf, pl* **-ciones**
1 : admiration **2** ASOMBRO : amazement
— **admirador, -dora** *n* : admirer
admitir *vt* **1** : admit **2** ACEPTAR :
accept — **admisible** *adj* : admissible,
acceptable — **admisión** *nf, pl* **-siones 1**
: admission **2** ACEPTACIÓN : acceptance

ADN *nm* : DNA

adobe *nm* : adobe

adobo *nm* : marinade

adoctrinar *vt* : indoctrinate — **adoctrinamiento** *nm* : indoctrination

adolecer {53} *vi* **adolecer de** : suffer from

adolescente *adj & nmf* : adolescent — **adolescencia** *nf* : adolescence

adonde *conj* : where

adónde *adv* : where

adoptar *vt* : adopt (a child), take (a decision) — **adopción** *nf, pl* -ciones : adoption — **adoptivo, -va** *adj* : adopted, adoptive

adoquín *nm, pl* **-quines** : cobblestone

adorar *vt* : adore, worship — **adorable** *adj* : adorable — **adoración** *nf, pl* **-ciones** : adoration, worship

adormecer {53} *vt* **1** : make sleepy **2** ENTUMECER : numb — **adormecerse** *vr* : doze off — **adormecimiento** *nm* : drowsiness — **adormilarse** *vr* : doze

adornar *vt* : decorate, adorn — **adorno** *nm* : ornament, decoration

adquirir {4} *vt* **1** : acquire **2** COMPRAR : purchase — **adquisición** *nf, pl* -ciones **1** : acquisition **2** COMPRA : purchase

adrede *adv* : intentionally, on purpose

adscribir {33} *vt* : assign, appoint

aduana *nf* : customs (office) — **aduanero, -ra** *adj* : customs — **aduana** *n* : customs officer

aducir {61} *vt* : cite, put forward

adueñarse *vr* **adueñarse de** : take possession of

adular *vt* : flatter — **adulación** *nf, pl* **-ciones** : adulation, flattery — **adulador, -dora** *adj* : flattering — **adulador, -dora** *n* : flatterer

adulterar *vt* : adulterate

adulterio *nm* : adultery — **adúltero, -ra** *n* : adulterer

adulto, -ta *adj & n* : adult

adusto, -ta *adj* : stern, severe

advenedizo, -za *n* : upstart

advenimiento *nm* : advent, arrival

adverbio *nm* : adverb — **adverbial** *adj* : adverbial

adversario, -ria *n* : adversary, opponent — **adverso, -sa** *adj* : adverse — **adversidad** *nf* : adversity

advertir {76} *vt* **1** AVISAR : **warn 2** NOTAR : notice — **advertencia** *nf* : warning

adviento *nm* : Advent

adyacente *adj* : adjacent

▸ **aéreo, -rea** *adj* : aerial, air

aerobic *nm* : aerobics *pl*

aerodinámico, -ca *adj* : aerodynamic

aeródromo *nm* : airfield

aerolínea *nf* : airline

terminal^M **aéreo**
airport passenger terminal

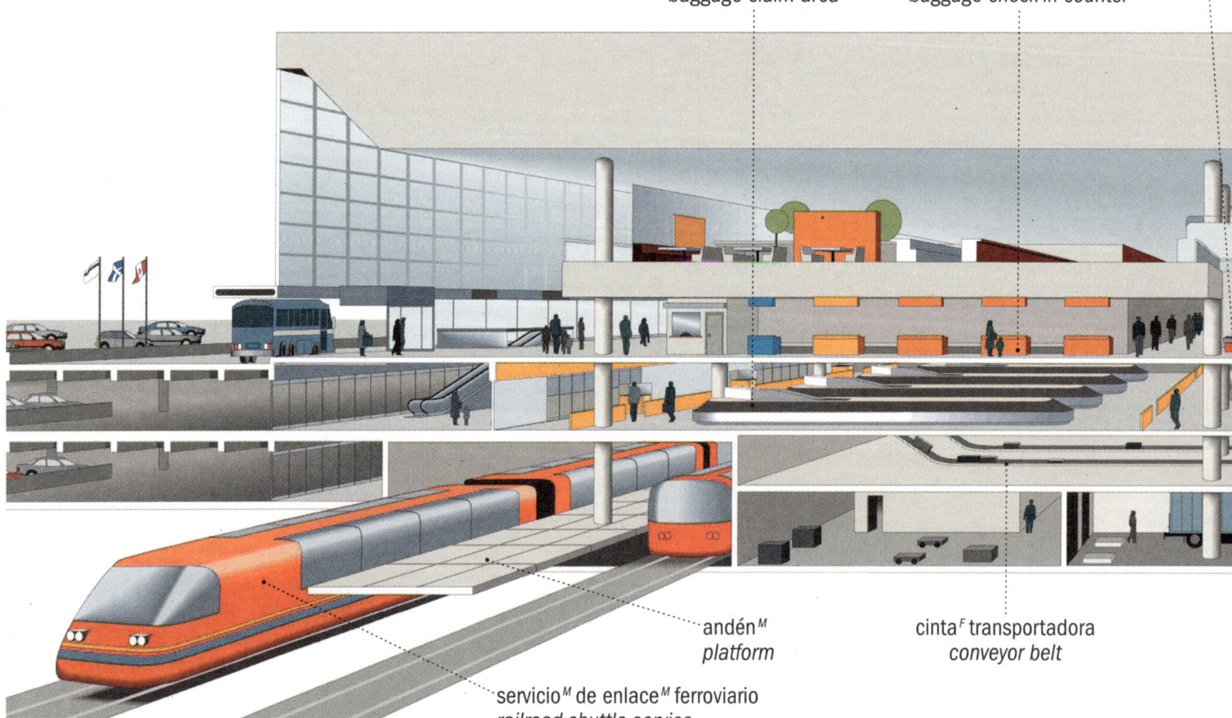

aeromozo, -za *n* : flight attendant, steward *m*, stewardess *f*
aeronave *nf* : aircraft
aeropuerto *nm* : airport
aerosol *nm* : aerosol, spray
afable *adj* : affable — **afabilidad** *nf* : affability
afán *nm, pl* **afanes 1** ANHELO : eagerness **2** EMPEÑO : effort, hard work — **afanarse** *vr* : toil — **afanosamente** *adv* : industriously, busily — **afanoso, -sa** *adj* **1** : eager **2** TRABAJOSO : arduous
afear *vt* : make ugly, disfigure
afección *nf, pl* **-ciones** : ailment, complaint
afectar *vt* : affect — **afectación** *nf, pl* **-ciones** : affectation — **afectado, -da** *adj* : affected
afectivo, -va *adj* : emotional
afecto *nm* : affection — **afecto,**

-ta *adj* **afecto a** : fond of — **afectuoso, -sa** *adj* : affectionate, caring
afeitar *vt* : shave — **afeitarse** *vr* : shave — **afeitada** *nf* : shave
afeminado, -da *adj* : effeminate
aferrarse {55} *vr* : cling, hold on
afianzar {21} *vt* : secure, strengthen — **afianzarse** *vr* : become established
afiche *nm Lat* : poster
afición *nf, pl* **-ciones 1** : penchant, fondness **2** PASATIEMPO : hobby — **aficionado, -da** *n* **1** ENTUSIASTA : enthusiast, fan **2** AMATEUR : amateur — **aficionarse** *vr* **aficiónarse a** : become interested in
afilar *vt* : sharpen — **afilado, -da** *adj* : sharp — **afilador** *nm* : sharpener
afiliarse *vr* **afiliarse a** : join, become a member of — **afiliación** *nf, pl* **-ciones** : affiliation — **afiliado, -da** *adj* : affiliated

afín *adj, pl* **afines** : related, similar — **afinidad** *nf* : affinity, similarity
afinar *vt* **1** : tune **2** PULIR : perfect, refine
afirmar *vt* **1** : state, affirm **2** REFORZAR : strengthen — **afirmación** *nf, pl* **-ciones** : statement, affirmation — **afirmativo, -va** *adj* : affirmative
afligir {35} *vt* **1** : afflict **2** APENAR : distress — **afligirse** *vr* : grieve — **aflicción** *nf, pl* **-ciones** : grief, sorrow — **afligido -da** *adj* : sorrowful, distressed
aflojar *vt* : loosen, slacken — *vi* : ease up — **aflojarse** *vr* : become loose, slacken
aflorar *vi* : come to the surface, emerge — **afloramiento** *nm* : outcrop
afluencia *nf* : influx — **afluente** *nm* : tributary
afortunado, -da *adj* : fortunate, lucky — **afortunadamente** *adv* : fortunately
afrentar *vt* : insult — **afrenta** *nf*

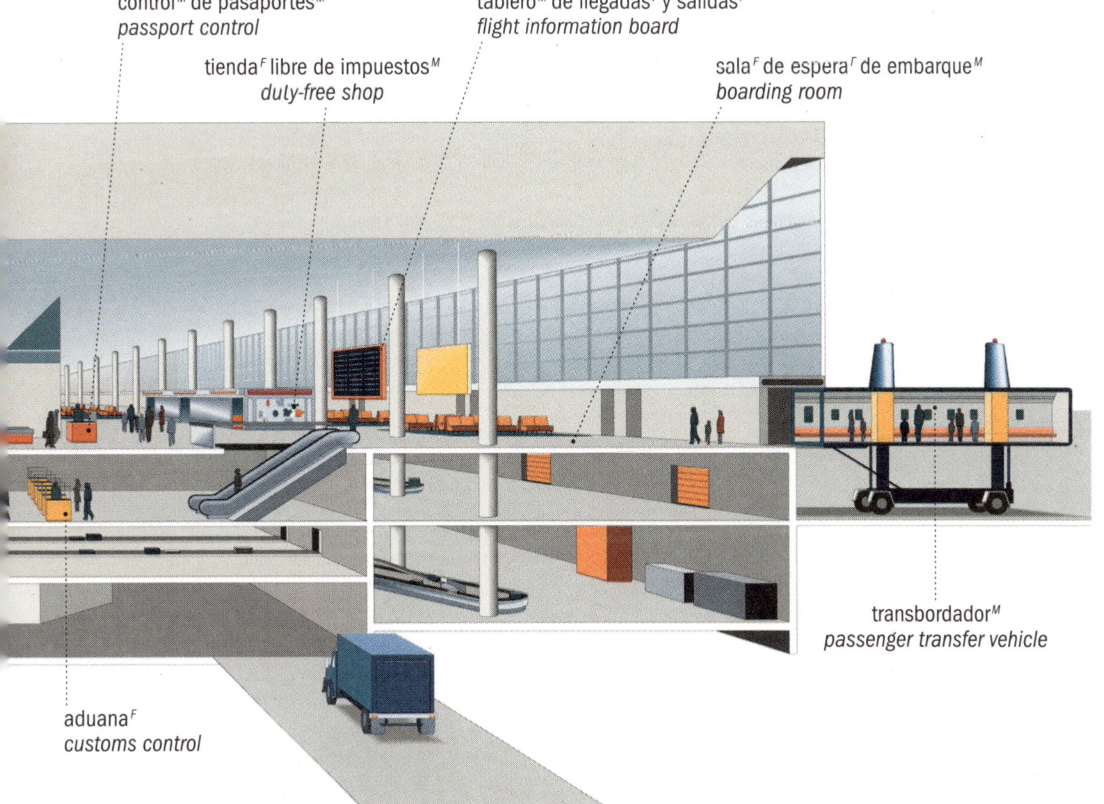

: affront, insult
africano, -na *adj* : African
afrontar *vt* : confront, face
afuera *adv* **1** : out **2** : outside,
outdoors — **afueras** *nfpl* : outskirts
agachar *vt* : lower —
agacharse *vr* : crouch, stoop
agalla *nf* **1** BRANQUIA : gill **2 tener**
agallas *fam* : have guts
agarrar *vt* **1** ASIR : grasp **2** *Lat* : catch
— **agarrarse** *vr* : hold on, cling —
agarradera *nf Lat* : handle — **agarrado,**
-da *adj, fam* : stingy — **agarre** *nm* : grip,
grasp — **agarrón** *nm, pl* **-rones** : tug, pull
agasajar *vt* : fête, wine and dine
— **agasajo** *nm* : lavish attention
agave *nm* : agave
agazaparse *vr* : crouch down
agencia *nf* : agency, office —
agente *nmf* : agent, officer
agenda *nf* **1** : agenda **2**
LIBRETA : **notebook**
ágil *adj* : agile — **agilidad** *nf* : agility
agitar *vt* **1** : agitate, shake **2** : wave,
flap (wings, etc.) **3** PERTURBAR : stir
up — **agitarse** *vr* **1** : toss about **2**
INQUIETARSE : get upset — **agitación** *nf,*
pl **-ciones 1** : agitation, shaking **2**
INTRANQUILIDAD : restlessness —
agitado, -da *adj* **1** : agitated, excited
2 : choppy, rough (of the sea)
aglomerar *vt* : amass —
aglomerarse *vr* : crowd together
agnóstico, -ca *adj & n* : agnostic
agobiar *vt* **1** : oppress **2** ABRUMAR :
overwhelm — **agobiado, -da** *adj* :
weary, weighed down — **agobiante** *adj*
: oppressing, oppressive
agonizar {21} *vi* : be dying —
agonía *nf* **1** : death throes **2** PENA :
agony — **agonizante** *adj* : dying
agorero, -ra *adj* : ominous
agostar *vt* : wither
agosto *nm* : August
agotar *vt* **1** : deplete, use up **2** CANSAR
: exhaust, weary — **agotarse** *vr* **1**
: run out, give out **2** CANSARSE :
get tired — **agotado, -da** *adj* **1**
CANSADO : exhausted **2** : sold out —
agotador, -dora *adj* : exhausting —
agotamiento *nm* : exhaustion
agraciado, -da *adj* **1** : attractive
2 AFORTUNADO : fortunate
agradar *vi* : be pleasing — **agradable** *adj*
: pleasant, agreeable — **agrado** *nm* **1** :

taste, liking **2 con agrado** : with pleasure
agradecer {53} *vt* : be grateful for,
thank — **agradecido, -da** *adj* : grateful
— **agradecimiento** *nm* : gratitude
agrandar *vt* : enlarge —
agrandarse *vr* : grow larger
agrario, -ria *adj* : agrarian, agricultural
agravar *vt* **1** : make heavier **2**
EMPEORAR : aggravate, worsen
— **agravarse** *vr* : get worse
agraviar *vt* : insult — **agravio** *nm* : insult
agredir {1} *vt* : attack
agregar {52} *vt* : add, attach
— **agregado, -da** *n* : attaché —
agregado *nm* : aggregate
agresión *nf, pl* **-siones** : aggression,
attack — **agresividad** *nf* : aggressiveness
— **agresivo, -va** *adj* : aggressive —
agresor, -sora *n* : aggressor, attacker
agreste *adj* : rugged, wild
agriar *vt* : sour — **agriarse** *vr* **1** : turn
sour (of milk, etc.) **2** : become embittered
agrícola *adj* : agricultural —
agricultura *nf* : agriculture, farming
— **agricultor, -tora** *n* : farmer
agridulce *adj* **1** : bittersweet **2** :
sweet-and-sour (in cooking)
agrietar *vt* : crack —
agrietarse *vr* **1** : crack **2** : chap
agrimensor, -sora *n* : surveyor
agrio, agria *adj* : sour
agrupar *vt* : group together —
agruparse *vr* : form a group —
agrupación *nf, pl* **-ciones** : group,
association — **agrupamiento** *nm*
: grouping : group, association
agua *nf* **1** : water **2 agua oxigenada**
: hydrogen peroxide **3 aguas negras**
or **aguas residuales** : sewage
aguacate *nm* : avocado
aguacero *nm* : downpour
aguado, -da *adj* **1** : watery **2** *Lat*
fam : soft, flabby — **aguar** {10} *vt* **1**
: water down, dilute **2 aguar la**
fiesta *fam* : spoil the party
aguafuerte *nm* : etching
aguanieve *nf* : sleet
aguantar *vt* **1** SOPORTAR : bear,
withstand **2** SOSTENER : hold — *vi* :
hold out, last — **aguantarse** *vr* **1**
: resign oneself **2** CONTENERSE :
restrain oneself — **aguante** *nm* **1** :
patience **2** RESISTENCIA : endurance
aguardar *vt* : await
aguardiente *nm* : clear brandy

aguarrás *nm* : turpentine
agudo, -da *adj* **1** : acute, sharp **2**
: shrill, high-pitched (in music) —
agudeza *nf* **1** : sharpness **2** : witticism
agüero *nm* : augury, omen
aguijón *nm, pl* **-jones 1** : stinger
(of an insect) **2** ESTÍMULO : goad,
stimulus — **aguijonear** *vt* : goad
águila *nf* : eagle
aguja *nf* **1** : needle **2** : hand (of a
clock) **3** : spire (of a church)
agujero *nm* : hole
agujeta *nf* **1** *Lat* : shoelace **2**
agujetas *nfpl* : (muscular) stiffness
aguzar {21} *vt* **1** : sharpen **2 aguzar**
el oído : prick up one's ears
ahí *adv* **1** : there **2 por ahí** :
somewhere, thereabouts
ahijado, -da *n* : godchild,
godson *m*, goddaughter *f*
ahínco *nm* : eagerness, zeal
ahogar {52} *vt* **1** : drown **2** ASFIXIAR
: smother — **ahogarse** *vr* : drown
— **ahogo** *nm* : breathlessness
ahondar *vt* : deepen — *vi* :
elaborate, go into detail
ahora *adv* **1** : now **2 ahora**
mismo : right now
ahorcar {72} *vt* : hang, kill by hanging
— **ahorcarse** *vr* : hang oneself
ahorita *adv Lat fam* : right now
ahorrar *vt* : save, spare — *vi* :
save up — **ahorrarse** *vr* : spare
oneself — **ahorro** *nm* : saving
ahuecar {72} *vt* **1** : hollow
out **2** : cup (one's hands)
ahumar {8} *vt* : smoke, cure —
ahumado, -da *adj* : smoked
ahuyentar *vt* : scare away, chase away
airado, -da *adj* : irate, angry
aire *nm* **1** : air **2 aire acondicionado** : air-
conditioning **3 al aire libre** : in the open
air, outdoors — **airear** *vt* : air, air out
aislar {5} *vt* **1** : isolate **2** : insulate
(in electricity) — **aislamiento** *nm* **1**
: isolation **2** : (electrical) insulation
ajar *vt* **1** : crumple, wrinkle
2 ESTROPEAR : spoil
ajedrez *nm* : chess
ajeno, -na *adj* **1** : someone else's **2**
EXTRAÑO : alien **3 ajeno, -na a** : foreign to
ajetreado, -da *adj* : hectic, busy
— **ajetrearse** *vr* : bustle about —
ajetreo *nm* : hustle and bustle
ají *nm, pl* **ajíes** *Lat* : chili pepper

ajo *nm* : garlic
ajustar *vt* **1** : adjust, adapt **2** ACORDAR : agree on **3** SALDAR : settle — **ajustarse** *vr* : fit, conform — **ajustable** *adj* : adjustable — **ajustado, -da** *adj* **1** : close, tight **2** CEÑIDO : tight-fitting — **ajuste** *nm* : adjustment
ajusticiar *vt* : execute, put to death
al (*contraction of* **a** *and* **el**) → **a**²
ala *nf* **1** : wing **2** : brim (of a hat)
alabanza *nf* : praise — **alabar** *vt* : praise
alacena *nf* : cupboard, larder
alacrán *nm, pl* **-cranes** : scorpion
alado, -da *adj* : winged
alambre *nm* : wire
alameda *nf* **1** : poplar grove **2** : tree-lined avenue — **álamo** *nm* : poplar
alarde *nm* : show, display — **alardear** *vi* : boast
alargar {52} *vt* **1** : extend, lengthen **2** PROLONGAR : prolong — **alargarse** *vr* : become longer — **alargador** *nm* : extension cord
alarido *nm* : howl, shriek
alarmar *vt* : alarm — **alarma** *nf* : alarm — **alarmante** *adj* : alarming
alba *nf* : dawn
albahaca *nf* : basil
albañil *nm* : bricklayer, mason
albaricoque *nm* : apricot
albedrío *nm* **libre albedrío** : free will
alberca *nf* **1** : reservoir, tank **2** *Lat* : swimming pool
albergar {52} *vt* : house, lodge — **albergue** *nm* **1** : lodging **2** REFUGIO : shelter **3 albergue juvenil** : youth hostel
albóndiga *nf* : meatball
alborear *v impers* : dawn — **albor** *nm* : dawning — **alborada** *nf* : dawn
alborotar *vt* : excite, stir up — *vi* : make a racket — **alborotarse** *vr* : get excited — **alborotado, -da** *adj* : excited, agitated — **alborotador, -dora** *n* : agitator, rioter — **alboroto** *nm* : ruckus
alborozar {21} *vt* : gladden — **alborozo** *nm* : joy
álbum *nm* : album
alcachofa *nf* : artichoke
alcalde, -desa *n* : mayor
alcance *nm* **1** : reach **2** ÁMBITO : range, scope
alcancía *nf* : money box
alcantarilla *nf* : sewer, drain
alcanzar {21} *vt* **1** : reach **2** LLEGAR A : catch up with **3** LOGRAR : achieve,

attain — *vi* **1** : suffice, be enough **2 alcanzar a** : manage to
alcaparra *nf* : caper
alcázar *nm* : fortress, castle
alce *nm* : moose, European elk
alcoba *nf* : bedroom
alcohol *nm* : alcohol — **alcohólico, -ca** *adj & n* : alcoholic — **alcoholismo** *nm* : alcoholism
aldaba *nf* : door knocker
aldea *nf* : village — **aldeano, -na** *n* : villager
aleación *nf, pl* **-ciones** : alloy
aleatorio, -ria *adj* : random
aleccionar *vt* : instruct, teach
aledaño, -ña *adj* : bordering — **aledaños** *nmpl* : outskirts
alegar {52} *vt* : assert, allege — *vi Lat* : argue — **alegato** *nm* **1** : allegation (in law) **2** *Lat* : argument
alegoría *nf* : allegory — **alegórico, -ca** *adj* : allegorical
alegrar *vt* : make happy, cheer up — **alegrarse** *vr* : be glad — **alegre** *adj* **1** CONTENTO : glad, happy **2** : colorful, bright — **alegremente** *adv* : happily — **alegría** *nf* : joy, cheer
alejar *vt* **1** : remove, move away **2** ENAJENAR : estrange — **alejarse** *vr* : move away, drift apart — **alejado, -da** *adj* : remote — **alejamiento** *nm* **1** : removal **2** : estrangement (of persons)
alemán, -mana *adj, mpl* **-manes** : German — **alemán** *nm* : German (language)
alentar {55} *vt* : encourage — **alentador, -dora** *adj* : encouraging
alergia *nf* : allergy — **alérgico, -ca** *adj* : allergic
alero *nm* : eaves *pl*
alertar *vt* : alert — **alerta** *adv* : on the alert — **alerta** *adj & nf* : alert
aleta *nf* **1** : fin, flipper **2** : small wing
alevosía *nf* : treachery — **alevoso, -sa** *adj* : treacherous
alfabeto *nm* : alphabet — **alfabético, -ca** *adj* : alphabetical — **alfabetismo** *nm* : literacy — **alfabetizar** {21} *vt* **1** : teach literacy **2** : alphabetize
alfalfa *nf* : alfalfa
alfarería *nf* : pottery
alféizar *nm* : sill, windowsill
alfil *nm* : bishop (in chess)
alfiler *nm* **1** : pin **2** BROCHE : brooch — **alfiletero** *nm* : pincushion

alfombra *nf* : carpet, rug — **alfombrilla** *nf* : small rug, mat
alga *nf* : seaweed
álgebra *nf* : algebra
algo *pron* **1** : something **2 algo de** : some, a little — **algo** *adv* : somewhat, rather
algodón *nm, pl* **-dones** : cotton
alguacil *nm* : constable, bailiff
alguien *pron* : somebody, someone
alguno, -na *adj* (**algún** *before masculine singular nouns*) **1** : some, any **2** (*in negative constructions*) : not any, not at all **3 algunas veces** : sometimes — **alguno, -na** *pron* **1** : one, someone, somebody **2 algunos, -nas** *pron pl* : some, a few
alhaja *nf* : jewel
alharaca *nf* : fuss
aliado, -da *n* : ally — **aliado, -da** *adj* : allied — **alianza** *nf* : alliance — **aliarse** {85} *vr* : form an alliance
alias *adv & nm* : alias
alicaído, -da *adj* : depressed
alicates *nmpl* : pliers
aliciente *nm* **1** : incentive **2** : attraction (to a place)
alienar *vt* : alienate — **alienación** *nf, pl* **-ciones** : alienation
aliento *nm* **1** : breath **2** ÁNIMO : encouragement, strength
aligerar *vt* **1** : lighten **2** APRESURAR : hasten, quicken
alimaña *nf* : pest, vermin
alimentar *vt* : feed, nourish — **alimentarse** *vr* **alimentar con** : live on — **alimentación** *nf, pl* **-ciones 1** : feeding **2** NUTRICIÓN : nourishment — **alimenticio, -cia** *adj* : nourishing — **alimento** *nm* : food, nourishment
alinear *vt* : align, line up — **alinearse** *vr* **alinear con** : align oneself with — **alineación** *nf, pl* **-ciones 1** : alignment **2** : lineup (in sports)
aliño *nm* : dressing, seasoning — **aliñar** *vt* : season, dress
alisar *vt* : smooth
alistarse *vr* : join up, enlist — **alistamiento** *nm* : enlistment
aliviar *vt* : relieve, soothe — **aliviarse** *vr* : recover, get better — **alivio** *nm* : relief
aljibe *nm* : cistern, tank
allá *adv* **1** : there, over there **2 más allá** : farther away **3 más allá de** : beyond
allanar *vt* **1** : smooth, level out **2** *Spain* : break into (a house) **3** *Lat* : raid — **allanamiento** *nm* **1** *Spain* :

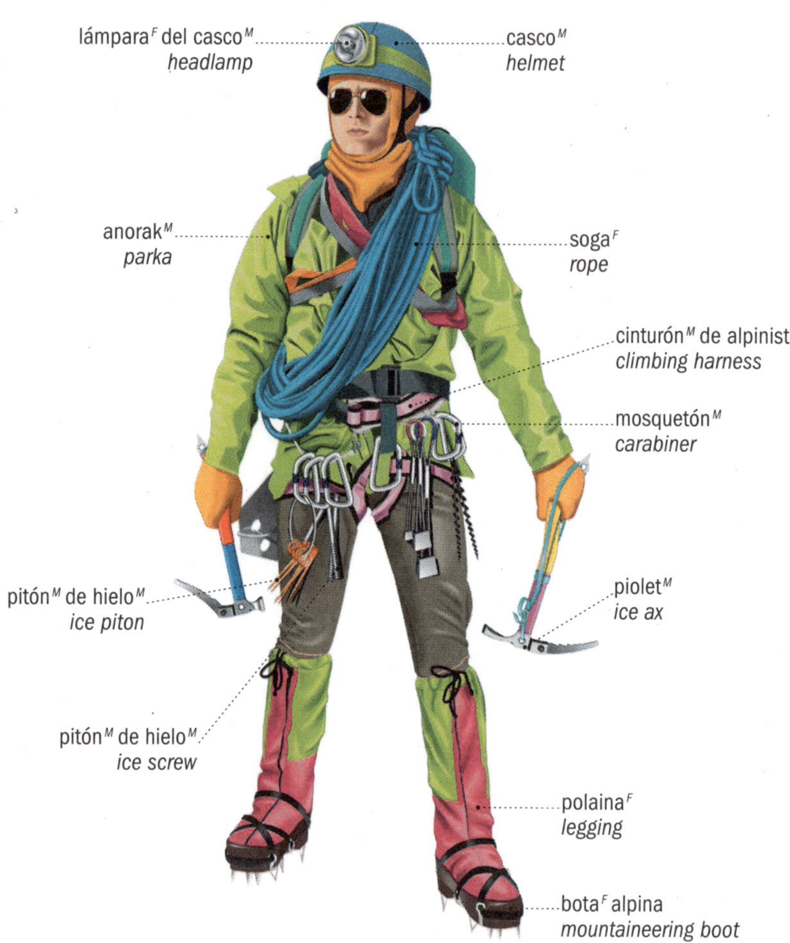

breaking and entering **2** *Lat* : raid

allegado, -da *n* : close friend, relation

allí *adv* : there, over there

alma *nf* : soul

almacén *nm, pl* **-cenes 1** : warehouse **2** *Lat* : shop, store **3 grandes almacenes** : department store — **almacenamiento** *or* almacenaje *nm* : storage — **almacenar** *vt* : store

almádena *nf* : sledgehammer

almanaque *nm* : almanac

almeja *nf* : clam

almendra *nf* **1** : almond **2** : kernel (of nuts, fruit, etc.)

almiar *nm* : haystack

almíbar *nm* : syrup

almidón *nm, pl* **-dones** : starch — **almidonar** *vt* : starch

almirante *nm* : admiral

almohada *nf* : pillow — **almohadilla** *nf* : small pillow, pad — **almohadón** *nm, pl* **-dones** : bolster, large cushion

almorranas *nfpl* : hemorrhoids, piles

almorzar {36} *vi* : have lunch — *vt* : have for lunch — **almuerzo** *nm* : lunch

alocado, -da *adj* : crazy, wild

áloe *or* aloe *nm* : aloe

alojar *vt* : house, lodge — **alojarse** *vr* : lodge, room — **alojamiento** *nm* : lodging, accommodations *pl*

alondra *nf* : lark

alpaca *nf* : alpaca

▸ **alpinismo** *nm* : mountain climbing — **alpinista** *nmf* : mountain climber

alpiste *nm* : birdseed

alquilar *vt* : rent, lease — **alquilarse** *vr* : be for rent — **alquiler** *nm* : rent, rental

alquitrán *nm, pl* **-tranes** : tar

alrededor *adv* **1** : around, about **2 alrededor de** : approximately — **alrededor de** *prep phr* : around — **alrededores** *nmpl* : outskirts

alta *nf* : discharge (of a patient)

altanería *nf* : haughtiness — **altanero, -ra** *adj* : haughty

altar *nm* : altar

altavoz *nm, pl* **-voces** : loudspeaker

alterar *vt* **1** : alter, modify **2** PERTURBAR : disturb — **alterado** *vr* : get upset — **alteración** *nf, pl* **-ciones 1** : alteration **2** ALBOROTO : disturbance — **alterado, -da** *adj* : upset

altercado *nm* : altercation, argument

alternar *vi* **1** : alternate **2 alternar con** : socialize with — *vt* : alternate — **alternarse** *vr* : take turns — **alternativa** *nf* : alternative — **alternativo, -va** *adj* : alternating, alternative — **alterno, -na** *adj* : alternate

Alteza *nf* : Highness

altiplano *nm* : high plateau

altitud *nf* : altitude

altivez *nf, pl* **-veces** : haughtiness — **altivo, -va** *adj* : haughty

alto, -ta *adj* **1** : tall, high **2** RUIDOSO : loud — **alto** *adv* **1** ARRIBA : high **2** : loud, loudly — **alto, -ta** *nm* **1** ALTURA : height, elevation **2** : stop, halt — **alto** *interj* : halt!, stop! — **altoparlante** *nm Lat* : loudspeaker

altruista *adj* : altruistic — **altruismo** *nm* : altruism

altura *nf* **1** : height **2** ALTITUD : altitude **3 a la altura de** : near, up by

alubia *nf* : kidney bean

alucinar *vi* : hallucinate — **alucinación** *nf, pl* **-ciones** : hallucination

alud *nm* : avalanche

aludir *vi* : allude, refer — **aludido, -da** *adj* **darse por aludido** : take it personally

alumbrar *vt* **1** : light, illuminate **2** PARIR : give birth to — **alumbrado** *nm* : (electric) lighting — **alumbramiento** *nm* : childbirth

aluminio *nm* : aluminum

alumno, -na *n* : pupil, student

alusión *nf, pl* **-siones** : allusion

aluvión *nm, pl* **-viones** : flood, barrage
alzar {21} *vt* : lift, raise — **alzarse** *vr*
: rise (up) — **alza** *nf* : rise —
alzamiento *nm* : uprising
ama → **amo**
amabilidad *nf* : kindness —
amable *adj* : kind, nice
amaestrar *vt* : train
amagar {52} *vt* **1** : show signs
of **2** AMENAZAR : threaten — *vi* :
be imminent — **amago** *nm* **1**
INDICIO : sign **2** AMENAZA : threat
amainar *vi* : abate
amamantar *v* : breast-feed, nurse
amanecer {53} *v impers* : dawn
— *vi* : wake up — **amanecer** *nm*
: dawn, daybreak
amanerado *adj* : affected, mannered
amansar *vt* **1** : tame **2** APACIGUAR :
soothe — **amansarse** *vr* : calm down

amante *adj* **amante de** : fond
of — **amante** *nmf* : lover
amañar *vt* : rig, tamper with
amapola *nf* : poppy
amar *vt* : love
amargar {52} *vt* : make bitter —
amargado, -da *adj* : embittered
— **amargo, -ga** *adj* : bitter
— **amargo** *nm* : bitterness —
amargura *nf* : bitterness, grief
amarillo, -lla *adj* : yellow
— **amarillo** *nm* : yellow
amarrar *vt* **1** : moor **2** ATAR : tie up
amasar *vt* **1** : knead **2** :
amass (a fortune, etc.)
amateur *adj & nmf* : amateur
amatista *nf* : amethyst
ambages *nmpl* **sin ambages** : without
hesitation, straight to the point
ámbar *nm* : amber

ambición *nf, pl* **-ciones** : ambition
— **ambicionar** *vt* : aspire to —
ambicioso, -sa *adj* : ambitious
ambiente *nm* **1** AIRE : atmosphere **2**
MEDIO : environment, surroundings *pl*
— **ambiental** *adj* : environmental
ambigüedad *nf* : ambiguity —
ambiguo, -gua *adj* : ambiguous
ámbito *nm* : domain, sphere
ambos, -bas *adj & pron* : both
▸ **ambulancia** *nf* : ambulance
ambulante *adj* : traveling, itinerant
ameba *nf* : amoeba
amedrentar *vt* : intimidate
amén *nm* **1** : amen **2 amén**
de : in addition to
amenazar {21} *vt* : threaten —
amenaza *nf* : threat, menace
amenizar {21} *vt* : make pleasant,
enliven — **ameno, -na** *adj* : pleasant

ambulancia^F
ambulance

ananáᴹ
pineapple

americano, -na *adj* : American
ameritar *vi Lat* : deserve
ametralladora *nf* : machine gun
amianto *nm* : asbestos
amiba → **ameba**
amígdala *nf* : tonsil —
  amigdalitis *nf* : tonsilitis
amigo, -ga *adj* : friendly, close — **amigo,
  -ga** *n* : friend — **amigable** *adj* : friendly
amilanar *vt* : daunt —
  amilanarse *vr* : lose heart
aminorar *vt* : diminish
amistad *nf* : friendship —
  amistoso, -sa *adj* : friendly
amnesia *nf* : amnesia
amnistía *nf* : amnesty
amo, ama *n* **1** : master *m*, mistress *f* **2**
  ama de casa : homemaker, housewife
  3 ama de llaves : housekeeper
amodorrado, -da *adj* : drowsy
amolar {19} *vt* **1** : grind,
  sharpen **2** MOLESTAR : annoy
amoldar *vt* : adapt, adjust —
  amoldarse *vr* **amoldarse a** : adapt to
amonestar *vt* : admonish, warn
  — **amonestación** *nf, pl* **-ciones**
  : admonition, warning
amoníaco *or* amoniaco *nm* : ammonia
amontonar *vt* : pile up —
  amontonarse *vr* : pile up (of things),
  form a crowd (of persons)
amor *nm* : love

amordazar {21} *vt* : gag
amorío *nm* : love affair — **amoroso,
  -sa** *adj* **1** : loving **2** *Lat* : sweet, lovable
amortado, -da *adj* : black-and-blue
amortiguar {10} *vt* : muffle, soften,
  tone down — **amortiguador** *nm*
  : shock absorber
amortizar {21} *vt* : pay off —
  amortización *nf* : repayment
amotinar *vt* : incite (to riot) —
  amotinarse *vr* : riot, rebel
amparar *vt* : shelter, protect —
  ampararse *vr* **1 ampararse de** :
  take shelter from **2 ampararse en**
  : have recourse to — **amparo** *nm*
  : refuge, protection
ampliar {85} *vt* **1** : expand **2** : enlarge
  (a photograph) — **ampliación** *nf,
  pl* **-ciones 1** : expansion, enlargement
  2 : extension (of a building)
amplificar {72} *vt* : amplify —
  amplificador *nm* : amplifier
amplio, -plia *adj* : broad, wide,
  ample — **amplitud** *nf* **1** : breadth,
  extent **2** ESPACIOSIDAD : spaciousness
ampolla *nf* **1** : blister **2** : vial,
  ampoule — **ampollarse** *vr* : blister
ampuloso, -sa *adj* : pompous
amputar *vt* : amputate —
  amputación *nf, pl* **-ciones** : amputation
amueblar *vt* : furnish (a house, etc.)
amurallar *vt* : wall in
anacardo *nm* : cashew nut
anaconda *nf* : anaconda
anacrónico, -ca *adj* : anachronistic
  — **anacronismo** *nm* : anachronism
ánade *nmf* : duck
anagrama *nm* : anagram
anales *nmpl* : annals
analfabeto, -ta *adj & n* : illiterate
  — **analfabetismo** *nm* : illiteracy
analgésico *nm* : painkiller, analgesic
analizar {21} *vt* : analyze —
  análisis *nm* : analysis — **analítico,
  -ca** *adj* : analytical, analytic
analogía *nf* : analogy —
  análogo, -ga *adj* : analogous
▸ **ananá** *or* ananás *nm, pl* **-nás** : pineapple
anaquel *nm* : shelf
anaranjado, -da *adj* : orange-colored
anarquía *nf* : anarchy —
  anarquista *adj & nmf* : anarchist
anatomía *nf* : anatomy — **anatómico,
  -ca** *adj* : anatomic, anatomical
anca *nf* **1** : haunch **2 ancas**

  de rana : frogs' legs
ancestral *adj* : ancestral
ancho, -cha *adj* : wide, broad,
  ample — **ancho** *nm* : width
anchoa *nf* : anchovy
anchura *nf* : width, breadth
anciano, -na *adj* : aged, elderly —
  anciano, -na *n* : elderly person
ancla *nf* : anchor — **anclar** *v* : anchor
andadas *nfpl* **1** : tracks **2 volver a las
  andadas** : go back to one's old ways
andadura *nf* : walking, journey
andaluz, -luza *adj & n, mpl*
  -luces : Andalusian
andamio *nm* : scaffold
andanada *nf* **1** : volley **2 soltar
  una andanada** : reprimand
andanzas *nfpl* : adventures
andar {6} *vi* **1** CAMINAR : walk **2** IR
  : go, travel **3** FUNCIONAR : run, work
  4 andar en : rummage around in **5
  andar por** : be approximately — *vt* :
  cover, travel — **andar** *nm* : gait, walk
andén *nm, pl* **-denes 1** : (train)
  platform **2** *Lat* : sidewalk
andino, -na *adj* : Andean
andorrano, -na *adj* : Andorran
andrajos *nmpl* : tatters —
  andrajoso, -sa *adj* : ragged
anécdota *nf* : anecdote
anegar {52} *vt* : flood — **anegarse** *vr* **1**
  : be flooded **2** AHOGARSE : drown
anemia *nf* : anemia —
  anémico, -ca *adj* : anemic
anestesia *nf* : anesthesia —
  anestésico, -ca *adj* : anesthetic
  — **anestésico** *nm* : anesthetic
anexar *vt* : annex, attach — **anexo,
  -xa** *adj* : attached — **anexo** *nm* : annex
anfibio, -bia *adj* : amphibious
  — **anfibio** *nm* : amphibian
▸ **anfiteatro** *nm* : amphitheater
anfitrión, -triona *n, mpl*
  -triones : host, hostess *f*
ángel *nm* : angel — **angelical** *adj*
  : angelic, angelical
angloparlante *adj* : English-speaking
anglosajón, -jona *adj, mpl*
  -jones : Anglo-Saxon
angosto, -ta *adj* : narrow
anguila *nf* : eel
ángulo *nm* **1** : angle **2** ESQUINA :
  corner — **angular** *adj* : angular
  — **anguloso, -sa** *adj* : angular
angustiar *vt* **1** : anguish, distress **2**

INQUIETAR : **worry** — **angustiarse** *vr* :
get upset — **angustia** *nf* **1** : anguish **2**
INQUIETUD : worry — **angustioso, -sa** *adj* **1**
: anguished **2** INQUIETANTE : distressing
anhelar *vt* : yearn for, crave —
anhelante *adj* : yearning, longing
— **anhelo** *nm* : longing
anidar *vi* : nest
anillo *nm* : ring

ánima *n* : soul
animación *nf, pl* **-ciones 1** VIVEZA
: liveliness **2** BULLICIO : hustle and
bustle — **animado, -da** *adj* : cheerful,
animated — **animador, -dora** *n* **1**
: (television) host **2** : cheerleader
animadversión *nf,*
pl **-siones** : animosity
animal *nm* : animal — **animal** *nmf* :

brute, beast — **animal** *adj* : brutish
animar *vt* **1** ALENTAR : encourage **2** ALEGAR
: cheer up — **animarse** *vr* **1** : liven up
2 animarse a : get up the nerve to
ánimo *nm* **1** : spirit, soul **2** HUMOR : mood,
spirits *pl* **3** ALIENTO : encouragement
animosidad *nf* : animosity, ill will
animoso, -sa *adj* : spirited, brave
aniquilar *vt* : annihilate

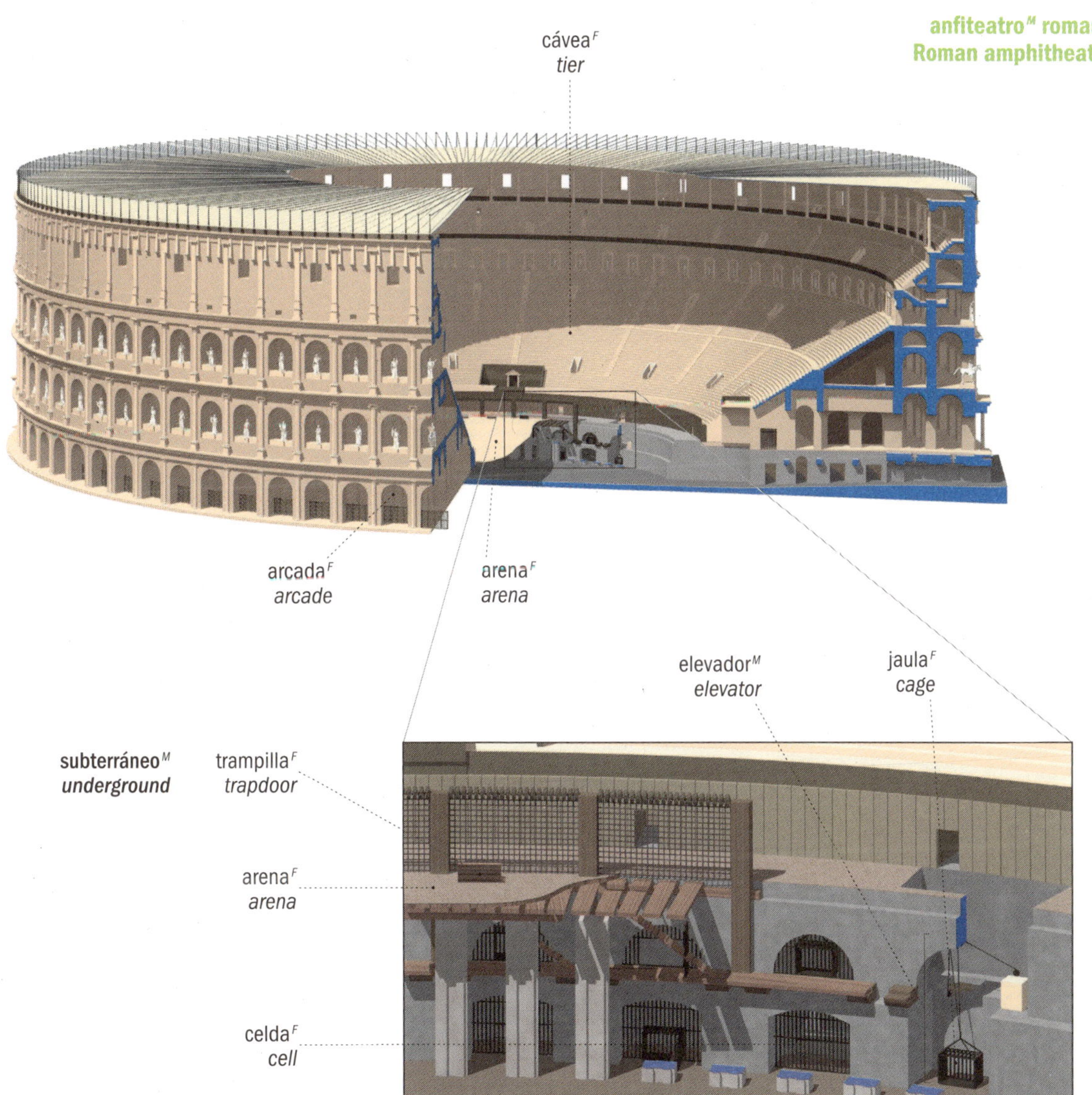

— **aniquilación** *n, pl* **-ciones** : annihilation
anís *nm* : anise
aniversario *nm* : anniversary
ano *nm* : anus
anoche *adv* : last night
anochecer {53} *vi* : get dark —
  anochecer *nm* : dusk, nightfall
anodino, -na *adj* : insipid, dull
anomalia *nf* : anomaly
anonadado, -da *adj* : dumbfounded
anónimo, -ma *adj* : anonymous
  — **anonimato** *nm* : anonymity
anorexia *nf* : anorexia
anormal *adj* : abnormal —
  anormalidad *nf* : abnormality
anotar *vt* **1** : annotate **2** APUNTAR
  : jot down — **anotación** *nf,*
  pl **-ciones** : annotation, note
anquilosarse *vr* **1** : become
  paralyzed **2** ESTANCARSE : stagnate —
  anquilosamiento *nm* **1** : paralysis
  2 ESTANCAMIENTO : stagnation
ansiar {85} *vt* : long for — **ansia** *nf* **1**
  INQUIETUD : uneasiness **2** ANGUSTIA
  : anguish **3** ANHELO : longing —
  ansiedad *nf* : anxiety — **ansioso,**
  -sa *adj* **1** : anxious **2** DESEOSO : eager
antagónico, -ca *adj* : antagonistic
  — **antagonismo** *nm* : antagonism
  — **antagonista** *nmf* : antagonist
antaño *adv* : yesteryear, long ago
antártico, -ca *adj* : antarctic
ante[1] *nm* **1** : elk, moose **2** GAMUZA : suede
ante[2] *prep* **1** : before, in front of **2** :
  in view of **3 ante todo** : above all
anteanoche *adv* : the night before last
anteayer *adv* : the day before yesterday
antebrazo *nm* : forearm
anteceder *vt* : precede —
  antecedente *adj* : previous, prior
  — **anteceder** *nm* : precedent —
  antecesor, -sora *n* **1** : ancestor
  2 PREDECESOR : predecessor
antedicho, -cha *adj* : aforesaid
antelación *nf, pl* **-ciones 1** : advance
  notice **2 con antelación** : in advance
antemano *adv* **de antemano**
  : beforehand
antena *nf* : antenna
antenoche → **anteanoche**
anteojos *nmpl* **1** : glasses, eyeglasses
  2 anteojos bifocales : bifocals
antepasado, -da *n* : ancestor
antepecho *nm* : ledge
antepenúltimo, -ma *adj*

: third from last
anteponer {60} *vt* **1** : place
  before **2** PREFERIR : prefer
anterior *adj* **1** : previous, earlier **2**
  DELANTERO : front — **anterioridad** *nf* **con**
  anterioridad : beforehand, in advance
  — **anteriormente** *adv* : previously
antes *adv* **1** : before, earlier **2**
  ANTERIORMENTE : **previously 3** PRIMERO :
  first **4** MEJOR : **rather 5 antes de** : before,
  previous to **6 antes que** : before
antesala *nf* : waiting room
antiaéreo, -rea *adj* : antiaircraft
antibiótico *nm* : antibiotic
anticipar *vt* **1** : move up (a date, etc.)
  2 : pay in advance — **anticiparse** *vr* **1**
  : be early **2** ADELANTARSE : get ahead
  — **anticipación** *nf, pl* **-ciones 1** :
  anticipation **2 con anticipación** : in
  advance — **anticipado, -da** *adj* **1**
  : advance, early **2 por anticipado**
  : in advance — **anticipo** *nm* **1** :
  advance (payment) **2** : foretaste
anticoncepción *nf, pl* **-ciones** :
  contraception — **anticonceptivo,**
  -va *adj* : contraceptive —
  anticonceptivo *nm* : contraceptive
anticongelante *nm* : antifreeze
anticuado, -da *adj* :
  antiquated, outdated
anticuario, -ria *n* : antique dealer
  — **anticuario** *nm* : antique shop
anticuerpo *nm* : antibody
antídoto *nm* : antidote
antier → **anteayer**
antiestético, -ca *adj* : unsightly
antifaz *nm, pl* **-faces** : mask
antífona *nf* : anthem
antigualla *nf* : relic, old thing
antiguo, -gua *adj* **1** : ancient, old **2**
  ANTERIOR : **former 3** ANTICUADO : old-
  fashioned **4 muebles antiguos** : antique
  furniture — **antiguamente** *adv* **1** : long
  ago **2** ANTES : formerly — **antigüedad** *nf* **1**
  : antiquity **2** : seniority (in the workplace)
  3 antiguo, -guaes *nfpl* : antiques
antihigiénico, -ca *adj* : unsanitary
antihistamínico *nm* : antihistamine
antiinflamatorio, -ria *adj*
  : anti-inflammatory
antílope *nm* : antelope
antinatural *adj* : unnatural
antipatía *nf* : aversion, dislike —
  antipático, -ca *adj* : unpleasant
antirreglamentario, -ria *adj* : unlawful

antirrobo, -ba *adj* : antitheft
antisemita *adj* : anti-Semitic —
  antisemitismo *nm* : anti-Semitism
antiséptico, -ca *adj* : antiseptic
  — **antiséptico** *nm* : antiseptic
antisocial *adj* : antisocial
antítesis *nf* : antithesis
antojarse *vr* **1** APETECER : **crave 2** PARECER
  : seem, appear — **antojadizo, -za** *adj* :
  capricious — **antojo** *nm* : whim, craving
antología *nf* : anthology
antorcha *nf* : torch
antro *nm* : dive, den
antropófago, -ga *nmf* : cannibal
antropología *nf* : anthropology
anual *adj* : annual, yearly — **anualidad** *nf*
  : annuity — **anuario** *nm* : yearbook, annual
anudar *vt* : knot — **anudarse** *vr* : tie, knot
anular *vt* : annul, cancel — **anulación** *nf,*
  pl **-ciones** : annulment, cancellation
anunciar *vt* **1** : announce **2** : advertise
  (products) — **anunciante** *nmf* : advertiser
  — **anuncio** *nm* **1** : announcement **2** *or*
  anuncio publicitario : advertisement
anzuelo *nm* **1** : fishhook **2 morder**
  el anzuelo : take the bait
añadir *vt* : add — **añadidura** *nf* **1**
  : additive, addition **2 por añadidura**
  : in addition, furthermore
añejo, -ja *adj* : aged, vintage
añicos *nmpl* **hacer(se) añicos**
  : smash to pieces
añil *adj & nm* : indigo (color)
año *nm* **1** : year **2 Año Nuevo** : New Year
añorar *vt* : long for, miss —
  añoranza *nf* : nostalgia
añoso, -sa *adj* : aged, old
aorta *nf* : aorta
apabullar *vt* : overwhelm
apacentar {55} *vt* : pasture, graze
apachurrar *vi Lat* : crush
apacible *adj* : gentle, mild
apaciguar {10} *vt* : appease, pacify
  — **apaciguarse** *vr* : calm down
apadrinar *vt* **1** : be a godparent
  to **2** : sponsor (an artist, etc.)
apagar {52} *vt* **1** : turn or switch off
  2 EXTINGUIR : extinguish, put out —
  apagarse *vr* **1** EXTINGUIRSE : go out **2** :
  die down — **apagado, -da** *adj* **1** : off,
  out **2** : dull, subdued (of colors, sounds,
  etc.) — **apagador** *nm Lat* : (light) switch
  — **apagón** *nm, pl* **-gones** : blackout
apalancar {72} *vt* **1** LEVANTAR
  : jack up **2** ABRIR : pry open

— **apalancamiento** *nm* : leverage
apalear *vt* : beat up, thrash
aparador *nm* **1** : sideboard **2** *Lat* : shop window
aparato *nm* **1** : machine, appliance, apparatus **2** : system (in anatomy) **3** OSTENTACIÓN : ostentation — **aparatoso, -sa** *adj* **1** : ostentatious **2** ESPECTACULAR : spectacular
aparcar {72} *v, Spain* : park — **aparcamiento** *nm, Spain* **1** : parking **2** : parking lot
aparcero, -ra *n* : sharecropper
aparear *vt* : mate, pair up — **aparearse** *vr* : mate
aparecer {53} *vi* **1** : appear **2** PRESENTARSE : show up — **aparecerse** *vr* : appear
aparejar *vt* **1** : rig (a ship) **2** : harness (an animal) — **aparejado, -da** *adj* **llevar aparejado** : entail — **aparejo** *nm* **1** : equipment, gear **2** : harness (for an animal) **3** : rigging (for a ship)
aparentar *vt* **1** : seem **2** FINGIR : feign — **aparente** *adj* : apparent, seeming
aparición *nf, pl* **-ciones 1** : appearance **2** FANTASMA : apparition — **apariencia** *nf* **1** : appearance, look **2 en aparición** : apparently
apartado *nm* **1** : section, paragraph **2 apartado postal** : post office box
apartamento *nm* : apartment
apartar *vt* **1** ALEJAR : move away **2** SEPARAR : set aside, separate — **apartarse** *vr* **1** : move away **2** DESVIARSE : stray — **aparte** *adv* **1** : apart, separately **2** ADEMÁS : besides
apasionar *vt* : excite, fascinate — **apasionarse** *vr* : get excited — **apasionado, -da** *adj* : passionate, excited — **apasionante** *adj* : exciting
apatía *nf* : apathy — **apático, -ca** *adj* : apathetic
apearse *vr* **1** : dismount **2** : get out of or off (a vehicle)
apedrear *vt* : stone
apegarse {52} *vr* **apegarse a** : become attached to, grow fond of — **apegado, -da** *adj* : devoted — **apego** *nm* : fondness
apelar *vi* **1** : appeal **2 apelar a** : resort to — **apelación** *nf, pl* **-ciones** : appeal
apellido *nm* : last name, surname — **apellidarse** *vr* : have for a last name
apenar *vt* : sadden — **apenarse** *vr* **1** : grieve **2** *Lat* : become embarrassed

apenas *adv* : hardly, scarcely — **apenas** *conj* : as soon as
apéndice *nm* : appendix — **apendicitis** *nf* : appendicitis
apercibir *vt* **1** : warn **2** *Lat* : notice — **apercibirse** *vr* **apercibirse de** : notice — **apercibimiento** *nm* : warning
aperitivo *nm* **1** : appetizer **2** : aperitif
apero *nm* : tool, implement
apertura *nf* : opening
apesadumbrar *vt* : sadden — **apesadumbrarse** *vr* : be weighed down
apestar *vi* : stink — **apestoso, -sa** *adj* : stinking, foul
apetecer {53} *vt* : crave, long for — **apetecible** *adj* : appealing
apetito *nm* : appetite — **apetitoso, -sa** *adj* : appetizing
ápice *nm* **1** : apex, summit **2** PIZCA : bit, smidgen
apilar *vt* : pile up — **apilarse** *vr* : pile up
apiñar *vt* : pack, cram — **apiñarse** *vr* : crowd together
apio *nm* : celery
apisonadora *nf* : steamroller
aplacar {72} *vt* : appease, placate — **aplacarse** *vr* : calm down
aplanar *vt* : flatten, level
aplastar *vt* : crush — **aplastante** *adj* : overwhelming
aplaudir *v* : applaud — **aplauso** *nm* **1** : applause **2** : acclaim
aplazar {21} *vt* : postpone, defer — **aplazamiento** *nm* : postponement
aplicar {72} *vt* : apply — **aplicarse** *vr* : apply oneself — **aplicable** *adj* : applicable — **aplicación** *nf, pl* **-ciones** : application — **aplicado, -da** *adj* : diligent
aplomo *nm* : aplomb
apocarse {72} *vr* : belittle oneself — **apocado, -da** *adj* : timid — **apocamiento** *nm* : timidity
apodar *vt* : nickname
apoderar *vt* : empower — **apoderarse** *vr* **apoderar de** : seize — **apoderado, -da** *n* : agent, proxy
apodo *nm* : nickname
apogeo *nm* : peak, height
apología *nf* : defense, apology
apoplegía *nf* : stroke, apoplexy
aporrear *vt* : bang on, beat
aportar *vt* : contribute — **aportación** *nf, pl* **-ciones** : contribution
apostar[1] {19} *v* : bet, wager
apostar[2] *vt* : station, post

apostillar *vt* : annotate — **apostilla** *nf* : note
apóstol *nm* : apostle
apóstrofo *nm* : apostrophe
apostura *nf* : elegance, grace
apoyar *vt* **1** : support **2** INCLINAR : lean, rest — **apoyarse** *vr* **apoyarse en** : lean on, rest on — **apoyo** *nm* : support
apreciar *vt* **1** ESTIMAR : appreciate **2** EVALUAR : appraise — **apreciable** *adj* : considerable — **apreciación** *nf, pl* **-ciones 1** : appreciation **2** VALORACIÓN : appraisal — **aprecio** *nm* **1** : appraisal **2** ESTIMA : esteem
aprehender *vt* : apprehend — **aprehensión** *nf, pl* **-siones** : apprehension, capture
apremiar *vt* : urge — *vi* : be urgent — **apremiante** *adj* : pressing, urgent — **apremio** *nm* : urgency
aprender *v* : learn — **aprenderse** *vr* : memorize
aprendiz, -diza *n, mpl* **-dices** : apprentice, trainee — **aprendizaje** *nm* : apprenticeship
aprensión *nf, pl* **-siones** : apprehension, dread — **aprensivo, -va** *adj* : apprehensive
apresar *vt* : capture, seize — **apresamiento** *nm* : seizure, capture
aprestar *vt* : make ready — **aprestarse** *vr* : get ready
apresurar *vt* : speed up — **apresurarse** *vr* : hurry — **apresuradamente** *adv* : hurriedly, hastily — **apresurado, -da** *adj* : in a rush
apretar {55} *vt* **1** : press, push (a button) **2** : tighten (a knot, etc.) **3** ESTRECHAR : squeeze — *vi* **1** : press (down) **2** : fit too tightly — **apretón** *nm, pl* **-tones 1** : squeeze **2 apretón de manos** : handshake — **apretado, -da** *adj* **1** : tight **2** *fam* : tightfisted
aprieto *nm* : predicament, jam
aprisa *adv* : quickly
aprisionar *vt* : imprison
aprobar {19} *vt* **1** : approve of **2** : pass (an exam, etc.) — *vi* : pass — **aprobación** *nf, pl* **-ciones** : approval
apropiarse *vr* **apropiarse de** : take possession of, appropriate — **apropiación** *nf, pl* **-ciones** : appropriation — **apropiado, -da** *adj* : appropriate
aprovechar *vt* : take advantage of, make good use of — *vi* : be of use — **aprovecharse** *vr* **aprovecharse de** : take

arañaF
spider

telaF de arañaF
spider web

puntoM de apoyoM
anchor point

caboM de soporteM
support thread

arañaF
spider

hilerasF
spinneret

abdomenM
abdomen

pataF de locomociónF
walking leg

ojoM
eye

quelíceroM
fang

advantage of — **aprovechado, -da** *adj* **1**
: diligent **2** OPORTUNISTA : opportunistic
aproximar *vt* : bring closer —
aproximarse *vr* : approach —
aproximación *nf, pl* **-ciones** :
approximation — **aproximadamente** *adv*
: approximately — **aproximado,
-da** *adj* : approximate
apto, -ta *adj* **1** : suitable **2** CAPAZ :
capable — **aptitud** *nf* : aptitude, capability
apuesta *nf* : bet, wager
apuesto, -ta *adj* : elegant, good-looking
apuntalar *vt* : prop up, shore up
apuntar *vt* **1** : aim, point **2** ANOTAR
: jot down **3** SEÑALAR : point at **4** :
prompt (in theater) — **apuntarse** *vr* **1**
: sign up **2** : score, chalk up (a
victory, etc.) — **apunte** *nm* : note
apuñalar *vt* : stab
apurar *vt* **1** : hurry, rush **2** AGOTAR
: use up **3** PREOCUPAR : **trouble** —
apurarse *vr* **1** : worry **2** *Lat* : hurry up
— **apuradamente** *adv* : with difficulty

— **apurado, -da** *adj* **1** : needy **2** DIFÍCIL
: difficult **3** *Lat* : rushed — **apuro** *nm* **1**
: predicament, jam **2** *Lat* : hurry
aquejar *vt* : afflict
aquel, aquella *adj, mpl*
aquellos : that, those
aquél, aquélla *pron, mpl* aquéllos **1** :
that (one), those (ones) **2** : the former
aquello *pron* : that, that matter
aquí *adv* **1** : here **2** AHORA : now
3 por aquí : hereabouts
aquietar *vt* : calm —
aquietarse *vr* : calm down
ara *nf* **1** : altar **2 en aras
de** : for the sake of
árabe *adj* : Arab, Arabic —
árabe *nm* : Arabic (language)
arado *nm* : plow
arancel *nm* : tariff
arándano *nm* : blueberry
▸ **araña** *nf* **1** : spider **2** LÁMPARA : chandelier
arañar *v* : scratch, claw —
arañazo *nm* : scratch

arar *v* : plow
arbitrar *v* **1** : arbitrate **2** : referee,
umpire (in sports) — **arbitraje** *nm*
: arbitration — **arbitrario, -ria** *adj* :
arbitrary — **arbitrio** *nm* **1** : (free) will **2**
JUICIO : judgment — **árbitro, -tra** *n* **1** :
arbitrator **2** : referee, umpire (in sports)
árbol *nm* : tree — **arboleda** *nf* : grove
arbusto *nm* : shrub, bush
arca *nf* **1** : ark **2** COFRE : chest
arcada *nf* **1** : arcade **2**
arcadas *nfpl* : retching
arcaico, -ca *adj* : archaic
arcano, -na *adj* : arcane, secret
arce *nm* : maple tree
archipiélago *nm* : archipelago
archivar *vt* : file — **archivador** *nm*
: filing cabinet — **archivo** *nm* **1**
: file **2** : archives *pl*
arcilla *nf* : clay
arco *nm* **1** : arch **2** : bow (in
sports, music, etc.) **3** : arc (in
geometry) **4 arco iris** : rainbow

arder *vi* : burn
ardid *nm* : scheme, ruse
ardiente *adj* **1** : burning **2** FOGOSO : ardent
ardilla *nf* **1** : squirrel **2 ardilla listada** : chipmunk
ardor *nm* **1** : burning **2** ENTUSIASMO : passion, ardor
arduo, -dua *adj* : arduous
área *nf* : area
arena *nf* **1** : sand **2** PALESTRA : arena — **arenoso, -sa** *adj* : sandy, gritty
arenque *nm* : herring
arete *nm* *Lat* : earring
argamasa *nf* : mortar
argentino, -na *adj* : Argentinian, Argentine
argolla *nf* : hoop, ring
argot *nm* : slang
argüir {41} *vt* **1** : argue **2** DEMOSTRAR : prove, show — *vi* : argue
argumentar *vt* : argue, contend — **argumentación** *nf, pl* **-ciones** : (line of) argument — **argumento** *nm* **1** : argument, reasoning **2** TRAMA : plot, story line
árido, -da *adj* : dry, arid — **aridez** *nf, pl* **-deces** : aridity
arisco, -ca *adj* : surly
aristocracia *nf* : aristocracy — **aristócrata** *nmf* : aristocrat — **aristocrático, -ca** *adj* : aristocratic
aritmética *nf* : arithmetic — **aritmético, -ca** *adj* : arithmetic, arithmetical
armar *vt* **1** : arm **2** MONTAR : assemble — **arma** *nf* **1** : arm, weapon **2 arma de fuego** : firearm — **armada** *nf* : navy — **armado, -da** *adj* : armed — **armadura** *nf* **1** : armor **2** ARMAZÓN : framework — **armamento** *nm* : armament, arms *pl*
armario *nm* **1** : (clothes) closet **2** : cupboard, cabinet
armazón *nmf, pl* **-zones** : frame, framework
armisticio *nm* : armistice
armonizar {21} *vt* **1** : harmonize **2** : reconcile (differences, etc.) — *vi* : harmonize, go together — **armonía** *nf* : harmony — **armónica** *nf* : harmonica — **armónico, -ca** *adj* : harmonic — **armonioso, -sa** *adj* : harmonious
arnés *nm, pl* **-neses** : harness
aro *nm* **1** : hoop, ring **2** *Lat* : earring
aroma *nm* : aroma, scent — **aromático, -ca** *adj* : aromatic
arpa *nf* : harp

arpón *nm, pl* **-pones** : harpoon
arquear *vt* : arch, bend — **arquearse** *vr* : bend, bow
arqueología *nf* : archaeology — **arqueológico, -ca** *adj* : archaeological — **arqueólogo, -ga** *n* : archaeologist
arquero, -ra *n* **1** : archer **2** PORTERO : goalkeeper, goalie
arquetipo *nm* : archetype
arquitectura *nf* : architecture — **arquitecto, -ta** *n* : architect — **arquitectónico, -ca** *adj* : architectural
arrabal *nm* **1** : slum **2** arrabales *nmpl* : outskirts
arracimarse *vr* : cluster together
arraigar {52} *vi* : take root, become established — **arraigarse** *vr* : settle down — **arraigado, -da** *adj* : deeply rooted, well established — **arraigo** *nm* : roots *pl*
arrancar {72} *vt* **1** : pull out, tear off **2** : start (an engine), boot (a computer) — *vi* **1** : start an engine **2** : get going — **arranque** *nm* **1** : starter (of a car) **2** ARREBATO : outburst **3 punto de arranque** : starting point
arrasar *vt* **1** : destroy, devastate **2** LLENAR : fill to the brim
arrastrar *vt* **1** : drag **2** ATRAER : draw, attract — *vi* : hang down, trail — **arrastrarse** *vr* **1** : crawl, creep **2** HUMILLARSE : grovel — **arrastre** *nm* **1** : dragging **2** : trawling (for fish)
arrear *vt* : urge on
arrebatar *vt* **1** : snatch, seize **2** CAUTIVAR : captivate — **arrebatarse** *vr* : get carried away — **arrebatado, -da** *adj* : hotheaded, rash — **arrebato** *nm* : outburst
arreciar *vi* : intensify, worsen
arrecife *nm* : reef
arreglar *vt* **1** COMPONER : fix **2** ORDENAR : tidy up **3** SOLUCIONAR : solve, work out — **arreglarse** *vr* **1** : get dressed (up) **2** arreglárselas *fam* : get by, manage — **arreglado, -da** *adj* **1** : fixed, repaired **2** ORDENADO : tidy **3** SOLUCIONADO : settled, sorted out **4** ATAVIADO : smart, dressed-up — **arreglo** *nm* **1** : arrangement **2** REPARACIÓN : repair **3** ACUERDO : agreement
arremangarse {52} *vr* : roll up one's sleeves
arremeter *vi* : attack, charge — **arremetida** *nf* : attack, onslaught
arremolinarse *vr* **1** : crowd around, mill about **2** : swirl (about)
arrendar {55} *vt* : rent, lease

— **arrendador, -dora** *n* : landlord, landlady *f* — **arrendamiento** *nm* : rent, rental — **arrendatario, -ria** *n* : tenant, renter
arrepentirse {76} *vr* **1** : regret, be sorry **2** : repent (for one's sins) — **arrepentido, -da** *adj* : repentant — **arrepentimiento** *nm* : regret, repentance
arrestar *vt* : arrest, detain — **arresto** *nm* : arrest
arriar *vt* : lower
arriba *adv* **1** (*indicating position*) : above, overhead **2** (*indicating direction*) : up, upwards **3** : upstairs (of a house) **4 arriba de** : more than **5 de arriba abajo** : from top to bottom
arribar *vi* **1** : arrive **2** : dock, put into port — **arribista** *nmf* : parvenu, upstart — **arribo** *nm* : arrival
arriendo → **arrendimiento**
arriesgar {52} *vt* : risk, venture — **arriesgarse** *vr* : take a chance — **arriesgado, -da** *adj* : risky
arrimar *vt* : bring closer, draw near — **arrimarse** *vr* : approach
arrinconar *vt* **1** : corner, box in **2** ABANDONAR : push aside
arrobar *vt* : entrance — **arrobarse** *vr* : be enraptured — **arrobamiento** *nm* : rapture, ecstasy
arrodillarse *vr* : kneel (down)
arrogancia *nf* : arrogance — **arrogante** *adj* : arrogant
arrojar *vt* **1** : hurl, cast **2** EMITIR : give off, spew out **3** PRODUCIR : yield — **arrojarse** *vr* : throw oneself — **arrojado, -da** *adj* : daring — **arrojo** *nm* : boldness, courage
arrollar *vt* **1** : sweep away **2** DERROTAR : crush, overwhelm **3** : run over (with a vehicle) — **arrollador, -dora** *adj* : overwhelming
arropar *vt* : clothe, cover (up) — **arroparse** *vr* : wrap oneself up
arroyo *nm* **1** RIACHUELO : stream **2** : gutter (in a street)
arroz *nm, pl* **arroces** : rice
arrugar {52} *vt* : wrinkle, crease — **arrugarse** *vr* : get wrinkled — **arruga** *nf* : wrinkle, crease
arruinar *vt* : ruin, wreck — **arruinarse** *vr* **1** : be ruined **2** EMPOBRECERSE : go bankrupt
arrullar *vt* : lull to sleep — *vi* : coo — **arrullo** *nm* **1** : lullaby **2** : cooing (of doves)

arrumbar *vt* : lay aside
arsenal *nm* : arsenal
arsénico *nm* : arsenic
arte *nmf* (*usually m in singular, f in plural*) **1** : art **2** HABILIDAD : skill **3** ASTUCIA : cunning, cleverness **4** → **bello**
artefacto *nm* : artifact, device
arteria *nf* : artery
artesanía *nm* **1** : craftsmanship **2** : handicrafts *pl* — **artesanal** *adj* : handmade — **artesano, -na** *n* : artisan, craftsman
ártico, -ca *adj* : arctic
articular *vt* : articulate — **articulación** *nf, pl* -ciones **1** : articulation, pronunciation **2** COYUNTURA : joint
artículo *nm* **1** : article **2 artículos de primera necesidad** : essentials **3 artículos de tocador** : toiletries
artífice *nmf* : artisan, craftsman
artificial *adj* : artificial
artificio *nm* **1** HABILIDAD : skill **2** APARATO : device **3** ARDID : artifice, ruse — **artificioso, -sa** *adj* : cunning, deceptive
artillería *nf* : artillery
artilugio *nm* : gadget
artimaña *nf* : ruse, trick
artista *nmf* **1** : artist **2** ACTOR : actor, actress *f* — **artístico, -ca** *adj* : artistic
artritis *nms & pl* : arthritis — **artrítico, -ca** *adj* : arthritic
arveja *nf Lat* : pea
arzobispo *nm* : archbishop
as *nm* : ace
asa *nf* : handle
asado, -da *adj* : roasted, grilled — **asado** *nm* : roast — **asador** *nm* : spit — **asaduras** *nfpl* : offal, entrails
asalariado, -da *n* : wage earner — **asalariado, -da** *adj* : salaried
asaltar *vt* **1** : assault **2** ROBAR : mug, rob — **asaltante** *nmf* **1** : assailant **2** ATRACADOR : mugger, robber — **asalto** *nm* **1** : assault **2** ROBO : mugging, robbery
asamblea *nf* : assembly, meeting
asar *vt* : roast, grill — **asarse** *vr, fam* : roast, feel the heat
asbesto *nm* : asbestos
ascender {56} *vi* **1** : ascend, rise up **2** : be promoted (in a job) **3 ascender a** : amount to — *vt* : promote — **ascendencia** *nf* : ancestry, descent — **ascendiente** *nmf* : ancestor — **ascender** *nm* : influence — **ascensión** *nf,*

pl -siones : ascent — **ascenso** *nm* **1** : ascent, rise **2** : promotion (in a job) — **ascensor** *nm* : elevator
asco *nm* **1** : disgust **2 hacer ascos de** : turn up one's nose at **3 me da asco** : it makes me sick
ascua *nf* **1** : ember **2 estar en ascuas** *fam* : be on edge
asear *vt* : clean, tidy up — **asearse** *vr* : get cleaned up — **aseado, -da** *adj* : clean, tidy
asediar *vt* **1** : besiege **2** ACOSAR : harass — **asedio** *nm* **1** : siege **2** ACOSO : harassment
asegurar *vt* **1** : assure **2** FIJAR : secure **3** : insure (a car, house, etc.) — **asegurarse** *vr* : make sure
asemejarse *vr* **1** : be similar **2 asemejarse a** : look like, resemble
asentar {55} *vt* **1** : set down **2** INSTALAR : set up, establish **3** *Lat* : state — **asentarse** *vr* **1** : settle **2** ESTABLECERSE : settle down — **asentado, -da** *adj* : settled, established
asentir {76} *vi* : assent, agree — **asentimiento** *nm* : assent
aseo *nm* : cleanliness
asequible *adj* : accessible, attainable
aserrar {55} *vt* : saw — **aserradero** *nm* : sawmill — **aserrín** *nm, pl* -rrines : sawdust
asesinar *vt* **1** : murder **2** : assassinate — **asesinato** *nm* **1** : murder **2** : assassination — **asesino, -na** *n* **1** : murderer, killer **2** : assassin
asesorar *vt* : advise, counsel — **asesorarse** *vr* **asesorarse de** : consult — **asesor, -sora** *n* : advisor, consultant — **asesoramiento** *nm* : advice, counsel
asestar {55} *vt* **1** : aim (a weapon) **2** : deal (a blow)
aseverar *vt* : assert — **aseveración** *nf, pl* -ciones : assertion
asfalto *nm* : asphalt
asfixiar *vt* : asphyxiate, suffocate — **asfixiarse** *vr* : suffocate — **asfixia** *nf* : asphyxiation, suffocation
así *adv* **1** : like this, like that, thus **2 así de** : so, that (much) **3 así que** : so, therefore **4 así que** : as soon as **5 así como** : as well as — **así** *adj* : such, like that — **así** *conj* AUNQUE : even though
asiático, -ca *adj* : Asian, Asiatic
asidero *nm* : handle
asiduo, -dua *adj* : frequent, regular

asiento *nm* : seat
asignar *vt* **1** : assign, allocate **2** DESTINAR : appoint — **asignación** *nf, pl* -ciones **1** : assignment **2** SUELDO : salary, pay — **asignatura** *nf* : subject, course
asilo *nm* **1** : asylum, home **2** REFUGIO : refuge, shelter — **asilado, -da** *n* : inmate
asimilar *vt* : assimilate — **asimilarse** *vr* **asimilar a** : resemble
asimismo *adv* **1** : similarly, likewise **2** TAMBIÉN : as well, also
asir {7} *vt* : seize, grasp — **asirse** *vr* **asirse a** : cling to
asistir *vi* **asistir a** : attend, be present at — *vt* : assist — **asistencia** *nf* **1** : attendance **2** AYUDA : assistance — **asistente** *nmf* **1** : assistant **2 los asistirs** : those present
asma *nf* : asthma — **asmático, -ca** *adj* : asthmatic
asno *nm* : ass, donkey
asociar *vt* : associate — **asociarse** *vr* **1** : form a partnership **2 asociarse a** : join, become a member of — **asociación** *nf, pl* -ciones : association — **asociado, -da** *adj* : associate, associated — **asociado, -da** *n* : associate, partner
asolar {19} *vt* : devastate
asomar *vt* : show, stick out — *vi* : appear, show — **asomarse** *vr* **1** : appear **2** : stick one's head out (of a window)
asombrar *vt* : amaze, astonish — **asombrarse** *vr* : be amazed — **asombro** *nm* : amazement, astonishment — **asombroso, -sa** *adj* : amazing, astonishing
asomo *nm* **1** : hint, trace **2 ni por asomo** : by no means
aspaviento *nm* : exaggerated gestures, fuss
aspecto *nm* **1** : aspect **2** APARIENCIA : appearance, look
áspero, -ra *adj* : rough, harsh — **aspereza** *nf* : roughness, harshness
aspersión *nf, pl* -siones : sprinkling — **aspersor** *nm* : sprinkler
aspiración *nf, pl* -ciones **1** : breathing in **2** ANHELO : aspiration
aspiradora *nf* : vacuum cleaner
aspirar *vi* **aspirar a** : aspire to — *vt* : inhale, breathe in — **aspirante** *nmf* : applicant, candidate
aspirina *nf* : aspirin
asquear *vt* : sicken, disgust
asquerosidad *nf* : filth,

foulness — **asqueroso, -sa** *adj* : disgusting, sickening

asta *nf* **1** : flagpole **2** CUERNO : antler, horn **3** : shaft (of a spear) — **astado, -da** *adj* : horned

asterisco *nm* : asterisk

asteroide *nm* : asteroid

astigmatismo *nm* : astigmatism

astillar *vt* : splinter — **astilla** *nf* : splinter, chip

astillero *nm* : shipyard

astral *adj* : astral

astringente *adj & nm* : astringent

astro *nm* **1** : heavenly body **2** : star (of movies, etc.)

astrología *nf* : astrology

astronauta *nmf* : astronaut — **astronáutica** *nf* : astronautics

astronave *nf* : spaceship

astronomía *nf* : astronomy — **astronómico, -ca** *adj* : astronomical — **astrónomo, -ma** *n* : astronomer

astucia *nf* **1** : astuteness **2** ARDID : cunning, guile — **astuto, -ta** *adj* **1** : astute **2** TAIMADO : crafty

asueto *nm* : time off, break

asumir *vt* : assume — **asunción** *nf*, *pl* **-ciones** : assumption

asunto *nm* **1** : matter, affair **2** NEGOCIO : business

asustar *vt* : scare, frighten — **asustarse** *vr* **asustarse de** : be frightened of — **asustadizo, -za** *adj* : jumpy, skittish — **asustado, -da** *adj* : frightened, afraid

atacar {72} *v* : attack — **atacante** *nmf* : attacker

atado *nm* : bundle

atadura *nf* : tie, bond

atajar *vt* : block, cut off — *vi* **atajar por** : take a shortcut through — **atajo** *nm* : shortcut

atañer {79} *vi* **atañer a** : concern, have to do with

ataque *nm* **1** : attack, assault **2** ACCESO : fit **3 ataque de nervios** : nervous breakdown

atar *vt* : tie up, tie down — **atarse** *vr* : tie (up)

atardecer {53} *v impers* : get dark — **atardecer** *nm* : late afternoon, dusk

atareado, -da *adj* : busy

atascar {72} *vt* **1** : block, clog **2** ESTORBAR : hinder — **atascarse** *vr* **1** OBSTRUIRSE : become obstructed **2** : get bogged down — **atasco** *nm* **1** :

blockage **2** EMBOTELLAMIENTO : traffic jam

ataúd *nm* : coffin

ataviar {85} *vt* : dress (up) — **ataviarse** *vr* : dress up — **atavío** *nm* : attire

atemorizar {21} *vt* : frighten — **atemorizarse** *vr* : get scared

atención *nf*, *pl* **-ciones 1** : attention **2 prestar atención** : pay attention **3 llamar la atención** : attract attention — **atención** *interj* : attention!, watch out!

atender {56} *vt* **1** : attend to **2** CUIDAR : look after **3** : heed (advice, etc.) — *vi* : pay attention

atenerse {80} *vr* **atenerse a** : abide by

atentamente *adv* **1** : attentively **2 le saluda atentamente** : sincerely yours

atentar {55} *vi* **atentar contra** : make an attempt on — **atentado** *nm* : attack

atento, -ta *adj* **1** : attentive, mindful **2** CORTÉS : courteous

atenuar {3} *vt* **1** : dim (lights), tone down (colors, etc.) **2** DISMINUIR : lessen — **atenuante** *nmf* : extenuating circumstances

ateo, atea *adj* : atheistic — **ateo,** *n* : atheist

aterciopelado, -da *adj* : velvety, downy

aterido, -da *adj* : frozen stiff

aterrar {55} *vt* : terrify — **aterrador, -dora** *adj* : terrifying

aterrizar {21} *vi* : land — **aterrizaje** *nm* : landing

aterrorizar {21} *vt* : terrify

atesorar *vt* : hoard, amass

atestar {55} *vt* **1** : crowd, pack **2** : testify to (in law) — **atestado, -da** *adj* : stuffed, packed

atestiguar {10} *vt* : testify to

atiborrar *vt* : stuff, cram — **atiborrarse** *vr* : stuff oneself

ático *nm* **1** : penthouse **2** DESVÁN : attic

atildado, -da *adj* : smart, neat

atinar *vi* : be on target

atípico, -ca *adj* : atypical

atirantar *vt* : tighten

atisbar *vt* **1** : spy on **2** VISLUMBRAR : catch a glimpse of — **atisbo** *nm* : sign, hint

atizar {21} *vt* **1** : poke (a fire) **2** : rouse, stir up (passions, etc.) — **atizador** *nm* : poker

atlántico, -ca *adj* : Atlantic

atlas *nm* : atlas

atleta *nmf* : athlete — **atlético, -ca** *adj* : athletic — **atletismo** *nm* : athletics

atmósfera *nf* : atmosphere

— **atmosférico, -ca** *adj* : atmospheric

atolondrado, -da *adj* **1** : scatterbrained **2** ATURDIDO : bewildered, dazed

átomo *nm* : atom — **atómico, -ca** *adj* : atomic — **atomizador** *nm* : atomizer

atónito, -ta *adj* : astonished, amazed

atontar *vt* : stun, daze

atorar *vt* : block — **atorarse** *vr* : get stuck

atormentar *vt* : torment, torture — **atormentarse** *vr* : torment oneself, agonize — **atormentador, -dora** *n* : tormenter

atornillar *vt* : screw

atorrante *nmf Lat* : bum, loafer

atosigar {52} *vt* : harass, annoy

atracar {72} *vi* : dock, land — *vt* : hold up, mug — **atracarse** *vr, fam* **atracarse de** : gorge oneself with — **atracadero** *nm* : dock, pier — **atracador, -dora** *n* : robber, mugger

atracción *nf*, *pl* **-ciones** : attraction

atraco *nm* : holdup, robbery

atractivo, -va *adj* : attractive — **atractivo** *nm* : attraction, appeal

atraer {81} *vt* : attract

atragantarse *vr* : choke

atrancar {72} *vt* : block, bar — **atrancarse** *vr* : get blocked, get stuck

atrapar *vt* : trap, capture

atrás *adv* **1** DETRÁS : back, behind **2** ANTES : before, earlier **3 para atrás** *or* **hacia atrás** : backwards

atrasar *vt* **1** : put back (a clock) **2** DEMORAR : delay — *vi* : lose time — **atrasarse** *vr* : fall behind — **atrasado, -da** *adj* **1** : late, overdue **2** : backward (of countries, etc.) **3** : slow (of a clock) — **atraso** *nm* **1** RETRASO : delay **2** : backwardness **3 atrasars** *nmpl* : arrears

atravesar {55} *vt* **1** CRUZAR : cross **2** TRASPASAR : pierce **3** : lay across (a road, etc.) **4** : go through (a situation) — **atravesarse** *vr* : be in the way

atrayente *adj* : attractive

atreverse *vr* : dare — **atrevido, -da** *adj* **1** : bold **2** INSOLENTE : insolent — **atrevimiento** *nm* **1** : boldness **2** DESCARO : insolence

atribuir {41} *vt* **1** : attribute **2** : confer (powers, etc.) — **atribuirse** *vr* : take credit for

atribular *vt* : afflict, trouble

atributo *nm* : attribute

atrincherar *vt* : entrench — **atrincherarse** *vr* : dig oneself in

atrocidad *nf* : atrocity

atronador, -dora *adj* : thunderous
atropellar *vt* **1** : run over **2** : violate, abuse (a person) — **atropellarse** *vr* : rush — **atropellado, -da** *adj* : hasty — **atropello** *nm* : abuse, outrage
atroz *adj, pl* atroces : atrocious
atuendo *nm* : attire
atufar *vt* : vex — **atufarse** *vr* : get angry
atún *nm, pl* atunes : tuna
aturdir *vt* **1** : stun, shock **2** CONFUNDIR : bewilder — **aturdido, -da** *adj* : dazed, bewildered
audaz *adj, pl* -daces : bold, daring — **audacia** *nf* : boldness, audacity
audible *adj* : audible
audición *nf, pl* -ciones **1** : hearing **2** : audition (in theater, etc.)
audiencia *nf* : audience
audífono *nm* **1** : hearing aid **2** audífonos *nmpl Lat* : headphones, earphones
audiovisual *adj* : audiovisual
auditar *vt* : audit — **auditor, -tora** *n* : auditor
auditorio *nm* **1** : auditorium **2** PÚBLICO : audience
auge *nm* **1** : peak **2** : (economic) boom
augurar *vt* : predict, foretell — **augurio** *nm* : omen
augusto, -ta *adj* : august
aula *nf* : classroom
aullar {8} *vi* : howl — **aullido** *nm* : howl
aumentar *vt* : increase, raise — *vi* : increase, grow — **aumento** *nm* : increase, rise
aun *adv* **1** : even **2 aun así** : even so
aún *adv* **1** : still, yet **2 más aún** : furthermore
aunar {8} *vt* : join, combine

— **aunarse** *vr* : unite
aunque *conj* **1** : though, although, even if **2 aunque sea** : at least
aureola *nf* **1** : halo **2** FAMA : aura
auricular *nm* **1** : telephone receiver **2** auriculares *nmpl* : headphones
aurora *nf* : dawn
ausentarse *vr* : leave, go away — **ausencia** *nf* : absence — **ausente** *adj* : absent — **ausente** *nmf* **1** : absentee **2** : missing person (in law)
auspicios *nmpl* : sponsorship, auspices
austero, -ra *adj* : austere — **austeridad** *nf* : austerity
austral *adj* : southern
australiano, -na *adj* : Australian
austriaco *or* **austríaco, -ca** *adj* : Austrian
auténtico, -ca *adj* : authentic, genuine — **autenticidad** *nf* : authenticity
auto *nm* : auto, car
autoayuda *nf* : self-help
autobiografía *nf* : autobiography — **autobiográfico, -ca** *adj* : autobiographical
▶ **autobús** *nm, pl* -buses : bus
autocompasión *nf* : self-pity
autocontrol *nm* : self-control
autocracia *nf* : autocracy
autóctono, -na *adj* : indigenous, native
autodefensa *nf* : self-defense
autodidacta *adj* : self-taught
autodisciplina *nf* : self-discipline
autoestop → **autostop**
autografiar *vt* : autograph — **autógrafo** *nm* : autograph
autómata *nm* : automaton
automático, -ca *adj* : automatic — **automatización** *nf, pl* -ciones : automation — **automatizar** {21} *vt* : automate

automotor, -triz *adj, fpl* -trices : self-propelled
automóvil *nm* : automobile — **automovilista** *nmf* : motorist — **automovilístico, -ca** *adj* : automobile, car
autonomía *nf* : autonomy — **autónomo, -ma** *adj* : autonomous
autopista *nf* : expressway, highway
autopropulsado, -da *adj* : self-propelled
autopsia *nf* : autopsy
autor, -tora *n* **1** : author **2** : perpetrator (of a crime)
autoridad *nf* : authority — **autoritario, -ria** *adj* : authoritarian
autorizar {21} *vt* : authorize, approve — **autorización** *nf, pl* -ciones : authorization — **autorizado, -da** *adj* **1** PERMITIDO : authorized **2** : authoritative
autorretrato *nm* : self-portrait
autoservicio *nm* **1** : self-service restaurant **2** SUPERMERCADO : supermarket
autostop *nm* **1** : hitchhiking **2** hacer autostop : hitchhike — **autostopista** *nmf* : hitchhiker
autosuficiente *adj* : self-sufficient
auxiliar *vt* : aid, assist — **auxiliar** *adj* : auxiliary — **auxiliar** *nmf* **1** : assistant, helper **2 auxiliar de vuelo** : flight attendant — **auxilio** *nm* **1** : aid, assistance **2 primeros auxilios** : first aid
avalancha *nf* : avalanche
avalar *vt* : guarantee, endorse — **aval** *nm* : guarantee, endorsement
avanzar {21} *v* : advance, move forward — **avance** *nm* : advance — **avanzado, -da** *adj* : advanced
avaricia *nf* : greed, avarice — **avaricioso, -sa** *adj* : avaricious, greedy — **avaro, -ra** *adj* : miserly — **avaro, -ra** *n* : miser
avasallar *vt* : overpower, subjugate — **avasallador, -dora** *adj* : overwhelming
ave *nf* : bird
avecinarse *vr* : approach
avecindarse *vr* : settle, take up residence
avellana *nf* : hazelnut
avena *nf* **1** : oats *pl* **2** *or* harina de avena : oatmeal
avenida *nf* : avenue
avenir {87} *vt* : reconcile, harmonize — **avenirse** *vr* : agree, come to terms
aventajar *vt* : be ahead of, surpass
aventar {55} *vt* **1** : fan **2** : winnow (grain) **3** *Lat* : throw, toss

aventurar *vt* : venture, risk —
aventurarse *vr* : take a risk —
aventura *nf* **1** : adventure **2** RIESGO : risk **3**
AMORÍO : love affair — **aventurado, -da** *adj*
: risky — **aventurero, -ra** *adj* : adventurous
— **aventurero, -ra** *n* : adventurer
avergonzar {9} *vt* : shame,
embarrass — **avergonzarse** *vr* :
be ashamed, be embarrassed
averiar {85} *vt* : damage — **averiarse** *vr*
: break down — **avería** *nf* **1** : damage
2 : breakdown (of an automobile) —
averiado, -da *adj* **1** : damaged, faulty
2 : broken down (of an automobile)
averiguar {10} *vt* **1** : find out **2** INVESTIGAR
: investigate — **averiguación** *nf,*
pl **-ciones** : investigation, inquiry
aversión *nf, pl* **-siones** : aversion, dislike
avestruz *nm, pl* **-truces** : ostrich
aviación *nf, pl* **-ciones** : aviation
— **aviador, -dora** *n* : aviator
aviar {85} *vt* : prepare, make ready
ávido, -da *adj* : eager, avid —
avidez *nf, pl* **-deces** : eagerness
avío *nm* **1** : preparation, provision
2 avíos *nmpl* : gear, equipment

▸ **avión** *nm, pl* **aviones** : airplane
— **avioneta** *nf* : light airplane
avisar *vt* **1** : notify **2** ADVERTIR : warn
— **aviso** *nm* **1** : notice **2** ADVERTENCIA
: warning **3** *Lat* : advertisement, ad **4**
estar sobre aviso : be on the alert
avispa *nf* : wasp — **avispón** *nm,*
pl **-pones** : hornet
avispado, -da *adj, fam* : clever, sharp
avistar *vt* : catch sight of
avivar *vt* **1** : enliven, brighten **2** : arouse
(desire, etc.) **3** : intensify (pain)
axila *nf* : underarm, armpit
axioma *nm* : axiom
ay *interj* **1** : oh! **2** : ouch!, ow!
ayer *adv* : yesterday — **ayer** *nm*
: yesteryear, days gone by
ayote *nm Lat* : pumpkin
ayudar *vt* : help, assist —
ayudarse *vr* **ayudarse de** : make use
of — **ayuda** *nf* : help, assistance —
ayudante *nmf* : helper, assistant
ayunar *vi* : fast — **ayunas** *nfpl* **en**
ayunar : fasting — **ayuno** *nm* : fast
ayuntamiento *nm* **1** : town hall, city
hall (building) **2** : town or city council

azabache *nm* : jet
azada *nf* : hoe — **azadonar** *vt* : hoe
azafata *nf* : stewardess *f*
azafrán *nm, pl* **-franes** : saffron
azalea *nf* : azalea
azar *nm* **1** : chance **2** **al azar** : at
random — **azaroso, -sa** *adj* : hazardous
(of a journey, etc.), eventful (of a life)
azorar *vt* **1** : alarm **2** DESCONCERTAR
: embarrass — **azorarse** *vr*
: get embarrassed
azotar *vt* : beat, whip — **azote** *nm* **1**
LÁTIGO : whip, lash **2** CALAMIDAD : scourge
azotea *nf* : flat or terraced roof
azteca *adj* : Aztec
azúcar *nmf* : sugar — **azucarado,**
-da *adj* : sugary — **azucarera** *nf* : sugar
bowl — **azucarero, -ra** *adj* : sugar
azufre *nm* : sulphur
azul *adj & nm* : blue —
azulado, -da *adj* : bluish
azulejo *nm* **1** : ceramic
tile **2** *Lat* : bluebird
azur *n* : azure, sky blue
azuzar {21} *vt* : incite, urge on

avión^M
airplane

b *nf* : b, second letter of the Spanish alphabet

babear *vi* : drool, slobber — **baba** *nf* : saliva, drool

babel *nmf* : bedlam

babero *nm* : bib

babor *nm* : port (side)

babosa *nf* : slug — **baboso, -sa** *adj* **1** : slimy **2** *Lat fam* : silly

babucha *nf* : slipper

babuino *nm* : baboon

bacalao *nm* : cod

bache *nm* **1** : pothole, rut **2** DIFICULTADES : bad time

bachiller *nmf* : high school graduate — **bachillerato** *nm* : high school diploma

bacon *nm, Spain* : bacon

bacteria *nf* : bacterium

bagaje *nm* : baggage, luggage

bagatela *nf* : trinket

bagre *nm* : catfish

bahía *nf* : bay

bailar *v* : dance — **bailarín, -rina** *n, mpl* -**rines** : dancer — **baile** *nm* **1** : dance **2** FIESTA : dance party, ball

bajar *vt* **1** : bring down, lower **2** DESCENDER : go down, come down — *vi* : descend, drop — **bajarse** *vr* **bajarse de** : get out of, get off — **baja** *nf* **1** : fall, drop **2** CESE : dismissal **3** PERMISO : sick leave **4** : (military) casualty — **bajada** *nf* **1** : descent, drop **2** PENDIENTE : slope

bajeza *nf* : lowness, meanness

bajío *nm* : sandbank, shoal

bajo, -ja *adj* **1** : low, lower **2** : short (in stature) **3** : soft, faint (of sounds)

4 VIL : base, vile — **bajo** *adv* **1** : low **2 habla más bajo** : speak more softly — **bajo** *nm* **1** : ground floor **2** DOBLADILLO : hem **3** : bass (in music) — **bajo** *prep* : under, below — **bajón** *nm, pl* -**jones** : sharp drop, slump

bala *nf* **1** : bullet **2** : bale (of cotton, etc.)

balada *nf* : ballad

balancear *vt* **1** : balance **2** : swing (one's arms, etc.), rock (a boat) — **balancearse** *vr* : swing, sway — **balance** *nm* **1** : balance **2** : balance sheet — **balanceo** *nm* : swaying, rocking

balancín *nm, pl* -**cines 1** : seesaw **2** MECEDORA : rocking chair

balanza *nf* : scales *pl*, balance

balar *vi* : bleat

balaustrada *nf* : balustrade, banister

balazo *nm* **1** DISPARO : shot **2** : bullet wound

balbucear *vi* **1** : stammer, stutter **2** : babble (of a baby) — **balbuceo** *nm* : stammering, muttering, babbling

balcón *nm, pl* -**cones** : balcony

balde *nm* **1** : bucket, pail **2 en balde** : in vain

baldío, -día *adj* **1** : uncultivated **2** INÚTIL : useless — **baldío** *nm* : wasteland

baldosa *nf* : floor tile

balear *vi Lat* : shoot (at) — **baleo** *nm Lat* : shot, shooting

balido *nm* : bleat

balín *nm, pl* -**lines** : pellet

balística *nf* : ballistics — **balístico, -ca** *adj* : ballistic

baliza *nf* **1** : buoy **2** : beacon (for aircraft)

ballena *nf* : whale

ballesta *nf* **1** : crossbow **2** : spring (of an automobile)

ballet *nm* : ballet

balneario *nm* : spa

balompié *nm* : soccer

balón *nm, pl* -**lones** : ball — **baloncesto** *nm* : basketball — **balonvolea** *nm* : volleyball

balsa *nf* **1** : raft **2** ESTANQUE : pond, pool

bálsamo *nm* : balsam, balm — **balsámico, -ca** *adj* : soothing

baluarte *nm* : bulwark, bastion

bambolear *vi* : sway, swing — **bambolearse** *vr* : sway, rock

bambú *nm, pl* -**búes** *or* -bús : bamboo

banal *adj* : banal

banana *nf Lat* : banana — **banano** *nm Lat* : banana

banca *nf* **1** : banking **2** BANCO : bench — **bancario, -ria** *adj* : bank, banking — **bancarrota** *nf* : bankruptcy — **banco** *nm* **1** : bank **2** BANCA : stool, bench, pew **3** : school (of fish)

banda *nf* **1** : band, strip **2** : band (in music) **3** PANDILLA : gang **4** : flock (of birds) **5 banda sonora** : sound track — **bandada** *nf* : flock (of birds), school (of fish)

bandazo *nm* : lurch

bandeja *nf* : tray, platter

bandera *nf* : flag, banner

banderilla *nf* : banderilla

banderín *nm, pl* -**rines** : pennant, small flag

bandido, -da *n* : bandit

bando *nm* **1** : proclamation, edict **2** PARTIDO : faction, side

bandolero, -ra *n* : bandit

banjo *nm* : banjo

banquero, -ra *n* : banker

banqueta *nf* **1** : stool, footstool **2** *Lat* : sidewalk

banquete *nm* : banquet

bañar *vt* **1** : bathe, wash **2** SUMERGIR : immerse **3** CUBRIR : coat, cover — **bañarse** *vr* **1** : take a bath **2** : go swimming — **bañera** *nf* : bathtub — **bañista** *nmf* : bather — **baño** *nm* **1** : bath, swim **2** BAÑERA : bathtub **3 ¿donde está el baño?** : where is the bathroom? **4 baño María** : double boiler

baqueta *nf* **1** : ramrod **2** **baquetas** *nfpl* : drumsticks

bar *nm* : bar, tavern

barajar *vt* **1** : shuffle (cards) **2** CONSIDERAR : consider — **baraja** *nf* : deck of cards

baranda *nf* : rail, railing — **barandal** *nm* : handrail, banister

barato, -ta *adj* : cheap — **barato** *adv* : cheap, cheaply — **barata** *nf Lat* : sale, bargain — **baratija** *nf* : trinket — **baratillo** *nm* : secondhand store, flea market

barba *nf* **1** : beard, stubble **2** BARBILLA : chin

barbacoa *nf* : barbecue

barbaridad *nf* **1** : barbarity, cruelty **2 ¡qué barbaridad!** : that's outrageous! — **barbarie** *nf* : barbarism, savagery — **bárbaro, -ra** *adj* : barbaric

barbecho *nm* : fallow land

barbero, -ra *n* : barber — **barbería** *nf* : barbershop

barbilla *nf* : chin

barbudo, -da *adj* : bearded
barca *nf* **1** : boat **2 barca de
pasaje** : ferryboat — **barcaza** *nf* :
barge — **barco** *nm* : boat, ship
barítono *nm* : baritone
barman *nm* : bartender
barnizar {21} *vt* **1** : varnish **2** : glaze
(ceramics) — **barniz** *nm, pl* **-nices**
1 : varnish **2** : glaze (on ceramics)
barómetro *nm* : barometer
barón *nm, pl* **-rones** : baron
— **baronesa** *nf* : baroness
barquero *nm* : boatman
barquillo *nm* : wafer, cone
barra *nf* **1** : bar, rod, stick **2**
: counter (of a bar, etc.)
barraca *nf* **1** : hut, cabin **2**
CASETA : booth, stall
barranco *nm or* **barranca** *nf*
: ravine, gorge, gully
barredera *nf* : street-sweeping machine
barrenar *vt* : drill —
barrena *nf* : drill, auger
barrer *v* : sweep
barrera *nf* : barrier
barreta *nf* : crowbar
barriada *nf* : district, quarter
barrica *nf* : cask, keg
barricada *nf* : barricade
barrido *nm* : sweep, sweeping
barriga *nf* : belly
barril *nm* **1** : barrel, keg **2 de barril** : draft
barrio *nm* **1** : neighborhood
2 barrio bajo : slums *pl*
barro *nm* **1** : mud **2** ARCILLA :
clay **3** GRANO : pimple, blackhead
— **barroso, -sa** *adj* : muddy
barrote *nm* : bar (on a window)
barrunto *nm* **1** : suspicion **2**
INDICIO : sign, indication
bártulos *nmpl* : things, belongings
barullo *nm* : racket, ruckus
basa *nf* : base, pedestal — **basar** *vt* : base
— **basarse** *vr* **basarse en** : be based on
báscula *nf* : scales *pl*
base *nf* **1** : base **2** FUNDAMENTO :
basis, foundation **3 base de datos** :
database — **básico, -ca** *adj* : basic
basquetbol *or* básquetbol *nm*
Lat : basketball
bastar *vi* : be enough, suffice —
bastante *adv* **1** : fairly, rather **2** SUFICIENTE
: enough — **bastante** *adj* : enough,
sufficient — **bastante** *pron* : enough
bastardo, -da *adj & n* : bastard

bastidor *nm* **1** : frame **2** : wing
(in theater) **3 entre bastidores** :
behind the scenes, backstage
bastilla *nf* : hem
bastión *nf, pl* **-tiones** :
bastion, stronghold
basto, -ta *adj* : coarse, rough
bastón *nm, pl* **-tones 1** : cane,
walking stick **2** : baton (in parades)
basura *nf* : garbage, rubbish —
basurero, -ra *n* : garbage collector
bata *nf* **1** : bathrobe, housecoat **2** : smock
(of a doctor, laboratory worker, etc.)
batallar *vi* : battle, fight —
batalla *nf* **1** : battle, fight, struggle
2 de batalla : ordinary, everyday —
batallón *nm, pl* **-llones** : battalion
batata *nf* : yam, sweet potato
batear *v* : bat, hit — **bate** *nm* : baseball
bat — **bateador, -dora** *n* : batter, hitter
batería *nf* **1** : battery **2** : drums *pl* **3**
batería de cocina : kitchen utensils *pl*
batir *vt* **1** : beat, whip **2** DERRIBAR : knock
down — **batirse** *vr* : fight — **batido** *nm*
: milk shake — **batidor** *nm* : eggbeater,
whisk — **batidora** *nf* : electric mixer
batuta *nf* : baton
baúl *nm* : trunk, chest
bautismo *nm* : baptism — **bautismal** *adj*
: baptismal — **bautizar** {21} *vt* : baptize
— **bautizo** *nm* : baptism, christening
baya *nf* : berry
bayeta *nf* : cleaning cloth
bayoneta *nf* : bayonet
bazar *nm* : bazaar
bazo *nm* : spleen
bazofia *nf, fam* : rubbish, hogwash
beato, -ta *adj* : blessed
bebé *nm* : baby
beber *v* : drink — **bebedero** *nm* :
watering trough — **bebedor, -dora** *n*
: (heavy) drinker — **bebida** *nf* : drink,
beverage — **bebido, -da** *adj* : drunk
beca *nf* : grant, scholarship
becerro, -rra *n* : calf
befa *nf* : jeer, taunt
beige *adj & nm* : beige
beisbol *or* béisbol *nm* : baseball —
beisbolista *nmf* : baseball player
beldad *nf* : beauty
belén *nf, pl* **-lenes** : Nativity scene
belga *adj* : Belgian
beliceño, -ña *adj* : Belizean
bélico, -ca *adj* : military, war
— **belicoso, -sa** *adj* : warlike

beligerancia *nf* : belligerence —
beligerante *adj & nmf* : belligerent
belleza *nf* : beauty — **bello, -lla** *adj* **1**
: beautiful **2 bellas artes** : fine arts
bellota *nf* : acorn
bemol *adj & nm* : flat (in music)
bendecir {11} *vt* **1** : bless **2 bendecir
la mesa** : say grace — **bendición** *nf,
pl* **-ciones** : benediction, blessing —
bendito, -ta *adj* **1** : blessed, holy
2 DICHOSO : fortunate **3 ¡bendito
sea Dios!** : thank goodness!
benefactor, -tora *n* : benefactor
beneficiar *vt* : benefit, assist —
beneficiarse *vr* : benefit, profit —
beneficiario, -ria *n* : beneficiary —
beneficio *nm* **1** : gain, profit **2** BIEN :
benefit — **beneficioso, -sa** *adj* : beneficial
— **benéfico, -ca** *adj* : charitable
benemérito, -ta *adj* : worthy
beneplácito *nm* : approval, consent
benévolo, -la *adj* : benevolent, kind —
benevolencia *nf* : benevolence, kindness
bengala *nf or* **luz de bengala** : flare
benigno, -na *adj* **1** : mild **2** : benign
(in medicine) — **benignidad** *nf*
: mildness, kindness
benjamín, -mina *n, mpl*
-mines : youngest child
beodo, -da *adj & n* : drunk
berenjena *nf* : eggplant
berrear *vi* **1** : bellow, low **2** : bawl,
howl (of a person) — **berrido** *nm* **1** :
bellowing **2** : howl, scream (of a person)
berro *nm* : watercress
berza *nf* : cabbage
besar *vt* : kiss — **besarse** *vr* : kiss
(each other) — **beso** *nm* : kiss
bestia *nf* : beast, animal — **bestial** *adj* :
bestial, brutal — **bestialidad** *nf* : brutality
betabel *nm Lat* : beet
betún *nm, pl* **-tunes** : shoe polish
bianual *adj* : biannual
biberón *nm, pl* **-rones** : baby's bottle
Biblia *nf* : Bible — **bíblico,
-ca** *adj* : biblical
bibliografía *nf* : bibliography
— **bibliográfico, -ca** *adj* :
bibliographic, bibliographical
biblioteca *nf* : library —
bibliotecario, -ria *n* : librarian
bicarbonato *nm* **bicarbonato
de soda** : baking soda
bicentenario *nm* : bicentennial
bíceps *nms & pl* : biceps

bicho *nm* : small animal, bug

bicicleta *nf* : bicycle — **bici** *nf, fam* : bike

bicolor *adj* : two-tone

bidón *nm, pl* **-dones** : large can, drum

bien *adv* **1** : well, good **2** CORRECTAMENTE : correctly, right **3** MUY : very, quite **4** DE BUENA GANA : **willingly 5 bien que** : although **6 más bien** : rather — **bien** *adj* **1** : all right, well **2** AGRADABLE : pleasant, nice **3** SATISFACTORIO : satisfactory **4** CORRECTO : correct, right — **bien** *nm* **1** : good **2 bienes** *nmpl* : property, goods

bienal *adj & nf* : biennial

bienaventurado, -da *adj* : blessed, fortunate

bienestar *nm* : welfare, well-being

bienhechor, -chora *n* : benefactor

bienintencionado, -da *adj* : well-meaning

bienvenido, -da *adj* : **welcome** — **bienvenida** *nf* **1** : welcome **2 dar la bienvenida a** : welcome

(someone) welcome

bife *nm Lat* : steak

bifocales *nmpl* : bifocals

bifurcarse {72} *vr* : fork — **bifurcación** *nf, pl* **-ciones** : fork, branch

bigamia *nf* : bigamy

bigote *nm* **1** : mustache **2 bigotes** *nmpl* : whiskers (of an animal)

bikini *nm* : bikini

bilingüe *adj* : bilingual

bilis *nf* : bile

billar *nm* : pool, billiards
billete *nm* **1** : bill, banknote **2** BOLETO : ticket — **billetera** *nf* : billfold, wallet
billón *nm, pl* **-llones** : trillion
bimensual, -suale *adj* : twice a month — **bimestral** *adj* : bimonthly
binario, -ria *adj* : binary
bingo *nm* : bingo
binoculares *nmpl* : binoculars
biodegradable *adj* : biodegradable
biofísica *nf* : biophysics
biografía *nf* : biography — **biográfico, -ca** *adj* : biographical — **biógrafo, -fa** *n* : biographer
biología *nf* : biology — **biológico, -ca** *adj* : biological, biologic — **biólogo, -ga** *n* : biologist
biombo *nm* : folding screen
biomecánica *nf* : biomechanics
biopsia *nf* : biopsy
bioquímica *nf* : biochemistry — **bioquímico, -ca** *adj* : biochemical
biotecnología *nf* : biotechnology
bipartidista *adj* : bipartisan
bípedo *nm* : biped
biquini → **bikini**
birlar *vt, fam* : swipe, pinch
bis *adv* **1** : twice (in music) **2** : A (in an address) — **bis** *nm* : encore
bisabuelo, -la *n* : great-grandfather *m*, great-grandmother *f*
bisagra *nf* : hinge
bisecar {72} *vt* : bisect
biselar *vt* : bevel
bisexual *adj* : bisexual
bisiesto *adj* **año bisiesto** : leap year
bisnieto, -ta *n* : great-grandson *m*, great-granddaughter *f*
▸ **bisonte** *nm* : bison, buffalo
bisoño, -ña *n* : novice
bistec *nm* : steak
bisturí *nm* : scalpel
bisutería *nf* : costume jewelry
bit *nm* : bit (unit of information)
bizco, -ca *adj* : cross-eyed
bizcocho *nm* : sponge cake
bizquear *vi* : squint — **bizquera** *nf* : squint
blanco, -ca *adj* : white — **blanco, -ca** *n* : white person — **blanco** *nm* **1** : white **2** DIANA : target, bull's-eye **3** : blank (space) — **blancura** *nf* : whiteness
blandir {1} *vt* : wave, brandish
blando, -da *adj* **1** : soft, tender **2** DÉBIL : weak-willed **3** INDULGENTE :

lenient — **blandura** *nf* **1** : softness, tenderness **2** DEBILIDAD : weakness **3** INDULGENCIA : leniency
blanquear *vt* **1** : whiten, bleach **2** : launder (money) — *vi* : turn white — **blanqueador** *nm Lat* : bleach
blasfemar *vi* : blaspheme — **blasfemia** *nf* : blasphemy — **blasfemo, -ma** *adj* : blasphemous
bledo *nm* **no me importa un bledo** *fam* : I couldn't care less
blindaje *nm* : armor, armor plating — **blindado, -da** *adj* : armored
bloc *nm, pl* **blocs** : (writing) pad
bloquear *vt* **1** OBSTRUIR : block, obstruct **2** : blockade — **bloque** *nm* **1** : block **2** : bloc (in politics) — **bloqueo** *nm* **1** OBSTRUCCIÓN : blockage **2** : blockade
blusa *nf* : blouse — **blusón** *nm, pl* **-sones** : smock
boato *nm* : showiness
bobina *nf* : bobbin, reel
bobo, -ba *adj* : silly, stupid — **bobo, -ba** *n* : fool, simpleton
boca *nf* **1** : mouth **2** ENTRADA : entrance **3 boca arriba** : faceup **4 boca abajo** : facedown, prone **5 boca de riego** : hydrant
bocacalle *nf* : entrance (to a street)
bocado *nm* **1** : bite, mouthful **2** : bit (of a bridle) — **bocadillo** *nm, Spain* : sandwich
bocajarro *nm* **a bocajarro** : point-blank
bocallave *nf* : keyhole
bocanada *nf* **1** : swallow, swig **2** :

puff, gust (of smoke, wind, etc.)
boceto *nm* : sketch, outline
bochorno *nm* **1** VERGÜENZA : embarrassment **2** : muggy weather — **bochornoso, -sa** *adj* **1** VERGONZOSO : embarrassing **2** : muggy, sultry
bocina *nf* **1** : horn **2** : mouthpiece (of a telephone) — **bocinazo** *nm* : honk, toot
boda *nf* : wedding
bodega *nf* **1** : wine cellar **2** : warehouse **3** : hold (of a ship or airplane) **4** *Lat* : grocery store
bofetear *vt* : slap — **bofetada** *nf* or **bofetón** *nm* : slap (in the face)
boga *nf* : fashion, vogue
bohemio, -mia *adj & n* : bohemian
boicotear *vt* : boycott — **boicot** *nm, pl* **-cots** : boycott
boina *nf* : beret
bola *nf* **1** : ball **2** *fam* : fib
bolera *nf* : bowling alley
boleta *nf Lat* : ticket — **boletería** *nf Lat* : ticket office
boletín *nm, pl* **-tines 1** : bulletin **2 boletín de noticias** : news release
boleto *nm* : ticket
boliche *nm* **1** : bowling **2** BOLERA : bowling alley
bolígrafo *nm* : ballpoint pen
bolillo *nm* : bobbin
boliviano, -na *adj* : Bolivian
bollo *nm* : bun, sweet roll
bolo *nm* **1** : bowling pin **2** bolos *nmpl* : bowling

bolsa *nf* **1** : bag **2** *Lat* : pocketbook, purse **3 la Bolsa** : the stock market — **bolsillo** *nm* : pocket — **bolso** *nm, Spain* : pocketbook, handbag

bomba *nf* **1** : bomb **2 bomba de gasolina** : gas pump

bombachos *nmpl* : baggy trousers

bombardear *vt* : bomb, bombard — **bombardeo** *nm* : bombing, bombardment — **bombardero** *nm* : bomber (airplane)

bombear *vt* : pump — **bombero, -ra** *n* : firefighter

bombilla *nf* : lightbulb — **bombillo** *nm Lat* : lightbulb

bombo *nm* **1** : bass drum **2 a bombos y platillos** : with a great fanfare

bombón *nm, pl* **-bones** : candy, chocolate

bonachón, -chona *adj, mpl* **-chones** *fam* : good-natured

bonanza *nf* **1** : fair weather (at sea) **2** PROSPERIDAD : prosperity

bondad *nf* : goodness, kindness — **bondadoso, -sa** *adj* : kind, good

boniato *nm* : sweet potato

bonificación *nf, pl* **-ciones 1** : bonus, extra **2** DESCUENTO : discount

bonito, -ta *adj* : pretty, lovely

bono *nm* **1** : bond **2** VALE : voucher

boquear *vi* : gasp — **boqueada** *nf* : gasp

boquerón *nm, pl* **-rones** : anchovy

boquete *nm* : gap, opening

boquiabierto, -ta *adj* : open-mouthed, speechless

boquilla *nf* : mouthpiece (of a musical instrument)

borbollar *vi* : bubble

borbotar *or* borbotear *vi* : boil, bubble, gurgle — **borbotón** *nm, pl* **-tones 1** : spurt **2 salir a borbotones** : gush out

bordar *v* : embroider — **bordado** *nm* : embroidery, needlework

borde *nm* **1** : border, edge **2 al borde de** : on the verge of — **bordear** *vt* : border — **bordillo** *nm* : curb

bordo *nm* **a bordo** : aboard, on board

borla *nf* **1** : pom-pom, tassel **2** : powder puff

borracho, -cha *adj & n* : drunk — **borrachera** *nf* : drunkenness

borrar *vt* : erase, blot out — **borrador** *nm* **1** : rough draft **2** : eraser (for a blackboard)

borrascoso, -sa *adj* : stormy

borrego, -ga *n* : lamb, sheep — **borrego** *nm Lat* : false rumor, hoax

borrón *nm, pl* **-rrones 1** : smudge, blot **2 borrón y cuenta nueva** : let's forget about it — **borroso, -sa** *adj* **1** : blurry, smudgy **2** INDISTINTO : vague, hazy

bosque *nm* : woods, forest — **boscoso, -sa** *adj* : wooded

bosquejar *vt* : sketch (out) — **bosquejo** *nm* : outline, sketch

bostezar {21} *vi* : yawn — **bostezo** *nm* : yawn

bota *nf* : boot

botánica *nf* : botany — **botánico, -ca** *adj* : botanical

botar *vt* **1** : throw, hurl **2** *Lat* : throw away **3** : launch (a ship) — *vi* : bounce

bote *nm* **1** : small boat **2** *Spain* : can **3** TARRO : jar **4** SALTO : bounce, jump

botella *nf* : bottle

botín *nm, pl* **-tines 1** : ankle boot **2** DESPOJOS : booty, plunder

botiquín *nm, pl* **-quines 1** : medicine cabinet **2** : first-aid kit

botón *nm, pl* **-tones 1** : button **2** YEMA : bud — **botones** *nmfs & pl* : bellhop

botulismo *nm* : botulism

boutique *nf* : boutique

bóveda *nf* : vault

boxear *vi* : box — **boxeador, -dora** *n* : boxer — **boxeo** *nm* : boxing

boya *nf* : buoy — **boyante** *adj* **1** : buoyant **2** PRÓSPERO : prosperous, thriving

bozal *nm* **1** : muzzle **2** : halter (for a horse)

bracear *vi* **1** : wave one's arms **2** NADAR : swim, crawl

bracero, -ra *n* : day laborer

bragas *nf, Spain* : panties

bragueta *nf* : fly, pants zipper

braille *adj & nm* : braille

bramante *nm* : twine, string

bramar *vi* **1** : bellow, roar **2** : howl (of the wind) — **bramido** *nm* : bellow, roar

brandy *nm* : brandy

branquia *nf* : gill

brasa *nf* : ember

brasier *nm Lat* : brassiere

brasileño, -ña *adj* : Brazilian

bravata *nf* **1** : boast, bravado **2** AMENAZO : threat

bravo, -va *adj* **1** : fierce, savage **2** : rough (of the sea) **3** *Lat* : angry — **bravo, -va** *interj* : bravo!, well done! — **bravura** *nf* **1** FEROCIDAD : fierceness **2** VALENTÍA : bravery

braza *nf* **1** : breaststroke **2** : fathom (measurement) — **brazada** *nf* : stroke (in swimming)

brazalete *nm* **1** : bracelet **2** : (cloth) armband

brazo *nm* **1** : arm **2** : branch (of a river, etc.) **3 brazo derecho** : right-hand man **4** brazos *nmpl* : hands, laborers

brea *nf* : tar

brebaje *nm* : concoction

brecha *nf* : breach, gap

brécol *nm* : broccoli

bregar {52} *vi* **1** LUCHAR : struggle **2** TRABAJAR : work hard — **brega** *nf* **andar a la brega** : struggle

breña *nf or* breñal *nm* : scrubland, brush

breve *adj* **1** : brief, short **2 en breve** : shortly, in short — **brevedad** *nf* : brevity, shortness — **brevemente** *adv* : briefly

brezal *nm* : moor, heath — **brezo** *nm* : heather

bricolaje *or* bricolage *nm* : do-it-yourself

brida *nf* : bridle

brigada *nf* **1** : brigade **2** EQUIPO : gang, team, squad

brillar *vi* : shine, sparkle — **brilliante** *adj*

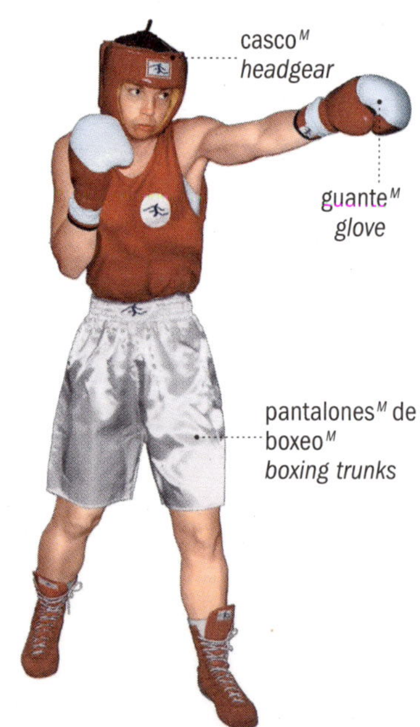

boxeador M
boxer

: brilliant, shiny — **brillante** *nm* :
diamond — **brillantez** *nf* : brilliance —
brillo *nm* **1** : luster, shine **2** ESPLENDOR
: splendor — **brilloso, -sa** *adj* : shiny
brincar {72} *vi* : jump about, frolic
— **brinco** *nm* : jump, skip
brindar *vi* : drink a toast — *vt* : offer,
provide — **brindarse** *vr* : offer one's
assistance — **brindis** *nm* : drink, toast
brío *nm* **1** : force, determination
2 ÁNIMO : spirit, verve — **brioso,
-sa** *adj* : spirited, lively
brisa *nf* : breeze
británico, -ca *adj* : British
brizna *nf* **1** : strand, thread
2 : blade (of grass)
brocado *nm* : brocade
brocha *nf* : paintbrush
broche *nm* **1** : fastener,
clasp **2** ALFILER : brooch
brocheta *nf* : skewer
brócoli *nm* : broccoli
bromear *vi* : joke, fool around
— **broma** *nf* : joke, prank —
bromista *adj* : fun-loving, joking

— **bromista** *nmf* : joker, prankster
bronca *nf, fam* : fight, row
bronce *nm* : bronze — **bronceado,
-da** *adj* : suntanned — **bronceado** *nm*
: tan — **broncearse** *vr* : get a suntan
bronco, -ca *adj* **1** : harsh, rough
2 : untamed, wild (of a horse)
bronquitis *nf* : bronchitis
broqueta *nf* : skewer
brotar *vi* **1** : bud, sprout **2** : stream,
gush (of a river, tears, etc.) **3** : arise
(of feelings, etc.) **4** : break out (in
medicine) — **brote** *nm* **1** : outbreak
2 : sprout, bud, shoot (of plants)
brujería *nf* : witchcraft —
bruja *nf* **1** : witch **2** *fam* : old hag
— **brujo** *nm* : warlock, sorcerer
— **brujo, -ja** *adj* : bewitching
brújula *nf* : compass
bruma *nf* : haze, mist —
brumoso, -sa *adj* : hazy, misty
bruñir {38} *vt* : burnish, polish
brusco, -ca *adj* **1** SÚBITO : sudden,
abrupt **2** TOSCO : brusque, rough —
brusquedad *nf* : abruptness, brusqueness

brutal *adj* : brutal —
brutalidad *nf* : brutality
bruto, -ta *adj* **1** : brutish, stupid **2** :
crude (of petroleum, etc.), uncut (of
diamonds) **3 peso bruto, -ta** : gross
weight — **bruto, -ta** *n* : brute
bucal *adj* : oral
bucear *vi* **1** : dive, swim underwater
2 bucear en : delve into —
buceo *nm* : (underwater) diving
bucle *nm* : curl
budín *nm, pl* **-dines** : pudding
budismo *nm* : Buddhism —
budista *adj & nmf* : Buddhist
buenamente *adv* **1** : easily **2**
VOLUNTARIAMENTE : willingly
buenaventura *nf* **1** : good luck
2 decir la buenaventura a uno
: tell someone's fortune
bueno, -na *adj* (**buen** *before masculine
singular nouns*) **1** : good **2** AMABLE
: kind **3** APROPIADO : appropriate **4**
SALUDABLE : well, healthy **5** : nice, fine
(of weather) **6 buenos días** : hello, good
day **7 buenas noches** : good night **8**

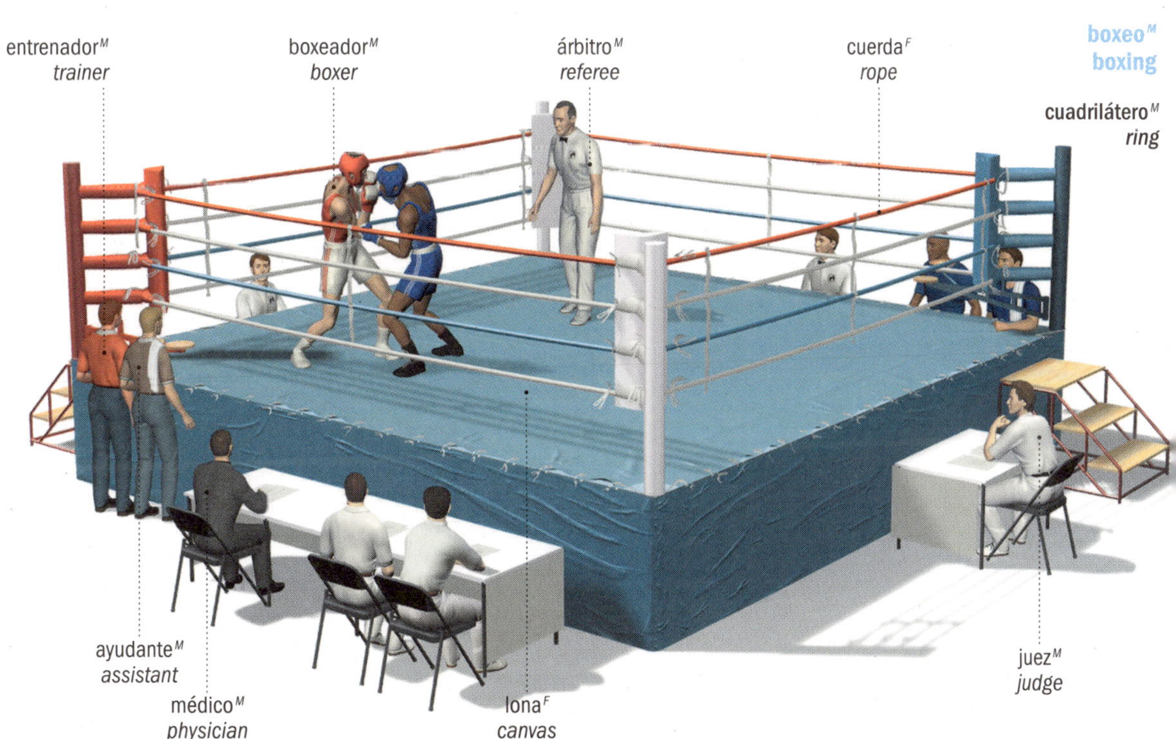

buenas tardes : good afternoon, good evening — **bueno** *interj* : OK!, all right!
buey *nm* : ox, steer
búfalo *nm* : buffalo
bufanda *nf* : scarf
bufar *vi* : snort — **bufido** *nm* : snort
bufet *or* **bufé** *nm* : buffet-style meal
bufete *nm* **1** : law practice **2** MESA : writing desk

bufo, -fa *adj* : comic — **bufón, -fona** *n, mpl* **-fones** : buffoon, jester — **bufonada** *nf* : wisecrack
buhardilla *nf* : attic, garret
búho *nm* : owl
▸ **buitre** *nm* : vulture
bujía *nf* : spark plug
bulbo *nm* : bulb (of a plant)
bulevar *nm* : boulevard
búlgaro, -ra *adj* : Bulgarian
bulla *nf* : uproar, racket
▸ **bulldozer** *nm* : bulldozer
bullicio *nm* **1** : uproar **2** AJETREO : hustle and bustle — **bullicioso, -sa** *adj* : noisy, boisterous
bullir {38} *vi* **1** : boil **2** AJETREARSE : bustle, stir
bulto *nm* **1** : package, bundle **2** VOLUMEN : bulk, size **3** FORMA : form, shape **4** PROTUBERANCIA : lump, swelling
bumerán *nm, pl* **-ranes** : boomerang
buñuelo *nm* : fried pastry
buque *nm* : ship
burbujear *vi* : bubble — **burbuja** *nf* : bubble
burdel *nm* : brothel

burdo, -da *adj* : coarse, rough
burgués, -guesa *adj & n, mpl* **-gueses** : bourgeois — **burguesía** *nf* : bourgeoisie
burlar *vt* : trick, deceive — **burlarse** *vr* **burlarse de** : make fun of — **burla** *nf* **1** MOFA : mockery, ridicule **2** BROMA : joke, trick
burlesco, -ca *adj* : comic, funny
burlón, -lona *adj, mpl* **-lones** : mocking
burocracia *nf* : bureaucracy — **burócrata** *nmf* : bureaucrat — **burocrático, -ca** *adj* : bureaucratic
burro, -rra *n* **1** : donkey **2** *fam* : dunce — **burro, -rra** *adj* : stupid — **burro** *nm* **1** : sawhorse **2** *Lat* : stepladder
bus *nm* : bus
buscar {72} *vt* **1** : look for, seek **2** **ir a buscar a uno** : fetch someone — *vi* : search — **busca** *nf* : search — **búsqueda** *nf* : search
busto *nm* : bust (in sculpture)
butaca *nf* **1** : armchair **2** : (theater) seat
butano *nm* : butane
buzo *nm* : diver
buzón *nm, pl* **-zones** : mailbox
byte *nm* : byte

c *nf* : c, third letter of the Spanish alphabet
cabal *adj* **1** : exact **2** COMPLETO :
complete — **cabales** *nmpl* **no estar en
sus cabal** : not be in one's right mind
cabalgar {52} *vi* : ride —
cabalgata *nf* : cavalcade
caballa *nf* : mackerel
caballería *nf* **1** : cavalry **2** CABALLO :
horse, mount — **caballeriza** *nf* : stable
caballero *nm* **1** : gentleman **2** : knight
(rank) — **caballerosidad** *nf* : chivalry
— **caballeroso, -sa** *adj* : chivalrous
caballete *nm* **1** : ridge (of a
roof) **2** : easel (for a canvas)
3 : bridge (of the nose)
caballito *nm* **1** : rocking horse **2**
caballitos *nmpl* : merry-go-round
caballo *nm* **1** : horse **2** : knight (in chess)
3 caballo de fuerza : horsepower
cabaña *nf* : cabin, hut
cabaret *nm, pl* **-rets** : nightclub, cabaret
cabecear *vi* **1** : shake one's head,
nod **2** : pitch, lurch (of a boat)
cabecera *nf* **1** : head (of a bed,
etc.) **2** : heading (in a text) **3 médico
de cabecera** : family doctor
cabecilla *nmf* : ringleader
cabello *nm* : hair —
cabelludo, -da *adj* : hairy
caber {12} *vi* **1** : fit, go (into) **2 no
cabe duda** : there's no doubt
cabestro *nm* : halter
cabeza *nf* **1** : head **2 de cabeza** :
head first — **cabezada** *nf* **1** : butt (of
the head) **2 dar cabezadas** : nod off
cabezal *nm* : bolster, headrest
cabida *nf* **1** : room, capacity **2 dar
cabida a** : accomodate, find room for
cabina *nf* **1** : booth **2** : cab (of a truck,
etc.) **3** : cabin, cockpit (of an airplane)
cabizbajo, -ja *adj* : downcast
cable *nm* : cable
cabo *nm* **1** : end, stub **2** TROZO : bit **3**
: corporal (in the military) **4** : cape (in
geography) **5 al fin y al cabo** : after
all **6 llevar a cabo** : carry out, do
cabra *nf* : goat
cabriola *nf* **1** : leap, skip **2 hacer
cabriolas** : prance around
cabrito *nm* : kid (goat)
cacahuate *or* cacahuete *nm* : peanut
cacao *nm* **1** : cacao (tree)
2 : cocoa (drink)
cacarear *vi* : crow, cackle
— *vt, fam* : boast about

cacería *nf* : hunt
cacerola *nf* : pan, saucepan
cacharro *nm* **1** *fam* : thing,
piece of junk **2** *fam* : jalopy **3**
cacharros *nmpl* : pots and pans
cachear *vt* : search, frisk
cachemir *nm or* **cachemira** *nf* : cashmere
cachete *nm Lat* : cheek —
cachetada *nf Lat* : slap
cacho *nm* **1** *fam* : piece, bit **2** *Lat* : horn
cachorro, -rra *n* **1** : cub
2 PERRITO : puppy
cactus *or* cacto *nm* : cactus
cada *adj* : each, every
cadalso *nm* : scaffold
cadáver *nm* : corpse
cadena *nf* **1** : chain **2** :
(television) channel **3 cadena
de montaje** : assembly line
cadencia *nf* : cadence
cadera *nf* : hip
cadete *nmf* : cadet
caducar {72} *vi* : expire —
caducidad *nf* : expiration
caer {13} *vi* **1** : fall, drop **2 caer bien
a uno** : be to one's liking **3 dejar caer**
: drop **4 me cae bien** : I like her, I like
him — **caerse** *vr* : drop, fall (down)
café *nm* **1** : coffee **2** : café — **café** *adj*

▶ *Lat* : brown — **cafetera** *nf* : coffeepot
— **cafetería** *nf* : coffee shop,
cafeteria — **cafeína** *nf* : caffeine
caída *nf* **1** : fall, drop **2** PENDIENTE : slope
caimán *nm, pl* **-manes** : alligator
caja *nf* **1** : box, case **2** : checkout
counter, cashier's desk (in a store) **3**
caja fuerte : safe **4 caja registradora** :
cash register — **cajero, -ra** *n* **1** : cashier
2 : (bank) teller — **cajetilla** *nf* : pack (of
cigarettes) — **cajón** *nm, pl* **-jones 1** :
drawer (in furniture) **2** : large box, crate
cajuela *nf Lat* : trunk (of a car)
cal *nf* : lime
cala *nf* : cove
calabaza *nf* **1** : pumpkin, squash,
gourd **2 dar calabazas a** *fam* : give
the brush-off to — **calabacín** *nm,
pl* **-cines** *or* calabacita *nf Lat* : zucchini
calabozo *nm* **1** : prison **2** CELDA : cell
calamar *nm* : squid
calambre *nm* **1** ESPASMO :
cramp **2** : (electric) shock
calamidad *nf* : calamity
calar *vt* **1** : soak (through) **2** PERFORAR
: pierce — **calarse** *vr* : get drenched
calavera *nf* : skull
calcar {72} *vt* **1** : trace **2**
IMITAR : copy, imitate

calcetín *nm, pl* **-tines** : sock
calcinar *vt* : char
calcio *nm* : calcium
calcomanía *nf* : decal
calcular *vt* : calculate, estimate —
  calculador, -dora *adj* : calculating
  — **calculadora** *nf* : calculator —
  cálculo *nm* **1** : calculation **2** : calculus
  (in mathematics and medicine)
  3 cálculo biliar : gallstone
caldera *nf* **1** : cauldron **2** : boiler (for
  heating, etc.) — **caldo** *nm* : broth, stock
calefacción *nf, pl* **-ciones** : heating, heat
calendario *nm* : calendar
calentar {55} *vt* : heat (up), warm
  (up) — **calentarse** *vr* : get warm,
  heat up — **calentador** *nm* : heater —
  calentura *nf* : temperature, fever
calibre *nm* **1** : caliber **2** DIÁMETRO : bore,
  diameter — **calibrar** *vt* : calibrate
calidad *nf* **1** : quality **2 en calidad
  de** : as, in the capacity of
cálido, -da *adj* : hot, warm
calidoscopio *nm* : kaleidoscope
caliente *adj* **1** : hot **2**
  ACALORADO : heated, fiery
calificar {72} *vt* **1** : qualify **2** EVALUAR
  : rate **3** : grade (an exam, etc.) —
  calificación *nf, pl* **-ciones 1** : qualification
  2 EVALUACIÓN : rating **3** NOTA : grade
  — **calificativo, -va** *adj* : qualifying —
  calificativo *nm* : qualifier, epithet
caligrafía *nf* : penmanship
calistenia *nf* : calisthenics
cáliz *nm, pl* **-lices** : chalice
caliza *nf* : limestone
callar *vi* : keep quiet, be silent — *vt* **1**
  : silence, hush **2** OCULTAR : keep
  secret — **callarse** *vr* : remain silent
  — **callado, -da** *adj* : quiet, silent
calle *nf* : street, road — **callejear** *vi* :
  wander about the streets — **callejero,
  -ra** *adj* **1** : street **2 perro callejero** : stray
  dog — **callejón** *nm, pl* **-jones 1** : alley
  2 callejón sin salida : dead-end street
callo *nm* : callus, corn
calma *nf* : calm, quiet — **calmante** *adj*
  : soothing — **calma** *nm* : tranquilizer
  — **calmar** *vt* : calm, soothe —
calmarse *vr* : calm down — **calmo,
  -ma** *adj Lat* : calm — **calmoso,
  -sa** *adj* **1** : calm **2** LENTO : slow
calor *nm* **1** : heat, warmth **2 tener
  calor** : be hot — **caloría** *nf* : calorie
calumnia *nf* : slander, libel

— **calumniar** *vt* : slander, libel
caluroso, -sa *adj* **1** : hot **2** : warm,
  enthusiastic (of applause, etc.)
calvo, -va *adj* : bald —
  calvicie *nf* : baldness
calza *nf* : wedge
calzada *nf* : roadway
calzado *nm* : footwear —
  calzar {21} *vt* **1** : wear (shoes)
  2 : put shoes on (someone)
calzones *nmpl Lat* : panties —
  calzoncillos *nmpl* : underpants, briefs
cama *nf* : bed
camada *nf* : litter, brood
camafeo *nm* : cameo
cámara *nf* **1** : chamber **2** *or*
  cámara fotográfica : camera
  3 : house (in government)
camarada *nmf* : comrade —
  camaradería *nf* : camaraderie
camarero, -ra *n* **1** : waiter, waitress *f* **2**
  : steward *m*, stewardess *f* (on a ship,
  etc.) — **camarera** *nf* : chambermaid *f*
camarón *nm, pl* **-rones** : shrimp
camarote *nm* : cabin, stateroom
cambiar *vt* **1** : change **2** CANJEAR :
  exchange — *vi* **1** : change **2** : shift gears
  (of an automobile) — **cambiarse** *vr* **1**
  : change (clothing) **2** : move (to a new
  address) — **cambiable** *adj* : changeable
  — **cambio** *nm* **1** : change **2** CANJE :
  exchange **3 en cambio** : on the other hand
camello *nm* : camel
camilla *nf* : stretcher — **camillero** *nm*
  : orderly (in a hospital)
caminar *vi* : walk — *vt* : cover (a
  distance) — **caminata** *nf* : hike
camino *nm* **1** : road, path **2** RUTA : way
  3 a medio camino : halfway (there)
  4 ponerse en camino : set out
camión *nm, pl* **-miones 1** : truck
  2 *Lat* : bus — **camionero, -ra** *n* **1**
  : truck driver **2** *Lat* : bus driver —
  camioneta *nm* : light truck, van
camisa *nf* **1** : shirt **2 camisa de
  fuerza** : straitjacket — **camiseta** *nf*
  : T-shirt, undershirt — **camisón** *nm,
  pl* **-sones** : nightshirt, nightgown
camorra *nf, fam* : fight, trouble
camote *nm Lat* : sweet potato
campamento *nm* : camp
campana *nf* : bell — **campanada** *nf*:
  stroke (of a bell), peal — **campanario** *nm*
  : bell tower — **campanilla** *nf* : (small) bell
campaña *nf* **1** : countryside **2** :

(military or political) campaign
campeón, -peona *n, mpl*
  -peones : champion —
  campeonato *nm* : championship
campesino, -na *n* : peasant, farm
  laborer — **campestre** *adj* : rural, rustic
camping *nm* **1** : campsite **2
  hacer camping** : go camping
campiña *nf* : countryside
campo *nm* **1** : field **2** CAMPIÑA
  : countryside, country **3**
  CAMPAMENTO : camp
camuflaje *nm* : camouflage —
  camuflar *vt* : camouflage
cana *nf* : gray hair
canadiense *adj* : Canadian
canal *nm* **1** : canal **2** MEDIO : channel
  3 : (radio or television) channel
  — **canalizar** {21} *vt* : channel
canalete *nm* : paddle (of a canoe)
canalla *nf* : rabble — **canalla** *nmf,
  fam* : swine, bastard
canapé *nm* **1** : canapé **2**
  SOFÁ : sofa, couch
canario *nm* : canary
canasta *nf* : basket —
  canasto *nm* : large basket
cancelar *vt* **1** : cancel **2** : pay off, settle
  (a debt) — **cancelación** *nf, pl* **-ciones 1** :
  cancellation **2** : payment in full (of a debt)
cáncer *nm* : cancer — **canceroso,
  -sa** *adj* : cancerous
cancha *nf* : court, field (for sports)
canciller *nm* : chancellor
canción *nf, pl* **-ciones 1** : song
  2 canción de cuna : lullaby —
  cancionero *nm* : songbook
candado *nm* : padlock
candela *nf* : candle — **candelabro** *nm*
  : candelabra — **candelero** *nm* **1**
  : candlestick **2 estar en el
  candelero** : be in the limelight
candente *adj* : red-hot
candidato, -ta *n* : candidate —
  candidatura *nf* : candidacy
cándido, -da *adj* : naïve —
  candidez *nf* **1** : simplicity
  2 INGENUIDAD : naïveté
candil *nm* : oil lamp —
  candilejas *nfpl* : footlights
candor *nm* : naïveté, innocence
canela *nf* : cinnamon
▶ **cangrejo** *nm* : crab
canguro *nm* : kangaroo
caníbal *nmf* : cannibal

— **canibalismo** *nm* : cannibalism
canicas *nfpl* : (game of) marbles
canino, -na *adj* : canine —
  canino *nm* : canine (tooth)
canjear *vt* : exchange —
  canje *nm* : exchange, trade
cano, -na *adj* : gray, gray-haired
canoa *nf* : canoe
canon *nm, pl* **cánones** : canon
canonizar {21} *vt* : canonize
canoso, -sa *adj* : gray, gray-haired
cansar *vt* : tire (out) — *vi* : be tiring
  — **cansarse** *vr* : get tired — **cansado,**
  -da *adj* **1** : tired **2** PESADO : tiresome —
  cansancio *nm* : fatigue, weariness
cantalupo *nm* : cantaloupe
cantar *v* : sing — **cantar** *nm* :
  song — **cantante** *nmf* : singer
cántaro *nm* **1** : pitcher, jug **2 llover a**
  cántaros *fam* : rain cats and dogs
cantera *nf* : quarry (excavation)
cantidad *nf* **1** : quantity, amount
  2 una cantidad de : lots of
cantimplora *nf* : canteen, water bottle
cantina *nf* **1** : canteen,
  cafeteria **2** *Lat* : tavern, bar
canto *nm* **1** : singing, song **2** BORDE,
  LADO : edge **3 de canto** : on end,
  sideways **4 canto rodado** : boulder —
  cantor, -tora *adj* **1** : singing **2 pájaro**
  cantor : songbird — **cantor** *n* : singer
caña *nf* **1** : cane, reed **2 caña**
  de pescar : fishing pole
cáñamo *nm* : hemp
cañería *nf* : pipes, piping — **caño** *nm* **1**
  : pipe **2** : spout (of a fountain) —
  cañón *nm, pl* **-ñones 1** : cannon **2** : barrel
  (of a gun) **3** : canyon (in geography)
caoba *nf* : mahogany
caos *nm* : chaos — **caótico,**
  -ca *adj* : chaotic
capa *nf* **1** : cape, cloak **2** : coat (of paint,
  etc.), coating (in cooking) **3** ESTRATO
  : layer, stratum **4** : (social) class
capacidad *nf* **1** : capacity
  2 APTITUD : ability
capacitar *vt* : train, qualify —
  capacitación *nf, pl* **-ciones** : training
caparazón *nm, pl* **-zones** : shell
capataz *nmf, pl* **-taces** : foreman
capaz *adj, pl* **-paces 1** : capable,
  able **2** ESPACIOSO : spacious
capellán *nm, pl* **-llanes** : chaplain
capilla *nf* : chapel
capital *adj* **1** : capital **2** PRINCIPAL

cangrejo[M]
crab

  : chief, principal — **capital** *nm*
  : capital (assets) — **capital** *nf* :
  capital (city) — **capitalismo** *nm*
  : capitalism — **capitalista** *adj*
  & nmf : capitalist, capitalistic —
  capitalizar {21} *vt* : capitalize
capitán, -tana *n, mpl* **-tanes** : captain
capitolio *nm* : capitol
capitular *vi* : capitulate, surrender —
  capitulación *nf, pl* **-ciones** : surrender
capítulo *nm* : chapter
capó *nm* : hood (of a car)
capote *nm* : cloak, cape
capricho *nm* : whim, caprice —
  caprichoso, -sa *adj* : whimsical, capricious
cápsula *nf* : capsule
captar *vt* **1** : grasp **2** ATRAER : gain,
  attract (interest, etc.) **3** : harness (waters)
capturar *vt* : capture, seize —
  captura *nf* : capture, seizure
capucha *nf* : hood (of clothing)
capullo *nm* **1** : cocoon **2** : (flower) bud
caqui *adj & nm* : khaki
cara *nf* **1** : face **2** ASPECTO :
  appearance **3** *fam* : nerve, gall **4**
  cara a *or* **de cara a** : facing
carabina *nf* : carbine
caracol *nm* **1** : snail **2** *Lat*
  : conch **3** RIZO : curl
carácter *nm, pl* **-racteres 1** :
  character **2** ÍNDOLE : nature —
  característica *nf* : characteristic —
  característico, -ca *adj* : characteristic
  — **caracterizar** {21} *vt* : characterize
caramba *interj* : oh my!, good grief!
carámbano *nm* : icicle
caramelo *nm* **1** : caramel
  2 DULCE : candy
carátula *nf* **1** CARETA : mask **2** : jacket (of

  a record, etc.) **3** *Lat* : face (of a watch)
caravana *nf* **1** : caravan
  2 REMOLQUE : trailer
caray → **caramba**
carbohidrato *nm* : carbohydrate
carbón *nm, pl* **-bones 1** : coal **2** :
  charcoal (for drawing) — **carboncillo** *nm*
  : charcoal — **carbonero, -ra** *adj* :
  coal — **carbonizar** {21} *vt* : char —
  carbono *nm* : carbon — **carburador** *nm*
  : carburetor — **carburante** *nm* : fuel
carcajada *nf* : loud laugh, guffaw
cárcel *nf* : jail, prison —
  carcelero, -ra *n* : jailer
carcinógeno *nm* : carcinogen
carcomer *vt* : eat away at —
  carcomido, -da *adj* : worm-eaten
cardenal *nm* **1** : cardinal
  2 CONTUSIÓN : bruise
cardíaco *or* **cardiaco,**
  -ca *adj* : cardiac, heart
cárdigan *nm, pl* **-gans** : cardigan
cardinal *adj* : cardinal
cardiólogo, -ga *n* : cardiologist
cardo *nm* : thistle
carear *vt* : bring face-to-face
carecer {53} *vi* **carecer de** : lack
  — **carencia** *nf* : lack, want —
  carente *adj* **carente de** : lacking (in)
carestía *nf* **1** : high cost **2**
  ESCASEZ : dearth, scarcity
careta *nf* : mask
cargar {52} *vt* **1** : load **2** : charge (a
  battery, a purchase, etc.) **3** LLEVAR :
  carry **4 cargar de** : burden with — *vi* **1**
  : load **2 cargar con** : pick up, carry
  away — **carga** *nf* **1** : load **2** CARGAMENTO
  : freight, cargo **3** RESPONSABILIDAD :
  burden **4** : charge (in electricity, etc.)
  — **cargado, -da** *adj* **1** : loaded,
  burdened **2** PESADO : heavy, stuffy **3** :
  charged (of a battery) **4** FUERTE : strong,
  concentrated — **cargamento** *nm*
  : cargo, load — **cargo** *nm* **1** :
  charge **2** PUESTO : position, office
cariarse *vr* : decay (of teeth)
caribe *adj* : Caribbean
caricatura *nf* **1** : caricature **2** : (political)
  cartoon — **caricaturizar** *vt* : caricature
caricia *nf* : caress
caridad *nf* **1** : charity **2** LIMOSNA : alms *pl*
caries *nfs & pl* : cavity (in a tooth)
cariño *nm* : affection, love — **cariñoso,**
  -sa *adj* : affectionate, loving
carisma *nf* : charisma — **carismático,**

-ca *adj* : charismatic
caritativo, -va *adj* : charitable
cariz *nm, pl* **-rices** : appearance, aspect
carmesí *adj & nm* : crimson
carmín *nm, pl* **-mines** *or*
  carmín de labios : lipstick
carnada *nf* : bait
carnal *adj* **1** : carnal **2 primo**

carnal : first cousin
carnaval *nm* : carnival
carne *nf* **1** : meat **2** : flesh (of persons or fruits) **3 carne de cerdo** : pork **4 carne de gallina** : goose bumps **5 carne de ternera** : veal
carné *nm* → **carnet**
carnero *nm* **1** : ram, sheep

2 : mutton (in cooking)
carnet *nm* **1 carnet de conducir** : driver's license **2 carnet de identidad** : identification card, ID
carnicería *nf* **1** : butcher shop **2** MATANZA : slaughter — **carnicero, -ra** *n* : butcher
carnívoro, -ra *adj* : carnivorous — **carnívoro** *nm* : carnivore

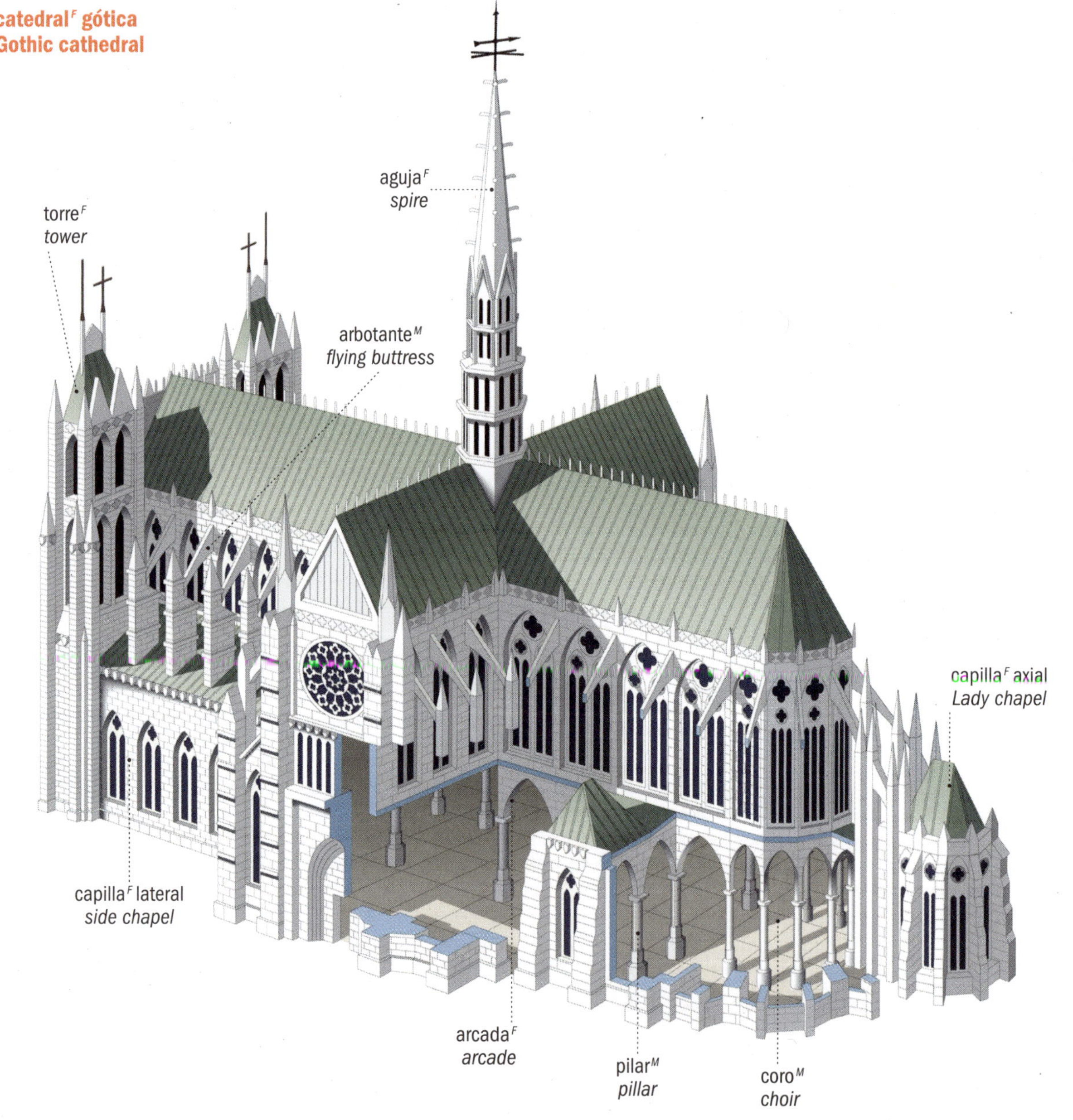

catedral[F] gótica
Gothic cathedral

carnoso, -sa *adj* : fleshy
caro, -ra *adj* **1** : expensive **2** QUERIDO : dear — **caro** *adv* : dearly
carpa *nf* **1** : carp **2** TIENDA : tent
carpeta *nf* : folder
carpintería *nf* : carpentry — **carpintero, -ra** *n* : carpenter
carraspear *vi* : clear one's throat — **carraspera** *nf* **1** : hoarseness **2 tener carraspera** : have a frog in one's throat
carrera *nf* **1** : running, run **2** COMPETICIÓN : race **3** : course (of studies) **4** PROFESIÓN : career, profession
carreta *nf* : cart, wagon
carrete *nm* : reel, spool
carretera *nf* : highway, road
carretilla *nf* : wheelbarrow
carril *nm* **1** : lane (of a road) **2** : rail (for a railroad)
carrillo *nm* : cheek
carrito *nm* : cart, trolley
carrizo *nm* : reed
carro *nm* **1** : wagon, cart **2** *Lat* : automobile, car — **carrocería** *nf* : body (of an automobile)
carroña *nf* : carrion
carroza *nf* **1** : carriage **2** : float (in a parade)
carruaje *nm* : carriage
carrusel *nm* : merry-go-round, carousel
carta *nf* **1** : letter **2** NAIPE : playing card **3** : charter (of an organization, etc.) **4** MENÚ : menu **5** MAPA : map, chart
cartel *nm* : poster, bill — **cartelera** *nf* : billboard
cartera *nf* **1** : briefcase **2** BILLETERA : wallet **3** *Lat* : pocketbook, handbag — **carterista** *nmf* : pickpocket
cartero, -ra *nm* : mail carrier, mailman *m*
cartílago *nm* : cartilage
cartilla *nf* **1** : primer, reader **2** : booklet, record (of a savings account, etc.)
cartón *nm, pl* **-tones 1** : cardboard **2** : carton (of cigarettes, etc.)
cartucho *nm* : cartridge
casa *nf* **1** : house **2** HOGAR : home **3** EMPRESA : company, firm **4 casa flotante** : houseboat
casar *vt* : marry — *vi* : go together, match up — **casarse** *vr* **1** : get married **2 casarse con** : marry — **casado, -da** *adj* : married — **casamiento** *nm* **1** : marriage **2** BODA : wedding
cascabel *nm* : small bell
cascada *nf* : waterfall

cascanueces *nms & pl* : nutcracker
cascar {72} *vt* : crack (a shell, etc.) — **cascarse** *vr* : crack, chip — **cáscara** *nf* : skin, peel, shell — **cascarón** *nm, pl* **-rones** : eggshell
casco *nm* **1** : helmet **2** : hull (of a boat) **3** : hoof (of a horse) **4** : fragment (of ceramics, etc.) **5** : center (of a town) **6** ENVASE : empty bottle
caserío *nm* **1** *Spain* : country house **2** POBLADO : hamlet
casero, -ra *adj* **1** : homemade **2** DOMÉSTICO : domestic, household — **casero, -ra** *n* : landlord, landlady *f*
caseta *nf* : booth, stall
casete → **cassette**
casi *adv* **1** : almost, nearly **2** (*in negative phrases*) : hardly
casilla *nf* **1** : compartment, pigeonhole **2** CASETA : booth **3** : box (on a form)
casino *nm* **1** : casino **2** : (social) club
caso *nm* **1** : case **2 en caso de** : in the event of **3 hacer caso** : pay attention **4 no venir al caso** : be beside the point
caspa *nf* : dandruff
cassette *nmf* : cassette
casta *nf* **1** : lineage, descent **2** : breed (of animals) **3** : caste (in India)
castaña *nf* : chestnut
castañetear *vi* : chatter (of teeth)
castaño, -ña *adj* : chestnut (color)
castañuela *nf* : castanet
castellano *nm* : Spanish, Castilian (language)
castidad *nf* : chastity
castigar {52} *vt* **1** : punish **2** : penalize (in sports) — **castigo** *nm* **1** : punishment **2** : penalty (in sports)
castillo *nm* : castle
casto, -ta *adj* : chaste, pure — **castizo, -za** *adj* : pure, traditional (in style)
castor *nm* : beaver
castrar *vt* : castrate
castrense *adj* : military
casual *adj* : chance, accidental — **casualidad** *nf* **1** : coincidence **2 por casualidad** *or* **de casualidad** : by chance — **casualmente** *adv* : by chance
cataclismo *nm* : cataclysm
catalán, -lana *adj, mpl* **-lanes** : Catalan — **catalán** *nm* : Catalan (language)
catalizador *nm* : catalyst
catalogar {52} *vt* : catalog, classify — **catálogo** *nm* : catalog
catapulta *nf* : catapult

catar *vt* : taste, sample
catarata *nf* **1** : waterfall **2** : cataract (in medicine)
catarro *nm* RESFRIADO : cold
catástrofe *nf* : catastrophe, disaster — **catastrófico, -ca** *adj* : catastrophic, disastrous
catecismo *nm* : catechism
cátedra *nf* : chair (at a university)
▸ **catedral** *nf* : cathedral
catedrático, -ca *n* : professor
categoría *nf* **1** : category **2** RANGO : rank **3 de categoría** : first-rate — **categórico, -ca** *adj* : categorical
católico, -ca *adj & n* : Catholic — **catolicismo** *nm* : Catholicism
catorce *adj & nm* : fourteen — **catorceavo** *nm* : fourteenth
catre *nm* : cot
cauce *nm* **1** : riverbed **2** VÍA : channel, means *pl*
caucho *nm* : rubber
caución *nf, pl* **-ciones** : security, guarantee
caudal *nm* **1** : volume of water, flow **2** RIQUEZA : wealth
caudillo *nm* : leader, commander
causar *vt* : cause, provoke — **causa** *nf* **1** : cause **2** RAZÓN : reason **3** : case (in law) **4 a causa de** : because of
cáustico, -ca *adj* : caustic
cautela *nf* : caution — **cauteloso, -sa** *adj* : cautious — **cautelosamente** *adv* : cautiously, warily
cautivar *vt* **1** : capture **2** ENCANTAR : captivate — **cautiverio** *nm* : captivity — **cautivo, -va** *adj & n* : captive
cauto, -ta *adj* : cautious
cavar *v* : dig
caverna *nf* : cavern, cave
cavidad *nf* : cavity
cavilar *vi* : ponder
cayado *nm* : crook, staff
cazar {21} *vt* **1** : hunt **2** ATRAPAR : catch, bag — *vi* : go hunting — **caza** *nf* **1** : hunt, hunting **2** : game (animals) — **cazador, -dora** *n* : hunter
cazo *nm* **1** : saucepan **2** CUCHARÓN : ladle — **cazuela** *nf* : casserole
CD *nm* : CD, compact disc
cebada *nf* : barley
cebar *vt* **1** : bait **2** : feed, fatten (animals) **3** : prime (a firearm, etc.) — **cebo** *nm* **1** CARNADA : bait **2** : charge (of a firearm)
cebolla *nf* : onion — **cebolleta** *nf*

: scallion, green onion — **cebollino** *nm* : chive

cebra *nf* : zebra

cecear *vi* : lisp — **ceceo** *nm* : lisp

cedazo *nm* : sieve

ceder *vi* **1** : yield, give way **2** DISMINUIR : diminish, abate — *vt* : cede, hand over

cedro *nm* : cedar

cédula *nf* : document, certificate

cegar {49} *vt* **1** : blind **2** TAPAR : block, stop up — *vi* : be blinded, go blind — **ceguera** *nf* : blindness

ceja *nf* : eyebrow

cejar *vi* : give in, back down

celada *nf* : trap, ambush

celador, -dora *n* : guard, warden

celda *nf* : cell (of a jail)

celebrar *vt* **1** : celebrate **2** : hold (a meeting), say (Mass) **3** ALEGRARSE DE : be happy about — **celebrarse** *vr* : take place — **celebración** *nf, pl* **-ciones** : celebration — **célebre** *adj* : famous, celebrated — **celebridad** *nf* : celebrity

celeridad *nf* : swiftness, speed

celeste *adj* **1** : celestial, heavenly **2** *or* **azul celeste** : sky blue — **celestial** *adj* : celestial, heavenly

celibato *nm* : celibacy — **célibe** *adj* : celibate

celo *nm* **1** : zeal **2 en celo** : in heat **3** celos *nmpl* : jealousy **4 tener celos** : be jealous

celofán *nm, pl* **-fanes** : cellophane

celoso, -sa *adj* **1** : jealous **2** DILIGENTE : zealous

célula *nf* : cell — **celular** *adj* : cellular

celulosa *nf* : cellulose

cementerio *nm* : cemetery

cemento *nm* **1** : cement **2 cemento armado** : reinforced concrete

cena *nf* : supper, dinner

cenagal *nm* : bog, quagmire — **cenagoso** *adj* : swampy

cenar *vi* : have dinner, have supper — *vt* : have for dinner or supper

cenicero *nm* : ashtray

cenit *nm* : zenith

ceniza *nf* : ash

censo *nm* : census

censurar *vt* **1** : censor **2** REPROBAR : censure, criticize — **censura** *nf* **1** : censorship **2** REPROBACIÓN : censure, criticism

centavo *nm* **1** : cent **2** : centavo (unit of currency)

centellear *vi* : sparkle, twinkle — **centella** *nf* **1** : flash **2** CHISPA : spark — **centelleo** *nm* : twinkling, sparkle

centenar *nm* : hundred — **centenario** *nm* : centennial

centeno *nm* : rye

centésimo, -ma *adj* : hundredth

centígrado *adj* : centigrade, Celsius

centigramo *nm* : centigram

centímetro *nm* : centimeter

centinela *nmf* : sentinel, sentry

central *adj* : central — **central** *nf* : main office, headquarters — **centralita** *nf* : switchboard — **centralizar** {21} *vt* : centralize

centrar *vt* : center — **centrarse** *vr* **centrarse en** : focus on — **céntrico, -ca** *adj* : central — **centro** *nm* **1** : center **2** : downtown (of a city) **3 centro de mesa** : centerpiece

centroamericano, -na *adj* : Central American

ceñir {67} *vt* **1** : encircle **2** : fit (someone) tightly — **ceñirse** *vr* **ceñirse a** : limit oneself to — **ceñido, -da** *adj* : tight

ceño *nm* **1** : frown **2 fruncir el ceño** : knit one's brow, frown

cepillo *nm* **1** : brush **2** : (carpenter's) plane **3 cepillo de dientes** : toothbrush — **cepillar** *vt* **1** : brush **2** : plane (wood)

cera *nf* **1** : wax, beeswax **2** : floor wax, furniture wax

cerámica *nf* **1** : ceramics *pl* **2** : (piece of) pottery

cerca[1] *nf* : fence — **cercado** *nm* : enclosure

cerca[2] *adv* **1** : close, near **2 cerca de** : near, close to **3 cerca de** : nearly, almost — **cercano, -na** *adj* : near, close — **cercanía** *nf* **1** : proximity **2** cercas *nfpl* : outskirts

cercar {72} *vt* **1** : fence in **2** RODEAR : surround

cerciorarse *vr* **cerciorarse de** : make sure of

cerco *nm* **1** : circle, ring **2** ASEDIO : siege **3** *Lat* : fence

cerda *nf* : bristle

cerdo *nm* **1** : pig, hog **2 cerdo macho** : boar

cereal *adj & nm* : cereal

cerebro *nm* : brain — **cerebral** *adj* : cerebral

ceremonia *nf* : ceremony — **ceremonial** *adj* : ceremonial

— **ceremonioso, -sa** *adj* : ceremonious

cereza *nf* : cherry

cerilla *nf* : match — **cerillo** *nm Lat* : match

cerner {56} *or* cernir *vt* : sift — **cernerse** *vr* **1** : hover **2 cernerse sobre** : loom over — **cernidor** *nm* : sieve

cero *nm* : zero

cerrar {55} *vt* **1** : close, shut **2** : turn off (a faucet, etc.) **3** : bring to an end — *vi* **1** : close up, lock up **2** : close down (a business, etc.) — **cerrarse** *vr* **1** : close, shut **2** TERMINAR : come to a close, end — **cerrado, -da** *adj* **1** : closed, shut, locked **2** : overcast (of weather) **3** : sharp (of a curve) **4** : thick, broad (of an accent) — **cerradura** *nf* : lock — **cerrajero, -ra** *n* : locksmith

cerro *nm* : hill

cerrojo *nm* : bolt, latch

certamen *nm, pl* **-támenes** : competition, contest

certero, -ra *adj* : accurate, precise

certeza *nf* : certainty — **certidumbre** *nf* : certainty

certificar {72} *vt* **1** : certify **2** : register (mail) — **certificado, -da** *adj* : certified, registered — **certificado** *nm* : certificate

cervato *nm* : fawn

cerveza *nf* **1** : beer **2 cerveza de barril** : draft beer — **cervecería** *nf* **1** : brewery **2** BAR : beer hall, bar

cesar *vi* : cease, stop — *vt* : dismiss, lay off — **cesación** *nf, pl* **-ciones** : cessation, suspension — **cesante** *adj* **1** : laid off **2** *Lat* : unemployed — **cesantía** *nf Lat* : unemployment

cesárea *nf* : cesarean (section)

cese *nm* **1** : cessation, stop **2** DESTITUCIÓN : dismissal

césped *nm* : lawn, grass

cesta *nf* : basket — **cesto** *nm* **1** : (large) basket **2 cesto de basura** : wastebasket

cetro *nm* : scepter

chabacano *nm Lat* : apricot

chabola *nf, Spain* : shack, shanty

chacal *nm* : jackal

cháchara *nf, fam* : gabbing, chatter

chacra *nf Lat* : (small) farm

chafar *vt, fam* : flatten, crush

chal *nm* : shawl

chaleco *nm* : vest

chalet *nm, Spain* : house

chalupa *nf* **1** : small boat **2** *Lat* : small stuffed tortilla

chamarra *nf* : jacket

picea^F
spruce

abeto^M
fir

cedro^M del Líbano^M
cedar of Lebanon

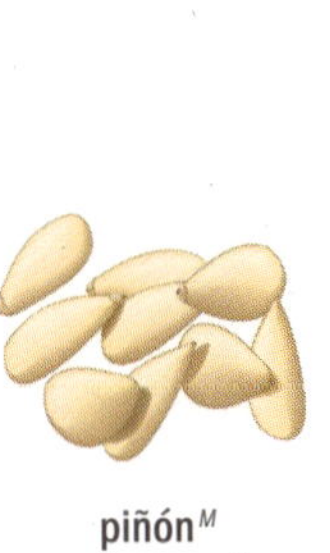

piñón^M
pine seed

piña^F
cone

rama^F
branch

chamba *nf Lat fam* : job
champaña *or* champán *nm* : champagne
champiñón *nm, pl* **-ñones** : mushroom
champú *nm, pl* **-pús** *or* -púes : shampoo
chamuscar {72} *vt* : scorch
chance *nm Lat* : chance, opportunity
chancho *nm Lat* : pig
chanclos *nmpl* : galoshes
chantaje *nm* : blackmail —
  chantajear *vt* : blackmail
chanza *nf* : joke, jest
chapa *nf* **1** : sheet, plate **2** INSIGNIA :
  badge — **chapado, -da** *adj* **1** : plated **2**
  chapado a la antigua : old-fashioned
chaparrón *nm, pl* **-rrones** : downpour
chapotear *vi* : splash
chapucero, -ra *adj* : shoddy, sloppy
  — **chapuza** *nf* : botched job
chapuzón *nm, pl* **-zones**

: dip, short swim
chaqueta *nf* : jacket
charca *nf* : pond — **charco** *nm* : puddle
charlar *vi* : chat — **charla** *nf* : chat, talk
  — **charlatán, -tana** *adj* : talkative —
  charlatán, -tana *adj, mpl* **-tanes** *n* **1**
  : chatterbox **2** FARSANTE : charlatan
charol *nm* **1** : patent leather
  2 BARNIZ : varnish
chasco *nm* **1** : trick, joke **2**
  DECEPCIÓN : disappointment
chasis *nms & pl* : chassis
chasquear *vt* **1** : click (the
  tongue), snap (one's fingers) **2** :
  crack (a whip) — **chasquido** *nm* **1**
  : click, snap **2** : crack (of a whip)
chatarra *nf* : scrap (metal)
chato, -ta *adj* **1** : pug-
  nosed **2** APLANADO : flat

chauvinismo *nm* : chauvinism —
  chauvinista *adj* : chauvinist, chauvinistic
chaval, -vala *n, fam* : kid, boy *m*, girl *f*
checo, -ca *adj* : Czech —
  checo *nm* : Czech (language)
chef *nm* : chef
cheque *nm* : check —
  chequera *nf* : checkbook
chequear *vi Lat* **1** : check, inspect, verify
  2 : check in (baggage) — **chequeo** *nm* **1** :
  (medical) checkup **2** *Lat* : check, inspection
chica → **chico**
chicano, -na *adj* : Chicano,
  Mexican-American
chícharo *nm Lat* : pea
chicharrón *nm, pl* **-rrones** : pork rind
chichón *nm, pl* **-chones** : bump
chicle *nm* : chewing gum
chico, -ca *adj* : little, small — **chico,**

cine^M
movie theater

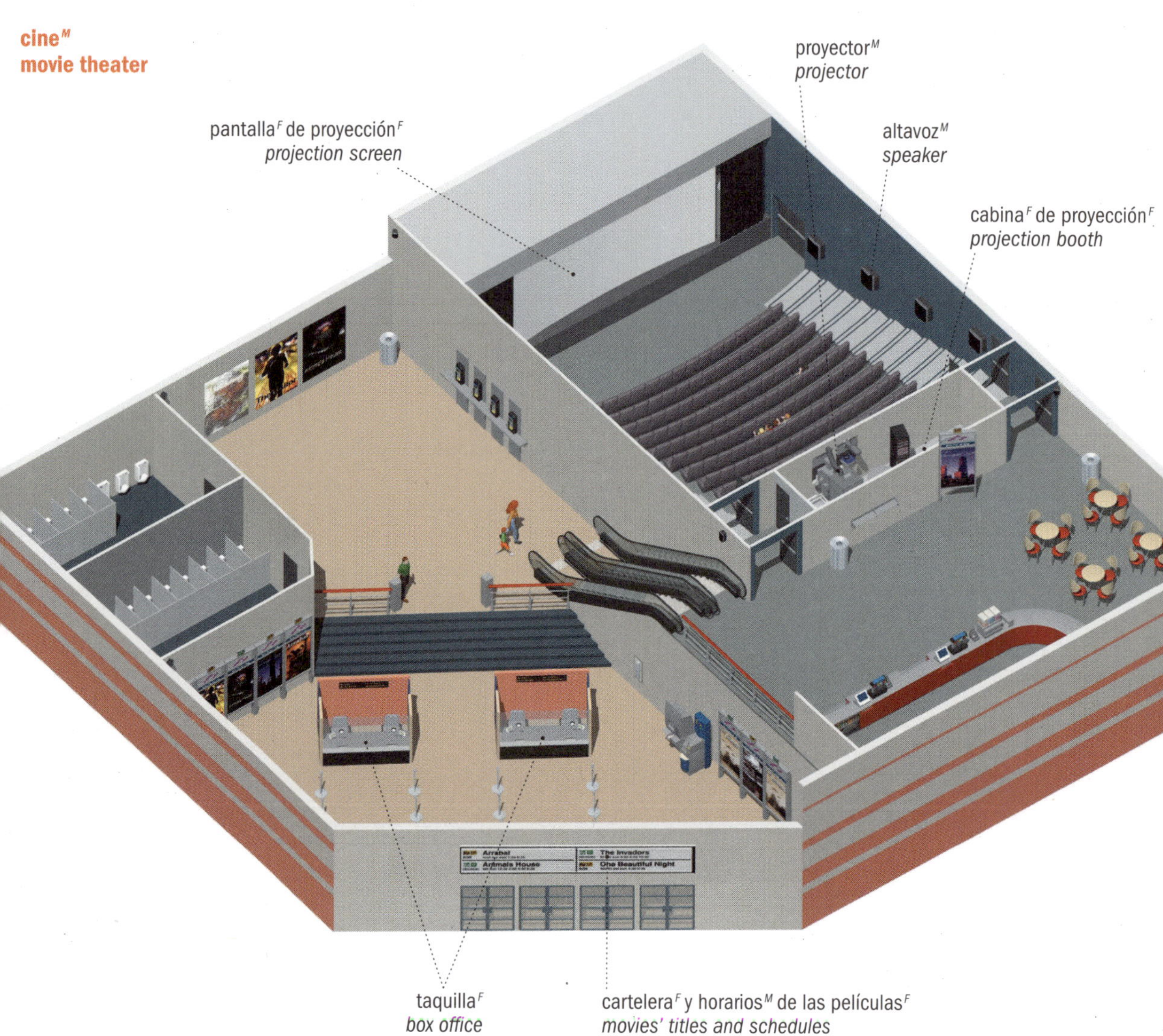

-ca *n* : child, boy *m*, girl *f*
chiflar *vt* : whistle at, boo — *vi Lat*
: whistle — **chiflado, -da** *adj, fam* :
crazy, nuts — **chiflido** *nm* : whistling
chile *nm* : chili pepper
chileno, -na *adj* : Chilean
chillar *vi* **1** : shriek, scream **2** CHIRRIAR
: screech, squeal — **chillido** *nm* **1** :
scream **2** CHIRRIDO : screech, squeal —
chillón, -llona *adj, mpl* **-llones** : shrill, loud
chimenea *nf* **1** : chimney

2 HOGAR : fireplace
chimpancé *nm* : chimpanzee
chinche *nf* : bedbug
chino, -na *adj* : Chinese —
chino *nm* : Chinese (language)
chiquillo, -lla *n* : kid, child
chiquito, -ta *adj* : tiny —
chiquito, -ta *n* : little child, tot
chiribita *nf* : spark
chiripa *nf* **1** : fluke **2 de**
chiripa : by sheer luck

chirivia *nf* : parsnip
chirriar {85} *vi* **1** : squeak, creak **2** :
screech (of brakes, etc.) — **chirrido** *nm* **1**
: squeak, creak **2** : screech (of brakes)
chisme *nm* : (piece of) gossip —
chismear *vi* : gossip — **chismoso,**
-sa *adj* : gossipy — **chisme** *n* : gossip
chispear *vi* : spark — **chispa** *nf* : spark
chisporrotear *vi* : crackle, sizzle
— **chisporroteo** *nm* : crackle
chiste *nm* : joke, funny story

— **chistoso, -sa** *adj* : funny, witty
chivo, -va *n* : kid, young goat
chocar {72} *vi* **1** : crash, collide **2** ENFRENTARSE : clash — **chocante** *adj* **1** : striking, shocking **2** *Lat* : unpleasant, rude
choclo *nm Lat* : ear of corn, corncob
chocolate *nm* : chocolate
chofer *or* **chófer** *nm* **1** : chauffeur **2** CONDUCTOR : driver
choque *nm* **1** : shock **2** : crash, collision (of vehicles) **3** CONFLICTO : clash
chorizo *nm* : chorizo, sausage
chorrear *vi* **1** : drip **2** BROTAR : pour out, gush — **chorro** *nm* **1** : stream, jet **2** HILO : trickle
chovinismo → **chauvinismo**
choza *nf* : hut, shack
chubasco *nm* : downpour, squall
chuchería *nf* **1** : knickknack, trinket **2** DULCE : sweet
chueco, -ca *adj Lat* : crooked
chuleta *nf* : cutlet, chop
chulo, -la *adj, fam* : cute, pretty
chupar *vt* **1** : suck **2** ABSORBER : absorb **3** *fam* : guzzle — *vi* : suckle — **chupada** *nf* : suck, sucking — **chupete** *nm* **1** : pacifier **2** *Lat* : lollipop
churro *nm* **1** : fried dough **2** *fam* : botch, mess
chusco, -ca *adj* : funny
chusma *nf* : riffraff, rabble
chutar *vi* : shoot (in soccer)
cianuro *nm* : cyanide
cicatriz *nf, pl* **-trices** : scar — **cicatrizar** {21} *vi* : form a scar, heal
cíclico, -ca *adj* : cyclical
ciclismo *nm* : cycling — **ciclista** *nmf* : cyclist
ciclo *nm* : cycle
ciclón *nm, pl* **-clones** : cyclone
ciego, -ga *adj* : blind — **ciegamente** *adv* : blindly
cielo *nm* **1** : sky **2** : heaven (in religion)
ciempiés *nms & pl* : centipede
cien *adj* : a hundred, hundred — **cien** *nm* : one hundred
ciénaga *nf* : swamp, bog
ciencia *nf* **1** : science **2 a ciencia cierta** : for a fact
cieno *nm* : mire, mud, silt
científico, -ca *adj* : scientific — **científico, -ca** *n* : scientist
ciento *adj* (*used in compound numbers*) : one hundred — **ciento** *nm* **1** : hundred, group of a hundred **2 por ciento** : percent

cierre *nm* **1** : closing, closure **2** BROCHE : fastener, clasp
cierto, -ta *adj* **1** : true **2** SEGURO : certain **3 por cierto** : as a matter of fact
ciervo, -va *n* : deer, stag *m*, hind *f*
cifra *nf* **1** : number, figure **2** : sum (of money, etc.) **3** CLAVE : code, cipher — **cifrar** *vt* **1** : write in code **2 cifra la esperanza en** : pin all one's hopes on
cigarrillo *nm* : cigarrette — **cigarro** *nm* **1** : cigarette **2** PURO : cigar
cigüeña *nf* : stork
cilantro *nm* : cilantro, coriander
cilindro *nm* : cylinder — **cilíndrico, -ca** *adj* : cylindrical
cima *nf* : peak, summit
címbalo *nm* : cymbal
cimbrar *or* cimbrear *vt* : shake, rock — **cimbrarse** *or* cimbrearse *vr* : sway
cimentar {55} *vt* **1** : lay the foundation of **2** : cement, strengthen (relations, etc.) — **cimientos** *nmpl* : base, foundation(s)
cinc *nm* : zinc
cincel *nm* : chisel — **cincelar** *vt* : chisel
cinco *adj & nm* : five
cincuenta *adj & nm* : fifty — **cincuentavo, -va** *adj* : fiftieth — **cincuentavo** *nm* : fiftieth
▸ **cine** *nm* : cinema, movies *pl* — **cinematográfico, -ca** *adj* : movie, film
cínico, -ca *adj* : cynical — **cínico, -ca** *n* : cynic — **cinismo** *nm* : cynicism
cinta *nf* **1** : ribbon, band **2 cinta adhesiva** : adhesive tape **3 cinta métrica** : tape measure **4 cinta magnetofónica** : magnetic tape
cinto *nm* : belt, girdle — **cintura** *nf* : waist — **cinturón** *nm, pl* **-rones 1** : belt **2 cinturón de seguridad** : seat belt
ciprés *nm, pl* **-preses** : cypress
circo *nm* : circus
circuito *nm* : circuit
circulación *nf, pl* **-ciones 1** : circulation **2** TRÁFICO : traffic — **circulaciar** *vi* **1** : circulate **2** : drive (a vehicle) — **circular** *adj* : circular
círculo *nm* : circle
circuncidar *vt* : circumcise — **circuncisión** *nf, pl* **-siones** : circumcision
circundar *vt* : surround
circunferencia *nf* : circumference
circunscribir {33} *vt* : confine, limit — **circunscribirse** *vr* **circunscribirse a** : limit oneself to — **circunscripción** *nf, pl* **-ciones** : district, constituency

circunspecto, -ta *adj* : circumspect, cautious
circunstancia *nf* : circumstance — **circunstancial** *adj* : chance — **circunstante** *nmf* **1** : bystander **2 los circunstantes** : those present
circunvalación *nf, pl* **-ciones 1** : encircling **2 carretera de circunvalación** : bypass
cirio *nm* : candle
ciruela *nf* **1** : plum **2 ciruela pasa** : prune
cirugía *nf* : surgery — **cirujano, -na** *n* : surgeon
cisma *nf* : schism
cisne *nm* : swan
cisterna *nf* : cistern
cita *nf* **1** : appointment, date **2** REFERENCIA : quote, quotation — **citación** *nf, pl* **-ciones** : summons — **citar** *vt* **1** : quote, cite **2** CONVOCAR : make an appointment with **3** : summon (in law) — **citarse** *vr* **citarse con** : arrange to meet
cítrico *nm* : citrus (fruit)
ciudad *nf* : city, town — **ciudadano, -na** *n* **1** : citizen **2** HABITANTE : resident — **ciudadanía** *nf* : citizenship
cívico, -ca *adj* : civic
civil *adj* : civil — **civil** *nmf* : civilian — **civilidad** *nf* : civility — **civilización** *nf, pl* **-ciones** : civilization — **civilizar** {21} *vt* : civilize
cizaña *nf* : discord, rift
clamar *vi* : clamor, cry out — **clamor** *nm* : clamor, outcry — **clamoroso, -sa** *adj* : clamorous, loud
clan *nm* : clan
clandestino, -na *adj* : clandestine, secret
clara *nf* : egg white
claraboya *nf* : skylight
claramente *adv* : clearly
clarear *v impers* **1** : dawn **2** ACLARAR : clear up — *vi* : be transparent
claridad *nf* **1** : clarity, clearness **2** LUZ : light
clarificar {72} *vt* : clarify — **clarificación** *nf, pl* **-ciones** : clarification
clarín *nm, pl* **-rines** : bugle
clarinete *nm* : clarinet
clarividente *adj* **1** : clairvoyant **2** PERSPICAZ : perspicacious — **clarividencia** *nf* **1** : clairvoyance **2** PERSPICACIA : farsightedness
claro *adv* **1** : clearly **2** POR SUPUESTO : of course, surely — **claro** *nm* **1** : clearing,

glade **2 claro de luna** : moonlight —
claro, -ra *adj* **1** : clear, bright **2** : light
(of colors) **3** EVIDENTE : clear, evident
clase *nf* **1** : class **2** TIPO : sort, kind
clásico, -ca *adj* : classic, classical
— **clásico** *nm* : classic
clasificar {72} *vt* **1** : classify, sort out
2 : rate, rank (a hotel, a team, etc.) —
clasificarse *vr* : qualify (in competitions)
— **clasificación** *nf, pl* **-ciones 1** :
classification **2** : league (in sports)
claudicar {72} *vi* : back down
claustro *nm* : cloister
claustrofobia *nf* : claustrophobia —
claustrofóbico, -ca *adj* : claustrophobic
cláusula *nf* : clause
clausurar *vt* : close (down) —
clausura *nf* : closure, closing
clavado *nm Lat* : dive
clavar *vt* **1** : nail, hammer **2**
HINCAR : drive in, plunge
clave *nf* **1** CIFRA : code **2** SOLUCIÓN : key
3 : clef (in music) — **clave** *adj* : key
clavel *nm* : carnation
clavicémbalo *nm* : harpsichord
clavícula *nf* : collarbone
clavija *nf* **1** : peg, pin **2** : (electric) plug
clavo *nm* **1** : nail **2** : clove (spice)
claxon *nm, pl* **cláxones** :
horn (of an automobile)
clemencia *nf* : clemency, mercy
— **clemente** *adj* : merciful
clerical *adj* : clerical — **clérigo, -ga** *n* :
clergyman, cleric — **clero** *nm* : clergy
cliché *nm* **1** : cliché **2** :
negative (of a photograph)
cliente, -ta *n* : customer, client —
clientela *nf* : clientele, customers *pl*
clima *nm* **1** : climate **2**
AMBIENTE : atmosphere —
climático, -ca *adj* : climatic
climatizar {21} *vt* : air-condition —
climatizado, -da *adj* : air-conditioned
clímax *nm* : climax
clínica *nf* : clinic — **clínico,
-ca** *adj* : clinical
clip *nm, pl* **clips** : (paper) clip
cloaca *nf* : sewer
cloquear *vi* : cluck —
cloqueo *nm* : cluck, clucking
cloro *nm* : chlorine
clóset *nm Lat, pl* clósets : (built-
in) closet, cupboard
club *nm* : club
coacción *nf, pl* **-ciones** : coercion

collar^M
necklaces

lazo^M
rope

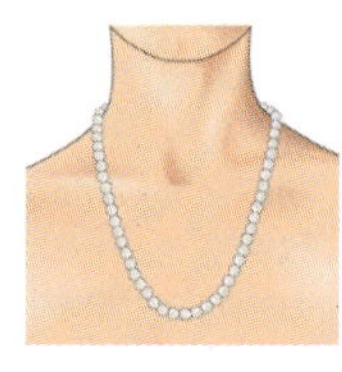

collar^M de una vuelta^F, matinée^F
matinee-length necklace

collar^M de 5 vueltas^F, peto^M
bib necklace

arete^M
pendant

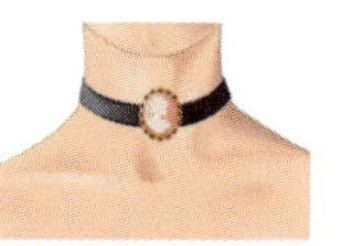

gargantilla^F de
terciopelo^M
velvet-band choker

— **coaccionar** *vt* : coerce
coagular *v* : clot, coagulate
— **coagularse** *vr* : coagulate
— **coágulo** *nm* : clot
coalición *nf, pl* **-ciones** : coalition
coartada *nf* : alibi
coartar *vt* : restrict, limit
cobarde *nmf* : coward — **cobarde** *adj*
: cowardly — **cobardía** *nf* : cowardice
cobaya *nf* : guinea pig
cobertizo *nm* : shelter, shed
cobertor *nm* : bedspread
cobertura *nf* **1** : cover **2** :
coverage (of news, etc.)
cobijar *vt* : shelter — **cobijarse** *vr*
: take shelter — **cobija** *nf Lat* :
blanket — **cobijo** *nm* : shelter
cobra *nf* : cobra
cobrar *vt* **1** : charge, collect **2** : earn
(a salary, etc.) **3** ADQUERIR : acquire,
gain **4** : cash (a check) — *vi* : be paid
— **cobrador, -dora** *n* **1** : collector
2 : conductor (of a bus, etc.)
cobre *nm* : copper
cobro *nm* : collection (of money),
cashing (of a check)
cocaína *nf* : cocaine
cocción *nf, pl* **-ciones** : cooking
cocear *vi* : kick
cocer {14} *vt* **1** : cook **2** HERVIR : boil
coche *nm* **1** : car, automobile **2** : coach
(of a train) **3** *or* **coche de caballos** :

carriage **4 coche fúnebre** : hearse —
cochecito *nm* : baby carriage, stroller
— **cochera** *nf* : garage, carport
cochino, -na *n* : pig, hog — **cochino,
-na** *adj, fam* : dirty, filthy — **cochinada** *nf,
fam* : dirty thing — **cochinillo** *nm* : piglet
cocido, -da *adj* **1** : boiled,
cooked **2 bien cocido, -da** : well-
done — **cocido** *nm* : stew
cociente *nm* : quotient
cocina *nf* **1** : kitchen **2** : (kitchen) stove
3 : (art of) cooking, cuisine — **cocinar** *v*
: cook — **cocinero, -ra** *n* : cook, chef
coco *nm* : coconut
cocodrilo *nm* : crocodile
coctel *or* cóctel *nm* **1** : cocktail
2 FIESTA : cocktail party
codazo *nm* **1** : nudge **2 dar un
codazo a** : elbow, nudge
codicia *nf* : greed — **codiciar** *vt* : covet
— **codicioso, -sa** *adj* : covetous, greedy
código *nm* **1** : code **2 código postal** :
zip code **3 código morse** : Morse code
codo *nm* : elbow
codorniz *nf, pl* **-nices** : quail
coexistir *vi* : coexist
cofre *nm* : chest, coffer
coger {15} *vt* **1** : take (hold of) **2** ATRAPAR
: catch **3** : pick up (from the ground) **4** :
pick (fruit, etc.) — **cogerse** *vr* : hold on
cohechar *vt* : bribe —
cohecho *nm* : bribe, bribery

coherencia *nf* : coherence — coherente *adj* : coherent — cohesión *nf, pl* -siones : cohesion

cohete *nm* : rocket

cohibir {62} *vt* 1 : restrict 2 : inhibit (a person) — cohibirse *vr* : feel inhibited — cohibido, -da *adj* : inhibited, shy

coincidir *vi* 1 : coincide 2 coincidir con : agree with — coincidencia *nf* : coincidence

cojear *vi* 1 : limp 2 : wobble (of furniture, etc.) — cojera *nf* : limp

cojín *nm, pl* -jines : cushion — cojinete *nm* 1 : pad, cushion 2 : bearing (of a machine)

cojo, -ja *adj* 1 : lame 2 : wobbly (of furniture) — cojo, -ja *n* : lame person

col *nf* 1 : cabbage 2 col de Bruselas : Brussels sprout

cola *nf* 1 : tail 2 FILA : line (of people) 3 : end (of a line) 4 PEGAMENTO : glue 5 cola de caballo : ponytail

colaborar *vi* : collaborate — colaboración *nf, pl* -ciones : collaboration — colaborador, -dora *n* 1 : collaborator 2 : contributor (to a periodical)

colada *nf, Spain* 1 : laundry 2 hacer la colada : do the washing

colador *nm* : colander, strainer

colapso *nm* : collapse

colar {19} *vt* : strain, filter — colarse *vr* : sneak in, gate-crash

colcha *nf* : bedspread, quilt — colchón *nm, pl* -chones : mattress — colchoneta *nf* : mat

colear *vi* : wag its tail

colección *nf, pl* -ciones : collection — coleccionar *vt* : collect — coleccionista *nmf* : collector — colecta *nf* : collection (of donations)

colectividad *nf* : community — colectivo, -va *adj* : collective — colectivo *nm* 1 : collective 2 *Lat* : city bus

colector *nm* : sewer

colega *nmf* : colleague

colegio *nm* 1 : school 2 : (professional) college — colegial, -giala *n* : schoolboy *m*, schoolgirl *f*

colegir {28} *vt* : gather

cólera *nm* : cholera — cólera *nf* : anger, rage — colérico, -ca *adj* 1 : bad-tempered 2 FURIOSO : angry

colesterol *nm* : cholesterol

coleta *nf* : pigtail

colgar {16} *vt* 1 : hang 2 : hang up (a telephone) 3 : hang out (laundry) — *vi* : hang up — colgante *adj* : hanging — colgante *nm* : pendant

colibrí *nm* : hummingbird

cólico *nm* : colic

coliflor *nf* : cauliflower

colilla *nf* : (cigarette) butt

colina *nf* : hill

colindar *vi* colindar con : be adjacent to — colindante *adj* : adjacent

coliseo *nm* : coliseum

colisión *nf, pl* -siones : collision — colisionar *vi* colisión contra : collide with

▸ collar *nm* 1 : necklace 2 : collar (for pets)

colmar *vt* 1 : fill to the brim 2 : fulfill (a wish, etc.) 3 colmar de : shower with — colmado, -da *adj* : heaping

colmena *nf* : beehive

colmillo *nm* 1 : canine (tooth) 2 : fang (of a dog, etc.), tusk (of an elephant)

colmo *nm* 1 : height, limit 2 ¡eso es el colmo! : that's the last straw!

colocar {72} *vt* 1 PONER : place, put 2 : find a job for — colocarse *vr* 1 SITUARSE : position oneself 2 : get a job — colocación *nf, pl* -ciones 1 : placement, placing 2 EMPLEO : position, job

colombiano, -na *adj* : Colombian

colon *nm* : (intestinal) colon

colonia *nf* 1 : colony 2 PERFUME : cologne 3 *Lat* : residential area — colonial *adj* : colonial — colonizar {21} *vt* : colonize — colonización *nf, pl* -ciones : colonization — colono, -na *n* : settler, colonist

coloquial *adj* : colloquial — coloquio *nm* 1 : talk, discussion 2 CONGRESO : conference

color *nm* : color — colorado, -da *adj* : red — colorear *vt* : color — colorete *nm* : rouge — colorido *nm* : colors *pl*, coloring

colosal *adj* : colossal

▸ columna *nf* 1 : column 2 columna vertebral : spine, backbone — columnista *nmf* : columnist

columpiar *vt* : push (on a swing) — columpiarse *vr* : swing — columpio *nm* : swing

coma[1] *nm* : coma

coma[2] *nf* : comma

comadre *nf* 1 : godmother of one's child, mother of one's godchild 2 *fam* : (female) friend — comadrear *vi, fam* : gossip

comadreja *nf* : weasel

comadrona *nf* : midwife

comandancia *nf* : command

headquarters, command — comandante *nmf* 1 : commander 2 : major (in the military) — comando *nm* 1 : commando 2 *Lat* : command

comarca *nf* : region, area

combar *vt* : bend, curve

combatir *vt* : combat, fight against — *vi* : fight — combate *nm* 1 : combat 2 : fight (in boxing) — combatiente *nmf* : combatant, fighter

combinar *vt* 1 : combine 2 : put together, match (colors, etc.) — combinarse *vr* : get together — combinación *nf, pl* -ciones 1 :

columna[F] vertebral
spine

combination **2** : connection (in travel)
combustible *nm* : fuel —
combustible *adj* : combustible —
combustión *nf, pl* **-tiones** : combustion
comedia *nf* : comedy
comedido, -da *adj* : moderate
comedor *nm* : dining room
comensal *nmf* : diner, dinner guest
comentar *vt* **1** : comment on,
discuss **2** MENCIONAR : mention
— **comentario** *nm* **1** : comment,
remark **2** ANÁLISIS : commentary —
comentarista *nmf* : commentator
comenzar {29} *v* : begin, start
comer *vt* **1** : eat **2** *fam* : eat up, eat into
— *vi* **1** : eat **2** CENAR : have a meal **3 dar
de comer** : feed — **comerse** *vr* : eat up
comercio *nm* **1** : commerce, trade **2**
NEGOCIO : business — **comercial** *adj* :
commercial — **comercializar** {21} *vt* :
market — **comerciante** *nmf* : merchant,
dealer — **comerciar** *vi* : do business, trade
comestible *adj* : edible —
comestibles *nmpl* : groceries, food
cometa *nm* : comet — **cometa** *nf* : kite
cometer *vt* **1** : commit **2 cometer
un error** : make a mistake

— **cometido** *nm* : assignment, task
comezón *nf, pl* **-zones** : itchiness, itching
comicios *nmpl* : elections
cómico, -ca *adj* : comic, comical —
cómico, -ca *n* : comic, comedian
comida *nf* **1** ALIMENTO : food **2**
Spain : lunch **3** *Lat* : dinner **4 tres
comidas al día** : three meals a day
comienzo *nm* : beginning
comillas *nfpl* : quotation marks
▸ **comino** *nm* : cumin
comisario, -ria *n* : commissioner
— **comisaría** *nf* : police station
comisión *nf, pl* **-siones 1** :
commission **2** COMITÉ : committee
comité *nm* : committee
como *conj* **1** : as, since **2** SÍ : if —
como *prep* **1** : like, as **2 así como**
: as well as — **como** *adv* **1** : as **2**
APROXIMADAMENTE : around, about
cómo *adv* **1** : how **2 cómo
no** : by all means **3 ¿cómo te
llamas?** : what's your name?
cómoda *nf* : chest of drawers
comodidad *nf* : comfort, convenience
comodín *nm, pl* **-dines** :
joker (in playing cards)

cómodo, -da *adj* **1** : comfortable
2 ÚTIL : handy, convenient
comoquiera *adv* **1** : in any way
2 comoquiera que : however
compacto, -ta *adj* : compact
compadecer {53} *vt* : feel
sorry for — **compadecerse** *vr*
compadecerse de : take pity on
compadre *nm* **1** : godfather
of one's child, father of one's
godchild **2** *fam* : buddy
compañero, -ra *n* : companion, partner
— **compañerismo** *nm* : companionship
compañía *nf* : company
comparar *vt* : compare —
comparable *adj* : comparable —
comparación *nf, pl* **-ciones** : comparison
— **comparativo, -va** *adj* : comparative
comparecer *vt* : appear
(before a court, etc.)
compartimiento *or*
compartimento *nm* : compartment
compartir *vt* : share
compás *nm, pl* **-pases 1** : compass
2 : rhythm, time (in music)
compasión *nf, pl* **-siones** :
compassion, pity — **compasivo,**

cometa^M
comet

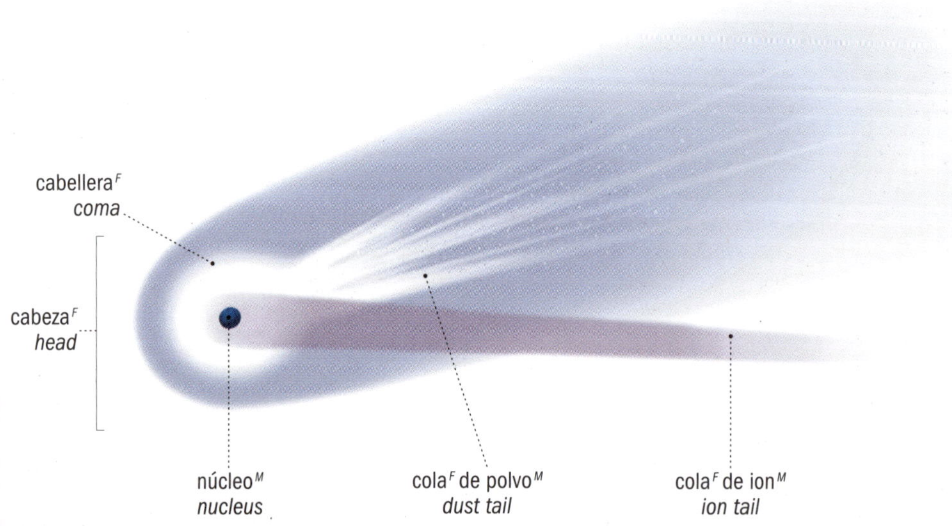

-va *adj* : compassionate
compatible *adj* : compatible — **compatibilidad** *nf* : compatibility
compatriota *nmf* : compatriot, fellow countryman
compeler *vt* : compel
compendiar *vt* : summarize — **compendio** *nm* : summary
compensar *vt* : compensate for — **compensación** *nf*, *pl* **-ciones** : compensation
competir {54} *vi* : compete — **competencia** *nf* **1** : competition, rivalry **2** CAPACIDAD : competence — **competente** *adj* : competent — **competición** *nf*, *pl* **-ciones** : competition — **competidor, -dora** *n* : competitor
compilar *vt* : compile
compinche *nmf*, *fam* : friend, chum
complacer {57} *vt* : please — **complacerse** *vr* **complacerse en** : take pleasure in — **complaciente** *adj* : obliging, helpful
complejidad *nf* : complexity — **complejo, -ja** *adj* : complex — **complejo** *nm* : complex
complementar *vt* : complement — **complementario, -ria** *adj* : complementary — **complemento** *nm* **1** : complement **2** : object (in grammar)
completar *vt* : complete — **completo, -ta** *adj* **1** : complete **2** PERFECTO : perfect **3** LLENO : full — **completamente** *adv* : completely
complexión *nf*, *pl* **-xiones** : constitution, build
complicar {72} *vt* **1** : complicate **2** IMPLICAR : involve — **complicación** *nf*, *pl* **-ciones** : complication — **complicado, -da** *adj* : complicated, complex
cómplice *nmf* : accomplice — **cómplice** *adj* : conspiratorial, knowing
complot *nm*, *pl* **-plots** : conspiracy, plot
componer {60} *vt* **1** : make up, compose **2** : compose, write (a song) **3** ARREGLAR : fix, repair — **componerse** *vr* **componerse de** : consist of — **componente** *adj* & *nm* : component, constituent
comportarse *vr* : behave — **comportamiento** *nm* : behavior
composición *nf*, *pl* **-ciones** : composition — **compositor, -tora** *n* : composer, songwriter
compostura *nf* **1** : composure **2** REPARACIÓN : **repair**

comprar *vt* : buy, purchase — **compra** *nf* **1** : purchase **2 ir de comprars** : go shopping — **comprador, -dora** *n* : buyer, shopper
comprender *vt* **1** : comprehend, understand **2** ABARCAR : **cover, include** — **comprensible** *adj* : understandable — **comprensión** *nf*, *pl* **-siones** : understanding — **comprensivo, -va** *adj* : understanding
compresa *nf* **1** : compress **2** *or* **compresa higiénica** : sanitary napkin
compresión *nf*, *pl* **-siones** : compression — **comprimido** *nm* : pill, tablet — **comprimir** *vt* : compress
comprobar {19} *vt* **1** VERIFICAR : check **2** DEMOSTRAR : **prove** — **comprobación** *nf*, *pl* **-ciones** : verification, check — **comprobante** *nm* **1** : proof **2** RECIBO : receipt, voucher
comprometer *vt* **1** : compromise **2** ARRIESGAR : **jeopardize 3** OBLIGAR : commit, put under obligation — **comprometerse** *vr* **1** : commit oneself **2 comprometerse con** : get engaged to — **comprometedor, -dora** *adj* : compromising — **comprometido, -da** *adj* **1** : compromising, awkward **2** : engaged (to be married) — **compromiso** *nm* **1** : obligation, commitment **2** : (marriage) engagement **3** ACUERDO : agreement **4** APURO : awkward situation
compuesto, -ta *adj* **1** : compound **2 compuesto, -ta de** : made up of, consisting of — **compuesto** *nm* : compound
compulsivo, -va *adj* : compelling, urgent
computar *vt* : compute, calculate — **computadora** *nf or* **computador** *nm* **1** : computer **2 computadora portátil** : laptop computer — **cómputo** *nm* : calculation
comulgar {52} *vi* : receive Communion
común *adj*, *pl* **-munes 1** : common **2 común y corriente** : ordinary **3 por lo común** : generally
comuna *nf* : commune — **comunal** *adj* : communal
comunicar {72} *vt* : communicate — **comunicarse** *vr* **1** : communicate **2 comunicarse con** : get in touch with — **comunicación** *nf*, *pl* **-ciones** : communication — **comunicado** *nm* : communiqué — **comunicativo, -va** *adj* : communicative

comunidad *nf* : community
comunión *nf*, *pl* **-niones** : communion, Communion
comunismo *nm* : Communism — **comunista** *adj* & *nmf* : Communist
con *prep* **1** : with **2** A PESAR DE : in spite of **3** (*before an infinitive*) : by **4 con (tal) que** : so long as
cóncavo, -va *adj* : concave
concebir {54} *v* : conceive — **concebible** *adj* : conceivable
conceder *vt* **1** : grant, bestow **2** ADMITIR : concede
concejal, -jala *n* : councilman, alderman
concentrar *vt* : concentrate — **concentrarse** *vr* : concentrate — **concentración** *nf*, *pl* **-ciones** : concentration
concepción *nf*, *pl* **-ciones** : conception — **concepto** *nm* **1** : concept **2** OPINIÓN : opinion
concernir {17} *vi* **concernir a** : concern — **concerniente** *adj* **concerniente a** : concerning
concertar {55} *vt* **1** : arrange, coordinate **2** (*used before an infinitive*) : agree **3** : harmonize (in music) — *vi* : be in harmony
concesión *nf*, *pl* **-siones 1** : concession **2** : awarding (of prizes, etc.)
concha *nf* : shell
conciencia *nf* **1** : conscience **2** CONOCIMIENTO : consciousness, awareness — **concientizar** {21} *vt Lat* : make aware — **concientizarse** *vr Lat* **concientizarse de** : realize

concienzudo, -da *adj* : conscientious
concierto *nm* **1** : concert **2** : concerto (musical composition)
conciliar *vt* : reconcile — **conciliación** *nf, pl* **-ciones** : reconciliation
concilio *nm* : council
conciso, -sa *adj* : concise
conciudadano, -na *n* : fellow citizen
concluir {41} *vt* : conclude — *vi* : come to an end — **conclusión** *nf, pl* **-siones** : conclusion — **concluyente** *adj* : conclusive
concordar {19} *vi* : agree — *vt* : reconcile — **concordancia** *nf* : agreement — **concordia** *nf* : harmony, concord
concretar *vt* : make concrete, specify — **concretarse** *vr* : become definite, take shape — **concreto, -ta** *adj* **1** : concrete **2** DETERMINADO : specific **3 en concreto** : specifically — **concreto** *nm* *Lat* : concrete
concurrir *vi* **1** : come together, meet **2 concurrir a** : take part in — **concurrencia** *nf* : audience, turnout — **concurrido, -da** *adj* : busy, crowded
concursar *vi* : compete, participate — **concursante** *nmf* : competitor — **concurso** *nm* **1** : competition **2** CONCURRENCIA : gathering **3** AYUDA : help, cooperation
condado *nm* : county
conde, -desa *n* : count *m*, countess *f*
condenar *vt* **1** : condemn, damn **2** : sentence (a criminal) — **condena** *nf* **1** : condemnation **2** SENTENCIA : sentence — **condenación** *nf, pl* **-ciones** : condemnation, damnation
condensar *vt* : condense — **condensación** *nf, pl* **-ciones** : condensation
condesa *nf* → **conde**
condescender {56} *vi* **1** : acquiesce, agree **2 condescender a** : condescend to — **condescendiente** *adj* : condescending
condición *nf, pl* **-ciones** **1** : condition, state **2** CALIDAD : capacity, position — **condicional** *adj* : conditional
condimento *nm* : condiment, seasoning
condolerse {47} *vr* : sympathize — **condolencia** *nf* : condolence
condominio *nm* **1** : joint ownership **2** *Lat* : condominium
condón *nm, pl* **-dones** : condom
conducir {61} *vt* **1** DIRIGIR : direct, lead **2** MANEJAR : drive — *vi* **1** : drive **2 conducir a** : lead to — **conducirse** *vr* : behave
conducta *nf* : behavior, conduct

conducto *nm* : conduit, duct
conductor, -tora *n* : driver
conectar *vt* **1** : connect **2** ENCHUFAR : plug in — *vi* : connect
conejo, -ja *n* : rabbit — **conejera** *nf* : (rabbit) hutch
conexión *nf, pl* **-xiones** : connection — **conexo, -xa** *adj* : connected
confabularse *vr* : conspire, plot
confeccionar *vt* : make (up), prepare — **confección** *nf, pl* **-ciones** **1** : making, preparation **2** : tailoring, dressmaking
confederación *nf, pl* **-ciones** : confederation
conferencia *nf* **1** : lecture **2** REUNIÓN : conference
conferir {76} *vt* : confer, bestow
confesar {55} *v* : confess — **confesarse** *vr* : go to confession — **confesión** *nf, pl* **-siones** **1** : confession **2** CREDO : religion, creed
confeti *nm* : confetti
confiar {85} *vi* : trust — *vt* : entrust — **confiable** *adj* : trustworthy, reliable — **confiado, -da** *adj* **1** : confident **2** CRÉDULO : trusting — **confianza** *nf* **1** : trust **2** : confidence (in oneself)
confidencia *nf* : confidence, secret — **confidencial** *adj* : confidential — **confidencialidad** *nf* : confidentiality — **confidente** *nmf* **1** : confidant, confidante *f* **2** : (police) informer
configuración *nf, pl* **-ciones** : configuration, shape
confín *nm, pl* **-fines** : boundary, limit — **confinar** *vt* **1** : confine **2** DESTERRER : exile
confirmar *vt* : confirm — **confirmación** *nf, pl* **-ciones** : confirmation
confiscar {72} *vt* : confiscate
confitería *nm* : candy store
confitura *nf* : jam
conflagración *nf, pl* **-ciones** **1** : war, conflict **2** INCENDIO : fire
conflicto *nm* : conflict
confluencia *nf* : junction, confluence
conformar *vt* : shape, make up — **conformarse** *vr* **1** RESIGNARSE : resign oneself **2 conformarse con** : content oneself with — **conforme** *adj* **1** : content, satisfied **2 conforme a** : in accordance with — **conforme** *conj* : as — **conformidad** *nf* **1** : agreement **2** RESIGNACIÓN : resignation
confortar *vt* : comfort — **confortable** *adj* : comfortable

confrontar *vt* **1** : confront **2** COMPARAR : compare — *vi* : border — **confrontarse** *vr* **confrontarse con** : face up to — **confrontación** *nf, pl* **-ciones** : confrontation
confundir *vt* : confuse, mix up — **confundirse** *vr* : make a mistake, be confused — **confusión** *nf, pl* **-siones** : confusion — **confuso, -sa** *adj* **1** : confused **2** INDISTINTO : hazy, indistinct
congelar *vt* : freeze — **congelarse** *vr* : freeze — **congelación** *nf, pl* **-ciones** : freezing — **congelado, -da** *adj* : frozen — **congelador** *nm* : freezer
congeniar *vi* : get along
congestión *nf, pl* **-tiones** : congestion — **congestionado, -da** *adj* : congested
congoja *nf* : anguish, grief
congraciarse *vr* : ingratiate oneself
congratular *vt* : congratulate
congregar {52} *vt* : bring together — **congregarse** *vr* : congregate — **congregación** *nf, pl* **-ciones** : congregation, gathering
congreso *nm* : congress — **congresista** *nmf* : member of congress
conjeturar *vt* : guess, conjecture — **conjetura** *nf* : guess, conjecture
conjugar {52} *vt* : conjugate — **conjugación** *nf, pl* **-ciones** : conjugation
conjunción *nf, pl* **-ciones** : conjunction
conjunto, -ta *adj* : joint — **conjunto** *nm* **1** : collection **2** : outfit (of clothing) **3** GRUPO : band **4 en conjunto** : as a whole
conjurar *vt* : ward off — *vi* : conspire, plot
conllevar *vt* : entail
conmemorar *vt* : commemorate — **conmemoración** *nf, pl* **-ciones** : commemoration — **conmemorativo, -va** *adj* : commemorative
conmigo *pron* : with me
conminar *vt* : threaten
conmiseración *nf, pl* **-ciones** : pity, commiseration
conmocionar *vt* : shock — **conmoción** *nf, pl* **-ciones** **1** : shock, upheaval **2** *or* **conmocionar cerebral** : concussion
conmover {47} *vt* **1** : move, touch **2** SACUDIR : shake (up) — **conmoverse** *vr* : be moved — **conmovedor, -dora** *adj* : moving, touching
conmutador *nm* **1** : (electric) switch **2** *Lat* : switchboard

cono *nm* : cone
conocer {18} *vt* **1** : know **2** : meet (a person), get to know (a city, etc.) **3** RECONOCER : recognize — **conocerse** *vr* **1** : meet, get to know each other **2** : know oneself — **conocedor, -dora** *adj & n* : expert — **conocido, -da** *adj* : well-known — **conocido, -da** *n* : acquaintance — **conocimiento** *nm* **1** : knowledge **2** SENTIDO : consciousness
conque *conj* : so
conquistar *vt* : conquer — **conquista** *nf* : conquest — **conquistador, -dora** *adj* : conquering — **conquistador** *nm* : conqueror
consabido, -da *adj* **1** : well-known **2** HABITUEL : usual
consagrar *vt* **1** : consecrate **2** DEDICAR : devote — **consagración** *nf, pl* **-ciones** : consecration
consciencia *nf* → **conciencia** — **consciente** *adj* : conscious, aware
consecución *nf, pl* **-ciones** : attainment
consecuencia *nf* **1** : consequence **2 en consecuencia** : accordingly — **consecuente** *adj* : consistent
consecutivo, -va *adj* : consecutive
conseguir {75} *vt* **1** : get, obtain **2 conseguir hacer algo** : manage to do something
consejo *nm* **1** : advice, counsel **2** : council (assembly) — **consejero, -ra** *n* : adviser, counselor
consenso *nm* : consensus
consentir {76} *vt* **1** : allow, permit **2** MIMAR : pamper, spoil — *vi* : consent — **consentimiento** *nm* : consent, permission
conserje *nmf* : caretaker, janitor
conservar *vt* **1** : preserve **2** GUARDAR : keep, conserve — **conservarse** *vr* : keep — **conserva** *nf* **1** : preserve(s) **2 conservars** *nfpl* : canned goods — **conservación** *nf, pl* **-ciones** : conservation, preservation — **conservador, -dora** *adj & n* : conservative — **conservatorio** *nm* : conservatory
considerar *vt* **1** : consider **2** RESPETAR : respect — **considerable** *adj* : considerable — **consideración** *nf, pl* **-ciones** **1** : consideration **2** RESPETO : respect — **considerado, -da** *adj* **1** : considerate **2** RESPETADO : respected
consigna *nf* **1** ESLOGAN : slogan **2** ORDEN : orders **3** : checkroom (for baggage)
consigo *pron* : with her, with

him, with you, with oneself
consiguiente *adj* **1** : consequent **2 por consiguiente** : consequently
consistir *vi* **consistir en 1** : consist of **2** : lie in, consist in — **consistencia** *nf* : consistency — **consistente** *adj* **1** : firm, solid **2 consistente en** : consisting of
consolar {19} *vt* : console, comfort — **consolarse** *vr* : console oneself — **consolación** *nf, pl* **-ciones** : consolation
consolidar *vt* : consolidate — **consolidación** *nf, pl* **-ciones** : consolidation
consomé *nm* : consommé
consonante *adj* : consonant, harmonious — **consonante** *nf* : consonant
consorcio *nm* : consortium
conspirar *vi* : conspire, plot — **conspiración** *nf, pl* **-ciones** : conspiracy — **conspirador, -dora** *n* : conspirator
constancia *nf* **1** : record, evidence **2** PERSEVERANCIA : perseverance — **constante** *adj* : constant — **constantemente** *adv* : constantly, continually
constar *vi* **1** : be evident, be clear **2 constar de** : consist of
constatar *vt* **1** : verify **2** AFIRMAR : state, affirm
constelación *nf, pl* **-ciones** : constellation
consternación *nf, pl* **-ciones** : consternation
constipado, -da *adj* **estar constipado** : have a cold — **constipado** *nm* : cold — **constiparse** *vr* : catch a cold
constituir {41} *vt* **1** FORMAR : constitute, form **2** FUNDAR : establish, set up — **constituirse** *vr* **constituirse en** : set oneself up as — **constitución** *nf, pl* **-ciones** : constitution — **constitucional** *adj* : constitutional — **constitutivo, -va** *adj* : constituent — **constituyente** *adj & nm* : constituent
constreñir {67} *vt* **1** : force, compel **2** RESTRINGIR : restrict, limit
construir {41} *vt* : build, construct — **construcción** *nf, pl* **-ciones** : construction, building — **constructivo, -va** *adj* : constructive — **constructor, -tora** *n* : builder
consuelo *nm* : consolation, comfort
consuetudinario, -ria *adj* : customary
cónsul *nmf* : consul — **consulado** *nm* : consulate

consultar *vt* : consult — **consulta** *nf* : consultation — **consultor, -tora** *n* : consultant — **consultorio** *nm* : office (of a doctor or dentist)
consumar *vt* **1** : consummate, complete **2** : commit (a crime)
consumir *vt* : consume — **consumirse** *vr* : waste away — **consumición** *nf, pl* **-ciones** **1** : consumption **2** : drink (in a restaurant) — **consumido, -da** *adj* : thin, emaciated — **consumidor, -dora** *n* : consumer — **consumo** *nm* : consumption
contabilidad *nf* **1** : accounting, bookkeeping **2** : accountancy (profession) — **contable** *nmf, Spain* : accountant, bookkeeper
contactar *vi* **contactar con** : get in touch with, contact — **contacto** *nm* : contact
contado, -da *adj* : numbered, few — **contado** *nm* **al contado** : (in) cash
contador, -dora *n Lat* : accountant — **contador** *nm* : meter
contagiar *vt* **1** : infect **2** : transmit (a disease) — **contagiarse** *vr* **1** : be contagious **2** : become infected (with a disease) — **contagio** *nm* : contagion, infection — **contagioso, -sa** *adj* : contagious, infectious
contaminar *vt* : contaminate, pollute — **contaminación** *nf, pl* **-ciones** : contamination, pollution
contar {19} *vt* **1** : count **2** NARRAR : tell — *vi* **1** : count **2 contar con** : rely on, count on
contemplar *vt* **1** MIRAR : look at, behold **2** CONSIDERAR : contemplate — **contemplación** *nf, pl* **-ciones** : contemplation
contemporáneo, -nea *adj & n* : contemporary
contender {56} *vi* : contend, compete — **contendiente** *nmf* : competitor
contener {80} *vt* **1** : contain **2** RESTRINGIR : restrain, hold back — **contenerse** *vr* : restrain oneself — **contenedor** *nm* : container — **contenido, -da** *adj* : restrained — **contenido** *nm* : contents *pl*
contentar *vt* : please, make happy — **contentarse** *vr* **contentarse con** : be satisfied with — **contento, -ta** *adj* : glad, happy, contented
contestar *vt* : answer — *vi* : reply, answer back — **contestación** *nf, pl* **-ciones** : answer, reply
contexto *nm* : context

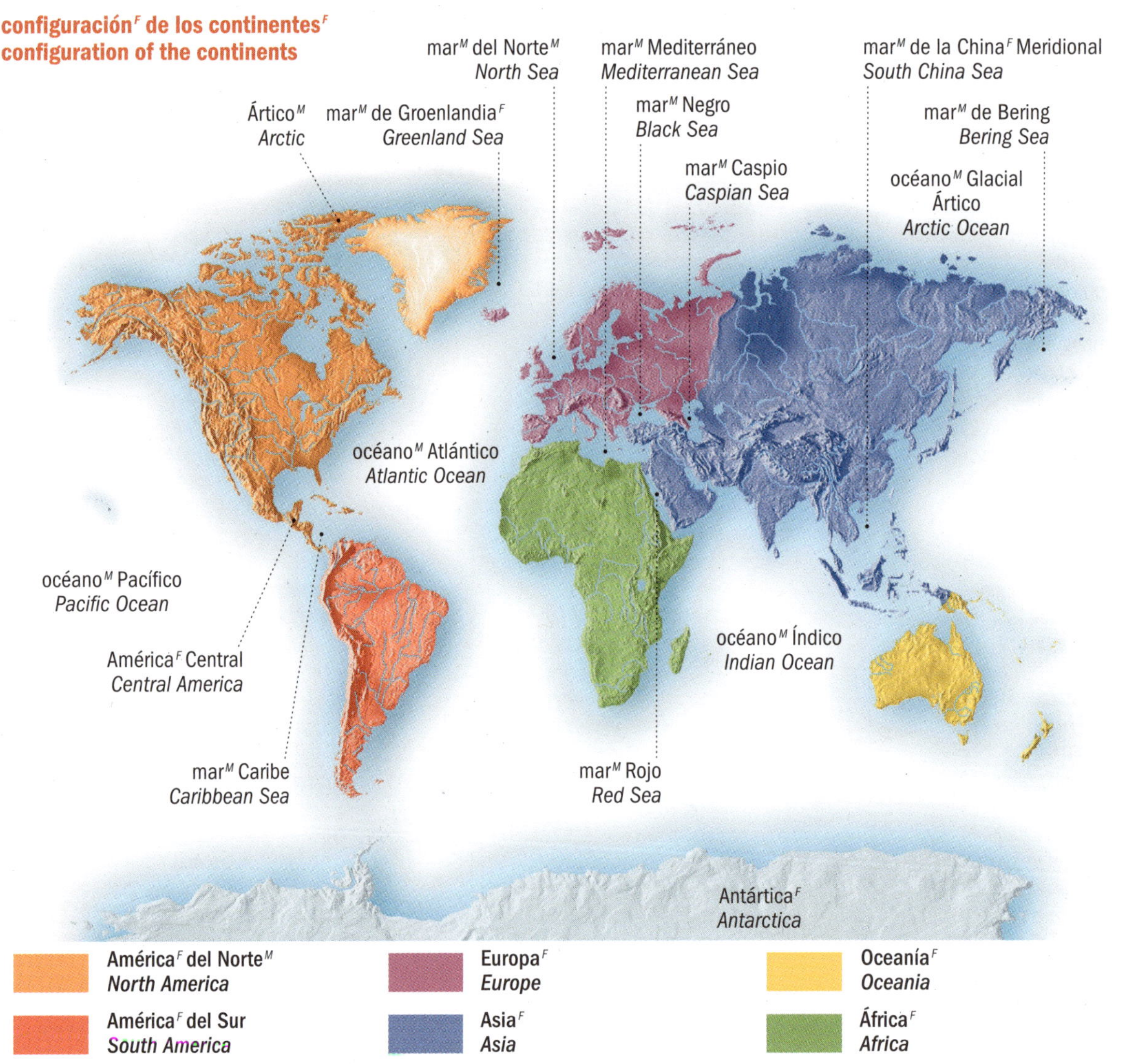

contienda *nf* **1** COMBATE : dispute, fight **2** COMPETICIÓN : contest

contigo *pron* : with you

contiguo, -gua *adj* : adjacent

continente *nm* : continent — **continental** *adj* : continental

contingencia *nf* : contingency — **contingente** *adj & nm* : contingent

continuar {3} *v* : continue — **continuación** *nf, pl* **-ciones 1** : continuation **2 a continuación** : next, then — **continuidad** *nf* : continuity

— **continuo, -nua** *adj* **1** : continuous, steady **2** FRECUENTE : continual

contorno *nm* **1** : outline **2** contornos *nmpl* : surrounding area

contorsión *nf, pl* **-siones** : contortion

contra *prep* **1** : against **2 en contra** : against — **contra** *nm* **los pros y los contras** : the pros and cons

contraatacar {72} *v* : counterattack — **contraataque** *nm* : counterattack

contrabajo *nm* : double bass

contrabalancear *vt* : counterbalance

contrabandista *nmf* : smuggler — **contrabando** *nm* **1** : smuggling **2** : contraband (goods)

contracción *nf, pl* **-ciones** : contraction

contrachapado *nm* : plywood

contradecir {11} *vt* : contradict — **contradicción** *nf, pl* **-ciones** : contradiction — **contradictorio, -ria** *adj* : contradictory

contraer {81} *vt* **1** : contract **2 contraer matrimonio** : get married — **contraerse** *vr* : contract, tighten up

contrafuerte *nm* : buttress
contragolpe *nm* : backlash
contralto *nmf* : contralto
contrapartida *nf* : compensation
contrapelo: a contrapelo *adv phr* : the wrong way
contrapeso *nm* : counterbalance
contraponer {60} *vt* **1** : counter, oppose **2** COMPARAR : compare
contraproducente *adj* : counterproductive
contrariar {85} *vt* **1** : oppose **2** MOLESTAR : vex, annoy — **contrariedad** *nf* **1** : obstacle **2** DISGUSTO : annoyance — **contrario, -ria** *adj* **1** OPUESTO : opposite **2 al contrario** : on the contrary **3 ser contrario a** : be opposed to
contrarrestar *vt* : counteract
contrasentido *nm* : contradiction (in terms)
contraseña *nf* : password
contrastar *vt* **1** : check, verify **2** RESISTIR : resist — *vi* : contrast — **contraste** *nm* : contrast
contratar *vt* **1** : contract for **2** : hire, engage (workers)
contratiempo *nm* **1** : mishap **2** DIFICULTAD : setback
contrato *nm* : contract — **contratista** *nmf* : contractor
contraventana *nf* : shutter
contribuir {41} *vi* **1** : contribute **2** : pay taxes — **contribución** *nf*, *pl* **-ciones 1** : contribution **2** IMPUESTO : tax — **contribuyente** *nmf* **1** : contributor **2** : taxpayer
contrincante *nmf* : opponent
contrito, -ta *adj* : contrite
controlar *vt* **1** : control **2** COMPROBAR : monitor, check — **control** *nm* **1** : control **2** VERIFICACIÓN : inspection, check — **controlador, -dora** *n* : controller
controversia *nf* : controversy
contundente *adj* **1** : blunt **2** : forceful, convincing (of arguments, etc.)
contusión *nf*, *pl* **-siones** : bruise
convalecencia *nf* : convalescence — **convaleciente** *adj & nmf* : convalescent
convencer {86} *vt* : convince, persuade — **convencerse** *vr* : be convinced — **convencimiento** *nm* : conviction, belief
convención *nf*, *pl* **-ciones** : convention — **convencional** *adj* : conventional
convenir {87} *vi* **1** : be suitable, be advisable **2 convenir en** :

agree on — **conveniencia** *nf* **1** : convenience **2** : suitability (of an action, etc.) — **conveniente** *adj* **1** : convenient **2** ACONSEJABLE : suitable, advisable **3** PROVECHOSO : useful — **convenio** *nm* : agreement, pact
convento *nm* : convent, monastery
converger {15} *or* convergir *vi* : converge
conversar *vi* : converse, talk — **conversación** *nf*, *pl* **-ciones** : conversation
conversión *nf*, *pl* **-siones** : conversion — **converso, -sa** *n* : convert
convertir {76} *vt* : convert — **convertirse** *vr* **convertirse en** : turn into — **convertible** *adj & nm* : convertible
convexo, -xa *adj* : convex
convicción *nf*, *pl* **-ciones** : conviction — **convicto, -ta** *adj* : convicted
convidar *vt* : invite — **convidado, -da** *n* : guest
convincente *adj* : convincing
convite *nm* **1** : invitation **2** : banquet
convivir *vi* : live together — **convivencia** *nf* : coexistence, living together
convocar {72} *vt* : convoke, call together
convulsión *nf*, *pl* **-siones 1** : convulsion **2** TRASTORNO : upheaval — **convulsivo, -va** *adj* : convulsive
conyugal *adj* : conjugal — **cónyuge** *nmf* : spouse, partner
coñac *nm* : cognac, brandy
cooperar *vi* : cooperate — **cooperación** *nf*, *pl* **-ciones** : cooperation — **cooperativa** *nf* : cooperative, co-op — **cooperativo, -va** *adj* : cooperative
coordenada *nf* : coordinate
coordinar *vt* : coordinate — **coordinación** *nf*, *pl* **-ciones** : coordination — **coordinador, -dora** *n* : coordinator
copa *nf* **1** : glass, goblet **2** : cup (in sports) **3 tomar una copa** : have a drink
copia *nf* : copy — **copiar** *vt* : copy
copioso, -sa *adj* : copious, abundant
copla *nf* **1** : (popular) song **2** ESTROFA : verse, stanza
copo *nm* **1** : flake **2** *or* **copo de nieve** : snowflake
coquetear *vi* : flirt — **coqueteo** *nm* : flirting, flirtation — **coqueto, -ta** *adj* : flirtatious — **coqueto, -ta** *n* : flirt
coraje *nm* **1** : valor, courage **2** IRA : anger
coral¹ *nm* : coral
coral 2 *adj* : choral — **coral** *nf* : choir, chorale

Corán *nm* **el Corán** : the Koran
coraza *nf* **1** : armor plating **2** : shell
corazón *nm*, *pl* **-zones 1** : heart **2** : core (of fruit) **3 mi corazón** : my darling — **corazonada** *nf* **1** : hunch **2** IMPULSO : impulse
corbata *nf* : tie, necktie
corchete *nm* **1** : hook and eye, clasp **2** : square bracket (punctuation mark)
corcho *nm* : cork
cordel *nm* : cord, string
cordero *nm* : lamb
cordial *adj* : cordial — **cordialidad** *nf* : cordiality
cordillera *nf* : mountain range
córdoba *nf* : córdoba (Nicaraguan unit of currency)
cordón *nm*, *pl* **-dones 1** : cord **2 cordón policial** : (police) cordon **3** cordones *nmpl* : shoelaces
cordura *nf* : sanity
corear *vt* : chant
coreografía *nf* : choreography
cornamenta *nf* : antlers *pl*
corneta *nf* : bugle
coro *nm* **1** : chorus **2** : (church) choir
corona *nf* **1** : crown **2** : wreath, garland (of flowers) — **coronación** *nf*, *pl* **-ciones** : coronation — **coronar** *vt* : crown
coronel *nm* : colonel
coronilla *nf* **1** : crown (of the head) **2 estar hasta la coronilla** : be fed up
corporación *nf*, *pl* **-ciones** : corporation
corporal *adj* : corporal, bodily
corporativo, -va *adj* : corporate
corpulento, -ta *adj* : stout
corral *nm* **1** : farmyard **2** : pen, corral (for animals) **3** *or* corralito : playpen
correa *nf* **1** : strap, belt **2** : leash (for a dog, etc.)
corrección *nf*, *pl* **-ciones 1** : correction **2** : correctness, propriety (of manners) — **correccional** *nm* : reformatory — **correctivo, -va** *adj* : corrective — **correcto, -ta** *adj* **1** : correct, right **2** CORTÉS : polite
corredizo, -za *adj* : sliding
corredor, -dora *n* **1** : runner, racer **2** AGENTE : agent, broker — **corredor** *nm* : corridor, hallway
corregir {28} *vt* : correct — **corregirse** *vr* : mend one's ways
correlación *nf*, *pl* **-ciones** : correlation
correo *nm* **1** : mail **2 correo aéreo** : airmail

correr *vi* **1** : run, race **2** : flow (of a river, etc.) **3** : pass (of time) — *vt* **1** : run **2** RECORRER : travel over, cover **3** : draw (curtains) — **correrse** *vr* **1** : move along **2** : run (of colors)

corresponder *vi* **1** : correspond **2** PERTENECER : belong **3** ENCAJAR : fit **4 corresponder a** : reciprocate, repay — **corresponderse** *vr* : write to each other — **correspondencia** *nf* **1** : correspondence **2** : connection (of a train, etc.) — **correspondiente** *adj* : corresponding, respective — **corresponsal** *nmf* : correspondent

corretear *vi* : run about, scamper

corrida *nf* **1** : run **2** *or* **corrida de toros** : bullfight — **corrido, -da** *adj* **1** : straight, continuous **2** *fam* : worldly

corriente *adj* **1** : current **2** NORMAL : common, ordinary **3** : running (of water, etc.) — **corriente** *nf* **1** : current (of water, electricity, etc.), draft (of air) **2** TENDENCIA : tendency, trend — **corriente** *nm* **al corriente 1** : up-to-date **2** ENTERADO : aware, informed

corrillo *nm* : clique, circle — **corro** *nm* : ring, circle (of people)

corroborar *vt* : corroborate

corroer {69} *vt* **1** : corrode (of metals) **2** : erode, wear away — **corroerse** *vr* : corrode

corromper *vt* **1** : corrupt **2** PUDRIR : rot — **corrompido, -da** *adj* : corrupt

corrosión *nf, pl* **-siones** : corrosion — **corrosivo, -va** *adj* : corrosive

corrupción *nf, pl* **-ciones 1** : corruption **2** DESCOMPOSICIÓN : decay, rot — **corrupto, -ta** *adj* : corrupt

corsé *nm* : corset

cortar *vt* **1** : cut **2** RECORTAR : cut out **3** QUITAR : cut off — *vi* : cut — **cortarse** *vr* **1** : cut oneself **2** : be cut off (on the telephone) **3** : curdle (of milk) **4 cortarse el pelo** : have one's hair cut — **cortada** *nf* *Lat* : cut — **cortante** *adj* : cutting, sharp

cortauñas *nms & pl* : nail clippers

corte[1] *nm* **1** : cutting **2** ESTILO : cut, style **3 corte de pelo** : haircut

corte[2] *nf* **1** : court **2 hacer la corte a** : court, woo — **cortejar** *vt* : court, woo

cortejo *nm* **1** : entourage **2** NOVIAZGO : courtship **3 cortejo fúnebre** : funeral procession

cortés *adj* : courteous, polite — **cortesía** *nf* : courtesy, politeness

cortina^F sujeta de doble barra^F
attached curtain

cortina^F abombada
balloon curtain

cortina^F suelta corrediza
loose curtain

cortinas^F cruzadas
crisscross curtains

corteza *nf* **1** : bark **2** : crust (of bread) **3** : rind, peel (of fruit)

▸ **cortina** *nm* : curtain

corto, -ta *adj* **1** : short **2** ESCASO : scarce **3** *fam* : timid, shy **4 corto, -ta de vista** : nearsighted — **cortocircuito** *nm* : short circuit

corvo, -va *adj* : curved, bent

cosa *nf* **1** : thing **2** ASUNTO : matter, affair **3 cosa de** : about **4 poca cosa** : nothing much

cosechar *v* : harvest, reap — **cosecha** *nf* **1** : harvest, crop **2** : vintage (of wine)

coser *v* : sew

cosmético, -ca *adj* : cosmetic

— **cosmético** *nm* : cosmetic

cósmico, -ca *adj* : cosmic

cosmopolita *adj* : cosmopolitan

cosmos *nm* : cosmos

cosquillas *nfpl* **1** : tickling **2 hacer cosquillas** : tickle — **cosquilleo** *nm* : tickling sensation, tingle

costa *nf* **1** : coast, shore **2 a toda costa** : at any cost

costado *nm* **1** : side **2 al costado** : alongside

costar {19} *v* : cost

costarricense *or* **costarriqueño, -ña** *adj* : Costa Rican

coste *nm* → **costo** — **costear** *vt* : pay for

costero, -ra *adj* : coastal

costilla *nf* **1** : rib **2** CHULETA : chop, cutlet
costo *nm* : cost, price —
 costoso, -sa *adj* : costly
costra *nf* : scab
costumbre *nf* **1** : custom, habit
 2 de costumbre : usual
costura *nf* **1** : sewing,
 dressmaking **2** PUNTADAS : seam
 — **costurera** *nf* : dressmaker
cotejar *vt* : compare
cotidiano, -na *adj* : daily
cotizar {21} *vt* : quote, set a price on
 — **cotización** *nf, pl* **-ciones** : quotation,
 price — **cotizado, -da** *adj* : in demand
coto *nm* : enclosure, reserve
cotorra *nf* **1** : small parrot **2**
 fam : chatterbox — **cotorrear** *vi,*
 fam : chatter, gab
coyote *nm* : coyote
coyuntura *nf* **1** : joint **2**
 SITUACIÓN : situation, moment
coz *nm, pl* **coces** : kick (of an animal)
cráneo *nf* : cranium, skull
cráter *nm* : crater
crear *vt* : create — **creación** *nf,*
 pl **-ciones** : creation — **creativo, -va** *adj*
 : creative — **creador, -dora** *n* : creator
crecer {53} *vi* **1** : grow **2** AUMENTAR
 : increase — **crecido, -da** *adj* **1**
 : full-grown **2** : large (of numbers)
 — **creciente** *adj* **1** : growing,
 increasing **2** : crescent (of the
 moon) — **crecimiento** *nm* **1** :

growth **2** AUMENTO : increase
credenciales *nfpl* : credentials
credibilidad *nf* : credibility
crédito *nm* : credit
credo *nm* : creed
crédulo, -la *adj* : credulous, gullible
creer {20} *v* **1** : believe **2** SUPONER :
 suppose, think — **creerse** *vr* : regard
 oneself as — **creencia** *nf* : belief —
 creíble *adj* : believable, credible —
 creído, -da *adj, fam* : conceited
crema *nf* : cream
cremación *nf, pl* **-ciones** : cremation
cremallera *nf* : zipper
cremoso, -sa *adj* : creamy
crepe *nmf* : crepe, pancake
crepitar *vi* : crackle
crepúsculo *nm* : twilight, dusk
crespo, -pa *adj* : curly, frizzy
crespón *nm, pl* **-pones** : crepe (fabric)
cresta *nf* **1** : crest **2** : comb (of a rooster)
cretino, -na *n* : cretin
creyente *nmf* : believer
criar {85} *vt* **1** : nurse (a baby) **2** EDUCAR
 : bring up, rear **3** : raise, breed (animals)
 — **cría** *nf* **1** : breeding, rearing **2** :
 young animal — **criadero** *nm* : farm,
 hatchery — **criado, -da** *n* : servant,
 maid *f* — **criador, -dora** *n* : breeder
 — **crlanza** *nf* : upbringing, rearing
criatura *nf* **1** : creature
 2 NIÑO : baby, child
crimen *nm, pl* **crímenes** : crime

— **criminal** *adj & nmf* : criminal
críquet *nm* : cricket (game)
crin *nf* : mane
criollo, -lla *adj & n* : Creole
cripta *nf* : crypt
crisantemo *nm* : chrysanthemum
crisis *nf* **1** : crisis **2 crisis**
 nerviosa : nervous breakdown
crispar *vt* **1** : tense (muscles), clench
 (one's fist) **2** IRRITAR : irritate, set on
 edge — **crisparse** *vr* : tense up
▸ **cristal** *nm* **1** : crystal **2** VIDRIO : glass,
 piece of glass — **cristalería** *nf* :
 glassware — **cristalino, -na** *adj* :
 crystalline — **cristalino** *nm* : lens (of the
 eye) — **cristalizar** {21} *vi* : crystallize
cristiano, -na *adj & n* : Christian
 — **cristianismo** *nm* : Christianity
 — **Cristo** *nm* : Christ
criterio *nm* **1** : criterion **2**
 JUICIO : judgment, opinion
criticar {72} *vt* : criticize — **crítica** *nf* **1**
 : criticism **2** RESEÑA : review, critique
 — **crítico, -ca** *adj* : critical —
 critico, -ca *n* : critic, reviewer
croar *vi* : croak
cromo *nm* : chromium, chrome
cromosoma *nm* : chromosome
crónica *nf* **1** : chronicle **2** : (news) report
crónico, -ca *adj* : chronic
cronista *nmf* : reporter, newscaster
cronología *nf* : chronology —
 cronológico, -ca *adj* : chronological

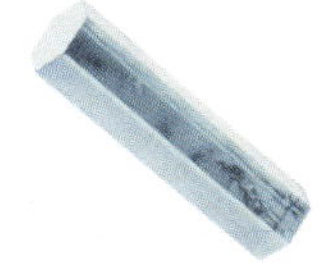

cristales[M] **de nieve**[F]
snow crystals

columna[F]
column

granizo[M]
hail

cellisca[F]
sleet

copo[M] de nieve[F]
snow pellet

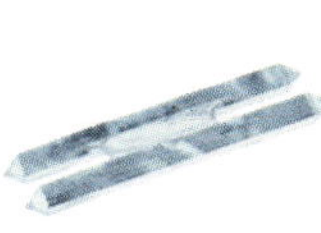

aguja[F]
needle

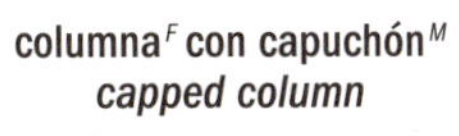

columna[F] con capuchón[M]
capped column

placa[F] de hielo[M]
plate crystal

dendrita[F] espacial
spatial dendrite

cristales[M] irregulares
irregular crystal

estrella[F]
stellar crystal

cronometrar *vt* : time, clock —
  cronómetro *nm* : chronometer, stopwatch
croqueta *nf* : croquette
croquis *nms & pl* : (rough) sketch
cruce *nm* **1** : crossing **2** : crossroads,
  intersection **3 cruce peatonal** : crosswalk
crucero *nm* **1** : cruise **2** : cruiser (ship)
crucial *adj* : crucial
crucificar {72} *vt* : crucify —
  crucifijo *nm* : crucifix — **crucifixión** *nf,*
  pl **-fixiones** : crucifixion
crucigrama *nm* : crossword puzzle
crudo, -da *adj* **1** : harsh, crude **2** :
  raw (of food) — **crudo** *nm* : crude oil
cruel *adj* : cruel — **crueldad** *nf* : cruelty
crujir *vi* : rustle, creak, crackle, crunch
  — **crujido** *nm* : rustle, creak, crackle,
  crunch — **crujiente** *adj* : crunchy, crisp
cruzar {21} *vt* **1** : cross **2** : exchange
  (words) — **cruzarse** *vr* **1** : intersect
  2 : pass each other — **cruz** *nf,*
  pl **cruces** : cross — **cruzada** *nf*
  : crusade — **cruzado, -da** *adj* :
  crossed — **cruzado** *nm* : crusader
cuaderno *nm* : notebook
cuadra *nf* **1** : stable **2** *Lat* : (city) block

cuadrado, -da *adj* : square
  — **cuadrado** *nm* : square
cuadragésimo, -ma *adj* : fortieth,
  forty- — **cuadragésimo, -ma** *n*
  : fortieth, forty- (in a series)
cuadrar *vi* **1** : conform, agree **2** : add
  up, tally (numbers) — *vt* : square —
  cuadrarse *vr* : stand at attention
cuadrilátero *nm* **1** : quadrilateral
  2 : ring (in sports)
cuadrilla *nf* : gang, group
cuadro *nm* **1** : square **2** PINTURA
  : painting **3** DESCRIPCIÓN : picture,
  description **4** : staff, management (of
  an organization) **5** CUADRADO : check,
  square **6** : (baseball) diamond
cuadrúpedo *nm* : quadruped
cuadruple *adj* : quadruple —
  cuadruplicar {72} *vt* : quadruple
cuajar *vi* **1** : curdle **2** COAGULAR :
  clot, coagulate **3** : set (of pudding,
  etc.) **4** AFIANZARSE : catch on — *vt* **1**
  : curdle **2 cuajar de** : fill with
cual *pron* **1 el cual, la cual, los cuales,**
  las cuales : who, whom, which **2 lo**
  cual : which **3 cada cual** : everyone,

everybody — **cual** *prep* : like, as
cuál *pron* : which (one), what
  (one) — **cuál** *adj* : which, what
cualidad *nf* : quality, trait
cualquiera (cualquier *before*
  nouns) *adj, pl* **cualesquiera** : any,
  whatever — **cualquiera** *pron,*
  pl **cualesquiera** : anyone, whatever
cuán *adv* : how
cuando *conj* **1** : when **2** SI : since,
  if **3 cuando más** : at the most **4 de**
  vez en cuando : from time to time —
  cuando *prep* : during, at the time of
cuándo *adv* **1** : when **2 ¿desde**
  cuándo? : since when?
cuantía *nf* **1** : quantity, extent **2**
  IMPORTANCIA : importance — **cuantioso,**
  -sa *adj* : abundant, considerable
cuanto *adv* **1** : as much as **2 cuanto**
  antes : as soon as possible **3 en**
  cuanto : as soon as **4 en cuanto a** :
  as for, as regards — **cuanto, -ta** *adj* :
  as many, whatever — **cuanto** *pron* **1** :
  as much as, all that, everything **2 unos**
  cuantos, unas cuantas : a few
cuánto *adv* : how much, how many

cuarto^M de baño^M
bathroom

— cuánto, -ta *adj* : how much, how many — **cuánto** *pron* : how much, how many

cuarenta *adj & nm* : forty — **cuarentavo, -va** *adj* : fortieth — **cuarentavo** *nm* : fortieth

cuarentena *nf* : quarantine

Cuaresma *nf* : Lent

cuartear *vt* : quarter, divide up — **cuartearse** *vr* : crack, split

cuartel *nm* **1** : barracks *pl* **2 cuartel general** : headquarters **3 no dar cuartel** : show no mercy

cuarteto *nm* : quartet

cuarto, -ta *adj* : fourth — **cuarto, -ta** *n* : fourth (in a series) — **cuarto** *nm* **1** : quarter, fourth **2** HABITACIÓN : room

cuarzo *nm* : quartz

cuatro *adj & nm* : four — **cuatrocientos, -tas** *adj* : four hundred — **cuatrocientos** *nms & pl* : four hundred

cuba *nf* : cask, barrel

cubano, -na *adj* : Cuban

cubeta *nf* **1** : keg, cask **2** *Lat* : pail, bucket

cúbico, -ca *adj* : cubic, cubed — **cubículo** *nm* : cubicle

cubierta *nf* **1** : cover, covering **2** : (automobile) tire **3** : deck (of a ship) — **cubierto** *nm* **1** : cutlery, place setting **2 a cubierta** : under cover

cubo *nm* **1** : cube **2** *Spain* : pail, bucket **3** : hub (of a wheel)

cubrecama *nm* : bedspread

cubrir {2} *vt* : cover — **cubrirse** *vr* **1** : cover oneself **2** : cloud over

cucaracha *nf* : cockroach

cuchara *nf* : spoon — **cucharada** *nf* : spoonful — **cucharilla** *or* **cucharita** *nf* : teaspoon — **cucharón** *nm, pl* **-rones** : ladle

cuchichear *vi* : whisper — **cuchicheo** *nm* : whisper

cuchilla *nf* **1** : (kitchen) knife **2 cuchilla de afeitar** : razor blade — **cuchillada** *nf* : stab, knife wound — **cuchillo** *nm* : knife

cuclillas *nfpl* **en cuclillas** : squatting, crouching

cuco *nm* : cuckoo — **cuco, -ca** *adj, fam* : pretty, cute

cucurucho *nm* : ice-cream cone

cuello *nm* **1** : neck **2** : collar (of clothing)

cuenca *nf* **1** : river basin **2** : (eye) socket — **cuenco** *nm* **1** : bowl **2** CONCAVIDAD : hollow

cuenta *nf* **1** : calculation, count **2** : (bank) account **3** FACTURA : check, bill **4** : bead (for a necklace, etc.) **5 darse cuenta** : realize **6 tener en cuenta** : bear in mind

cuento *nm* **1** : story, tale **2 cuento de hadas** : fairy tale

cuerda *nf* **1** : cord, rope, string **2 cuerdas vocales** : vocal cords **3 dar cuerda a** : wind up

cuerdo, -da *adj* : sane, sensible

cuerno *nm* **1** : horn **2** : antlers *pl* (of a deer)

cuero *nm* **1** : leather, hide **2 cuero cabelludo** : scalp

cuerpo *nm* **1** : body **2** : corps (in the military, etc.)

cuervo *nm* : crow

cuesta *nf* **1** : slope **2 a cuestas** : on one's back **3 cuesta abajo** : downhill **4 cuesta arriba** : uphill

cuestión *nf, pl* **-tiones** : matter, affair — **cuestionar** *vt* : question — **cuestionario** *nm* **1** : questionnaire **2** : quiz (in school)

cueva *nf* : cave

cuidar *vt* **1** : take care of, look after **2** : pay attention to (details, etc.) — *vi* **1 cuidar de** : look after **2 cuidar de que** : make sure that — **cuidarse** *vr* : take care of oneself — **cuidado** *nm* **1** : care **2** PREOCUPACIÓN : worry, concern **3 tener cuidado** : be careful **4 ¡cuidado!** : watch out!, careful! — **cuidadoso, -sa** *adj* : careful — **cuidadosamente** *adv* : carefully

culata *nf* : butt (of a gun) — **culatazo** *nm* : kick, recoil

culebra *nf* : snake

culinario, -ria *adj* : culinary

culminar *vi* : culminate — **culminación** *nf, pl* **-ciones** : culmination

culo *nm, fam* : backside, bottom

culpa *nf* **1** : fault, blame **2** PECADO : sin **3 echar la culpa a** : blame **4 tener la culpa** : be at fault — **culpabilidad** *nf* : guilt — **culpable** *adj* : guilty — **culpable** *nmf* : culprit, guilty party — **culpar** *vt* : blame

cultivar *vt* : cultivate — **cultivo** *nm* **1** : farming, cultivation **2** cultivars : crops

culto, -ta *adj* : cultured, educated — **culto** *nm* **1** : worship **2** : (religious) cult — **cultura** *nf* : culture — **cultural** *adj* : cultural

cumbre *nf* : summit, top

cumpleaños *nms & pl* : birthday

cumplido, -da *adj* **1** : complete, full **2** CORTÉS : courteous — **cumplido** *nm* : compliment, courtesy

cumplimentar *vt* **1** : congratulate **2** CUMPLIR : carry out — **cumplimiento** *nm* : carrying out, performance

cumplir *vt* **1** : accomplish, carry out **2** : keep (a promise), observe (a law, etc.) **3** : reach (a given age) — *vi* **1** : expire, fall due **2 cumplir con el deber** : do one's duty — **cumplirse** *vr* **1** : expire **2** REALIZARSE : come true

cúmulo *nm* **1** : heap, pile **2** : cumulus (cloud)

cuna *nf* **1** : cradle **2** ORIGEN : birthplace

cundir *vi* **1** PROPAGARSE : spread, propagate **2** : go a long way

cuneta *nf* : ditch (in a road), gutter (in a street)

cuña *nf* : wedge

cuñado, -da *n* : brother-in-law *m*, sister-in-law *f*

cuota *nf* **1** : fee, dues **2** CUPO : quota **3** *Lat* : installment, payment

cupo *nm* **1** : quota, share **2** *Lat* : capacity, room

cupón *nm, pl* **-pones** : coupon

cúpula *nf* : dome, cupola

cura *nf* : cure, treatment — **cura** *nm* : priest — **curación** *nf, pl* **-ciones** : healing — **curar** *vt* **1** : cure **2** : dress (a wound) **3** CURTIR : tan (hides) — **curarse** *vr* : get well

curiosear *vi* **1** : snoop, pry **2** : browse (in a store) — *vt* : look over — **curiosidad** *nf* : curiosity — **curioso, -sa** *adj* **1** : curious, inquisitive **2** RARO : unusual, strange

currículum *nm, pl* **-lums** *or* currículo *nm* : résumé, curriculum vitae

cursar *vt* **1** : take (a course), study **2** ENVIAR : send, pass on

cursi *adj, fam* : affected, pretentious

cursiva *nf* : italics *pl*

curso *nm* **1** : course **2** : (school) year **3 en curso** : under way **4 en curso** : current

curtir *vt* **1** : tan **2** : harden (skin, features, etc.) — **curtiduría** *nf* : tannery

curva *nf* **1** : curve, bend **2 curva de nivel** : contour — **curvo, -va** *adj* : curved, bent

cúspide *nf* : apex, peak

custodia *nf* : custody — **custodiar** *vt* : guard, look after — **custodio, -dia** *n* : guardian

cutáneo, -nea *adj* : skin

cutícula *nf* : cuticle

cutis *nms & pl* : skin, complexion

cuyo, -ya *adj* **1** : whose, of whom, of which **2 en cuyo caso** : in which case

damas^F
checkers

d *nf* : d, fourth letter of the
Spanish alphabet
dádiva *nf* : gift, handout —
dadivoso, -sa *adj* : generous
dado, -da *adj* **1** : given **2 dado que** :
provided that, since — **dados** *nmpl* : dice
daga *nf* : dagger
daltónico, -ca *adj* : color-blind
dama *nf* **1** : lady **2 damas** *nfpl* : checkers
damnificar {72} *vt* : damage, injure
danés, -nesa *adj* : Danish —
danés *nm* : Danish (language)
danzar {21} *v* : dance —
danza *nf* : dance, dancing
dañar *vt* : damage, harm — **dañarse** *vr* **1**
: be damaged **2** : hurt oneself — **dañino,
-na** *adj* : harmful — **daño** *nm* **1** : damage,
harm **2 daños y perjuicios** : damages
dar {22} *vt* **1** : give **2** PRODUCIR : yield,
produce **3** : strike (the hour) **4** MOSTRAR
: show — *vi* **1 dar como** : consider,
regard as **2 dar con** : run into, meet **3
dar contra** : knock against **4 dar para** :
be enough for — **darse** *vr* **1** : happen **2
darse contra** : bump into **3 darse por** :
consider oneself **4 dárselas de** : pose as
dardo *nm* : dart
dársena *nf* : dock
datar *vt* : date — *vi* **datar de** : date from
dátil *nm* : date (fruit)
dato *nm* **1** : fact **2** datos *nmpl* : data
de *prep* **1** : of **2 de Managua** : from
Managua **3 de niño** : as a child **4
de noche** : at night **5 las tres de la
mañana** : three o'clock in the morning
6 más de 10 : more than 10

deambular *vi* : wander about, stroll
debajo *adv* **1** : underneath **2
debajo de** : under, underneath **3
por debajo** : below, beneath
debatir *vt* : debate — **debatirse** *vr*
: struggle — **debate** *nm* : debate
deber *vt* : owe — *v aux* **1** : have
to, should **2** (*expressing probability*)
: must — **deberse** *vr* **deberse a** :
be due to — **deber** *nm* **1** : duty **2**
deberes *nmpl* : homework — **debido,
-da** *adj* **debido a** : due to, owing to
débil *adj* : weak, feeble — **debilidad** *nf*
: weakness — **debilitar** *vt* : weaken
— **debilitarse** *vr* : get weak —
débilmente *adv* : weakly, faintly
débito *nm* **1** : debit **2** DEUDA : debt
debutar *vi* : debut — **debut** *nm, pl* **debuts**
: debut — **debutante** *nf* : debutante *f*
década *nf* : decade
decadencia *nf* : decadence —
decadente *adj* : decadent
decaer {13} *vi* : decline, weaken
decano, -na *n* : dean
decapitar *vt* : behead
decena *nf* : ten, about ten
decencia *nf* : decency
decenio *nm* : decade
decente *adj* : decent
decepcionar *vt* : disappoint —
decepción *nf, pl* **-ciones** : disappointment
decibelio *or* decibel *nm* : decibel
decidir *vt* : decide, determine — *vi*
: decide — **decidirse** *vr* : make up
one's mind — **decididamente** *adv*
: definitely, decidedly — **decidido,**

-da *adj* : determined, resolute
decimal *adj* : decimal
décimo, -ma *adj & n* : tenth
decimoctavo, -va *adj* :
eighteenth — **decimoctavo,
-va** *n* : eighteenth (in a series)
decimocuarto, -ta *adj* :
fourteenth — **decimocuarto,
-ta** *n* : fourteenth (in a series)
decimonoveno, -na *or* **decimonono,
-na** *adj* : nineteenth — **decimonoveno,
-na** *n* : nineteenth (in a series)
decimoquinto, -ta *adj* : fifteenth —
decimoquinto, -ta *n* : fifteenth (in a series)
decimoséptimo, -ma *adj* :
seventeenth — **decimoséptimo,
-ma** *n* : seventeenth (in a series)
decimosexto, -ta *adj* : sixteenth —
decimosexto, -ta *n* : sixteenth (in a series)
decimotercero, -ra *adj* :
thirteenth — **decimotercero,
-ra** *n* : thirteenth (in a series)
decir {23} *vt* **1** : say **2** CONTAR : tell **3 es
decir** : that is to say **4 querer decir** : mean
— **decirse** *vr* **1** : tell oneself **2 ¿cómo se
dice…en español?** : how do you say…in
Spanish? — **decir** *nm* : saying, expression
decisión *nf, pl* **-siones** : decision
— **decisivo, -va** *adj* : decisive
declarar *vt* : declare — *vi* : testify —
declararse *vr* **1** : declare oneself **2** :
break out (of a fire, an epidemic, etc.) —
declaración *nf, pl* **-ciones** : statement
declinar *v* : decline
declive *nm* **1** : decline **2** PENDIENTE : slope
decolorar *vt* : bleach —
decolorarse *vr* : fade
decoración *nf, pl* **-ciones** :
decoration — **decorado** *nm* : stage
set — **decorar** *vt* : decorate —
decorativo, -va *adj* : decorative
decoro *nm* : decency, decorum —
decoroso, -sa *adj* : decent, proper
decrecer {53} *vi* : decrease
decrépito, -ta *adj* : decrepit
decretar *vt* : decree —
decreto *nm* : decree
dedal *nm* : thimble
dedicar {72} *vt* : dedicate — **dedicarse** *vr*
dedicarse a : devote oneself to —
dedicación *nf, pl* **-ciones** : dedication —
dedicatoria *nf* : dedication, inscription
dedo *nm* **1** : finger **2 dedo del pie** : toe
deducir {61} *vt* **1** INFERIR : deduce **2**
DESCONTAR : deduct — **deducción** *nf,*

pl **-ciones** : deduction
defecar {72} *vi* : defecate
defecto *nm* : defect — **defectuoso,**
  -sa *adj* : defective, faulty
defender {56} *vt* : defend —
  defenderse *vr* : defend oneself —
  defensa *nf* : defense — **defensiva** *nf* :
  defensive — **defensivo, -va** *adj* : defensive
  — **defensor, -sora** *n* **1** : defender **2** *or*
  abogado defensor : defense counsel
deferencia *nf* : deference —
  deferente *adj* : deferential
deficiencia *nf* : deficiency —
  deficiente *adj* : deficient
déficit *nm, pl* **-cits** : deficit
definir *vt* : define — **definición** *nf,*
  pl **-ciones** : definition —
  definitivo, -va *adj* **1** : definitive
  2 en definitiva : in short
deformar *vt* **1** : deform **2** : distort
  (the truth, etc.) — **deformación** *nf,*
  pl **-ciones** : distortion — **deforme** *adj* :
  deformed — **deformidad** *nf* : deformity
defraudar *vt* **1** : defraud **2**
  DECEPCIONAR : disappoint
degenerar *vi* : degenerate —
  degenerado, -da *adj* : degenerate
degradar *vt* **1** : degrade **2** :
  demote (in the military)
degustar *vt* : taste
dehesa *nf* : pasture
deidad *nf* : deity

dejar *vt* **1** : leave **2** ABANDONAR : abandon
  3 PERMITIR : allow — *vi* **dejar de** : quit
  — **dejado, -da** *adj* : slovenly, careless
dejo *nm* **1** : aftertaste **2**
  : (regional) accent
delantal *nm* : apron
delante *adv* **1** : ahead **2**
  delante de : in front of
delantera *nf* **1** : front **2 tomar**
  la delantera : take the lead —
  delantero, -ra *adj* : front, forward —
  delantero, -ra *n* : forward (in sports)
delatar *vt* : denounce, inform against
delegar {52} *vt* : delegate —
  delegación *nf, pl* **-ciones** : delegation —
  delegado, -da *n* : delegate, representative
deleitar *vt* : delight, please
  — **deleite** *nm* : delight
deletrear *vi* : spell (out)
▸ **delfín** *nm, pl* **-fines** : dolphin
delgado, -da *adj* : thin
deliberar *vi* : deliberate —
  deliberación *nf, pl* **-ciones** :
  deliberation — **deliberado,**
  -da *adj* : deliberate, intentional
delicadeza *nf* **1** : delicacy, daintiness
  2 SUAVIDAD : gentleness **3** TACTO : tact
  — **delicado, -da** *adj* **1** : delicate **2**
  SENSIBLE : sensible **3** DISCRETO : tactful
delicia *nf* : delight — **delicioso,**
  -sa *adj* **1** : delightful **2** RICO : delicious
delictivo, -va *adj* : criminal

delimitar *vt* : define, set
  the boundaries of
delincuencia *nf* : delinquency, crime
  — **delincuente** *adj & nmf* : delinquent,
  criminal — **delinquir** {24} *vi* : break the law
delirante *adj* : delirious — **delirar** *vi* **1**
  : be delirious **2 delirante por** *fam* : rave
  about — **delirio** *nm* **1** : delirium **2 delirio**
  de grandeza : delusions of grandeur
delito *nm* : crime
delta *nm* : delta
demacrado, -da *adj* : emaciated
demandar *vt* **1** : sue **2** PEDIR : demand
  3 *Lat* : require — **demanda** *nf* **1** :
  lawsuit **2** PETICIÓN : request **3 la oferta**
  y la demanda : supply and demand
  — **demandante** *nmf* : plaintiff
demás *adj* : rest of the, other —
  demás *pron* **1 lo (la, los, las)**
  demás : the rest, others **2 por**
  demás : extremely **3 por lo demás** :
  otherwise **4 y demás** : and so on
demasiado *adv* **1** : too **2** : too much
  — **demasiado** *adj* : too much, too many
demencia *nf* : madness —
  demente *adj* : insane, mad
democracia *nf* : democracy —
  demócrata *nmf* : democrat —
  democrático, -ca *adj* : democratic
demoler {47} *vt* : demolish —
  demolición *nf, pl* **-ciones** : demolition
demonio *nm* : devil, demon

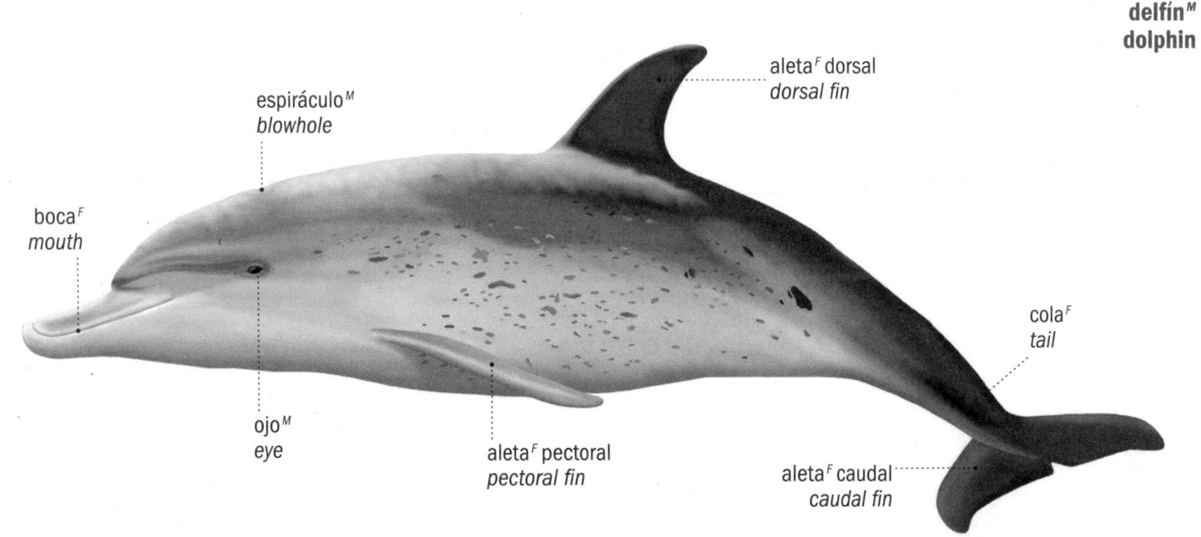

demorar *v* : delay — **demorarse** *vr* :
take a long time — **demora** *nf* : delay
demostrar {19} *vt* **1** : demonstrate **2**
MOSTRAR : show — **demostración** *nf*,
pl **-ciones** : demonstration
demudar *vt* : change, alter
denegar {49} *vt* : deny, refuse —
denegación *nf, pl* **-ciones** : denial, refusal
denigrar *vt* **1** : denigrate
2 INJURIAR : insult
denominador *nm* : denominator
denotar *vt* : denote, show
densidad *nf* : density —
denso, -sa *adj* : dense
dental *adj* : dental — **dentado,
-da** *adj* : toothed, notched —
dentadura *nf* **dentadura postiza**
: dentures *pl* — **dentífrico** *nm* :
toothpaste — **dentista** *nmf* : dentist
dentro *adv* **1** : in, inside **2 dentro de
poco** : soon, shortly **3 por dentro** : inside
denuedo *nm* : courage
denunciar *vt* **1** : denounce **2** :
report (a crime) — **denuncia** *nf* **1**
: accusation **2** : (police) report
departamento *nm* **1** :
department **2** *Lat* : apartment
depender *vi* **1** : depend **2 depender
de** : depend on — **dependencia** *nf* **1**
: dependence, dependency **2** SUCURSAL
: branch office — **dependiente** *adj*
: dependent — **dependiente,
-ta** *n* : clerk, salesperson
deplorar *vt* : deplore, regret
deponer {60} *vt* : remove
from office, depose
deportar *vt* : deport — **deportación** *nf,
pl* **-ciones** : deportation
deporte *nm* : sport, sports *pl* —
deportista *nmf* : sportsman *m*,
sportswoman *f* — **deportivo,
-va** *adj* **1** : sporty **2 artículos
deportivos** : sporting goods
depositar *vt* **1** : put, place **2** : deposit
(in a bank, etc.) — **depósito** *nm* **1**
: deposit **2** ALMACÉN : warehouse
depravado, -da *adj* : depraved
depreciarse *vr* : depreciate —
depreciación *nf* : depreciation
depredador *nm* : predator
deprimir *vt* : depress — **deprimirse** *vr*
: get depressed — **depresión** *nf,
pl* **-siones** : depression
derecha *nf* **1** : right side **2** : right
wing (in politics) — **derechista** *adj* :

right-wing — **derecho** *nm* **1** : right **2**
LEY : law — **derecho** *adv* : straight —
derecho, -cha *adj* **1** : right, right-hand
2 VERTICAL : upright **3** RECTO : straight
deriva *nf* **1** : drift **2 a la deriva** :
adrift — **derivación** *nf, pl* **-ciones**
: derivation — **derivar** *vi* **1** : drift
2 derivar de : derive from
derramamiento *nm* **derramamiento
de sangre** : bloodshed
derramar *vt* **1** : spill **2** : shed
(tears, blood) — **derramarse** *vr* :
overflow — **derrame** *nm* **1** : spilling
2 : discharge, hemorrhage
derrapar *vi* : skid — **derrape** *nm* : skid
derretir {54} *vt* : melt, thaw —
derretirse *vr* **1** : melt, thaw **2**
derretirse por *fam* : be crazy about
derribar *vt* **1** : demolish **2** : bring
down (a plane, a tree, etc.) **3** :
overthrow (a government, etc.)
derrocar {72} *vt* : overthrow
derrochar *vt* : waste, squander —
derrochador, -dora *n* : spendthrift —
derroche *nm* : extravagance, waste
derrotar *vt* : defeat — **derrota** *nf* : defeat
derruir {41} *vt* : demolish, tear down
derrumbar *vt* : demolish, knock
down — **derrumbarse** *vr* : collapse,
break down — **derrumbamiento** *nm* :
collapse — **derrumbe** *nm* : collapse
desabotonar *vt* : unbutton, undo
desabrido, -da *adj* : bland
desabrochar *vt* : unbutton, undo —
desabrocharse *vr* : come undone
desacato *nm* **1** : disrespect **2** : contempt
(of court) — **desacatar** *vt* : defy, disobey
desacertado, -da *adj* : mistaken,
wrong — **desacertar** {55} *vi* : be mistaken
— **desacierto** *nm* : mistake, error
desaconsejar *vt* : advise against —
desaconsejable *adj* : inadvisable
desacreditar *vt* : discredit
desactivar *vt* : deactivate
desacuerdo *nm* : disagreement
desafiar {85} *vt* : defy, challenge
— **desafiante** *adj* : defiant
desafilado, -da *adj* : blunt
desafinado, -da *adj* : out-
of-tune, off-key
desafío *nm* : challenge, defiance
desafortunado, -da *adj* : unfortunate
— **desafortunadamente** *adv*
: unfortunately
desagradar *vt* : displease

— **desagradable** *adj* :
disagreeable, unpleasant
desagradecido, -da *adj* : ungrateful
desagrado *nm* **1** : displeasure
2 con desagrado : reluctantly
desagravio *nm* : amends, reparation
desagregarse {52} *vr* : disintegrate
desaguar {10} *vi* : drain, empty
— **desagüe** *nm* **1** : drainage
2 : drain (of a sink, etc.)
desahogar {52} *vt* **1** : relieve **2** : give
vent to (anger, etc.) — **desahogarse** *vr*
: let off steam, unburden oneself —
desahogado, -da *adj* **1** : roomy
2 ADINERADO : comfortable, well-
off — **desahogo** *nm* **1** : relief **2**
con desahogo : comfortably
desahuciar *vt* **1** : deprive of
hope **2** DESALOJAR : evict —
desahucio *nm* : eviction
desaire *nm* : snub, rebuff —
desairar *vt* : snub, slight
desalentar {55} *vt* : discourage —
desaliento *nm* : discouragement
desaliñado, -da *adj* : slovenly
desalmado, -da *adj* : heartless, cruel
desalojar *vt* **1** : evacuate
2 DESAHUCIAR : evict
desamparar *vt* : abandon —
desamparo *nm* : abandonment, desertion
desamueblado, -da *adj* : unfurnished
desangrarse *vr* : lose
blood, bleed to death
desanimar *vt* : discourage —
desanimarse *vr* : get discouraged
— **desanimado, -da** *adj* :
downhearted, despondent —
desánimo *nm* : discouragement
desanudar *vt* : untie
desaparecer {53} *vi* : disappear
— **desaparecido, -da** *n* : missing
person — **desaparición** *nf,
pl* **-ciones** : disappearance
desapasionado, -da *adj*
: dispassionate
desapego *nm* : indifference
desapercibido, -da *adj* : unnoticed
desaprobar {19} *vt* : disapprove of —
desaprobación *nf, pl* **-ciones** : disapproval
desaprovechar *vt* : waste
desarmar *vt* **1** : disarm **2**
DESMONTAR : dismantle, take apart
— **desarme** *nm* : disarmament
desarraigar {52} *vt* : uproot, root out
desarreglar *vt* **1** : mess up **2** : disrupt

(plans, etc.) — **desarreglado, -da** *adj* : disorganized — **desarreglo** *nm* : untidiness, disorder

desarrollar *vt* : develop — **desarrollarse** *vr* : take place — **desarrollo** *nm* : development

desarticular *vt* **1** : break up, dismantle **2** : dislocate (a bone)

desaseado, -da *adj* **1** : dirty **2** DESORDENADO : messy

desastre *nm* : disaster — **desastroso, -sa** *adj* : disastrous

desatar *vt* **1** : undo, untie **2** : unleash (passions) — **desatarse** *vr* **1** : come undone **2** DESENCADENARSE : break out, erupt

desatascar {72} *vt* : unclog

desatender {56} *vt* **1** : disregard **2** : neglect (an obligation, etc.) — **desatento, -ta** *adj* : inattentive

desatinado, -da *adj* : foolish, silly

desautorizado, -da *adj* : unauthorized

desavenencia *nf* : disagreement

desayunar *vi* : have breakfast — *vt* : have for breakfast — **desayuno** *nm* : breakfast

desbancar {72} *vt* : oust

desbarajuste *nm* : disorder, confusion

desbaratar *vt* : ruin, destroy — **desbaratarse** *vr* : fall apart

desbocarse {72} *vr* : run away, bolt

desbordar *vt* **1** : overflow **2** : exceed (limits) — **desbordarse** *vr* : overflow — **desbordamiento** *nm* : overflow

descabellado, -da *adj* : crazy

descafeinado, -da *adj* : decaffeinated

descalabrar *vt* : hit on the head — **descalabro** *nm* : misfortune, setback

descalificar {72} *vt* : disqualify — **descalificación** *nf*, *pl* **-ciones** : disqualification

descalzarse {21} *vr* : take off one's shoes — **descalzo, -za** *adj* : barefoot

descaminar *vt* : mislead, lead astray

descansar *v* : rest — **descanso** *nm* **1** : rest **2** : landing (of a staircase) **3** : intermission (in theater), halftime (in sports)

descapotable *adj & nm* : convertible

descarado, -da *adj* : insolent, shameless

descargar {52} *vt* **1** : unload **2** : discharge (a firearm, etc.) — **descarga** *nf* **1** : unloading **2** : discharge (of a firearm, of electricity, etc.) — **descargo** *nm* **1** : unloading **2** : discharge

(of a duty, etc.) **3** : defense (in law)

descarnado, -da *adj* : scrawny, gaunt

descaro *nm* : insolence, nerve

descarrilar *vi* : derail — **descarrilarse** *vr* : be derailed

descartar *vt* : reject — **descartarse** *vr* : discard

descascarar *vt* : peel, shell, husk

descender {56} *vt* **1** : go down **2** BAJAR : lower — *vi* **1** : descend **2 descender de** : be descended from — **descendiencia** *nf* **1** : descendants *pl* **2** LINAJE : lineage, descent — **descendiente** *nmf* : descendant — **descenso** *nm* **1** : descent **2** : drop, fall (in level, in temperature, etc.)

descifrar *vt* : decipher, decode

descolgar {16} *vt* **1** : take down **2** : pick up, answer (the telephone)

descolorarse *vr* : fade — **descolorido, -da** *adj* : faded, discolored

descomponer {60} *vt* : break down — **descomponerse** *vr* **1** : rot, decompose **2** *Lat* : break down — **descompuesto, -ta** *adj Lat* : out of order

descomunal *adj* : enormous

desconcertar {55} *vt* : disconcert, confuse — **desconcertante** *adj* : confusing — **desconcierto** *nm* : confusion, bewilderment

desconectar *vt* : disconnect

desconfiar {85} *vi* **desconfiar de** : distrust — **desconfiado, -da** *adj* : distrustful — **desconfianza** *nf* : distrust

descongelar *vt* **1** : thaw, defrost **2** : unfreeze (assets)

descongestionante *nm* : decongestant

desconocer {18} *vt* : not know, fail to recognize — **desconocido, -da** *adj* : unknown — **desconocer** *n* : stranger

desconsiderado, -da *adj* : inconsiderate

desconsolar *vt* : distress — **desconsolado, -da** *adj* : heartbroken — **desconsuelo** *nm* : grief, sorrow

descontar {19} *vt* : discount

descontento, -ta *adj* : dissatisfied — **descontento** *nm* : discontent

descontinuar *vt* : discontinue

descorazonado, -da *adj* : discouraged

descorrer *vt* : draw back

descortés *adj*, *pl* **-teses** : rude — **descortesía** *nf* : discourtesy, rudeness

descoyuntar *vt* : dislocate

descrédito *nm* : discredit

descremado, -da *adj* : nonfat, skim

describir {33} *vt* : describe — **descripción** *nf, pl* **-ciones** : description — **descriptivo, -va** *adj* : descriptive

descubierto, -ta *adj* **1** : exposed, uncovered **2 al descubierto** : in the open — **descubierto** *nm* : deficit, overdraft

descubrir {2} *vt* **1** : discover **2** REVELAR : reveal — **descubrimiento** *nm* : discovery

descuento *nm* : discount

descuidar *vt* : neglect — **descuidarse** *vr* **1** : be careless **2** ABANDONARSE : let oneself go — **descuidado, -da** *adj* **1** : careless, sloppy **2** DESATENDIDO : neglected — **descuido** *nm* : neglect, carelessness

desde *prep* **1** : from (a place), since (a time) **2 desde luego** : of course

desdén *nm* : scorn, disdain — **desdeñar** *vt* : scorn — **desdeñoso, -sa** *adj* : disdainful

desdicha *nf* **1** : misery **2** DESGRACIA : misfortune — **desdichado, -da** *adj* : unfortunate, unhappy

desear *vt* : wish, want — **deseable** *adj* : desirable

desecar *vt* : dry up

desechar *vt* **1** : throw away **2** RECHAZAR : reject — **desechable** *adj* : disposable — **desechos** *nmpl* : rubbish

desembarazarse {21} *vr* **desembarazarse de** : get rid of

desembarcar {72} *vi* : disembark — *vt* : unload — **desembarcadero** *nm* : jetty, landing pier — **desembarco** *nm* : landing

desembocar {72} *vi* **desembocar en 1** : flow into **2** : lead to (a result) — **desembocadura** *nf* **1** : mouth (of a river) **2** : opening, end (of a street)

desembolsar *vt* : pay out — **desembolso** *nm* : payment, outlay

desembragar *vi* : disengage the clutch

desempacar {72} *v Lat* : unpack

desempate *nm* : tiebreaker

desempeñar *vt* **1** : play (a role) **2** : redeem (from a pawnshop) — **desempeñarse** *vr* : get out of debt

desempleo *nm* : unemployment — **desempleado, -da** *adj* : unemployed

desempolvar *vt* : dust

desencadenar *vt* **1** : unchain **2** : trigger, unleash (protests, crises, etc.) — **desencadenarse** *vr* : break loose

desencajar *vt* **1** : dislocate **2** DESCONECTAR : disconnect

desencanto *nm* : disillusionment

desenchufar *vt* : disconnect, unplug

desenfadado, -da *adj* : carefree, confident — **desenfado** *nm* : confidence, ease

desenfrenado, -da *adj* : unrestrained — **desenfreno** *nm* : abandon, lack of restraint

desenganchar *vt* : unhook

desengañar *vt* : disillusion — **desengaño** *nm* : disappointment

desenlace *nm* : ending, outcome

desenmarañar *vt* : disentangle

desenmascarar *vt* : unmask

desenredar *vt* : untangle — **desenredarse** *vr* **desenredarse de** : extricate oneself from

desenrollar *vt* : unroll, unwind

desentenderse {56} *vr* **desentenderse de** : want nothing to do with

desenterrar {55} *vt* : dig up, disinter

desentonar *vi* **1** : be out of tune **2** : clash (of colors, etc.)

desenvoltura *nf* : confidence, ease

desenvolver {89} *vt* : unfold, unwrap — **desenvolverse** *vr* : unfold, develop

desenvuelto, -ta *adj* : confident, self-assured

deseo *nm* : desire — **deseoso, -sa** *adj* : eager, anxious

desequilibrar *vt* : throw off balance — **desequilibrado, -da** *adj* : unbalanced — **desequilibrio** *nm* : imbalance

desertar *vt* : desert — **deserción** *nf, pl* **-ciones** : desertion — **desertor, -tora** *n* : deserter

desesperar *vt* : exasperate — *vi* : despair — **desesperarse** *vr* : become exasperated — **desesperación** *nf, pl* **-ciones** : desperation, despair — **desesperado, -da** *adj* : desperate, hopeless

desestimar *vt* : reject

desfalcar {72} *vt* : embezzle — **desfalco** *nm* : embezzlement

desfallecer {53} *vi* **1** : weaken **2** DESMAYARSE : faint

desfavorable *adj* : unfavorable

desfigurar *vt* **1** : disfigure, mar **2** : distort (the truth)

desfiladero *nm* : mountain pass, gorge

desfilar *vi* : march, parade — **desfile** *nm* : parade, procession

desfogar {52} *vt* : vent — **desfogarse** *vr* : let off steam

desgajar *vt* : tear off, break apart — **desgajarse** *vr* : come off

desgana *nf* **1** : lack of appetite **2** : lack of enthusiasm, reluctance

desgarbado, -da *adj* : gawky, ungainly

desgarrar *vt* : tear, rip — **desgarrador, -dora** *adj* : heartbreaking — **desgarro** *nm* : tear

desgastar *vt* : wear away, wear down — **desgaste** *nm* : deterioration, wear and tear

desgracia *nf* **1** : misfortune **2 caer en desgracia** : fall into disgrace **3 por desgracia** : unfortunately — **desgraciadamente** *adv* : unfortunately — **desgraciado, -da** *adj* : unfortunate

deshabitado, -da *adj* : uninhabited

deshacer {40} *vt* **1** : undo **2** DESTRUIR : destroy, ruin **3** DISOLVER : dissolve **4** : break (an agreement), cancel (plans, etc.) — **deshacerse** *vr* **1** : come undone **2 deshacerse de** : get rid of **3 deshacerse en** : lavish, heap (praise, etc.) — **deshecho, -cha** *adj* **1** : undone **2** DESTROZADO : destroyed, ruined

desheredar *vt* : disinherit

deshidratar *vt* : dehydrate

deshielo *nm* : thaw

deshilachar *vt* : unravel — **deshilacharse** *vr* : fray

deshonesto, -ta *adj* : dishonest

deshonrar *vt* : dishonor, disgrace — **deshonra** *nf* : dishonor — **deshonroso, -sa** *adj* : dishonorable

deshuesar *vt* **1** : pit (a fruit) **2** : bone, debone (meat)

desidia *nf* **1** : indolence **2** DESASEO : sloppiness

▸ **desierto, -ta** *adj* : deserted, uninhabited — **desierto** *nm* : desert

designar *vt* : designate — **designación** *nf, pl* **-ciones** : appointment (to an office, etc.)

designio *nm* : plan

desigual *adj* **1** : unequal **2** DISPAREJO : uneven — **desigualdad** *nf* : inequality

desilusionar *vt* : disappoint, disillusion — **desilusión** *nf, pl* **-siones** : disappointment, disillusionment

desinfectar *vt* : disinfect — **desinfectante** *adj & nm* : disinfectant

desinflar *vt* : deflate — **desinflarse** *vr* : deflate, go flat

desinhibido, -da *adj* : uninhibited

desintegrar *vt* : disintegrate — **desintegrarse** *vr* : disintegrate

— **desintegración** *nf, pl* **-ciones** : disintegration

desinteresado, -da *adj* : unselfish, generous — **desinterés** *nm* : unselfishness

desistir *vi* **desistir de** : give up

desleal *adj* : disloyal — **deslealtad** *nf* : disloyalty

desleír {66} *vt* : dilute, dissolve

desligar {52} *vt* **1** : untie **2** SEPARAR : separate — **desligarse** *vr* : extricate oneself

desliz *nm, pl* **-lices** : slip, mistake — **deslizar** {21} *vt* : slide, slip — **deslizarse** *vr* : slide, glide

deslucido, -da *adj* : dingy, tarnished

deslumbrar *vt* : dazzle — **deslumbrante** *adj* : dazzling, blinding

deslustrar *vt* : tarnish, dull

desmán *nm, pl* **-manes** : outrage, excess

desmandarse *vr* : get out of hand

desmantelar *vt* : dismantle

desmañado, -da *adj* : clumsy

desmayar *vi* : lose heart — **desmayarse** *vr* : faint — **desmayo** *nm* : faint

desmedido, -da *adj* : excessive

desmejorar *vt* : impair — *vi* : deteriorate

desmemoriado, -da *adj* : forgetful

desmentir {76} *vt* : deny — **desmentido** *nm* : denial

desmenuzar {21} *vt* **1** : crumble **2** EXAMINAR : scrutinize — **desmenuzarse** *vr* : crumble

desmerecer {53} *vt* : be unworthy of — *vi* : decline in value

desmesurado, -da *adj* : excessive

desmigajar *vt* : crumble

desmontar *vt* **1** : dismantle, take apart **2** ALLANAR : level — *vi* : dismount

desmoralizar {21} *vt* : demoralize

desmoronarse *vr* : crumble

desnivel *nm* : unevenness

desnudar *vt* : undress, strip — **desnudarse** *vr* : get undressed — **desnudez** *nf, pl* **-deces** : nudity, nakedness — **desnudo, -da** *adj* : nude, naked — **desnudo** *nm* : nude

desnutrición *nf, pl* **-ciones** : malnutrition

desobedecer {53} *v* : disobey — **desobediencia** *nf* : disobedience — **desobediente** *adj* : disobedient

desocupar *vt* : empty, vacate — **desocupado, -da** *adj* **1** : vacant **2** DESEMPLEADO : unemployed

desodorante *adj & nm* : deodorant
desolado, -da *adj* **1** : desolate **2**
DESCONSOLADO : devastated, distressed
— **desolación** *nf, pl* **-ciones** : desolation
desorden *nm, pl* **desórdenes** : disorder,
mess — **desordenado, -da** *adj* :
untidy — **desordenadamente** *adv*
: in a disorderly way
desorganizar {21} *vt* : disorganize
— **desorganización** *nf,*
pl **-ciones** : disorganization
desorientar *vt* : disorient, confuse
— **desorientarse** *vr* : lose one's way
desovar *vi* : spawn
despachar *vt* **1** : deal with (a task, etc.)
2 ENVIAR : dispatch, send **3** : wait on,
serve (customers) — **despacho** *nm* **1**
: dispatch, shipment **2** OFICINA : office
despacio *adv* : slowly
desparramar *vt* : spill, scatter, spread
despavorido, -da *adj* : terrified
despecho *nm* **1** : spite **2 a**
despecho de : despite, in spite of
despectivo, -va *adj* **1** : pejorative
2 DESPRECIATIVO : contemptuous
despedazar {21} *vt* : tear apart

despedir {54} *vt* **1** : see off **2** DESTITUIR
: dismiss, fire **3** DESPRENDER : emit
— **despedirse** *vr* : say good-bye —
despedida *nf* : farewell, good-bye
despegar {52} *vt* : detach, unstick
— *vi* : take off — **despegado, -da** *adj* :
cold, distant — **despegue** *nm* : takeoff
despeinar *vt* : ruffle (hair) —
despeinado, -da *adj* : disheveled, unkempt
despejar *vt* : clear, free — *vi* :
clear up — **despejado, -da** *adj* **1** :
clear, fair **2** LÚCIDO : clear-headed
despellejar *vt* : skin (an animal)
despensa *nf* : pantry, larder
despeñadero *nm* : precipice
desperdiciar *vt* : waste —
desperdicio *nm* **1** : waste **2**
desperdicios *nmpl* : scraps
desperfecto *nm* : flaw, defect
despertar {55} *vi* : awaken,
wake up — *vt* : wake, rouse —
despertador *nm* : alarm clock
despiadado, -da *adj* :
pitiless, merciless
despido *nm* : dismissal, layoff
despierto, -ta *adj* : awake

despilfarrar *vt* : squander
— **despilfarrador, -dora** *n* :
spendthrift — **despilfarro** *nm* :
extravagance, wastefulness
despistar *vt* : throw off the track,
confuse — **despistarse** *vr* : lose
one's way — **despistado, -da** *adj* **1**
: absentminded **2** DESORIENTADO
: confused — **despiste** *nm* **1** :
absentmindedness **2** ERROR : mistake
desplazar {21} *vt* : displace
— **desplazarse** *vr* : travel
desplegar {49} *vt* : unfold, spread
out — **despliegue** *nm* : display
desplomarse *vr* : collapse
desplumar *vt* **1** : pluck **2** *fam* : fleece
despoblado, -da *adj* :
uninhabited, deserted —
despoblado *nm* : deserted area
despojar *vt* : strip, deprive —
despojos *nmpl* **1** : plunder **2**
RESTOS : remains, scraps
desportillar *vt* : chip — **desportillarse** *vr*
: chip — **desportilladura** *nf* : chip, nick
despota *nmf* : despot
despotricar *vi* : rant (and rave)

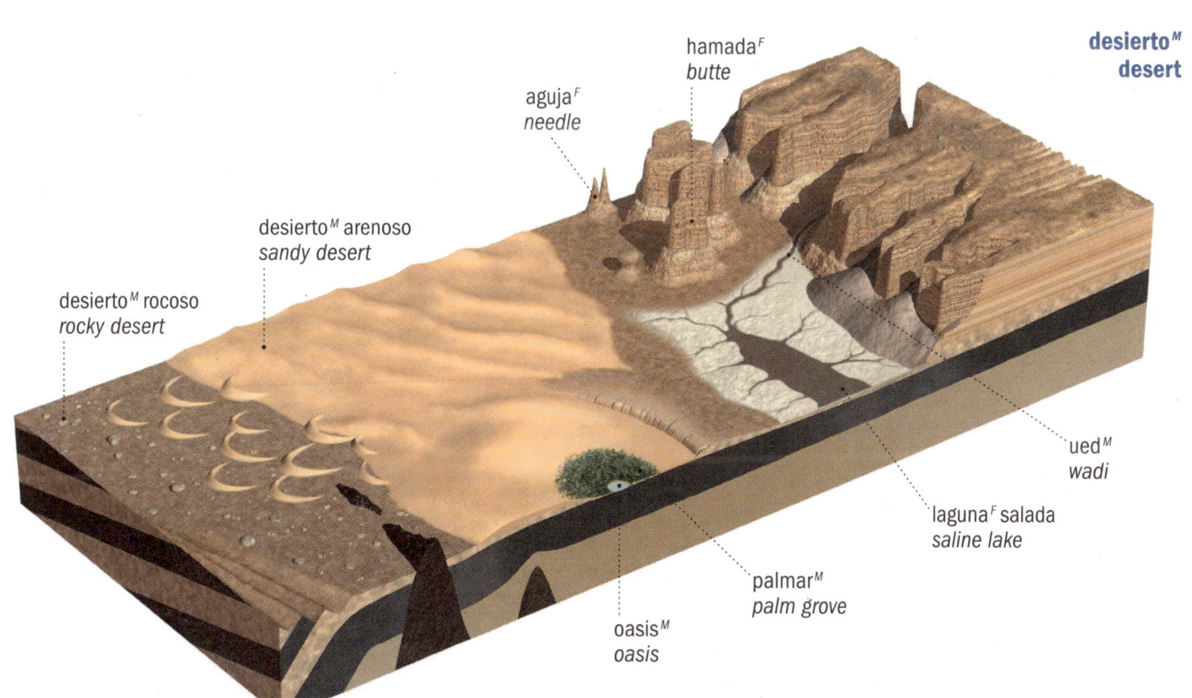

diamante^M
diamond

despreciable *vt* : despise, scorn — **despreciable** *adj* **1** : despicable **2 una cantidad despreciable** : a negligible amount — **desprecio** *nm* : disdain, scorn

desprender *vt* **1** : detach, remove **2** EMITIR : give off — **desprenderse** *vr* **1** : come off **2** DEDUCIRSE : be inferred, follow — **desprendimiento** *nm* **desprendimiento de tierras** : landslide

despreocupado, -da *adj* : carefree, unconcerned

desprestigiar *vt* : discredit — **desprestigiarse** *vr* : lose face

desprevenido, -da *adj* : unprepared

desproporcionado, -da : out of proportion

despropósito *nm* : (piece of) nonsense, absurdity

desprovisto, -ta *adj* **desprovisto, -ta de** : lacking in

después *adv* **1** : afterward **2** ENTONCES : then, next **3 después de** : after **4 después (de) que** : after **5 después de todo** : after all

despuntado, -da *adj* : blunt, dull

desquiciar *vt* : drive crazy

desquitarse *vr* **1** : retaliate **2 desquitarse con** : take it out on, get back at — **desquite** *nm* : revenge

destacar {72} *vt* : emphasize — *vi* : stand out — **destacado, -da** *adj* : outstanding

destapar *vt* : open, uncover — **destapador** *nm* Lat : bottle opener

destartalado, -da *adj* : dilapidated

destellar *vi* : flash, sparkle — **destello** *nm* : sparkle, twinkle, flash

destemplado, -da *adj* **1** : out of tune **2** MAL : out of sorts **3** : unpleasant (of weather)

desteñir {67} *vt* : fade, bleach — *vi* : run, fade — **desteñirse** *vr* : fade

desterrar {55} *vt* : banish, exile — **desterrado, -da** *n* : exile

destetar *vt* : wean

destiempo *adv* **a destiempo** : at the wrong time

destierro *nm* : exile

destilar *vt* : distill — **destilería** *nf* : distillery

destinar *vt* **1** : assign, allocate **2** NOMBRAR : appoint — **destinado, -da** *adj* : destined — **destinatario, -ria** *n* : addressee — **destino** *nm* **1** : destiny **2** RUMBO : destination

destituir {41} *vt* : dismiss — **destitución** *nf, pl* **-ciones** : dismissal

destornillar *vt* : unscrew — **destornillador** *nm* : screwdriver

destreza *nf* : skill, dexterity

destrozar {21} *vt* : destroy, wreck — **destrozos** *nmpl* : damage, destruction

destrucción *nf, pl* **-ciones** : destruction — **destructivo, -va** *adj* : destructive — **destruir** {41} *vt* : destroy

desunir *vt* : split, divide

desusado, -da *adj* **1** : obsolete **2** INSÓLITO : unusual — **desuso** *nm* **caer en desuso** : fall into disuse

desvaído, -da *adj* **1** : pale, washed-out **2** BORROSO : vague, blurred

desvalido, -da *adj* : destitute, needy

desvalijar *vt* : rob

desván *nm, pl* **-vanes** : attic

desvanecer {53} *vt* : make disappear — **desvanecerse** *vr* **1** : vanish **2** DESMAYARSE : faint

desvariar {85} *vi* : be delirious — **desvarío** *nm* : delirium

desvelar *vt* : keep awake — **desvelarse** *vr* : stay awake — **desvelo** *nm* **1** : sleeplessness **2 desvelars** *nmpl* : efforts

desvencijado, -da *adj* : dilapidated, rickety

desventaja *nf* : disadvantage

desventura *nf* : misfortune

desvergonzado, -da *adj* : shameless — **desvergüenza** *nf* : shamelessness

desvestir {54} *vt* : undress — **desvestirse** *vr* : get undressed

desviación *nf, pl* **-ciones 1** : deviation **2** : detour (in a road) — **desviar** {85} *vt* : divert, deflect — **desviarse** *vr* **1** : branch off **2** APARTARSE : stray — **desvío** *nm* : diversion, detour

detallar *vt* : detail — **detallado, -da** *adj* : detailed, thorough — **detalle** *nm* **1** : detail **2 al detalle** : retail — **detalle** *adj* : retail — **detalle** *nmf* : retailer

detectar *vt* : detect — **detective** *nmf* : detective

detener {80} *vt* **1** : arrest, detain **2** PARAR : stop **3** RETRASAR : delay — **detenerse** *vr* **1** : stop **2** DEMORARSE : linger — **detención** *nf, pl* **-ciones** : arrest, detention

detergente *nm* : detergent

deteriorar *vt* : damage — **deteriorarse** *vr* : wear out, deteriorate — **deteriorado, -da** *adj* : damaged, worn — **deterioro** *nm* : deterioration, damage

determinar *vt* **1** : determine **2** MOTIVAR : bring about **3** DECIDIR : decide — **determinarse** *vr* : decide — **determinación** *nf, pl* **-ciones 1** : determination **2 tomar una determinación** : make a decision — **determinado, -da** *adj* **1** : determined **2** ESPECÍFICO : specific

detestar *vt* : detest

detonar *vi* : explode, detonate — **detonación** *nf, pl* **-ciones** : detonation

detrás *adv* **1** : behind **2 detrás de** : in back of **3 por detrás** : from behind

detrimento *nm* **en detrimento de** : to the detriment of

deuda *nf* : debt — **deudor, -dora** *n* : debtor

devaluar {3} *vt* : devalue — **devaluarse** *vr* : depreciate

devastar *vt* : devastate —
devastador, -dora *adj* : devastating
devenir {87} *vi* **1** : come about **2**
devenir en : become, turn into
devoción *nf, pl* **-ciones** : devotion
devolución *nf, pl* **-ciones** : return
devolver {89} *vt* **1** RESTITUIR : give back
2 : refund, pay back — *vi* : vomit —
devolverse *vr Lat* : return, come back
devorar *vt* : devour
devoto, -ta *adj* : devout —
devoto, -ta *n* : devotee
día *nm* **1** : day **2** : daytime **3 al día** : up-to-
date **4 en pleno día** : in broad daylight
diabetes *nf* : diabetes —
diabético, -ca *adj & n* : diabetic
diablo *nm* : devil — **diablillo** *nm* :
imp, rascal — **diablura** *nf* : prank —
diabólico, -ca *adj* : diabolic, diabolical
diafragma *nm* : diaphragm
diagnosticar {72} *vt* : diagnose
— **diagnóstico, -ca** *adj* : diagnostic
— **diagnóstico** *nm* : diagnosis
diagonal *adj & nf* : diagonal
diagrama *nm* : diagram
dial *nm* : dial (of a radio, etc.)
dialecto *nm* : dialect
dialogar {52} *vi* : have a talk
— **diálogo** *nm* : dialogue
▸ **diamante** *nm* : diamond
diámetro *nm* : diameter
diana *nf* **1** : reveille **2** BLANCO
: target, bull's-eye
diario, -ria *adj* : daily — **diario** *nm* **1**
: diary **2** PERIÓDICO : newspaper
— **diariamente** *adv* : daily
diarrea *nf* : diarrhea
dibujar *vt* **1** : draw **2** DESCRIBIR : **portray**
— **dibujante** *nmf* : draftsman *m*,
draftswoman *f* — **dibujo** *nm* **1** : drawing
2 dibujos animados : (animated) cartoons
diccionario *nm* : dictionary
dicha *nf* **1** ALEGRÍA : happiness **2**
SUERTE : **good luck** — **dicho** *nm* :
saying, proverb — **dichoso, -sa** *adj* **1**
: happy **2** AFORTUNADO : lucky
diciembre *nm* : December
dictar *vt* **1** : dictate **2** : pronounce
(a sentence), deliver (a speech)
— **dictado** *nm* : dictation —
dictador, -dora *n* : dictator —
dictadura *nf* : dictatorship
diecinueve *adj & nm* : nineteen —
diecinueveavo, -va *adj* : nineteenth
dieciocho *adj & nm* : eighteen

— **dieciochoavo, -va** *or*
dieciochavo, -va *adj* : eighteenth
dieciséis *adj & nm* : sixteen —
dieciseisavo, -va *adj* : sixteenth
diecisiete *adj & nm* : seventeen —
diecisieteavo, -va *adj* : seventeenth
▸ **diente** *nm* **1** : tooth **2** : prong, tine (of
a fork, etc.) **3 diente de ajo** : clove of
garlic **4 diente de león** : dandelion
diesel *adj & nm* : diesel
diestra *nf* : right hand — **diestro,**
-tra *adj* **1** : right **2** HÁBIL : skillful
dieta *nf* : diet — **dietético,**
-ca *adj* : dietetic, dietary
diez *adj & nm, pl* **dieces** : ten
difamar *vt* : slander, libel —
difamación *nf, pl* **-ciones** : slander, libel
diferencia *nf* : difference —
diferenciar *vt* : distinguish between
— **diferenciarse** *vr* : differ —
diferente *adj* : different
diferir {76} *vt* : postpone — *vi* : differ
difícil *adj* : difficult — **dificultad** *nf* :
difficulty — **dificultar** *vt* : hinder, obstruct
difteria *nf* : diphtheria

difundir *vt* **1** : spread (out) **2** :
broadcast (television, etc.)
difunto, -ta *adj & n* : deceased
difusión *nf, pl* **-siones** : spreading
digerir {76} *vt* : digest — **digerible** *adj*
: digestible — **digestión** *nf, pl* **-tiones** :
digestion — **digestivo, -va** *adj* : digestive
dígito *nm* : digit — **digital** *adj* : digital
dignarse *vr* **dignarse a** : deign to
dignatario, -ria *n* : dignitary
— **dignidad** *nf* : dignity —
digno, -na *adj* : worthy
digresión *nf, pl* **-ciones** : digression
dilapidar *vt* : waste, squander
dilatar *vt* **1** : expand, dilate **2** PROLONGAR
: prolong **3** POSPONER : postpone
dilema *nm* : dilemma
diligencia *nf* **1** : diligence **2** TRÁMITE :
procedure, task — **diligente** *adj* : diligent
diluir {41} *vt* : dilute
diluvio *nm* **1** : flood **2** LLUVIA : downpour
dimensión *nf, pl* **-siones** : dimension
diminuto, -ta *adj* : minute, tiny
dimitir *vi* : resign — **dimisión** *nf,*
pl **-siones** : resignation

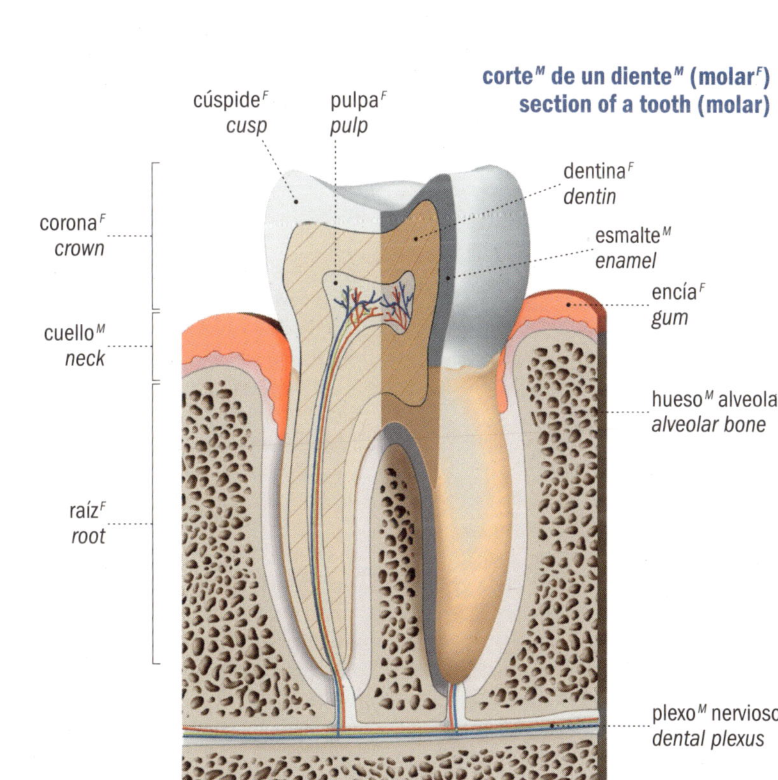

disfraces[M]
disguises

mago[M]
magician

pirata[M]
pirate

vaquero[M]
cowboy

dinámico, -ca *adj* : dynamic

dinamita *nf* : dynamite

dínamo *or* dinamo *nmf* : dynamo

dinastía *nf* : dynasty

dineral *nm* : large sum, fortune

dinero *nm* : money

dinosaurio *nm* : dinosaur

diócesis *nfs & pl* : diocese

dios, diosa *n* : god, goddess *f* — **Dios** *nm* : God

diploma *nm* : diploma — **diplomado, -da** *adj* : qualified, trained

diplomacia *nf* : diplomacy — **diplomático, -ca** *adj* : diplomatic — **diplomático, -ca** *n* : diplomat

diputación *nf, pl* **-ciones** : delegation — **diputado, -da** *n* : delegate

dique *nm* : dike

dirección *nf, pl* **-ciones** **1** : address **2** SENTIDO : direction **3** GESTIÓN : management **4** : steering (of an automobile) — **direccional** *nf Lat* : turn signal, blinker — **directa** *nf* : high gear — **directiva** *nf* : board of directors — **directivo, -va** *adj* : managerial — **directivo, -va** *n* : manager, director — **directo, -ta** *adj* **1** : direct **2** DERECHO : straight — **director, -tora** *n* **1** : director, manager **2** : conductor (of an orchestra) — **directorio** *nm* : directory — **directriz** *nf, pl* **-trices** : guideline

dirigencia *nf* : leaders *pl*, leadership — **dirigente** *nmf* : director, leader

dirigible *nm* : dirigible, blimp

dirigir {35} *vt* **1** : direct, lead **2** : address (a letter, etc.) **3** ENCAMINAR : aim **4** : conduct (music) — **dirigirse** *vr* **1** **dirigirse a** : go towards **2** **dirigirse a algn** : speak to someone, write to someone

discernir {25} *vt* : discern, distinguish — **discernimiento** *nm* : discernment

disciplinar *vt* : discipline — **disciplina** *nf* : discipline

discípulo, -la *n* : disciple, follower

disco *nm* **1** : disc, disk **2** : discus (in sports) **3 disco compacto** : compact disc

discordante *adj* : discordant — **discordia** *nf* : discord

discoteca *nf* : disco, discotheque

discreción *nf, pl* **-ciones** : discretion

discrepancia *nf* **1** : discrepancy **2** DESACUERDO : disagreement — **discrepar** *vi* : differ, disagree

discreto, -ta *adj* : discreet

discriminar *vt* **1** : discriminate against **2** DISTINGUIR : distinguish — **discriminación** *nf, pl* **-ciones** : discrimination

disculpar *vt* : excuse, pardon — **disculparse** *vr* : apologize — **disculpa** *nf* **1** : apology **2** EXCUSA : excuse

discurrir *vi* **1** : pass, go by **2**

REFLEXIONAR : ponder, reflect

discurso *nm* : speech, discourse

discutir *vt* **1** : discuss **2** CUESTIONAR : dispute — *vi* : argue — **discusión** *nf, pl* **-siones** **1** : discussion **2** DISPUTA : argument — **discutible** *adj* : debatable

disecar {72} *vt* : dissect — **disección** *nf, pl* **-ciones** : dissection

diseminar *vt* : disseminate, spread

disentería *nf* : dysentery

disentir {76} *vi* **disentir de** : disagree with — **disentimiento** *nm* : disagreement, dissent

diseñar *vt* : design — **diseñador, -dora** *n* : designer — **diseño** *nm* : design

disertación *nf, pl* **-ciones** **1** : lecture **2** : (written) dissertation

disfrazar {21} *vt* : disguise — **disfrazarse** *vr* **disfrazar de** : disguise oneself as — **disfraz** *nm, pl* **-fraces** **1** : disguise **2** : costume (for a party, etc.)

disfrutar *vt* : enjoy — *vi* : enjoy oneself

disgustar *vt* : upset, annoy — **disgustarse** *vr* **1** : get annoyed **2** ENEMISTARSE : fall out (with someone) — **disgusto** *nm* **1** : annoyance, displeasure **2** RIÑA : quarrel

disidente *adj & nmf* : dissident

disimular *vt* : conceal, hide — *vi* : pretend — **disimulo** *nm* : pretense

disipar *vt* **1** : dispel **2** DERROCHAR : squander

diskette *nm* : floppy disk, diskette

dislexia *nf* : dyslexia — **disléxico, -ca** *adj* : dyslexic

dislocar {72} *vt* : dislocate — **dislocarse** *vr* : become dislocated

disminuir {41} *vt* : reduce — *vi* : decrease, drop — **disminución** *nf, pl* **-ciones** : decrease

disociar *vt* : dissociate

disolver {89} *vt* : dissolve — **disolverse** *vr* : dissolve

disparar *vi* : shoot, fire — *vt* : shoot — **dispararse** *vr* : shoot up, skyrocket

disparatado, -da *adj* : absurd — **disparate** *nm* : nonsense, silly thing

disparejo, -ja *adj* : uneven — **disparidad** *nf* : difference, disparity

disparo *nm* : shot

dispensar *vt* **1** : dispense, distribute **2** DISCULPAR : excuse

dispersar *vt* : disperse, scatter — **dispersarse** *vr* : disperse — **dispersión** *nf, pl* **-siones** : scattering

disponer {60} *vt* **1** : arrange, lay out **2** ORDENAR : decide, stipulate — *vi* **disponer de** : have at one's disposal — **disponerse** *vr* **disponerse a** : be ready to — **disponibilidad** *nf* : availability — **disponible** *adj* : available

disposición *nf, pl* -**ciones** **1** : arrangement **2** APTITUD : aptitude **3** : order, provision (in law) **4 a disposición de** : at the disposal of

dispositivo *nm* : device, mechanism

dispuesto, -ta *adj* : prepared, ready

disputar *vi* **1** : argue **2** COMPETIR : compete — *vt* : dispute — **disputa** *nf* : dispute, argument

disquete → **diskette**

distanciar *vt* : space out — **distanciarse** *vr* : grow apart — **distancia** *nf* : distance — **distante** *adj* : distant

distinguir {26} *vt* : distinguish — **distinguirse** *vr* : distinguish oneself, stand out — **distinción** *nf, pl* -**ciones** : distinction — **distintivo, -va** *adj* : distinctive — **distinto, -ta** *adj* **1** : different **2** CLARO : distinct, clear

distorsión *nf, pl* -**siones** : distortion

distraer {81} *vt* **1** : distract **2** DIVERTIR : entertain — **distraerse** *vr* **1** : get distracted **2** ENTRETENERSE : amuse oneself — **distracción** *nf, pl* -**ciones** **1** : amusement **2** DESPISTE : absentmindedness — **distraído, -da** *adj* : distracted, absentminded

distribuir {41} *vt* : distribute — **distribución** *nf, pl* -**ciones** : distribution — **distribuidor, -dora** *n* : distributor

distrito *nm* : district

disturbio *nm* : disturbance

disuadir *vt* : dissuade, discourage — **disuasivo, -va** *adj* : deterrent

diurno, -na *adj* : day, daytime

divagar {52} *vi* : digress

diván *nm, pl* -**vanes** : divan, couch

divergir {35} *vi* **1** : diverge **2 divergir en** : differ on

diversidad *nf* : diversity

diversificar {72} *vt* : diversify

diversión *nf, pl* -**siones** : fun, entertainment

diverso, -sa *adj* : diverse

divertir {76} *vt* : entertain — **divertirse** *vr* : enjoy oneself, have fun — **divertido, -da** *adj* : entertaining

dividendo *nm* : dividend

dividir *vt* **1** : divide **2** REPARTIR : distribute

divinidad *nf* : divinity — **divino, -na** *adj* : divine

divisa *nf* **1** : currency **2** EMBLEMA : emblem

divisar *vt* : discern, make out

división *nf, pl* -**siones** : division — **divisor** *nm* : denominator

divorciar *vt* : divorce — **divorciarse** *vr* : get a divorce — **divorciado, -da** *n* : divorcé *m*, divorcée *f* — **divorcio** *nm* : divorce

divulgar {52} *vt* **1** : divulge, reveal **2** PROPAGAR : spread, circulate

dizque *adv Lat* : supposedly, apparently

doblar *vt* **1** : double **2** PLEGAR : fold **3** : turn (a corner) **4** : dub (a film) — *vi* : turn — **doblarse** *vr* **1** : double over **2 doblarse a** : give in to — **dobladillo** *nm* : hem — **doble** *adj & nm* : double — **doble** *nmf* : stand-in, double — **doblemente** *adv* : doubly — **doblegar** {52} *vt* : force to yield — **doblegarse** *vr* : give in — **doblez** *nm, pl* -**bleces** : fold, crease

doce *adj & nm* : twelve — **doceavo, -va** *adj* : twelfth — **docena** *nf* : dozen

docente *adj* : teaching

dócil *adj* : docile

▸ **doctor, -tora** *n* : doctor — **doctorado** *nm* : doctorate

doctrina *nf* : doctrine

documentar *vt* : document — **documentación** *nf, pl* -**ciones** : documentation — **documental** *adj*

doctor^M: **sala**^F **de examen**^M
doctor: examination room

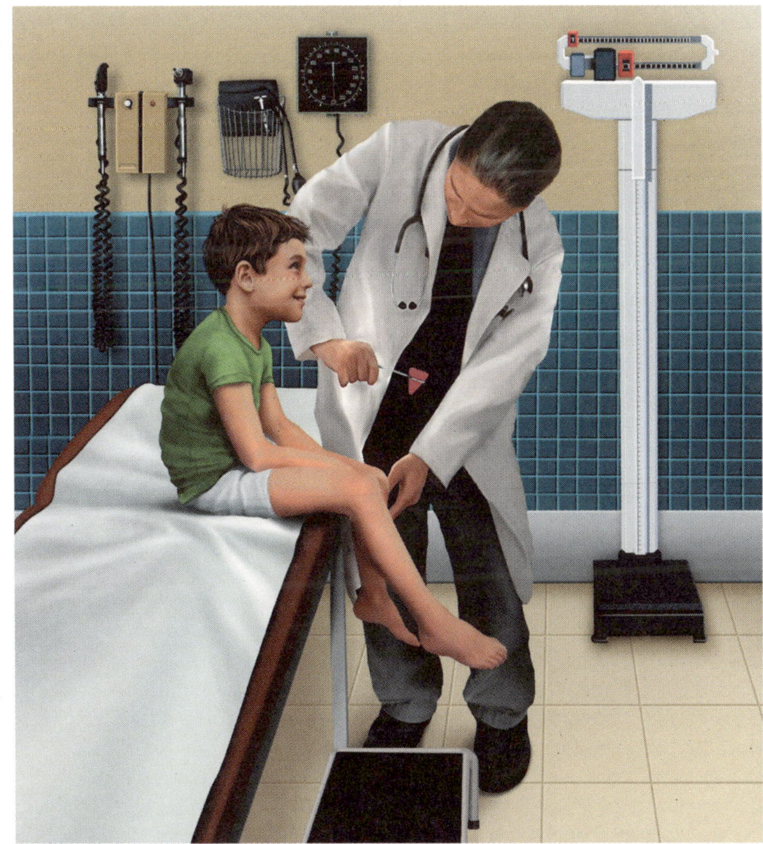

camello^M Bactriano
Bactrian camel

dromedario^M
dromedary camel

dromedario^M **y camello**^M **Bactriano**
dromedary camel and Bactrian camel

& nm : documentary —
documento *nm* : document
dogma *nm* : dogma —
dogmático, -ca *adj* : dogmatic
dólar *nm* : dollar
doler {47} *vi* **1** : hurt **2 me duelen los pies**
: my feet hurt — **dolerse** *vr* **dolerse de**
: complain about — **dolor** *nm* **1** : pain **2**
PENA : grief **3 dolor de cabeza** : headache
4 dolor de estómago : stomachache
— **dolorido, -da 1** : sore **2** AFLIGIDO :
hurt — **doloroso, -sa** *adj* : painful
domar *vt* : tame, break in
domesticar {72} *vt* : domesticate,
tame — **doméstico, -ca** *adj* : domestic
domicilio *nm* : home, residence
dominar *vt* **1** : dominate, control **2** :
master (a subject, a language, etc.)
— **dominarse** *vr* : control oneself —
dominación *nf, pl* **-ciones** : domination
— **dominante** *adj* : dominant
domingo *nm* : Sunday — **dominical** *adj*
periódico domingo : Sunday newspaper
dominio *nm* **1** : authority **2** : mastery
(of a subject) **3** TERRITORIO : domain
dominó *nm, pl* **-nós** : dominoes *pl* (game)
don[1] *nm* : courtesy title preceding
a man's first name
don[2] *nm* **1** : gift **2** TALENTO : talent
— **donación** *nf, pl* **-ciones** : donation

— **donador, -dora** *n* : donor
donaire *nm* : grace, charm
donar *vt* : donate — **donante** *nmf* :
donor — **donativo** *nm* : donation
donde *conj* : where —
donde *prep Lat* : over by
dónde *adv* **1** : where **2 ¿de dónde**
eres? : where are you from? **3**
¿por dónde? : whereabouts?
dondequiera *adv* **1** : anywhere **2**
dondequiera que : wherever, everywhere
doña *nf* : courtesy title preceding
a woman's first name
doquier *adv* **por doquier** : everywhere
dorar *vt* **1** : gild **2** : brown (food)
— **dorado, -da** *adj* : gold, golden
dormir {27} *vt* : put to sleep — *vi* : sleep
— **dormirse** *vr* : fall asleep — **dormido,**
-da *adj* **1** : asleep **2** ENTUMECIDO : numb —
dormilón, -lona *n* : sleepyhead, late riser
— **dormitar** *vi* : doze — **dormitorio** *nm* **1**
: bedroom **2** : dormitory (in a college)
dorso *nm* : back
dos *adj & nm* : two — **doscientos,**
-tas *adj* : two hundred —
doscientos *nms & pl* : two hundred
dosel *nm* : canopy
dosis *nfs & pl* : dose, dosage
dotar *vt* **1** : provide, equip **2 dotar**
de : endow with — **dotación** *nf,*

pl **-ciones 1** : endowment, funding **2**
PERSONAL : personnel — **dote** *nf* **1**
: dowry **2 dotars** *nfpl* : gift, talent
dragar {52} *vt* : dredge —
draga *nf* : dredge
dragón *nm, pl* **-gones** : dragon
drama *nm* : drama — **dramático,**
-ca *adj* : dramatic — **dramatizar**
{21} *vt* : dramatize — **dramaturgo,**
-ga *n* : dramatist, playwright
drástico, -ca *adj* : drastic
drenar *vt* : drain — **drenaje** *nm* : drainage
droga *nf* : drug — **drogadicto,**
-ta *n* : drug addict — **drogar** {52} *vt*
: drug — **drogarse** *vr* : take drugs
— **droguería** *nf* : drugstore
▶ **dromedario** *nm* : dromedary
dual *adj* : dual
ducha *nf* : shower —
ducharse *vr* : take a shower
ducho, -cha *adj* : experienced, skilled
duda *nf* : doubt — **dudar** *vt* :
doubt — *vi* **dudar en** : hesitate to
— **dudoso, -sa** *adj* **1** : doubtful
2 SOSPECHOSO : questionable
duelo *nm* **1** : duel **2** LUTO : mourning
duende *nm* : elf, imp
dueño, -na *n* **1** : owner **2**
: landlord, landlady *f*
dulce *adj* **1** : sweet **2** : fresh (of water)
3 SUAVE : mild, gentle — **dulce** *nm* :
candy, sweet — **dulzura** *nf* : sweetness
duna *nf* : dune
dúo *nm* : duo, duet
duodécimo, -ma *adj* : twelfth —
duodécimo, -ma *n* : twelfth (in a series)
dúplex *nms & pl* : duplex (apartment)
duplicar {72} *vt* **1** : double **2** : duplicate,
copy (a document, etc.) — **duplicado,**
-da *adj* : duplicate — **duplicado** *nm* : copy
duque *nm* : duke — **duquesa** *nf* : duchess
durabilidad *nf* : durability
duración *nf, pl* **-ciones** : duration, length
duradero, -ra *adj* : durable, lasting
durante *prep* **1** : during **2 durante**
una hora : for an hour
durar *vi* : endure, last
durazno *nm Lat* : peach
duro *adv* : hard — **duro, -ra** *adj* **1** :
hard **2** SEVERO : harsh — **dureza** *nf* **1**
: hardness **2** SEVERIDAD : harshness

casa^F de dos plantas^F
two-story house

casas^F adosadas
town houses

casa^F de adobes^M
adobe house

viviendas^F plurifamiliares
condominiums

casa^F de una planta^F
one-story house

bloque^M de apartamentos^M
high-rise apartment

casas^F pareadas
duplex

e[1] *nf* : e, fifth letter of the Spanish alphabet

e[2] *conj* (*used instead of* **y** *before words beginning with i or hi*) : and

ebanista *nmf* : cabinetmaker

ébano *nm* : ebony

ebrio, -bria *adj* : drunk

ebullición *nf, pl* **-ciones** : boiling

echar *vt* **1** : throw, cast **2** EXPULSAR : expel, dismiss **3** : give off, emit (smoke, sparks, etc.) **4** BROTAR : sprout **5** PONER : put (on) **6 echar a perder** : spoil, ruin **7 echar de menos** : miss — **echarse** *vr* **1** : throw oneself **2** ACOSTARSE : lie down **3 echarse a** : start (to)

eclesiástico, -ca *adj* : ecclesiastic — **eclesiástico, -ca** *nm* : clergyman

eclipse *nm* : eclipse — **eclipsar** *vi* : eclipse

eco *nm* : echo

ecología *nf* : ecology — **ecológico, -ca** *adj* : ecological — **ecologista** *nmf* : ecologist

economía *nf* **1** : economy **2** : economics (science) — **economico, -ca** *adj* **1** : economic, economical **2** BARATO : inexpensive — **economista** *nmf* : economist — **economizar** {21} *v* : save

ecosistema *nm* : ecosystem

ecuación *nf, pl* **-ciones** : equation

ecuador *nm* : equator

ecuánime *adj* **1** : even-tempered **2** : impartial (in law)

ecuatoriano, -na *adj* : Ecuadorian, Ecuadorean, Ecuadoran

ecuestre *adj* : equestrian

edad *nf* **1** : age **2 Edad Media** : Middle Ages *pl* **3 ¿qué edad tienes?** : how old are you?

edición *nf, pl* **-ciones 1** : publishing, publication **2** : edition (of a book, etc.)

edicto *nm* : edict

edificar {72} *vt* : build — **edificio** *nm* : building

editar *vt* **1** : publish **2** : edit (a film, a text, etc.) — **editor, -tora** *n* **1** : publisher **2** : editor — **editorial** *adj* : publishing — **editorial** *nm* : editorial — **editorial** *nf* : publishing house

edredón *nm, pl* **-dones** : (down) comforter, duvet

educar {72} *vt* **1** : educate **2** CRIAR : bring up, raise **3** : train (the body, the voice, etc.) — **educación** *nf, pl* **-ciones 1** : education **2** MODALES : (good) manners *pl* — **educado, -da** *adj* : polite — **educador, -dora** *n* : educator — **educativo, -va** *adj* : educational

efectivo, -va *adj* **1** : effective **2** REAL : real — **efectivo** *nm* : cash — **efectivamente** *adv* **1** : really **2** POR SUPUESTO : yes, indeed — **efecto** *nm* **1** : effect **2 en efecto** : in fact **3 efectos** *nmpl* : goods, property — **efectuar** {3} *vt* : bring about, carry out

efervescente *adj* : effervescent — **efervescencia** *nf* : effervescence

eficaz *adj, pl* **-caces 1** : effective **2** EFICIENTE : efficient — **eficacia** *nf* **1** : effectiveness **2** EFICIENCIA : efficiency

eficiente *adj* : efficient — **eficiencia** *nf* : efficiency

efímero, -ra *adj* : ephemeral

efusivo, -va *adj* : effusive

egipcio, -cia *adj* : Egyptian

ego *nm* : ego — **egocéntrico, -ca** *adj* : egocentric — **egoísmo** *nm* : egoism — **egoísta** *adj* : egoistic — **egoísta** *nmf* : egoist

egresar *vi* : graduate — **egresado, -da** *n* : graduate — **egreso** *nm* : graduation, commencement

eje *nm* **1** : axis **2** : axle (of a wheel, etc.)

ejecutar *vt* **1** : execute, put to death **2** REALIZAR : carry out — **ejecución** *nf, pl* **-ciones** : execution

ejecutivo, -va *adj & n* : executive

ejemplar *adj* : exemplary — **ejemplar** *nm* **1** : copy, issue **2** EJEMPLO : example — **ejemplificar** {72} *vt* : exemplify — **ejemplo** *nm* **1** : example **2 por ejemplo** : for example

ejercer {86} *vt* **1** : practice (a profession) **2** : exercise (a right, etc.) — *vi* **ejercer de** : practice as, work as — **ejercicio** *nm* **1** : exercise **2** : practice (of a profession, etc.)

ejército *nm* : army

el, la *art, pl* **los, las** : the — **el** *pron* (*referring to masculine nouns*) **1** : the one **2 el, que** : he who, whoever, the one that

él *pron* : he, him

elaborar *vt* **1** : manufacture, produce **2** : draw up (a plan, etc.)

elástico, -ca *adj* : elastic — **elástico** *nm* : elastic — **elasticidad** *nf* : elasticity

elección *nf, pl* **-ciones 1** : election **2** SELECCIÓN : choice — **elector, -tora** *n* : voter — **electorado** *nm* : electorate — **electoral** *adj* : electoral

electricidad *nf* : electricity — **eléctrico, -ca** *adj* : electric, electrical — **electricista** *nmf* : electrician — **electrificar** {72} *vt* : electrify — **electrizar** {21} *vt* : electrify, thrill — **electrocutar** *vt* : electrocute

electrodo *nm* : electrode

electrodoméstico *nm* : electric appliance

electromagnético, -ca *adj* : electromagnetic

electrón *nm, pl* **-trones** : electron — **electrónico, -ca** *adj* : electronic — **electrónica** *nf* : electronics

▸ **elefante, -ta** *n* : elephant

elefante[m]
elephant

elegante *adj* : elegant —
elegancia *nf* : elegance
elegía *nf* : elegy
elegir {28} *vt* **1** : elect **2** ESCOGER :
choose, select — **elegible** *adj* : eligible
elemento *nm* : element —
elemental *adj* **1** : elementary,
basic **2** ESENCIAL : fundamental
elenco *nm* : cast (of actors)
elevar *vt* **1** : raise, lift **2** ASCENDER :
elevate (in a hierarchy), promote —
elevarse *vr* : rise — **elevación** *nf*,
pl **-ciones** : elevation — **elevador** *nm* **1**
: hoist **2** *Lat* : elevator
eliminar *vt* : eliminate — **eliminación** *nf*,
pl **-ciones** : elimination
elipse *nf* : ellipse — **elíptico,**
-ca *adj* : elliptical, elliptic
elite *or* élite *nf* : elite
elixir *or* elíxir *nm* : elixir
ella *pron* : she, her — **ello** *pron* :
it — **ellos, ellas** *pron pl* **1** : they,
them **2 de ellos, de ellas** : theirs
elocuente *adj* : eloquent —
elocuencia *nf* : eloquence
elogiar *vt* : praise — **elogio** *nm* : praise
eludir *vt* : avoid, elude
emanar *vi* **emanar de** : emanate from
emancipar *vt* : emancipate
— **emanciparse** *vr* : free
oneself — **emancipación** *nf*,
pl **-ciones** : emancipation
embadurnar *vt* : smear, daub
embajada *nf* : embassy —
embajador, -dora *n* : ambassador
embalar *vt* : wrap up, pack —
embalaje *nm* : packing
embaldosar *vt* : pave with tiles
embalsamar *vt* : embalm
embalse *nm* : dam, reservoir
embarazar {21} *vt* **1** : make
pregnant **2** IMPEDIR : restrict, hamper
— **embarazada** *adj* : pregnant —
embarazo *nm* **1** : pregnancy **2**
IMPEDIMENTO : hindrance, obstacle —
embarazoso, -sa *adj* : embarrassing
embarcar {72} *vt* : load —
embarcarse *vr* : embark, board —
embarcación *nf, pl* **-ciones** : boat,
craft — **embarcadero** *nm* : pier, jetty
— **embarco** *nm* : embarkation
embargar {52} *vt* **1** : seize, impound
2 : overwhelm (with emotion, etc.) —
embargo *nm* **1** : embargo **2** : seizure
(in law) **3 sin embargo** : nevertheless

embarque *nm* : loading (of goods),
boarding (of passengers)
embarrancar {72} *vi* : run aground
embarullarse *vr, fam* : get mixed up
embaucar {72} *vt* : trick, swindle —
embaucador, -dora *n* : swindler
embeber *vt* : absorb — *vi* : shrink —
embeberse *vr* : become absorbed
embelesar *vt* : enchant, delight —
embelesado, -da *adj* : spellbound
embellecer {53} *vt* : embellish, beautify
embestir {54} *vt* : attack, charge at
— *vi* : charge, attack — **embestida** *nf* **1**
: attack **2** : charge (of a bull)
emblema *nm* : emblem
embobar *vt* : amaze, fascinate
embocadura *nf* **1** : mouth (of a river,
etc.) **2** : mouthpiece (of an instrument)
émbolo *nm* : piston
embolsarse *vr* : put in one's pocket
emborracharse *vr* : get drunk
emborronar *vt* **1** : smudge,
blot **2** GARABATEAR : scribble
emboscar {72} *vt* : ambush —
emboscada *nf* : ambush
embotar *vt* : dull, blunt
embotellar *vt* : bottle (up) —
embotellamiento *nm* : traffic jam
embrague *nm* : clutch — **embragar**
{52} *vi* : engage the clutch
embriagarse {52} *vr* : get drunk —
embriagado, -da *adj* : intoxicated, drunk
— **embriagador, -dora** *adj* : intoxicating
— **embriaguez** *nf* : drunkenness
embrión *nm, pl* **-briones** : embryo
embrollo *nm* : tangle, confusion
embrujar *vt* : bewitch —
embrujo *nm* : spell, curse
embrutecer *vt* : brutalize
embudo *nm* : funnel
embuste *nm* : lie — **embustero, -ra** *adj*
: lying — **embustero, -ra** *n* : liar, cheat
embutir *vt* : stuff — **embutido** *nm*
: sausage, cold meat
emergencia *nf* : emergency
emerger {15} *vi* : emerge, appear
emigrar *vi* **1** : emigrate **2** : migrate (of
animals) — **emigración** *nf, pl* **-ciones**
1 : emigration **2** : migration (of animals)
— **emigrante** *adj & nmf* : emigrant
eminente *adj* : eminent —
eminencia *nf* : eminence
emitir *vt* **1** : emit **2** EXPRESAR : express
(an opinion, etc.) **3** : broadcast (on
radio or television) **4** : issue (money,

stamps, etc.) — **emisión** *nf, pl* **-siones**
1 : emission **2** : broadcast (on radio
or television) **3** : issue (of money,
etc.) — **emisora** *nf* : radio station
emoción *nf, pl* **-ciones** : emotion
— **emocional** *adj* : emotional —
emocionante *adj* **1** : moving, touching
2 APASIONANTE : exciting, thrilling —
emocionar *vt* **1** : move, touch **2** APASIONAR
: excite, thrill — **emocionarse** *vr* **1**
: be moved **2** APASIONARSE : get
excited — **emotivo, -va** *adj* **1** :
emotional **2** CONMOVEDOR : moving
empacar {72} *vt Lat* : pack
empachar *vt* : give indigestion to
— **empacharse** *vr* : get indigestion
— **empacho** *nm* : indigestion
empadronarse *vr* : register to vote
empalagoso, -sa *adj* :
excessively sweet, cloying
empalizada *nf* : palisade (fence)
empalmar *vt* : connect, link — *vi* : meet,
converge — **empalme** *nm* **1** : connection,
link **2** : junction (of a railroad, etc.)
empanada *nf* : pie, turnover —
empanadilla *nf* : meat or seafood pie
empanar *vt* : bread (in cooking)
empantanar *vt* : flood —
empantanarse *vr* **1** : become
flooded **2** : get bogged down
empañar *vt* **1** : steam (up) **2** :
tarnish (one's reputation, etc.)
— **empañarse** *vr* : fog up
empapar *vt* : soak —
empaparse *vr* : get soaking wet
empapelar *vt* : wallpaper
empaquetar *vt* : pack, package
emparedado, -da *adj* : walled in,
confined — **emparedado** *nm* : sandwich
emparejar *vt* : match up, pair
— **emparejarse** *vr* : pair off
emparentado, -da *adj* : related, kindred
empastar *vt* : fill (a tooth)
— **empaste** *nm* : filling
empatar *vi* : result in a draw, be
tied — **empate** *nm* : draw, tie
empedernido, -da *adj* :
inveterate, hardened
empedrar {55} *vt* : pave (with stones)
— **empedrado** *nm* : paving, pavement
empeine *nm* : instep
empeñar *vt* : pawn — **empeñarse** *vr* **1**
: insist, persist **2** ENDEUDARSE : go into
debt **3 empeñarse en** : make an effort to
— **empeñado, -da** *adj* **1** : determined,

committed **2** ENDEUDADO : in debt —
empeño *nm* **1** : determination, effort
2 casa de empeños : pawnshop
empeorar *vi* : get worse
— *vt* : make worse
empequeñecer {53} *vt* :
diminish, make smaller
emperador *nm* : emperor —
emperatriz *nf, pl* **-trices** : empress
empezar {29} *v* : start, begin
empinar *vt* : raise — **empinarse** *vr* : stand
on tiptoe — **empinado, -da** *adj* : steep
empírico, -ca *adj* : empirical
emplasto *nm* : poultice
emplazar {21} *vt* **1** : summon,
subpoena **2** SITUAR : place, locate —
emplazamiento *nm* **1** : location, site
2 CITACIÓN : summons, subpoena
emplear *vt* **1** : employ **2** USAR : use —
emplearse *vr* **1** : get a job **2** USARSE :
be used — **empleado, -da** *n* : employee
— **empleador, -dora** *n* : employer —
empleo *nm* **1** : occupation, job **2** USO : use
empobrecer {53} *vt* : impoverish —
empobrecerse *vr* : become poor
empollar *vi* : brood (eggs) — *vt* : incubate
empolvarse *vr* : powder one's face
empotrar *vt* : fit, build into —
empotrado, -da *adj* : built-in
emprender *vt* : undertake, begin —
emprendedor, -dora *adj* : enterprising
empresa *nf* **1** COMPAÑIA : company,
firm **2** TAREA : undertaking —
empresarial *adj* : business, managerial —
empresario, -ria *n* **1** : businessman *m*,
businesswoman *f* **2** : impresario
(in theater), promoter (in sports)
empujar *v* : push — **empuje** *nm*
: impetus, drive — **empujón** *nm,*
pl **-jones** : push, shove
empuñar *vt* : grasp, take hold of
emular *vt* : emulate
en *prep* **1** : in **2** DENTRO DE : into,
inside (of) **3** SOBRE : on **4 en avión**
: by plane **5 en casa** : at home
enajenar *vt* : alienate —
enajenación *nf, pl* **-ciones** : alienation
enagua *nf* : slip, petticoat
enaltecer {53} *vt* : praise, extol
enamorar *vt* : win the love of
— **enamorarse** *vr* : fall in love
— **enamorado, -da** *adj* : in love
— ~ *n* : lover, sweetheart
enano, -na *adj & n* : dwarf
enarbolar *vt* **1** : hoist, raise

2 : brandish (arms, etc.)
enardecer {53} *vt* : stir up, excite
encabezar {21} *vt* **1** : head, lead **2**
: put a heading on (an article, a list,
etc.) — **encabezamiento** *nm* **1** :
heading **2** : headline (in a newspaper)
encabritarse *vr* : rear up
encadenar *vt* **1** : chain, tie (up)
2 ENLAZAR : connect, link
encajar *vt* : fit (together) — *vi* **1**
: fit **2** CUADRAR : conform, tally
— **encaje** *nm* : lace
encalar *vt* : whitewash
encallar *vi* : run aground
encaminar *vt* : direct, aim —
encaminarse *vr* **encaminarse a** :
head for — **encaminado, -da** *adj*
encaminado a : aimed at, designed to
encandilar *vt* : dazzle
encanecer {53} *vi* : turn gray
encantar *vt* : enchant, bewitch — *vi*
me encanta esta canción : I love
this song — **encantado, -da** *adj* **1**
: delighted **2** HECHIZADO : bewitched
— **encantador, -dora** *adj* : charming,
delightful — **encantamiento** *nm* :
enchantment, spell — **encanto** *nm* **1**
: charm, fascination **2** HECHIZO : spell
encapotarse *vr* : cloud over —
encapotado, -da *adj* : overcast
encapricharse *vr* **encapricharse**
con : be infatuated with
encapuchado, -da *adj* : hooded
encaramar *vt* : lift up — **encaramarse** *vr*
encaramar a : climb up on
encarar *vt* : face, confront
encarcelar *vt* : imprison —
encarcelamiento *nm* : imprisonment
encarecer {53} *vt* : increase, raise
(price, value, etc.) — **encarecerse** *vr*
: become more expensive
encargar {52} *vt* **1** : put in charge
of **2** PEDIR : order — **encargarse** *vr*
encargarse de : take charge of —
encargado, -da *adj* : in charge —
encargado, -da *n* : manager, person
in charge — **encargo** *nm* **1** : errand **2**
TAREA : assignment, task **3** PEDIDO : order
encariñarse *vr* **encariñarse**
con : become fond of
encarnar *vt* : embody — **encarnación** *nf,*
pl **-ciones** : embodiment — **encarnado,**
-da *adj* **1** : incarnate **2** ROJO : red
encarnizarse {21} *vr* **encarnizarse**
con : attack viciously — **encarnizado,**

-da *adj* : bitter, bloody
encarrilar *vt* : put on the right track
encasillar *vt* : pigeonhole
encauzar {21} *vt* : channel
encender {56} *vt* **1** : light, set fire
to **2** PRENDER : switch on, start **3**
AVIVAR : arouse (passions, etc.) —
encenderse *vr* **1** : get excited **2**
RUBORIZARSE : blush — **encendedor** *nm*
: lighter — **encendido, -da** *adj* : lit, on
— **encendido** *nm* : ignition (switch)
encerar *vt* : wax, polish —
encerado, -da *adj* : waxed —
encerado *nm* : blackboard
encerrar {55} *vt* **1** : lock up, shut
away **2** CONTENER : contain
encestar *vi* : score (in basketball)
enchilada *nf* : enchilada
enchufar *vt* : plug in, connect
— **enchufe** *nm* : plug, socket
encía *nf* : gum (tissue)
encíclica *nf* : encyclical
enciclopedia *nf* : encyclopedia —
enciclopédico, -ca *adj* : encyclopedic
encierro *nm* **1** : confinement **2**
: sit-in (at a university, etc.)
encima *adv* **1** : on top **2** ADEMÁS : as
well, besides **3 encima de** : on, over, on
top of **4 por encima de** : above, beyond
encinta *adj* : pregnant
enclenque *adj* : weak, sickly
encoger {15} *v* : shrink —
encogerse *vr* **1** : shrink **2** : cower,
cringe **3 encogerse de hombros** :
shrug (one's shoulders) — **encogido,**
-da *adj* **1** : shrunken **2** TÍMIDO : shy
encolar *vt* : glue, stick
encolerizar {21} *vt* : enrage, infuriate
— **encolerizarse** *vr* : get angry
encomendar {55} *vt* : entrust
encomienda *nf* **1** : charge,
mission **2** *Lat* : parcel
encono *nm* : rancor, animosity
encontrar {19} *vt* **1** : find **2** : meet,
encounter (difficulties, etc.) —
encontrarse *vr* **1** : meet **2** HALLARSE
: find oneself, be — **encontrado,**
-da *adj* : contrary, opposing
encorvar *vt* : bend, curve —
encorvarse *vr* : bend over, stoop
encrespar *vt* **1** : curl **2** IRRITAR :
irritate — **encresparse** *vr* **1** : curl
one's hair **2** IRRITARSE : get annoyed
3 : become choppy (of the sea)
encrucijada *nf* : crossroads

encuadernar *vt* : bind (a book) — **encuadernación** *nf, pl* **-ciones** : bookbinding
encuadrar *vt* **1** : frame **2** ENCAJAR : fit **3** COMPRENDER : contain, include
encubrir {2} *vt* : conceal, cover (up) — **encubierto, -ta** *adj* : covert — **encubrimiento** *nm* : cover-up
encuentro *nm* : meeting, encounter
encuestar *vt* : poll, take a survey of — **encuesta** *nf* **1** : investigation, inquiry **2** SONDEO : survey — **encuestador, -dora** *n* : pollster
encumbrado, -da *adj* : eminent, distinguished
encurtir *vt* : pickle
endeble *adj* : weak, feeble — **endeblez** *nf* : weakness, frailty
endemoniado, -da *adj* : wicked
enderezar {21} *vt* **1** : straighten (out) **2** : put upright, stand on end
endeudarse *vr* : go into debt — **endeudado, -da** *adj* : indebted, in

debt — **endeudamiento** *nm* : debt
endiablado, -da *adj* **1** : wicked, diabolical **2** : complicated, difficult
endibia *or* endivia *nf* : endive
endosar *vt* : endorse — **endoso** *nm* : endorsement
endulzar {21} *vt* **1** : sweeten **2** : soften, mellow (a tone, a response, etc.) — **endulzante** *nm* : sweetener
endurecer {53} *vt* : harden — **endurecerse** *vr* : become hardened
enema *nm* : enema
enemigo, -ga *adj* : hostile — **enemigo, -ga** *n* : enemy — **enemistad** *nf* : enmity — **enemistar** *vt* : make enemies of — **enemistarse** *vr* **enemistarse con** : fall out with
energía *nf* : energy — **enérgico, -ca** *adj* : energetic, vigorous, forceful
enero *nm* : January
enervar *vt* **1** : enervate, weaken **2** *fam* : get on one's nerves
enésimo, -ma *adj* **por enésima**

vez : for the umpteenth time
enfadar *vt* : annoy, make angry — **enfadarse** *vr* : get annoyed — **enfado** *nm* : anger, annoyance — **enfadoso, -sa** *adj* : annoying
enfatizar {21} *vt* : emphasize — **énfasis** *nms & pl* : emphasis — **enfático, -ca** *adj* : emphatic
enfermar *vt* : make sick — *vi* : get sick — **enfermedad** *nf* : sickness, disease — **enfermería** *nf* : infirmary — **enfermero, -ra** *n* : nurse — **enfermizo, -za** *adj* : sickly — **enfermo, -ma** *adj* : sick — **enfermo, -ma** *n* : sick person, patient
enflaquecer {53} *vi* : lose weight
enfocar {72} *vt* **1** : focus (on) **2** : consider (a problem, etc.) — **enfoque** *nm* : focus
enfrascarse {72} *vr* **enfrascarse en** : immerse oneself in, get caught up in
enfrentar *vt* **1** : confront, face **2** : bring face to face — **enfrentarse** *vr* **enfrentar con** : confront, clash with — **enfrente** *adv* **1** : opposite

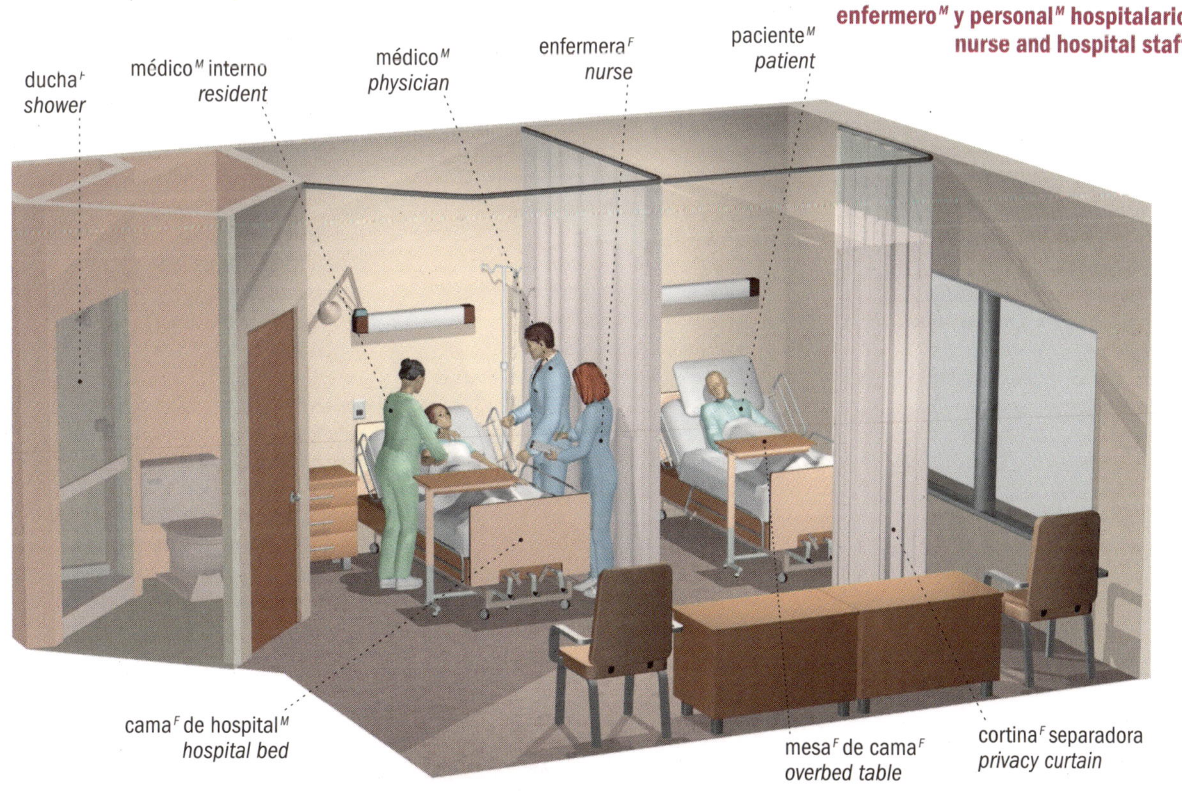

2 enfrente de : in front of
enfriar {85} *vt* : chill, cool —
  enfriarse *vr* **1** : get cold **2** RESFRIARSE
  : catch a cold — **enfriamiento** *nm* **1**
  : cooling off **2** CATARRO : cold
enfurecer {53} *vt* : infuriate —
  enfurecerse *vr* : fly into a rage
enfurruñarse *vr, fam* : sulk
engalanar *vt* : decorate —
  engalanarse *vr* : dress up
enganchar *vt* : hook, snag,
  catch — **engancharse** *vr* **1** : get
  caught **2** ALISTARSE : enlist
engañar *vt* **1** EMBAUCAR : **trick,**
  deceive 2 : cheat on, be unfaithful
  to — **engañarse** *vr* **1** : deceive
  oneself **2** EQUIVOCARSE : be mistaken
  — **engaño** *nm* : deception, deceit —
  engañoso, -sa *adj* : deceptive, deceitful
engatusar *vt* : coax, cajole
engendrar *vt* **1** : beget **2** : engender,
  give rise to (suspicions, etc.)
englobar *vt* : include, embrace
engomar *vt* : glue
engordar *vt* : fatten — *vi* : gain weight
engorroso, -sa *adj* : bothersome
engranar *v* : mesh, engage —
  engranaje *nm* : gears *pl*
engrandecer {53} *vt* **1** :
  enlarge **2** ENALTECER : exalt
engrapar *vi Lat* : staple —
  engrapadora *nf Lat* : stapler
engrasar *vt* : lubricate, grease
  — **engrase** *nm* : lubrication
engreído, -da *adj* : conceited
engrosar {19} *vt* : swell
  — *vi* : gain weight
engrudo *nm* : paste
engullir {38} *vt* : gulp down, gobble up
enhebrar *vt* : thread
enhorabuena *nf* : congratulations *pl*
enigma *nm* : enigma —
  enigmático, -ca *adj* : enigmatic
enjabonar *vt* : soap (up), lather
enjaezar {21} *vt* : harness
enjalbegar {52} *vt* : whitewash
enjambrar *vi* : swarm —
  enjambre *nm* : swarm
enjaular *vt* **1** : cage **2** *fam* : jail
enjuagar {52} *vt* : rinse —
  enjuague *nm* **1** : rinse **2**
  enjuague bucal : mouthwash
enjugar {52} *vt* **1** : wipe away
  (tears) **2** : wipe out (debt)
enjuiciar *vt* **1** : prosecute **2** JUZGAR : try

enjuto, -ta *adj* : gaunt, lean
enlace *nm* **1** : bond, link **2** :
  junction (of a highway, etc.)
enlatar *vt* : can
enlazar {21} *vt* : join, link — *vi*
  enlazar con : link up with
enlistarse *vr Lat* : enlist
enlodar *vt* : cover with mud
enloquecer {53} *vt* : drive crazy
  — **enloquecerse** *vr* : go crazy
enlosar *vt* : pave, tile
enlutarse *vr* : go into mourning
enmarañar *vt* **1** : tangle **2** COMPLICAR
  : complicate **3** CONFUNDIR : confuse
  — **enmarañarse** *vr* **1** : get tangled up
  2 CONFUNDIRSE : become confused
enmarcar {72} *vt* : frame
enmascarar *vt* : mask
enmendar {55} *vt* **1** : amend **2** CORREGIR
  : emend, correct — **enmendarse** *vr* :
  mend one's ways — **enmienda** *nf* **1** :
  amendment **2** CORRECCIÓN : correction
enmohecerse {53} *vr* **1** : become
  moldy **2** OXIDARSE : rust
enmudecer {53} *vt* : silence
  — *vi* : fall silent
ennegrecer {53} *vt* : blacken
ennoblecer {53} *vt* : ennoble, dignify
enojar *vt* **1** : anger **2** MOLESTAR : annoy
  — **enojarse** *vr* **enojarse con** : get upset
  with — **enojo** *nm* **1** : anger **2** MOLESTIA :
  annoyance — **enojoso, -sa** *adj* : annoying
enorgullecer {53} *vt* : make
  proud — **enorgullecerse** *vr*
  enorgullecer de : pride oneself on
enorme *adj* : enormous —
  enormemente *adv* : enormously,
  extremely — **enormidad** *nf* : enormity
enraizar {30} *vi* : take root
enredadera *nf* : climbing plant, vine
enredar *vt* **1** : tangle up, entangle **2**
  CONFUNDIR : **confuse 3** IMPLICAR : **involve**
  — **enredarse** *vr* **1** : become entangled
  2 enredarse en : get mixed up in —
  enredo *nm* **1** : tangle **2** EMBROLLO
  : confusion, mess — **enredoso,**
  -sa *adj* : tangled up, complicated
enrejado *nm* **1** : railing **2** REJILLA :
  grating, grille **3** : trellis (for plants)
enrevesado, -da *adj* : complicated
enriquecer {53} *vt* : enrich —
  enriquecerse *vr* : get rich
enrojecer {53} *vt* : redden —
  enrojecerse *vr* : blush
enrolar *vt* : enlist — **enrolarse** *vr*

enrolarse en : enlist in
enrollar *vt* : roll up, coil
enroscar {72} *vt* **1** : roll up
  2 ATORNILLAR : screw in
ensalada *nf* : salad
ensalzar {21} *vt* : praise
ensamblar *vt* : assemble, fit together
ensanchar *vt* **1** : widen **2** AMPLIAR :
  expand — **ensanche** *nm* **1** : widening
  2 : (urban) expansion, development
ensangrentado, -da *adj*
  : bloody, bloodstained
ensañarse *vr* : act cruelly
ensartar *vt* : string, thread
ensayar *vi* : rehearse — *vt* : try out,
  test — **ensayo** *nm* **1** : essay **2** PRUEBA :
  trial, test **3** : rehearsal (in theater, etc.)
enseguida *adv* : right away, immediately
ensenada *nf* : inlet, cove
enseñar *vt* **1** : teach **2** MOSTRAR :
  show — **enseñanza** *nf* **1** EDUCACIÓN
  : education **2** INSTRUCCIÓN : teaching
enseres *nmpl* **1** : equipment **2 enseres**
  domésticos : household goods
ensillar *vt* : saddle (up)
ensimismarse *vr* : lose
  oneself in thought
ensombrecer {53} *vt* : cast
  a shadow over, darken
ensoñación *nf, pl* **-ciones**
  : fantasy, daydream
ensordecer {53} *vt* : deafen
  — *vi* : go deaf — **ensordecedor,**
  -dora *adj* : deafening
ensortijar *vt* : curl
ensuciar *vt* : soil —
  ensuciarse *vr* : get dirty
ensueño *nm* : daydream, fantasy
entablar *vt* : initiate, start
entallar *vt* : tailor, fit (clothing) — *vi* : fit
entarimado *nm* : floorboards, flooring
ente *nm* **1** : being **2** ORGANISMO
  : body, organization
entender {56} *vt* **1** : understand
  2 OPINAR : think, believe — *vi* **1** :
  understand **2 entender de** : know
  about, be good at — **entenderse** *vr* **1**
  : understand each other **2** LLEVARSE BIEN
  : get along well — **entender** *nm* **a mi**
  entender : in my opinion — **entendido,**
  -da *adj* **1** : understood **2 eso se da**
  por entendido : that goes without
  saying **3 tener entendido** : be under the
  impression — **entendimiento** *nm* **1** :
  understanding **2** INTELIGENCIA : intellect

enterar *vt* : inform — **enterarse** *vr*
: find out, learn — **enterado,**
-da *adj* : well-informed
entereza *nf* **1** HONRADEZ : integrity **2**
FORTALEZA : fortitude **3** FIRMEZA : resolve
enternecer {53} *vt* : move, touch
entero, -ra *adj* **1** : whole **2** TOTAL :
absolute, total **3** INTACTO : intact —
entero *nm* : integer, whole number
enterrar {55} *vt* : bury
entibiar *vt* : cool (down) —
entibiarse *vr* : become lukewarm
entidad *nf* **1** : entity **2** ORGANIZACIÓN
: body, organization
entierro *nm* **1** : burial **2** :
funeral (ceremony)
entomología *nf* : entomology —
entomólogo, -ga *n* : entomologist
entonar *vt* : sing, intone — *vi* : be in tune
entonces *adv* **1** : then **2 desde**
entonces : since then
entornado, -da *adj* : half-closed, ajar
entorno *nm* : surroundings *pl,*
environment
entorpecer {53} *vt* **1** : hinder, obstruct
2 : numb, dull (wits, reactions, etc.)
entrada *nf* **1** : entrance, entry **2** BILLETE
: ticket **3** COMIENZO : beginning **4** : inning
(in baseball) **5 entradas** *nfpl* : income **6**
tener entradas : have a receding hairline
entraña *nf* **1** : core, heart **2**
entrañas *nfpl* VÍSCERAS : entrails,
innards — **entrañable** *adj* : close,
intimate — **entrañar** *vt* : involve
entrar *vi* **1** : enter **2** EMPEZAR :
begin — *vt* : introduce, bring in
entre *prep* **1** : between **2** : among
entreabrir {2} *vt* : leave ajar —
entreabierto, -ta *adj* : half-open, ajar
entreacto *nm* : intermission
entrecejo *nm* **fruncir el entrecejo**
: knit one's brows, frown
entrecortado, -da *adj* : faltering (of
the voice), labored (of breathing)
entrecruzar {21} *vi* : intertwine
entredicho *nm* : doubt, question
entregar {52} *vt* : deliver, hand over —
entregarse *vr* : surrender — **entrega** *nf* **1**
: delivery **2** DEDICACIÓN : dedication,
devotion **3 entrega inicial** : down payment
entrelazar {21} *vt* : intertwine —
entrelazarse *vr* : become intertwined
entremés *nm, pl* **-meses 1** : hors
d'oeuvre **2** : short play (in theater)
entremeterse → **entrometerse**

entremezclar *vt* : mix (up)
entrenar *vt* : train, drill — **entrenarse** *vr*
: train — **entrenador, -dora** *n* : trainer,
coach — **entranamiento** *nm* : training
entrepierna *nf* : crotch
entresacar {72} *vt* : pick out, select
entresuelo *nm* : mezzanine
entretanto *adv* : meanwhile
— **entretanto** *nm* **en el**
entretanto : in the meantime
entretener {80} *vt* **1** : entertain **2**
DESPISTAR : distract **3** RETRASAR : delay,
hold up — **entretenerse** *vr* **1** : amuse
oneself **2** DEMORARSE : dawdle —
entretenido, -da *adj* : entertaining —
entretenimiento *nm* **1** : entertainment,
amusement **2** PASATIEMPO : pastime
entrever {88} *vt* : catch a
glimpse of, make out
entrevistar *vt* : interview —
entrevista *nf* : interview —
entrevistador, -dora *n* : interviewer
entristecer {53} *vt* : sadden
entrometerse *vr* : interfere —
entrometido, -da *adj* : meddling,
nosy — *n* : meddler
entroncar {72} *vi* : be
related, be connected
entumecer {53} *vt* : make numb
— **entumecerse** *vr* : go numb —
entumecido, -da *adj* **1** : numb
2 : stiff (of muscles, etc.)
enturbiar *vt* : cloud —
enturbiarse *vr* : become cloudy
entusiasmar *vt* : fill with enthusiasm
— **entusiasmarse** *vr* : get excited
— **entusiasmo** *nm* : enthusiasm
— **entusiasta** *adj* : enthusiastic
— **entusiasta** *nmf* : enthusiast
enumerar *vt* : enumerate, list
— **enumeración** *nf, pl* **-ciones**
: enumeration, count
enunciar *vt* : enunciate —
enunciación *nf, pl* **-ciones** : enunciation
envalentonar *vt* : make bold, encourage
— **envalentonarse** *vr* : be brave
envanecerse {53} *vr* : become vain
envasar *vt* **1** : package **2** : bottle,
can — **envase** *nm* **1** : packaging **2**
RECIPIENTE : container **3** : jar, bottle, can
envejecer {53} *v* : age —
envejecido, -da *adj* : aged, old —
envejecimiento *nm* : aging
envenenar *vt* : poison —
envenenamiento *nm* : poisoning

envergadura *nf* **1** ALCANCE :
scope **2** : span (of wings, etc.)
envés *nm, pl* **-veses** : reverse side
enviar {85} *vt* : send — **enviado,**
-da *n* : envoy, correspondent
envidiar *vt* : envy — **envidia** *nf*
: envy, jealousy — **envidioso,**
-sa *adj* : jealous, envious
envilecer {53} *vt* : degrade, debase
— **envilecimiento** *nm* : degradation
envío *nm* **1** : sending, shipment
2 : remittance (of funds)
enviudar *vi* : be widowed
envolver {89} *vt* **1** : wrap **2**
RODEAR : surround **3** IMPLICAR
: involve — **envoltorio** *nm or*
envoltura *nf* : wrapping, wrapper
enyesar *vt* **1** : plaster **2** ESCAYOLAR
: put in a plaster cast
enzima *nf* : enzyme
épico, -ca *adj* : epic — **épica** *nf* : epic
epidemia *nf* : epidemic —
epidémico, -ca *adj* : epidemic
epilepsia *nf* : epilepsy —
epiléptico, -ca *adj & n* : epileptic
epílogo *nm* : epilogue
episodio *nm* : episode
epitafio *nm* : epitaph
epíteto *nm* : epithet
época *nf* **1** : epoch, period
2 ESTACIÓN : season
epopeya *nf* : epic poem
equidad *nf* : equity, justice
equilátero, -ra *adj* : equilateral
equilibrar *vt* : balance — **equilibrado,**
-da *adj* : well-balanced — **equilibrio** *nm* **1**
: balance, equilibrium **2** JUICIO : good sense
equinoccio *nm* : equinox
equipaje *nm* : baggage, luggage
equipar *vt* : equip
equiparar *vt* **1** IGUALAR : make
equal **2** COMPARAR : compare —
equiparable *adj* : comparable
equipo *nm* **1** : equipment **2** :
team, crew (in sports, etc.)
equitación *nf, pl* **-ciones**
: horseback riding
equitativo, -va *adj* : equitable, fair, just
equivaler {84} *vi* : be equivalent
— **equivalencia** *nf* : equivalence —
equivalente *adj & nm* : equivalent
equivocar {72} *vt* : mistake, confuse
— **equivocarse** *vr* : make a mistake
— **equivocación** *nf, pl* **-ciones**
: error, mistake — **equivocado,**

escalada en roca[F]
rock climbing

escalador[M]
rock climber

roca[F]
rock

cordada[F]
roped party

cuerda[F] de amarre[M]
belay rope

pies[M] de gato[M]
climbing shoe

rocódromo[M]
artificial climbing structure

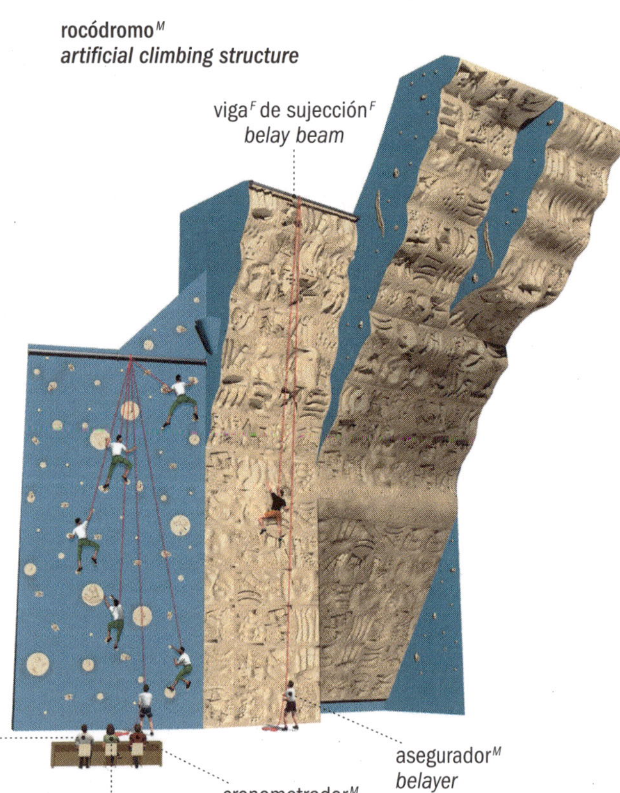

-da *adj* : mistaken, wrong

equívoco, -ca *adj* : ambiguous — **equívoco** *nm* : misunderstanding

era *nf* : era

erario *nm* : public treasury, funds *pl*

erección *nf, pl* **-ciones** : erection

erguir {31} *vt* : raise, lift — **erguirse** *vr* : rise (up) — **erguido, -da** *adj* : erect, upright

erigir {35} *vt* : build, erect — **erigirse** *vr* **erigirse en** : set oneself up as

erizarse {21} *vr* : bristle, stand on end — **erizado, -da** *adj* : bristly

erizo *nm* **1** : hedgehog **2 erizo de mar** : sea urchin

ermitaño, -ña *n* : hermit

erosionar *vt* : erode — **erosión** *nf, pl* **-siones** : erosion

erótico, -ca *adj* : erotic

erradicar {72} *vt* : eradicate

errar {32} *vt* : miss — *vi* **1** : be wrong, be mistaken **2** VAGAR : wander — **errado, -da** *adj Lat* : wrong, mistaken

errata *nf* : misprint

errático, -ca *adj* : erratic

error *nm* : error — **erróneo, -nea** *adj* : erroneous, mistaken

eructar *vi* : belch, burp — **eructo** *nm* : belch, burp

erudito, -ta *adj* : erudite, learned

erupción *nf, pl* **-ciones 1** : eruption **2** SARPULLIDO : rash

esa, ésa → ese, ése

esbelto, -ta *adj* : slender, slim

esbozar {21} *vt* : sketch, outline — **esbozo** *nm* : sketch, outline

escabechar *vt* : pickle — **escabeche** *nm* : brine (for pickling)

escabel *nm* : footstool

escabroso, -sa *adj* **1** : rugged, rough **2** ESPINOSO : thorny, difficult **3** ATREVIDO : shocking, risqué

escabullirse {38} *vr* : slip away, escape

escalar *vt* : climb, scale — *vi* : escalate — **escala** *nf* **1** : scale **2** ESCALERA : ladder **3** : stopover (of an airplane, etc.) —

▶ **escalada** *nf* : ascent, climb — **escalador, -dora** *n* ALPINISTA : mountain climber

escaldar *vt* : scald

escalera *nf* **1** : stairs *pl*, staircase **2** ESCALA : ladder **3 escalera mecánica** : escalator

escalfar *vt* : poach

escalinata *nf* : flight of stairs

escalofrío *nm* : shiver, chill — **escalofriante** *adj* : chilling, horrifying

escalonar *vt* **1** : stagger, spread out **2** : terrace (land) — **escalón** *nm, pl* **-lones** : step, rung

escama *nf* **1** : scale (of fish or reptiles) **2** : flake (of skin) — **escamoso, -sa** *adj* : scaly

escamotear *vt* **1** : conceal **2 escamotear algo a algn** : rob someone of something

escandalizar {21} *vt* : scandalize — **escandalizarse** *vr* : be shocked — **escándalo** *nm* **1** : scandal **2** ALBOROTO : scene, commotion — **escandaloso, -sa** *adj* **1** : shocking, scandalous **2** RUIDOSO : noisy

escandinavo, -va *adj* : Scandinavian

escáner *nm* : scanner

escaño *nm* **1** : seat (in a legislative body) **2** BANCO : bench

escapar *vi* : escape, run away — **escaparse** *vr* **1** : escape **2** : leak out (of gas, water, etc.) — **escapada** *nf* : escape

escaparate *nm* : store window

escapatoria *nf* : loophole, way out

escape *nm* **1** : leak (of gas, water, etc.) **2** : exhaust (from a vehicle)

escarabajo *nm* : beetle

escarbar *vt* **1** : dig, scratch, poke **2 escarbar en** : pry into

escarcha *nf* : frost (on a surface)

escarlata *adj & nf* : scarlet — **escarlatina** *nf* : scarlet fever

escarmentar {55} *vi* : learn one's lesson — **escarmiento** *nm* : lesson, punishment

escarnecer {53} *vt* : ridicule, mock — **escarnio** *nm* : ridicule, mockery

escarola *nf* : escarole, endive

escarpa *nf* : steep slope — **escarpado, -da** *adj* : steep

escasear *vi* : be scarce — **escasez** *nf, pl* **-seces** : shortage, scarcity — **escaso, -sa** *adj* **1** : scarce **2 escaso de** : short of

escatimar *vt* : be sparing with, skimp on

escayolar *vt* : put in a plaster cast — **escayola** *nf* **1** : plaster (for casts) **2** : plaster cast

escena *nf* **1** : scene **2** ESCENARIO : stage — **escenario** *nm* **1** : setting, scene **2** ESCENA : stage — **escénico, -ca** *adj* : scenic

escepticismo *nm* : skepticism — **escéptico, -ca** *adj* : skeptical — **escepticismo** *n* : skeptic

esclarecer {53} *vt* : shed light on, clarify

esclavo, -va *n* : slave — **esclavitud** *nf* : slavery — **esclavizar** {21} *vt* : enslave

esclerosis *nf* **esclerosis múltiple** : multiple sclerosis

esclusa *nf* : floodgate, lock (of a canal)

escoba *nf* : broom

escocer {14} *vi* : sting

escocés, -cesa *adj, mpl* **-ceses 1** : Scottish **2** : tartan, plaid — **escocés** *nm, pl* **-ceses** : Scotch (whiskey)

escoger {15} *vt* : choose — **escogido, -da** *adj* : choice, select

escolar *adj* : school — **escolar** *nmf* : student, pupil

escolta *nmf* : escort — **escoltar** *vt* : escort, accompany

escombros *nmpl* : ruins, rubble

esconder *vt* : hide, conceal — **esconderse** *vr* : hide — **escondidas** *nfpl* **1** *Lat* : hide-and-seek **2 a escondidas** : secretly, in secret — **escondite** *nm* **1** : hiding place **2** : hide-and-seek (game) — **escondrijo** *nm* : hiding place

escopeta *nf* : shotgun

escoplo *nm* : chisel

escoria *nf* **1** : slag **2** : dregs *pl* (of society, etc.)

escorpión *nm, pl* **-piones** : scorpion

escote *nm* **1** : (low) neckline **2 pagar a escote** : go Dutch

escotilla *nf* : hatchway

escribir {33} *v* : write — **escribirse** *vr* : write to one another, correspond **2** : be spelled — **escribiente** *nmf* : clerk — **escrito, -ta** *adj* : written — **escritos** *nmpl* : writings — **escritor, -tora** *n* : writer — **escritorio** *nm* : desk — **escritura** *nf* **1** : handwriting **2** : deed (in law)

escroto *nm* : scrotum

escrúpulo *nm* : scruple — **escrupuloso, -sa** *adj* : scrupulous

escrutar *vt* **1** : scrutinize **2** : count (votes) — **escrutinio** *nm* **1** : scrutiny **2** : count (of votes)

escuadra *nf* **1** : square (instrument) **2** : fleet (of ships), squad (in the military) — **escuadrón** *nm, pl* **-drones** : squadron

escuálido, -da *adj* **1** : skinny **2** SUCIO : squalid

escuchar *vt* **1** : listen to **2** *Lat* : hear — *vi* : listen

escudo *nm* **1** : shield **2** *or* **escudo de armas** : coat of arms

escudriñar *vt* : scrutinize, examine

escuela *nf* : school

escueto, -ta *adj* : plain, simple

esculpir *v* : sculpt — **escultor, -tora** *n* : sculptor — **escultura** *nf* : sculpture

escupir *v* : spit

escurrir *vt* **1** : drain **2** : wring out (clothes) — *vi* **1** : drain **2** : drip-dry (of clothes) — **escurrirse** *vr* **1** : drain **2** *fam* : slip away — **escurridizo, -da** *adj* : slippery, evasive — **escurridor** *nm* **1** : dish drainer **2** COLADOR : colander

ese, esa *adj, mpl* esos : that, those

ése, ésa *pron, mpl* ésos : that one, those ones *pl*

esencia *nf* : essence — **esencial** *adj* : essential

esfera *nf* **1** : sphere **2** : dial (of a watch) — **esférico, -ca** *adj* : spherical

esfinge *nf* : sphinx

esforzar {36} *vt* : strain — **esforzarse** *vr* : make an effort — **esfuerzo** *nm* : effort

esfumarse *vr* : fade away, vanish

esgrimir *vt* **1** : brandish, wield **2** : make use of (an argument, etc.) — **esgrima** *nf* : fencing — **hacer esgrima** *vi* : fence

esguince *nm* : sprain, strain

eslabonar *vt* : link, connect — **eslabón** *nm, pl* -**bones** : link

eslavo, -va *adj* : Slavic

eslogan *nm, pl* -**lóganes** : slogan

esmaltar *vt* : enamel — **esmalte** *nm* **1** : enamel **2 esmalte de uñas** : nail polish

esmerado, -da *adj* : careful

esmeralda *nf* : emerald

esmerarse *vr* : take great care

esmeril *nm* : emery

esmoquin *nm, pl* -**móquines** : tuxedo

esnob *nmf, pl* **esnobs** : snob — **esnob** *adj* : snobbish

eso *pron* (*neuter*) **1** : that **2 ¡eso es!** : that's it!, that's right! **3 en eso** : at that point, then

esófago *nm* : esophagus

esos, ésos → ese, ése

espabilarse *vr* **1** : wake up **2** DARSE PRISA : get moving — **espabilado, -da** *adj* **1** : awake **2** LISTO : bright, clever

espaciar *vt* : space out, spread out — **espacial** *adj* : space — **espacio** *nm* **1** : space **2 espacio exterior** : outer space — **espacioso, -sa** *adj* : spacious

espada *nf* **1** : sword **2** espadas *nfpl* : spades (in playing cards)

espagueti *nm or* **espaguetis** *nmpl* : spaghetti

espalda *nf* **1** : back **2** **espaldas** *nfpl* : shoulders, back

espantar *vt* : scare, frighten — **espantarse** *vr* : become frightened — **espantajo** *nm or* **espantapájaros** *nms & pl* : scarecrow — **espanto** *nm* : fright, fear — **espantoso, -sa** *adj* **1** : frightening, horrific **2** TERRIBLE : awful, terrible

español, -ñola *adj* : Spanish — **español** *nm* : Spanish (language)

esparadrapo *nm* : adhesive bandage

esparcir {83} *vt* : scatter, spread — **esparcirse** *vr* **1** : be scattered, spread out **2** DIVERTIRSE : enjoy oneself

espárrago *nm* : asparagus

espasmo *nm* : spasm — **espasmódico, -ca** *adj* : spasmodic

espátula *nf* : spatula

especia *nf* : spice

especial *adj & nm* : special — **especialidad** *nf* : specialty — **especialista** *nmf* : specialist — **especializarse** {21} *vr* **especializarse en** : specialize in — **especialmente** *adv* : especially

▸ **especie** *nf* **1** : species **2** CLASE : type, kind

especificar {72} *vt* : specify — **especificación** *nf, pl* -**ciones** : specification — **específico, -ca** *adj* : specific

espécimen *nm, pl* **especímenes** : specimen

espectáculo *nm* **1** : show, performance **2** VISIÓN : spectacle, view — **espectacular** *adj* : spectacular

— **espectador, -dora** *n* : spectator

espectro *nm* **1** : spectrum **2** FANTASMA : ghost

especulación *nf, pl* -**ciones** : speculation

espejo *nm* : mirror — **espejismo** *nm* **1** : mirage **2** ILUSIÓN : illusion

espeluznante *adj* : terrifying, hair-raising

esperar *vt* **1** : wait for **2** CONTAR CON : expect **3 esperar que** : hope (that) — *vi* : wait — **espera** *nf* : wait — **esperanza** *nf* : hope, expectation — **esperanzado, -da** *adj* : hopeful — **esperanzar** {21} *vt* : give hope to

esperma *nmf* **1** : sperm **2** **esperma de ballena** : blubber

esperpento *nm* : (grotesque) sight, fright

espesar *vt* : thicken — **espesarse** *vr* : thicken — **espeso, -sa** *adj* : thick, heavy — **espesor** *nm* : thickness, density — **espesura** *nf* **1** ESPESOR : thickness **2** : thicket

espetar *vt* : blurt (out)

espiar {85} *vt* : spy on — *vi* : spy — **espía** *nmf* : spy

espiga *nf* : ear (of wheat, etc.)

espina *nf* **1** : thorn **2** : (fish) bone **3** **espina dorsal** : spine, backbone

espinaca *nf* **1** : spinach (plant) **2** espinacas *nfpl* : spinach (food)

espinazo *nm* : spine, backbone

espinilla *nf* **1** : shin **2** GRANO : blackhead, pimple

espinoso, -sa *adj* **1** : prickly **2** : bony (of fish) **3** : difficult, thorny (of problems, etc.)

espionaje *nm* : espionage

espiral *adj & nf* : spiral

espirar *v* : breathe out, exhale

espíritu *nm* **1** : spirit **2 Espíritu Santo** : Holy Spirit — **espiritual** *adj* : spiritual — **espiritualidad** *nf* : spirituality

espita *nf* : spigot, faucet

espléndido, -da *adj* **1** : splendid **2** GENEROSO : lavish — **esplendor** *nm* : splendor

espliego *nm* : lavender

espolear *vt* : spur on

espoleta *nf* : fuse

espolvorear *vt* : sprinkle, dust

▸ **esponja** *nf* **1** : sponge **2 tirar la esponja** : throw in the towel — **esponjoso, -sa** *adj* : spongy

espontaneidad *nf* : spontaneity — **espontáneo, -nea** *adj* : spontaneous

ejemplo de clasificación de una especie
example of classification of a species
reino
kingdom
filum
phylum
clase
class
orden
order
familia
family
género
genus
especies
species
catus
Felis
Felidae
Carnivora
Mammalia
Chordata
Animalia

espora *nf* : spore
esporádico, -ca *adj* : sporadic
esposo, -sa *n* : spouse, wife *f*, husband *m* — **esposar** *vt* : handcuff — **esposars** *nfpl* : handcuffs
esprintar *vi* : sprint (in sports) — **esprint** *nm* : sprint
espuela *nf* : spur
espumar *vt* : skim — **espuma** *nf* **1** : foam, froth **2** : (soap) lather **3** : head (on beer) — **espumoso, -sa** *adj* **1** : foamy, frothy **2** : sparkling (of wine)
esqueleto *nm* : skeleton
esquema *nf* : outline, sketch
esquí *nm* **1** : ski **2** : skiing (sport) **3 esquí acuático** : waterskiing — **esquiador, -dora** *n* : skier — **esquiar** {85} *vi* : ski
esquilar *vt* : shear
esquimal *adj* : Eskimo
esquina *nf* : corner
esquirol *nm* : strikebreaker, scab
esquivar *vt* **1** : evade, dodge (a blow) **2** EVITAR : avoid — **esquivo, -va** *adj* : shy, elusive
esquizofrenia *nf* : schizophrenia — **esquizofrénico, -ca** *adj & n* : schizophrenic
esta, ésta → **este**[1], **éste**
estable *adj* : stable — **estabilidad** *nf* : stability — **estabilizar** {21} *vt* : stabilize
establecer {53} *vt* : establish — **establecerse** *vr* : establish oneself, settle — **establecimiento** *nm* : establishment
establo *nm* : stable
estaca *nf* : stake — **estacada** *nf* **1** : (picket) fence **2 dejar en la estacada** : leave in a lurch
estación *nf, pl* **-ciones 1** : season **2 estación de servicio** : gas station — **estacionar** *v* : park — **estacionamiento** *nm* : parking — **estacionario, -ria** *adj* : stationary
estadía *nf Lat* : stay
estadio *nm* **1** : stadium **2** FASE : phase, stage
estadista *nmf* : statesman
estadística *nf* : statistics — **estadístico, -ca** *adj* : statistical
estado *nm* **1** : state **2 estado civil** : marital status
estadounidense *adj & nmf* : American (from the United States)
estafar *vt* : swindle, defraud — **estafa** *nf* : swindle, fraud — **estafador, -dora** *n* : cheat, swindler
estallar *vi* **1** : explode **2** : break out

(of war, an epidemic, etc.) **3 estallar en llamas** : burst into flames — **estallido** *nm* **1** : explosion **2** : report (of a gun) **3** : outbreak (of war, etc.)
estampar *vt* : stamp, print — **estampa** *nf* **1** : print, illustration **2** ASPECTO : appearance — **estampado, -da** *adj* : printed
estampida *nf* : stampede
estampilla *nf* : stamp
estancarse {72} *vr* **1** : stagnate **2** : come to a halt — **estancado, -da** *adj* : stagnant
estancia *nf* **1** : stay **2** HABITACIÓN : (large) room **3** *Lat* : (cattle) ranch
estanco, -ca *adj* : watertight
estándar *adj & nm* : standard — **estandarizar** {21} *vt* : standardize
estandarte *nm* : standard, banner
estanque *nm* **1** : pool, pond **2** : reservoir (for irrigation)
estante *nm* : shelf — **estantería** *nf* : shelves *pl*, bookcase
estaño *nm* : tin
estar {34} *v aux* : be — *vi* **1** : be **2** : be at home **3** QUEDARSE : stay, remain **4 ¿cómo estás?** : how are you? **5 estar a** : cost **6 estar bien (mal)** : be well (sick) **7 estar para** : be in the mood for **8 estar por** : be in favor of **9 estar por** : be about to — **estarse** *vr* : stay, remain
estarcir {83} *vt* : stencil
estárter *nm* : choke (of an automobile)
estatal *adj* : state, national
estático, -ca *adj* **1** : static **2** INMÓVIL : unmoving, still — **estática** *nf* : static
estatua *nf* : statue
estatura *nf* : height
estatus *nm* : status, prestige
estatuto *nm* : statute — **estatutario, -ria** *adj* : statutory
este[1] , **esta** *adj, mpl* estos : this, these
este[2] *adj* : eastern, east — **este** *nm* **1** : east **2** : east wind **3 el Este** : the Orient
éste, ésta *pron, mpl* éstos **1** : this one, these ones *pl* **2** : the latter
estela *nf* **1** : wake (of a ship) **2** : trail (of smoke, etc.)
estera *nf* : mat
estéreo *adj & nm* : stereo — **estereofónico, -ca** *adj* : stereophonic
estereotipo *nm* : stereotype
estéril *adj* **1** : sterile **2** : infertile — **esterilidad** *nf* **1** : sterility **2** : infertility — **esterilizar** {21} *vt* : sterilize
estética *nf* : aesthetics

— **estético, -ca** *adj* : aesthetic
estiércol *nm* : dung, manure
estigma *nm* : stigma — **estigmatizar** {21} *vt* : stigmatize
estilarse {21} *vr* : be in fashion
estilo *nm* **1** : style **2** MANERA : fashion, manner — **estilista** *nmf* : stylist
estima *nf* : esteem, regard — **estimación** *nf, pl* **-ciones 1** : esteem **2** VALORACIÓN : estimate — **estimado, -da** *adj* **Estimado señor** : Dear Sir — **estimar** *vt* **1** : esteem, respect **2** VALORAR : value, estimate **3** CONSIDERAR : consider
estimular *vt* **1** : stimulate **2** ALENTAR : encourage — **estimulante** *adj* : stimulating — **estimular** *nm* : stimulant — **estímulo** *nm* : stimulus
estío *nm* : summertime
estipular *vt* : stipulate
estirar *vt* : stretch (out), extend — **estirado, -da** *adj* **1** : stretched, extended **2** ALTANERO : stuck-up, haughty — **estiramiento** *nm* **estiramiento facial** : face-lift — **estirón** *nm, pl* **-rones** : pull, tug
estirpe *nf* : lineage, stock
estival *adj* : summer
esto *pron (neuter)* **1** : this **2 en esto** : at this point **3 por esto** : for this reason
estofa *nf* **1** : class, quality **2 de baja estofa** : low-class
estofar *vt* : stew — **estofado** *nm* : stew
estoicismo *nm* : stoicism — **estoico, -ca** *adj* : stoic, stoical — **estoico, -ca** *n* : stoic
estómago *nm* : stomach — **estomacal** *adj* : stomach
estorbar *vt* : obstruct — *vi* : get in the way — **estorbo** *nm* **1** : obstacle **2** MOLESTIA : nuisance
estornino *nm* : starling
estornudar *vi* : sneeze — **estornudo** *nm* : sneeze
estos, éstos → **este, éste**
estrabismo *nm* : squint
estrado *nm* : platform, stage
estrafalario, -ria *adj* : eccentric, bizarre
estragar {52} *vt* : devastate — **estragos** *nmpl* **1** : ravages **2 hacer estragos en** *or* **causar estragos entre** : wreak havoc with
estragón *nm* : tarragon
estrangular *vt* : strangle — **estrangulación** *nf* : strangulation
estratagema *nf* : stratagem
estrategia *nf* : strategy

— **estratégico, -ca** *adj* : strategic
estrato *nm* : stratum
estratosfera *nf* : stratosphere
estrechar *vt* **1** : narrow **2** : strengthen (a bond) **3** ABRAZAR : embrace **4 estrechar la mano a uno** : shake someone's hand — **estrecharse** *vr* : narrow — **estrechez** *nf, pl* **-checes 1** : narrowness **2 estrecheces** *nfpl* : financial problems — **estrecho, -cha** *adj* **1** : tight, narrow **2** ÍNTIMO : close — **estrecho** *nm* : strait
estrella *nf* **1** : star **2** DESTINO : destiny **3 estrella de mar** : starfish — **estrellado, -da** *adj* **1** : starry **2** : star-shaped
estrellar *v* : crash — **estrellarse** *vr* **estrellarse contre** : smash into
estremecer {53} *vt* : cause to shudder — *vi* : tremble, shake — **estremecerse** *vr* : shudder, shiver (with emotion) — **estremecimiento** *nm* : shaking, shivering
estrenar *vt* **1** : use for the first time **2** : premiere, open (a film, etc.) — **estrenarse** *vr* : make one's debut — **estreno** *nm* : debut, premiere
estreñirse {67} *vr* : be constipated — **estreñimiento** *nm* : constipation
estrépito *nm* : clamor, din — **estrepitoso, -sa** *adj* : noisy, clamorous
estrés *nm, pl* **estreses** : stress — **estresante** *adj* : stressful — **estresar** *vt* : stress (out)
estría *nf* : groove
estribaciones *nfpl* : foothills
estribar *vi* **estribar en** : stem from, lie in
estribillo *nm* : refrain, chorus
estribo *nm* **1** : stirrup **2** : running board (of a vehicle) **3** CONTRAFUERTE : buttress **4 perder los estribos** : lose one's temper
estribor *nm* : starboard
estricto, -ta *adj* : strict
estridente *adj* : strident, shrill
estrofa *nf* : stanza, verse
estropajo *nm* : scouring pad
estropear *vt* **1** : ruin, spoil **2** DAÑAR : damage — **estropearse** *vr* **1** : go bad **2** AVERIARSE : break down — **estropicio** *nm* : damage, havoc
estructura *nf* : structure — **estructural** *adj* : structural
estruendo *nm* : din, roar — **estruendoso, -sa** *adj* : thunderous
estrujar *vt* : squeeze
estuario *nm* : estuary
estuche *nm* : kit, case
estuco *nm* : stucco

estudiar *v* : study — **estudiante** *nmf* : student — **estudiantil** *adj* : student — **estudio** *nm* **1** : study **2** OFICINA : studio, office **3 estudios** *nmpl* : studies, education — **estudioso, -sa** *adj* : studious
estufa *nf* : stove, heater
estupefaciente *adj & nm* : narcotic — **estupefacto, -ta** *adj* : astonished
estupendo, -da *adj* : stupendous, marvelous
estúpido, -da *adj* : stupid — **estupidez** *nf, pl* **-deces** : stupidity
estupor *nm* **1** : stupor **2** ASOMBRO : amazement
etapa *nf* : stage, phase
etcétera : et cetera, and so on
éter *nm* : ether
etéreo, -rea *adj* : ethereal
eterno, -na *adj* : eternal — **eternidad** *nf* : eternity — **eternizarse** {21} *vr* : take forever
ética *nf* : ethics — **ético, -ca** *adj* : ethical
etimología *nf* : etymology
etíope *adj* : Ethiopian
etiqueta *nf* **1** : tag, label **2** PROTOCOLO : etiquette **3 de etiqueta** : formal, dressy — **etiquetar** *vt* : label
étnico, -ca *adj* : ethnic
eucalipto *nm* : eucalyptus
Eucaristía *nf* : Eucharist, communion
eufemismo *nm* : euphemism — **eufemístico, -ca** *adj* : euphemistic
euforia *nf* : euphoria — **eufórico, -ca** *adj* : euphoric
europeo, -pea *adj* : European
eutanasia *nf* : euthanasia
evacuar *vt* : evacuate, vacate — *vi* : have a bowel movement — **evacuación** *nf, pl* **-ciones** : evacuation
evadir *vt* : evade, avoid — **evadirse** *vr* : escape
evaluar {3} *vt* : evaluate — **evaluación** *nf, pl* **-ciones** : evaluation
evangelio *nm* : gospel — **evangélico, -ca** *adj* : evangelical — **evangelismo** *nm* : evangelism
evaporar *vt* : evaporate — **evaporarse** *vr* : evaporate, disappear — **evaporación** *nf, pl* **-ciones** : evaporation
evasión *nf, pl* **-siones 1** : evasion **2** FUGA : escape — **evasiva** *nf* : excuse, pretext — **evasivo, -va** *adj* : evasive
evento *nm* : event
eventual *adj* **1** : temporary **2** POSIBLE : possible — **eventualidad** *nf*

: possibility, eventuality
evidencia *nf* **1** : evidence, proof **2 poner en evidencia** : demonstrate — **evidenciar** *vt* : demonstrate, show — **evidente** *adj* : evident — **evidentemente** *adj* : evidently, apparently
evitar *vt* **1** : avoid **2** IMPEDIR : prevent — **evitable** *adj* : avoidable
evocar {72} *vt* : evoke
evolución *nf, pl* **-ciones** : evolution — **evolucionar** *vi* : evolve
exacerbar *vt* **1** : exacerbate **2** IRRITAR : irritate
exacto, -ta *adj* : precise, exact — **exactamente** *adv* : exactly — **exactitud** *nf* : precision, accuracy
exagerar *v* : exaggerate — **exageración** *nf, pl* **-ciones** : exaggeration — **exagerado, -da** *adj* : exaggerated
exaltar *vt* **1** : exalt, extol **2** EXCITAR : excite, arouse — **exaltarse** *vr* : get worked-up — **exaltado, -da** *adj* : worked up, hotheaded
examen *nm, pl* **exámenes 1** : examination, test **2** ANÁLISIS : investigation — **examinar** *vt* **1** : examine **2** ESTUDIAR : study, inspect — **examinarse** *vr* : take an exam
exánime *adj* : lifeless
exasperar *vt* : exasperate, irritate — **exasperación** *nf, pl* **-ciones** : exasperation
excavar *v* : excavate — **excavación** *nf, pl* **-ciones** : excavation
exceder *vt* : exceed, surpass — **excederse** *vr* : go too far — **excedente** *adj & nm* : surplus, excess
excelente *adj* : excellent — **excelencia** *nf* **1** : excellence **2 Su Excelencia** : His/Her Excellency
excéntrico, -ca *adj & n* : eccentric — **excentricidad** *nf* : eccentricity
excepción *nf, pl* **-ciones** : exception — **excepcional** *adj* : exceptional
excepto *prep* : except (for) — **exceptuar** {3} *vt* : exclude, except
exceso *nm* **1** : excess **2 exceso de velocidad** : speeding — **excesivo, -va** *adj* : excessive
excitar *vt* : excite, arouse — **excitarse** *vr* : get excited — **excitable** *adj* : excitable — **excitación** *nf, pl* **-ciones** : excitement, agitation, arousal — **excitante** *adj* : exciting
exclamar *v* : exclaim — **exclamación** *nf, pl* **-ciones** : exclamation

excluir {41} *vt* : exclude — **exclusión** *nf, pl* **-siones** : exclusion — **exclusivo, -va** *adj* : exclusive

excomulgar {52} *vt* : excommunicate — **excomunión** *nf, pl* **-niones** : excommunication

excremento *nm* : excrement

exculpar *vt* : exonerate

excursión *nf, pl* **-siones** : excursion — **excursionista** *nmf* **1** : tourist, sightseer **2** : hiker

excusar *vt* **1** : excuse **2** EXIMIR : exempt — **excusarse** *vr* : apologize — **excusa** *nf* **1** : excuse **2** DISCULPA : apology

exento, -ta *adj* : exempt

exequias *nfpl* : funeral rites

exhalar *vt* **1** : exhale **2** : give off (an odor, etc.)

exhaustivo, -va *adj* : exhaustive — **exhausto, -ta** *adj* : exhausted, worn-out

exhibir *vt* : exhibit, show — **exhibición** *nf, pl* **-ciones** : exhibition

exhortar *vt* : exhort, admonish

exigir {35} *vt* : demand, require — **exigencia** *nf* : demand, requirement — **exigente** *adj* : demanding

exiguo, -gua *adj* : meager

exiliar *vt* : exile — **exiliarse** *vr* : go into exile — **exiliado, -da** *adj* : exiled, in exile — **exiliado, -da** *n* : exile — **exilio** *nm* : exile

eximir *vt* : exempt

existir *vi* : exist — **existencia** *nf* **1** : existence **2** existirs *nfpl* MERCANCÍA : goods, stock — **existente** *adj* : existing

éxito *nm* **1** : success, hit **2 tener éxito** : be successful — **exitoso, -sa** *adj Lat* : successful

éxodo *nm* : exodus

exorbitante *adj* : exorbitant

exorcizar {21} *vt* : exorcize — **exorcismo** *nm* : exorcism

exótico, -ca *adj* : exotic

expandir *vt* : expand — **expandirse** *vr* : spread — **expansión** *nf, pl* **-siones** : expansion — **expansivo, -va** *adj* : expansive

expatriarse {85} *vr* **1** : emigrate **2** EXILIARSE : go into exile — **expatriado, -da** *adj & n* : expatriate

expectativa *nf* **1** : expectation, hope **2** expectativas *nfpl* : prospects

expedición *nf, pl* **-ciones** : expedition

expediente *nm* **1** : expedient **2** DOCUMENTOS : file, record **3** INVESTIGACIÓN : inquiry, proceedings

expedir {54} *vt* **1** : issue **2** ENVIAR : dispatch — **expedito, -ta** *adj* : free, clear

expeler *vt* : expel, eject

expendedor, -dora *n* : dealer, seller

expensas *nfpl* **1** : expenses **2 a expensas de** : at the expense of

experiencia *nf* : experience

experimentar *vi* : experiment — *vt* **1** : experiment with, test out **2** SENTIR : experience, feel — **experimentado, -da** *adj* : experienced — **experimental** *adj* : experimental — **experimento** *nm* : experiment

experto, -ta *adj & n* : expert

expiar {85} *vt* : atone for

expirar *vi* **1** : expire **2** MORIR : die

explayar *vt* : extend — **explayarse** *vr* **1** : spread out **2** HABLAR : speak at length

explicar {72} *vt* : explain — **explicarse** *vr* : understand — **explicación** *nf, pl* **-ciones** : explanation — **explicativo, -va** *adj* : explanatory

explícito, -ta *adj* : explicit

explorar *vt* : explore — **exploración** *nf, pl* **-ciones** : exploration — **explorador, -dora** *n* : explorer, scout — **exploratorio, -ria** *adj* : exploratory

explosión *nf, pl* **-siones** **1** : explosion **2** : outburst (of anger, laughter, etc.) — **explosivo, -va** *adj* : explosive — **explosivo** *nm* : explosive

explotar *vt* **1** : exploit **2** : operate, run (a factory, etc.), work (a mine) — *vi* : explode — **explotación** *nf, pl* **-ciones** **1** : exploitation **2** : running (of a business), working (of a mine)

exponer {60} *vt* **1** : expose **2** : explain, set out (ideas, theories, etc.) **3** EXHIBIR : exhibit, display — *vi* : exhibit — **exponerse** *vr* **exponerse a** : expose oneself to

exportar *vt* : export — **exportaciones** *nfpl* : exports — **exportador, -dora** *n* : exporter

exposición *nf, pl* **-ciones** **1** : exposure **2** : exhibition (of objects, art, etc.) **3** : exposition, setting out (of ideas, etc.) — **expositor, -tora** *n* **1** : exhibitor **2** : exponent (of a theory, etc.)

exprés *nms & pl* **1** : express (train) **2** *or* **café exprés** : espresso

expresamente *adv* : expressly, on purpose

expresar *vt* : express — **expresarse** *vr* : express oneself — **expresión** *nf, pl* **-siones** : expression — **expresivo, -va** *adj* **1** : expressive **2** CARIÑOSO : affectionate

expreso, -sa *adj* : express — **expreso** *nm* : express train, express

exprimir *vt* **1** : squeeze **2** EXPLOTAR : exploit — **exprimidor** *nm* : squeezer, juicer

expuesto, -ta *adj* **1** : exposed **2** PELIGROSO : risky, dangerous

expulsar *vt* : expel, eject — **expulsión** *nf, pl* **-siones** : expulsion

exquisito, -ta *adj* **1** : exquisite **2** RICO : delicious — **exquisitez** *nf* **1** : exquisiteness **2** : delicacy, special dish

éxtasis *nms & pl* : ecstasy — **extático, -ta** *adj* : ecstatic

extender {56} *vt* **1** : spread out **2** : draw up (a document), write out (a check) — **extenderse** *vr* **1** : extend, spread **2** DURAR : last — **extendido, -da** *adj* **1** : widespread **2** : outstretched (of arms, wings, etc.)

extensamente *adv* : extensively

extensión *nf, pl* **-siones** **1** : extension **2** AMPLITUD : expanse **3** ALCANCE : range, extent — **extenso, -sa** *adj* : extensive

extenuar {3} *vt* : exhaust, tire out

exterior *adj* **1** : exterior, external **2** EXTRANJERO : foreign — **exterior** *nm* **1** : outside **2 en el exterior** : abroad — **exteriorizar** {21} *vt* : show, reveal — **exteriormente** *adv* : outwardly, externally

exterminar *vt* : exterminate — **exterminación** *nf, pl* **-ciones** : extermination — **exterminio** *nm* : extermination

externo, -na *adj* : external

extinguir {26} *vt* **1** : extinguish (a fire) **2** : put an end to, wipe out — **extinguirse** *vr* **1** : go out (of fire, light, etc.) **2** : become extinct — **extinción** *nf, pl* **-ciones** : extinction — **extinguidor** *nm Lat* : fire extinguisher — **extinto, -ta** *adj* : extinct — **extintor** *nm* : fire extinguisher

extirpar *vt* : remove, eradicate

extorsión *nf, pl* **-siones** **1** : extortion **2** MOLESTIA : trouble

extra *adv* : extra — **extra** *adj* **1** ADICIONAL : additional **2** : top-quality — **extra** *nmf* : extra (in movies) — **extra** *nm* : extra (expense)

extraditar *vt* : extradite

extraer {81} *vt* : extract — **extracción** *nf, pl* **-ciones** : extraction — **extracto** *nm* **1** : extract **2** RESUMEN : abstract, summary

explotación^F **agricola**
farm

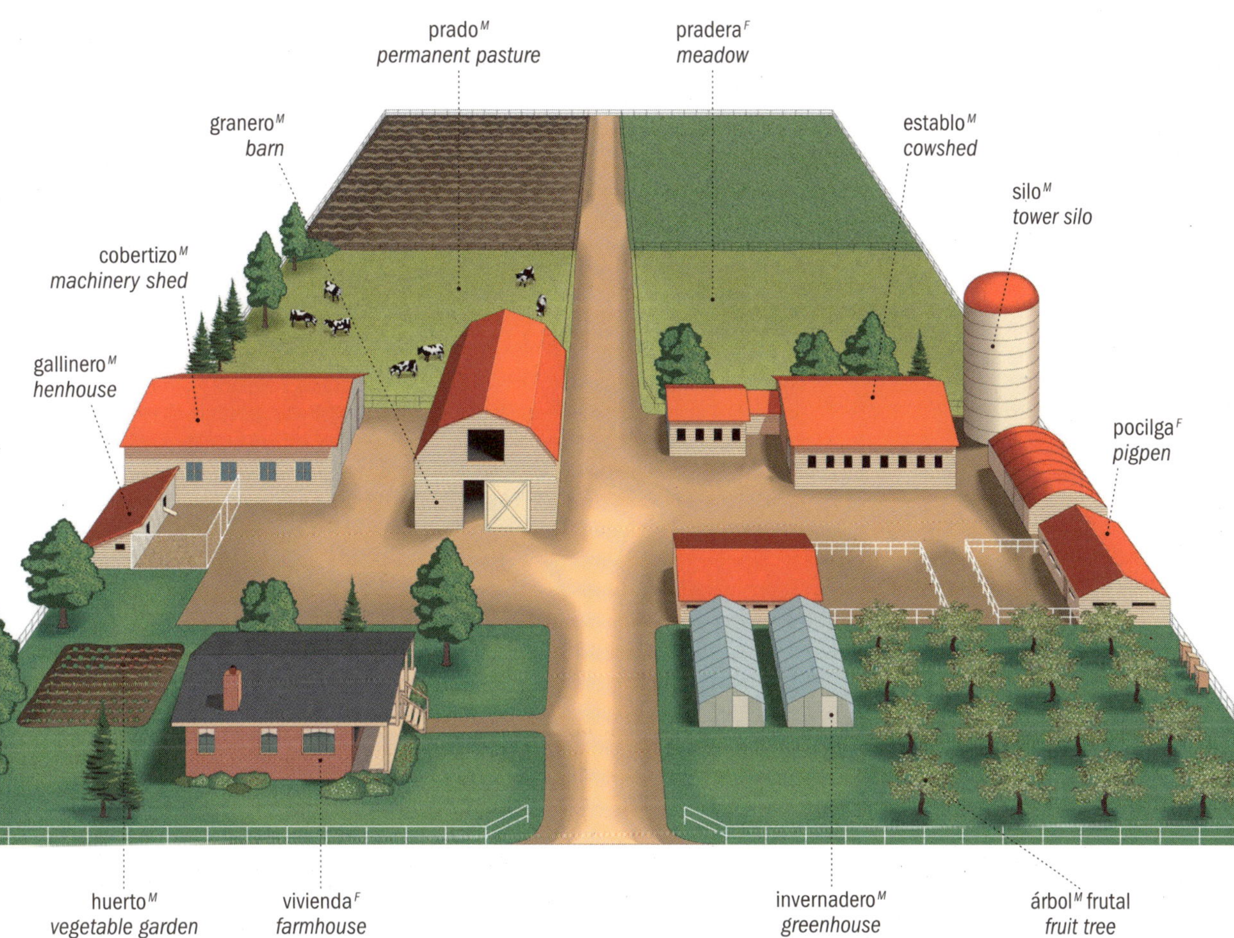

extranjero, -ra *adj* : foreign — **extranjero, -ra** *n* : foreigner — **extranjero** *nm* : foreign countries *pl*
extrañar *vt* : miss (someone) — **extrañarse** *vr* : be surprised — **extrañeza** *nf* : surprise — **extraño, -ña** *adj* **1** : foreign **2** RARO : strange, odd — **extraño, -ña** *n* : stranger
extraoficial *adj* : unofficial
extraordinario, -ria *adj* : extraordinary
extrasensorial *adj* : extrasensory
extraterrestre *adj* & *nmf* : extraterrestrial

extravagante *adj* : extravagant, outrageous — **extravagancia** *nf* : extravagance, outlandishness
extraviar {85} *vt* : lose, misplace — **extraviarse** *vr* : get lost — **extravío** *nm* : loss
extremar *vt* : carry to extremes — **extremarse** *vr* : do one's utmost — **extremadamente** *adv* : extremely — **extremado, -da** *adj* : extreme — **extremidad** *nf* **1** : tip, end **2** **extremidades** *nfpl* : extremities — **extremista** *adj* & *nmf* : extremist

— **extremo, -ma** *adj* **1** : extreme **2** **en caso extremo** : as a last resort — **extremo** *nm* **1** : end **2** **en extremo** : in the extreme, extremely **3** **en ultimo extremo** : as a last resort
extrovertido -da *adj* : extroverted — **extrovertido -da** *n* : extrovert
exuberante *adj* : exuberant — **exuberancia** *nf* : exuberance
exudar *vt* : exude
eyacular *vi* : ejaculate — **eyaculación** *nf, pl* **-ciones** : ejaculation

f *nf* : f, sixth letter of the Spanish alphabet

fabricar {72} *vt* **1** : manufacture **2** CONSTRUIR : build, construct **3** INVENTAR : fabricate — **fábrica** *nf* : factory — **fabricación** *nf, pl* -**ciones** : manufacture — **fabricante** *nmf* : manufacturer

fábula *nf* **1** : fable **2** MENTIRA : story, lie

fabuloso, -sa *adj* : fabulous

facción *nf, pl* -**ciones 1** : faction **2** facciónes *nfpl* RASGOS : features

faceta *nf* : facet

facha *nf* : appearance, look

fachada *nf* : façade

facial *adj* : facial

fácil *adj* **1** : easy **2** PROBABLE : likely — **facilemente** *adv* : easily, readily — **facilidad** *nf* **1** : facility, ease **2** fáciles *nfpl* : facilities, services — **facilitar** *vt* **1** : facilitate **2** PROPORCIONAR : provide, supply

facsímil *or* facsímile *nm* **1** COPIA : facsimile, copy **2** : fax

factible *adj* : feasible

factor *nm* : factor

factoría *nf* : factory

factura *nf* **1** : bill, invoice **2** HECHURA : making, manufacture — **facturar** *vt* **1** : bill for **2** : check in (baggage, etc.)

facultad *nf* **1** : faculty, ability **2** AUTORIDAD : authority **3** : school (of a university) — **facultativo, -va** *adj* : optional

faena *nf* **1** : task, job **2** faenas domésticas : housework

fagot *nm* : bassoon

faisán *nm, pl* -**sanes** : pheasant

faja *nf* **1** : sash **2** : girdle, corset **3** : strip (of land)

fajo *nm* : bundle, sheaf

falda *nf* **1** : skirt **2** : side, slope (of a mountain)

falible *adj* : fallible

fálico, -ca *adj* : phallic

fallar *vi* : fail, go wrong — *vt* **1** : pronounce judgment on **2** ERRAR : miss — **falla** *nf* **1** : flaw, defect **2** : (geological) fault

fallecer {53} *vi* : pass away, die — **fallecimiento** *nm* : demise, death

fallido, -da *adj* : failed, unsuccessful

fallo *nm* **1** : error **2** SENTENCIA : sentence, verdict

falo *nm* : phallus, penis

falsear *vt* : falsify, distort — **falsedad** *nf* **1** : falseness **2** MENTIRA : falsehood, lie — **falsificación** *nf, pl* -**ciones** : forgery, fake — **falsificador, -dora** *n* : forger — **falsificar** {72} *vt* **1** : counterfeit, forge **2** ALTERAR : falsify — **falso, -sa** *adj* **1** : false, untrue **2** FALSIFICADO : counterfeit, forged

falta *nf* **1** CARENCIA : lack **2** DEFECTO : defect, fault, error **3** AUSENCIA : absence **4** : offense, misdemeanor (in law) **5** : foul (in sports) **6** hacer falta : be lacking, be needed **7** sin falta : without fail — **faltar** *vi* **1** : be lacking, be needed **2** : be missing **3** QUEDAR : remain, be left **4** ¡no faltaba más! : don't mention it! — **falto, -ta** *adj* falto de : lacking (in)

fama *nf* **1** : fame **2** REPUTACIÓN : reputation

famélico, -ca *adj* : starving

familia *nf* : family — **familiar** *adj* **1** : familial, family **2** CONOCIDO : familiar **3** : informal (of language, etc.) — **familiar** *nmf* : relation, relative — **familiaridad** *nf* : familiarity — **familiarizarse** {21} *vr* **familiarizarse con** : familiarize oneself with

famoso, -sa *adj* : famous

fanático, -ca *adj* : fanatic, fanatical — **fanático, -ca** *n* : fanatic — **fanatismo** *nm* : fanaticism

fanfarria *nf* : fanfare

fanfarrón, -rrona *adj, mpl* **-rrones** *fam* : boastful — **fanfarrón, -rrona** *n, fam* : braggart — **fanfarronear** *vi* : boast, brag

fango *nm* : mud, mire — **fangoso, -sa** *adj* : muddy

fantasear *vi* : fantasize, daydream — **fantasía** *nf* **1** : fantasy **2** IMAGINACIÓN : imagination

fantasma *nm* : ghost, phantom — **fantasmal** *adj* : ghostly

fantástico, -ca *adj* : fantastic

fardo *nm* : bundle

farfullar *v* : jabber, gabble

farmacéutico, -ca *adj* : pharmaceutical — **farmacéutico, -ca** *n* : pharmacist — **farmacia** *nf* : drugstore, pharmacy

faro *nm* **1** : lighthouse **2** : headlight (of an automobile) — **farol** *nm* **1** LINTERNA : lantern **2** FAROLA : streetlight — **farola** *nf* **1** : lamppost **2** FAROL : streetlight

farsa *nf* : farce — **farsante** *nmf* : charlatan, fraud

fascículo *nm* : installment, part (of a publication)

fascinar *vt* : fascinate — **fascinación** *nf, pl* **-ciones** : fascination — **fascinante** *adj* : fascinating

fascismo *nm* : fascism — **fascista** *adj & nmf* : fascist

fase *nf* : phase

fastidiar *vt* : annoy, bother — *vi* : be annoying or bothersome — **fastidio** *nm* : annoyance — **fastidioso, -sa** *adj* : annoying, bothersome

fatal *adj* **1** : fateful **2** MORTAL : fatal **3** *fam* : awful, terrible — **fatalidad** *nf* **1** : fate, destiny **2** DESGRACIA : misfortune

fatídico, -ca *adj* : fateful, momentous

fatiga *nf* : fatigue — **fatigado, -da** *adj* : weary, tired — **fatigar** {52} *vt* : tire — **fatigarse** *vr* : get tired — **fatigoso, -sa** *adj* : fatiguing, tiring

fatuo, -tua *adj* **1** : fatuous **2** PRESUMIDO : conceited

fauna *nf* : fauna

favor *nm* **1** : favor **2 a favor de** : in favor of **3 por favor** : please — **favorable** *adj* **1** : favorable **2 ser favorable a** : be in favor of — **favorecedor, -dora** *adj* : flattering — **favorecer** {53} *vt* **1** AYUDAR : favor **2** : look well on, suit — **favoritismo** *nm* : favoritism — **favorito, -ta** *adj & n* : favorite

fax *nm* : fax — **faxear** *vt* : fax

faz *nf, pl* **faces** : face, countenance

fe *nf* **1** : faith **2 dar fe de** : bear witness to **3 de buena fe** : in good faith

fealdad *nf* : ugliness

febrero *nm* : February

febril *adj* : feverish

fecha *nf* **1** : date **2 fecha de caducidad** *or* **fecha de vencimiento** : expiration date **3 fecha límite** : deadline — **fechar** *vt* : date, put a date on

fechoría *nf* : misdeed

fécula *nf* : starch (in food)

fecundar *vt* **1** : fertilize (an egg) **2** : make fertile — **fecundo, -da** *adj* : fertile

federación *nf, pl* **-ciones** : federation — **federal** *adj* : federal

felicidad *nf* **1** : happiness **2 ¡felicidades!** : best wishes!, congratulations!, happy birthday! — **felicitación** *nf, pl* **-ciones** : congratulation — **felicitar** *vt* : congratulate — **felicitarse** *vr* **felicitarse de** : be glad about

feligrés -gresa *n, mpl* **-greses** : parishioner

▶ **felino, -na** *adj & n* : feline

feliz *adj, pl* **-lices 1** : happy **2** AFORTUNADO : fortunate **3 Feliz Navidad** : Merry Christmas

felpa *nf* **1** : plush **2** : terry cloth (for towels, etc.)

felpudo *nm* : doormat

femenino, -na *adj* **1** : feminine **2** : female (in biology) — **femenino** *nm* : feminine (in grammar) — **femineidad** *nf* : femininity — **feminismo** *nm* : feminism — **feminista** *adj & nmf* : feminist

fenómeno *nm* : phenomenon — **fenomenal** *adj* **1** : phenomenal **2** *fam* : fantastic, terrific

feo, fea *adj* **1** : ugly **2** DESAGRADABLE : unpleasant, nasty

féretro *nm* : coffin

feria *nf* **1** : fair, market **2** FIESTA : festival, holiday **3** *Lat fam* : small change — **feriado, -da** *adj* **día feriado** : public holiday

felinos[M]
felines

gato[M] doméstico
cat

jaguar[M]
jaguar

león[M]
lion

leopardo[M]
leopard

fermentar *v* : ferment — **fermentación** *nf, pl* **-ciones** : fermentation — **fermento** *nm* : ferment

feroz *adj, pl* **-roces** : ferocious, fierce — **ferocidad** *nf* : ferocity, fierceness

férreo, -rrea *adj* **1** : iron **2 vía férrea** : railroad track

ferretería *nf* : hardware store

▶ **ferrocarril** *nm* : railroad, railway — **ferroviario, -ria** *adj* : rail, railroad

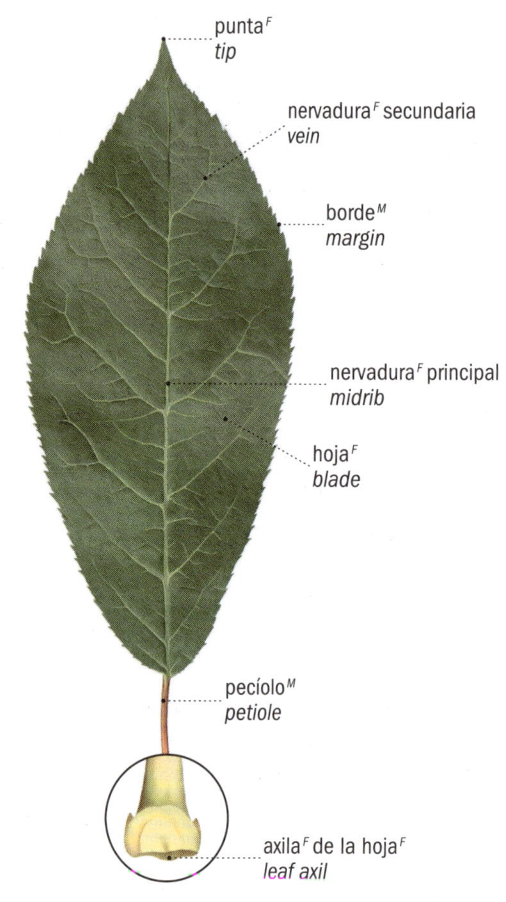

ferry *nm, pl* **ferrys** : ferry
fértil *adj* : fertile, fruitful — **fertilidad** *nf* : fertility — **fertilizante** *nm* : fertilizer — **fertilizar** *vt* : fertilize
fervor *nm* : fervor, zeal — **ferviente** *adj* : fervent
festejar *vt* **1** : celebrate **2** AGASAJAR : entertain, wine and dine — **festejo** *nm* : celebration, festivity

festín *nm, pl* **-tines** : banquet, feast
festival *nm* : festival — **festividad** *nf* : festivity — **festivo, -va** *adj* **1** : festive **2 día festivo** : holiday
fetiche *nm* : fetish
fétido, -da *adj* : foul-smelling, fetid
feto *nm* : fetus — **fetal** *adj* : fetal
feudal *adj* : feudal
fiable *adj* : reliable

— **fiabilidad** *nf* : reliability
fiado, -da *adj* : on credit — **fiador, -dora** *n* : bondsman, guarantor
fiambres *nfpl* : cold cuts
fianza *nf* **1** : bail, bond **2 dar fianza** : pay a deposit
fiar {85} *vt* **1** : guarantee **2** : sell on credit — *vi* **ser de fiar** : be trustworthy — **fiarse** *vr* **fiarse de** : place trust in

fiasco *nm* : fiasco
fibra *nf* **1** : fiber **2 fibra de vidrio** : fiberglass
ficción *nf, pl* **-ciones** : fiction
ficha *nf* **1** : token **2** TARJETA : index card **3** : counter, chip (in games) — **fichar** *vt* : file, index — **fichero** *nm* **1** : card file **2** : filing cabinet
ficticio, -cia *adj* : fictitious
fidedigno, -na *adj* : reliable, trustworthy
fidelidad *nf* : fidelity, faithfulness
fideo *nm* : noodle
fiebre *nf* **1** : fever **2 fiebre del heno** : hay fever **3 fiebre palúdica** : malaria
fiel *adj* **1** : faithful, loyal **2** PRECISO : accurate, reliable — **fiel** *nm* **1** : pointer (of a scale) **2 los fieles** : the faithful — **fielmente** *adv* : faithfully
fieltro *nm* : felt
fiero, -ra *adj* : fierce, ferocious — **fiera** *nf* : wild animal, beast
fierro *nm Lat* : iron (bar)
fiesta *nf* **1** : party **2** DIA FESTIVO : holiday, feast day
figura *nf* **1** : figure **2** FORMA : shape, form — **figurar** *vi* **1** : figure (in), be included (among) **2** DESTACAR : stand out — *vt* : represent — **figurarse** *vr* : imagine
fijar *vt* **1** : fasten, affix **2** CONCRETAR : set, fix — **fijarse** *vr* **1** : settle **2 fijarse en** : notice, pay attention to — **fijo, -ja** *adj* **1** : fixed, firm **2** PERMANENTE : permanent
fila *nf* **1** : line, file, row **2 ponerse en fila** : line up
filantropía *nf* : philanthropy — **filantrópico, -ca** *adj* : philanthropic — **filántropo, -pa** *n* : philanthropist
filatelia *nf* : philately, stamp collecting
filete *nm* : fillet
filial *adj* : filial — **filial** *nf* : affiliate, subsidiary
filigrana *nf* **1** : filigree **2** : watermark (on paper)
filipino, -na *adj* : Filipino
filmar *vt* : film, shoot — **filme** *or* **film** *nm* : film, movie
filo *nm* **1** : edge **2 dar filo a** : sharpen
filón *nm, pl* **-lones 1** : vein (of minerals) **2** *fam* : gold mine
filoso, -sa *adj Lat* : sharp
filosofía *nf* : philosophy — **filosófico, -ca** *adj* : philosophical — **filósofo, -fa** *n* : philosopher
filtrar *v* : filter — **filtrarse** *vr* : leak out, seep through — **filtro** *nm* : filter

fin *nm* **1** : end **2** OBJETIVO : purpose, aim **3 en fin** : well, in short **4 fin de semana** : weekend **5 por fin** : finally, at last
final *adj* : final — **final** *nm* : end, conclusion — **final** *nf* : final (in sports) — **finalidad** *nf* : purpose, aim — **finalista** *nmf* : finalist — **finalizar** {21} *v* : finish, end — **finalmente** *adv* : finally
financiar *vt* : finance, fund — **financiero, -ra** *adj* : financial — **financiero, -ra** *n* : financier — **finanzas** *nfpl* : finance
finca *nf* **1** : farm, ranch **2** *Lat* : country house
fingir {35} *v* : feign, pretend — **fingido, -da** *adj* : false, feigned
finito, -ta *adj* : finite
finlandés, -desa *adj* : Finnish
fino, -na *adj* **1** : fine **2** DELGADO : slender **3** REFINADO : refined **4** AGUDO : sharp, keen — **finura** *nf* **1** : fineness **2** REFINAMIENTO : refinement
firma *nf* **1** : signature **2** : (act of) signing **3** EMPRESA : firm, company
firmamento *nm* : firmament, sky
firmar *v* : sign
firme *adj* **1** : firm, resolute **2** ESTABLE : steady, stable — **firmeza** *nf* **1** : strength, resolve **2** ESTABILIDAD : firmness, stability
fiscal *adj* : fiscal — **fiscal** *nmf* : district attorney — **fisco** *nm* : (national) treasury
fisgar {52} *vt* : pry into — *vi* : pry — **fisgón, -gona** *n, mpl* **-gones** : snoop, busybody
física *nf* : physics — **físico, -ca** *adj* : physical — **física** *n* : physicist — **físico** *nm* : physique
fisiología *nf* : physiology — **fisiológico, -ca** *adj* : physiological — **fisiólogo, -ga** *n* : physiologist
fisioterapia *nf* : physical therapy — **fisioterapeuta** *nmf* : physical therapist
fisonomía *nf* : features *pl*, appearance
fisura *nf* : fissure
fláccido, -da *or* **flácido, -da** *adj* : flaccid, flabby
flaco, -ca *adj* **1** : thin, skinny **2** DÉBIL : weak
flagrante *adj* : flagrant
flamante *adj* **1** : bright, brilliant **2** NUEVO : brand-new
flamenco, -ca *adj* **1** : flamenco (of music or dance) **2** : Flemish — **flamenco** *nm* **1** : flamingo **2** : flamenco (music or dance)
flaquear *vi* : weaken, flag

— **flaqueza** *nf* **1** : thinness **2** DEBILIDAD : weakness
flash *nm* : flash
flatulencia *nf* : flatulence
flauta *nf* **1** : flute **2 flauta dulce** : recorder — **flautín** *nm, pl* **-tines** : piccolo — **flautista** *nmf* : flutist
flecha *nf* : arrow
fleco *nm* **1** : fringe **2** *Lat* : bangs *pl*
flema *nf* : phlegm — **flemático, -ca** *adj* : phlegmatic
flequillo *nm* : bangs *pl*
fletar *vt* **1** : charter, rent **2** *Lat* : transport — **flete** *nm* **1** : charter **2** : shipping (charges) **3** *Lat* : transport, freight
flexible *adj* : flexible — **flexibilidad** *nf* : flexibility
flirtear *vi* : flirt
flojo, -ja *adj* **1** SUELTO : loose, slack **2** DÉBIL : weak **3** PEREZOSO : lazy — **flojera** *nf, fam* : lethargy
flor *nf* : flower — **flora** *nf* : flora — **floral** *adj* : floral — **floreado, -da** *adj* : flowered — **florear** *vi Lat* : flower, bloom — **florecer** {53} *vi* **1** : bloom, blossom **2** PROSPERAR : flourish — **floreciente** *adj* : flourishing — **florero** *nm* : vase — **florido, -da** *adj* : flowery — **florista** *nmf* : florist — **floritura** *nf* : frill, flourish
flota *nf* : fleet
flotar *vi* : float — **flotador** *nm* **1** : float **2** : life preserver (for a swimmer) — **flotante** *adj* : floating, buoyant — **flote : a flotante** *adv phr* : afloat
flotilla *nf* : flotilla, fleet
fluctuar {3} *vi* : fluctuate — **fluctuación** *nf, pl* **-ciones** : fluctuation
fluir {41} *vi* : flow — **fluidez** *nf* **1** : fluidity **2** : fluency (of language, etc.) — **fluido, -da** *adj* **1** : fluid **2** : fluent (of language) — **fluido** *nm* : fluid — **flujo** *nm* : flow
fluorescente *adj* : fluorescent
fluoruro *nm* : fluoride
fluvial *adj* : river
fobia *nf* : phobia
foca *nf* : seal (animal)
foco *nm* **1** : focus **2** : spotlight, floodlight (in theater, etc.) **3** *Lat* : lightbulb
fofo, -fa *adj* : flabby
fogata *nf* : bonfire
fogón *nm, pl* **-gones** : burner
fogoso, -sa *adj* : ardent
folklore *nm* : folklore — **folklórico, -ca** *adj* : folk, traditional
▸ **follaje** *nm* : foliage

folleto *nm* : pamphlet, leaflet
fomentar *vt* : promote, encourage —
  fomento *nm* : promotion, encouragement
fonda *nf* : boarding house
fondear *vt* : sound out,
  examine — *vi* : anchor
fondillos *nmpl* : seat (of pants, etc.)
fondo *nm* **1** : bottom **2** : rear,
  back, end **3** PROFUNDIDAD : depth **4** :
  background (of a painting, etc.) **5** *Lat*
  : slip, petticoat **6 fondos** *nmpl* : funds,
  resources **7 a fondo** : thoroughly, in
  depth **8 en el fondo** : deep down
fonético, -ca *adj* : phonetic

— **fonética** *nf* : phonetics
fontanería *nf, Spain* : plumbing —
  fontanero, -ra *n, Spain* : plumber
footing *nm* **1** : jogging **2**
  hacer footing : jog
forajido, -da *n* : bandit, outlaw
foráneo, -nea *adj* : foreign, strange
forastero, -ra *n* : stranger, outsider
forcejear *vi* : struggle —
  forcejeo *nm* : struggle
forense *adj* : forensic
forja *nf* : forge — **forjar** *vt* **1** : forge
  2 CREAR, FORMAR : build up, create
forma *nf* **1** : form, shape **2** MANERA

: manner, way **3 en forma** : fit,
  healthy **4 formas** *nfpl* : appearances,
  conventions — **formación** *nf, pl* **-ciones**
  1 : formation **2** EDUCACIÓN : training
formal *adj* **1** : formal **2** SERIO : serious
  3 FIABLE : dependable, reliable —
  formalidad *nf* **1** : formality **2** SERIEDAD
  : seriousness **3** FIABILIDAD : reliability
formar *vt* **1** : form, shape **2** CONSTITUIR
  : constitute **3** EDUCAR : train, educate —
  formarse *vr* **1** DESARROLLARSE : develop,
  take shape **2** EDUCARSE : be educated
formato *nm* : format
formidable *adj* **1** : tremendous
  2 *fam* : fantastic, terrific
fórmula *nf* : formula
formular *vt* **1** : formulate, draw up
  2 : make, lodge (a complaint, etc.)
formulario *nm* : form
fornido, -da *adj* : well-built, burly
foro *nm* : forum
forraje *nm* : forage, fodder
  — **forrajear** *vi* : forage
forrar *vt* **1** : line (a garment) **2** :
  cover (a book) — **forro** *nm* **1** :
  lining **2** CUBIERTA : book cover
fortalecer {53} *vt* : strengthen —
  fortaleza *nf* **1** : fortress **2** FUERZA
  : strength **3** : (moral) fortitude
fortificar {72} *vt* : fortify —
  fortificación *nf, pl* **-ciones** : fortification
fortuito, -ta *adj* : fortuitous, chance
fortuna *nf* **1** SUERTE : fortune,
  luck **2** RIQUEZA : wealth, fortune
  3 por fortuna : fortunately
forzar {36} *vt* **1** : force **2** : strain (one's
  eyes) — **forzosamente** *adv* : necessarily
  — **forzoso, -sa** *adj* : necessary, inevitable
fosa *nf* **1** : pit, ditch **2** TUMBA :
  grave **3 fosas nasales** : nostrils
fósforo *nm* **1** : phosphorus **2**
  CERILLA : match — **fosforescente** *adj*
  : phosphorescent
fósil *nm* : fossil
foso *nm* **1** : ditch **2** : pit (of a
  theater) **3** : moat (of a castle)
foto *nf* : photo
fotocopia *nf* : photocopy —
  fotocopiadora *nf* : photocopier
  — **fotocopiar** *vt* : photocopy
fotogénico, -ca *adj* : photogenic
fotografía *nf* **1** : photography
  2 : photograph, picture —
  fotografiar {85} *vt* : photograph —
  fotográfico, -ca *adj* : photographic

fregadero^M con triturador^M de basura^F
sink with garbage disposal

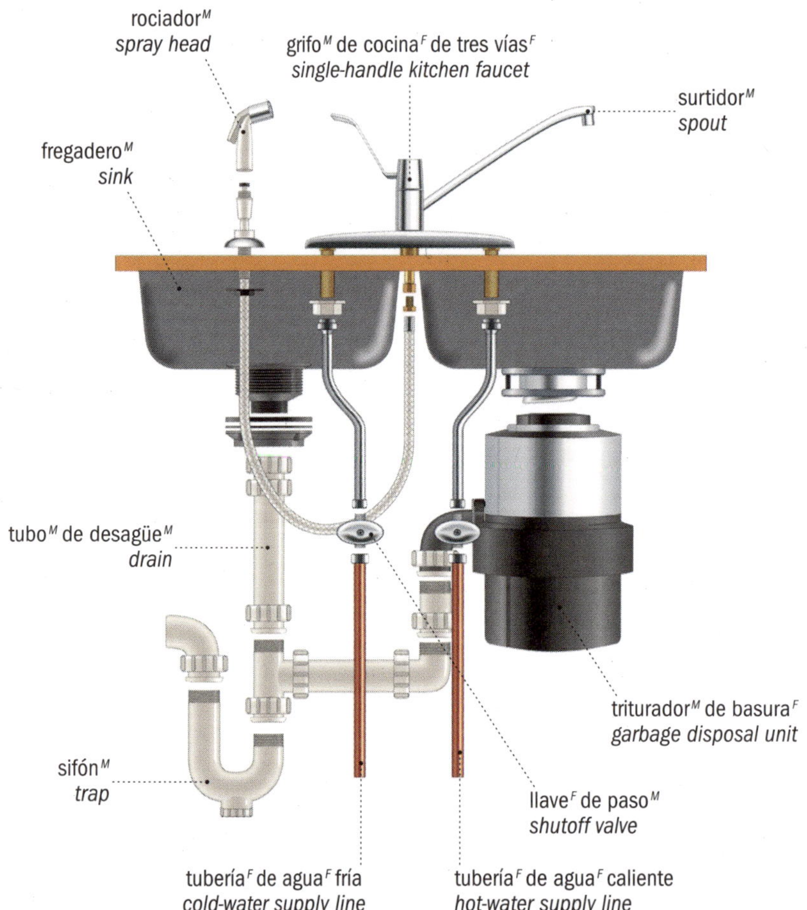

— **fotógrafo, -fa** *n* : photographer
fotosíntesis *nf* : photosynthesis
fracasar *vi* : fail — **fracaso** *nm* : failure
fracción *nf, pl* **-ciones 1** :
  fraction **2** : faction (in politics)
  — **fraccionamiento** *nm Lat*
  : housing development
fractura *nf* : fracture — **fracturarse** *vr*
  : fracture, break (a bone)
fragancia *nf* : fragrance, scent
  — **fragante** *adj* : fragrant
fragata *nf* : frigate
frágil *adj* **1** : fragile **2** DÉBIL :
  frail, delicate — **fragilidad** *nf* **1**
  : fragility **2** DEBILIDAD : frailty
fragmento *nm* : fragment
fragor *nm* : clamor, din
fragoso, -sa *adj* : rough, rugged
fragua *nf* : forge — **fraguar**
  {10} *vt* **1** : forge **2** IDEAR : concoct
  — *vi* : harden, solidify
fraile *nm* : friar, monk
frambuesa *nf* : raspberry
francés, -cesa *adj, mpl* **-ceses** : French
  — **francés** *nm* : French (language)
franco, -ca *adj* **1** : frank, candid **2** : free
  (in commerce) — **franco** *nm* : franc
francotirador, -dora *n* : sniper
franela *nf* : flannel
franja *nf* **1** : stripe, band **2** FLECO : fringe
franquear *vt* **1** : clear (a path,
  etc.) **2** : cross over (a doorstep,
  etc.) **3** : pay postage on (mail)
  — **franqueo** *nm* : postage
franqueza *nf* : frankness
frasco *nm* : small bottle, vial, flask
frase *nf* **1** : phrase **2** ORACIÓN : sentence
fraternal *adj* : brotherly, fraternal —
  fraternidad *nf* : brotherhood, fraternity
  — **fraternizar** {21} *vi* : fraternize —
  fraterno, -na *adj* : brotherly, fraternal
fraude *nm* : fraud — **fraudulento,
  -ta** *adj* : fraudulent
fray *nm* (*used in titles*) : brother, friar
frazada *nf Lat* : blanket
frecuencia *nf* **1** : frequency **2**
  con frecuencia : often, frequently
  — **frecuentar** *vt* : frequent, haunt
  — **frecuente** *adj* : frequent
▶ **fregadero** *nm* : kitchen sink
fregar {49} *vt* **1** : scrub, wash **2** *Lat
  fam* : annoy — *vi Lat fam* : be a pest
freír {37} *vt* : fry
fregona *nf, Spain* : mop
frenar *vt* **1** : brake **2**

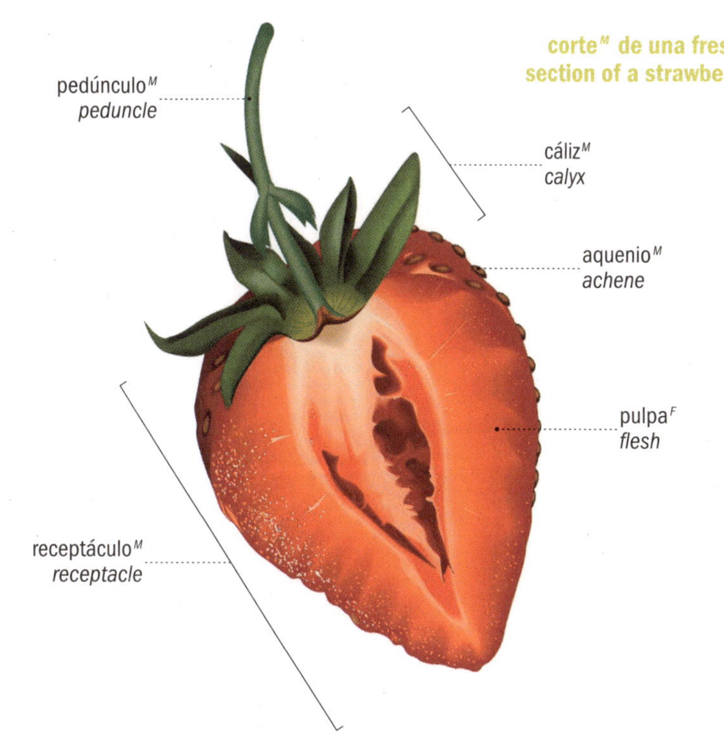

RESTRINGIR : **curb, check**
frenesí *nm* : frenzy — **frenético,
  -ca** *adj* : frantic, frenzied
freno *nm* **1** : brake **2** : bit (of a bridle)
  3 CONTROL : check, restraint
frente *nm* **1** : front **2** : facade (of a
  building) **3 al frente de** : at the head
  of **4 frente a** : opposite **5 de frente** :
  (facing) forward **6 hacer frente a** : face
  up to, brave — **frente** *nf* : forehead
▶ **fresa** *nf* : strawberry
fresco, -ca *adj* **1** : fresh **2** FRÍO : cool **3**
  fam : insolent, nervy — **fresco** *nm* **1** :
  fresh air **2** FRESCOR : coolness **3** : fresco
  (art or painting) — **frescor** *nm* : coolness,
  cool air — **frescura** *nf* **1** : freshness **2**
  FRÍO : coolness **3** *fam* : nerve, insolence
fresno *nm* : ash (tree)
frialdad *nf* **1** : coldness **2**
  INDIFERENCIA : indifference
fricción *nf, pl* **-ciones 1** : friction **2** MASAJE
  : rubbing, massage — **friccionar** *vt* : rub
frigidez *nf* : frigidity
frigorífico *nm, Spain* : refrigerator
frijol *nm Lat* : bean

frío, fría *adj* **1** : cold **2** INDIFERENTE :
  cool, indifferent — **frío** *nm* **1** : cold **2**
  INDNDERENCIA : coldness, indifference
  3 hacer frío, : be cold (outside) **4**
  tener frío, : be cold, feel cold
frito, -ta *adj* **1** : fried **2** *fam* : fed up
frívolo, -la *adj* : frivolous —
  frivolidad *nf* : frivolity
fronda *nf* **1** : frond **2** *or* **frondas** *nfpl* :
  foliage — **frondoso, -sa** *adj* : leafy
frontera *nf* : border, frontier —
  fronterizo, -za *adj* : border, on the border
  — **frontero, -ra** *adj* : facing, opposite
frotar *vt* : rub — **frotarse** *vr* **frotarse
  las manos** : rub one's hands
fructífero, -ra *adj* : fruitful
frugal *adj* : frugal, thrifty —
  frugalidad *adj* : frugality
fruncir {83} *vt* **1** : gather (in pleats)
  2 fruncir el ceño : frown **3 fruncir
  la boca** : purse one's lips
frustrar *vt* : frustrate — **frustrarse** *vr* : fail
  — **frustración** *nf, pl* **-ciones** : frustration
  — **frustrado, -da** *adj* **1** : frustrated
  2 FRACASADO : failed, unsuccessful

— **frustrante** *adj* : frustrating

fruta *nf* : fruit — **frutilla** *nf Lat* : strawberry — **fruto** *nm* **1** : fruit **2** RESULTADO : result, consequence

fucsia *adj & nm* : fuchsia

fuego *nm* **1** : fire **2** : flame, burner (on a stove) **3 fuegos artificiales** *nmpl* : fireworks **4 ¿tienes fuego?** : have you got a light?

fuelle *nm* : bellows

fuente *nf* **1** : fountain **2** MANANTIAL : spring **3** ORIGEN : source **4** PLATO : platter, serving dish

fuera *adv* **1** : outside, out **2** : abroad, away **3 fuera de** : outside of, beyond **4 fuera de** : aside from, in addition to

fuerte[1] : strong **2** : bright (of colors), loud (of sounds) **3** EXTREMO : intense **4** DURO : hard — **fuerte** *adv* **1** : strongly, hard **2** : loudly **3** MUCHO : abundantly, a lot — **fuerte** *nm* **1** : fort **2** ESPECIALIDAD : strong point

fuerza *nf* **1** : strength **2** VIOLENCIA : force **3** PODER : power, might **4 fuerzas armadas** *nfpl* : armed forces **5 a fuerza de** : by dint of **6 a la fuerza** : necessarily

fuga *nf* **1** : flight, escape **2** : fugue (in music) **3** ESCAPE : leak — **fugarse** {52} *vr* : flee, run away — **fugaz** *adj, pl* **-gaces** : fleeting — **fugitivo, -va** *adj & n* : fugitive

fulano, -na *n* : so-and-so, what's-his-name, what's-her-name

fulgor *nm* : brilliance, splendor

fulminar *vt* **1** : strike with lightning **2** : strike down (with an illness, etc.) — **fulminante** *adj* : devastating

fumar *v* : smoke — **fumarse** *vr* **1** : smoke **2** *fam* : squander — **fumador, -dora** *n* : smoker

funámbulo, -la *n* : tightrope walker

función *nf, pl* **-ciones 1** : function **2** TRABAJOS : duties *pl* **3** : performance, show (in theater) — **funcional** *adj* : functional — **funcionamiento** *nm* **1** : functioning **2 en funcionamiento** : in operation — **funcionar** *vi* **1** : function, run, work **2 no funciona** : out of order — **funcionario, -ria** *n* : civil servant, official

funda *nf* **1** : cover, sheath **2** *or* **funda de almohada** : pillowcase

fundar *vt* **1** ESTABLECER : found, establish **2** BASAR : base — **fundarse** *vr* **fundarse en** : be based on — **fundación** *nf, pl* **-ciones** : foundation — **fundador, -dora** *n* : founder

— **fundamental** *adj* : fundamental, basic — **fundamentalmente** *adv* : basically — **fundamentar** *vt* **1** : lay the foundations for **2** BASAR : base — **fundamento** *nm* **1** : foundation **2** **fundamentos** *nmpl* : fundamentals

fundir *vt* **1** : melt down, smelt **2** FUSIONAR : fuse, merge — **fundirse** *vr* **1** : blend, merge **2** DERRETIRSE : melt **3** : burn out (of a lightbulb) — **fundición** *nf, pl* **-ciones 1** : smelting **2** : foundry

fúnebre *adj* **1** : funeral **2** LÚGUBRE : gloomy

funeral *adj* : funeral, funerary — **funeral** *nm* **1** : funeral **2** **funerales** *nmpl* EXEQUIAS : funeral (rites) — **funeraria** *nf* : funeral home

funesto, ta *adj* : terrible, disastrous

fungir {35} *vi Lat* : act, function

furgón *nm, pl* **-gones 1** : van, truck **2** : freight car (of a train) **3 furgón de cola** : caboose — **furgoneta** *nf* : van

furia *nf* **1** CÓLERA : fury, rage **2** VIOLENCIA : violence — **furibundo, -da** *adj* : furious — **furioso, -sa** *adj* **1** : furious, irate **2** INTENSO : intense, violent — **furor** *nm* : fury

furtivo, -va *adj* : furtive

furúnculo *nm* : boil

fuselaje *nm* : fuselage

fusible *nm* : fuse

fusil *nm* : rifle — **fusilar** *vt* : shoot (by firing squad)

fusión *nf, pl* **-siones 1** : fusion **2** UNIÓN : union, merger — **fusionar** *vt* **1** : fuse **2** UNIR : merge — **fusionarse** *vr* : merge

futbol *or* **fútbol** *nm* **1** : soccer **2 futbol americano** : football — **futbolista** *nmf* : soccer player, football player

fútil *adj* : trifling, trivial

futuro, -ra *adj* : future — **futuro** *nm* : future

frutas[F]**: drupas**[F]
fruits: stone fruits

g *nf* : g, seventh letter of the
   Spanish alphabet
gabán *nm, pl* **-banes** : topcoat, overcoat
gabardina *nf* **1** : trench coat,
   raincoat **2** : gabardine (fabric)
gabinete *nm* **1** : cabinet (in
   government) **2** : (professional) office
gacela *nf* : gazelle
gaceta *nf* : gazette
gachas *nfpl* : porridge
gacho, -cha *adj* : drooping
gaélico, -ca *adj* : Gaelic
gafas *nfpl* **1** : eyeglasses **2**
   gafas de sol : sunglasses
gaita *nf* : bagpipes *pl*
gajo *nm* : segment (of fruit)
gala *nf* **1** : gala **2 de gala** : formal
   3 hacer gala de : display, show
   off **4** galas *nfpl* : finery
galáctico, -ca *adj* : galactic
galán *nm, pl* **-lanes 1** : leading man
   (in theater) **2** *fam* : boyfriend
galante *adj* : gallant — **galantear** *vt*
   : court, woo — **galantería** *nf* **1** :
   gallantry **2** CUMPLIDO : compliment
galápago *nm* : (aquatic) turtle
galardón *nm, pl* **-dones** : reward
galaxia *nf* : galaxy
galera *nf* : galley
galería *nf* **1** : corridor **2** : gallery,
   balcony (in a theater)
galés, -lesa *adj, mpl* **-leses** : Welsh
galgo *nm* : greyhound
galimatías *nms & pl* : gibberish
gallardía *nf* **1** : bravery **2** ELEGAN-
   CIA : elegance — **gallardo, -da** *adj* **1** :
   brave **2** APUESTO : elegant, good-looking
gallego, -ga *adj* : Galician
galleta *nf* **1** : (sweet) cookie
   2 : (salted) cracker
gallina *nf* **1** : hen **2 gallina de Guinea** :
   guinea fowl — **gallinero** *nm* : henhouse,
   (chicken) coop — **gallo** *nm* : rooster, cock
galón *nm, pl* **-lones 1** : gallon **2**
   : stripe (military insignia)
galopar *vi* : gallop — **galope** *nm* : gallop
galvanizar {21} *vt* : galvanize
gama *nf* **1** : range, spectrum
   2 : scale (in music)
gamba *nf* : large shrimp, prawn
gamuza *nf* **1** : chamois (animal)
   2 : chamois (leather), suede
gana *nf* **1** : desire, wish **2** APETITO :
   appetite **3 de buena gana** : willingly,
   heartily **4 de mala gana** : unwillingly **5 no**

me da la gana : I don't feel like it **6 tener**
   ganas de : feel like, be in the mood for
ganado *nm* **1** : cattle *pl*, livestock **2**
   ganado ovino : sheep *pl* **3 ganado**
   porcino : swine *pl* — **ganadería** *nf* **1**
   : cattle raising **2** GANADO : livestock
ganador, -dora *adj* : winning
   — **ganador, -dora** *n* : winner
ganancia *nf* : profit
ganar *vt* **1** : earn **2** : win (in games, etc.)
   3 CONSEGUIR : gain **4** ADQUERIR : get, obtain
   5 ganar a algn : win over someone, beat

someone — *vi* : win — **ganarse** *vr* **1** :
   win, gain **2 ganarse la vida** : make a living
gancho *nm* **1** : hook **2** HORQUILLA :
   hairpin **3** *Lat* : (clothes) hanger
gandul, -dula *adj & n fam* : good-for-
   nothing — **gandul** *nm Lat* : pigeon pea
ganga *nf* : bargain
gangrena *nf* : gangrene
gángster *nmf* : gangster
ganso, -sa *n* : goose, gander *m* —
   gansada *nf* : silly thing, nonsense
gañir {38} *vi* : yelp — **gañido** *nm* : yelp

Vía^F Láctea (vista^F desde arriba)
Milky Way (seen from above)

galaxia^F
galaxy

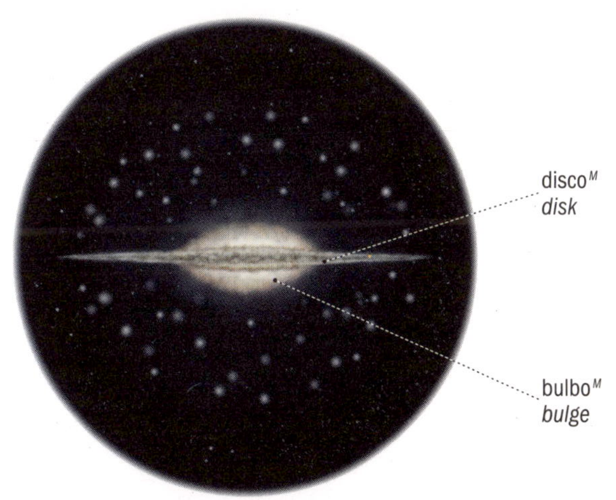

Vía^F Láctea (vista^F lateral)
Milky Way (side view)

garabatear *v* : scribble —
  garabato *nm* : scribble
garaje *nm* : garage
garantizar {21} *vt* : guarantee —
  garante *nmf* : guarantor — **garantía** *nf* **1**
  : guarantee, warranty **2** FIANZA : surety
garapiñar *vt* : candy (fruits, etc.)
garbanzo *nm* : chickpea, garbanzo
garbo *nm* : grace, elegance —
  garboso, -sa *adj* : graceful, elegant
gardenia *nf* : gardenia
garfio *nm* : hook, gaff
garganta *nf* **1** : throat **2** CUELLO :
  neck **3** DESFILADERO : ravine, gorge
  — **gargantilla** *nf* : necklace
gárgara *nf* **1** : gargling, gargle
  2 hacer gárgaras : gargle
gárgola *nf* : gargoyle
garita *nf* **1** : sentry box **2**
  CABAÑA : cabin, hut
garito *nm* : gambling den
garra *nf* **1** : claw, talon **2** *fam* : hand, paw
garrafa *nf* : decanter, carafe
  — **garrafón** *nm, pl* **-fones** :
  large decanter or bottle
garrapata *nf* : tick
garrocha *nf* **1** : lance, pike
  2 *Lat* : pole (in sports)
garrote *nm* : club, cudgel
garúa *nf Lat* : drizzle

garza *nf* : heron
gas *nm* **1** : gas **2 gas
  lacrimógeno** : tear gas
gasa *nf* : gauze
gaseosa *nf* : soda, soft drink
gasolina *nf* : gasoline, gas — **gasoil** *or*
  gasóleo *nm* : diesel fuel — **gasolinera** *nf*
  : gas station, service station
gastar *vt* **1** : spend **2** CONSUMIR :
  consume, use up **3** DESPERDICIAR :
  squander, waste — **gastarse** *vr* **1** : spend
  2 DETERIORARSE : wear out — **gastado,
  -da** *adj* **1** : spent **2** : worn-out (of clothing,
  etc.) — **gastador, -dora** *n* : spendthrift
  — **gastos** *nm* **1** : expense, expenditure
  2 gastos generales : overhead
gástrico, -ca *adj* : gastric
gastronomía *nf* : gastronomy —
  gastrónomo, -ma *n* : gourmet
gatas: a gatas *adv phr* : on all fours
gatear *vi* : crawl, creep
gatillo *nm* : trigger —
  gatillero *nm, Mex* : gunman
gato, -ta *n* : cat — **gatito, -ta** *n* : kitten
  — **gato** *nm* : jack (for an automobile)
gaucho *nm* : gaucho
gaveta *nf* : drawer
gavilla *nf* **1** : sheaf **2** PANDILLA : gang
gaviota *nf* : gull, seagull
gay *adj* : gay (homosexual)

gaza *nf* : loop
gazpacho *nm* : gazpacho
géiser *nm* : geyser
gelatina *nf* : gelatin
gema *nf* : gem
gemelo, -la *adj & n* : twin —
  gemelo *nm* **1** : cuff link **2 gemelo,
  -las** *nmpl* : binoculars
gemir {54} *vi* : moan, groan, whine —
  gemido *nm* : moan, groan, whine
gen *or* gene *nm* : gene
genealogía *nf* : genealogy —
  genealógico, -ca *adj* : genealogical
generación *nf, pl* **-ciones** : generation
generador *nm* : generator
general *adj* **1** : general **2 en general**
  or **por lo general** : in general,
  generally — **general** *nmf* : general
  — **generalidad** *nf* **1** : generalization
  2 MAYORÍA : majority — **generalizar**
  {21} *vi* : generalize — *vt* : spread (out) —
  generalizarse *vr* : become widespread
  — **generalmente** *adv* : usually, generally
generar *vt* : generate
género *nm* **1** : kind, sort **2** : gender (in
  grammar) **3 género humano** : human
  race — **genérico, -ca** *adj* : generic
generoso, -sa *adj* **1** : generous,
  unselfish **2** : ample (in quantity)
  — **generosidad** *nf* : generosity

formas^F **geométricas: volúmenes**^M
geometrical shapes: volumes

toro^M
torus

hemisferio^M
hemisphere

esfera^F
sphere

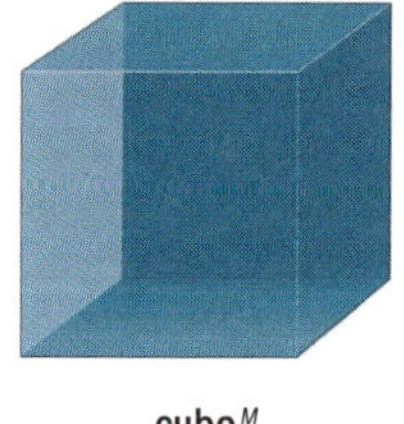
cubo^M
cube

hélice^F
helix

paralelepípedo^M
parallelepiped

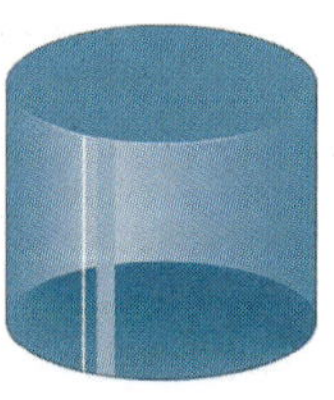
cilindro^M
cylinder

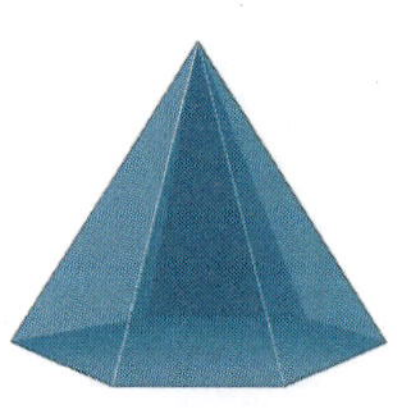
pirámide^F
pyramid

génesis *nfs & pl* : genesis

genética *nf* : genetics — **genético, -ca** *adj* : genetic

genial *adj* **1** : brilliant **2** ESTUPENDO : great, terrific

genio *nm* **1** : genius **2** CARÁCTER : temper, disposition **3** : genie (in mythology)

genital *adj* : genital — **genitales** *nmpl* : genitals

genocidio *nm* : genocide

gente *nf* **1** : people **2** *fam* : relatives *pl*, folks *pl* **3 ser buena gente** : be nice, be kind

gentil *adj* **1** AMABLE : kind **2** : gentile (in religion) — **gentileza** *nf* : kindness, courtesy

gentío *nm* : crowd, mob

gentuza *nf* : riffraff, rabble

genuflexión *nf, pl* **-xiones** : genuflection

genuino, -na *adj* : genuine

geografía *nf* : geography — **geográfico, -ca** *adj* : geographic, geographical

geología *nf* : geology — **geológico, -ca** *adj* : geologic, geological

geometría *nf* : geometry — **geométrico, -ca** *adj* : geometric, geometrical

geranio *nm* : geranium

gerencia *nf* : management — **gerente** *nmf* : manager

geriatría *nf* : geriatrics — **geriátrico, -ca** *adj* : geriatric

germen *nm, pl* **gérmenes** : germ

germinar *vi* : germinate, sprout

gestación *nf, pl* **-ciones** : gestation

gesticular *vi* : gesticulate, gesture — **gesticulación** *nf, pl* **-ciones** : gesticulation

gestión *nf, pl* **-tiones** **1** : procedure, step **2** ADMINISTRACIÓN : management — **gestionar** *vt* **1** : negotiate, work towards **2** ADMINISTRAR : manage, handle

gesto *nm* **1** : gesture **2** : (facial) expression **3** MUECA : grimace

gigante *adj & nm* : giant — **gigantesco, -ca** *adj* : gigantic

gimnasia *nf* : gymnastics — **gimnasio** *nm* : gymnasium, gym — **gimnasta** *nmf* : gymnast

gimotear *vi* : whine, whimper

ginebra *nf* : gin

ginecología *nf* : gynecology — **ginecólogo, -ga** *n* : gynecologist

gira *nf* : tour

girar *vi* : turn (around), revolve — *vt* **1** : turn, twist, rotate **2** : draft (checks) **3** : transfer (funds)

girasol^M
sunflower

girasol *nm* : sunflower

giratorio, -ria *adj* : revolving

giro *nm* **1** : turn, rotation **2** LOCUCIÓN : expression **3 giro bancario** : bank draft **4 giro postal** : money order

giroscopio *nm* : gyroscope

gis *nm Lat* : chalk

gitano, -na *adj & n* : Gypsy

glaciar *nm* : glacier — **glacial** *adj* : glacial, icy

gladiador *nm* : gladiator

glándula *nf* : gland

glasear *vt* : glaze, ice (cake, etc.) — **glaseado** *nm* : icing

glicerina *nf* : glycerin

globo *nm* **1** : globe **2** : balloon **3 globo ocular** : eyeball — **global** *adj* **1** : global **2** TOTAL : total, overall

glóbulo *nm* : blood cell, corpuscle

gloria *nf* : glory

glorieta *nf* **1** : bower, arbor **2** *Spain* : rotary, traffic circle

glorificar {72} *vt* : glorify

glorioso, -sa *adj* : glorious

glosario *nm* : glossary

glotón, -tona *adj, mpl* **-tones** : gluttonous — **glotón, -tona** *n* : glutton — **glotonería** *nf* : gluttony

glucosa *nf* : glucose

gnomo *nm* : gnome

gobernar {55} *v* **1** : govern, rule **2** DIRIGIR : direct, manage **3** : steer (a boat, etc.) — **gobernación** *nf, pl* **-ciones** : governing, government — **gobernador, -dora** *n* : governor — **gobernante** *adj* : ruling, governing — **gobernante** *n* : ruler, leader — **gobierno** *nm* : government

goce *nm* : enjoyment

gol *nm* : goal (in sports)

golf *nm* : golf — **golfista** *nmf* : golfer

golfo *nm* : gulf

golondrina *nf* **1** : swallow **2 golondrina de mar** : tern

golosina *nf* : sweet, candy — **goloso, -sa** *adj* : fond of sweets

golpe *nm* **1** : blow **2** PUÑETAZO : punch **3** : knock (on a door, etc.) **4 de golpe** : suddenly **5 de un golpe** : all at once **6 golpe de estado** : coup d'etat — **golpear** *vt* **1** : hit, punch **2** : slam, bang (a door, etc.) — *vi* : knock (at a door)

goma *nf* **1** CAUCHO : rubber **2** PEGAMENTO : glue **3** *or* **goma elástica** : rubber band **4 goma de mascar** : chewing gum **5 goma de borrar** : eraser

gong *nm* : gong

gordo, -da *adj* **1** : fat, plump **2** GRUESO : thick **3** : fatty (of meat) **4** *fam* : big, serious — **gordo, -da** *n* : fat person — **gorda** *nf Lat* : thick corn tortilla — **gordo** *nm* **1** GRASA : fat **2** : jackpot (in a lottery) — **gordura** *nf* : fatness, flab

gorgotear *vi* : gurgle, bubble

gorila *nm* : gorilla

gorjear *vi* **1** : chirp, tweet **2** : gurgle (of a baby) — **gorjeo** *nm* : chirping

gorra *nf* **1** : cap, bonnet **2 de gorra** *fam* : for free

gorrear *vt, fam* : bum, scrounge

gorrión *nm, pl* **-rriones** : sparrow

gorro *nm* **1** : cap, bonnet **2 de gorro** *fam* : for free

gorrión^M
sparrow

gota *nf* **1** : drop **2** : gout (in medicine)
— **gotear** *vi* : drip, leak — **goteo** *nm*
: drip, dripping — **gotera** *nf* : leak
gótico, -ca *adj* : Gothic
gozar {21} *vi* **1** : enjoy oneself **2**
gozar de algo : enjoy something
gozne *nm* : hinge
gozo *nm* **1** : joy **2** PLACER : enjoyment,
pleasure — **gozoso, -sa** *adj* : joyful, glad
grabar *vt* **1** : engrave **2** : record,
tape — **grabación** *nf, pl* **-ciones** :
recording — **grabado** *nm* : engraving
— **grabadora** *nf* : tape recorder
gracia *nf* **1** : grace **2** FAVOR : favor,
kindness **3** HUMOR : humor, wit **4**
gracias *nfpl* : thanks **5** ¡(muchas)
gracias! : thank you (very much)! —
gracioso, -sa *adj* : funny, amusing
grada *nf* **1** : step, stair **2** : row
(in a theater, etc.) **3 gradas** *nfpl* :
bleachers, grandstand — **gradación** *nf,*
pl **-ciones** : gradation, scale —
gradería *nf* : rows *pl*, stands *pl* —
grado *nm* **1** : degree **2** : grade (in
school) **3 de buen grado** : willingly
graduar {3} *vt* **1** : regulate, adjust **2**
MARCAR : calibrate **3** : confer a degree
on (in education) — **graduarse** *vr* :
graduate (from a school) — **graduación** *nf,*
pl **-ciones 1** : graduation **2** : alcohol
content, proof — **graduado, -da** *n* :
graduate — **gradual** *adj* : gradual —
gradualmente *adv* : little by little, gradually
gráfico, -ca *adj* : graphic —
gráfica *nf* : graph — **gráfico** *nm* **1**
: graph **2** : graphic (in computers)
gragea *nf* : pill, tablet
grajo *nm* : rook (bird)
gramática *nf* : grammar —
gramatical *adj* : grammatical
gramo *nm* : gram
gran → **grande**
grana *nf* : scarlet
granada *nf* **1** : pomegranate **2**
: grenade (in the military)
granate *nm* : garnet
grande *adj* (**gran** *before singular nouns*)
1 : large, big **2** ALTO : tall **3** : great (in
quality, intensity, etc.) **4** *Lat* : grown-up
— **grandeza** *nf* **1** : greatness **2** NOBLEZA :
nobility — **grandiosidad** *nf* : grandeur —
grandioso, -sa *adj* : grand, magnificent
granel: a granel *adv phr* **1** :
in bulk **2** : in abundance
granero *nm* : barn, granary

granito *nm* : granite
granizar {21} *v impers* : hail —
granizada *nf* : hailstorm — **granizado** *nm*
: iced drink — **granizo** *nm* : hail
granja *nf* : farm — **granjero, -ra** *n* : farmer
grano *nm* **1** : grain **2** SEMILLA : seed
3 : (coffee) bean **4** BARRO : pimple
granuja *nmf* : rascal
grapa *nf* : staple — **grapadora** *nf*
: stapler — **grapar** *vt* : staple
grasa *nf* **1** : grease **2** : fat (in cooking,
etc.) — **grasiento, -ta** *adj* : greasy, oily
— **graso, -sa** *adj* : fatty, greasy, oily
— **grasoso, -sa** *adj Lat* : greasy, oily
gratificar {72} *vt* **1** : give a tip or bonus
to **2** SATISFACER : gratify, satisfy —
gratificación *nf, pl* **-ciones 1** : bonus,
tip, reward **2** SATISFACCIÓN : gratification
gratis *adv & adj* : free
gratitud *nf* : gratitude
grato, -ta *adj* : pleasant, agreeable
gratuito, -ta *adj* **1** : gratuitous,
unwarranted **2** GRATIS : free
grava *nf* : gravel
gravar *vt* **1** : tax **2** CARGAR : burden
— **gravamen** *nm, pl* **-vámenes 1** :
burden, obligation **2** IMPUESTO : tax
grave *adj* **1** : grave, serious **2** : deep, low
(of a voice, etc.) — **gravedad** *nf* : gravity
gravilla *nf* : gravel
gravitar *vi* **1** : gravitate **2 gravitar**
sobre : weigh on — **gravitación** *nf,*
pl **-ciones** : gravitation
gravoso, -sa *adj* : costly, burdensome
graznar *vi* : caw, quack, honk —
graznido *nm* : caw, quack, honk
gregario, -ria *adj* : gregarious
gremio *nm* : guild, (trade) union
greñas *nfpl* : shaggy hair, mop
griego, -ga *adj* : Greek —
griego *nm* : Greek (language)
grieta *nf* : crack, crevice
grifo *nm, Spain* : faucet, tap
grillete *nm* : shackle
grillo *nm* **1** : cricket **2 grillos** *nmpl*
: fetters, shackles
grima *nf* **dar grima** : annoy, irritate
gringo, -ga *adj & n Lat*
fam : Yankee, gringo
gripe *nf or* gripa *nf Lat* : flu, influenza
gris *adj & nm* : gray
gritar *v* : shout, scream, cry
— **grito** *nm* **1** : shout, scream,
cry **2 dar gritos** : shout
grosella *nf* : currant

grosería *nf* **1** : vulgar remark
2 DESCORTESÍA : rudeness —
grosero, -ra *adj* **1** : coarse,
vulgar **2** DESCORTÉS : rude
grosor *nm* : thickness
grotesco, -ca *adj* : grotesque, hideous
grúa *nf* : crane, derrick
grueso, -sa *adj* **1** : thick **2** CORPULENTO
: stout, heavy — **gruesa** *nf* : gross —
grueso *nm* **1** GROSOR : thickness **2** : main
body, mass **3 en grueso, -sa** : wholesale
grulla *nf* : crane (bird)
grumo *nm* : lump, clot —
grumoso, -sa *adj* : lumpy
gruñir {38} *vi* **1** : growl, grunt **2** *fam* :
grumble — **gruñido** *nm* **1** : growl, grunt
2 *fam* : grumble — **gruñón, -ñona** *adj*
fam : grumpy, grouchy — **gruñón,**
-ñona *n, mpl* **-ñones** *fam* : grouch
grupa *nf* : rump, hindquarters *pl*
▸ **grupo** *nm* : group
gruta *nf* : grotto
guacamayo *nm or*
guacamaya *nf Lat* : macaw
guacamole *nm* : guacamole
guadaña *nf* : scythe
guagua *nf Lat* **1** : baby **2** AUTOBÚS : bus
guajalote, -ta *or* **guajolote,**
-ta *n Lat* : turkey
guante *nm* : glove
guapo, -pa *adj* : handsome,
good-looking
guaraní *nm* : Guarani
(language of Paraguay)
guarda *nmf* **1** : keeper, custodian
2 GUARDIÁN : security guard —
guardabarros *nms & pl* : fender —
guardabosque *nmf* : forest ranger —
guardacostas *nmfs & pl* : coast guard
vessel — **guardaespaldas** *nmfs &*
pl : bodyguard — **guardameta** *nmf*
: goalkeeper — **guardapolvo** *nm* :
overalls *pl* — **guardar** *vt* **1** : keep **2**
PROTEGER : guard, protect **3** RESERVAR
: save — **guardarse** *vr* **guardase**
de 1 : refrain from **2** : guard against
— **guardarropa** *nm* **1** : cloakroom,
checkroom **2** ARMARIO : wardrobe
guardería *nf* : nursery, day-care center
guardia *nf* **1** : guard, vigilence **2** TURNO
: duty, watch — **guardia** *nmf* **1** : guard
2 *or* **guardia municipal** : police officer
— **guardián, -diana** *n, mpl* **-dianes 1** :
guardian, keeper **2** GUARDA : security guard
guarecer {53} *vt* : shelter, protect

— **guarecerse** *vr* : take shelter
guarida *nf* **1** : den, lair (of animals) **2** : hideout (of persons)
guarnecer {53} *vt* **1** : adorn, garnish **2** : garrison (an area) — **guarnición** *nf, pl* **-ciones 1** : garnish, trimming **2** : (military) garrison
guasa *nf, fam* **1** : joke **2 de guasa** : in jest — **guasón -sona** *adj, fam* : joking, witty — **guasón, -sona** *n, mpl* **-sona** *fam* : joker
guatemalteco, -ca *adj* : Guatemalan
guayaba *nf* : guava
gubernamental *or* **gubernativo, -va** *adj* : governmental
guepardo *nm* : cheetah
güero, -ra *adj Lat* : blond, fair
guerra *nf* **1** : war, warfare **2** LUCHA : conflict, struggle — **guerrear** *vi* : wage war — **guerrero, -ra** *adj* **1** : war, fighting **2** BELICOSO : warlike — **guerrero, -ra** *n* : warrior — **guerrilla** *nf* : guerrilla warfare — **guerrillero, -ra** *adj & n* : guerrilla
gueto *nm* : ghetto
guiar {85} *vt* **1** : guide, lead **2** ACONSEJAR : advise — **guiarse** *vr* : be guided by, go by — **guía** *nf* **1** : guidebook **2** ORIENTACIÓN : guidance — **guía** *nmf* : guide, leader
guijarro *nm* : pebble
guillotina *nf* : guillotine
guinda *nf* : morello (cherry)
guiñar *vi* : wink — **guiño** *nm* : wink
guión *nm, pl* **guiones 1** : script, screenplay **2** : hyphen, dash (in punctuation) — **guionista** *nmf* : scriptwriter, screenwriter
guirnalda *nf* : garland
guisa *nf* **1** : manner, fashion **2 a guisa de** : by way of **3 de tal guisa** : in such a way
guisado *nm* : stew
guisante *nm* : pea
guisar *vt* : cook — **guiso** *nm* : stew, casserole
guitarra *nf* : guitar — **guitarrista** *nmf* : guitarist
gula *nf* : gluttony
gusano *nm* **1** : worm **2** : maggot (larva)
gustar *vt* **1** : taste **2** *Lat* : like — *vi* **1** : be pleasing **2 como guste** : as you like **3 me gustan los dulces** : I like sweets — **gusto** *nm* **1** : taste **2** PLACER : pleasure, liking **3 a gusto** : comfortable, at ease **4 al gusto** : to taste **5 mucho gusto** : pleased to meet you — **gustoso, -sa** *adj* **1** : tasty **2** AGRADABLE : pleasant **3 hacer algo gustoso** : do something willingly
gutural *adj* : guttural

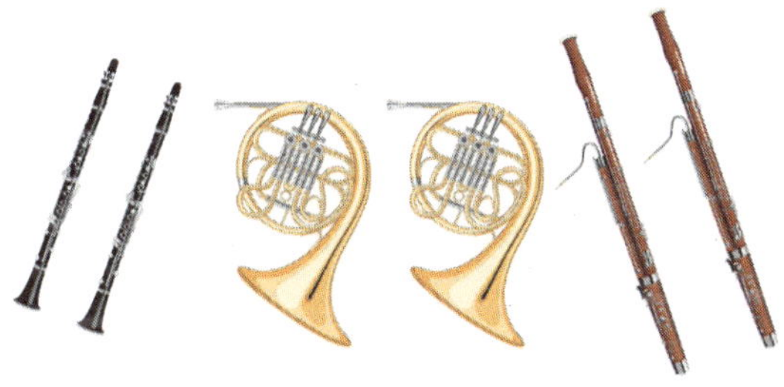

sexteto^M
sextet

cuarteto^M
quartet

trío^M
trio

dúo^M
duo

h *nf* : h, eighth letter of the Spanish alphabet

haba *nf* : broad bean

habanero, -ra *adj* : Havanan — **habano** *nm* : Havana cigar

haber {39} *v aux* **1** : have, has **2 haber de** : must — *v impers* **1** hay : there is, there are **2 hay que** : it is necessary (to) **3 ¿qué hay?** *or* **¿qué hubo?** : how's it going? — **haber** *nm* **1** : assets *pl* **2** : credit side (in accounting) **3 haberes** *nmpl* : income, earnings

habichuela *nf* **1** : bean **2 habichuela verde** : string bean

hábil *adj* **1** : able, skillful **2** LISTO : clever **3 horas hábiles** : business hours — **habilidad** *nf* : ability, skill

habilitar *vt* **1** : equip, furnish **2** AUTORIZAR : authorize

habitar *vt* : inhabit — *vi* : reside, dwell — **habitable** *adj* : habitable, inhabitable — **habitación** *nf, pl* **-ciones 1** : room, bedroom **2** MORADA : dwelling, abode **3** : habitat (in biology) — **habitante** *nmf* : inhabitant, resident — **hábitat** *nm* : habitat

hábito *nm* : habit — **habitual** *adj* : habitual, usual — **habituar** {3} *vt* : accustom, habituate — **habituarse** *vr* **habituarse a** : get used to

hablar *vi* **1** : speak, talk **2 hablar de** : mention, talk about **3 hablar con** : talk to, speak with — *vt* **1** : speak (a language) **2** DISCUTIR : discuss — **hablarse** *vr* **1** : speak to each other **2 se habla inglés** : English spoken — **habla** *nf* **1** : speech **2** IDIOMA : language, dialect **3 de habla inglesa** : English-speaking — **hablador, -dora** *adj* : talkative — **hablador, -dora** *n* : chatterbox — **habladuría** *nf* **1** : rumor **2 habladurías** *nfpl* : gossip — **hablante** *nmf* : speaker

hacedor, -dora *n* : creator, maker

hacendado, -da *n* : landowner, rancher

hacer {40} *vt* **1** : do, perform **2** CONSTRUIR, CREAR : make **3** OBLIGAR : force, oblige — *vi* : act — *v impers* **1 hacer calor/viento** : be hot/be windy **2 hacer falta** : be necessary **3 hace mucho tiempo** : a long time ago **4 no lo hace** : it doesn't matter — **hacerse** *vr* **1** VOLVERSE : become **2** : pretend (to be) **3 hacerse a** : get used to **4 se hace tarde** : it's getting late

hacha *nf* **1** : hatchet, ax **2** ANTORCHA : torch

complejo^M **hidroeléctrico**
hydroelectric complex

hachís *nm* : hashish
hacia *prep* **1** : toward, towards **2** CERCA DE : near, around, about **3 hacia abajo** : downward **4 hacia adelante** : forward
hacienda *nf* **1** : estate, ranch **2** BIENES : property **3** *Lat* : livestock **4 Hacienda** : department of revenue
hacinar *vt* : stack
hada *nf* : fairy
hado *nm* : fate
halagar {52} *vt* : flatter — **halagador, -dora** *adj* : flattering — **halago** *nm* : flattery — **halagüeño, -ña** *adj* **1** : flattering **2** PROMETEDOR : promising
halcón *nm, pl* **-cones** : hawk, falcon
halibut *nm, pl* **-buts** : halibut
hálito *nm* : breath
hallar *vt* **1** : find **2** DESCUBRIR : discover, find out — **hallarse** *vr* : be, find oneself — **hallazgo** *nm* : discovery, find
halo *nm* : halo
hamaca *nf* : hammock
hambre *nf* **1** : hunger **2** INANICIÓN : starvation, famine **3 tener hambre** : be hungry — **hambriento, -ta** *adj* : hungry, starving — **hambruna** *nf* : famine
hamburguesa *nf* : hamburger
hampa *nf* : underworld — **hampón, -pona** *n, mpl* **-pones** : criminal, thug
hámster *nm* : hamster
hándicap *nm* : handicap (in sports)
hangar *nm* : hangar
haragán, -gana *adj, mpl* **-ganes** : lazy, idle — **haragán, -gana** *n* : slacker, idler — **haraganear** : be lazy, loaf
harapiento, -ta *adj* : ragged, in rags — **harapos** *nmpl* : rags, tatters
harina *nf* : flour
hartar *vt* **1** : glut, satiate **2** FASTIDIAR : annoy — **hartarse** *vr* **1** : gorge oneself **2** CANSARSE : get fed up — **harto, -ta** *adj* **1** : full, satiated **2** CANSADO : tired, fed up — **harto** *adv* : extremely, very — **hartura** *nf* **1** : surfeit **2** ABUNDANCIA : abundance, plenty
hasta *prep* **1** : until, up until (in time) **2** : as far as, up to (in space) **3 ¡hasta luego!** : see you later! **4 hasta que** : until — **hasta** *adv* : even
hastiar {85} *vt* **1** : make weary, bore **2** ASQUEAR : sicken — **hastiarse** *vr* **hastiarse de** : get tired of — **hastío** *nm* **1** : weariness, tedium **2** REPUGNANCIA : disgust
hato *nm* **1** : flock, herd **2** : bundle (of possessions)

haya *nf* : beech
haz *nm, pl* **haces** **1** : bundle, sheaf **2** : beam (of light)
hazaña *nf* : feat, exploit
hazmerreír *nm, fam* : laughingstock
he {39} *v impers* **he aquí** : here is, here are, behold
hebilla *nf* : buckle
hebra *nf* : strand, thread
hebreo, -brea *adj* : Hebrew — **hebreo** *nm* : Hebrew (language)
hecatombe *nm* : disaster
hechizo *nm* **1** : spell **2** ENCANTO : charm, fascination — **hechicería** *nf* : sorcery, witchcraft — **hechicero, -ra** *n* : sorcerer, sorceress *f* — **hechizar** {21} *vt* **1** : bewitch **2** CAUTIVAR : charm
hecho, -cha *adj* **1** : made, done **2** : ready-to-wear (of clothing) **3 hecho, -cha y derecho** : full-fledged, mature — **hecho** *nm* **1** : fact **2** SUCESO : event **3** ACTO : act, deed **4 de hecho** : in fact — **hechura** *nf* **1** : making, creation **2** FORMA : shape, form **3** : build (of the body) **4** ARTESANÍA : workmanship
heder {56} *vi* : stink, reek — **hediondez** *nf, pl* **-deces** : stench — **hediondo, -da** *adj* : stinking — **hedor** *nm* : stench
helar {55} *v* : freeze — **helarse** *vr* : freeze up, freeze over — **helado, -da** *adj* **1** : freezing cold **2** CONGELADO : frozen — **helada** *nf* : frost — **heladería** *nf* : ice-cream parlor — **helado** *nm* : ice cream — **heladora** *nf* : freezer
helecho *nm* : fern
hélice *nf* **1** : propeller **2** ESPIRAL : spiral, helix
helicóptero *nm* : helicopter
helio *nm* : helium
hembra *nf* **1** : female **2** MUJER : woman
hemisferio *nm* : hemisphere
hemorragia *nf* **1** : hemorrhage **2 hemorragia nasal** : nosebleed
hemorroides *nfpl* : hemorrhoids, piles
henchir {54} *vt* : stuff, fill
hender {56} *vt* : cleave, split — **hendidura** *nf* : crevice, fissure
henequén *nm, pl* **-quenes** : sisal
heno *nm* : hay
hepatitis *nf* : hepatitis
heraldo *nm* : herald
herbolario, -ria *n* : herbalist
heredar *vt* : inherit — **heredad** *nm* : rural property, estate — **heredero,**

-ra *n* : heir, heiress *f* — **hereditario, -ria** *adj* : hereditary
hereje *nmf* : heretic — **herejía** *nf* : heresy
herencia *nf* **1** : inheritance **2** : heredity (in biology)
herir {76} *vt* **1** : injure, wound **2** : hurt (feelings, pride, etc.) — **herida** *nf* : injury, wound — **herido, -da** *adj* **1** : injured, wounded **2** : hurt (of feelings, pride, etc.) — **herido, -da** *n* : injured person, casualty
hermano, -na *n* : brother *m*, sister *f* — **hermanastro, -tra** *n* : half brother *m*, half sister *f* — **hermandad** *nf* : brotherhood
hermético, -ca *adj* : hermetic, watertight
hermoso, -sa *adj* : beautiful, lovely — **hermosura** *nf* : beauty
hernia *nf* : hernia
héroe *nm* : hero — **heroico, -ca** *adj* : heroic — **heroína** *nf* **1** : heroine **2** : heroin (narcotic) — **heroísmo** *nm* : heroism
herradura *nf* : horseshoe
herramienta *nf* : tool
herrero, -ra *n* : blacksmith
herrumbre *nf* : rust
hervir {76} *v* : boil — **hervidero** *nm* **1** : mass, swarm **2** : hotbed (of intrigue, etc.) — **hervidor** *nm* : kettle — **hervor** *nm* **1** : boiling **2** ENTUSIASMO : fervor, ardor
heterogéneo, -nea *adj* : heterogeneous
heterosexual *adj & nmf* : heterosexual
hexágono *nm* : hexagon — **hexagonal** *adj* : hexagonal
hez *nf, pl* **heces** : dregs *pl*, scum
hiato *nm* : hiatus
hibernar *vi* : hibernate — **hibernación** *nf, pl* **-ciones** : hibernation
híbrido, -da *adj* : hybrid — **híbrido** *nm* : hybrid
hidalgo, -ga *n* : nobleman *m*, noblewoman *f*
hidratante *adj* : moisturizing
hidrato *nm* **hidrato de carbono** : carbohydrate
hidráulico, -ca *adj* : hydraulic
hidroavión *nm, pl* **-aviones** : seaplane
▶ **hidroeléctrico, -ca** *adj* : hydroelectric
hidrofobia *nf* : rabies
hidrógeno *nm* : hydrogen
hidroplano *nm* : hydroplane
hiedra *nf* **1** : ivy **2 hiedra venenosa** : poison ivy
hiel *nm* **1** : bile **2** AMARGURA : bitterness
hielo *nm* **1** : ice **2** FRIALDAD : coldness **3 romper el hielo** : break the ice

hiena *nf* : hyena
hierba *nf* **1** : herb **2** CÉSPED : grass **3 mala hierba** : weed — **hierbabuena** *nf* : mint
hierro *nm* **1** : iron **2 hierro fundido** : cast iron
hígado *nm* : liver
higiene *nf* : hygiene — **higiénico, -ca** *adj* : hygienic
higo *nm* : fig
hijo, -ja *n* **1** : son *m*, daughter *f* **2** hijos *nmpl* : children, offspring — **hijastro, -tra** *n* : stepson *m*, stepdaughter *f*
hilar *v* **1** : spin **2 hilar delgado** : split hairs — **hilado** *nm* : yarn, thread
hilaridad *nf* : hilarity
hilera *nf* : file, row
hilo *nm* **1** : thread **2** LINO : linen **3** ALAMBRE : wire **4** : trickle (of water, etc.) **5 hilo dental** : dental floss
hilvanar *vt* **1** : baste, tack **2** : put together (ideas, etc.)
himno *nm* **1** : hymn **2 himno nacional** : national anthem
hincapié *nm* **hacer hincapié en** : emphasize, stress
hincar {72} *vt* : drive in, plunge — **hincarse** *vr* **hincarse de rodillas** : kneel (down)
hinchar *vt, Spain* : inflate, blow up — **hincharse** *vr* **1** : swell (up) **2** *Spain fam* : stuff oneself — **hinchado, -da** *adj* **1** : swollen **2** POMPOSO : pompous — **hinchazón** *nf, pl* **-zones** : swelling
hindú *adj & nmf* : Hindu — **hinduismo** *nm* : Hinduism
hinojo *nm* : fennel
hiperactivo, -va *adj* : hyperactive
hipersensible *adj* : oversensitive
hipertensión *nf, pl* **-siones** : hypertension, high blood pressure
hípico, -ca *adj* : equestrian, horse
hipil → **huipil**
hipnosis *nfs & pl* : hypnosis — **hipnótico, -ca** *adj* : hypnotic — **hipnotismo** *nm* : hypnotism — **hipnotizador, -dora** *n* : hypnotist — **hipnotizar** {21} *vt* : hypnotize
hipo *nm* **1** : hiccup, hiccups *pl* **2 tener hipo** : have hiccups
hipocondríaco, -ca *adj* : hypochondriacal — **hipocondríaco, -ca** *n* : hypochondriac
hipocresía *nf* : hypocrisy — **hipócrita** *adj* : hypocritical — **hipocresía** *nmf* : hypocrite
hipodérmico, -ca *adj* : hypodermic
hipódromo *nm* : racetrack

hipopótamo *nm* : hippopotamus
hipoteca *nf* : mortgage — **hipotecar** {72} *vt* : mortgage
hipótesis *nfs & pl* : hypothesis — **hipotético, -ca** *adj* : hypothetical
hiriente *adj* : hurtful, offensive
hirsuto, -ta *adj* **1** : hairy **2** : bristly, wiry (of hair)
hirviente *adj* : boiling
hispano, -na *or* **hispánico, -ca** *adj & n* : Hispanic — **hispanoamericano, -na** *adj* : Latin-American — **hispanoamericano, -na** *n* : Latin American — **hispanohablante** *or* hispanoparlante *adj* : Spanish-speaking
histeria *nf* : hysteria — **histérico, -ca** *adj* : hysterical — **histerismo** *nm* : hysteria
historia *nf* **1** : history **2** CUENTO : story — **historiador, -dora** *n* : historian — **historial** *nm* : record, background — **histórico, -ca** *adj* **1** : historical **2** IMPORTANTE : historic, important — **historieta** *nf* : comic strip
hito *nm* : milestone, landmark
hocico *nm* : snout, muzzle
hockey *nm* : hockey
hogar *nm* **1** : home **2** CHIMENEA : hearth, fireplace — **hogareño, -ña** *adj* **1** : home-loving **2** DOMÉSTICO : home, domestic
hoguera *nf* : bonfire
hoja *nf* **1** : leaf **2** : sheet (of paper) **3 hoja de afeitar** : razor blade — **hojalata** *nf* : tinplate — **hojaldre** *nm* : puff pastry — **hojear** *vt* : leaf through — **hojuela** *nf Lat* : flake
hola *interj* : hello!, hi!
holandés, -desa *adj, mpl* **-deses** : Dutch
holgado, -da *adj* **1** : loose, baggy **2** : comfortable (of an economic situation, a victory, etc.) — **holgazán, -zana** *adj* : lazy — **holgazán, -zana** *n, nmpl* **-zanes** : slacker, idler — **holgazanear** *vi* : laze about, loaf — **holgura** *nf* **1** : looseness **2** BIENESTAR : comfort, ease
hollín *nm, pl* **-llines** : soot
holocausto *nm* : holocaust
hombre *nm* **1** : man **2 el hombre** : mankind **3 hombre de estado** : statesman **4 hombre de negocios** : businessman
hombrera *nf* **1** : shoulder pad **2** : epaulet (of a uniform)
hombría *nf* : manliness
hombro *nm* : shoulder
hombruno, -na *adj* : mannish
homenaje *nm* **1** : homage **2 rendir**

homenaje a : pay tribute to
homeopatía *nf* : homeopathy
homicidio *nm* : homicide, murder — **homicida** *adj* : homicidal, murderous — **homicidio** *nmf* : murderer
homogéneo, -nea *adj* : homogeneous
homólogo, -ga *adj* : equivalent — **homólogo, -ga** *n* : counterpart
homosexual *adj & nmf* : homosexual — **homosexualidad** *nf* : homosexuality
hondo, -da *adj* : deep — **hondo** *adv* : deeply — **hondonada** *nf* : hollow — **hondura** *nf* : depth
hondureño, -ña *adj* : Honduran
honesto, -ta *adj* : decent, honorable — **honestidad** *nf* : honesty, integrity
hongo *nm* **1** : mushroom **2** : fungus (in botany and medicine)
honor *nm* : honor — **honorable** *adj* : honorable — **honorario, -ria** *adj* : honorary — **honorarios** *nmpl* : payment, fee — **honra** *nf* : honor — **honradez** *nf, pl* **-deces** : honesty, integrity — **honrado, -da** *adj* : honest, upright — **honrar** *vt* : honor — **honrarse** *vr* : be honored — **honroso, -sa** *adj* : honorable
hora *nf* **1** : hour **2** : (specific) time **3** CITA : appointment **4 a la última hora** : at the last minute **5 hora punta** : rush hour **6 media hora** : half an hour **7 ¿qué hora es?** : what time is it? **8 horas de oficina** : office hours **9 horas extraordinarias** : overtime
horario *nm* : schedule, timetable
horca *nf* **1** : gallows *pl* **2** : pitchfork (in agriculture)
horcajadas: a horcajadas *adv phr* : astride
horda *nf* : horde
horizonte *nm* : horizon — **horizontal** *adj* : horizontal
horma *nf* **1** : form, mold, last **2** : shoe tree
hormiga *nf* : ant
hormigón *nm, pl* **-gones** : concrete
hormigueo *nm* : tingling, pins and needles
hormiguero *nm* **1** : anthill **2** : swarm (of people)
hormona *nf* : hormone
horno *nm* **1** : oven (for cooking) **2** : small furnace, kiln — **hornada** *nf* : batch — **hornear** *vt* : bake — **hornillo** *nf* : portable stove
horóscopo *nm* : horoscope
horquilla *nf* **1** : hairpin, bobby

pin **2** HORCA : pitchfork
horrendo, -da *adj* : horrendous, awful — **horrible** *adj* : horrible — **horripilante** *adj* : horrifying — **horror** *nm* **1** : horror, dread **2** ATROCIDAD : atrocity — **horrorizar** {21} *vt* : horrify, terrify — **horrorizarse** *vr* : be horrified — **horroroso, -sa** *adj* : horrifying, dreadful
hortaliza *nf* : (garden) vegetable — **hortelano, -na** *n* : truck farmer — **horticultura** *nf* : horticulture
hosco, -ca *adj* : sullen, gloomy
hospedar *vt* : put up, lodge — **hospedarse** *vr* : stay, lodge — **hospedaje** *nm* : lodging
hospital *nm* : hospital — **hospitalario, -ria** *adj* : hospitable — **hospitalidad** *nf* : hospitality — **hospitalizar** {21} *vt* : hospitalize
hostería *nf* : small hotel, inn
hostia *nf* : host (in religion)
hostigar {52} *vt* **1** : whip **2** ACOSAR : harass, pester
hostil *adj* : hostile — **hostilidad** *nf* : hostility
hotel *nm* : hotel — **hotelero, -ra** *adj* : hotel — **hotelero, -ra** *n* : hotel manager, hotelier
hoy *adv* **1** : today **2 de hoy en adelante** : from now on **3 hoy (en) día** : nowadays **4 hoy mismo** : this very day
hoyo *nm* : hole — **hoyuelo** *nm* : dimple
hoz *nf, pl* **hoces** : sickle
huarache *nm* : huarache (sandal)
hueco, -ca *adj* **1** : hollow, empty **2** ESPONJOSO : soft, spongy **3** RESONANTE : resonant — **hueco** *nm* **1** : hollow, cavity **2** : recess (in a wall, etc.) **3 hueco de escalera** : stairwell
huelga *nf* **1** : strike **2 declararse en huelga** : go on strike — **huelguista** *nmf* : striker
huella *nf* **1** : footprint **2** VESTIGIO : track, mark **3 huella digital** *or* **huella dactilar** : fingerprint
huérfano, -na *n* : orphan — **huérfano, -na** *adj* : orphaned
huerta *nf* : truck farm — **huerto** *nm* **1** : vegetable garden **2** : (fruit) orchard
hueso *nm* **1** : bone **2** : pit, stone (of a fruit)
huésped, -peda *n* : guest — **huésped** *nm* : host (organism)
huesudo, -da *adj* : bony
▸ **huevo** *nm* **1** : egg **2 huevos estrellados** : fried eggs **3 huevos revueltos** :

scrambled eggs — **hueva** *nf* : roe
huida *nf* : flight, escape — **huidizo, -za** *adj* **1** : shy **2** FUGAZ : fleeting
huipil *nm Lat* : traditional embroidered blouse or dress
huir {41} *vi* **1** : escape, flee **2 huir de** : shun, avoid
hule *nm* **1** : oilcloth **2** *Lat* : rubber
humano, -na *adj* **1** : human **2** COMPASIVO : humane — **humano** *nm* : human (being) — **humanidad** *nf* **1** : humanity, mankind **2** BENEVOLENCIA : humaneness **3 humanidads** *nfpl* : humanities — **humanismo** *nm* : humanism — **humanista** *nmf* : humanist — **humanitario, -ria** *adj & n* : humanitarian
humear *vi* : smoke, steam — **humareda** *nf* : cloud of smoke
humedad *nf* **1** : dampness **2** : humidity (in meteorology) — **humedecer** {53} *vt* : moisten, dampen — **humedecerse** *vr* : become moist — **húmedo, -da** *adj* **1** : moist, damp **2** : humid (in meteorology)
humildad *nf* : humility — **humilde** *adj* : humble — **humillación** *nf, pl* **-ciones** : humiliation — **humillante** *adj* : humiliating — **humillar** *vt* : humiliate

— **humillarse** *vr* : humble oneself
humo *nm* **1** : smoke, steam, fumes **2 humos** *nmpl* : airs, conceit
humor *nm* **1** : mood, temper **2** GRACIA : humor **3 de buen humor** : in a good mood — **humorismo** *nm* : humor, wit — **humorista** *nmf* : humorist, comedian — **humorístico, -ca** *adj* : humorous
hundir *vt* **1** : sink **2** : destroy, ruin (a building, plans, etc.) — **hundirse** *vr* **1** : sink **2** DERRUMBARSE : collapse — **hundido, -da** *adj* : sunken — **hundimiento** *nm* **1** : sinking **2** DERRUMBE : collapse
húngaro, -ra *adj* : Hungarian
huracán *nm, pl* **-canes** : hurricane
huraño, -ña *adj* : unsociable
hurgar {52} *vi* **hurgar en** : rummage around in
hurón *nm, pl* **-rones** : ferret
hurra *interj* : hurrah!, hooray!
hurtadillas : **a hurtadillas** *adv phr* : stealthily, on the sly
hurtar *vt* : steal — **hurto** *nm* **1** ROBO : theft **2** : stolen property
husmear *vt* : sniff out, pry into — *vi* : nose around
huy *interj* : ow!, ouch!

huevos ^M **eggs**

huevo^M de codorniz^F
quail egg

huevo^M de faisán^M
pheasant egg

huevo^M de oca^F
goose egg

huevo^M de gallina^F
hen egg

huevo^M de avestruz^M
ostrich egg

i *nf* : i, ninth letter of the Spanish alphabet
ibérico, -ca *adj* : Iberian — **ibero, -ra** *or* **íbero, -ra** *adj* : Iberian
iceberg *nm, pl* **-bergs** : iceberg
icono *nm* : icon
ictericia *nf* : jaundice
ida *nf* **1** : outward journey **2 ida y vuelta** : round-trip **3 idas y venidas** : comings and goings
idea *nf* **1** : idea **2** OPINIÓN : opinion
ideal *adj & nm* : ideal — **idealismo** *nm* : idealism — **idealista** *adj* : idealistic — **idealista** *nmf* : idealist — **idealizar** {21} *vt* : idealize
idear *vt* : devise, think up
ídem *nm* : the same, ditto
identidad *nf* : identity — **idéntico, -ca** *adj* : identical — **identificar** {72} *vt* : identify — **identificarse** *vr* **1** : identify oneself **2 identificarse con** : identify with — **identificación** *nf, pl* **-ciones** : identification
ideología *nf* : ideology — **ideológico, -ca** *adj* : ideological
idílico, -ca *adj* : idyllic
idioma *nm* : language — **idiomático, -ca** *adj* : idiomatic
idiosincrasia *nf* : idiosyncrasy — **idiosincrásico, -ca** *adj* : idiosyncratic
idiota *adj* : idiotic — **idiota** *nmf* : idiot — **idiotez** *nf* : idiocy
ídolo *nm* : idol — **idolatrar** *vt* : idolize — **idolatría** *nf* : idolatry
idóneo, -nea *adj* : suitable, fitting — **idoneidad** *nf* : fitness, suitability
▸ **iglesia** *nf* : church
iglú *nm* : igloo
ignición *nf, pl* **-ciones** : ignition
ignífugo, -ga *adj* :

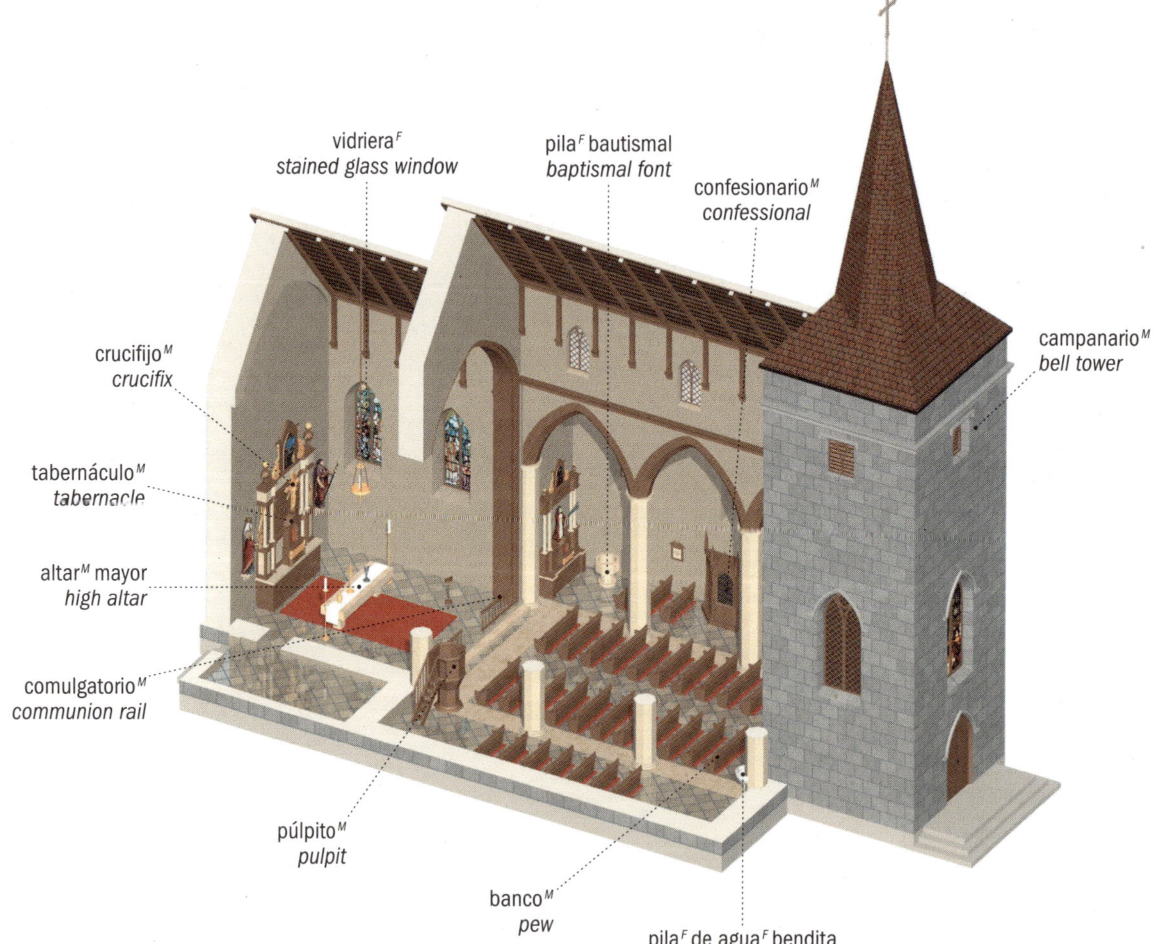

fire-resistant, fireproof
ignorar *vt* **1** : ignore **2** DESCONOCER
: be unaware of — **ignorancia** *nf* :
ignorance — **ignorante** *adj* : ignorant
— **ignorante** *nmf* : ignorant person
igual *adv* **1** : in the same way **2 por
igual** : equally — **igual** *adj* **1** : equal
2 IDÉNTICO : the same **3** LISO : smooth,
even **4** SEMEJANTE : similar — **igual** *nmf* :
equal, peer — **igualar** *vt* **1** : make equal
2 : be equal to **3** NIVELAR : level (off) —
igualdad *nf* **1** : equality **2** UNIFORMIDAD :
uniformity — **igualmente** *adv* : likewise
iguana *nf* : iguana
ijada *nf* : flank
ilegal *adj* : illegal
ilegible *adj* : illegible
ilegítimo, -ma *adj* : illegitimate
— **ilegitimidad** *nf* : illegitimacy
ileso, -sa *adj* : unharmed
ilícito, -ta *adj* : illicit
ilimitado, -da *adj* : unlimited
ilógico, -ca *adj* : illogical
iluminar *vt* : illuminate — **iluminarse** *vr*
: light up — **iluminación** *nf, pl* **-ciones**
1 : illumination **2** ALUMBRADO : lighting
ilusionar *vt* : excite — **ilusionarse** *vr*
: get one's hopes up — **ilusión** *nf,*
pl **-siones 1** : illusion **2** ESPERANZA :
hope — **ilusionado, -da** *adj* : excited
iluso -sa *adj* : naïve, gullible —
iluso -sa *n* : dreamer, visionary
— **ilusorio, -ria** *adj* : illusory
ilustrar *vt* **1** : illustrate **2** ACLARAR :
explain — **ilustración** *nf, pl* **-ciones**
1 : illustration **2** SABER : learning **3 la**
Ilustración : the Enlightenment —
ilustrado, -da *adj* **1** : illustrated **2** ERUDITO
: learned — **ilustrador, -dora** *n* : illustrator
ilustre *adj* : illustrious
imagen *nf, pl* **imágenes** : image, picture
imaginar *vt* : imagine — **imaginarse** *vr*
: imagine — **imaginación** *nf,*
pl **-ciones** : imagination —
imaginario, -ria *adj* : imaginary —
imaginativo, -va *adj* : imaginative
imán *nm, pl* **imanes** : magnet
— **imantar** *vt* : magnetize
imbécil *adj* : stupid, idiotic
— **imbécil** *nmf* : idiot
imborrable *adj* : indelible
imbuir {41} *vt* **imbuir de** : imbue with
imitar *vt* **1** COPIAR : imitate, copy **2** :
impersonate — **imitación** *nf, pl* **-ciones**
1 COPIA : imitation, copy **2** : impersonation

— **imitador, -dora** *n* : impersonator
impaciencia *nf* : impatience —
impacientar *vt* : make impatient,
exasperate — **impacientarse** *vr* : grow
impatient — **impaciente** *adj* : impatient
impacto *nm* : impact
impar *adj* : odd — **impar** *nm* : odd number
imparcial *adj* : impartial —
imparcialidad *nf* : impartiality
impartir *vt* : impart, give
impasible *adj* : impassive
impasse *nm* : impasse
impávido, -da *adj* : fearless
impecable *adj* : impeccable, spotless
impedir {54} *vt* **1** : prevent **2**
DIFICULTAR : impede, hinder —
impedido, -da *adj* : disabled —
impedimento *nm* : obstacle, impediment
impeler *vt* : drive, propel
impenetrable *adj* : impenetrable
impenitente *adj* : unrepentant
impensable *adj* : unthinkable —
impensado, -da *adj* : unexpected
imperar *vi* **1** : reign, rule **2** PREDOMINAR
: prevail — **imperante** *adj* : prevailing
imperativo, -va *adj* : imperative
— **imperativo** *nm* : imperative
imperceptible *adj* : imperceptible
imperdible *nm* : safety pin
imperdonable *adj* : unforgivable
imperfección *nf, pl* **-ciones** :
imperfection — **imperfecto, -ta** *adj*
: imperfect — **imperfecto** *nm*
: imperfect (tense)
imperial *adj* : imperial —
imperialismo *nm* : imperialism —
imperialista *adj & nmf* : imperialist
impericia *nf* : lack of skill
imperio *nm* **1** : empire **2** DOMINIO : rule
— **imperioso, -sa** *adj* **1** : imperious
2 URGENTE : pressing, urgent
impermeable *adj* **1** : waterproof
2 impermeable a : impervious to
— **impermeable** *nm* : raincoat
impersonal *adj* : impersonal
impertinente *adj* : impertinent —
impertinencia *nf* : impertinence
ímpetu *nm* **1** : impetus **2** ENERGÍA :
energy, vigor **3** VIOLENCIA : force —
impetuoso, -sa *adj* : impetuous —
impetuosidad *nf* : impetuosity
impío, -pía *adj* : impious, ungodly
implacable *adj* : implacable
implantar *vt* **1** : implant **2**
ESTABLECER : establish, introduce

implemento *nm Lat* : implement, tool
implicar {72} *vt* **1** : involve, implicate
2 SIGNIFICAR : imply — **implicación** *nf,*
pl **-ciones** : implication
implícito, -ta *adj* : implicit
implorar *vt* : implore
imponer {60} *vt* **1** : impose **2** :
command (respect, etc.) — *vi* : be
imposing — **imponerse** *vr* **1** : assert
oneself, command respect **2** PREVALECER
: prevail — **imponente** *adj* : imposing,
impressive — **imponible** *adj* : taxable
impopular *adj* : unpopular —
impopularidad *nf* : unpopularity
importación *nf, pl* **-ciones 1** :
importation **2 importaciones** *nfpl* :
imports — **importado, -da** *adj* : imported
— **importador, -dora** *adj* : importing
— **importador, -dora** *n* : importer
importancia *nf* : importance
— **importante** *adj* : important —
importar *vi* **1** : matter, be important **2**
no me importa : I don't care — *vt* **1** :
import **2** ASCENDER A : amount to, cost
importe *nm* **1** : price **2**
CANTIDAD : sum, amount
importunar *vt* : bother —
importuno, -na *adj* **1** : inopportune
2 MOLESTO : bothersome
imposible *adj* : impossible —
imposibilidad *nf* : impossibility
imposición *nf, pl* **-ciones 1** :
imposition **2** IMPUESTO : tax
impostor, -tora *n* : impostor
impotente *adj* : powerless, impotent
— **impotencia** *nf* : impotence
impracticable *adj* **1** : impracticable
2 INTRANSITABLE : impassable
impreciso, -sa *adj* : vague, imprecise
— **imprecisión** *nf, pl* **-siones 1** :
vagueness **2** ERROR : inaccuracy
impredecible *adj* : unpredictable
impregnar *vt* : impregnate
imprenta *nf* **1** : printing **2**
: printing shop, press
imprescindible *adj* :
essential, indispensable
impresión *nf, pl* **-siones 1** : impression **2**
IMPRENTA : printing — **impresionable** *adj*
: impressionable — **impresionante** *adj* :
impressive — **impresionar** *vt* **1** : impress
2 CONMOVER : affect, move — *vi* : make an
impression — **impresionarse** *vr* **1** : be
impressed **2** CONMOVERSE : be affected
impreso, -sa *adj* : printed

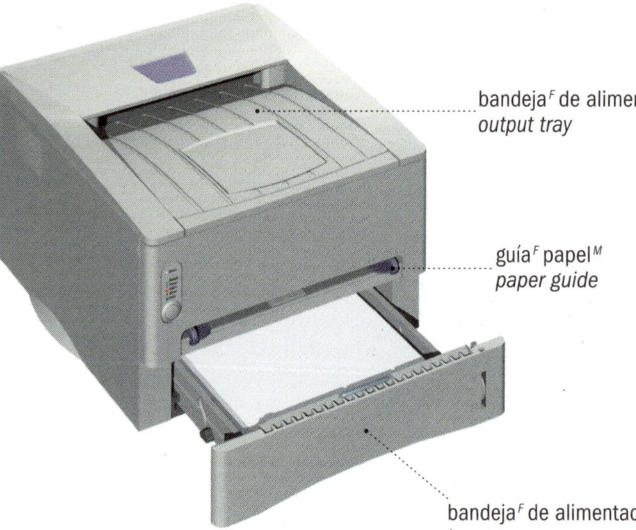

— **impreso** *nm* **1** FORMULARIO : form **2 impreso, -sas** *nmpl* : printed matter — **impresor, -sora** *n* : printer — **impresora** *nf* : (computer) printer
imprevisible *adj* : unforeseeable — **imprevisto, -ta** *adj* : unexpected, unforeseen
imprimir {42} *vt* **1** : print **2** DAR : impart, give
improbable *adj* : improbable — **improbabilidad** *nf* : improbability
improcedente *adj* : inappropriate
improductivo, -va *adj* : unproductive
improperio *nm* : insult

impropio, -pia *adj* **1** : inappropriate **2** INCORRECTO : incorrect
improvisar *v* : improvise — **improvisado, -da** *adj* : improvised, impromptu — **improvisación** *nf, pl* **-ciones** : improvisation — **improviso** : **de improviso** *adv phr* : suddenly
imprudente *adj* : imprudent, rash — **imprudencia** *nf* : imprudence, carelessness
impúdico, -ca *adj* : shameless, indecent
impuesto *nm* **1** : tax **2 impuesto sobre la renta** : income tax
impugnar *vt* : challenge, contest

impulsar *vt* : propel, drive — **impulsividad** *nf* : impulsiveness — **impulsivo, -va** *adj* : impulsive — **impulso** *nm* **1** : drive, thrust **2** MOTIVACIÓN : impulse
impune *adj* : unpunished — **impunidad** *nf* : impunity
impuro, -ra *adj* : impure — **impureza** *nf* : impurity
imputar *vt* : impute, attribute
inacabable *adj* : interminable, endless
inaccesible *adj* : inaccessible
inaceptable *adj* : unacceptable
inactivo, -va *adj* : inactive — **inactividad** *nf* : inactivity
inadaptado, -da *adj* : maladjusted — **inadaptado, -da** *n* : misfit
inadecuado, -da *adj* **1** : inadequate **2** INAPROPIADO : inappropriate
inadmisible *adj* : inadmissible
inadvertido, -da *adj* **1** : unnoticed **2** DISTRAÍDO : distracted — **inadvertencia** *nf* : oversight
inagotable *adj* : inexhaustible
inaguantable *adj* : unbearable
inalámbrico, -ca *adj* : wireless, cordless
inalcanzable *adj* : unreachable, unattainable
inalterable *adj* **1** : unchangeable **2** : impassive (of character) **3** : fast (of colors)
inanición *nf, pl* **-ciones** : starvation, famine
inanimado, -da *adj* : inanimate
inaplicable *adj* : inapplicable
inapreciable *adj* : imperceptible
inapropiado, -da *adj* : inappropriate
inarticulado, -da *adj* : inarticulate
inasequible *adj* : unattainable
inaudito, -ta *adj* : unheard-of, unprecedented
inaugurar *vt* : inaugurate — **inauguración** *nf, pl* **-ciones** : inauguration — **inaugural** *adj* : inaugural
inca *adj* : Inca, Incan
incalculable *adj* : incalculable
incandescencia *nf* : incandescence — **incandescente** *adj* : incandescent
incansable *adj* : tireless
incapacitar *vt* : incapacitate, disable — **incapacidad** *nf* : incapacity, inability — **incapaz** *adj, pl* **-paces** : incapable
incautar *vt* : confiscate, seize
incendiar *vt* : set fire to, burn (down) — **incendiarse** *vr* : catch fire — **incendiario, -ria** *adj* : incendiary — **incendiar** *n*

▸ : arsonist — **incendio** *nm* **1** : fire **2**
incendiar premeditado : arson
incentivo *nm* : incentive
incertidumbre *nf* : uncertainty
incesante *adj* : incessant
incesto *nm* : incest — **incestuoso,**
-sa *adj* : incestuous
incidencia *nf* **1** : impact **2** SUCESO :
incident — **incidental** *adj* : incidental
— **incidente** *nm* : incident
incidir *vi* **incidir en 1** : fall into
(a habit, mistake, etc.) **2** INFLUIR
EN : affect, influence
incienso *nm* : incense
incierto, -ta *adj* : uncertain
incinerar *vt* **1** : incinerate **2** : cremate
(a corpse) — **incineración** *nf, pl* **-ciones**
1 : incineration **2** : cremation (of a corpse)
— **incinerador** *nm* : incinerator
incipiente *adj* : incipient
incisión *nf, pl* **-siones** : incision
incisivo, -va *adj* : incisive
— **incisivo** *nm* : incisor

incitar *vt* : incite, rouse
incivilizado, -da *adj* : uncivilized
inclinar *vt* : tilt, lean — **inclinarse** *vr* **1**
: lean (over) **2 inclinarse a** : be inclined
to — **inclinación** *nf, pl* **-ciones 1** :
inclination **2** LADEAR : incline, tilt
incluir {41} *vt* **1** : include **2** ADJUNTAR
: enclose — **inclusión** *nf, pl* **-siones**
: inclusion — **inclusive** *adv* : up to
and including — **inclusivo, -va** *adj*
: inclusive — **incluso** *adv* : even, in
fact — **incluso, -sa** *adj* : enclosed
incógnito, -ta *adj* **1** : unknown
2 de incógnito, -ta : incognito
incoherente *adj* : incoherent —
incoherencia *nf* : incoherence
incoloro, -ra *adj* : colorless
incombustible *adj* : fireproof
incomible *adj* : inedible
incomodar *vt* **1** : inconvenience
2 ENFADAR : bother, annoy —
incomodarse *vr* **1** : take the
trouble **2** ENFADARSE : get annoyed

— **incomodidad** *nf* : discomfort —
incómodo, -da *adj* **1** : uncomfortable **2**
INCONVENIENTE : inconvenient, awkward
incomparable *adj* : incomparable
incompatible *adj* : incompatible —
incompatibilidad *nf* : incompatibility
incompetente *adj* : incompetent —
incompetencia *nf* : incompetence
incompleto, -ta *adj* : incomplete
incomprendido, -da *adj* :
misunderstood — **incomprensible** *adj* :
incomprehensible — **incomprensión** *nf,*
pl **-siones** : lack of understanding
incomunicado, -da *adj* **1** :
isolated **2** : in solitary confinement
inconcebible *adj* : inconceivable
inconcluso, -sa *adj* : unfinished
incondicional *adj* : unconditional
inconformista *adj & nmf* : nonconformist
inconfundible *adj* : unmistakable
incongruente *adj* : incongruous
inconmensurable *adj* :
vast, immeasurable

inconsciente *adj* **1** : unconscious, unaware **2** IRREFLEXIVO : reckless — **inconsciente** *nm* **el inconsciente** : the unconscious — **inconsciencia** *nf* **1** : unconsciousness **2** INSENSATEZ : thoughtlessness

inconsecuente *adj* : inconsistent — **inconsecuencia** *nf* : inconsistency

inconsiderado, -da *adj* : inconsiderate

inconsistente *adj* **1** : flimsy **2** : watery (of a sauce, etc.) **3** : inconsistent (of an argument) — **inconsistencia** *nf* : inconsistency

inconsolable *adj* : inconsolable

inconstante *adj* : changeable, unreliable — **inconstancia** *nf* : inconstancy

inconstitucional *adj* : unconstitutional

incontable *adj* : countless

incontenible *adj* : irrepressible

incontestable *adj* : indisputable

incontinente *adj* : incontinent — **incontinencia** *nf* : incontinence

inconveniente *adj* **1** : inconvenient **2** INAPROPIADO : inappropriate — **inconveniente** *nm* : obstacle, problem — **inconveniencia** *nf* **1** : inconvenience **2** : tactless remark

incorporar *vt* **1** AGREGAR : incorporate, add **2** : mix (in cooking) — **incorporarse** *vr* **1** : sit up **2** **incorporarse a** : join — **incorporación** *nf, pl* **-ciones** : incorporation

incorrecto, -ta *adj* **1** : incorrect **2** DESCORTÉS : impolite

incorregible *adj* : incorrigible

incrédulo, -la *adj* : incredulous — **incredulidad** *nf* : incredulity, disbelief

increíble *adj* : incredible, unbelievable

incrementar *vt* : increase — **incremento** *nm* : increase

incriminar *vt* **1** : incriminate **2** ACUSAR : accuse

incrustar *vt* : set, inlay — **incrustarse** *vr* : become embedded

incubar *vt* : incubate — **incubadora** *nf* : incubator

incuestionable *adj* : unquestionable

inculcar {72} *vt* : instill

inculpar *vt* : accuse, charge

inculto, -ta *adj* **1** : uneducated **2** : uncultivated (of land)

incumplimiento *nm* **1** : noncompliance **2** **incumplimiento de contrato** : breach of contract

incurable *adj* : incurable

incurrir *vi* **incurrir en 1** : incur (expenses, etc.) **2** : fall into, commit (crimes)

incursión *nf, pl* **-siones** : raid

indagar {52} *vt* : investigate — **indagación** *nf, pl* **-ciones** : investigation

indebido, -da *adj* : undue

indecente *adj* : indecent, obscene — **indecencia** *nf* : indecency, obscenity

indecible *adj* : inexpressible

indecisión *nf, pl* **-siones** : indecision — **indeciso, -sa** *adj* **1** : undecided **2** IRRESOLUTO : indecisive

indefenso, -sa *adj* : defenseless, helpless

indefinido, -da *adj* : indefinite — **indefinidamente** *adv* : indefinitely

indeleble *adj* : indelible

indemnizar {21} *vt* : indemnify, compensate — **indemnización** *nf, pl* **-ciones** : compensation

independiente *adj* : independent — **independencia** *nf* : independence — **independizarse** {21} *vr* : become independent

indescifrable *adj* : indecipherable

indescriptible *adj* : indescribable

indeseable *adj* : undesirable

indestructible *adj* : indestructible

indeterminado, -da *adj* : indeterminate

indicar {72} *vt* **1** : indicate **2** MOSTRAR : show — **indicación** *nf, pl* **-ciones** **1** : sign, indication **2** indicaciones *nfpl* : directions — **indicador** *nm* **1** : sign, signal **2** : gauge, dial, meter — **indicativo, -va** *adj* : indicative — **indicativo** *nm* : indicative (mood)

índice *nm* **1** : indication **2** : index (of a book, etc.) **3** : index finger **4** **índice de natalidad** : birth rate

indicio *nm* : indication, sign

indiferente *adj* **1** : indifferent **2** **me es indiferente** : it doesn't matter to me — **indiferencia** *nf* : indifference

indígena *adj* : indigenous, native — **indígena** *nmf* : native

indigente *adj & nmf* : indigent — **indigencia** *nf* : poverty

indigestión *nf, pl* **-tiones** : indigestion — **indigesto, -ta** *adj* : indigestible

indignar *vt* : outrage, infuriate — **indignarse** *vr* : become indignant — **indignación** *nf, pl* **-ciones** : indignation — **indignado, -da** *adj* : indignant — **indignidad** *nf* : indignity — **indigno, -na** *adj* : unworthy

indio, -dia *adj* **1** : American Indian **2** : Indian (from India)

indirecta *nf* **1** : hint **2** **lanzar una indirecta** : drop a hint — **indirecto, -ta** *adj* : indirect

indisciplina *nf* : lack of discipline — **indisciplinado, -da** *adj* : undisciplined

indiscreto, -ta *adj* : indiscreet — **indiscreción** *nf, pl* **-ciones** **1** : indiscretion **2** : tactless remark

indiscriminado, -da *adj* : indiscriminate

indiscutible *adj* : indisputable

indispensable *adj* : indispensable

indisponer {60} *vt* **1** : upset, make ill **2** ENEMISTAR : set against, set at odds — **indisponerse** *vr* **1** : become ill **2** **indisponerse con** : fall out with — **indisposición** *nf, pl* **-ciones** : indisposition, illness — **indispuesto, -ta** *adj* : unwell, indisposed

indistinto, -ta *adj* : indistinct

individual *adj* : individual — **individualidad** *nf* : individuality — **individualizar** {21} *vt* : individualize — **individuo** *nm* : individual

indivisible *adj* : indivisible

índole *nf* **1** : nature, character **2** TIPO : type, kind

indolente *adj* : indolent, lazy — **indolencia** *nf* : indolence, laziness

indoloro, -ra *adj* : painless

indómito, -ta *adj* : indomitable

indonesio, -sia *adj* : Indonesian

inducir {61} *vt* **1** : induce **2** DEDUCIR : infer

indudable *adj* : beyond doubt — **indudablemente** *adv* : undoubtedly

indulgente *adj* : indulgent — **indulgencia** *nf* : indulgence

indultar *vt* : pardon, reprieve — **indulto** *nm* : pardon, reprieve

industria *nf* : industry — **industrial** *adj* : industrial — **industrial** *nmf* : industrialist, manufacturer — **industrialización** *nf, pl* **-ciones** : industrialization — **industrializar** {21} *vt* : industrialize — **industrioso, -sa** *adj* : industrious

inédito, -ta *adj* : unpublished

inefable *adj* : inexpressible

ineficaz *adj, pl* **-caces** **1** : ineffective **2** INEFICIENTE : inefficient

ineficiente *adj* : inefficient — **ineficiencia** *nf* : inefficiency

inelegible *adj* : ineligible

ineludible *adj* : unavoidable, inescapable

inepto, -ta *adj* : inept —
  ineptitud *nf* : ineptitude
inequívoco, -ca *adj* : unequivocal
inercia *nf* : inertia
inerme *adj* : unarmed, defenseless
inerte *adj* : inert
inesperado, -da *adj* : unexpected
inestable *adj* : unstable —
  inestabilidad *nf* : instability
inevitable *adj* : inevitable
inexacto, -ta *adj* **1** : inexact **2**
  INCORRECTO : incorrect, wrong
inexistente *adj* : nonexistent
inexorable *adj* : inexorable
inexperiencia *nf* : inexperience
  — **inexperto, -ta** *adj* :
  inexperienced, unskilled
inexplicable *adj* : inexplicable
infalible *adj* : infallible
infame *adj* **1** : infamous, vile **2** *fam* :
  horrible — **infamia** *nf* : infamy, disgrace
infancia *nf* : infancy — **infanta** *nf* :
  infanta, princess — **infante** *nm* **1** : infante,
  prince **2** : infantryman (in the military) —
  infantería *nf* : infantry — **infantil** *adj* **1**
  : child's, children's **2** INMADURO : childish
infarto *nm* : heart attack
infatigable *adj* : tireless
infectar *vt* : infect — **infectarse** *vr*
  : become infected — **infección** *nf*,
  pl **-ciones** : infection — **infeccioso,**
  -sa *adj* : infectious — **infecto,**
  -ta *adj* **1** : infected **2** : foul, sickening
infecundo, -da *adj* : infertile
infeliz *adj*, *pl* **-lices** : unhappy —
  infelicidad *nf* : unhappiness
inferior *adj* & *nmf* : inferior —
  inferioridad *nf* : inferiority
inferir {76} *vt* **1** DEDUCIR : infer
  2 : cause (harm or injury)
infernal *adj* : infernal, hellish
infestar *vt* : infest
infiel *adj* : unfaithful —
  infidelidad *nf* : infidelity
infierno *nm* **1** : hell **2 el quinto**
  infierno *fam* : the middle of nowhere
infiltrar *vt* : infiltrate —
  infiltrarse *vr* : infiltrate
infinidad *nf* **1** : infinity **2 una infinidad**
  de : countless — **infinitivo** *nm*
  : infinitive — **infinito, -ta** *adj* :
  infinite — **infinito** *nm* : infinity
inflación *nf*, *pl* **-ciones** :
  inflation — **inflacionario, -ria** *or*
  inflacionista *adj* : inflationary

inflamar *vt* : inflame — **inflamable** *adj*
  : flammable, inflammable —
  inflamación *nf*, *pl* **-ciones** : inflammation
  — **inflamatorio, -ria** *adj* : inflammatory
inflar *vt* **1** : inflate **2** EXAGERAR
  : exaggerate — **inflarse** *vr*
inflarse de : swell (up) with
inflexible *adj* : inflexible —
  inflexión *nf*, *pl* **-xiones** : inflection
infligir {35} *vt* : inflict
influencia *nf* : influence —
  influenciar → **influir**
influenza *nf* : influenza
influir {41} *vt* : influence — *vi*
  influir en *or* **influir sobre** : have an
  influence on — **influjo** *nm* : influence
  — **influyente** *adj* : influential
información *nf*, *pl* **-ciones 1** :
  information **2** NOTICIAS : news **3** :
  directory assistance (on the telephone)
informal *adj* **1** : informal **2**
  IRRESPONSABLE : unreliable
informar *v* : inform — **informarse** *vr*
  : get information, find out —
  informante *nmf* : informant —
  informática *nf* : information technology
  — **informativo, -va** *adj* : informative
  — **informatizar** {21} *vt* : computerize
informe *adj* : shapeless —
  informe *nm* **1** : report **2 informes** *nmpl*
  : information, data **3 informes** *nmpl*
  : references (for employment)
infortunado, -da *adj* : unfortunate
  — **infortunio** *nm* : misfortune
infracción *nf*, *pl* **-ciones** :
  violation, infraction
infraestructura *nf* : infrastructure
infrahumano, -na *adj* : subhuman
infranqueable *adj* **1** : impassable
  2 INSUPERABLE : insurmountable
infrarrojo, -ja *adj* : infrared
infrecuente *adj* : infrequent
infringir {35} *vt* : infringe
infructuoso, -sa *adj* : fruitless
infundado, -da *adj* :
  unfounded, baseless
infundir *vt* : instill, infuse —
  infusión *nf*, *pl* **-siones** : infusion
ingeniar *vt* : invent, think up
ingeniería *nf* : engineering —
  ingeniero, -ra *n* : engineer
ingenio *nm* **1** : ingenuity **2** AGUDEZA
  : wit **3** MÁQUINA : device, apparatus
  4 ingenio azucarero *Lat* : sugar
  refinery — **ingenioso, -sa** *adj* **1** :

ingenious **2** AGUDO : clever, witty —
  ingeniosamente *adv* : cleverly
ingenuidad *nf* : naïveté, ingenuousness
  — **ingenuo, -nua** *adj* : naive
ingerir {76} *vt* : ingest, consume
ingle *nf* : groin
inglés, -glesa *adj*, *mpl* **-gleses** : English
  — **inglés** *nm* : English (language)
ingrato, -ta *adj* **1** : ungrateful **2 un**
  trabajo ingrato : a thankless task
  — **ingratitud** *nf* : ingratitude
ingrediente *nm* : ingredient
ingresar *vt* : deposit — *vi* **ingresar**
  en : enter, be admitted into, join
  — **ingreso** *nm* **1** : entrance, entry
  2 : admission (into a hospital, etc.) **3**
  ingresos *nmpl* : income, earnings
inhábil *adj* **1** : unskillful, clumsy
  2 inhábil para : unsuited for —
  inhabilidad *nf* : unskillfulness
inhabitable *adj* : uninhabitable —
  inhabitado, -da *adj* : uninhabited
inhalar *vt* : inhale —
  inhalación *nf* : inhalation
inherente *adj* : inherent
inhibir *vt* : inhibit — **inhibición** *nf*,
  pl **-ciones** : inhibition
inhóspito, -ta *adj* : inhospitable
inhumano, -na *adj* : inhuman, inhumane
  — **inhumanidad** *nf* : inhumanity
iniciar *vt* : initiate, begin —
  iniciación *nf*, *pl* **-ciones 1** : initiation
  2 COMIENZO : beginning — **inicial** *adj*
  & *nf* : initial — **iniciativa** *nf* : initiative
  — **inicio** *nm* : start, beginning
inigualado, -da *adj* : unequaled
ininterrumpido, -da *adj* : uninterrupted
injerirse {76} *vr* : interfere —
  injerencia *nf* : interference
injertar *vt* : graft — **injerto** *nm* : graft
injuriar *vt* : insult — **injuria** *nf* : insult
  — **injurioso, -sa** *adj* : insulting, abusive
injusticia *nf* : injustice, unfairness
  — **injusto, -ta** *adj* : unfair, unjust
inmaculado, -da *adj* : immaculate
inmaduro, -ra *adj* **1** :
  immature **2** : unripe (of fruit) —
  inmadurez *nf* : immaturity
inmediaciones *nfpl* : surrounding area
inmediato, -ta *adj* **1** : immediate **2**
  CONTIGUO : adjoining **3 de inmediato**
  : immediately, right away **4**
  inmediato a : next to, close to —
  inmediatamente *adv* : immediately
inmejorable *adj* : excellent

insectos^M
insects

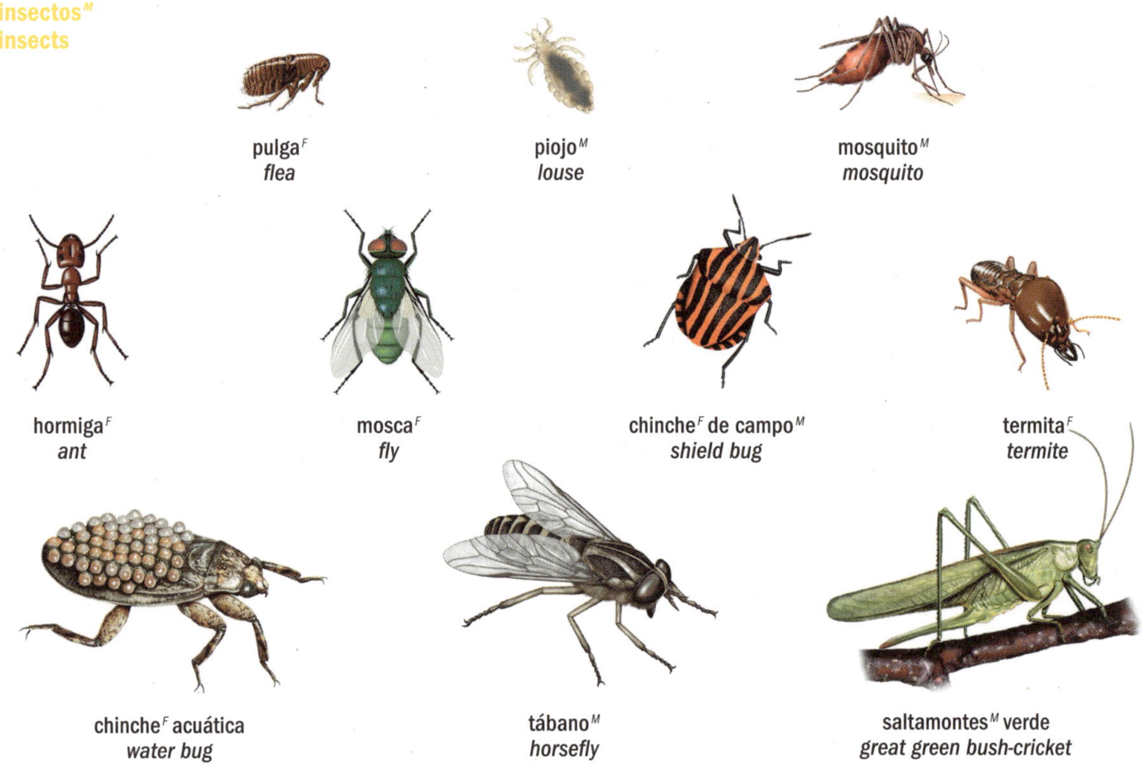

inmenso, -sa *adj* : immense, vast
— **inmensidad** *nf* : immensity
inmerecido, -da *adj* : undeserved
inmersión *nf, pl* **-siones** : immersion
inmigrar *vi* : immigrate —
inmigración *nf, pl* **-ciones** : immigration
— **inmigrante** *adj & nmf* : immigrant
inminente *adj* : imminent, impending
— **inminencia** *nf* : imminence
inmiscuirse {41} *vr* : interfere
inmobiliario, -ria *adj* :
real estate, property
inmodesto, -ta *adj* : immodest
inmoral *adj* : immoral —
inmoralidad *nf* : immorality
inmortal *adj & nmf* : immortal —
inmortalidad *nf* : immortality
inmóvil *adj* : motionless, still —
inmovilizar {21} *vt* : immobilize
inmueble *nm* : building, property
inmundicia *nf* : filth, trash —
inmundo, -da *adj* : dirty, filthy
inmunizar {21} *vt* : immunize —
inmune *adj* : immune — **inmunidad** *nf*
: immunity — **inmunización** *nf,*
pl **-ciones** : immunization
inmutable *adj* : unchangeable
innato, -ta *adj* : innate
innecesario, -ria *adj* :
unnecessary, needless
innegable *adj* : undeniable
innoble *adj* : ignoble
innovar *vt* : introduce — *vi* : innovate
— **innovación** *nf, pl* **-ciones** : innovation
— **innovador, -dora** *adj* : innovative
— **innovador, -dora** *n* : innovator
innumerable *adj* : innumerable
inocencia *nf* : innocence — **inocente** *adj*
& nmf : innocent — **inocentón,**
-tona *adj* : naive — **inocentón, -tona** *n,*
mpl **-tones** : simpleton, dupe
inocular *vt* : inoculate — **inoculación** *nf,*
pl **-ciones** : inoculation
inocuo, -cua *adj* : innocuous
inodoro, -ra *adj* : odorless
— **inodoro** *nm* : toilet
inofensivo, -va *adj* :
inoffensive, harmless
inolvidable *adj* : unforgettable
inoperable *adj* : inoperable
inoperante *adj* : ineffective
inopinado, -da *adj* : unexpected
inoportuno, -na *adj* :
untimely, inopportune
inorgánico, -ca *adj* : inorganic
inoxidable *adj* **1** : rustproof **2**
acero inoxidable : stainless steel
inquebrantable *adj* : unwavering
inquietar *vt* : disturb, worry
— **inquietarse** *vr* : worry —
inquietante *adj* : disturbing, worrisome
— **inquieto, -ta** *adj* : anxious, worried
— **inquietud** *nf* : anxiety, worry
inquilino, -na *n* : tenant
inquirir {4} *vi* : make inquiries
— *vt* : investigate
insaciable *adj* : insatiable
insalubre *adj* : unhealthy
insatisfecho, -cha *adj* **1** : unsatisfied
2 DESCONTENTO : dissatisfied
inscribir {33} *vt* **1** : enroll, register
2 GRABAR : inscribe, engrave

oruga^F de polilla^F
atlas moth

opilión^M
water strider

polilla^F de abedul^M
peppered moth

mantis^F religiosa
mantis

mariposa^F monarca^M
monarch butterfly

— **inscribirse** *vr* : register —
inscripción *nf, pl* **-ciones 1** :
inscription **2** REGISTRO : registration
▸ **insecto** *nm* : insect —
insecticida *nm* : insccticide
inseguro, -ra *adj* **1** : insecure **2**
PELIGROSO : unsafe **3** DUDOSO : uncertain
— **inseguridad** *nf* **1** : insecurity **2** PELIGRO
: lack of safety **3** DUDA : uncertainty
inseminar *vt* : inseminate —
inseminación *nf, pl* **-ciones** : insemination
insensato, -ta *adj* : senseless,
foolish — **insensatez** *nf* :
foolishness, thoughtlessness
insensible *adj* **1** : insensitive,
unfeeling **2** : numb (in medicine)
3 IMPERCEPTIBLE : imperceptible —
insensibilidad *nf* : insensitivity
inseparable *adj* : inseparable
insertar *vt* : insert
insidia *nf* : snare, trap —
insidioso, -sa *adj* : insidious
insigne *adj* : noted, famous
insignia *nf* **1** : insignia,

badge **2** BANDERA : flag
insignificante *adj* :
insignificant, negligible
insincero, -ra *adj* : insincere
insinuar {3} *vt* : insinuate —
insinuarse *vr* **insinuarse en** : worm
one's way into — **insinuación** *nf,
pl* **-ciones** : insinuation — **insinuante** *adj*
: insinuating, suggestive
insípido, -da *adj* : insipid
insistir *v* : insist — **insistencia** *nf* :
insistence — **insistente** *adj* : insistent
insociable *adj* : unsociable
insolación *nf, pl* **-ciones** : sunstroke
insolencia *nf* : insolence —
insolente *adj* : insolent
insólito, -ta *adj* : rare, unusual
insoluble *adj* : insoluble
insolvencia *nf* : insolvency, bankruptcy
— **insolvente** *adj* : insolvent, bankrupt
insomnio *nm* : insomnia —
insomne *nmf* : insomniac
insondable *adj* : unfathomable

insonorizado, -da *adj* : soundproof
insoportable *adj* : unbearable
insospechado, -da *adj* : unexpected
insostenible *adj* : untenable
inspeccionar *vt* : inspect —
inspección *nf, pl* **-ciones** : inspection
— **inspector, -tora** *n* : inspector
inspirar *vt* : inspire — *vi* : inhale
— **inspirarse** *vr* : be inspired
— **inspiración** *nf, pl* **-ciones 1** :
inspiration **2** RESPIRACIÓN : inhalation —
inspirador, -dora *adj* : inspirational
instalar *vt* : install — **instalarse** *vr* : settle
— **instalación** *nf, pl* **-ciones** : installation
instancia *nf* **1** : request **2 en última**
instancia : ultimately, as a last resort
instantáneo, -nea *adj* : instantaneous,
instant — **instantánea** *nf* : snapshot
— **instante** *nm* **1** : instant **2 a**
cada instante : frequently, all the
time **3 al instante** : immediately
instar *vt* : urge, press
instaurar *vt* : establish —
instauración *nf, pl* **-ciones** : establishment

instigar {52} *vt* : incite, instigate — **instigador, -dora** *n* : instigator
instinto *nm* : instinct — **instintivo, -va** *adj* : instinctive
institución *nf, pl* **-ciones** : institution — **institucional** *adj* : institutional — **institucionalizar** {21} *vt* : institutionalize — **instituir** {41} *vt* : institute, establish — **instituto** *nm* : institute — **institutriz** *nf, pl* **-trices** : governess
instruir {41} *vt* : instruct — **instrucción** *nf, pl* **-ciones** 1 : instruction 2 instrucciones *nfpl* : instructions, directions — **instructivo, -va** *adj* : instructive — **instructor, -tora** *n* : instructor
instrumento *nm* : instrument — **instrumental** *adj* : instrumental
insubordinarse *vr* : rebel — **insubordinado, -da** *adj* : insubordinate — **insubordinación** *nf, pl* **-ciones** : insubordination
insuficiente *adj* : insufficient, inadequate — **insuficiencia** *nf* 1 : insufficiency, inadequacy 2 **insuficiencia cardíaca** : heart failure
insufrible *adj* : insufferable
insular *adj* : insular, island
insulina *nf* : insulin
insulso, -sa *adj* 1 : insipid, bland 2 SOSO : dull
insultar *vt* : insult — **insultante** *adj* : insulting — **insulto** *nm* : insult
insuperable *adj* : insurmountable
insurgente *adj & nmf* : insurgent
insurrección *nf, pl* **-ciones** : insurrection, uprising
intachable *adj* : irreproachable
intacto, -ta *adj* : intact
intangible *adj* : intangible
integrar *vt* : integrate — **integrarse** *vr* : become integrated — **integración** *nf, pl* **-ciones** : integration — **integral** *adj* 1 : integral 2 **pan integral** : whole grain bread — **íntegro, -gra** *adj* 1 : honest, upright 2 ENTERO : whole, complete — **integridad** *nf* 1 RECTITUD : integrity 2 TOTALIDAD : wholeness
intelecto *nm* : intellect — **intelectual** *adj & nmf* : intellectual
inteligencia *nf* : intelligence — **inteligente** *adj* : intelligent — **inteligible** *adj* : intelligible
intemperie *nf* **a la intemperie** : in the open air, outside
intempestivo, -va *adj* : untimely, inopportune

intención *nf, pl* **-ciones** : intention, intent — **intencionado, -da** *adj* 1 : intended 2 **bien intencionado** : well-meaning 3 **mal intencionado** : malicious — **intencional** *adj* : intentional
intensidad *nf* : intensity — **intensificar** {72} *vt* : intensify — **intensificarse** *vr* : intensify — **intensivo, -va** *adj* : intensive — **intenso, -sa** *adj* : intense
intentar *vt* : attempt, try — **intento** *nm* 1 : intention 2 TENTATIVA : attempt
interactuar {3} *vi* : interact — **interacción** *nf, pl* **-ciones** : interaction — **interactivo, -va** *adj* : interactive
intercalar *vt* : insert, intersperse
intercambio *nm* : exchange — **intercambiable** *adj* : interchangeable — **intercambiar** *vt* : exchange, trade
interceder *vi* : intercede
interceptar *vt* : intercept — **intercepción** *nf, pl* **-ciones** : interception
intercesión *nf, pl* **-siones** : intercession
interés *nm, pl* **-reses** : interest — **interesado, -da** *adj* 1 : interested 2 EGOISTA : selfish — **interesante** *adj* : interesting — **interesar** *vt* : interest — *vi* : be of interest — **interesarse** *vr* : take an interest
interfaz *nf, pl* **-faces** : interface
interferir {76} *vi* : interfere — *vt* : interfere with — **interferencia** *nf* : interference
interino, -na *adj* : temporary, interim — **interiormente** *adv* : inwardly
interior *adj* : interior, inner — **interior** *nm* : interior, inside — **interiormente** *adv* : inwardly
interjección *nf, pl* **-ciones** : interjection
interlocutor, -tora *n* : speaker
intermediario, -ria *adj & n* : intermediary
intermedio, -dia *adj* : intermediate — **intermedio** *nm* : intermission
interminable *adj* : interminable, endless
intermisión *nf, pl* **-siones** : intermission, pause
intermitente *adj* : intermittent — **intermitente** *nm* : blinker, turn signal
internacional *adj* : international
internar *vt* : commit, confine — **internarse** *vr* : penetrate — **internado** *nm* : boarding school — **interno, -na** *adj* : internal — **interno** *n* 1 : boarder 2 : inmate (in a jail, etc.)

interponer {60} *vt* : interpose — **interponerse** *vr* : intervene
interpretar *vt* 1 : interpret 2 : play, perform (in theater, etc.) — **interpretación** *nf, pl* **-ciones** : interpretation — **intérprete** *nmf* 1 TRADUCTOR : interpreter 2 : performer (of music)
interrogar {52} *vt* : interrogate, question — **interrogación** *nf, pl* **-ciones** 1 : interrogation 2 **signo de interrogar** : question mark — **interrogativo, -va** *adj* : interrogative — **interrogatorio** *nm* : interrogation, questioning
interrumpir *v* : interrupt — **interrupción** *nf, pl* **-ciones** : interruption — **interruptor** *nm* : (electrical) switch
intersección *nf, pl* **-ciones** : intersection
intervalo *nm* : interval
intervenir {87} *vi* 1 : take part 2 MEDIAR : intervene — *vt* 1 : tap (a telephone) 2 INSPECCIONAR : audit 3 OPERAR : operate on — **intervención** *nf, pl* **-ciones** 1 : intervention 2 : audit (in business) 3 *or* **intervenir quirúrgica** : operation — **interventor, -tora** *n* : inspector, auditor
intestino *nm* : intestine — **intestinal** *adj* : intestinal
intimar *vi* **intimar con** : become friendly with — **intimidad** *nf* 1 : private life 2 AMISTAD : intimacy
intimidar *vt* : intimidate
íntimo, -ma *adj* 1 : intimate, close 2 PRIVADO : private
intolerable *adj* : intolerable — **intolerancia** *nf* : intolerance — **intolerante** *adj* : intolerant
intoxicar {72} *vt* : poison — **intoxicación** *nf, pl* **-ciones** : poisoning
intranquilizar {21} *vt* : make uneasy — **intranquilizarse** *vr* : be anxious — **intranquilidad** *nf* : uneasiness, anxiety — **intranquilo, -la** *adj* : uneasy, worried
intransigente *adj* : unyielding, intransigent
intransitable *adj* : impassable
intransitivo, -va *adj* : intransitive
intrascendente *adj* : unimportant, insignificant
intravenoso, -sa *adj* : intravenous
intrépido, -da *adj* : intrepid, fearless
intrigar {52} *v* : intrigue — **intriga** *nf* : intrigue — **intrigante** *adj* : intriguing
intrincado, -da *adj* : intricate, involved
intrínseco, -ca *adj* : intrinsic

— **intrínsecament** *adv* : intrinsically, inherently
introducción *nf, pl* **-ciones** : introduction — **introducir** {61} *vt* **1** : introduce **2** METER : insert — **introducirse** *vr*
introducirse en : penetrate, get into —
introductorio, -ria *adj* : introductory
intromisión *nf, pl* **-siones** : interference
introvertido, -da *adj* : introverted
— **introvertido, -da** *n* : introvert
intrusión *nf, pl* **-siones** : intrusion
— **intruso, -sa** *adj* : intrusive
— **intruso, -sa** *n* : intruder
intuir {41} *vt* : sense —
intuición *nf, pl* **-ciones** : intuition
— **intuitivo, -va** *adj* : intuitive
inundar *vt* : flood — **inundarse** *vr*
inundarse de : be inundated with —
inundación *nf, pl* **-ciones** : flood
inusitado, -da *adj* : unusual, uncommon
inútil *adj* **1** : useless **2** INVÁLIDO : disabled — **inutilidad** *nf* : uselessness — **inutilizar** {21} *vt* **1** : make useless **2** INCAPACITAR : disable
invadir *vt* : invade
invalidez *nf, pl* **-deces 1** : invalidity **2** : disability (in medicine) — **inválido, -da** *adj & n* : invalid
invalorable *adj Lat* : invaluable
invariable *adj* : invariable
invasión *nf, pl* **-siones** : invasion
— **invasor, -sora** *adj* : invading
— **invasor, -sora** *n* : invader
invencible *adj* : invincible
inventar *vt* **1** : invent **2** : fabricate, make up (a word, an excuse, etc.)
— **invención** *nf, pl* **-ciones 1** : invention **2** MENTIRA : lie, fabrication
inventario *nm* : inventory
inventiva *nf* : inventiveness —
inventivo, -va *adj* : inventive —
inventor, -tora *n* : inventor
invernadero *nm* : greenhouse
invernal *adj* : winter
inverosímil *adj* : unlikely
inversión *nf, pl* **-siones 1** : inversion, reversal **2** : investment (of money, time, etc.)
inverso, -sa *adj* **1** : inverse **2** CONTRARIO : opposite **3 a la inversa** : the other way around, inversely
inversor, -sora *n* : investor
invertebrado, -da *adj* : invertebrate
— **invertebrado** *nm* : invertebrate
invertir {76} *vt* **1** : invert, reverse

2 : invest (money, time, etc.)
— *vi* : make an investment
investidura *nf* : investiture
investigar {52} *vt* **1** : investigate **2** ESTUDIAR : research — *vi* **investigar sobre** : do research into — **investigación** *nf, pl* **-ciones 1** : investigation **2** ESTUDIO : research — **investigador, -dora** *n* : investigator, researcher
investir {54} *vt* : invest
inveterado, -da *adj* : deep-seated, inveterate
invicto, -ta *adj* : undefeated
invierno *nm* : winter
invisible *adj* : invisible —
invisibilidad *nf* : invisibility
invitar *vt* : invite — **invitación** *nf, pl* **-ciones** : invitation —
invitado, -da *n* : guest
invocar {72} *vt* : invoke —
invocación *nf, pl* **-ciones** : invocation
involuntario, -ria *adj* : involuntary
invulnerable *adj* : invulnerable
inyectar *vt* : inject — **inyección** *nf, pl* **-ciones** : injection, shot — **inyectado, -da** *adj* **ojos inyectados** : bloodshot eyes
ion *nm* : ion — **ionizar** {21} *vt* : ionize
ir {43} *vi* **1** : go **2** FUNCIONAR : work, function **3** CONVENIR : suit **4 ¿cómo te va?** : how are you? **5 ir con prisa** : be in a hurry **6 ir por** : follow, go along **7** vamos : let's go — *v aux* **1 ir a** : be going to, be about to **2 ir caminando** : take a walk **3 vamos a ver** : we shall see — **irse** *vr* : go away, be gone
ira *nf* : rage, anger — **iracundo, -da** *adj* : irate, angry
iraní *adj* : Iranian
iraquí *adj* : Iraqi
iris *nms & pl* **1** : iris (of the eye) **2 arco iris** : rainbow
irlandés, -desa *adj, mpl* **-deses** : Irish
ironía *nf* : irony — **irónico, -ca** *adj* : ironic, ironical
irracional *adj* : irrational
irradiar *vt* : radiate, irradiate
irrazonable *adj* : unreasonable
irreal *adj* : unreal
irreconciliable *adj* : irreconcilable
irreconocible *adj* : unrecognizable
irrecuperable *adj* : irretrievable
irreductible *adj* : unyielding
irreemplazable *adj* : irreplaceable
irreflexivo, -va *adj* : rash, unthinking
irrefutable *adj* : irrefutable

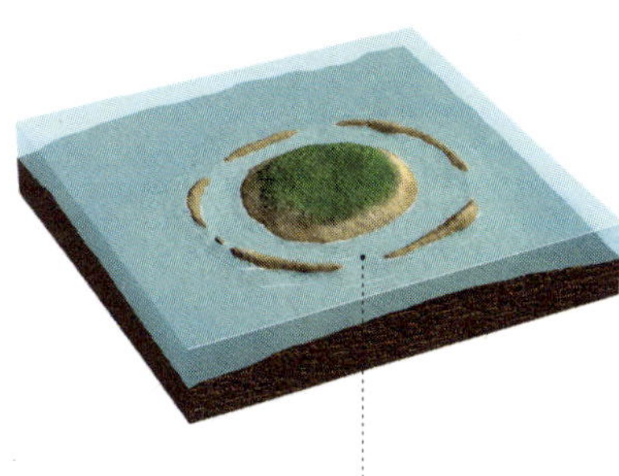

irregular *adj* : irregular —
irregularidad *nf* : irregularity
irrelevante *adj* : irrelevant
irreparable *adj* : irreparable
irreprimible *adj* : irrepressible
irreprochable *adj* : irreproachable
irresistible *adj* : irresistible
irresoluto, -ta *adj* : indecisive, irresolute
irrespetuoso, -sa *adj* : disrespectful
irresponsable *adj* : irresponsible —
irresponsabilidad *nf* : irresponsibility
irreverente *adj* : irreverent
irreversible *adj* : irreversible
irrevocable *adj* : irrevocable
irrigar {52} *vt* : irrigate —
irrigación *nf, pl* **-ciones** : irrigation
irrisorio, -ria *adj* : laughable, ridiculous
irritar *vt* : irritate — **irritarse** *vr* : get annoyed — **irritable** *adj* : irritable —
irritación *nf, pl* **-ciones** : irritation
— **irritante** *adj* : irritating
irrompible *adj* : unbreakable
irrumpir *vi* **irrumpir en** : burst into
▸ **isla** *nf* : island
islámico, -ca *adj* : Islamic, Muslim
islandés, -desa *adj, mpl* **-deses** : Icelandic
isleño, -ña *n* : islander
israelí *adj* : Israeli
istmo *nm* : isthmus
italiano, -na *adj* : Italian —
italiano *nm* : Italian (language)
itinerario *nm* : itinerary
izar {21} *vt* : hoist, raise
izquierda *nf* : left — **izquierdista** *adj & nmf* : leftist — **izquierdo, -da** *adj* : left

J

j *nf*: j, tenth letter of the Spanish alphabet

jabalí *nm, pl* **-líes**: wild boar

jabalina *nf*: javelin

jabón *nm, pl* **-bones**: soap — **jabonar** *vt*: soap (up) — **jabonera** *nf*: soap dish — **jabonoso, -sa** *adj*: soapy

jaca *nf*: pony

jacinto *nm*: hyacinth

jactarse *vr*: boast, brag — **jactancia** *nf*: boastfulness, bragging — **jactancioso, -sa** *adj*: boastful

jadear *vi*: pant, gasp — **jadeante** *adj*: panting, breathless — **jadeo** *nm*: gasp, panting

jaez *nm, pl* **jaeces 1**: harness **2** jaeces *nmpl*: trappings

jaguar *nm*: jaguar

jaiba *nf Lat*: crab

jalapeño *nm Lat*: jalapeño pepper

jalar *v Lat*: pull, tug

jalea *nf*: jelly

jaleo *nm, fam* **1**: uproar, racket **2 armar un jaleo**: raise a ruckus

jalón *nm, pl* **-lones** *Lat*: pull, tug

jamaicano, -na *or* **jamaiquino, -na** *adj*: Jamaican

jamás *adv* **1**: never **2 para siempre jamás**: for ever and ever

jamelgo *nm*: nag (horse)

jamón *nm, pl* **-mones 1**: ham **2 jamón serrano**: cured ham

Januká *nmf*: Hanukkah

japonés, -nesa *adj, mpl* **-neses**: Japanese — **japonés** *nm*: Japanese (language)

jaque *nm* **1**: check (in chess) **2 jaque mate**: checkmate

jaqueca *nf*: headache, migraine

jarabe *nm*: syrup

jardín *nm, pl* **-dines 1**: garden **2 jardín infantil** *or* **jardín de niños** *Lat*: kindergarten — **jardinería** *nf*: gardening — **jardinero, -ra** *n*: gardener

jarra *nf*: pitcher, jug — **jarro** *nm*: pitcher — **jarrón** *nm, pl* **-rrones**: vase

jaula *nf*: cage

jauría *nf*: pack of hounds

jazmín *nm, pl* **-mines**: jasmine

jazz *nm*: jazz

jeans *nmpl*: jeans

jefe, -fa *n* **1**: chief, leader **2** PATRÓN: boss **3 jefe, -fa de cocina**: chef — **jefatura** *nf* **1**: leadership **2** SEDE: headquarters

jengibre *nm*: ginger

jeque *nm*: sheikh, sheik

jerarquía *nf* **1**: hierarchy **2** RANGO: rank — **jerárquico, -ca** *adj*: hierarchical

jerez *nm, pl* **-reces**: sherry

jerga *nf* **1**: coarse cloth **2** ARGOT: jargon, slang

jerigonza *nf* **1**: jargon **2** GALIMATÍAS: gibberish

jeringa *or* jeringuilla *nf*: syringe — **jeringar** {52} *vt, fam*: annoy, pester

jeroglífico *nm*: hieroglyphic

jersey *nm, pl* **-seys**: jersey

jesuita *adj & nm*: Jesuit

Jesús *nm*: Jesus

jilguero *nm*: goldfinch

jinete *nmf*: horseman, horsewoman *f*, rider

jirafa *nf*: giraffe

jirón *nm, pl* **-rones**: shred, tatter

jitomate *nm Lat*: tomato

jockey *nmf, pl* **-keys**: jockey

jocoso, -sa *adj*: humorous, jocular

jofaina *nf*: washbowl

jolgorio *nm*: merrymaking

jornada *nf* **1**: day's journey **2**: working day — **jornal** *nm*: day's pay — **jornalero, -ra** *n*: day laborer

joroba *nf*: hump — **jorobado, -da** *adj*: hunchbacked, humpbacked — **jorobado, -da** *n*: hunchback — **jorobar** *vt, fam*: annoy

jota *nf* **1**: iota, jot **2 no veo ni jota**: I can't see a thing

joven *adj, pl* **jóvenes**: young — **joven** *nmf*: young man *m*, young woman *f*, youth

jovial *adj*: jovial, cheerful

joya *nf*: jewel — **joyería** *nf*: jewelry store — **joyero, -ra** *n*: jeweler

— **joyero** *nm*: jewelry box

juanete *nm*: bunion

jubilación *nf, pl* **-ciones**: retirement — **jubilado, -da** *adj*: retired — **jubilado, -da** *nmf*: retiree — **jubilar** *vt*: retire, pension off — **jubilarse** *vr*: retire — **jubileo** *nm*: jubilee

júbilo *nm*: joy, jubilation — **jubiloso, -sa** *adj*: joyous, jubilant

judaísmo *nm*: Judaism

judía *nf* **1**: bean **2** *or* **judía verde**: green bean, string bean

judicial *adj*: judicial

judío, -día *adj*: Jewish — **judío, -día** *n*: Jew

judo *nm*: judo

juego *nm* **1**: game **2**: playing (of children, etc.) **3** *or* **juegos de azar**: gambling **4** CONJUNTO: set **5 estar en juego**: be at stake **6 fuera de juego**: offside (in sports) **7 hacer juego**: go together, match **8 juego de manos**: conjuring trick **9 poner en juego**: bring into play

juerga *nf, fam*: spree, binge

jueves *nms & pl*: Thursday

juez *nmf, pl* **jueces 1**: judge **2** ÁRBITRO: umpire, referee

jugar {44} *vi* **1**: play **2**: gamble (in a casino, etc.) **3** APOSTAR: bet **4 jugar (al) tenis**: play tennis — *vt*: play — **jugarse** *vr*: risk, gamble (away) — **jugada** *nf* **1**: play, move **2** TRETA: (dirty) trick — **jugador, -dora** *n* **1**: player **2**: gambler

juglar *nm*: minstrel

jugo *nm* **1**: juice **2** SUSTANCIA: substance, essence — **jugoso, -sa** *adj* **1**: juicy **2** SUSTANCIAL: substantial, important

juguete *nm*: toy — **juguetear** *vi*: play — **juguetería** *nf*: toy store — **juguetón, -tona** *adj, mpl* **-tones**: playful

juicio *nm* **1**: judgment **2** RAZÓN: reason, sense **3 a mi juicio**: in my opinion — **juicioso, -sa** *adj*: wise, sensible

julio *nm*: July

junco *nm*: reed, rush

jungla *nf*: jungle

junio *nm*: June

juntar *vt* **1** UNIR: join, unite **2** REUNIR: collect — **juntarse** *vr* **1**: join (together) **2** REUNIRSE: meet, get together — **junta** *nf* **1**: board, committee **2** REUNIÓN: meeting **3**: (political) junta **4**: joint, gasket — **junto, -ta** *adj* **1**: joined **2** PRÓXIMO

jabalí[M]
wild boar

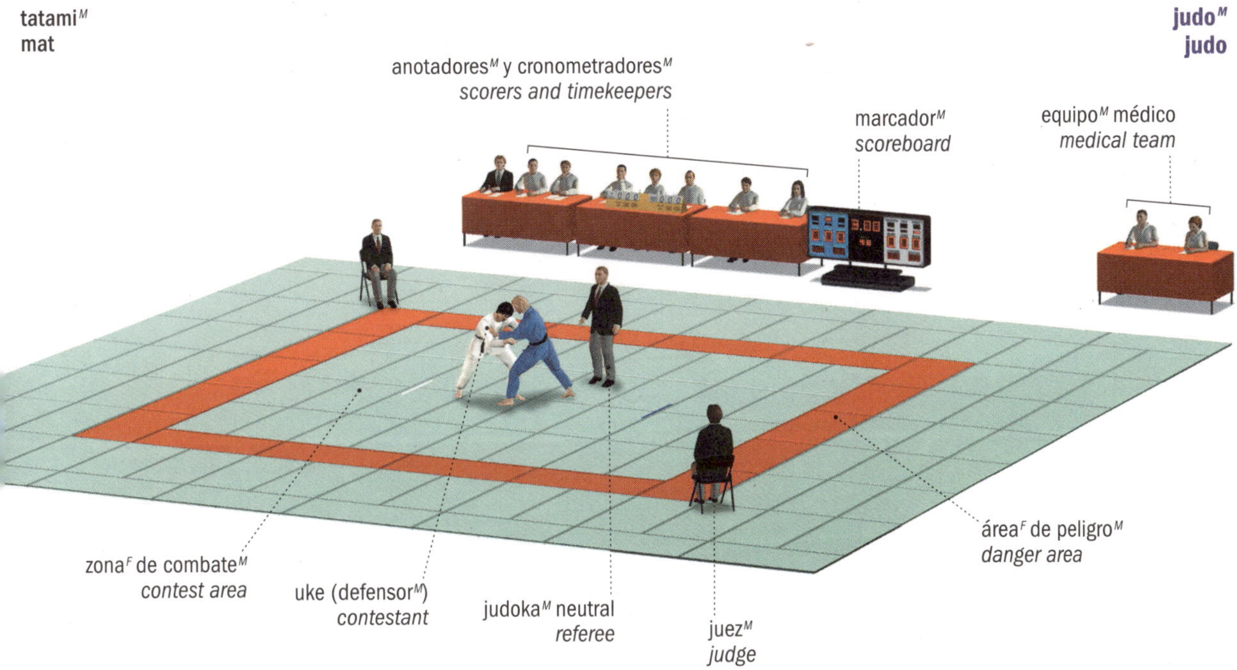

tatami^M
mat

judo^M
judo

anotadores^M y cronometradores^M
scorers and timekeepers

marcador^M
scoreboard

equipo^M médico
medical team

zona^F de combate^M
contest area

uke (defensor^M)
contestant

judoka^M neutral
referee

juez^M
judge

área^F de peligro^M
danger area

: close, adjacent **3** (*used adverbially*) :
together **4 junto a** : next to **5 junto con**
: together with — **juntura** *nf* : joint
Júpiter *nm* : Jupiter
jurar *v* **1** : swear **2 jurar en falso** : commit
perjury — **jurado** *nm* **1** : jury **2** : juror,
member of a jury — **juramento** *nm* : oath
jurídico, -ca *adj* : legal
jurisdicción *nf, pl* **-ciones** : jurisdiction
jurisprudencia *nf* : jurisprudence
justamente *adv* **1** : fairly, justly **2**
PRECISAMENTE : precisely, exactly
justicia *nf* : justice, fairness
justificar {72} *vt* **1** : justify **2**
DISCULPAR : excuse, vindicate —
justificación *nf, pl* **-ciones** : justification
justo, -ta *adj* **1** : just, fair **2** EXACTO :
exact **3** APRETADO : tight — **justo** *adv* **1** :
just, exactly **2 justo a tiempo** : just in time
juvenil *adj* : youthful — **juventud** *nf* **1**
: youth **2** JÓVENES : young people
juzgar {52} *vt* **1** : try (a case in court) **2**
ESTIMAR : judge, consider **3 a juzgar por** :
judging by — **juzgado** *nm* : court, tribunal

proyección^F primera de cadera^F
sweeping hip throw

proyección^F en círculo^M
stomach throw

inmovilización^F de brazo
arm lock

estrangulación^F
naked strangle

inmovilización^F
holding

proyección^F por encima del hombro^M con
una mano^F
one-arm shoulder throw

gran siega^F interior
major inner reaping throw

k *nf* : k, eleventh letter of
the Spanish alphabet
kaki → **caqui**
karate *or* **kárate** *nm* : karate
kilo *nm* : kilo — **kilogramo** *nm* : kilogram
kilómetro *nm* : kilometer —
kilometraje *nm* : distance in
kilometers, mileage — **kilométrico,
-ca** *adj, fam* : end-less
kilovatio *nm* : kilowatt
kiosco *nm* → **quiosco**

karate^M
karate

karateka^M
karateka

zona^F de combate^M
contest area

línea^F de árbitro^M
referee's line

línea^F de los competidores^M
competitors' line

zona^F de competición^F
competition area

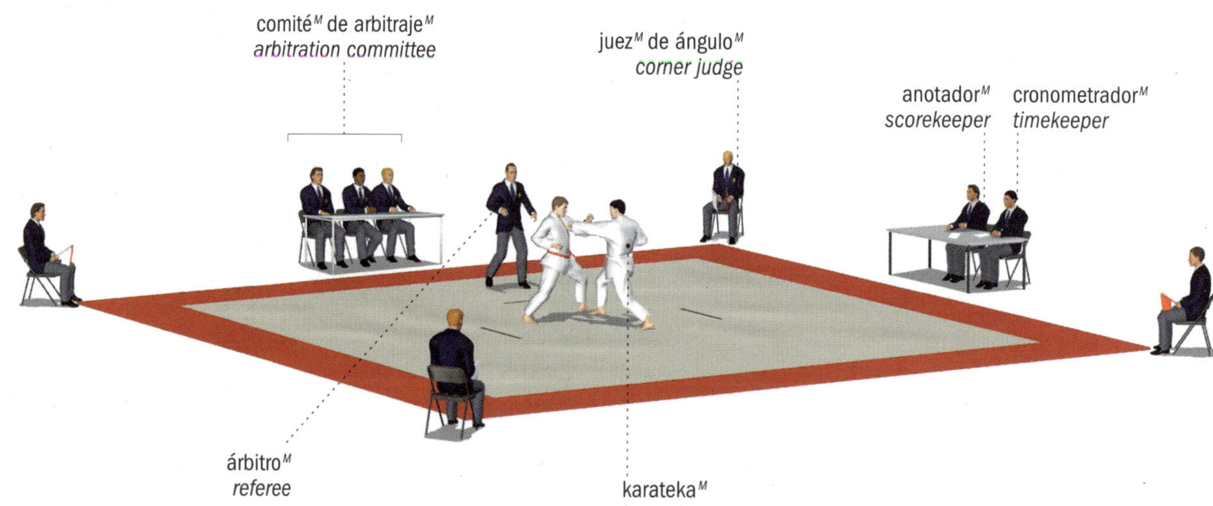

l *nf* : l, twelfth letter of the Spanish alphabet

la *pron* **1** : her, it **2** (*formal*) : you **3 la que** : the one who — **la** *art* → **el**

laberinto *nm* : labyrinth, maze

labia *nf, fam* : gift of gab

labio *nm* : lip

labor *nf* **1** : work, labor **2** TAREA : task **3 labores domésticas** : housework — **laborable** *adj* **día laborable** : business day — **laborar** *vi* : work — **laboratorio** *nm* : laboratory, lab — **laborioso, -sa** *adj* : laborious

labrar *vt* **1** : cultivate, till **2** : work (metals), carve (stone, wood) **3** CAUSAR : cause, bring about — **labrado, -da** *adj* **1** : cultivated, tilled **2** : carved, wrought — **labrador, -dora** *n* : farmer — **labranza** *nf* : farming

laca *nf* **1** : lacquer **2** : hair spray

lacayo *nm* : lackey

lacerar *vt* : lacerate

lacio, -cia *adj* **1** : limp **2** : straight (of hair)

lacónico, -ca *adj* : laconic

lacra *nf* : scar

lacrar *vt* : seal — **lacre** *nm* : sealing wax

lacrimógeno, -na *adj* **gas lacrimógeno** : tear gas — **lacrimoso, -sa** *adj* : tearful

lácteo, -tea *adj* **1** : dairy **2 Vía Láctea** : Milky Way

ladear *vt* : tilt — **ladearse** *vr* : lean

ladera *nf* : slope, hillside

ladino, -na *adj* : crafty

lado *nm* **1** : side **2 al lado** : next door, nearby **3 al lado de** : beside, next to **4 de lado** : sideways **5 por otro lado** : on the other hand **6 por todos lados** : everywhere, all around

ladrar *vi* : bark — **ladrido** *nm* : bark

ladrillo *nm* : brick

ladrón, -drona *n, mpl* **-drones** : thief

lagarto *nm* : lizard — **lagartija** *nf* : (small) lizard

▸ **lago** *nm* : lake

lágrima *nf* : tear

laguna *nf* **1** : lagoon **2** VACÍO : gap

laico, -ca *adj* : lay, secular — **laico, -ca** *n* : layman *m*, layperson

lamentar *vt* **1** : regret, be sorry about **2 lo lamento** : I'm sorry — **lamentarse** *vr* : lament — **lamentable** *adj* **1** : deplorable **2** TRISTE : sad, pitiful — **lamento** *nm* : lament, moan

lamer *vt* **1** : lick **2** : lap (against)

— **lamida** *nf* : lick

lámina *nf* **1** PLANCHA : sheet **2** DIBUJO : plate, illustration — **laminar** *vt* : laminate

lámpara *nf* : lamp

lampiño, -ña *adj* : beardless, hairless

lana *nf* **1** : wool **2 de lana** : woolen

lance *nm* **1** : event, incident **2** : throw (of dice, etc.) **3** RIÑA : quarrel

lanceta *nf* : lancet

lancha *nf* **1** : boat, launch **2 lancha motora** : motorboat

langosta *nf* **1** : lobster **2** : locust (insect) — **langostino** *nm* : prawn, crayfish

languidecer {53} *vi* : languish — **languidez** *nf, pl* **-deces** : languor — **lánguido, -da** *adj* : languid, listless

lanilla *nf* : nap (of fabric)

lanudo, -da *adj* : woolly

lanza *nf* : spear, lance

lanzar {21} *vt* **1** : throw **2** : shoot (a glance), give (a sigh, etc.) **3** : launch (a missile, a project) — **lanzarse** *vr* : throw oneself — **lanzamiento** *nm* : throwing, launching

lapicero *nm* : (mechanical) pencil

lápida *nf* : tombstone

lapidar *vt* : stone

lápiz *nm, pl* **-pices 1** : pencil **2**

lápiz de labios : lipstick

lapso *nm* : lapse (of time) — **lapsus** *nms & pl* : lapse, slip (of the tongue)

largar {52} *vt* **1** AFLOJAR : loosen, slacken **2** *fam* : give — **largarse** *vr, fam* : go away, beat it — **largo, -ga** *adj* **1** : long **2 a la larga** : in the long run **3 a lo largo** : lengthwise **4 a lo largo de** : along — **largo** *nm* : length — **largometraje** *nm* : feature film — **largueza** *nf* : generosity

laringe *nf* : larynx — **laringitis** *nfs & pl* : laryngitis

larva *nf* : larva

las → **el**

lascivo, -va *adj* : lascivious, lewd

láser *nm* : laser

lastimar *vt* : hurt — **lastimarse** *vr* : hurt oneself — **lástima** *nf* **1** : pity **2 dar lástima** : be pitiful **3 me dan lástima** : I feel sorry for them **4 ¡qué lástima!** : what a shame! — **lastimero, -ra** *adj* : pitiful, wretched — **lastimoso, -sa** *adj* : pitiful, terrible

lastre *nm* : ballast

lata *nf* **1** : tinplate **2** : (tin) can **3** *fam* : nuisance, bore **4 dar (la) lata a** *fam* : bother, annoy

latente *adj* : latent

lagos[M] **lakes**

lago[M] volcánico
volcanic lake

lago[M] glaciar
glacial lake

lago[M] tectónico
tectonic lake

oasis[M]
oasis

lago[M] de brazo[M] muerto
oxbow lake

embalse[M]
artificial lake

lector^M **de CD**^{M}
CD player

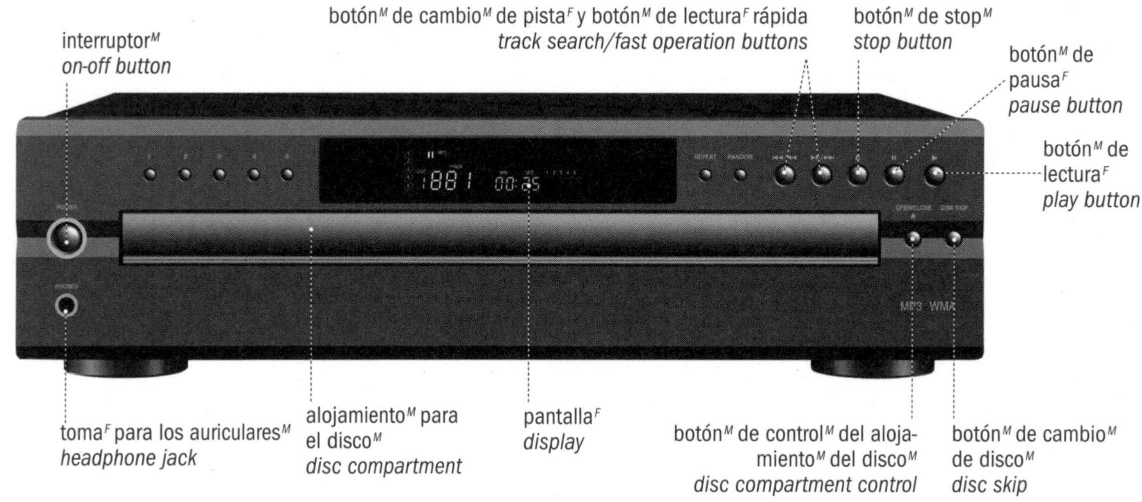

lateral *adj* : side, lateral

latido *nm* **1** : beat, throb **2 latido del corazón** : heartbeat

latifundio *nm* : large estate

látigo *nm* : whip — **latigazo** *nm* : lash

latín *nm* : Latin (language)

latino, -na *adj* **1** : Latin **2** : Latin-American — **latino, -na** *n* : Latin American — **latinoamericano, -na** *adj* : Latin-American — **latinoamericano, -na** *n* : Latin American

latir *vi* : beat, throb

latitud *nf* : latitude

latón *nm, pl* **-tones** : brass

latoso, -sa *adj, fam* : annoying

laúd *nm* : lute

laudable *adj* : laudable

laureado, -da *adj* : prize-winning

laurel *nm* **1** : laurel **2** : bay leaf (in cooking)

lava *nf* : lava

lavar *vt* : wash — **lavarse** *vr* **1** : wash oneself **2 lavarse las manos** : wash one's hands — **lavable** *adj* : washable — **lavabo** *nm* **1** : sink **2** RETRETE : lavatory, toilet — **lavadero** *nm* : laundry room — **lavado** *nm* : wash, washing — **lavadora** *nf* : washing machine — **lavamanos** *nms & pl* : washbowl — **lavandería** *nf* : laundry (service) —

lavaplatos *nms & pl* **1** : dishwasher **2** *Lat* : kitchen sink — **lavativa** *nf* : enema — **lavatorio** *nm* : lavatory, washroom — **lavavajillas** *nms & pl* : dishwasher

laxante *adj & nm* : laxative — **laxo, -xa** *adj* : loose

lazo *nm* **1** VÍNCULO : link, bond **2** LAZADA : bow **3** : lasso, lariat — **lazada** *nf* : bow, loop

le *pron* **1** : (to) her, (to) him, (to) it **2** (*formal*) : (to) you **3** (*as direct object*) : him, you

leal *adj* : loyal, faithful — **lealtad** *nf* : loyalty, allegiance

lebrel *nm* : hound

lección *nf, pl* **-ciones 1** : lesson **2** : lecture (in a classroom)

leche *nf* **1** : milk **2 leche descremada** *or* **leche desnatada** : skim milk **3 leche en polvo** : powdered milk — **lechera** *nf* : milk jug — **lechería** *nf* : dairy store — **lechero, -ra** *adj* : dairy — **lechero, -ra** *n* : milkman *m,* milk dealer

lecho *nm* : bed

lechón, -chona *n, mpl* **-chones** : suckling pig

lechoso, -sa *adj* : milky

lechuga *nf* : lettuce

lechuza *nf* : owl

▸ **lector, -tora** *n* : reader — **lectura** *nf* **1** : reading **2** ESCRITOS : reading matter

leer {20} *v* : read

legación *nf, pl* **-ciones** : legation

legado *nm* **1** : legacy **2** ENVIADO : legate, emissary

legajo *nm* : dossier, file

legal *adj* : legal — **legalidad** *nf* : legality — **legalizar** {21} *vt* : legalize — **legalización** *nf, pl* **-ciones** : legalization

legar {52} *vt* : bequeath

legendario, -ria *adj* : legendary

legible *adj* : legible

legión *nf, pl* **-giones** : legion — **legionario, -ria** *n* : legionnaire

legislar *vi* : legislate — **legislación** *nf, pl* **-ciones** : legislation — **legislador, -dora** *n* : legislator — **legislatura** *nf* : legislature

legítimo, -ma *adj* **1** : legitimate **2** GENUINO : authentic — **legitimidad** *nf* : legitimacy

lego, -ga *adj* **1** : secular, lay **2** IGNORANTE : ignorant — **lego, -ga** *n* : layman *m,* layperson

legua *nf* : league

legumbre *nf* : vegetable

leído, -da *adj* : well-read

lejano, -na *adj* : distant, far away — **lejanía** *nf* : distance

lejía *nf* : bleach

lejos *adv* **1** : far (away) **2 a lo lejos** : in the distance **3 de lejos** *or* **desde lejos** : from afar **4 lejos de** : far from

lelo, -la *adj* : silly, stupid

lema *nm* : motto

lencería *nf* **1** : linen **2** : (women's) lingerie

▶ **lengua** *nf* **1** : tongue **2** IDIOMA : language **3 morderse la lengua** : hold one's tongue

lenguado *nm* : sole, flounder

lenguaje *nm* : language

lengüeta *nf* **1** : tongue (of a shoe) **2** : reed (of a musical instrument)

lengüetada *nf* **beber a lengüetadas** : lap (up)

lente *nmf* **1** : lens **2 lentes** *nmpl* : eyeglasses **3 lentes de contacto** : contact lenses

lenteja *nf* : lentil — **lentejuela** *nf* : sequin

lento, -ta *adj* : slow — **lento** *adv* : slowly — **lentitud** *nf* : slowness

leña *nf* : firewood — **leñador, -dora** *n* : lumberjack, woodcutter — **leño** *nm* : log

león, -ona *n, mpl* **leones** : lion, lioness *f*

leopardo *nm* : leopard

leotardo *nm* : leotard, tights *pl*

lepra *nf* : leprosy — **leproso, -sa** *n* : leper

lerdo, -da *adj* **1** TORPE : clumsy **2** TONTO : slow-witted

les *pron* **1** : (to) them, (to) you **2** (*as direct object*) : them, you

lesbiano, -na *adj* : lesbian — **lesbiana** *nf* : lesbian — **lesbianismo** *nm* : lesbianism

lesión *nf, pl* **-siones** : lesion, wound — **lesionado, -da** *adj* : injured, wounded — **lesionar** *vt* **1** : injure, wound **2** DAÑAR : damage

letal *adj* : lethal

letanía *nf* : litany

letárgico, -ca *adj* : lethargic — **letargo** *nm* : lethargy

letra *nf* **1** : letter **2** ESCRITURA : handwriting **3** : lyrics *pl* (of a song) **4 letra de cambio** : bill of exchange **5 letras** *nfpl* : arts — **letrado, -da** *adj* : learned — **letrero** *nm* : sign, notice

letrina *nf* : latrine

leucemia *nf* : leukemia

levadizo, -za *adj* **puente levadizo** : drawbridge

levadura *nf* **1** : yeast **2 levadura en polvo** : baking powder

levantar *vt* **1** : lift, raise **2** RECOGER : pick up **3** CONSTRUIR : erect, put up **4** ENCENDER : rouse, stir up **5 levantar la mesa** *Lat* : clear the table — **levantarse** *vr* **1** : rise, stand up **2** : get out of bed **3** SUBLEVARSE : rise up — **levantamiento** *nm* **1** : raising, lifting **2** SUBLEVACIÓN : uprising

levante *nm* **1** : east **2** : east wind

levar *vt* **levar anclas** : weigh anchor

leve *adj* **1** : light, slight **2** : minor, trivial (of wounds, sins, etc.) — **levedad** *nf* : lightness — **levemente** *adv* : lightly, slightly

léxico *nm* : vocabulary, lexicon

ley *nf* **1** : law **2 de (buena) ley** : genuine, pure (of metals)

leyenda *nf* **1** : legend **2** : caption (of an illustration, etc.)

liar {85} *vt* **1** : bind, tie (up) **2** : roll (a cigarette) **3** CONFUNDIR : confuse, muddle — **liarse** *vr* : get mixed up

libanés, -nesa *adj, mpl* **-neses** : Lebanese

libelo *nm* **1** : libel **2** : petition (in court)

libélula *nf* : dragonfly

liberación *nf, pl* **-ciones** : liberation, deliverance

liberal *adj & nmf* : liberal — **liberalidad** *nf* : generosity, liberality

liberar *vt* : liberate, free — **libertad** *nf* **1** : freedom, liberty **2 libertad bajo fianza** : bail **3 libertad condicional** : parole **4 en libertad** : free — **libertar** *vt* : set free

libertinaje *nm* : licentiousness — **libertino, -na** *n* : libertine

libido *nf* : libido

libio, -bia *adj* : Libyan

libra *nf* **1** : pound **2 libra**

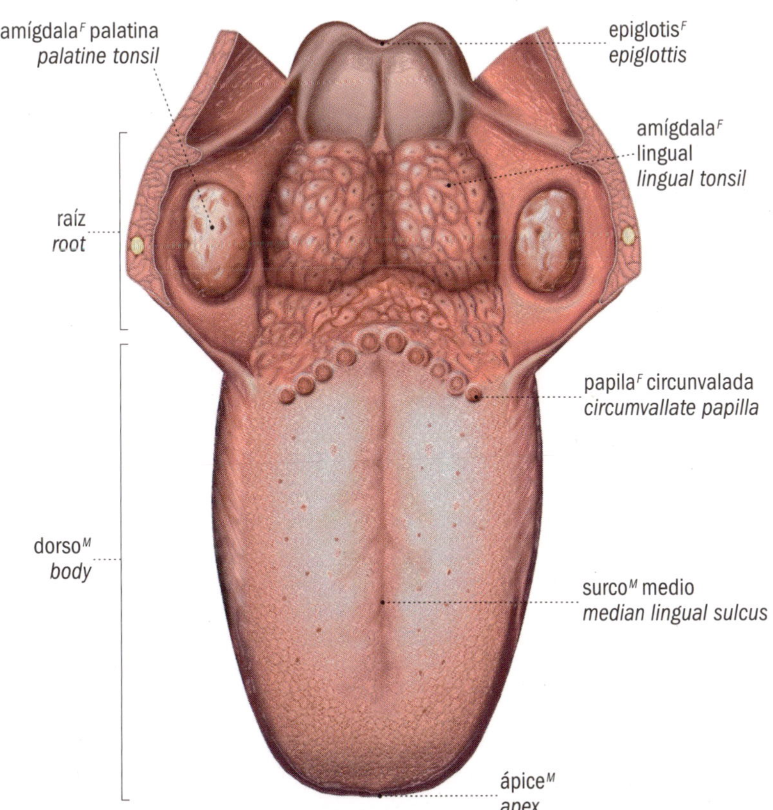

libro encuadernado
bound book

esterlina : pound sterling
librar vt **1** : free, save **2** : wage,
fight (a battle) **3** : draw, issue (a
check, etc.) — **librarse** vr **librarse
de** : free oneself from, get rid of
libre adj **1** : free **2** : unoccupied
(of space), spare (of time) **3 al
aire libre** : in the open air **4 libre
de impuestos** : tax-free
librea nf : livery
libro nm **1** : book **2 libro de bolsillo** :
paperback — **librería** nf : bookstore —
librero, -ra n : bookseller — **librero** nm
Lat : bookcase — **libreta** nf : notebook
licencia nf **1** : license, permit **2**
PERMISO : permission **3** : (military) leave
— **licenciado, -da** n **1** : graduate **2**
Lat : lawyer — **licenciar** vt : dismiss,
discharge — **licenciarse** vr : graduate
— **licenciatura** nf : degree
licencioso, -sa adj : licentious
liceo nm : high school
licitar vt : bid for
lícito, -ta adj **1** : lawful,
legal **2** JUSTO : just, fair
licor nm **1** : liquor **2** : liqueur
— **licorera** nf : decanter
licuadora nf : blender — **licuado** nm
: milk shake — **licuar** {3} vt : liquefy

lid nf **1** : fight **2 en buena
lid** : fair and square
líder adj : leading — **líder** nmf : leader
— **liderato** or liderazgo nm : leadership
lidia nf : bullfight — **lidiar** v : fight
liebre nf : hare
lienzo nm **1** : cotton or linen cloth **2** :
canvas (for a painting) **3** PARED : wall
liga nf **1** : league **2** Lat : rubber band **3** :
garter (for stockings) — **ligadura** nf **1**
ATADURA : tie, bond **2** : ligature (in
medicine or music) — **ligamento** nm :
ligament — **ligar** {52} vt : bind, tie (up)
ligero, -ra adj **1** : light, lightweight
2 LEVE : slight **3** ÁGIL : agile **4** FRÍVOLO
: lighthearted, superficial —
ligeramente adv : lightly, slightly —
ligereza nf **1** : lightness **2** : flippancy
(of character), thoughtlessness
(of actions) **3** AGILIDAD : agility
lija nf : sandpaper — **lijar** vt : sand
lila nf : lilac
lima nf **1** : file **2** : lime (fruit) **3 lima
para uñas** : nail file — **limar** vt : file
limbo nm : limbo
limitar vt : limit — vi **limitar con** :
border on — **limitación** nf, pl **-ciones**
: limitation, limit — **límite** nm **1** : limit
2 CONFÍN : boundary, border **3 límite de
velocidad** : speed limit **4 fecha límite** :
deadline — **limítrofe** adj : bordering
limo nm : slime, mud
limón nm, pl **-mones 1** : lemon
2 limón verde Lat : lime —
limonada nf : lemonade
limosna nf **1** : alms **2 pedir limosna**
: beg — **limosnero, -ra** n : beggar
limpiabotas nmfs & pl : bootblack
limpiaparabrisas nms &
pl : windshield wiper
limpiar vt **1** : clean, wipe (away)
2 limpiar en seco : dry-clean —
limpieza nf **1** : cleanliness **2** : (act of)
cleaning — **limpio** adv : cleanly, fairly
— **limpio, -pia** adj **1** : clean, neat **2**
HONRADO : honest **3** NETO : net, clear
limusina nf : limousine
linaje nm : lineage, ancestry
linaza nf : linseed
lince nm : lynx
linchar vt : lynch
lindar vi **lindar con** : border on
— **lindante** adj : bordering —
linde nmf or lindero nm : boundary
lindo, -da adj **1** : pretty, lovely

2 de lo lindo fam : a lot
línea nf **1** : line **2 línea de conducta**
: course of action **3 en línea** :
on-line **4 guardar la línea** : watch
one's figure — **lineal** adj : linear
lingote nm : ingot
lingüista nmf : linguist —
lingüística nf : linguistics —
lingüístico, -ca adj : linguistic
linimento nm : liniment
lino nm **1** : flax (plant) **2** : linen (fabric)
linóleo nm : linoleum
linterna nf **1** FAROL : lantern **2** : flashlight
lío nm **1** : bundle **2** fam : mess,
trouble **3** fam : (love) affair
liofilizar {21} vt : freeze-dry
liquen nm : lichen
liquidar vt **1** : liquefy **2** : liquidate
(merchandise, etc.) **3** : settle, pay
off (a debt, etc.) — **liquidación** nf,
pl **-ciones 1** : liquidation **2** REBAJA :
clearance sale — **líquido, -da** adj **1** :
liquid **2** NETO : net — **líquido** nm : liquid
lira nf : lyre
lírico, -ca adj : lyric, lyrical
— **lírica** nf : lyric poetry
lirio nm : iris
lisiado, -da adj : disabled —
lisiado, -da n : disabled person
— **lisiar** vt : disable, cripple
liso, -sa adj **1** : smooth **2** PLANO
: flat **3** SENCILLO : plain **4 pelo
liso, -sa** : straight hair
lisonjear vt : flatter — **lisonja** nf : flattery
lista nf **1** : stripe **2** ENUMERACIÓN
: list **3** : menu (in a restaurant)
— **listado, -da** adj : striped
listo, -ta adj **1** : clever, smart
2 PREPARADO : ready
listón nm, pl **-tones 1** : ribbon
2 : strip (of wood)
lisura nf : smoothness
litera nf : bunk bed, berth
literal adj : literal
literatura nf : literature —
literario, -ria adj : literary
litigar {52} vi : litigate — **litigio** nm **1**
: litigation **2 en litigio** : in dispute
litografía nf **1** : lithography
2 : lithograph (picture)
▸ **litoral** adj : coastal — **litoral** nm
: shore, seaboard
litro nm : liter
liturgia nf : liturgy — **litúrgico,
-ca** adj : liturgical

liviano, -na *adj* **1** LIGERO :
light **2** INCONSTANTE : fickle
lívido, -da *adj* : livid
llaga *nf* : sore, wound
llama *nf* **1** : flame **2** : llama (animal)
llamar *vt* **1** : call **2** : call up (on the
telephone) — *vi* **1** : phone, call **2** : knock,
ring (at the door) — **llamarse** *vr* **1** :
be called **2** ¿cómo te llamas? : what's
your name? — **llamada** *nf* : call —
llamado, -da *adj* : named, called —
llamamiento *nm* : call, appeal
llamarada *nf* **1** : blaze **2** :
flushing (of the face)
llamativo, -va *adj* : flashy, showy
llamear *vi* : flame, blaze
llano, -na *adj* **1** : flat **2** : straightforward
(of a person, a message, etc.) **3**
SENCILLO : plain, simple — **llano** *nm*
: plain — **llaneza** *nf* : simplicity
llanta *nf* **1** : rim (of a wheel) **2** *Lat* : tire
llanto *nm* : crying, weeping
llanura *nf* : plain
llave *nf* **1** : key **2** *Lat* : faucet **3**
INTERRUPTOR : switch **4 cerrar con
llave** : lock **5 llave inglesa** : monkey

wrench — **llavero** *nm* : key chain
llegar {52} *vi* **1** : arrive, come **2**
ALCANZAR : reach **3** BASTAR : be enough
4 llegar a : manage to **5 llegar a ser**
: become — **llegada** *nf* : arrival
llenar *vt* : fill (up), fill in — **lleno,
-na** *adj* **1** : full **2 de lleno** : completely
— **lleno** *nm* : full house
llevar *vt* **1** : take, carry **2** CONDUCIR :
lead **3** : wear (clothing, etc.) **4** TENER :
have **5 llevo una hora aquí** : I've been
here for an hour — **llevarse** *vr* **1** :
take (away) **2 llevarse bien** : get along
well — **llevadero, -ra** *adj* : bearable
llorar *vi* : cry, weep — **lloriquear** *vi* :
whimper, whine — **lloro** *nm* : crying —
llorón, -rona *n, mpl* -**rones** : crybaby,
whiner — **lloroso, -sa** *adj* : tearful
llover {47} *v impers* : rain — **llovizna** *nf*
: drizzle — **lloviznar** *v impers* : drizzle
lluvia *nf* : rain — **lluvioso, -sa** *adj* : rainy
lo *pron* **1** : him, it **2** (*formal, masculine*) :
you **3 lo que** : what, that which — **lo** *art* **1**
: the **2 lo mejor** : the best (part) **3 sé lo
bueno que eres** : I know how good you are
loa *nf* : praise — **loable** *adj* :

praiseworthy — **loar** *vt* : praise
lobo, -ba *n* : wolf
lóbrego, -ga *adj* : gloomy
lóbulo *nm* : lobe
local *adj* : local — **local** *nm* : premises *pl*
— **localidad** *nf* : town, locality —
localizar {21} *vt* **1** : localize **2** ENCONTRAR
: locate — **localizarse** *vr* : be located
loción *nf, pl* -**ciones** : lotion
loco, -ca *adj* **1** : crazy, insane **2 a lo loco**
: wildly, recklessly **3 volverse loco, -ca** :
go mad — **loco, -ca** *n* **1** : crazy person,
lunatic **2 hacerse el loco** : act the fool
locomoción *nf, pl* -**ciones** : locomotion
— **locomotora** *nf* : engine, locomotive
locuaz *adj, pl* -**cuaces** :
talkative, loquacious
locución *nf, pl* -**ciones** :
expression, phrase
locura *nf* **1** : insanity, madness
2 INSENSATEZ : crazy act, folly
locutor, -tora *n* : announcer
locutorio *nm* : phone booth
lodo *nm* : mud — **lodazal** *nm* : quagmire
logaritmo *nm* : logarithm
lógica *nf* : logic — **lógico, -ca** *adj* :

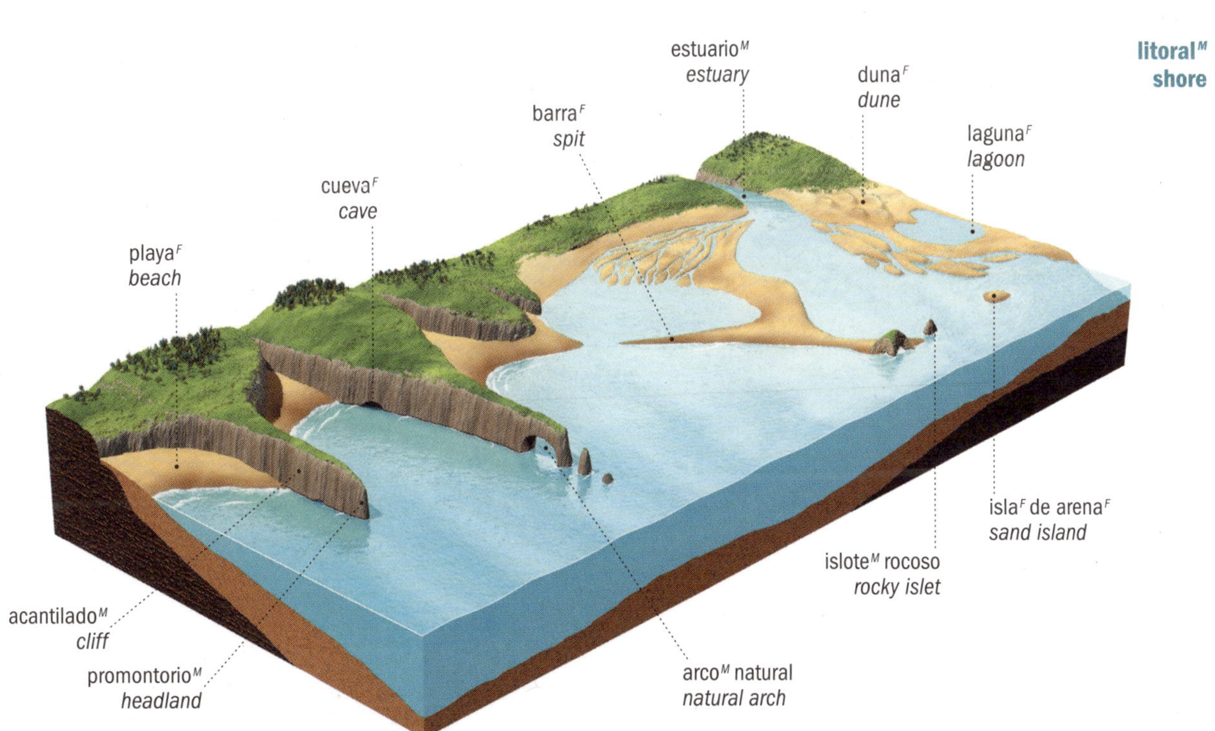

logical — **logística** *nf* : logistics *pl*
logotipo *nm* : logo
lograr *vt* **1** : achieve, attain **2** CONSEGUIR : get, obtain **3 lograr hacer** : manage to do — **logro** *nm* : achievement, success
loma *nf* : hill, hillock
lombriz *nf, pl* **-brices** : worm
lomo *nm* **1** : back (of an animal) **2** : spine (of a book) **3 lomo de cerdo** : pork loin
lona *nf* : canvas
loncha *nf* : slice (of bacon, etc.)
lonche *nm Lat* : lunch — **lonchería** *nf*

Lat : luncheonette
longaniza *nf* : sausage
longevidad *nf* : longevity — **longevo, -va** *adj* : long-lived
longitud *nf* **1** : longitude **2** LARGO : length
lonja → **loncha**
loro *nm* : parrot
los, las *pron* **1** : them **2** : you **3 los que, las que** : those who, the ones who — **los** *art* → **el**
losa *nf* **1** : flagstone **2** *or* **losa sepulcral** : tombstone
lote *nm* **1** : batch, lot **2** *Lat* : plot of land
lotería *nf* : lottery
loto *nm* : lotus
loza *nf* : crockery, earthenware
lozano, -na *adj* **1** : healthy-looking, vigorous **2** : luxuriant (of plants) — **lozanía** *nf* **1** : (youthful) vigor **2** : luxuriance (of plants)
lubricar {72} *vt* : lubricate — **lubricante** *adj* : lubricating — **lubricante** *nm* : lubricant
lucero *nm* : bright star
luchar *vi* **1** : fight, struggle **2** : wrestle (in sports) — **lucha** *nf* **1** : struggle, fight **2** : wrestling (sport) — **luchador, -dora** *n* : fighter, wrestler
lucidez *nf, pl* **-deces** : lucidity — **lúcido, -da** *adj* : lucid
lucido, -da *adj* : magnificent, splendid
luciérnaga *nf* : firefly, glowworm
lucir {45} *vi* **1** : shine **2** *Lat* : appear, seem — *vt* **1** : wear, sport **2** OSTENTAR : show off — **lucirse** *vr* **1** : shine, excel **2** PRESUMIR : show off — **lucimiento** *nm* **1** : brilliance

2 ÉXITO : brilliant performance, success
lucrativo, -va *adj* : lucrative — **lucro** *nm* : profit
luego *adv* **1** : then **2** : later (on) **3 desde luego** : of course **4 ¡hasta luego!** : see you later! **5 luego que** : as soon as — **luego** *conj* : therefore
lugar *nm* **1** : place **2** ESPACIO : space, room **3 dar lugar a** : give rise to **4 en lugar de** : instead of **5 tener lugar** : take place
lugarteniente *nmf* : deputy
lúgubre *adj* : gloomy
lujo *nm* **1** : luxury **2 de lujo** : deluxe — **lujoso, -sa** *adj* : luxurious
lujuria *nf* : lust
lumbre *nf* **1** : fire **2 poner en la lumbre** : put on the stove
luminoso, -sa *adj* : shining, luminous
luna *nf* **1** : moon **2** : (window) glass **3** ESPEJO : mirror **4 luna de miel** : honeymoon — **lunar** *adj* : lunar — **lunar** *nm* : mole, beauty spot
lunes *nms & pl* : Monday
lupa *nf* : magnifying glass
lúpulo *nm* : hops
lustrar *vt* : shine, polish — **lustre** *nm* **1** BRILLO : luster, shine **2** ESPLENDOR : glory — **lustroso, -sa** *adj* : lustrous, shiny
luto *nm* **1** : mourning **2 estar de luto** : be in mourning
luxación *nf, pl* **-ciones** : dislocation
luz *nf, pl* **luces 1** : light **2** : lighting (in a room, etc.) **3** *fam* : electricity **4 a la luz de** : in light of **5 dar a luz** : give birth **6 sacar a la luz** : bring to light

área^F de lucha^F libre
wrestling area

jefe^M de tapiz^M
mat chairperson

zona^F de pasividad^F
passivity zone

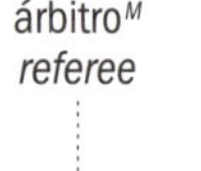

árbitro^M
referee

zona^F de lucha^F
central wrestling area

juez^M
judge

m *nf* : m, 13th letter of the Spanish alphabet
macabro, -bra *adj* : macabre
macarrón *nm, pl* **-rrones 1** : macaroon **2 macarrones** *nmpl* : macaroni
maceta *nf* : flowerpot
machacar {72} *vt* : crush, grind — *vi* **machacar sobre** : go on about — **machacón, -cona** *adj, mpl* **-cones** : tiresome, boring
machete *nm* : machete — **machetear** *vt* : hack with a machete
macho *adj* **1** : male **2** *fam* : macho — **macho** *nm* **1** : male **2** *fam* : he-man — **machista** *nm* : male chauvinist
machucar {72} *vt* **1** : beat, crush **2** : bruise (fruit)
macizo, -za *adj* : solid — **macizo** *nm* **macizo de flores** : flower bed
mácula *nf* : stain
madeja *nf* : skein, hank
madera *nf* **1** : wood **2** : lumber (for construction) **3 madera dura** : hardwood — **madero** *nm* : piece of lumber, plank
madre *nf* **1** : mother **2 madre política** : mother-in-law — **madrastra** *nf* : stepmother
madreselva *nf* : honeysuckle
madriguera *nf* : burrow, den
madrileño, -ña *adj* : of or from Madrid
madrina *nf* **1** : godmother **2** : bridesmaid (at a wedding)
madrugada *nf* : dawn, daybreak — **madrugador, -dora** *n* : early riser
madurar *v* **1** : mature **2** : ripen (of fruit) — **madurez** *nf, pl* **-reces 1** : maturity **2** : ripeness (of fruit) — **maduro, -ra** *adj* **1** : mature **2** : ripe (of fruit)
maestría *nf* : mastery, skill — **maestro, -tra** *adj* : masterly, skilled — **maestro, -tra** *n* **1** : teacher (in grammar school) **2** EXPERTO : expert, master
Mafia *nf* : Mafia
magia *nf* : magic — **mágico, -ca** *adj* : magic, magical
magisterio *nm* : teachers *pl*, teaching profession
magistrado, -da *n* : magistrate, judge
magistral *adj* **1** : masterful **2** : magisterial (of an attitude, etc.)
magnánimo, -ma *adj* : magnanimous — **magnanimidad** *nf* : magnanimity
magnate *nmf* : magnate, tycoon
magnesia *nf* : magnesia — **magnesio** *nm* : magnesium

magnético, -ca *adj* : magnetic — **magnetismo** *nm* : magnetism — **magnetizar** {21} *vt* : magnetize
magnetófono *nm* : tape recorder
magnificencia *nf* : magnificence — **magnífico, -ca** *adj* : magnificent
magnitud *nf* : magnitude
magnolia *nf* : magnolia
mago, -ga *n* **1** : magician **2 los Reyes Magos** : the Magi
magro, -gra *adj* **1** : lean **2** MEZQUINO : poor, meager
magullar *vt* : bruise — **magulladura** *nf* : bruise
mahometano, -na *adj* : Islamic, Muslim — **mahometano, -na** *n* : Muslim
maicena *nf* : cornstarch
maíz *nm* : corn
maja *nf* : pestle
majadero, -ra *adj* : foolish, silly — **majadero, -ra** *n* : fool
majar *vt* : crush
majestad *nf* **1** : majesty **2 Su Majestad** : His/Her Majesty

— **majestuoso, -sa** *adj* : majestic
majo, -ja *adj* **1** : nice **2** GUAPO : good-looking
mal *adv* **1** : badly, poorly **2** INCORRECTAMENTE : incorrectly **3** DIFÍCILMENTE : with difficulty, hardly **4 de mal en peor** : from bad to worse **5 menos mal** : it's just as well — **mal** *nm* **1** : evil **2** DAÑO : harm, damage **3** ENFERMEDAD : illness — **mal** *adj* → **malo**
malabarismo *nm* : juggling — **malabarista** *nmf* : juggler
malacostumbrar *vt* : spoil, pamper — **malacostumbrado, -da** *adj* : spoiled
malaria *nf* : malaria
malasio, -sia *adj* : Malaysian
malaventura *nf* : misfortune — **malaventurado, -da** *adj* : unfortunate
malayo, -ya *adj* : Malay, Malayan
malcriado, -da *adj* : bad-mannered, spoiled
maldad *nf* **1** : evil **2** : evil deed
maldecir {11} *vt* : curse, damn — *vi* **1** : curse, swear **2 maldecir de** : speak ill

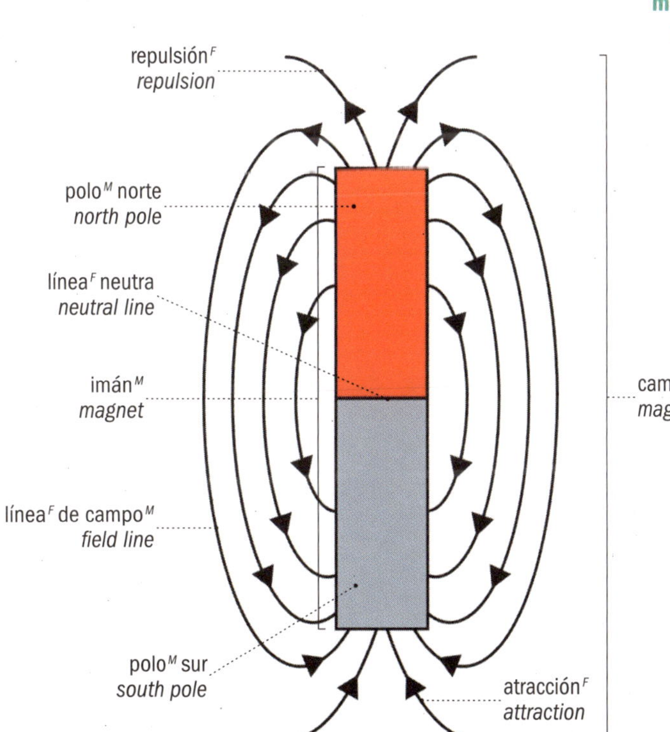

of — **maldición** *nf, pl* **-ciones** : curse
— **maldito, -ta** *adj, fam* : damned
maleable *adj* : malleable
maleante *nmf* : crook
malecón *nm, pl* **-cones** : jetty
maleducado, -da *adj* : rude
maleficio *nm* : curse — **maléfico,
-ca** *adj* : evil, harmful
malentendido *nm* : misunderstanding
malestar *nm* **1** : discomfort
2 INQUIETUD : uneasiness
maleta *nf* **1** : suitcase **2 hacer la maleta**
: pack one's bags — **maletero, -ra** *n*
: porter — **maletero** *nm* : trunk (of an
automobile) — **maletín** *nm, pl* **-tines 1**
PORTAFOLIO : briefcase **2** : overnight bag
malévolo, -la *adj* : malevolent —
malevolencia *nf* : malevolence
maleza *nf* **1** : underbrush **2**
MALAS HIERBAS : weeds *pl*
malgastar *vt* : waste, squander
malhablado, -da *adj* : foul-mouthed
malhechor, -chora *n* :
criminal, delinquent
malhumorado, -da *adj* :
bad-tempered, cross
malicia *nf* : malice — **malicioso,
-sa** *adj* : malicious
maligno, -na *adj* **1** : malignant
2 PERNICIOSO : harmful, evil
malla *nf* **1** : mesh **2 mallas** *nfpl* : tights
malo, -la *adj* (**mal** *before masculine
singular nouns*) **1** : bad **2** : poor (in
quality) **3** ENFERMO : unwell **4 estar de
malas** : be in a bad mood — **malo,
-la** *n* : villain, bad guy (in movies, etc.)
malograr *vt* : waste —
malograrse *vr* **1** FRACASAR : fail **2** :
die young — **malogro** *nm* : failure
maloliente *adj* : smelly
malpensado, -da *adj* : malicious, nasty
malsano, -na *adj* : unhealthy
malsonante *adj* : rude
malta *nf* : malt
maltratar *vt* : mistreat
maltrecho, -cha *adj* : battered
malvado, -da *adj* : evil, wicked
malvavisco *nm* : marshmallow
malversar *vt* : embezzle —
malversación *nf, pl* **-ciones**
: embezzlement
mama *nf* : teat (of an animal),
breast (of a woman)
mamá *nf, fam* : mom, mama
mamar *vi* **1** : suckle **2 dar de mamar**

a : breast-feed — *vt* **1** : suckle, nurse
2 : learn from childhood, grow up with
— **mamario, -ria** *adj* : mammary
mamarracho *nm, fam* : mess, sight
mambo *nm* : mambo
mamífero, -ra *adj* : mammalian
— **mamífero** *nm* : mammal
mamografía *nf* : mammogram
mampara *nf* : screen, room divider
mampostería *nf* : masonry
manada *nf* **1** : flock, herd, pack
2 en manada : in droves
manar *vi* **1** : flow **2 manar en**
: be rich in — **manantial** *nm* **1**
: spring **2** ORIGEN : source
manchar *vt* **1** : stain, spot,
mark **2** : tarnish (a reputation,
etc.) — **mancharse** *vr* : get
dirty — **mancha** *nf* : stain
mancillar *vt* : sully, stain
manco, -ca *adj* : one-
armed, one-handed
mancomunar *vt* : combine, join
— **mancomunarse** *vr* : unite —
mancomunidad *nf* : union
mandar *vt* **1** : command, order **2**
ENVIAR : send **3** *Lat* : hurl, throw — *vi* **1**
: be in charge **2** ¿mande? *Lat* : yes?,
pardon? — **mandadero, -ra** *nm* :
messenger — **mandado** *nm* : errand
— **mandamiento** *nm* **1** : order, warrant
2 : commandment (in religion)
mandarina *nf* : mandarin
orange, tangerine
mandato *nm* **1** : term of office **2** ORDEN
: mandate — **mandatario, -ria** *n* **1** :
leader (in politics) **2** : agent (in law)
mandíbula *nf* : jaw, jawbone
mandil *nm* : apron
mando *nm* **1** : command, leadership
2 al mando de : in charge of **3 mando
a distancia** : remote control
mandolina *nf* : mandolin
mandón, -dona *adj, mpl* **-dones** : bossy
manecilla *nf* : hand (of a clock), pointer
manejar *vt* **1** : handle, operate **2** :
manage (a business, etc.) **3** : manipulate
(a person) **4** *Lat* : drive (a car) —
manejarse *vr* **1** : manage, get by **2** *Lat* :
behave — **manejo** *nm* **1** : handling, use
2 : management (of a business, etc.)
manera *nf* **1** : way, manner **2 de manera
que** : so that **3 de ninguna manera** : by
no means **4 de todas maneras** : anyway
manga *nf* **1** : sleeve **2** MANGUERA : hose

mango *nm* **1** : hilt, handle
2 : mango (fruit)
mangonear *vt, fam* : boss
around — *vi* **1** : be bossy **2**
HOLGAZANEAR : loaf, fool around
manguera *nf* : hose
maní *nm, pl* **-níes** *Lat* : peanut
manía *nf* **1** : mania, obsession **2**
MODA PASAJERA : craze, fad **3** ANTIPATÍA
: dislike — **maníaco, -ca** *adj* :
maniacal — **manía** *n* : maniac
maniatar *vt* : tie the hands of
maniático, -ca *adj* : obsessive, fussy —
maniático, -ca *n* : fussy person, fanatic
manicomio *nm* : insane asylum
manicura *nf* : manicure —
manicuro, -ra *n* : manicurist
manido, -da *adj* : stale, hackneyed
manifestar {55} *vt* **1** : demonstrate,
show **2** DECLARAR : express, declare
— **manifestarse** *vr* **1** : become
evident **2** : demonstrate (in politics)
— **manifestación** *nf, pl* **-ciones 1** :
manifestation, sign **2** : demonstration
(in politics) — **manifestante** *nmf*
: protester, demonstrator —
manifiesto, -ta *adj* : manifest, evident
— **manifiesto** *nm* : manifesto
manija *nf* : handle
manillar *nm* : handlebars *pl*
maniobra *nf* : maneuver —
maniobrar *v* : maneuver
manipular *vt* **1** : manipulate **2**
MANEJAR : handle — **manipulación** *nf,
pl* **-ciones** : manipulation
maniquí *nmf, pl* **-quíes** :
mannequin, model — **maniquí** *nm*
: mannequin, dummy
manirroto, -ta *adj* : extravagant
— **manirroto, -ta** *n* : spendthrift
manivela *nf* : crank
manjar *nm* : delicacy, special dish
mano *nf* **1** : hand **2** : coat (of paint,
etc.) **3 a mano** *or* **a la mano** : at hand,
nearby **4 dar la mano** : shake hands
5 de segunda mano : secondhand **6
mano de obra** : labor, manpower
manojo *nm* : bunch
manopla *nf* : mitten
manosear *vt* **1** : handle
excessively **2** : fondle (a person)
manotazo *nm* : slap
mansalva: a mansalva *adv phr*
: at close range, without risk
mansarda *nf* : attic

mansedumbre *nf* **1** : gentleness **2** : tameness (of an animal)

mansión *nf, pl* **-siones** : mansion

manso, -sa *adj* **1** : gentle **2** : tame (of an animal)

manta *nf* **1** : blanket **2** *Lat* : poncho

manteca *nf* : lard, fat — **mantecoso, -sa** *adj* : greasy

mantel *nm* : tablecloth — **mantelería** *nf* : table linen

mantener {80} *vt* **1** : support **2** CONSERVAR : preserve **3** : keep up, maintain (relations, correspondence, etc.) **4** AFIRMAR : affirm — **mantenerse** *vr* **1** : support oneself **2 mantenerse firme** : hold one's ground — **mantenimiento** *nm* **1** : maintenance **2** SUSTENTO : sustenance

mantequilla *nf* : butter — **mantequera** *nf* : churn — **mantequería** *nf* : dairy

mantilla *nf* : mantilla

manto *nm* : cloak

mantón *nm, pl* **-tones** : shawl

manual *adj* : manual — **manual** *nm* : manual, handbook

manubrio *nm* **1** : handle, crank **2** *Lat* : handlebars *pl*

manufactura *nf* **1** : manufacture **2** FÁBRICA : factory

manuscrito *nm* : manuscript — **manuscrito, -ta** *adj* : handwritten

manutención *nf, pl* **-ciones** : maintenance

manzana *nf* **1** : apple **2** : (city) block — **manzanar** *nm* : apple orchard — **manzano** *nm* : apple tree

maña *nf* **1** : skill **2** ASTUCIA : cunning, guile

mañana *adv* : tomorrow — **mañana** *nm* **el mañana** : the future — **mañana** *nf* : morning

mañoso, -sa *adj* **1** : skillful **2** *Lat* : finicky

mapa *nm* : map — **mapamundi** *nm* : map of the world

mapache *nm* : raccoon

maqueta *nf* : model, mock-up

maquillaje *nm* : makeup — **maquillarse** *vr* : put on makeup

máquina *nf* **1** : machine **2** LOCOMOTORA : locomotive **3 a toda máquina** : at full speed **4 máquina de escribir** : typewriter — **maquinación** *nf, pl* **-ciones** : machination — **maquinal** *adj* : mechanical — **maquinaria** *nf* **1** : machinery **2** : mechanism, works *pl*

(of a watch, etc.) — **maquinilla** *nf* : small machine — **maquinista** *nmf* **1** : machinist **2** : (railroad) engineer

mar *nmf* **1** : sea **2 alta mar** : high seas *pl*

maraca *nf* : maraca

maraña *nf* **1** : thicket **2** ENREDO : tangle, mess

maratón *nm, pl* **-tones** : marathon

maravilla *nf* **1** : wonder, marvel **2** : marigold (flower) — **maravillar** *vt* : astonish — **maravillarse** *vr* : be amazed — **maravilloso, -sa** *adj* : marvelous

marca *nf* **1** : mark **2** : brand (on livestock) **3** *or* **marca de fábrica** : trademark **4** : record (in sports) — **marcado, -da** *adj* : marked — **marcador** *nm* **1** : scoreboard **2** *Lat* : marker, felt-tipped pen

marcapasos *nms & pl* : pacemaker

marcar {72} *vt* **1** : mark **2** : brand (livestock) **3** INDICAR : indicate, show **4** : dial (a telephone, etc.) **5** : score (in sports) — *vi* **1** : score **2** : dial (on the telephone, etc.)

marchar *vi* **1** : go **2** CAMINAR : walk **3** FUNCIONAR : work, run — **marcharse** *vr* : leave, go — **marcha** *nf* **1** : march **2** PASO : pace, speed **3** : gear (of an automobile) **4 poner en marcha** : put in motion

marchitarse *vr* : wither, wilt — **marchlto, -ta** *adj* : withered

marcial *adj* : martial, military

marco *nm* **1** : frame **2** : goalposts *pl* (in sports) **3** ENTORNO : setting, framework

marea *nf* : tide — **marear** *vt* **1** : make nauseous or dizzy **2** CONFUNDIR : confuse — **marearse** *vr* **1** : become nauseated or dizzy **2** CONFUNDIRSE : get

confused — **mareado, -da** *adj* **1** : sick, nauseous **2** ATURDIDO : dazed, dizzy

maremoto *nm* : tidal wave

mareo *nm* **1** : nausea, seasickness **2** VÉRTIGO : dizziness

marfil *nm* : ivory

margarina *nf* : margarine

margarita *nf* : daisy

margen *nm, pl* **márgenes** **1** : edge, border **2** : margin (of a page, etc.) — **marginado, -da** *adj* **1** : alienated **2 clases marginadas** : underclass — **margen** *n* : outcast — **marginal** *adj* : marginal — **marginar** *vt* : ostracize, exclude

mariachi *nm* : mariachi musician or band

maridaje *nm* : marriage, union — **marido** *nm* : husband

marihuana *or* mariguana *or* marijuana *nf* : marijuana

marimba *nf* : marimba

marina *nf* **1** : coast **2** *or* **marina de guerra** : navy, fleet

marinada *nf* : marinade — **marinar** *vt* : marinate

marinero, -ra *adj* **1** : sea, marine **2** : seaworthy (of a ship) — **marinero** *nm* : sailor — **marino, -na** *adj* : marine — **marino** *nm* : seaman, sailor

marioneta *nf* : puppet, marionette

mariposa *nf* **1** : butterfly **2 mariposa nocturna** : moth

mariquita *nf* : ladybug

marisco *nm* **1** : shellfish **2 mariscos** *nmpl* : seafood

marisma *nf* : salt marsh

marítimo, -ma *adj* : maritime, shipping

mármol *nm* : marble

formas^F farmacéuticas de medicamentos^M
forms of medicines

jarabe^M
syrup

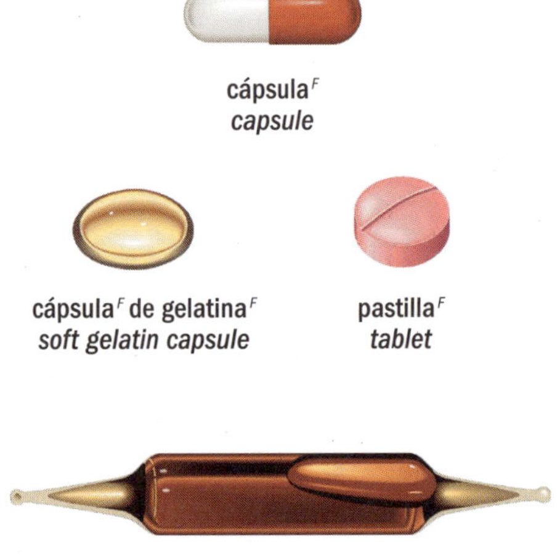

cápsula^F
capsule

cápsula^F de gelatina^F
soft gelatin capsule

pastilla^F
tablet

ampolla^F
vial

inhalador^M-dosificador^M
metered dose inhaler

---

marmota *nf* **marmota de**
  América : groundhog
marquesina *nf* : marquee, (glass) canopy
marrano, -na *n* **1** : pig, hog **2** *fam* : slob
marrar *vt* : miss (a target) — *vi* : fail
marrón *adj & nm, pl* **-rrones** : brown
marroquí *adj* : Moroccan
marsopa *nf* : porpoise
marsupial *nm* : marsupial
Marte *nm* : Mars
martes *nms & pl* : Tuesday
martillo *nm* **1** : hammer **2 martillo**
  neumático : jackhammer —
  martillar *or* **martillear** *v* : hammer
mártir *nmf* : martyr — **martirio** *nm*
  : martyrdom — **martirizar** {21} *vt* **1**
  : martyr **2** ATORMENTAR : torment
marxismo *nm* : Marxism —
  marxista *adj & nmf* : Marxist
marzo *nm* : March
mas *conj* : but
más *adv* **1** : more **2 el/la/lo más** : (the)
  most **3** (*in negative constructions*) :
  (any) longer **4 ¡qué día más bonito!**
  : what a beautiful day! — **más** *adj* **1**
  : more **2** : most **3 ¿quién más?** : who
  else? — **más** *prep* : plus — **más** *pron* **1**
  a lo más : at most **2 de más** : extra,
  spare **3 más o menos** : more or less **4**

¿tienes más? : do you have more?
masa *nf* **1** : mass, volume **2** : dough (in
  cooking) **3 masas** *nfpl* : people, masses
masacre *nf* : massacre
masaje *nm* : massage —
  masajear *vt* : massage
mascar {72} *v* : chew
máscara *nf* : mask — **mascarada** *nf*
  : masquerade — **mascarilla** *nf*
  : mask (in medecine, etc.)
mascota *nf* : mascot
masculino, -na *adj* **1** :
  masculine, male **2** VARONIL : manly
  3 : masculine (in grammar) —
  masculinidad *nf* : masculinity
mascullar *v* : mumble
masilla *nf* : putty
masivo, -va *adj* : mass, large-scale
masón *nm, pl* **-sones** : Mason, Freemason
  — **masónico, -ca** *adj* : Masonic
masoquismo *nm* : masochism —
  masoquista *adj* : masochistic —
  masoquismo *nmf* : masochist
masticar {72} *v* : chew
mástil *nm* **1** : mast **2** ASTA : flagpole
  3 : neck (of a stringed instrument)
mastín *nm, pl* **-tines** : mastiff
masturbarse *vr* : masturbate
  — **masturbación** *nf*,

pl **-ciones** : masturbation
mata *nf* : bush, shrub
matadero *nm* : slaughterhouse
matador *nm* : matador, bullfighter
matamoscas *nms & pl* : flyswatter
matar *vt* **1** : kill **2** : slaughter
  (animals) — **matarse** *vr* **1** : be
  killed **2** SUICIDARSE : commit suicide
  — **matanza** *nf* : slaughter, killing
matasanos *nms & pl fam* : quack
matasellos *nms & pl* : postmark
mate *adj* : matte, dull — **mate** *nm* **1**
  : maté **2 jaque mate** : checkmate
matemáticas *nfpl* : mathematics —
  matemático, -ca *adj* : mathematical —
  matemático, -ca *n* : mathematician
materia *nf* **1** ASUNTO : matter **2**
  MATERIAL : material — **material** *adj* **1**
  : material **2 daños materials** :
  property damage — **material** *nm* **1**
  : material **2** EQUIPO : equipment, gear
  — **materialismo** *nm* : materialism
  — **materialista** *adj* : materialistic —
  materializar {21} *vt* : bring to fruition
  — **materializarse** *vr* : materialize —
  materialmente *adv* : absolutely
maternal *adj* : maternal —
  maternidad *nf* **1** : motherhood **2**
  : maternity hospital — **materno,**

-na *adj* **1** : maternal **2 lengua materna** : mother tongue
matinal *adj* : morning
matinée *or* **matiné** *nf* : matinee
matiz *nm, pl* **-tices 1** : nuance **2** : hue, shade (of colors) — **matizar** {21} *vt* **1** : blend (colors) **2** : qualify (a statement, etc.) **3 matiz de** : tinge with
matón *nm, pl* **-tones 1** : bully **2** CRIMINAL : gangster, hoodlum
matorral *nm* : thicket
matraca *nf* **1** : rattle, noisemaker **2 dar la matraca a** : pester
matriarcado *nm* : matriarchy
matrícula *nf* **1** : list, roll, register **2** INSCRIPCIÓN : registration **3** : license plate (of an automobile) — **matricular** *vt* : register — **matricularse** *vr* : register, matriculate
matrimonio *nm* **1** : marriage **2** PAREJA : (married) couple — **matrimonial** *adj* : marital
matriz *nf, pl* **-trices 1** : matrix **2** : uterus, womb (in anatomy)
matrona *nf* : matron
matutino, -na *adj* : morning
maullar {8} *vi* : meow — **maullido** *nm* : meow
maxilar *nm* : jaw, jawbone
máxlma *nf* : maxim
máxime *adv* : especially
máximo, -ma *adj* : maximum, highest — **máximo** *nm* **1** : maximum **2 al máximo** : to the full
maya *adj* : Mayan
mayo *nm* : May
mayonesa *nf* : mayonnaise
mayor *adj* **1** (*comparative of* **grande**) : bigger, larger, greater, older **2** (*superlative of* **grande**) : biggest, largest, greatest, oldest **3 al por mayor** : wholesale **4 mayor de edad** : of (legal) age — **mayor** *nmf* **1** : major (in the military) **2** ADULTO : adult **3 mayores** *nmfpl* : grown-ups — **mayoral** *nm* : foreman
mayordomo *nm* : butler
mayoreo *nm Lat* : wholesale
mayoría *nf* : majority
mayorista *adj* : wholesale — **mayorista** *nmf* : wholesaler
mayormente *adv* : primarily
mayúscula *nf* : capital letter — **mayúsculo, -la** *adj* **1** : capital, uppercase **2 un fallo mayúsculo** : a terrible mistake
maza *nf* : mace (weapon)

mazapán *nm, pl* **-panes** : marzipan
mazmorra *nf* : dungeon
mazo *nm* **1** : mallet **2** MAJA : pestle
mazorca *nf* **mazorca de maíz** : corncob
me *pron* **1** (*direct object*) : me **2** (*indirect object*) : to me, for me, from me **3** (*reflexive*) : myself, to myself, for myself, from myself
mecánica *nf* : mechanics — **mecánico, -ca** *adj* : mechanical — **mecánico, -ca** *n* : mechanic
mecanismo *nm* : mechanism — **mecanización** *nf, pl* **-ciones** : mechanization — **mecanizar** {21} *vt* : mechanize
mecanografiar {85} *vt* : type — **mecanografía** *nf* : typing — **mecanógrafo, -fa** *n* : typist
mecate *nm Lat* : rope
mecedora *nf* : rocking chair
mecenas *nmfs & pl* : patron, sponsor — **mecenazgo** *nm* : patronage, sponsorship
mecer {86} *vt* **1** : rock **2** : push (on a swing) — **mecerse** *vr* : rock, swing
mecha *nf* **1** : fuse (of a bomb, etc.) **2** : wick (of a candle)
mechero *nm* **1** : burner **2** *Spain* : cigarette lighter
mechón *nm, pl* **-chones** : lock (of hair)
medalla *nf* : medal — **medallón** *nm, pl* **-llones 1** : medallion **2** : locket (jewelry)
media *nf* **1** : average **2 medias** *nfpl* : stockings **3 a medias** : by halves, halfway
mediación *nf, pl* **-ciones** : mediation
mediado, -da *adj* **1** : half full, half empty, half over **2** : halfway through — **mediados** *nmpl* **a mediados de** : halfway through, in the middle of
mediador, -dora *n* : mediator
medialuna *nf* **1** : crescent **2** : croissant (pastry)
medianamente *adv* : fairly
medianero, -ra *adj* **pared medianera** : dividing wall
mediano, -na *adj* **1** : medium, average **2** MEDIOCRE : mediocre
medianoche *nf* : midnight
mediante *prep* : through, by means of
mediar *vi* **1** : be in the middle **2** INTERVENIR : mediate **3 mediar entre** : be between
medicación *nf, pl* **-ciones** : medication — medicamento *nm* : medicine — **medicar** {72} *vt* : medicate — **medicarse** *vr* : take

medicine — **medicina** *nf* : medicine — **medicinal** *adj* : medicinal
medición *nf, pl* **-ciones** : measurement
médico, -ca *adj* : medical — **médico, -ca** *n* : doctor, physician
medida *nf* **1** : measurement, measure **2** MODERACIÓN : moderation **3** GRADO : extent, degree **4 tomar medidas** : take steps — **medidor** *nm Lat* : meter, gauge
medieval *adj* : medieval
medio, -dia *adj* **1** : half **2** MEDIANO : average **3 una media hora** : half an hour **4 la clase media** : the middle class — **medio** *adv* : half — **medio** *nm* **1** : half **2** MANERA : means *pl*, way **3 en medio de** : in the middle of **4 medio ambiente** : environment **5 medios** *nmpl* : means, resources
mediocre *adj* : mediocre, average — **mediocridad** *nf* : mediocrity
mediodía *nm* : noon, midday
medioevo *nm* : Middle Ages
medir {54} *vt* **1** : measure **2** CONSIDERAR : weigh, consider — **medirse** *vr* : be moderate
meditar *vi* : meditate, contemplate — *vt* **1** : think over, consider **2** PLANEAR : plan, work out — **meditación** *nf, pl* **-ciones** : meditation
mediterráneo, -nea *adj* : Mediterranean
medrar *vt* : flourish, thrive
medroso, -sa *adj* : fearful
médula *nf* **1** : marrow **2 médula espinal** : spinal cord
medusa *nf* : jellyfish
megabyte *nm* : megabyte
megáfono *nm* : megaphone
mejicano → **mexicano**
mejilla *nf* : cheek
mejillón *nm, pl* **-llones** : mussel
mejor *adv* **1** (*comparative*) : better **2** (*superlative*) : best **3 a lo mejor** : maybe, perhaps — **mejor** *adj* **1** (*comparative of* **bueno** *or* **bien**) : better **2** (*superlative of* **bueno** *or* **bien**) : best **3 lo mejor** : the best thing **4 tanto mejor** : so much the better — **mejora** *nf* : improvement
mejorana *nf* : marjoram
mejorar *vt* : improve — *vi* : improve, get better
mejunje *nm* : concoction, brew
melancolía *nf* : melancholy — **melancólico, -ca** *adj* : melancholic, melancholy

melón^M
melons

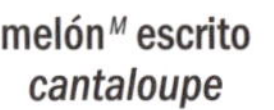

melón^M escrito
cantaloupe

sandía^F
watermelon

melón^M invernal
casaba melon

melón^M cantalupo
charentais

melón^M de miel^F
honeydew melon

melaza *nf* : molasses
melena *nf* **1** : long hair **2** : mane (of a lion)
melindroso, -sa *adj* **1** : affected **2** *Lat* : finicky
mella *nf* : chip, nick — **mellado, -da** *adj* : chipped, jagged
mellizo, -za *adj & n* : twin
melocotón *nm, pl* **-tones** : peach
melodía *nf* : melody — **melódico, -ca** *adj* : melodic
melodrama *nm* : melodrama — **melodramático, -ca** *adj* : melodramatic
melón *nm, pl* **-lones** : melon
meloso, -sa *adj* **1** : sweet, honeyed **2** EMPALAGOSO : cloying
membrana *nf* : membrane
membrete *nm* : letterhead, heading
membrillo *nm* : quince
membrudo, -da *adj* : muscular, burly
memorable *adj* : memorable
memorándum *or* memorando *nm, pl* **-dums** *or* -dos **1** : memorandum **2** AGENDA : notebook

memoria *nf* **1** : memory **2** RECUERDO : remembrance **3** INFORME : report **4 de memoria** : by heart **5** memorias *nfpl* : memoirs — **memorizar** {21} *vt* : memorize
mena *nf* : ore
menaje *nm* : household goods *pl*, furnishings *pl*
mencionar *vt* : mention, refer to — **mención** *nf, pl* **-ciones** : mention
mendaz *adj, pl* **-daces** : lying
mendigar {52} *vi* : beg — *vt* : beg for — **mendicidad** *nf* : begging — **mendigo, -ga** *n* : beggar
mendrugo *nm* : crust (of bread)
menear *vt* **1** : move, shake **2** : sway (one's hips) **3** : wag (a tail) — **menearse** *vr* **1** : sway, shake, move **2** *fam* : hurry up
menester *nm* **ser menester** : be necessary — **menestroso, -sa** *adj* : needy
menguar *vt* : diminish, lessen — *vi* **1** : decline, decrease **2** : wane (of the moon) — **mengua** *nf* : decrease, decline
menopausia *nf* : menopause

menor *adj* **1** (*comparative of* **pequeño**) : smaller, lesser, younger **2** (*superlative of* **pequeño**) : smallest, least, youngest **3** : minor (in music) **4 al por menor** : retail — **menor** *nmf* : minor, juvenile
menos *adv* **1** (*comparative*) : less **2** (*superlative*) : least **3 menos de** : fewer than — **menos** *adj* **1** (*comparative*) : less, fewer **2** (*superlative*) : least, fewest — **menos** *prep* **1** : minus **2** EXCEPTO : except — **menos** *pron* **1** : less, fewer **2 al menos** *or* **por lo menos** : at least **3 a menos que** : unless — **menoscabar** *vt* **1** : lessen **2** ESTROPEAR : harm, damage — **menospreciar** *vt* **1** DESPRECIAR : scorn **2** SUBESTIMAR : undervalue — **menosprecio** *nm* : contempt
mensaje *nm* : message — **mensajero, -ra** *n* : messenger
menso, -sa *adj Lat fam* : foolish, stupid
menstruar {3} *vi* : menstruate — **menstruación** *nf* : menstruation
mensual *adj* : monthly — **mensualidad** *nf* **1** : monthly payment **2** : monthly salary
mensurable *adj* : measurable
menta *nf* **1** : mint, peppermint **2 menta verde** : spearmint
mental *adj* : mental — **mentalidad** *nf* : mentality
mentar {55} *vt* : mention, name
mente *nf* : mind
mentir {76} *vi* : lie — **mentira** *nf* : lie — **mentirilla** *nf* : fib — **mentiroso, -sa** *adj* : lying — **mentiroso, -sa** *n* : liar
mentís *nms & pl* : denial
mentol *nm* : menthol
mentón *nm, pl* **-tones** : chin
menú *nm, pl* **-nús** : menu
menudear *vi* : occur frequently — **menudeo** *nm Lat* : retail, retailing
menudillos *nmpl* : giblets
menudo, -da *adj* **1** : small, insignificant **2 a menudo, -da** : often
meñique *nm or* **dedo meñique** : little finger, pinkie
meollo *nm* **1** : marrow **2** ESENCIA : essence, core
mercado *nm* **1** : market **2 mercado de valores** : stock market — **mercadería** *nf* : merchandise, goods *pl*
mercancía *nf* : merchandise, goods *pl* — **mercante** *nmf* : merchant, dealer — **mercantil** *adj* : commercial
mercenario, -ria *adj & n* : mercenary

mercería *nf* : notions store
mercurio *nm* : mercury
Mercurio *nm* : Mercury (planet)
merecer {53} *vt* : deserve — *vi* : be
worthy — **merecedor, -dora** *adj* :
deserving, worthy — **merecido** *nm* **recibir
su merecido** : get one's just deserts
merendar {55} *vi* : have an afternoon
snack — *vt* : have as an afternoon
snack — **merendero** *nm* **1** :
snack bar **2** : picnic area
merengue *nm* **1** : meringue
2 : merengue (dance)
meridiano, -na *adj* **1** : midday **2**
CLARO : crystal-clear — **meridiano** *nm* :
meridian — **meridional** *adj* : southern
merienda *nf* : afternoon snack, tea
mérito *nm* : merit, worth —
meritorio, -ria *adj* : deserving —
meritorio, -ria *n* : intern, trainee
mermar *vi* : decrease — *vt* : reduce,
cut down — **merma** *nf* : decrease
mermelada *nf* : marmalade, jam
mero, -ra *adj* **1** : mere, simple **2** *Lat
fam* (*used as an intensifier*) : very,
real — **mero** *adv* *Lat fam* **1** : nearly,

almost **2 aquí mero, -ra** : right here
merodear *vi* **1** : maraud **2 merodear
por** : prowl about (a place)
mes *nm* : month
mesa *nf* **1** : table **2** COMITÉ
: committee, board
mesarse *vr* **mesarse los
cabellos** : tear one's hair
meseta *nf* : plateau
Mesías *nm* : Messiah
mesilla *nf* : small table
mesón *nm*, *pl* **-sones** : inn —
mesonero, -ra *nm* : innkeeper
mestizo, -za *adj* **1** : of mixed
ancestry **2** HÍBRIDO : hybrid — **mestizo,
-za** *n* : person of mixed ancestry
mesura *nf* : moderation — **mesurado,
-da** *adj* : moderate, restrained
meta *nf* : goal, objective
metabolismo *nm* : metabolism
metafísica *nf* : metaphysics —
metafísico, -ca *adj* : metaphysical
metáfora *nf* : metaphor — **metafórico,
-ca** *adj* : metaphoric, metaphorical
metal *nm* **1** : metal **2** : brass
section (in an orchestra)

— **metálico, -ca** *adj* : metallic, metal
— **metalurgia** *nf* : metallurgy
metamorfosis *nfs & pl* : metamorphosis
metano *nm* : methane
metedura *nf* **metedura de
pata** *fam* : blunder
meteoro *nm* : meteor — **meteórico,
-ca** *adj* : meteoric — **meteorito** *nm*
: meteorite — **meteorología** *nf* :
▸ meteorology — **meteorológico,
-ca** *adj* : meteorological, meteorologic
— **meteorólogo** *n* : meteorologist
meter *vt* **1** : put (in) **2** : place (in a job,
etc.) **3** ENREDAR : **involve 4** CAUSAR : make,
cause **5** : spread (a rumor) **6** *Lat* : strike
(a blow) — **meterse** *vr* **1** : get in, enter
2 meterse en : get involved in, meddle in
3 meterse con *fam* : pick a fight with
meticuloso, -sa *adj* : meticulous
método *nm* : method —
metódico, -ca *adj* : methodical —
metodología *nf* : methodology
metomentodo *nmf, fam* : busybody
metralla *nf* : shrapnel —
metralleta *nf* : submachine gun
métrico, -ca *adj* : metric, metrical

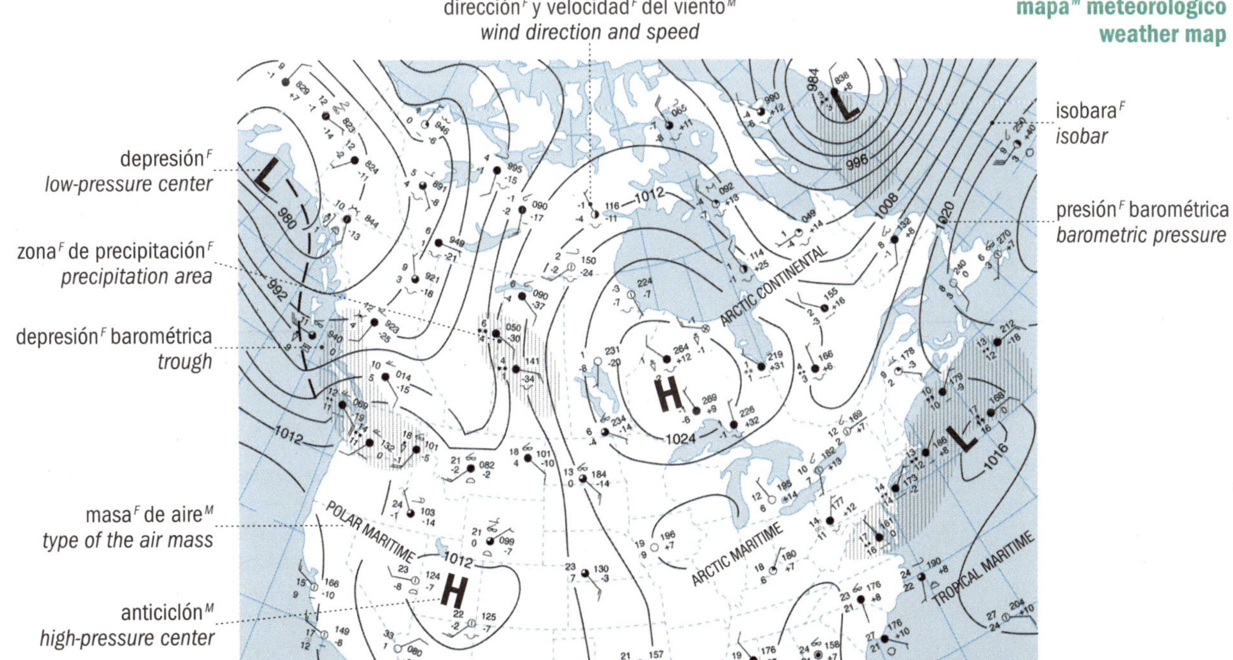

metro *nm* **1** : meter **2** : subway (train)
metrópoli *nf or* **metrópolis** *nfs &*
pl : metropolis — **metropolitano,**
-na *adj* : metropolitan
mexicano, -na *adj* : Mexican
— **mexicoamericano, -na** *adj*
: Mexican-American
mezcla *nf* **1** : mixture **2** ARGAMASA
: mortar — **mezclar** *vt* **1** : mix,
blend **2** CONFUNDIR : mix up, muddle **3**
INVOLUCRAR : involve — **mezclarse** *vr* **1**
: get mixed up **2** : mingle (socially)
— **mezcolanza** *nf* : mixture
mezclilla *nf Lat* : denim
mezquino, -na *adj* **1** : mean, petty
2 ESCASO : meager — **mezquindad** *nf*
: meanness, stinginess
mezquita *nf* : mosque
mezquite *nm* : mesquite
mi *adj* : my
mí *pron* **1** : me **2** *or* **mí mismo,**
mí misma : myself **3 a mí no me**
importa : it doesn't matter to me

miajas → **migajas**
miau *nm* : meow
mica *nf* : mica
mico *nm* : (long-tailed) monkey
microbio *nm* : microbe, germ —
microbiología *nf* : microbiology
microbús *nm, pl* **-buses** : minibus
microcosmos *nms & pl* : microcosm
microfilm *nm, pl* **-films** : microfilm
micrófono *nm* : microphone
microondas *nms & pl* : microwave (oven)
microorganismo *nm* : microorganism
▶ **microscopio** *nm* : microscope —
microscópico, -ca *adj* : microscopic
miedo *nm* **1** : fear **2 dar miedo** : be
frightening — **miedoso, -sa** *adj* : fearful
miel *nf* : honey
miembro *nm* **1** : member **2**
EXTREMIDAD : limb, extremity
mientras *adv or* **mientras tanto**
: meanwhile, in the meantime
— **mientras** *conj* **1** : while, as **2**
mientras que : while, whereas **3**

mientras viva : as long as I live
miércoles *nms & pl* : Wednesday
mies *nf* : (ripe) corn, grain
miga *nf* : crumb — **migajas** *nfpl* **1** :
breadcrumbs **2** SOBRAS : leftovers
migración *nf, pl* **-ciones** : migration
migraña *nf* : migraine
migrar *vi* : migrate
mijo *nm* : millet
mil *adj & nm* : thousand
milagro *nm* : miracle —
milagroso, -sa *adj* : miraculous
milenio *nm* : millennium
milésimo, -ma *adj* : thousandth
milicia *nf* **1** : militia **2** : military (service)
miligramo *nm* : milligram
mililitro *nm* : milliliter
milímetro *nm* : millimeter
militante *adj & nmf* : militant
militar *adj* : military — **militar** *nmf* :
soldier — **militarizar** {21} *vt* : militarize
milla *nf* : mile
millar *nm* : thousand
millón *nm, pl* **-llones 1** : million
2 mil millones : billion —
millonario, -ria *n* : millionaire —
millonésimo, -ma *adj* : millionth
mimar *vt* : pamper, spoil
mimbre *nm* : wicker
mímica *nf* **1** : mime, sign
language **2** IMITACIÓN : mimicry
mimo *nm* : pampering —
mimo *nmf* : mime
mina *nf* **1** : mine **2** : lead (for pencils) —
minar *vt* **1** : mine **2** DEBILITAR : undermine
mineral *adj* : mineral — **mineral** *nm* **1**
: mineral **2** : ore (of a metal)
minería *nf* : mining — **minero, -ra** *adj*
: mining — **minería** *n* : miner
miniatura *nf* : miniature
minifalda *nf* : miniskirt
minifundio *nm* : small farm
minimizar {21} *vt* : minimize
mínimo, -ma *adj* **1** : minimum
2 MINÚSCULO : minute **3 en lo más**
mínimo, -ma : in the slightest
— **mínimo** *nm* : minimum
minino, -na *n, fam* : pussycat
ministerio *nm* : ministry — **ministro,**
-tra *n* **1** : minister, secretary **2**
primer ministro : prime minister
minoría *nf* : minority
minorista *adj* : retail —
minorista *nmf* : retailer
minoritario, -ria *adj* : minority

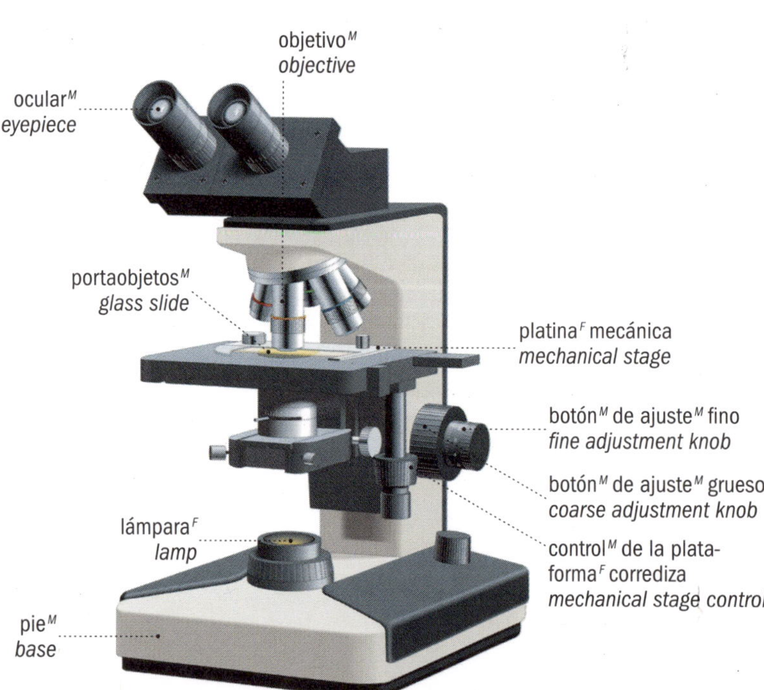

microscopioᴹ **binocular**
binocular microscope

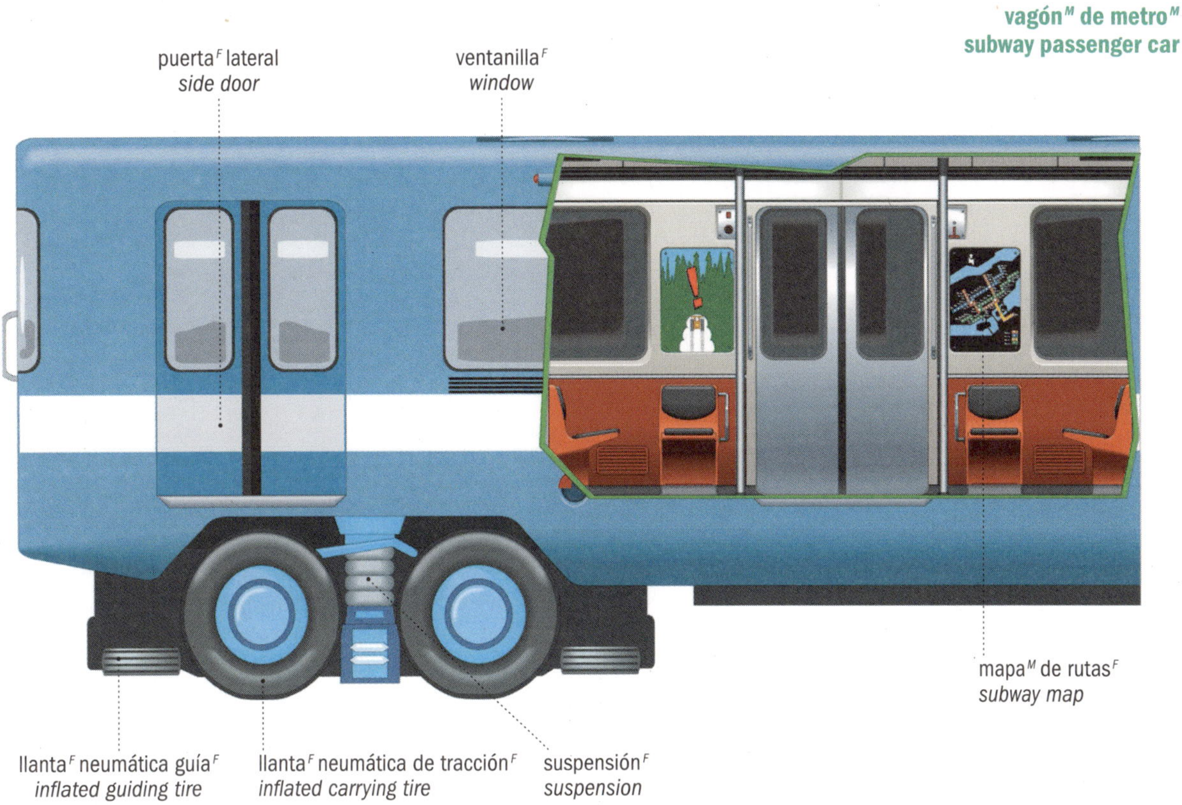

minucia *nf* : trifle, small detail — **minucioso, -sa** *adj* **1** : detailed **2** METICULOSO : thorough

minué *nm* : minuet

minúsculo, -la *adj* : minuscule, tiny

minusvalía *nf* : handicap, disability — **minusválido, -da** *adj* : disabled

minuta *nf* **1** : bill, fee **2** BORRADOR : rough draft

minuto *nm* : minute — **minutero** *nm* : minute hand

mío, mía *adj* **1** : mine **2 una amiga mía** : a friend of mine — **mío,** *pron* **el mío, la mía** : mine, my own

miope *adj* : nearsighted

mirar *vt* **1** : look at **2** OBSERVAR : watch **3** CONSIDERAR : consider — *vi* **1** : look **2 mirar a** : face, overlook **3 mirar por** : look after — **mirarse** *vr* **1** : look at oneself **2** : look at each other — **mira** *nf* **1** : sight (of a firearm or instrument) **2** INTENCIÓN : aim, objective — **mirada** *nf*

: look — **mirado, -da** *adj* **1** : careful **2** CONSIDERADO : considerate **3 bien mirado** : well thought of — **mirador** *nm* **1** BALCÓN : balcony **2** : lookout, vantage point — **miramiento** *nm* : consideration

mirlo *nm* : blackbird

misa *nf* : Mass

miscelánea *nf* : miscellany

miserable *adj* **1** : poor **2** LASTIMOSO : miserable, wretched — **miseria** *nf* **1** : poverty **2** DESGRACIA : misfortune, misery

misericordia *nf* : mercy — **misericordioso, -sa** *adj* : merciful

mísero, -ra *adj* : wretched, miserable

misil *nm* : missile

misión *nf, pl* **-siones** : mission — **misionero, -ra** *adj & n* : missionary

mismo *adv* (*used for emphasis*) : right, exactly — **mismo, -ma** *adj* **1** : same **2** (*used for emphasis*) : very **3** : -self **4 por lo mismo** : for that reason

misoginia *nf* : misogyny

— **misógino** *nm* : misogynist

misterio *nm* : mystery — **misterioso, -sa** *adj* : mysterious

mistica *nf* : mysticism — **místico, -ca** *adj* : mystic, mystical — **místico, -ca** *n* : mystic

mitad *nf* **1** : half **2** MEDIO : middle

mítico, -ca *adj* : mythical, mythic

mitigar {52} *vt* : mitigate

mitin *nm, pl* **mítines** : (political) meeting

mito *nm* : myth — **mitología** *nm* : mythology — **mitológico, -ca** *adj* : mythological

mixto, -ta *adj* **1** : mixed, joint **2** : coeducational (of a school)

mnemónico, -ca *adj* : mnemonic

mobiliario *nm* : furniture

mocasín *nm, pl* **-sines** : moccasin

mochila *nf* : backpack, knapsack

moción *nf, pl* **-ciones** : motion

moco *nm* **1** : mucus **2 limpiarse los mocos** : wipe one's nose

— **mocoso, -sa** *n, fam* : kid, brat
moda *nf* **1** : fashion, style **2 a la moda** *or* **de moda** : in style, fashionable **3 moda pasajera** : fad — **modal** *adj* : modal — **modales** *nmpl* : manners — **modalidad** *nf* : type, kind
modelar *vt* : model, mold — **modelo** *adj* : model — **modelo** *nm* : model, pattern — **modelo** *nmf* : model, mannequin
módem *or* **modem** *nm* : modem
moderar *vt* **1** : moderate **2** : reduce (speed, etc.) **3** PRESIDIR : chair (a meeting) — **moderarse** *vr* : restrain oneself — **moderación** *nf, pl* -**ciones** : moderation — **moderado, -da** *adj & n* : moderate — **moderador, -dora** *n* : moderator, chairperson
moderno, -na *adj* : modern — **modernismo** *nm* : modernism — **modernizar** {21} *vt* : modernize
modesto, -ta *adj* : modest — **modestia** *nf* : modesty
modificar {72} *vt* : modify, alter — **modificación** *nf, pl* -**ciones** : alteration
modismo *nm* : idiom
modista *nmf* **1** : dressmaker

2 : (fashion) designer
modo *nm* **1** : way, manner **2** : mood (in grammar) **3** : mode (in music) **4 a modo de** : by way of **5 de modo que** : so (that) **6 de todos modos** : in any case, anyway
modorra *nf* : drowsiness
modular *vt* : modulate — **modulación** *nf, pl* -**ciones** : modulation
módulo *nm* : module, unit
mofa *nf* : ridicule, mockery — **mofarse** *vr* **mofarse de** : make fun of
mofeta *nf* : skunk
moflete *nm, fam* : fat cheek — **mofletudo, -da** *adj, fam* : fat-cheeked, chubby
mohín *nm, pl* -**hines** : grimace — **mohino, -na** *adj* : sulky
moho *nm* **1** : mold, mildew **2** ÓXIDO : rust — **mohoso, -sa** *adj* **1** : moldy **2** OXIDADO : rusty
moisés *nm, pl* -**seses** : bassinet, cradle
mojar *vt* **1** : wet, moisten **2** : dunk (food) — **mojarse** *vr* : get wet — **mojado, -da** *adj* : wet, damp
mojigato, -ta *adj* : prudish — **mojigato, -ta** *n* : prude

mojón *nm, pl* -**jones** : boundary stone, marker
molar *nm* : molar
moldear *vt* : mold, shape — **molde** *nm* : mold, form — **moldura** *nf* : molding
mole[1] *nf* : mass, bulk
mole[2] *nm* **1** : Mexican chili sauce **2** : meat served with mole
molécula *nf* : molecule — **molecular** *adj* : molecular
moler {47} *vt* : grind, crush
molestar *vt* **1** : annoy, bother **2 no molestar** : do not disturb — *vi* : be a nuisance — **molestarse** *vr* **1** : bother **2** OFENDERSE : take offense — **molestia** *nf* **1** : annoyance, nuisance **2** MALESTAR : discomfort — **molesto, -ta** *adj* **1** : annoyed **2** FASTIDIOSO : annoying **3** INCÓMODO : in discomfort — **molestoso, -sa** *adj* : bothersome, annoying
molido, -da *adj* **1** : ground (of meat, etc.) **2** *fam* : worn out, exhausted
molino *nm* **1** : mill **2 molino de viento** : windmill — **molinero, -ra** *n* : miller — **molinillo** *nm* : grinder, mill
mollera *nf* **1** : crown (of the

money and modes of payment

tarjeta^F de débito^M
debit card

tarjeta^F de crédito^M
credit card

moneda^F
coin

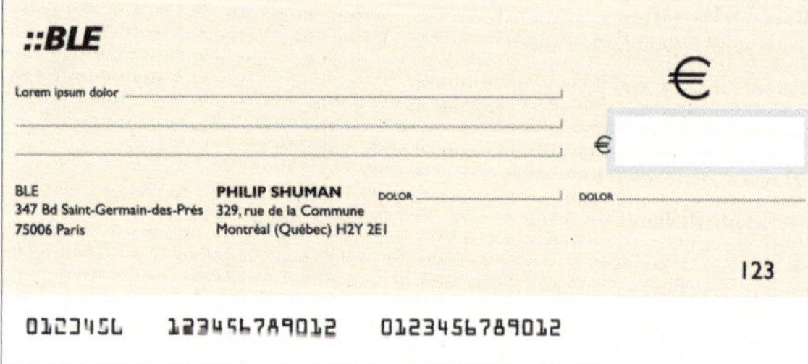

cheques^M
checks

billete^M
banknote

head) **2** *fam* : brains *pl*
molusco *nm* : mollusk
momento *nm* **1** : moment, instant
2 : (period of) time **3** : momentum
(in physics) **4 de momento** : for the
moment **5 de un momento a otro** : any
time now — **momentáneamente** *adv* :
momentarily — **momentáneo, -nea** *adj* **1**
: momentary **2** PASAJERO : temporary
momia *nf* : mummy
monaguillo *nm* : altar boy
monarca *nmf* : monarch —
monarquía *nf* : monarchy
monasterio *nm* : monastery —
monástico, -ca *adj* : monastic
mondadientes *nms & pl* : toothpick
mondar *vt* : peel
mondongo *nm* : innards *pl*, guts *pl*
▶ **moneda** *nf* **1** : coin **2** : currency (of a
country) — **monedero** *nm* : change purse
monetario, -ria *adj* : monetary
monitor *nm* : monitor
monja *nf* : nun — **monje** *nm* : monk
mono, -na *n* : monkey — **mono,
-na** *adj, fam* : lovely, cute
monogamia *nf* : monogamy —
monógamo -ma *adj* : monogamous
monografía *nf* : monograph
monograma *nm* : monogram
monolingüe *adj* : monolingual
monólogo *nm* : monologue
monopatín *nm, pl* **-tines** :
scooter, skateboard
monopolio *nm* : monopoly —
monopolizar {21} *vt* : monopolize
monosílabo *nm* : monosyllable —
monosilábico, -ca *adj* : monosyllabic
monoteísmo *nm* : monotheism —
monoteísta *adj* : monotheistic
monotonía *nf* : monotony —
monótono, -na *adj* : monotonous
monóxido *nm* **monóxido de
carbono** : carbon monoxide
monstruo *nm* : monster —
monstruosidad *nf* : monstrosity —
monstruoso, -sa *adj* : monstrous
monta *nf* : importance, value
montaje *nm* **1** : assembly **2** : staging
(in theater), editing (of films)
▶ **montaña** *nf* **1** : mountain **2**
montaña rusa : roller coaster —
montañero, -ra *n* : mountain climber
— **montañoso, -sa** *adj* : mountainous
montar *vt* **1** : mount **2** ESTABLECER :
establish **3** ENSAMBLAR : assemble, put

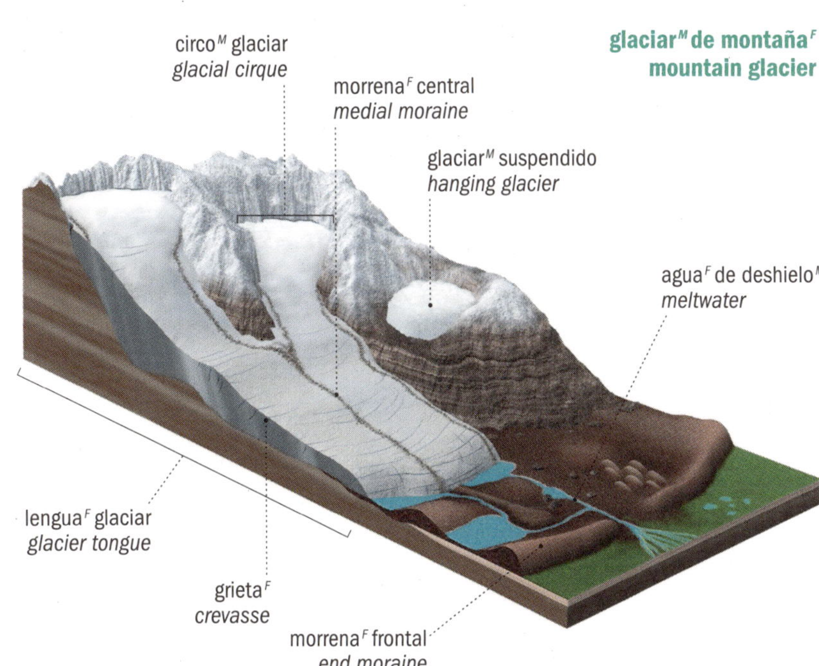

**glaciar^M de montaña^F
mountain glacier**

together **4** : stage (a performance)
5 : cock (a gun) — *vi* **1 montar a
caballo** : ride horseback **2 montar
en bicicleta** : get on a bicycle
monte *nm* **1** : mountain **2** BOSQUE :
woodland **3** *or* **monte bajo** : scrubland
4 monte de piedad : pawnshop
montés *adj, pl* **-teses** : wild
(of animals or plants)
montículo *nm* : mound, hillock
montón *nm, pl* **-tones 1** : heap, pile
2 un montón de *fam* : lots of
montura *nf* **1** : mount (horse) **2** SILLA
: saddle **3** : frame (of glasses)
monumento *nm* : monument —
monumental *adj, fam* : monumental, huge
monzón *nm, pl* **-zones** : monsoon
moño *nm* **1** : bun (of hair)
2 *Lat* : bow (knot)
mora *nf* **1** : mulberry **2**
ZARZAMORA : blackberry
morada *nf* : residence, dwelling
morado, -da *adj* : purple
— **morado** *nm* : purple
moral *adj* : moral — **moral** *nf* **1** :
ethics, morals *pl* **2** ÁNIMO : morale
— **moraleja** *nf* : moral (of a story) —
moralidad *nf* : morality — **moralista** *adj*

: moralistic — **moral** *nmf* : moralist
morar *vi* : live, reside
morboso, -sa *adj* : morbid
mordaz *adj* : caustic, scathing —
mordacidad *nf* : bite, sharpness
mordaza *nf* : gag
morder {47} *v* : bite — **mordedura** *nf*
: bite (of an animal)
mordisquear *vt* : nibble (on) —
mordisco *nm* : nibble, bite
moreno, -na *adj* **1** : dark-haired,
brunette **2** : dark-skinned — **moreno,
-na** *n* **1** : brunette **2** : dark-skinned person
moretón *nm, pl* **-tones** : bruise
morfina *nf* : morphine
morir {46} *vi* **1** : die **2** APAGARSE : die
out, go out — **morirse** *vr* **1 morirse
de** : die of **2 morirse por** : be dying
for — **moribundo, -da** *adj* : dying
moro, -ra *adj* : Moorish —
moro, -ra *n* : Moor
moroso, -sa *adj* : delinquent,
in arrears — **morosidad** *nf* :
delinquency (in payment)
morral *nm* : backpack
morriña *nf* : homesickness
morro *nm* : snout
morsa *nf* : walrus

moto[F]
motorcycle

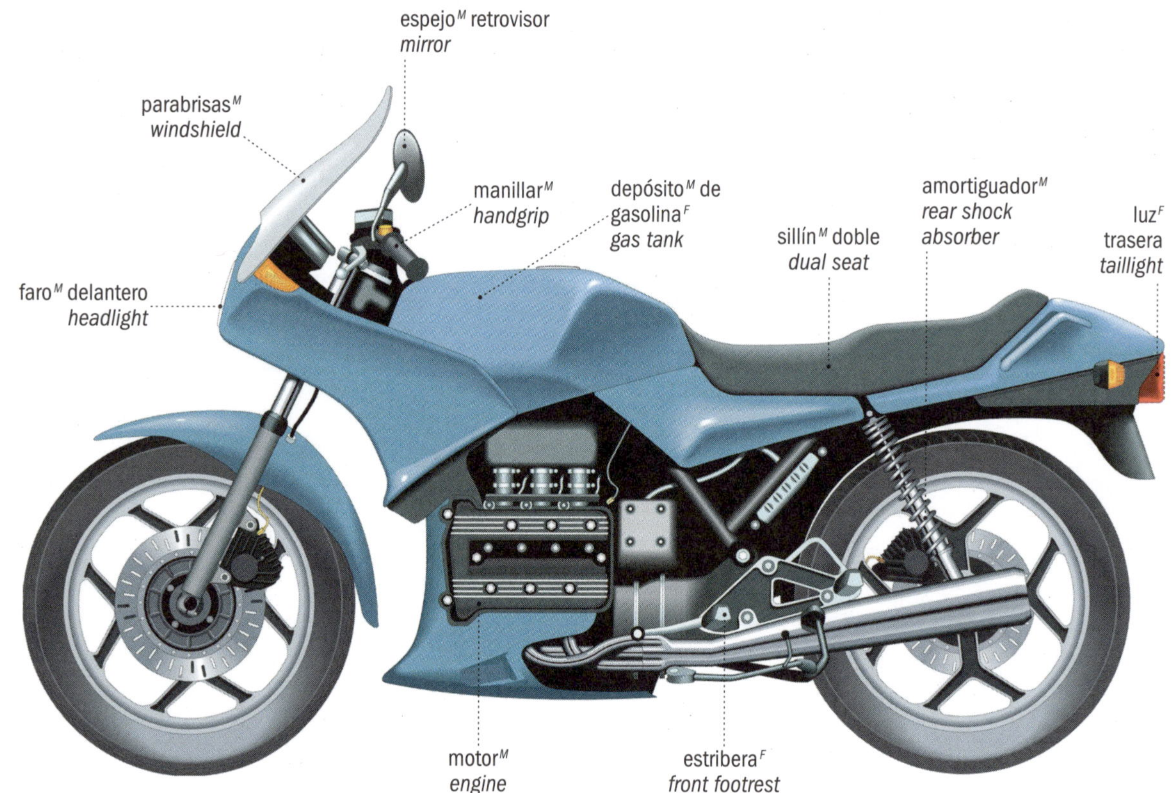

morse *nm* : Morse code
mortaja *nf* : shroud
mortal *adj* **1** : mortal **2** : deadly (of a wound, an enemy, etc.) — **mortal** *nmf* : mortal — **mortalidad** *nf* : mortality — **mortandad** *nf* : death toll
mortero *nm* : mortar
mortífero, -ra *adj* : deadly, lethal
mortificar {72} *vt* **1** : mortify **2** ATORMENTAR : torment — **mortificarse** *vr* : be distressed
mosaico *nm* : mosaic
mosca *nf* : fly
moscada *adj* → **nuez**
mosquearse *vr, fam* **1** : become suspicious **2** ENFADARSE : get annoyed
mosquito *nm* : mosquito — **mosquitero** *nm* **1** : (window) screen **2** : mosquito net
mostachón *nm, pl* **-chones** : macaroon

mostaza *nf* : mustard
mostrador *nm* : counter (in a store)
mostrar {19} *vt* : show — **mostrarse** *vr* : show oneself, appear
mota *nf* : spot, speck — **moteado, -da** *adj* : speckled, spotted
mote *nm* : nickname
motel *nm* : motel
motín *nm, pl* **-tines** **1** : riot, uprising **2** : mutiny (of troops)
motivo *nm* **1** : motive, cause **2** : motif (in art, music, etc.) — **motivación** *nf, pl* **-ciones** : motivation — **motivar** *vt* **1** : cause **2** IMPULSAR : motivate
▶ **moto** *nf* : motorcycle, motorbike — **motocicleta** *nf* : motorcycle — **motociclista** *nmf* : motorcyclist
motor, -triz *or* **-tora** *adj* : motor — **motor** *nm* : motor, engine — **motorista** *nmf* **1** :

motorcyclist **2** *Lat* : motorist
mover {47} *vt* **1** : move, shift **2** : shake (the head) **3** PROVOCAR : provoke — **moverse** *vr* **1** : move (over) **2** APRESURARSE : get a move on — **movedizo, -za** *adj* : movable, shifting — **movible** *adj* : movable
móvil *adj* : mobile — **móvil** *nm* **1** MOTIVO : motive **2** : mobile — **movilidad** *nf* : mobility — **movilizar** {21} *vt* : mobilize
movimiento *nm* **1** : movement, motion **2 movimiento sindicalista** : labor movement
mozo, -za *adj* : young — **mozo, -za** *n* **1** : young man *m*, young woman *f* **2** *Lat* : waiter *m*, waitress *f*
muchacho, -cha *n* : kid, boy *m*, girl *f*
muchedumbre *nf* : crowd
mucho *adv* **1** : very much, a lot **2** : long, a long time — **mucho, -cha** *adj* **1** : a lot of, many, much **2 muchas veces** : often

— **mucho** *pron* : a lot, many, much
mucosidad *nf* : mucus
muda *nf* **1** : molting (of animals) **2** : change (of clothing) — **mudanza** *nf* **1** : change **2** TRASLADO : move, change of residence — **mudar** *v* **1** : molt, shed **2** CAMBIAR : change — **mudarse** *vr* **1** : change (one's clothes) **2** TRASLADARSE : move (one's residence)
mudo, -da *adj* **1** : mute **2** SILENCIOSO : silent
mueble *nm* **1** : piece of furniture **2** muebles *nmpl* : furniture, furnishings
mueca *nf* **1** : grimace, face **2** **hacer muecas** : makes faces
muela *nf* **1** : tooth, molar **2** **muela de juicio** : wisdom tooth
muelle *adj* : soft — **muelle** *nm* **1** : wharf, jetty **2** RESORTE : spring
muérdago *nm* : mistletoe

muerte *nf* : death — **muerto, -ta** *adj* **1** : dead **2** : dull (of colors, etc.) — **muerte** *nm* : dead person, deceased
muesca *nf* : nick, notch
muestra *nf* **1** : sample **2** SEÑAL : sign, show
mugir {35} *vi* : moo, bellow — **mugido** *nm* : mooing, bellowing
mugre *nf* : grime, filth — **mugriento, -ta** *adj* : filthy, grimy
muguete *nm* : lily of the valley
mujer *nf* **1** : woman **2** ESPOSA : wife **3** **mujer de negocios** : businesswoman
mulato, -ta *adj & n* : mulatto
muleta *nf* **1** : crutch **2** APOYO : prop, support
mullido, -da *adj* : soft, spongy
mulo, -la *n* : mule
multa *nf* : fine — **multar** *vt* : fine
multicolor *adj* : multicolored

multicultural *adj* : multicultural
multimedia *adj* : multimedia
multinacional *adj* : multinational
multiplicar {72} *v* : multiply — **multiplicarse** *vr* : multiply, reproduce — **múltiple** *adj* : multiple — **multiplicación** *nf, pl* -ciones : multiplication — **múltiplo** *nm* : multiple
multitud *nf* : crowd, multitude
mundo *nm* **1** : world **2** **todo el mundo** : everyone, everybody — **mundanal** *adj* : worldly — **mundano, -na** *adj* **1** : worldly, earthly **2** **la vida mundana** : high society — **mundial** *adj* : world, worldwide
municiones *nfpl* : ammunition
municipal *adj* : municipal — **municipio** *nm* **1** : municipality **2** AYUNTAMIENTO : town council
muñeca *nf* **1** : doll **2** : wrist (in anatomy) — **muñeco** *nm* **1** : boy doll **2** MANIQUÍ : dummy, puppet
muñon *nm, pl* -ñones : stump (of an arm or leg)
mural *adj & nm* : mural — **muralla** *nf* : wall, rampart
murciélago *nm* : bat (animal)
murmullo *nm* **1** : murmur, murmuring **2** : rustling (of leaves, etc.)
murmurar *vi* **1** : murmur, whisper **2** CRITICAR : gossip
muro *nm* : wall
musa *nf* : muse
musaraña *nf* : shrew
músculo *nm* : muscle — **muscular** *adj* : muscular — **musculatura** *nf* : muscles *pl* — **musculoso, -sa** *adj* : muscular
muselina *nf* : muslin
museo *nm* : museum
musgo *nm* : moss — **musgoso, -sa** *adj* : mossy
música *nf* : music — **musical** *adj* : musical — **músico, -ca** *adj* : musical — **música** *n* : musician
musitar *vt* : mumble
muslo *nm* : thigh
musulmán, -mana *adj & n, mpl* -manes : Muslim
mutar *v* : mutate — **mutación** *nf, pl* -ciones : mutation — **mutante** *adj & nmf* : mutant
mutilar *vt* : mutilate — **mutilación** *nf, pl* -ciones : mutilation
mutuo, -tua *adj* : mutual
muy *adv* **1** : very, quite **2** DEMASIADO : too

n *nf* : n, 14th letter of the Spanish alphabet
nabo *nm* : turnip
nácar *nm* : mother-of-pearl
nacer {48} *vi* **1** : be born **2** : hatch (of an egg), sprout (of a plant) **3** SURGIR : arise, spring up — **nacido, -da** *adj & n* **recién nacer** : newborn — **naciente** *adj* **1** : new, growing **2** : rising (of the sun) — **nacimiento** *nm* **1** : birth **2** : source (of a river) **3** ORIGEN : beginning **4** BELÉN : Nativity scene
nación *nf, pl* **-ciones** : nation, country — **nacional** *adj* : national — **nacional** *nmf* : national, citizen — **nacionalidad** *nf* : nationality — **nacionalismo** *nm* : nationalism — **nacionalista** *adj & nmf* : nationalist — **nacionalizar** {21} *vt* **1** : nationalize **2** : naturalize (as a citizen) — **nacionalizarse** *vr* : become naturalized
nada *pron* **1** : nothing **2 de nada** : you're welcome **3 nada más** : nothing else, nothing more — **nada** *adv* : not at all — **nada** *nf* **la nada** : nothingness
nadar *v* : swim — **nadador, -dora** *n* : swimmer
nadería *nf* : small thing, trifle
nadie *pron* : nobody, no one
nado: a nado *adv phr* : swimming
nafta *nf Lat* : gasoline
naipe *nm* : playing card
nalgas *nfpl* : buttocks, bottom
nana *nf* : lullaby
naranja *adj & nm* : orange (color) — **naranja** *nf* : orange (fruit) — **naranjal** *nm* : orange grove — **naranjo** *nm* : orange tree
narciso *nm* : narcissus, daffodil
narcótico, -ca *adj* : narcotic — **narcótico** *nm* : narcotic — **narcotizar** {21} *vt* : drug — **narcotraficante** *nmf* : drug trafficker — **narcotráfico** *nm* : drug trafficking
nariz *nf, pl* **-rices 1** : nose **2** OLFATO : sense of smell **3 narices** *nfpl* : nostrils
narrar *vt* : narrate, tell — **narración** *nf, pl* **-ciones** : narration — **narrador, -dora** *n* : narrator — **narrativa** *nf* : narrative, storytelling
nasal *adj* : nasal
nata *nf, Spain* : cream
natación *nf, pl* **-ciones** : swimming
natal *adj* : native, birth — **natalicio** *nm* : birthday — **natalidad** *nf* : birthrate
natillas *nfpl* : custard
natividad *nf* : birth, nativity
nativo, -va *adj & n* : native

natural *adj* **1** : natural **2** NORMAL : normal **3 natural de** : native of, from — **natural** *nm* **1** : temperament **2** NATIVO : native — **naturaleza** *nf* : nature — **naturalidad** *nf* : naturalness — **naturalista** *adj* : naturalistic — **naturalización** *nf, pl* **-ciones** : naturalization — **naturalizar** {21} *vt* : naturalize — **naturalizarse** *vr* : become naturalized — **naturalmente** *adv* **1** : naturally **2** POR SUPUESTO : of course
naufragar {52} *vi* **1** : be shipwrecked **2** FRACASAR : fail — **naufragio** *nm* : shipwreck — **náufrago, -ga** *adj* : shipwrecked — **náufrago, -ga** *n* : castaway
náusea *nf* **1** : nausea **2 dar náuseas** : nauseate **3 náuseas matutinas** : morning sickness — **nauseabundo, -da** *adj* : nauseating
náutico, -ca *adj* : nautical
navaja *nf* : pocketknife, penknife
naval *adj* : naval
nave *nf* **1** : ship **2** : nave (of a church) **3 nave espacial** : spaceship
navegar {52} *v* : navigate, sail — **navegable** *adj* : navigable — **navegación** *nf, pl* **-ciones** : navigation — **navegante** *adj* : sailing, seafaring — **navegante** *nmf* : navigator
Navidad *nf* **1** : Christmas **2 feliz Navidad** : Merry Christmas — **navideño, -ña** *adj* : Christmas
naviero, -ra *adj* : shipping
nazi *adj & nmf* : Nazi — **nazismo** *nm* : Nazism
neblina *nf* : mist
nebuloso, -sa *adj* **1** : hazy, misty, foggy **2** VAGO : vague, nebulous
necedad *nf* **1** : stupidity **2 decir necedades** : talk nonsense
necesario, -ria *adj* : necessary — **necesariamente** *adv* : necessarily — **necesidad** *nf* **1** : need, necessity **2** POBREZA : poverty **3 necesidades** *nfpl* : hardships — **necesitado, -da** *adj* : needy — **necesitar** *vt* : need — *vi* **necesitar de** : have need of
necio, -cia *adj* : silly, dumb
necrología *nf* : obituary
néctar *nm* : nectar
nectarina *nf* : nectarine
neerlandés, -desa *adj, mpl* **-deses** : Dutch — **neerlandés** *nm* : Dutch (language)

nefasto, -ta *adj* **1** : ill-fated **2** *fam* : terrible, awful
negar {49} *vt* **1** : deny **2** REHUSAR : refuse **3** : disown (a person) — **negarse** *vr* : refuse — **negación** *nf, pl* **-ciones 1** : denial **2** : negative (in grammar) — **negativa** *nf* **1** : denial **2** RECHAZO : refusal — **negativo, -va** *adj* : negative — **negativo** *nm* : negative (of a photograph)
negligente *adj* : negligent — **negligencia** *nf* : negligence
negociar *vt* : negotiate — *vi* : deal, do business — **negociable** *adj* : negotiable — **negociación** *nf, pl* **-ciones** : negotiation — **negociante** *nmf* : businessman *m*, businesswoman *f* — **negocio** *nm* **1** : business **2** TRANSACCIÓN : deal **3 negociars** : business, commerce
negro, -gra *adj* : black, dark — **negro, -gra** *n* : dark-skinned person — **negro** *nm* : black (color) — **negrura** *nf* : blackness — **negruzco, -ca** *adj* : blackish
nene, -na *n, fam* : baby, small child
nenúfar *nm* : water lily
neón *nm* : neon
neoyorquino, -na *adj* : of or from New York
nepotismo *nm* : nepotism
Neptuno *nm* : Neptune
nervio *nm* **1** : nerve **2** : sinew (in meat) **3** VIGOR : vigor, energy **4 tener nervios** : be nervous — **nerviosismo** *nf* : nervousness — **nervioso, -sa** *adj* **1** : nervous, anxious **2 sistema nervioso** : nervous system
nervudo, -da *adj* : sinewy
neto, -ta *adj* **1** : clear, distinct **2** : net (of weight, salaries, etc.)
neumático *nm* : tire
neumonía *nf* : pneumonia
neurología *nf* : neurology — **neurológico, -ca** *adj* : neurological, neurologic — **neurólogo, -ga** *n* : neurologist
neurosis *nfs & pl* : neurosis — **neurótico, -ca** *adj & n* : neurotic
neutral *adj* : neutral — **neutralidad** *nf* : neutrality — **neutralizar** {21} *vt* : neutralize — **neutro, -tra** *adj* **1** : neutral **2** : neuter (in biology and grammar)
neutrón *nm, pl* **-trones** : neutron
nevar {55} *v impers* : snow — **nevada** *nf* : snowfall — **nevado, -da** *adj* **1** : snow-covered, snowy **2** : snow-white — **nevasca** *nf* : snowstorm
nevera *nf* : refrigerator

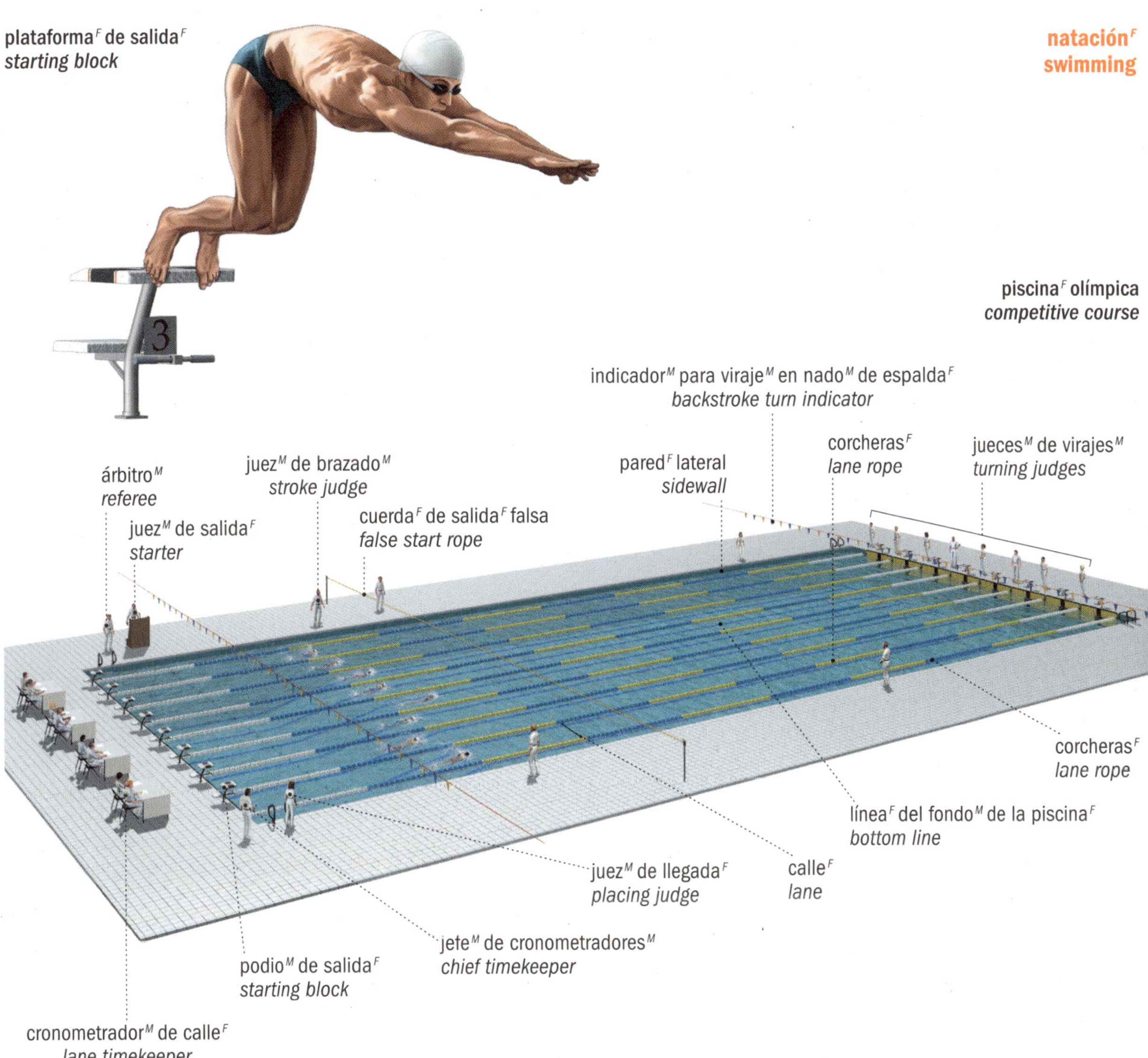

nevisca *nf* : light snowfall, flurry
nexo *nm* : link, connection
ni *conj* **1** : neither, nor **2 ni que** : as if **3 ni siquiera** : not even
nicaragüense *adj* : Nicaraguan
nicho *nm* : niche
nicotina *nf* : nicotine
nidada *nf* : brood (of chicks, etc.)
nido *nm* **1** : nest **2** GUARIDA : hiding place, den
niebla *nf* : fog, mist
nieto, -ta *n* **1** : grandson *m*,

granddaughter *f* **2 nietos** *nmpl* : grandchildren
nieve *nf* : snow
nigeriano, -na *adj* : Nigerian
nilón *or* **nilon** *nm, pl* **-lones** : nylon
nimio, -mia *adj* : insignificant, trivial — **nimiedad** *nf* **1** : trifle **2** INSIGNIFICANCIA : triviality
ninfa *nf* : nymph
ninguno, -na (**ningún** *before masculine singular nouns*) *adj* : no, not any — **ninguno, -na** *pron* **1** :

neither, none **2** : no one, nobody
niña *nf* **1** : pupil (of the eye) **2 la niña de los ojos** : the apple of one's eye
niño, -ña *n* : child, boy *m*, girl *f* — **niño, -ña** *adj* **1** : young **2** INFANTIL : immature, childish — **niñero, -ra** *n* : baby-sitter, nanny — **niñez** *nf, pl* **-ñeces** : childhood
nipón, -pona *adj* : Japanese
níquel *nm* : nickel
nítido, -da *adj* : clear, sharp — **nitidez** *nf, pl* **-deces** : clarity, sharpness
nitrato *nm* : nitrate

nitrógeno *nm* : nitrogen
nivel *nm* **1** : level, height **2 nivel de vida** : standard of living — **nivelar** *vt* : level (out)
no *adv* **1** : not **2** (*in answer to a question*) : no **3 ¡como no!** : of course! **4 no bien** : as soon as **5 no fumador** : non-smoker — **no** *nm* : no
noble *adj & nmf* : noble — **nobleza** *nf* : nobility
noche *nf* **1** : night, evening **2 buenas noches** : good evening, good night **3 de noche** *or* **por la noche** : at night **4 hacerse de noche** : get dark — **Nochebuena** *nf* : Christmas Eve — **nochecita** *nf* : dusk — **Nochevieja** *nf* : New Year's Eve
noción *nf*, *pl* **-ciones 1** : notion, concept **2 nociones** *nfpl* : rudiments
nocivo, -va *adj* : harmful, noxious
nocturno, -na *adj* **1** : night **2** : nocturnal (of animals, etc.) — **nocturno** *nm* : nocturne
nogal *nm* **1** : walnut tree **2 nogal americano** : hickory
nómada *nmf* : nomad — **nómada** *adj* : nomadic
nomás *adv Lat* : only, just
nombrar *vt* **1** : appoint **2** CITAR : mention — **nombrado, -da** *adj* : famous, well-known — **nombramiento** *nm* : appointment, nomination — **nombre** *nm* **1** : name **2** SUSTANTIVO : noun **3** FAMA : fame, renown **4 nombre de pila** : first name
nómina *nf* : payroll
nominal *adj* : nominal
nominar *vt* : nominate — **nominación** *nf*, *pl* **-ciones** : nomination
nomo *nm* : gnome
non *adj* : odd, not even — **non** *nm* : odd number
nonagésimo, -ma *adj & n* : ninetieth
nopal *nm* : nopal, prickly pear
nordeste *or* noreste *adj* **1** : northeastern **2** : northeasterly (of wind, etc.) — **nordeste** *nm* : northeast
nórdico, -ca *adj* : Scandinavian
noreste → **nordeste**
noria *nf* **1** : waterwheel **2** : Ferris wheel (at a fair, etc.)
norma *nf* : rule, norm, standard — **normal** *adj* **1** : normal **2 escuela norma** : teacher-training college — **normalidad** *nf* : normality — **normalizar** {21} *vt* **1** : normalize **2** ESTANDARIZAR : standardize — **normalizarse** *vr* : return to normal — **normalmente** *adv* : ordinarily, generally

noroeste *adj* **1** : northwestern **2** : northwesterly (of wind, etc.) — **noroeste** *nm* : northwest
norte *adj* : north, northern — **norte** *nm* **1** : north **2** : north wind
norteamericano, -na *adj* : North American
norteño, -ña *adj* : northern
noruego, -ga *adj* : Norwegian — **noruego** *nm* : Norwegian (language)
nos *pron* **1** (*direct object*) : us **2** (*indirect object*) : to us, for us, from us **3** (*reflexive*) : ourselves **4** : each other, one another
nosotros, -tras *pron* **1** (*subject*) : we **2** (*object*) : us **3** *or* **nosotros, -tras mismos** : ourselves
nostalgia *nf* **1** : nostalgia **2 sentir nostalgia por** : be homesick for — **nostálgico, -ca** *adj* : nostalgic
nota *nf* **1** : note **2** : grade, mark (in school) **3** CUENTA : bill, check — **notable** *adj* : noteworthy, notable — **notar** *vt* : notice — **notarse** *vr* : be evident, seem
notario, -ria *n* : notary (public)
noticia *nf* **1** : news item, piece of news **2 noticias** *nfpl* : news — **noticiario** *nm* : newscast — **noticiero** *nm Lat* : newscast
notificar {72} *vt* : notify — **notificación** *nf*, *pl* **-ciones** : notification
notorio, -ria *adj* **1** : obvious **2** CONOCIDO : well-known — **notoriedad** *nf* : fame, notoriety
novato, -ta *adj* : inexperienced — **novato, -ta** *n* : beginner, novice
novecientos, -tas *adj* : nine hundred — **novecientos** *nms & pl* : nine hundred
novedad *nf* **1** : newness, innovation **2** NOTICIAS : news **3 novedades** : novelties, latest news — **novedoso, -sa** *adj* : original, novel
novela *nf* **1** : novel **2** : soap opera (on television) — **novelesco, -ca** *adj* **1** : fictional **2** FANTÁSTICO : fabulous — **novelista** *nmf* : novelist
noveno, -na *adj* : ninth — **noveno** *nm* : ninth
noventa *adj & nm* : ninety — **noventavo, -va** *adj* : ninetieth — **noventavo** *nm* : ninetieth
novia → **novio**
noviazgo *nm* : engagement
novicio, -cia *n* : novice
noviembre *nm* : November
novillo, -lla *n* : young bull *m*, heifer *f*
novio, -via *n* **1** : boyfriend *m*,

girlfriend *f* **2** PROMETIDO : fiancé *m*, fiancée *f* **3** : bridegroom *m*, bride *f* (at a wedding)
novocaína *nf* : novocaine
▸ **nube** *nf* : cloud — **nubarrón** *nm*, *pl* **-rrones** : storm cloud — **nublado, -da** *adj* **1** : cloudy **2** ENTURBIADO : clouded, dim — **nublado** *nm* : storm cloud — **nublar** *vt* **1** : cloud **2** OSCURECER : obscure — **nublarse** *vr* : get cloudy — **nuboso, -sa** *adj* : cloudy
nuca *nf* : nape, back of the neck
núcleo *nm* **1** : nucleus **2** CENTRO : center, core — **nuclear** *adj* : nuclear
nudillo *nm* : knuckle
nudismo *nm* : nudism — **nudista** *adj & nmf* : nudist
nudo *nm* **1** : knot **2** : crux, heart (of a problem, etc.) — **nudoso, -sa** *adj* : knotty, gnarled
nuera *nf* : daughter-in-law
nuestro, -tra *adj* : our — **nuestro, -tra** *pron* (*with definite article*) : ours, our own
nuevamente *adv* : again, anew
nueve *adj & nm* : nine
nuevo, -va *adj* **1** : new **2 de nuevo** : again, once more
nuez *nf*, *pl* **nueces 1** : nut **2** *or* **nuez de nogal** : walnut **3 nuez de Adán** : Adam's apple **4 nuez moscada** : nutmeg
nulo, -la *adj* **1** *or* **nulo, -la y sin efecto** : null and void **2** INCAPAZ : useless, inept — **nulidad** *nf* **1** : nullity **2 es una nulidad** *fam* : he's a total loss
numerar *vt* : number — **numeración** *nf*, *pl* **-ciones 1** : numbering **2** NÚMEROS : numbers *pl*, numerals *pl* — **numeral** *adj* : numeral — **número** *nm* **1** : number, numeral **2** : issue (of a publication) **3 sin número** : countless — **numérico, -ca** *adj* : numerical — **numeroso, -sa** *adj* : numerous
nunca *adv* **1** : never, ever **2 nunca más** : never again **3 nunca jamás** : never ever
nupcial *adj* : nuptial, wedding — **nupcias** *nfpl* : nuptials, wedding
nutria *nf* : otter
nutrir *vt* **1** ALIMENTAR : feed, nourish **2** FOMENTAR : fuel, foster — **nutrición** *nf*, *pl* **-ciones** : nutrition — **nutrido, -da** *adj* **1** : nourished **2** ABUNDANTE : considerable, abundant — **nutriente** *nm* : nutrient — **nutritivo, -va** *adj* : nourishing, nutritious

nubes[F] altas
high clouds

cirrostratos[M]
cirrostratus

cirrocúmulos[M]
cirrocumulus

cirros[M]
cirrus

nubes[F] medias
middle clouds

altostratos[M]
altostratus

altocúmulos[M]
altocumulus

nubes[F] bajas
low clouds

estratocúmulos[M]
stratocumulus

nimbostratos[M]
nimbostratus

estratos[M]
stratus

nubes[F] de desarrollo[M] vertical
clouds of vertical development

cúmulos[M]
cumulus

cumulonimbus[M]
cumulonimbus

o 1 *nf* : o, 16th letter of the Spanish alphabet

o² *conj* (**u** *before words beginning with o- or ho-*) **1** : or, either **2 o sea** : in other words

oasis *nms & pl* : oasis

obcecar {72} *vt* : blind (by emotions) — **obcecarse** *vr* : become stubborn

obedecer {53} *vt* : obey — *vi* **1** : obey **2 obedecer a** : respond to **3 obedecer a** : be due to — **obediencia** *nf* : obedience — **obediente** *adj* : obedient

obertura *nf* : overture

obeso, -sa *adj* : obese — **obesidad** *nf* : obesity

obispo *nm* : bishop

objetar *v* : object — **objeción** *nf, pl* **-ciones** : objection

objeto *nm* : object — **objetivo, -va** *adj* : objective — **objetivo** *nm* **1** : objective, goal **2** : lens (in photography, etc.)

objetor, -tora *n* **objetor, -tora de conciencia** : conscientious objector

oblicuo, -cua *adj* : oblique

obligar {52} *vt* : require, oblige — **obligarse** *vr* : commit oneself (to do something) — **obligación** *nf, pl* **-ciones** : obligation — **obligado, -da** *adj* **1** : obliged **2** FORZOSO : obligatory — **obligatorio, -ria** *adj* : mandatory

oblongo, -ga *adj* : oblong

oboe *nm* : oboe — **oboe** *nmf* : oboist

obra *nf* **1** : work, deed **2** : work (of art, literature, etc.) **3** CONSTRUCCIÓN : construction work **4 obra maestra** : masterpiece **5 obras públicas** : public works — **obrar** *vt* : work, produce — *vi* : act, behave — **obrero, -ra** *adj* **la clase obrera** : the working class — **obrero, -ra** *n* : worker, laborer

obsceno, -na *adj* : obscene — **obscenidad** *nf* : obscenity

obsequiar *vt* : give, present — **obsequio** *nm* : gift, present

observar *vt* **1** : observe, watch **2** ADVERTIR : notice **3** ACATAR : observe, obey **4** COMENTAR : remark — **observación** *nf, pl* **-ciones** : observation — **observador, -dora** *adj* : observant

observador, -dora *n* : observer — **observancia** *nf* : observance — **observatorio** *nm* : observatory

obsesionar *vt* : obsess — **obsesionarse** *vr* : be obsessed — **obsesión** *nf, pl* **-siones** : obsession — **obsesivo, -va** *adj* : obsessive — **obseso, -sa** *adj* : obsessed

obsoleto, -ta *adj* : obsolete

obstaculizar {21} *vt* : hinder — **obstáculo** *nm* : obstacle

obstante: no obstante *conj phr* : nevertheless, however — **obstante** *prep phr* : in spite of, despite

obstar {21} *vi* **obstar a** *or* **obstar para** : stop, prevent

obstetricia *nf* : obstetrics — **obstetra** *nmf* : obstetrician

obstinarse *vr* : be stubborn — **obstinado, -da** *adj* **1** : obstinate, stubborn **2** TENAZ : persistent

obstruir {41} *vt* : obstruct — **obstrucción** *nf, pl* **-ciones** : obstruction

obtener {80} *vt* : obtain, get

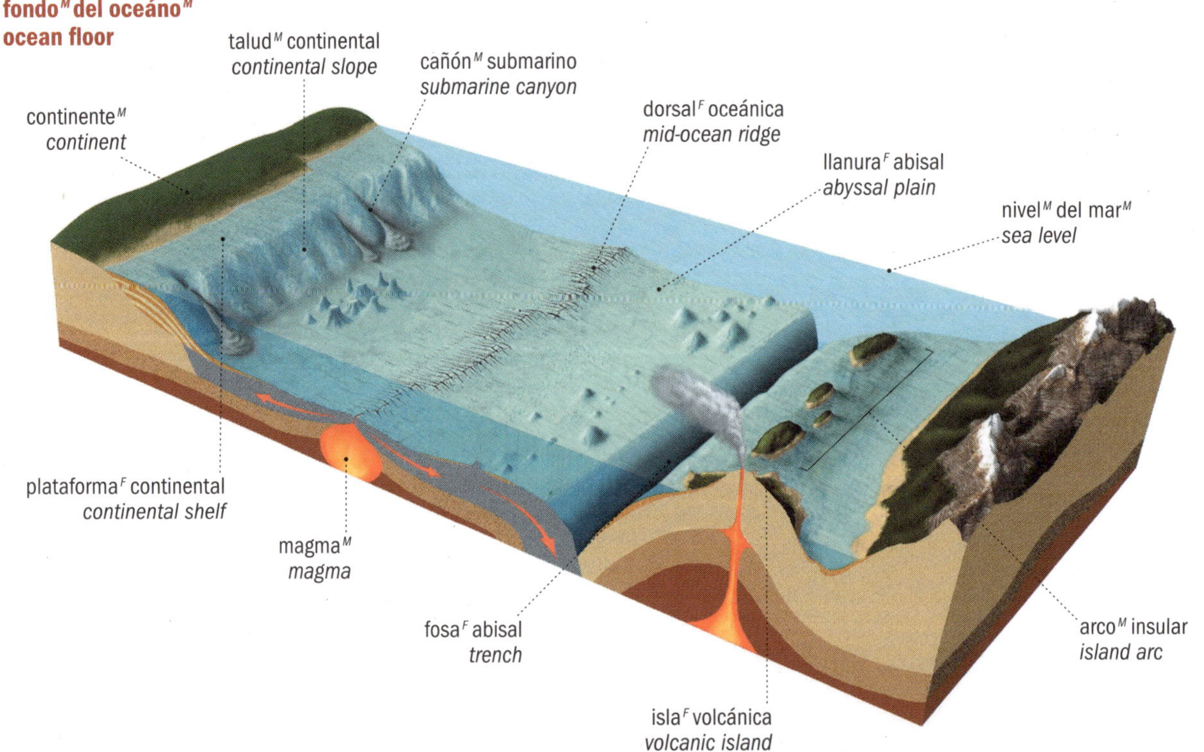

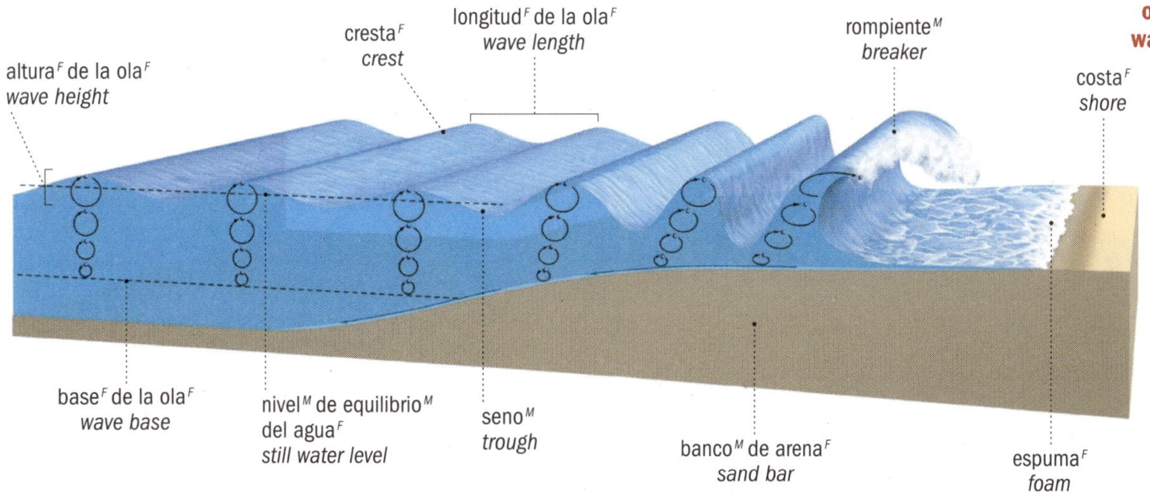

obtuso, -sa *adj* : obtuse

obviar *vt* : get around, avoid

obvio, -via *adj* : obvious — **obviamente** *adv* : obviously, clearly

oca *nf* : goose

ocasión *nf, pl* **-siones 1** : occasion **2** OPORTUNIDAD : opportunity **3** GANGA : bargain — **ocasional** *adj* **1** : occasional **2** ACCIDENTAL : accidental, chance — **ocasionar** *vt* : cause

ocaso *nm* **1** : sunset **2** DECADENCIA : decline

occidente *nm* **1** : west **2 el Occidente** : the West — **occidental** *adj* : western, Western

▶ **océano** *nm* : ocean — **oceanografía** *nf* : oceanography

ochenta *adj & nm* : eighty

ocho *adj & nm* : eight — **ochocientos, -tas** *adj* : eight hundred — **ochocientos** *nms & pl* : eight hundred

ocio *nm* **1** : free time, leisure **2** INACTIVIDAD : idleness — **ociosidad** *nf* : idleness, inactivity — **ocioso, -sa** *adj* **1** : idle, inactive **2** INÚTIL : useless

ocre *adj & nm* : ocher

octágono *nm* : octagon — **octagonal** *adj* : octagonal

octava *nf* : octave

octavo, -va *adj & n* : eighth

octeto *nm* : byte

octogésimo, -ma *adj & n* : eightieth

octubre *nm* : October

ocular *adj* : ocular, eye — **oculista** *nmf* : ophthalmologist

ocultar *vt* : conceal, hide — **ocultarse** *vr* : hide — **oculto, -ta** *adj* : hidden, occult

ocupar *vt* **1** : occupy **2** : hold (a position, etc.) **3** : provide work for — **ocuparse** *vr* **1 ocuparse de** : concern oneself with **2 ocuparse de** : take care of (children, etc.) — **ocupación** *nf, pl* **-ciones 1** : occupation **2** EMPLEO : job — **ocupado, -da** *adj* **1** : busy **2** : occupied (of a place) **3 señal de occupado** : busy signal — **ocupante** *nmf* : occupant

ocurrir *vi* : occur, happen — **ocurrirse** *vr* **ocurrirse a** : occur to — **occurrencia** *nf* **1** : occurrence, event **2** SALIDA : witty remark, quip

oda *nf* : ode

odiar *vt* : hate — **odio** *nm* : hatred — **odioso, -sa** *adj* : hateful

odisea *nf* : odyssey

odontología *nf* : dentistry, dental surgery — **odontólogo, -ga** *n* : dentist, dental surgeon

oeste *adj* : west, western — **oeste** *nm* **1** : west **2 el Oeste** : the West

ofender *v* : offend — **ofenderse** *vr* : take offense — **ofensa** *nf* : offense, insult — **ofensiva** *nf* : offensive — **ofensivo, -va** *adj* : offensive

oferta *nf* **1** : offer **2 de oferta** : on sale **3 oferta y demanda** : supply and demand

oficial *adj* : official — **oficial** *nmf* **1** : skilled worker **2** : officer (in the military)

oficina *nf* : office — **oficinista** *nmf* : office worker

oficio *nm* : trade, profession — **oficioso, -sa** *adj* : unofficial

ofrecer {53} *vt* **1** : offer **2** : provide, present (an opportunity, etc.) — **ofrecerse** *vr* : volunteer — **ofrecimiento** *nm* : offer

ofrenda *nf* : offering

oftalmología *nf* : ophthalmology — **oftalmólogo, -ga** *n* : ophthalmologist

ofuscar {72} *vt* **1** : blind, dazzle **2** CONFUNDIR : confuse — **ofuscarse** *vr* **ofuscarse con** : be blinded by — **ofuscación** *nf, pl* **-ciones 1** : blindness **2** CONFUSIÓN : confusion

ogro *nm* : ogre

oír {50} *vi* : hear — *vt* **1** : hear **2** ESCUCHAR : listen to **3 ¡oiga!** *or* **¡oye!** : excuse me!, listen! — **oidas** : **de oír** *adv phr* : by hearsay — **oído** *nm* **1** : ear **2** : (sense of) hearing **3 duro de oír** : hard of hearing

ojal *nm* : buttonhole

ojalá *interj* : I hope so!, if only!

ojear *vt* : eye, look at — **ojeada** *nf* : glimpse, glance

ojeriza *nf* **1** : ill will **2 tener ojeriza a** : have a grudge against

ojo *nm* **1** : eye **2** PERSPICACIA : shrewdness **3** : span (of a bridge) **4 ¡ojo!** : look out!, pay attention!

▶ **ola** *nf* : wave — **oleada** *nf* : wave, surge

estructura^F de la oreja^F — handled below

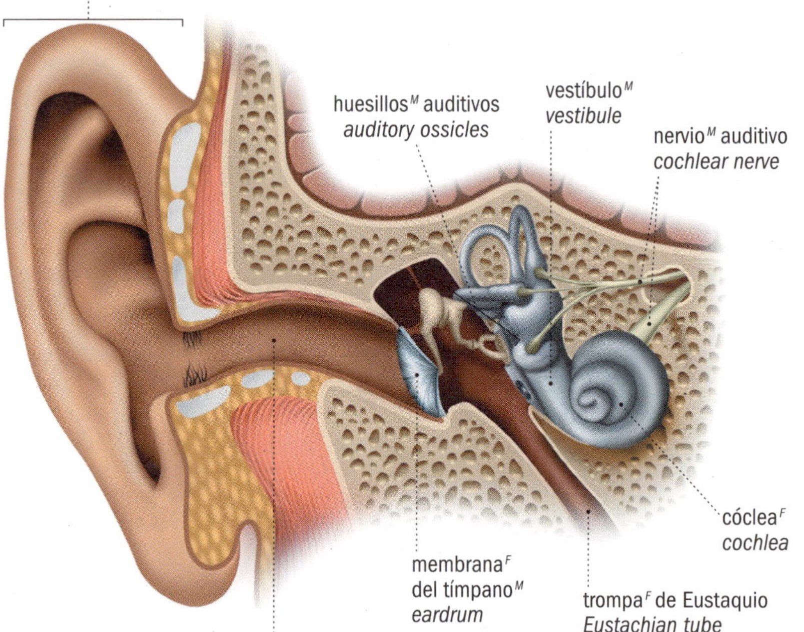

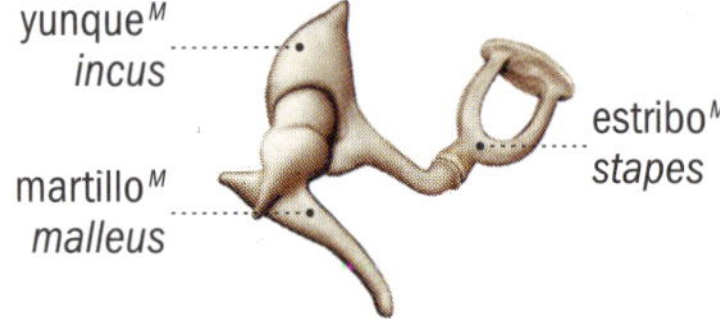

— **oleaje** *nm* : swell (of the sea)
olé *interj* : bravo!
oleada *nf* : wave, swell —
oleaje *nm* : waves *pl*, surf
óleo *nm* **1** : oil **2** CUADRO : oil painting
— **oleoducto** *nm* : oil pipeline
oler {51} *vt* : smell — *vi* **1** : smell
2 oler a : smell of — **olerse** *vr*,
fam : have a hunch about
olfatear *vt* **1** : sniff **2** OLER : sense,
sniff out — **olfato** *nm* **1** : sense of

smell **2** PERSPICACIA : nose, instinct
Olimpiada *or* Olimpíada *nf* :
Olympics *pl*, Olympic Games *pl*
— **olímpico, -ca** *adj* : Olympic
oliva *nf* : olive — **olivo** *nm* : olive tree
olla *nf* **1** : pot **2 olla podrida**
: (Spanish) stew
olmo *nm* : elm
olor *nm* : smell — **oloroso,**
-sa *adj* : fragrant
olvidar *vt* **1** : forget **2** DEJAR : leave
(behind) — **olvidarse** *vr* : forget
— **olvidadizo, -za** *adj* : forgetful
— **olvido** *nm* **1** : forgetfulness
2 DESCUIDO : oversight
ombligo *nm* : navel
omelette *nmf Lat* : omelet
ominoso, -sa *adj* : ominous
omitir *vt* : omit — **omisión** *nf,*
pl **-siones** : omission
ómnibus *nm, pl* **-bus** *or* -buses : bus
omnipotente *adj* : omnipotent
omóplato *or* **omoplato** *nm*

: shoulder blade
once *adj & nm* : eleven —
onceavo, -va *adj & n* : eleventh
onda *nf* : wave — **ondear** *vi* : ripple —
ondulación *nf, pl* **-ciones** : undulation —
ondulado, -da *adj* : wavy — **ondular** *vt*
: wave (hair) — *vi* : undulate, ripple
ónice *nmf or* **ónix** *nm* : onyx
onza *nf* : ounce
opaco, -ca *adj* **1** : opaque
2 DESLUSTRADO : **dull**
ópalo *nm* : opal
opción *nf, pl* **-ciones** : option
— **opcional** *adj* : optional
ópera *nf* : opera
operar *vt* **1** : operate on **2** *Lat* : operate,
run (a machine) — *vi* **1** : operate
2 NEGOCIAR : deal, do business —
operarse *vr* **1** : have an operation **2**
OCURRIR : take place — **operación** *nf,*
pl **-ciones 1** : operation **2** TRANSACCIÓN
: transaction, deal — **operacional** *adj*
: operational — **operador, -dora** *n* **1** :
operator **2** : cameraman (for television, etc.)
opereta *nf* : operetta
opinar *vt* : think — *vi* : express an opinion
— **opinión** *nf, pl* **-niones** : opinion
opio *nm* : opium
oponer {60} *vt* **1** : raise, put forward
(arguments, etc.) **2 oponer resistencia**
: put up a fight — **oponerse** *vr*
oponerse a : oppose, be against
— **oponente** *nmf* : opponent
oporto *nm* : port (wine)
oportunidad *nf* : opportunity —
oportunista *nmf* : opportunist —
oportuno, -na *adj* **1** : opportune,
timely **2** APROPIADO : suitable
opositor, -tora *n* **1** : opponent
2 : candidate (for a position) —
oposición *nf, pl* **-ciones** : opposition
oprimir *vt* **1** : press, squeeze **2**
TIRANIZAR : oppress — **opresión** *nf,*
pl **-siones 1** : oppression **2 opresión**
de pecho : tightness in the chest
— **opresivo, -va** *adj* : oppressive
— **opresor, -sora** *n* : oppressor
optar *vi* **1 optar a** : apply for **2**
optar por : choose, opt for
óptica *nf* **1** : optics **2** : optician's
(shop) — **óptico, -ca** *adj* : optical
— **óptico, -ca** *n* : optician
optimismo *nm* : optimism —
optimista *adj* : optimistic —
optimismo *nmf* : optimist

optometría *nf* : optometry —
optometrista *nmf* : optometrist
opuesto *adj* **1** : opposite **2**
  CONTRADICTORIO : opposed, conflicting
opulencia *nf* : opulence —
  opulento, -ta *adj* : opulent
oración *nf, pl* **-ciones 1** : prayer
  2 FRASE : sentence, clause
oráculo *nm* : oracle
orador, -dora *n* : speaker
oral *adj* : oral
orar *vi* : pray
órbita *nf* **1** : orbit (in astronomy) **2**
  : eye socket — **orbitar** *vi* : orbit
orden *nm, pl* **órdenes 1** : order **2**
  orden del día : agenda (at a meeting)
  3 orden público : law and order —
  orden *nf, pl* **órdenes 1** : order (of food)
  2 orden religiosa : religious order **3**
  orden de compra : purchase order
ordenador *nm, Spain* : computer
ordenar *vt* **1** : order, command **2**
  ARREGLAR : put in order **3** : ordain
  (a priest) — **ordenanza** *nm* :
  orderly (in the armed forces) —
  ordenanza *nf* : ordinance, regulation
ordeñar *vt* : milk
ordinal *adj & nm* : ordinal
ordinario, -ria *adj* **1** : ordinary
  2 GROSERO : common, vulgar
orear *vt* : air
orégano *nm* : oregano
oreja *nf* : ear
orfanato *or* **orfelinato** *nm* : orphanage
orfebre *nmf* : goldsmith, silversmith
orgánico, -ca *adj* : organic
organigrama *nm* : flowchart
organismo *nm* **1** : organism **2**
  ORGANIZACIÓN : agency, organization
organista *nmf* : organist
organizar {21} *vt* : organize —
  organizarse *vr* : get organized —
  organización *nf, pl* **-ciones** : organization
  — **organizador, -dora** *n* : organizer
órgano *nm* : organ
orgasmo *nm* : orgasm
orgía *nf* : orgy
orgullo *nm* : pride —
  orgulloso, -sa *adj* : proud
orientación *nf, pl* **-ciones 1** :
  orientation **2** DIRECCIÓN : direction
  3 CONSEJO : guidance
oriental *adj* **1** : eastern **2** : oriental
  — **oriental** *nmf* : Oriental
orientar *vt* **1** : orient, position **2** GUIAR :

guide, direct — **orientarse** *vr* **1** : orient
  oneself **2 orientarse hacia** : turn towards
oriente *nm* **1** : east, East **2**
  el Oriente : the Orient
orificio *nm* : orifice, opening
origen *nm, pl* **orígenes** : origin
  — **original** *adj & nm* : original —
originalidad *nf* : originality — **originar** *vt*
  : give rise to — **originarse** *vr* :
  originate, arise — **originario, -ria** *adj*
  originario, -ria de : native of
orilla *nf* **1** : border, edge **2** : bank
  (of a river), shore (of the sea)
orinar *vi* : urinate — **orina** *nf* : urine
oriol *nm* : oriole
oriundo, -da *adj* **oriundo,**
  -da de : native of
orla *nf* : border
ornamental *adj* : ornamental —
  ornamento *nm* : ornament
ornar *vt* : adorn
ornitología *nf* : ornithology
oro *nm* : gold
orquesta *nf* : orchestra —
  orquestar *vt* : orchestrate
▸ **orquídea** *nf* : orchid
ortiga *nf* : nettle
ortodoxia *nf* : orthodoxy —
  ortodoxo, -xa *adj* : orthodox
ortografía *nf* : spelling
ortopedia *nf* : orthopedics —
  ortopédico, -ca *adj* : orthopedic
oruga *nf* : caterpillar
orzuelo *nm* : sty (in the eye)
os *pron pl Spain* **1** (*direct or indirect object*)
  : you, to you **2** (*reflexive*) : yourselves, to
  yourselves **3** : each other, to each other
osado, -da *adj* : bold, daring —
  osadía *nf* **1** : boldness, daring
  2 DESCARO : audacity, nerve
osamenta *nf* : skeleton
osar *vi* : dare
oscilar *vi* **1** : swing, sway **2** FLUCTUAR :
  fluctuate — **oscilación** *nf, pl* **-ciones 1**
  : swinging **2** FLUCTUACIÓN : fluctuation
oscuro, -ra *adj* **1** : dark **2** : obscure
  (of ideas, persons, etc.) **3 a oscuras**
  : in the dark — **oscurecer** {53} *vt* **1** :
  darken **2** : confuse, cloud (the mind) **3**
  al oscurecer : at nightfall — *v impers*
  : get dark — **oscurecerse** *vr* : grow
  dark — **oscuridad** *nf* **1** : darkness **2**
  : obscurity (of ideas, persons, etc.)
óseo, ósea *adj* : skeletal, bony
oso, osa *n* **1** : bear **2 oso, de peluche**

or **oso, de felpa** : teddy bear
ostensible *adj* : evident, obvious
ostentar *vt* **1** : flaunt, display **2**
  POSEER : have, hold — **ostentación** *nf,*
  pl **-ciones** : ostentation — **ostentoso,**
  -sa *adj* : ostentatious, showy
osteopatía *n* : osteopathy —
  osteópata *nmf* : osteopath
osteoporosis *nf* : osteoporosis
ostra *nf* : oyster
ostracismo *nm* : ostracism
otear *vt* : scan, survey
otoño *nm* : autumn, fall —
  otoñal *adj* : autumn, fall
otorgar {52} *vt* **1** : grant, award **2**
  : draw up (a legal document)
otro, otra *adj* **1** : another, other **2**
  otra vez : again — **otro,** *pron* **1** :
  another (one), other (one) **2 los otros,**
  las otras : the others, the rest
ovación *nf, pl* **-ciones** : ovation
óvalo *nm* : oval — **oval** *or*
  ovalado, -da *adj* : oval
ovario *nm* : ovary
oveja *nf* **1** : sheep, ewe **2**
  oveja negra : black sheep
overol *nm Lat* : overalls *pl*
ovillo *nm* **1** : ball (of yarn) **2 hacerse**
  un ovillo : curl up (into a ball)
ovni *or* **OVNI** *nm* (*objeto volador*
  no identificado) : UFO
ovular *vi* : ovulate — **ovulación** *nf,*
  pl **-ciones** : ovulation
oxidar *vi* : rust — **oxidarse** *vr* : get rusty
  — **oxidación** *nf, pl* **-ciones** : rusting —
  oxidado, -da *adj* : rusty — **óxido** *nm* : rust
oxígeno *nm* : oxygen
oye → **oír**
oyente *nmf* **1** : listener **2**
  : auditor (student)
ozono *nm* : ozone

orquídea^F
orchid

p *nf* : p, 17th letter of the Spanish alphabet
pabellón *nm, pl* **-llones 1** : pavilion
   2 : block, building (in a hospital
   complex, etc.) **3** : summerhouse (in
   a garden, etc.) **4** BANDERA : flag
pabilo *nm* : wick
pacer {48} *v* : graze
paces → **paz**
paciencia *nf* : patience —
   paciente *adj & nmf* : patient
pacificar {72} *vt* : pacify, calm —
   pacificarse *vr* : calm down — **pacífico,**
   -ca *adj* : peaceful, pacific — **pacifismo** *nm*
   : pacifism — **pacifista** *adj & nmf* : pacifist
pacotilla *nf* **de pacotilla** :
   second-rate, trashy
pacto *nm* : pact, agreement — **pactar** *vt*
   : agree on — *vi* : come to an agreement
padecer {53} *vt* : suffer, endure
   — *vi* **padecer de** : suffer from —
   padecimiento *nm* : suffering
padre *nm* **1** : father **2** padres *nmpl*
   : parents — **padre** *adj Lat fam* :
   great, fantastic — **padrastro** *nm*
   : stepfather — **padrino** *nm* **1** :
   godfather **2** : best man (at a wedding)
padrón *nm, pl* **-drones** : register, roll
paella *nf* : paella
paga *nf* : pay, wages *pl* —
   pagadero, -ra *adj* : payable
pagano, -na *adj & n* : pagan, heathen
pagar {52} *vt* : pay, pay for — *vi*
   : pay — **pagaré** *nm* : IOU
página *nf* : page
pago *nm* : payment
país *nm* **1** : country, nation **2** REGIÓN :
   region, land — **paisaje** *nm* : scenery,
   landscape — **paisano, -na** *n* : compatriot
paja *nf* **1** : straw **2** *fam* : nonsense
pájaro *nm* **1** : bird **2 pájaro carpintero**
   : woodpecker — **pajarera** *nf* : aviary
pajita *nf* : (drinking) straw
pala *nf* **1** : shovel, spade **2** : blade (of an
   oar or a rotor) **3** : paddle, racket (in sports)
palabra *nf* **1** : word **2** HABLA : speech
   3 tener la palabra : have the floor
   — **palabrota** *nf* : swearword
palacio *nm* **1** : palace, mansion **2**
   palacio de justicia : courthouse
paladar *nm* : palate — **paladear** *vt* : savor
palanca *nf* **1** : lever, crowbar **2** *fam* :
   leverage, influence **3 palanca de cambio**
   or **palanca de velocidades** : gearshift
palangana *nf* : washbowl
palco *nm* : box (in a theater)

palestino, -na *adj* : Palestinian
paleta *nf* **1** : small shovel, trowel **2** :
   palette (in art) **3** : paddle (in sports, etc.)
paletilla *nf* : shoulder blade
paliar *vt* : alleviate, ease —
   paliativo, -va *adj* : palliative
pálido, -da *adj* : pale — **palidecer**
   {53} *vi* : turn pale — **palidez** *nf,*
   pl **-deces** : paleness, pallor
palillo *nm* **1** : small stick **2** *or*
   palillo de dientes : toothpick
paliza *nf* : beating
palma *nf* **1** : palm (of the hand) **2**
   : palm (tree or leaf) **3 batir palmas**
   : clap, applaud — **palmada** *nf* **1** :
   pat, slap **2** palmas *nfpl* : clapping
palmera *nf* : palm tree
palmo *nm* **1** : span, small amount
   2 palmo a palmo : bit by bit
palmotear *vi* : applaud —
   palmoteo *nm* : clapping, applause
palo *nm* **1** : stick **2** MANGO : shaft,
   handle **3** MÁSTIL : mast **4** POSTE : pole
   5 GOLPE : blow **6** : suit (of cards)
paloma *nf* : pigeon, dove — **palomilla** *nf*
   : moth — **palomitas** *nfpl* : popcorn
palpar *vt* : feel, touch —
   palpable *adj* : palpable
palpitar *vi* : palpitate, throb —
   palpitación *nf, pl* **-ciones** : palpitation
palta *nf Lat* : avocado
paludismo *nm* : malaria
pampa *nf* : pampa

pan *nm* **1** : bread **2** : loaf (of bread,
   etc.) **3 pan tostado** : toast
pana *nf* : corduroy
panacea *nf* : panacea
panadería *nf* : bakery, bread shop
   — **panadero, -ra** *n* : baker
panal *nm* : honeycomb
panameño, -ña *adj* : Panamanian
pancarta *nf* : placard, banner
pancito *nm Lat* : (bread) roll
páncreas *nms & pl* : pancreas
panda *nmf* : panda
pandemonio *nm* : pandemonium
pandero *nm* : tambourine —
   pandereta *nf* : (small) tambourine
pandilla *nf* : gang
panecillo *nm, Spain* : (bread) roll
panel *nm* : panel
panfleto *nm* : pamphlet
pánico *nm* : panic
panorama *nm* : panorama —
   panorámico, -ca *adj* : panoramic
panqueque *nm Lat* : pancake
pantaletas *nfpl Lat* : panties
▸ **pantalla** *nf* **1** : screen **2** : lampshade
pantalón *nm, pl* **-lones 1** *or*
   pantalones *nmpl* : pants *pl*, trousers *pl* **2**
   pantalones vaqueros : jeans
pantano *nm* **1** : swamp, marsh **2**
   EMBALSE : reservoir — **pantanoso,**
   -sa *adj* : marshy, swampy
pantera *nf* : panther
pantimedias *nfpl Lat* : panty hose

pantomima *nf* : pantomime

pantorrilla *nf* : calf (of the leg)

pantufla *nf* : slipper

panza *nf* : belly, paunch — **panzón, -zona** *adj, mpl* **-zones** : potbellied

pañal *nm* : diaper

paño *nm* **1** : cloth **2** TRAPO : rag, dust cloth **3 paño de cocina** : dishcloth **4 paño higiénico** : sanitary napkin **5 paños menores** : underwear

pañuelo *nm* **1** : handkerchief **2** : scarf, kerchief

papa[1] *nm* : pope

papa[2] *nf Lat* **1** : potato **2 papas fritas** : potato chips, french fries

papá *nm, fam* **1** : dad, pop **2 papás** *nmpl* : parents, folks

papada *nf* : double chin

papagayo *nm* : parrot

papal *adj* : papal

papalote *nm Lat* : kite

papanatas *nmfs & pl fam* : simpleton

papaya *nf* : papaya

papel *nm* **1** : paper, sheet of paper **2** : role, part (in theater, etc.) **3 papel de aluminio** : aluminum foil **4 papel higiénico** *or* **papel de baño** : toilet paper **5 papel de lija** : sandpaper **6 papel pintado** : wallpaper — **papeleo** *nm* : paperwork, red tape — **papelera** *nf* : wastebasket — **papelería** *nf* : stationery store — **papeleta** *nf* **1** : ticket, slip **2** : ballot (paper)

paperas *nfpl* : mumps

papilla *nf* **1** : baby food, pap **2 hacer papilla** : smash to bits

paquete *nm* **1** : package, parcel **2** : pack (of cigarettes, etc.)

paquistaní *adj* : Pakistani

par *nm* **1** : pair, couple **2** : par (in golf) **3** NOBLE : peer **4 abierto de par en par** : wide open **5 sin par** : without equal — **par** *adj* : even (in number) — **par** *nf* **1** : par **2 a la par que** : at the same time as

para *prep* **1** : for **2** HACIA : towards **3** : (in order) to **4** : around, by (a time) **5 para adelante** : forwards **6 para atrás** : backwards **7 para que** : so (that), in order that

parabienes *nmpl* : congratulations

parábola *nf* : parable

parabrisas *nms & pl* : windshield

paracaídas *nms & pl* : parachute — **paracaidista** *nmf* **1** : parachutist **2** : paratrooper (in the military)

parachoques *nms & pl* : bumper

parada *nf* **1** : stop **2** : (act of) stopping **3** DESFILE : parade — **paradero** *nm* **1** : whereabouts **2** *Lat* : bus stop — **parado, -da** *adj* **1** : idle, stopped **2** *Lat* : standing (up) **3 bien (mal) parado** : in good (bad) shape

paradoja *nf* : paradox

parafernalia *nf* : paraphernalia

parafina *nf* : paraffin

parafrasear *vt* : paraphrase — **paráfrasis** *nfs & pl* : paraphrase

paraguas *nms & pl* : umbrella

paraguayo, -ya *adj* : Paraguayan

paraíso *nm* : paradise

paralelo, -la *adj* : parallel — **paralelo** *nm* : parallel — **paralelismo** *nm* : similarity

parálisis *nfs & pl* : paralysis — **paralítico, -ca** *adj* : paralytic — **paralizar** {21} *vt* : paralyze

parámetro *nm* : parameter

páramo *nm* : barren plateau

parangón *nm, pl* **-gones 1** : comparison **2 sin parangón** : matchless

paraninfo *nm* : auditorium, hall

paranoia *nf* : paranoia — **paranoico, -ca** *adj & n* : paranoid

parapeto *nm* : parapet, rampart

parapléjico, -ca *adj & n* : paraplegic

parar *vt* **1** : stop **2** *Lat* : stand, prop — *vi* **1** : stop **2 ir a parar** : end up, wind up — **pararse** *vr* **1** : stop **2** *Lat* : stand up

pararrayos *nms & pl* : lightning rod

parásito, -ta *adj* : parasitic — **parásito** *nm* : parasite

parasol *nm* : parasol

parcela *nf* : parcel, tract (of land) — **parcelar** *vt* : parcel (up)

parche *nm* : patch

parcial *adj* **1** : partial **2 a tiempo parcial** : part-time — **parcialidad** *nf* : partiality, bias

parco, -ca *adj* : sparing, frugal

pardo, -da *adj* : brownish grey

parear *vt* : pair (up)

parecer {53} *vi* **1** : seem, look **2** ASEMEJARSE A : look like, seem like **3 me parece que** : I think that, in my opinion **4 ¿qué te parece?** : what do you think? **5 según parece** : apparently — **parecerse** *vr* **parecerse a** : resemble — **parecer** *nm* **1** : opinion **2** ASPECTO : appearance **3 al parecer** : apparently — **parecido, -da** *adj* **1** : similar **2 bien parecido** : good-looking — **parecido** *nm* : resemblance, similarity

pared *nf* : wall

parejo, -ja *adj* **1** : even, smooth **2** SEMEJANTE : similar — **pareja** *nf* **1** : couple, pair **2** : partner (person)

parentela *nf* : relatives *pl*, kin — **parentesco** *nm* : relationship, kinship

paréntesis *nms & pl* **1** : parenthesis **2** DIGRESIÓN : digression **3 entre paréntesis** : by the way

paria *nmf* : outcast

paridad *nf* : equality

pariente *nmf* : relative, relation

parir *vi* : give birth, have a baby — *vt* : give birth to

parking *nm* : parking lot

parlamentar *vi* : discuss — **parlamentario, -ria** *adj* : parliamentary — **parlamentario, -ria** *n* : member of parliament — **parlamento** *nm* : parliament

parlanchín, -china *adj, mpl* **-chines** : talkative, chatty — **parlanchín, -china** *n* : chatterbox

parlotear *vi, fam* : chatter — **parloteo** *nm, fam* : chatter

paro *nm* **1** : stoppage, shutdown **2** DESEMPLEO : unemployment **3** *Lat* : strike **4 paro cardíaco** : cardiac arrest

parodia *nf* : parody — **parodiar** *vt* : parody

párpado *nm* : eyelid — **parpadear** *vi* **1** : blink **2** : flicker (of light), twinkle (of stars) — **parpadeo** *nm* **1** : blink **2** : flicker (of light), twinkling (of stars)

parque *nm* **1** : park **2 parque de atracciones** : amusement park

parqué *nm* : parquet

parquear *vi Lat* : park

parquedad *nf* : frugality, moderation

parquímetro *nm* : parking meter

parra *nf* : grapevine

párrafo *nm* : paragraph

parranda *nf, fam* : party, spree

parrilla *nf* **1** : broiler, grill **2** : grate (of a chimney, etc.) — **parrillada** *nf* : barbecue

párroco *nm* : parish priest — **parroquia** *nf* **1** : parish **2** : parish church — **parroquial** *adj* : parochial — **parroquiano, -na** *nm* **1** : parishioner **2** CLIENTE : customer

parsimonia *nf* **1** : calm **2** FRUGALIDAD : thrift — **parsimonioso, -sa** *adj* **1** : calm, unhurried **2** FRUGAL : thrifty

parte *nf* **1** : part **2** PORCIÓN : share **3** LADO : side **4** : party (in negotiations, etc.) **5 de parte de** : on behalf of **6 ¿de**

parte de quién? : who is speaking? **7 en alguna parte** : somewhere **8 en todas partes** : everywhere **9 tomar parte** : take part — **parte** *nm* **1** : report **2 parte meteorológico** : weather forecast

partero, -ra *n* : midwife

partición *nf, pl* **-ciones** : division, sharing

participar *vi* **1** : participate, take part **2 participar en** : have a share in — *vt* : notify — **participación** *nf, pl* **-ciones 1** : participation **2** : share, interest (in a fund, etc.) **3** NOTICIA : notice — **participante** *adj* : participating — **participante** *nmf* : participant — **partícipe** *nmf* : participant

participio *nm* : participle

partícula *nf* : particle

particular *adj* **1** : particular **2** PRIVADO : private — **particular** *nm* **1** : matter **2** PERSONA : individual — **particularidad** *nf* : peculiarity — **particularizar** {21} *vt* : distinguish, characterize — *vi* : go into details

partir *vt* **1** : split, divide **2** ROMPER : break, crack **3** REPARTIR : share (out) — *vi* **1** : depart **2 partir de** : start from **3 a partir de** : as of, from — **partirse** *vr* **1** : split (open) **2** RAJARSE : crack — **partida** *nf* **1** : departure **2** : entry, item (in a register, etc.) **3** JUEGO : game **4** : group (of persons) **5 mala partida** : dirty trick **6 partida de nacimiento** : birth certificate — **partidario, -ria** *n* : follower, supporter — **partido** *nm* **1** : (political) party **2** : game, match (in sports) **3** PARTIDARIOS : following **4 sacar partido de** : make the most of

partitura *nf* : (musical) score

parto *nm* **1** : childbirth **2 estar de parto** : be in labor

parvulario *nm* : nursery school

pasa *nf* **1** : raisin **2 pasa de Corinto** : currant

pasable *adj* : passable

pasada *nf* **1** : pass, wipe, coat (of paint, etc.) **2 de pasada** : in passing **3 mala pasada** : dirty trick — **pasadizo** *nm* : corridor — **pasado, -da** *adj* **1** : past **2** PODRIDO : bad, spoiled **3** ANTICUADO : out-of-date **4 el año pasado** : last year — **pasado** *nm* : past

pasador *nm* **1** CERROJO : bolt **2** : barrette (for the hair)

pasaje *nm* **1** : passage **2** BILLETE : ticket, fare **3** PASILLO : passageway **4** PASAJEROS : passengers *pl* — **pasajero, -ra** *adj* : passing — **pasajero, -ra** *n* : passenger

pasamanos *nms & pl* : handrail, banister

pasaporte *nm* : passport

pasar *vi* **1** : pass, go (by) **2** ENTRAR : come in **3** SUCEDER : happen **4** TERMINARSE : be over, end **5 pasar de** : exceed **6 ¿qué pasa?** : what's the matter? — *vt* **1** : pass **2** : spend (time) **3** CRUZAR : cross **4** TOLERAR : tolerate **5** SUFRIR : go through, suffer **6** : show (a movie, etc.) **7 pasarlo bien** : have a good time **8 pasar por alto** : overlook, omit — **pasarse** *vr* **1** : pass, go away **2** ESTROPEARSE : spoil, go bad **3** OLVIDARSE : slip one's mind **4** EXCEDERSE : go too far

pasarela *nf* **1** : footbridge **2** : gangway (on a ship)

pasatiempo *nm* : pastime, hobby

Pascua *nf* **1** : Easter (Christian feast) **2** : Passover (Jewish feast) **3** NAVIDAD : Christmas

pase *nm* : pass

pasear *vi* : take a walk, go for a ride — *vt* **1** : take for a walk **2** EXHIBIR : parade, show off — **pasearse** *vr* : go for a walk, go for a ride — **paseo** *nm* **1** : walk, ride **2** *Lat* : outing

pasillo *nm* : passage, corridor

pasión *nf, pl* **-siones** : passion

pasivo, -va *adj* : passive — **pasivo** *nm* : liabilities *pl*

pasmar *vt* : astonish, amaze — **pasmarse** *vr* : be astonished — **pasmado, -da** *adj* : stunned, flabbergasted — **pasmo** *nm* : astonishment — **pasmoso, -sa** *adj* : astonishing

paso[1] **, -sa** *adj* : dried (of fruit)

paso[2] *nm* **1** : step **2** HUELLA : footprint **3** RITMO : pace **4** CRUCE : crossing **5** PASAJE : passage, way through **6** : (mountain) pass **7 de paso** : in passing

▸ **pasta** *nf* **1** : paste **2** MASA : dough **3** *or* **pastas** : pasta **4 pasta de dientes** *or* **pasta dentífrica** : toothpaste

pastar *v* : graze

pastel *nm* **1** : cake **2** EMPANADA : pie **3** : pastel (crayon) — **pastelería** *nf* : pastry shop

pasteurizar {21} *vt* : pasteurize

pastilla *nf* **1** : pill, tablet **2** : bar (of chocolate, soap, etc.) **3 pastilla para la tos** : lozenge, cough drop

pasto *nm* **1** : pasture **2** *Lat* : grass, lawn — **pastor, -tora** *n* **1** : shepherd **2** : pastor (in religion) — **pastoral** *adj* : pastoral

pata *nf* **1** : paw, leg (of an animal) **2** : foot, leg (of furniture) **3 meter la pata** *fam* : put one's foot in it — **patada** *nf* **1** : kick **2** : stamp (of the foot) — **patalear** *vi* **1** : kick **2** : stamp (one's feet)

patata *nf, Spain* : potato

patear *vt* : kick — *vi* **1** : kick **2** : stamp (one's feet)

patentar *vt* : patent — **patente** *adj* : obvious, patent — **patente** *nf* : patent

paternal *adj* : fatherly, paternal — **paternidad** *nf* **1** : fatherhood **2** : paternity (in law) — **paterno, -na** *adj* : paternal

patético, -ca *adj* : pathetic, moving

patillas *nfpl* : sideburns

patinar *vi* **1** : skate **2** RESBALAR : slip, slide — **patín** *nm, pl* **-tines** : skate — **patinador, -dora** *n* : skater — **patinaje** *nm* : skating — **patinazo** *nm* **1** : skid **2** *fam* : blunder — **patinete** *nm* : scooter

patio *nm* **1** : courtyard, patio **2** *or* **patio de recreo** : playground

pato, -ta *n* **1** : duck **2 pagar el pato** *fam* : take the blame — **patito, -ta** *n* : duckling

patología *nf* : pathology — **patológico, -ca** *adj* : pathological

patraña *nf* : hoax

patria *nf* : native land

patriarca *nm* : patriarch

patrimonio *nm* **1** : inheritance **2** : (historical or cultural) heritage

patriota *adj* : patriotic — **patriota** *nmf* : patriot — **patriótico, -ca** *adj* : patriotic — **patriotismo** *nm* : patriotism

patrocinador, -dora *n* : sponsor — **patrocinar** *vt* : sponsor — **patrocinio** *nm* : sponsorship

patrón, -trona *n, mpl* **-trones 1** : patron **2** JEFE : boss **3** : landlord, landlady *f* (of a boarding house, etc.) — **patrón** *nm, pl* **-trones** : pattern (in sewing) — **patronato** *nm* **1** : patronage **2** FUNDACIÓN : foundation, trust

patrulla *nf* **1** : patrol **2** : (police) cruiser — **patrullar** *v* : patrol

paulatino, -na *adj* : gradual

pausa *nf* : pause, break — **pausado, -da** *adj* : slow, deliberate

pauta *nf* : guideline

pavimento *nm* : pavement — **pavimentar** *vt* : pave

pavo, -va *n* **1** : turkey **2 pavo real** : peacock

pavonearse *vr* : strut, swagger

pavor *nm* : dread, terror — **pavoroso, -sa** *adj* : terrifying

payaso, -sa *n* : clown — **payasada** *nf*

pastas^F
pasta

tiburones^M
elbow macaroni

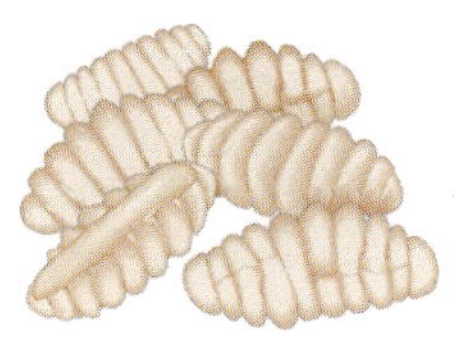

ñoquis^M
gnocchi

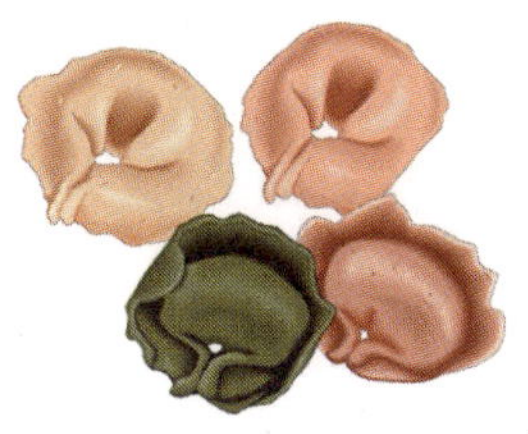

tortellini^M
tortellini

conchitas^F
conchiglie

penne^M
penne

canelones^M
cannelloni

espagueti^M
spaghetti

máquina^F para hacer pasta^F italiana
pasta maker

lasañas^F
lasagna

raviolis^M
ravioli

: antic, buffoonery — **payasear** *vi*
Lat fam : clown (around)
paz *nf, pl* **paces 1** : peace **2 dejar
en paz** : leave alone **3 hacer las
paces** : make up, reconcile
peaje *nm* : toll
peatón *nm, pl* **-tones** : pedestrian
peca *nf* : freckle
pecado *nm* : sin — **pecador,
-dora** *adj* : sinful — **pecado** *n* :
sinner — **pecaminoso, -sa** *adj* :
sinful — **pecar** {72} *vi* : sin
pecera *nf* : fishbowl, fish tank
pecho *nm* **1** : chest **2** MAMA : breast **3**
CORAZÓN : heart, courage **4 dar el pecho**
: breast-feed **5 tomar a pecho** : take to
heart — **pechuga** *nf* : breast (of fowl)
pecoso, -sa *adj* : freckled
pectoral *adj* : pectoral

peculiar *adj* **1** : particular
2 RARO : peculiar, odd —
peculiaridad *nf* : peculiarity
pedagogía *nf* : education, pedagogy
— **pedagogo, -ga** *n* : educator, teacher
pedal *nm* : pedal — **pedalear** *vi* : pedal
pedante *adj* : pedantic, pompous
pedazo *nm* **1** : piece, bit **2 hacerse
pedazos** : fall to pieces
pedernal *nm* : flint
pedestal *nm* : pedestal
pediatra *nmf* : pediatrician
pedigrí *nm* : pedigree
pedir {54} *vt* **1** : ask for, request **2** : order
(food, merchandise, etc.) — *vi* **1** : ask **2**
pedir prestado : borrow — **pedido** *nm* **1**
: order **2 hacer un pedido** : place an order
pedregoso, -sa *adj* : rocky, stony
pedrería *nf* : precious stones *pl*

pegar {52} *vt* **1** : stick, glue, paste **2** :
sew on (a button, etc.) **3** JUNTAR : bring
together **4** GOLPEAR : hit, strike **5** PROPINAR
: deal (a blow, etc.) **6** : transmit (an
illness) **7 pegar un grito** : let out a scream
— *vi* **1** : adhere, stick **2** GOLPEAR : hit —
pegarse *vr* **1** : hit oneself, hit each other
2 ADHERIRSE : stick, adhere **3** CONTAGIARSE
: be transmitted — **pegadizo, -za** *adj* **1**
: catchy **2** CONTAGIOSO : contagious
— **pegajoso, -sa** *adj* **1** : sticky **2** *Lat*
: catchy — **pegamento** *nm* : glue
peinar *vt* : comb — **peinarse** *vr* :
comb one's hair — **peinado** *nm* :
hairstyle, hairdo — **peine** *nm* : comb
— **peineta** *nf* : ornamental comb
pelado, -da *adj* **1** : shorn, hairless
2 : peeled (of fruit, etc.) **3** *fam* :
bare **4** *fam* : broke, penniless

pelaje *nm* : coat (of an animal), fur
pelar *vt* **1** : cut the hair of (a person)
   2 MONDAR : peel (fruit) **3** : pluck (a
   chicken, etc.), skin (an animal) —
   pelarse *vr* **1** : peel **2** *fam* : get a haircut
peldaño *nm* **1** : step (of stairs)
   2 : rung (of a ladder)
pelear *vi* **1** : fight **2** DISCUTIR : quarrel
   — **pelearse** *vr* : have a fight —
   pelea *nf* **1** : fight **2** DISCUSIÓN : quarrel
peletería *nf* : fur shop
peliagudo, -da *adj* : tricky, difficult
pelícano *nm* : pelican
película *nf* : movie, film
peligro *nm* **1** : danger **2** RIESGO : risk
   — **peligroso, -sa** *adj* : dangerous
pelirrojo, -ja *adj* : red-haired
   — **pelirrojo, -ja** *n* : redhead
pellejo *nm* : skin, hide
pellizcar {72} *vt* : pinch —
   pellizco *nm* : pinch

pelo *nm* **1** : hair **2** : coat, fur (of an
   animal) **3** : pile, nap (of fabric) **4 con
   pelos y señales** : in great detail **5 no
   tener pelo en la lengua** *fam* : not to
   mince words **6 tomar el pelo a algn**
   fam : pull someone's leg — **pelón,
   -lona** *adj, fam, mpl* **-lones** : bald
pelota *nf* : ball
pelotón *nm, pl* **-tones** :
   squad, detachment
peltre *nm* : pewter
peluca *nf* : wig
peluche *nm* **1** : plush **2 oso
   de peluche** : teddy bear
peludo, -da *adj* : hairy, furry
peluquería *nf* : hairdresser's,
   barber shop — **peluquero,
   -ra** *n* : barber, hairdresser
pelusa *nf* : fuzz, lint
pelvis *nfs & pl* : pelvis
pena *nf* **1** : penalty **2** TRISTEZA :

sorrow **3** DOLOR : suffering, pain **4** *Lat* :
   embarrassment **5 a duras penas** : with
   great difficulty **6 ¡qué pena!** : what a
   shame! **7 valer la pena** : be worthwhile
penacho *nm* **1** : crest, tuft
   2 : plume (ornament)
penal *adj* : penal — **penal** *nm* :
   prison, penitentiary — **penalidad** *nf* **1**
   : hardship **2** : penalty (in law) —
   penalizar {21} *vt* : penalize
penalty *nm* : penalty (in sports)
penar *vt* : punish — *vi* : suffer
pendenciero, -ra *adj* : quarrelsome
pender *vi* : hang — **pendiente** *adj* **1**
   : pending **2 estar pender de** : be
   watching out for — **pender** *nf* : slope
   — **pender** *nm, Spain* : earring
pendón *nm, pl* **-dones** : banner
péndulo *nm* : pendulum
pene *nm* : penis
penetrar *vi* **1** : penetrate **2 penetrar en**

**instrumentos^M de percusión^F
percussion instruments**

pandereta^F
tambourine

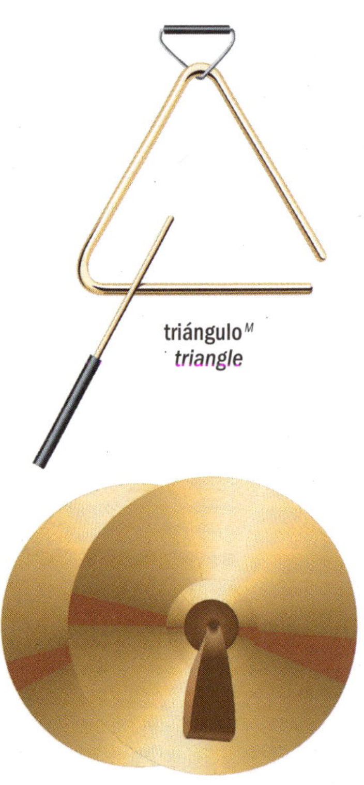

triángulo^M
triangle

castañuelas^F
castanets

bongos^M
bongos

platillos^M
cymbals

timbal^M
kettledrum

: go into — *vt* **1** : penetrate **2** : pierce (one's heart, etc.) **3** ENTENDER : fathom, grasp — **penetración** *nf, pl* **-ciones** **1** : penetration **2** PERSPICACIA : insight — **penetrante** *adj* **1** : penetrating **2** : sharp (of odors, etc.), piercing (of sounds) **3** : deep (of a wound, etc.)

penicilina *nf* : penicillin

península *nf* : peninsula — **peninsular** *adj* : peninsular

penitencia *nf* **1** : penitence **2** CASTIGO : penance — **penitenciaría** *nf* : penitentiary — **penitente** *adj & nmf* : penitent

penoso, -sa *adj* **1** : painful, distressing **2** TRABAJOSO : difficult **3** *Lat* : shy

pensar {55} *vi* **1** : think **2 pensar en** : think about — *vt* **1** : think **2** CONSIDERAR : think about **3 pensar hacer algo** : intend to do something — **pensador, -dora** *n* : thinker — **pensamiento** *nm* **1** : thought **2** : pansy (flower) — **pensativo,**

-va *adj* : pensive, thoughtful

pensión *nf, pl* **-siones** **1** : boarding house **2** : (retirement) pension **3 pensión alimenticia** : alimony — **pensionista** *nmf* **1** : lodger **2** JUBILADO : retiree

pentágono *nm* : pentagon

pentagrama *nm* : staff (in music)

penúltimo, -ma *adj* : next to last, penultimate

penumbra *nf* : half-light

penuria *nf* : dearth, shortage

peña *nf* : rock, crag — **peñasco** *nm* : crag, large rock — **peñón** *nm, pl* **-ñones** : craggy rock

peón *nm, pl* **peones** **1** : laborer, peon **2** : pawn (in chess)

peonía *nf* : peony

peor *adv* **1** (*comparative of* **mal**) : worse **2** (*superlative of* **mal**) : worst — **peor** *adj* **1** (*comparative of* **malo**) :

worse **2** (*superlative of* **malo**) : worst

pepino *nm* : cucumber — **pepinillo** *nm* : pickle, gherkin

pepita *nf* **1** : seed, pip **2** : nugget (of gold, etc.)

pequeño, -ña *adj* : small, little — **pequeñez** *nf, pl* **-ñeces** **1** : smallness **2** NIMIEDAD : trifle

pera *nf* : pear — **peral** *nm* : pear tree

percance *nm* : mishap, setback

percatarse *vr* **percatarse de** : notice

percepción *nf, pl* **-ciones** : perception — **perceptible** *adj* : perceptible

percha *nf* **1** : perch (for birds) **2** : (coat) hanger **3** : coatrack (on a wall)

percibir *vt* **1** : perceive **2** : receive (a salary, etc.)

▸ **percusión** *nf, pl* **-siones** : percussion

perder {56} *vt* **1** : lose **2** : miss (an opportunity, etc.) **3** DESPERDICIAR : waste (time) — *vi* : lose — **perderse** *vr* **1** : get lost **2** DESAPARECER : disappear **3** DESPERDICIARSE : be wasted — **perdedor, -dora** *n* : loser — **pérdida** *nf* **1** : loss **2** ESCAPE : leak **3 pérdida de tiempo** : waste of time — **perdido, -da** *adj* **1** : lost **2 un caso perdido** *fam* : a hopeless case

perdigón *nm, pl* **-gones** : shot, pellet

▸ **perdiz** *nf, pl* **-dices** : partridge

perdón *nm, pl* **-dones** : forgiveness, pardon — **perdón** *interj* : sorry! — **perdonar** *vt* **1** DISCULPAR : forgive **2** : pardon (in law)

perdurar *vi* : last, endure — **perdurable** *adj* : lasting

perecer {53} *vi* : perish, die

perros[M]
dogs

Gran Danés[M]
Great Dane

muslo[M]
thigh

lomo[M]
back

hocico[M]
muzzle

belfos[M]
flews

cola[F]
tail

rodilla[F]
knee

codo[M]
elbow

buldog[M]
bulldog

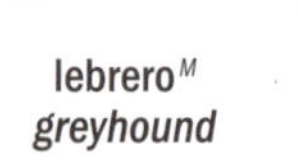

San Bernardo[M]
Saint Bernard

dálmata[M]
dalmatian

chow chow[M]
chowchow

lebrero[M]
greyhound

collie[M]
collie

pastor[M] alemán
German shepherd

— **perecedero, -ra** *adj* : perishable
peregrinación *nf, pl* **-ciones** *or*
 peregrinaje *nm* : pilgrimage —
 peregrino, -na *adj* **1** : migratory **2** RARO :
unusual, odd — **peregrino, -na** *n* : pilgrim
perejil *nm* : parsley
perenne *adj & nm* : perennial
pereza *nf* : laziness —
 perezoso, -sa *adj* : lazy
perfección *nf, pl* **-ciones** : perfection
 — **perfeccionar** *vt* **1** : perfect **2** MEJORAR
: improve — **perfeccionista** *nmf* :
perfectionist — **perfecto, -ta** *adj* : perfect
perfidia *nf* : treachery —
 pérfido, -da *adj* : treacherous
perfil *nm* **1** : profile **2** CONTORNO : outline
3 perfiles *nmpl* RASGOS : features —
 perfilar *vt* : outline — **perfilarse** *vr* **1** :
be outlined **2** CONCRETARSE : take shape
perforar *vt* **1** : perforate **2** : drill,
bore (a hole) — **perforación** *nf,*
pl **-ciones** : perforation —
 perforadora *nf* : (paper) punch
perfume *nm* : perfume, scent
 — **perfumar** *vt* : perfume —
 perfumarse *vr* : put perfume on
pergamino *nm* : parchment
pericia *nf* : skill
periferia *nf* : periphery, outskirts
 (of a city, etc.) — **periférico,**
 -ca *adj* : peripheral
perilla *nf* **1** : goatee **2** *Lat* : knob **3**
 venir de perillas *fam* : come in handy
perímetro *nm* : perimeter
periódico, -ca *adj* : periodic
 — **periódico** *nm* : newspaper —
 periodismo *nm* : journalism —
 periodista *nmf* : journalist
período *or* periodo *nm* : period
periquito *nm* : parakeet
periscopio *nm* : periscope
perito, -ta *adj & n* : expert
perjudicar {72} *vt* : harm, damage
 — **perjudicial** *adj* : harmful —
 perjuicio *nm* **1** : harm, damage **2 en**
 perjudicar de : to the detriment of
perjurar *vi* : perjure oneself
 — **perjurio** *nm* : perjury
perla *nf* **1** : pearl **2 de perlas**
 fam : great, just fine
permanecer {53} *vi* : remain —
 permanencia *nf* **1** : permanence
2 : stay, staying (in a place) —
 permanente *adj* : permanent —
 permanecer *nf* : permanent (wave)

permeable *adj* : permeable
permitir *vt* **1** : permit, allow **2 ¿me**
 permite? : may I? — **permitirse** *vr* : allow
oneself — **permisible** *adj* : permissible,
allowable — **permisivo, -va** *adj* :
permissive — **permiso** *nm* **1** : permission
2 : permit, license (document) **3** : leave (in
the military) **4 con permiso** : excuse me
permuta *nf* : exchange
pernicioso, -sa *adj* :
 pernicious, destructive
pero *conj* : but — **pero** *nm* **1** :
fault **2** REPARO : objection
perorar *vi* : make a speech —
 perorata *nf* : (long-winded) speech
perpendicular *adj & nf* : perpendicular
perpetrar *vt* : perpetrate
perpetuar {3} *vt* : perpetuate —
 perpetuo, -tua *adj* : perpetual
perplejo, -ja *adj* : perplexed —
 perplejidad *nf* : perplexity
▸ **perro, -rra** *n* **1** : dog, bitch *f* **2 perro**
 caliente : hot dog — **perrera** *nf* : kennel
perseguir {75} *vt* **1** : pursue,
chase **2** ACOSAR : persecute —
 persecución *nf, pl* **-ciones 1** : pursuit,
chase **2** ACOSO : persecution
perseverar *vi* : persevere —
 perseverancia *nf* : perseverance
persiana *nf* : (venetian) blind
persistir *vi* : persist — **persistencia** *nf* :
persistence — **persistente** *adj* : persistent
persona *nf* : person — **personaje** *nm* **1**
: character (in literature, etc.) **2** : important
person, celebrity — **personal** *adj* :
personal — **personal** *nm* : personnel,
staff — **personalidad** *nf* : personality
 — **personificar** {72} *vi* : personify
perspectiva *nf* **1** : perspective **2** VISTA
: view **3** POSIBILIDAD : prospect, outlook
perspicacia *nf* : shrewdness,
insight — **perspicaz** *adj,*
pl **-caces** : shrewd, discerning
persuadir *vt* : persuade —
 persuadirse *vr* : become convinced —
 persuasión *nf, pl* **-siones** : persuasion
 — **persuasivo, -va** *adj* : persuasive
pertenecer {53} *vi* **pertenecer a** : belong
to — **perteneciente** *adj* **perteneciente**
a : belonging to — **pertenencia** *nf* **1** :
ownership **2 pertenecers** *nfpl* : belongings
pertinaz *adj, pl* **-naces 1** OBSTINADO :
obstinate **2** PERSISTENTE : persistent
pertinente *adj* : pertinent, relevant
 — **pertinencia** *nf* : relevance

perturbar *vt* : disturb — **perturbación** *nf,*
pl **-ciones** : disturbance
peruano, -na *adj* : Peruvian
pervertir {76} *vt* : pervert —
 perversión *nf, pl* **-siones** : perversion
 — **perverso, -sa** *adj* : perverse
 — **pervertido, -da** *adj* : perverted,
depraved — **pervertir** *n* : pervert
▸ **pesa** *nf* **1** : weight **2 pesas** : weights
(in sports) — **pesadez** *nf, pl* **-deces 1**
: heaviness **2** *fam* : tediousness, drag
pesadilla *nf* : nightmare
pesado, -da *adj* **1** : heavy **2** LENTO
: sluggish **3** MOLESTO : annoying **4**
ABURRIDO : tedious **5** DURO : tough,
difficult — **pesado, -da** *n, fam* : bore,
pest — **pesadumbre** *nf* : grief, sorrow
pésame *nm* : condolences *pl*
pesar *vt* : weigh — *vi* **1** : weigh,
be heavy **2** INFLUIR : carry weight
3 pese a : despite — **pesar** *nm* **1**
: sorrow, grief **2** REMORDIMIENTO :
remorse **3 a pesar de** : in spite of
pescado *nm* : fish — **pesca** *nf* **1** :
fishing **2** PECES : fish *pl*, catch **3 ir de**
pesca : go fishing — **pescadería** *nf* :
fish market — **pescador, -dora** *n, mpl*
-dores : fisherman — **pescar** {72} *vt* **1**
: fish for **2** *fam* : catch (a cold, etc.) **3**
fam : catch hold of, nab — *vi* : fish
pescuezo *nm* : neck (of an animal)
pese a → **pesar**
pesebre *nm* : manger

peces[M] **óseos**
bony fishes

pesero *nm Lat* : minibus
peseta *nf* : peseta
pesimismo *nm* : pessimism —
  pesimista *adj* : pessimistic —
  pesimismo *nmf* : pessimist
pésimo, -ma *adj* : awful
peso *nm* **1** : weight **2** CARGA :
  burden **3** : peso (currency) **4**
  peso pesado : heavyweight
pesquero, -ra *adj* : fishing
pesquisa *nf* : inquiry
pestaña *nf* : eyelash — **pestañear** *vi*
  : blink — **pestañeo** *nm* : blink
peste *nm* **1** : plague **2** *fam* : stench, stink
  3 *Lat fam* : cold, bug — **pesticida** *nm*
  : pesticide — **pestilencia** *nf* **1** :

stench **2** PLAGA : pestilence
pestillo *nm* : bolt, latch
petaca *nf Lat* : suitcase
pétalo *nm* : petal
petardo *nm* : firecracker
petición *nf, pl* **-ciones** : petition, request
petirrojo *nm* : robin
petrificar {72} *vt* : petrify
petróleo *nm* : oil, petroleum — **petrolero,**
  -ra *adj* : oil — **petrolero** *nm* : oil tanker
petulante *adj* : insolent, arrogant
peyorativo, -va *adj* : pejorative
▸ **pez** *nm, pl* **peces 1** : fish **2 pez de**
  colores : goldfish **3 pez espada** :
  swordfish **4 pez gordo** *fam* : big shot
pezón *nm, pl* **-zones** : nipple

pezuña *nf* : hoof
piadoso, -sa *adj* **1** : compassionate
  2 DEVOTO : pious, devout
▸ **piano** *nm* : piano — **pianista** *nmf*
  : pianist, piano player
piar {85} *vi* : chirp, tweet
pibe, -ba *n Lat fam* : kid, child
pica *nf* **1** : pike, lance **2** :
  spade (in playing cards)
picado, -da *adj* **1** : perforated **2** :
  minced, chopped (of meat, etc.) **3** :
  decayed (of teeth) **4** : choppy (of the
  sea) **5** *fam* : annoyed — **picada** *nf* **1**
  : bite, sting **2** *Lat* : sharp descent
  — **picadillo** *nm* : minced meat —
  picadura *nf* **1** : sting, bite **2** : (moth) hole

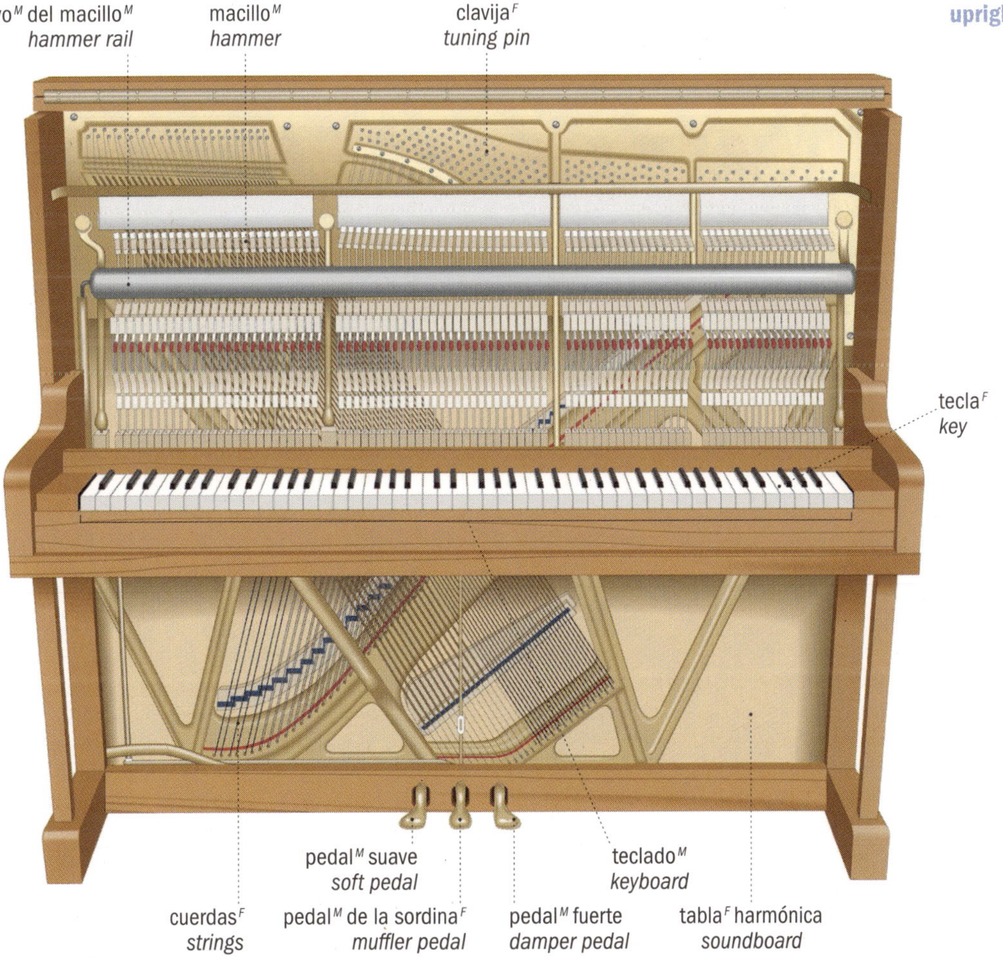

huesos^M **del pie**^{M}
foot bones

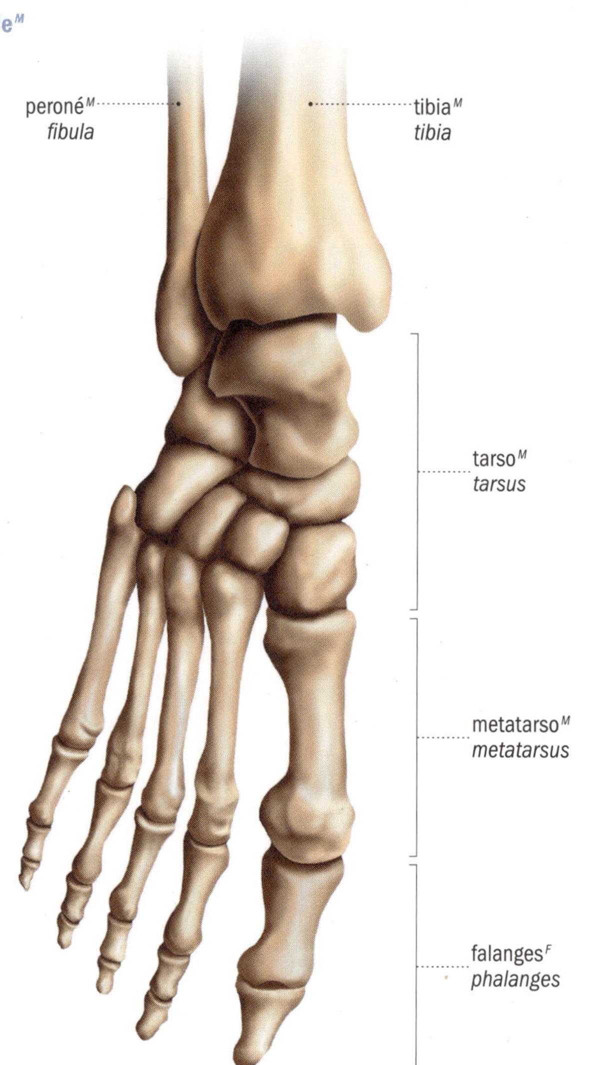

picante *adj* : hot, spicy

picaporte *nm* **1** : door handle **2** ALDABA : door knocker **3** PESTILLO : latch

picar {72} *vt* **1** : sting, bite **2** : peck at, nibble on (food) **3** PERFORAR : prick, puncture **4** TRITURAR : chop, mince — *vi* **1** : bite, take the bait **2** ESCOCER : sting, itch **3** COMER : nibble **4** : be spicy (of food) — **picarse** *vr* **1** : get a cavity **2** ENFADARSE : take offense

picardía *nf* **1** : craftiness **2** TRAVESURA : prank — **picaresco, -ca** *adj* **1** : picaresque **2** TRAVIESO : roguish — **pícaro, -ra** *adj* **1** : mischievous **2** MALICIOSO : villainous — **pícaro, -ra** *n* : rascal, scoundrel

picazón *nf, pl* **-zones** : itch

pichón, -chona *n, mpl* **-chones** : (young) pigeon

picnic *nm, pl* **-nics** : picnic

pico *nm* **1** : beak **2** CIMA : peak **3** PUNTA : (sharp) point **4** : pick, pickax (tool) **5 las siete y pico** : a little after seven — **picotazo** *nm* : peck — **picotear** *vt* : peck — *vi, fam* : nibble, pick — **picudo, -da** *adj* : pointy

pie *nm* **1** : foot (in anatomy) **2** : base, bottom, stem **3 al pie de la letra** : word for word **4 dar pie a** : give rise to **5 de pie** : standing (up) **6 de pies a cabeza** : from top to bottom

piedad *nf* **1** : pity, mercy **2** DEVOCIÓN : piety

piedra *nf* **1** : stone **2** : flint (of a lighter) **3** GRANIZO : hailstone **4 piedra angular** : cornerstone **5** → **pómez**

piel *nf* **1** : skin **2** CUERO : leather **3** PELO : fur, pelt

pienso *nm* : feed, fodder

pierna *nf* : leg

pieza *nf* **1** : piece, part **2** *or* **pieza de teatro** : play **3** HABITACIÓN : room

pigmento *nm* : pigment — **pigmentación** *nf, pl* **-ciones** : pigmentation

pigmeo, -mea *adj* : pygmy

pijama *nm* : pajamas *pl*

pila *nf* **1** : battery **2** MONTÓN : pile **3** FREGADERO : sink **4** : basin (of a fountain, etc.)

pilar *nm* : pillar

píldora *nf* : pill

pillar *vt* **1** : catch **2** : get (a joke, etc.) — **pillaje** *nm* : pillage — **pillo, -lla** *adj* : crafty — **pillo, -lla** *n* : rascal, scoundrel

piloto *nmf* : pilot — **pilotar** *vt* : pilot

pimienta *nf* : pepper (condiment) — **pimiento** *nm* : pepper (fruit) — **pimentero** *nm* : pepper shaker — **pimentón** *nm, pl* **-tones 1** : paprika **2** : cayenne pepper

pináculo *nm* : pinnacle

pincel *nm* : paintbrush

pinchar *vt* **1** : pierce, prick **2** : puncture (a tire, etc.) **3** INCITAR : goad — **pinchazo** *nm* **1** : prick **2** : puncture (of a tire, etc.)

pingüino *nm* : penguin

pino *nm* : pine (tree)

pintar *v* : paint — **pintarse** *vr* : put on makeup — **pinta** *nf* **1** : spot **2** : pint (measure) **3** *fam* : appearance — **pintada** *nf* : graffiti — **pinto, -ta** *adj* : speckled, spotted — **pintor, -tora** *n, mpl* **-tores** : painter — **pintoresco, -ca** *adj* : picturesque, quaint — **pintura** *nf* **1** : paint **2** CUADRO : painting

pinza *nf* **1** : clothespin **2** : claw, pincer (of a crab, etc.) **3 pinzas** *nfpl* : tweezers

pinzón *nm, pl* **-zones** : finch

piña *nf* **1** : pine cone **2** ANANÁS : pineapple

piñata *nf* : piñata
piñón *nm, pl* **-ñones** : pine nut
pío[1] , **pía** *adj* **1** : pious **2** :
piebald (of a horse)
pío[2] *nm* : peep, chirp
piojo *nm* : louse
pionero, -ra *n* : pioneer
pipa *nf* **1** : pipe (for smoking)
2 *Spain* : seed, pip
pique *nm* **1** : grudge **2** RIVALIDAD :
rivalry **3 irse a pique** : sink, founder
piqueta *nf* : pickax
piquete *nm* : picket (line)
— **piquetear** *v* : picket
piragua *nf* : canoe
pirámide *nf* : pyramid
piraña *nf* : piranha
pirata *adj* : bootleg, pirated — **pirata** *nmf*
: pirate — **piratear** *vt* **1** : bootleg,
pirate **2** : hack into (a computer)
piropo *nm* : (flirtatious) compliment
pirueta *nf* : pirouette
pirulí *nm* : (cone-shaped) lollipop
pisada *nf* **1** : footstep **2** HUELLA : footprint
pisapapeles *nms & pl* : paperweight
pisar *vt* **1** : step on **2** HUMILLAR : walk
all over, abuse — *vi* : step, tread
piscina *nf* **1** : swimming
pool **2** : (fish) pond
piso *nm* **1** : floor, story **2** *Lat* : floor
(of a room) **3** *Spain* : apartment
pisotear *vt* : trample (on)
pista *nf* **1** : trail, track **2** INDICIO :
clue **3 pista de aterrizaje** : runway,
airstrip **4 pista de baile** : dance floor
5 pista de hielo : ice-skating rink
pistacho *nm* : pistachio
pistola *nf* **1** : pistol, gun **2** PULVERIZADOR
: spray gun — **pistolera** *nf* : holster
— **pistolero** *nm* : gunman
pistón *nm, pl* **-tones** : piston
pito *nm* **1** SILBATO : **whistle 2** CLAXON :
horn — **pitar** *vi* **1** : blow a whistle **2** :
beep, honk (of a horn) — *vt* : whistle at —
pitido *nm* **1** : whistle, whistling **2** : beep
(of a horn) — **pitillo** *nm, fam* : cigarette
▸ **pitón** *nm, pl* **-tones** *nm* : python
pitorro *nm* : spout
pivote *nm* : pivot
piyama *nmf Lat* : pajamas *pl*
pizarra *nf* **1** : slate **2** ENCERADO
: blackboard — **pizarrón** *nm,*
pl **-rrones** *Lat* : blackboard
pizca *nf* **1** : pinch (of salt) **2** ÁPICE
: speck, tiny bit **3** *Lat* : harvest

pizza *nf* : pizza — **pizzería** *nf* : pizzeria
placa *nf* **1** : sheet, plate **2** INSCRIPCIÓN
: plaque **3** : (police) badge
placenta *nf* : placenta
placer {57} *vt* : please — **placer** *nm*
: pleasure — **placentero, -ra** *adj*
: pleasant, agreeable
plácido, -da *adj* : placid, calm
plaga *nf* **1** : plague **2** CALAMIDAD : disaster
— **plagar** {52} *vt* : plague, infest
plagiar *vt* : plagiarize —
plagio *nm* : plagiarism
plan *nm* **1** : plan **2 en plan de** :
as **3 no te pongas en ese plan**
fam : don't be that way
plana *nf* **1** : page **2 en primera**
plana : on the front page
plancha *nf* **1** : iron (for ironing)
2 : grill (for cooking) **3** LÁMINA :
sheet, plate — **planchar** *v* : iron
— **planchado** *nm* : ironing
planear *vt* : plan — *vi* : glide
— **planeador** *nm* : glider
planeta *nm* : planet

planicie *nf* : plain
planificar {72} *vt* : plan —
planificación *nf, pl* **-ciones** : planning
planilla *nf Lat* : list, roster
plano, -na *adj* : flat — **plano** *nm* **1** : map,
plan **2** : plane (surface) **3** NIVEL : level **4 de**
plano, -na : flatly, outright **5 primer plano,**
-na : foreground, close-up (in photography)
planta *nf* **1** : plant **2** PISO : floor, story
3 : sole (of the foot) — **plantación** *nf,*
pl **-ciones 1** : plantation **2** : (action of)
planting — **plantar** *vt* **1** : plant **2** *fam* :
deal, land — **plantarse** *vr* : stand firm
plantear *vt* **1** : expound, set forth
2 : raise (a question) **3** CAUSAR
: create, pose (a problem) —
plantearse *vr* : think about, consider
plantel *nm* **1** : staff, team **2** *Lat*
: educational institution
plantilla *nf* **1** : insole **2** PATRÓN : pattern,
template **3** : staff (of a business, etc.)
plasma *nm* : plasma
plástico, -ca *adj* : plastic
— **plástico** *nm* : plastic

plata *nf* **1** : silver **2** *Lat fam* : money **3 plata de ley** : sterling silver

plataforma *nf* **1** : platform **2 plataforma petrolífera** : oil rig **3 plataforma de lanzamiento** : launching pad

plátano *nm* **1** : banana **2** : plantain

platea *nf* : orchestra, pit (in a theater)

plateado, -da *adj* **1** : silver, silvery (color) **2** : silver-plated

platicar {72} *vi* : talk, chat — **plática** *nf* : chat, conversation

platija *nf* : flatfish, flounder

platillo *nm* **1** : saucer **2** CÍMBALO : cymbal **3** *Lat* : dish, course

platino *nm* : platinum

plato *nm* **1** : plate, dish **2** : course (of a meal) **3 plato principal** : entrée

platónico, -ca *adj* : platonic

playa *nf* **1** : beach, seashore **2 playa de estacionamiento** *Lat* : parking lot

plaza *nf* **1** : square, plaza **2** : seat (in transportation) **3** PUESTO : post, position **4** MERCADO : market, marketplace **5 plaza de toros** : bullring

plazo *nm* **1** : period, term **2** PAGO : installment **3 a largo plazo** : long-term

plazoleta *or* plazuela *nf* : small square

pleamar *nf* : high tide

plebe *nf* : common people — **plebeyo, -ya** *adj & nm* : plebeian

plegar {49} *vt* : fold, bend — **plegarse** *vr* **1** : give in, yield **2** : jackknife (of a truck) — **plegable** *or* **plegadizo, -za** *adj* : folding, collapsible

plegaria *nf* : prayer

pleito *nm* **1** : lawsuit **2** *Lat* : dispute, fight

plenilunio *nm* : full moon

pleno, -na *adj* **1** : full, complete **2 en plena forma** : in top form **3 en pleno día** : in broad daylight — **plenitud** *nf* : fullness, abundance

pleuresía *nf* : pleurisy

pliego *nm* : sheet (of paper) — **pliegue** *nm* **1** : crease, fold **2** : pleat (in fabric)

plisar *vt* : pleat

plomería *nf Lat* : plumbing — **plomero, -ra** *n Lat* : plumber

plomo *nm* **1** : lead **2** FUSIBLE : fuse

pluma *nf* **1** : feather **2** : (fountain) pen — **plumaje** *nm* : plumage — **plumero** *nm* : feather duster — **plumilla** *nf* : nib — **plumón** *nm, pl* **-mones** : down

plural *adj & nm* : plural — **pluralidad** *nf* : plurality

pluriempleo *nm* **hacer pluriempleo** : have more than one job

plus *nm* : bonus

plusvalía *nf* : appreciation, capital gain

plutocracia *nf* : plutocracy

Plutón *nm* : Pluto

plutonio *nm* : plutonium

pluvial *adj* : rain

poblar {19} *vt* **1** : settle, colonize **2** HABITAR : inhabit — **poblarse** *vr* : become crowded — **población** *nf, pl* **-ciones 1** : city, town, village **2** HABITANTES : population — **poblado, -da** *adj* **1** : populated **2** : thick, bushy (of a beard, eyebrows, etc.) — **poblado** *nm* : village

pobre *adj* **1** : poor **2 ¡pobre de mí!** : poor me! — **pobre** *nmf* **1** : poor person **2 los pobres** : the poor **3 ¡pobre!** : poor thing! — **pobreza** *nf* : poverty

pocilga *nf* : pigsty

poción *nf, pl* **-ciones** *or* **pócima** *nf* : potion

poco, -ca *adj* **1** : little, not much, (a) few **2 pocas veces** : rarely — **poco, -ca** *pron* **1** : little, few **2 hace poco** : not long ago **3 poco a poco** : bit by bit, gradually **4 por poco** : nearly, just about **5 un poco** : a little, a bit — **poco** *adv* : little, not much

podar *vt* : prune

poder {58} *v aux* **1** : be able to, can **2** (*expressing possibility*) : might, may **3** (*expressing permission*) : can, may **4 ¿cómo puede ser?** : how can it be? **5 ¿puedo pasar?** : may I come in? — *vi* **1** : be possible **2 poder con** : cope with, manage **3 no poder más** : I've had enough — **poder** *nm* **1** : power **2** POSESIÓN : possession — **poderío** *nm* : power — **poderoso, -ca** *adj* : powerful

podólogo, -ga *n* : chiropodist

podrido, -da *adj* : rotten

poema *nm* : poem — **poesía** *nf* **1** : poetry **2** POEMA : poem — **poeta** *nmf* : poet — **poético, -ca** *adj* : poetic

póker *nm* → **póquer**

polaco, -ca *adj* : Polish

polar *adj* : polar — **polarizar** {21} *vt* : polarize

polea *nf* : pulley

polémica *nf* : controversy — **polémico, -ca** *adj* : controversial — **polemizar** *vt* : argue

polen *nm, pl* **pólenes** : pollen

▸ **policía** *nf* : police — policía *nmf* : police officer, policeman *m*, policewoman *f*

— **policíaco, -ca** *adj* **1** : police **2 novela policíaca** : detective story

poliéster *nm* : polyester

poligamia *nf* : polygamy — **polígamo, -ma** *n* : polygamist

polígono *nm* : polygon

polilla *nf* : moth

polio *or* **poliomielitis** *nf* : polio, poliomyelitis

politécnico, -ca *adj* : polytechnic

política *nf* **1** : politics **2** POSTURA : policy — **político, -ca** *adj* **1** : political **2 hermano político** : brother-in-law — **política** *n* : politician

póliza *nf or* **póliza de seguros** : insurance policy

polizón *nm, pl* **-zones** : stowaway

pollo, -lla *n* **1** : chicken, chick **2** : chicken (for cooking) — **pollera** *nf Lat* : skirt — **pollería** *nf* : poultry shop — **pollito, -ta** *n* : chick

polo *nm* **1** : pole **2** : polo (sport) **3 polo norte** : North Pole

poltrona *nf* : easy chair

polución *nf, pl* **-ciones** : pollution

polvo *nm* **1** : powder **2** SUCIEDAD : dust **3 polvos** *nmpl* : face powder **4 hacer polvo** *fam* : crush, shatter — **polvareda** *nf* : cloud of dust — **polvera** *nf* : compact (for powder) — **pólvora** *nf* : gunpowder — **polvoriento, -ta** *adj* : dusty

pomada *nf* : ointment

pomelo *nm* : grapefruit

pómez *nm or* **piedra pómez** *nf* : pumice

pomo *nm* : knob, doorknob

pompa *nf* **1** : (soap) bubble **2** ESPLENDOR : pomp **3 pompas fúnebres** : funeral — **pomposo, -sa** *adj* **1** : pompous **2** ESPLÉNDIDO : splendid

pómulo *nm* : cheekbone

ponchar *vi Lat* : puncture — **ponchadura** *nf Lat* : puncture

ponche *nm* : punch (drink)

poncho *nm* : poncho

ponderar *vt* **1** : consider **2** ALABAR : speak highly of

poner {60} *vt* **1** : put **2** AGREGAR : add **3** CONTRIBUIR : contribute **4** SUPONER : suppose **5** DISPONER : arrange, set out **6** : give (a name), call **7** ENCENDER : turn on **8** ESTABLECER : set up, establish **9** : lay (eggs) — *vi* : lay eggs — **ponerse** *vr* **1** : move (into a position) **2** : put on (clothing, etc.) **3** : set (of the sun) **4 ponerse furioso** : become angry

poniente *nm* **1** OCCIDENTE
 : west **2** : west wind
pontífice *nm* : pontiff
pontón *nm, pl* **-tones** : pontoon
ponzoña *nf* : poison, venom
popa *nf* **1** : stern **2 a popa** : astern
popelín *nm, pl* **-lines** : poplin
popote *nm Lat* : (drinking) straw
populacho *nm* : rabble, masses *pl*
popular *adj* **1** : popular **2** : colloquial (of
 language) — **popularidad** *nf* : popularity
 — **popularizar** {21} *vt* : popularize
 — **populoso, -sa** *adj* : populous

póquer *nm* : poker (card game)
por *prep* **1** : for **2** (*indicating an
 approximate time*) : around, during **3**
 (*indicating an approximate place*) : around,
 about **4** A TRAVÉS DE : **through, along 5**
 A CAUSA DE : **because of 6** (*indicating
 rate or ratio*) : per **7** *or* **por medio de** :
 by means of **8** : times (in mathematics)
 9 SEGÚN : as for, according to **10 estar
 por** : be about to **11 por ciento** : percent
 12 por favor : please **13 por lo tanto**
 : therefore **14 ¿por qué?** : why?
porcelana *nf* : porcelain, china

porcentaje *nm* : percentage
porción *nf, pl* **-ciones** : portion, piece
pordiosero, -ra *n* : beggar
porfiar {85} *vi* : insist — **porfiado,
 -da** *adj* : obstinate, persistent
pormenor *nm* : detail
pornografía *nf* : pornography —
 pornográfico, -ca *adj* : pornographic
poro *nm* : pore — **poroso, -sa** *adj* : porous
poroto *nm Lat* : bean
porque *conj* **1** : because **2** *or* **por que**
 : in order that — **porqué** *nm* : reason
porquería *nf* **1** SUCIEDAD : filth
 2 : shoddy thing, junk
porra *nf* : nightstick, club —
 porrazo *nm* : blow, whack
portaaviones *nms & pl* : aircraft carrier
portada *nf* **1** : facade **2** : title page
 (of a book), cover (of a magazine)
portador, -dora *n* : bearer
portaequipajes *nms & pl* : luggage rack
portafolio *or* portafolios *nm, pl* **-lios**
 1 : portfolio **2** MALETÍN : **briefcase**
portal *nm* **1** : doorway **2**
 VESTÍBULO : **hall, vestibule**
portamonedas *nms & pl* : purse
portar *vt* : carry, bear —
 portarse *vr* : behave
portátil *adj* : portable
portaviones *nm* → **portaaviones**
portavoz *nmf, pl* **-voces** : spokesperson,
 spokesman *m*, spokeswoman *f*
portazo *nm* **dar un portazo**
 : slam the door
porte *nm* **1** : transport, freight **2**
 ASPECTO : **bearing, appearance 3**
 porte pagado : postage paid
portento *nm* : marvel, wonder —
 portentoso, -sa *adj* : marvelous
porteño, -ña *adj* : of or
 from Buenos Aires
portería *nf* **1** : superintendent's office
 2 : goal, goalposts *pl* (in sports) —
 portero, -ra *n* **1** : goalkeeper, goalie
 2 CONSERJE : janitor, superintendent
portezuela *nf* : door (of an automobile)
pórtico *nm* : portico
portilla *nf* : porthole
portugués, -guesa *adj, mpl* **-gueses**
 : Portuguese — **portugués** *nm*
 : Portuguese (language)
porvenir *nm* : future
pos: en pos de *adv phr* : in pursuit of
posada *nf* : inn
posaderas *nfpl, fam* : backside, bottom

presa^F de contrafuertes^M
buttress dam

presa^F
gravity dam

presa^F de bóveda^F
arch dam

presa^F de tierra^F
embankment dam

posar *vi* : pose — *vt* : place, lay
— **posarse** *vr* : settle, rest
posavasos *nms & pl* : coaster
posdata *nf* : postscript
pose *nf* : pose
poseer {20} *vt* : possess, own —
poseedor, -dora *n* : possessor, owner
— **poseído, -da** *adj* : possessed —
posesión *nf, pl* **-siones** : possession
— **posesionarse** *vr* **posesionarse
de** : take possession of, take over —
posesivo, -va *adj* : possessive
posguerra *nf* : postwar period
posibilidad *nf* : possibility —
posibilitar *vt* : make possible
— **posible** *adj* **1** : possible **2**
de ser posible : if possible
posición *nf, pl* **-ciones** : position
— **posicionar** *vt* : position —
posicionarse *vr* : take a stand
positivo, -va *adj* : positive

poso *nm* : sediment, (coffee) grounds
posponer {60} *vt* **1** : postpone **2**
RELEGAR : put behind, subordinate
postal *adj* : postal — **postal** *nf* : postcard
postdata → **posdata**
poste *nm* : post, pole
póster *nm, pl* **-ters** : poster
postergar {52} *vt* **1** : pass
over **2** APLAZAR : postpone
posteridad *nf* : posterity —
posterior *adj* **1** : later, subsequent
2 TRASERO : back, rear —
posteriormente *adv* : subsequently, later
postigo *nm* **1** : small door **2**
CONTRAVENTANA : shutter
postizo, -za *adj* : artificial, false
postrarse *vr* : prostrate oneself
— **postrado, -da** *adj* : prostrate
postre *nm* : dessert
postular *vt* **1** : advance, propose **2** *Lat*
: nominate — **postulado** *nm* : postulate

póstumo, -ma *adj* : posthumous
postura *nf* : position, stance
potable *adj* : drinkable, potable
potaje *nm* : thick vegetable soup
potasio *nm* : potassium
pote *nm* : jar
potencia *nf* : power — **potencial** *adj &
nm* : potential — **potente** *adj* : powerful
potro, -tra *n* : colt *m*, filly *f* —
potro *nm* : horse (in gymnastics)
pozo *nm* **1** : well **2** : shaft (in a mine)
práctica *nf* **1** : practice **2 en la práctica**
: in practice — **practicable** *adj* :
practicable, feasible — **practicante** *adj* :
practicing — **práctica** *nmf* : practitioner
— **practicar** {72} *vt* **1** : practice **2**
REALIZAR : perform, carry out — *vi* :
practice — **práctico, -ca** *adj* : practical
pradera *nf* : grassland, prairie
— **prado** *nm* : meadow
pragmático, -ca *adj* : pragmatic
preámbulo *nm* : preamble
precario, -ria *adj* : precarious
precaución *nf, pl* **-ciones 1** :
precaution **2** PRUDENCIA : caution,
care **3 con precaución** : cautiously
precaver *vt* : guard against —
precavido, -da *adj* : prudent, cautious
preceder *v* : precede —
precedencia *nf* : precedence, priority
— **precedente** *adj* : preceding, previous
— **precedente** *nm* : precedent
precepto *nm* : precept
preciado, -da *adj* : prized, valuable
— **preciarse** *vr* **preciarse de** :
pride oneself on, boast about
precinto *nm* : seal
precio *nm* : price, cost —
preciosidad *nf* **1** VALOR : value **2** :
beautiful thing — **precioso, -sa** *adj* **1**
HERMOSO : beautiful **2** VALIOSO : precious
precipicio *nm* : precipice
precipitar *vt* **1** : hasten, speed up **2**
ARROJAR : hurl — **precipitarse** *vr* **1**
APRESURARSE : rush **2** : act rashly
3 ARROJARSE : throw oneself —
precipitación *nf, pl* **-ciones 1** :
precipitation **2** PRISA : haste —
precipitadamente *adv* : in a rush,
hastily — **precipitado, -da** *adj* : hasty
preciso, -sa *adj* **1** : precise **2** NECESARIO
: necessary — **precisamente** *adv* :
precisely, exactly — **precisar** *vt* **1**
: specify, determine **2** NECESITAR :
require — **precisión** *nf, pl* **-siones 1**

: precision **2** NECESIDAD : necessity
preconcebido *adj* : preconceived
precoz *adj, pl* **-coces 1** : early
 2 : precocious (of children)
precursor, -sora *n* : forerunner
predecesor, -sora *n* : predecessor
predecir {11} *vt* : foretell, predict
predestinado, -da *adj* : predestined
predeterminar *vt* : predetermine
prédica *nf* : sermon
predicado *nm* : predicate
predicar {72} *v* : preach —
 predicador, -dora *n* : preacher
predicción *nf, pl* **-ciones 1** :
 prediction **2** PRONÓSTICO : forecast
predilección *nf, pl* **-ciones** : preference
 — **predilecto, -ta** *adj* : favorite
predisponer {60} *vt* :
 predispose — **predisposición** *nf,
 pl* **-ciones** : predisposition
predominar *vi* : predominate —
 predominante *adj* : predominant,
 prevailing — **predominio** *nm*
 : predominance
preeminente *adj* : preeminent
prefabricado, -da *adj* : prefabricated
prefacio *nm* : preface
preferir {76} *vt* : prefer —
 preferencia *nf* **1** : preference **2 de
 preferencia** : preferably — **preferente** *adj*
 : preferential — **preferible** *adj* : preferable
 — **preferido, -da** *adj* : favorite
prefijo *nm* **1** : prefix **2** *Spain* : area code
pregonar *vt* : proclaim, announce
pregunta *nf* **1** : question **2 hacer
 preguntas** : ask questions — **preguntar** *v*
 : ask — **preguntarse** *vr* : wonder
prehistórico, -ca *adj* : prehistoric
prejuicio *nm* : prejudice
preliminar *adj & nm* : preliminary
preludio *nm* : prelude
prematrimonial *adj* : premarital
prematuro, -ra *adj* : premature
premeditar *vt* : premeditate
 — **premeditación** *nf,
 pl* **-ciones** : premeditation
premenstrual *adj* : premenstrual
premio *nm* **1** : prize **2** RECOMPENSA
 : reward **3 premio gordo** : jackpot
 — **premiado, -da** *adj* : prizewinning
 — **premiar** *vt* **1** : award a prize
 to **2** RECOMPENSAR : reward
premisa *nf* : premise
premonición *nf, pl* **-ciones** : premonition
premura *nf* : haste, urgency

prenatal *adj* : prenatal
prenda *nf* **1** : piece of clothing **2**
 GARANTÍA : pledge **3** : forfeit (in a game)
 — **prendar** *vt* : captivate — **prendarse** *vr*
prendarse de : fall in love with
prender *vt* **1** SUJETAR : pin, fasten **2**
 APRESAR : capture **3** : light (a match,
 etc.) **4** *Lat* : turn on (a light, etc.) — *vi* **1**
 : take root **2** ARDER : catch, burn (of
 fire) — **prenderse** *vr* : catch fire —
 prendedor *nm Lat* : brooch, pin
prensa *nf* : press — **prensar** *vt* : press
preñado, -da *adj* **1** : pregnant **2**
 preñado, -da de : filled with
preocupar *vt* : worry —
 preocuparse *vr* **1** : worry **2**
 preocuparse de : take care of —
 preocupación *nf, pl* **-ciones** : worry
preparar *vt* : prepare — **prepararse** *vr* :
 get ready — **preparación** *nf, pl* **-ciones**
 : preparation — **preparado, -da** *adj*
 : prepared, ready — **preparado** *nm*
 : preparation — **preparativo,
 -va** *adj* : preparatory, preliminary —
 preparativos *nmpl* : preparations —
 preparatorio, -ria *adj* : preparatory
preposición *nf, pl* **-ciones** : preposition
prepotente *adj* : arrogant, domineering
prerrogativa *nf* : prerogative
▸ **presa** *nf* **1** : catch, prey **2** DIQUE :
 dam **3 hacer presa en** : seize
presagiar *vt* : presage, forebode
 — **presagio** *nm* **1** : omen **2**
 PREMONICIÓN : premonition
presbítero *nm* : presbyter, priest
prescindir *vi* **prescindir de 1** : do
 without **2** OMITIR : dispense with
prescribir {33} *vt* : prescribe —
 prescripción *nf, pl* **-ciones** : prescription
presencia *nf* **1** : presence **2** ASPECTO
 : appearance — **presenciar** *vt*
 : be present at, witness
presentar *vt* **1** : present **2** OFRECER :
 offer, give **3** MOSTRAR : show **4** : introduce
 (persons) — **presentarse** *vr* **1** : show
 up **2** : arise, come up (of a problem, etc.)
 3 : introduce oneself — **presentación** *nf,
 pl* **-ciones 1** : presentation **2** : introduction
 (of persons) **3** ASPECTO : appearance
 — **presentador, -dora** *n* : presenter,
 host (of a television program, etc.)
presente *adj* **1** : present **2**
 tener presente : keep in mind —
 presente *nm* **1** : present **2 entre los
 presentes** : among those present

presentir {76} *vt* : have a presentiment
 of — **presentimiento** *nm* : premonition
preservar *vt* : preserve, protect —
 preservación *nf, pl* **-ciones** : preservation
 — **preservativo** *nm* : condom
presidente, -ta *n* **1** : president **2**
 : chair, chairperson (of a meeting)
 — **presidencia** *nf* **1** : presidency
 2 : chairmanship (of a meeting) —
 presidencial *adj* : presidential
presidio *nm* : prison —
 presidiario, -ria *n* : convict
presidir *vt* **1** : preside over, chair
 2 PREDOMINAR : dominate
presión *nf, pl* **-siones 1** : pressure **2**
 presión arterial : blood pressure **3**
 hacer presión : press — **presionar** *vt* **1**
 : press **2** COACCIONAR : put pressure on
preso, -sa *adj* : imprisoned
 — **preso, -sa** *n* : prisoner
prestar *vt* **1** : lend, loan **2** : give (aid)
 3 prestar atención : pay attention
 — **prestado, -da** *adj* **1** : borrowed,
 on loan **2 pedir prestado** : borrow
 — **prestamista** *nmf* : moneylender
 — **préstamo** *nm* : loan
prestidigitación *nf, pl* **-ciones** :
 sleight of hand — **prestidigitador,
 -dora** *n* : magician
prestigio *nm* : prestige —
 prestigioso, -sa *adj* : prestigious
presto, -ta *adj* : prompt, ready —
 presto *adv* : promptly, right away
presumir *vt* : presume — *vi* : boast, show
 off — **presumido, -da** *adj* : conceited,
 vain — **presunción** *nf, pl* **-ciones 1**
 : presumption **2** VANIDAD : vanity —
 presunto, -ta *adj* : presumed, alleged
 — **presuntuoso, -sa** *adj* : conceited
presuponer {60} *vt* : presuppose
 — **presupuesto** *nm* **1** : budget,
 estimate **2** SUPUESTO : assumption
presuroso, -sa *adj* : hasty, quick
pretender *vt* **1** : try to **2** AFIRMAR : claim
 3 CORTEJAR : court, woo **4 pretender
 que** : expect — **pretencioso, -sa** *adj*
 : pretentious — **pretendido** *adj* :
 supposed — **pretendiente** *nmf* **1** :
 candidate **2** : pretender (to a throne) —
 pretendiente *nm* : suitor — **pretensión** *nf,
 pl* **-siones 1** INTENCIÓN : intention,
 aspiration **2** : claim (to a throne, etc.)
 3 pretensiones *nfpl* : pretensions
pretérito *nm* : past (in grammar)
pretexto *nm* : pretext, excuse

prevalecer {53} *vi* : prevail —
prevaleciente *adj* : prevailing, prevalent
prevenir {87} *vt* **1** : prevent **2**
AVISAR : warn — **prevenirse** {87} *vr*
prevenirse contra *or* **prevenirse**
de : take precautions against —
prevención *nf, pl* **-ciones 1** : prevention
2 PRECAUCIÓN : precaution **3** PREJUICIO
: prejudice — **prevenido, -da** *adj* **1** :
prepared, ready **2** PRECAVIDO : cautious
— **preventivo, -va** *adj* : preventive
prever {88} *vt* **1** : foresee **2** PLANEAR : plan
previo, -via *adj* : previous, prior
previsible *adj* : foreseeable —
previsión *nf, pl* **-siones 1** : foresight
2 PREDICCIÓN : prediction, forecast —
previsor, -sora *adj* : farsighted, prudent
prieto, -ta *adj* **1** CEÑIDO : **tight**
2 *Lat fam* : dark-skinned
prima *nf* **1** : bonus **2** : (insurance)
premium **3** → **primo**
primario, -ria *adj* **1** : primary **2**
escuela primaria : elementary school
primate *nm* : primate
primavera *nf* **1** : spring
(season) **2** : primrose (flower)
— **primaveral** *adj* : spring
primero, -ra *adj* (**primer** *before*
masculine singular nouns) **1** : first **2** MEJOR
: top, leading **3** PRINCIPAL : main, basic **4**
de primera : first-rate — **primero, -ra** *n*
: first (person or thing) — **primero** *adv* **1**
: first **2** MÁS BIEN : rather, sooner
primitivo, -va *adj* : primitive
primo, -ma *n* : cousin
primogénito, -ta *adj & n* : firstborn
primor *nm* : beautiful thing
primordial *adj* : basic, fundamental
primoroso, -sa *adj* **1** : exquisite,
fine **2** HÁBIL : skillful
princesa *nf* : princess
principado *nm* : principality
principal *adj* : main, principal
príncipe *nm* : prince
principio *nm* **1** : principle **2**
COMIENZO : beginning, start **3** ORIGEN
: origin **4 al principio** : at first **5 a**
principios de : at the beginning of
— **principiante** *nmf* : beginner
pringar {52} *vt* : spatter (with grease)
— **pringoso, -sa** *adj* : greasy
prioridad *nf* : priority
prisa *nf* **1** : hurry, rush **2 a prisa** *or*
de prisa : quickly **3 a toda prisa** :
as fast as possible **4 darse prisa** :

hurry **5 tener prisa** : be in a hurry
prisión *nf, pl* **-siones 1** : prison **2**
ENCARCELAMIENTO : imprisonment
— **prisionero, -ra** *n* : prisoner
prisma *nm* : prism —
prismáticos *nmpl* : binoculars
privar *vt* **1** : deprive **2** PROHIBIR : forbid **3**
Lat : knock out — **privarse** *vr* : deprive
oneself — **privación** *nf, pl* **-ciones** :
deprivation — **privado, -da** *adj* : private
— **privativo, -va** *adj* : exclusive
privilegio *nm* : privilege —
privilegiado, -da *adj* : privileged
pro *prep* : for, in favor of — **pro** *nm* **1**
: pro, advantage **2 en pro de** :
for, in support of **3 los pros y los**
contras : the pros and cons
proa *nf* : bow, prow
probabilidad *nf* : probability —
probable *adj* : probable, likely —
probablemente *adv* : probably
probar {19} *vt* **1** : try, test **2** : try on
(clothing) **3** DEMOSTRAR : prove **4** DEGUSTAR
: taste — *vi* : try — **probarse** *vr* : try
on (clothing) — **probeta** *nf* : test tube
problema *nm* : problem —
problemático, -ca *adj* : problematic
proceder *vi* **1** : proceed, act **2** : be
appropriate **3 proceder de** : come from —
procedencia *nf* : origin — **procedente** *adj*
procedente de : coming from, originating
in — **procedimiento** *nm* **1** : procedure,
method **2** : proceedings *pl* (in law)
procesar *vt* **1** : prosecute **2** : process
(data) — **procesador** *nm* **procesador**
de textos : word processor —
procesamiento *nm* : processing —
procesión *nf, pl* **-siones** : procession
— **proceso** *nm* **1** : process **2** :
trial, proceedings *pl* (in law)
proclamar *vt* : proclaim — **proclama** *nf*
: proclamation — **proclamación** *nf,*
pl **-ciones** : proclamation
procrear *vi* : procreate —
procreación *nf, pl* **-ciones** : procreation
procurar *vt* **1** : try, endeavor **2**
CONSEGUIR : obtain, procure —
procurador, -dora *n* : attorney
prodigar {52} *vt* : lavish —
prodigio *nm* : wonder, prodigy —
prodigioso, -sa *adj* : prodigious
pródigo, -ga *adj* : extravagant, prodigal
producir {61} *vt* **1** : produce **2** CAUSAR
: cause **3** : yield, bear (interest,
fruit, etc.) — **producirse** *vr* : take

place — **producción** *nf, pl* **-ciones**
: production — **productividad** *nf* :
productivity — **productivo, -va** *adj* :
productive — **producto** *nm* : product
— **productor, -tora** *n* : producer
proeza *nf* : exploit
profanar *vt* : profane, desecrate —
profanación *nf, pl* **-ciones** : desecration
— **profano, -na** *adj* : profane
profecía *nf* : prophecy
proferir {76} *vt* **1** : utter **2** : hurl (insults)
profesar *vt* **1** : profess **2** : practice
(a profession, etc.) — **profesión** *nf,*
pl **-siones** : profession — **profesional** *adj*
& nmf : professional — **profesor,**
-sora *n* **1** : teacher **2** : professor (at a
university, etc.) — **profesorado** *nm* **1** :
teaching profession **2** PROFESORES : faculty
profeta *nm* : prophet — **profético, -ca** *adj*
: prophetic — **profetisa** *nf* : (female)
prophet — **profetizar** {21} *vt* : prophesy
prófugo, -ga *adj & n* : fugitive
profundo, -da *adj* **1** HONDO : deep
2 : profound (of thoughts, etc.)
— **profundamente** *adv* : deeply,
profoundly — **profundidad** *nf* : depth
— **profundizar** {21} *vt* : study in depth
profuso, -sa *adj* : profuse —
profusión *nf, pl* **-siones** : profusion
progenie *nf* : progeny, offspring
programa *nm* **1** : program **2**
: curriculum (in education) —
programación *nf, pl* **-ciones** :
programming — **programador, -dora** *n*
: programmer — **programar** *vt* **1** :
schedule **2** : program (a computer, etc.)
progreso *nm* : progress —
progresar *vi* : (make) progress —
progresión *nf, pl* **-ciones** : progression
— **progresista** *adj & nmf* : progressive —
progresivo, -va *adj* : progressive, gradual
prohibir {62} *vt* : prohibit, forbid —
prohibición *nf, pl* **-ciones** : ban, prohibition
— **prohibido, -da** *adj* : forbidden —
prohibitivo, -va *adj* : prohibitive
prójimo *nm* : neighbor, fellow man
prole *nf* : offspring
proletariado *nm* : proletariat —
proletario, -ria *adj & n* : proletarian
proliferar *vi* : proliferate —
proliferación *nf, pl* **-ciones** : proliferation
— **prolífico, -ca** *adj* : prolific
prolijo, -ja *adj* : wordy, long-winded
prólogo *nm* : prologue, foreword
prolongar {52} *vt* **1** : prolong **2** ALARGAR

lengthen — **prolongarse** *vr* : last, continue
— **prolongación** *nf, pl* **-ciones** : extension
promedio *nm* : average
promesa *nf* : promise — **prometedor,**
-dora *adj* : promising, hopeful —
prometer *vt* : promise — *vi* : show
promise — **prometerse** *vr* : get engaged
— **prometido, -da** *adj* : engaged —
prometido, -da *n* : fiancé *m*, fiancée *f*
prominente *adj* : prominent —
prominencia *nf* : prominence
promiscuo, -cua *adj* : promiscuous
— **promiscuidad** *nf* : promiscuity
promocionar *vt* : promote —
promoción *nf, pl* **-ciones** : promotion
promontorio *nm* : promontory
promover {47} *vt* **1** : promote **2** CAUSAR
: cause — **promotor, -tora** *n* : promoter
promulgar {52} *vt* **1** :
proclaim **2** : enact (a law)
pronombre *nm* : pronoun
pronosticar {72} *vt* : predict, forecast
— **pronóstico** *nm* **1** : prediction,
forecast **2** : (medical) prognosis
pronto, -ta *adj* **1** : quick, prompt **2**
PREPARADO : **ready** — **pronto** *adv* **1** :
soon **2** RAPIDAMENTE : quickly, promptly
3 de pronto, -ta : suddenly **4 por lo**
pronto, -ta : for the time being **5 tan**
pronto, -ta como : as soon as
pronunciar *vt* **1** : pronounce
2 : give, deliver (a speech) —
pronunciarse *vr* **1** : declare oneself **2**
SUBLEVARSE : revolt — **pronunciación** *nf,*
pl **-ciones** : pronunciation
propagación *nf, pl* **-ciones** : propagation
propaganda *nf* **1** : propaganda
2 PUBLICIDAD : advertising
propagar {52} *vt* : propagate, spread
— **propagarse** *vr* : propagate
propano *nm* : propane
propasarse *vr* : go too far
propensión *nf, pl* **-siones** :
inclination, propensity — **propenso,**
-sa *adj* : prone, inclined
propiamente *adv* : exactly
propicio, -cia *adj* : favorable, propitious
propiedad *nf* **1** : property **2**
PERTINENCIA : ownership, possession —
propietario, -ria *n* : owner, proprietor
propina *nf* : tip
propinar *vt* : give, deal (a blow, etc.)
propio, -pia *adj* **1** : own **2** APROPIADO
: proper, appropriate **3** CARACTERÍSTICO
: characteristic, typical **4** MISMO

: himself, herself, oneself
proponer {60} *vt* **1** : propose
2 : nominate (a person) —
proponerse *vr* : propose, intend
proporción *nf, pl* **-ciones** :
proportion — **proporcionado, -da** *adj*
: proportionate — **proporcional** *adj* :
proportional — **proporcionar** *vt* **1** :
provide **2** AJUSTAR : adapt, proportion
proposición *nf, pl* **-ciones**
: proposal, proposition
propósito *nm* **1** : purpose, intention **2**
a propósito : incidentally, by the way **3**
a propósito : on purpose, intentionally
propuesta *nf* **1** : proposal **2** :
offer (of employment, etc.)
propulsar *vt* **1** : propel, drive **2**
PROMOVER : promote — **propulsión** *nf,*
pl **-siones** : propulsion
prorrogar {52} *vt* **1** : extend **2** APLAZAR
: postpone — **prórroga** *nf* **1** : extension,
deferment **2** : overtime (in sports)
prorrumpir *vi* : burst forth, break out

prosa *nf* : prose
proscribir {33} *vt* **1** : prohibit, ban **2**
DESTERRAR : exile — **proscripción** *nf,*
pl **-ciones 1** : ban **2** DESTIERRO :
banishment — **proscrito, -ta** *adj* :
banned — **proscrito** *n* : exile, outlaw
proseguir {75} *v* : continue —
prosecución *nf, pl* **-ciones** : continuation
prospección *nf, pl* **-ciones** :
prospecting, exploration
prospecto *nm* : prospectus
prosperar *vi* : prosper, thrive —
prosperidad *nf* : prosperity — **próspero,**
-ra *adj* : prosperous, flourishing
prostituir {41} *vt* : prostitute —
prostitución *nf, pl* **-ciones** : prostitution
— **prostituta** *nf* : prostitute
protagonista *nmf* : protagonist
— **protagonizar** *vt* : star in
proteger {15} *vt* : protect —
protegerse *vr* : protect oneself —
▸ **protección** *nf, pl* **-ciones** : protection
— **protector, -tora** *adj* : protective

equipamiento^M de protección^F
personal protective equipment

máscara^F antigás
respirator

bota^F de seguridad^F
safety boot

casco^M de seguridad^F
safety helmet

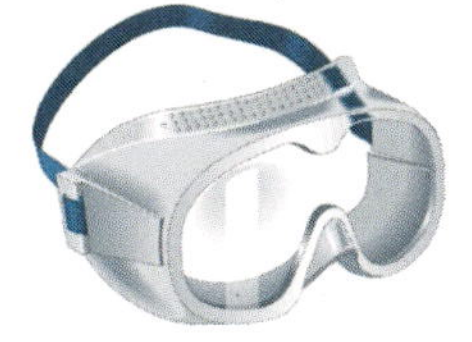

gafas^F protectoras
safety goggles

cascos^M de seguridad^F
safety earmuffs

puentes[M] de tirantes[M]
cable-stayed bridge

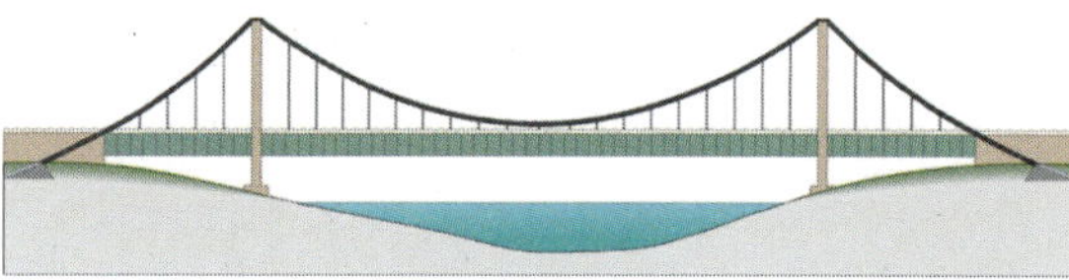

puente[M] colgante
suspension bridge

puente[M] cantilever
cantilever bridge

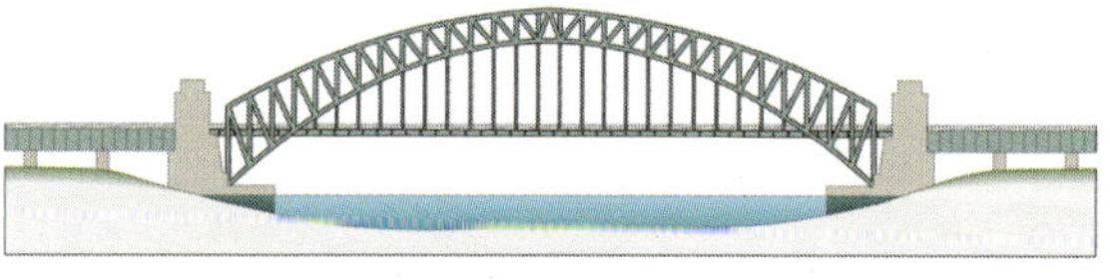

puente[M] de arco[M]
arch bridge

puente[M] giratorio
swing bridge

— **protector, -tora** *n* : protector
— **protegido, -da** *n* : protégé
proteína *nf* : protein
protestar *v* : protest — **protesta** *nf*
: protest — **protestante** *adj*
& *nmf* : Protestant
protocolo *nm* : protocol
prototipo *nm* : prototype
protuberancia *nf* : protuberance
— **protuberante** *adj* : protuberant
provecho *nm* **1** : benefit, advantage **2**
¡buen provecho! : enjoy your meal! —
provechoso, -sa *adj* : profitable, beneficial
proveer {63} *vt* : provide, supply
— **proveedor, -dora** *n* : supplier
provenir {87} *vi* **provenir de** : come from
proverbio *nm* : proverb —
proverbial *adj* : proverbial
providencia *nf* **1** : providence
2 PRECAUCIÓN : precaution —
providencial *adj* : providential
provincia *nf* : province — **provincial** *adj*
: provincial — **provinciano,
-na** *adj* : provincial, parochial
provisión *nf, pl* **-siones** : provision
— **provisional** *adj* : provisional
provocar {72} *vt* **1** : provoke, cause
2 IRRITAR : irritate — **provocación** *nf,
pl* **-ciones** : provocation —
provocativo, -va *adj* : provocative
próximo, -ma *adj* **1** CERCANO : near **2**
SIGUIENTE : next — **próximamente** *adv*
: shortly, soon — **proximidad** *nf* **1** :
proximity **2 proximidades** *nfpl* : vicinity
proyectar *vt* **1** : plan **2** LANZAR : throw,
hurl **3** : cast (light) **4** : show (a film) —
proyección *nf, pl* **-ciones** : projection —
proyectil *nm* : missile — **proyecto** *nm* :
plan, project — **proyector** *nm* : projector
prudencia *nf* : prudence, care —
prudente *adj* : prudent, sensible
prueba *nf* **1** : proof, evidence **2** : test (in
education, medicine, etc.) **3** : event (in
sports) **4 a prueba de agua** : waterproof
psicoanálisis *nm* : psychoanalysis —
psicoanalista *nmf* : psychoanalyst —
psicoanalizar {21} *vt* : psychoanalyze
psicología *nf* : psychology —
psicológico, -ca *adj* : psychological
— **psicólogo, -ga** *n* : psychologist
psicópata *nmf* : psychopath
psicosis *nfs & pl* : psychosis
psicoterapia *nf* : psychotherapy —
psicoterapeuta *nmf* : psychotherapist
psicótico, -ca *adj & n* : psychotic

psiquiatría *nf* : psychiatry —
psiquiatra *nmf* : psychiatrist —
psiquiátrico, -ca *adj* : psychiatric
psíquico, -ca *adj* : psychic
púa *nf* **1** : sharp point **2** : tooth (of a
comb) **3** : thorn (of a plant), quill (of
a porcupine, etc.) **4** : (guitar) pick
pubertad *nf* : puberty
publicar {72} *vt* **1** : publish **2**
DIVULGAR : divulge, disclose —
publicación *nf, pl* **-ciones** : publication
publicidad *nf* **1** : publicity **2** : advertising
(in marketing) — **publicista** *nmf* :
publicist — **publicitar** *vt* **1** : publicize
2 : advertise (a product, etc.) —
publicitario, -ria *adj* : advertising
público, -ca *adj* : public —
público *nm* **1** : public **2** : audience (of
theater, etc.), spectators *pl* (of sports)
puchero *nm* **1** : (cooking) pot **2** GUISADO
: stew **3 hacer pucheros** : pout
púdico, -ca *adj* : modest
pudiente *adj* : wealthy
pudín *nm, pl* **-dines** : pudding
pudor *nm* : modesty —
pudoroso, -sa *adj* : modest
pudrir {59} *vt* **1** : rot **2** *fam* :
annoy — **pudrirse** *vr* : rot
pueblo *nm* **1** : town, village
2 NACIÓN : people, nation
▸ **puente** *nm* **1** : bridge **2 hacer
puente** : have a long weekend **3
puente levadizo** : drawbridge
puerco, -ca *n* **1** : pig **2 puerco espín** :
porcupine — **puerco, -ca** *adj* : dirty, filthy
pueril *adj* : childish
▸ **puerro** *nm* : leek
puerta *nf* **1** : door, gate **2 a puerta
cerrada** : behind closed doors
▸ **puerto** *nm* **1** : port **2** : (mountain)
pass **3** REFUGIO : haven
puertorriqueño, -ña *adj* : Puerto Rican
pues *conj* **1** : since, because **2**
POR LO TANTO : so, therefore **3** (*used
interjectionally*) : well, then
puesta *nf* **1 puesta a punto** : tune-
up **2 puesta de sol** : sunset **3 puesta
en marcha** : starting up — **puesto,
-ta** *adj* **1** : put, set **2** VESTIDO : dressed
— **puesto** *nm* **1** : place **2** EMPLEO :
position, job **3** : stand, stall (in a market)
4 puesto avanzado : outpost —
puesto que *conj* : since, given that
púgil *nm* : boxer
pugnar *vi* : fight — **pugna** *nf* : fight, battle

pulcro, -cra *adj* : tidy, neat
pulga *nf* **1** : flea **2 tener malas
pulgas** : have a bad temper
pulgada *nf* : inch — **pulgar** *nm* **1**
: thumb **2** : big toe
pulir *vt* **1** : polish **2** REFINAR
: touch up, perfect
pulla *nf* : cutting remark, gibe
pulmón *nm, pl* **-mones** : lung
— **pulmonar** *adj* : pulmonary —
pulmonía *nf* : pneumonia
pulpa *nf* : pulp
pulpería *nf Lat* : grocery store
púlpito *nm* : pulpit
pulpo *nm* : octopus
pulsar *vt* **1** : press (a button),
strike (a key) **2** : play (music) —
pulsación *nf, pl* **-ciones 1** : beat, throb
2 : keystroke (on a typewriter, etc.)
pulsera *nf* : bracelet
pulso *nm* **1** : pulse **2** :
steadiness (of hand)
pulular *vi* : swarm
pulverizar {21} *vt* **1** : pulverize,
crush **2** : spray (a liquid) —
pulverizador *nm* : atomizer, spray
puma *nf* : puma
punitivo, -va *adj* : punitive
punta *nf* **1** : tip, end **2** : point (of
a needle, etc.) **3 punta del dedo** :
fingertip **4 sacar punta a** : sharpen
puntada *nf* **1** : stitch **2**
puntadas *nfpl* : seam
puntal *nm* : prop, support
puntapié *nm* : kick
puntear *vt* : pluck (a guitar)
puntería *nf* : aim, marksmanship
puntiagudo, -da *adj* : sharp, pointed
puntilla *nf* **1** : lace edging **2
de puntillas** : on tiptoe
punto *nm* **1** : dot, point **2** : period (in
punctuation) **3** ASUNTO : item, question **4**
LUGAR : spot, place **5** MOMENTO : moment
6 : point (in a score) **7** PUNTADA : stitch
8 a las dos en punto : at two o'clock
sharp **9 dos puntos** : colon **10 hasta
cierto punto** : up to a point **11 punto de
partida** : starting point **12 punto muerto**
: deadlock **13 punto y coma** : semicolon
puntuación *nf, pl* **-ciones 1** :
punctuation **2** : scoring, score (in sports)
puntual *adj* **1** : prompt, punctual **2** EXACTO
: accurate, detailed — **puntualidad** *nf* **1**
: punctuality **2** EXACTITUD : accuracy
puntuar {3} *vt* : punctuate

— *vi* : score (in sports)
punzar {21} *vt* : prick, puncture
— **punzada** *nf* **1** PINCHAZO : prick
2 : sharp pain — **punzante** *adj* **1** :
sharp **2** MORDAZ : biting, caustic
puñado *nm* **1** : handful **2 a
puñados** : by the handful
puñal *nm* : dagger — **puñalada** *nf* : stab
puño *nm* **1** : fist **2** : cuff (of a shirt)
3 : handle, hilt (of a sword, etc.) —
puñetazo *nm* : punch (with the fist)
pupila *nf* : pupil (of the eye)
pupitre *nm* : desk
puré *nm* **1** : purée **2 puré de papas** *or*
puré de patatas *Spain* : mashed potatoes
pureza *nf* : purity
purga *nf* : purge — **purgar** {52} *vt* :
purge — **purgatorio** *nm* : purgatory
purificar {72} *vt* : purify —
purificación *nf, pl* **-ciones** : purification
puritano, -na *adj* : puritanical
— **puritano, -na** *n* : puritan
puro, -ra *adj* **1** : pure **2** SIMPLE
: plain, simple **3** *Lat fam* : only,
just — **puro** *nm* : cigar
púrpura *nf* : purple —
purpúreo, -rea *adj* : purple
pus *nm* : pus
pusilánime *adj* : cowardly
puta *nf* : whore
putrefacción *nf, pl* **-ciones**
: putrefaction, rot — **pútrido,
-da** *adj* : putrid, rotten

puerto[M]
port

esclusa[F] de canal[M]
canal lock

puente[M] de carga[F] para contenedores[M]
container-loading bridge

terminal[F] de petróleo[M]
oil terminal

dique[M] seco
dry dock

depósito[M] de mercancía[F] en tránsito[M]
transit shed

petrolero[M]
tanker

grúa[F] de muelle[M]
dock crane

terminal[F] de carga[F]
bulk terminal

cámara[F] frigorífica
cold shed

transbordador[M]
ferryboat

compuerta[F]
gate

muelle[M]
wharf

faro[M]
lighthouse

terminal[F] de pasajeros[M]
passenger terminal

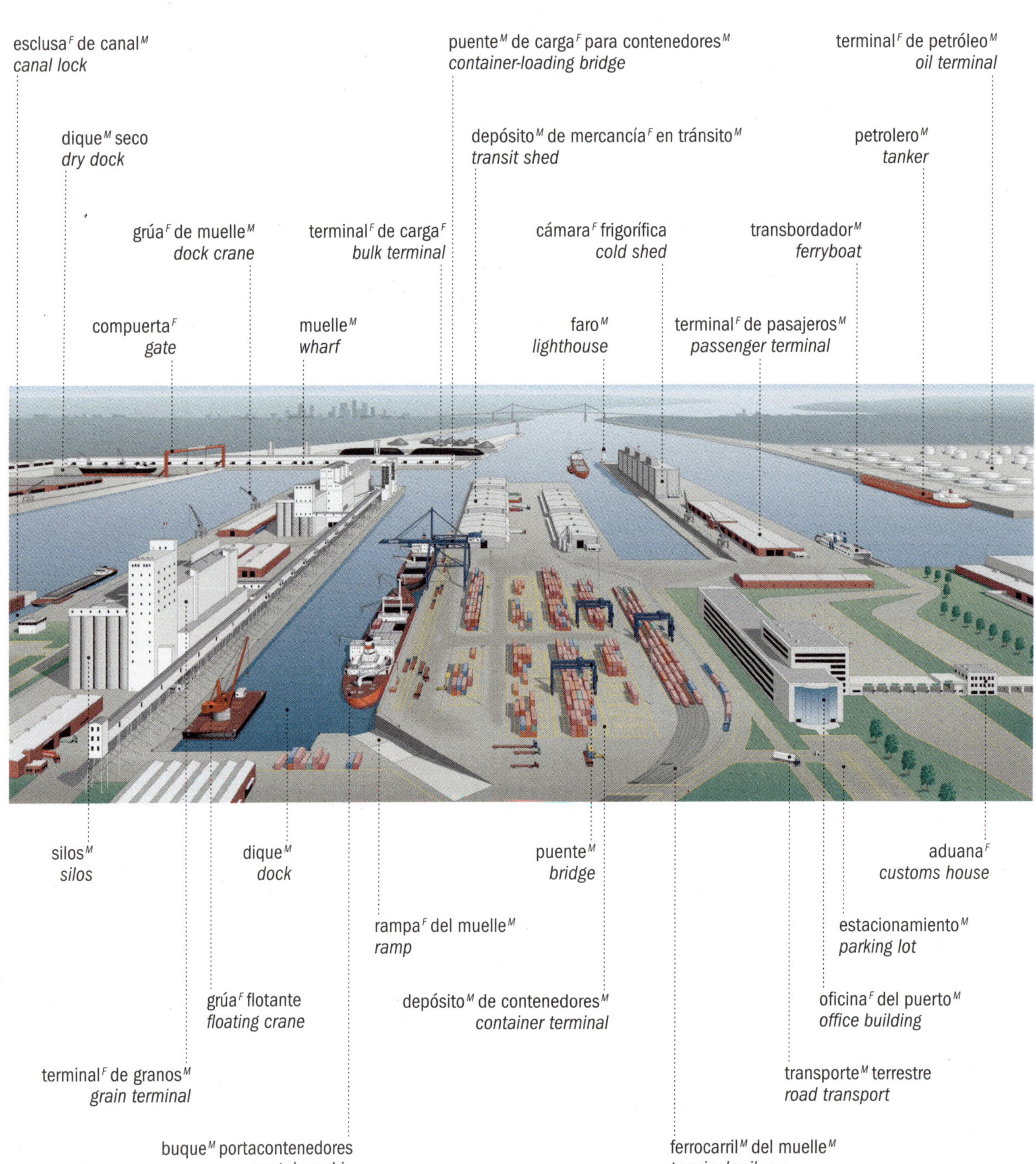

silos[M]
silos

dique[M]
dock

puente[M]
bridge

aduana[F]
customs house

rampa[F] del muelle[M]
ramp

estacionamiento[M]
parking lot

grúa[F] flotante
floating crane

depósito[M] de contenedores[M]
container terminal

oficina[F] del puerto[M]
office building

terminal[F] de granos[M]
grain terminal

transporte[M] terrestre
road transport

buque[M] portacontenedores
container ship

ferrocarril[M] del muelle[M]
terminal railway

q *nf* : q, 18th letter of the Spanish alphabet
que *conj* **1** : that **2** (*in comparisons*) : than **3** (*introducing a reason or cause*) : so that, or else **4 es que** : the thing is that **5 yo que tú** : if I were you — **que** *pron* **1** (*referring to persons*) : who, whom **2** (*referring to things*) : that, which **3 el** (**la, lo, las, los**) **que** : he (she, it, they) who, whoever, the one(s) that
qué *adv* **1** : how, what **2 ¡qué lindo!** : how lovely! — **qué** *adj* : what, which — **qué** *pron* **1** : what **2 ¿qué crees?** : what do you think?
quebrar {55} *vt* : break — *vi* : go bankrupt — **quebrarse** *vr* : break — **quebrada** *nf* : ravine, gorge — **quebradizo, -za** *adj* : breakable, fragile — **quebrado, -da** *adj* **1** : bankrupt **2** : rough, uneven (of land, etc.) **3** ROTO : broken — **quebrado** *nm* : fraction — **quebradura** *nf* : crack, fissure — **quebrantar** *vt* **1** : break **2** DEBILITAR : weaken — **quebranto** *nm* **1** : harm, damage **2** AFLICCIÓN : grief, pain
queda *nf* → **toque**
quedar *vi* **1** PERMANECER : remain, stay **2** ESTAR : be **3** FALTAR : be left **4** : fit, look (of clothing, etc.) **5 no queda lejos** : it's not far **6 quedar en** : agree to, agree on — **quedarse** *vr* **1** : stay **2 quedarse con** : keep
quedo, -da *adj* : quiet, still — **quedo** *adv* : softly, quietly
quehacer *nm* **1** : task **2 quehaceres** *nmpl* : chores
queja *nf* : complaint — **quejarse** *vr* **1** : complain **2** GEMIR : moan, groan — **quejido** *nm* : moan, whimper — **quejoso, -sa** *adj* : complaining, whining

quemar *vt* **1** : burn **2** MALGASTAR : squander — *vi* : burn — **quemarse** *vr* **1** : burn oneself **2** : burn (up) **3** : get sunburned — **quemado, -da** *adj* **1** : burned **2** AGOTADO : burned-out **3 estar quemado, -da** : be fed up — **quemador** *nm* : burner — **quemadura** *nf* : burn — **quemarropa** : **a quemarropa** *adj & adv phr* : point-blank
querella *nf* **1** : dispute, quarrel **2** : charge (in law)
querer {64} *vt* **1** : want **2** AMAR : love **3 querer decir** : mean **4 ¿quieres pasarme la leche?** : please pass the milk **5 sin querer** : unintentionally — **querer** *nm* : love — **querido, -da** *adj* : dear, beloved — **querer** *n* **1** : darling **2** AMANTE : lover
queroseno *nm* : kerosene
querubín *nm, pl* **-bines** : cherub
▸ **queso** *nm* : cheese — **quesadilla** *nf Lat* : quesadilla
quicio *nm* **1 estar fuera de quicio** : be beside oneself **2 sacar de quicio** : drive crazy
quiebra *nf* **1** : break **2** BANCARROTA : bankruptcy
quien *pron, pl* **quienes 1** (*subject*) : who **2** (*object*) : whom **3** (*indefinite*) : whoever, anyone, some people
quién *pron, pl* **quiénes 1** (*subject*) : who **2** (*object*) : whom **3 ¿de quién es este lápiz?** : whose pencil is this?
quienquiera *pron, pl* **quienesquiera** : whoever, whomever
quieto, -ta *adj* **1** : calm, quiet **2** INMÓVIL : still — **quietud** *nf* : stillness
quijada *nf* : jaw, jawbone (of an animal)
quilate *nm* : carat, karat
quilla *nf* : keel
quimera *nf* : illusion — **quimérico, -ca** *adj* : fanciful
▸ **química** *nf* : chemistry — **químico, -ca** *adj* : chemical — **química** *n* : chemist
quince *adj & nm* : fifteen — **quinceañero, -ra** *n* : fifteen-year-old, teenager — **quincena** *nf* : two-week period, fortnight — **quincenal** *adj* : semimonthly, twice a month
quincuagésimo, -ma *adj & n* : fiftieth
quinientos, -tas *adj* : five hundred — **quinientos** *nms & pl* : five hundred
quinina *nf* : quinine
quinqué *nm* : oil lamp
quinta *nf* : country house, villa
quintaesencia *nf* : quintessence
quinteto *nm* : quintet

—

+

quinto, -ta *adj & n* : fifth — **quinto** *nm* : fifth
quiosco *nm* : kiosk, newsstand
quiropráctico, -ca *n* : chiropractor
quirúrgico, -ca *adj* : surgical
quisquilloso, -sa *adj* : fastidious, fussy
quiste *nm* : cyst
quitar *vt* **1** : remove, take away **2** : take off (clothes) **3** : get rid of, relieve (pain, etc.) — **quitarse** *vr* **1** : withdraw, leave **2** : take off (one's clothes) **3 quitarse de** : give up (a habit) **4 quitarse de encima** : get rid of — **quitaesmalte** *nm* : nail-polish remover — **quitamanchas** *nms & pl* : stain remover — **quitanieves** *nm* : snowplow — **quitasol** *nm* : parasol
quizá *or* **quizás** *adv* : maybe, perhaps

quesos^M
cheeses

quesos^M frescos
fresh cheeses

queso^M cottage
cottage cheese

queso^M cremoso
cream cheese

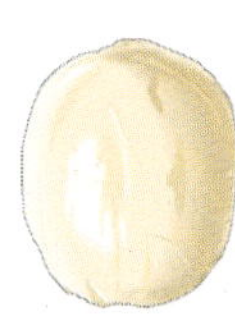

mozzarella^F
mozzarella

quesos^M blandos
soft cheeses

Pont-l'Éveque^M
Pont-l'Évêque

camembert^M
Camembert

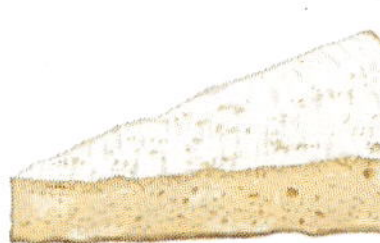

brie^M
Brie

coulommiers^M
Coulommiers

quesos^M de cabra^F
goat's-milk cheeses

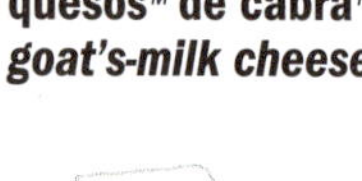

queso^M chèvre
Chèvre cheese

ricotta^F
ricotta

Crottin^M de Chavignol
Crottin de Chavignol

munster^M
Muenster

quesos^M azules
blue cheeses

roquefort^M
Roquefort

stilton^M
Stilton

gorgonzola^M
Gorgonzola

azul danés^M
Danish blue

quesos^M prensados
pressed cheeses

raclette^F
raclette

parmesano^M
Parmesan

pecorino romano^M
Romano

gruyère^M
Gruyère

jarlsberg^M
Jarlsberg

emmenthal^M
Swiss cheese

r *nf* : r, 19th letter of the Spanish alphabet

rábano *nm* **1** : radish **2 rábano picante** : horseradish

rabí *nmf, pl* **-bíes** : rabbi

rabia *nf* **1** : rage, anger **2** : rabies (disease) — **rabiar** *vi* **1** : be furious **2** : be in great pain **3 rabiar por** : be dying for — **rabioso, -sa** *adj* **1** : enraged, furious **2** : rabid, having rabies

rabino, -na *n* : rabbi

rabo *nm* **1** : tail **2 el rabo del ojo** : the corner of one's eye

racha *nf* **1** : gust of wind **2** SERIE : series, string — **racheado, -da** *adj* : gusty

racial *adj* : racial

racimo *nm* : bunch, cluster

raciocinio *nm* : reason, reasoning

ración *nf, pl* **-ciones 1** : share, ration **2** : helping (of food)

racional *adj* : rational — **racionalizar** {21} *vt* : rationalize

racionar *vt* : ration — **racionamiento** *nm* : rationing

racismo *nm* : racism — **racista** *adj & nmf* : racist

radar *nm* : radar

radiación *nf, pl* **-ciones** : radiation

radiactivo, -va *adj* : radioactive — **radiactividad** *nf* : radioactivity

radiador *nm* : radiator

radiante *adj* : radiant

radical *adj & nmf* : radical

radicar {72} *vi* **radicar en** : lie in, be rooted in

radio *nm* **1** : radius **2** : spoke (of a wheel) **3** : radium (element) — **radio** *nmf* : radio

radioactivo, -va *adj* : radioactive — **radioactividad** *nf* : radioactivity

radiodifusión *nf, pl* **-siones** : broadcasting — **radioemisora** *nf* : radio station — **radioescucha** *nmf* : listener — **radiofónico, -ca** *adj* : radio

radiografía *nf* : X ray — **radiografiar** {85} *vt* : x-ray

radiología *nf* : radiology — **radiólogo, -ga** *n* : radiologist

raer {65} *vt* : scrape off

ráfaga *nf* **1** : gust (of wind) **2** : flash (of light)

raído, -da *adj* : worn, shabby

raíz *nf, pl* **raíces 1** : root **2** ORIGEN : origin, source **3 echar raíces** : take root

raja *nf* **1** : crack, slit **2** RODAJA : slice — **rajar** *vt* : crack, split — **rajarse** *vr* **1** : crack, split open **2** *fam* : back out

rajatabla: a rajatabla *adv phr* : strictly, to the letter

ralea *nf* : sort, kind

ralentí *nm* : neutral (gear)

rallar *vt* : grate — **rallador** *nm* : grater

rama *nf* : branch — **ramaje** *nm* : branches *pl* — **ramal** *nm* : branch (of a railroad, etc.) — **ramificarse** {72} *vr* : branch (off) — **ramillete** *nm* **1** : bouquet **2** GRUPO : cluster, bunch — **ramo** *nm* **1** : branch **2** RAMILLETE : bouquet

rampa *nf* : ramp, incline

rana *nf* **1** : frog **2 rana toro** : bullfrog

rancho *nm* : ranch, farm — **ranchero, -ra** *n* : rancher, farmer

rancio, -cia *adj* **1** : rancid **2** : aged (of wine)

rango *nm* **1** : rank **2** : (social) standing

ranúnculo *nm* : buttercup

ranura *nf* : groove, slot

rapar *vt* **1** : shave **2** : crop (hair)

rapaz *adj, pl* **-paces** : rapacious, predatory

rápido, -da *adj* : rapid, quick — **rápidamente** *adv* : rapidly, fast — **rapidez** *nf* : speed — **rápido** *adv* : quickly, fast — **rápido** *nm* **1** : express train **2 rápidos** *nmpl* : rapids

rapiña *nf* **1** : plunder **2 ave de rapiña** : bird of prey

rapsodia *nf* : rhapsody

raptar *vt* : kidnap — **rapto** *nm* : kidnapping — **raptor, -tora** *n* : kidnapper

▸ **raqueta** *nf* : racket (in sports)

raro, -ra *adj* **1** : rare **2** EXTRAÑO : odd,

raqueta^F de tenis^M
tennis racket

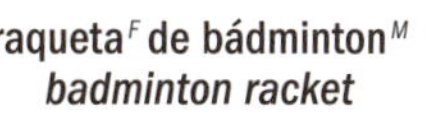

raqueta^F de bádminton^M
badminton racket

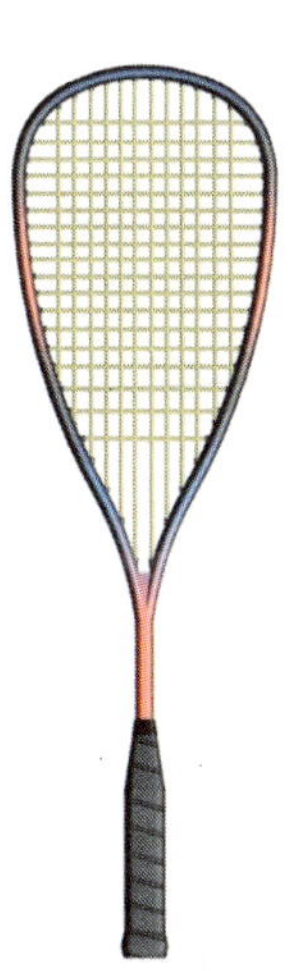

raqueta^F de squash^M
squash racket

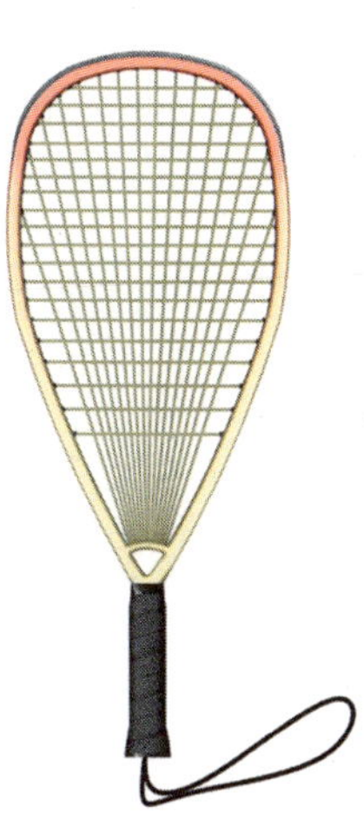

raqueta^F de raquetball^M
racquetball racket

strange — **raramente** *adv* : rarely, infrequently — **rareza** *nf* : rarity

ras *nm* **a ras de** : level with

rascacielos *nms & pl* : skyscraper

rascar {72} *vt* **1** : scratch **2** RASPAR : scrape — **rascarse** *vr* : scratch oneself

rasgar {52} *vt* : rip, tear — **rasgarse** *vr* : rip

rasgo *nm* **1** : stroke (of a pen) **2** CARACTERÍSTICA : trait, characteristic **3** rasgos *nmpl* FACCIONES : features

rasguear *vt* : strum

rasguñar *vt* : scratch — **rasguño** *nm* : scratch

raso, -sa *adj* **1** : level, flat **2** : low (of a flight) **3 soldado raso** : private (in the army) — **raso** *nm* : satin

raspar *vt* **1** : scrape **2** LIMAR : file down, smooth — *vi* : be rough — **raspadura** *nf* **1** : scratch **2** **raspars** *nfpl* : scrapings

rastra *nf* **1** : rake **2 a rastras** : unwillingly — **rastrear** *vt* : track, trace

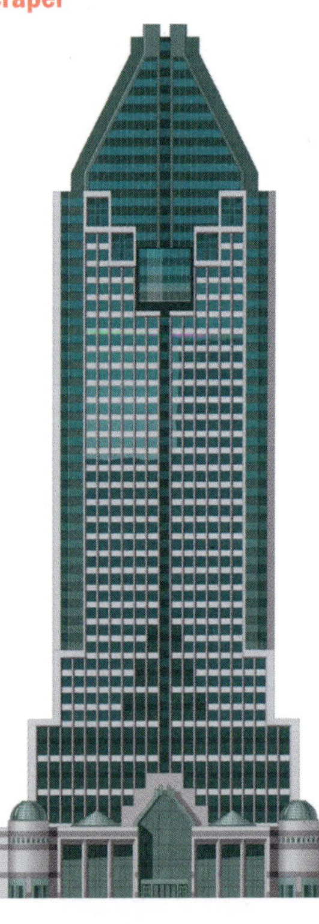

— **rastrero, -ra** *adj* **1** : creeping **2** DESPRECIABLE : despicable — **rastrillar** *vt* : rake — **rastrillo** *nm* : rake — **rastro** *nm* **1** : trail, track **2** SEÑAL : sign

rasurar *vi Lat* : shave — **rasurarse** *vr Lat* : shave

rata *nf* : rat

ratear *vt* : steal — **ratero, -ra** *n* : thief

ratificar {72} *vt* : ratify — **ratificación** *nf, pl* **-ciones** : ratification

rato *nm* **1** : while **2 al poco rato** : shortly after **3 pasar el rato** : pass the time

ratón *nm, pl* **-tones** : mouse — **ratonera** *nf* : mousetrap

raudal *nm* **1** : torrent **2 a raudales** : in abundance — **raudo, -da** *adj* : swift

raya *nf* **1** : line **2** LISTA : stripe **3** : part (in the hair) — **rayar** *vt* : scratch — *vi* **1 al rayar el día** : at daybreak **2 rayar en** : border on — **rayarse** *vr* : get scratched

rayo *nm* **1** : ray, beam **2** : bolt of lightning **3 rayos X** : X rays

rayón *nm* : rayon

raza *nf* **1** : (human) race **2** : breed (of animals) **3 de raza** : thoroughbred, pedigreed

razón *nf, pl* **-zones** **1** : reason **2 dar razón** : inform **3 en razón de** : because of **4 tener razón** : be right — **razonable** *adj* : reasonable — **razonamiento** *nm* : reasoning — **razonar** *v* : reason, think

reacción *nf, pl* **-ciones** : reaction — **reaccionar** *vi* : react — **reaccionario, -ria** *adj & n* : reactionary

reacio, -cia *adj* : resistant, stubborn

reactivar *vt* : reactivate, revive

reactor *nm* **1** : jet (airplane) **2 reactor nuclear** : nuclear reactor

reajustar *vt* : readjust — **reajuste** *nm* : readjustment

real *adj* **1** : royal **2** VERDADERO : real, true

realce *nm* **1** : relief **2 dar realce** : highlight

realeza *nf* : royalty

realidad *nf* **1** : reality **2 en realidad** : actually, in fact

realismo *nm* : realism — **realista** *adj* : realistic — **realismo** *nmf* : realist

realizar {21} *vt* **1** : carry out **2** : achieve (a goal) **3** : produce (a film or play) **4** : realize (a profit) — **realizarse** *vr* **1** : fulfill oneself **2** : come true (of a dream, etc.) — **realización** *nf, pl* **-ciones** : execution, realization

realmente *adv* : really, actually

realzar {21} *vt* : highlight, enhance

reanimar *vt* : revive

reanudar *vt* : resume, renew — **reanudarse** *vr* : resume

reaparecer {53} *vi* : reappear — **reaparición** *nf, pl* **-ciones** : reappearance

reavivar *vt* : revive

rebajar *vt* **1** : lower, reduce **2** HUMILLAR : humiliate — **rebajarse** *vr* **1** : humble oneself **2 rebajarse a** : stoop to — **rebaja** *nf* **1** : reduction **2** DESCUENTO : discount **3 rebajars** *nfpl* : sales

rebanada *nf* : slice

rebaño *nm* **1** : herd **2** : flock (of sheep)

rebasar *vt* : surpass, exceed

rebatir *vt* : refute

rebelarse *vr* : rebel — **rebelde** *adj* : rebellious — **rebelde** *nmf* : rebel — **rebeldía** *nf* : rebelliousness — **rebelión** *nf, pl* **-liones** : rebellion

reblandecer *vt* : soften

rebobinar *vt* : rewind

rebosar *vi* **1** : overflow **2 rebosar de** : be bursting with — *vt* : overflow with

rebotar *vi* : bounce, rebound — **rebote** *nm* **1** : bounce **2 de rebotar** : on the rebound

rebozar {21} *vt* : coat in batter

rebuscado, -da *adj* : pretentious

rebuznar *vi* : bray

recabar *vt* **1** : obtain, collect **2 recabar fondos** : raise money

recado *nm* **1** MENSAJE : message **2** *Spain* : errand

recaer {13} *vi* **1** : relapse **2 recaer sobre** : fall on — **recaída** *nf* : relapse

recalcar {72} *vt* : emphasize, stress

recalcitrante *adj* : recalcitrant

recalentar {55} *vt* **1** : overheat **2** : reheat, warm up (food) — **recalentarse** *vr* : overheat

recámara *nf* **1** : chamber (of a firearm) **2** *Lat* : bedroom

recambio *nm* **1** : spare part **2** : refill (for a pen, etc.)

recapitular *vt* : recapitulate, sum up — **recapitulación** *nf, pl* **-ciones** : recapitulation

recargar {52} *vt* **1** : overload **2** : recharge (a battery), reload (a firearm, etc.) — **recargado, -da** *adj* : overly elaborate — **recargo** *nm* : surcharge

recato *nm* : modesty — **recatado, -da** *adj* : modest, demure

recaudar *vt* : collect — **recaudación** *nf,*

cubo^M de basura^F reciclable
recycling bin

contenedor^M de recogida^F de papel^M
paper collection unit

contenedor^M de reciclado^M de vidrio^M
glass collection unit

contenedor^M de recogida^F de vidrio^M
glass recycling container

contenedor^M de reciclado^M de aluminio^M
aluminum recycling container

contenedor^M de reciclado^M de papel^M
paper recycling container

---

pl **-ciones** : collection —
recaudador, -dora *n* **recaudar
de impuestos** : tax collector
recelar *vt* : distrust, fear — **recelo** *nm*
: distrust, suspicion — **receloso,
-sa** *adj* : distrustful, suspicious
recepción *nf, pl* **-ciones** : reception
— **recepcionista** *nmf* : receptionist
receptáculo *nm* : receptacle
receptivo, -va *adj* : receptive
— **receptor, -tora** *n* : recipient —
receptor *nm* : receiver (of a radio, etc.)
recesión *nf, pl* **-siones** : recession
receso *nm Lat* : recess, adjournment
receta *nf* **1** : recipe **2** :
prescription (in medicine)
rechazar {21} *vt* **1** : reject, refuse
2 REPELER : repel **3** : reflect (light)
— **rechazo** *nm* : rejection
rechinar *vi* **1** : squeak, creak **2**
: grind, gnash (one's teeth)
rechoncho, -cha *adj, fam* : chubby
recibir *vt* **1** : receive **2** ACOGER :
welcome — *vi* : receive visitors —
recibidor *nm* : vestibule, entrance
hall — **recibimiento** *nm* : reception,
welcome — **recibo** *nm* : receipt

▸ **reciclar** *vt* **1** : recycle **2** : retrain
(workers) — **reciclaje** *nm* : recycling
recién *adv* **1** : newly, recently **2 recién
casados** : newlyweds — **reciente** *adj* :
recent — **recientemente** *adv* : recently
recinto *nm* **1** : enclosure
2 ÁREA : area, site
recio, -cia *adj* : tough, strong
recipiente *nm* : container, receptacle
— **recipiente** *nmf* : recipient
recíproco, -ca *adj* : reciprocal, mutual
recitar *vt* : recite — **recital** *nm* : recital
reclamar *vt* : demand, ask for — *vi* :
complain — **reclamación** *nf, pl* **-ciones
1** : claim, demand **2** QUEJA : complaint
— **reclamo** *nm* **1** : lure (in hunting)
2 *Lat* : inducement, attraction
reclinar *vt* : rest, lean —
reclinarse *vr* : recline, lean back
recluir {41} *vt* : confine, lock up —
recluirse *vr* : shut oneself away —
reclusión *nf, pl* **-siones** : imprisonment
— **recluso, -sa** *n* : prisoner
recluta *nmf* : recruit — **reclutamiento** *nm*
: recruitment — **reclutar** *vt* : recruit, enlist
recobrar *vt* : recover, regain
— **recobrarse** *vr* **recobrarse**

de : recover from
recodo *nm* : bend
recoger {15} *vt* **1** : collect, gather **2**
COGER : pick up **3** LIMPIAR, ORDENAR : clean
up, tidy (up) — **recogerse** *vr* : retire,
withdraw — **recogedor** *nm* : dustpan
— **recogido, -da** *adj* : quiet, secluded
recolección *nf, pl* **-ciones 1** :
collection **2** COSECHA : harvest
recomendar {55} *vt* : recommend
— **recomendación** *nf, pl* **-ciones**
: recommendation
recompensar *vt* : reward —
recompensa *nf* : reward
reconciliar *vt* : reconcile
— **reconciliarse** *vr* : be
reconciled — **reconciliación** *nf,
pl* **-ciones** : reconciliation
recóndito, -ta *adj* : hidden
reconfortar *vt* : comfort
reconocer {18} *vt* **1** : recognize **2**
ADMITIR : admit **3** EXAMINAR : examine
— **reconocible** *adj* : recognizable
— **reconocido, -da** *adj* **1** :
recognized, accepted **2** AGRADECIDO
: grateful — **reconocimiento** *nm* **1**
: recognition **2** AGRADECIMIENTO :

gratitude **3** : (medical) examination
reconsiderar *vt* : reconsider
reconstruir {41} *vt* : reconstruct
— **reconstrucción** *nf*,
pl -**ciones** : reconstruction
recopilar *vt* **1** RECOGER : collect,
gather **2** : compile — **recopilación** *nf*,
pl -**ciones** : collection, compilation
récord *nm, pl* -**cords** : record
recordar {19} *vt* **1** ACORDARSE DE :

remember **2** : remind — *vi* : remember
— **recordatorio** *nm* : reminder
recorrer *vt* **1** : travel through **2** :
cover (a distance) — **recorrido** *nm* **1** :
journey, trip **2** TRAYECTO : route, course
recortar *vt* **1** : reduce **2** CORTAR : cut (out)
3 : trim (hair) — **recortarse** *vr* : stand out
— **recorte** *nm* **1** : cut, cutting **2 recortes**
de periódicos : newspaper clippings
recostar {19} *vt* : lean, rest

— **recostarse** *vr* : lie down
recoveco *nm* **1** : bend **2**
RINCÓN : nook, corner
recrear *vt* **1** : recreate **2** ENTRETENER
: entertain — **recrearse** *vr* : to enjoy
oneself — **recreativo, -va** *adj* :
recreational — **recreo** *nm* **1** : recreation,
amusement **2** : recess, break (at school)
recriminar *vt* : reproach
recrudecer {53} *vi* : worsen

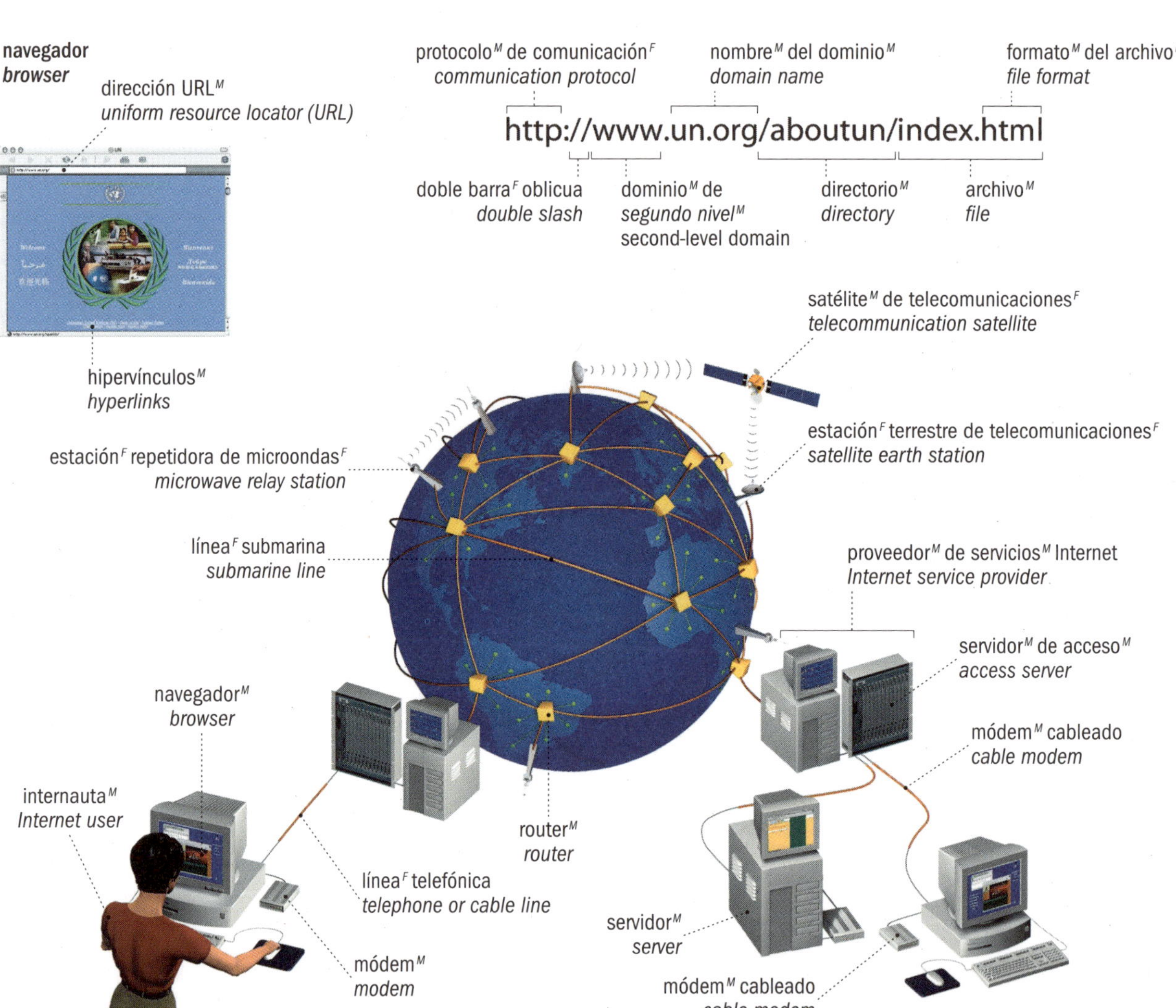

— **recrudecerse** *vr* : intensify, get worse
rectángulo *nm* : rectangle —
  rectangular *adj* : rectangular
rectificar {72} *vt* **1** : rectify, correct **2**
  AJUSTAR : straighten (out) — **rectitud** *nf* **1**
  : straightness **2** : (moral) rectitude —
  recto, -ta *adj* **1** : straight **2** INTEGRO :
  upright, honorable — **recto** *nm* : rectum
rector, -tora *adj* : governing,
  managing — **rector, -tora** *n* :

rector — **rectoría** *nf* : rectory
recubrir {2} *vt* : cover, coat
recuento *nm* : count, recount
recuerdo *nm* **1** : memory **2** : souvenir,
  remembrance (of a journey, etc.) **3**
  recuerdos *nmpl* SALUDOS : **regards**
recuperar *vt* **1** : recover, retrieve **2**
recuperar el tiempo perdido : make
  up for lost time — **recuperarse** *vr*
recuperarse de : recover from

— **recuperación** *nf, pl* -**ciones**
  1 : recovery **2 recuperación**
  de datos : data retrieval
recurrir *vi* **recurrir a** : turn to (a person),
  resort to (force, etc.) — **recurso** *nm* **1**
  : recourse, resort **2** : appeal (in law)
  3 recursos *nmpl* : resources
red *nf* **1** : net **2** SISTEMA : network,
  ▸ system **3 la Red** : the Internet
redactar *vt* : write (up), draft

Internet uses
usos*M* de Internet*M*

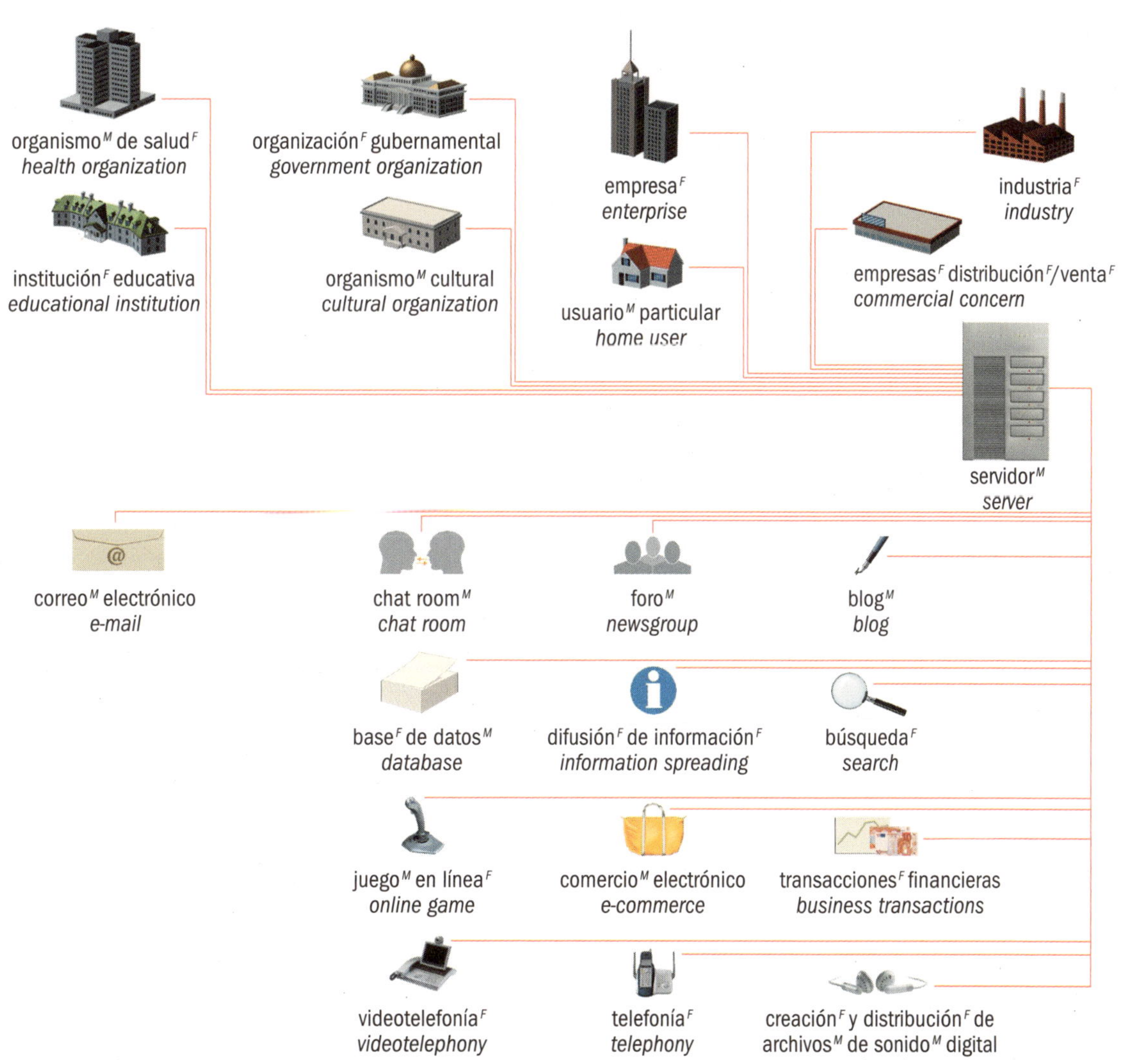

— **redacción** *nf, pl* **-ciones 1** : writing, drafting **2** : editing (of a newspaper, etc.) — **redactor, -tora** *n* : editor
redada *nf* **1** : (police) raid **2** : catch (in fishing)
redescubrir {2} *vt* : rediscover
redención *nf, pl* **-ciones** : redemption — **redentor, -tora** *adj* : redeeming
redil *nm* : fold, pen
rédito *nm* : interest, yield
redoblar *vt* : redouble
redomado, -da *adj* : out-and-out
redondear *vt* **1** : make round **2** : round off (a number, etc.) — **redonda** *nf* **1** : whole note (in music) **2 a la redonda** : in the surrounding area — **redondel** *nm* **1** : ring, circle **2** : bullring — **redondo, -da** *adj* **1** : round **2** PERFECTO : excellent
reducir {61} *vt* : reduce — **reducirse** *vr* **reducirse a** : come down to, amount to — **reducción** *nf, pl* **-ciones** : reduction — **reducido, -da** *adj* **1** : reduced, limited **2** PEQUEÑO : small
redundante *adj* : redundant — **redundancia** *nf* : reduncancy
reedición *nf, pl* **-ciones** : reprint
reembolsar *vt* : refund, reimburse, repay — **reembolso** *nm* : refund, reimbursement
reemplazar {21} *vt* : replace — **reemplazo** *nm* : replacement
reencarnación *nf, pl* **-ciones** : reincarnation
reencuentro *nm* : reunion
reestructurar *vt* : restructure
refaccionar *vi Lat* : repair,

renovate — **refacciones** *nfpl Lat* : repairs, renovations
referir {76} *vt* **1** : tell **2** REMITIR : refer — **referirse** *vr* **referirse a** : refer to — **referencia** *nf* **1** : reference **2 hacer referencia a** : refer to —
referéndum *nm, pl* **-dums** : referendum — **referente** *adj* **referente a** : concerning
refinar *vt* : refine — **refinado, -da** *adj* : refined — **refinamiento** *nm* : refinement — **refinería** *nf* : refinery
reflector *nm* **1** : reflector **2** : spotlight, searchlight, floodlight
reflejar *vt* : reflect — **reflejarse** *vr* : be reflected — **reflejo** *nm* **1** : reflection **2** : (physical) reflex **3 reflejos** *nmpl* : highlights (in hair)
reflexionar *vi* : reflect, think — **reflexión** *nf, pl* **-xiones** : reflection, thought — **reflexivo, -va** *adj* **1** : reflective, thoughtful **2** : reflexive (in grammar)
reflujo *nm* : ebb (tide)
reforma *nf* **1** : reform **2 reformas** *nfpl* : renovations — **reformador, -dora** *n* : reformer — **reformar** *vt* **1** : reform **2** : renovate, repair (a house, etc.) — **reformarse** *vr* : mend one's ways — **reformatorio** *nm* : reformatory
reforzar {36} *vt* : reinforce
refrán *nm, pl* **-franes** : proverb, saying
refregar {49} *vt* : scrub
refrenar *vt* **1** : rein in (a horse) **2** CONTENER : restrain — **refrenarse** *vr* : restrain oneself
refrendar *vt* : approve, endorse
refrescar {72} *vt* **1** : refresh, cool **2** : brush up on (knowledge) — *vi* : turn cooler — **refrescante** *adj* : refreshing — **refresco** *nm* : soft drink
refriega *nf* : scuffle, skirmish
refrigerar *vt* **1** : refrigerate **2** CLIMATIZAR : air-condition — **refrigeración** *nf, pl* **-ciones 1** : refrigeration **2** AIRE ACONDICIONADO : air-conditioning — **refrigerador** *nmf Lat* : refrigerator — **refrigerio** *nm* : refreshments *pl*
refrito, -ta *adj* : refried — **refrito** *nm* : rehash
refuerzo *nm* : reinforcement
refugiar *vt* : shelter — **refugiarse** *vr* : take refuge — **refugiado, -da** *n* : refugee — **refugio** *nm* : refuge, shelter
refulgir {35} *vi* : shine brightly
refunfuñar *vi* : grumble, groan
refutar *vt* : refute

▶ **regadera** *nf* **1** : watering can **2** *Lat* : shower head, shower
regalar *vt* : give (as a gift) — **regalarse** *vr* **regalarse con** : treat oneself to
regaliz *nm, pl* **-lices** : licorice
regalo *nm* **1** : gift, present **2** PLACER : pleasure, delight
regañadientes: a regañadientes *adv phr* : reluctantly, unwillingly
regañar *vt* : scold — *vi* **1** QUEJARSE : grumble **2** *Spain* : quarrel — **regañon, -ñona** *adj, mpl* **-ñones** *fam* : grumpy, irritable
regar {49} *vt* **1** : irrigate, water **2** ESPARCIR : scatter
regatear *vt* **1** : haggle over **2** ESCATIMAR : skimp on — *vi* : bargain, haggle
regazo *nm* : lap (of a person)
regenerar *vt* : regenerate
regentar *vt* : run, manage
régimen *nm, pl* **regímenes 1** : regime **2** DIETA : diet **3 régimen de vida** : lifestyle
regimiento *nm* : regiment
regio, -gia *adj* : royal, regal
región *nf, pl* **-giones** : region, area — **regional** *adj* : regional
regir {28} *vt* **1** : rule **2** ADMINISTRAR : manage, run **3** DETERMINAR : govern, determine — *vi* : apply, be in force — **regirse** *vr* **regirse por** : be guided by
registrar *vt* **1** : register **2** GRABAR : record, tape **3** : search (a house, etc.), frisk (a person) — **registrarse** *vr* **1** : register **2** : be recorded (of temperatures, etc.) — **registrador, -dora** *adj* **caja registradora** : cash register — **registrador, -dora** *n* : registrar — **registro** *nm* **1** : registration **2** : register (book) **3** : registry (office) **4** : range (of a voice, etc.) **5** INSPECCIÓN : search
regla *nf* **1** : rule, regulation **2** : ruler (for measuring) **3** MENSTRUACIÓN : period — **reglamentación** *nf, pl* **-ciones 1** : regulation **2** REGLAS : rules *pl* — **reglamentar** *vt* : regulate — **reglamentario, -ria** *adj* : regulation, official — **reglamento** *nm* : regulations *pl*, rules *pl*
regocijar *vt* : gladden, delight — **regocijarse** *vr* : rejoice — **regocijo** *nm* : delight, rejoicing
regodearse *vr* : be delighted — **regodeo** *nm* : delight
regordete *adj, fam* : chubby
regresar *vi* : return, come back, go back — *vt Lat* : give back — **regresión** *nf, pl* **-siones** : regression

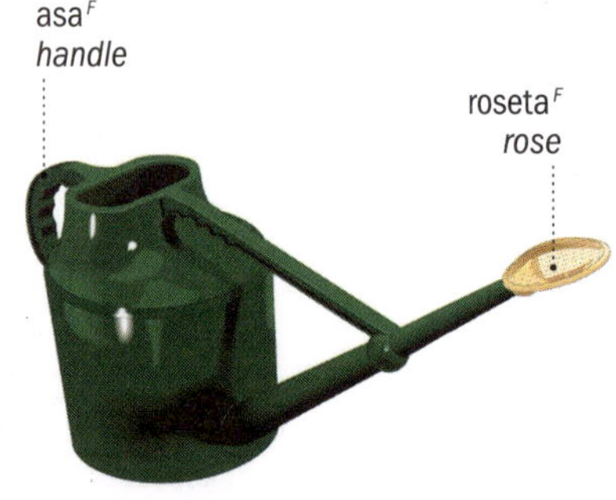

regadera
watering can

— **regresivo, -va** *adj* : regressive
— **regreso** *nm* **1** : return **2 estar de regreso** : be back, be home again
reguero *nm* **1** : irrigation ditch **2** SEÑAL : trail, trace **3 correr como un reguero de pólvora** : spread like wildfire
regular *adj* **1** : regular **2** MEDIANO : medium, average **3 por lo regular** : in general — **regular** *vt* : regulate, control — **regulación** *nf, pl* **-ciones** : regulation, control — **regularidad** *nf* : regularity — **regularizar** {21} *vt* : normalize, make regular
rehabilitar *vt* **1** : rehabilitate **2** : reinstate (someone in a position) **3** : renovate (a building, etc.) — **rehabilitación** *nf* **1** : rehabilitation **2** : reinstatement (in a position) **3** : renovation (of a building, etc.)
rehacer {40} *vt* **1** : redo **2** REPARAR : repair — **rehacerse** *vr* **1** : recover **2 rehacerse de** : get over
rehén *nm, pl* **-henes** : hostage
rehuir {41} *vt* : avoid, shun
rehusar {8} *v* : refuse
reimprimir *vt* : reprint — **reimpresión** *nf, pl* **-siones** : reprinting, reprint
reina *nf* : queen — **reinado** *nm* : reign — **reinante** *adj* : reigning — **reinar** *vi* **1** : reign **2** PREVALECER : prevail
reincidir *vi* : backslide, relapse
reino *nm* : kingdom, realm
reintegrar *vt* **1** : reinstate **2** : refund (money), reimburse (expenses, etc.) — **reintegrarse** *vr* **reintegrarse a** : return to — **reintegro** *nm* : reimbursement
reír {66} *vi* : laugh — *vt* : laugh at — **reírse** *vr* : laugh
reiterar *vt* : repeat, reiterate
reivindicar {72} *vt* **1** : claim **2** RESTAURAR : restore
reja *nf* : grille, grating — **rejilla** *nf* : grille, grate, screen
rejuvenecer {53} *vt* : rejuvenate — **rejuvenecerse** *vr* : be rejuvenated
relación *nf, pl* **-ciones 1** : relation, connection **2** COMUNICACIÓN : relationship, relations *pl* **3** RELATO : account **4** LISTA : list **5 con relación a** *or* **en relación a** : in relation to — **relacionar** *vt* : relate, connect — **relacionarse** *vr* **relacionarse con** : be connected to, interact with
relajar *vt* : relax — **relajarse** *vr* : relax — **relajación** *nf, pl* **-ciones** : relaxation — **relajado, -da** *adj* **1** : relaxed **2** : dissolute, lax (in behavior)

relamerse *vr* : smack one's lips, lick its chops
relámpago *nm* : flash of lightning — **relampaguear** *vi* : flash
relatar *vt* : relate, tell
relativo, -va *adj* **1** : relative **2 en lo relativo a** : with regard to — **relatividad** *nf* : relativity
relato *nm* **1** : account, report **2** CUENTO : story, tale
releer {20} *vt* : reread
relegar {52} *vt* : relegate
relevante *adj* : outstanding, important
relevar *vt* **1** : relieve, take over from **2 relevar de** : exempt from — **relevo** *nm* **1** : relief, replacement **2 carrera de relevos** : relay race
relieve *nm* **1** : relief (in art, etc.) **2** IMPORTANCIA : prominence, importance **3 poner en relieve** : emphasize
religión *nf, pl* **-giones** : religion — **religioso, -sa** *adj* : religious — **religión** *n* : monk *m*, nun *f*
relinchar *vi* : neigh, whinny — **relincho** *nm* : neigh, whinny
reliquia *nf* **1** : relic **2 reliquia de familia** : family heirloom
rellenar *vt* **1** : refill **2** : stuff, fill (in cooking) — **relleno, -na** *adj* : stuffed, filled — **relleno** *nm* : stuffing, filling
reloj *nm* **1** : clock **2** *or* **reloj de pulsera** : wristwatch **3 reloj de arena** : hourglass **4 como un reloj** : like clockwork
relucir {45} *vi* **1** : glitter, shine **2 sacar a relucir** : bring up, mention — **reluciente** *adj* : brilliant, shining
relumbrar *vi* : shine brightly
remachar *vt* **1** : rivet **2** RECALAR : stress, drive home — **remache** *nm* : rivet
remanente *nm* : remainder, surplus
remanso *nm* : pool
remar *vi* : row
rematar *vt* **1** : conclude, finish up **2** MATAR : finish off **3** LIQUIDAR : sell off cheaply **4** *Lat* : auction — *vi* **1** : shoot (in sports) **2** TERMINAR : end — **rematado, -da** *adj* : utter, complete — **remate** *nm* **1** : shot (in sports) **2** FIN : end
remedar *vt* : imitate, mimic
remediar *vt* **1** : remedy, repair **2** : solve (a problem) **3** EVITAR : avoid — **remedio** *nm* **1** : remedy, cure **2** SOLUCIÓN : solution **3 sin remedio** : hopeless
rememorar *vi* : recall
remendar {55} *vt* : mend

remesa *nf* **1** : remittance **2** : shipment (of merchandise)
remezón *nm, pl* **-zones** *Lat* : mild earthquake, tremor
remiendo *nm* : mend, patch
remilgado, -da *adj* **1** : prudish **2** AFECTADO : affected — **remilgo** *nm* : primness, affectation
reminiscencia *nf* : reminiscence
remisión *nf, pl* **-siones** : remission
remiso, -sa *adj* **1** : reluctant **2** NEGLIGENTE : remiss
remitir *vt* **1** : send, remit **2 remitir a** : refer to, direct to — *vi* : subside, let up — **remite** *nm* : return address — **remitente** *nmf* : sender (of a letter, etc.)
remo *nm* : paddle, oar
remodelar *vt* **1** : remodel **2** : restructure (an organization)
remojar *vt* : soak, steep — **remojo** *nm* **poner en remojar** : soak
remolacha *nf* : beet
remolcar {72} *vt* : tow, tug — **remolcador** *nm* : tugboat
remolino *nm* **1** : whirlwind, whirlpool **2** : crowd (of people) **3** : cowlick (of hair)
remolque *nm* **1** : towing, tow **2** : trailer (vehicle)
remontar *vt* **1** : overcome **2** SUBIR : go up — **remontarse** *vr* **1** : soar **2 remontarse a** : date from, go back to
rémora *nf* : hindrance
remorder {47} *vt* : trouble, worry — **remordimiento** *nm* : remorse
remoto, -ta *adj* : remote — **remotamente** *adv* : remotely, slightly
remover {47} *vt* **1** : stir **2** : move around, turn over (earth, embers, etc.) **3** REAVIVIR : bring up again **4** DESPEDIR : fire, dismiss
remunerar *vt* : remunerate
renacer {48} *vi* : be reborn, revive — **renacimiento** *nm* **1** : rebirth, revival **2 el Renacimiento** : the Renaissance
renacuajo *nm* : tadpole, pollywog
rencilla *nf* : quarrel
renco, -ca *adj* *Lat* : lame
rencor *nm* **1** : rancor, hostility **2 guardar rencor** : hold a grudge — **rencoroso, -sa** *adj* : resentful
rendición *nf, pl* **-ciones** : surrender — **rendido, -da** *adj* **1** : submissive **2** AGOTADO : exhausted
rendija *nf* : crack, split
rendir {54} *vt* **1** : render, give **2** PRODUCIR : yield, produce **3** CANSAR : exhaust

reptiles[M]
reptiles

camaleón[M]
chameleon

lagarto[M]
green lizard

serpiente[F] de jarretera[F]
garter snake

cobra[F]
cobra

serpiente[F] coral[M]
coral snake

varano[M]
monitor lizard

iguana[F]
iguana

— *vi* : make progress, go a long way
— **rendirse** *vr* : surrender, give up
— **rendimiento** *nm* **1** : performance
2 : yield, return (in finance, etc.)
renegar {49} *vt* : deny — *vi* **1** QUEJARSE :
grumble **2 renegar de** ABJURAR : renounce,
disown — **renegado, -da** *n* : renegade
renglón *nm, pl* **-glones 1** : line (of
writing) **2** *Lat* : line (of products)

reno *nm* : reindeer
renombre *nm* : renown — **renombrado,
-da** *adj* : famous, renowned
renovar {19} *vt* **1** : renew, restore
2 : renovate (a building, etc.) —
renovación *nf, pl* **-ciones 1** : renewal
2 : renovation (of a building, etc.)
renquear *vi* : limp, hobble
rentar *vt* **1** : produce, yield **2** *Lat* : rent

— **renta** *nf* **1** : income **2** ALQUILER : rent
3 impuesto sobre la renta : income
tax — **rentable** *adj* : profitable
renunciar *vi* **1** : resign **2 renunciar a** :
renounce, relinquish — **renuncia** *nf* **1**
: renunciation **2** DIMISIÓN : resignation
reñir {67} *vi* **reñir con** : argue with, fall
out with — *vt* **1** : scold **2** DISPUTAR :
fight — **reñido, -da** *adj* **1** : hard-fought

2 reñido con : on bad terms with
reo, rea *n* **1** : accused, defendant
2 CULPABLE : culprit
reojo *nm* **de reojo** : out of
the corner of one's eye
reorganizar {21} *vt* : reorganize
repantigarse {52} *vr* : sprawl out
reparar *vt* **1** : repair, fix **2** : make
amends for (an offense, etc.) — *vi* **1**
reparar en ADVERTIR : take notice of
2 reparar en CONSIDERAR : consider
— **reparación** *nf, pl* **-ciones 1** :
reparation, amends **2** ARREGLO : repair
— **reparo** *nm* **1** : reservation, objection
2 poner reparos a : object to
repartir *vt* **1** : allocate **2** DISTRIBUIR
: distribute **3** ESPARCIR : spread
— **repartición** *nf, pl* **-ciones** :
distribution — **repartidor, -dora** *n*
: delivery person, distributor —
reparto *nm* **1** : allocation **2** DISTRIBUCIÓN
: delivery **3** : cast (of characters)
repasar *vt* **1** : review, go over **2**
ZURCIR : mend — **repaso** *nm* **1** :
review **2** : mending (of clothes)
repeler *vt* **1** : repel **2** REPUGNAR : **disgust**
— **repelente** *adj* : repellent, repulsive
repente *nm* **1** : fit, outburst **2 de repente**
: suddenly — **repentino, -na** *adj* : sudden
repercutir *vi* **1** : reverberate **2**
repercutir en : have repercussions on —
repercusión *nf, pl* **-siones** : repercussion
repertorio *nm* : repertoire
repetir {54} *vt* **1** : repeat **2** : have a
second helping of (food) — **repetirse** *vr* **1**
: repeat oneself **2** : recur (of an event, etc.)
— **repetición** *nf, pl* **-ciones 1** : repetition
2 : rerun, repeat (of a program, etc.) —
repetido, -da *adj* **1** : repeated **2 repetidas**
veces : repeatedly, time and again —
repetitivo, -va *adj* : repetitive, repetitious
repicar {72} *vt* : ring — *vi* : ring out,
peal — **repique** *nm* : ringing, pealing
repisa *nf* **1** : shelf, ledge **2 repisa**
de ventana : windowsill
replegar {49} *vt* : fold —
replegarse *vr* : retreat, withdraw
repleto, -ta *adj* **1** : replete, full **2**
repleto, -ta de : packed with
replicar {72} *vt* : reply, retort — *vi* :
answer back — **réplica** *nf* **1** RESPUESTA
: reply **2** COPIA : replica, reproduction
repliegue *nm* **1** : fold **2** :
(military) withdrawal
repollo *nm* : cabbage

reponer {60} *vt* **1** : replace **2** REPLICAR
: reply — **reponerse** *vr* : recover
reportar *vt* **1** : yield, bring **2** *Lat*
: report — **reportaje** *nm* : article,
(news) report — **reporte** *nm Lat* :
report — **reportero, -ra** *n* : reporter
reposar *vi* **1** DESCANSAR : rest **2**
: stand, settle (of liquids, dough,
etc.) — **reposado, -da** *adj* : calm,
relaxed — **reposición** *nf, pl* **-ciones**
1 : replacement **2** : rerun, repeat (of a
program, etc.) — **reposo** *nm* : rest
repostar *vi* **1** : stock up on **2** : refuel
(an airplane, etc.) — *vi* : fill up, refuel
reprender *vt* : reprimand, scold —
reprensible *adj* : reprehensible
represalia *nf* **1** : reprisal **2**
tomar represalias : retaliate
represar *vt* : dam
representar *vt* **1** : represent **2** : perform
(a play, etc.) **3** APARENTAR : look, appear
as — **representación** *nf, pl* **-ciones**
1 : representation **2** : performance (of
a play, etc.) **3 en representar de** : on
behalf of — **representante** *nmf* **1** :
representative **2** ACTOR : performer —
representativo, -va *adj* : representative
represión *nf, pl* **-siones** : repression
reprimenda *nf* : reprimand
reprimir *vt* **1** : repress **2** :
suppress (a rebellion, etc.)
reprobar {19} *vt* **1** : reprove,
condemn **2** *Lat* : fail (an exam, etc.)
reprochar *vt* : reproach —
reprocharse *vr* : reproach oneself
— **reproche** *nm* : reproach
reproducir {61} *vt* : reproduce —
reproducirse *vr* **1** : breed, reproduce
2 : recur (of an event, etc.) —
reproducción *nf, pl* **-ciones** : reproduction
— **reproductor, -tora** *adj* : reproductive
▶ **reptil** *nm* : reptile
república *nf* : republic — **republicano,**
-na *adj & n* : republican
repudiar *vt* : repudiate
repuesto *nm* : spare (auto) part
repugnar *vt* : disgust — **repugnancia** *nf*
: disgust — **repugnante** *adj* : disgusting
repujar *vt* : emboss
repulsivo, -va *adj* : repulsive
reputar *vt* : consider, deem —
reputación *nf, pl* **-ciones** : reputation
requerir {76} *vt* **1** : require **2** :
summon, send for (a person)
requesón *nm, pl* **-sones** : cottage cheese

réquiem *nm* : requiem
requisito *nm* **1** : requirement **2**
requisito previo : prerequisite
res *nf* **1** : beast, animal **2** *Lat*
or **carne de res** : beef
resabio *nm* **1** VICIO : bad habit,
vice **2** DEJO : aftertaste
resaca *nf* **1** : undertow **2 tener**
resaca : have a hangover
resaltar *vi* **1** : stand out **2 hacer resaltar**
: bring out, highlight — *vt* : emphasize
resarcir {83} *vt* : compensate, repay —
resarcirse *vr* **resarcirse de** : make up for
resbalar *vi* **1** : slip, slide **2** : skid (of
an automobile) — **resbalarse** *vr* : slip,
skid — **resbaladizo, -za** *adj* : slippery
— **resbalón** *nm, pl* **-lones** : slip —
resbaloso, -sa *adj Lat* : slippery
rescatar *vt* **1** : rescue, ransom **2**
RECUPERAR : recover, get back —
rescate *nm* **1** : rescue **2** : ransom
(money) **3** RECUPERACIÓN : recovery
rescindir *vt* : cancel — **rescisión** *nf,*
pl **-siones** : cancellation
rescoldo *nm* : embers *pl*
resecar {72} *vt* : dry (out) — **resecarse** *vr*
: dry up — **reseco, -ca** *adj* : dry, dried-up
resentirse {76} *vr* **1** : suffer, be
weakened **2** OFENDERSE : be offended
3 resentirse de : feel the effects of
— **resentido, -da** *adj* : resentful —
resentimiento *nm* : resentment
reseñar *vt* **1** : review **2** DESCRIBIR
: describe — **reseña** *nf* **1** : review,
report **2** DESCRIPCIÓN : description
reservar *vt* **1** : reserve **2** GUARDAR : keep,
save — **reservarse** *vr* **1** : save oneself
2 : keep for oneself — **reserva** *nf* **1**
: reservation **2** PROVISIÓN : reserve
3 de reserva : spare, in reserve —
reservación *nf, pl* **-ciones** : reservation
— **reservado, -da** *adj* **1** : reserved **2**
: confidential (of a document, etc.)
resfriar {85} *vt* : cool — **resfriarse** *vr* **1**
: cool off **2** CONSTIPARSE : catch a
cold — **resfriado** *nm* CATARRO :
cold — **resfrío** *nm Lat* : cold
resguardar *vt* : protect —
resguardarse *vr* : protect
oneself — **resguardo** *nm* **1** :
protection **2** RECIBO : receipt
residir *vi* **1** : reside, live **2 residir en** :
lie in — **residencia** *nf* **1** : residence **2**
or **residencia universitaria** : dormitory
— **residencial** *adj* : residential

respirar: aparato^M respiratorio
breathe: respiratory system

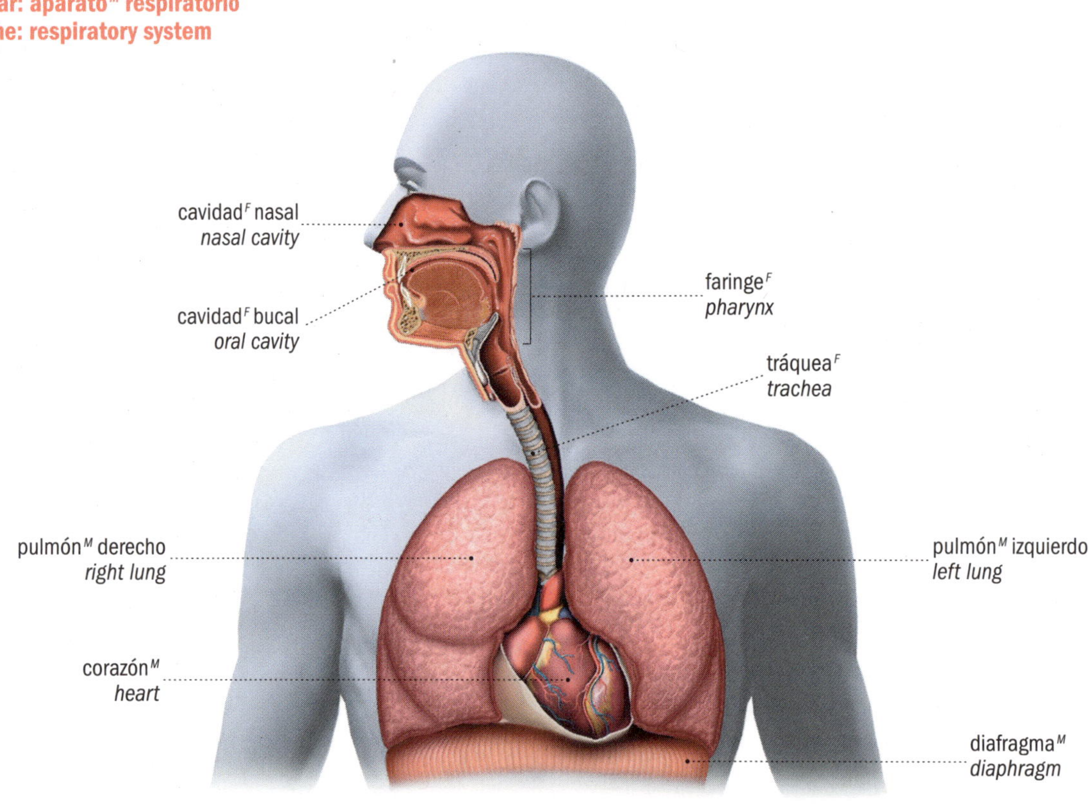

— **residente** *adj & nmf* : resident
residuo *nm* **1** : residue **2** residuos *nmpl*
: waste — **residual** *adj* : residual
resignar *vt* : resign — **resignarse** *vr*
resignarse a : resign oneself to —
resignación *nf, pl* **-ciones** : resignation
resina *nf* **1** : resin **2 resina**
epoxídica : epoxy
resistir *vt* **1** AGUANTAR : stand, bear **2** :
withstand (temptation, etc.) — *vi* : resist
— **resistirse** *vr* **resistirse a** : be resistant
to — **resistencia** *nf* **1** : resistance
2 AGUANTE : endurance, stamina —
resistente *adj* : resistant, strong, tough
resma *nf* : ream
resollar {19} *vi* : breathe heavily, pant
resolver {89} *vt* **1** : resolve **2** DECIDIR
: decide — **resolverse** *vr* : make up
one's mind — **resolución** *nf, pl* **-ciones**
1 : resolution **2** DECISIÓN : decision **3**
FIRMEZA : determination, resolve
resonar {19} *vi* : resound

— **resonancia** *nf* **1** : resonance **2**
CONSECUENCIAS : impact, repercussions *pl*
— **resonante** *adj* : resonant, resounding
resoplar *vi* **1** : puff, pant **2** :
snort (with annoyance)
resorte *nm* **1** MUELLE : spring **2**
tocar resortes : pull strings
respaldar *vt* : back, endorse
— **respaldarse** *vr* : lean back —
respaldo *nm* **1** : back (of a chair,
etc.) **2** APOYO : support, backing
respectar *vt* : concern, relate to
— **respectivo, -va** *adj* : respective
— **respecto** *nm* **1 al respecto**
: in this respect **2 respecto a** :
in regard to, concerning
respetar *vt* : respect —
respetable *adj* : respectable —
respeto *nm* **1** : respect **2 presentar**
sus respetos : pay one's respects —
respetuoso, -sa *adj* : respectful
respingo *nm* : start, jump

▸ **respirar** *v* : breathe — **respiración** *nf,*
pl **-ciones** : respiration, breathing —
respiratorio, -ria *adj* : respiratory
— **respiro** *nm* **1** : breath **2**
DESCANSO : respite, break
resplandecer {53} *vi* : shine —
resplandeciente *adj* : shining, gleaming
— **resplandor** *nm* **1** : brilliance,
gleam **2** : flash (of lightning, etc.)
responder *vt* : answer, reply — *vi* **1**
: answer **2** REPLICAR : answer back **3**
responder a : respond to **4 responder**
de : answer for (something)
responsable *adj* : responsible —
responsabilidad *nf* : responsibility
respuesta *nf* **1** : answer, reply
2 REACCIÓN : response
resquebrajar *vt* : split, crack
— **resquebrajarse** *vr* : crack
resquicio *nm* **1** : crack, crevice
2 VESTIGIO : trace, glimmer
resta *nf* : subtraction

restablecer {53} *vt* : reestablish, restore — **restablecerse** *vr* : recover — **restablecimiento** *nm* : restoration, recovery

restallar *vi* : crack, crackle

restar *vt* **1** : deduct, subtract **2** DISMINUIR : minimize — *vi* : be left — **restante** *adj* **1** : remaining **2 lo restar** : the rest

restauración *nf, pl* **-ciones** : restoration

▸ **restaurante** *nm* : restaurant

restaurar *vt* : restore

restituir {41} *vt* : return, restore — **restitución** *nf, pl* **-ciones** : restitution

resto *nm* **1** : rest, remainder **2 restos** *nmpl* : leftovers **3** *or* **restos mortales** : mortal remains

restregar {49} *vt* : rub, scrub — **restregarse** *vr* : rub

restringir {35} *vt* : restrict, limit — **restricción** *nf, pl* **-ciones** : restriction, limitation — **restrictivo, -va** *adj* : restrictive

resucitar *vt* : resuscitate, revive — *vi* : come back to life

resuelto, -ta *adj* : determined, resolved

resuello *nm* : heavy breathing, panting

resultar *vi* **1** : succeed, work out **2** SALIR : turn out (to be) **3 resultar de** : be the result of **4 resultar en** : result in — **resultado** *nm* : result, outcome

resumir *v* : summarize, sum up — **resumen** *nm, pl* **-súmenes 1** : summary **2 en resumir** : in short

resurgir {35} *vi* : reappear, revive — **resurgimiento** *nm* : resurgence — **resurrección** *nf, pl* **-ciones** : resurrection

retahíla *nf* : string, series

retal *nm* : remnant

retardar *vt* **1** RETRASAR : delay

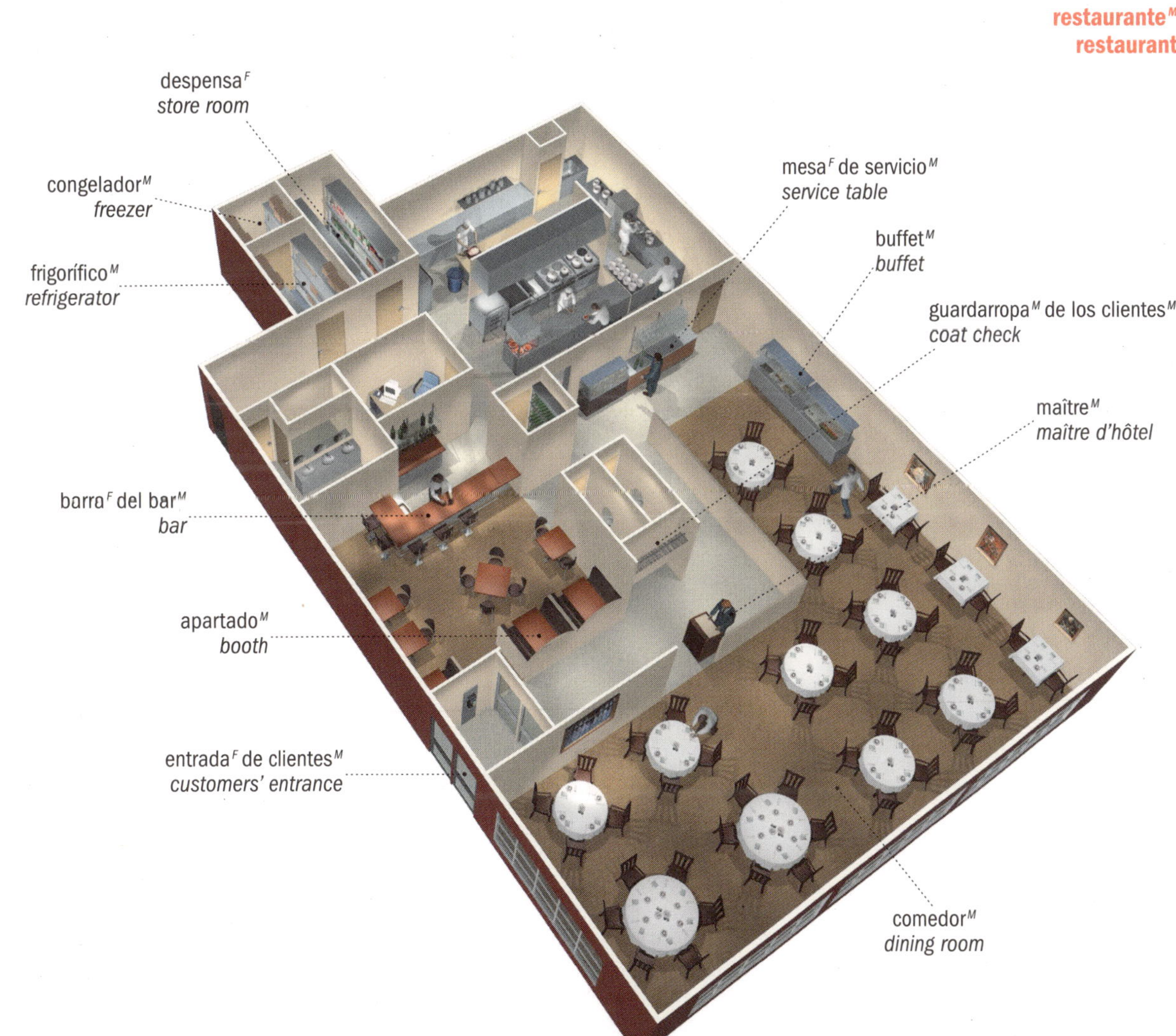

2 POSPONER : postpone
retazo *nm* **1** : remnant, scrap
2 : fragment (of a text, etc.)
retener {80} *vt* **1** : retain, keep **2** :
withhold (funds, etc.) **3** DETENER : detain
— **retención** *nf, pl* **-ciones 1** : retention
2 : deduction, withholding (of funds)
reticente *adj* : reluctant —
reticencia *nf* : reluctance
retina *nf* : retina
retintín *nm, pl* **-tines 1** : tinkling,
jingle **2 con retintín** : sarcastically
retirar *vt* **1** : remove, take away **2** :
withdraw (funds, statements, etc.)
— **retirarse** *vr* **1** : retreat, withdraw
2 JUBILARSE : retire — **retirada** *nf* **1**
: withdrawal **2 batirse en retirada** :
beat a retreat — **retirado, -da** *adj* **1**
: remote, secluded **2** JUBILADO : retired
— **retiro** *nm* **1** : retreat **2** JUBILACIÓN
: retirement **3** *Lat* : withdrawal
reto *nm* : challenge, dare
retocar {72} *vt* : touch up
retoño *nm* : sprout, shoot
retoque *nm* **1** : retouching **2 el**
último retoque : the finishing touch
retorcer {14} *vt* **1** : twist, contort
2 : wring out (clothes, etc.) —
retorcerse *vr* **1** : get twisted up **2** :
squirm, writhe (in pain) — **retorcijón** *nm,*
pl **-jones** : cramp, spasm —
retorcimiento *nm* : twisting, wringing out
retórica *nf* : rhetoric —
retórico, -ca *adj* : rhetorical
retornar *v* : return — **retorno** *nm* : return
retozar {21} *vi* : frolic, romp —
retozón, -zona *adj* : playful, frisky
retractarse *vr* **1** : withdraw, back down

2 retractarse de : take back, retract
retraer {81} *vt* : retract —
retraerse *vr* : withdraw — **retraído,**
-da *adj* : withdrawn, shy
retrasar *vt* **1** : delay, hold up **2** APLAZAR
: postpone **3** : set back (a clock) —
retrasarse *vr* **1** : be late **2** : fall behind
(in work, etc.) — **retrasado, -da** *adj* **1**
: retarded **2** : in arrears (of payments)
3 : backward (of a country) **4** : slow
(of a clock) — **retraso** *nm* **1** : delay
2 SUBDESARROLLO : backwardness **3**
retraso mental : mental retardation
retratar *vt* **1** : portray **2** FOTOGRAFIAR :
photograph **3** DIBUJAR : paint a portrait
of — **retrato** *nm* **1** : portrayal **2** DIBUJO
: portrait **3** FOTOGRAFÍA : photograph
retrete *nm* : restroom, toilet
retribuir {41} *vt* **1** : pay **2** RECOMPENSAR
: reward — **retribución** *nf, pl* **-ciones**
1 : payment **2** RECOMPENSA : reward
retroactivo, -va *adj* : retroactive
retroceder *vi* **1** : go back, turn back **2**
CEDER : back down — **retroceso** *nm* **1** :
backward movement **2** : backing down
retrógrado, -da *adj & nmf* : reactionary
retrospectiva *nf* : hindsight —
retrospectivo, -va *adj* : retrospective
retrovisor *nm* : rearview mirror
retumbar *vi* : resound,
reverberate, rumble
reumatismo *nm* : rheumatism
reunir {68} *vt* **1** : unite, join **2** TENER
: have, possess **3** RECOGER : gather,
collect — **reunirse** *vr* : meet, gather
— **reunión** *nf, pl* **-niones 1** : meeting
2 : (social) gathering, reunion
revalidar *vt* : confirm, ratify
revancha *nf* **1** : revenge **2**
: rematch (in sports)
revelar *vt* **1** : reveal, disclose **2** : develop
(film) — **revelación** *nf, pl* **-ciones** :
revelation — **revelado** *nm* : developing (of
film) — **revelador, -dora** *adj* : revealing
reventar {55} *v* : burst, blow up —
reventarse *vr* : burst — **reventón** *nm,*
pl **-tones** : blowout, flat tire
reverberar *vi* : reverberate
— **reverberación** *nf,*
pl **-ciones** : reverberation
reverenciar *vt* : revere —
reverencia *nf* **1** : bow, curtsy **2** VENERACIÓN
: reverence — **reverendo, -da** *adj & nmf*
: reverend — **reverente** *adj* : reverent
reversa *nf Lat* : reverse (gear)

reverso *nm* **1** : back, reverse **2 el**
reverso de la medalla : the complete
opposite — **reversible** *adj* : reversible
revertir {76} *vi* **1** : revert **2**
revertir en : result in
revés *nm, pl* **-veses 1** : back, wrong
side **2** CONTRATIEMPO : setback **3**
BOFETADA : slap **4** : backhand (in
sports) **5 al revés** : the other way
around, upside down, inside out
revestir {54} *vt* **1** : coat, cover
2 ASUMIR : take on, assume —
revestimiento *nm* : covering, coating
revisar *vt* **1** : examine, inspect **2** :
check over, overhaul (machinery,
etc.) **3** MODIFICAR : revise —
revisión *nf, pl* **-siones 1** : revision
2 INSPECCIÓN : inspection, check
— **revisor, -sora** *n* : inspector
revistar *vt* : review, inspect (troops,
etc.) — **revista** *nf* **1** : magazine,
journal **2** : revue (in theater) **3**
pasar revista : review, inspect
revivir *vi* : revive, come alive
again — *vt* : relive
revocar {72} *vt* : revoke
revolcar {82} *vt* : knock over, knock
down — **revolcarse** *vr* : roll around
revolotear *vi* : flutter, flit —
revoloteo *nm* : fluttering, flitting
revoltijo *nm* : mess, jumble
revoltoso, -sa *adj* : rebellious
revolución *nf, pl* **-ciones** : revolution
— **revolucionar** *vt* : revolutionize —
revolucionario, -ria *adj & n* : revolutionary
revolver {89} *vt* **1** : mix, stir **2** : upset
(one's stomach) **3** DESORGANIZAR :
mess up — **revolverse** *vr* **1** : toss
and turn **2** VOLVERSE : turn around
revólver *nm* : revolver
revuelo *nm* : commotion
revuelta *nf* : uprising, revolt —
revuelto, -ta *adj* **1** : choppy, rough **2**
DESORDENADO : messed up **3 huevos**
revueltos : scrambled eggs
rey *nm* : king
reyerta *nf* : brawl, fight
rezagarse {52} *vr* : fall behind, lag
rezar {21} *vi* **1** : pray **2** DECIR : say — *vt*
: say, recite — **rezo** *nm* : prayer
rezongar {52} *vi* : gripe, grumble
rezumar *v* : ooze
ría *nf* : estuary
riachuelo *nm* : brook, stream
riada *nf* : flood

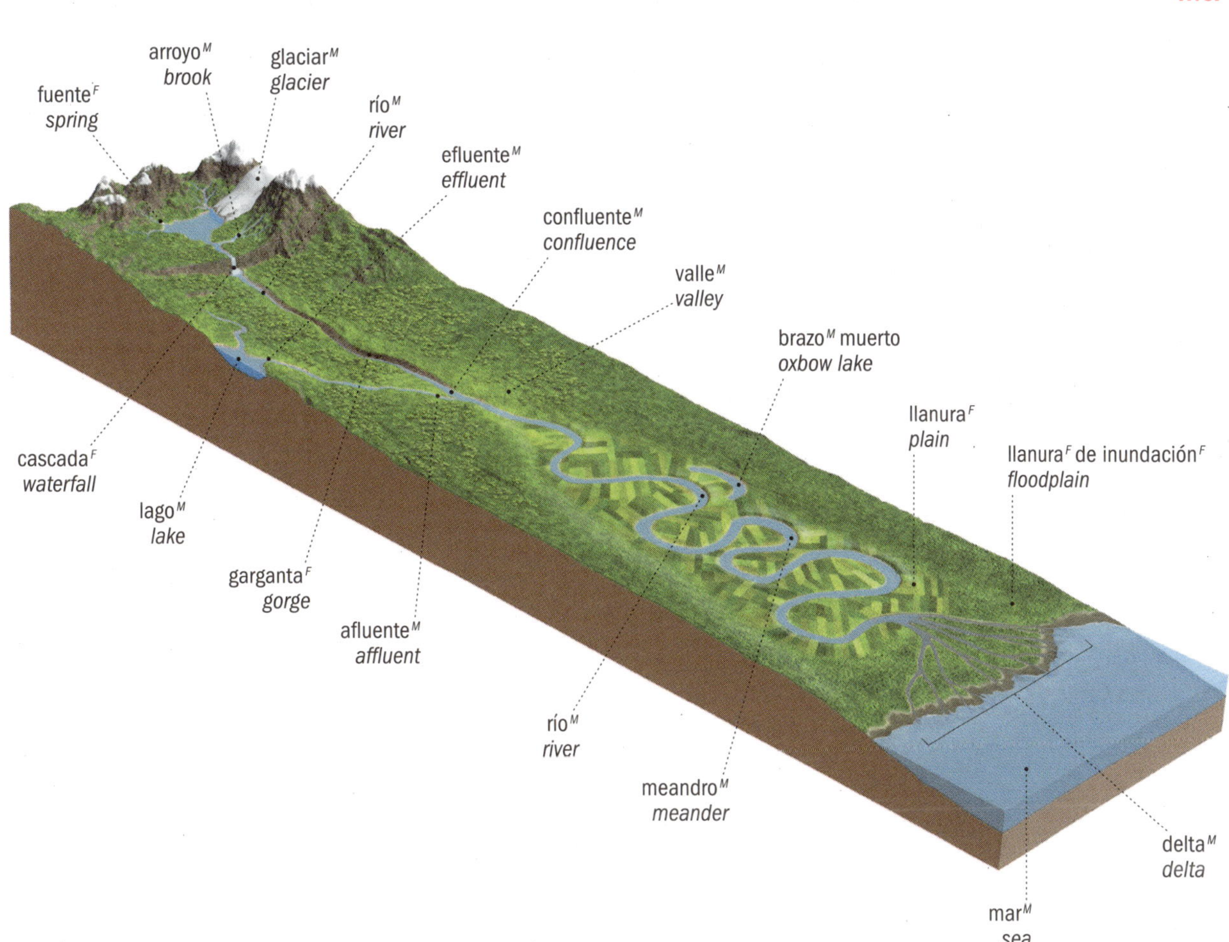

ribera *nf* : bank, shore
ribetear *vt* : border, trim — **ribete** *nm* **1** : border, trim **2** : embellishment
rico, -ca *adj* **1** : rich, wealthy **2** ABUNDANTE : abundant **3** SABROSO : rich, tasty — **rico, -ca** *n* : rich person
ridiculizar {21} *vt* : ridicule — **ridículo, -la** *adj* : ridiculous — **ridículo** *nm* **1** **hacer el ridículo** : make a fool of oneself **2 poner en ridículo** : ridicule
riego *nm* : irrigation
riel *nm* : rail
rienda *nf* **1** : rein **2 dar rienda suelta a** : give free rein to
riesgo *nm* : risk

rifa *nf* : raffle — **rifar** *vt* : raffle (off) — **rifarse** *vr, fam* : fight over
rifle *nm* : rifle
rígido, -da *adj* **1** : rigid, stiff **2** SEVERO : harsh, strict — **rigidez** *nf, pl* **-deces 1** : rigidity, stiffness **2** SEVERIDAD : harshness, strictness
rigor *nm* **1** : rigor, harshness **2** EXACTITUD : precision **3 de rigor** : essential, obligatory — **riguroso, -sa** *adj* : rigorous
rima *nf* **1** : rhyme **2 rimas** *nfpl* : verse, poetry — **rimar** *vi* : rhyme
rimbombante *adj* : showy, pompous
rímel *nm* : mascara
rincón *nm, pl* **-cones** : corner, nook

▸ **rinoceronte** *nm* : rhinoceros
riña *nf* **1** : fight, brawl **2** DISPUTA : dispute, quarrel
riñón *nm, pl* **-ñones** : kidney
▸ **río** *nm* **1** : river **2** TORRENTE : torrent, stream
riqueza *nf* **1** : wealth **2** ABUNDANCIA : richness **3 riquezas naturales** : natural resources
risa *nf* **1** : laughter, laugh **2 dar risa a algn** : make someone laugh **3 morirse de la risa** *fam* : die laughing
risco *nm* : crag, cliff
risible *adj* : laughable
ristra *nf* : string, series

risueño, -ña *adj* : cheerful, smiling
ritmo *nm* **1** : rhythm **2** VELOCIDAD : pace, speed — **rítmico, -ca** *adj* : rhythmical
rito *nm* : rite, ritual — **ritual** *adj & nm* : ritual
rival *adj & nmf* : rival — **rivalidad** *nf* : rivalry, competition — **rivalizar** {21} *vi* **rivalizar con** : rival, compete with
rizar {21} *vt* **1** : curl **2** : ripple (a surface) — **rizarse** *vr* : curl — **rizado, -da** *adj* **1** : curly **2** : choppy (of water) — **rizo** *nm* **1** : curl **2** : ripple (in water) **3** : loop (in aviation)
róbalo *nm* : bass (fish)
robar *vt* **1** : steal **2** : burglarize (a house, etc.) **3** SECUESTRAR : kidnap — **robo** *nm* : robbery, theft
roble *nm* : oak
robot *nm, pl* **-bots** : robot — **robótica** *nf* : robotics
robustecer {53} *vt* : make stronger, strengthen — **robusto, -ta** *adj* : robust, sturdy
roca *nf* : rock, boulder
roce *nm* **1** : rubbing, chafing **2** RASGUÑO : graze, scratch **3 tener un roce con** : have a brush with
rociar {85} *vt* : spray, sprinkle — **rocío** *nm* : dew
rocoso, -sa *adj* : rocky
rodaja *nf* : slice
rodar {19} *vi* **1** : roll, roll down, roll along **2** GIRAR : turn, go around **3** : travel (of a vehicle) **4** : film (of movies, etc.) — *vt* **1** : film, shoot **2** : break in (a vehicle) — **rodaje** *nm* **1** : filming, shooting **2** : breaking in (of a vehicle)
rodear *vt* **1** : surround, encircle **2** *Lat* : round up (cattle) — **rodearse** *vr* **rodearse de** : surround oneself with — **rodeo** *nm* **1** : rodeo, roundup **2** DESVÍO : detour **3 andar con rodeos** : beat around the bush
rodilla *nf* : knee
rodillo *nm* **1** : roller **2** : rolling pin (for pastry)
roer {69} *vt* **1** : gnaw **2** ATORMENTAR : eat away at, torment — **roedor** *nm* : rodent
rogar {16} *vt* : beg, request — *vi* : pray
rojo, -ja *adj* **1** : red **2 ponerse rojo, -ja** : blush — **rojo** *nm* : red — **rojez** *nf* : redness — **rojizo, -za** *adj* : reddish
rollizo, -za *adj* : plump, chubby
rollo *nm* **1** : roll, coil **2** *fam* : boring speech, lecture
romance *nm* **1** : romance **2** : Romance (language)

romano, -na *adj & n* : Roman
romántico, -ca *adj* : romantic — **romanticismo** *nm* : romanticism
romería *nf* : pilgrimage, procession
romero *nm* : rosemary
romo, -ma *adj* : blunt, dull
rompecabezas *nms & pl* : puzzle
romper {70} *vt* **1** : break **2** RASGAR : rip, tear **3** : break off (relations), break (a contract) — *vi* **1** : break (of the day, waves, etc.) **2 romper a** : begin to, burst out with **3 romper con** : break off with — **romperse** *vr* : break
ron *nm* : rum
roncar {72} *vi* : snore — **ronco, -ca** *adj* : hoarse
ronda *nf* **1** : rounds *pl*, patrol **2** : round (of drinks, etc.) — **rondar** *vt* **1** : patrol **2** : hang around (a place) **3** : be approximately (an age, a number, etc.) — *vi* **1** : be on patrol **2** MERODEAR : prowl about
ronquera *nf* : hoarseness
ronquido *nm* : snore
ronronear *vi* : purr — **ronroneo** *nm* : purr, purring
ronzar {21} *vt* : munch, crunch
roña *nf* **1** : mange **2** SUCIEDAD : dirt, filth — **roñoso, -sa** *adj* **1** : mangy **2** SUCIO : dirty **3** *fam* : stingy
ropa *nf* **1** : clothes *pl*, clothing **2 ropa interior** : underwear — **ropaje** *nm* : robes *pl*, regalia — **ropero** *nm* : wardrobe, closet
rosa *nf* : rose (flower) — **rosa** *adj* : rose-colored — **rosa** *nm* : rose (color) — **rosado, -da** *adj* **1** : pink **2 vino rosado** : rosé — **rosado** *nm* : pink (color) — **rosal** *nm* : rosebush
rosario *nm* : rosary
rosbif *nm* : roast beef
rosca *nf* **1** : thread (of a screw) **2** ESPIRAL : ring, coil
roseta *nf* : rosette
rosquilla *nf* : doughnut
rostro *nm* : face
rotación *nf, pl* **-ciones** : rotation — **rotativo, -va** *adj* : rotary, revolving
roto, -ta *adj* : broken, torn
rotonda *nf* : traffic circle, rotary
rótula *nf* : kneecap
rótulo *nm* **1** : heading, title **2** ETIQUETA : label, sign
rotundo, -da *adj* : categorical, absolute
rotura *nf* : break, tear, fracture
rozar {21} *vt* **1** : graze, touch lightly

2 APROXIMARSE DE : touch on, border on — *vi* : scrape, rub — **rozarse** *vr* **1** : rub, chafe **2 rozarse con** *fam* : rub elbows with — **rozadura** *nf* : scratch
rubí *nm, pl* **rubíes** : ruby
rubicundo, -da *adj* : ruddy
rubio, -bia *adj & n* : blond
rubor *nm* : flush, blush — **ruborizarse** {21} *vr* : blush
rúbrica *nf* **1** : flourish (in writing) **2** TÍTULO : title, heading
rudeza *nf* : roughness, coarseness
rudimentos *nmpl* : rudiments, basics — **rudimentario, -ria** *adj* : rudimentary
rudo, -da *adj* **1** : rough, harsh **2** GROSERO : coarse, unpolished
rueda *nf* **1** : wheel **2** CORRO : circle, ring **3** RODAJA : (round) slice **4 ir sobre ruedas** : go smoothly — **ruedo** *nm* : bullring
ruego *nm* : request
rugir {35} *vi* : roar — **rugido** *nm* : roar
rugoso, -sa *adj* **1** : rough **2** ARRUGADO : wrinkled
ruibarbo *nm* : rhubarb
ruido *nm* : noise — **ruidoso, -sa** *adj* : loud, noisy
ruina *nf* **1** : ruin, destruction **2** COLAPSO : collapse **3 ruinas** *nfpl* : ruins, remains — **ruinoso, -sa** *adj* : run-down, dilapidated
ruiseñor *nm* : nightingale
ruleta *nf* : roulette
rulo *nm* : curler, roller
rumano, -na *adj* : Romanian, Rumanian
rumba *nf* : rumba
rumbo *nm* **1** : direction, course **2** ESPLENDIDEZ : lavishness **3 con rumbo a** : bound for, heading for **4 perder el rumbo** : go off course
rumiar *vt* : mull over — *vi* : chew the cud — **rumiante** *adj & nm* : ruminant
rumor *nm* **1** : rumor **2** MURMULLO : murmur — **rumorearse** *or* **rumorarse** *vr* : be rumored — **rumoroso, -sa** *adj* : murmuring, babbling
ruptura *nf* **1** : break, rupture **2** : breach (of a contract) **3** : breaking off (of relations)
rural *adj* : rural
ruso, -sa *adj* : Russian — **ruso** *nm* : Russian (language)
rústico, -ca *adj* **1** : rural, rustic **2 en rústica** : in paperback
ruta *nf* : route
rutina *nf* : routine — **rutinario, -ria** *adj* : routine

s *nf* : s, 20th letter of the Spanish alphabet

sábado *nm* : Saturday

sábana *nf* : sheet

sabandija *nf* : bug

saber {71} *vt* **1** : know **2** SER CAPAZ DE : know how to, be able to **3** ENTERARSE : learn, find out **4 a saber** : namely — *vi* **1** : taste **2 saber de** : know about — **saber** *nm* : knowledge — **sabelotodo** *nmf, fam* : know-it-all — **sabido, -da** *adj* : well-known — **sabiduría** *nf* **1** : wisdom **2** CONOCIMIENTO : learning, knowledge — **sabiendas: a sabiendas** *adv phr* : knowingly — **sabio, -bia** *adj* **1** :

learned **2** PRUDENTE : wise, sensible

sabor *nm* : flavor, taste — **saborear** *vt* : savor

sabotaje *nm* : sabotage — **saboteador, -dora** *n* : saboteur — **sabotear** *vt* : sabotage

sabroso, -sa *adj* : delicious, tasty

sabueso *nm* **1** : bloodhound **2** *fam* : sleuth

sacacorchos *nms & pl* : corkscrew

sacapuntas *nms & pl* : pencil sharpener

sacar {72} *vt* **1** : take out **2** OBTENER : get, obtain **3** EXTRAER : extract, withdraw **4** : bring out (a book, a product, etc.) **5** : take (photos), make (copies) **6** QUITAR : remove **7 sacar adelante** : bring up (children), carry out (a project, etc.) **8 sacar la lengua** : stick out one's tongue — *vi* : serve (in sports)

sacarina *nf* : saccharin

sacerdote, -tisa *n* : priest *m*, priestess *f* — **sacerdocio** *nm* : priesthood — **sacerdotal** *adj* : priestly

saciar *vt* : satisfy

▸ **saco** *nm* **1** : bag, sack **2** : sac (in anatomy) **3** *Lat* : jacket

sacramento *nm* : sacrament

tienda*^F* de campaña*^F* clásica
pup tent

saco^M de dormir de tipo^M momia^F
mummy bag

sartén*^F*
frying pan

plato*^M*
plate

cubertería*^F*
cutlery set

colchoneta*^F* de aire*^M*
air mattress

cantimplora*^F*
canteen

hornillo*^M*
single-burner camp stove

linterna*^F*
lantern

muelle*^M* para inflar y desinflar
inflator-deflator

salmones^M
salmon

salmón^M del Pacífico^M
Pacific salmon

salmón^M del Atlántico^M
Atlantic salmon

— **sacramental** *adj* : sacramental
sacrificar {72} *vt* **1** : sacrifice —
sacrificarse *vr* : sacrifice oneself
— **sacrificio** *nm* : sacrifice
sacrilegio *nm* : sacrilege —
sacrílego, -ga *adj* : sacrilegious
sacro, -cra *adj* : sacred —
sacrosanto, -ta *adj* : sacrosanct
sacudir *vt* **1** : shake **2** GOLPEAR : beat
3 CONMOVER : shake up, shock —
sacudirse *vr* : shake off — **sacudida** *nf* **1**
: shaking **2** : jolt (of a train, etc.), tremor
(of an earthquake) **3** : (emotional) shock
sádico, -ca *adj* : sadistic — **sádico,
-ca** *n* : sadist — **sadismo** *nm* : sadism
saeta *nf* : arrow
safari *nm* : safari
sagaz *adj, pl* **-gaces** : shrewd, sagacious
— **sagacidad** *nf* : shrewdness
sagrado, -da *adj* : sacred, holy
sal *nf* : salt
sala *nf* **1** : room, hall **2** : living room (of a
house) **3 sala de espera** : waiting room
salar *vt* : salt — **salado, -da** *adj* **1** : salty **2**
GRACIOSO : witty **3 agua salada** : salt water
salario *nm* : salary, wage

salchicha *nf* : sausage — **salchichón** *nf,
pl* **-chones** : salami-like cold cut
saldar *vt* **1** : settle, pay off **2** VENDER
: sell off — **saldo** *nm* **1** : balance
(of an account) **2 saldars** *nmpl*
: remainders, sale items
salero *nm* : saltshaker
salir {73} *vi* **1** : go out, come out **2**
PARTIR : leave **3** APARECER : appear **4**
RESULTAR : turn out **5** : rise (of the sun)
6 salir adelante : get by **7 salir con** : go
out with, date **8 salir de** : come from
— **salirse** *vr* **1** : leave **2** ESCAPARSE :
leak out, escape **3** SOLTARSE : come off
4 salirse con la suya : get one's own
way — **salida** *nf* **1** : exit **2** : (action of)
leaving, departure **3** SOLUCIÓN : way out
4 : leak (of gas, liquid, etc.) **5** OCURRENCIA
: witty remark **6 salida de emergencia**
: emergency exit **7 salida del sol** :
sunrise — **saliente** *adj* **1** : departing,
outgoing **2** DESTACADO : outstanding
saliva *nf* : saliva
salmo *nm* : psalm
▶ **salmón** *nm, pl* **-mones** : salmon
salmuera *nf* : brine

salón *nm, pl* **-lones 1** : lounge, sitting
room **2 salón de belleza** : beauty
salon **3 salón de clase** : classroom
salpicar {72} *vt* **1** : splash,
spatter **2 salpicar de** : pepper
with — **salpicadera** *nf Lat* : fender
— **salpicadura** *nf* : splash
salsa *nf* **1** : sauce **2** : (meat)
gravy **3** : salsa (music)
saltamontes *nms & pl* : grasshopper
saltar *vi* **1** : jump, leap **2** REBOTAR
: bounce **3** : come off (of a button,
etc.) **4** ROMPERSE : shatter **5** ESTALLAR :
explode, blow up — *vt* **1** : jump (over)
2 OMITIR : skip, miss — **saltarse** *vr* **1**
: come off **2** OMITIR : skip, miss
saltear *vt* : sauté
saltimbanqui *nmf* : acrobat
salto *nm* **1** : jump, leap **2** : dive
(into water) **3 salto de agua** :
waterfall — **saltón, -tona** *adj, mpl*
-tones : bulging, protruding
salud *nf* **1** : health **2 ¡salud!** : here's
to your health! **3 ¡salud!** *Lat* : bless
you! (when someone sneezes)
— **saludable** *adj* : healthy
saludar *vt* **1** : greet, say hello to **2** :
salute (in the military) — **saludo** *nm* **1**
: greeting **2** : (military) salute **3**
saludars : best wishes, regards
salva *nf* **salva de aplausos**
: round of applause
salvación *nf, pl* **-ciones** : salvation
salvado *nm* : bran
salvador, -dora *n* : savior, rescuer
salvadoreño, -ña *adj* : (El) Salvadoran
salvaguardar *vt* : safeguard
salvaje *adj* **1** : wild **2** PRIMITIVO : savage,
primitive — **salvaje** *nmf* : savage
salvar *vt* **1** : save, rescue **2** RECORRER
: cover, travel **3** SUPERAR : overcome
— **salvarse** *vr* : save oneself —
salvavidas *nms & pl* **1** : life preserver
2 bote salvavidas : lifeboat
salvia *nf* : sage (plant)
salvo, -va *adj* : safe — **salvo** *prep* **1** :
except (for), save **2 salvo que** : unless
samba *nf* : samba
San → **santo**
sanar *vt* : heal, cure — *vi* : recover
— **sanatorio** *nm* **1** : sanatorium
2 HOSPITAL : clinic, hospital
sanción *nf, pl* **-ciones** : sanction
— **sancionar** *vt* : sanction
sandalia *nf* : sandal

sándalo *nm* : sandalwood
sandía *nf* : watermelon
sandwich *nm, pl* **-wiches** : sandwich
saneamiento *nm* : sanitation
sangrar *vt* **1** : bleed **2** : indent (a paragraph) — *vi* : bleed — **sangrante** *adj* : bleeding — **sangre** *nf* **1** : blood **2 a sangre fría** : in cold blood — **sangriento, -ta** *adj* : bloody
sanguijuela *nf* : leech
sanguinario, -ria *adj* : bloodthirsty — **sanguíneo, -nea** *adj* : blood
sano, -na *adj* **1** : healthy **2** : (morally) wholesome **3** ENTERO : intact **4 sano y salvo** : safe and sound — **sanidad** *nf* **1** : health **2** : public health, sanitation — **sanitario, -ria** *adj* : sanitary, health — **sanitario** *nm Lat* : toilet
santiamén *nm* **en un santiamén** : in no time at all
santo, -ta *adj* **1** : holy **2 Santo, Santa** (**San** *before masculine names except those beginning with D or T*) : Saint — **santo, -ta** *n* : saint — **santo** *nm* **1** : saint's day **2** *Lat* : birthday — **santidad** *nf* : holiness, sanctity — **santiguarse** {10} *vr* : cross oneself — **santuario** *nm* : sanctuary
saña *nf* **1** : fury **2** BRUTALIDAD : viciousness
sapo *nm* : toad
saque *nm* : serve (in tennis, etc.), throw-in (in soccer)
saquear *vt* : sack, loot — **saqueador, -dora** *n* : looter — **saqueo** *nm* : sacking, looting
sarampión *nm* : measles *pl*
sarape *nm Lat* : serape
sarcasmo *nm* : sarcasm — **sarcástico, -ca** *adj* : sarcastic
sardina *nf* : sardine
sardónico, -ca *adj* : sardonic
sargento *nmf* : sergeant
sarpullido *nm* : rash
sartén *nmf, pl* **-tenes** : frying pan
sastre, -tra *n* : tailor — **sastrería** *nf* **1** : tailoring **2** : tailor's shop
Satanás *nm* : Satan — **satánico, -ca** *adj* : satanic
satélite *nm* : satellite
sátira *nf* : satire — **satírico, -ca** *adj* : satirical
satisfacer {74} *vt* **1** : satisfy **2** CUMPLIR : fulfill, meet **3** PAGAR : pay — **satisfacerse** *vr* **1** : be satisfied **2** VENGARSE : take revenge — **satisfacción** *nf, pl* **-ciones** : satisfaction

— **satisfactorio, -ria** *adj* : satisfactory
— **satisfecho, -cha** *adj* : satisfied
saturar *vt* : saturate — **saturación** *nf, pl* **-ciones** : saturation
Saturno *nm* : Saturn
sauce *nm* : willow
sauna *nmf* : sauna
savia *nf* : sap
saxofón *nm, pl* **-fones** : saxophone
sazón *nf, pl* **-zones** **1** : seasoning **2** MADUREZ : ripeness **3 a la sazón** : at that time, then **4 en sazón** : ripe, in season — **sazonar** *vt* : season
se *pron* **1** (*reflexive*) : himself, herself, itself, oneself, yourself, yourselves, themselves **2** (*indirect object*) : (to) him, (to) her, (to) you, (to) them **3** : each other, one another **4 se dice que** : it is said that **5 se habla inglés** : English spoken
sebo *nm* **1** : fat **2** : tallow (for candles, etc.) **3** : suet (for cooking)
secar {72} *v* : dry — **secarse** *vr* : dry (up) — **secador** *nm* : hair dryer

— **secadora** *nf* : (clothes) dryer
sección *nf, pl* **-ciones** : section
seco, -ca *adj* **1** : dry **2** : dried (of fruits, etc.) **3** TAJANTE : sharp, brusque **4** *fam* : thin, skinny **5 a secas** : simply, just **6 en seco** : suddenly
secretar *vt* : secrete — **secreción** *nf, pl* **-ciones** : secretion
secretario, -ria *n* : secretary — **secretaría** *nf* : secretariat
secreto, -ta *adj* : secret — **secreto** *nm* **1** : secret **2 en secreto, -ta** : in confidence
secta *nf* : sect
sector *nm* : sector
secuaz *nmf, pl* **-cuaces** : follower, henchman
secuela *nf* : consequence
secuencia *nf* : sequence
secuestrar *vt* **1** : kidnap **2** : hijack (an airplane, etc.) **3** EMBARGAR : confiscate, seize — **secuestrador, -dora** *n* **1** : kidnapper **2** : hijacker (of

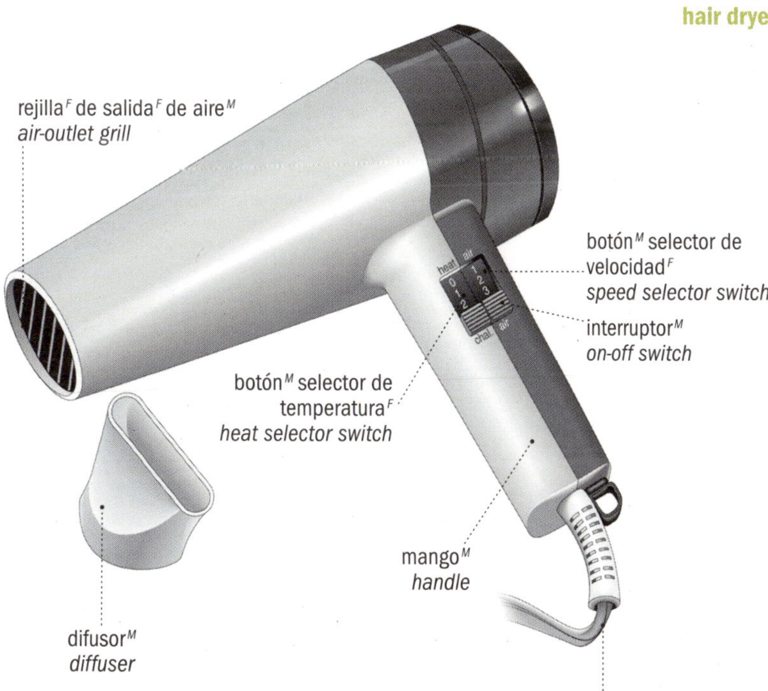
secador[M]
hair dryer

difusor[M]
diffuser

sedes^F
seats

puf^M
ottoman

escabel^M
stool

banco^M
bench

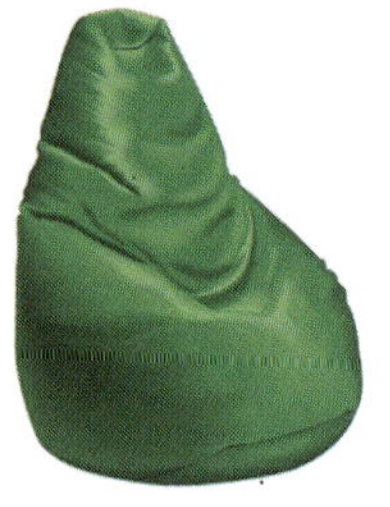

silla^F cojín^M
bean bag chair

an airplane, etc.) — **secuestro** *nm* **1**
: kidnapping **2** : hijacking (of an
airplane, etc.) **3** : seizure (of goods)
secular *adj* : secular
secundar *vt* : support, second —
 secundario, -ria *adj* : secondary
sed *nf* **1** : thirst **2 tener sed** : be thirsty
seda *nf* : silk

sedal *nm* : fishing line
sedar *vt* : sedate — **sedante** *adj*
 & *nm* : sedative
sede *nf* **1** : seat, headquarters
 2 Santa Sede : Holy See
sedentario, -ria *adj* : sedentary
sedición *nf, pl* **-ciones** : sedition
 — **sedicioso, -sa** *adj* : seditious
sediento, -ta *adj* : thirsty
sedimento *nm* : sediment
sedoso, -sa *adj* : silky, silken
seducir {61} *vt* **1** : seduce **2** ATRAER
 : captivate, charm — **seducción** *nf*,
 pl **-ciones** : seduction — **seductor,**
 -tora *adj* **1** : seductive **2** ENCANTADOR :
 charming — **seductor, -tora** *n* : seducer
segar {49} *vt* : reap — **segador,**
 -dora *n* : reaper, harvester
seglar *adj* : lay, secular — **seglar** *nm*
 : layperson, layman *m*, laywoman *f*
segmento *nm* : segment
segregar {52} *vt* : segregate —
 segregación *nf, pl* **-ciones** : segregation
seguir {75} *vt* : follow — *vi* : go on,
 continue — **seguida**: **en seguida** *adv phr*
 : right away — **seguido** *adv* **1** : straight
 (ahead) **2** *Lat* : often — **seguido, -da** *adj* **1**
 : continuous **2** CONSECUTIVO : consecutive
 — **seguidor, -dora** *n* : follower
según *prep* : according to — **según** *adv*
 : it depends — **según** *conj* : as, just as
segundo, -da *adj* : second —
 segundo, -da *n* : second (one) —
 segundo *nm* : second (unit of time)
seguro, -ra *adj* **1** : safe **2** FIRME : secure
 3 CIERTO : sure, certain **4** FIABLE : reliable
 — **seguramente** *adv* : for sure, surely
 — **seguridad** *nf* **1** : safety **2** GARANTÍA :
 security **3** CERTEZA : certainty **4** CONFIANZA
 : confidence — **seguro** *adv* : certainly —
 seguro *nm* **1** : insurance **2** : safety (device)
seis *adj & nm* : six — **seiscientos,**
 -tas *adj* : six hundred —
 seiscientos *nms & pl* : six hundred
seísmo *nm* : earthquake
selección *nf, pl* **-ciones** : selection
 — **seleccionar** *vt* : select, choose
 — **selectivo, -va** *adj* : selective —
 selecto, -ta *adj* : choice, select
sellar *vt* **1** : seal **2** TIMBRAR : stamp
 — **sello** *nm* **1** : seal **2** TIMBRE : stamp
 3 *or* **sellar distintivo** : hallmark
selva *nf* **1** : jungle **2** BOSQUE : forest
semáforo *nm* : traffic light
semana *nf* : week — **semanal** *adj* :

weekly — **semanario** *nm* : weekly
semántica *nf* : semantics —
 semántico, -ca *adj* : semantic
semblante *nm* **1** : countenance,
 face **2** APARIENCIA : look
sembrar {55} *vt* **1** : sow **2**
 sembrar de : strew with
semejar *vi* : resemble — **semejarse** *vr*
 : look alike — **semejante** *adj* **1** :
 similar **2** TAL : such — **semejante** *nm* :
 fellowman — **semejanza** *nf* : similarity
semen *nm* : semen — **semental** *nm* **1**
 : stud **2 caballo semental** : stallion
semestre *nm* : semester
semiconductor *nm* : semiconductor
semifinal *nf* : semifinal
semilla *nf* : seed — **semillero** *nm* **1**
 : nursery (for plants) **2** HERVIDERO
 : hotbed, breeding ground
seminario *nm* **1** : seminary
 2 CURSO : seminar, course
sémola *nf* : semolina
senado *nm* : senate —
 senador, -dora *n* : senator
sencillo, -lla *adj* **1** : simple **2** ÚNICO
 : single — **sencillez** *nf* : simplicity
senda *nf or* **sendero** *nm* : path, way
sendos, -das *adj pl* : each, both
senil *adj* : senile
seno *nm* **1** : breast, bosom **2** : sinus
 (in anatomy) **3 seno materno** : womb
sensación *nf, pl* **-ciones** : feeling,
 sensation — **sensacional** *adj* :
 sensational — **sensacionalista** *adj*
 : sensationalistic, lurid
sensato, -ta *adj* : sensible —
 sensatez *nf* : good sense
sensible *adj* **1** : sensitive **2** APRECIABLE
 : considerable, significant —
 sensibilidad *nf* : sensitivity — **sensitivo,**
 -va *or* **sensorial** *adj* : sense, sensory
sensual *adj* : sensual, sensuous
 — **sensualidad** *nf* : sensuality
sentar {55} *vt* **1** : seat, sit **2** ESTABLECER
 : establish, set — *vi* **1** : suit **2**
 sentar bien a : agree with (of food or
 drink) — **sentarse** *vr* : sit (down) —
 sentado, -da *adj* **1** : sitting, seated **2**
 dar por sentado : take for granted
sentencia *nf* **1** FALLO : sentence,
 judgment **2** MÁXIMA : saying —
 sentenciar *vt* : sentence
sentido, -da *adj* **1** : heartfelt, sincere
 2 SENSIBLE : touchy, sensitive —
 sentido *nm* **1** : sense **2** CONOCIMIENTO

seísmo^M
earthquake

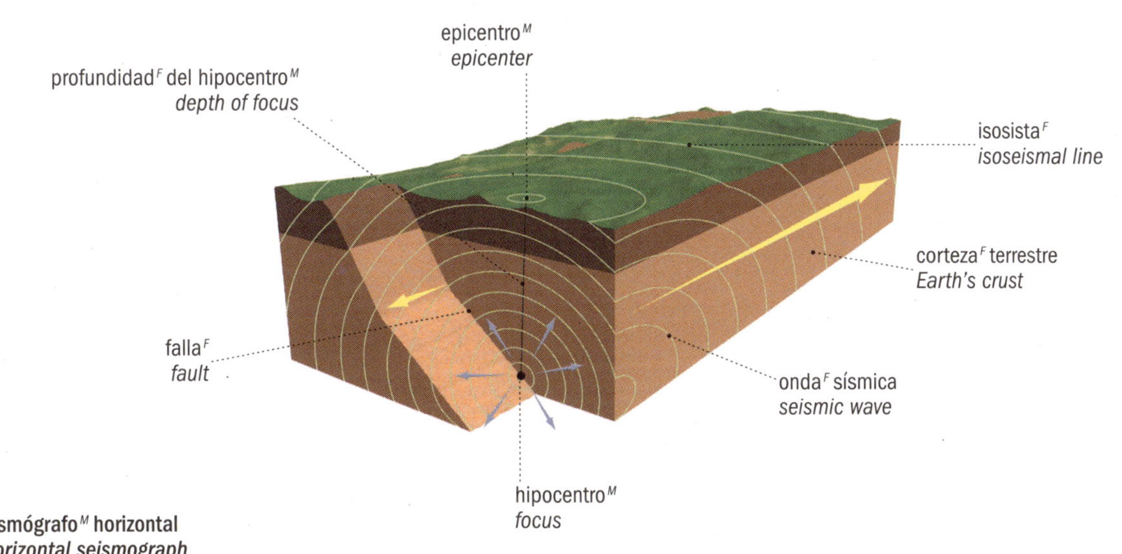

sismógrafo^M horizontal
horizontal seismograph

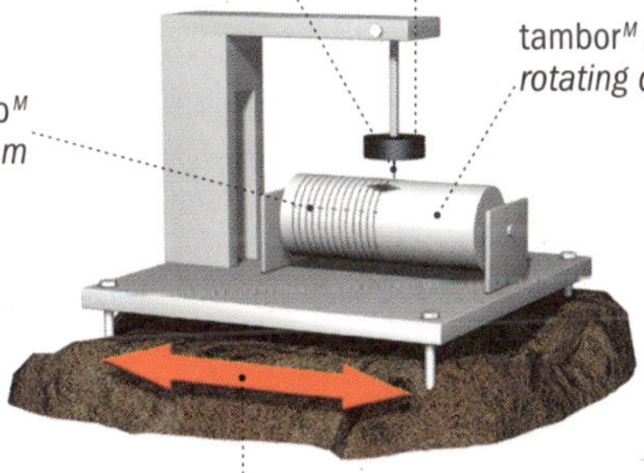

sismógrafo^M vertical
vertical seismograph

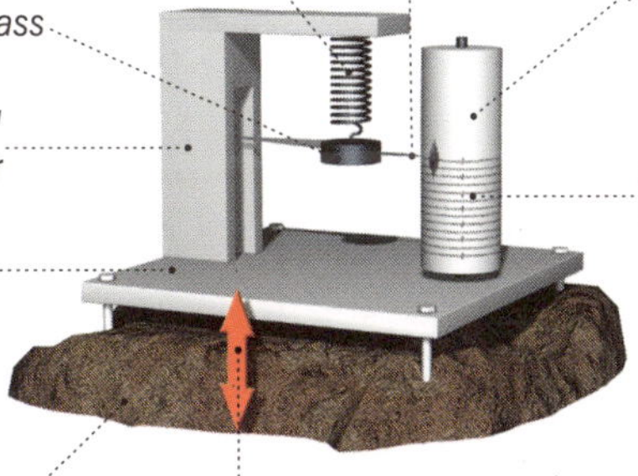

símbolos^M de seguridad^F
safety symbols

inflamable
flammable

alta tensión^F
high voltage

veneno^M
poison

protección^F de la cabeza^F
head protection

protección del sistema^M respiratorio
respiratory system protection

protección^F de los oídos^M
ear protection

: consciousness **3** DIRECCIÓN : direction **4 doble sentido** : double entendre **5 sentido común** : common sense **6 sentido del humor** : sense of humor **7 sentido único** : one-way **sentimiento** *nm* **1** : feeling, emotion **2** PESAR : regret — **sentimental** *adj* : sentimental — **sentimentalismo** *nm* : sentimentality **sentir** {76} *vt* **1** : feel **2** OÍR : hear **3** LAMENTAR : be sorry for **4 lo siento** : I'm sorry — *vi* : feel — **sentirse** *vr* : feel **seña** *nf* **1** : sign **2 señas** *nfpl* DIRECCIÓN : address **3 señas particulares** : distinguishing marks **señal** *nf* **1** : signal **2** AVISO, INDICIO : sign **3** DEPÓSITO : deposit **4 dar señales de** : show signs of **5 en señal de** : as a token of — **señalado, -da** *adj* : notable — **señalar** *vt* **1** INDICAR : indicate, point out **2** MARCAR : mark **3** FIJAR : fix, set — **señalarse** *vr* : distinguish oneself **señor, -ñora** *n* **1** : gentleman *m*, man *m*, lady *f*, woman *f* **2** : Sir *m*, Madam *f* **3** : Mr. *m*, Mrs. *f* **4 señora** : wife *f* **5 el Señor** : the Lord — **señorial** *adj*

: stately — **señorita** *nf* **1** : young lady, young woman **2** : Miss **señuelo** *nm* **1** : decoy **2** TRAMPA : bait, lure **separar** *vt* **1** : separate **2** QUITAR : detach, remove **3** APARTAR : move away **4** DESTITUIR : dismiss — **separarse** *vr* **1** APARTARSE : separate **2** : part company — **separación** *nf, pl* **-ciones** : separation — **separado, -da** *adj* **1** : separate **2** : separated (of persons) **3 por separado** : separately **septentrional** *adj* : northern **séptico, -ca** *adj* : septic **septiembre** *nm* : September **séptimo, -ma** *adj* : seventh — **séptimo, -ma** *n* : seventh **sepulcro** *nm* : tomb, sepulchre — **sepultar** *vt* : bury — **sepultura** *nf* **1** : burial **2** TUMBA : grave **sequedad** *nf* : dryness — **sequía** *nf* : drought **séquito** *nm* : retinue, entourage **ser** {77} *vi* **1** : be **2 a no ser que** : unless **3 ¿cuánto es?** : how much is it? **4 es más** : what's more **5 ser de** : belong

to **6 ser de** : come from **7 son las diez** : it's ten o'clock — **ser** *nm* **1** ENTE : being **2 ser humano** : human being **serbio, -bia** *adj* : Serb, Serbian **serenar** *vt* : calm — **serenarse** *vr* : calm down — **serenata** *nf* : serenade — **serenidad** *nf* : serenity — **sereno, -na** *adj* **1** : serene, calm **2** : fair, clear (of weather) — **sereno** *nm* : night watchman **serie** *nf* **1** : series **2 fabricación en serie** : mass production **3 fuera de serie** : extraordinary — **serial** *nm* : serial **serio, -ria** *adj* **1** : serious **2** RESPONSABLE : reliable **3 en serio** : seriously — **seriedad** *nf* : seriousness **sermón** *nm, pl* **-mones** : sermon — **sermonear** *vt* : lecture, reprimand **serpentear** *vi* : twist, wind — **serpiente** *nf* **1** : serpent, snake **2 serpiente de cascabel** : rattlesnake **serrado, -da** *adj* : serrated **serrano, -na** *adj* **1** : mountain **2 jamón serrano** : cured ham **serrar** {55} *vt* : saw — **serrín** *nm, pl* **-rrines** : sawdust — **serrucho** *nm* : saw, handsaw

servicio *nm* **1** : service **2 servicios** *nmpl* : restroom — **servicial** *adj* : obliging, helpful — **servidor, -dora** *n* **1** : servant **2 su seguro servidor** : yours truly — **servidumbre** *nf* **1** : servitude **2** CRIADOS : help, servants *pl* — **servil** *adj* : servile

servilleta *nf* : napkin

servir {54} *vt* : serve — *vi* **1** : work, function **2** VALER : be of use — **servirse** *vr* **1** : help oneself **2 sírvase sentarse** : please have a seat

sesenta *adj & nm* : sixty

sesgo *nm* : bias, slant

sesión *nf, pl* **-siones 1** : session **2** : showing (of a film), performance (of a play)

seso *nm* : brain — **sesudo, -da** *adj* **1** : sensible **2** *fam* : brainy

seta *nf* : mushroom

setecientos, -tas *adj* : seven hundred — **setecientos** *nms & pl* : seven hundred

setenta *adj & nm* : seventy

setiembre *nm* → **septiembre**

seto *nm* **1** : fence **2 seto vivo** : hedge

seudónimo *nm* : pseudonym

severo, -ra *adj* **1** : harsh, severe **2** : strict (of a teacher, etc.) — **severidad** *nf* : severity

sexagésimo, -ma *adj & n* : sixtieth

sexo *nm* : sex — **sexismo** *nm* : sexism — **sexista** *adj & nmf* : sexist

sexteto *nm* : sextet

sexto, -ta *adj & n* : sixth

sexual *adj* : sexual — **sexualidad** *nf* : sexuality

sexy *adj, pl* sexy *or* sexys : sexy

si *conj* **1** : if **2** (*in indirect questions*) : whether **3 si bien** : although **4 si no** : otherwise, or else

sí[1] *adv* **1** : yes **2 creo que sí** : I think so **3 porque sí** *fam* : (just) because — **sí** *nm* : consent

sí[2] *pron* **1 de por sí** *or* **en sí** : by itself, in itself, per se **2 fuera de sí** : beside oneself **3 para sí (mismo)** : to himself, to herself, for himself, for herself **4 entre sí** : among themselves

sico- → **psico-**

SIDA *or* sida *nm* : AIDS

siderurgia *nf* : iron and steel industry

sidra *nf* : (hard) cider

siega *nf* **1** : harvesting **2** : harvest (time)

siembra *nf* **1** : sowing **2** : sowing season

siempre *adv* **1** : always **2** *Lat* : still **3 para siempre** : forever, for good **4 siempre que** : whenever, every time **5 siempre que** *or* **siempre y cuando** : provided that

sien *nf* : temple

sierra *nf* **1** : saw **2** CORDILLERA : mountain range **3 la sierra** : the mountains *pl*

siervo, -va *n* : slave

siesta *nf* : nap, siesta

siete *adj & nm* : seven

sífilis *nf* : syphilis

sifón *nm, pl* **-fones** : siphon

sigilo *nm* : secrecy

sigla *nf* : acronym, abbreviation

siglo *nm* **1** : century **2 hace siglos** : for ages

significar {72} *vt* **1** : mean, signify **2** EXPRESAR : express — **significación** *nf, pl* **-ciones 1** : significance, importance **2** : meaning (of a word, etc.) — **significado, -da** *adj* : well-known — **significado** *nm* : meaning — **significativo, -va** *adj* : significant

signo *nm* **1** : sign **2 signo de admiración** : exclamation point **3 signo de interrogación** : question mark

siguiente *adj* : next, following

sílaba *nf* : syllable

silbar *v* **1** : whistle **2** ABUCHEAR : hiss, boo — **silbato** *nm* : whistle — **silbido** *nm* **1** : whistle, whistling **2** ABUCHEO : hiss, booing

silenciar *vt* : silence — **silenciador** *nm* : muffler — **silencio** *nm* : silence — **silencioso, -sa** *adj* : silent, quiet

silicio *nm* : silicon

silla *nf* **1** : chair **2** *or* **silla de montar** : saddle **3 silla de ruedas** : wheelchair — **sillón** *nm, pl* **-llones** : armchair, easy chair

silo *nm* : silo

silueta *nf* **1** : silhouette **2** CONTORNO : outline, shape

silvestre *adj* : wild

silvicultura *nf* : forestry

▶ **símbolo** *nm* : symbol — **simbólico, -ca** *adj* : symbolic — **simbolismo** *nm* : symbolism — **simbolizar** {21} *vt* : symbolize

simetría *nf* : symmetry — **simétrico, -ca** *adj* : symmetrical, symmetric

simiente *nf* : seed

símil *nm* **1** : simile **2** COMPARACIÓN : comparison — **similar** *adj* : similar, alike

simio *nm* : ape

simpatía *nf* **1** : liking, affection **2** AMABILIDAD : friendliness — **simpático, -ca** *adj* **1** : nice, likeable **2** AMABLE : pleasant, kind — **simpatizante** *nmf* : sympathizer — **simpatizar** {21} *vi* **1** : get along, hit it off **2 simpatizar con** : sympathize with

simple *adj* **1** SENCILLO : simple **2** MERO : pure, sheer **3** TONTO : simpleminded — **simple** *n* : fool, simpleton — **simpleza** *nf* **1** : simpleness **2** TONTERÍA : silly thing — **simplicidad** *nf* : simplicity — **simplificar** {72} *vt* : simplify

simposio *or* simposium *nm* : symposium

simular *vt* **1** : simulate **2** FINGIR : feign — **simulacro** *nm* : simulation, drill

simultáneo, -nea *adj* : simultaneous

sin *prep* **1** : without **2 sin que** : without

sinagoga *nf* : synagogue

sincero, -ra *adj* : sincere — **sinceramente** *adv* : sincerely — **sinceridad** *nf* : sincerity

síncopa *nf* : syncopation

sincronizar {21} *vt* : synchronize

sindicato *nm* : (labor) union — **sindical** *adj* : union, labor

síndrome *nm* : syndrome

sinfín *nm* **1** : endless number **2 un sinfín de** : no end of

sinfonía *nf* : symphony — **sinfónico, -ca** *adj* : symphonic

singular *adj* **1** : exceptional, outstanding **2** PECULIAR : peculiar **3** : singular (in grammar) — **singular** *nm* : singular — **singularizar** {21} *vt* : single out — **singularizarse** *vr* : stand out

siniestro, -tra *adj* **1** : sinister **2** IZQUIERDO : left — **siniestro** *nm* : disaster

sinnúmero *nm* → **sinfín**

sino *conj* **1** : but, rather **2** EXCEPTO : except, save

sinónimo, -ma *adj* : synonymous — **sinónimo** *nm* : synonym

sinopsis *nfs & pl* : synopsis

sinrazón *nf, pl* **-zones** : wrong

síntaxis *nfs & pl* : syntax

síntesis *nfs & pl* : synthesis — **sintético, -ca** *adj* : synthetic — **sintetizar** {21} *vt* **1** : synthesize **2** RESUMIR : summarize

síntoma *nm* : symptom — **sintomático, -ca** *adj* : symptomatic

sintonía *nf* **1** : tuning in (of a radio) **2 en sintonía con** : in tune with — **sintonizar** {21} *vt* : tune (in) to

sinuoso, -sa *adj* : winding

sinvergüenza *nmf* : scoundrel

sionismo *nm* : Zionism

siquiera *adv* **1** : at least **2 ni siquiera** : not even — **siquiera** *conj* : even if

sirena *nf* **1** : mermaid **2** : siren (of an ambulance, etc.)

sirio, -ria *adj* : Syrian

sirviente, -ta *n* : servant, maid *f*

sisear *vi* : hiss — **siseo** *nm* : hiss

sismo *nm* : earthquake — **sísmico, -ca** *adj* : seismic

sistema *nm* **1** : system **2 por sistema** : systematically — **sistemático, -ca** *adj* : systematic

sitiar *vt* : besiege

sitio *nm* **1** : place, site **2** ESPACIO : room, space **3** CERCO : siege **4 en cualquier sitio** : anywhere

situar {3} *vt* : situate, place — **situarse** *vr* **1** : be located **2** ESTABLECERSE : get oneself established — **situación** *nf, pl* **-ciones** : situation, position — **situado, -da** *adj* : situated, placed

slip *nm* : briefs *pl*, underpants *pl*

smoking *nm* : tuxedo

so *prep* : under

sobaco *nm* : armpit

sobar *vt* **1** : finger, handle **2** : knead (dough) — **sobado, -da** *adj* : worn, shabby

soberanía *nf* : sovereignty — **soberano, -na** *adj & n* : sovereign

soberbia *nf* : pride, arrogance — **soberbio, -bia** *adj* : proud, arrogant

sobornar *vt* : bribe — **soborno** *nm* **1** : bribe **2** : (action of) bribery

sobrar *vi* **1** : be more than enough **2** RESTAR : be left over — **sobra** *nf* **1** : surplus **2 de sobra** : to spare **3 sobrars** *nfpl* : leftovers — **sobrado, -da** *adj* : more than enough — **sobrante** *adj* : remaining

sobre[1] *nm* : envelope

sobre[2] *prep* **1** : on, on top of **2** POR ENCIMA DE : over, above **3** ACERCA DE : about **4 sobre todo** : especially, above all

sobrecama *nmf Lat* : bedspread

sobrecargar {52} *vt* : overload, overburden

sobrecoger {15} *vt* : startle — **sobrecogerse** *vr* : be startled

sobrecubierta *nf* : dust jacket

sobredosis *nfs & pl* : overdose

sobreentender {56} *vt* : infer, understand — **sobreentenderse** *vr* : be understood

sobreestimar *vt* : overestimate

sobregiro *nm* : overdraft

sobrellevar *vt* : endure, bear

sobremesa *nf* **de sobremesa** : after-dinner

sobrenatural *adj* : supernatural

sobrenombre *nm* : nickname

sobrentender → **sobreentender**

sobrepasar *vt* : exceed

sobreponer {60} *vt* **1** : superimpose **2** ANTEPONER : put before — **sobreponerse** *vr* **sobreponerse a** : overcome

sobresalir {73} *vi* **1** : protrude **2** DESTACARSE : stand out — **sobresaliente** *adj* : outstanding

sobresaltar *vt* : startle — **sobresaltarse** *vr* : start, jump up — **sobresalto** *nm* : fright

sobrestimar → **sobreestimar**

sobretodo *nm* : overcoat

sobrevenir {87} *vi* : happen, ensue

sobrevivencia *nf* → **supervivencia**

sobreviviente *adj & nmf* → **superviviente**

sobrevivir *vi* : survive — *vt* : outlive

sobrevolar {19} *vt* : fly over

sobriedad *nf* **1** : sobriety **2** MODERACIÓN : restraint

sobrino, -na *n* : nephew *m*, niece *f*

sobrio , -bria *adj* : sober

socarrón, -rrona *adj, mpl* **-rrones** : sarcastic

socavar *vt* : undermine

sociable *adj* : sociable — **social** *adj* : social — **socialismo** *nm* : socialism — **socialista** *adj & nmf* : socialist —

sociedad *nf* **1** : society **2** EMPRESA : company **3 sociedad anónima** : incorporated company — **socio, -cia** *n* **1** : partner **2** MIEMBRO : member — **sociología** *nf* : sociology — **sociólogo, -ga** *n* : sociologist

socorrer *vt* : help — **socorrista** *nmf* : lifeguard — **socorro** *nm* : help

soda *nf* : soda (water)

sodio *nf* : sodium

sofá *nm* : couch, sofa

sofisticación *nf, pl* **-ciones** : sophistication — **sofisticado, -da** *adj* : sophisticated

sofocar {72} *vt* **1** : suffocate, smother **2** : put out (a fire), stifle (a rebellion, etc.) — **sofocarse** *vr* **1** : suffocate **2** *fam* : get upset — **sofocante** *adj* : suffocating, stifling

sofreír {66} *vt* : sauté

soga *nf* : rope

soja *nf* → **soya**

sojuzgar *vt* : subdue, subjugate

sol *nm* **1** : sun **2 hacer sol** : be sunny

solamente *adv* : only, just

solapa *nf* **1** : lapel (of a jacket) **2** : flap (of an envelope) — **solapado, -da** *adj* : secret, underhanded

solar[1] *adj* : solar, sun

solar[2] *nm* : lot, site

solariego, -ga *adj* : ancestral

solaz *nm, pl* **-laces 1** : solace **2** DESCANSO : relaxation — **solazarse** {21} *vr* : relax

soldado *nm* **1** : soldier **2 soldado raso** : private

soldar {19} *vt* : weld, solder — **soldador** *nm* : soldering iron — **soldador, -dora** *n* : welder

soleado, -da *adj* : sunny

soledad *nf* : loneliness, solitude

solemne *adj* : solemn — **solemnidad** *nf* : solemnity

soler {78} *vi* **1** : be in the habit of **2 suele llegar tarde** : he usually arrives late

solicitar *vt* **1** : request, solicit **2** : apply for (a job, etc.) — **solicitante** *nmf* : applicant — **solícito, -ta** *adj* : solicitous, obliging — **solicitud** *nf* **1** : concern **2** PETICIÓN : request **3** : application (for a job, etc.)

solidaridad *nf* : solidarity

sólido, -da *adj* **1** : solid **2** : sound (of an argument, etc.) — **sólido** *nm* : solid — **solidez** *nf* : solidity — **solidificar** {72} *vt* : solidify — **solidificarse** *vr* : solidify, harden

soliloquio *nm* : soliloquy

solista *nmf* : soloist

solitario, -ria *adj* **1** : solitary **2** AISLADO : lonely, deserted — **solitario, -ria** *n* : recluse — **solitaria** *nf* : tapeworm — **solitario** *nm* : solitaire

sollozar {21} *vi* : sob — **sollozo** *nm* : sob

solo, -la *adj* **1** : alone **2** AISLADO : lonely **3 a solas** : alone, by oneself — **solo** *nm* : solo

sólo *adv* : just, only

solomillo *nm* : sirloin

solsticio *nm* : solstice

soltar {19} *vt* **1** : release **2** DEJAR CAER : let go of, drop **3** DESATAR : unfasten, undo — **soltarse** *vr* **1** : break free **2** DESATARSE : come undone

soltero, -ra *adj* : single, unmarried — **soltero, -ra** *n* **1** : bachelor *m*, single woman *f* **2 apellido de soltera** : maiden name

soltura *nf* **1** : looseness **2** : fluency (in

language) **3** AGILIDAD : agility, ease
soluble *adj* : soluble
solución *nf, pl* **-ciones** : solution
— **solucionar** *vt* : solve, resolve
solventar *vt* **1** : settle, pay **2** RESOLVER :
resolve — **solvente** *adj & nm* : solvent
sombra *nf* **1** : shadow **2** : shade (of a
tree, etc.) **3 sombras** *nfpl* : darkness,
shadows — **sombreado, -da** *adj* : shady
▶ **sombrero** *nm* : hat
sombrilla *nf* : parasol, umbrella
sombrío, -bría *adj* : dark,
somber, gloomy
somero, -ra *adj* : superficial
someter *vt* **1** : subjugate **2** SUBORDINAR
: subordinate **3** : subject (to treatment,
etc.) **4** PRESENTAR : submit, present
— **someterse** *vr* **1** : submit, yield
2 someterse a : undergo
somnífero, -ra *adj* : soporific —
somnífero *nm* : sleeping pill —
somnoliento, -ta *adj* : drowsy, sleepy
somos → **ser**
son[1] → **ser**
son[2] *nm* **1** : sound **2 en son**
de : as, in the manner of
sonajero *nm* : (baby's) rattle
sonámbulo, -la *n* : sleepwalker
sonar {19} *vi* **1** : sound **2** : ring (as
a bell) **3** : look or sound familiar **4**
sonar a : sound like — **sonarse** *vr or*
sonarse las narices : blow one's nose
sonata *nf* : sonata
sondear *vt* **1** : sound, probe **2**
: survey, sound out (opinions,
etc.) — **sondeo** *nm* **1** : sounding,
probing **2** ENCUESTA : survey, poll
soneto *nm* : sonnet
sónico, -ca *adj* : sonic
sonido *nm* : sound
sonoro, -ra *adj* **1** : resonant,
sonorous **2** RUIDOSO : loud
sonreír {66} *vi* : smile —
sonreírse *vr* : smile — **sonriente** *adj*
: smiling — **sonrisa** *nf* : smile
sonrojar *vt* : cause to blush
— **sonrojarse** *vr* : blush —
sonrojo *nm* : blush
sonrosado, -da *adj* : rosy, pink
sonsacar {72} *vt* : wheedle (out)
soñar {19} *v* **1** : dream **2 soñar con**
: dream about **3 soñar despierto**
: daydream — **soñador, -dora** *adj* :
dreamy — **soñador, -dora** *n* : dreamer
— **soñoliento, -ta** *adj* : sleepy, drowsy

sopa *nf* : soup
sopesar *vt* : weigh, consider
soplar *vi* : blow — *vt* : blow out,
blow off, blow up — **soplete** *nm* :
blowtorch — **soplo** *nm* : puff, gust
soplón, -plona *n, pl* **-plones** *fam* : sneak
sopor *nm* : drowsiness —
soporífero, -ra *adj* : soporific
soportar *vt* **1** SOSTENER : support **2**
AGUANTAR : bear — **soporte** *nm* : support
soprano *nmf* : soprano
sor *nf* : Sister (in religion)
sorber *vt* **1** : sip **2** ABSORBER : absorb
3 CHUPAR : suck up — **sorbete** *nm*
: sherbet — **sorbo** *nm* **1** : sip,
swallow **2 beber a sorbos** : sip
sordera *nf* : deafness

sórdido, -da *adj* : sordid, squalid
sordo, -da *adj* **1** : deaf **2** : muted (of a
sound) — **sordomudo, -da** *n* : deaf-mute
sorna *nf* : sarcasm
sorprender *vt* : surprise —
sorprenderse *vr* : be surprised
— **sorprendente** *adj* : surprising
— **sorpresa** *nf* : surprise
sortear *vt* **1** : raffle off, draw
lots for **2** ESQUIVAR : dodge —
sorteo *nm* : drawing, raffle
sortija *nf* **1** : ring **2** : ringlet (of hair)
sortilegio *nm* **1** HECHIZO : spell
2 HECHICERÍA : sorcery
sosegar {49} *vt* : calm, pacify
— **sosegarse** *vr* : calm down
— **sosegado, -da** *adj* : calm,

sombreros[M]
hats

sombrero[M] de campana[F]
cloche

sombrero[M] de hongo[M]
derby

sombrero[M] de fieltro[M]
fedora

panamá[M]
panama

chistera[F]
top hat

pamela[F]
cartwheel hat

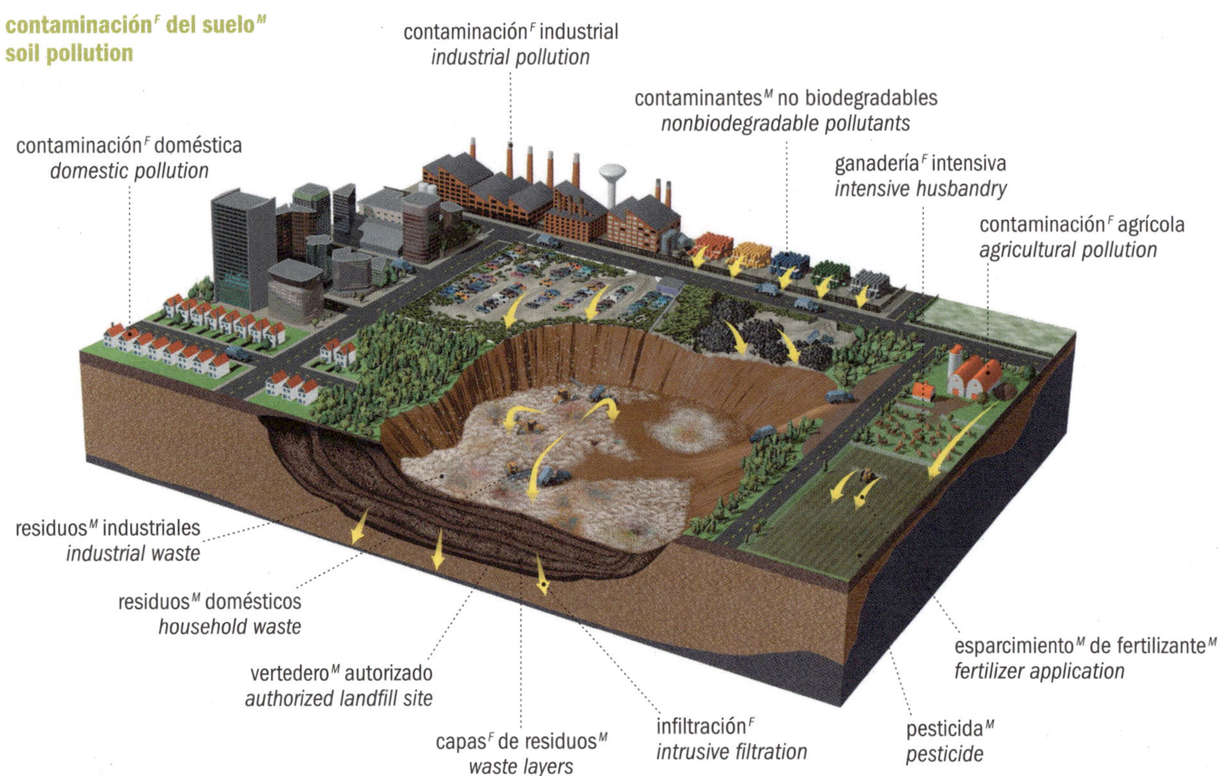

tranquil — **sosiego** *nm* : calm

soslayo: de soslayo *adv phr* : obliquely, sideways

soso, -sa *adj* **1** : insipid, tasteless **2** ABURRIDO : dull

sospechar *vt* : suspect — **sospecha** *nf* : suspicion — **sospechoso, -sa** *adj* : suspicious — **sospechoso, -sa** *n* : suspect

sostener {80} *vt* **1** : support **2** SUJETAR : hold **3** MANTENER : sustain, maintain — **sostenerse** *vr* **1** : stand (up) **2** CONTINUAR : remain **3** SUSTENTARSE : support oneself — **sostén** *nm, pl* **-tenes 1** APOYO : support **2** SUSTENTO : sustenance **3** : brassiere, bra — **sostenido, -da** *adj* **1** : sustained **2** : sharp (in music) — **sostenido** *nm* : sharp

sótano *nm* : basement

soterrar {55} *vt* **1** : bury **2** ESCONDER : hide

soto *nm* : grove

soviético, -ca *adj* : Soviet

soy → **ser**

soya *nf* : soy

Sr. *nm* : Mr. — **Sra.** *nf* : Mrs., Ms.

— **Srta.** *or* **Srita.** *nf* : Miss, Ms.

su *adj* **1** : his, her, its, their, one's **2** (*formal*) : your

suave *adj* **1** : soft **2** LISO : smooth **3** APACIBLE : gentle, mild — **suavidad** *nf* **1** : softness, smoothness **2** APACIBILIDAD : mildness, gentleness — **suavizar** {21} *vt* : soften, smooth

subalimentado, -da *adj* : undernourished, underfed

subalterno, -na *adj* **1** SUBORDINADO : subordinate **2** SECUNDARIO : secondary — **subalterno, -na** *n* : subordinate

subarrendar {55} *vt* : sublet

subasta *nf* : auction — **subastar** *vt* : auction (off)

subcampeón, -peona *n, mpl* **-peones** : runner-up

subcomité *nm* : subcommittee

subconsciente *adj & nm* : subconscious

subdesarrollado, -da *adj* : underdeveloped

subdirector, -tora *n* : assistant manager

súbdito, -ta *n* : subject

subdividir *vt* : subdivide — **subdivisión** *nf, pl* **-siones** : subdivision

subestimar *vt* : underestimate

subir *vt* **1** : climb, go up **2** LLEVAR : bring up, take up **3** AUMENTAR : raise — *vi* **1** : go up, come up **2 subir a** : get in (a car), get on (a bus, etc.) — **subirse** *vr* **1** : climb (up) **2 subirse a** : get in (a car), get on (a bus, etc.) **3 subirse a la cabeza** : go to one's head — **subida** *nf* **1** : ascent, climb **2** AUMENTO : rise **3** PENDIENTE : slope — **subido, -da** *adj* **1** : bright, strong **2 subido de tono** : risqué

súbito, -ta *adj* **1** : sudden **2 de súbito** : all of a sudden, suddenly

subjetivo, -va *adj* : subjective

subjuntivo, -va *adj* : subjunctive — **subjuntivo** *nm* : subjunctive (case)

sublevar *vt* : stir up, incite to rebellion — **sublevarse** *vr* : rebel — **sublevación** *nf, pl* **-ciones** : uprising, rebellion

sublime *adj* : sublime
submarino, -na *adj* : underwater — **submarino** *nm* : submarine — **submarinismo** *nm* : scuba diving
subordinar *vt* : subordinate — **subordinado, -da** *adj & n* : subordinate
subproducto *nm* : by-product
subrayar *vt* **1** : underline **2** ENFATIZAR : emphasize, stress
subrepticio, -cia *adj* : surreptitious
subsanar *vt* **1** : rectify, correct **2** : make up for (a deficiency), overcome (an obstacle)
subscribir → **suscribir**
subsidio *nm* : subsidy, benefit
subsiguiente *adj* : subsequent
subsistir *vi* **1** : live, subsist **2** SOBREVIVIR : survive — **subsistencia** *nf* : subsistence
substancia *nf* → **sustancia**
subterfugio *nm* : subterfuge
subterráneo, -nea *adj* : underground, subterranean — **subterráneo** *nm* : underground passage
subtítulo *nm* : subtitle
suburbio *nm* **1** : suburb **2** : slum (outside a city) — **suburbano, -na** *adj* : suburban
subvencionar *vt* : subsidize — **subvención** *nf, pl* **-ciones** : subsidy, grant
subvertir {76} *vt* : subvert — **subversión** *nf, pl* **-siones** : subversion — **subversivo, -va** *adj & n* : subversive
subyacente *adj* : underlying
subyugar {52} *vt* : subjugate, subdue
succión *nf, pl* **-ciones** : suction — **succionar** *vt* : suck up, draw in
sucedáneo *nm* : substitute
suceder *vi* **1** : happen, occur **2 suceder a** : follow **3 suceda lo que suceda** : come what may — **sucesión** *nf, pl* **-siones** : succession — **sucesivo, -va** *adj* : successive — **suceso** *nm* **1** : event **2** INCIDENTE : incident — **sucesor, -sora** *n* : successor
suciedad *nf* **1** : dirtiness **2** MUGRE : dirt, filth
sucinto, -ta *adj* : succinct, concise
sucio, -cia *adj* : dirty, filthy
suculento, -ta *adj* : succulent
sucumbir *vi* : succumb
sucursal *nf* : branch (of a business)
sudadera *nf* : sweatshirt — **sudado, -da** *adj* : sweaty
sudafricano, -na *adj* : South African
sudamericano, -na *adj* : South American

sudar *vi* : sweat
sudeste → **sureste**
sudoeste → **suroeste**
sudor *nm* : sweat — **sudoroso, -sa** *adj* : sweaty
sueco, -ca *adj* : Swedish — **sueco** *nm* : Swedish (language)
suegro, -gra *n* **1** : father-in-law *m*, mother-in-law *f* **2 suegros** *nmpl* : in-laws
suela *nf* : sole (of a shoe)
sueldo *nm* : salary, wage
▸ **suelo** *nm* **1** : ground **2** : floor (in a house) **3** TIERRA : soil, land
suelto, -ta *adj* : loose, free — **suelto** *nm* : loose change
sueño *nm* **1** : dream **2 coger el sueño** : get to sleep **3 tener sueño** : be sleepy
suero *nm* **1** : whey **2** : serum (in medicine)
suerte *nf* **1** : luck, fortune **2** AZAR : chance **3** DESTINO : fate **4** CLASE : sort, kind **5 por suerte** : luckily **6 tener suerte** : be lucky
suéter *nm* : sweater
suficiencia *nf* **1** CAPACIDAD : competence, proficiency **2** PRESUNCIÓN : smugness — **suficiente** *adj* **1** : enough, sufficient **2** PRESUNTUOSO : smug — **suficientemente** *adv* : enough
sufijo *nm* : suffix
sufragio *nm* : suffrage, vote
sufrir *vt* **1** : suffer **2** SOPORTAR : bear, stand — *vi* : suffer — **sufrido, -da** *adj* **1** : long-suffering **2** : sturdy, serviceable (of clothing) — **sufrimiento** *nm* : suffering
sugerir {76} *vt* : suggest — **sugerencia** *nf* : suggestion — **sugestión** *nf, pl* **-tiones** : suggestion — **sugestionable** *adj* : impressionable — **sugestionar** *vt* : influence — **sugestivo, -va** *adj* **1** : suggestive **2** ESTIMULANTE : interesting, stimulating
suicidio *nm* : suicide — **suicida** *adj* : suicidal — **suicida** *nmf* : suicide (victim) — **suicidarse** *vr* : commit suicide
suite *nf* : suite
suizo, -za *adj* : Swiss
sujetar *vt* **1** : hold (on to) **2** FIJAR : fasten **3** DOMINAR : subdue — **sujetarse** *vr* **1 sujetarse a** : hold on to, cling to **2 sujetarse a** : abide by — **sujeción** *nf, pl* **-ciones** **1** : fastening **2** DOMINACIÓN : subjection — **sujetador** *nm, Spain* : brassiere, bra — **sujetapapeles** *nms & pl* : paper clip — **sujeto, -ta** *adj* **1** : fastened **2 sujeto a** : subject to — **sujeto** *nm* **1**

: individual **2** : subject (in grammar)
sulfuro *nm* : sulfur — **sulfúrico, -ca** *adj* : sulfuric
sultán *nm, pl* **-tanes** : sultan
suma *nf* **1** : sum, total **2** : addition (in mathematics) **3 en suma** : in short — **sumamente** *adv* : extremely — **sumar** *vt* **1** : add (up) **2** TOTALIZAR : add up to, total — *vi* : add up — **sumarse** *vr* **sumarse a** : join
sumario, -ria *adj* : concise — **sumario** *nm* **1** : summary **2** : indictment (in law)
sumergir {35} *vt* : submerge, plunge — **sumergirse** *vr* : be submerged — **sumergible** *adj* : waterproof (of a watch, etc.)
sumidero *nm* : drain
suministrar *vt* : supply, provide — **suministro** *nm* : supply, provision
sumir *vt* : plunge, immerse — **sumirse** *vr* **sumirse en** : sink into
sumisión *nf, pl* **-siones** : submission — **sumiso, -sa** *adj* : submissive
sumo, -ma *adj* **1** : highest, supreme **2 de suma importancia** : of great importance
suntuoso, -sa *adj* : sumptuous, lavish
super *or* **súper** *nm, fam* : supermarket
superabundancia *nf* : overabundance
superar *vt* **1** : surpass, outdo **2** VENCER : overcome — **superarse** *vr* : improve oneself
superávit *nm* : surplus
superestructura *nf* : superstructure
superficie *nf* **1** : surface **2** ÁREA : area — **superficial** *adj* : superficial
superfluo, -flua *adj* : superfluous
superintendente *nmf* : supervisor, superintendent
superior *adj* **1** : superior **2** : upper (of a floor, etc.) **3 superior a** : above, higher than — **superior** *nm* : superior — **superioridad** *nf* : superiority
superlativo, -va *adj* : superlative — **superlativo** *nm* : superlative
supermercado *nm* : supermarket
superpoblado, -da *adj* : overpopulated
supersónico, -ca *adj* : supersonic
superstición *nf, pl* **-ciones** : superstition — **supersticioso, -sa** *adj* : superstitious
supervisar *vt* : supervise, oversee — **supervisión** *nf, pl* **-siones** : supervision — **supervisor, -sora** *n* : supervisor
supervivencia *nf* : survival — **superviviente** *adj* : surviving

— **supervivencia** *nmf* : survivor
suplantar *vt* : supplant, replace
suplemento *nm* : supplement —
　suplementario, -ria *adj* : supplementary
suplente *adj & nmf* : substitute
suplicar {72} *vt* : beg, entreat
— **súplica** *nf* : plea, entreaty
suplicio *nm* : ordeal, torture
suplir *vt* **1** : make up for **2**
　REEMPLAZAR : replace
supo, etc. → **saber**
suponer {60} *vt* **1** : suppose, assume
　2 SIGNIFICAR : mean **3** IMPLICAR :
　involve, entail — **suposición** *nf,*
　pl **-ciones** : supposition
supositorio *nm* : suppository
supremo, -ma *adj* : supreme —
　supremacía *nf* : supremacy
suprimir *vt* **1** : suppress, eliminate
　2 : delete (text) — **supresión** *nf,*
　pl **-siones 1** : suppression,
　elimination **2** : deletion (of text)
supuesto, -ta *adj* **1** : supposed,
　alleged **2 por supuesto** : of course
　— **supuesto** *nm* : assumption —
　supuestamente *adv* : allegedly
sur *nm* **1** : south, South **2** : south
　wind **3 del sur** : south, southerly
surafricano, -na → **sudafricano**
suramericano, -na → **sudamericano**
surcar {72} *vt* **1** : plow (earth) **2**
　: cut through (air, water, etc.) —
　surco *nm* : groove, furrow, rut
sureño, -ña *adj* : southern, Southern
　— **sureño, -ña** *n* : Southerner
sureste *adj* **1** : southeast, southeastern
　2 : southeasterly (of wind, etc.) —
　sureste *nm* : southeast, Southeast
➤ **surf** *or* **surfing** *nm* : surfing
surgir {35} *vi* **1** : arise **2** APARECER : appear
　— **surgimiento** *nm* : rise, emergence
suroeste *adj* **1** : southwest,
　southwestern **2** : southwesterly
　(of wind, etc.) — **suroeste** *nm*
　: southwest, Southwest
surtir *vt* **1** : supply, provide **2**
　surtir efecto : have an effect —
　surtirse *vr* **surtirse de** : stock up
　on — **surtido, -da** *adj* **1** : assorted,
　varied **2** : stocked (with merchandise)
　— **surtido** *nm* : assortment, selection
　— **surtidor** *nm* : gas pump
susceptible *adj* **1** : susceptible,
　sensitive **2 susceptible de** : capable
　of — **susceptibilidad** *nf* : sensitivity

surf[M]
surfing

alerón[F]
skeg

tabla[F] de surf[M]
surfboard

escarpín[M]
boot

surfista[M]
surfer

suscitar *vt* : provoke, arouse
suscribir {33} *vt* **1** : sign (a formal
　document) **2** RATIFICAR : endorse
　— **suscribirse** *vr* **suscribirse a**
　: subscribe to — **suscripción** *nf,*
　pl **-ciones** : subscription —
　suscriptor, -tora *n* : subscriber
susodicho, -cha *adj* : aforementioned
suspender *vt* **1** : suspend **2** COLGAR
　: hang **3** *Spain* : fail (an exam, etc.) —
　suspensión *nf, pl* **-siones** : suspension
　— **suspenso** *nm* **1** *Spain* : failure
　(in an exam, etc.) **2** *Lat* : suspense
suspicaz *adj, pl* **-caces** : suspicious
suspirar *vi* : sigh — **suspiro** *nm* : sigh
sustancia *nf* **1** : substance **2 sin**
　sustancia : shallow, lacking substance
　— **sustancial** *adj* : substantial, significant
　— **sustancioso, -sa** *adj* : substantial, solid
sustantivo *nm* : noun
sustentar *vt* **1** : support **2** ALIMENTAR :
　sustain, nourish **3** MANTENER : maintain
　— **sustentarse** *vr* : support oneself —
　sustentación *nf, pl* **-ciones** : support
　— **sustento** *nm* **1** : means of support,

　livelihood **2** ALIMENTO : sustenance
sustituir {41} *vt* : replace, substitute —
　sustitución *nf, pl* **-ciones** : replacement,
　substitution — **sustituto, -ta** *n* : substitute
susto *nm* : fright, scare
sustraer {81} *vt* **1** : remove, take
　away **2** : subtract (in mathematics) —
　sustraerse *vr* **sustraerse a** : avoid, evade
　— **sustracción** *nf, pl* **-ciones** : subtraction
susurrar *vi* **1** : whisper **2** : murmur
　(of water) **3** : rustle (of leaves, etc.)
　— *vt* : whisper — **susurro** *nm* **1**
　: whisper **2** : murmur (of water) **3** :
　rustle, rustling (of leaves, etc.)
sutil *adj* **1** : delicate, fine **2** :
　subtle (of fragrances, differences,
　etc.) — **sutileza** *nf* : subtlety
sutura *nf* : suture
suyo, -ya *adj* **1** : his, her, its, one's,
　theirs **2** (*formal*) : yours **3 un primo**
　suyo : a cousin of his/hers — **suyo,**
　-ya *pron* **1** : his, hers, its (own), one's
　own, theirs **2** (*formal*) : yours
switch *nm Lat* : switch

t *nf* : t, 21st letter of the Spanish alphabet

taba *nf* : anklebone

tabaco *nm* : tobacco — **tabacalero, -ra** *adj* : tobacco

tábano *nm* : horsefly

taberna *nf* : tavern

tabicar {72} *vt* : wall up — **tabique** *nm* : thin wall, partition

tabla *nf* **1** : board, plank **2** LISTA : table, list **3 tabla de planchar** : ironing board **4 tablas** *nfpl* : stage, boards *pl* — **tablado** *nm* **1** : flooring **2** PLATAFORMA : platform **3** : (theater) stage — **tablero** *nm* **1** : bulletin board **2** : board (in games) **3** PIZARRA : blackboard **4 tablero de instrumentos** : dashboard, instrument panel

tableta *nf* **1** : tablet, pill **2** : bar (of chocolate)

tablilla *nf* : slat — **tablón** *nm*, *pl* **-lones 1** : plank, beam **2 tablilla de anuncios** : bulletin board

tabú *adj* : taboo — **tabú** *nm*, *pl* **-búes** *or* **-bús** : taboo

tabular *vt* : tabulate

taburete *nm* : stool

tacaño, -na *adj* : stingy, miserly

tacha *nf* **1** : flaw, defect **2 sin tacha** : flawless

tachar *vt* **1** : cross out, delete **2 tachar de** : accuse of, label as

tachón *nm*, *pl* **-chones** : stud, hobnail — **tachuela** *nf* : tack, hobnail

tácito, -ta *adj* : tacit

taciturno, -na *adj* : taciturn

taco *nm* **1** : stopper, plug **2** *Lat* : heel (of a shoe) **3** : cue (in billiards) **4** : taco (in cooking)

tacón *nm*, *pl* **-cones 1** : heel (of a shoe) **2 de tacón alto** : high-heeled

táctica *nf* : tactic, tactics *pl* — **táctico, -ca** *adj* : tactical

tacto *nm* **1** : (sense of) touch, feel **2** DELICADEZA : tact

tafetán *nm*, *pl* **-tanes** : taffeta

tailandés, -desa *adj* : Thai

taimado, -da *adj* : crafty, sly

tajar *vt* : cut, slice — **tajada** *nf* **1** : slice **2 sacar tajada** *fam* : get one's share — **tajante** *adj* : categorical — **tajo** *nm* **1** : cut, gash **2** ESCARPA : steep cliff

tal *adv* **1** : so, in such a way **2 con tal que** : provided that, as long as **3 ¿qué tal?** : how are you?, how's it going? — **tal** *adj* **1** : such, such a **2 tal vez** : maybe, perhaps — **tal** *pron* **1** : such a one, such a thing **2 tal para cual** : two of a kind

taladrar *vt* : drill — **taladro** *nm* : drill

talante *nm* **1** HUMOR : mood **2** VOLUNTAD : willingness

talar *vt* : cut down, fell

talco *nm* : talcum powder

talego *nm* : sack

talento *nm* : talent — **talentoso, -sa** *adj* : talented

talismán *nm*, *pl* **-manes** : talisman, charm

talla *nf* **1** : sculpture, carving **2** ESTATURA : height **3** : size (in clothing) — **tallar** *vt* **1** : sculpt, carve **2** : measure (someone's height)

tallarín *nf*, *pl* **-rines** : noodle

talle *nm* **1** : waist, waistline **2** FIGURA : figure **3** : measurements *pl* (of clothing)

taller *nm* **1** : workshop **2** : studio (of an artist)

tallo *nm* : stalk, stem

talón *nm*, *pl* **-lones 1** : heel (of the foot) **2** : stub (of a check) — **talonario** *nm* : checkbook

taltuza *nf* : gopher

tamal *nm* : tamale

tamaño, -ña *adj* : such a, such a big — **tamaño** *nm* **1** : size **2 de tamaño natural** : life-size

tambalearse *vr* **1** : teeter, wobble **2** : stagger, totter (of persons)

también *adv* : too, as well, also

tambor *nm* : drum — **tamborilear** *vi* : drum

tamiz *nm* : sieve — **tamizar** {21} *vt* : sift

tampoco *adv* : neither, not either

tampón *nm*, *pl* **-pones 1** : tampon **2** : ink pad (for stamping)

tan *adv* **1** : so, so very **2 tan pronto como** : as soon as **3 tan sólo** : only, merely

tanda *nf* **1** TURNO : turn, shift **2** GRUPO : batch, lot, series

tangente *nf* : tangent

tangible *adj* : tangible

tango *nm* : tango

tanque *nm* : tank

tantear *vt* **1** : feel, grope **2** SOPESAR : size up, weigh — *vi* : feel one's way — **tanteador** *nm* : scoreboard — **tanteo** *nm* **1** : weighing, sizing up **2** PUNTUACIÓN : scoring (in sports)

tanto *adv* **1** : so much **2** (*in expressions of time*) : so long — **tanto** *nm* **1** : certain amount **2** : goal, point (in sports) **3 un tanto** : somewhat, rather — **tanto, -ta** *adj* **1** : so much, so many **2** (*in comparisons*) : as much, as many **3** *fam* : however many — **tanto, -ta** *pron* **1** : so much, so many **2 entre tanto** : meanwhile **3 por lo tanto** : therefore

tañer {79} *vt* **1** : ring (a bell) **2** : play (a musical instrument)

tapa *nf* **1** : cover, top, lid **2** *Spain* : snack

tapacubos *nms & pl* : hubcap

tapar *vt* **1** : cover, put a lid on **2** OCULTAR : block out **3** ENCUBRIR : cover up — **tapadera** *nf* **1** : cover, lid **2** : front (to hide a deception)

tapete *nm* **1** : small rug, mat **2** : cover (for a table)

tapia *nf* : (adobe) wall, garden wall — **tapiar** *vt* **1** : wall in **2** : block off (a door, etc.)

tapicería *nf* **1** : upholstery **2** TAPIZ : tapestry — **tapicero, -ra** *n* : upholsterer

tapioca *nf* : tapioca

tapiz *nm*, *pl* **-pices** : tapestry — **tapizar** {21} *vt* : upholster

tapón *nm*, *pl* **-pones 1** : cork **2** : cap (for a bottle, etc.) **3** : plug, stopper (for a sink)

tapujo *nm* **sin tapujos** : openly, outright

taquigrafía *nf* : stenography, shorthand — **taquígrafo, -fa** *n* : stenographer

taquilla *nf* **1** : box office **2** RECAUDACIÓN : earnings *pl*, take — **taquillero, -ra** *adj* **un éxito taquillero** : a box-office hit

tarántula *nf* : tarantula

tararear *vt* : hum

tardar *vi* **1** : take a long time, be late **2 a más tardar** : at the latest — *vt* : take (time) — **tardanza** *nf* : lateness, delay — **tarde** *adv* **1** : late **2 tarde o temprano** : sooner or later — **tarde** *nf* **1** : afternoon, evening **2 ¡buenas tardes!** : good afternoon!, good evening! **3 en la tarde** *or* **por la tarde** : in the afternoon, in the evening — **tardío, -día** *adj* : late, tardy — **tardo, -da** *adj* : slow

tarea *nf* **1** : task, job **2** : homework (in education)

tarifa *nf* **1** : fare, rate **2** LISTA : price list **3** ARANCEL : duty, tariff

tarima *nf* : platform, stage

tarjeta *nf* **1** : card **2 tarjeta de crédito** : credit card **3 tarjeta postal** : postcard

tarro *nm* : jar, pot

tarta *nf* **1** : cake **2** TORTA : tart

tartamudear *vi* : stammer, stutter — **tartamudeo** *nm* : stutter, stammer

teléfonos^M
telephones

teléfono^M inalámbrico
cordless telephone

teléfono^M celular
cellular telephone

teléfono^M de teclado^M
push-button telephone

teléfono^M con memoria^F
momory telephone set

teléfono^M intelligente
smartphone

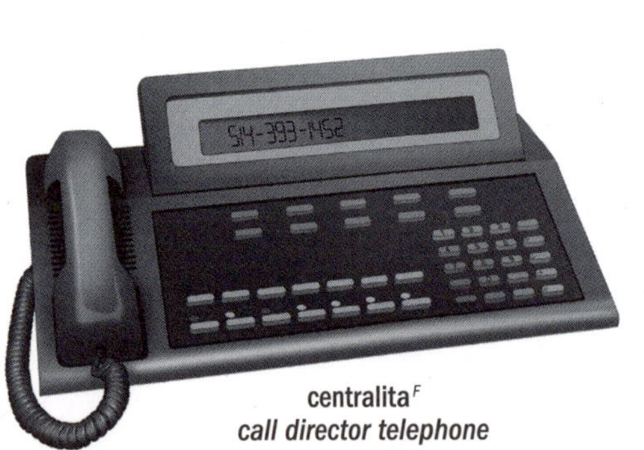

centralita^F
call director telephone

teléfono^M público
pay phone

tartán *nm, pl* **-tanes** : tartan, plaid
tártaro *nm* : tartar
tarugo *nm* **1** : block (of wood)
 2 *fam* : blockhead, dunce
tasa *nf* **1** : rate **2** IMPUESTO : tax **3**
 VALORACIÓN : appraisal — **tasación** *nf,*
 pl **-ciones** : appraisal — **tasar** *vt* **1** : set
 the price of **2** VALORAR : appraise, value
tasca *nf* : cheap bar, dive
tatuar {3} *vt* : tattoo —
 tatuaje *nm* : tattoo, tattooing
taurino, -na *adj* : bull, bullfighting —
 tauromaquia *nf* : (art of) bullfighting
taxi *nm, pl* **taxis** : taxi, taxicab
 — **taxista** *nmf* : taxi driver
taza *nf* **1** : cup **2** : (toilet) bowl —
 tazón *nm, pl* **-zones** : bowl
te *pron* **1** (*direct object*) : you **2**
 (*indirect object*) : for you, to you,
 from you **3** (*reflexive*) : yourself, for
 yourself, to yourself, from yourself
té *nm* : tea
teatro *nm* : theater —
 teatral *adj* : theatrical
techo *nm* **1** : roof **2** : ceiling (of a
 room) **3** LÍMITE : upper limit, ceiling
 — **techumbre** *nf* : roofing
tecla *nf* : key (of a musical instrument
 or a machine) — **teclado** *nm* :
 keyboard — **teclear** *vt* : type in, enter
técnica *nf* **1** : technique, skill
 2 TECNOLOGÍA : technology —
 técnico, -ca *adj* : technical —
 técnico, -ca *n* : technician
tecnología *nf* : technology —
 tecnológico, -ca *adj* : technological
tecolote *nm Lat* : owl
tedio *nm* : boredom — **tedioso,**
 -sa *adj* : tedious, boring
teja *nf* : tile — **tejado** *nm* : roof
tejer *v* **1** : knit, crochet **2**
 : weave (on a loom)
tejido *nm* **1** : fabric, cloth **2**
 : tissue (of the body)
tejón *nm, pl* **-jones** : badger
tela *nf* **1** : fabric, material **2 tela de**
 araña : spiderweb — **telar** *nm* : loom
 — **telaraña** *nf* : spiderweb, cobweb
tele *nf, fam* : TV, television
telecomunicación *nf, pl* **-ciones**
 : telecommunication
teledifusión *nf, pl* **-siones** :
 television broadcasting
teledirigido, -da *adj* : remote-controlled
telefonear *v* : telephone, call

— **telefónico, -ca** *adj* : telephone —
telefonista *nmf* : telephone operator
— **teléfono** *nm* **1** : telephone **2 llamar**
 por telefonear : make a phone call
telegrafiar {85} *v* : telegraph —
 telegráfico, -ca *adj* : telegraphic
 — **telégrafo** *nm* : telegaph
telegrama *nm* : telegram
telenovela *nf* : soap opera
telepatía *nf* : telepathy —
 telepático, -ca *adj* : telepathic
telescopio *nm* : telescope —
 telescópico, -ca *adj* : telescopic
telespectador, -dora *n*
 : (television) viewer
telesquí *nm, pl* **-squís** : ski lift
televidente *nmf* : (television) viewer
televisión *nf, pl* **-siones** : television,

TV — **televisar** *vt* : televise —
televisor *nm* : television set
telón *nm, pl* **-lones 1** : curtain (in theater)
 2 telón de fondo : backdrop, background
tema *nm* : theme
temblar {55} *vi* **1** : tremble, shiver **2** :
 shake (of a building, the ground, etc.) —
 temblor *nm* **1** : shaking, trembling **2** *or*
 temblor de tierra : tremor, earthquake —
 tembloroso, -sa *adj* : trembling, shaky
temer *vt* : fear, dread — *vi* : be afraid
 — **temerario, -ria** *adj* : reckless
 — **temeridad** *nf* **1** : recklessness
 2 : rash act — **temeroso, -sa** *adj* :
 fearful — **temor** *nm* : fear, dread
temperamento *nm* : temperament —
 temperamental *adj* : temperamental
temperatura *nf* : temperature

telescopio^M **reflector**
reflecting telescope

cancha^F de tenis^M
tennis court

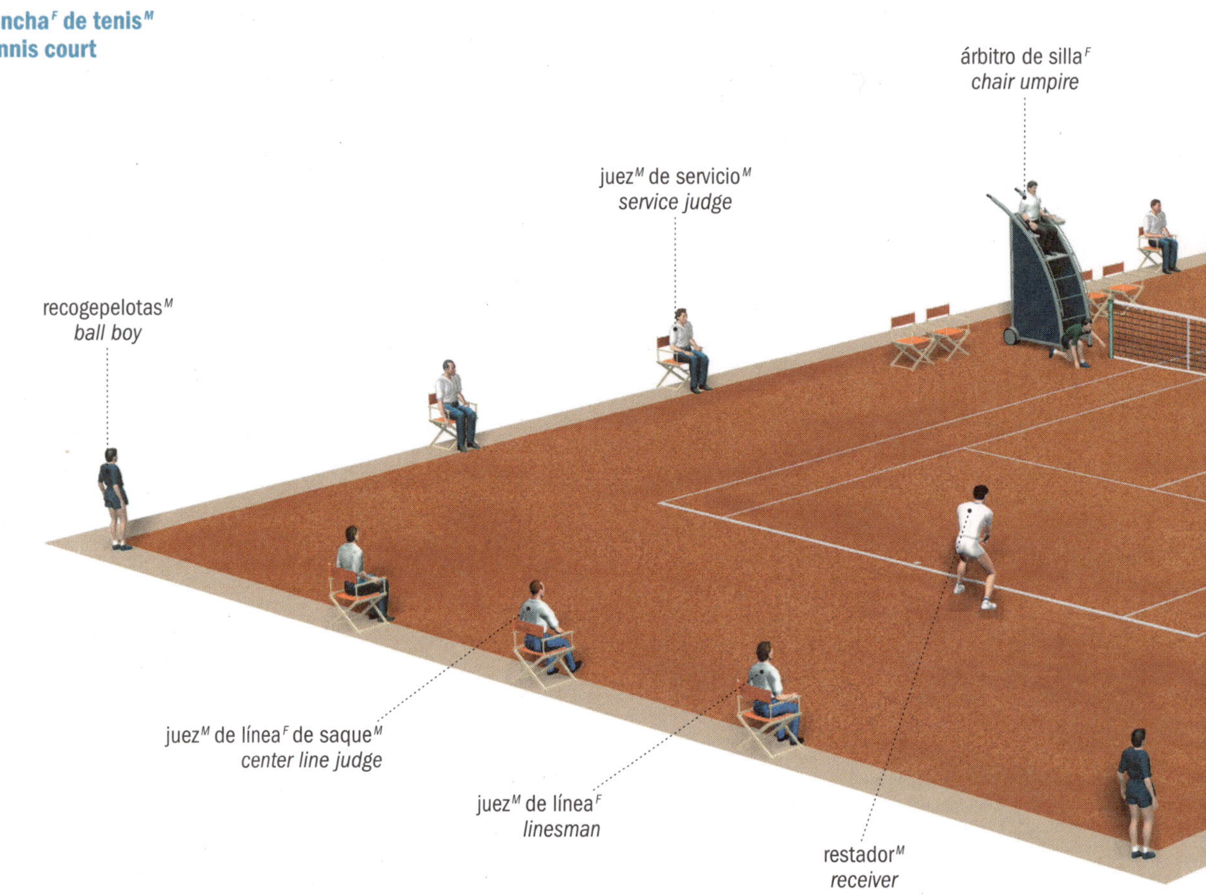

tempestad *nf* : storm — **tempestuoso, -sa** *adj* : stormy
templar *vt* **1** : temper (steel) **2** : moderate (temperature) **3** : tune (a musical instrument) — **templarse** *vr* : warm up, cool down — **templado, -da** *adj* **1** : temperate, mild **2** TIBIO : lukewarm **3** VALIENTE : courageous — **templanza** *nf* **1** : moderation **2** : mildness (of weather)
templo *nm* : temple, synagogue
tempo *nm* : tempo
temporada *nf* **1** : season, time **2** PERÍODO : period, spell — **temporal** *adj* **1** : temporal **2** PROVISIONAL : temporary — **temporal** *nm* : storm — **temporero, -ra** *n* : temporary or seasonal worker
temporizador *nm* : timer
temprano, -na *adj* : early — **temprano** *adv* : early

tenaz *adj, pl* **-naces** : tenacious — **tenaza** *nf or* **tenazas** *nfpl* **1** : pliers **2** : tongs (for the fireplace, etc.) **3** : claw (of a crustacean)
tendedero *nm* : clothesline
tendencia *nf* : tendency, trend
tender {56} *vt* **1** : spread out, stretch out **2** : hang out (clothes) **3** : lay (cables, etc.) **4** : set (a trap) — *vi* **tender a** : have a tendency towards — **tenderse** *vr* : stretch out, lie down
tendero, -ra *n* : shopkeeper
tendido *nm* **1** : laying (of cables, etc.) **2** : seats *pl*, stand (at a bullfight)
tendón *nm, pl* **-dones** : tendon
tenebroso, -sa *adj* **1** : gloomy, dark **2** SINIESTRO : sinister
tenedor, -dora *n* **1** : holder **2** **tenedor, -dora de libros** : bookkeeper

— **tenedor** *nm* : table fork — **teneduría** *nf* **teneduría de libros** : bookkeeping
tener {80} *vt* **1** : have, possess **2** SUJETAR : hold **3** TOMAR : take **4** **tener frío (hambre,** *etc.***)** : be cold (hungry, etc.) **5** **tener ... años** : be ... years old **6** **tener por** : think, consider — *v aux* **1** **tener que** : have to, ought to **2** **tenía pensado escribirte** : I've been thinking of writing to you — **tenerse** *vr* **1** : stand up **2** **tenerse por** : consider oneself
tenería *nf* : tannery
tengo → **tener**
tenia *nf* : tapeworm
teniente *nmf* : lieutenant
▶ **tenis** *nms & pl* **1** : tennis **2** **tenis** *nmpl* : sneakers — **tenista** *nmf* : tennis player
tenor *nm* **1** : tenor **2** : tone, sense (in style)

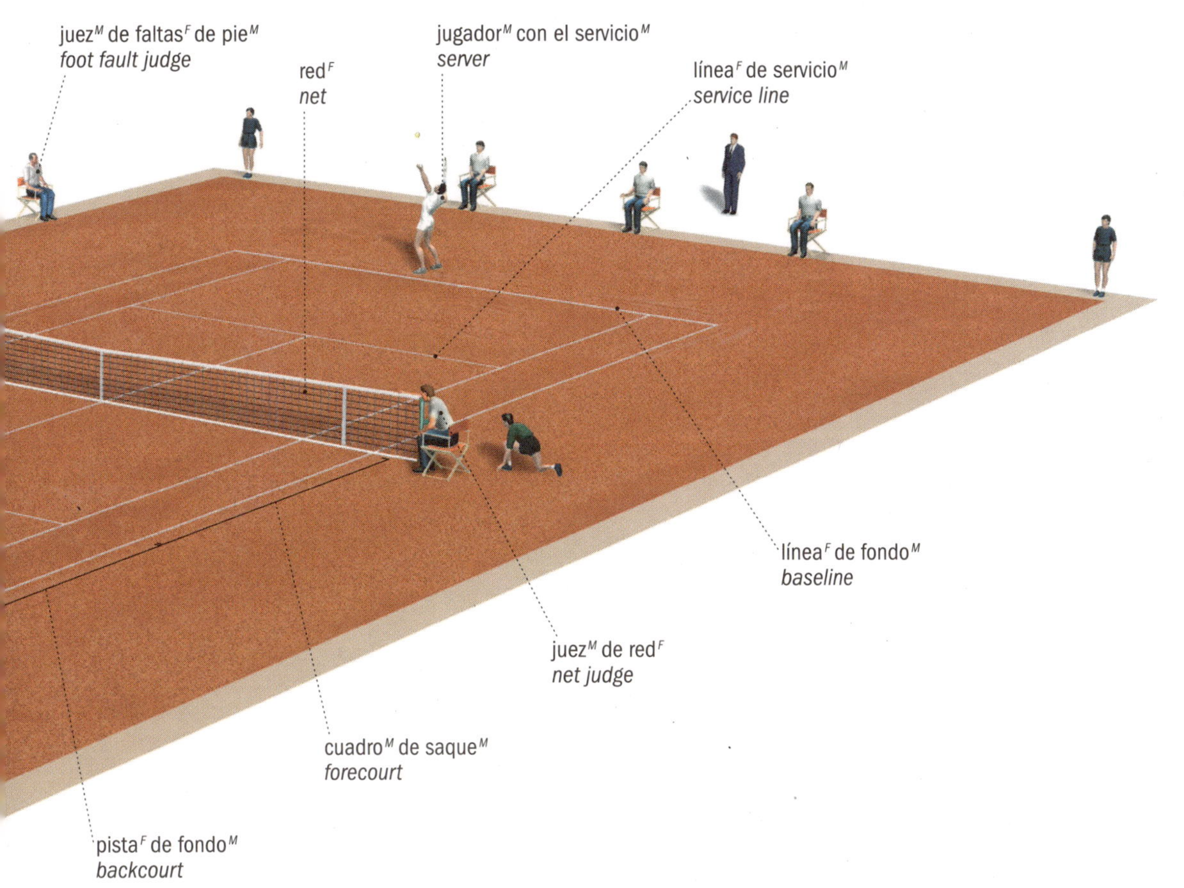

tensar *vt* **1** : tense, make taut **2** : draw (a bow) — **tensarse** *vr* : become tense — **tensión** *nf, pl* **-siones 1** : tension **2 tensión arterial** : blood pressure — **tenso, -sa** *adj* : tense

tentación *nf, pl* **-ciones** : temptation

tentáculo *nm* : tentacle

tentar {55} *vt* **1** : feel, touch **2** ATRAER : tempt — **tentador, -dora** *adj* : tempting

tentativa *nf* : attempt

tentempié *nm, fam* : snack

tenue *adj* **1** : tenuous **2** : faint, weak (of sounds) **3** : light, fine (of thread, rain, etc.)

teñir {67} *vt* **1** : dye **2 teñir de** : tinge with

teología *nf* : theology — **teólogo, -ga** *n* : theologian

teorema *nm* : theorem

teoría *nf* : theory — **teórico, -ca** *adj* : theoretical

tequila *nm* : tequila

terapia *nf* **1** : therapy **2 terapia ocupacional** : occupational therapy — **terapeuta** *nmf* : therapist — **terapéutico, -ca** *adj* : therapeutic

tercermundista *adj* : third-world

tercero, -ra *adj* (**tercer** *before masculine singular nouns*) **1** : third **2 el Tercer Mundo** : the Third World — **tercero, -ra** *n* : third (in a series)

terciar *vt* : sling (something over one's shoulders), tilt (a hat) — *vi* **1** : intervene **2 terciar en** : take part in

tercio *nm* : third

terciopelo *nm* : velvet

terco, -ca *adj* : obstinate, stubborn

tergiversar *vt* : distort, twist

termal *adj* : thermal, hot — **termas** *nfpl* : hot springs

terminar *vt* : conclude, finish — *vi* **1** : finish **2** ACABARSE : come to an end — **terminarse** *vr* **1** : run out **2** ACABARSE : come to an end — **terminación** *nf, pl* **-ciones** : termination, conclusion — **terminal** *adj* : terminal, final — **terminal** *nm* (*in some regions f*) : (electric or electronic) terminal — **terminal** *nf* (*in some regions m*) : terminal, station — **término** *nm* **1** : end **2** PLAZO : period, term **3 término medio** : happy medium **4 términos** *nmpl* : terms — **terminología** *nf* : terminology

termita *nf* : termite

termo *nm* : thermos

termómetro *nm* : thermometer

termóstato *nm* : thermostat

ternero, -ra *n* : calf — **ternera** *nf* : veal

ternura *nf* : tenderness

terquedad *nf* : obstinacy, stubbornness
terracota *nf* : terra-cotta
terraplén *nm, pl* **-plenes** : embankment
terráqueo, -quea *adj* : earth, terrestrial
terrateniente *nmf* : landowner
terraza *nf* 1 : terrace 2 BALCÓN : balcony
terremoto *nm* : earthquake
terreno *nm* 1 : terrain 2 SUELO : earth, ground 3 SOLAR : plot, tract of land — **terreno, -na** *adj* : earthly — **terrestre** *adj* : terrestrial
terrible *adj* : terrible
terrier *nmf* : terrier
territorio *nm* : territory — **territorial** *adj* : territorial
terrón *nm, pl* **-rones** 1 : clod (of earth) 2 **terrón de azúcar** : lump of sugar
terror *nm* : terror — **terrorífico, -ca** *adj* : terrifying — **terrorismo** *nm* : terrorism — **terrorista** *adj & nmf* : terrorist
terroso, -sa *adj* : earthy
terso, -sa *adj* 1 : smooth 2 : polished, flowing (of a style) — **tersura** *nf* : smoothness
tertulia *nf* : gathering, group
tesis *nfs & pl* : thesis
tesón *nm* : persistence, tenacity
tesoro *nm* 1 : treasure 2 : thesaurus (book) 3 **el Tesoro** : the Treasury — **tesorero, -ra** *n* : treasurer
testaferro *nm* : figurehead
testamento *nm* : testament, will — **testamentario, -ria** *n* : executor, executrix *f* — **testar** *vi* : draw up a will
testarudo, -da *adj* : stubborn
testículo *nm* : testicle
testificar {72} *v* : testify — **testigo** *nmf* 1 : witness 2 **testigo ocular** : eyewitness — **testimoniar** *vi* : testify — **testimonio** *nm* : testimony
tétano *or* **tétanos** *nm* : tetanus
tetera *nf* : teapot
tetilla *nf* 1 : teat, nipple (of a man) 2 : nipple (of a baby bottle) — **tetina** *nf* : nipple (of a baby bottle)
tétrico, -ca *adj* : somber, gloomy
textil *adj & nm* : textile
texto *nm* : text — **textual** *adj* 1 : textual 2 EXACTO : literal, exact
textura *nf* : texture
tez *nf, pl* **teces** : complexion
ti *pron* 1 : you 2 **ti mismo, ti misma** : yourself
tía → **tío**
tianguis *nms & pl Lat* : open-air market

tibio, -bia *adj* : lukewarm
tiburón *nm, pl* **-rones** : shark
tic *nm* : tic
tiempo *nm* 1 : time 2 ÉPOCA : age, period 3 : weather (in meteorology) 4 : halftime (in sports) 5 : tempo (in music) 6 : tense (in grammar)
tienda *nf* 1 : store, shop 2 *or* **tienda de campaña** : tent
tiene → **tener**
tienta *nf* **andar a tientas** : feel one's way, grope around
tierno, -na *adj* 1 : tender, fresh, young 2 CARIÑOSO : affectionate
tierra *nf* 1 : land 2 SUELO : ground, earth 3 *or* **tierra natal** : native land 4 **la Tierra** : the Earth 5 **por tierra** : overland 6 **tierra adentro** : inland
tieso, -sa *adj* 1 : stiff, rigid 2 ERGUIDO : erect 3 ENGREÍDO : haughty
tiesto *nm* : flowerpot
tifoideo, -dea *adj* **fiebre tifoidea** : typhoid fever
tifón *nm, pl* **-fones** : typhoon
tifus *nm* : typhus
tigre, -gresa *n* 1 : tiger, tigress *f* 2 *Lat* : jaguar
tijera *nf or* **tijeras** *nfpl* : scissors — **tijeretada** *nf* : cut, snip
tildar *vt* **tildar de** : brand as, call
tilde *nf* 1 : tilde 2 ACENTO : accent mark
tilo *nm* : linden (tree)
timar *vt* : swindle, cheat
timbre *nm* 1 : bell 2 : tone, timbre (of a voice, etc.) 3 SELLO : seal, stamp 4 *Lat* : postage stamp — **timbrar** *vt* : stamp
tímido, -da *adj* : timid, shy — **timidez** *nf* : timidity, shyness
timo *nm, fam* : swindle, hoax
timón *nm, pl* **-mones** 1 : rudder 2 **coger el timón** : take the helm, take charge
tímpano *nm* 1 : eardrum 2 **tímpanos** *nmpl* : timpani, kettledrums
tina *nf* 1 : vat 2 BAÑERA : bathtub
tinieblas *nfpl* 1 : darkness 2 **estar en tinieblas sobre** : be in the dark about
tino *nm* 1 : good judgment, sense 2 TACTO : tact
tinta *nf* 1 : ink 2 **saberlo de buena tinta** : have it on good authority — **tinte** *nm* 1 : dye, coloring 2 MATIZ : overtone — **tintero** *nm* : inkwell
tintinear *vi* : jingle, tinkle, clink — **tintineo** *nm* : jingle, tinkle, clink
tinto, -ta *adj* 1 : dyed,

stained 2 : red (of wine)
tintorería *nf* : dry cleaner (service)
tintura *nf* 1 : dye, tint 2 **tintura de yodo** : tincture of iodine
tiña *nf* : ringworm
tío, tía *n* : uncle *m*, aunt *f*
tiovivo *nm* : merry-go-round
típico, -ca *adj* : typical
tiple *nm* : soprano
tipo *nm* 1 : type, kind 2 FIGURA : figure (of a woman), build (of a man) 3 : rate (of interest, etc.) 4 : (printing) type, typeface — **tipo, -pa** *n, fam* : guy *m*, gal *f*
tipografía *nf* : typography, printing — **tipográfico, -ca** *adj* : typographical — **tipógrafo, -fa** *n* : printer
tique *or* **tíquet** *nm* : ticket — **tiquete** *nm Lat* : ticket
tira *nf* 1 : strip, strap 2 **tira cómica** : comic strip
tirabuzón *nf, pl* **-zones** 1 : corkscrew 2 RIZO : curl, coil
tirada *nf* 1 : throw 2 DISTANCIA : distance 3 IMPRESIÓN : printing, issue — **tirador** *nm* : handle, knob — **tirador, -dora** *n* : marksman *m*, markswoman *f*
tiranía *nf* : tyranny — **tiránico, -ca** *adj* : tyrannical — **tiranizar** {21} *vt* : tyrannize — **tirano, -na** *adj* : tyrannical — **tirano, -na** *n* : tyrant
tirante *adj* 1 : taut, tight 2 : tense (of a situation, etc.) — **tirante** *nm* 1 : (shoulder) strap 2 **tirantes** *nmpl* : suspenders
tirar *vt* 1 : throw 2 DESECHAR : throw away 3 DERRIBAR : knock down 4 DISPARAR : shoot, fire 5 IMPRIMIR : print — *vi* 1 : pull 2 DISPARAR : shoot 3 ATRAER : attract 4 *fam* : get by, manage 5 **tirar a** : tend towards — **tirarse** *vr* 1 : throw oneself 2 *fam* : spend (time)
tiritar *vi* : shiver
tiro *nm* 1 : shot, gunshot 2 : shot, kick (in sports) 3 : team (of horses, etc.) 4 **a tiro** : within range
tiroides *nmf* : thyroid (gland)
tirón *nm, pl* **-rones** 1 : pull, yank 2 **de un tirón** : in one go
tirotear *vt* : shoot at — **tiroteo** *nm* : shooting
tisis *nfs & pl* : tuberculosis
títere *nm* : puppet
titilar *vi* : flicker
titiritero, -ra *n* 1 : puppeteer 2 ACRÓBATA : acrobat

titubear *vi* **1** : hesitate **2** BALBUCEAR : stutter, stammer — **titubeante** *adj* : hesitant, faltering — **titubeo** *nm* : hesitation

titular *vt* : title, call — **titularse** *vr* **1** : be called, be titled **2** LICENCIARSE : receive a degree — **titular** *adj* : titular, official — **titular** *nm* : headline — **titular** *nmf* : holder, incumbent — **título** *nm* **1** : title **2** : degree, qualification (in education)

tiza *nf* : chalk

tiznar *vt* : blacken (with soot, etc.) — **tizne** *nm* : soot

toalla *nf* : towel — **toallero** *nm* : towel rack

tobillo *nm* : ankle

tobogán *nm, pl* **-ganes 1** : toboggan, sled **2** : slide (in a playground, etc.)

tocadiscos *nms & pl* : record player

tocado, -da *adj, fam* : touched, not all there — **tocado** *nm* : headgear, headdress

tocador *nm* : dressing table

tocar {72} *vt* **1** : touch, feel **2** MENCIONAR : touch on, refer to **3** : play (a musical instrument) — *vi* **1** : knock, ring **2** **tocar en** : touch on, border on

tocayo, -ya *n* : namesake

tocino *nm* **1** : bacon **2** : salt pork (for cooking) — **tocineta** *nf Lat* : bacon

tocólogo, -ga *n* : obstetrician

tocón *nm, pl* **-cones** : stump (of a tree)

todavía *adv* **1** AÚN : still **2** (*in comparisons*) : even **3 todavía no** : not yet

todo, -da *adj* **1** : all **2** CADA, CUALQUIER : every, each **3 a toda velocidad** : at top speed **4 todo el mundo** : everyone, everybody — **todo, -da** *pron* **1** : everything, all **2 todos, -das** *pl* : everybody, everyone, all — **todo** *nm* : whole — **todopoderoso, -sa** *adj* : almighty, all-powerful

toga *nf* **1** : toga **2** : gown, robe (of a judge, etc.)

toldo *nm* : awning, canopy

tolerar *vt* : tolerate — **tolerancia** *nf* : tolerance — **tolerante** *adj* : tolerant

toma *nf* **1** : capture **2** DOSIS : dose **3** : take (in film) **4 toma de corriente** : wall socket, outlet **5 toma y daca** : give-and-take — **tomar** *vt* **1** : take **2** : have (food or drink) **3** CAPTURAR : capture, seize **4 toma el sol** : sunbathe **5 toma tierra** : land — *vi* : drink (alcohol) — **tomarse** *vr* **1** : take (time, etc.) **2** : drink, eat, have (food, drink)

tomate *nm* : tomato

tomillo *nm* : thyme

tomo *nm* : volume

ton *nm* **sin ton ni son** : without rhyme or reason

tonada *nf* : tune

tonel *nm* : barrel, cask

tonelada *nf* : ton — **tonelaje** *nm* : tonnage

tónica *nf* **1** : tonic (water) **2** TENDENCIA : trend, tone — **tónico, -ca** *adj* : tonic — **tónico** *nm* : tonic (in medicine)

tono *nm* **1** : tone **2** : shade (of colors) **3** : key (in music)

tontería *nf* **1** : silly thing or remark **2** ESTUPIDEZ : foolishness **3 decir tonterías** : talk nonsense — **tonto, -ta** *adj* **1** : stupid, silly **2 a tontas y a locas** : haphazardly — **tonto, -ta** *n* : fool, idiot

topacio *nm* : topaz

toparse *vr* **toparse con** : run into, come across

tope *nm* **1** : limit, end **2** *or* **tope de puerta** : doorstop **3** *Lat* : bump — **tope** *adj* : maximum

tópico, -ca *adj* **1** : topical, external **2** MANIDO : trite — **tópico** *nm* : cliché

topo *nm* : mole (animal)

toque *nm* **1** : (light) touch **2** : ringing, peal (of a bell) **3 toque de queda** : curfew **4 toque de diana** : reveille — **toquetear** *vt* : finger, handle

tórax *nms & pl* : thorax

torbellino *nm* : whirlwind

torcer {14} *vt* **1** : twist, bend **2** : turn (a corner) **3** : wring (out) — *vi* : turn — **torcerse** *vr* **1** : twist, sprain **2** FRUSTRARSE : go wrong **3** DESVIARSE : go astray — **torcedura** *nf* **1** : twisting **2** ESGUINCE : sprain — **torcido, -da** *adj* : twisted, crooked

tordo, -da *adj* : dappled — **tordo** *nm* : thrush (bird)

torear *vt* **1** : fight (bulls) **2** ELUDIR : dodge, sidestep — *vi* : fight bulls — **toreo** *nm* : bullfighting — **torero, -ra** *n* : bullfighter

tormenta *nf* : storm — **tormento** *nm* **1** : torture **2** ANGUSTIA : torment, anguish — **tormentoso, -sa** *adj* : stormy

▸ **tornado** *nm* : tornado

tornar *vt* CONVERTIR : render, turn — *vi* : go back, return — **tornarse** *vr* : become, turn into

torneo *nm* : tournament

tornillo *nm* : screw

torniquete *nm* **1** : turnstile **2** : tourniquet (in medicine)

tornado^M
tornado

tortuga[F]
turtle

torno *nm* **1** : winch **2** : (carpenter's) lathe **3 torno de alfarero** : (potter's) wheel **4 torno de banco** : vise **5 en torno a** : around, about

toro *nm* **1** : bull **2 toros** *nmpl* : bullfight

toronja *nf* : grapefruit

torpe *adj* **1** : clumsy, awkward **2** ESTÚPIDO : stupid, dull

torpedear *vt* : torpedo — **torpedo** *nm* : torpedo

torpeza *nf* **1** : clumsiness, awkwardness **2** ESTUPIDEZ : slowness, stupidity

torre *nf* **1** : tower **2** : turret (on a ship, etc.) **3** : rook, castle (in chess)

torrente *nm* **1** : torrent **2 torrente sanguíneo** : bloodstream — **torrencial** *adj* : torrential

tórrido, -da *adj* : torrid

torsión *nf, pl* **-siones** : twisting

torta *nf* **1** : torte, cake **2** *Lat* : sandwich

tortazo *nm, fam* : blow, wallop

tortícolis *nfs & pl* : stiff neck

tortilla *nf* **1** : tortilla **2** *or* **tortilla de huevo** : omelet

tórtola *nf* : turtledove

tortuga *nf* **1** : turtle, tortoise **2 tortuga de agua dulce** : terrapin

tortuoso, -sa *adj* : tortuous, winding

tortura *nf* : torture — **torturar** *vt* : torture

tos *nf* **1** : cough **2 tos ferina** : whooping cough

tosco, -ca *adj* : rough, coarse

toser *vi* : cough

tosquedad *nf* : coarseness

tostar {19} *vt* **1** : toast **2** BRONCEAR : tan — **tostarse** *vr* : get a tan —

tostada *nf* **1** : piece of toast **2** *Lat* : tostada — **tostador** *nm* : toaster

tostón *nm, pl* **-tones** *Lat* : fried plantain chip

total *adj & nm* : total — **total** *adv* : so, after all — **totalidad** *nf* : whole — **totalitario, -ria** *adj & n* : totalitarian — **totalitarismo** *nm* : totalitarianism — **totalizar** {21} *vt* : total, add up to

tóxico, -ca *adj* : toxic, poisonous — **tóxico** *nm* : poison — **toxicomanía** *nf* : drug addiction — **toxicómano, -na** *n* : drug addict — **toxina** *nf* : toxin

tozudo, -da *adj* : stubborn

traba *nf* : obstacle, hindrance

trabajar *vi* **1** : work **2** : act, perform (in theater, etc.) — *vt* **1** : work (metal) **2** : knead (dough) **3** MEJORAR : work on, work

at — **trabajador, -dora** *adj* : hard-working — **trabajador, -dora** *n* : worker — **trabajo** *nm* **1** : work **2** EMPLEO : job **3** TAREA : task **4** ESFUERZO : effort **5 costar trabajo** : be difficult **6 trabajo en equipo** : teamwork **7 trabajos** *nmpl* : hardships, difficulties — **trabajoso, -sa** *adj* : hard, laborious

trabalenguas *nms & pl* : tongue twister

trabar *vt* **1** : join, connect **2** OBSTACULIZAR : impede **3** : strike up (a conversation, etc.) **4** : thicken (sauces) — **trabarse** *vr* **1** : jam **2** ENREDARSE : become entangled **3 se le traba la lengua** : he gets tongue-tied

trabucar {72} *vt* : mix up

tracción *nf* : traction

▸ **tractor** *nm* : tractor

tradición *nf, pl* **-ciones** : tradition — **tradicional** *adj* : traditional

traducir {61} *vt* : translate — **traducción** *nf, pl* **-ciones** : translation — **traductor, -tora** *n* : translator

traer {81} *vt* **1** : bring **2** CAUSAR : cause, bring about **3** CONTENER : carry, have **4** LLEVAR : wear — **traerse** *vr* **1** : bring along **2 traérselas** : be difficult

traficar {72} *vi* **traficar en** : traffic in — **traficante** *nmf* : dealer, trafficker — **tráfico** *nm* **1** : trade (of merchandise) **2** : traffic (of vehicles)

tragaluz *nf, pl* **-luces** : skylight

tragar {52} *vt* **1** : swallow **2** *fam* : put up with — *vi* : swallow — **tragarse** *vr* **1** : swallow **2** ABSORBER : absorb, swallow up

tragedia *nf* : tragedy — **trágico, -ca** *adj* : tragic

trago *nm* **1** : swallow, swig **2** *fam* : drink, liquor — **tragón, -gona** *adj, fam* : greedy — **tragón, -gona** *nmf, fam* : glutton

traicionar *vt* : betray — **traición** *nf, pl* **-ciones 1** : betrayal **2** : treason (in law) — **traidor, -dora** *adj* : traitorous, treacherous — **traidor, -dora** *n* : traitor

trailer *nm* : trailer

traje *nm* **1** : dress, costume **2** : (man's) suit **3 traje de baño** : bathing suit

trajinar *vi, fam* : rush around — **trajín** *nm, pl* **-jines** *fam* : hustle and bustle

trama *nf* **1** : plot **2** : weave, weft (of fabric) — **tramar** *vt* **1** : plot, plan **2** : weave (fabric)

tramitar *vt* : negotiate

— **trámite** *nm* : procedure, step

tramo *nm* **1** : stretch, section **2** : flight (of stairs)

trampa *nf* **1** : trap **2 hacer trampas** : cheat — **trampear** *vt* : cheat

trampilla *nf* : trapdoor

trampolín *nm, pl* **-lines 1** : diving board **2** : trampoline (in a gymnasium, etc.)

tramposo, -sa *adj* : crooked, cheating — **tramposo, -sa** *n* : cheat, swindler

tranca *nf* **1** : cudgel, club **2** : bar (for a door or window)

trance *nm* **1** : critical juncture **2** : (hypnotic) trance **3 en trance de** : in the process of

tranquilo, -la *adj* : calm, tranquil — **tranquilidad** *nf* : tranquility, peace — **tranquilizante** *nm* : tranquilizer — **tranquilizar** {21} *vt* : calm, soothe — **tranquilizarse** *vr* : calm down

trans- *see also* **tras-**

transacción *nf, pl* **-ciones** : transaction

▸ **transatlántico, -ca** *adj* : transatlantic — **transatlántico** *nm* : ocean liner

transbordador *nm* **1** : ferry **2 transbordador espacial** : space shuttle — **transbordar** *vt* : transfer — *vi* : change (of trains, etc.) — **transbordo** *nm* **hacer transbordador** : change (trains, etc.)

transcribir {33} *vt* : transcribe — **transcripción** *nf, pl* **-ciones** : transcription

transcurrir *vi* : elapse, pass — **transcurso** *nm* : course, progression

transeúnte *nmf* : passerby

transferir {76} *vt* : transfer — **transferencia** *nf* : transfer, transference

transformar *vt* **1** : transform, change **2** CONVERTIR : convert — **transformarse** *vr* : be transformed — **transformación** *nf, pl* **-ciones** : transformation — **transformador** *nm* : transformer

transfusión *nf, pl* **-siones** : transfusion

transgredir {1} *vt* : transgress — **transgresión** *nf* : transgression

transición *nf, pl* **-ciones** : transition

transido, -da *adj* : overcome, stricken

transigir {35} *vi* : give in, compromise

transistor *nm* : transistor

buque^M trasatlántico
cruise ship

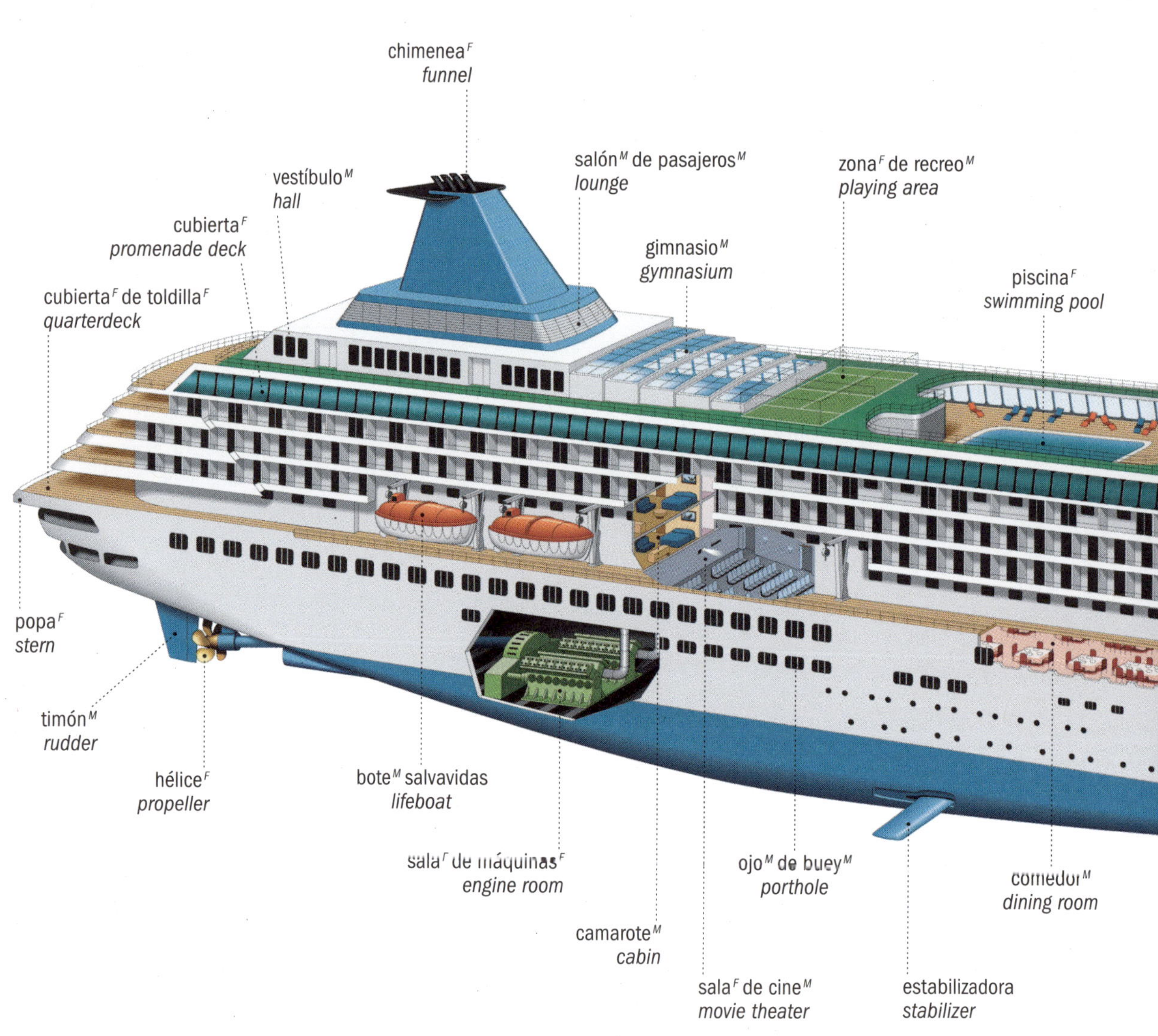

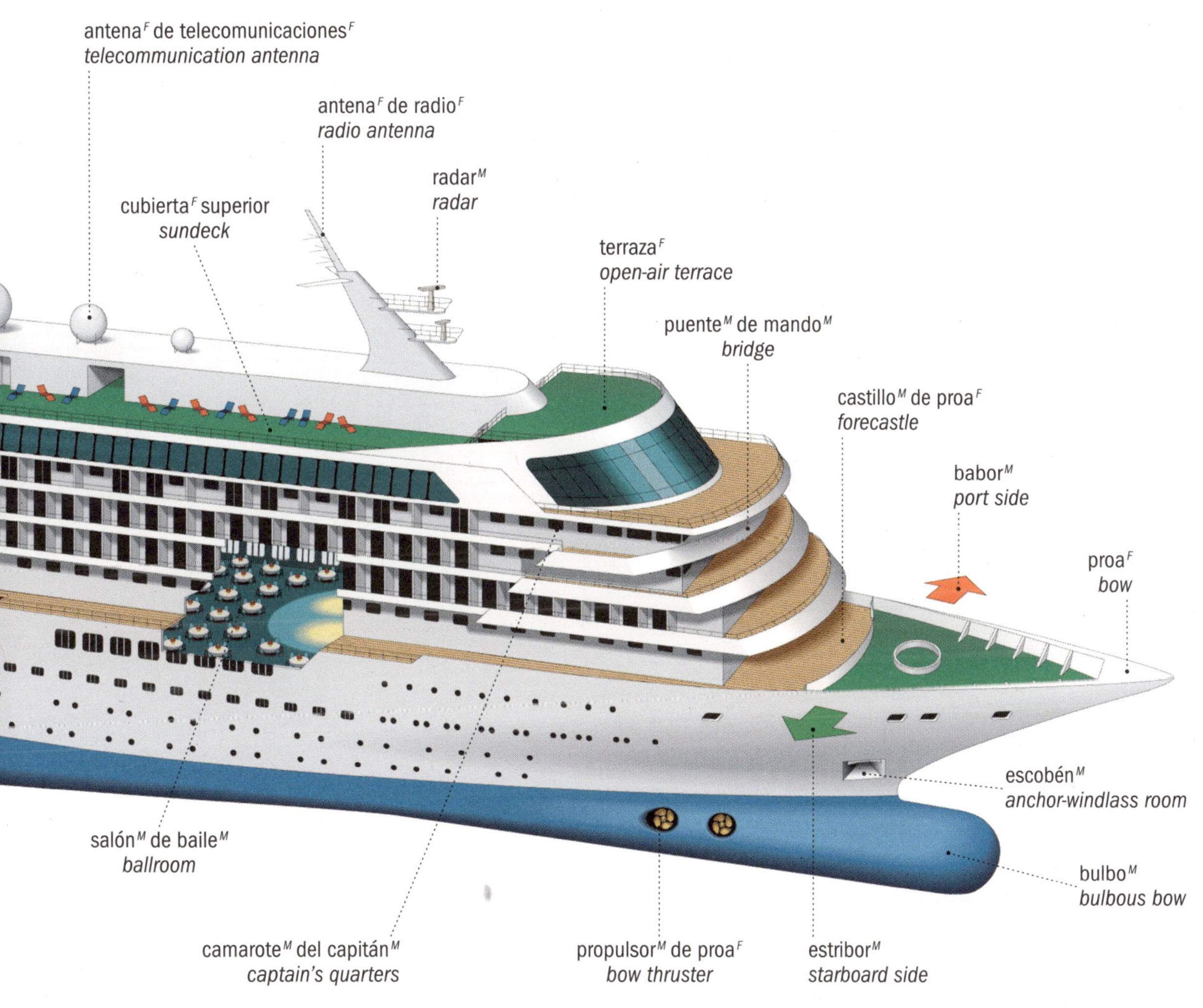

antena[F] de telecomunicaciones[F]
telecommunication antenna
antena[F] de radio[F]
radio antenna
radar[M]
radar
cubierta[F] superior
sundeck
terraza[F]
open-air terrace
puente[M] de mando[M]
bridge
castillo[M] de proa[F]
forecastle
babor[M]
port side
proa[F]
bow
escobén[M]
anchor-windlass room
bulbo[M]
bulbous bow
salón[M] de baile[M]
ballroom
camarote[M] del capitán[M]
captain's quarters
propulsor[M] de proa[F]
bow thruster
estribor[M]
starboard side

transitar *vi* : go, travel — **transitable** *adj* : passable
transitivo, -va *adj* : transitive
tránsito *nm* **1** : transit **2** TRÁFICO : traffic **3 hora de máximo tránsito** : rush hour — **transitorio, -ria** *adj* : transitory
transmitir *vt* **1** : transmit **2** : broadcast (radio, TV, etc.) **3** CEDER : pass on

— **transmisión** *nf, pl* **-siones 1** : broadcast **2** TRANSFERENCIA : transfer **3** : transmission (of an automobile) — **transmisor** *nm* : transmitter
transparentarse *vr* : be transparent — **transparente** *adj* : transparent
transpirar *vi* : perspire, sweat

— **transpiración** *nf, pl* **-ciones** : perspiration, sweat
transponer {60} *vt* : transpose, move — **transponerse** *vr* **1** : set (of the sun, etc.) **2** DORMITAR : doze off
transportar *vt* : transport, carry — **transportarse** *vr* : get carried away — **transporte** *nm* : transport, transportation

tribunal[M]
court

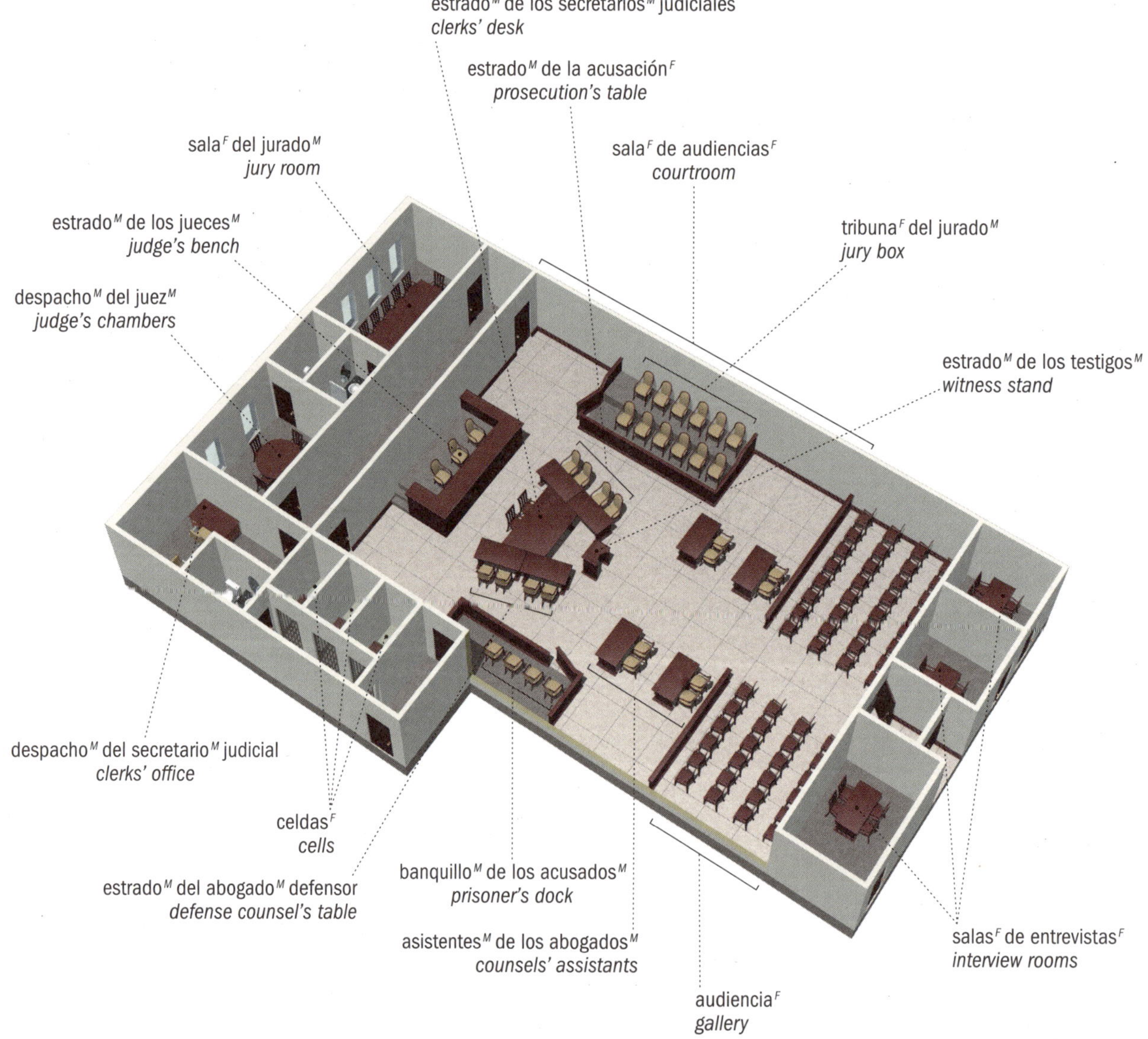

transversal *adj* **corte**
 transversal : cross section
tranvía *nm* : streetcar, trolley
trapear *vi Lat* : mop
trapecio *nm* : trapeze
trapisonda *nf* : scheme, plot
trapo *nm* **1** : cloth, rag **2**
 trapos *nmpl, fam* : clothes
tráquea *nf* : trachea, windpipe
traquetear *vi* : rattle around,
 shake — **traqueteo** *nm* : rattling
tras *prep* **1** DESPUÉS DE : after
 2 DÉTRAS DE : behind
tras- *see also* **trans-**
trascender {56} *vi* **1** : leak out,
 become known **2** EXTENDERSE : spread
 3 trascender de : transcend —
 trascendencia *nf* : importance —
 trascendental *adj* **1** : transcendental
 2 IMPORTANTE : important
trasegar *vt* : move around
trasero, -ra *adj* : rear, back —
 trasero *nm* : buttocks *pl*
trasfondo *nm* **1** : background **2** :
 undercurrent (of suspicion, etc.)
trasladar *vt* **1** : transfer, move **2**
 POSPONER : postpone — **trasladarse** *vr*
 : move, relocate — **traslado** *nm* **1**
 : transfer, move **2** COPIA : copy
traslapar *vt* : overlap —
 traslaparse *vr* : overlap
traslucirse {45} *vr* **1** : be translucent
 2 REVELARSE : be revealed —
 traslúcido, -da : translucent
trasnochar *vi* : stay up all night
traspasar *vt* **1** : pierce, go through
 2 EXCEDER : go beyond **3** ATRAVESAR :
 cross, go across **4** : transfer (a business,
 etc.) — **traspaso** *nm* : transfer, sale
traspié *nm* **1** : stumble,
 trip **2** ERROR : blunder
trasplantar *vt* : transplant —
 trasplante *nm* : transplant
trasquilar *vt* : shear
traste *nm* **1** : fret (on a guitar, etc.) **2**
 Lat : (kitchen) utensil **3 dar al traste**
 con : ruin **4 irse al traste** : fall through
trastos *nmpl, fam* : pieces of junk, stuff
trastornar *vt* **1** : disturb, disrupt **2** VOLVER
 LOCO : drive crazy — **trastornarse** *vr*
 : go crazy — **trastornado, -da** *adj* :
 disturbed, deranged — **trastorno** *nm* **1**
 : disturbance, disruption **2** : (medical
 or psychological) disorder
trastrocar *vt* : change, switch around

tratable *adj* : friendly, sociable
tratar *vi* **1 tratar con** : deal with **2**
 tratar de : try to **3 tratar de** *or* **tratar**
 sobre : be about, concern **4 tratar**
 en : deal in — *vt* **1** : treat **2** MANEJAR
 : deal with, handle — **tratarse** *vr*
 tratarse de : be about, concern —
 tratado *nm* **1** : treatise **2** CONVENIO :
 treaty — **tratamiento** *nm* : treatment —
 trato *nm* **1** : treatment **2** ACUERDO : deal,
 agreement **3 tratos** *nmpl* : dealings
trauma *nm* : trauma —
 traumático, -ca *adj* : traumatic
través *nm* **1 a través de** : across,
 through **2 de través** : sideways
travesaño *nm* : crosspiece
travesía *nf* : voyage, crossing (of the sea)
travesura *nf* **1** : prank **2**
 travesuras *nfpl* : mischief — **travieso,**
 -sa *adj* : mischievous, naughty
trayecto *nm* **1** : trajectory, path
 2 VIAJE : journey **3** RUTA : route —
 trayectoria *nf* : path, trajectory
traza *nf* **1** : design, plan **2** ASPECTO :
 appearance — **trazado** *nm* **1** : outline,
 sketch **2** DISEÑO : plan, layout — **trazar**
 {21} *vt* **1** : trace, outline **2** : draw up (a
 plan, etc.) — **trazo** *nm* : stroke, line
trébol *nm* **1** : clover, shamrock **2**
 tréboles *nmpl* : clubs (in playing cards)
trece *adj & nm* : thirteen —
 treceavo, -va *adj* : thirteenth —
 treceavo *nm* : thirteenth (fraction)
trecho *nm* **1** : stretch, period **2**
 DISTANCIA : distance **3 de trecho**
 a trecho : at intervals
tregua *nf* **1** : truce **2 sin**
 tregua : without respite
treinta *adj & nm* : thirty —
 treintavo, -va *adj* : thirtieth —
 treintavo *nm* : thirtieth (fraction)
tremendo, -da *adj* :
 tremendous, enormous
trementina *nf* : turpentine
trémulo, -la *adj* : trembling, flickering
tren *nm* **1** : train **2 tren de**
 aterrizaje : landing gear
trenza *nf* : braid, pigtail — **trenzar** {21} *vt*
 : braid — **trenzarse** *vr Lat* : get involved
trepar *vi* **1** : climb **2** : creep,
 spread (of a plant) — **treparse** *vr* :
 climb (up) — **trepador, -dora** *adj* :
 climbing — **trepadora** *nf* **1** : climbing
 plant **2** *fam* : social climber
trepidar *vi* : shake, vibrate

tres *adj & nm* : three — **trescientos,**
 -tas *adj* : three hundred —
 trescientos *nms & pl* : three hundred
treta *nf* : trick
triángulo *nm* : triangle —
 triangular *adj* : triangular
tribu *nf* : tribe — **tribal** *adj* : tribal
tribulación *nf, pl* **-ciones** : tribulation
tribuna *nf* **1** : dais, platform **2** :
 grandstand, bleachers *pl* (in a stadium)
▸ **tribunal** *nm* : court, tribunal
tributar *vt* : pay, render — *vi* : pay taxes
 — **tributo** *nm* **1** : tribute **2** IMPUESTO : tax
triciclo *nm* : tricycle
tricolor *adj* : tricolored
tridimensional *adj* : three-dimensional
trigésimo, -ma *adj & n* : thirtieth
trigo *nm* : wheat
trigonometría *nf* : trigonometry
trillado, -da *adj* : trite
trillar *vt* : thresh — **trilladora** *nf*
 : threshing machine
trillizo, -za *n* : triplet
trilogía *nf* : trilogy
trimestral *adj* : quarterly
trinar *vi* : warble
trinchar *vt* : carve
trinchera *nf* **1** : trench, ditch **2**
 IMPERMEABLE : trench coat
trineo *nm* : sled, sleigh
trinidad *nf* : trinity
trino *nm* : trill, warble
trío *nm* : trio
tripa *nf* **1** : gut, intestine **2**
 tripas *ntpl, fam* : belly, tummy
triple *adj & nm* : triple —
 triplicar {72} *vt* : triple
trípode *nm* : tripod
tripular *vt* : man — **tripulación** *nf,*
 pl **-ciones** : crew — **tripulante** *nmf*
 : crew member
tris *nm* **estar en un tris de**
 : be within an inch of
triste *adj* **1** : sad **2** SOMBRÍO : dismal,
 gloomy **3** MISERABLE : sorry, miserable
 — **tristeza** *nf* : sadness, grief
tritón *nm, pl* **-tones** : newt
triturar *vt* : crush, grind
triunfar *vi* : triumph, win — **triunfal** *adj*
 : triumphal — **triunfante** *adj* : triumphant
 — **triunfo** *nm* : triumph, victory
trivial *adj* : trivial
triza *nf* **1** : shred, bit **2 hacer**
 trizas : smash to pieces
trocar {82} *vt* **1** CONVERTIR : change

2 INTERCAMBIAR : exchange
trocha *nf* : path, trail
trofeo *nm* : trophy
trombón *nm, pl* **-bones 1** : trombone
  2 : trombonist (musician)
trombosis *nf* : thrombosis
trompa *nf* **1** : trunk (of an
  elephant), snout **2** : horn (musical
  instrument) **3** : tube (in anatomy)
trompeta *nf* : trumpet —
  trompetista *nmf* : trumpet player
trompo *nm* : top (toy)
tronada *nf* : thunderstorm — **tronar**
  {19} *vi* : thunder, rage — *vt Lat fam*
  : shoot — *v impers* : thunder
tronchar *vt* **1** : snap **2** TRUNCAR : cut short
tronco *nm* **1** : trunk (of a tree) **2** :
  torso (of a person) **3 dormir como
  un tronco** : sleep like a log
trono *nm* : throne
tropa *nf* : troops *pl,* soldiers *pl*
tropel *nm* : mob
tropezar {29} *vi* **1** : trip, stumble **2**
  tropezar con : come up against, run
  into — **tropezón** *nm, pl* **-zones 1** :
  stumble **2** EQUIVOCACIÓN : mistake, slip
trópico *nm* : tropic —
  tropical *adj* : tropical
tropiezo *nm* **1** CONTRATIEMPO : snag,
  setback **2** EQUIVOCACIÓN : mistake, slip
trotar *vi* **1** : trot **2** *fam* : rush about
  — **trote** *nm* **1** : trot **2** *fam* : rush,
  bustle **3 al trote** : at a trot, quickly
trozo *nm* : piece, bit, chunk
trucha *nf* : trout
truco *nm* **1** : knack **2** ARDID : trick
trueno *nm* : thunder
trueque *nm* : barter, exchange
trufa *nf* : truffle
truncar {72} *vt* **1** : cut short **2**
  : thwart, spoil (plans, etc.)
tu *adj* : your
tú *pron* : you
tuba *nf* : tuba
tuberculosis *nf* : tuberculosis
tubo *nm* **1** : tube, pipe **2 tubo de
  escape** : exhaust pipe (of a vehicle)
  3 tubo de desagüe : drainpipe —
  tubería *nf* : pipes *pl,* tubing
tuerca *nf* : nut (for a screw)
tuerto, -ta *adj* : one-
  eyed, blind in one eye
tuétano *nm* : marrow
tufo *nm* **1** : vapor **2** *fam* : stench, stink
tugurio *nm* : hovel

tulipán *nm, pl* **-panes** : tulip
tullido, -da *adj* : crippled, paralyzed
tumba *nf* : tomb, grave
tumbar *vt* : knock down, knock over
  — **tumbarse** *vr* : lie down — **tumbo** *nm*
  dar tumbos : jolt, bump around
tumor *nm* : tumor
tumulto *nm* **1** : commotion, tumult
  2 MOTÍN : riot — **tumultuoso,
  -sa** *adj* : tumultuous
tuna *nf* : prickly pear
túnel *nm* : tunnel
túnica *nf* : tunic
tupé *nm* : toupee
tupido, -da *adj* : dense, thick
turba *nf* **1** : peat **2** MUCHEDUMBRE
  : mob, throng
turbación *nf, pl* **-ciones 1** :
  disturbance **2** CONFUSION : confusion
turbante *nm* : turban
turbar *vt* **1** : disturb, upset **2**
  CONFUNDIR : confuse, bewilder
tubina *nf* : turbine
turbio, -bia *adj* **1** : cloudy, murky

2 : blurred (of vision, etc.) —
  turbión *nm, pl* **-biones** : squall
turbulencia *nf* : turbulence —
  turbulento, -ta *adj* : turbulent
turco, -ca *adj* : Turkish —
  turco *nm* : Turkish (language)
turista *nmf* : tourist — **turismo** *nm*
  : tourism, tourist industry —
  turístico, -ca *adj* : tourist, travel
turnarse *vr* : take turns, alternate
  — **turno** *nm* **1** : turn **2 turnarse
  de noche** : night shift
turquesa *nf* : turquoise
turrón *nm, pl* **-rrones** : nougat
tutear *vt* : address as *tú*
tutela *nf* **1** : guardianship (in law) **2 bajo
  la tutela de** : under the protection of
tuteo *nm* : addressing as *tú*
tutor, -tora *n* **1** : guardian
  2 : tutor (in education)
tuyo, -ya *adj* : yours, of yours —
  tuyo, *pron* **1 el tuyo, la tuya, lo tuyo,
  los tuyos, las tuyas** : yours **2 los
  tuyos** : your family, your friends

frutas^F **tropicales**
tropical fruits

U

u[1] *nf* : u, 22d letter of the Spanish alphabet
u[2] *conj* (*used before words beginning with o- or ho-*) : or
uapití *nm* : American elk, wapiti
ubicar {72} *vt Lat* **1** COLOCAR : place, position **2** LOCALIZAR : find — **ubicarse** *vr* : be located
ubre *nf* : udder
Ud., Uds. → **usted**
ufanarse *vr* ufanarse de : boast about — **ufano, -na** *adj* **1** : proud **2** ENGREÍDO : self-satisfied
ujier *nm* : usher
úlcera *nf* : ulcer
ulterior *adj* : later, subsequent — **ulteriormente** *adv* : subsequently
últimamente *adv* : lately, recently
ultimar *vt* **1** : complete, finish **2** *Lat* : kill — **ultimátum** *nm, pl* **-tums** : ultimatum
último, -ma *adj* **1** : last **2** : latest, most recent (in time) **3** : farthest (in space) **4** por último : finally
ultrajar *vt* : outrage, insult — **ultraje** *nm* : outrage, insult
ultramar *nm* de ultramar *or* en ultramar : overseas — **ultramarino, -na** *adj* : overseas — **ultramarinos** *nmpl* tienda de ultramar : grocery store
ultranza: a ultranza *adv phr* : to the extreme — **a ultranza** *adj phr* : out-and-out, complete
ultrasonido *nm* : ultrasound
ultravioleta *adj* : ultraviolet
ulular *vi* **1** : hoot (of an owl) **2** : howl (of a wolf, the wind, etc.) — **ululato** *nm* : hoot (of an owl)
umbilical *adj* : umbilical
umbral *nm* : threshold
un, una *art, mpl* **unos 1** : a, an **2** unos *or* unas *pl* : some, a few **3** unos *or* unas *pl* : about, approximately — **un** *adj* → **uno**
unánime *adj* : unanimous — **unanimidad** *nf* : unanimity
uncir {83} *vt* : yoke
undécimo, -ma *adj & n* : eleventh
ungir {35} *vt* : anoint — **ungüento** *nm* : ointment
único, -ca *adj* **1** : only, sole **2** EXCEPCIONAL : unique — **único, -ca** *n* : only one — **únicamente** *adv* : only
unicornio *nm* : unicorn
unidad *nf* **1** : unit **2** ARMONÍA :

unity — **unido, -da** *adj* **1** : united **2** : close (of friends, etc.)
unificar {72} *vt* : unify — **unificación** *nf, pl* **-ciones** : unification
uniformar *vt* **1** : standardize **2** : put into uniform — **uniformado, -da** *adj* : uniformed — **uniforme** *adj & nm* : uniform — **uniformidad** *nf* : uniformity
unilateral *adj* : unilateral
unir *vt* **1** : unite, join **2** COMBINAR : combine, mix together — **unirse** *vr* **1** : join together **2** unirse a : join — **unión** *nf, pl* **uniones 1** : union **2** JUNTURA : joint, coupling
unísono *nm* al unísono : in unison
unitario, -ria *adj* : unitary
universal *adj* : universal
universidad *nf* : university, college — **universitario, -ria** *adj* : university, college
universo *nm* : universe
uno, una (**un** *before masculine singular nouns*) *adj* : one — **uno,** *pron* **1** : one **2** **unos, unas** *pl* : some **3 uno(s) a otro(s)** : one another, each other **4 uno y otro** : both — **uno** *nm* : one (number)
untar *vt* **1** : smear, grease **2** *fam* : bribe — **untuoso, -sa** *adj* : greasy, sticky
uña *nf* **1** : nail, fingernail **2** : claw (of a cat, etc.), hoof (of a horse, etc.)
uranio *nm* : uranium
Urano *nm* : Uranus
urbano, -na *adj* : urban, city — **urbanidad** *nf* : politeness, courtesy — **urbanización** *nf, pl* **-ciones** : housing development — **urbanizar** *vt* : develop, urbanize — **urbe** *nf* : large city
urdir *vt* **1** : warp **2** PLANEAR : plot — **urdimbre** *nf* : warp (of a fabric)
urgir {35} *v impers* : be urgent, be pressing — **urgencia** *nf* **1** : urgency **2** EMERGENCIA : emergency — **urgente** *adj* : urgent
urinario, -ria *adj* : urinary — **urinario** *nm* : urinal (place)
urna *nf* **1** : urn **2** : ballot box (for voting)
urraca *nf* : magpie
uruguayo, -ya *adj* : Uruguayan
usar *vt* **1** : use **2** LLEVAR : wear — **usarse 1** EMPLEARSE : be used **2** : be worn, be in fashion — **usado, -da** *adj* **1** : used **2** GASTADO : worn, worn-out — **usanza** *nf* : custom, usage — **uso** *nm* **1** : use **2** DESGASTE : wear and tear **3** USANZA : custom, usage
usted *pron* **1** (*used in formal address; often written as* **Ud.** *or* Vd.)

: you **2 ustedes** *pl* (*often written as* **Uds.** *or* Vds.) : you (all)
usual *adj* : usual
usuario, -ria *n* : user
usura *nf* : usury — **usurero, -ra** *n* : usurer
usurpar *vt* : usurp
utensilio *nm* : utensil, tool
útero *nm* : uterus, womb
utilizar {21} *vt* : use, utilize — **útil** *adj* : useful — **útiles** *nmpl* : implements, tools — **utilidad** *nf* : utility, usefulness — **utilitario, -ria** *adj* : utilitarian — **utilización** *nf, pl* **-ciones** : utilization, use
▸ **uva** *nf* : grape

V

v *nf* : v, 23d letter of the Spanish alphabet
va → **ir**
vaca *nf* : cow
vacaciones *nfpl* **1** : vacation **2 estar de vacaciones** : be on vacation **3 irse de vacaciones** : go on vacation
vacante *adj* : vacant — **vacante** *nf* : vacancy
vaciar {85} *vt* **1** : empty (out) **2** AHUECAR : hollow out **3** : cast, mold (a statue, etc.)
vacilar *vi* **1** : hesitate, waver **2** : flicker (of light) **3** TAMBALEARSE : be

unsteady, wobble **4** *fam* : joke, fool around — **vacilación** *nf, pl* **-ciones** : hesitation — **vacilante** *adj* **1** : hesitant **2** OSCILANTE : unsteady
vacío, -cía *adj* : empty — **vacío** *nm* **1** : void **2** : vacuum (in physics) **3** HUECO : space, gap
vacuna *nf* : vaccine — **vacunación** *nf, pl* **-ciones** : vaccination — **vacunar** *vt* : vaccinate
vacuno, -na *adj* : bovine
vadear *vt* : ford — **vado** *nm* : ford
vagabundear *vi* : wander — **vagabundo, -da** *adj* **1** : vagrant **2** : stray (of a dog, etc.) — **vagabundear** *n* : hobo, bum — **vagancia** *nf* **1** : vagrancy **2** PEREZA : laziness, idleness — **vagar** {52} *vi* : roam, wander
vagina *nf* : vagina
vago, -ga *adj* **1** : vague **2** PEREZOSO : lazy, idle — **vago, -ga** *n* : idler, loafer
vagón *nm, pl* **-gones** : car (of a train)
vahído *nm* : dizzy spell
vaho *nm* **1** : breath **2** VAPOR : vapor, steam
vaina *nf* **1** : sheath, scabbard **2** : pod (in botany) **3** *Lat fam* : bother, pain
vainilla *nf* : vanilla
vaivén *nm, pl* **-venes 1** : swinging, swaying **2** : coming and going (of people, etc.) **3 vaivenes** *nmpl* : ups and downs
vajilla *nf* : dishes *pl*
vale *nm* **1** : voucher **2** PAGARÉ : IOU — **valedero, -ra** *adj* : valid
valentía *nf* : courage, bravery
valer {84} *vt* **1** : be worth **2** COSTAR : cost **3** GANAR : gain, earn **4** EQUIVALER A : be equal to — *vi* **1** : have value, cost **2** SER VÁLIDO : be valid, count **3** SERVIR : be of use **4 hacerse valer** : assert oneself **5 más vale** : it's better — **valerse** *vr* **1 valerse de** : take advantage of **2 valerse solo** *or* **valerse por sí mismo** : look after oneself
valeroso, -sa *adj* : courageous
valga, etc. → **valer**
valía *nf* : worth
validar *vt* : validate — **validez** *nf* : validity — **válido, -da** *adj* : valid
valiente *adj* **1** : brave **2** (*used ironically*) : fine, great
valija *nf* : case, valise
valioso, -sa *adj* : valuable
valla *nf* **1** : fence **2** : hurdle (in sports) — **vallar** *vt* : put a fence around
valle *nm* : valley
valor *nm* **1** : value, worth **2** VALENTÍA : courage, valor **3 objetos de valor** : valuables **4 sin valor** : worthless **5 valores** *nmpl* : values, principles **6 valores** *nmpl* : securities, bonds — **valoración** *nf, pl* **-ciones** : valuation — **valorar** *vt* : evaluate, assess
vals *nm* : waltz
válvula *nf* : valve
vamos → **ir**
vampiro *nm* : vampire
van → **ir**
vanagloriarse *vr* : boast, brag
vándalo *nm* : vandal — **vandalismo** : vandalism
vanguardia *nf* **1** : vanguard **2** : avant-garde (in art, music, etc.) **3 a la vanguardia** : at/in the forefront
vanidad *nf* : vanity — **vanidoso, -sa** *adj* : vain, conceited
vano, -na *adj* **1** INÚTIL : vain, useless **2** SUPERFICIAL : empty, hollow **3 en vano** : in vain
vapor *nm* **1** : steam, vapor **2 al vapor** : steamed — **vaporizador** *nm* : vaporizer — **vaporizar** {21} *vt* : vaporize
vaquero, -ra *n* : cowboy *m*, cowgirl *f* — **vaqueros** *nmpl* : jeans
vara *nf* **1** : stick, rod **2** : staff (of office)
varado, -da *adj* : stranded
variar {85} *vt* **1** : vary **2** CAMBIAR : change, alter — *vi* : vary, change — **variable** *adj & nf* : variable — **variación** *nf, pl* **-ciones** : variation — **variado, -da** *adj* : varied — **variante** *nf* : variant
varicela *nf* : chicken pox
varicoso, -sa *adj* : varicose
variedad *nf* : variety
varilla *nf* : rod, stick
vario, -ria *adj* **1** : varied **2 vario, -rias** *pl* : several
varita *nf* : wand
variz *nf, pl* **-rices** *or* **várices** : varicose vein
varón *nm, pl* **-rones 1** : man, male **2** NIÑO : boy — **varonil** *adj* : manly
vas → **ir**
vasco, -ca *adj* : Basque — **vasco** *nm* : Basque (language)
vasija *nf* : container, vessel
vaso *nm* **1** : glass **2** : vessel (in anatomy)
vástago *nm* **1** : offspring, descendent **2** BROTE : shoot **3** VARILLA : rod
vasto, -ta *adj* : vast
vaticinar *vt* : prophesy, predict — **vaticinio** *nm* : prophecy
vatio *nm* : watt
vaya, etc. → **ir**
Vd., Vds. → **usted**
ve, etc. → **ir, ver**
vecinal *adj* : local
vecino, -na *n* **1** : neighbor **2** HABITANTE : resident, inhabitant — **vecino, -na** *adj* : neighboring — **vecindad** *nf* : neighborhood, vicinity — **vecindario** *nm* **1** : neighborhood **2** VECINOS : community, residents *pl*
vedar *vt* : prohibit — **veda** *nf* **1** : prohibition, ban **2** : closed season (for hunting and fishing) — **vedado** *nm* : preserve (for game, etc.)
vega *nf* : fertile lowland
vegetal *nm* : vegetable, plant — **vegetal** *adj* : vegetable — **vegetación** *nf, pl* **-ciones** : vegetation — **vegetar** *vi* : vegetate — **vegetariano, -na** *adj & n* : vegetarian
vehemente *adj* : vehement
vehículo *nm* : vehicle
veinte *adj & nm* : twenty — **veinteavo, -va** *adj* : twentieth — **veinteavo** *nm* : twentieth — **veintena** *nf* : group of twenty, score
vejar *vt* : mistreat, humiliate — **vejación** *nf, pl* **-ciones** : humiliation
vejez *nf* : old age
vejiga *nf* **1** : bladder **2** AMPOLLA : blister
vela *nf* **1** : candle **2** : sail (of a ship) **3** VIGILIA : vigil **4 pasar la noche en vela** : have a sleepless night
velada *nf* : evening (party)
velar *vt* **1** : hold a wake over **2** CUIDAR : watch over **3** : blur (a photograph) **4** OCULTAR : veil, mask — *vi* **1** : stay awake **2 velar por** : watch over — **velado, -da** *adj* **1** : veiled, hidden **2** : blurred (of a photograph)
velero *nm* : sailing ship
veleta *nf* : weather vane
vello *nm* **1** : body hair **2** PELUSA : down, fuzz — **vellón** *nm, pl* **-llones** : fleece — **velloso, -sa** *adj* : downy, fluffy — **velludo, -da** *adj* : hairy
velo *nm* : veil
veloz *adj, pl* **-loces** : fast, quick — **velocidad** *nf* **1** : speed, velocity **2** MARCHA : gear (of an automobile) — **velocímetro** *nm* : speedometer
vena *nf* **1** : vein **2** : grain (of wood) **3** DISPOSICIÓN : mood **4 tener vena de** : have a talent for
venado *nm* **1** : deer **2** :

venison (in cooking)
vencer {86} *vt* **1** : beat, defeat **2** SUPERAR : overcome — *vi* **1** : win **2** CADUCAR : expire — **vencerse** *vr* : collapse, give way — **vencedor, -dora** *adj* : winning — **vencedor, -dora** *n* : winner — **vencido, -da** *adj* **1** : beaten, defeated **2** CADUCADO : expired **3** : due, payable (in finance) **4 darse por vencido** : give up — **vencimiento** *nm* **1** : expiration **2** : maturity (of a loan)
venda *nf* : bandage — **vendaje** *nm* : bandage, dressing — **vendar** *vt* **1** : bandage **2 vendar los ojos** : blindfold
vendaval *nm* : gale
vender *vt* : sell — **venderse** *vr* **1** : be sold **2 se vende** : for sale — **vendedor, -dora** *n* **1** : seller **2** : salesman *m*, saleswoman *f* (in a store)
vendimia *nf* : grape harvest
vendrá, etc. → **venir**
veneno *nm* **1** : poison **2** : venom (of a snake, etc.) — **venenoso, -sa** *adj* : poisonous
venerar *vt* : venerate, revere — **venerable** *adj* : venerable — **veneración** *nf, pl* **-ciones**

: veneration, reverence
venéreo, -rea *adj* : venereal
venezolano, -na *adj* : Venezuelan
venga → **venir**
vengar {52} *vt* : avenge — **vengarse** *vr* : get even, take revenge — **venganza** *nf* : vengeance, revenge — **vengativo, -va** *adj* : vindictive, vengeful
venia *nf* **1** : permission **2** : pardon (in law)
venial *adj* : venial, petty
venir {87} *vi* **1** : come **2** LLEGAR : arrive **3** HALLARSE : be, appear **4** QUEDAR : fit **5 que viene** : coming, next **6 venir a ser** : turn out to be **7 venir bien** : be suitable — **venirse** *vr* **1** : come **2 venirse abajo** : fall apart, collapse — **venida** *nf* **1** : arrival, coming **2** REGRESO : return — **venidero, -ra** *adj* : coming
venta *nf* **1** : sale, selling **2 en venta** : for sale
ventaja *nf* : advantage — **ventajoso, -sa** *adj* : advantageous
▸ **ventana** *nf* **1** : window **2 ventana de la nariz** : nostril — **ventanilla** *nf* **1** : window (of a vehicle or airplane) **2** : ticket window, box office (of a theater, etc.)
ventilar *vt* : ventilate, air (out)

— **ventilación** *nf, pl* **-ciones** : ventilation
— **ventilador** *nm* : fan, ventilator
ventisca *nf* : blizzard —
ventisquero *nm* : snowdrift
ventoso, -sa *adj* : windy —
ventosidad *nf* : wind, flatulence
ventrílocuo, -cua *n* : ventriloquist
ventura *nf* **1** : fortune, luck **2** SATISFACCIÓN : happiness **3 a la ventura** : at random — **venturoso, -sa** *adj* : fortunate, happy
ver {88} *vt* **1** : see **2** : watch (television, etc.) — *vi* **1** : see **2 a ver** *or* **vamos a ver** : let's see **3 no tener nada que ver con** : have nothing to do with **4 ya veremos** : we'll see — **verse** *vr* **1** : see oneself **2** HALLARSE : find oneself **3** ENCONTRARSE : see each other, meet
vera *nf* **1** : side, edge **2** : bank (of a river)
veracidad *nf* : truthfulness
verano *nm* : summer — **veraneante** *nmf* : summer vacationer — **veranear** *vi* : spend the summer — **veraniego, -ga** *adj* : summer
veras *nfpl* **de veras** : really
veraz *adj, pl* **-races** : truthful
verbal *adj* : verbal

ventana^F de librillo^M
sliding folding window

ventana^F de guillotina^F
double-hung window

ventana^F a la inglesa^F
casement window

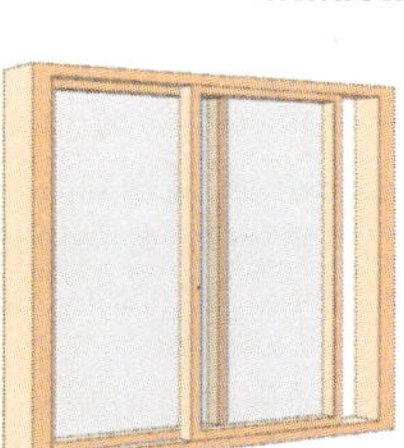

ventana^F corredera
sliding window

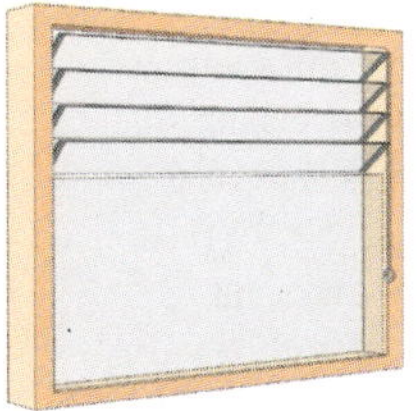

ventana^F de celosía^F
louvered window

ventana^F basculante
horizontal pivoting window

ventana^F a la francesa^F
French casement window

ventana^F pivotante
vertical pivoting window

verbena *nf* : festival, fair
verbo *nm* : verb — **verboso,
-sa** *adj* : verbose
verdad *nf* **1** : truth **2 de verdad** : really,
truly **3 ¿verdad?** : right?, isn't that so?
— **verdaderamente** *adv* : really, truly
— **verdadero, -dera** *adj* : true, real
verde *adj* **1** : green **2** : dirty, risqué
(of a joke, etc.) — **verde** *nm* :
green — **verdor** *nm* : greenness
verdugo *nm* **1** : executioner,
hangman **2** : cruel person, tyrant
verdura *nf* : vegetable(s), green(s)
vereda *nf* **1** : path, trail **2** *Lat* : sidewalk
veredicto *nm* : verdict
vergüenza *nf* **1** : shame **2** TIMIDEZ :
bashfulness, shyness — **vergonzoso,
-sa** *adj* **1** : shameful **2** TÍMIDO : bashful, shy
verídico, -ca *adj* : true, truthful
verificar {72} *vt* **1** : verify, confirm
2 EXAMINAR : test, check out —
verificarse *vr* **1** : take place **2** :
come true (of a prophecy, etc.) —
verificación *nf, pl* **-ciones** : verification
verja *nf* **1** : (iron) gate **2** : rails *pl* (of
a fence) **3** ENREJADO : grating, grille
vermut *nm, pl* **-muts** : vermouth
vernáculo, -la *adj* : vernacular
verosímil *adj* **1** : probable,
likely **2** CREÍBLE : credible
verraco *nm* : boar
verruga *nf* : wart
versar *vi* **versar sobre** : deal
with, be about — **versado,
-da** *adj* **versar en** : versed in
versátil *adj* **1** : versatile **2** VOLUBLE : fickle
versión *nf, pl* **-siones 1** : version
2 TRADUCCIÓN : translation
verso *nm* **1** : poem, verse
2 : line (of poetry)
vértebra *nf* : vertebra
verter {56} *vt* **1** : pour (out) **2**
DERRAMAR : spill **3** TIRAR : dump — *vi*
: flow — **vertedero** *nm* **1** : dump,
landfill **2** DESAGÜE : drain, outlet
vertical *adj & nf* : vertical
vértice *nm* : vertex, apex
vertiente *nf* : slope
vértigo *nm* : vertigo, dizziness
— **vertiginoso, -sa** *adj* : dizzy
vesícula *nf* **1** : blister **2**
vesícula biliar : gallbladder
vestíbulo *nm* : vestibule, hall, foyer
vestido *nm* **1** : dress **2** ROPA
: clothing, clothes *pl*

vestigio *nm* : vestige, trace
vestir {54} *vt* **1** : dress, clothe **2** LLEVAR
: wear — *vi* : dress — **vestirse** *vr* : get
dressed — **vestimenta** *nf* : clothing
— **vestuario** *nm* **1** : wardrobe,
clothes *pl* **2** : dressing room (in a
theater), locker room (in sports)
veta *nf* **1** : vein, seam **2** : grain (of wood)
vetar *vt* : veto
veteado, -da *adj* : streaked, veined
veterano, -na *adj & n* : veteran
veterinaria *nf* : veterinary medicine
— **veterinario, -ria** *adj* : veterinary
— **veterinaria** *n* : veterinarian
veto *nm* : veto
vetusto, -ta *adj* : ancient
vez *nf, pl* **veces 1** : time **2** TURNO : turn
3 a la vez : at the same time **4 a veces**
: sometimes **5 de una vez** : all at once
6 de una vez para siempre : once and
for all **7 de vez en cuando** : from time
to time **8 dos veces** : twice **9 en vez**
de : instead of **1 0 una vez** : once
vía *nf* **1** : way, road, route **2** MEDIO :
means **3** : track, line (of a railroad)
4 : (anatomical) tract **5 en vía de** :
in the process of — **vía** *prep* : via
viable *adj* : viable, feasible —
viabilidad *nf* : viability
viaducto *nm* : viaduct
viajar *vi* : travel — **viajante** *nmf* : traveling
salesperson — **viaje** *nm* : trip, journey —
viajero, -ra *adj* : traveling — **viajar** *n* **1**
: traveler **2** PASAJERO : passenger
vial *adj* : road, traffic

▶ **víbora** *nf* : viper
vibrar *vi* : vibrate — **vibración** *nf,
pl* **-ciones** : vibration —
vibrante *adj* : vibrant
vicario, -ria *n* : vicar
vicepresidente, -ta *n* : vice president
viceversa *adv* : vice versa
vicio *nm* **1** : vice **2** MALA COSTUMBRE
: bad habit **3** DEFECTO : defect —
viciado, -da *adj* **1** : corrupt **2** : stuffy,
stale (of air, etc.) — **viciar** *vt* **1** :
corrupt **2** ESTROPEAR : spoil, pollute —
vicioso, -sa *adj* : depraved, corrupt
vicisitud *nf* : vicissitude
víctima *nf* : victim
victoria *nf* : victory — **victorioso,
-sa** *adj* : victorious
vid *nf* : vine, grapevine
vida *nf* **1** : life **2** DURACIÓN :
lifetime **3 de por vida** : for life
4 estar con vida : be alive
video *or* vídeo *nm* **1** : video **2** :
VCR, videocassette recorder
vidrio *nm* : glass — **vidriado** *nm* : glaze
— **vidriar** *vt* : glaze — **vidriera** *nf* **1**
: stained-glass window **2** : glass door
3 *Lat* : shopwindow — **vidrioso,
-sa** *adj* **1** : delicate (of a subject, etc.)
2 ojos vidriosos : glassy eyes
vieira *nf* : scallop
viejo, -ja *adj* : old — **viejo, -ja** *n* **1**
: old man *m,* old woman *f* **2**
hacerse viejo, -ja : get old
viene, etc. → **venir**
viento *nm* : wind

vientre *nm* **1** : abdomen, belly **2** MATRIZ : womb **3** INTESTINO : bowels *pl*

viernes *nms & pl* **1** : Friday **2 Viernes Santo** : Good Friday

vietnamita *adj & nm* : Vietnamese

viga *nf* : beam, girder

vigencia *nf* **1** : validity **2 entrar en vigencia** : go into effect — **vigente** *adj* : valid, in force

vigésimo, -ma *adj & n* : twentieth

vigía *nmf* : lookout

vigilar *vt* : look after, watch over — *vi* : keep watch — **vigilancia** *nf* **1** : vigilance **2 bajo vigilancia** : under surveillance — **vigilante** *adj* : vigilant — **vigilante** *nmf* : watchman, guard — **vigilia** *nf* **1** : wakefulness **2** : vigil (in religion)

vigor *nm* **1** : vigor **2 entrar en vigor** : go into effect — **vigorizante** *adj* : invigorating — **vigoroso, -sa** *adj* : vigorous

VIH *nm* : HIV

vil *adj* : vile, despicable — **vileza** *nf* **1** : vileness **2** : despicable act — **vilipendiar** *vt* : revile

villa *nf* **1** : town, village **2** : villa (house)

villancico *nm* : (Christmas) carol

villano, -na *n* : villain

vilo *nm* **en vilo** : suspended, in the air

vinagre *nm* : vinegar — **vinagrera** *nf* : cruet — **vinagreta** *nf* : vinaigrette

vincular *vt* : tie, link — **vínculo** *nm* : link, tie, bond

vindicar *vt* **1** : vindicate **2** VENGAR : avenge

vino[1], **etc.** → **venir**

vino[2] *nm* : wine

viña *nf or* **viñedo** *nm* : vineyard

vio, etc. → **ver**

viola *nf* : viola

violar *vt* **1** : violate (a law, etc.) **2** : rape (a person) — **violación** *nf, pl* **-ciones 1** : violation, offense **2** : rape (of a person)

violencia *nf* : violence, force — **violentar** *vt* **1** : force **2** : break into (a house, etc.) — **violentarse** *vr* **1** : force oneself **2** AVERGONZARSE : be embarrassed — **violento, -ta** *adj* **1** : violent **2** INCÓMODO : awkward, embarrassing

violeta *adj & nm* : violet (color) — **violeta** *nf* : violet (flower)

▸ **violín** *nm, pl* **-lines** : violin — **violinista** *nmf* : violinist — **violoncelista** *or* **violonchelista** *nmf* : cellist — **violoncelo** *or* **violonchelo** *nm* : cello, violoncello

virar *vi* : turn, change direction — **viraje** *nm* **1** : turn, swerve **2** CAMBIO : change

virgen *adj & nmf, pl* **vírgenes** : virgin — **virginal** *adj* : virginal — **virginidad** *nf* : virginity

viril *adj* : virile — **virilidad** *nf* : virility

virtual *adj* : virtual

virtud *nf* **1** : virtue **2 en virtud de** : by virtue of — **virtuoso, -sa** *adj* : virtuous — **virtud** *n* : virtuoso

viruela *nf* **1** : smallpox **2 picado de viruelas** : pockmarked

virulento, -ta *adj* : virulent

virus *nms & pl* : virus

visa *nf Lat* : visa — **visado** *nm, Spain* : visa

vísceras *nfpl* : entrails — **visceral** *adj* : visceral

viscoso, -sa *adj* : viscous — **viscosidad** *nf* : viscosity

visera *nf* : visor

visible *adj* : visible — **visibilidad** *nf* : visibility

visión *nf, pl* **-siones 1** : eyesight **2** APARICIÓN : vision, illusion **3** PUNTO DE VISTA : view, perspective — **visionario, -ria** *adj & n* : visionary

visitar *vt* : visit — **visita** *nf* **1** : visit **2 tener visita** : have company — **visitante** *adj* : visiting — **visitante** *nmf* : visitor

vislumbrar *vt* : make out, discern — **vislumbre** *nf* **1** : glimpse, sign **2** RESPLANDOR : glimmer, gleam

viso *nm* **1** : sheen **2 tener visos de** : seem, show signs of

visón *nm, pl* **-sones** : mink

víspera *nf* : eve, day before

vista *nf* **1** : vision, eyesight **2** MIRADA : look, gaze **3** PANORAMA : view, vista **4** : hearing (in court) **5 a primera vista** *or* **a simple vista** : at first sight **6 hacer la vista gorda** : turn a blind eye **7 perder de vista** : lose sight of — **vistazo** *nm* **1** : glance **2 echar un vista** : have a look

visto, -ta *adj* **1** : clear, obvious **2** COMÚN : commonly seen **3 estar bien visto** : be approved of **4 estar mal visto** : be frowned upon **5 nunca visto** : unheard-of **6 por lo visto** : apparently **7 visto que** : since, given that — **visto** *nm* **visto bueno** : approval — **visto** *pp* → **ver**

vistoso, -sa *adj* : colorful, bright

visual *adj* : visual — **visualizar** {21} *vt* : visualize

vital *adj* : vital — **vitalicio, -cia** *adj* : life, for life — **vitalidad** *nf* : vitality

vitamina *nf* : vitamin

viticultor, -tora *n* : winegrower — **viticultura** *nf* : wine growing

vitorear *vt* : cheer, acclaim

vítreo, -trea *adj* : glassy

vitrina *nf* **1** : showcase, display case **2** *Lat* : shopwindow

vituperar *vt* : censure — **vituperio** *nm* : censure

viudo, -da *n* : widower *m*, widow *f* — **viudo, -da** *adj* : widowed — **viudez** *nf* : widowerhood, widowhood

viva *nm* **dar vivas** : cheer

vivacidad *nf* : vivacity, liveliness

vivamente *adv* **1** : vividly **2** PROFUNDAMENTE : deeply, acutely

vivaz *adj, pl* **-vaces 1** : lively, vivacious **2** AGUDO : vivid, sharp

víveres *nmpl* : provisions, supplies

vivero *nm* **1** : nursery (for plants) **2** : (fish) hatchery, (oyster) bed

viveza *nf* **1** : liveliness **2** : vividness (of colors, descriptions, etc.) **3**

ASTUCIA **: sharpness (of mind)**
— **vívido, -da** *adj* : vivid
vividor, -dora *n* : freeloader
vivienda *nf* **1** : housing **2**
MORADA : **dwelling**
viviente *adj* : living
vivificar {72} *vt* : enliven
vivir *vi* **1** : live, be alive **2 vivir de** : live
on — *vt* : experience, live (through) —
vivir *nm* **1** : life, lifestyle **2 de mal vivir** :
disreputable — **vivo, -va** *adj* **1** : alive **2**
INTENSO : intense, bright **3** ANIMADO : lively
4 ASTUTO : sharp, quick **5 en vivo** : live
vocablo *nm* : word —
vocabulario *nm* : vocabulary
vocación *nf, pl* **-ciones** : vocation
— **vocacional** *adj* : vocational
vocal *adj* : vocal — **vocal** *nmf* : member
(of a committee, etc.) — **vocal** *nf* : vowel
— **vocalista** *nmf* : singer, vocalist
vocear *v* : shout — **vocerío** *nm* : shouting
vociferar *vi* : shout

vodka *nmf* : vodka
volar {19} *vi* **1** : fly **2** : blow away (of
papers, etc.) **3** *fam* : disappear **4 irse**
volando : rush off — *vt* : blow up —
volador, -dora *adj* : flying — **volandas** :
en volar *adv phr* : in the air — **volante** *adj*
: flying — **volante** *nm* **1** : steering
wheel **2** : shuttlecock (in badminton) **3** :
flounce (of fabric) **4** *Lat* : flier, circular
volátil *adj* : volatile
▸ **volcán** *nm, pl* **-canes** : volcano —
volcánico, -ca *adj* : volcanic
volcar {82} *vt* **1** : upset, knock over
2 VACIAR : empty out — *vi* : overturn
— **volcarse** *vr* **1** : overturn, tip over
2 volcar en : throw oneself into
voleibol *nm* : volleyball
voltaje *nm* : voltage
voltear *vt* : turn over, turn upside
down — **voltearse** *vr Lat* : turn
(around) — **voltereta** *nf* : somersault
voltio *nm* : volt

voluble *adj* : fickle
volumen *nm, pl* **-lúmenes** : volume
— **voluminoso, -sa** *adj* : voluminous
voluntad *nf* **1** : will **2** DESEO : wish
3 INTENCIÓN : intention **4 a voluntad**
: at will **5 buena voluntad** : goodwill
6 mala voluntad : ill will **7 fuerza de**
voluntad : willpower — **voluntario,**
-ria *adj* : voluntary — **voluntad** *n* :
volunteer — **voluntarioso, -sa** *adj* **1**
: willing **2** TERCO : stubborn, willful
voluptuoso, -sa *adj* : voluptuous
volver {89} *vi* **1** : return, come or go back
2 volver a : return to, do again **3 volver en**
sí : come to — *vt* **1** : turn, turn over, turn
inside out **2** CONVERTIR EN : turn (into) **3**
volver loco : drive crazy — **volverse** *vr* **1**
: turn (around) **2** HACERSE : become
vomitar *vi* : vomit — *vt* **1** : vomit
2 : spew (out) — **vómito** *nm* **1** :
(action of) vomiting **2** : vomit
voraz *adj, pl* **-races** : voracious
vos *pron Lat* : you
vosotros, -tras *pron, Spain*
: you, yourselves
votar *vi* : vote — *vt* : vote for —
votación *nf, pl* **-ciones** : vote, voting
— **votante** *nmf* : voter — **voto** *nm* **1**
: vote **2** : vow (in religion)
voy → **ir**
voz *nf, pl* **voces 1** : voice **2** GRITO : shout,
yell **3** VOCABLO : **word, term 4** RUMOR
: rumor **5 dar voces** : shout **6 en voz**
alta : loudly **7 en voz baja** : softly
vuelco *nm* : upset, overturning
vuelo *nm* **1** : flight **2** : (action of) flying **3** :
flare (of clothing) **4 al vuelo** : on the wing
vuelta *nf* **1** : turn **2** REVOLUCIÓN : circle,
revolution **3** CURVA : bend, curve **4**
REGRESO : return **5** : round, lap (in sports)
6 PASEO : walk, drive, ride **7** REVÉS :
back, other side **8** *Spain* : change **9**
dar vueltas : spin **10 estar de vuelta**
: be back — **vuelto** *nm Lat* : change
vuestro, -tra *adj, Spain* : your, of
yours — **vuestro, -tra** *pron, Spain*
(*with definite article*) : yours
vulgar *adj* **1** : vulgar **2** CORRIENTE :
common — **vulgaridad** *nf* **1** : vulgarity
2 BANALIDAD : banality — **vulgo** *nm* **el**
vulgar : the masses, common people
vulnerable *adj* : vulnerable —
vulnerabilidad *nf* : vulnerability

volcán[M]
volcano (erupting volcano)

W

w *nf* : w, 24th letter of the Spanish alphabet
wáter *nm, Spain* : toilet
whisky *nm, pl* **-skys** *or* -skies : whiskey

X

x *nf* : x, 25th letter of the Spanish alphabet
xenofobia *nf* : xenophobia
▸ **xilófono** *nm* : xylophone

Y

y 1 *nf* : y, 26th letter of the Spanish alphabet
y[2] *conj* : and
ya *adv* **1** : already **2** AHORA : (right) now **3** MÁS TARDE : later, soon **4 ya no** : no longer **5 ya que** : now that, since, inasmuch as
yacer {90} *vi* : lie (on or in the ground) — **yacimiento** *nm* : bed, deposit
yanqui *adj & nmf* : Yankee
yate *nm* : yacht
yegua *nf* : mare
yelmo *nm* : helmet
yema *nf* **1** : bud, shoot **2** : yolk (of an egg) **3** *or* **yema del dedo** : fingertip
yerba *nf* **1** *or* **yerba mate** : maté **2** → **hierba**
yermo, -ma *adj* : barren, deserted — **yermo** *nm* : wasteland
yerno *nm* : son-in-law
yerro *nm* : blunder, mistake
yerto, -ta *adj* : stiff

xilófono[M]
xylophone

yesca *nf* : tinder
yeso *nm* **1** : gypsum **2** : plaster (for art, construction)
yo *pron* **1** (*subject*) : I **2** (*object*) : me **3 soy yo** : it is I, it's me — **yo** *nm* : ego, self
yodo *nm* : iodine
yoga *nm* : yoga
yogurt *or* yogur *nm* : yogurt
yuca *nf* : yucca
yugo *nm* : yoke (of oxen)
yugoslavo, -va *adj* : Yugoslavian
yugular *adj* : jugular
yunque *nm* : anvil
yunta *nf* : yoke
yuxtaponer {60} *vt* : juxtapose — **yuxtaposición** *nf, pl* **-ciones** : juxtaposition

Z

z *nf* : z, 27th letter of the Spanish alphabet
zacate *nm Lat* : grass
zafar *vi Lat* : loosen, untie — **zafarse** *vr* **1** : come undone **2** : get free of (an obligation, etc.)
zafio, -fia *adj* : coarse
▸ **zafiro** *nm* : sapphire
zaga *nf* **a la zaga** *or* **en zaga** : behind, in the rear
zaguán *nm, pl* **-guanes** : (entrance) hall
zaherir {76} *vt* : hurt (someone's feelings)
zaino, -na *adj* : chestnut (color)
zalamería *nf* : flattery — **zalamero, -ra** *adj* : flattering — **zalamero, -ra** *n* : flatterer
zambullirse {38} *vr* : dive, plunge — **zambullida** *nf* : dive, plunge
zanahoria *nf* : carrot
zancada *nf* : stride, step — **zancadilla** *nf* **1** : trip, stumble **2 hacer una zancadilla a algn** : trip someone up
zancos *nmpl* : stilts
zancudo *nm Lat* : mosquito
zángano, -na *n, fam* : lazy person, slacker — **zángano** *nm* : drone (bee)
zanja *nf* : ditch, trench — **zanjar** *vt* : settle, resolve
zapallo *nm Lat* : pumpkin — **zapallito** *nm Lat* : zucchini
zapapico *nm* : pickax
zapato *nm* : shoe — **zapatería** *nf* : shoe store — **zapatero, -ra** *n* : shoemaker, cobbler — **zapatilla** *nf* **1** : slipper **2** : sneaker (for sports, etc.)
zar *nm* : czar
zarandear *vt* **1** : sift **2** SACUDIR : shake

zorro[M]
fox

zarcillo *nm* : earring
zarpa *nf* : paw
zarpar *vi* : set sail, raise anchor
zarza *nf* : bramble — **zarzamora** *nf* : blackberry
zigzag *nm, pl* **-zags** *or* **-zagues** : zigzag — **zigzaguear** *vi* : zigzag
zinc *nm* : zinc
zíper *nm Lat* : zipper
zircón *nm, pl* **-cones** : zircon
zócalo *nm* **1** : base (of a column, etc.) **2** : baseboard (of a wall) **3** *Lat* : main square, plaza
zodíaco *nm* : zodiac
zona *nf* : zone, area
zoo *nm* : zoo — **zoología** *nf* : zoology — **zoológico, -ca** *adj* : zoological — **zoológico** *nm* : zoo — **zoólogo, -ga** *n* : zoologist
zopilote *nm Lat* : buzzard
zoquete *nmf, fam* : oaf, blockhead
zorrillo *nm Lat* : skunk
▸ **zorro, -rra** *n* : fox, vixen *f* — **zorro, -rra** *adj* : foxy, sly
zozobra *nf* : anxiety, worry — **zozobrar** *vi* : capsize
zueco *nm* : clog (shoe)
zumbar *vi* : buzz — *vt, fam* : hit, beat — **zumbido** *nm* : buzzing
zumo *nf* : juice
zurcir {83} *vt* : darn, mend
zurdo, -da *adj* : left-handed — **zurdo, -da** *n* : left-handed person — **zurda** *nf* : left hand
zutano, -na → **fulano**

zafiro^M y otras piedras^F
sapphire and other stones

piedras^F preciosas
precious stones

zafiro^M
sapphire

diamante^M
diamond

rubí^M
ruby

esmeralda^F
emerald

piedras^F semipreciosas
semiprecious stones

amatista^F
amethyst

lapislázuli^M
lapis lazuli

aguamarina^F
aquamarine

turquesa^F
turquoise

granate^M
garnet

topacio^M
topaz

turmalina^F
tourmaline

ópalo^M
opal

ENGLISH-SPANISH

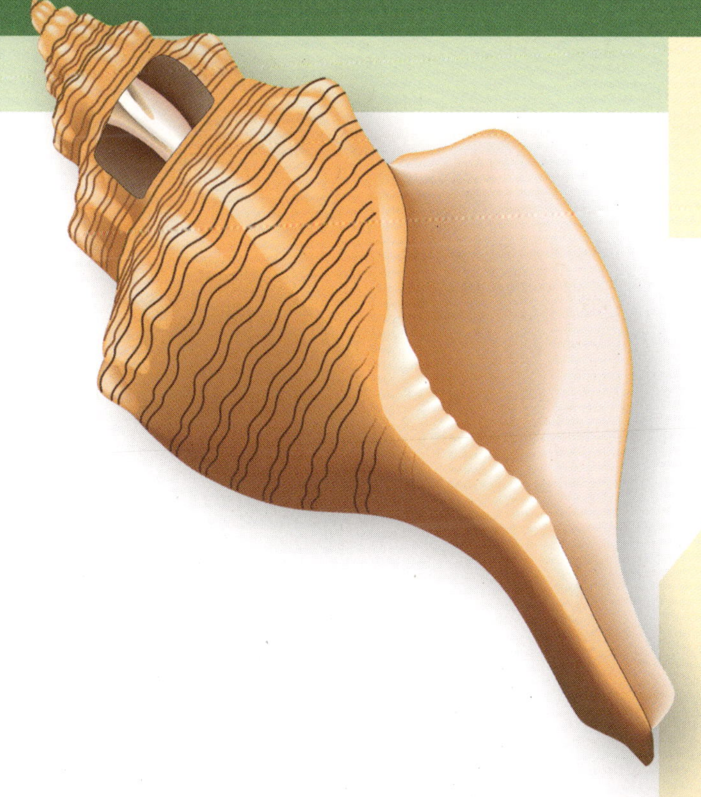

a[1] *n, pl* **a's** *or* **as** : a *f*, primera letra del alfabeto inglés

a[2] *art* (an *before vowel or silent h*) **1** : un *m*, una *f* **2** PER : por, a la, al

aback *adv* **be taken aback** : quedarse desconcertado

abacus *n, pl* **abaci** *or* **abacuses** : ábaco *m*

abandon *vt* **1** DESERT : abandonar **2** GIVE UP : renunciar a — **abandon** *n* : desenfreno *m* — **abandonment** *n* : abandono *m*

abashed *adj* : avergonzado

abate *vi* **abated; abating** : amainar, disminuir

abattoir *n* : matadero *m*

abbey *n, pl* **-beys** : abadía *f* — **abbot** *n* : abad *m*

abbreviate *vt* **-ated; -ating** :

abbreviation *n* : abreviatura *f*, abreviación *f*

abdicate *v* **-cated; -cating** : abdicar — **abdication** *n* : abdicación *f*

abdomen *n* : abdomen *m*, vientre *m* — **abdominal** *adj* : abdominal

abduct *vt* : secuestrar — **abduction** *n* : secuestro *m*

aberration *n* : aberración *f*

abet *vt* **abetted; abetting** *or* **aid and abet** : ser cómplice de

abeyance *n* : desuso *m*

abhor *vt* **-horred; -horring** : aborrecer

abide *v* **abode** *or* **abided; abiding** *vt* : soportar, tolerar — *vi* **1** DWELL : morar **2** **abide by** : atenerse a

ability *n, pl* **-ties** **1** CAPABILITY : aptitud *f*, capacidad *f* **2** SKILL : habilidad *f*

abject *adj* : miserable, desdichado

ablaze *adj* : en llamas

able *adj* **abler; ablest** **1** CAPABLE : capaz, hábil **2** COMPETENT : competente

abnormal *adj* : anormal — **abnormality** *n, pl* **-ties** : anormalidad *f*

aboard *adv* : a bordo — **aboard** *prep* : a bordo de

abode *n* : morada *f*, domicilio *m*

abolish *vt* : abolir, suprimir — **abolition** *n* : abolición *f*

abominable *adj* : abominable, aborrecible — **abomination** *n* : abominación *f*

aborigine *n* : aborigen *mf*

abort *vt* : abortar — **abortion** *n* : aborto *m* — **abortive** *adj* UNSUCCESSFUL : malogrado

abound *vi* **abound in** : abundar en

---

car accessories
accesorios*M* de coche*M*

roller shade
cortina[F] *de enrollamiento*[M] *automático*

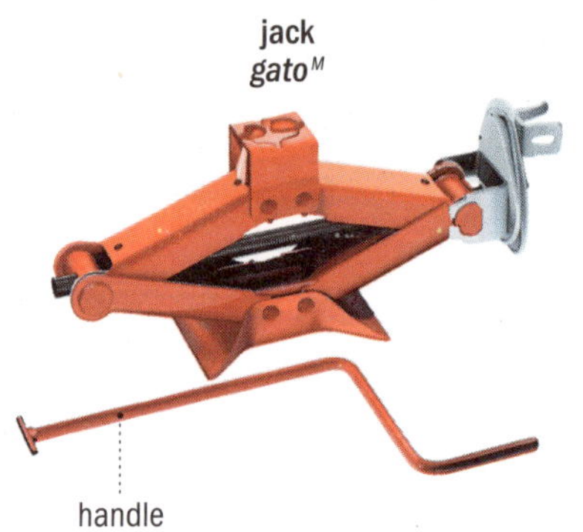

jack
gato[M]

handle
manivela[F]

floor mat
alfombrilla[F]

four-way lug wrench
llave[F] *en cruz*[M]

snow brush with scraper
escoba[F] *de nieve*[F] *con rascador*[M]

child safety seat
silla[F] *de seguridad*[F] *para niños*[M]

ski rack
porta-esquí[M]

about *adv* **1** APPROXIMATELY :
aproximadamente, más o menos **2** AROUND
: alrededor **3 be about to** : estar a punto
de **4 be up and about** : estar levantado
— **about** *prep* **1** AROUND : alrededor
de **2** CONCERNING : acerca de, sobre
above *adv* : arriba — **above** *prep* **1**
: encima de **2 above all** : sobre todo
— **aboveboard** *adj* : honrado
abrasive *adj* **1** : abrasivo **2**
BRUSQUE : brusco, mordaz
abreast *adv* **1** : al lado **2 keep abreast
of** : mantenerse al corriente de
abridge *vt* **abridged; abridging** : abreviar
abroad *adv* **1** : en el extranjero
2 WIDELY : por todas partes **3 go
abroad** : ir al extranjero
abrupt *adj* **1** SUDDEN : repentino
2 BRUSQUE : brusco
abscess *n* : absceso *m*
absence *n* **1** : ausencia *f* **2** LACK
: falta *f*, carencia *f* — **absent** *adj* :
ausente — **absentee** *n* : ausente *mf* —
absentminded *adj* : distraído, despistado
absolute *adj* : absoluto —
absolutely *adv* : absolutamente
absolve *vt* **-solved; -solving** : absolver
absorb *vt* : absorber — **absorbent** *adj* :
absorbente — **absorption** *n* : absorción *f*
abstain *vi* **abstain from** : abstenerse
de — **abstinence** *n* : abstinencia *f*
abstract *adj* : abstracto — **abstract** *vt*
: extraer — **abstract** *n* : resumen *m*
— **abstraction** *n* : abstracción *f*
absurd *adj* : absurdo —
absurdity *n, pl* **-ties** : absurdo *m*
abundant *adj* : abundante —
abundance *n* : abundancia *f*
abuse *vt* **abused; abusing 1** MISUSE :
abusar de **2** MISTREAT : maltratar **3** REVILE :
insultar — **abuse** *n* **1** : abuso *m* **2** INSULTS
: insultos *mpl* — **abusive** *adj* : injurioso
abut *vi* **abutted; abutting**
abut on : colindar con
abyss *n* : abismo *m* —
abysmal *adj* : atroz, pésimo
academy *n, pl* **-mies** : academia *f*
— **academic** *adj* **1** : académico
2 THEORETICAL : teórico
accelerate *v* **-ated; -ating** : acelerar
— **acceleration** *n* : aceleración *f*
accent *vt* : acentuar — **accent** *n* :
acento *m* — **accentuate** *vt* **-ated;
-ating** : acentuar, subrayar
accept *vt* : aceptar — **acceptable** *adj*

: aceptable — **acceptance** *n* **1** :
aceptación *f* **2** APPROVAL : aprobación *f*
access *n* : acceso *m* — **accessible** *adj*
: accesible, asequible
▶ **accessory** *n, pl* **-ries 1** : accesorio *m* **2**
ACCOMPLICE : cómplice *mf*
accident *n* **1** MISHAP : accidente *m* **2**
CHANCE : casualidad *f* — **accidental** *adj*
: accidental — **accidentally** *adv* **1**
BY CHANCE : por casualidad **2**
UNINTENTIONALLY : sin querer
acclaim *vt* : aclamar —
acclaim *n* : aclamación *f*
acclimatize *vt* **-tized; -tizing** : aclimatar
accommodate *vt* **-dated; -dating 1**
ADAPT : acomodar, adaptar **2** SATISFY :
complacer, satisfacer **3** HOLD : tener
cabida para — **accommodation** *n* **1**
: adaptación *f* **2 accommodations** *npl*
LODGING : alojamiento *m*
accompany *vt* **-nied;
-nying** : acompañar
accomplice *n* : cómplice *mf*
accomplish *vt* : realizar, llevar
a cabo — **accomplishment** *n* **1**
COMPLETION : realización *f* **2**
ACHIEVEMENT : logro *m*, éxito *m*
accord *n* **1** AGREEMENT : acuerdo *m* **2**
of one's own accord : voluntariamente
— **accordance** *n* **in accordance
with** : conforme a, de acuerdo con

— **accordingly** *adv* : en consecuencia
— **according to** *prep* : según
▶ **accordion** *n* : acordeón *m*
accost *vt* : abordar
account *n* **1** : cuenta *f* **2** REPORT
: relato *m*, informe *m* **3** WORTH :
importancia *f* **4 on account of** : a causa
de, debido a **5 on no account** : de ninguna
manera — **account** *vi* **account for** : dar
cuenta de, explicar — **accountable** *adj*
: responsable — **accountant** *n* :
contador *m*, -dora *f Lat*; contable *mf*
Spain — **accounting** *n* : contabilidad *f*
accrue *vi* **-crued; -cruing** : acumularse
accumulate *v* **-lated; -lating** *vt*
: acumular — *vi* : acumularse —
accumulation *n* : acumulación *f*
accurate *adj* : exacto, preciso —
accuracy *n* : exactitud *f*, precisión *f*
accuse *vt* **-cused; -cusing** : acusar
— **accusation** *n* : acusación *f*
accustomed *adj* **1** : acostumbrado
2 become accustomed to
: acostumbrarse a
ace *n* : as *m*
ache *vi* **ached; aching** : doler
— **ache** *n* : dolor *m*
achieve *vt* **achieved; achieving** :
lograr, realizar — **achievement** *n*
: logro *m*, éxito *m*
acid *adj* : ácido — **acid** *n* : ácido *m*

acknowledge *vt* **-edged; -edging 1**
ADMIT : admitir **2** RECOGNIZE : reconocer
3 acknowledge receipt of : acusar
recibo de — **acknowledgment** *n* **1**
: reconocimiento *m* **2** THANKS :
agradecimiento *m* **3 acknowledgement**
of receipt : acuse *m* de recibo
acne *n* : acné *m*
acorn *n* : bellota *f*
acoustic *or* **acoustical** *adj* : acústico
— **acoustics** *ns & pl* : acústica *f*
acquaint *vt* **1 acquaint someone**
with : poner a algn al corriente de
2 be acquainted with : conocer a
(una persona), saber (un hecho) —
acquaintance *n* **1** : conocimiento *m* **2**
: conocido *m*, -da *f* (persona)
acquire *vt* **-quired; -quiring** : adquirir
— **acquisition** *n* : adquisición *f*
acquit *vt* **-quitted; -quitting** : absolver
acre *n* : acre *m* — **acreage** *n*
: superficie *f* en acres
acrid *adj* : acre
acrobat *n* : acróbata *mf* —
acrobatic *adj* : acrobático
acronym *n* : siglas *fpl*
across *adv* **1** : de un lado a otro **2**
CROSSWISE : a través **3 go across** :
atravesar — **across** *prep* **1** : a través de **2**
across the street : al otro lado de la calle
acrylic *n* : acrílico *m*
act *vi* **1** : actuar **2** PRETEND : fingir **3**
FUNCTION : funcionar **4 act as** : servir de
— *vt* : interpretar (un papel) — **act** *n* **1**
ACTION : acto *m*, acción *f* **2** DECREE : ley *f* **3**
: acto *m* (en una obra de teatro), número *m*
(en un espectáculo) — **acting** *adj* : interino
action *n* **1** : acción *f* **2** LAWSUIT :
demanda *f* **3 take action** : tomar medidas
activate *vt* **-vated; -vating** : activar
active *adj* **1** : activo **2** LIVELY : enérgico
3 active volcano : volcán *m* en actividad
— **activity** *n*, *pl* **-ties** : actividad *f*
actor *n* : actor *m* — **actress** *n* : actriz *f*
actual *adj* : real, verdadero —
actually *adv* : realmente, en realidad
acupuncture *n* : acupuntura *f*
acute *adj* **acuter; acutest 1** :
agudo **2** PERCEPTIVE : perspicaz
ad → **advertisement**
adamant *adj* : inflexible
adapt *vt* : adaptar — *vi* : adaptarse —
adaptable *adj* : adaptable — **adaptation** *n*
: adaptación *f* — **adapter** *n* : adaptador *m*
add *vt* **1** : añadir **2** *or* **add up**

: sumar — *vi* : sumar
addict *n* **1** : adicto *m*, -ta *f* **2**
or **drug addict** : drogadicto *m*,
-ta *f*; toxicómano *m*, -na *f* —
addiction *n* : dependencia *f*
addition *n* **1** : suma *f* (en matemáticas)
2 ADDING : adición *f* **3 in addition** :
además — **additional** *adj* : adicional
— **additive** *n* : aditivo *m*
address *vt* **1** : dirigirse a (una
persona) **2** : ponerle la dirección
a (una carta) **3** : tratar (un asunto)
— **address** *n* **1** : dirección *f*,
domicilio *m* **2** SPEECH : discurso *m*
adept *adj* : experto, hábil
adequate *adj* : adecuado, suficiente
adhere *vi* **-hered; -hering 1** STICK
: adherirse **2 adhere to** : observar
— **adherence** *n* **1** : adhesión *f* **2**
: observancia *f* (de una ley, etc.)
— **adhesive** *adj* : adhesivo —
adhesive *n* : adhesivo *m*
adjacent *adj* : adyacente, contiguo
adjective *n* : adjetivo *m*
adjoining *adj* : contiguo, vecino
adjourn *vt* : aplazar, suspender
— *vi* : suspenderse
adjust *vt* : ajustar, arreglar — *vi* :
adaptarse — **adjustable** *adj* : ajustable —
adjustment *n* : ajuste *m* (a una máquina,
etc.), adaptación *f* (de una persona)
ad–lib *v* **-libbed; -libbing** : improvisar
administer *vt* : administrar —
administration *n* : administración *f* —
administrative *adj* : administrativo —
administrator *n* : administrador *m*, -dora *f*
admirable *adj* : admirable
admiral *n* : almirante *m*
admire *vt* **-mired; -miring** : admirar
— **admiration** *n* : admiración *f* —
admirer *n* : admirador *m*, -dora *f*
admit *vt* **-mitted; -mitting 1** :
admitir, dejar entrar **2** ACKNOWLEDGE
: reconocer — **admission** *n* **1**
ADMITTANCE : entrada *f*, admisión *f* **2**
ACKNOWLEDGMENT : reconocimiento *m* —
admittance *n* : admisión *f*, entrada *f*
admonish *vt* : amonestar, reprender
ado *n* **1** : alboroto *m*, bulla *f* **2 without**
further ado : sin más (preámbulos)
adolescent *n* : adolescente *mf* —
adolescence *n* : adolescencia *f*
adopt *vt* : adoptar —
adoption *n* : adopción *f*
adore *vt* **adored; adoring 1** : adorar

2 LIKE, LOVE : encantarle (algo a
uno) — **adorable** *adj* : adorable
— **adoration** *n* : adoración *f*
adorn *vt* : adornar —
adornment *n* : adorno *m*
adrift *adj & adv* : a la deriva
adroit *adj* : diestro, hábil
adult *adj* : adulto — **adult** *n*
: adulto *m*, -ta *f*
adultery *n*, *pl* **-teries** : adulterio *m*
advance *v* **-vanced; -vancing** *vt* :
adelantar — *vi* : avanzar, adelantarse
— **advance** *n* **1** : avance *m* **2**
PROGRESS : adelanto *m* **3 in advance**
: por adelantado — **advancement** *n*
: adelanto *m*, progreso *m*
advantage *n* **1** : ventaja *f* **2 take**
advantage of : aprovecharse de —
advantageous *adj* : ventajoso
advent *n* **1** ARRIVAL : llegada *f*
2 Advent : Adviento *m*
adventure *n* : aventura *f* —
adventurous *adj* **1** : intrépido
2 RISKY : arriesgado
adverb *n* : adverbio *m*
adversary *n*, *pl* **-saries** :
adversario *m*, -ria *f*
adverse *adj* : adverso, desfavorable
— **adversity** *n*, *pl* **-ties** : adversidad *f*
advertise *v* **-tised; -tising** *vt* :
anunciar — *vi* : hacer publicidad
— **advertisement** *n* : anuncio *m*
— **advertiser** *n* : anunciante *mf*
— **advertising** *n* : publicidad *f*
advice *n* : consejo *m*
advise *vt* **-vised; -vising 1** COUNSEL
: aconsejar, asesorar **2** RECOMMEND
: recomendar **3** INFORM : informar
— **advisable** *adj* : aconsejable —
adviser *n* : consejero *m*, -ra *f*; asesor *m*,
-sora *f* — **advisory** *adj* : consultivo
advocate *vt* **-cated; -cating**
: recomendar — **advocate** *n*
: defensor *m*, -sora *f*
aerial *adj* : aéreo — **aerial** *n* : antena *f*
aerobics *ns & pl* : aeróbic *m*
aerodynamic *adj* : aerodinámico
aerosol *n* : aerosol *m*
aesthetic *adj* : estético
afar *adv* : lejos
affable *adj* : afable
affair *n* **1** : asunto *m*, cuestión *f* **2** *or*
love affair : amorío *m*, aventura *f*
affect *vt* **1** : afectar **2** FEIGN : fingir
— **affection** *n* : afecto *m*, cariño *m*

— **affectionate** *adj* : afectuoso, cariñoso
affinity *n, pl* **-ties** : afinidad *f*
affirm *vt* : afirmar —
  affirmative *adj* : afirmativo
affix *vt* : fijar, pegar
afflict *vt* : afligir — **affliction** *n* : aflicción *f*
affluent *adj* : próspero, adinerado
afford *vt* **1** : tener los recursos para,
  permitirse (el lujo de) **2** PROVIDE : brindar
affront *n* : afrenta *f*
afloat *adv & adj* : a flote
afoot *adj* : en marcha
afraid *adj* **1 be afraid** : tener miedo
  2 I'm afraid not : me temo que no
African *adj* : africano
after *adv* **1** AFTERWARD : **después 2** BEHIND
  : detrás, atrás — **after** *conj* : después
  de (que) — **after** *prep* **1** : después
  de **2 after all** : después de todo **3 it's**
  ten after five : son las cinco y diez
aftereffect *n* : efecto *m* secundario
aftermath *n* : consecuencias *fpl*
afternoon *n* : tarde *f*
afterward *or* afterwards *adv*
  : después, más tarde
again *adv* **1** : otra vez, de nuevo **2**
  again and again : una y otra vez

3 then again : por otra parte
against *prep* : contra, en contra de
age *n* **1** : edad *f* **2** ERA : era *f*, época *f* **3**
  be of age : ser mayor de edad **4 for**
  ages : hace siglos **5 old age** : vejez *f*
  — **age** *vi* **aged; aging** : envejecer —
  aged *adj* **1** OLD : anciano, viejo **2 children**
  aged 10 to 17 : niños de 10 a 17 años
agency *n, pl* **-cies** : agencia *f*
agenda *n* : orden *m* del día
agent *n* : agente *mf*, representante *mf*
aggravate *vt* **-vated; -vating 1** WORSEN
  : agravar, empeorar **2** ANNOY : irritar
aggregate *adj* : total, global
  — **aggregate** *n* : total *m*
aggression *n* : agresión *f* —
  aggressive *adj* : agresivo —
  aggressor *n* : agresor *m*, -sora *f*
aghast *adj* : horrorizado
agile *adj* : ágil — **agility** *n*,
  pl **-ties** : agilidad *f*
agitate *v* **-tated; -tating** *vt* **1** SHAKE
  : agitar **2** TROUBLE : inquietar —
  agitation *n* : agitación *f*, inquietud *f*
agnostic *n* : agnóstico *m*, -ca *f*
ago *adv* **1** : hace **2 long ago**
  : hace mucho tiempo

agony *n, pl* **-nies 1** PAIN : dolor *m* **2**
  ANGUISH : angustia *f* — **agonize** *vi*
  -nized; -nizing : atormentarse —
  agonizing *adj* : angustioso
agree *v* **agreed; agreeing** *vt* **1** : acordar
  2 agree that : estar de acuerdo de que
  — *vi* **1** : estar de acuerdo **2** CORRESPOND
  : concordar **3 agree to** : acceder a **4 this**
  climate agrees with me : este clima
  me sienta bien — **agreeable** *adj* **1**
  PLEASING : agradable **2** WILLING : dispuesto
  — **agreement** *n* : acuerdo *m*
agriculture *n* : agricultura *f* —
  agricultural *adj* : agrícola
aground *adv* **run aground** : encallar
ahead *adv* **1** IN FRONT : delante, adelante
  2 BEFOREHAND : por adelantado **3** LEADING
  : a la delantera **4 get ahead** : adelantar
  — **ahead of** *prep* **1** : delante de, antes
  de **2 get ahead of** : adelantarse a
aid *vt* : ayudar — **aid** *n* :
  ayuda *f*, asistencia *f*
AIDS *n* : SIDA *m*, sida *m*
ail *vi* : estar enfermo —
  ailment *n* : enfermedad *f*
aim *vt* : apuntar (un arma), dirigir
  (una observación) — *vi* **1** : apuntar

cultivator
cultivador^M

rake
rastrillo^M

agricultural machinery
maquinaria^F **agrícola**^F

combine harvester
cosechadora^F *trilladora*^F

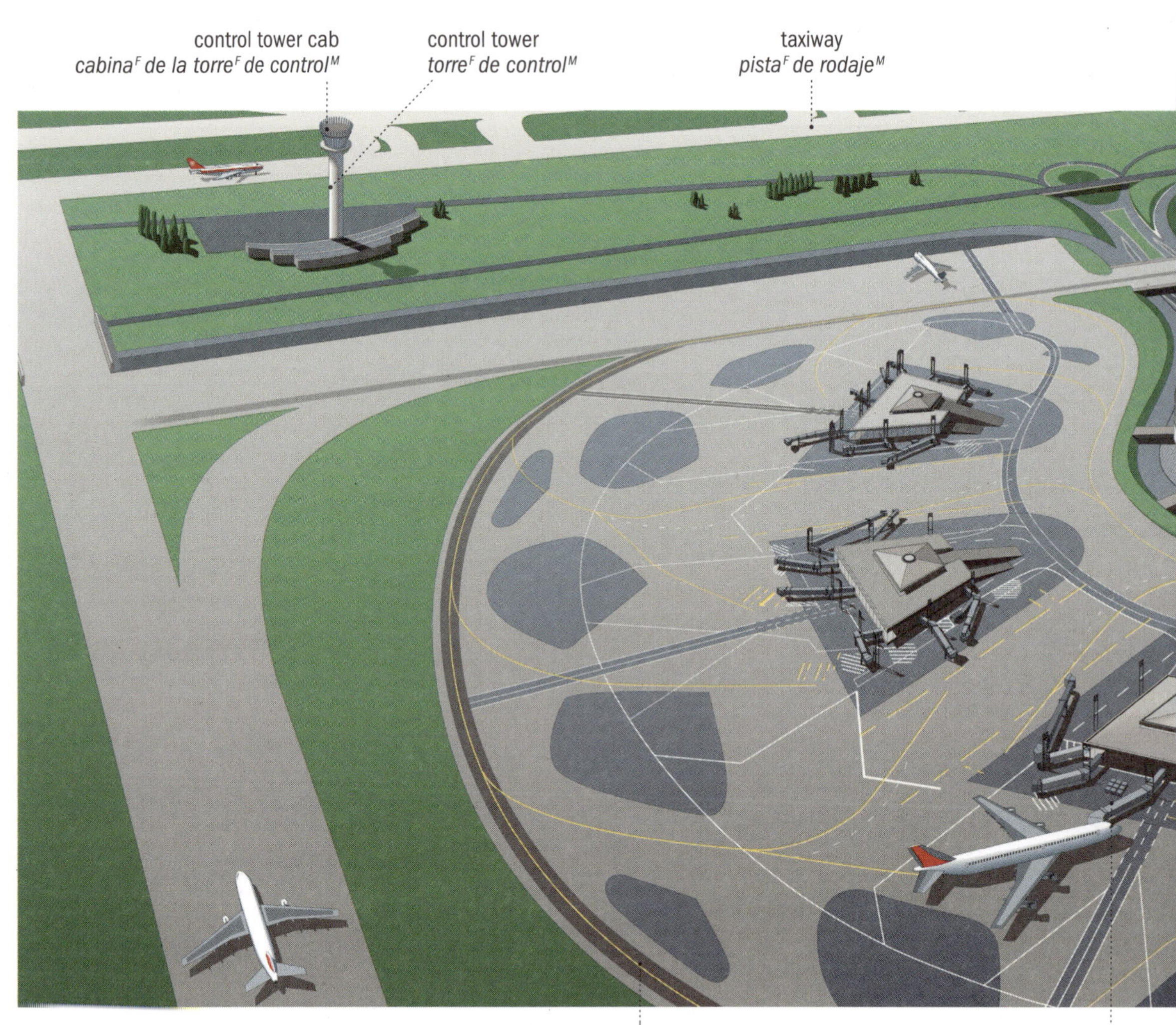

2 ASPIRE : aspirar — **aim** *n* **1** : puntería *f* **2** GOAL : propósito *m*, objetivo *m* — **aimless** *adj* : sin objetivo

air *vt or* **air out** : airear **2** EXPRESS : expresar **3** BROADCAST : emitir — **air** *n* **1** : aire *m* **2 be on the air** : estar en el aire — **air–conditioning** *n* : aire *m* acondicionado — **air conditioned** *n* : climatizado — **aircraft** *ns & pl* **1** : avión *m*, aeronave *f* **2** — **air carrier** : portaaviones *m* — **air**

force *n* : fuerza *f* aérea — **airline** *n* : aerolínea *f*, línea *f* aérea — **airliner** *n* : avión *m* de pasajeros — **airmail** *n* : correo *m* aéreo — **airplane** *n* : avión *m* — **airport** *n* : aeropuerto *m* — **airstrip** *n* : pista *f* de aterrizaje — **airtight** *adj* : hermético — **airy** *adj* **airier; -est** : aireado, bien ventilado

aisle *n* **1** : pasillo *m* **2** : nave *f* lateral (de una iglesia)

ajar *adj* : entreabierto

akin *adj* **akin to** : semejante a

alarm *n* **1** : alarma *f* **2** ANXIETY : inquietud *f* — *vt* : alarmar, asustar — **alarm clock** *n* : despertador *m*

alas *interj* : ¡ay!

album *n* : álbum *m*

alcohol *n* : alcohol *m* — **alcoholic** *adj* : alcohólico — **alcohol** *n* : alcohólico *m*, -ca *f* — **alcoholism** *n* : alcoholismo *m*

modo — **alike** *adj* : parecido
alimony *n, pl* **-nies** : pensión *f* alimenticia
alive *adj* **1** LIVING : vivo, viviente
2 LIVELY : animado, activo
all *adv* **1** COMPLETELY : todo,
completamente **2 all the better** : tanto
mejor **3 all the more** : aún más, todavía
más — **all** *adj* : todo — **all** *pron* **1**
: todo, -da **2 all in all** : en general **3**
not at all : de ninguna manera — **all–**
around *adj* VERSATILE : completo
allay *vt* **1** ALLEVIATE : aliviar
2 CALM : aquietar
allege *vt* **-leged; -leging** : alegar —
allegation *n* : alegato *m*, acusación *f*
— **alleged** *adj* : presunto —
allegedly *adv* : supuestamente
allegiance *n* : lealtad *f*
allegory *n, pl* **-ries** : alegoría *f*
— **allegorical** *adj* : alegórico
allergy *n, pl* **-gies** : alergia *f*
— **allergic** *adj* : alérgico
alleviate *vt* **-ated; -ating** : aliviar
alley *n, pl* **-leys** : callejón *m*
alliance *n* : alianza *f*
alligator *n* : caimán *m*
allocate *vt* **-cated; -cating** : asignar —
allocation *n* : asignación *f*, reparto *m*
allot *vt* **-lotted; -lotting** : asignar —
allotment *n* : reparto *m*, asignación *f*
allow *vt* **1** PERMIT : permitir **2** GRANT
: dar, conceder **3** ADMIT : admitir **4**
CONCEDE : reconocer — *vi* **allow for** :
tener en cuenta — **allowance** *n* **1** :
pensión *f*, subsidio *m* **2 make allowance**
for : tener en cuenta, disculpar
alloy *n* : aleación *f*
all right *adv* **1** YES : sí, de acuerdo
2 WELL : bien **3** DEFINITELY : bien,
sin duda — **all** *adj* : bien, bueno
allude *vi* **-luded; -luding** : aludir
allure *vt* **-lured; -luring** : atraer —
alluring *adj* : atrayente, seductor
allusion *n* : alusión *f*
ally *vi* **-lied; -lying ally oneself with** :
aliarse con — **ally** *n* : aliado *m*, -da *f*
almanac *n* : almanaque *m*
almighty *adj* : omnipotente, todopoderoso
almond *n* : almendra *f*
almost *adv* : casi
alms *ns & pl* : limosna *f*
alone *adv* : sólo, solamente,
únicamente — **alone** *adj* : solo
along *adv* **1** FORWARD : adelante **2 along**
with : con, junto con **3 all along** : desde

alcove *n* : nicho *m*, hueco *m*
ale *n* : cerveza *f*
alert *adj* **1** WATCHFUL : alerta, atento
2 LIVELY : vivo — **alert** *n* : alerta *f* —
alert *vt* : alertar, poner sobre aviso
alfalfa *n* : alfalfa *f*
alga *n, pl* **-gae** : alga *f*
algebra *n* : álgebra *f*
alias *adv* : alias — **alias** *n* : alias *m*
alibi *n* : coartada *f*

alien *adj* : extranjero — **alien** *n* **1**
FOREIGNER : extranjero *m*, -ra *f* **2**
EXTRATERRESTRIAL : extraterrestre *mf*
alienate *vt* **-ated; -ating** : enajenar
— **alienation** *n* : enajenación *f*
alight *vi* **1** LAND : posarse **2**
alight from : apearse de
align *vt* : alinear —
alignment *n* : alineación *f*
alike *adv* : igual, del mismo

**amphibians
anfibios**^M

common frog
rana^F *bermeja*

common toad
sapo^M *común*

salamander
salamandra^F

tree frog
rana^F *arborícola*

wood frog
rana^F *de bosque*^M

Northern leopard frog
rana^F *leopardo*^M

newt
tritón^M

el principio — **along** *prep* : por, a lo
largo de — **alongside** *adv* : al costado
— **along** *or* **along of** *prep* : al lado de
aloof *adj* : distante, reservado
aloud *adv* : en voz alta
alphabet *n* : alfabeto *m* — **alphabetical**
or alphabetic *adj* : alfabético
already *adv* : ya
also *adv* : también, además
altar *n* : altar *m*
alter *vt* : alterar, modificar — **alteration** *n*
: alteración *f*, modificación *f*
alternate *adj* : alterno — **alternate** *v*
-nated; -nating : alternar —
alternating current *n* : corriente *f*
alterna — **alternative** *adj* : alternativo
— **alternative** *n* : alternativa *f*
although *conj* : aunque
altitude *n* : altitud *f*
altogether *adv* **1** COMPLETELY :
completamente, del todo **2** ON THE
WHOLE : en suma, en general
aluminum *n* : aluminio *m*
always *adv* **1** : siempre **2**
FOREVER : para siempre
am → **be**
amass *vt* : amasar, acumular
amateur *adj* : amateur — **amateur** *n*
: amateur *mf;* aficionado *m,* -da *f*
amaze *vt* **amazed; amazing** : asombrar

— **amazement** *n* : asombro *m*
— **amazing** *adj* : asombroso
ambassador *n* : embajador *m,* -dora *f*
amber *n* : ámbar *m*
ambiguous *adj* : ambiguo —
ambiguity *n, pl* **-ties** : ambigüedad *f*
ambition *n* : ambición *f* —
ambitious *adj* : ambicioso
ambivalence *n* : ambivalencia *f*
— **ambivalent** *adj* : ambivalente
amble *vi or* **amble along** : andar sin prisa
ambulance *n* : ambulancia *f*
ambush *vt* : emboscar —
ambush *n* : emboscada *f*
amen *interj* : amén
amenable *adj* **amenable to** : receptivo a
amend *vt* : enmendar — **amendment** *n*
: enmienda *f* — **amends** *ns & pl*
make amends for : reparar
amenities *npl* : servicios *mpl,*
comodidades *fpl*
American *adj* : americano
amethyst *n* : amatista *f*
amiable *adj* : amable, agradable
amicable *adj* : amigable, amistoso
amid *or* amidst *prep* : en medio de, entre
amiss *adv* **1** : mal **2 take**
something amiss : tomar algo a
mal — **amiss** *adj* **1** WRONG : malo **2**
something is amiss : algo anda mal

ammonia *n* : amoníaco *m*
ammunition *n* : municiones *fpl*
amnesia *n* : amnesia *f*
amnesty *n, pl* **-ties** : amnistía *f*
among *prep* : entre
amorous *adj* : amoroso
amount *vi* **1 amount to** : equivaler a
2 amount to TOTAL : sumar, ascender
a — **amount** *n* : cantidad *f*
▸ **amphibian** *n* : anfibio *m* —
amphibious *adj* : anfibio
amphitheater *n* : anfiteatro *m*
ample *adj* **-pler; -plest 1** SPACIOUS :
amplio, extenso **2** ABUNDANT : abundante
amplify *vt* **-fied; -fying** : amplificar
— **amplifier** *n* : amplificador *m*
amputate *vt* **-tated; -tating** : amputar
— **amputation** *n* : amputación *f*
amuse *vt* **amused; amusing 1**
: hacer reír, divertir **2** ENTERTAIN
: entretener — **amusement** *n* :
diversión *f* — **amusing** *adj* : divertido
an → **a**²
analogy *n, pl* **-gies** : analogía *f*
— **analogous** *adj* : análogo
analysis *n, pl* **-yses** : análisis *m* —
analytic *or* **analytical** *adj* : analítico —
analyze *vt* **-lyzed; -lyzing** : analizar
anarchy *n* : anarquía *f*
anatomy *n, pl* **-mies** : anatomía *f*

— **anatomic** *or* anatomical *adj* : anatómico
ancestor *n* : antepasado *m*, -da *f* —
ancestral *adj* : ancestral — **ancestry** *n* **1**
DESCENT : linaje *m*, abolengo *m* **2**
ANCESTORS : antepasados *mpl*, -das *fpl*
anchor *n* **1** : ancla *f* **2** : presentador *m*,
-dora *f* (en televisión) — **anchor** *vt* **1** :
anclar **2** FASTEN : sujetar — *vi* : anclar
anchovy *n, pl* **-vies** *or* **-vy** : anchoa *f*
ancient *adj* : antiguo, viejo
and *conj* **1** : y (e *before words beginning
with i- or hi-*) **2 come and see** : ven a ver **3
more and more** : cada vez más **4 try and
finish it soon** : trata de terminarlo pronto
anecdote *n* : anécdota *f*
anemia *n* : anemia *f* —
anemic *adj* : anémico
anesthesia *n* : anestesia *f* —
anesthetic *adj* : anestésico —
anesthetic *n* : anestésico *m*
anew *adv* : de nuevo, nuevamente
angel *n* : ángel *m* — **angelic**
or angelical *adj* : angélico
anger *vt* : enojar, enfadar —
anger *n* : ira *f*, enojo *m*, enfado *m*
▸ **angle** *n* **1** : ángulo *m* **2** POINT OF VIEW
: perspectiva *f*, punto *m* de vista —
angler *n* : pescador *m*, -dora *f*
Anglo–Saxon *adj* : anglosajón
angry *adj* **-grier; -est** : enojado, enfadado
anguish *n* : angustia *f*
angular *adj* **1** : angular **2 angular
features** : rasgos *mpl* angulosos
animal *n* : animal *m*
animate *adj* : animado — **animate** *vt*
-mated; -mating : animar —
animated *adj* **1** : animado **2 animate
cartoon** : dibujos *mpl* animados
— **animation** *n* : animación *f*
animosity *n, pl* **-ties** : animosidad *f*
anise *n* : anís *m*
ankle *n* : tobillo *m*
annals *npl* : anales *mpl*
annex *vt* : anexar — **annex** *n* : anexo *m*
annihilate *vt* **-lated; -lating** : aniquilar
— **annihilation** *n* : aniquilación *f*
anniversary *n, pl* **-ries** : aniversario *m*
annotate *vt* **-tated; -tating** : anotar
— **annotation** *n* : anotación *f*
announce *vt* **-nounced; -nouncing** :
anunciar — **announcement** *n* : anuncio *m*
— **announcer** *n* : locutor *m*, -tora *f*
annoy *vt* : fastidiar, molestar —
annoyance *n* : fastidio *m*, molestia *f*
— **annoying** *adj* : molesto, fastidioso

annual *adj* : anual — **annual** *n* : anuario *m*
annuity *n, pl* **-ties** : anualidad *f*
annul *vt* **annulled; annulling** : anular
— **annulment** *n* : anulación *f*
anoint *vt* : ungir
anomaly *n, pl* **-lies** : anomalía *f*
anonymous *adj* : anónimo —
anonymity *n* : anonimato *m*
another *adj* **1** : otro **2 in another
minute** : en un minuto más —
another *pron* : otro, otra
answer *n* **1** REPLY : respuesta *f*,
contestación *f* **2** SOLUTION : solución *f*
— **answer** *vt* **1** : contestar a, responder
a **2 answer the door** : abrir la puerta
— *vi* : contestar, responder
ant *n* : hormiga *f*
antagonize *vt* **-nized; -nizing**
: provocar la enemistad de —
antagonism *n* : antagonismo *m*
antarctic *adj* : antártico
▸ **antelope** *n, pl* **-lope** *or* **-lopes** : antílope *m*
antenna *n, pl* **-nae** *or* **-nas** : antena *f*
anthem *n* : himno *m*

anthology *n, pl* **-gies** : antología *f*
anthropology *n* : antropología *f*
antibiotic *adj* : antibiótico —
antibiotic *n* : antibiótico *m*
antibody *n, pl* **-bodies** : anticuerpo *m*
anticipate *vt* **-pated; -pating**
1 FORESEE : anticipar, prever **2**

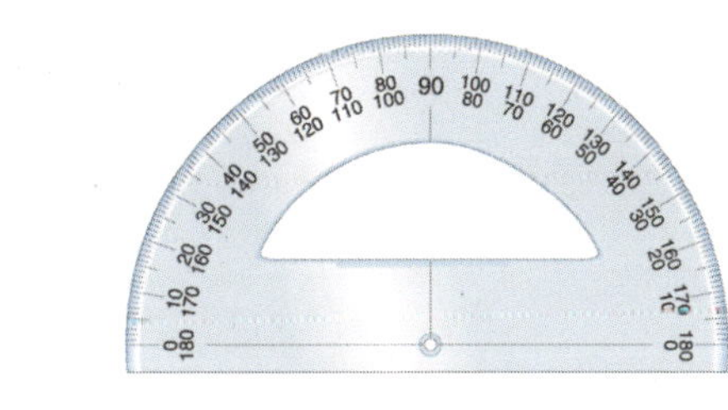

antelope
antílope*ᴹ*

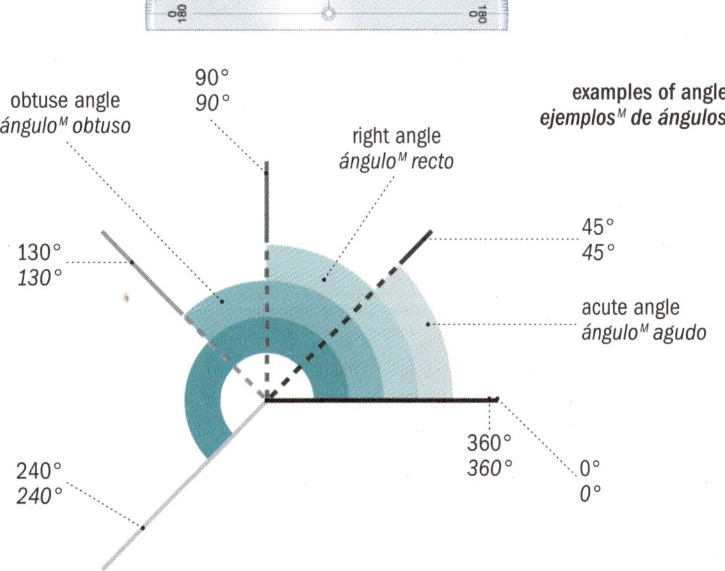

angles
ángulos*ᴹ*

protractor
transportador*ᴹ*

examples of angles
ejemplos*ᴹ* de ángulos*ᴹ*

EXPECT : esperar — **anticipation** *n*
: anticipación *f*, expectación *f*
antics *npl* : payasadas *fpl*
antidote *n* : antídoto *m*
antifreeze *n* : anticongelante *m*
antipathy *n, pl* **-thies** : antipatía *f*
antiquated *adj* : anticuado
antique *adj* : antiguo — **antique** *n*
: antigüedad *f* — **antiquity** *n,*
pl **-ties** : antigüedad *f*
anti–Semitic *adj* : antisemita
antiseptic *adj* : antiséptico —
antiseptic *n* : antiséptico *m*
antisocial *adj* **1** : antisocial **2**
UNSOCIABLE : poco sociable
antithesis *n, pl* **-eses** : antítesis *f*
antlers *npl* : cornamenta *f*
antonym *n* : antónimo *m*
anus *n* : ano *m*
anvil *n* : yunque *m*
anxiety *n, pl* **-eties 1** APPREHENSION :
inquietud *f*, ansiedad *f* **2** EAGERNESS :
anhelo *m* — **anxious** *adj* **1** WORRIED :
inquieto, preocupado **2** EAGER : ansioso
— **anxiously** *adv* : con ansiedad
any *adv* **1** SOMEWHAT : algo, un poco **2**
it's not any good : no sirve para nada **3**
we can't wait any longer : no podemos
esperar más — **any** *adj* **1** : alguno **2**
(*in negative constructions*) : ningún **3**
WHATEVER : cualquier **4 in any case** :
en todo caso — **any** *pron* **1** : alguno,
-na **2** : ninguno, -na **3 do you want any**
more rice? : ¿quieres más arroz?
anybody → **anyone**
anyhow *adv* **1** : de todas formas **2**
HAPHAZARDLY : de cualquier modo
anymore *adv* **not anymore** : ya no

anyone *pron* **1** SOMEONE : alguien
2 WHOEVER : quienquiera **3 I don't**
see anyone : no veo a nadie
anyplace → **anywhere**
anything *pron* **1** SOMETHING : algo, alguna
cosa **2** (*in negative constructions*) : nada
3 WHATEVER : cualquier cosa, lo que sea
anytime *adv* : en cualquier momento
anyway → **anyhow**
anywhere *adv* **1** : en cualquier parte,
dondequiera **2** (*used in questions*) : en
algún sitio **3 I can't find it anywhere**
: no lo encuentro por ninguna parte
apart *adv* **1** : aparte **2 apart from**
: excepto, aparte de **3 fall apart** :
deshacerse, hacerse pedazos **4**
live apart : vivir separados **5 take**
apart : desmontar, desmantelar
apartment *n* : apartamento *m*
apathy *n* : apatía *f* — **apathetic** *adj*
: apático, indiferente
ape *n* : simio *m*
aperture *n* : abertura *f*
apex *n, pl* **apexes** *or* **apices**
: ápice *m*, cumbre *f*
apiece *adv* : cada uno
aplomb *n* : aplomo *m*
apology *n, pl* **-gies** : disculpa *f* —
apologetic *adj* : lleno de disculpas
— **apologize** *vi* **-gized; -gizing**
: disculparse, pedir perdón
apostle *n* : apóstol *m*
apostrophe *n* : apóstrofo *m*
appall *vt* : horrorizar —
appalling *adj* : horroroso
apparatus *n, pl* **-tuses**
or **-tus** : aparato *m*
apparel *n* : ropa *f*
apparent *adj* **1** OBVIOUS : claro,
evidente **2** SEEMING : aparente —
apparently *adv* : al parecer, por lo visto
apparition *n* : aparición *f*
appeal *vi* **1 appeal for** : solicitar **2**
appeal to : apelar a (la bondad de algn,
etc.) **3 appeal to** ATTRACT : atraer a —
appeal *n* **1** : apelación *f* (en derecho) **2**
REQUEST : llamamiento *m* **3** ATTRACTION :
atractivo *m* — **appealing** *adj* : atractivo
appear *vi* **1** : aparecer **2** : comparecer
(ante un tribunal), actuar (en el teatro)
3 SEEM : parecer — **appearance** *n* **1** :
aparición *f* **2** LOOK : apariencia *f*, aspecto *m*
appease *vt* **-peased; -peasing**
: apaciguar, aplacar
appendix *n, pl* **-dixes** *or*

-dices : apéndice *m* —
appendicitis *n* : apendicitis *f*
appetite *n* : apetito *m* — **appetizer** *n* :
aperitivo *m* — **appetizing** *adj* : apetitoso
applaud *v* : aplaudir —
applause *n* : aplauso *m*
▸ **apple** *n* : manzana *f*
appliance *n* : aparato *m*
apply *v* **-plied; -plying** *vt* **1** : aplicar
2 apply oneself : aplicarse — *vi* **1**
: aplicarse **2 apply for** : solicitar,
pedir — **applicable** *adj* : aplicable —
applicant *n* : solicitante *mf*; candidato *m*,
-ta *f* — **application** *n* **1** : aplicación *f* **2**
: solicitud *f* (para un empleo, etc.)
appoint *vt* **1** NAME : nombrar **2** FIX SET
: fijar, señalar — **appointment** *n* **1**
APPOINTING : nombramiento *m* **2**
ENGAGEMENT : cita *f*
apportion *vt* : distribuir, repartir
appraise *vt* **-praised; -praising** : evaluar,
valorar — **appraisal** *n* : evaluación *f*
appreciate *v* **-ated; -ating** *vt* **1**
VALUE : apreciar **2** UNDERSTAND :
darse cuenta de **3 I appreciate your**
help : te agradezco tu ayuda — *vi* :
aumentar en valor — **appreciation** *n* **1**
GRATITUDE : agradecimiento *m* **2**
VALUING : apreciación *f*, valoración *f*
— **appreciative** *adj* **1** : apreciativo
2 GRATEFUL : agradecido
apprehend *vt* **1** ARREST : aprehender,
detener **2** DREAD : temer **3** COMPREHEND
: comprender — **apprehension** *n* **1**
ARREST : detención *f*, aprehensión *f* **2**
ANXIETY : aprensión *f*, temor *m* —
apprehensive *adj* : aprensivo, inquieto
apprentice *n* : aprendiz *m*, -diza *f*
approach *vt* **1** NEAR : acercarse a **2** :
dirigirse a (algn), abordar (un problema,
etc.) — *vi* : acercarse — **approach** *n* **1**
NEARING : acercamiento *m* **2** POSITION
: enfoque *m* **3** ACCESS : acceso *m* —
approachable *adj* : accesible, asequible
appropriate *vt* **-ated; -ating** : apropiarse
de — **appropriate** *adj* : apropiado
approve *vt* **-proved; -proving** :
aprobar — **approval** *n* : aprobación *f*
approximate *adj* : aproximado —
approximate *vt* **-mated; -mating** :
aproximarse a — **approximately** *adv*
: aproximadamente
apricot *n* : albaricoque *m*,
chabacano *m* Lat
April *n* : abril *m*

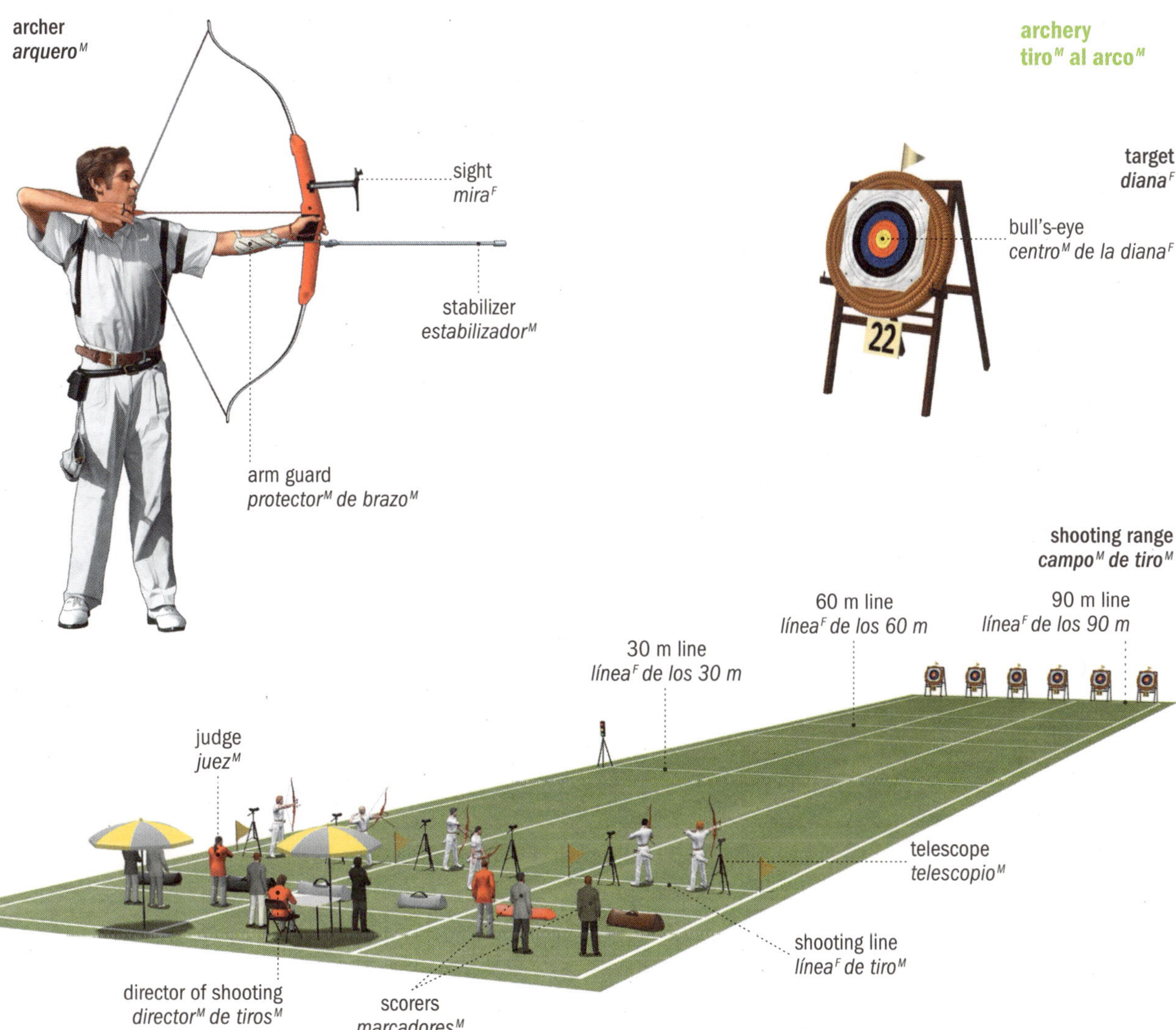

apron *n* : delantal *m*

apropos *adv* : a propósito

apt *adj* **1** FITTING : apto, apropiado **2** LIABLE : propenso — **aptitude** *n* : aptitud *f*

aquarium *n, pl* **-iums** *or* **-ia** : acuario *m*

aquatic *adj* : acuático

aqueduct *n* : acueducto *m*

Arab *adj* : árabe — **Arabic** *adj* : árabe — **Arab** *n* : árabe *m* (idioma)

arbitrary *adj* : arbitrario

arbitrate *v* **-trated; -trating** : arbitrar — **arbitration** *n* : arbitraje *m*

arc *n* : arco *m*

arcade *n* **1** : arcada *f* **2 shopping arcade** : galería *f* comercial

arch *n* : arco *m* — **arch** *vt* : arquear — *vi* : arquearse

archaeology *or* archeology *n* : arqueología *f* — **archaeological** *adj* : arque-ológico — **archaeologist** *n* : arqueólogo *m*, -ga *f*

archaic *adj* : arcaico

archbishop *n* : arzobispo *m*

▸ **archery** *n* : tiro *m* al arco

archipelago *n, pl* **-goes** *or* **-gos** : archipiélago *m*

architecture *n* : arquitectura *f* — **architect** *n* : arquitecto *m*, -ta *f* — **architectural** *adj* : arquitectónico

archives *npl* : archivo *m*

archway *n* : arco *m* (de entrada)

arctic *adj* : ártico

ardent *adj* : ardiente, fervoroso — **ardor** *n* : ardor *m*, fervor *m*

arduous *adj* : arduo

are → be

area *n* **1** REGION : área *f*, zona *f* **2** FIELD : campo *m* **3 area code** : código *m* de la zona *Lat*, prefijo *m* Spain

arena *n* : arena *f*, ruedo *m*
aren't (*contraction of* **are not**) → **be**
Argentine *or* Argentinean *or*
Argentinian *adj* : argentino
argue *v* **-gued; -guing** *vi* **1** QUARREL :
discutir **2 argue against** : argumentar
contra — *vt* : argumentar, sostener
— **argument** *n* **1** QUARREL : disputa *f*,
discusión *f* **2** REASONING : argumentos *mpl*
arid *adj* : árido — **aridity** *n* : aridez *f*
arise *vi* **arose; arisen; arising 1** :
levantarse **2 arise from** : surgir de
aristocracy *n, pl* **-cies** : aristocracia *f*
— **aristocrat** *n* : aristócrata *mf* —
aristocratic *adj* : aristocrático
arithmetic *n* : aritmética *f*
ark *n* : arca *f*

arm *n* **1** : brazo *m* **2** WEAPON : arma *f*
— **arm** *vt* : armar — **armament** *n*
: armamento *m* — **armchair** *n* :
sillón *m* — **armed** *adj* **1 armed**
forces : fuerzas *fpl* armadas **2 armed**
robbery : robo *m* a mano armada
armistice *n* : armisticio *m*
▸ **armor** *or Brit* **armour** *n* : armadura *f*
— **armored** *or Brit* **armoured** *adj*
: blindado, acorazado — **armory**
or Brit **armoury** : arsenal *m*
armpit *n* : axila *f*, sobaco *m*
army *n, pl* **-mies** : ejército *m*
aroma *n* : aroma *m* —
aromatic *adj* : aromático
around *adv* **1** : de circunferencia **2**

NEARBY : **por ahí 3** APPROXIMATELY : **más o
menos, aproximadamente 4 all around**
: **por todos lados, todo alrededor 5 turn
around** : **voltearse** — **around** *prep* **1**
SURROUNDING : alrededor de **2** THROUGHOUT
: por **3** NEAR : cerca de **4 around the
corner** : a la vuelta de la esquina
arouse *vt* **aroused; arousing 1**
AWAKE : **despertar 2** EXCITE : **excitar**
arrange *vt* **-ranged; -ranging**
: arreglar, poner en orden —
arrangement *n* **1** ORDER : arreglo *m* **2**
arranges *npl* : preparativos *mpl*
array *n* : selección *f*, surtido *m*
arrears *npl* **1** : atrasos *mpl* **2 be in
arrears** : estar atrasado en pagos
arrest *vt* : detener — **arrest** *n* **1**
: arresto *m*, detención *f* **2**
under arrest : detenido
arrive *vi* **-rived; -riving** : llegar
— **arrival** *n* : llegada *f*
arrogance *n* : arrogancia *f* —
arrogant *adj* : arrogante
arrow *n* : flecha *f*
arsenal *n* : arsenal *m*
arsenic *n* : arsénico *m*
arson *n* : incendio *m* premeditado
art *n* **1** : arte *m* **2** arts *npl* : letras *fpl* (en
educación) **3 fine arts** : bellas artes *fpl*
artefact *Brit* → **artifact**
artery *n, pl* **-teries** : arteria *f*
artful *adj* : astuto, taimado
arthritis *n, pl* **-tides** : artritis *f*
— **arthritic** *adj* : artrítico
artichoke *n* : alcachofa *f*
article *n* : artículo *m*
articulate *vt* **-lated; -lating** :
articular — **articulate** *adj* **be
articulate** : expresarse bien
artifact *or Brit* **artefact** *n* : artefacto *m*
artificial *adj* : artificial
▸ **artillery** *n, pl* **-leries** : artillería *f*
artisan *n* : artesano *m*, -na *f*
artist *n* : artista *mf* —
artistic *adj* : artístico
as *adv* **1** : tan, tanto **2 as much** : tanto
como **3 as tall as** : tan alto como **4
as well** : también — **as** *conj* **1** WHILE
: mientras **2** (*referring to manner*)
: como **3** SINCE : ya que **4** THOUGH :
por más que — **as** *prep* **1** : de **2**
LIKE : como — **as** *pron* : que
asbestos *n* : asbesto *m*, amianto *m*
ascend *vi* : ascender, subir — *vt* : subir
(a) — **ascent** *n* : ascensión *f*, subida *f*

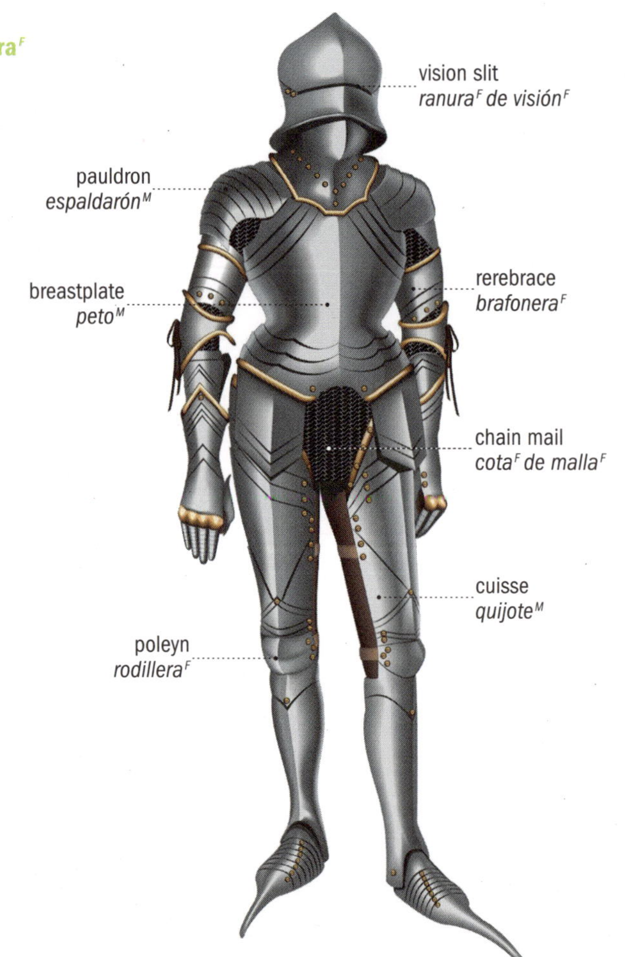

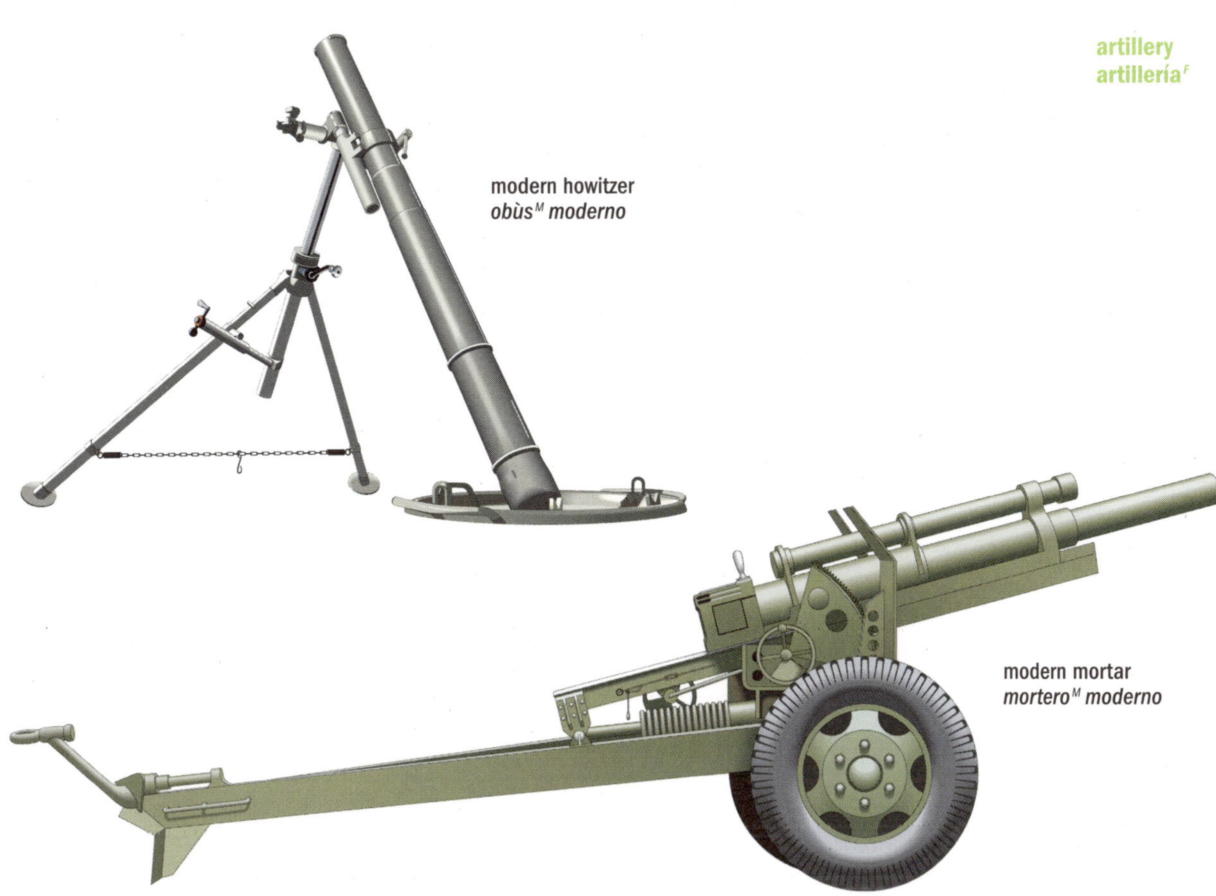

ascertain *vt* : averiguar, determinar
ascribe *vt* **-cribed; -cribing** : atribuir
as for *prep* : en cuanto a
ash[1] *n* : ceniza *f*
ash[2] *n* : fresno *m* (árbol)
ashamed *adj* : avergonzado, apenado *Lat*
ashore *adv* **1** : en tierra **2 go
  ashore** : desembarcar
ashtray *n* : cenicero *m*
Asian *adj* : asiático
aside *adv* **1** : a un lado **2** APART :
  aparte **3 set aside** : guardar —
  aside from *prep* **1** BESIDES : además
  de **2** EXCEPT : aparte de, menos
as if *conj* : como si
ask *vt* **1** : preguntar **2** REQUEST : pedir
  3 INVITE : invitar — *vi* : preguntar
askance *adv* **look askance**
  : mirar de soslayo
askew *adj* : torcido, ladeado
asleep *adj* **1** : dormido **2 fall asleep**

: dormirse, quedarse dormido
as of *prep* : desde, a partir de
asparagus *n* : espárrago *m*
aspect *n* : aspecto *m*
asphalt *n* : asfalto *m*
asphyxiate *v* **-ated; -ating** *vt* :
  asfixiar — **asphyxiation** *n* : asfixia *f*
aspire *vi* **-pired; -piring** : aspirar
  — **aspiration** *n* : aspiración *f*
aspirin *n, pl* **aspirin** *or* **aspirins** : aspirina *f*
ass *n* **1** : asno *m* **2** IDIOT :
  imbécil *mf*, idiota *mf*
assail *vt* : atacar, asaltar — **assailant** *n*
  : asaltante *mf*, atacante *mf*
assassin *n* : asesino *m*, -na *f* —
  assassinate *vt* **-nated; -nating** : asesinar
  — **assassination** *n* : asesinato *m*
assault *n* **1** : ataque *m*, asalto *m* **2**
  : agresión *f* (contra algn) —
  assault *vt* : atacar, asaltar
assemble *v* **-bled; -bling** *vt* **1** GATHER

: reunir, juntar **2** CONSTRUCT : **montar**
  — *vi* : reunirse — **assembly** *n, pl* **-blies**
  1 MEETING : reunión *f*, asamblea *f* **2**
  CONSTRUCTING : montaje *m*
assent *vi* : asentir, consentir —
  assent *n* : asentimiento *m*
assert *vt* **1** : afirmar **2 assert oneself** :
  hacerse valer — **assertion** *n* : afirmación *f*
  — **assertive** *adj* : firme, enérgico
assess *vt* : evaluar, valorar —
  assessment *n* : evaluación *f*, valoración *f*
asset *n* **1** : ventaja *f*, recurso *m* **2**
  assets *npl* : bienes *mpl*, activo *m*
assiduous *adj* : asiduo
assign *vt* **1** APPOINT : designar, nombrar
  2 ALLOT : asignar — **assignment** *n* **1**
  TASK : misión *f* **2** HOMEWORK :
  tarea *f* **3** ASSIGNING : asignación *f*
assimilate *vt* **-lated; -lating** : asimilar
assist *vt* : ayudar — **assistance** *n* :
  ayuda *f* — **assistant** *n* : ayudante *mf*

associate *v* **-ated; -ating** *vt* : asociar
— *vi* : asociarse — **associate** *n*
: asociado *m*, -da *f*; socio *m*, -cia *f*
— **association** *n* : asociación *f*
as soon as *conj* : tan pronto como
assorted *adj* : surtido —
   assortment *n* : surtido *m*, variedad *f*
assume *vt* **-sumed; -suming 1**
SUPPOSE : **suponer 2** UNDERTAKE :

asumir **3** TAKE ON : **adquirir, tomar**
— **assumption** *n* : suposición *f*
assure *vt* **-sured; -suring** : asegurar
— **assurance** *n* **1** CERTAINTY :
certeza *f*, garantía *f* **2** CONFIDENCE :
confianza *f*, seguridad *f* (de sí mismo)
asterisk *n* : asterisco *m*
asthma *n* : asma *m*
as though → as if

as to *prep* : sobre, acerca de
astonish *vt* : asombrar —
   astonishing *adj* : asombroso —
   astonishment *n* : asombro *m*
astound *vt* : asombrar, pasmar —
   astounding *adj* : asombroso, pasmoso
astray *adv* **1 go astray** : extraviarse **2**
   lead astray : llevar por mal camino
astrology *n* : astrología *f*

astronaut
astronauta*F*

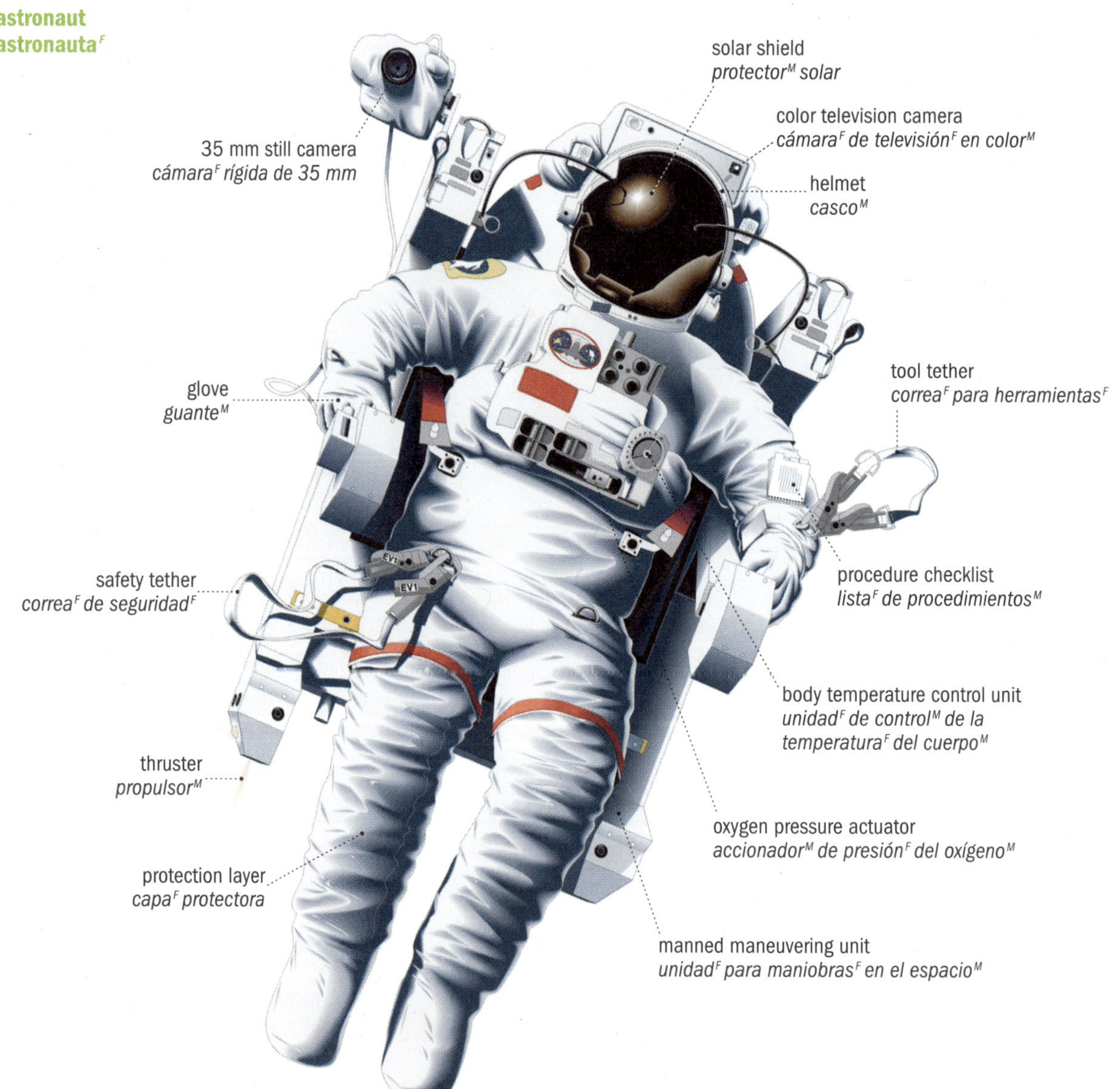

▶ **astronaut** *n* : astronauta *mf*
astronomy *n, pl* **-mies** : astronomía *f*
— **astronomer** *n* : astrónomo *m, -ma f*
— **astronomical** *adj* : astronómico
astute *adj* : astuto, sagaz —
astuteness *n* : astucia *f*
as well as *conj* : tanto como —
as *prep* : además de, aparte de
asylum *n* **1** : asilo *m* **2 insane**
asylum : manicomio *m*
at *prep* **1** : a **2 at home** : en casa **3 at**
night : en la noche, por la noche **4 at**
two o'clock : a las dos **5 be angry at** :
estar enojado con **6 laugh at** : reírse de
— **at all** *adv* **not at** : en absoluto, nada
ate → **eat**
atheist *n* : ateo *m*, atea *f* —
atheism *n* : ateísmo *m*
athlete *n* : atleta *mf* — **athletic** *adj* :
atlético — **athletics** *ns & pl* : atletismo *m*
atlas *n* : atlas *m*
atmosphere *n* **1** : atmósfera *f* **2**
AMBIENCE : ambiente *m* —
atmospheric *adj* : atmosférico
atom *n* : átomo *m* — **atomic** *adj* : atómico
atomizer *n* : atomizador *m*
atone *vt* **atoned; atoning**
atone for : expiar
atrocity *n, pl* **-ties** : atrocidad *f*
— **atrocious** *adj* : atroz
atrophy *vi* **-phied; -phying** : atrofiarse
attach *vt* **1** : sujetar, atar **2** : adjuntar (un
documento, etc.) **3 attach importance**
to : atribuir importancia a **4 become**
attached to someone : encariñarse con
algn — **attachment** *n* **1** ACCESSORY :
accesorio *m* **2** FONDNESS : cariño *m*
attack *v* : atacar — **attack** *n* : ataque *m*
— **attacker** *n* : agresor *m, -sora f*
attain *vt* : lograr, alcanzar —
attainment *n* : logro *m*
attempt *vt* : intentar —
attempt *n* : intento *m*
attend *vt* : asistir a — *vi* **1** : asistir
2 attend to : ocuparse de —
attendance *n* **1** : asistencia *f* **2**
TURNOUT : concurrencia *f* — **attendant** *n*
: encargado *m, -da f;* asistente *mf*
attention *n* **1** : atención *f* **2 pay**
attention : prestar atención, hacer
caso — **attentive** *adj* : atento
attest *vt* : atestiguar
attic *n* : desván *m*
attire *n* : atavío *m*
attitude *n* **1** : actitud *f* **2**

POSTURE : postura *f*
attorney *n, pl* **-neys** : abogado *m, -da f*
attract *vt* : atraer — **attraction** *n* **1** :
atracción *f* **2** APPEAL : atractivo *m* —
attractive *adj* : atractivo, atrayente
attribute *n* : atributo *m* — **attribute** *vt*
-tributed; -tributing : atribuir, imputar
auburn *adj* : castaño rojizo
auction *n* : subasta *f* — **auction** *vt*
or **auction off** : subastar
audacious *adj* : audaz — **audacity** *n,*
pl **-ties** : audacia *f*, atrevimiento *m*
audible *adj* : audible
audience *n* **1** INTERVIEW :
audiencia *f* **2** PUBLIC : público *m*
audiovisual *adj* : audiovisual
audition *n* : audición *f*
auditor *n* **1** : auditor *m, -tora f* (de
finanzas) **2** STUDENT : oyente *mf*
auditorium *n, pl* **-riums**
or **-ria** : auditorio *m*
augment *vt* : aumentar
augur *vi* **augur well** : ser de buen agüero
August *n* : agosto *m*
aunt *n* : tía *f*
aura *n* : aura *f*
auspices *npl* : auspicios *mpl*
auspicious *adj* : propicio, prometedor
austere *adj* : austero — **austerity** *n,*
pl **-ties** : austeridad *f*
Australian *adj* : australiano
authentic *adj* : auténtico
author *n* : autor *m, -tora f*
authority *n, pl* **-ties** : autoridad *f*
— **authoritarian** *adj* : autoritario
— **authoritative** *adj* **1** RELIABLE :
autorizado **2** DICTATORIAL : autoritario
— **authorization** *n* : autorización *f* —
authorize *vt* **-rized; -rizing** : autorizar
autobiography *n, pl* **-phies** :
autobiografía *f* — **autobiographical** *adj*
: autobiográfico
autograph *n* : autógrafo *m* —
autograph *vt* : autografiar
automatic *adj* : automático —
automate *vt* **-mated; -mating**
: automatizar — **automation** *n*
: automatización *f*
▶ **automobile** *n* : automóvil *m*
autonomy *n, pl* **-mies** : autonomía *f*
— **autonomous** *adj* : autónomo
autopsy *n, pl* **-sies** : autopsia *f*
autumn *n* : otoño *m*
auxiliary *adj* : auxiliar —
auxiliary *n, pl* **-ries** : auxiliar *mf*

avail *vt* **avail oneself of** : aprovecharse
de — **avail** *n* **to no avail** : en vano
— **available** *adj* : disponible —
availability *n, pl* **-ties** : disponibilidad *f*
avalanche *n* : avalancha *f*
avarice *n* : avaricia *f*
avenge *vt* **avenged; avenging** : vengar
avenue *n* **1** : avenida *f* **2** MEANS : vía *f*
average *n* : promedio *m* —
average *adj* **1** MEAN : medio **2** ORDINARY
: regular, ordinario — **average** *vt* **-aged;**
-aging 1 : hacer un promedio de **2** *or*
average out : calcular el promedio de
averse *adj* **be averse to** : sentir aversión
por — **aversion** *n* : aversión *f*
avert *vt* **1** AVOID : evitar, prevenir **2**
avert one's eyes : apartar los ojos
aviation *n* : aviación *f* —
aviator *n* : aviador *m, -dora f*
avid *adj* : ávido — **avidly** *adv* : con avidez
avocado *n, pl* **-dos** : aguacate *m*
avoid *vt* : evitar — **avoidable** *adj* : evitable
await *vt* : esperar
awake *v* **awoke; awoken** *or* **awaked;**
awaking : despertar — **awake** *adj* :
despierto — **awaken** *v* → **awake**
award *vt* **1** : otorgar, conceder (un
premio, etc.) **2** : adjudicar (daños
y perjuicios) — **award** *n* **1** PRIZE
: premio *m* **2** : adjudicación *f*
aware *adj* **be aware of** : estar consciente
de — **awareness** *n* : conciencia *f*
away *adv* **1** (*referring to distance*) : de
aquí, de distancia **2 far away** : lejos **3**
give away : regalar **4 go away** : irse **5**
right away : en seguida **6 take away** :
quitar — **away** *adj* **1** ABSENT : ausente
2 away game : partido *m* fuera de casa
awe *n* : temor *m* reverencial —
awesome *adj* : imponente, formidable
awful *adj* **1** : terrible, espantoso
2 an awful lot : muchísimo —
awfully *adv* : terriblemente
awhile *adv* : un rato
awkward *adj* **1** CLUMSY : torpe **2**
EMBARRASSING : embarazoso, delicado **3**
DIFFICULT : difícil — **awkwardly** *adv* **1** :
con dificultad **2** CLUMSILY : de manera torpe
awning *n* : toldo *m*
awry *adj* **1** ASKEW : torcido
2 go awry : salir mal
ax *or* **axe** *n* : hacha *f*
axiom *n* : axioma *m*
axis *n, pl* **axes** : eje *m*
axle *n* : eje *m*

automobiles: examples of bodies
automóviles[M]: ejemplos[M] de carrocerías[F]

micro compact car
automóvil[M] urbano

hatchback
turismo[M] de tres puertas[F]

convertible
descapotable[M]

four-door sedan
berlina[F]

sport-utility vehicle
vehículo[M] todo terreno[M]

pickup truck
camioneta[F]

two-door sedan
cupé[M]

minivan
monovolumen[M]

sports car
deportivo[M]

limousine
limusina[F]

b *n, pl* **b's** *or* **bs** : b, segunda letra del alfabeto inglés

babble *vi* **-bled; -bling 1** : balbucear **2** MURMUR : murmurar — **babble** *n* : balbuceo *m* (de bebé), murmullo *m* (de voces, de un arroyo)

baboon *n* : babuino *m*

baby *n, pl* **-bies** : bebé *m;* niño *m,* -ña *f* — **baby** *vt* **-bied; -bying** : mimar, consentir — **babyish** *adj* : infantil — **baby–sit** *vi* **-sat; -sitting** : cuidar a los niños

bachelor *n* **1** : soltero *m* **2** GRADUATE : licenciado *m,* -da *f*

back *n* **1** : espalda *f* **2** REVERSE : reverso *m,* dorso *m,* revés *m* **3** REAR : fondo *m,* parte *f* trasera **4** : defensa *mf* (en deportes) — **back** *adv* **1** : atrás **2 be back** : estar de vuelta **3 go back** : volver **4 two years back** : hace dos años — **back** *adj* **1** REAR : de atrás, trasero **2** OVERDUE : atrasado — **back** *vt* **1** SUPPORT : apoyar **2** *or* **back up** : darle marcha atrás a (un vehículo) — *vi* **1 back down** : volverse atrás **2 back up** : retroceder — **backache** *n* : dolor *m* de espalda — **backbone** *n* : columna *f* vertebral — **backfire** *vi* **-fired; -firing** : petardear — **background** *n* **1** : fondo *m* (de un cuadro, etc.), antecedentes *mpl* (de una situación) **2** EXPERIENCE : formación *f* — **backhand** *adv* : de revés, con el revés — **backhanded** *adj* : indirecto — **backing** *n* : apoyo *m,* respaldo *m* — **backlash** *n* : reacción *f* violenta — **backlog** *n* : atrasos *mpl* — **backpack** *n* : mochila *f* — **backstage** *adv & adj* : entre bastidores — **backtrack** *vi* : dar marcha atrás — **backup** *n* **1** SUPPORT : respaldo *m,* apoyo *m* **2** : copia *f* de seguridad (para computadoras) — **backward** *or* **backwards** *adv* **1** : hacia atrás **2 do it backward** : hacerlo al revés

badger
tejón^M

racquetball
pelota^F de raquetball^M

baseball
pelota^F de béisbol^M

tennis ball
pelota^F de tenis^M

softball
pelota^F de softball^M

soccer ball
balón^M de fútbol^M

balls
bolas^F y balónes^M

rugby ball
balón^M de rugby^M

football
balón^M de fútbol^M americano

volleyball
pelota^F de voleibol^M

3 fall backward : caer de espaldas **4 bend over backwards** : hacer todo lo posible — **backward** *adj* **1** : hacia atrás **2** RETARDED : retrasado **3** SHY : tímido **4** UNDERDEVELOPED : atrasado

bacon *n* : tocino *m,* tocineta *f Lat,* bacon *m Spain*

bacteria : bacterias *fpl*

bad *adj* **worse; worst 1** : malo **2** ROTTEN : podrido **3** SEVERE : grave **4 from bad to worse** : de mal en peor **5 too bad!** : ¡qué lástima! — **bad** *adv* → **badly**

badge *n* : insignia *f,* chapa *f*

▶ **badger** *n* : tejón *m* — **badger** *vt* : acosar

badly *adv* **1** : mal **2** SEVERELY : gravemente **3 want badly** : desear mucho

baffle *vi* **-fled; -fling** : desconcertar

bag *n* **1** : bolsa *f,* saco *m* **2** HANDBAG : bolso *m,* cartera *f Lat* **3** SUITCASE : maleta *f* — **bag** *vt* **bagged; bagging** : ensacar, poner en una bolsa

baggage *n* : equipaje *m*

baggy *adj* **-gier; -est** : holgado

bail *n* : fianza *f* — **bail** *vt* **1** : achicar (agua de un bote) **2 bail out** RELEASE : poner en libertad bajo fianza **3 bail out** EXTRICATE : sacar de apuros

bailiff *n* : alguacil *mf*

bait *vt* **1** : cebar **2** HARASS : acosar — **bait** *n* : cebo *m,* carnada *f*

bake *v* **baked; baking** *vt* : cocer al horno — *vi* : cocerse (al horno) — **baker** *n* : panadero *m,* -ra *f* — **bakery** *n, pl* **-ries** : panadería *f*

balance *n* **1** SCALES : balanza *f* **2** COUNTERBALANCE : contrapeso *m* **3** EQUILIBRIUM : equilibrio *m* **4** REMAINDER : resto *m* **5** *or* **bank balance** : saldo *m* — **balance** *v* **-anced; -ancing** *vt* **1** : hacer el balance de (una cuenta) **2** EQUALIZE : equilibrar **3** WEIGH : sopesar — *vi* **1** : sostenerse en equilibro **2** : cuadrar (dícese de una cuenta)

balcony *n, pl* **-nies 1** : balcón *m* **2** : galería *f* (de un teatro)

bald *adj* **1** : calvo **2** WORN : pelado **3 the bald truth** : la pura verdad

bale *n* : bala *f,* fardo *m*

baleful *adj* : siniestro

balk *vi* **balk at** : resistarse a

▶ **ball** *n* **1** : pelota *f,* bola *f,* balón *m* **2** DANCE : baile *m* **3 ball of string** : ovillo *m* de cuerda

ballad *n* : balada *f*

ballast *n* : lastre *m*

ball bearing *n* : cojinete *m* de bola

ballerina *n* : bailarina *f*

ballet *n* : ballet *m*

ballistic *adj* : balístico

balloon *n* : globo *m*

ballot *n* **1** : papeleta *f* (de voto) **2** VOTING : votación *f*

ballpoint pen *n* : bolígrafo *m*

ballroom *n* : sala *f* de baile

balm *n* : bálsamo *m* — **balmy** *adj* **balmier; -est** : templado, agradable

baloney *n* NONSENSE : tonterías *fpl*

bamboo *n* : bambú *m*

bamboozle *vt* **-zled; -zling** : engañar, embaucar

ban *vt* **banned; banning** : prohibir — **ban** *n* : prohibición *f*

banal *adj* : banal

banana *n* : plátano *m*, banana *f* *Lat*, banano *m*, *Lat*

band *n* **1** STRIP : banda *f* **2** GROUP : banda *f*, grupo *m*, conjunto *m* — **band** *vi*

band together : unirse, juntarse

bandage *n* : vendaje *m*, venda *f* — **bandage** *vt* **-daged; -daging** : vendar

bandit *n* : bandido *m*, -da *f*

bandy *vt* **-died; -dying bandy about** : circular, repetir

bang *vt* **1** STRIKE : golpear **2** SLAM : cerrar de un golpe — *vi* **1** SLAM : cerrarse de un golpe **2 bang on** : golpear — **bang** *n* **1** BLOW : golpe *m* **2** NOISE : estrépito *m* **3** SLAM : portazo *m*

bangle *n* : brazalete *m*, pulsera *f*

bangs *npl* : flequillo *m*

banish *vt* : desterrar

banister *n* : pasamanos *m*, barandal *m*

bank *n* **1** : banco *m* **2** : orilla *f*, ribera *f* (de un río) **3** EMBANKMENT : terraplén *m* — **bank** *vt* : depositar — *vi* **1** : ladearse (dícese de un avión) **2** : tener una cuenta (en un banco) **3 bank on** : contar con — **banker** *n* :

banquero *m*, -ra *f* — **banking** *n* : banca *f*

bankrupt *adj* : en bancarrota, en quiebra — **bankruptcy** *n*, *pl* **-cies** : quiebra *f*, bancarrota *f*

banner *n* : bandera *f*, pancarta *f*

banquet *n* : banquete *m*

banter *n* : bromas *fpl* — **banter** *vi* : hacer bromas

baptize *vt* **-tized; -tizing** : bautizar — **baptism** *n* : bautismo *m*

bar *n* **1** : barra *f* **2** BARRIER : barrera *f*, obstáculo *m* **3** COUNTER : mostrador *m*, barra *f* **4** TAVERN : bar *m* **5 behind bars** : entre rejas **6 bar of soap** : pastilla *f* de jabón — **bar** *vt* **barred; barring 1** OBSTRUCT : obstruir, bloquear **2** EXCLUDE : excluir **3** PROHIBIT : prohibir — **bar** *prep* **1** : excepto **2 bar none** : sin excepción

barbarian *n* : bárbaro *m*, -ra *f*

barbecue *vt* **-cued; -cuing** : asar a la parrilla — **barbecue** *n* : barbacoa *f*

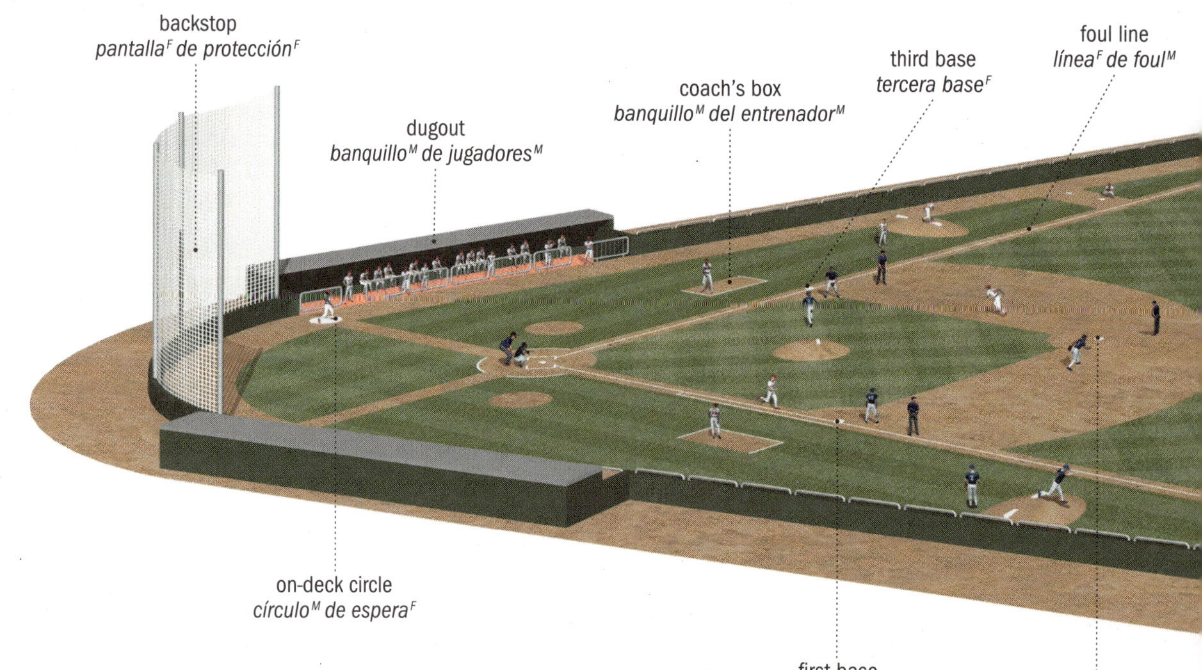

baseball field
campo^M de béisbol^M

barbed wire *n* : alambre *m* de púas
barber *n* : barbero *m*, -ra *f*
bare *adj* **1** : desnudo **2** EMPTY :
vacío **3** MINIMUM : mero, esencial —
barefaced *adj* : descarado — **barefoot**
or **barefooted** *adv & adj* : descalzo
— **barely** *adv* : apenas, por poco
bargain *n* **1** AGREEMENT : acuerdo *m* **2**
BUY : ganga *f* — **bargain** *vi* **1** : regatear,
negociar **2 bargain for** : contar con
barge *n* : barcaza *f* — **barge** *vi*
barged; barging barge in :
entrometerse, interrumpir
baritone *n* : barítono *m*
bark[1] *vi* : ladrar — **bark** *n* :
ladrido *m* (de un perro)
bark[2] *n* : corteza *f* (de un árbol)
barley *n* : cebada *f*
barn *n* : granero *m* —
barnyard *n* : corral *m*
barometer *n* : barómetro *m*

baron *n* : barón *m* —
baroness *n* : baronesa *f*
barracks *ns & pl* : cuartel *m*
barrage *n* **1** : descarga *f* (de artillería)
2 : aluvión *m* (de preguntas, etc.)
barrel *n* **1** : barril *m*, tonel *m* **2** :
cañón *m* (de un arma de fuego)
barren *adj* : estéril
barricade *vt* **-caded; -cading** : cerrar con
barricadas — **barricade** *n* : barricada *f*
barrier *n* : barrera *f*
barring *prep* : salvo
barrio *n* : barrio *m*
bartender *n* : camarero *m*, -ra *f*
barter *vt* : cambiar, trocar
— **barter** *n* : trueque *m*
base *n*, *pl* **bases** : base *f* — **base** *vt*
based; basing : basar, fundamentar
— **base** *adj* **baser; basest** : vil
▸ **baseball** *n* : beisbol *m*, béisbol *m*
basement *n* : sótano *m*

bash *vt* : golpear violentamente —
bash *n* **1** BLOW : golpe *m* **2** PARTY : fiesta *f*
bashful *adj* : tímido, vergonzoso
basic *adj* : básico, fundamental —
basically *adv* : fundamentalmente
basil *n* : albahaca *f*
basin *n* **1** WASHBOWL : palangana *f*,
lavabo *m* **2** : cuenca *f* (de un río)
basis *n*, *pl* **bases** : base *f*
bask *vi* **bask in the sun** : tostarse al sol
basket *n* : cesta *f*, cesto *m* —
basketball *n* : baloncesto *m*,
basquetbol *m*, *Lat*
bass[1] *n*, *pl* **bass** *or* **basses**
: róbalo *m* (pesca)
bass[2] *n* : bajo *m* (tono, voz, instrumento)
bassoon *n* : fagot *m*
bastard *n* : bastardo *m*, -da *f*
baste *vt* **basted; basting 1** STITCH
: hilvanar **2** : bañar (carne)
bat[1] *n* : murciélago *m* (animal)

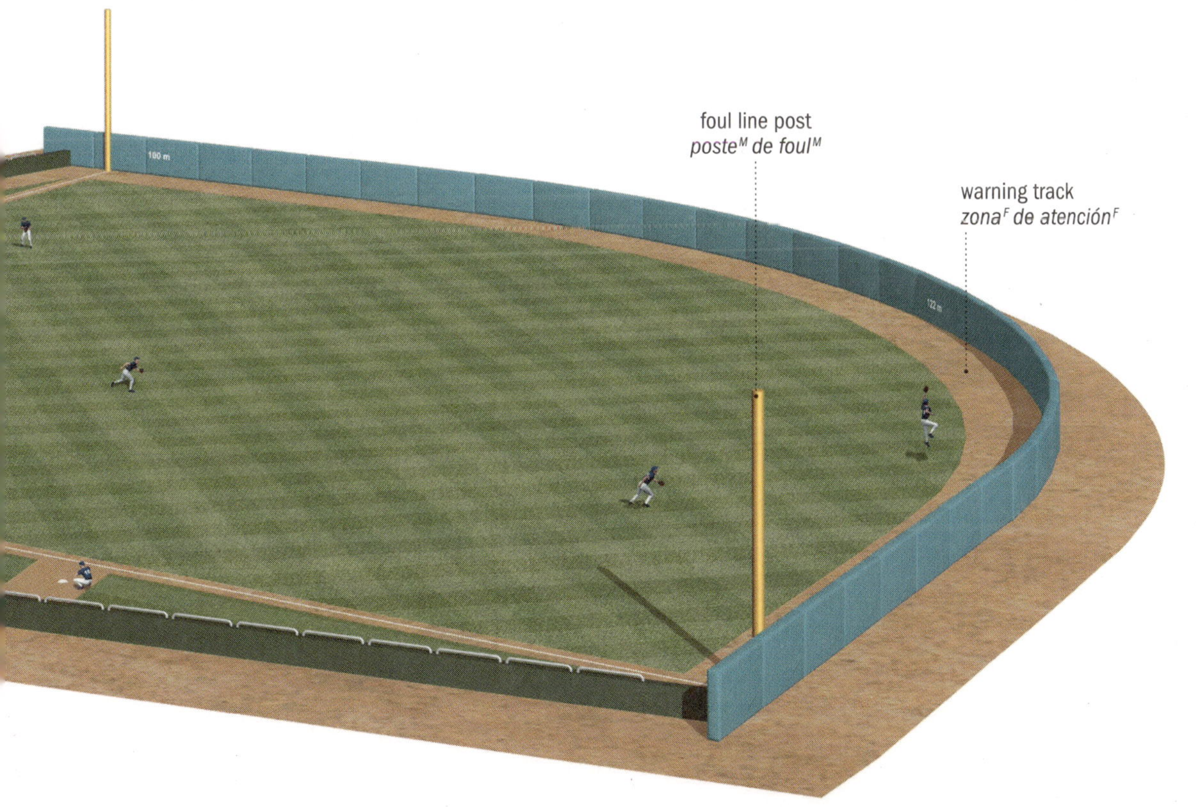

bee
abeja[F]

bat[2] *n* : bate *m* — **bat** *vt*
batted; batting : batear
batch *n* : hornada *f* (de pasteles, etc.),
lote *m* (de mercancías), montón *m*
(de trabajo), grupo *m* (de personas)
bath *n, pl* **baths 1** : baño *m* **2** BATHROOM
: baño *m*, cuarto *m* de baño **3 take a**
bath : bañarse — **bathe** *v* **bathed;**
bathing *vt* : bañar, lavar — *vi* : bañarse
— **bathrobe** *n* : bata *f* (de baño) —
bathroom *n* : baño *m*, cuarto *m* de baño
— **bathtub** *n* : bañera *f*, tina *f* (de baño)
baton *n* : batuta *f*
battalion *n* : batallón *m*
batter *vt* **1** BEAT : golpear **2** MISTREAT :
maltratar — **batter** *n* **1** : masa *f* para
rebozar **2** HITTER : bateador *m*, -dora *f*
battery *n, pl* **-teries** : batería *f*,
pila *f* (de electricidad)
battle *n* **1** : batalla *f* **2** STRUGGLE :
lucha *f* — **battle** *vi* **-tled; -tling** : luchar
— **battlefield** *n* : campo *m* de batalla
— **battleship** *n* : acorazado *m*
bawl *vi* : llorar a gritos

bay[1] *n* INLET : bahía *f*
bay[2] *n or* **bay leaf** : laurel *m*
bay[3] *vi* : aullar — **bay** *n* : aullido *m*
bayonet *n* : bayoneta *f*
bay window *n* : ventana *f* en saliente
bazaar *n* **1** : bazar *m* **2**
SALE : venta *f* benéfica
be *v* **was, were; been, being; am, is,**
are *vi* **1** : ser **2** (*expressing location*)
: estar **3** (*expressing existence*) : ser,
existir **4** (*expressing a state of being*) :
estar, tener — *v impers* **1** (*indicating*
time) : ser **2** (*indicating a condition*) :
hacer, estar — *v aux* **1** (*expressing*
occurrence) : ser **2** (*expressing possibility*)
: poderse **3** (*expressing obligation*) :
deber **4** (*expressing progression*) : estar
beach *n* : playa *f*
beacon *n* : faro *m*
bead *n* **1** : cuenta *f* **2** DROP : gota *f* **3**
beads *npl* NECKLACE : collar *m*
beak *n* : pico *m*
beam *n* **1** : viga *f* (de madera, etc.) **2**
RAY : rayo *m* — **beam** *vi* SHINE : brillar

— *vt* BROADCAST : transmitir, emitir
bean *n* **1** : habichuela *f*, frijol *m* **2 coffee**
bean : grano *m* **3 string bean** : judía *f*
▶ **bear**[1] *n, pl* **bears** *or* **bear** : oso *m*, osa *f*
bear[2] *v* **bore; borne; bearing** *vt* **1** CARRY
: portar **2** ENDURE : soportar — *vi* **bear**
right/left : doble a la derecha/a la
izquierda — **bearable** *adj* : soportable
beard *n* : barba *f*
bearer *n* : portador *m*, -dora *f*
bearing *n* **1** MANNER :
comportamiento *m* **2** SIGNIFICANCE
: relación *f*, importancia *f* **3 get**
one's bearings : orientarse
beast *n* : bestia *f*
beat *v* **beat; beaten** *or* **beat; beating** *vt* **1**
HIT : golpear **2** : batir (huevos, etc.) **3**
DEFEAT : derrotar — *vi* : latir (dícese
del corazón) — **beat** *n* **1** : golpe *m* **2**
: latido *m* (del corazón) **3** RHYTHM :
ritmo *m*, tiempo *m* — **beating** *n* **1**
: paliza *f* **2** DEFEAT : derrota *f*
beauty *n, pl* **-ties** : belleza *f* —
beautiful *adj* : hermoso, lindo

— **beautifully** *adv* WONDERFULLY : maravillosamente — **beautify** *vt* **-fied; -fying** : embellecer
beaver *n* : castor *m*
because *conj* : porque — **because of** *prep* : por, a causa de, debido a
beckon *vt* : llamar, hacer señas a — *vi* : hacer una seña
become *v* **-came; -come; -coming** *vi* : hacerse, ponerse — *vt* SUIT : favorecer — **becoming** *adj* **1** SUITABLE : apropiado **2** FLATTERING : favorecedor
bed *n* **1** : cama *f* **2** : cauce *m* (de un río), fondo *m* (del mar) **3** : macizo *m* (de flores) **4 go to bed** : irse a la cama — **bedclothes** *npl* : ropa *f* de cama
bedlam *n* : confusión *f*, caos *m*
bedraggled *adj* : desaliñado, sucio
bedridden *adj* : postrado en cama
bedroom *n* : dormitorio *m*, recámara *f Lat*
bedspread *n* : colcha *f*
bedtime *n* : hora *f* de acostarse
bee *n* : abeja *f*
beech *n, pl* **beeches** *or* **beech** : haya *f*
beef *n* : carne *f* de vaca, carne *f* de res *Lat* — **beefsteak** *n* : bistec *m*
beehive *n* : colmena *f*
beeline *n* **make a beeline for** : irse derecho a
beep *n* : pitido *m* — **beep** *v* : pitar

beer *n* : cerveza *f*
beet *n* : remolacha *f*
beetle *n* : escarabajo *m*
before *adv* **1** : antes **2 the month before** : el mes anterior — **before** *prep* **1** (*in space*) : delante de, ante **2** (*in time*) : antes de — **before** *conj* : antes de que — **beforehand** *adv* : antes
befriend *vt* : hacerse amigo de
beg *v* **begged; begging** *vt* **1** : pedir, mendigar **2** ENTREAT : suplicar — *vi* : mendigar, pedir limosna — **beggar** *n* : mendigo *m*, -ga *f*
begin *v* **-gan; -gun; -ginning** : empezar, comenzar — **beginner** *n* : principiante *mf* — **beginning** *n* : principio *m*, comienzo *m*
begrudge *vt* **-grudged; -grudging 1** : dar de mala gana **2** ENVY : envidiar
behalf *n* **on behalf of** : de parte de, en nombre de
behave *vi* **-haved; -having** : comportarse, portarse — **behavior** *n* : comportamiento *m*, conducta *f*
behind *adv* **1** : detrás **2 fall behind** : atrasarse — **behind** *prep* **1** : atrás de, detrás de **2 be behind schedule** : ir retrasado **3 her friends are behind her** : tiene el apoyo de sus amigos
behold *vt* **-held; -holding** : contemplar
beige *adj & nm* : beige

being *n* **1** : ser *m* **2 come into being** : nacer
belated *adj* : tardío
belch *vi* : eructar — **belch** *n* : eructo *m*
Belgian *adj* : belga
belie *vt* **-lied; -lying** : contradecir, desmentir
belief *n* **1** TRUST : confianza *f* **2** CONVICTION : creencia *f*, convicción *f* **3** FAITH : fe *f* — **believable** *adj* : creíble — **believe** *v* **-lieved; -lieving** : creer — **believer** *n* : creyente *mf*
belittle *vt* **-littled; -littling** : menospreciar
Belizean *adj* : beliceño *m*, -ña *f*
bell *n* **1** : campana *f* **2** : timbre *m* (de teléfono, de la puerta, etc.)
belligerent *adj* : beligerante
bellow *vi* : bramar, mugir — *vt or* **bellow out** : gritar
bellows *ns & pl* : fuelle *m*
belly *n, pl* **-lies** : vientre *m*
belong *vi* **1 belong to** : pertenecer a, ser propiedad de **2 belong to** : ser miembro de (un club, etc.) **3 where does it belong** : ¿dónde va? — **belongings** *npl* : pertenencias *fpl*, efectos *mpl* personales
beloved *adj* : querido, amado — **beloved** *n* : querido *m*, -da *f*
below *adv* : abajo — **below** *prep* **1** : abajo de, debajo de **2 below average** : por debajo

black bear
oso^M negro

polar bear
oso^M polar

del promedio **3 below zero :** bajo cero
belt *n* **1 :** cinturón *m* **2** BAND STRAP
: cinta *f,* correa *f* **3** AREA **: frente** *m,*
zona *f* — **belt** *vt* **1 :** ceñir con un
cinturón **2** THRASH **:** darle una paliza a
bench *n* **1 :** banco *m* **2** WORKBENCH **:**
mesa *f* de trabajo **3** COURT **:** tribunal *m*
bend *v* **bent; bending** *vt* **:** doblar,
torcer — *vi* **1 :** torcerse **2 bend over :**
inclinarse — **bend** *n* **:** curva *f,* ángulo *m*
beneath *adv* **:** abajo, debajo —
beneath *prep* **:** bajo, debajo de
benediction *n* **:** bendición *f*

benefactor *n* **:** benefactor *m,* -tora *f*
benefit *n* **1** ADVANTAGE **:** ventaja *f,*
provecho *m* **2** AID **:** asistencia *f,*
beneficio *m* — **benefit** *vt* **:** beneficiar
— *vi* **:** beneficiarse — **beneficial** *adj*
: beneficioso — **beneficiary** *n,*
pl **-ries :** beneficiario *m,* -ria *f*
benevolent *adj* **:** benévolo
benign *adj* **1** KIND **:** benévolo,
amable **2 :** benigno (en medicina)
bent *adj* **1 :** encorvado **2 be**
bent on : estar empeñado en —
bent *n* **:** aptitud *f,* inclinación *f*

bequeath *vt* **:** legar —
bequest *n* **:** legado *m*
berate *vt* **-rated; -rating :**
reprender, regañar
bereaved *adj* **:** desconsolado, a luto
beret *n* **:** boina *f*
▸ **berry** *n, pl* **-ries :** baya *f*
berserk *adj* **1 :** enloquecido **2**
go berserk : volverse loco
berth *n* **1** MOORING **:**
atracadero *m* **2** BUNK **:** litera *f*
beseech *vt* **-sought** ·*or* **-seeched;**
-seeching : suplicar, implorar

chalk
tiza^F

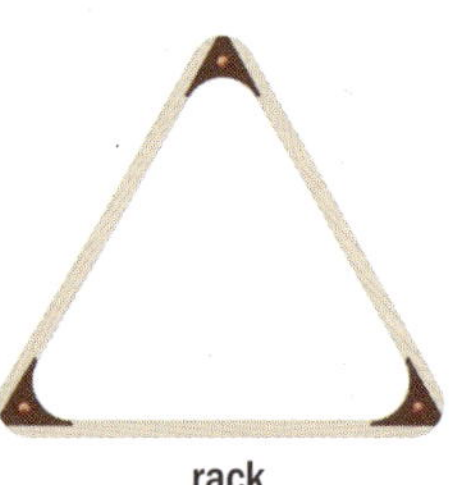
rack
triángulo^M

billiard cue
taco^M de billar^M

table
mesa^F

blueberry
arándano[M]

strawberry
fresa[M]

black currant
grosella[F] *negra*

**berries
bayas**[F]

currant
grosella[F]

raspberry
frambuesa[F]

cranberry
arándano[M] *agrio*

gooseberry
grosella[F] *espinosa*

blackberry
moras[F]

---

beset *vt* **-set; -setting 1** HARASS
: acosar **2** SURROUND : rodear
beside *prep* **1** : al lado de, junto a **2 be
beside oneself** : estar fuera de sí —
besides *adv* : además — **beside** *prep* **1**
: además de **2** EXCEPT : excepto
besiege *vt* **-sieged; -sieging** : asediar
best *adj* (*superlative of* **good**) : mejor —
best *adv* (*superlative of* **well**) : mejor —
best *n* **1 at best** : a lo más **2 do one's
best** : hacer todo lo posible **3 the best** : lo
mejor — **best man** *n* : padrino *m* (de boda)
bestow *vt* : otorgar, conceder
bet *n* : apuesta *f* — **bet** *v* **bet;
betting** *vt* : apostar — *vi* **bet on
something** : apostarle a algo
betray *vt* : traicionar —
betrayal *n* : traición *f*
better *adj* (*comparative of* **good**[1]) : mejor
2 get better : mejorar — **better** *adv*
(*comparative of* **well**) **1** : mejor **2 all
the better** : tanto mejor — **better** *n* **1
the better** : el mejor, la mejor **2 get
the better of** : vencer a — **better** *vt* **1**
IMPROVE : mejorar **2** SURPASS : superar
between *prep* : entre — **between** *adv*
or **in between** : en medio
beverage *n* : bebida *f*
beware *vi* **beware of** : tener cuidado con
bewilder *vt* : desconcertar —
bewilderment *n* : desconcierto *m*
bewitch *vt* : hechizar, encantar
beyond *adv* : más allá, más lejos

(en el espacio), más adelante (en el
tiempo) — **beyond** *prep* : más allá de
bias *n* **1** PREJUDICE : prejuicio *m* **2**
TENDENCY : inclinación *f*, tendencia *f*
— **biased** *adj* : parcial
bib *n* : babero *m* (para niños)
Bible *n* : Biblia *f* — **biblical** *adj* : bíblico
bibliography *n*, *pl* **-phies** : bibliografía *f*
bicarbonate of soda *n* :
bicarbonato *m* de soda
biceps *ns & pl* : bíceps *m*
bicker *vi* : reñir
bicycle *n* : bicicleta *f* — **bicycle** *vi*
-cled; -cling : ir en bicicleta
bid *vt* **bade** *or* **bid; bidden** *or* **bid; bidding
1** OFFER : ofrecer **2 bid farewell** : decir
adiós — **bid** *n* **1** OFFER : oferta *f* **2**
ATTEMPT : intento *m*, tentativa *f*
bide *vt* **bode** *or* **bided; bided; biding bide
one's time** : esperar el momento oportuno
bifocals *npl* : anteojos *mpl* bifocales
big *adj* **bigger; biggest** : grande
bigamy *n* : bigamia *f*
bigot *n* : intolerante *mf* — **bigotry** *n*,
pl **-tries** : intolerancia *f*, fanatismo *m*
bike *n* **1** BICYCLE : bici *f fam* **2**
MOTORCYCLE : moto *f*
bikini *n* : bikini *m*
bile *n* : bilis *f*
bilingual *adj* : bilingüe
bill *n* **1** BEAK : pico *m* **2** INVOICE : cuenta *f*,
factura *f* **3** BANKNOTE : billete *m* **4** LAW :
proyecto *m* de ley, ley *f* — **bill** *vt* : pasarle
la cuenta a — **billboard** *n* : cartelera *f*

— **billfold** *n* : billetera *f*, cartera *f*
▸ **billiards** *n* : billar *m*
billion *n*, *pl* **billions** *or* **billion**
: mil millones *mpl*
billow *vi* : ondular, hincharse
billy goat *n* : macho *m* cabrío
bin *n* : cubo *m*, cajón *m*
binary *adj* : binario *m*
bind *vt* **bound; binding 1** TIE : atar
2 OBLIGATE : obligar **3** UNITE : unir **4**
BANDAGE : vendar **5** : encuadernar (un
libro) — **binder** *n* FOLDER : carpeta *f* —
binding *n* : encuadernación *f* (de libros)
binge *n* : juerga *f fam*
bingo *n*, *pl* **-gos** : bingo *m*
binoculars *npl* : binoculares *mpl*,
gemelos *mpl*
biochemistry *n* : bioquímica *f*
biography *n*, *pl* **-phies** : biografía *f*
— **biographer** *n* : biógrafo *m*, -fa *f*
— **biographical** *adj* : biográfico
biology *n* : biología *f* — **biological** *adj* :
biológico — **biologist** *n* : biólogo *m*, -ga *f*
birch *n* : abedul *m*
bird *n* : pájaro *m* (pequeño), ave *f* (grande)
birth *n* **1** : nacimiento *m*, parto *m* **2**
give birth to : dar a luz a — **birthday** *n*
: cumpleaños *m* — **birthmark** *n*
: mancha *f* de nacimiento —
birthplace *n* : lugar *m* de nacimiento
— **birthrate** *n* : índice *m* de natalidad
biscuit *n* : bizcocho *m*
bisect *vt* : bisecar
bisexual *adj* : bisexual

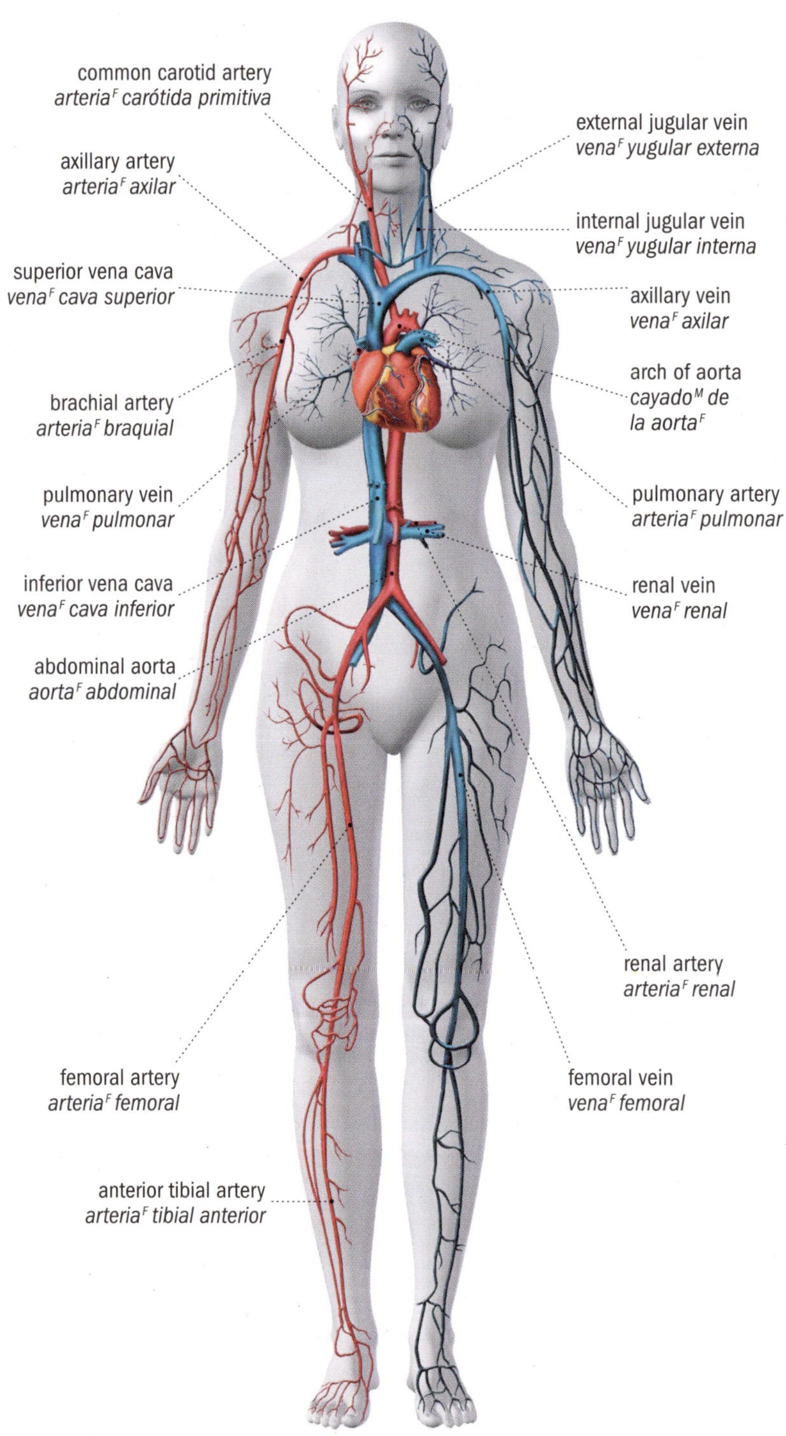

bishop _n_ : obispo _m_
bison _ns & pl_ : bisonte _m_
bit[1] _n_ : bocado _m_ (de una brida)
bit[2] **1** : trozo _m_, pedazo _m_ **2** : bit _m_
(de información) **3 a bit** : un poco
bitch _n_ : perra _f_ — **bitch** _vi_
COMPLAIN : quejarse, reclamar
bite _v_ **bit; bitten; biting** _vt_ **1** : morder
2 STING : picar — _vi_ : morder — _n_ **1** :
picadura _f_ (de un insecto), mordedura _f_
(de un animal) **2** SNACK : bocado _m_ —
biting _adj_ **1** PENETRATING : cortante,
penetrante **2** CAUSTIC : mordaz
bitter _adj_ **1** : amargo **2 it's bitter cold** :
hace un frío glacial **3 to the bitter end** :
hasta el final — **bitterness** _n_ : amargura _f_
bizarre _adj_ : extraño
black _adj_ : negro — **black** _n_ **1** :
negro _m_ (color) **2** : negro _m_, -gra _f_
(persona) — **black–and–blue** _adj_ :
amoratado — **blackberry** _n_, _pl_ -ries
: mora _f_ — **blackbird** _n_ : mirlo _m_ —
blackboard _n_ : pizarra _f_, pizarrón _m_,
Lat — **blacken** _vt_ : ennegrecer —
blackmail _n_ : chantaje _m_ — **blackmail** _vt_
: chantajear — **black market** _n_ :
mercado _m_ negro — **blackout** _n_ **1**
: apagón _m_ (de poder eléctrico) **2**
FAINT : desmayo _m_ — **blacksmith** _n_ :
herrero _m_ — **blacktop** _n_ : asfalto _m_
bladder _n_ : vejiga _f_
blade _n_ **1** : hoja _f_ (de un cuchillo),
cuchilla _f_ (de un patín) **2** : pala _f_ (de
un remo, una hélice, etc.) **3 blade**
of grass : brizna _f_ (de hierba)
blame _vt_ **blamed; blaming** : culpar,
echar la culpa a — **blame** _n_ : culpa _f_
— **blameless** _adj_ : inocente
bland _adj_ : soso, insulso
blank _adj_ **1** : en blanco (dícese de un
papel), liso (dícese de una pared) **2** EMPTY
: vacío — **blank** _n_ : espacio _m_ en blanco
blanket _n_ **1** : manta _f_, cobija _f_
Lat **2 blanket of snow** : manto _m_
de nieve — **blanket** _vt_ : cubrir
blare _vi_ **blared; blaring** : resonar
blasphemy _n_, _pl_ -mies : blasfemia _f_
blast _n_ **1** GUST : ráfaga _f_ **2** EXPLOSION :
explosión _f_ **3** : toque _m_ (de trompeta,
etc.) — **blast** _vt_ BLOW UP : volar
— **blast-off** _n_ : despegue _m_
blatant _adj_ : descarado
blaze _n_ **1** FIRE : fuego _m_ **2** BRIGHTNESS
: resplandor _m_, brillantez _f_ **3 blaze of**
anger : arranque _m_ de cólera — **blaze** _v_

blazed; blazing *vi* : arder, brillar — *vt*
blaze a trail : abrir un camino
blazer *n* : chaqueta *f* deportiva
bleach *vt* : blanquear, decolorar —
 bleach *n* : lejía *f*, blanqueador *m*, *Lat*
bleachers *ns & pl* : gradas *fpl*
bleak *adj* **1** DESOLATE : **desolado**
 2 GLOOMY : **triste, sombrío**
bleary–eyed *adj* : con los ojos nublados
bleat *vi* : balar — **bleat** *n* : balido *m*
bleed *v* **bled; bleeding** : sangrar
blemish *vt* : manchar, marcar —
 blemish *n* : mancha *f*, marca *f*
blend *vt* : mezclar, combinar —
 blend *n* : mezcla *f*, combinación *f*
 — **blender** *n* : licuadora *f*
bless *vt* **blessed; blessing** : bendecir
 — **blessed** *or* blest *adj* : bendito
 — **blessing** *n* : bendición *f*
blew → **blow**
blind *adj* : ciego — **blind** *vt* **1** : cegar,
 dejar ciego **2** DAZZLE : deslumbrar —
 blind *n* **1** : persiana *f* (para una ventana)
 2 the blind : los ciegos — **blindfold** *vt*
 : vendar los ojos — **blindfold** *n* :
 venda *f* (para los ojos) — **blindly** *adv* :
 ciegamente — **blindness** *n* : ceguera *f*
blink *vi* **1** : parpadear **2** FLICKER
 : brillar intermitentemente —
 blink *n* : parpadeo *m* — **blinker** *n* :
 intermitente *m*, direccional *f Lat*
bliss *n* : dicha *f*, felicidad *f*
 (absoluta) — **blissful** *adj* : feliz
blister *n* : ampolla *f* —
 blister *vi* : ampollarse
blitz *n* : bombardeo *m* aéreo
blizzard *n* : ventisca *f* (de nieve)
bloated *adj* : hinchado
blob *n* **1** DROP : gota *f* **2** SPOT : mancha *f*
block *n* **1** : bloque *m* **2** OBSTRUCTION :
 obstrucción *f* **3** : manzana *f*, cuadra *f*
 Lat (de edificios) **4** *or* **building block**
 : cubo *m* de construcción — **block** *vt*
 : obstruir, bloquear — **blockade** *n* :
 bloqueo *m* — **blockage** *n* : obstrucción *f*
blond *or* blonde *adj* : rubio —
 blond *n* : rubio *m*, -bia *f*
blood *n* : sangre *f* — **bloodhound** *n*
 : sabueso *m* — **blood pressure** *n* :
 tensión *f* (arterial) — **bloodshed** *n*
 : derramamiento *m* de sangre —
 bloodshot *adj* : inyectado de sangre —
 bloodstained *adj* : manchado de sangre
 — **bloodstream** *n* : sangre *f*, torrente *m*
 sanguíneo — **bloody** *adj* **bloodier;**

-est : ensangrentado, sangriento
▸ **bloom** *n* **1** : flor *f* **2 in full bloom** : en
 plena floración — **bloom** *vi* : florecer
blossom *n* : flor *f* — **blossom** *vi* : florecer
blot *n* **1** : borrón *m* (de tinta, etc.) **2**
 BLEMISH : mancha *f* — **blot** *vt* **blotted;**
 blotting 1 : emborronar **2** DRY : secar
blotch *n* : mancha *f*, borrón *m*
 — **blotchy** *adj* **blotchier;**
 -est : lleno de manchas
blouse *n* : blusa *f*
blow *v* **blew; blown; blowing** *vi* **1** :
 soplar **2** SOUND : sonar **3** *or* **blow out** :
 fundirse (dícese de un fusible eléctrico),
 reventarse (dícese de una llanta)
 — *vt* **1** : soplar **2** SOUND : tocar, sonar
 3 BUNGLE : echar a perder — **blow** *n* :
 golpe *m* — **blowout** *n* : reventón *m* —
 blow up *vi* : estallar, hacer explosión
 — *vt* **1** EXPLODE : volar **2** INFLATE : inflar
blubber *n* : esperma *f* de ballena
bludgeon *vt* : aporrear
blue *adj* **bluer; bluest 1** : azul **2**
 MELANCHOLY : **triste** — **blue** *n* : azul *m*
 — **blueberry** *n*, *pl* **-ries** : arándano *m* —
 bluebird *n* : azulejo *m* — **blue cheese** *n*

: queso *m* azul — **blueprint** *n* PLAN :
 proyecto *m* — **blues** *npl* **1** SADNESS
 : tristeza *f* **2** : blues *m* (en música)
bluff *vi* : hacer un farol — **bluff** *n* : farol *m*
blunder *vi* : meter la pata *fam* —
 blunder *n* : metedura *f* de pata *fam*
blunt *adj* **1** DULL : desafilado
 2 DIRECT : directo, franco
blur *n* : imágen *f* borrosa — **blur** *vt*
 blurred; blurring : hacer borroso
blurb *n* : nota *f* publicitaria
blurt *vt* *or* **blurt out** : espetar
blush *n* : rubor *m* — **blush** *vi* : ruborizarse
blustery *adj* : borrascoso, tempestuoso
boar *n* : cerdo *m* macho
board *n* **1** PLANK : tabla *f*, tablón *m* **2**
 COMMITTEE : junta *f*, consejo *m* **3** :
 tablero *m* (de juegos) **4 room and**
 board : comida y alojamiento —
 board *vt* **1** : subir a bordo de (una
 nave, un avión, etc.), subir a (un tren) **2**
 LODGE : hospedar **3 board up** : cerrar
 con tablas — **boarder** *n* : huésped *mf*
boast *n* : jactancia *f* — **boast** *vi* : alardear,
 jactarse — **boastful** *adj* : jactancioso

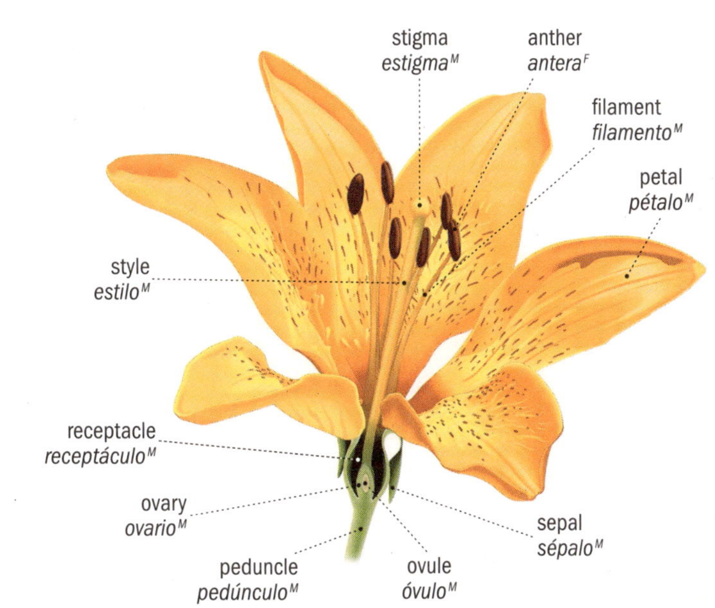

boat *n* : barco *m* (grande), barca *f* (pequeña)

bob *vi* **bobbed; bobbing** *or* **bob up and down** : subir y bajar

bobbin *n* : bobina *f*, carrete *m*

bobby pin *n* : horquilla *f*

body *n*, *pl* **bodies 1** : cuerpo *m* **2** CORPSE : cadáver *m* **3** : carrocería (de un automóvil, etc.) **4** COLLECTION : conjunto *m* **5 body of water** : masa *f* de agua — **bodily** *adj* : corporal — **bodyguard** *n* : guardaespaldas *mf*

bog *n* : ciénaga *f* — **bog** *vt* **bogged; bogging** *or* **bog down** : empantanarse

bogus *adj* : falso

boil *v* : hervir — **boiler** *n* : caldera *f*

bold *adj* **1** DARING : audaz **2** IMPUDENT : descarado — **boldness** *n* : audacia *f*

Bolivian *adj* : boliviano *m*, -na *f*

bologna *n* : salchicha *f* ahumada

bolster *vt* **-stered; -stering** *or* **bolster up** : reforzar

bolt *n* **1** LOCK : cerrojo *m* **2** SCREW : tornillo *m* **3 bolt of lightning** : relámpago *m*, rayo *m* — **bolt** *vt* **1** FASTEN : atornillar **2** LOCK : echar el cerrojo a — *vi* FLEE : salir corriendo

bomb *n* : bomba *f* — **bomb** *vt* : bombardear — **bombard** *vt* : bombardear — **bombardment** *n* : bombardeo *m* — **bomber** *n* : bombardero *m*

bond *n* **1** TIE : vínculo *m*, lazo *m* **2** SURETY : fianza *f* **3** : bono *m* (en finanzas) — **bond** *vi* STICK : adherirse

bondage *n* : esclavitud *f*

bone *n* : hueso *m* — **bone** *vt* **boned; boning** : deshuesar

bonfire *n* : hoguera *f*

bonus *n* **1** PAY : prima *f* **2** BENEFIT : beneficio *m* adicional

bony *adj* **bonier; -est 1** : huesudo **2** : lleno de espinas (dícese de pescados)

boo *n*, *pl* **boos** : abucheo *m* — **boo** *vt* : abuchear

book *n* **1** : libro *m* **2** NOTEBOOK : libreta *f*, cuaderno *m* — **book** *vt* : reservar — **bookcase** *n* : estantería *f* — **bookkeeping** *n* : teneduría *f* de libros, contabilidad *f* — **booklet** *n* : folleto *m* — **bookmark** *n* : marcador *m* de libros — **bookseller** *n* : librero *m*, -ra *f* — **bookshelf** *n*, *pl* **-shelves** : estante *m* — **bookstore** *n* : librería *f*

boom *vi* **1** : tronar, resonar **2** PROSPER : estar en auge, prosperar — **boom** *n* **1** : bramido *m*, estruendo *m* **2** : auge *m* (económico)

boon *n* : ayuda *f*, beneficio *m*

boost *vt* **1** LIFT : levantar **2** INCREASE : aumentar — **boost** *n* **1** INCREASE : aumento *m* **2** ENCOURAGEMENT : estímulo *m*

boot *n* : bota *f*, botín *m* — **boot** *vt* **1** : dar una patada a **2** *or* **boot up** : cargar (un ordenador)

booth *n*, *pl* **booths** : cabina *f* (de teléfono, de votar), caseta *f* (de información)

booty *n*, *pl* **-ties** : botín *m*

booze *n* : trago *m*, bebida *f* (alcohólica)

border *n* **1** EDGE : borde *m*, orilla *f* **2** TRIM : ribete *m* **3** FRONTIER : frontera *f*

bore[1] *vt* **bored; boring** DRILL : taladrar

bore[2] *vt* TIRE : aburrir — **bore** *n* : pesado *m*, -da *f fam* (persona), lata *f fam* (cosa, situación) — **boredom** *n* : aburrimiento *m* — **boring** *adj* : aburrido, pesado

born *adj* **1** : nacido **2 be born** : nacer

borough *n* : distrito *m* municipal

borrow *vt* : pedir prestado, tomar prestado

Bosnian *adj* : bosnio *m*, -nia *f*

bosom *n* BREAST : pecho *m*, seno *m* — **bosom** *adj* **bosom friend** : amigo *m* íntimo

boss *n* : jefe *m*, -fa *f;* patrón *m*, -trona *f*

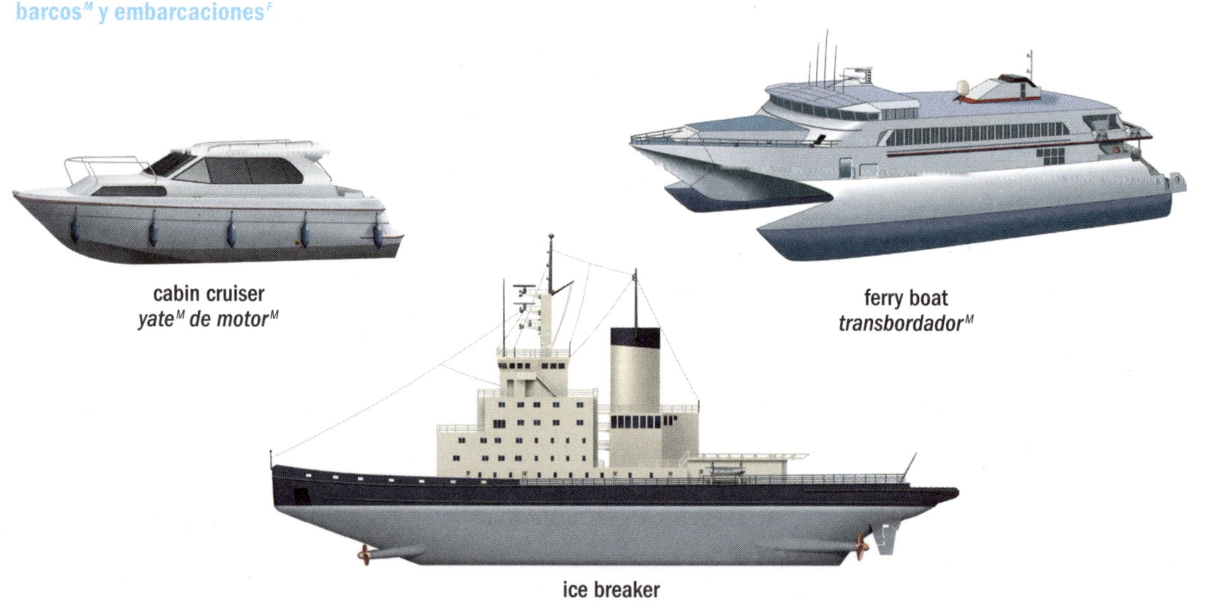

cabin cruiser
yate[M] *de motor*[M]

ferry boat
transbordador[M]

ice breaker
rompehielos[M]

— **boss** *vt* SUPERVISE : dirigir —
bossy *adj* **bossier; -est** : autoritario
botany *n* : botánica *f* —
botanical *adj* : botánico
botch *vt* : hacer una
chapuza de, estropear
both *adj* : ambos, los dos, las
dos — **both** *pron* : ambos *m*,
-bas *f*; los dos, las dos
bother *vt* **1** TROUBLE : preocupar **2** PESTER
: molestar, fastidiar — *vi* **bother to** :
molestarse en — **bother** *n* : molestia *f*
bottle *n* **1** : botella *f*, frasco *m* **2** *or*
baby bottle : biberón *m* — **bottle** *vt*
bottled; bottling : embotellar —
bottleneck *n* : embotellamiento *m*
bottom *n* **1** : fondo *m* (de una caja,
del mar, etc.), pie *m* (de una escalera,
una montaña, etc.), final *m* (de una
lista) **2** BUTTOCKS : **nalgas** *fpl*, trasero *m*
— **bottom** *adj* : más bajo, inferior, de
abajo — **bottomless** *adj* : sin fondo
bough *n* : rama *f*
bought → **buy**
bouillon *n* : caldo *m*
boulder *n* : canto *m* rodado
boulevard *n* : bulevar *m*

bounce *v* **bounced; bouncing** *vt*
: hacer rebotar — *vi* : rebotar
— **bounce** *n* : rebote *m*
bound[1] *adj* **be bound for** : ir rumbo a
bound[2] *adj* **1** OBLIGED : obligado
2 DETERMINED : decidido **3 be**
bound to : tener que
bound[3] *n* **out of bounds** : (en) zona
prohibida — **boundary** *n*, *pl* **-aries** :
límite *m* — **boundless** *adj* : sin límites
bouquet *n* : ramo *m*
bourgeois *adj* : burgués
bout *n* **1** : combate *m* (en deportes)
2 : ataque *m* (de una enfermedad)
3 : período *m* (de actividad)
bow[1] *vi* : inclinarse — *vt* **bow**
one's head : inclinar la cabeza —
bow *n* : reverencia *f*, inclinación *f*
bow[2] *n* **1** : arco *m* **2 tie a**
bow : hacer un lazo
bow[3] *n* : proa *f* (de un barco)
bowels *npl* **1** : intestinos *mpl* **2**
DEPTHS : entrañas *fpl*
bowl[1] *n* : tazón *m*, cuenco *m*
bowl[2] *vi* : jugar a los bolos —
bowling *n* : bolos *mpl*
box[1] *vi* FIGHT : boxear — **boxer** *n* :
boxeador *m*, -dora *f* — **boxing** *n* : boxeo *m*

box[2] *n* **1** : caja *f*, cajón *m* **2** : palco *m*
(en el teatro) — **box** *vt* : empaquetar —
box office *n* : taquilla *f*, boletería *f Lat*
boy *n* : niño *m*, chico *m*
boycott *vt* : boicotear —
boycott *n* : boicot *m*
boyfriend *n* : novio *m*
bra → **brassiere**
brace *n* **1** SUPPORT : abrazadera *f* **2**
braces *npl* : aparatos *mpl* (para
dientes) — **brace** *vi* **brace**
oneself for : prepararse para
bracelet *n* : brazalete *m*
bracket *n* **1** SUPPORT : soporte *m* **2**
: corchete *m* (marca de puntuación)
3 CATEGORY : categoría *f* —
bracket *vt* **1** : poner entre corchetes
2 CATEGORIZE : catalogar
brag *vi* **bragged; bragging** : jactarse
braid *vt* : trenzar — **braid** *n* : trenza *f*
braille *n* : braille *m*
brain *n* **1** : cerebro *m* **2** brains *npl*
: inteligencia *f* — **brainstorm** *n*
: idea *f* genial — **brainwash** *vt*
: lavar el cerebro — **brainy** *adj*
brainier; -est : inteligente, listo
brake *n* : freno *m* — **brake** *v*
braked; braking : frenar

trawler
trainera[F]

tugboat
remolcador[M]

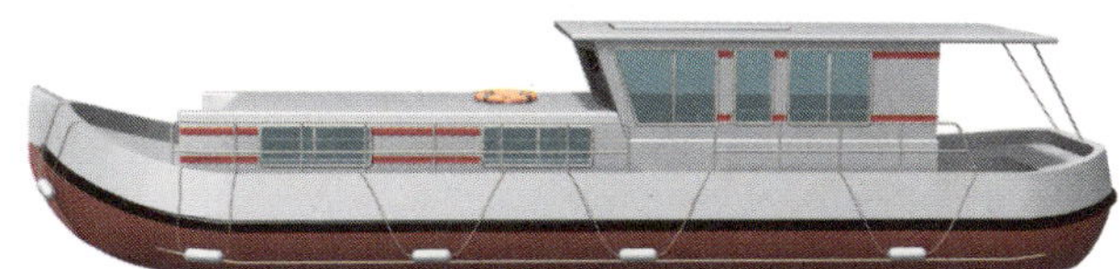

houseboat
casa[F] *flotante*

**breads
panes**^M

**breads
panes**^M

bagel
rosquilla^F

tortilla
tortilla^F

croissant
cruasán^M

challah
pan^M *jalá*

brioche
pan^M *de huevo*^M

multigrain bread
pan^M *multicereales*

Greek bread
pan^M *griego*

epi bread
pan^M *espiga*^F

baguette
baguette^F

bramble *n* : zarza *f*

bran *n* : salvado *m*

branch *n* **1** : rama *f* (de una planta)
2 DIVISION : ramal *m* (de un camino,
etc.), sucursal *f* (de una empresa),
agencia *f* (del gobierno) — **branch** *vi*
or **branch off** : ramificarse, bifurcarse

brand *n* **1** : marca *f* (de ganado)
2 *or* **brand name** : marca *f* de
fábrica — **brand** *vt* **1** : marcar
(ganado) **2** LABEL : tachar, tildar

brandish *vt* : blandir

brand–new *adj* : flamante

brandy *n*, *pl* **-dies** : brandy *m*, coñac *m*

brass *n* **1** : latón *m* **2** :
metales *mpl* (de una orquesta)

brassiere *n* : sostén *m*, brasier *m*, *Lat*

brat *n* : mocoso *m*, -sa *f fam*

bravado *n*, *pl* **-does** *or* **-dos**
: bravuconadas *fpl*

brave *adj* **braver; bravest** : valiente,
valeroso — **brave** *vt* **braved;**
braving : afrontar, hacer frente a
— **brave** *n* : guerrero *m* indio —
bravery *n* : valor *m*, valentía *f*

brawl *n* : pelea *f*, reyerta *f*

brawn *n* : músculos *mpl* — **brawny** *adj*
brawnier; -est : musculoso

bray *vi* : rebuznar

brazen *adj* : descarado

Brazilian *adj* : brasileño *m*, -ña *f*

breach *n* **1** VIOLATION : infracción *f*,
violación *f* **2** GAP : brecha *f*

▶ **bread** *n* **1** : pan *m* **2 bread**

crumbs : migajas *fpl*

breadth *n* : anchura *f*

break *v* **broke; broken; breaking** *vt* **1**
: romper, quebrar **2** VIOLATE : infringir,
violar **3** INTERRUPT : interrumpir **4** SURPASS
: batir (un récord, etc.) **5 break a habit**
: quitarse una costumbre **6 break the**
news : dar la noticia — *vi* **1** : romperse,
quebrarse **2 break away** : escapar **3**
break down : estropearse (dícese de una
máquina), fallar (dícese de un sistema,
etc.) **4 break into** : entrar en **5 break off** :
interrumpirse **6 break out of** : escaparse
de **7 break up** SEPARATE : separarse —
break *n* **1** : ruptura *f*, fractura *f* **2** GAP :
interrupción *f*, claro *m* (entre las nubes)
3 lucky break : golpe *m* de suerte **4**

take a break : tomar(se) un descanso
— **breakable** *adj* : quebradizo, frágil —
breakdown *n* **1** : avería *f* (de máquinas),
interrupción *f* (de comunicaciones),
fracaso *m* (de negociaciones) **2** *or*
nervous breakdown : crisis *f* nerviosa
breakfast *n* : desayuno *m*
breast *n* **1** : seno *m* (de una mujer)
2 CHEST : pecho *m* — **breast–feed** *vt*
-fed; -feeding : amamantar
breath *n* : aliento *m*, respiración *f* —
breathe *v* **breathed; breathing** : respirar
— **breathless** *adj* : sin aliento, jadeante
— **breathtaking** *adj* : impresionante
breed *v* **bred; breeding** *vt* **1** : criar
(animales) **2** ENGENDER : engendrar,
producir — *vi* : reproducirse —
breed *n* **1** : raza *f* **2** CLASS : clase *f*, tipo *m*
breeze *n* : brisa *f* — **breezy** *adj*
breezier; -est 1 WINDY : ventoso **2**
NONCHALANT : despreocupado
brevity *n*, *pl* **-ties** : brevedad *f*
brew *vt* : hacer (cerveza, etc.), preparar
(té) — *vi* **1** : fabricar cerveza **2** :
amenazar (dícese de una tormenta)
— **brewery** *n*, *pl* **-eries** : cervecería *f*
bribe *n* : soborno *m* — **bribe** *vt*
bribed; bribing : sobornar —
bribery *n*, *pl* **-eries** : soborno *m*
brick *n* : ladrillo *m* —
bricklayer *n* : albañil *mf*
bride *n* : novia *f* — **bridal** *adj* : nupcial,
de novia — **bridegroom** *n* : novio *m*
— **bridesmaid** *n* : dama *f* de honor
bridge *n* **1** : puente *m* **2** : caballete *m*
(de la nariz) **3** : bridge *m* (juego de
naipes) — **bridge** *vt* **bridged; bridging**
1 : tender un puente sobre **2 bridge**
the gap : salvar las diferencias
bridle *n* : brida *f* — **bridle** *vt*
-dled; -dling : embridar
brief *adj* : breve — **brief** *n* **1** : resumen *m*,
sumario *m* **2 briefs** *npl* UNDERPANTS :
calzoncillos *mpl* — **brief** *vt* : dar órdenes
a, instruir — **briefcase** *n* : portafolio *m*,
maletín *m* — **briefly** *adv* : brevemente
bright *adj* **1** : brillante, claro **2** CHEERFUL
: alegre, animado **3** INTELLIGENT :
listo, inteligente — **brighten** *vi* **1** :
hacerse más brillante **2** *or* **brighten up** :
animarse, alegrarse — *vt* **1** ILLUMINATE
: iluminar **2** ENLIVEN : alegrar, animar
brilliant *adj* : brillante — **brilliance** *n* **1**
BRIGHTNESS : resplandor *m*, brillantez *f* **2**
INTELLIGENCE : inteligencia *f*

brim *n* **1** : borde *m* (de una taza,
etc.) **2** : ala *f* (de un sombrero) —
brim *vi* **brimmed; brimming** *or*
brim over : desbordarse, rebosar
brine *n* : salmuera *f*
bring *vt* **brought; bringing 1** : traer
2 bring about : ocasionar **3 bring**
around PERSUADE : convencer **4**
bring back : devolver **5 bring down** :
derribar **6 bring on** CAUSE : provocar
7 bring out : sacar **8 bring to an end**
: terminar (con) **9 bring up** REAR :
criar **1 0 bring up** MENTION : sacar
brink *n* : borde *m*
brisk *adj* **1** FAST : rápido
2 LIVELY : enérgico
bristle *n* : cerda *f* (de un animal),
pelo *m* (de una planta) — **bristle** *vi*
-tled; -tling : erizarse
British *adj* : británico
brittle *adj* **-tler; -tlest** : frágil, quebradizo
broach *vt* : abordar
broad *adj* **1** WIDE : ancho **2** GENERAL :
general **3 in broad daylight** : en pleno día
broadcast *vt* **-cast; -casting** :
emitir — **broadcast** *n* : emisión *f*
broaden *vt* : ampliar, ensanchar
— *vi* : ensancharse — **broadly** *adv*
: en general — **broad–minded** *adj*
: de miras amplias, tolerante
broccoli *n* : brócoli *m*, brécol *m*
brochure *n* : folleto *m*
broil *vt* : asar a la parrilla
broke → **break** — **broke** *adj* : pelado
fam — **broken** *adj* : roto, quebrado —
brokenhearted *adj* : desconsolado,
con el corazón destrozado
broker *n* : corredor *m*, -dora *f*
bronchitis *n* : bronquitis *f*
bronze *n* : bronce *m*
brooch *n* : broche *m*
brood *n* : nidada *f* (de pájaros),
camada *f* (de mamíferos) — **brood** *vi* **1**
INCUBATE : empollar **2 brood about** :
dar vueltas a, pensar demasiado en
brook *n* : arroyo *m*
▶ **broom** *n* : escoba *f* — **broomstick** *n*
: palo *m* de escoba
broth *n*, *pl* **broths** : caldo *m*
brothel *n* : burdel *m*
brother *n* : hermano *m* — **brotherhood** *n*
: fraternidad *f* — **brother–in–law** *n*,
pl **brothers–in–law** : cuñado *m*
— **brotherly** *adj* : fraternal
brought → **bring**

brow *n* **1** EYEBROW : ceja *f* **2** FOREHEAD
: frente *f* **3** : cima *f* (de una colina)
brown *adj* : marrón, castaño
(dícese del pelo), moreno (dícese
de la piel) — **brown** *n* : marrón *m*
— **brown** *vt* : dorar (en cocinar)
browse *vi* **browsed; browsing**
: mirar, echar un vistazo
bruise *vt* **bruised; bruising 1** :
contusionar, magullar (a una persona)
2 : machucar (frutas) — **bruise** *n*
: cardenal *m*, magulladura *f*
brunch *n* : brunch *m*
brunet *or* **brunette** *adj* : moreno
— **brunet** *n* : moreno *m*, -na *f*
brunt *n* **bear the brunt of** :
aguantar el mayor impacto de

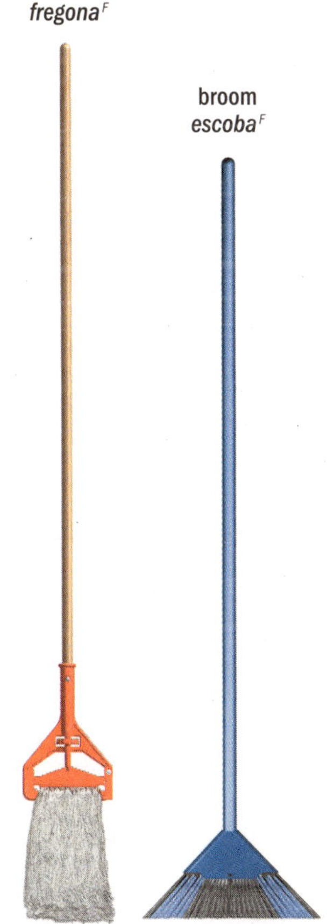

brush *n* **1** : cepillo *m*, pincel *m* (de artista), brocha *f* (de pintor) **2** UNDERBRUSH : maleza *f* — **brush** *vt* **1** : cepillar **2** GRAZE : rozar **3 brush aside** : rechazar **4 brush off** DISREGARD : hacer caso omiso de — *vi* **brush up on** : repasar — **brush–off** *n* — **give the brush to** : dar calabazas a

brusque *adj* : brusco

brutal *adj* : brutal — **brutality** *n*, *pl* -**ties** : brutalidad *f*

brute *adj* : bruto — **brute** *n* : bestia *f*; bruto *m*, -ta *f*

bubble *n* : burbuja *f* — **bubble** *vi* -**bled**; -**bling** : burbujear

buck *n*, *pl* **buck** *or* **bucks 1** : animal *m* macho, ciervo *m* (macho) **2** DOLLAR : dólar *m* — **buck** *vi* **1** : corcovear (dícese de un caballo) **2 buck up** : animarse, levantar el ánimo — *vt* OPPOSE : oponerse a, ir en contra de

bucket *n* : cubo *m*

buckle *n* : hebilla *f* — **buckle** *v* -**led**; -**ling** *vt* **1** FASTEN : abrochar **2** BEND : combar, torcer — *vi* **1** : combarse, torcerse **2** : doblarse (dícese de las rodillas)

bud *n* **1** : brote *m* **2** *or* **flower bud** : capullo *m* — **bud** *vi* **budded**;

budding : brotar, hacer brotes

Buddhism *n* : budismo *m* — **Buddhist** *adj* : budista — **Buddhism** *n* : budista *mf*

buddy *n*, *pl* -**dies** : compañero *m*, -ra *f*

budge *vi* **budged**; **budging 1** MOVE : moverse **2** YIELD : ceder

budget *n* : presupuesto *m* — **budget** *vi* : presupuestar — **budgetary** *adj* : presupuestario

buff *n* **1** : beige *m*, color *m* de ante **2** ENTHUSIAST : aficionado *m*, -da *f* — **buff** *adj* : beige — **buff** *vt* POLISH : pulir

buffalo *n*, *pl* -**lo** *or* -**loes** : búfalo *m*

buffet *n* **1** : bufé *m* (comida) **2** SIDEBOARD : aparador *m*

bug *n* **1** INSECT : bicho *m*, insecto *m* **2** FLAW : defecto *m* **3** GERM : microbio *m* **4** MICROPHONE : micrófono *m* (oculto) — **bug** *vt* **bugged**; **bugging 1** PESTER : fastidiar, molestar **2** : ocultar micrófonos en (una habitación, etc.)

buggy *n*, *pl* -**gies 1** CARRIAGE : calesa *f* **2** *or* **baby buggy** : cochecito *m* (para niños)

bugle *n* : clarín *m*, corneta *f*

build *v* **built**; **building** *vt* **1** : construir **2** DEVELOP : desarrollar — *vi* **1** *or* **build up** INTENSIFY : aumentar, intensificar **2** *or* **build up** ACCUMULATE : acumularse — **build** *n* PHYSIQUE : físico *m*, complexión *f* — **builder** *n* : constructor *m*, -tora *f* — **building** *n* **1** STRUCTURE : edificio *m* **2** CONSTRUCTION : construcción *f* — **built–in** *adj* : empotrado

bulb *n* **1** : bulbo *m* (de una planta) **2** LIGHTBULB : bombilla *f*

bulge *vi* **bulged**; **bulging** : sobresalir — **bulge** *n* : bulto *m*, protuberancia *f*

bulk *n* **1** VOLUME : volumen *m*, bulto *m* **2 in bulk** : en grandes cantidades — **bulky** *adj* **bulkier**; -**est** : voluminoso

bull *n* **1** : toro *m* **2** MALE : macho *m*

bulldog *n* : buldog *m*

bulldozer *n* : bulldozer *m*

bullet *n* : bala *f*

bulletin *n* : boletín *m* — **bulletin board** *n* : tablón *m* de anuncios

bulletproof *adj* : a prueba de balas

bullfight *n* : corrida *f* (de toros) — **bullfighter** *n* : torero *m*, -ra *f*; matador *m*

bullion *n* : oro *m* en lingotes, plata *f* en lingotes

bull's–eye *n*, *pl* **bull's–eyes** : diana *f*

bully *n*, *pl* -**lies** : matón *m* — **bully** *vt* -**lied**; -**lying** : intimidar

bum *n* : vagabundo *m*, -da *f*

bumblebee *n* : abejorro *m*

bump *n* **1** BULGE : bulto *m*, protuberancia *f* **2** IMPACT : golpe *m* **3** JOLT : sacudida *f* — **bump** *vt* : chocar contra — *vi* **bump into** MEET : encontrarse con — **bumper** *n* : parachoques *mpl* — **bumper** *adj* : extraordinario, récord — **bumpy** *adj* **bumpier**; -**est 1** : desigual, lleno de baches (dícese de un camino) **2 a bumpy flight** : un vuelo agitado

bun *n* : bollo *m*

bunch *n* : grupo *m* (de personas), racimo *m* (de frutas, etc.), ramo *m* (de flores), manojo *m* (de llaves) — **bunch** *vi* *or* **bunch up** : amontarse, agruparse

bundle *n* **1** : lío *m*, bulto *m*, atado *m*, haz *m* (de palos) **2** PARCEL : paquete *m* **3 bundle of nerves** : manojo *m* de nervios — **bundle** *vt* -**dled**; -**dling** *or* **bundle up** : liar, atar

bungalow *n* : casa *f* de un solo piso

bungle *vt* -**gled**; -**gling** : echar a perder

bunion *n* : juanete *m*

bunk *n* *or* **bunk bed** : litera *f*

bunny *n*, *pl* -**nies** : conejo *m*, -ja *f*

buoy *n* : boya *f* — **buoy** *vt* *or* **buoy up**

sumi-e brush
*sumie*M*

fan brush
*brocha*F*

brush
*pincel*M*

flat brush
*pincel*M* plano*

HEARTEN : animar, levantar el ánimo a
— **buoyant** *adj* **1** : boyante, flotante
2 LIGHTHEARTED : alegre, optimista
burden *n* : carga *f* — **burden** *vt*
burden someone with : cargar a algn
con — **burdensome** *adj* : oneroso
bureau *n* **1** : cómoda *f* (mueble)
2 : departamento *m* (del
gobierno) **3** AGENCY : agencia *f* —
bureaucracy *n, pl* **-cies** : burocracia *f*
— **bureaucrat** *n* : burócrata *mf* —
bureaucratic *adj* : burocrático
burglar *n* : ladrón *m*, -drona *f* —
burglarize *vt* **-ized; -izing** : robar —
burglary *n, pl* **-glaries** : robo *m*
burgundy *n, pl* **-dies** : borgoña *m*,
vino *m* de Borgoña
burial *n* : entierro *m*
burly *adj* **-lier; -liest** : fornido
burn *v* **burned** *or* burnt; **burning** *vt* **1**
: quemar **2** *or* **burn down** : incendiar
3 burn up : consumir — *vi* **1** : arder
(dícese de un fuego), quemarse
(dícese de la comida, etc.) **2** : estar
encendido (dícese de una luz) **3 burn
out** : apagarse — **burn** *n* : quemadura *f*
— **burner** *n* : quemador *m*
burnish *vt* : pulir
burp *vi* : eructar — **burp** *n* : eructo *m*
burro *n, pl* **-os** : burro *m*
burrow *n* : madriguera *f* — **burrow** *vi* **1**
: cavar **2 burrow into** : hurgar en
bursar *n* : tesorero *m*, -ra *f*
burst *v* **burst** *or* **bursted; bursting** *vi* :
reventarse — *vt* : reventar — **burst** *n* **1**
EXPLOSION : estallido *m*, explosión *f* **2**
OUTBURST : arranque *m*, arrebato *m* **3**
burst of laughter : carcajada *f*
bury *vt* **buried; burying 1** INTER
: enterrar **2** HIDE : esconder
bus *n, pl* **buses** *or* **busses** : autobús *m*,
bus *m* — **bus** *v* **bused** *or* **bussed;
busing** *or* **bussing** *vt* : transportar en
autobús — *vi* : viajar en autobús
bush *n* SHRUB : arbusto *m*, **mata** *f*
bushel *n* : medida *f* de áridos
igual a 35.24 litros
bushy *adj* **bushier; -est** : poblado, espeso
busily *adv* : afanosamente
business *n* **1** COMMERCE :
negocios *mpl*, comercio *m* **2** COMPANY
: empresa *f*, negocio *m* **3 it's none
of your business** : no es asunto
tuyo — **businessman** *n, pl* **-men** :
empresario *m*, hombre *m* de negocios

— **businesswoman** *n, pl* **-women** :
empresaria *f*, mujer *f* de negocios
bust[1] *vt* BREAK : romper
bust[2] *n* **1** : busto *m* (en la escultura)
2 BREASTS : pecho *m*, senos *mpl*
bustle *vi* **-tled; -tling** *or* **bustle about**
: ir y venir, ajetrearse — **bustle** *n or*
hustle and bustle : bullicio *m*, ajetreo *m*
busy *adj* **busier; -est 1** : ocupado
2 BUSTLING : concurrido
but *conj* **1** : pero **2 not one but two** : no
uno sino dos — **but** *prep* : excepto, menos
butcher *n* : carnicero *m*, -ra *f*
— **butcher** *vt* **1** : matar **2** BOTCH
: hacer una carnicería de
butler *n* : mayordomo *m*
butt *vt* : embestir (con los cuernos),
darle un cabezazo a — *vi* **butt in** :
interrumpir — **butt** *n* **1** BUTTING :
embestida *f* (de cuernos) **2** TARGET :
blanco *m* **3** : extremo *m*, culata *f* (de
un rifle), colilla *f* (de un cigarrillo)
butter *n* : mantequilla *f* — **butter** *vt*
: untar con mantequilla
buttercup *n* : ranúnculo *m*
▶ **butterfly** *n, pl* **-flies** : mariposa *f*
buttocks *npl* : nalgas *fpl*

button *n* : botón *m* — **button** *vt* :
abotonar — *vi or* **button up** : abotonarse
— **buttonhole** *n* : ojal *m* — **button** *vt*
-holed; -holing : acorralar
buy *vt* **bought; buying** : comprar
— **buy** *n* : compra *f* — **buyer** *n*
: comprador *m*, -dora *f*
buzz *vi* : zumbar — **buzz** *n* : zumbido *m*
buzzard *n* : buitre *m*
buzzer *n* : timbre *m*
by *prep* **1** NEAR : cerca de **2** VIA : por **3**
PAST : por, por delante de **4** DURING : de,
durante **5** (*in expressions of time*) : para
6 (*indicating cause or agent*) : por, de, a
— **by** *adv* **1 by and by** : poco después
2 by and large : en general **3 go by**
: pasar **4 stop by** : pasar por casa
bygone *adj* : pasado — **bygone** *n*
let bygones be bygones : lo
pasado, pasado está
bypass *n* : carretera *f* de
circunvalación — **bypass** *vt* : evitar
by–product *n* : subproducto *m*
bystander *n* : espectador *m*, -dora *f*
byte *n* : byte *m*, octeto *m*
byword *n* **be a byword for**
: estar sinónimo de

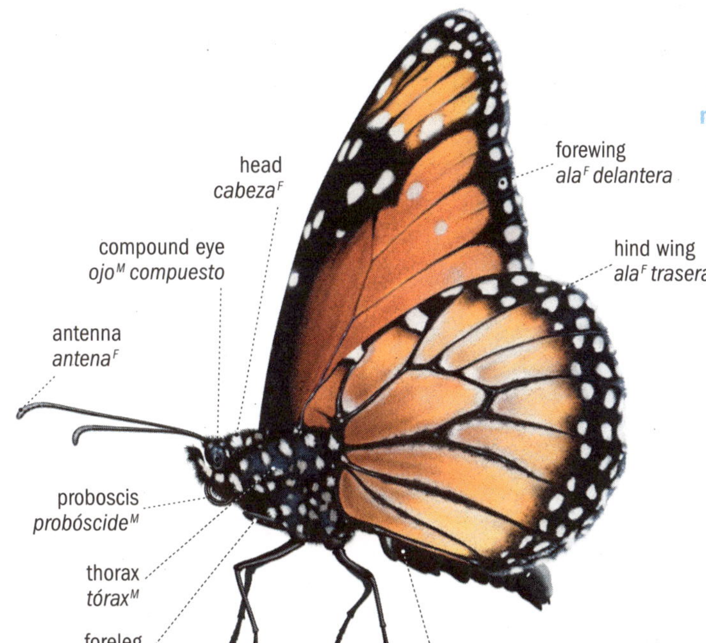

c *n, pl* **c's** *or* **cs** : c, tercera
letra del alfabeto inglés
cab *n* **1** : taxi *m* **2** : cabina *f*
(de un camión, etc.)
cabbage *n* : col *f*, repollo *m*
cabin *n* **1** : cabaña *f* **2** : cabina *f* (de un
avión, etc.), camarote *m* (de un barco)
cabinet *n* **1** CUPBOARD : armario *m* **2**
: gabinete *m* (del gobierno) **3** *or*
medicine cabinet : botiquín *m*
cable *n* : cable *m* — **cable**
television *n* : televisión *f* por cable
cackle *vi* -led; -ling **1** CLUCK : cacarear
2 LAUGH : reírse a carcajadas
cactus *n, pl* **cacti** *or* -tuses : cactus *m*
cadence *n* : cadencia *f*, ritmo *m*
cadet *n* : cadete *mf*
café *n* : café *m*, cafetería *f* — **cafeteria** *n*
: restaurante *m* autoservicio, cantina *f*

caffeine *n* : cafeína *f*
cage *n* : jaula *f* — **cage** *vt*
caged; caging : enjaular
cajole *vt* -joled; -joling : engatusar
▸ **cake** *n* **1** : pastel *m*, torta *f* **2** : pastilla *f*
(de jabón) **3 take the cake** : ser el colmo
— **caked** *adj* **caked with** : cubierto de
calamity *n, pl* -ties : calamidad *f*
calcium *n* : calcio *m*
calculate *v* -lated; -lating : calcular
— **calculating** *adj* : calculador
— **calculation** *n* : cálculo *m* —
calculator *n* : calculadora *f*
calendar *n* : calendario *m*
calf¹ *n, pl* **calves** **1** : becerro *m*,
-rra *f*; ternero *m*, -ra *f* (de vacunos)
2 : cría *f* (de otros mamíferos)
calf² *n, pl* **calves** : pantorrilla *f*
(de la pierna)

caliber *or* **calibre** *n* : calibre *m*
call *vi* **1** : llamar **2** VISIT : pasar,
hacer (una) visita **3 call for** : requerir
— *vt* **1** : llamar **2 call off** : cancelar
— **call** *n* **1** : llamada *f* **2** SHOUT :
grito *m* **3** VISIT : visita *f* **4** DEMAND :
petición *f* — **calling** *n* : vocación *f*
callous *adj* : insensible, cruel
calm *n* : calma *f*, tranquilidad *f* —
calm *vt* : calmar — *vi or* **calm down**
: calmarse — **calm** *adj* : tranquilo, en
calma — **calmly** *adv* : con calma
calorie *n* : caloría *f*
came → **come**
camel *n* : camello *m*
▸ **camera** *n* : cámara *f*
camouflage *n* : camuflaje *m*
— **camouflage** *vt* -flaged;
-flaging : camuflar

cameras
cámara^F **fotográfica**

ultracompact camera
cámara^F *ultracompacta*

single-lens reflex (SLR) camera
cámara^F *reflex de un solo objetivo*^M

view camera
cámara^F *de fuelle*^M

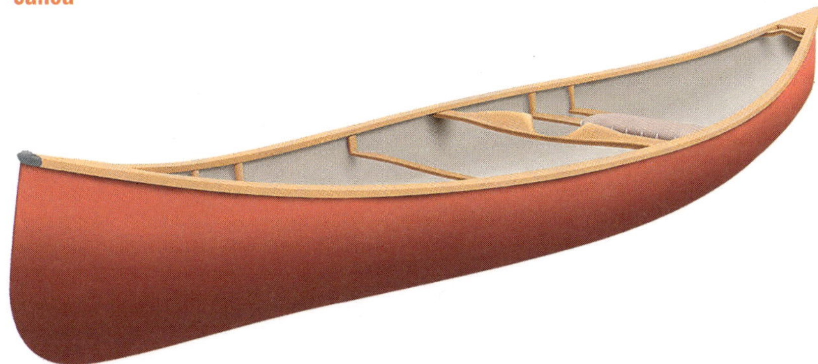

canoe
canoa_F_

---

camp _n_ **1** : campamento _m_ **2**
FACTION : **bando** _m_ — **camp** _vi_
: acampar, ir de camping
campaign _n_ : campaña _f_ —
campaign _vi_ : hacer (una) campaña
camping _n_ : camping _m_
campus _n_ : ciudad _f_ universitaria
can[1] _v aux past_ **could** _present s & pl_ **can**
1 (_expressing possibility or permission_) :
poder **2** (_expressing knowledge or ability_) :
saber **3 that cannot be!** : ¡no puede ser!
can[2] _n_ : lata _f_ — **can** _vt_
canned; canning : enlatar
Canadian _adj_ : canadiense
canal _n_ : canal _m_
canary _n, pl_ **-naries** : canario _m_
cancel _vt_ **-celed** _or_ **-celled;**
-celing _or_ **-celling** : cancelar —
cancellation _n_ : cancelación _f_
cancer _n_ : cáncer _m_ —
cancerous _adj_ : canceroso
candelabra _n, pl_ **-bra** _or_
-bras : candelabro _m_
candid _adj_ : franco
candidate _n_ : candidato _m_, -ta _f_ —
candidacy _n, pl_ **-cies** : candidatura _f_
candle _n_ : vela _f_ —
candlestick _n_ : candelero _m_
candor _or Brit_ **candour** _n_ : franqueza _f_
candy _n, pl_ **-dies** : dulce _m_, caramelo _m_
cane _n_ **1** : bastón _m_ (para andar),
vara _f_ (para castigar) **2** REED : caña _f_,
mimbre _m_ — **cane** _vt_ **caned; caning**
1 : tapizar con mimbre **2** FLOG : azotar
canine _n or_ **canine tooth** : colmillo _m_,
diente _m_ canino — **canine** _adj_ : canino

canister _n_ : lata _f_, bote _m_ Spain
cannibal _n_ : caníbal _mf_
cannon _n, pl_ **-nons** _or_ **-non** : cañón _m_
cannot (can not) → **can 1**
canny _adj_ **cannier; -est** : astuto
▶ **canoe** _n_ : canoa _f_, piragua _f_ —
canoe _vt_ **-noed; -noeing** : ir en canoa
canon _n_ : canon _m_ — **canonize** _vt_
-ized; -izing : canonizar
can opener _n_ : abrelatas _m_
canopy _n, pl_ **-pies** : dosel _m_
can't (_contraction of_ **can not**) → **can 1**
cantaloupe _n_ : melón _m_, cantalupo _m_
cantankerous _adj_ : irritable, irascible
canteen _n_ **1** FLASK : cantimplora _f_ **2**
CAFETERIA : cantina _f_
canter _vi_ : ir a medio galope —
canter _n_ : medio galope _m_
canvas _n_ **1** : lona _f_ (tela) **2**
: lienzo _m_ (de pintar)
canvass _vt_ **1** : solicitar votos de,
hacer campaña entre **2** POLL : sondear
— **canvass** _n_ **1** : solicitación _f_
(de votos) **2** POLL : sondeo _m_
canyon _n_ : cañón _m_
cap _n_ **1** : gorra _f_, gorro _m_ **2** TOP :
tapa _f_, tapón _m_ (de botellas) **3** LIMIT :
tope _m_ — **cap** _vt_ **capped; capping 1**
COVER : tapar, cubrir **2** OUTDO : superar
capable _adj_ : capaz, competente —
capability _n, pl_ **-ties** : capacidad _f_
capacity _n, pl_ **-ties 1** :
capacidad _f_ **2** ROLE : calidad _f_
cape[1] _n_ : cabo _m_ (en geografía)
cape[2] _n_ CLOAK : capa _f_
caper[1] _n_ : alcaparra _f_

caper[2] _n_ PRANK : broma _f_, travesura _f_
capital _adj_ **1** : capital **2** : mayúsculo
(dícese de las letras) — **capital** _n_ **1**
_or_ **capital city** : capital _f_ **2** WEALTH :
capital _m_ **3** _or_ **capital letter** : mayúscula _f_
— **capitalism** _n_ : capitalismo _m_ —
capitalist _or_ capitalistic _adj_ : capitalista
— **capitalize** _vt_ **-ized; -izing 1** FINANCE
: capitalizar **2** : escribir con mayúscula
— _vi_ **capitalize on** : sacar partido de
capitol _n_ : capitolio _m_
capitulate _vi_ **-lated; -lating** : capitular
capsize _v_ **-sized; -sizing** _vt_ : hacer
volcar — _vi_ : zozobrar, volcar(se)
capsule _n_ : cápsula _f_
captain _n_ : capitán _m_, -tana _f_
caption _n_ **1** : leyenda _f_ (al pie de una
ilustración) **2** SUBTITLE : subtítulo _m_
captivate _vt_ **-vated; -vating**
: cautivar, encantar
captive _adj_ : cautivo —
captive _n_ : cautivo _m_, -va _f_ —
captivity _n_ : cautiverio _m_
capture _n_ : captura _f_, apresamiento _m_
— **capture** _vt_ **-tured; -turing 1** SEIZE
: capturar, apresar **2 capture one's**
interest : captar el interés de uno
car _n_ **1** : automóvil _m_, coche _m_, carro _m_,
Lat **2** _or_ **railroad car** : vagón _m_
carafe _n_ : garrafa _f_
caramel _n_ : caramelo _m_,
azúcar _f_ quemada
carat _n_ : quilate _m_
caravan _n_ : caravana _f_
carbohydrate _n_ : carbohidrato _m_,
hidrato _m_ de carbono

birthday cake
torta_F_ **de cumpleaños**_M_

carbon *n* : carbono *m* — **carbon copy** *n* : copia *f*, duplicado *m*

carburetor *n* : carburador *m*

carcass *n* : cuerpo *m* (de un animal muerto)

card *n* **1** : tarjeta *f* **2** *or* **playing card** : carta *f*, naipe *m* — **cardboard** *n* : cartón *m*

cardiac *adj* : cardíaco

cardigan *n* : cárdigan *m*

cardinal *n* : cardenal *m* — **cardinal** *adj* : cardinal, fundamental

care *n* **1** : cuidado *m* **2** WORRY : preocupación **3 take care of** : cuidar (de) — **care** *vi* **cared; caring 1** : preocuparse, inquietarse **2 care for** TEND : cuidar (de), atender **3 care for** LIKE : querer **4 I don't care** : no me importa

career *n* : carrera *f* — **career** *vi* : ir a toda velocidad

carefree *adj* : despreocupado

careful *adj* : cuidadoso — **carefully** *adv* : con cuidado, cuidadosamente — **careless** *adj* : descuidado — **carelessness** *n* : descuido *m*

caress *n* : caricia *f* — **caress** *vt* : acariciar

cargo *n, pl* **-goes** *or* **-gos** : cargamento *m*, carga *f*

caricature *n* : caricatura *f* — **caricature** *vt* **-tured; -turing** : caricaturizar

caring *adj* : solícito, afectuoso

carnage *n* : matanza *f*, carnicería *f*

carnal *adj* : carnal

carnation *n* : clavel *m*

carnival *n* : carnaval *m*

carol *n* : villancico *m*

carp *vi* **carp at** : quejarse de

carpenter *n* : carpintero *m*, -ra *f* — **carpentry** *n* : carpintería *f*

carpet *n* : alfombra *f*

carriage *n* **1** : transporte *m* (de mercancías) **2** BEARING : porte *m* **3** *or* **baby carriage** : cochecito *m* **4** *or* **horse–drawn carriage** : carruaje *m*, coche *m*

carrier *n* **1** : transportista *mf*, empresa *f* de transportes **2** : portador *m*, -dora *f* (de una enfermedad)

carrot *n* : zanahoria *f*

carry *v* **-ried; -rying** *vt* **1** : llevar **2** TRANSPORT : transportar **3** STOCK : vender **4** ENTAIL : acarrear, implicar **5 carry oneself** : portarse — *vi* : oírse (dícese de sonidos) — **carry away** *vt* **get carried away** : exaltarse, entusiasmarse — **carry on** *vt* CONDUCT : realizar — *vi* **1** : portarse inapropiadamente **2** CONTINUE : seguir, continuar — **carry out** *vt* **1** PERFORM : llevar a cabo, realizar **2** FULFILL : cumplir

cart *n* : carreta *f*, carro *m* — **cart** *vt* *or* **cart around** : acarrear

cartilage *n* : cartílago *m*

carton *n* : caja *f* (de cartón)

cartoon *n* **1** : caricatura *f* **2** COMIC STRIP : historieta *f* **3** *or* **animated cartoon** : dibujos *mpl* animados

cartridge *n* : cartucho *m*

carve *vt* **carved; carving 1** : tallar, esculpir **2** : trinchar (carne)

case *n* **1** : caso *m* **2** BOX : caja *f* **3 in any case** : en todo caso **4 in case of** : en caso de **5 just in case** : por si acaso

cash *n* : efectivo *m*, dinero *m* en efectivo — **cash** *vt* : convertir en efectivo, cobrar

cashew *n* : anacardo *m*

cashier *n* : cajero *m*, -ra *f*

cashmere *n* : cachemira *f*

cash register *n* : caja *f* registradora

casino *n, pl* **-nos** : casino *m*

cask *n* : barril *m*

casket *n* : ataúd *m*

casserole *n* **1** *or* **casserole dish** : cazuela *f* **2** : guiso *m* (comida)

cassette *n* : cassette *mf*

cast *vt* **cast; casting 1** THROW : arrojar, lanzar **2** : depositar (un voto) **3** : repartir (papeles dramáticos) **4** MOLD : fundir — **cast** *n* **1** : olonco *m*, reparto *m* (de actores) **2** *or* **plaster cast** : molde *m* de yeso, escayola *f*

castanets *npl* : castañuelas *fpl*

castaway *n* : náufrago *m*, -ga *f*

cast iron *n* : hierro *m* fundido

castle *n* **1** : castillo *m* **2** : torre *f* (en ajedrez)

castrate *vt* **-trated; -trating** : castrar

casual *adj* **1** CHANCE : casual, fortuito **2** INDIFFERENT : despreocupado **3** INFORMAL : informal — **casually** *adv* **1** : de manera despreocupada **2** INFORMALLY : informalmente

casualty *n, pl* **-ties 1** : accidente *m* **2** VICTIM : víctima *f*; herido *m*, -da *f* **3**

cats
gatos^M

American shorthair
American[M] *shorthair*

Persian
persa[M]

Maine coon
Maine Coon[M]

Siamese
siamés[M]

Abyssinian
abisinio[M]

casualties *npl* : bajas *fpl* (militares)

▸ **cat** *n* : gato *m*, -ta *f*

catalog *or* **catalogue** *n* : catálogo *m* — **catalog** *vt* **-loged** *or* **-logued**; **-loging** *or* **-loguing** : catalogar

catapult *n* : catapulta *f*

cataract *n* : catarata *f*

catastrophe *n* : catástrofe *f* — **catastrophic** *adj* : catastrófico

catch *v* **caught; catching** *vt* **1** CAPTURE, TRAP : capturar, atrapar **2** SURPRISE : sorprender **3** GRASP : agarrar, captar **4** SNAG : enganchar **5** : tomar (un tren, etc.) **6 catch a cold** : resfriarse — *vi* **1** SNAG : engancharse **2 catch fire** : prender fuego — **catching** *adj* : contagioso — **catchy** *adj* **catchier; -est** : pegadizo, pegajoso *Lat*

category *n*, *pl* **-ries** : categoría *f* — **categorical** *adj* : categórico

cater *vi* **1** : proveer comida **2 cater to** : atender a — **caterer** *n* : proveedor *m*, -dora *f* de comida

caterpillar *n* : oruga *f*

catfish *n* : bagre *m*

cathedral *n* : catedral *f*

catholic *adj* **1** : universal **2** Catholic : católico — **catholicism** *n* : catolicismo *m*

cattle *npl* : ganado *m* (vacuno)

caught → **catch**

cauldron *n* : caldera *f*

cauliflower *n* : coliflor *f*

cause *n* **1** : causa *f* **2** REASON : motivo *m* — **cause** *vt* **caused; causing** : causar

caustic *adj* : cáustico

caution *n* **1** WARNING : advertencia *f* **2** CARE : precaución *f*, cautela *f* — **caution** *vt* : advertir — **cautious** *adj* : cauteloso, precavido — **cautiously** *adv* : con precaución

cavalier *adj* : arrogante, desdeñoso

cavalry *n*, *pl* **-ries** : caballería *f*

cave *n* : cueva *f* — **cave** *vi* **caved; caving** *or* **cave in** : hundirse

cavern *n* : caverna *f*

cavity *n*, *pl* **-ties 1** : cavidad *f* **2** : caries *f* (dental)

cavort *vi* : brincar

CD *n* : CD *m*, disco *m* compacto

cease *v* **ceased; ceasing** *vt* : dejar de — *vi* : cesar — **cease–fire** *n* : alto *m* el fuego — **ceaseless** *adj* : incesante

cedar *n* : cedro *m*

ceiling *n* : techo *m*

celebrate *v* **-brated; -brating** *vt* : celebrar — *vi* : divertirse — **celebrated** *adj* : célebre — **celebration** *n* **1** : celebración *f* **2** FESTIVITY : fiesta *f* — **celebrity** *n*, *pl* **-ties** : celebridad *f*

celery *n*, *pl* **-eries** : apio *m*

cell *n* **1** : célula *f* **2** : celda *f* (en una cárcel, etc.)

cellar *n* **1** BASEMENT : sótano *m* **2** : bodega *f* (de vinos)

cello *n*, *pl* **-los** : violoncelo *m*

cellular *adj* : celular

cement *n* : cemento *m* — **cement** *vt* : cementar

cemetery *n*, *pl* **-teries** : cementerio *m*

censor *vt* : censurar — **censorship** *n*
: censura *f* — **censure** *n* :
censura *f* — **censor** *vt* **-sured;**
-suring : censurar, criticar
census *n* : censo *m*
cent *n* : centavo *m*
centennial *n* : centenario *m*
center *or Brit* **centre** *n* : centro *m* —
center *v* **centered** *or Brit* **centred;**
centering *or Brit* **centring** *vt* : centrar
— *vi* **center on** : centrarse en
centigrade *adj* : centígrado
centimeter *n* : centímetro *m*
centipede *n* : ciempiés *m*
central *adj* **1** : central **2 a central**
location : un lugar céntrico —
centralize *vt* **-ized; -izing** : centralizar
centre → **center**
century *n, pl* **-ries** : siglo *m*
ceramics *npl* : cerámica *f*
cereal *n* : cereal *m*
ceremony *n, pl* **-nies** : ceremonia *f*

— **ceremonial** *adj* : ceremonial
certain *adj* **1** : cierto **2 be certain of** :
estar seguro de **3 for certain** : seguro,
con toda seguridad **4 make certain of** :
asegurarse de — **certainly** *adv* : desde
luego, por supuesto — **certainty** *n,*
pl **-ties** : certeza *f*, seguridad *f*
certify *vt* **-fied; -fying** :
certificar — **certificate** *n* :
certificado *m*, partida *f*, acta *f*
chafe *v* **chafed; chafing** *vi*
: rozarse — *vt* : rozar
chain *n* **1** : cadena *f* **2 chain of**
events : serie *f* de acontecimientos
— **chain** *vt* : encadenar
chair *n* **1** : silla *f* **2** : cátedra *f* (en una
universidad) — **chair** *vt* : presidir —
chairman *n, pl* **-men** : presidente *m* —
chairperson *n* : presidente *m*, -ta *f*
chalk *n* : tiza *f*, gis *m, Lat*
challenge *vt* **-lenged; -lenging 1**
DISPUTE : disputar, poner en duda **2**

DARE : desafiar — **challenge** *n* : reto *m*,
desafío *m* — **challenging** *adj* : estimulante
chamber *n* : cámara *f* —
chambermaid *n* : camarera *f*
champagne *n* : champaña *m*,
champán *m*
champion *n* : campeón *m*, -peona *f*
— **champion** *vt* : defender —
championship *n* : campeonato *m*
chance *n* **1** LUCK : azar *m*, suerte *f* **2**
OPPORTUNITY : oportunidad *f* **3** LIKELIHOOD
: probabilidad *f* **4 by chance** : por
casualidad **5 take a chance** : arriesgarse
— **chance** *vt* **chanced; chancing** RISK
: arriesgar — **chance** *adj* : fortuito
chandelier *n* : araña *f* (de luces)
change *v* **changed; changing** *vt* **1** :
cambiar **2** SWITCH : cambiar de — *vi* **1** :
cambiar **2** *or* **change clothes** : cambiarse
(de ropa) — **change** *n* : cambio *m*
— **changeable** *adj* : cambiable
channel *n* **1** : canal *m* **2** : cauce *m*
(de un río) **3** MEANS : vía *f*, medio *m*
chant *v* : cantar — **chant** *n* : canto *m*
chaos *n* : caos *m* — **chaotic** *adj* : caótico
chap[1] *vi* **chapped; chapping** : agrietarse
chap[2] *n* : tipo *m fam*
chapel *n* : capilla *f*
chaperon *or* chaperone *n*
: acompañante *mf*
chaplain *n* : capellán *m*
chapter *n* : capítulo *m*
char *vt* **charred; charring** : carbonizar
character *n* **1** : carácter *m* **2** :
personaje *m* (en una novela, etc.)
— **characteristic** *adj* : característico
— **character** *n* : característica *f* —
characterize *vt* **-ized; -izing** : caracterizar
charcoal *n* : carbón *m*
charge *n* **1** : carga *f* (eléctrica) **2** COST :
precio *m* **3** BURDEN : carga *f*, peso *m* **4**
ACCUSATION : cargo *m*, acusación *f* **5 in**
charge of : encargado de **6 take charge**
of : hacerse cargo de — **charge** *v*
charged; charging *vt* **1** : cargar **2** ENTRUST
: encargar **3** COMMAND : ordenar, mandar
4 ACCUSE : acusar — *vi* **1** : cargar **2**
charge too much : cobrar demasiado
charisma *n* : carisma *m* —
charismatic *adj* : carismático
charity *n, pl* **-ties 1** : organización *f*
benéfica **2** GOODWILL : caridad *f*
charlatan *n* : charlatán *m*, -tana *f*
charm *n* **1** : encanto *m* **2** SPELL :
hechizo *m* — **charm** *vt* : encantar,

chess
ajedrez[M]

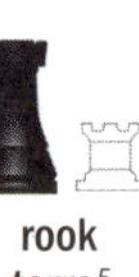

dark chocolate
chocolate[M] *amargo*

cocoa
cacao[M]

milk chocolate
chocolate[M] *con leche*[F]

white chocolate
chocolate[M] *blanco*

cautivar — **charming** *adj* : encantador
chart *n* **1** MAP : carta *f* **2**
DIAGRAM : **gráfico** *m*, tabla *f* —
chart *vt* : trazar un mapa de
charter *n* : carta *f* —
charter *vt* : alquilar, fletar
chase *n* : persecución *f* — **chase** *vt*
chased; chasing 1 PURSUE : perseguir
2 *or* **chase away** : ahuyentar
chasm *n* : abismo *m*
chaste *adj* **chaster; -est** : casto
— **chastity** *n* : castidad *f*
chat *vi* **chatted; chatting** : charlar
— **chat** *n* : charla *f* — **chatter** *vi* **1** :
parlotear *fam* **2** : castañetear (dícese de
los dientes) — **chatter** *n* : parloteo *m*,
cháchara *f* — **chatterbox** *n* : parlanchín *m*,
-china *f* — **chatty** *adj* **chattier; chattiest**
1 : parlanchín **2** INFORMAL : familiar
chauffeur *n* : chofer *mf*
chauvinist *or* **chauvinistic** *adj*
: chauvinista, patriotero
cheap *adj* **1** INEXPENSIVE : barato **2**
SHODDY : de baja calidad — **cheap** *adv*
: barato — **cheapen** *vt* : rebajar —
cheaply *adv* : barato, a precio bajo
cheat *vt* : defraudar, estafar — *vi* **1**
: hacer trampa(s) **2 cheat on**
someone : engañar a algn — **cheat**
or **cheater** *n* : tramposo *m*, -sa *f*
check *n* **1** RESTRAINT : freno *m* **2**
INSPECTION : **inspección** *f*,
comprobación *f* **3** DRAFT : cheque *m* **4**
BILL : **cuenta** *f* **5** : jaque *m* (en ajedrez) **6**
: tela *f* a cuadros — **check** *vt* **1** RESTRAIN
: frenar, contener **2** INSPECT : revisar
3 VERIFY : comprobar **4** : dar jaque (en
ajedrez) **5 check in** : enregistrarse (en un
hotel) **6 check out** : irse (de un hotel) **7**
check out VERIFY : verificar, comprobar
checkers *n* : damas *fpl*

checkmate *n* : jaque *m* mate
checkpoint *n* : puesto *m* de control
checkup *n* : chequeo *m*,
examen *m* médico
cheek *n* : mejilla *f*
cheer *n* **1** CHEERFULNESS : alegría *f* **2**
APPLAUSE : aclamación *f* **3 cheers!**
: ¡salud! — **cheer** *vt* **1** GLADDEN :
alegrar **2** APPLAUD, SHOUT : aclamar,
aplaudir — **cheerful** *adj* : alegre
cheese *n* : queso *m*
cheetah *n* : guepardo *m*
chef *n* : chef *m*
chemical *adj* : químico —
chemical *n* : sustancia *f* química
— **chemist** *n* : químico *m*, -ca *f* —
chemistry *n*, *pl* **-tries** : química *f*
cheque *Brit* → **check**
cherish *vt* **1** : querer, apreciar **2** HARBOR :
abrigar (un recuerdo, una esperanza, etc.)
cherry *n*, *pl* **-ries** : cereza *f*
▶ **chess** *n* : ajedrez *m*
chest *n* **1** BOX : cofre *m* **2** : pecho *m* (del
cuerpo) **3** *or* **chest of drawers** : cómoda *f*
chestnut *n* : castaña *f*
chew *vt* : masticar, mascar —
chewing gum *n* : chicle *m*
chic *adj* : elegante
chick *n* : polluelo *m*, -la *f* — **chicken** *n*
: pollo *m* — **chicken pox** *n* : varicela *f*
chicory *n*, *pl* **-ries 1** : endivia *f* (para
ensaladas) **2** : achicoria *f* (aditivo de café)
chief *adj* : principal — **chief** *n* : jefe *m*,
-fa *f* — **chiefly** *adv* : principalmente
child *n*, *pl* **children 1** : niño *m*, -ña *f* **2**
OFFSPRING : hijo *m*, -ja *f* — **childbirth** *n*
: parto *m* — **childhood** *n* : infancia *f*,
niñez *f* — **childish** *adj* : infantil —
childlike *adj* : infantil, inocente —
childproof *adj* : a prueba de niños
Chilean *adj* : chileno

chili *or* **chile** *or* **chilli** *n*, *pl* **chilies** *or*
chiles *or* **chillies 1** *or* **chili pepper**
: chile *m* **2** : chile *m* con carne
chill *n* **1** CHILLINESS : frío *m* **2 catch**
a chill : resfriarse **3 there's a chill**
in the air : hace fresco — **chill** *adj*
: frío — **chill** *v* : enfriar — **chilly** *adj*
chillier; -est : fresco, frío
chime *vi* **chimed; chiming** : repicar,
sonar — **chime** *n* : carillón *m*
chimney *n*, *pl* **-neys** : chimenea *f*
chimpanzee *n* : chimpancé *m*
chin *n* : barbilla *f*
china *n* : porcelana *f*, loza *f*
Chinese *adj* : chino —
Chinese *n* : chino *m* (idioma)
chink *n* : grieta *f*
chip *n* **1** : astilla *f* (de madera o vidrio),
lasca *f* (de piedra) **2** : ficha *f* (de póker,
etc.) **3** NICK : desportilladura *f* **4**
or **computer chip** : chip *m* **5** →
potato chips — **chip** *v* **chipped;**
chipping *vt* : desportillar — *vi* **1** :
desportillarse **2 chip in** : contribuir
chipmunk *n* : ardilla *f* listada
chiropodist *n* : podólogo *m*, -ga *f*
chiropractor *n* : quiropráctico *m*, -ca *f*
chirp *vi* : piar, gorjear
chisel *n* : cincel *m* (para piedras,
etc.), formón *m*, escoplo *m* (para
madera) — **chisel** *vt* **-eled** *or* **-elled;**
-eling *or* **-elling** : cincelar, tallar
chit *n* : nota *f*
chitchat *n* : cháchara *f* *fam*
chivalrous *adj* : caballeroso —
chivalry *n*, *pl* **-ries** : caballerosidad *f*
chive *n* : cebollino *m*
chlorine *n* : cloro *m*
chock–full *adj* : repleto, atestado
▶ **chocolate** *n* : chocolate *m*
choice *n* **1** : elección *f*, selección *f* **2**

PREFERENCE : preferencia *f* —
choice *adj* **choicer; -est** : selecto
choir *n* : coro *m*
choke *v* **choked; choking** *vt* **1** : asfixiar,
estrangular **2** BLOCK : atascar — *vi* :
asfixiarse, atragantarse (con comida)
— **choke** *n* : estárter *m* (de un motor)
choose *v* **chose; chosen; choosing** *vt* **1**
SELECT : escoger, elegir **2** DECIDE :
decidir — *vi* : escoger — **choosy** *or*
choosey *adj* **choosier; -est** : exigente
chop *vt* **chopped; chopping 1** : cortar,
picar (carne, etc.) **2 chop down** : talar
— **chop** *n* : chuleta *f* (de cerdo, etc.) —
choppy *adj* **-pier; -est** : picado, agitado

chopsticks *npl* : palillos *mpl*
chord *n* : acorde *m* (en música)
chore *n* **1** : tarea *f* **2 household**
chores : faenas *fpl* domésticas
choreography *n, pl* **-phies**
: coreografía *f*
chortle *vi* **-tled; -tling** : reírse
(con satisfacción o júbilo)
chorus 1 : coro *m* (grupo de
personas) **2** REFRAIN : estribillo *m*
chose, chosen → **choose**
christen *vt* : bautizar —
christening *n* : bautizo *m*
Christian *n* : cristiano *m*, -na *f*
— **Christian** *adj* : cristiano

— **Christianity** *n* : cristianismo *m*
Christmas *n* : Navidad *f*
chrome *n* : cromo *m*
chronic *adj* : crónico
chronicle *n* : crónica *f*
chronology *n, pl* **-gies** : cronología *f*
— **chronological** *adj* : cronológico
chrysanthemum *n* : crisantemo *m*
chubby *adj* **-bier; -est** : regordete
fam, rechoncho *fam*
chuck *vt* : tirar, arrojar
chuckle *vi* **-led; -ling** : reírse (entre
dientes) — **chuckle** *n* : risa *f* ahogada
chum *n* : amigo *m*, -ga *f*;
compinche *mf fam* — **chummy** *adj*

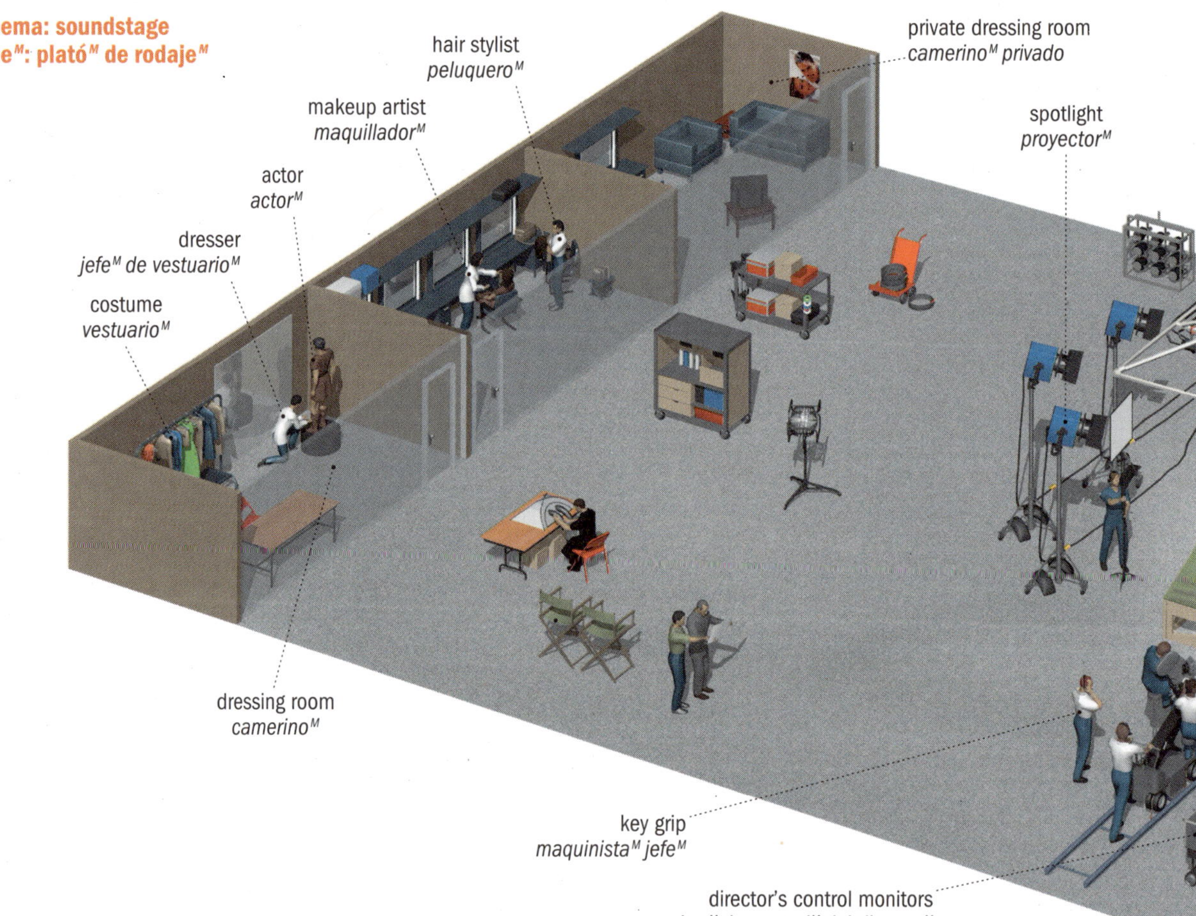

-mier; -est : muy amigable
chunk *n* : trozo *m*, pedazo *m*
church *n* : iglesia *f*
churn *n* : mantequera *f* —
  churn *vt* **1** : agitar **2 churn out :**
  producir en grandes cantidades
chute *n* **1** : vertedor *m* **2**
  SLIDE : **tobogán** *m*
cider *n* : sidra *f*
cigar *n* : puro *m* — **cigarette** *n*
  : cigarrillo *m*, cigarro *m*
cinch *n* **it's a cinch :** es pan comido
▶ **cinema** *n* : cine *m*
cinnamon *n* : canela *f*
cipher *n* **1** ZERO : cero *m* **2** CODE : cifra *f*

circa *prep* : hacia
circle *n* : círculo *m* — **circle** *v* **-cled;**
  -cling *vt* **1** : dar vueltas alrededor de
  2 : trazar un círculo alrededor de (un
  número, etc.) — *vi* : dar vueltas
circuit *n* : circuito *m* —
  circuitous *adj* : tortuoso
circular *adj* : circular —
  circular *n* LEAFLET : circular *f*
circulate *v* **-lated; -lating** *vt* :
  hacer circular — *vi* : circular —
  circulation *n* **1** : circulación *f* **2**
  : tirada *f* (de una publicación)
circumcise *vt* **-cised; -cising**
  : circuncidar — **circumcision** *n*

  : circuncisión *f*
circumference *n* : circunferencia *f*
circumspect *adj* :
  circunspecto, prudente
circumstance *n* **1** : circunstancia *f* **2**
  under no circumstances :
  bajo ningún concepto
circus *n* : circo *m*
cistern *n* : cisterna *f*
cite *vt* **cited; citing** : citar —
  citation *n* : citación *f*
citizen *n* : ciudadano *m*, -na *f* —
  citizenship *n* : ciudadanía *f*
citrus *n, pl* **-rus** *or* **-ruses** *or*
  citrus fruit : cítrico *m*

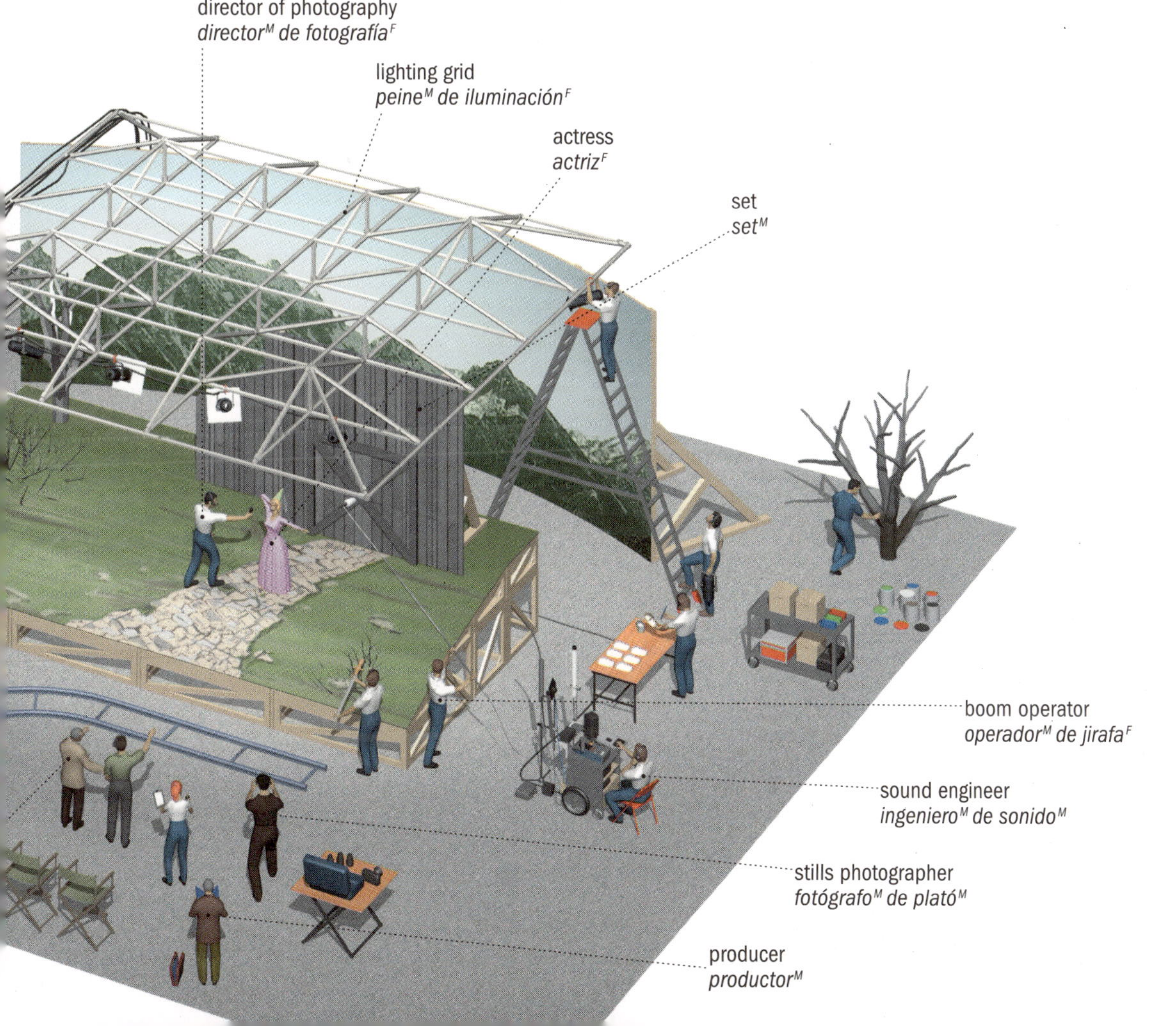

clarinet
clarinete *M*

city *n, pl* **cities** : ciudad *f*
civic *adj* : cívico — **civics** *ns*
 & pl : civismo *m*
civil *adj* : civil — **civilian** *n* : civil *mf*
 — **civility** *n, pl* **-ties** : cortesía *f*
 — **civilization** *n* : civilización *f* —
 civilize *vt* **-lized; -lizing** : civilizar
clad *adj* **clad in** : vestido de
claim *vt* **1** DEMAND : reclamar **2** MAINTAIN
 : afirmar, sostener **3 claim responsibility**
 : atribuirse la responsabilidad —
 claim *n* **1** DEMAND : demanda *f*,
 reclamación *f* **2** ASSERTION : afirmación *f*
clam *n* : almeja *f*
clamber *vi* : trepar (con torpeza)
clammy *adj* **-mier; -est** :
 húmedo y algo frío
clamor *n* : clamor *m* — **clamor** *vi* : clamar
clamp *n* : abrazadera *f* — **clamp** *vt*
 : sujetar con abrazaderas — *vi*
 clamp down on : reprimir
clan *n* : clan *m*
clandestine *adj* : clandestino
clang *n* : ruido *m* metálico
clap *v* **clapped; clapping** *vt* **1** : aplaudir
 2 clap one's hands : dar palmadas
 — *vi* : aplaudir — **clap** *n* : palmada *f*
clarify *vt* **-fied; -fying** : aclarar

— **clarification** *n* : clarificación *f*
▸ **clarinet** *n* : clarinete *m*
clarity *n* : claridad *f*
clash *vi* **1** : chocar, enfrentarse **2** CONFLICT
 : estar en conflicto — **clash** *n* **1** CRASH
 : choque *m* **2** CONFLICT : conflicto *m*
clasp *n* : broche *m*, cierre *m* —
 clasp *vt* **1** : abrazar (a una persona),
 agarrar (una cosa) **2** FASTEN : abrochar
class *n* : clase *f*
classic *or* **classical** *adj* : clásico
 — **classic** *n* : clásico *m*
classify *vt* **-fied; -fying** : clasificar
 — **classification** *n* : clasificación *f* —
 classified *adj* RESTRICTED : secreto
classmate *n* : compañero *m*,
 -ra *f* de clase
classroom *n* : aula *f*, salón *m* de clase
clatter *vi* : hacer ruido —
 clatter *n* : estrépito *m*
clause *n* : cláusula *f*
claustrophobia *n* : claustrofobia *f*
claw *n* : garra *f*, uña *f* (de un gato), pinza *f*
 (de un crustáceo) — **claw** *v* : arañar
clay *n* : arcilla *f*
clean *adj* **1** : limpio **2** UNADULTERATED
 : puro **3** SPOTLESS : impecable —
 clean *vt* : limpiar — **clean** *adv* :
 limpio — **cleaner** *n* **1** : limpiador *m*,
 -dora *f* **2** DRY CLEANER : tintorería *f* —
 cleanliness *n* : limpieza *f* — **cleanse** *vt*
 cleansed; cleansing : limpiar, purificar
clear *adj* **1** : claro **2** TRANSPARENT
 : transparente **3** UNOBSTRUCTED :
 despejado, libre — **clear** *vt* **1** : despejar
 (una superficie), desatascar (un tubo,
 etc.) **2** EXONERATE : absolver **3** : saltar
 por encima de (un obstáculo) **4 clear
 the table** : levantar la mesa **5 clear
 up** RESOLVE : aclarar, resolver — *vi* **1
 clear up** BRIGHTEN : despejarse (dícese
 del tiempo, etc.) **2 clear up** VANISH :
 desaparecer (dícese de una infección,
 etc.) — **clear** *adv* **1 make oneself clear**
 : explicarse **2 stand clear !** : ¡aléjate! —
 clearance *n* **1** SPACE : espacio *m* (libre) **2**
 AUTHORIZATION : autorización *f* **3 clearance
 sale** : liquidación *f* — **clearing** *n* :
 claro *m* — **clearly** *adv* **1** DISTINCTLY :
 claramente **2** OBVIOUSLY : obviamente
cleaver *n* : cuchillo *m* de carnicero
clef *n* : clave *f*
cleft *n* : hendidura *f*, grieta *f*
clement *adj* : clemente —
 clemency *n* : clemencia *f*

clench *vt* : apretar
clergy *n, pl* **-gies** : clero *m* —
 clergyman *n, pl* **-men** : clérigo *m*
 — **clerical** *adj* **1** : clerical **2 clergy
 work** : trabajo *m* de oficina
clerk *n* **1** : oficinista *mf*; empleado *m*,
 -da *f* de oficina **2** SALESPERSON
 : dependiente *m*, -ta *f*
clever *adj* **1** SKILLFUL : ingenioso, hábil **2**
 SMART : listo, inteligente — **cleverly** *adv* :
 ingeniosamente — **cleverness** *n* **1** SKILL
 : ingenio *m* **2** INTELLIGENCE : inteligencia *f*
cliché *n* : cliché *m*
click *vt* : chasquear — *vi* **1** :
 chasquear **2** GET ALONG : llevarse
 bien — **click** *n* : chasquido *m*
client *n* : cliente *m*, -ta *f* —
 clientele *n* : clientela *f*
cliff *n* : acantilado *m*
climate *n* : clima *m*
climax *n* : clímax *m*, punto *m* culminante
climb *vt* : escalar, subir a, trepar a
 — *vi* **1** RISE : subir **2** *or* **climb up** :
 subirse, treparse — **climb** *n* : subida *f*
clinch *vt* : cerrar (un acuerdo, etc.)
cling *vi* **clung; clinging** :
 adherirse, pegarse
clinic *n* : clínica *f* — **clinical** *adj* : clínico
clink *vi* : tintinear
clip *vt* **clipped; clipping 1** CUT : cortar,
 recortar **2** FASTEN : sujetar (con un clip)
 — **clip** *n* **1** FASTENER : clip *m* **2 at a good
 clip** : a buen trote **3** → **paper clip** —
 clippers *npl* **1** : maquinilla *f* para cortar
 el pelo **2** *or* **nail clippers** : cortauñas *m*
cloak *n* : capa *f*
clock **1** : reloj *m* (de pared) **2 around
 the clock** : las veinticuatro horas —
 clockwise *adv & adj* : en el sentido de
 las agujas del reloj — **clockwork** *n* **1**
 : mecanismo *m* de relojería **2 like
 clockwork** : con precisión
clog *n* : zueco *m* — **clog** *v* **clogged;
 clogging** *vt* : atascar, obstruir
 — *vi* *or* **clog up** : atascarse
cloister *n* : claustro *m*
close[1] *v* **closed; closing** *vt* : cerrar — *vi* **1**
 : cerrarse **2** TERMINATE : terminar **3 close
 in** : acercarse — **close** *n* : final *m*
close[2] *adj* **closer; closest 1** NEAR :
 cercano, próximo **2** INTIMATE : íntimo **3**
 STRICT : estricto **4** STUFFY : sofocante **5 a
 close game** : un juego reñido — **close** *adv*
 : cerca, de cerca — **closely** *adv* : cerca,
 de cerca — **closeness** *n* **1** NEARNESS

: cercanía *f* **2** INTIMACY : intimidad *f*
closet *n* : armario *m*, clóset *m*, *Lat*
closure *n* : cierre *m*
clot *n* : coágulo *m* — **clot** *v*
clotted; clotting *vt* : coagular,
cuajar — *vi* : coagularse
cloth *n, pl* **cloths 1** FABRIC :
tela *f* **2** RAG : trapo *m*
clothe *vt* **clothed** *or* **clad; clothing** : vestir
— **clothes** *npl* **1** : ropa *f* **2 put on one's
clothes** : vestirse — **clothespin** *n* : pinza *f*
(para la ropa) — **clothing** *n* : ropa *f*
cloud *n* : nube *f* — **cloud** *vt* : nublar
— *vi or* **cloud over** : nublarse —
cloudy *adj* **cloudier; -est** : nublado
clout *n* **1** BLOW : golpe *m*, tortazo *m*
fam **2** INFLUENCE : influencia *f*
clove *n* **1** : clavo *m* **2** : diente *m* (de ajo)
clover *n* : trébol *m*
▶ **clown** *n* : payaso *m*, -sa *f* — **clown**
or **clown around** *vi* : payasear
cloying *adj* : empalagoso
club *n* **1** : garrote *m*, porra *f* **2**
ASSOCIATION : club *m* **3 clubs** *mpl* :

tréboles *mpl* (en los naipes) — **club** *vt*
clubbed; clubbing : aporrear
cluck *vi* : cloquear
clue *n* **1** : pista *f*, indicio *m* **2 I haven't
got a clue** : no tengo la menor idea
clump *n* : grupo *m* (de arbustos)
clumsy *adj* **-sier; -est** : torpe
— **clumsiness** *n* : torpeza *f*
cluster *n* : grupo *m*, racimo *m* (de
uvas, etc.) — **cluster** *vi* : agruparse
clutch *vt* : agarrar, asir — *vi*
clutch at : tratar de agarrarse
de — **clutch** *n* : embrague *m*,
clutch *m, Lat* (de un automóvil)
clutter *vt* : llenar desordenadamente
— **clutter** *n* : desorden *m*, revoltijo *m*
coach *n* **1** CARRIAGE : carruaje *m*,
carroza *f* **2** : vagón *m* de pasajeros
(de un tren) **3** BUS : autobús *m* **4** :
pasaje *m* aéreo de segunda clase
5 TRAINER : entrenador *m*, -dora *f*
— *vt* : entrenar (un atleta), dar
clases particulares a (un alumno)
coagulate *v* **-lated; -lating** *vt* :

coagular — *vi* : coagularse
coal *n* : carbón *m*
coalition *n* : coalición *f*
coarse *adj* **coarser; -est 1** : tosco, basto
2 CRUDE, VULGAR : grosero, ordinario —
coarseness *n* : aspereza *f*, tosquedad *f*
coast *n* : costa *f* — **coast** *vi* : ir
en punto muerto (dícese de un
automóvil), deslizarse (dícese de una
bicicleta) — **coastal** *adj* : costero
coaster *n* : posavasos *m*
coast guard *n* : guardacostas *mpl*
coastline *n* : litoral *m*
coat *n* **1** : abrigo *m* **2** : pelaje *m* (de un
animal) **3** : mano *f* (de pintura) — **coat** *vt*
: cubrir, revestir — **coating** *n* : capa *f* —
coat of arms *n* : escudo *m* de armas
coax *vt* : engatusar
cob → **corncob**
cobblestone *n* : adoquín *m*
cobweb *n* : telaraña *f*
cocaine *n* : cocaína *f*
cock *n* **1** ROOSTER : gallo *m* **2** FAUCET
: grifo *m* **3** : martillo *m* (de un arma
de fuego) — **cock** *vt* **1** : amartillar (un
arma de fuego) **2 cock one's head** :
ladear la cabeza — **cockeyed** *adj* **1**
ASKEW : ladeado **2** ABSURD : absurdo
cockpit *n* : cabina *f*
▶ **cockroach** *n* : cucaracha *f*
cocktail *n* : coctel *m*, cóctel *m*
cocky *adj* **cockier; -est** :
engreído, arrogante
cocoa *n* **1** : cacao *m* **2** :
chocolate *m* (bebida)
coconut *n* : coco *m*
cocoon *n* : capullo *m*
cod *ns & pl* : bacalao *m*

colors
colores^M

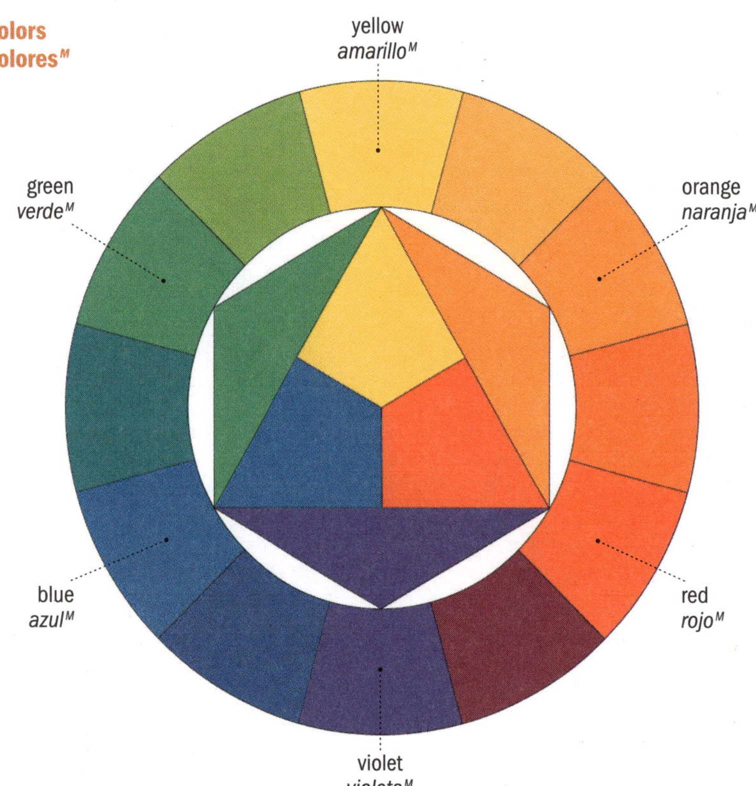

— **collect** adv **call collect** : llamar a cobro revertido, llamar por cobrar Lat — **collection** n **1** : colección f **2** : colecta f (de contribuciones) — **collective** adj : colectivo — **collector** n **1** : coleccionista mf **2** : cobrador m, -dora f (de deudas)

college n **1** : instituto m (a nivel universitario) **2** : colegio m (electoral, etc.)

collide vi **-lided; -liding** : chocar, colisionar — **collision** n : choque m, colisión f

colloquial adj : coloquial, familiar

cologne n : colonia f

Colombian adj : colombiano

colon¹ n, pl **colons** or **cola** : colon m (en anatomía)

colon² n, pl **colons** : dos puntos mpl (signo de puntuación)

colonel n : coronel m

colony n, pl **-nies** : colonia f — **colonial** adj : colonial — **colonize** vt **-nized; -nizing** : colonizar

▸ **color** or Brit **colour** n : color m — **color** vt : colorear, pintar — vi BLUSH : sonrojarse — **color–blind** or Brit **colour–blind** adj : daltónico — **colored** or Brit **coloured** adj : de color — **colorful** or Brit **colourful** adj **1** : de vivos colores **2** PICTURESQUE : pintoresco — **colorless** or Brit **colourless** adj : incoloro

colossal adj : colosal

colt n : potro m

column n : columna f — **columnist** n : columnista mf

coma n : coma m

comb n **1** : peine m **2** : cresta f (de un gallo) — **comb** vt : peinar

combat n : combate m — **combat** vt **-bated** or **-batted; -bating** or **-batting** : combatir — **combatant** n : combatiente mf

combine v **-bined; -bining** vt : combinar — vi : combinarse — **combine** n HARVESTER : cosechadora f — **combination** n : combinación f

combustion n : combustión f

come vi **came; come; coming 1** : venir **2** ARRIVE : llegar **3 come about** : suceder **4 come back** : regresar, volver **5 come from** : venir de, provenir de **6 come in** : entrar **7 come out** : salir **8 come to** REVIVE : volver en sí **9 come on!** : ¡ándale! **1 0 come up** OCCUR : surgir **1 1 how come?** : ¿por qué? — **comeback** n **1** RETURN : retorno m **2** RETORT : réplica f

coddle vt **-dled; -dling** : mimar

code n : código m

coeducational adj : mixto

coerce vt **-erced; -ercing** : coaccionar, forzar — **coercion** n : coacción f

coffee n : café m — **coffeepot** n : cafetera f

coffer n : cofre m

coffin n : ataúd m, féretro m

cog n : diente m (de una rueda)

cogent adj : convincente, persuasivo

cognac n : coñac m

cogwheel n : rueda f dentada

coherent adj : coherente

coil vt : enrollar — vi : enrollarse — **coil** n **1** ROLL : rollo m **2** : tirabuzón m (de pelo), espiral f (de humo)

coin n : moneda f — **coin** vt : acuñar

coincide vi **-cided; -ciding** : coincidir — **coincidence** n : coincidencia f, casualidad f — **coincidental** adj : casual, fortuito

coke n : coque m (combustible)

colander n : colador m

cold adj **1** : frío **2 be cold** : tener frío **3 it's cold today** : hace frío hoy — **cold** n **1** : frío m **2** : resfriado m (en medicina) **3 catch a cold** : resfriarse

coleslaw n : ensalada f de col

colic n : cólico m

collaborate vi **-rated; -rating** : colaborar — **collaboration** n : colaboración f — **collaborator** n : colaborador m, -dora f

collapse vi **-lapsed; -lapsing 1** : derrumbarse, hundirse **2** : sufrir un colapso (físico o mental) — **collapse** n **1** FALL : derrumbamiento m **2** BREAKDOWN : colapso m — **collapsible** adj : plegable

collar n : cuello m (de camisa, etc.) , collar m (para animales) — **collarbone** n : clavícula f

colleague n : colega mf

collect vt **1** GATHER : reunir **2** : coleccionar, juntar (timbres, etc.) **3** : recaudar (fondos, etc.) — vi **1** ACCUMULATE : acumularse, juntarse **2** CONGREGATE : congregarse, reunirse

comedy *n, pl* **-dies** : comedia *f* —
comedian *n* : cómico *m*, -ca *f*
comet *n* : cometa *m*
comfort *vt* : consolar — **comfort** *n* **1**
: comodidad *f* **2** SOLACE : consuelo *m*
— **comfortable** *adj* : cómodo
comic *or* **comical** *adj* : cómico —
comic *n* **1** COMEDIAN : cómico *m*,
-ca *f* **2** *or* **comic book** : revista *f*
de historietas, cómic *m* — **comic**
strip *n* : tira *f* cómica, historieta *f*
coming *adj* : próximo, que viene
comma *n* : coma *f*
command *vt* **1** ORDER : ordenar, mandar
2 : estar al mando de (un barco, etc.) **3**
command respect : inspirar (el) respeto
— *vi* : dar órdenes — **command** *n* **1**
ORDER : orden *f* **2** LEADERSHIP : mando *m* **3**
MASTERY : maestría *f*, dominio *m* —
commander *n* : comandante *mf* —
commandment *n* : mandamiento *m*
commemorate *vt* **-rated; -rating** :
conmemorar — **commemoration** *n*
: conmemoración *f*
commence *v* **-menced;**
-mencing : comenzar, empezar
— **commencement** *n* **1** BEGINNING
: comienzo *m* **2** GRADUATION :
ceremonia *f* de graduación
commend *vt* **1** ENTRUST :
encomendar **2** PRAISE : alabar —
commendable *adj* : loable
comment *n* : comentario *m*,
observación *f* — **comment** *vi* : hacer
comentarios — **commentary** *n*,
pl **-taries** : comentario *m* —
commentator *n* : comentarista *mf*
commerce *n* : comercio *m*
— **commercial** *adj* : comercial
— **commerce** *n* : anuncio *m*,
aviso *m*, *Lat* — **commercialize** *vt*
-ized; -izing : comercializar
commiserate *vi* **-ated;**
-ating : compadecerse
commission *n* : comisión *f* —
commission *vt* : encargar (una
obra de arte) — **commissioner** *n*
: comisario *m*, -ria *f*
commit *vt* **-mitted; -mitting 1** ENTRUST
: confiar **2** : cometer (un crimen) **3** :
internar (a algn en un hospital) **4 commit**
oneself : comprometerse **5 commit**
to memory : aprender de memoria
— **commitment** *n* : compromiso *m*
committee *n* : comité *m*, comisión *f*

commodity *n, pl* **-ties** : artículo *m*
de comercio, producto *m*
common *adj* **1** : común **2** ORDINARY
: ordinario, común y corriente —
common *n* **in common** : en común
— **commonly** *adv* : comúnmente —
commonplace *adj* : común, banal —
common sense *n* : sentido *m* común
commotion *n* : alboroto *m*, jaleo *m*
commune[1] *n* : comuna *f* —
communal *adj* : comunal
commune[2] *vi* **-muned; -muning**
commune with : comunicarse con
communicate *v* **-cated; -cating** *vt*
: comunicar — *vi* : comunicarse —
communicable *adj* : transmisible —
communication *n* : comunicación *f* —
communicative *adj* : comunicativo
communion *n* : comunión *f*
Communism *n* : comunismo *m*
— **Communist** *adj* : comunista —
Communism *n* : comunista *mf*
community *n, pl* **-ties** : comunidad *f*

commute *v* **-muted; -muting** *vt* :
conmutar, reducir (una sentencia) — *vi*
: viajar de la residencia al trabajo
compact *adj* : compacto — **compact** *n* **1**
or **compact car** : auto *m* compacto
2 *or* **powder compact** : polvera *f* —
compact disc *n* : disco *m* compacto
companion *n* : compañero *m*, -ra *f* —
companionship *n* : compañerismo *m*
company *n, pl* **-nies 1** :
compañía *f* **2** GUESTS : visita *f*
compare *v* **-pared; -paring** *vt* : comparar
— *vi* **compare with** : poderse comparar
con — **comparable** *adj* : comparable —
comparative *adj* : comparativo, relativo
— **comparison** *n* : comparación *f*
compartment *n* : compartimento *m*
▸ **compass** *n* **1** : compás *m* **2 points of**
the compass : puntos *mpl* cardinales
compassion *n* : compasión *f* —
compassionate *adj* : compasivo
compatible *adj* : compatible, afín —
compatibility *n* : compatibilidad *f*

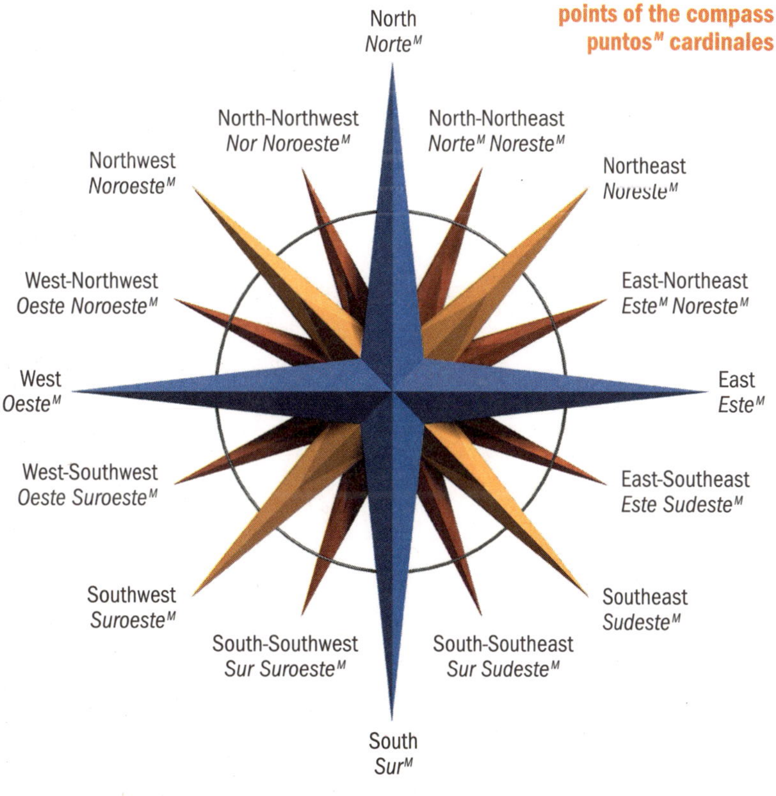

compel *vt* **-pelled; -pelling** : obligar — **compelling** *adj* : convincente

compensate *v* **-sated; -sating** *vi* **compensate for** : compensar — *vt* : indemnizar, compensar — **compensation** *n* : compensación *f*, indemnización *f*

compete *vi* **-peted; -peting** : competir — **competent** *adj* : competente — **competition** *n* **1** : competencia *f* **2** CONTEST : concurso *m* — **competitor** *n* : competidor *m*, -dora *f*

compile *vt* **-piled; -piling** : compilar, recopilar

complacency *n* : satisfacción *f* consigo mismo — **complacent** *adj* : satisfecho de sí mismo

complain *vi* : quejarse — **complaint** *n* **1** : queja *f* **2** AILMENT : enfermedad *f*

complement *n* : complemento *m* — **complement** *vt* : complementar — **complementary** *adj* : complementario

complete *adj* **-pleter; -est 1** WHOLE : completo, entero **2** FINISHED : terminado **3** TOTAL : total — **complete** *vt* **-pleted; -pleting** : completar — **completion** *n* : conclusión *f*

complex *adj* : complejo — **complex** *n* : complejo *m*

complexion *n* : cutis *m*, tez *f*

complexity *n, pl* **-ties** : complejidad *f*

compliance *n* **1** : acatamiento *m* **2** **in compliance with** : conforme a — **compliant** *adj* : sumiso

complicate *vt* **-cated; -cating** : complicar — **complicated** *adj* : complicado — **complication** *n* : complicación *f*

compliment *n* **1** : cumplido *m* **2** **compliments** *npl* : saludos *mpl* — **compliment** *vt* : felicitar — **complimentary** *adj* **1** FLATTERING : halagador, halagüeño **2** FREE : de cortesía, gratis

comply *vi* **-plied; -plying comply with** : cumplir, obedecer

component *n* : componente *m*

compose *vt* **-posed; -posing 1** : componer **2 compose oneself** : serenarse — **composer** *n* : compositor *m*, -tora *f* — **composition** *n* **1** : composición *f* **2** ESSAY : ensayo *m* — **composure** *n* : calma *f*

compound[1] *vt* **1** COMPOSE : componer **2** : agravar (un problema, etc.) — **compound** *adj* : compuesto

— **compound** *n* : compuesto *m*

compound[2] *n* ENCLOSURE : **recinto** *m*

comprehend *vt* : comprender — **comprehension** *n* : comprensión *f* — **comprehensive** *adj* **1** INCLUSIVE : inclusivo **2** BROAD : amplio

compress *vt* : comprimir — **compression** *n* : compresión *f*

comprise *vt* **-prised; -prising** : comprender

compromise *n* : acuerdo *m*, arreglo *m* — **compromise** *v* **-mised; -mising** *vi* : llegar a un acuerdo — *vt* : comprometer

compulsion *n* **1** COERCION : coacción *f* **2** URGE : impulso *m* — **compulsive** *adj* : compulsivo — **compulsory** *adj* : obligatorio

compute *vt* **-puted; -puting** : computar

— **computer** *n* : computadora *f*, computador *m*, ordenador *m* *Spain* — **computerize** *vt* **-ized; -izing** : informatizar

comrade *n* : camarada *mf*

con *vt* **conned; conning** : estafar — **con** *n* **1** SWINDLE : estafa *f* **2** **the pros and cons** : los pros y los contras

concave *adj* : cóncavo

conceal *vt* : ocultar

concede *vt* **-ceded; -ceding** : conceder, admitir

conceit *n* : vanidad *f* — **conceited** *adj* : engreído

conceive *v* **-ceived; -ceiving** *vt* : concebir — *vi* **conceive of** : concebir — **conceivable** *adj* : concebible

concentrate *v* **-trated; -trating** *vt* : concentrar — *vi* : concentrarse

condiments
condimentos[M]

Worcestershire sauce
salsa[F] *Worcertershire*

balsamic vinegar
vinagre[M] *balsámico*

rice vinegar
vinagre[M] *de arroz*[M]

ketchup
ketchup[M]

American mustard
mostaza[F] *americana*

table salt
sal[F] *de mesa*[F]

— **concentration** *n* : concentración *f*
concept *n* : concepto *m* —
conception *n* : concepción *f*
concern *vt* **1** : concernir **2 concern**
oneself about : preocuparse por —
concern *n* **1** AFFAIR : asunto *m* **2** WORRY
: preocupación *f* **3** BUSINESS : negocio *m*
— **concerned** *adj* **1** ANXIOUS : ansioso
2 as far as I'm concerned : en cuanto a
mí — **concerning** *prep* : con respecto a
concert *n* : concierto *m* —
concerted *adj* : concertado
concession *n* : concesión *f*
concise *adj* : conciso
conclude *v* **-cluded; -cluding** :
concluir — **conclusion** *n* : conclusión *f*
— **conclusive** *adj* : concluyente
concoct *vt* **1** PREPARE : confeccionar
2 DEVISE : inventarse, tramar —
concoction *n* : mezcla *f*, brebaje *m*
concourse *n* : vestíbulo *m*, salón *m*
concrete *adj* : concreto — **concrete** *n*
: hormigón *m*, concreto *m*, Lat
concur *vi* **concurred; concurring**
AGREE : estar de acuerdo
concussion *n* : conmoción *f* cerebral
condemn *vt* : condenar —
condemnation *n* : condenación *f*
condense *v* **-densed; -densing** *vt*
: condensar — *vi* : condensarse —
condensation *n* : condensación *f*
condescending *adj* : condescendiente
▸ **condiment** *n* : condimento *m*
condition *n* **1** : condición *f* **2 in**
good condition : en buen estado
— **conditional** *adj* : condicional
condolences *npl* : pésame *m*
condom *n* : condón *m*
condominium *n, pl* **-ums**
: condominio *m*, Lat
condone *vt* **-doned; -doning** : aprobar
conducive *adj* : propicio, favorable
conduct *n* : conducta *f* — **conduct** *vt* **1**
DIRECT, GUIDE : conducir, dirigir **2**
CARRY OUT : llevar a cabo **3 conduct**
oneself : conducirse, comportarse —
conductor *n* : revisor *m*, -sora *f* (en un
tren); cobrador *m*, -dora *f* (en un autobús);
director *m*, -tora *f* (de una orquesta)
▸ **cone** *n* **1** : cono *m* **2** *or* **ice–cream**
cone : cucurucho *m*, barquillo *m*, Lat
confection *n* : dulce *m*
confederation *n* : confederación *f*
confer *v* **-ferred; -ferring** *vt* : conferir,
otorgar — *vi* **confer with** : consultar

— **conference** *n* : conferencia *f*
confess *vt* : confesar — *vi* **1** :
confesarse **2 confess to** : confesar,
admitir — **confession** *n* : confesión *f*
confetti *n* : confeti *m*
confide *v* **-fided; -fiding** : confiar —
confidence *n* **1** TRUST : confianza *f* **2**
SELF-ASSURANCE : confianza *f* en sí
mismo **3** SECRET : confidencia *f* —
confident *adj* **1** SURE : seguro **2** SELF-
ASSURED : confiado, seguro de sí mismo
— **confidential** *adj* : confidencial
confine *vt* **-fined; -fining 1** LIMIT :
confinar, limitar **2** IMPRISON : encerrar
— **confines** *npl* : confines *mpl*
confirm *vt* : confirmar —
confirmation *n* : confirmación *f*
— **confirmed** *adj* : inveterado
confiscate *vt* **-cated; -cating** : confiscar
conflict *n* : conflicto *m* — **conflict** *vi*
: estar en conflicto, oponerse
conform *vi* **1** COMPLY : ajustarse **2**
conform with : corresponder a —
conformity *n, pl* **-ties** : conformidad *f*
confound *vt* : confundir, desconcertar
confront *vt* : afrontar, encarar —
confrontation *n* : confrontación *f*
confuse *vt* **-fused; -fusing** :
confundir — **confusing** *adj* : confuso,
desconcertante — **confusion** *n* :
confusión *f*, desconcierto *m*
congeal *vi* : coagularse
congenial *adj* : agradable
congested *adj* : congestionado
— **congestion** *n* : congestión *f*
congratulate *vt* **-lated; -lating** : felicitar
— **congratulations** *npl* : felicitaciones *fpl*
congregate *vi* **-gated; -gating** :
congregarse — **congregation** *n*
: feligreses *mpl* (en religión)

congress *n* : congreso *m* —
congressional *adj* : del congreso —
congressman *n, pl* **-men** : congresista *mf*
conjecture *n* : conjetura *f*, presunción *f*
— **conjecture** *v* **-tured; -turing** *vt* :
conjeturar — *vi* : hacer conjeturas
conjugal *adj* : conyugal
conjugate *vt* **-gated; -gating** : conjugar
— **conjugation** *n* : conjugación *f*
conjunction *n* **1** : conjunción *f* **2 in**
conjunction with : en combinación con
conjure *v* **-jured; -juring** *vi* : hacer
juegos de manos — **conjure** *vt*
or **conjure up** : evocar
connect *vi* : conectarse — *vt* **1** JOIN :
conectar, juntar **2** ASSOCIATE : asociar
— **connection** *n* **1** : conexión *f* **2**
: enlace *m* (con un tren, etc.) **3**
connects *npl* : relaciones *fpl* (personas)
connoisseur *n* : conocedor *m*, -dora *f*
connote *vt* **-noted; -noting**
: connotar, implicar
conquer *vt* : conquistar —
conqueror *n* : conquistador *m*, -dora *f*
— **conquest** *n* : conquista *f*
conscience *n* : conciencia *f* —
conscientious *adj* : concienzudo
conscious *adj* **1** AWARE : consciente
2 INTENTIONAL : intencional —
consciously *adv* : deliberadamente
— **consciousness** *n* **1** AWARENESS :
conciencia *f* **2 lose consciousness**
: perder el conocimiento
consecrate *vt* **-crated; -crating**
: consagrar — **consecration** *n*
: consagración *f*
consecutive *adj* : consecutivo, sucesivo
consensus *n* : consenso *m*
consent *vi* : consentir —
consent *n* : consentimiento *m*
consequence *n* **1** : consecuencia *f* **2**
of no consequence : sin importancia
— **consequent** *adj* : consiguiente —
consequently *adv* : por consiguiente
conserve *vt* **-served; -serving** :
conservar, preservar — **conservation** *n*
: conservación *f* — **conservative** *adj* **1**
: conservador **2** CAUTIOUS : moderado,
prudente — **conserve** *n* : conservador *m*,
-dora *f* — **conservatory** *n,*
pl **-ries** : conservatorio *m*
consider *vt* **1** : considerar **2 all things**
considered : teniéndolo todo en cuenta
— **considerable** *adj* : considerable
— **considerate** *adj* : considerado

— **consideration** *n* **1** : consideración *f* **2**
take into consideration : tener en cuenta
— **considering** *prep* : teniendo en cuenta
consign *vt* **1** : relegar **2** SEND : enviar
— **consignment** *n* : envío *m*
consist *vi* **1 consist in** : consistir
en **2 consist of** : constar de,
componerse de — **consistency** *n*,
pl -**cies 1** TEXTURE : consistencia *f* **2**
COHERENCE : coherencia *f* **3** UNIFORMITY
: regularidad *f* — **consistent** *adj* **1**
UNCHANGING : constante, regular **2**
consistent with : consecuente con
console *vt* -**soled; -soling** : consolar
— **consolation** *n* **1** : consuelo *m* **2**
console prize : premio *m* de consolación
consolidate *vt* -**dated; -dating**
: consolidar — **consolidation** *n*

: consolidación *f*
consonant *n* : consonante *f*
conspicuous *adj* **1** OBVIOUS : visible,
evidente **2** STRIKING : llamativo —
conspicuously *adv* : de manera llama-tiva
conspire *vi* -**spired; -spiring** : conspirar
— **conspiracy** *n*, *pl* -**cies** : conspiración *f*
constant *adj* : constante —
constantly *adv* : constantemente
▶ **constellation** *n* : constelación *f*
constipated *adj* : estreñido —
constipation *n* : estreñimiento *m*
constituent *n* **1** COMPONENT
: componente *m* **2** VOTER :
elector *m*, -tora *f*; votante *mf*
constitute *vt* -**tuted; -tuting** : constituir
— **constitution** *n* : constitución *f* —
constitutional *adj* : constitucional

constraint *n* : restricción *f*, limitación *f*
construct *vt* : construir —
construction *n* : construcción *f* —
constructive *adj* : constructivo
construe *vt* -**strued;**
-**struing** : interpretar
consul *n* : cónsul *mf* —
consulate *n* : consulado *m*
consult *v* : consultar — **consultant** *n*
: asesor *m*, -sora *f*; consultor *m*, -tora *f*
— **consultation** *n* : consulta *f*
consume *vt* -**sumed; -suming** :
consumir — **consumer** *n* : consumidor *m*,
-dora *f* — **consumption** *n* : consumo *m*
contact *n* : contacto *m* — **contact** *vt*
: ponerse en contacto con — **contact**
lens *n* : lente *mf* (de contacto)
contagious *adj* : contagioso

constellations of the Northern hemisphere
constelaciones*F* del hemisferio*M* boreal

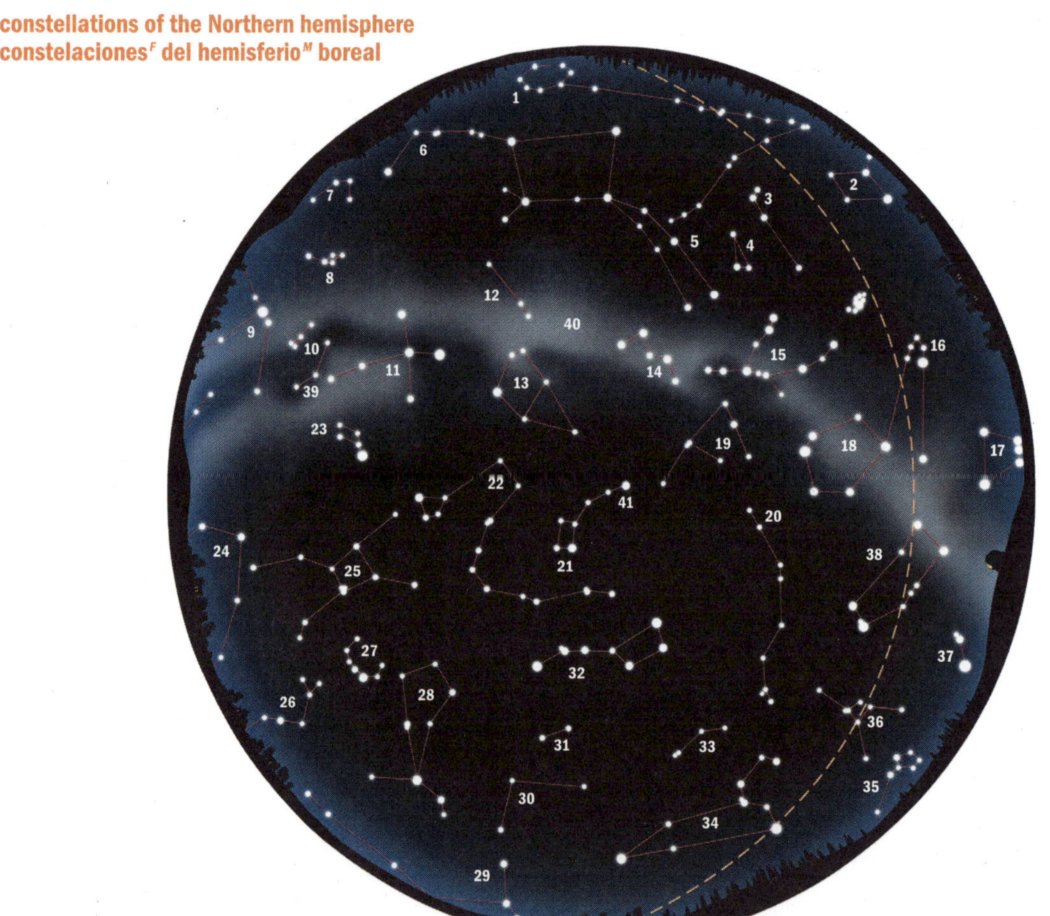

contain *vt* **1** : contener **2 contain oneself** : contenerse — **container** *n* : recipiente *m*, envase *m*

contaminate *vt* **-nated; -nating** : contaminar — **contamination** *n* : contaminación *f*

contemplate *v* **-plated; -plating** *vt* **1** : contemplar **2** CONSIDER : considerar, pensar en — *vi* : reflexionar — **contemplation** *n* : contemplación *f*

contemporary *adj* : contemporáneo — **contemporary** *n, pl* **-raries** : contemporáneo *m*, -nea *f*

contempt *n* : desprecio *m* — **contemptible** *adj* : despreciable — **contemptuous** *adj* : desdeñoso

contend *vi* **1** COMPETE : contender, competir **2 contend with** : enfrentarse a — *vt* : sostener, afirmar — **contender** *n* : contendiente *mf*

content[1] *n* **1** : contenido *m* **2 table of contents** : índice *m* de materias

content[2] *adj* : contento — **content** *vt* **content oneself with** : contentarse con — **contented** *adj* : satisfecho, contento

contention *n* **1** DISPUTE : disputa *f* **2** OPINION : argumento *m*, opinión *f*

contentment *n* : satisfacción *f*

contest *vt* : disputar — **contest** *n* **1** STRUGGLE : contienda *f* **2** COMPETITION : concurso *m*, competencia *f* — **contestant** *n* : concursante *mf*, contendiente *mf*

context *n* : contexto *m*

continent *n* : continente *m* — **continental** *adj* : continental

contingency *n, pl* **-cies** : contingencia *f*

continue *v* **-tinued; -tinuing** : continuar — **continual** *adj* : continuo, constante — **continuation** *n* : continuación *f* — **continuity** *n, pl* **-ties** : continuidad *f* — **continuous** *adj* : continuo

contort *vt* : retorcer — **contortion** *n* : contorsión *f*

contour *n* **1** : contorno *m* **2** *or* **contour line** : curva *f* de nivel

contraband *n* : contrabando *m*

contraception *n* : anticoncepción *f* — **contraceptive** *adj* : anticonceptivo — **contraception** *n* : anticonceptivo *m*

contract *n* : contrato *m* — **contract** *vt* : contraer — *vi* : contraerse — **contraction** *n* : contracción *f* — **contractor** *n* : contratista *mf*

#		#		#		#	
1	Pisces / *Piscis*[M]	12	Lacerta / *Lagarto*[M]	23	Lyra / *Lira*[F]	34	Leo / *León*[M]
2	Cetus / *Ballena*[F]	13	Cepheus / *Cefeo*[M]	24	Ophiuchus / *Ofiuco*[M]	35	Hydra / *Hidra*[F] Hembra
3	Aries / *Aries*[M]	14	Cassiopeia / *Casiopea*[F]	25	Hercules / *Hércules*[M]	36	Cancer / *Cáncer*[M]
4	Triangulum / *Triángulo*[M]	15	Perseus / *Perseo*[M]	26	Serpens / *Serpiente*[F]	37	Canis Minor / *Can*[M] *Menor*
5	Andromeda / *Andrómeda*[F]	16	Taurus / *Tauro*[M]	27	Corona Borealis / *Corona*[F] *Boreal*	38	Gemini / *Géminis*[F]
6	Pegasus / *Pegaso*[M]	17	Orion / *Orión*[M]	28	Boötes / *Boyero*[M]	39	Vulpecula / *Zorra*[F]
7	Equuleus / *Caballo*[M] *Menor*	18	Auriga / *Cochero*[M]	29	Virgo / *Virgo*[F]	40	Milky Way / *Vía*[F] *Láctea*
8	Delphinus / *Delfín*[M]	19	Camelopardalis / *Jirafa*[F]	30	Coma Berenices / *Cabellera*[F] *de Berenice*	41	North Star / *Estrella*[F] *Polar*
9	Aquila / *Águila*[F]	20	Lynx / *Lince*[M]	31	Canes Venatici / *Lebreles*[M]		
10	Sagitta / *Flecha*[F]	21	Ursa Minor / *Osa*[F] *Menor*	32	Ursa Major / *Osa*[F] *Mayor*		
11	Cygnus / *Cisne*[M]	22	Draco / *Dragón*[M]	33	Leo Minor / *León*[M] *Menor*		

contradiction *n* : contradicción *f*
— **contradict** *vt* : contradecir —
contradictory *adj* : contradictorio
contraption *n* : artilugio *m*, artefacto *m*
contrary *n, pl* **-traries 1** : contrario
2 on the contrary : al contrario —
contrary *adj* **1** : contrario, opuesto
2 contrary to : en contra de
contrast *v* : contrastar —
contrast *n* : contraste *m*
contribute *v* **-uted; -uting** : contribuir
— **contribution** *n* : contribución *f* —
contributor *n* **1** : contribuyente *mf* **2** :
colaborador *m*, -dora *f* (en periodismo)
contrite *adj* : arrepentido
contrive *vt* **-trived; -triving 1**
DEVISE : idear **2 contrive to do**
something : lograr hacer algo
control *vt* **-trolled; -trolling** :
controlar — **control** *n* **1** : control *m* **2**
controls *npl* : mandos *mpl*
controversy *n, pl* **-sies** : controversia *f*
— **controversial** *adj* : polémico
convalescence *n* : convalecencia *f*
— **convalescent** *adj* : convaleciente —
convalescence *n* : convaleciente *mf*
convene *v* **-vened; -vening** *vt*
: convocar — *vi* : reunirse
convenience *n* : conveniencia *f*,
comodidad *f* — **convenient** *adj*
: conveniente
convent *n* : convento *m*
convention *n* : convención *f* —
conventional *adj* : convencional
converge *vi* **-verged; -verging**
: converger, convergir
converse[1] *vi* **-versed;**
-versing : conversar —
conversation *n* : conversación *f* —
conversational *adj* : familiar
converse[2] *adj* : contrario, opuesto
— **conversely** *adv* : a la inversa
conversion *n* : conversión *f*
— **convert** *vt* : convertir — *vi* :
convertirse — **convertible** *adj*
: convertible — **convertible** *n* :
descapotable *m*, convertible *m*, *Lat*
convex *adj* : convexo
convey *vt* **1** TRANSPORT : llevar,
transportar **2** TRANSMIT : comunicar
convict *vt* : declarar culpable a —
convict *n* : presidiario *m*, -ria *f* —
conviction *n* **1** : condena *f* (de un
acusado) **2** BELIEF : convicción *f*
convince *vt* **-vinced; -vincing**

: convencer — **convincing** *adj*
: convincente
convoke *vt* **-voked; -voking** : convocar
convoluted *adj* : complicado
convulsion *n* : convulsión *f* —
convulsive *adj* : convulsivo
cook *n* : cocinero *m*, -ra *f* — **cook** *vi* :
cocinar, guisar — *vt* : preparar (comida)
— **cookbook** *n* : libro *m* de cocina
cookie *or* **cooky** *n, pl* **-ies**
: galleta *f* (dulce)
cooking *n* : cocina *f*
cool *adj* **1** : fresco **2** CALM : tranquilo **3**
UNFRIENDLY : frío — **cool** *vt* : enfriar — *vi*
: enfriarse — **cool** *n* **1** : fresco *m* **2**
COMPOSURE : calma *f* — **cooler** *n* : nevera *f*
portátil — **coolness** *n* : frescura *f*
coop *n* : gallinero *m* — **coop** *vt*
or **coop up** : encerrar
cooperate *vi* **-ated; -ating** : cooperar
— **cooperation** *n* : cooperación *f*
— **cooperative** *adj* : cooperativo
coordinate *v* **-nated; -nating** *vt*
: coordinar — **coordination** *n*
: coordinación *f*
cop *n* **1** : poli *mf fam* **2 the**
cops : la poli *fam*
cope *vi* **coped; coping 1** : arreglárselas
2 cope with : hacer frente a, poder con
copier *n* : fotocopiadora *f*
copious *adj* : copioso
copper *n* : cobre *m*
copy *n, pl* **copies 1** : copia *f* **2** :
ejemplar *m* (de un libro), número *m*
(de una revista) — **copy** *vt* **copied;**
copying 1 DUPLICATE : hacer una
copia de **2** IMITATE : copiar —
copyright *n* : derechos *mpl* de autor
coral *n* : coral *m*
cord *n* **1** : cuerda *f* **2** *or* **electric**
cord : cable *m* (eléctrico)
cordial *adj* : cordial
corduroy *n* : pana *f*
core *n* **1** : corazón *m* (de una fruta)
2 CENTER : núcleo *m*, centro *m*
cork *n* : corcho *m* — **corkscrew** *n*
: sacacorchos *m*
corn *n* **1** : grano *m* **2** *or* **Indian**
corn : maíz *m* **3** : callo *m* (del
pie) — **corncob** *n* : mazorca *f*
corner *n* : ángulo *m*, rincón *m* (en
una habitación), esquina *f* (de una
intersección) — **corner** *vt* **1** TRAP
: acorralar **2** MONOPOLIZE : acaparar
(un mercado) — **cornerstone** *n*

: piedra *f* angular
cornmeal *n* : harina *f* de maíz
— **cornstarch** *n* : maicena *f*
corny *adj* : cursi, sentimental
coronary *n, pl* **-naries** :
trombosis *f* coronaria
coronation *n* : coronación *f*
corporal *n* : cabo *m*
corporation *n* : sociedad *f* anónima,
compañía *f* — **corporate** *adj* : corporativo
corps *n, pl* **corps** : cuerpo *m*
corpse *n* : cadáver *m*
corpulent *adj* : obeso, gordo
corpuscle *n* : glóbulo *m*
corral *n* : corral *m* — **corral** *vt*
-ralled; -ralling : acorralar
correct *vt* : corregir — **correct** *adj* :
correcto — **correction** *n* : corrección *f*
correlation *n* : correlación *f*
correspond *vi* **1** WRITE : corresponderse
2 correspond to : corresponder a —
correspondence *n* : correspondencia *f*
corridor *n* : pasillo *m*
corroborate *vt* **-rated;**
-rating : corroborar
corrode *v* **-roded; -roding** *vt* : corroer
— *vi* : corroerse — **corrosion** *n* :
corrosión *f* — **corrosive** *adj* : corrosivo
corrugated *adj* : ondulado
corrupt *vt* : corromper —
corrupt *adj* : corrupto, corrompido
— **corruption** *n* : corrupción *f*
corset *n* : corsé *m*
cosmetic *n* : cosmético *m* —
cosmetic *adj* : cosmético
cosmic *adj* : cósmico
cosmopolitan *adj* : cosmopolita
cosmos *n* : cosmos *m*
cost *n* : costo *m*, coste *m* — **cost** *vi* **cost;**
costing 1 : costar **2 how much does it**
cost? : ¿cuánto cuesta?, ¿cuánto vale?
Costa Rican *adj* : costarricense
costly *adj* : costoso
costume *n* **1** OUTFIT : traje *m* **2**
DISGUISE : disfraz *m*
cot *n* : catre *m*
cottage *n* : casita *f* (de campo) —
cottage cheese *n* : requesón *m*
cotton *n* : algodón *m*
couch *n* : sofá *m*
cough *vi* : toser — **cough** *n* : tos *f*
could → **can 1**
council *n* **1** : concejo *m* **2** *or* **city**
council : ayuntamiento *m* — **councillor**
or **councilor** *n* : concejal *m*, -jala *f*

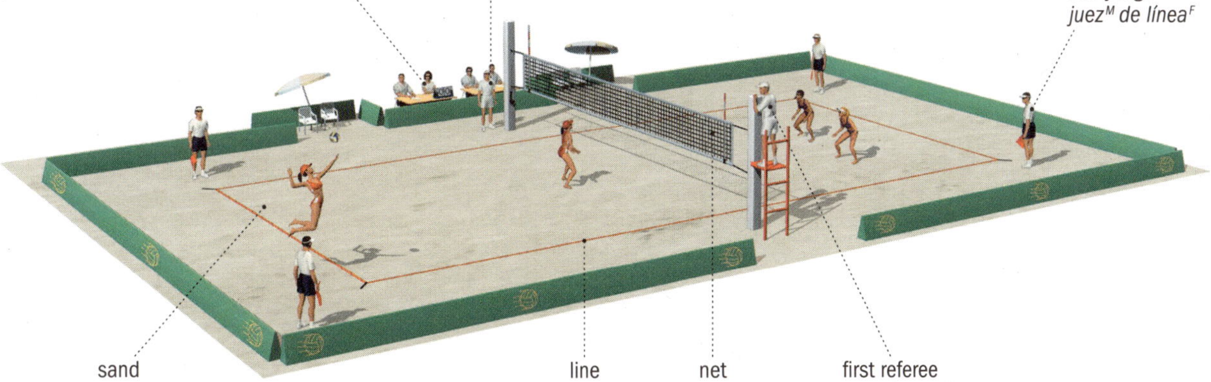

counsel *n* **1** ADVICE : **consejo** *m* **2** LAWYER : **abogado** *m*, **-da** *f* — **counsel** *vt* **-seled** *or* **-selled; -seling** *or* **-selling** : aconsejar — **counselor** *or* **counsellor** *n* : consejero *m*, -ra *f*

count[1] *vt* : contar — *vi* **1** : contar **2 count on** : contar con **3 that doesn't count** : eso no vale — **count** *n* **1** : recuento *m* **2 keep count of** : llevar la cuenta de

count[2] *n* : conde *m* (noble)

counter[1] *n* **1** : mostrador *m* (de un negocio) **2** TOKEN : ficha *f* (de un juego)

counter[2] *vt* : oponerse a — *vi* : contraatacar — **counter** *adv* **counter to** : contrario a — **counteract** *vt* : contrarrestar — **counterattack** *n* : contraataque *m* — **counterbalance** *n* : con-trapeso *m* — **counterclockwise** *adv & adj* : en sentido opuesto a las agujas del reloj — **counterfeit** *vt* : falsificar — **counterfeit** *adj* : falsificado — **counterfeit** *n* : falsificación *f* — **counterpart** *n* : homólogo *m* (de una persona), equivalente *m* (de una cosa) — **counterproductive** *adj* : contraproducente

countess *n* : condesa *f*

countless *adj* : incontable, innumerable

country *n, pl* **-tries 1** NATION : país *m* **2** COUNTRYSIDE : campo *m* — **country** *adj* : campestre, rural — **countryman** *n, pl* **-men** *or* **fellow**

countryman : compatriota *mf* — **countryside** *n* : campo *m*, campiña *f*

county *n, pl* **-ties** : condado *m*

coup *n, pl* **coups** *or* **coup d'etat** : golpe *m* (de estado)

couple *n* **1** : pareja *f* (de personas) **2 a couple of** : un par de — **couple** *vt* **-pled; -pling** : acoplar, unir

coupon *n* : cupón *m*

courage *n* : valor *m* — **courageous** *adj* : valiente

courier *n* : mensajero *m*, -ra *f*

course *n* **1** : curso *m* **2** : plato *m* (de una cena) **3** *or* **golf course** : campo *m* de golf **4 in the course of** : en el transcurso de **5 of course** : desde luego, por supuesto

▸ **court** *n* **1** : corte *f* (de un rey, etc.) **2** : cancha *f*, pista *f* (en deportes) **3** TRIBUNAL : corte *f*, tribunal *m* — **court** *vt* : cortejar

courteous *adj* : cortés — **courtesy** *n, pl* **-sies** : cortesía *f*

courthouse *n* : palacio *m* de justicia, juzgado *m* — **courtroom** *n* : sala *f* (de un tribunal)

courtship *n* : cortejo *m*, noviazgo *m*

courtyard *n* : patio *m*

cousin *n* : primo *m*, -ma *f*

cove *n* : ensenada *f*, cala *f*

covenant *n* : pacto *m*, convenio *m*

cover *vt* **1** : cubrir **2** *or* **cover up** : encubrir, ocultar **3** TREAT : tratar — **cover** *n* **1** : cubierta *f* **2** SHELTER :

abrigo *m*, refugio *m* **3** LID : tapa *f* **4** : cubierta *f* (de un libro), portada *f* (de una revista) **5 covers** *npl* BEDCLOTHES : mantas *fpl*, cobijas *fpl Lat* **6 take cover** : ponerse a cubierto **7 under cover of** : al amparo de — **coverage** *n* : cobertura *f* — **covert** *adj* : encubierto — **cover–up** *n* : encubrimiento *m*

covet *vt* : codiciar — **covetous** *adj* : codicioso

cow *n* : vaca *f* — **cow** *vt* : intimidar, acobardar

coward *n* : cobarde *mf* — **cowardice** *n* : cobardía *f* — **cowardly** *adj* : cobarde

cowboy *n* : vaquero *m*

cower *vi* : encogerse (de miedo)

coy *adj* : tímido y coqueto

coyote *n, pl* **coyotes** *or* **coyote** : coyote *m*

cozy *adj* **-zier; -est** : acogedor

crab *n* : cangrejo *m*, jaiba *f Lat*

crack *vt* **1** SPLIT : rajar, partir **2** : cascar (nueces, huevos) **3** : chasquear (un látigo, etc.) **4 crack down on** : tomar medidas enérgicas contra — *vi* **1** SPLIT : rajarse, agrietarse **2** : chasquear (dícese de un látigo) **3 crack up** : sufrir una crisis nerviosa — **crack** *n* **1** CRACKING : chasquido *m*, crujido *m* **2** CREVICE : raja *f*, grieta *f* **3 have a crack at** : intentar

cracker *n* : galleta *f* (de soda, etc.)

crackle *vi* **-led; -ling** : crepitar,

chisporrotear — **crackle** *n* :
crujido *m*, chisporroteo *m*
cradle *n* : cuna *f* — **cradle** *vt*
-dled; -dling : acunar
craft *n* **1** TRADE : oficio *m* **2** CUNNING
: astucia *f* **3** → **craftsmanship 4** *pl*
usually **craft** BOAT : embarcación *f* —
craftsman *n, pl* **-men** : artesano *m*,
-na *f* — **craftsmanship** *n* :
artesanía *f*, destreza *f* — **crafty**; *adj*
craftier; -est : astuto, taimado
crag *n* : peñasco *m*
cram *v* **crammed; cramming** *vt* **1**
STUFF : embutir **2 cram with** : atiborrar
de — *vi* : estudiar a última hora
cramp *n* **1** : calambre *m*,
espasmo *m* (de los músculos) **2**
cramps *npl* : retorcijones *mpl*
cranberry *n, pl* **-berries** :
arándano *m* (rojo y agrio)
crane *n* **1** : grulla *f* (ave) **2** : grúa *f*
(máquina) — **crane** *vt* **craned;
craning** : estirar (el cuello)
crank *n* **1** : manivela *f* **2** ECCENTRIC
: excéntrico *m*, -ca *f* — **cranky** *adj*
crankier; -est : malhumorado
crash *vi* **1** : caerse con estrépito
2 COLLIDE : estrellarse, chocar
— *vt* : estrellar — **crash** *n* **1** DIN :
estrépito *m* **2** COLLISION : choque *m*
crass *adj* : burdo, grosero

crate *n* : cajón *m* (de madera)
crater *n* : cráter *m*
crave *vt* **craved; craving** : ansiar
— **craving** *n* : ansia *f*
crawl *vi* : arrastrarse, gatear (dícese de un
bebé) — **crawl** *n* **at a crawl** : a paso lento
crayon *n* : lápiz *m* de cera
craze *n* : moda *f* pasajera, manía *f*
crazy *adj* **-zier; -est 1** : loco **2 go crazy** :
volverse loco — **craziness** *n* : locura *f*
creak *vi* : chirriar, crujir —
creak *n* : chirrido *m*, crujido *m*
cream *n* : crema *f*, nata *f* *Spain* —
cream cheese *n* : queso *m* crema —
creamy *adj* **creamier; -est** : cremoso
crease *n* : pliegue *m*, raya *f* (del pantalón)
— **crease** *vt* **creased; creasing** :
plegar, poner una raya en (el pantalón)
create *vt* **-ated; -ating** : crear —
creation *n* : creación *f* — **creative** *adj* :
creativo — **creator** *n* : creador *m*, -dora *f*
creature *n* : criatura *f*, animal *m*
credence *n* **lend credence
to** : dar crédito a
credentials *npl* : credenciales *fpl*
credible *adj* : creíble —
credibility *n* : credibilidad *f*
credit *n* **1** : crédito *m* **2** RECOGNITION
: reconocimiento *m* **3 be a credit to** :
ser el orgullo de — **credit** *vt* **1** BELIEVE :
creer **2** : abonar (en una cuenta) **3 credit**

someone with something : atribuir algo a
algn — **credit card** *n* : tarjeta *f* de crédito
credulous *adj* : crédulo
creed *n* : credo *m*
creek *n* : arroyo *m*, riachuelo *m*
creep *vi* **crept; creeping 1** CRAWL :
arrastrarse **2** SLINK : ir a hurtadillas —
creep *n* **1** CRAWL : paso *m* lento **2 the
creeps** : escalofríos *mpl* — **creeping** *adj*
creep plant : planta *f* trepadora
cremate *vt* **-mated; -mating** : incinerar
crescent *n* : media luna *f*
cress *n* : berro *m*
crest *n* : cresta *f* —
crestfallen *adj* : alicaído
crevice *n* : grieta *f*
crew *n* **1** : tripulación *f* (de una
nave) **2** TEAM : equipo *m*
▸ **crib** *n* : cuna *f* (de un bebé)
cricket *n* **1** : grillo *m* (insecto)
2 : críquet *m* (juego)
crime *n* : crimen *m* — **criminal** *adj* :
criminal — **criminal** *n* : criminal *mf*
crimp *vt* : rizar
crimson *n* : carmesí *m*
cringe *vi* **cringed; cringing** : encogerse
crinkle *vt* **-kled; -kling** : arrugar
cripple *vt* **-pled; -pling 1** DISABLE :
lisiar, dejar inválido **2** INCAPACITATE
: inutilizar, paralizar
crisis *n, pl* **crises** : crisis *f*
crisp *adj* **1** CRUNCHY : crujiente **2** :
frío y vigorizante (dícese del aire) —
crispy *adj* **crispier; -est** : crujiente
crisscross *vt* : entrecruzar
criterion *n, pl* **-ria** : criterio *m*
critic *n* : crítico *m*, -ca *f* — **critical** *adj*
: crítico — **criticism** *n* : crítica *f* —
criticize *vt* **-cized; -cizing** : criticar
croak *vi* : croar
crock *n* : vasija *f* de barro —
crockery *n* : vajilla *f*, loza *f*
▸ **crocodile** *n* : cocodrilo *m*
crony *n, pl* **-nies** : amigote *m* *fam*
crook *n* **1** STAFF : cayado *m* **2** THIEF :
ratero *m*, -ra *f*; ladrón *m*, -drona *f* **3** BEND :
pliegue *m* — **crooked** *adj* **1** BENT : torcido,
chueco *Lat* **2** DISHONEST : deshonesto
crop *n* **1** WHIP : fusta *f* **2** HARVEST :
cosecha *f* **3** : cultivo *m* (de maíz, tabaco,
etc.) — **crop** *v* **cropped; cropping** *vt* TRIM
: recortar, cortar — *vi* **crop up** : surgir
cross *n* **1** : cruz *f* **2** HYBRID : **cruce** *m*
— **cross** *vt* **1** : cruzar, atravesar **2**
CROSSBREED : cruzar **3** *or* **cross out** :

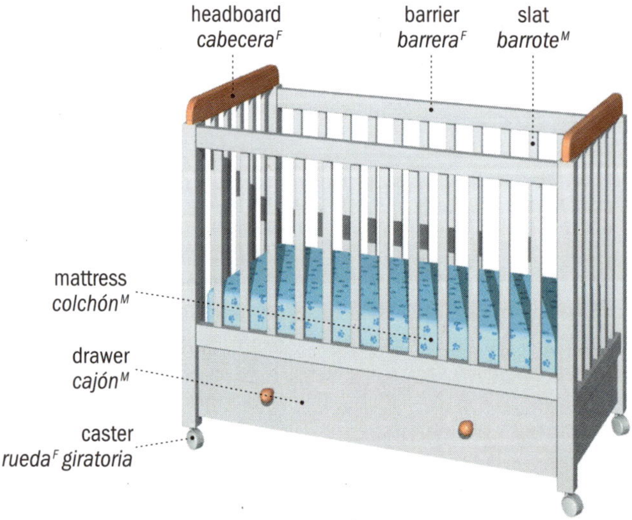

alligator
*aligátor*ᴹ

crocodile
*cocodrilo*ᴹ

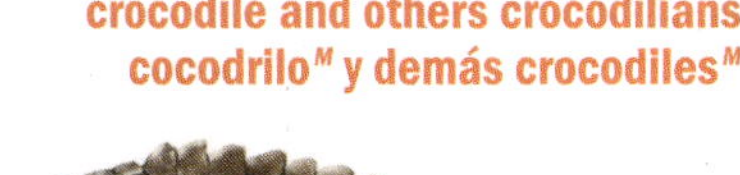

crocodile and others crocodilians
cocodrilo ᴹ y demás crocodiles ᴹ

caiman
*caimán*ᴹ

tachar — **cross** *adj* **1** : que atraviesa **2** ANGRY : enojado — **crossbreed** *vt* **-bred; -breeding** : cruzar — **cross–examine** *vt* : interrogar — **cross–eyed** *adj* : bizco — **cross fire** *n* : fuego *m* cruzado — **crossing** *n* **1** INTERSECTION : cruce *m*, paso *m* **2** VOYAGE : travesía *f* (del mar) — **cross–reference** *n* : referencia *f* — **crossroads** *n* : cruce *m* — **cross section** *n* **1** : corte *m* transversal **2** SAMPLE : muestra *f* representativa — **crosswalk** *n* : cruce *m* peatonal, paso *m* de peatones — **crossword puzzle** *n* : crucigrama *m*

crotch *n* : entrepierna *f*

crouch *vi* : agacharse

crouton *n* : crutón *m*

crow *n* : cuervo *m* — **crow** *vi* **crowed** *or Brit* **crew; crowing** : cacarear

crowbar *n* : palanca *f*

crowd *vi* : amontonarse — *vt* : atestar, llenar — **crowd** *n* : multitud *f*, muchedumbre *f*

crown *n* **1** : corona *f* **2** : cima *f* (de una colina) — **crown** *vt* : coronar

crucial *adj* : crucial

crucify *vt* **-fied; -fying** : crucificar — **crucifix** *n* : crucifijo *m* — **crucifixion** *n* : crucifixión *f*

crude *adj* **cruder; -est 1** RAW : crudo **2** VULGAR : grosero **3** ROUGH : tosco, rudo

cruel *adj* **-eler** *or* **-eller; -elest** *or* **-ellest** : cruel — **cruelty** *n, pl* **-ties** : crueldad *f*

cruet *n* : vinagrera *f*

cruise *vi* **cruised; cruising 1** : hacer un crucero **2** : ir a velocidad de crucero — **cruise** *n* : crucero *m* — **cruiser** *n* **1** WARSHIP : crucero *m* **2** : patrulla *f* (de policía)

crumb *n* : miga *f*, migaja *f*

crumble *v* **-bled; -bling** *vt* : desmenuzar — *vi* : desmenuzarse, desmoronarse

crumple *vt* **-pled; -pling** : arrugar

crunch *vt* : ronzar (con los dientes), hacer crujir (con los pies, etc.) — **crunchy** *adj* **crunchier; -est** : crujiente

crusade *n* : cruzada *f*

crush *vt* : aplastar, apachurrar *Lat* — **crush** *n* **have a crush on** : estar chiflado por

crust *n* : corteza *f*

crutch *n* : muleta *f*

crux *n* : quid *m*

cry *vi* **cried; crying 1** SHOUT : gritar **2** WEEP : llorar — **cry** *n, pl* **cries** : grito *m*

crypt *n* : cripta *f*

crystal *n* : cristal *m*

cub *n* : cachorro *m*, -rra *f*

Cuban *adj* : cubano

cube *n* : cubo *m* — **cubic** *adj* : cúbico

cubicle *n* : cubículo *m*

cuckoo *n* : cuco *m*, cuclillo *m*

cucumber *n* : pepino *m*

cuddle *v* **-dled; -dling** *vi* : acurrucarse, abrazarse — *vt* : abrazar

cudgel *n* : porra *f* — **cudgel** *vt* **-geled** *or* **-gelled; -geling** *or* **-gelling** : aporrear

cue[1] *n* SIGNAL : señal *f*

cue[2] *n* : taco *m* (de billar)

cuff[1] **1** : puño *m* (de una camisa) **2 cuffs** *npl* → **handcuffs**

cuff[2] *vt* : bofetear — **cuff** *n* SLAP : bofetada *f*

cuisine *n* : cocina *f*

culinary *adj* : culinario

cull *vt* : seleccionar, entresacar

culminate *vi* **-nated; -nating** : culminar — **culmination** *n* : culminación *f*

culprit *n* : culpable *mf*

cult *n* : culto *m*

cultivate *vt* **-vated; -vating** : cultivar — **cultivation** *n* : cultivo *m*

culture *n* **1** : cultura *f* **2** : cultivo *m* (en biología) — **cultural** *adj* : cultural — **cultured** *adj* : culto

cumbersome *adj* : torpe (y pesado), difícil de manejar

cumulative *adj* : acumulativo

cunning *adj* : astuto, taimado — **cunning** *n* : astucia *f*

cup *n* **1** : taza *f* **2** TROPHY : copa *f*

cupboard *n* : alacena *f*, armario *m*

curator *n* : conservador *m*, -dora *f*; director *m*, -tora *f*

curb *n* **1** RESTRAINT : freno *m* **2** : borde *m* de la acera — **curb** *vt* : refrenar

curdle *v* **-dled; -dling** *vi* : cuajarse — *vt* : cuajar

cure *n* : cura *f*, remedio *m* — **cure** *vt* **cured; curing** : curar

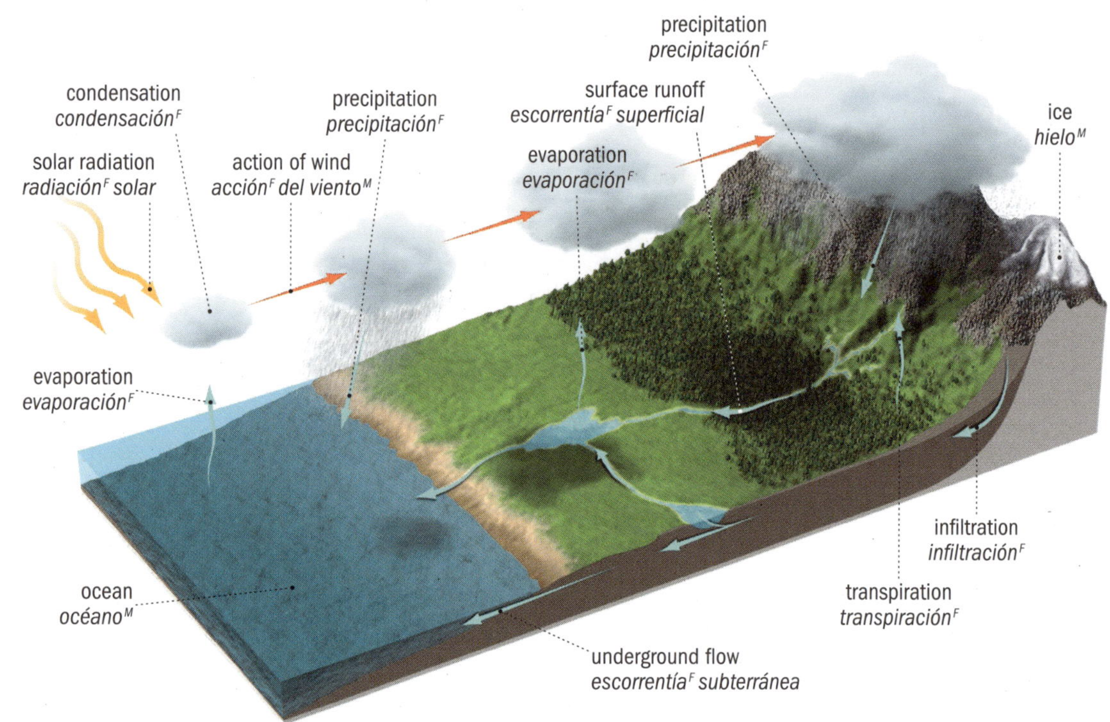

curfew *n* : toque *m* de queda
curious *adj* : curioso — **curio** *n,*
pl **-rios** : curiosidad *f* — **curiosity** *n,*
pl **-ties** : curiosidad *f*
curl *vt* **1** : rizar **2** COIL : enrollar, enroscar
— *vi* **1** : rizarse **2 curl up** : acurrucarse
— **curl** *n* : rizo *m* — **curler** *n* : rulo *m*
— **curly** *adj* **curlier; -est** : rizado
currant *n* **1** : grosella *f* (fruta)
2 RAISIN : pasa *f* de Corinto
currency *n, pl* **-cies 1** MONEY
: moneda *f* **2 gain currency**
: ganar aceptación
current *adj* **1** PRESENT : actual **2** PREVALENT
: corriente — **current** *n* : corriente *f*
curriculum *n, pl* **-la** : plan *m* de estudios
curry *n, pl* **-ries** : curry *m*
curse *n* : maldición *f* — **curse** *v*
cursed; cursing : maldecir
cursor *n* : cursor *m*
cursory *adj* : superficial
curt *adj* : corto, seco

curtail *vt* : acortar
curtain *n* : cortina *f* (de una
ventana), telón *m* (en un teatro)
curtsy *vi* **-sied** *or* **-seyed; -sying**
or **-seying** : hacer una reverencia
— **curtsy** *n* : reverencia *f*
curve *v* **curved; curving** *vi* : hacer una
curva — *vt* : encorvar — **curve** *n* : curva *f*
cushion *n* : cojín *m* —
cushion *vt* : amortiguar
custard *n* : natillas *fpl*
custody *n, pl* **-dies 1** : custodia *f* **2 be in**
custody : estar detenido — **custodian** *n*
: custodio *m*, -dia *f*; guardián, -diana *f*
custom *n* : costumbre *f* — **customary** *adj*
: habitual, acostumbrado — **customer** *n* :
cliente *m*, -ta *f* — **customs** *npl* : aduana *f*
cut *v* **cut; cutting** *vt* **1** : cortar **2** REDUCE :
reducir, rebajar **3 cut oneself** : cortarse
4 cut up : cortar en pedazos — *vi* **1** :
cortar **2 cut in** : interrumpir — **cut** *n* **1** :
corte *m* **2** REDUCTION : rebaja *f*, reducción *f*

cute *adj* **cuter; -est** : mono *fam*, lindo
cutlery *n* : cubiertos *mpl*
cutlet *n* : chuleta *f*
cutting *adj* : cortante, mordaz
cyanide *n* : cianuro *m*
▸ **cycle** *n* **1** : ciclo *m* **2** BICYCLE :
bicicleta *f* — **cycle** *vi* **-cled; -cling** :
ir en bicicleta — **cyclic** *or* cyclical *adj*
: cíclico — **cyclist** *n* : ciclista *mf*
cyclone *n* : ciclón *m*
cylinder *n* : cilindro *m* —
cylindrical *adj* : cilíndrico
cymbal *n* : platillo *m*, címbalo *m*
cynic *n* : cínico *m*, -ca *f* — **cynical** *adj*
: cínico — **cynicism** *n* : cinismo *m*
cypress *n* : ciprés *m*
cyst *n* : quiste *m*
czar *n* : zar *m*
Czech *adj* : checo — **Czech** *n*
: checo *m* (idioma)

d *n, pl* **d's** *or* **ds** : d *f*, cuarta letra del alfabeto inglés

dab *n* : toque *m* — **dab** *vt* **dabbed; dabbing** : dar toques ligeros a, aplicar suavemente

dabble *vi* **-bled; -bling dabble in** : interesarse superficialmente en — **dabbler** *n* : aficionado *m*, -da *f*

dad *n* : papá *m fam* — **daddy** *n*, *pl* **-dies** : papá *m fam*

daffodil *n* : narciso *m*

dagger *n* : daga *f*, puñal *m*

daily *adj* : diario — **daily** *adv* : diariamente

dainty *adj* **-tier; -est** : delicado

dairy *n, pl* **-ies 1** : lechería *f* (tienda) **2** *or* **dairy farm** : granja *f* lechera

▸ **daisy** *n, pl* **-sies** : margarita *f*

dam *n* : presa *f* — **dam** *vt* **dammed; damming** : represar

damage *n* **1** : daño *m*, perjuicio *m* **2** **damages** *npl* : daños y perjuicios *mpl* — **damage** *vt* **-aged; -aging** : dañar

damn *vt* **1** CONDEMN : condenar **2** CURSE : maldecir — **damn** *n* **not give a damn** : no importarse un comino *fam* — **damn** *or* damned *adj* : maldito *fam*

damp *adj* : húmedo

— **dampen** *vt* **1** MOISTEN : humedecer **2** DISCOURAGE : desalentar, desanimar — **dampness** *n* : humedad *f*

dance *v* **danced; dancing** : bailar — **dance** *n* : baile *m* — **dancer** *n* : bailarín *m*, -rina *f*

dandelion *n* : diente *m* de león

dandruff *n* : caspa *f*

dandy *adj* **-dier; -est** : de primera, excelente

danger *n* : peligro *m* — **dangerous** *adj* : peligroso

dangle *v* **-gled; -gling** *vi* HANG : colgar, pender — *vt* : hacer oscilar

Danish *adj* : danés — **Danish** *n* : danés *m* (idioma)

dank *adj* : frío y húmedo

dare *v* **dared; daring** *vt* : desafiar — *vi* : osar — **dare** *n* : desafío *m* — **daredevil** *n* : persona *f* temeraria — **daring** *adj* : atrevido, audaz — **daring** *n* : audacia *f*

dark *adj* **1** : oscuro **2** : moreno (dícese del pelo o de la piel) **3** GLOOMY : sombrío **4** **get dark** : hacerse de noche — **darken** *vt* : oscurecer — *vi* : oscurecerse — **darkness** *n* : oscuridad *f*

darling *n* BELOVED : querido *m*,

-da *f* — **darling** *adj* : querido

darn *vt* : zurcir — **darn** *adj* : maldito *fam*

▸ **dart** *n* **1** : dardo *m* **2** darts *npl* : juego *m* de dardos — **dart** *vi* : precipitarse

dash *vt* **1** SMASH : romper **2** HURL : lanzar **3** **dash off** : hacer (algo) rápidamente — *vi* : lanzarse, irse corriendo — **dash** *n* **1** : guión *m* largo (signo de puntuación) **2** PINCH : poquito *m*, pizca *f* **3** RACE : carrera *f* — **dashboard** *n* : tablero *m* de instrumentos — **dashing** *adj* : gallardo, apuesto

data *ns & pl* : datos *mpl* — **database** *n* : base *f* de datos

date[1] *n* : dátil *m* (fruta)

date[2] *n* **1** : fecha *f* **2** APPOINTMENT : cita *f* — **date** *v* **dated; dating** *vt* **1** : fechar (una carta, etc.) **2** : salir con (algn) — *vi* **date from** : datar de — **dated** *adj* : pasado de moda

daub *vt* : embadurnar

daughter *n* : hija *f* — **daughter–in–law** *n, pl* **daughters–in–law** : nuera *f*

daunt *vt* : intimidar

dawdle *vi* **-dled; -dling** : entretenerse, perder tiempo

dawn *vi* **1** : amanecer **2** **it dawned on him that** : cayó en la cuenta de que — **dawn** *n* : amanecer *m*

day *n* **1** : día *m* **2** *or* **working day** : jornada *f* **3** **the day before** : el día anterior **4** **the day before yesterday** : anteayer **5** **the day after** : el día siguiente **6** **the day after tomorrow** : pasada mañana — **daybreak** *n* : amanecer *m* — **daydream** *n* : ensueño *m* — **daydream** *vi* : soñar despierto — **daylight** *n* : luz *f* del día — **daytime** *n* : día *m*

daze *vt* **dazed; dazing** : aturdir

darts
juego^M de dardos^M

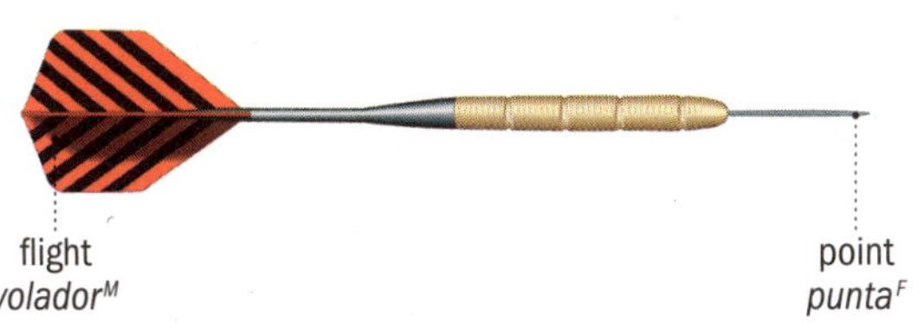

decanter
garrafa[F]

— **daze** *n* **in a daze :** aturdido
dazzle *vt* **-zled; -zling :** deslumbrar
dead *adj* **1** LIFELESS **: muerto 2** NUMB **:**
entumecido — **dead** *n* **1 in the dead
of night :** en plena noche **2 the dead :**
los muertos — **dead** *adv* ABSOLUTELY **:**
absolutamente — **deaden** *vt* **1 :** atenuar
(dolores) **2** MUFFLE **:** amortiguar — **dead
end** *n* **:** callejón *m* sin salida — **deadline** *n*
: fecha *f* límite — **deadlock** *n* **:** punto *m*
muerto — **deadly** *adj* **-lier; -est 1 :**
mortal, letal **2** ACCURATE **:** certero, preciso
deaf *adj* **:** sordo — **deafen** *vt* **:**
ensordecer — **deafness** *n* **:** sordera *f*
deal *n* **1** TRANSACTION **: trato** *m*,
transacción *f* **2 :** reparto *m* (de naipes)
3 a good deal : mucho — **deal** *v* **dealt;
dealing** *vt* **1 :** dar **2 :** repartir, dar (naipes)
3 deal a blow : asestar un golpe — *vi* **1
:** dar, repartir (en juegos de naipes) **2 deal
in :** comerciar en **3 deal with** CONCERN **:**
tratar de **4 deal with someone :** tratar
con algn — **dealer** *n* **:** comerciante *mf*
— **dealings** *npl* **:** trato *m*, relaciones *fpl*
dean *n* **:** decano *m*, -na *f*
dear *adj* **:** querido — **dear** *n* **:**
querido *m*, -da *f* — **dearly** *adv* **1 :**
mucho **2 pay dear :** pagar caro
death *n* **:** muerte *f*

debar *vt* **:** excluir
debate *n* **:** debate *m*, discusión *f* —
debate *vt* **-bated; -bating :** debatir, discutir
debit *vt* **:** adeudar, cargar —
debit *n* **:** débito *m*, debe *m*
debris *n*, *pl* **-bris :** escombros *mpl*
debt *n* **:** deuda *f* — **debtor** *n*
: deudor *m*, -dora *f*
debunk *vt* **:** desmentir
debut *n* **:** debut *m* — **debut** *vi* **:** debutar
decade *n* **:** década *f*
decadence *n* **:** decadencia *f* —
decadent *adj* **:** decadente
decal *n* **:** calcomanía *f*
▶ **decanter** *n* **:** licorera *f*
decapitate *vt* **-tated; -tating :** decapitar
decay *vi* **1** DECOMPOSE **:** descomponerse
2 DETERIORATE **:** deteriorarse **3 :** cariarse
(dícese de los dientes) — **decay** *n* **1 :**
descomposición *f* **2 :** deterioro *m* (de un
edificio, etc.) **3 :** caries *f* (de los dientes)
deceased *adj* **:** difunto — **deceased** *n*
the deceased : el difunto, la difunta
deceive *vt* **-ceived; -ceiving :**
engañar — **deceit** *n* **:** engaño *m*
— **deceitful** *adj* **:** engañoso
December *n* **:** diciembre *m*
decent *adj* **1 :** decente **2** KIND **:** bueno,
amable — **decency** *n*, *pl* **-cies :** decencia *f*
deception *n* **:** engaño *m* —
deceptive *adj* **:** engañoso
decide *v* **-cided; -ciding** *vt* **:** decidir
— *vi* **:** decidirse — **decided** *adj* **1**
UNQUESTIONABLE **:** indudable **2** RESOLUTE **:**
decidido — **decidedly** *adv* **1** DEFINITELY **:**
decididamente **2** RESOLUTELY **:** con decisión
decimal *adj* **:** decimal — **decimal** *n*
: número *m* decimal — **decimal
point** *n* **:** coma *f* decimal
decipher *vt* **:** descifrar
decision *n* **:** decisión *f* — **decisive** *adj* **1**
RESOLUTE **:** decidido **2** CONCLUSIVE **:** decisivo
deck *n* **1 :** cubierta *f* (de un barco)
2 *or* **deck of cards :** baraja *f* (de
naipes) **3** TERRACE **:** entarimado *m*
declare *vt* **-clared; -claring :** declarar
— **declaration** *n* **:** declaración *f*
decline *v* **-clined; -clining** *vt* REFUSE
: declinar, rehusar — *vi* DECREASE **:**
disminuir — **decline** *n* **1** DETERIORATION
: decadencia *f*, deterioro *m* **2**
DECREASE **:** disminución *f*
decode *vt* **-coded; -coding :** descodificar
decompose *vt* **-posed; -posing :**
descomponer — *vi* **:** descomponerse

decongestant *n* **:** descongestionante *m*
decorate *vt* **-rated; -rating :** decorar
— **decor** *or* décor *n* **:** decoración *f*
— **decoration** *n* **:** decoración *f* —
decorator *n* **:** decorador *m*, -dora *f*
decoy *n* **:** señuelo *m*
decrease *v* **-creased; -creasing :**
disminuir — **decrease** *n* **:** disminución *f*
decree *n* **:** decreto *m* — **decree** *vt*
-creed; -creeing : decretar
decrepit *adj* **1** FEEBLE **:** decrépito
2 DILAPIDATED **:** ruinoso
dedicate *vt* **-cated; -cating 1 :** dedicar
2 dedicate oneself to : consagrarse
a — **dedication** *n* **1** DEVOTION **:**
dedicación *f* **2** INSCRIPTION **:** dedicatoria *f*
deduce *vt* **-duced; -ducing :**
deducir — **deduct** *vt* **:** deducir
— **deduction** *n* **:** deducción *f*
deed *n* **:** acción *f*, hecho *m*
deem *vt* **:** considerar, juzgar
deep *adj* **:** hondo, profundo —
deep *adv* **1** DEEPLY **:** profundamente
2 deep down : en el fondo **3 dig deep
:** cavar hondo — **deepen** *vt* **:** ahondar
— *vi* **:** hacerse más profundo —
deeply *adv* **:** hondo, profundamente
deer *ns & pl* **:** ciervo *m*
deface *vt* **-faced; -facing :** desfigurar
default *n* **by default :** en rebeldía —
default *vi* **1 default on :** no pagar (una
deuda) **2 :** no presentarse (en deportes)
defeat *vt* **1** BEAT **:** vencer, derrotar **2**
FRUSTRATE **:** frustrar — **defeat** *n* **:** derrota *f*
defect *n* **:** defecto *m* — **defect** *vi* **:**
desertar — **defective** *adj* **:** defectuoso
defend *vt* **:** defender — **defendant** *n*
: acusado *m*, -da *f* — **defense** *or* Brit
defence *n* **:** defensa *f* — **defenseless**
or Brit **defenceless** *adj* **:** indefenso —
defensive *adj* **:** defensivo — **defend** *n*
on the defend : a la defensiva
defer *v* **-ferred; -ferring** *vt* **:** diferir,
aplazar — *vi* **defer to :** deferir a
— **deference** *n* **:** deferencia *f* —
deferential *adj* **:** deferente
defiance *n* **1 :** desafío *m* **2
in defiance of :** a despecho de
— **defiant** *adj* **:** desafiante
deficiency *n*, *pl* **-cies :** deficiencia *f*
— **deficient** *adj* **:** deficiente
deficit *n* **:** déficit *m*
defile *vt* **-filed; -filing 1** DIRTY **:**
ensuciar **2** DESECRATE **:** profanar
define *vt* **-fined; -fining :** definir

— **definite** *adj* **1** : definido **2** CERTAIN : seguro, incuestionable — **definition** *n* : definición *f* — **definitive** *adj* : definitivo

deflate *v* **-flated; -flating** *vt* : desinflar (una llanta, etc.) — *vi* : desinflarse

deflect *vt* : desviar — *vi* : desviarse

deform *vt* : deformar — **deformity** *n, pl* **-ties** : deformidad *f*

defraud *vt* : defraudar

defrost *vt* : descongelar — *vi* : descongelarse

deft *adj* : hábil, diestro

defy *vt* **-fied; -fying 1** CHALLENGE : desafiar **2** RESIST : resistir

degenerate *vi* : degenerar — **degenerate** *adj* : degenerado

degrade *vt* **-graded; -grading** : degradar — **degrading** *adj* : degradante

degree *n* **1** : grado *m* **2** *or* **academic degree** : título *m*

dehydrate *vt* **-drated; -drating** : deshidratar

deign *vi* **deign to** : dignarse (a)

deity *n, pl* **-ties** : deidad *f*

dejected *adj* : abatido

— **dejection** *n* : abatimiento *m*

delay *n* : retraso *m* — **delay** *vt* **1** POSTPONE : aplazar **2** HOLD UP : retrasar — *vi* : demorar

delectable *adj* : delicioso

delegate *n* : delegado *m*, -da *f* — **delegate** *v* **-gated; -gating** : delegar — **delegation** *n* : delegación *f*

delete *vt* **-leted; -leting** : borrar

deliberate *v* **-ated; -ating** *vt* : deliberar sobre — *vi* : deliberar — **deliberate** *adj* : deliberado — **deliberately** *adv* INTENTIONALLY : a propósito — **deliberation** *n* : deliberación *f*

delicacy *n, pl* **-cies 1** : delicadeza *f* **2** FOOD : manjar *m*, exquisitez *f* — **delicate** *adj* : delicado

▸ **delicatessen** *n* : charcutería *f*

delicious *adj* : delicioso

delight *n* : placer *m*, deleite *m* — **delight** *vt* : deleitar, encantar — *vi* **delight in** : deleitarse con — **delightful** *adj* : delicioso, encantador

delinquent *adj* : delincuente — **delinquent** *n* : delincuente *mf*

delirious *adj* : delirante — **delirium** *n* : delirio *m*

deliver *vt* **1** DISTRIBUTE : entregar, repartir **2** FREE : liberar **3** : asistir en el parto de (un niño) **4** : pronunciar (un discurso, etc.) **5** DEAL : asestar (un golpe, etc.) — **delivery** *n, pl* **-eries 1** DISTRIBUTION : entrega *f*, reparto *m* **2** LIBERATION : liberación *f* **3** CHILDBIRTH : parto *m*, alumbramiento *m*

delude *vt* **-luded; -luding 1** : engañar **2 delude oneself** : engañarse

deluge *n* : diluvio *m*

delusion *n* : ilusión *f*

deluxe *adj* : de lujo

delve *vi* **delved; delving 1** : escarbar **2 delve into** PROBE : investigar

demand *n* **1** REQUEST : petición *f* **2** CLAIM : reclamación *f*, exigencia *f* **3** → **supply** — **demand** *vt* : exigir — **demanding** *adj* : exigente

demean *vt* **demean oneself** : rebajarse

demeanor *n* : comportamiento *m*

demented *adj* : demente, loco

demise *n* : fallecimiento *m*

delicatessen
charcuterías^F

merguez
merguez^M

blood sausage
morcilla^F

chorizo
chorizo^M

chipolata
chipolata^F

prosciutto
jamón^M *serrano*

cooked ham
jamón^M *de York*

pancetta
panceta^F

German salami
salami^M *alemán*

bacon
bacón^M *americano*

Canadian bacon
bacón^M *canadiense*

democracy *n, pl* **-cies** : democracia *f*
— **democrat** *n* : demócrata *mf* —
democratic *adj* : democrático
demolish *vt* : demoler —
demolition *n* : demolición *f*
demon *n* : demonio *m*
demonstrate *v* **-strated; -strating** *vt* :
demostrar — *vi* RALLY : **manifestarse** —
demonstration *n* **1** : demostración *f* **2**
RALLY : manifestación *f*
demoralize *vt* **-ized;
-izing** : desmoralizar
demote *vt* **-moted; -moting**
: bajar de categoría
demure *adj* : recatado
den *n* LAIR : guarida *f*
denial *n* **1** : negación *f*, rechazo *m* **2**
REFUSAL : denegación *f*
denim *n* : tela *f* vaquera, mezclilla *f* *Lat*
denomination *n* **1** : confesión *f*
(religiosa) **2** : valor *m* (de una moneda)
denounce *vt* **-nounced;
-nouncing** : denunciar
dense *adj* **denser; -est 1** THICK
: denso **2** STUPID : estúpido —
density *n, pl* **-ties** : densidad *f*
dent *vt* : abollar — **dent** *n* : abolladura *f*
dental *adj* : dental — **dental floss** *n* :
hilo *m* dental — **dentist** *n* : dentista *mf*
— **dentures** *npl* : dentadura *f* postiza
deny *vt* **-nied; -nying 1** :
negar **2** REFUSE : denegar
deodorant *n* : desodorante *m*
depart *vi* **1** : salir **2 depart from**
: apartarse de (la verdad, etc.)
department *n* : sección *f* (de una
tienda, etc.), departamento *m* (de
una empresa, etc.), ministerio *m*
(del gobierno) — **department
store** *n* : grandes almacenes *mpl*
departure *n* **1** : salida *f* **2**
DEVIATION : desviación *f*
depend *vi* **1 depend on** : depender
de **2 depend on someone** : contar con
algn **3 that depends** : eso depende —
dependable *adj* : digno de confianza
— **dependence** *n* : dependencia *f*
— **dependent** *adj* : dependiente
depict *vt* **1** PORTRAY : representar
2 DESCRIBE : describir
deplete *vt* **-pleted; -pleting**
: agotar, reducir
deplore *vt* **-plored; -ploring** : deplorar,
lamentar — **deplorable** *adj* : lamentable
deploy *vt* : desplegar

deport *vt* : deportar, expulsar (de un
país) — **deportation** *n* : deportación *f*
depose *vt* **-posed; -posing** : deponer
deposit *vt* **-ited; -iting** : depositar
— **deposit** *n* **1** : depósito *m* **2**
DOWN PAYMENT : entrega *f* inicial
depot *n* **1** WAREHOUSE : almacén *m*,
depósito *m* **2** STATION : terminal *mf*
depreciate *vi* **-ated; -ating** : depreciarse
— **depreciation** *n* : depreciación *f*

depress *vt* **1** : deprimir **2** PRESS :
apretar — **depressed** *adj* : abatido,
deprimido — **depressing** *adj* : deprimente
— **depression** *n* : depresión *f*
deprive *vt* **-prived; -priving** : privar
depth *n, pl* **depths 1** : profundidad *f* **2**
in the depths of night : en lo
más profundo de la noche
deputy *n, pl* **-ties** : suplente *mf*;
sustituto *m*, -ta *f*

**digestive system
aparatoᴹ digestivo**

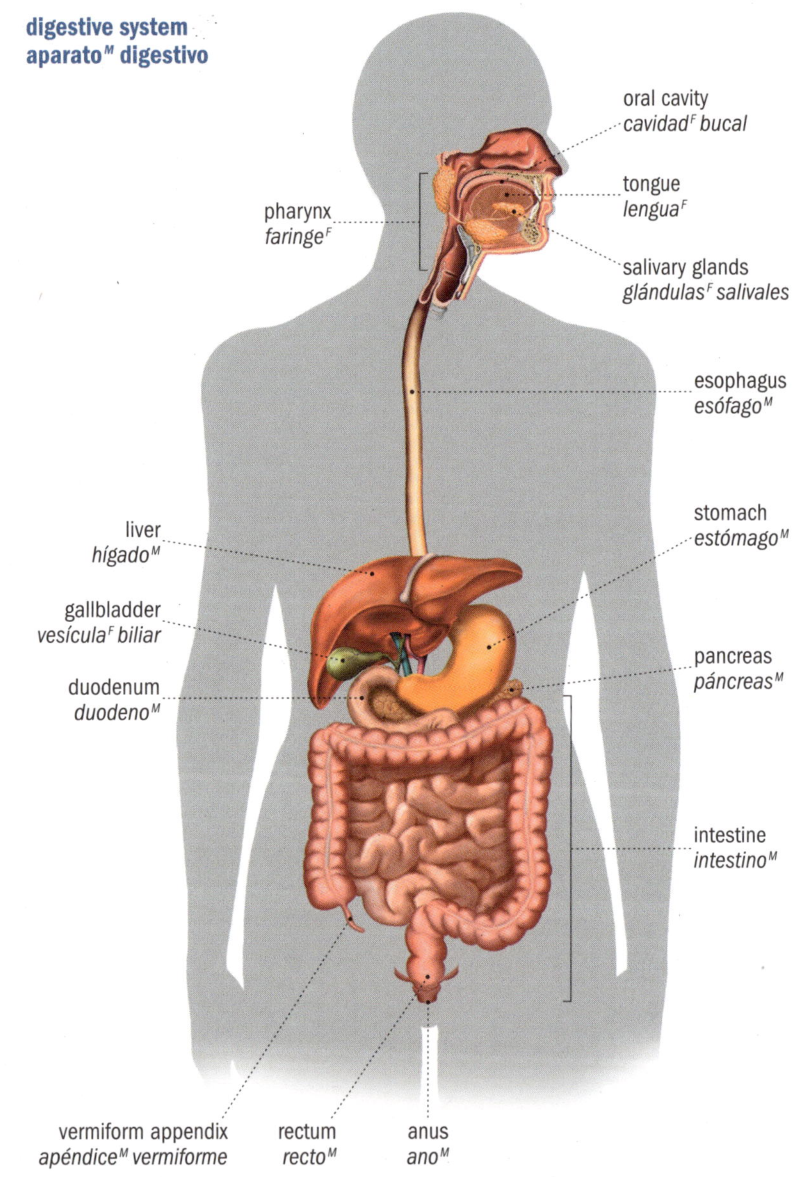

derail *vt* : hacer descarrilar
deranged *adj* : trastornado
derelict *adj* : abandonado
deride *vt* **-rided; -riding** : burlarse
de — **derision** *n* : mofa *f*
derive *vi* **-rived; -riving** : derivar
— **derivation** *n* : derivación *f*
derogatory *adj* : despectivo
descend *v* : descender, bajar —
descendant *n* : descendiente *mf*
— **descent** *n* **1** : descenso *m* **2**
LINEAGE : descendencia *f*
describe *vt* **-scribed; -scribing** :
describir — **description** *n* : descripción *f*
— **descriptive** *adj* : descriptivo
desecrate *vt* **-crated; -crating** : profanar
desert *n* : desierto *m* — **desert** *adj*
desert island : isla *f* desierta —
desert *vt* : abandonar — *vi* : desertar
— **deserter** *n* : desertor *m*, -tora *f*
deserve *vt* **-served; -serving** : merecer
design *vt* **1** DEVISE : diseñar **2** PLAN :
proyectar — **design** *n* **1** : diseño *m* **2**
PLAN : plan *m*, proyecto *m*
designate *vt* **-nated; -nating**
: nombrar, designar
designer *n* : diseñador *m*, -dora *f*
desire *vt* **-sired; -siring** :
desear — **desire** *n* : deseo *m*
— **desirable** *adj* : deseable
desk *n* : escritorio *m*,
pupitre *m* (en la escuela)
desolate *adj* : desolado
despair *vi* : desesperar —
despair *n* : desesperación *f*
desperate *adj* : desesperado —
desperation *n* : desesperación *f*
despise *vt* **-spised; -spising** : despreciar
— **despicable** *adj* : despreciable
despite *prep* : a pesar de
despondent *adj* : desanimado
dessert *n* : postre *m*
destination *n* : destino *m* —
destined *adj* **1** : destinado **2**
destined for : con destino a —
destiny *n, pl* **-nies** : destino *m*
destitute *adj* : indigente
destroy *vt* : destruir —
destruction *n* : destrucción *f* —
destructive *adj* : destructivo
detach *vt* : separar — **detached** *adj* **1**
: separado **2** IMPARTIAL : objetivo
detail *n* **1** : detalle *m* **2 go into detail**
: entrar en detalles — **detail** *vt* :
detallar — **detailed** *adj* : detallado

detain *vt* **1** : detener (un
prisionero) **2** DELAY : entretener
detect *vt* : detectar — **detection** *n*
: detección *f*, descubrimiento *m*
— **detective** *n* : detective *mf*
detention *n* : detención *m*
deter *vt* **-terred; -terring** : disuadir
detergent *n* : detergente *m*
deteriorate *vi* **-rated;**
-rating : deteriorarse —
deterioration *n* : deterioro *m*
determine *vt* **-mined; -mining**
: determinar — **determined** *adj*
RESOLUTE : decidido —
determination *n* : determinación *f*
deterrent *n* : medida *f* disuasiva
detest *vt* : detestar —
detestable *adj* : odioso
detonate *v* **-nated; -nating** *vt* : hacer
detonar — *vi* EXPLODE : detonar, estallar
— **detonation** *n* : detonación *f*
detour *n* **1** : desviación *f* **2**
make a detour : dar un rodeo
— **detour** *vi* : desviarse
detract *vi* **detract from** : aminorar,
restar importancia a
detrimental *adj* : perjudicial
devalue *vt* **-ued; -uing** : devaluar
devastate *vt* **-tated; -tating** : devastar
— **devastating** *adj* : devastador —
devastation *n* : devastación *f*
develop *vt* **1** : desarrollar **2 develop**
an illness : contraer una enfermedad
— *vi* **1** GROW : desarrollarse **2** HAPPEN :
aparecer — **development** *n* : desarrollo *m*
deviate *v* **-ated; -ating** *vi* : desviarse
— **deviation** *n* : desviación *f*
device *n* : dispositivo *m*, mecanismo *m*
devil *n* : diablo *m*, demonio *m*
— **devilish** *adj* : diabólico
devious *adj* **1** CRAFTY : taimado
2 WINDING : tortuoso
devise *vt* **-vised; -vising** : idear, concebir
devoid *adj* **devoid of** : desprovisto de
devote *vt* **-voted; -voting** :
consagrar, dedicar — **devoted** *adj*
: leal — **devotee** *n* : devoto *m*,
-ta *f* — **devotion** *n* **1** : devoción *f*,
dedicación *f* **2** : oración *f* (en religión)
devour *vt* : devorar
devout *adj* : devoto
dew *n* : rocío *m*
dexterity *n, pl* **-ties** : destreza *f*
diabetes *n* : diabetes *f* — **diabetic** *adj* :
diabético — **diabetic** *n* : diabético *m*, -ca *f*

diabolic *or* diabolical *adj* : diabólico
diagnosis *n, pl* **-noses** :
diagnóstico *m* — **diagnose** *vt*
-nosed; -nosing : diagnosticar —
diagnostic *adj* : diagnóstico
diagonal *adj* : diagonal, en diagonal
— **diagonal** *n* : diagonal *f*
diagram *n* : diagrama *m*
dial *n* : esfera *f* (de un reloj), dial *m*
(de un radio, etc.) — **dial** *v* **dialed** *or*
dialled; dialing *or* **dialling** : marcar
dialect *n* : dialecto *m*
dialogue *n* : diálogo *m*
diameter *n* : diámetro *m*
diamond *n* **1** : diamante *m* **2** :
rombo *m* (forma) **3** *or* **baseball**
diamond : cuadro *m*, diamante *m*
diaper *n* : pañal *m*
diaphragm *n* : diafragma *m*
diarrhea *n* : diarrea *f*
diary *n, pl* **-ries** : diario *m*
dice *ns & pl* : dados *mpl* (juego)
dictate *vt* **-tated; -tating** : dictar
— **dictation** *n* : dictado *m* —
dictator *n* : dictador *m*, -dora *f* —
dictatorship *n* : dictadura *f*
dictionary *n, pl* **-naries** : diccionario *m*
did → **do**
die[1] *vi* **died; dying 1** : morir **2 die**
down : amainar, disminuir **3 die out** :
extinguirse **4 be dying for** : morirse por
die[2] *n* **1** *pl* **dice** : dado *m* (para
jugar) **2** *pl* **dies** MOLD : molde *m*
diesel *n* : diesel *m*
diet *n* **1** FOOD : alimentación *f* **2**
go on a diet : ponerse a régimen
— **diet** *vi* : estar a régimen
differ *vi* **-ferred; -ferring 1** : diferir,
ser distinto **2** DISAGREE : no estar de
acuerdo — **difference** *n* : diferencia *f*
— **different** *adj* : distinto, diferente
— **differentiate** *v* **-ated; -ating** *vt*
: diferenciar — *vi* : distinguir —
differently *adv* : de otra manera
difficult *adj* : difícil — **difficulty** *n,*
pl **-ties** : dificultad *f*
diffident *adj* : tímido, que falta confianza
dig *v* **dug; digging** *vt* **1** : cavar **2 dig up**
: desenterrar — *vi* : cavar — **dig** *n* **1**
GIBE : pulla *f* **2** EXCAVATION : excavación *f*
digest *n* : resumen *m* — **digest** *vt* **1**
: digerir **2** SUMMARIZE : resumir —
digestible *adj* : digerible — **digestion** *n*
: digestión *f* — **digestive** *adj* : digestivo
digit *n* **1** NUMERAL : dígito *m*, número *m* **2**

dinosaurs
dinosaurios^M

FINGER TOE : dedo *m* — **digital** *adj* : digital

dignity *n*, *pl* **-ties** : dignidad *f* —
  dignified *adj* : digno, decoroso

digress *vi* : desviarse del tema,
  divagar — **digression** *n* : digresión *f*

dike *n* : dique *m*

dilapidated *adj* : ruinoso

dilate *v* **-lated; -lating** *vt* :
  dilatar — *vi* : dilatarse

dilemma *n* : dilema *m*

diligence *n* : diligencia *f* —
  diligent *adj* : diligente

dilute *vt* **-luted; -luting** : diluir

dim *v* **dimmed; dimming** *vt* :
  atenuar — *vi* : irse atenuando

— **dim** *adj* **dimmer; dimmest 1**
  DARK : oscuro **2** FAINT : débil, tenue

dime *n* : moneda *f* de diez centavos

dimension *n* : dimensión *f*

diminish *v* : disminuir

diminutive *adj* : diminuto

dimple *n* : hoyuelo *m*

din *n* : estrépito *m*

dine *vi* **dined; dining** : cenar —
  diner *n* **1** : comensal *mf* (persona)
  2 : cafetería *f* (restaurante)

dingy *adj* **-gier; -est** : sucio, deslucido

dinner *n* : cena *f*, comida *f*

▸ **dinosaur** *n* : dinosaurio *m*

dint *n* **by dint of** : a fuerza de

dip *v* **dipped; dipping** *vt* : mojar
  — *vi* : bajar, descender — **dip** *n* **1**
  DROP : descenso *m*, caída *f* **2** SWIM
  : chapuzón *m* **3** SAUCE : salsa *f*

diploma *n*, *pl* **-mas** : diploma *m*

diplomacy *n* : diplomacia *f* —
  diplomat *n* : diplomático *m*, -ca *f*
  — **diplomatic** *adj* : diplomático

dire *adj* **direr; direst 1** : grave,
  terrible **2** EXTREME : extremo

direct *vt* **1** : dirigir **2** ORDER : mandar
  — **direct** *adj* **1** STRAIGHT : directo
  2 FRANK : franco — **direct** *adv* :
  directamente — **direct current** *n* :
  corriente *f* continua — **direction** *n* **1**

ankylosaurus
ankylosaurus[M]

triceratops
triceratops[M]

parasauroloph
parasaurolophus[M]

tyrannosaurus
tyrannosaurus[M]

: dirección *f* **2 ask directions** : pedir indicaciones — **directly** *adv* **1** STRAIGHT : directamente **2** IMMEDIATELY : en seguida — **director** *n* **1** : director *m*, -tora *f* **2 board of directors** : directorio *m* — **directory** *n, pl* **-ries** : guía *f* (telefónica)

dirt *n* **1** : suciedad *f* **2** SOIL : tierra *f* — **dirty** *adj* **dirtier; -est 1** : sucio **2** INDECENT : obsceno, cochino *fam*

disability *n, pl* **-ties** : minusvalía *f*, invalidez *f* — **disable** *vt* **-abled; -abling** : incapacitar — **disabled** *adj* : minusválido

disadvantage *n* : desventaja *f*

disagree *vi* **1** : no estar de acuerdo (con algn) **2** CONFLICT : no coincidir

— **disagreeable** *adj* : desagradable — **disagreement** *n* **1** : desacuerdo *m* **2** ARGUMENT : discusión *f*

disappear *vi* : desaparecer — **disappearance** *n* : desaparición *f*

disappoint *vt* : decepcionar, desilusionar — **disappointment** *n* : decepción *f*, desilusión *f*

disapprove *vi* **-proved; -proving disapprove of** : desaprobar — **disapproval** *n* : desaprobación *f*

disarm *vt* : desarmar — **disarmament** *n* : desarme *m*

disarray *n* : desorden *m*

disaster *n* : desastre *m*

— **disastrous** *adj* : desastroso

disbelief *n* : incredulidad *f*

disc → **disk**

discard *vt* : desechar, deshacerse de

discern *vt* : percibir, discernir — **discernible** *adj* : perceptible

discharge *vt* **-charged; -charging 1** UNLOAD : descargar **2** RELEASE : liberar, poner en libertad **3** DISMISS : despedir **4** CARRY OUT : cumplir con (una obligación) — **discharge** *n* **1** : descarga *f* (de electricidad), emisión *f* (de humo, etc.) **2** DISMISSAL : despido *m* **3** RELEASE : alta *f* (de un paciente), puesta *f* en libertad (de un preso) **4** : supuración *f* (en medicina)

disciple *n* : discípulo *m*, -la *f*

discipline *n* **1** : disciplina *f* **2** PUNISHMENT : castigo *m* — **discipline** *vt* -plined; -plining **1** CONTROL : disciplinar **2** PUNISH : castigar

disclaim *vt* : negar

disclose *vt* -closed; -closing : revelar — **disclosure** *n* : revelación *f*

discomfort *n* **1** : incomodidad *f* **2** PAIN : malestar *m* **3** UNEASINESS : inquietud *f*

disconcert *vt* : desconcertar

disconnect *vt* : desconectar

disconsolate *adj* : desconsolado

discontented *adj* : descontento

discontinue *vt* -ued; -uing : suspender, descontinuar

discount *n* : descuento *m*, rebaja *f* — **discount** *vt* **1** : descontar (precios) **2** DISREGARD : descartar

discourage *vt* -aged; -aging : desalentar, desanimar — **discouragement** *n* : desánimo *m*, desaliento *m*

discover *vt* : descubrir — **discovery** *n*, *pl* -ries : descubrimiento *m*

discredit *vt* : desacreditar — **discredit** *n* : descrédito *m*

discreet *adj* : discreto

discrepancy *n*, *pl* -cies : discrepancia *f*

discretion *n* : discreción *f*

discriminate *vi* -nated; -nating **1** **discriminate against** : discriminar **2 discriminate between** : distinguir entre — **discrimination** *n* **1** PREJUDICE : discriminación *f* **2** DISCERNMENT : discernimiento *m*

discuss *vt* : hablar de, discutir — **discussion** *n* : discusión *f*

disdain *n* : desdén *m* — **disdain** *vt* : desdeñar

disease *n* : enfermedad *f* — **diseased** *adj* : enfermo

disembark *vi* : desembarcar

disengage *vt* -gaged; -gaging **1** RELEASE : soltar **2 disengage the clutch** : desembragar

disentangle *vt* -gled; -gling : desenredar

disfavor *n* : desaprobación *f*

disfigure *vt* -ured; -uring : desfigurar

disgrace *vt* -graced; -gracing : deshonrar — **disgrace** *n* **1** DISHONOR : deshonra *f* **2** SHAME : vergüenza *f* — **disgraceful** *adj* : vergonzoso, deshonroso

disgruntled *adj* : descontento

disguise *vt* -guised; -guising :

disfrazar — **disguise** *n* : disfraz *m*

disgust *n* : asco *m*, repugnancia *f* — **disgust** *vt* : asquear — **disgusting** *adj* : asqueroso

dish *n* **1** : plato *m* **2** *or* **serving dish** : fuente *f* **3 wash the dishes** : lavar los platos — **dish** *vt or* **dish up** : servir — **dishcloth** *n* : paño *m* de cocina (para secar), trapo *m* de fregar (para lavar)

dishearten *vt* : desanimar

disheveled *or* **dishevelled** *adj* : desaliñado, despeinado (dícese del pelo)

dishonest *adj* : deshonesto — **dishonesty** *n*, *pl* -ties : falta *f* de honradez

dishonor *n* : deshonra *f* — **dishonor** *vt* : deshonrar — **dishonorable** *adj* : deshonroso

dishwasher *n* : lavaplatos *m*, lavavajillas *m*

disillusion *vt* : desilusionar — **disillusionment** *n* : desilusión *f*

disinfect *vt* : desinfectar — **disinfectant** *n* : desinfectante *m*

disintegrate *vi* -grated; -grating : desintegrarse

disinterested *adj* : desinteresado

disk *or* disc *n* : disco *m*

dislike *n* : aversión *f*, antipatía *f* — **dislike** *vt* -liked; -liking **1** : tener aversión a **2 I dislike dancing** : no me gusta bailar

dislocate *vt* -cated; -cating : dislocar

dislodge *vt* -lodged; -lodging : sacar, desalojar

disloyal *adj* : desleal — **disloyalty** *n*, *pl* -ties : deslealtad *f*

dismal *adj* : sombrío, deprimente

dismantle *vt* -tled; -tling : desmontar, desarmar

dismay *vt* : consternar — **dismay** *n* : consternación *f*

dismiss *vt* **1** DISCHARGE : despedir, destituir **2** REJECT : descartar, rechazar — **dismissal** *n* **1** : despido *m* (de un empleado), destitución *f* (de un funcionario) **2** REJECTION : rechazo *m*

dismount *vi* : desmontar

disobey *v* : desobedecer — **disobedience** *n* : desobediencia *f* — **disobedient** *adj* : desobediente

disorder *n* **1** : desorden *m* **2** AILMENT : afección *f*, problema *m* — **disorderly** *adj* : desordenado

disorganize *vt* -nized; -nizing : desorganizar

disown *vt* : renegar de

dispassionate *adj* : desapasionado

dispatch *vt* : despachar, enviar

dispel *vt* -pelled; -pelling : disipar

dispensation *n* EXEMPTION : exención *m*, dispensa *f*

dispense *v* -pensed; -pensing *vt* : repartir, distribuir — *vi* **dispense with** : prescindir de

disperse *v* -persed; -persing *vt* : dispersar — *vi* : dispersarse

displace *vt* -placed; -placing **1** : desplazar **2** REPLACE : reemplazar

display *vt* **1** EXHIBIT : exponer, exhibir **2 display anger** : manifestar la ira — **display** *n* : muestra *f,* exposición *f*

displease *vt* -pleased; -pleasing : desagradar — **displeasure** *n* : desagrado *m*

dispose *v* -posed; -posing *vt* : disponer — *vi* **dispose of** : deshacerse de — **disposable** *adj* : desechable — **disposal** *n* **1** REMOVAL : eliminación *f* **2 have at one's disposal** : tener a su disposición — **disposition** *n* **1** ARRANGEMENT : disposición *f* **2** TEMPERAMENT : temperamento *m*, carácter *m*

disprove *vt* -proved; -proving : refutar

dispute *v* -puted; -puting *vt* QUESTION : cuestionar — *vi* ARGUE : discutir — **dispute** *n* : disputa *f*, conflicto *m*

disqualification *n* : descalificación *f* — **disqualify** *vt* -fied; -fying : descalificar

disregard *vt* : ignorar, hacer caso omiso de — **disregard** *n* : indiferencia *f*

disrepair *n* : mal estado *m*

disreputable *adj* : de mala fama

disrespect *n* : falta *f* de respeto — **disrespectful** *adj* : irrespetuoso

disrupt *vt* : trastornar, perturbar — **disruption** *n* : trastorno *m*

dissatisfaction *n* : descontento *m* — **dissatisfied** *adj* : descontento

dissect *vt* : disecar

disseminate *vt* -nated; -nating : diseminar, difundir

dissent *vi* : disentir — **dissent** *n* : disentimiento *m*

dissertation THESIS : tesis *f*

disservice *n* **do a disservice to** : no hacer justicia a

dissident *n* : disidente *mf*

dissimilar *adj* : distinto

dissipate *vt* -pated; -pating **1** DISPEL : disipar **2** SQUANDER : desperdiciar

scuba diver
buceador[M]

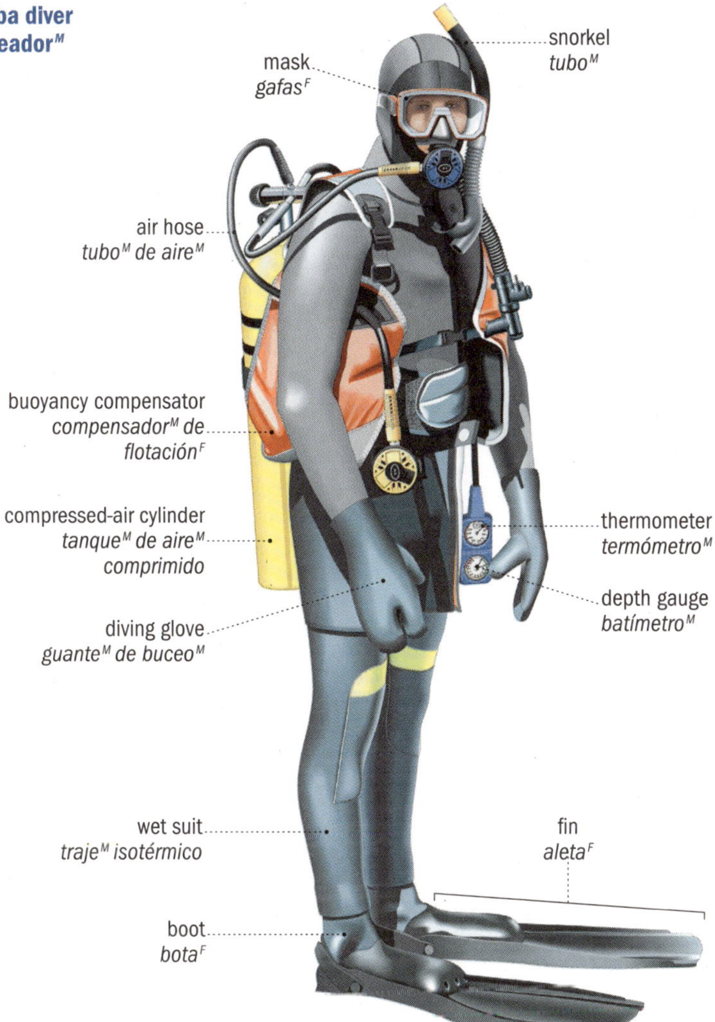

snorkel
tubo[M]

mask
gafas[F]

air hose
tubo[M] de aire[M]

buoyancy compensator
compensador[M] de flotación[F]

compressed-air cylinder
tanque[M] de aire[M] comprimido

diving glove
guante[M] de buceo[M]

thermometer
termómetro[M]

depth gauge
batímetro[M]

wet suit
traje[M] isotérmico

fin
aleta[F]

boot
bota[F]

---

dissolve *v* **-solved; -solving** *vt* : disolver — *vi* : disolverse

dissuade *vt* **-suaded; -suading** : disuadir

distance *n* **1** : distancia *f* **2 in the distance** : a lo lejos — **distant** *adj* : distante

distaste *n* : desagrado *m* — **distasteful** *adj* : desagradable

distend *vt* : dilatar — *vi* : dilatarse

distill *or Brit* **distil** *vt* **-tilled; -tilling** : destilar

distinct *adj* **1** DIFFERENT : distinto **2** CLEAR : claro — **distinction** *n* : distinción *f* — **distinctive** *adj* : distintivo

distinguish *vt* : distinguir — **distinguished** *adj* : distinguido

distort *vt* : deformar, distorsionar — **distortion** *n* : deformación *f*

distract *vt* : distraer — **distraction** *n* : distracción *f*

distraught *adj* : muy afligido

distress *n* **1** : angustia *f*, aflicción *f* **2 in distress** : en peligro — **distress** *vt* : afligir — **distressing** *adj* : penoso

distribute *vt* **-uted; -uting** : distribuir, repartir — **distribution** *n* : distribución *f* — **distributor** *n* : distribuidor *m*, -dora *f*

district *n* **1** REGION : región *f*, zona *f*, barrio *m* (de una ciudad) **2** : distrito *m* (zona política)

distrust *n* : desconfianza *f* — **distrust** *vt* : desconfiar de

disturb *vt* **1** BOTHER : molestar, perturbar **2** WORRY : inquietar — **disturbance** *n* **1** COMMOTION : alboroto *m*, disturbio *m* **2** INTERRUPTION : interrupción *f*

disuse *n* **fall into disuse** : caer en desuso

ditch *n* : zanja *f*, cuneta *f* — **ditch** *vt* DISCARD : deshacerse de, botar

ditto *n, pl* **-tos 1** : ídem *m* **2 ditto marks** : comillas *fpl*

dive *vi* **dived** *or* **dove; dived; diving 1** : zambullirse, tirarse al agua **2** DESCEND : bajar en picada (dícese de un avión, etc.) — **dive** *n* **1** : zambullida *f*, clavado *m*, *Lat* **2** DESCENT : descenso *m* en picada — **diver** *n* : saltador *m*, -dora *f*

diverge *vi* **-verged; -verging** : divergir

diverse *adj* : diverso — **diversify** *v* **-fied; -fying** *vt* : diversificar — *vi* : diversificarse

diversion *n* **1** : desviación *f* **2** AMUSEMENT : diversión *f*, distracción *f*

diversity *n, pl* **-ties** : diversidad *f*

divert *vt* **1** : desviar **2** DISTRACT : distraer **3** AMUSE : divertir

divide *v* **-vided; -viding** *vt* : dividir — *vi* : dividirse

dividend *n* : dividendo *m*

divine *adj* **-viner; -est** : divino — **divinity** *n, pl* **-ties** : divinidad *f*

division *n* : división *f*

divorce *n* : divorcio *m* — **divorce** *v* **-vorced; -vorcing** *vt* : divorciar — *vi* : divorciarse — **divorcée** *n* : divorciada *f*

divulge *vt* **-vulged; -vulging** : revelar, divulgar

dizzy *adj* **dizzier; -est 1** : mareado **2 a dizzy speed** : una velocidad vertiginosa — **dizziness** *n* : mareo *m*, vértigo *m*

DNA *n* : AND *m*

do *v* **did; done; doing; does** *vt* **1** : hacer **2** PREPARE : preparar — *vi* **1** BEHAVE : hacer **2** FARE : estar, ir, andar **3** SUFFICE : ser suficiente **4 do away with** : abolir, eliminar **5 how are you doing?** : ¿cómo estás? — *v aux* **1** (*used in interrogative sentences*) **do you know her?** : ¿la conoces? **2** (*used in negative statements*) **I don't know** : yo no se **3** (*used as a substitute verb to avoid repetition*) **do you speak English? yes, I do** : ¿habla inglés? sí

dock *n* : muelle *m* — **dock** *vt* :

descontar dinero de (un sueldo)
— *vi* ANCHOR : fondear, atracar
doctor *n* **1** : doctor *m, -tora f*
(en derecho, etc.) **2** PHYSICIAN :
médico *m, -ca*; doctor *m, -tora f* —
doctor *vt* ALTER : alterar, falsificar
doctrine *n* : doctrina *f*
document *n* : documento *m* —
document *vt* : documentar —
documentary *n, pl* **-ries** : documental *m*
dodge *n* : artimaña *f*, truco *m* —
dodge *v* **dodged; dodging** *vt* : esquivar,
eludir — *vi* : echarse a un lado
doe *n, pl* **does** *or* **doe** : gama *f*, cierva *f*
does → **do**
dog *n* : perro *m, -rra f* — **dog** *vt* **dogged;**
dogging : perseguir — **dogged** *adj* : tenaz
dogma *n* : dogma *m* —
dogmatic *adj* : dogmático
doily *n, pl* **-lies** : tapete *m*
doings *npl* : actividades *fpl*
doldrums *npl* **be in the**
doldrums : estar abatido

dole *n* : subsidio *m* de desempleo —
dole *vt* **doled; doling** *or* **dole out** : repartir
doleful *adj* : triste, lúgubre
doll *n* : muñeco *m, -ca f*
dollar *n* : dólar *m*
dolphin *n* : delfín *m*
domain *n* **1** TERRITORY : dominio *m* **2**
FIELD : campo *m*, esfera *f*
dome *n* : cúpula *f*
domestic *adj* **1** : doméstico **2**
INTERNAL : nacional — **domestic** *n*
SERVANT : empleado *m* doméstico,
empleada *f* doméstica — **domesticate** *vt*
-cated; -cating : domesticar
domination *n* : dominación *f*
— **dominant** *adj* : dominante —
dominate *v* **-nated; -nating** : dominar
— **domineer** *vi* : dominar, tiranizar
dominos *n* : dominó *m* (juego)
donate *vt* **-nated; -nating** : donar, hacer
un donativo de — **donation** *n* : donativo *m*
done → **do** — **done** *adj* **1** FINISHED :
terminado, hecho **2** COOKED : cocido

donkey *n, pl* **-keys** : burro *m*
donor *n* : donante *mf*
don't (*contraction of* **do not**) → **do**
doodle *v* **-dled; -dling** : garabatear
— **doodle** *n* : garabato *m*
doom *n* : perdición *f*, fatalidad *f*
— **doom** *vt* : condenar
door *n* **1** : puerta *f* **2** ENTRANCE :
entrada *f* — **doorbell** *n* : timbre *m* —
doorknob *n* : pomo *m* — **doorman** *n,*
pl **-men** : portero *m* — **doormat** *n* :
felpudo *m* — **doorstep** *n* : umbral *m*
— **doorway** *n* : entrada *f*, portal *m*
dope *n* **1** DRUG : droga *f* **2** IDIOT : idiota *mf*
— **dope** *vt* **doped; doping** : drogar
dormant *adj* : inactivo, latente
dormitory *n, pl* **-ries** : dormitorio *m*
dose *n* : dosis *f* — **dosage** *n* : dosis *f*
dot *n* **1** : punto *m* **2 on the dot** : en punto
dote *vi* **doted; doting dote on** : adorar
double *adj* : doble — **double** *v* **-bled;**
-bling *vt* : doblar — *vi* : doblarse —
double *adv* : (el) doble — **double** *n*
: doble *mf* — **double bass** *n* :
contrabajo *m* — **double–cross** *vt* :
traicionar — **doubly** *adv* : doblemente
doubt *vt* **1** : dudar **2** DISTRUST :
desconfiar de, dudar de — **doubt** *n*
: duda *f* — **doubtful** *adj* : dudoso
— **doubtless** *adv* : sin duda
dough *n* : masa *f* — **doughnut** *n*
: rosquilla *f*, dona *f Lat*
douse *vt* **doused; dousing 1** DRENCH :
empapar, mojar **2** EXTINGUISH : apagar
dove[1] → **dive**
dove[2] *n* : paloma *f*
dowdy *adj* **dowdier; -est** : poco elegante
down *adv* **1** DOWNWARD : hacia abajo
2 come/go down : bajar **3 down here**
: aquí abajo **4 fall down** : caer **5 lie**
down : acostarse **6 sit down** : sentarse
— **down** *prep* **1** ALONG : a lo largo de **2**
THROUGH : a través de **3 down the hill** :
cuesta abajo — **down** *adj* **1** DESCENDING
: de bajada **2** DOWNCAST : abatido —
down *n* : plumón *m* — **downcast** *adj*
: triste, abatido — **downfall** *n* : ruina *f*
— **downhearted** *adj* : desanimado
— **downhill** *adv & adj* : cuesta abajo
— **down payment** *n* : entrega *f* inicial
— **downpour** *n* : chaparrón *m* —
downright *adv* : absolutamente —
downright *adj* : absoluto, categórico —
downstairs *adv* : abajo — **downstairs** *adj*
: de abajo — **downstream** *adv* : río abajo

dresses and skirts
vestidos*M* y faldas*F*

shirtwaist dress
vestido^M *camisero*

drop waist dress
vestido^M *de talle*^M *bajo*

sarong
falda^F *sarong*^M

sundress
vestido^M *de tirantes*^M

jumper
pichi^M

kilt
falda^F *escocesa*

— **down–to–earth** *adj* : realista —
downtown *n* : centro *m* (de la ciudad) —
downtown *adv* : al centro, en el centro —
downtown *adj* : del centro — **downward**
or downwards *adv & adj* : hacia abajo
dowry *n, pl* **-ries** : dote *f*
doze *vi* **dozed; dozing** : dormitar
dozen *n, pl* **dozens** *or* **dozen** : docena *f*
drab *adj* **drabber; drabbest**
: monótono, apagado
draft *n* **1** : corriente *f* de aire **2**
or **rough draft** : borrador *m* **3** :
conscripción *f* (militar) **4** *or* **draft beer**
: cerveza *f* de barril — **draft** *vt* **1**
SKETCH : hacer el borrador de **2**
CONSCRIPT : reclutar — **drafty** *adj*
draftier; -est : con corrientes de aire
drag *v* **dragged; dragging** *vt* **1** :
arrastrar **2** DREDGE : dragar — *vi* :
arrastrar(se) — **drag** *n* **1** RESISTANCE
: resistencia *f* (aerodinámica) **2**
BORE : pesadez *f*, plomo *m fam*
dragon *n* : dragón *m* —
dragonfly *n, pl* **-flies** : libélula *f*
drain *vt* **1** EMPTY : vaciar, drenar **2** EXHAUST
: agotar — *vi* **1** : escurrir(se) (se dice de
los platos) **2** *or* **drain away** : desaparecer
poco a poco — **drain** *n* **1** : desagüe *m* **2**
SEWER : alcantarilla *f* **3** DEPLETION :
agotamiento *m* — **drainage** *n* : drenaje *m*
— **drainpipe** *n* : tubo *m* de desagüe
drama *n* : drama *m* — **dramatic** *adj*
: dramático — **dramatist** *n* :
dramaturgo *m*, -ga *f* — **dramatize** *vt*
-tized; -tizing : dramatizar
drank → **drink**
drape *vt* **draped; draping 1** COVER :
cubrir (con tela) **2** HANG : drapear —
drapes *npl* CURTAINS : cortinas *fpl*
drastic *adj* : drástico
draught → **draft**
draw *v* **drew; drawn; drawing** *vt* **1** PULL
: tirar de **2** ATTRACT : atraer **3** SKETCH :
dibujar, trazar **4** : sacar (una espada,
etc.) **5 draw a conclusion** : llegar a
una conclusión **6 draw up** DRAFT :
redactar — *vi* **1** SKETCH : dibujar **2**
draw near : acercarse — **draw** *n* **1**
DRAWING : sorteo *m* **2** TIE : empate *m* **3**
ATTRACTION : atracción *f* — **drawback** *n*
: desventaja *f* — **drawer** *n* : gaveta *f*,
cajón *m* (en un mueble) — **drawing** *n* **1**
LOTTERY : sorteo *m* **2** SKETCH : dibujo *m*
drawl *n* : habla *f* lenta y con
vocales prolongadas

dread *vt* : temer — **dread** *n* :
pavor *m*, temor *m* — **dreadful** *adj*
: espantoso, terrible
dream *n* : sueño *m* — **dream** *v*
dreamed *or* dreamt; **dreaming** *vi* :
soñar — *vt* **1** : soñar **2 dream up** : idear
— **dreamer** *n* : soñador *m*, -dora *f* —
dreamy *adj* **dreamier; -est** : soñador
dreary *adj* **-rier; -est** :
sombrío, deprimente
dredge *vt* **dredged; dredging** :
dragar — **dredge** *n* : draga *f*
dregs *npl* : heces *fpl*
drench *vt* : empapar
dress *vt* **1** : vestir **2** : preparar (pollo
o pescado), aliñar (ensalada) — *vi* **1** :
vestirse **2 dress up** : ponerse elegante —
dress *n* **1** CLOTHING : ropa *f* **2** : vestido *m*
(de mujer) — **dresser** *n* : cómoda *f* con
espejo — **dressing** *n* **1** : aliño *m* (de
ensalada), relleno *m* (de pollo) **2** BANDAGE :
vendaje *m* — **dressmaker** *n* : modista *mf*
— **dressy** *adj* **dressier; -est** : elegante
drew → **draw**
dribble *vi* **-bled; -bling 1** DRIP :
gotear **2** DROOL : babear **3** : driblar (en
basquetbol) — **dribble** *n* **1** TRICKLE
: goteo *m*, hilo *m* **2** DROOL : baba *f*
drier, driest → **dry**
drift *n* **1** MOVEMENT : movimiento *m* **2**
HEAP : montón *m* (de arena, etc.),
ventisquero *m* (de nieve) **3** MEANING :
sentido *m* — **drift** *vi* **1** : ir a la deriva
2 ACCUMULATE : amontonarse
drill *n* **1** : taladro *m* **2** : ejercicio *m*
(en educación), simulacro *m* (de
incendio, etc.) — **drill** *vt* **1** : perforar,
taladrar **2** TRAIN : instruir por repetición
— *vi* **drill for** : perforar en busca de
drink *v* **drank; drunk** *or* **drank;**
drinking : beber — **drink** *n* : bebida *f*
drip *vi* **dripped; dripping** : gotear —
drip *n* **1** DROP : gota *f* **2** DRIPPING : goteo *m*
drive *v* **drove; driven; driving** *vt* **1**
: manejar **2** IMPEL : impulsar **3 drive**
crazy : volver loco **4 drive someone**
to (do something) : llevar a algn a
(hacer algo) — *vi* : manejar, conducir
— **drive** *n* **1** : paseo *m* (en coche)
2 CAMPAIGN : campaña *f* **3** VIGOR :
energía *f* **4** NEED : instinto *m*
drivel *n* : tonterías *fpl*
driver *n* : conductor *m*, -tora *f*; chofer *m*
driveway *n* : camino *m* de entrada
drizzle *n* : llovizna *f* — **drizzle** *vi*

dragonfly
libélula[F]

-zled; -zling : lloviznar
drone *n* **1** BEE : zángano *m* **2** HUM
: zumbido *m* — **drone** *vi* **droned;**
droning 1 BUZZ : zumbar **2** *or* **drone**
on : hablar con monotonía
drool *vi* : babear — **drool** *n* : baba *f*
droop *vi* : inclinarse (dícese de la cabeza),
encorvarse (dícese de los escombros),
marchitarse (dícese de las flores)
drop *n* **1** : gota *f* (de líquido) **2** DECLINE,
FALL : caída *f* — **drop** *v* **dropped;**
dropping *vt* **1** : dejar caer **2** LOWER :
bajar **3** ABANDON : abandonar, dejar **4**
drop off LEAVE : dejar — *vi* **1** FALL :
caer(se) **2** DECREASE : bajar, descender
3 drop by *or* **drop in** : pasar
drought *n* : sequía *f*
drove → **drive**
droves *n* **in droves** : en manada
drown *vt* : ahogar — *vi* : ahogarse
drowsy *adj* **drowsier; -est** : somnoliento
drudgery *n, pl* **-eries** : trabajo *m* pesado
drug *n* **1** MEDICATION : medicamento *m* **2**
NARCOTIC : droga *f*, estupefaciente *m*
— **drug** *vt* **drugged; drugging** :
drogar — **drugstore** *n* : farmacia *f*
drum *n* **1** : tambor *m* **2** *or* **oil drum**
: bidón *m* (de petróleo) — **drum** *v*
drummed; drumming *vi* : tocar el
tambor — *vt* : tamborilear con (los
dedos, etc.) — **drumstick** *n* **1** : palillo *m*
(de tambor) **2** : muslo *m* (de pollo)
drunk → **drink** — ~ *adj* : borracho —
~ *or* drunkard *n* : borracho *m*, -cha *f*
— **drunken** *adj* : borracho, ebrio
dry *adj* **drier; driest** : seco — **dry** *v* **dried;**
drying *vt* : secar — *vi* : secarse — **dry–**
clean *vt* : limpiar en seco — **dry cleaner** *n*
: tintorería *f* (servicio) — **dry cleaning** *n* :
limpieza *f* en seco — **dryer** *n* : secadora *f*
— **dryness** *n* : sequedad *f*, aridez *f*
dual *adj* : doble
dub *vt* **dubbed; dubbing 1** CALL :

downtown
centro M ciudad F

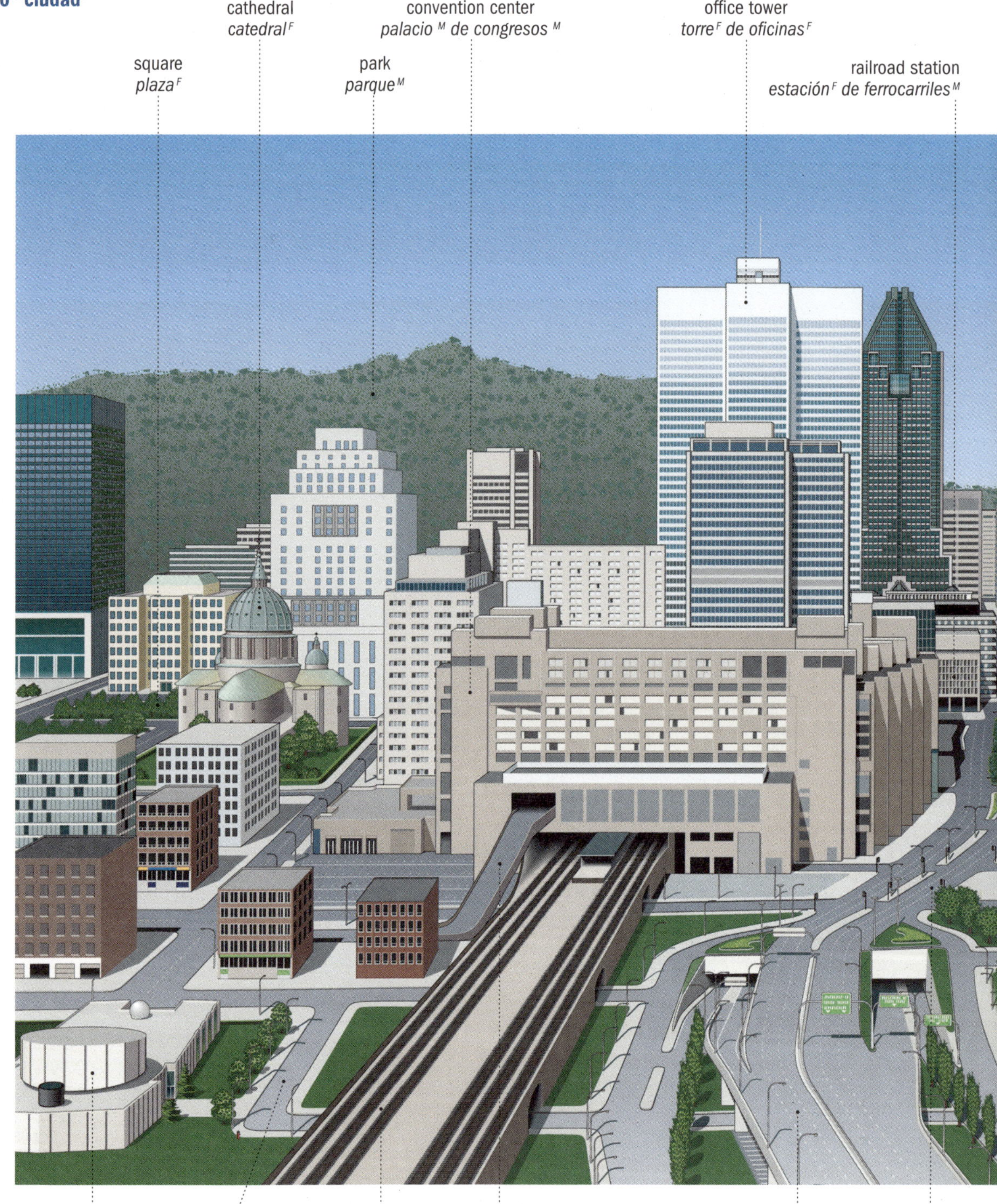
cathedral
catedral F
convention center
palacio M de congresos M
office tower
torre F de oficinas F
square
plaza F
park
parque M
railroad station
estación F de ferrocarriles M
planetarium
planetario M
street
calle F
railroad track
vía F ferroviaria
delivery ramp
rampa F de mercancías F
freeway
autopista F
boulevard
bulevar M

hotel
hotel^M
restaurant
restaurante^M
skyscraper
rascacielos^M
church
iglesia^F
high-rise apartment
torre^F de apartamentos^M
parking lot
área^F de estacionamiento^M
office building
edificio^M de oficinas^F
museum
museo^M
commercial premises
centro^M comercial
stadium
estadio^M

dunes
dunas[F]

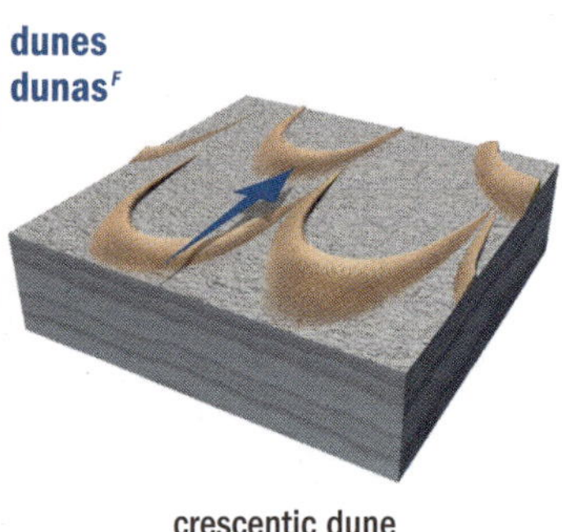

crescentic dune
barján[M]

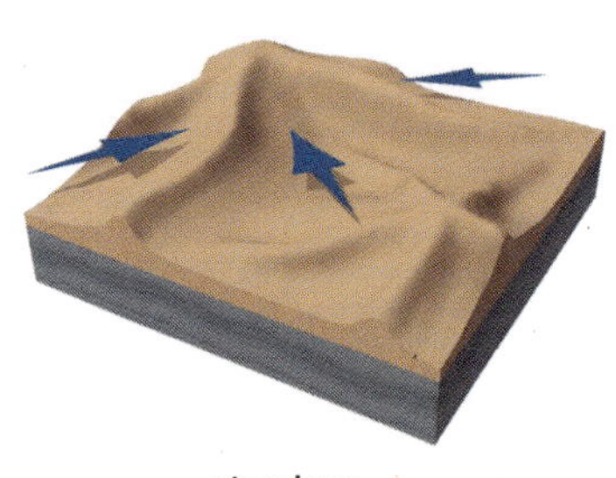

star dune
duna[F] *en estrella*[F]

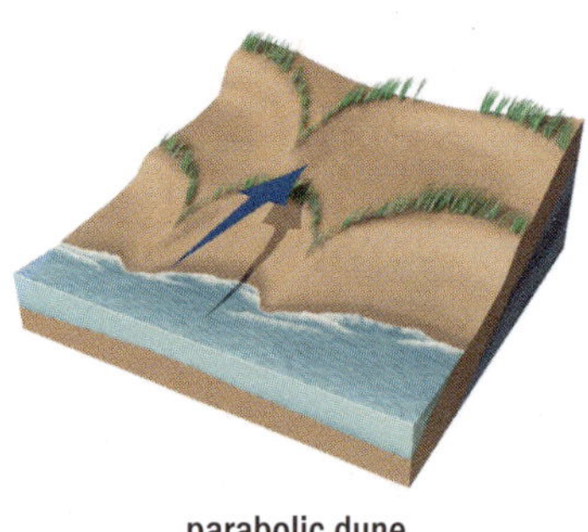

parabolic dune
duna[F] *parabólica*

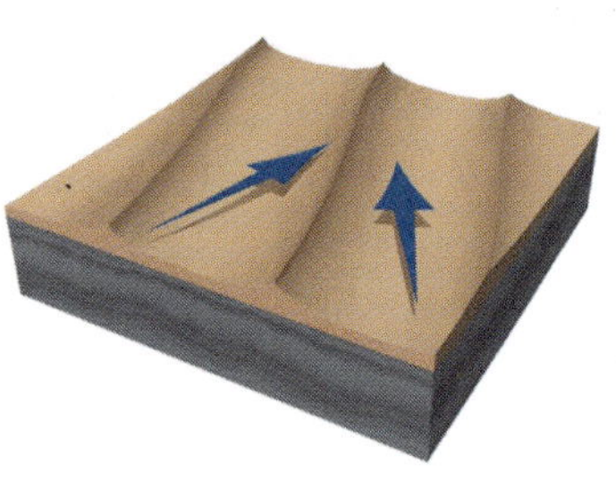

longitudinal dunes
dunas[F] *longitudinales*

transverse dunes
dunas[F] *transversales*

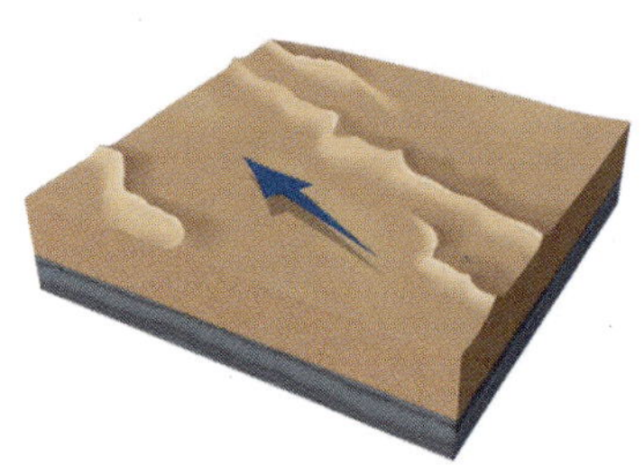

chain of dunes
cadena[F] *de dunas*[F]

apodar **2** : doblar (una película)

dubious *adj* **1** UNCERTAIN : dudoso
2 QUESTIONABLE : sospechoso

duchess *n* : duquesa *f*

duck *n, pl* **duck** *or* **ducks** : pato *m,*
-ta *f* — **duck** *vt* **1** LOWER : agachar,
bajar **2** EVADE : eludir, esquivar — *vi* :
agacharse — **duckling** *n* : patito *m,* -ta *f*

duct *n* : conducto *m*

due *adj* **1** PAYABLE : pagadero **2**
APPROPRIATE : debido, apropiado **3**
EXPECTED : esperado **4 due to** : debido a
— **due** *n* **1 give someone their due** :
hacer justicia a algn **2 dues** *npl* : cuota *f*
— **due** *adv* **due east** : justo al este

duel *n* : duelo *m*

duet *n* : dúo *m*

dug → **dig**

duke *n* : duque *m*

dull *adj* **1** STUPID : torpe **2** BLUNT :
desafilado **3** BORING : aburrido **4**
LACKLUSTER : apagado — **dull** *vt* :
entorpecer (los sentidos), aliviar (el dolor)

dumb *adj* **1** MUTE : mudo
2 STUPID : estúpido

dumbfound *or* dumfound *vt*
: dejar sin habla

dummy *n, pl* **-mies 1** SHAM
: imitación *f* **2** MANNEQUIN :
maniquí *m* **3** IDIOT : tonto *m,* -ta *f*

dump *vt* : descargar, verter — **dump** *n* **1**
: vertedero *m,* tiradero *m, Lat* **2 down
in the dumps** : triste, deprimido

dumpling *n* : bola *f* de masa hervida

dumpy *adj* **dumpier; -est** : regordete

dunce *n* : burro *m,* -rra *f fam*

▸ **dune** *n* : duna *f*

dung *n* **1** : excrementos *mpl* **2**
MANURE : estiércol *m*

dungarees *npl* JEANS :
vaqueros *mpl,* jeans *mpl*

dungeon *n* : calabozo *m*

dunk *vt* : mojar

duo *n, pl* **duos** : dúo *m*

dupe *vt* **duped; duping** : engañar
— **dupe** *n* : inocentón *m,* -tona *f*

duplex *n* : casa *f* de dos
viviendas, dúplex *m*

duplicate *adj* : duplicado — **duplicate** *vt*
-cated; -cating : duplicar, hacer copias
de — **duplicate** *n* : duplicado *m,* copia *f*

durable *adj* : duradero

duration *n* : duración *f*

duress *n* : coacción *f*

during *prep* : durante

dusk *n* : anochecer *m,* crepúsculo *m*

dust *n* : polvo *m* — **dust** *vt* **1** : quitar
el polvo a **2** SPRINKLE : espolvorear
— **dustpan** *n* : recogedor *m* —
dusty *adj* **dustier; -est** : polvoriento

Dutch *adj* : holandés — **Dutch** *n* **1**
: holandés *m* (idioma) **2 the
Dutch** : los holandeses

duty *n, pl* **-ties 1** OBLIGATION : deber *m* **2**
TAX : impuesto *m* **3 on duty** : de
servicio — **dutiful** *adj* : obediente

dwarf *n, pl* **dwarfs** *or* **dwarves** : enano *m,*
-na *f* — **dwarf** *vt* : hacer parecer pequeño

dwell *vi* **dwelled** *or* **dwelt; dwelling 1**
RESIDE : morar, vivir **2 dwell on** : pensar
demasiado en — **dweller** *n* : habitante *mf*
— **dwelling** *n* : morada *f,* vivienda *f*

dwindle *vi* **-dled; -dling** : disminuir

dye *n* : tinte *m* — **dye** *vt*
dyed; dyeing : teñir

dying → **die**[1]

dynamic *adj* : dinámico

dynamite *n* : dinamita *f*

dynamo *n, pl* **-mos** : dínamo *m*

dynasty *n, pl* **-ties** : dinastía *f*

dysentery *n, pl* **-teries** : disentería *f*

e *n, pl* **e's** *or* **es** : e *f,* quinta
letra del alfabeto inglés
each *adj* : cada — **each** *pron* **1** : cada
uno *m,* cada una *f* **2 each other** : el uno
al otro **3 they hate each other** : se odian
— **each** *adv* : cada uno, por persona
eager *adj* **1** ENTHUSIASTIC : entusiasta **2**
IMPATIENT : impaciente — **eagerness** *n*
: entusiasmo *m,* impaciencia *f*
▸ **eagle** *n* : águila *f*
ear *n* **1** : oreja *f* **2 ear of corn** : mazorca *f,*
choclo *m, Lat* — **eardrum** *n* : tímpano *m*
earl *n* : conde *m*
earlobe *n* : lóbulo *m* de la oreja
early *adv* **earlier; -est 1** : temprano **2 as**
early as possible : lo más pronto posible
3 ten minutes early : diez minutos de
adelanto — **early** *adj* **earlier; -est 1** FIRST
: primero **2** ANCIENT : primitivo, antiguo **3**
an early death : una muerte prematura **4**
be early : llegar temprano **5 in the early**
spring : a principios de la primavera
earmark *vt* : destinar
earn *vt* **1** : ganar **2** DESERVE : merecer
earnest *adj* : serio — **earnest** *n*
in earnest : en serio
earnings *npl* **1** WAGES : ingresos *mpl* **2**
PROFITS : ganancias *fpl*
earphone *n* : audífono *m*
earring *n* : pendiente *m,* arete *m, Lat*
earshot *n* **within earshot**
: al alcance del oído
▸ **earth** *n* : tierra *f* — **earthenware** *n* : loza *f*
— **earthly** *adj* : terrenal — **earthquake** *n*
: terremoto *m* — **earthworm** *n* : lombriz *f*
(de tierra) — **earthy** *adj* **earthier; -est**

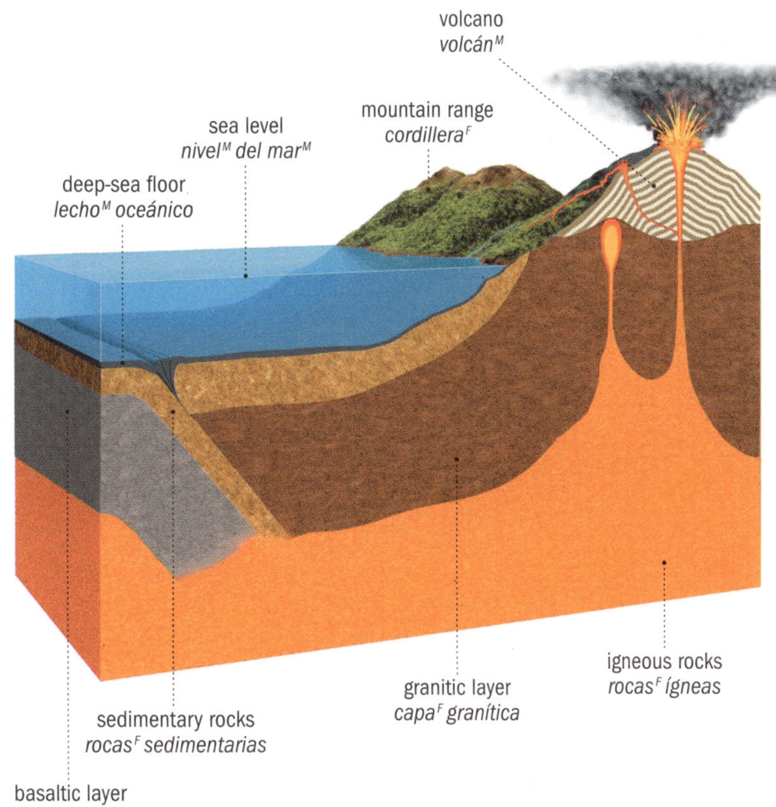

eagle
águila^F

1 : terroso **2** COARSE CRUDE : grosero
ease *n* **1** FACILITY : facilidad *f* **2**
COMFORT : comodidad *f* **3 feel at**
ease : sentir cómodo — **ease** *v*
eased; easing *vt* **1** ALLEVIATE : aliviar,
calmar **2** FACILITATE : facilitar — *vi* **1**
: calmarse **2 ease up** : disminuir
easel *n* : caballete *m*
easily *adv* **1** : fácilmente, con facilidad **2**
UNQUESTIONABLY : con mucho, de lejos *Lat*
east *adv* : al este — **east** *adj*
: este, del este — **east** *n* **1** :
este *m* **2 the East** : el Oriente
Easter *n* : Pascua *f*
easterly *adv & adj* : del este
eastern *adj* **1** : del este **2**
Eastern : oriental, del este
easy *adj* **easier; -est 1** : fácil **2**

RELAXED : relajado — **easygoing** *adj*
: tolerante, relajado
eat *v* **ate; eaten; eating** *vt* : comer
— *vi* **1** : comer **2 eat into** CORRODE :
corroer **3 eat into** DEPLETE : comerse
— **eatable** *adj* : comestible
eaves *npl* : alero *m* —
eavesdrop *vi* **-dropped; -dropping**
: escuchar a escondidas
ebb *n* : reflujo *m* — **ebb** *vi* **1** : bajar
(dícese de la marea) **2** DECLINE : decaer
ebony *n, pl* **-nies** : ébano *m*
eccentric *adj* : excéntrico —
eccentric *n* : ecéntrico *m,* -ca *f* —
eccentricity *n, pl* **-ties** : excentricidad *f*
echo *n, pl* **echoes** : eco *m* —
echo *v* **echoed; echoing** *vt* : repetir
— *vi* : hacer eco, resonar

eel
anguila^F

eclipse *n* : eclipse *m* — **eclipse** *vt*
eclipsed; eclipsing : eclipsar
ecology *n, pl* **-gies** : ecología *f*
— **ecological** *adj* : ecológico
economy *n, pl* **-mies** : economía *f*
— **economic** *or* economical *adj*
: económico — **economics** *n*
: economía *f* — **economist** *n* :
economista *mf* — **economize** *v*
-mized; -mizing : economizar
ecstasy *n, pl* **-sies** : éxtasis *m*
— **ecstatic** *adj* : extático
Ecuadoran *or* Ecuadorean *or*
Ecuadorian *adj* : ecuatoriano
edge *n* **1** BORDER : borde *m* **2** :
filo *m* (de un cuchillo) **3** ADVANTAGE :
ventaja *f* — **edge** *v* **edged; edging** *vt*
: bordear, ribetear — *vi* : avanzar poco
a poco — **edgewise** *adv* : de lado —
edgy *adj* **edgier; -est** : nervioso
edible *adj* : comestible
edit *vt* **1** : editar, redactar, corregir **2**
edit out : suprimir, cortar — **edition** *n* :
edición *f* — **editor** *n* : director *m, -tora f*
(de un periódico); redactor *m, -tora f* (de
un libro) — **editorial** *n* : editorial *m*
educate *vt* **-cated; -cating** **1** TEACH
: educar, instruir **2** INFORM : informar

— **education** *n* : educación *f* —
educational *adj* **1** : educativo,
instructivo **2** TEACHING : docente —
educator *n* : educador *m, -dora f*
▸ **eel** *n* : anguila *f*
eerie *adj* **-rier; -est** : extraño
e inquietante, misterioso
effect *n* **1** : efecto *m* **2 go into effect**
: entrar en vigor — **effect** *vt* : efectuar,
llevar a cabo — **effective** *adj* **1** :
eficaz **2** ACTUAL : efectivo, vigente
— **effectiveness** *n* : eficacia *f*
effeminate *adj* : afeminado
effervescent *adj* : efervescente
efficient *adj* : eficiente —
efficiency *n, pl* **-cies** : eficiencia *f*
effort *n* **1** : esfuerzo *m* **2 it's not**
worth the effort : no vale la pena —
effortless *adj* : fácil, sin esfuerzo
egg *n* : huevo *m* — **egg** *vt* **egg on** :
▸ incitar — **eggplant** *n* : berenjena *f*
— **eggshell** *n* : cascarón *m*
ego *n, pl* **egos 1** SELF : ego *m*,
yo *m* **2** SELF-ESTEEM : amor *m* propio
— **egotism** *n* : egotismo *m* —
egotist *n* : egotista *mf* — **egotistic**
or **egotistical** *adj* : egotista
eiderdown *n* **1** DOWN : plumón *m* **2**
COMFORTER : edredón *m*
eight *n* : ocho *m* — **eight** *adj* : ocho
— **eight hundred** *n* : ochocientos *m*
eighteen *n* : dieciocho *m* — **eighteen** *adj*
: dieciocho — **eighteenth** *adj* :
decimoctavo — **eighteenth** *n* **1** :
decimoctavo *m, -va f* (en una serie) **2** :
dieciochoavo *m*, dieciochoava parte *f*
eighth *n* **1** : octavo *m, -va f* (en
una serie) **2** : octavo *m*, octava
parte *f* — **eighth** *adj* : octavo
eighty *n, pl* **eighties** : ochenta *m*
— **eighty** *adj* : ochenta
either *adj* **1** : cualquiera (de los
dos) **2** (*in negative constructions*) :
ninguno (de los dos) **3** EACH : cada
— **either** *pron* **1** : cualquiera *mf* (de
los dos) **2** (*in negative constructions*) :
ninguno *m, -na f* (de los dos) **3** *or* **either**
one : algún *m*, alguna *f* — **either** *conj* **1**
: o **2** (*in negative constructions*) : ni
eject *vt* : expulsar, expeler
eke *vt* **eked; eking** *or* **eke out**
: ganar a duras penas
elaborate *adj* **1** DETAILED :
detallado **2** COMPLEX : complicado
— **elaborate** *v* **-rated; -rating** *vt* :

elaborar — *vi* : entrar en detalles
elapse *vi* **elapsed; elapsing** : transcurrir
elastic *adj* : elástico — **elastic** *n* **1**
: elástico *m* **2** RUBBER BAND :
goma *f* (elástica) — **elasticity** *n*,
pl **-ties** : elasticidad *f*
elated *adj* : regocijado
elbow *n* : codo *m*
elder *adj* : mayor — **elder** *n* **1** :
mayor *mf* **2** : anciano *m, -na f* (de un tribu,
etc.) — **elderly** *adj* : mayor, anciano
elect *vt* : elegir — **elect** *adj* : electo —
election *n* : elección *f* — **electoral** *adj* :
electoral — **electorate** *n* : electorado *m*
electricity *n, pl* **-ties** : electricidad *f*
— **electric** *or* electrical *adj* : eléctrico
— **electrician** *n* : electricista *mf*
— **electrify** *vt* **-fied; -fying** :
electrificar — **electrocute** *vt*
-cuted; -cuting : electrocutar
electron *n* : electrón *m* — **electronic** *adj* :
electrónico — **electronic mail** *n* : correo *m*
electrónico — **electronics** *n* : electrónica *f*
elegant *adj* : elegante —
elegance *n* : elegancia *f*
element *n* **1** : elemento *m* **2**
elements *npl* BASICS : elementos *mpl*,
rudimentos *mpl* — **elementary** *adj*
: elemental — **elementary**
school *n* : escuela *f* primaria
elephant *n* : elefante *m, -ta f*
elevate *vt* **-vated; -vating** : elevar
▸ — **elevator** *n* : ascensor *m*
eleven *n* : once *m* — **eleven** *adj* :
once — **eleventh** *adj* : undécimo —
eleventh *n* **1** : undécimo *m, -ma f* (en
una serie) **2** : onceavo *m*, onceava parte *f*
elf *n, pl* **elves** : duende *m*

eggplant
berenjena^F

elicit *vt* : provocar
eligible *adj* : elegible
eliminate *vt* -nated; -nating : eliminar
— **elimination** *n* : eliminación *f*
elite *n* : elite *f*
elk *n* : alce *m* (de Europa),
uapití *m* (de América)
elliptical *or* **elliptic** *adj* : elíptico
elm *n* : olmo *m*
elongate *vt* -gated; -gating : alargar
elope *vi* **eloped; eloping** : fugarse
— **elopement** *n* : fuga *f*
eloquence *n* : elocuencia *f* —
eloquent *adj* : elocuente
else *adv* **1 how else ?** : ¿de qué otro
modo? **2 where else ?** : ¿en qué otro
sitio? **3 or else** : si no, de lo contrario
— **else** *adj* **1 everyone else** : todos
los demás **2 nobody else** : ningún
otro, nadie más **3 nothing else** : nada
más **4 what else ?** : ¿qué más? —
elsewhere *adv* : en otra parte
elude *vt* **eluded; eluding** : eludir,
esquivar — **elusive** *adj* : esquivo
elves → **elf**
emaciated *adj* : escuálido, demacrado
E–mail → **electronic mail**
emanate *vi* -nated; -nating : emanar
emancipate *vt* -pated; -pating
: emancipar — **emancipation** *n*
: emancipación *f*
embalm *vt* : embalsamar
embankment *n* : terraplén *m*,
dique *m* (de un río)
embargo *n*, *pl* -goes : embargo *m*
embark *vt* : embarcar — *vi* **1**
: embarcarse **2 embark upon** :
emprender — **embarkation** *n*
: embarque *m*, embarco *m*
embarrass *vt* : avergonzar —
embarrassing *adj* : embarazoso —
embarrassment *n* : vergüenza *f*
embassy *n*, *pl* -sies : embajada *f*
embed *vt* -bedded; -bedding
: incrustar, enterrar
embellish *vt* : adornar, embellecer
— **embellishment** *n* : adorno *m*
embers *npl* : ascuas *fpl*
embezzle *vt* -zled; -zling : desfalcar,
malversar — **embezzlement** *n*
: desfalco *m*, malversación *f*
emblem *n* : emblema *m*
embody *vt* -bodied; -bodying
: encarnar, personificar
emboss *vt* : repujar, grabar en relieve

embrace *v* -braced; -bracing *vt* : abrazar
— *vi* : abrazarse — **embrace** *n* : abrazo *m*
embroider *vt* : bordar —
embroidery *n*, *pl* -deries : bordado *m*
embryo *n*, *pl* **embryos** : embrión *m*
emerald *n* : esmeralda *f*
emerge *vi* **emerged; emerging** : salir,
aparecer — **emergence** *n* : aparición *f*
emergency *n*, *pl* -cies **1** :
emergencia *f* **2 emergency exit** : salida *f*
de emergencia **3 emergency room** :
sala *f* de urgencias, sala *f* de guardia
emery *n*, *pl* -eries **1** : esmeril *m* **2**
emery board : lima *f* de uñas
emigrant *n* : emigrante *mf* —
emigrate *vi* -grated; -grating : emigrar
— **emigration** *n* : emigración *f*
eminence *n* : eminencia *f* —
eminent *adj* : eminente

emission *n* : emisión *f* — **emit** *vt*
emitted; emitting : emitir
emotion *n* : emoción *f* —
emotional *adj* **1** : emocional
2 MOVING : emotivo
emperor *n* : emperador *m*
emphasis *n*, *pl* -phases : énfasis *m*
— **emphasize** *vt* -sized; -sizing
: subrayar, hacer hincapié en —
emphatic *adj* : enérgico, categórico
empire *n* : imperio *m*
employ *vt* : emplear — **employee** *n*
: empleado *m*, -da *f* — **employer** *n* :
patrón *m*, -trona *f*; empleador *m*, -dora *f*
— **employment** *n* : trabajo *m*, empleo *m*
empower *vt* : autorizar
empress *n* : emperatriz *f*
empty *adj* **emptier; -est 1** : vacío
2 MEANINGLESS : vano — **empty** *v*

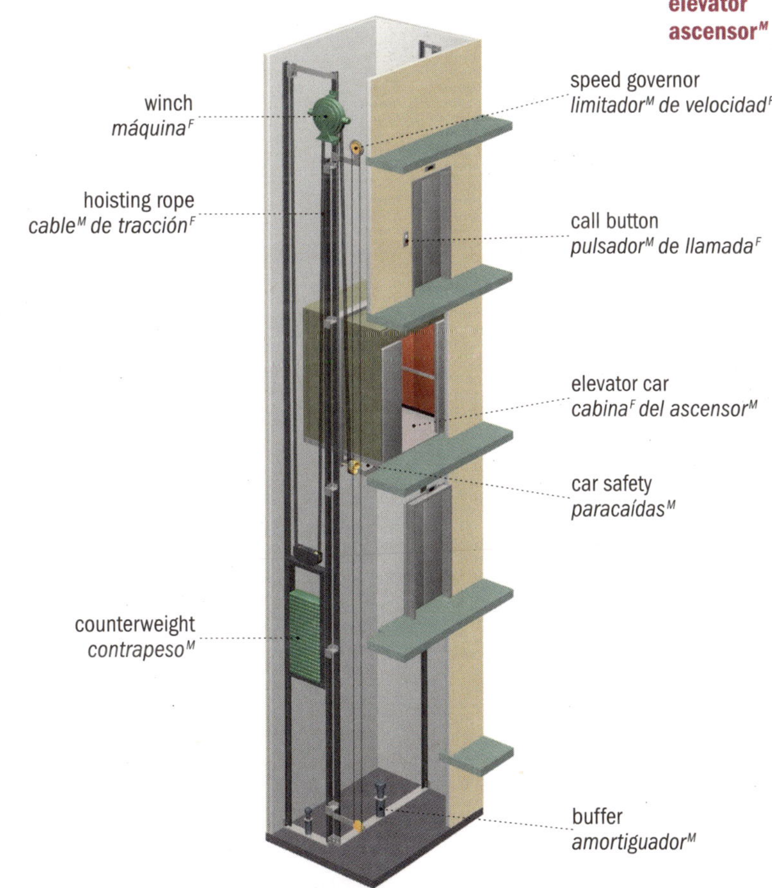

medical equipment
equipo^M **médico**

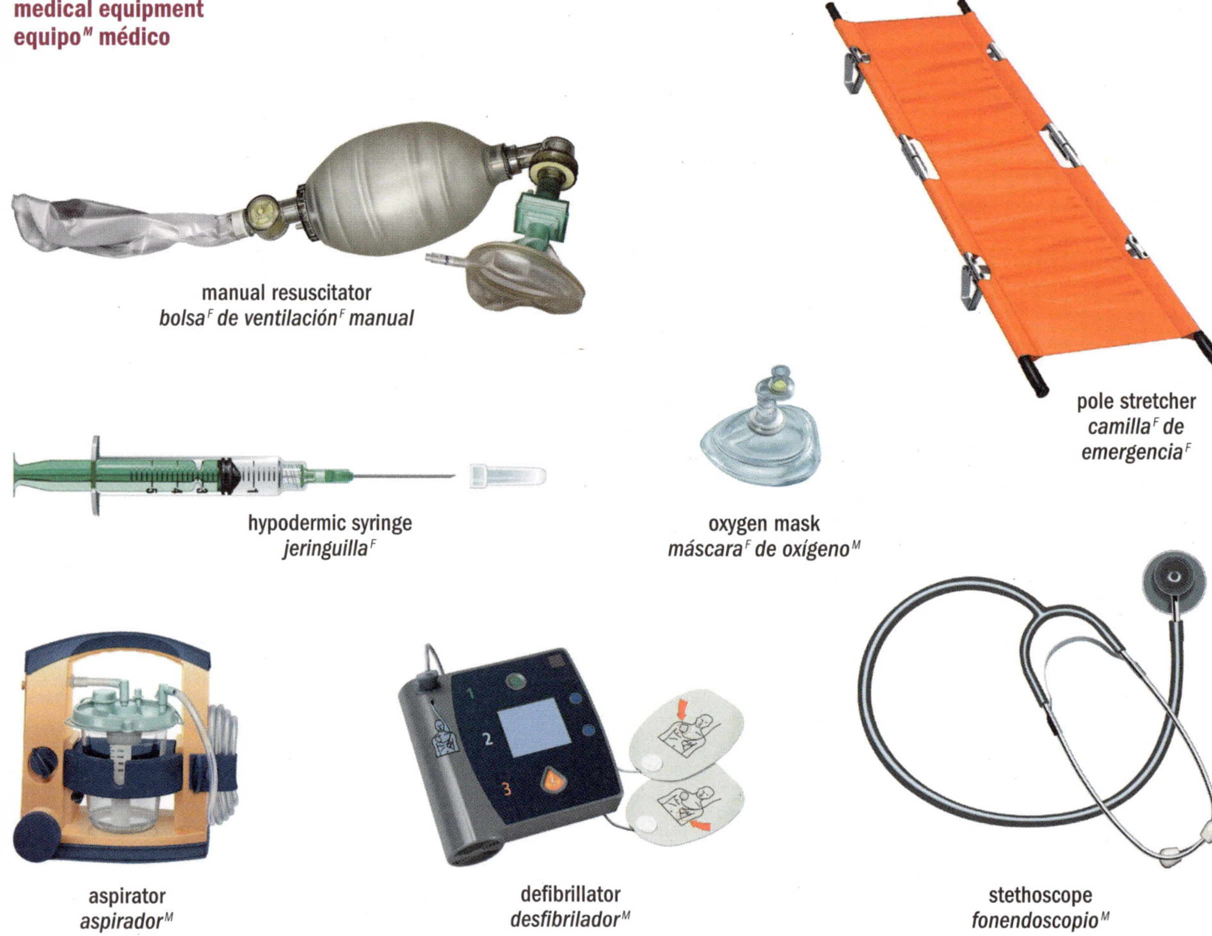

manual resuscitator
bolsa^F *de ventilación*^F *manual*

pole stretcher
camilla^F *de*
emergencia^F

hypodermic syringe
jeringuilla^F

oxygen mask
máscara^F *de oxígeno*^M

aspirator
aspirador^M

defibrillator
desfibrilador^M

stethoscope
fonendoscopio^M

-tied; -tying *vt* : vaciar — *vi* :
vaciarse — **emptiness** *n* : vacío *m*
emulate *vt* **-lated; -lating** : emular
enable *vt* **-abled; -abling** :
hacer posible, permitir
enact *vt* **1** : promulgar (un ley o un
decreto) **2** PERFORM : representar
enamel *n* : esmalte *m*
encampment *n* : campamento *m*
encase *vt* **-cased; -casing**
: encerrar, revestir
enchant *vt* : encantar — **enchanting** *adj* :
encantador — **enchantment** *n* : encanto *m*
encircle *vt* **-cled; -cling** : rodear
enclose *vt* **-closed; -closing 1** SURROUND
: encerrar, cercar **2** INCLUDE : adjuntar
(a una carta) — **enclosure** *n* **1** AREA :

recinto *m* **2** : anexo *m* (con una carta)
encompass *vt* **1** ENCIRCLE :
cercar **2** INCLUDE : abarcar
encore *n* : bis *m*
encounter *vt* : encontrar —
encounter *n* : encuentro *m*
encourage *vt* **-aged; -aging 1** :
animar, alentar **2** FOSTER : promover,
fomentar — **encouragement** *n* **1** :
aliento *m* **2** PROMOTION : fomento *m*
encroach *vi* **encroach on** : invadir,
usurpar, quitar (el tiempo)
encyclopedia *n* : enciclopedia *f*
end *n* **1** : fin **2** EXTREMITY : extremo *m*,
punta *f* **3 come to an end** : llegar a
su fin **4 in the end** : por fin — **end** *vt* :
terminar, poner fin a — *vi* : terminar(se)

endanger *vt* : poner en peligro
endearing *adj* : simpático
endeavor *or Brit* **endeavour** *vt*
endeavor to : esforzarse por —
endeavor *n* : esfuerzo *m*
ending *n* : final *m*, desenlace *m*
endive *n* : endibia *f*, endivia *f*
endless *adj* **1** INTERMINABLE : interminable
2 INNUMERABLE : innumerable **3 endless**
possibilities : posibilidades *fpl* infinitas
endorse *vt* **-dorsed; -dorsing 1** SIGN
: endosar **2** APPROVE : aprobar —
endorsement *n* APPROVAL : aprobación *f*
endow *vt* : dotar
endure *v* **-dured; -during** *vt* :
soportar, aguantar — *vi* LAST : durar
— **endurance** *n* : resistencia *f*

enemy *n, pl* **-mies** : enemigo *m*, -ga *f*
energy *n, pl* **-gies** : energía *f*
— **energetic** *adj* : enérgico
enforce *vt* **-forced; -forcing 1**
: hacer cumplir (un ley, etc.) **2**
IMPOSE : imponer — **enforced** *adj*
: forzoso — **enforcement** *n* :
imposición *f* del cumplimiento
engage *v* **-gaged; -gaging** *vt* **1** :
captar, atraer (la atención, etc.) **2**
engage the clutch : embragar — *vi*
engage in : dedicarse a, entrar en —
engagement *n* **1** APPOINTMENT : cita *f*,
hora *f* **2** BETROTHAL : compromiso *m*
— **engaging** *adj* : atractivo
engine *n* **1** : motor *m* **2** LOCOMOTIVE
: locomotora *f* — **engineer** *n* **1** :
ingeniero *m*, -ra *f* **2** : maquinista *mf*
(de locomotoras) — **engineer** *vt* **1**
CONSTRUCT : construir **2** CONTRIVE :
tramar — **engineering** *n* : ingeniería *f*
English *adj* : inglés — **English** *n* :
inglés *m* (idioma) — **Englishman** *n* :
inglés *m* — **Englishwoman** *n* : inglesa *f*
engrave *vt* **-graved; -graving** :
grabar — **engraving** *n* : grabado *m*
engross *vt* : absorber
engulf *vt* : envolver
enhance *vt* **-hanced; -hancing**
: aumentar, mejorar
enjoy *vt* **1** : disfrutar, gozar de **2 enjoy**
oneself : divertirse — **enjoyable** *adj* :
agradable — **enjoyment** *n* : placer *m*
enlarge *v* **-larged; -larging** *vt* :
agrandar, ampliar — *vi* **1** : agrandarse
2 enlarge upon : extenderse sobre
— **enlargement** *n* : ampliación *f*
enlighten *vt* : aclarar, iluminar
enlist *vt* **1** ENROLL : alistar **2** OBTAIN
: conseguir — *vi* : alistarse
enliven *vt* : animar
enmity *n, pl* **-ties** : enemistad *f*
enormous *adj* : enorme
enough *adj* : bastante, suficiente
— **enough** *adv* : bastante —
enough *pron* **1** : (lo) suficiente, (lo)
bastante **2 it's not enough** : no basta
3 I've had enough ! : ¡estoy harto!
enquire, enquiry → **inquire inquiry**
enrage *vt* **-raged; -raging** : enfurecer
enrich *vt* : enriquecer
enroll *or* **enrol** *v* **-rolled; -rolling** *vt*
: matricular, inscribir — *vi* :
matricularse, inscribirse
ensemble *n* : conjunto *m*

ensign *n* **1** FLAG : enseña *f* **2**
: alférez *mf* (de fragata)
enslave *vt* **-slaved; -slaving** : esclavizar
ensue *vi* **-sued; -suing** : seguir, resultar
ensure *vt* **-sured; -suring** : asegurar
entail *vt* : suponer, conllevar
entangle *vt* **-gled; -gling** : enredar
— **entanglement** *n* : enredo *m*
enter *vt* **1** : entrar en **2** RECORD : inscribir
— *vi* **1** : entrar **2 enter into** : firmar (un
acuerdo), entablar (negociaciones, etc.)
enterprise *n* **1** : empresa *f* **2**
INITIATIVE : iniciativa *f* —
enterprising *adj* : emprendedor
entertain *vt* **1** AMUSE : entretener, divertir
2 CONSIDER : considerar **3 entertain guests**
: recibir invitados — **entertainment** *n*
: entretenimiento *m*, diversión *f*
enthrall *or* **enthral** *vt* **-thralled;**
-thralling : cautivar, embelesar
enthusiasm *n* : entusiasmo *m*
— **enthusiast** *n* : entusiasta *mf* —
enthusiastic *adj* : entusiasta
entice *vt* **-ticed; -ticing** : atraer, tentar
entire *adj* : entero, completo —
entirely *adv* : completamente —
entirety *n, pl* **-ties** : totalidad *f*
entitle *vt* **-tled; -tling 1** NAME :
titular **2** AUTHORIZE : dar derecho a
— **entitlement** *n* : derecho *m*
entity *n, pl* **-ties** : entidad *f*
entrails *npl* : entrañas *fpl*, vísceras *fpl*
entrance[1] *vt* **-tranced; -trancing**
: encantar, fascinar
entrance[2] *n* : entrada *f* —
entrant *n* : participante *mf*
entreat *vt* : suplicar
entrée *or* **entree** *n* : plato *m* principal
entrepreneur *n* : empresario *m*, -ria *f*
entrust *vt* : confiar
entry *n, pl* **-tries 1** ENTRANCE : entrada *f* **2**
NOTATION : entrada *f*, anotación *f*
enumerate *vt* **-ated; -ating** : enumerar
enunciate *vt* **-ated; -ating 1** STATE
: enunciar **2** PRONOUNCE : articular
envelop *vt* : envolver —
envelope *n* : sobre *m*
envious *adj* : envidioso —
enviously *adv* : con envidia
environment *n* : medio *m* ambiente
— **environmental** *adj* : ambiental —
environmentalist *n* : ecologista *mf*
envision *vt* : prever, imaginar
envoy *n* : enviado *m*, -da *f*
envy *n, pl* **envies** : envidia *f*

— **envy** *vt* **-vied; -vying** : envidiar
enzyme *n* : enzima *f*
epic *adj* : épico — **epic** *n* : epopeya *f*
epidemic *n* : epidemia *f* —
epidemic *adj* : epidémico
epilepsy *n, pl* **-sies** : epilepsia *f*
— **epileptic** *adj* : epiléptico —
epilepsy *n* : epiléptico *m*, -ca *f*
episode *n* : episodio *m*
epitaph *n* : epitafio *m*
epitome *n* : personificación *f* —
epitomize *vt* **-mized; -mizing** : ser
la personificación de, personificar
epoch *n* : época *f*
equal *adj* **1** SAME : igual **2 be equal to** :
estar a la altura de (una tarea, etc.) —
equal *n* : igual *mf* — **equal** *vt* **equaled**
or **equalled; equaling** *or* **equalling 1** :
igualar **2** : ser igual a (en matemáticas)
— **equality** *n, pl* **-ties** : igualdad *f* —
equalize *vt* **-ized; -izing** : igualar —
equally *adv* **1** : igualmente **2 equal**
important : igual de importante
equate *vt* **equated; equating equate with**
: equiparar con — **equation** *n* : ecuación *f*
equator *n* : ecuador *m*
equilibrium *n, pl* **-riums**
or **-ria** : equilibrio *m*
equinox *n* : equinoccio *m*
equip *vt* **equipped; equipping** :
▸ equipar — **equipment** *n* : equipo *m*
equity *n, pl* **-ties 1** FAIRNESS :
equidad *f* **2 equities** *npl* STOCKS
: acciones *fpl* ordinarias
equivalent *adj* : equivalente —
equivalent *n* : equivalente *m*
era *n* : era *f*, época *f*
eradicate *vt* **-cated; -cating** : erradicar
erase *vt* **erased; erasing** : borrar —
eraser *n* : goma *f* de borrar, borrador *m*
erect *adj* : erguido — **erect** *vt* : erigir,
levantar — **erection** *n* **1** BUILDING :
construcción *f* **2** : erección *f* (en fisiología)
erode *vt* **eroded; eroding** : erosionar
(el suelo), corroer (metales) —
erosion *n* : erosión *f*, corrosión *f*
erotic *adj* : erótico
err *vi* : equivocarse, errar
errand *n* : mandado *m*, recado *m* *Spain*
erratic *adj* : errático, irregular
error *n* : error *m* —
erroneous *adj* : erróneo
erupt *vi* **1** : hacer erupción (dícese de un
volcán) **2** : estallar (dícese de la cólera, la
violencia, etc.) — **eruption** *n* : erupción *f*

escalate *vi* **-lated; -lating** : intensificarse
escalator *n* : escalera *f* mecánica
escapade *n* : aventura *f*
escape *v* **-caped; -caping** *vt* : escapar a, evitar — *vi* : escaparse, fugarse — **escape** *n* **1** : fuga *f* **2 escape from reality** : evasión *f* de la realidad — **escapee** *n* : fugitivo *m*, -va *f*
escort *n* **1** GUARD : escolta *f* **2** COMPANION : acompañante *mf* — **escort** *vt* **1** : escoltar **2** ACCOMPANY : acompañar
Eskimo *adj* : esquimal
especially *adv* : especialmente
espionage *n* : espionaje *m*
espresso *n, pl* **-sos** : café *m* exprés
essay *n* : ensayo *m* (literario), composición *f* (académica)
essence *n* : esencia *f* — **essential** *adj* : esencial — **essence** *n* **1** : elemento *m*

esencial **2 the essences** : lo indispensable
establish *vt* : establecer — **establishment** *n* : establecimiento *m*
estate *n* **1** POSSESSIONS : bienes *mpl* **2** LAND, PROPERTY : finca *f*
esteem *n* : estima *f* — **esteem** *vt* : estimar
esthetic → **aesthetic**
estimate *vt* **-mated; -mating** : calcular, estimar — **estimate** *n* **1** : cálculo *m* (aproximado) **2** *or* **estimate of costs** : presupuesto *m* — **estimation** *n* **1** JUDGMENT : juicio *m* **2** ESTEEM : estima *f*
estuary *n, pl* **-aries** : estuario *m*, ría *f*
eternal *adj* : eterno — **eternity** *n, pl* **-ties** : eternidad *f*
ether *n* : éter *m*
ethical *adj* : ético — **ethics** *ns & pl* : ética *f*, moralidad *f*
ethnic *adj* : étnico

etiquette *n* : etiqueta *f*
Eucharist *n* : Eucaristía *f*
eulogy *n, pl* **-gies** : elogio *m*, panegírico *m*
euphemism *n* : eufemismo *m*
euphoria *n* : euforia *f*
European *adj* : europeo
evacuate *vt* **-ated; -ating** : evacuar — **evacuation** *n* : evacuación *f*
evade *vt* **evaded; evading** : evadir, eludir
evaluate *vt* **-ated; -ating** : evaluar
evaporate *vi* **-rated; -rating** : evaporarse
evasion *n* : evasión *f* — **evasive** *adj* : evasivo
eve *n* : víspera *f*
even *adj* **1** REGULAR, STEADY : regular, constante **2** LEVEL : plano, llano **3** SMOOTH : liso **4** EQUAL : igual **5 even number** : número *m* par **6 get even with** : desquitarse con — **even** *adv* **1**

evolution
evolución[F] **de las especies**[F]

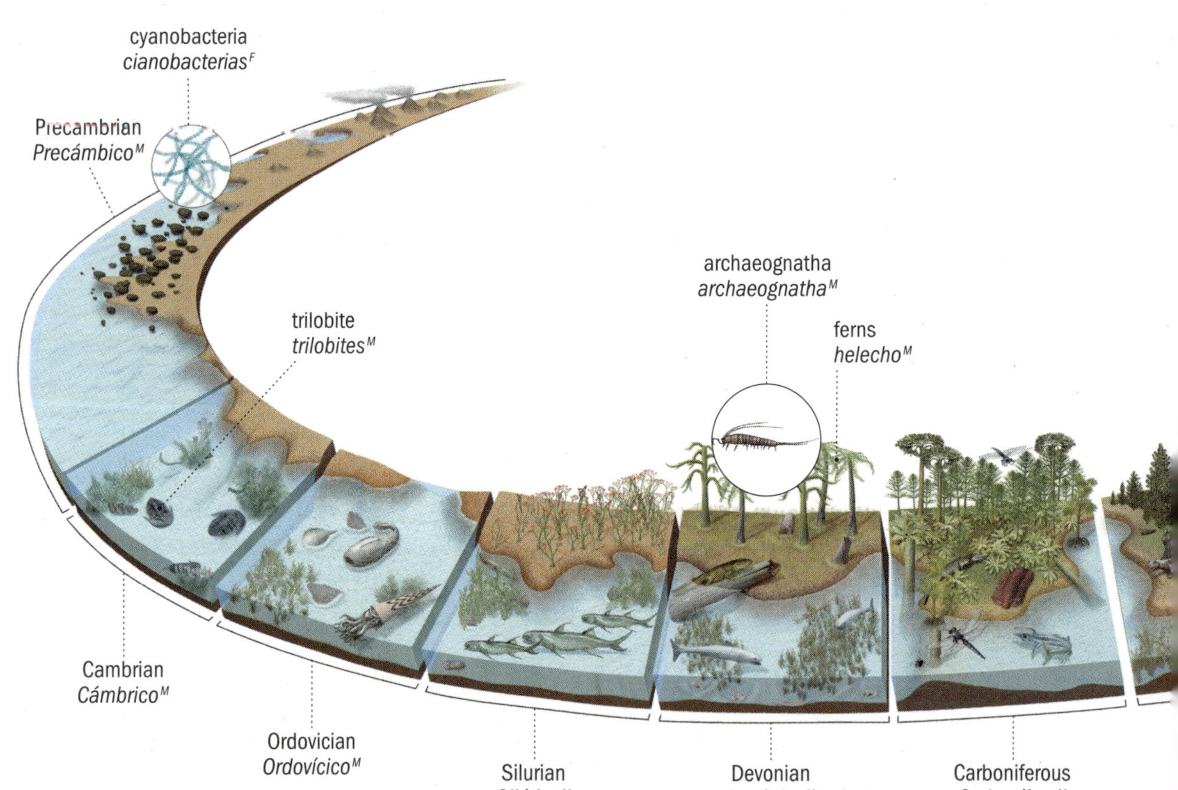

: hasta, incluso **2 even better** : aún mejor, todavía mejor **3 even if** : aunque **4 even so** : aun así — **even** *vt* : igualar *vi or* **even out** : nivelarse
evening *n* : tarde *f*, noche *f*
event *n* **1** : acontecimiento *m*, suceso *m* **2** : prueba *f* (en deportes) **3 in the event of** : en caso de — **eventful** *adj* : lleno de incidentes
eventual *adj* : final — **eventuality** *n*, *pl* **-ties** : eventualidad *f* — **eventually** *adv* : al fin, finalmente
ever *adv* **1** ALWAYS : siempre **2 ever since** : desde entonces **3 hardly ever** : casi nunca **4 have you ever done it?** : ¿lo has hecho alguna vez?
evergreen *n* : planta *f* de hoja perenne
everlasting *adj* : eterno
every *adj* **1** EACH : cada **2 every month**

: todos los meses **3 every other day** : cada dos días — **everybody** *pron* : todos *mpl*, -das *fpl;* todo el mundo — **everyday** *adj* : cotidiano, de todos los días — **everyone** → **everybody** — **everything** *pron* : todo — **everywhere** *adv* : en todas partes, por todas partes
evict *vt* : desahuciar, desalojar — **eviction** *n* : desahucio *m*
evidence *n* **1** PROOF : pruebas *fpl* **2** TESTIMONY : testimonio *m*, declaración *f* — **evident** *adj* : evidente — **evidently** *adv* **1** OBVIOUSLY : obviamente **2** APPARENTLY : evidentemente, al parecer
evil *adj* **eviler** *or* **eviller; evilest** *or* **evillest** : malvado, malo — **evil** *n* : mal *m*, maldad *f*
evoke *vt* **evoked; evoking** : evocar
▸ **evolution** *n* : evolución *f*, desarrollo *m* — **evolve** *vi* **evolved; evolving**

: evolucionar, desarrollarse
exact *adj* : exacto, preciso — **exact** *vt* : exigir — **exacting** *adj* : exigente — **exactly** *adv* : exactamente
exaggerate *v* **-ated; -ating** : exagerar — **exaggeration** *n* : exageración *f*
examine *vt* **-ined; -ining 1** : examinar **2** INSPECT : revisar **3** QUESTION : interrogar — **exam** *n* : examen *m* — **examination** *n* : examen *m*
example *n* : ejemplo *m*
exasperate *vt* **-ated; -ating** : exasperar — **exasperation** *n* : exasperación *f*
excavate *vt* **-vated; -vating** : excavar — **excavation** *n* : excavación *f*
exceed *vt* : exceder, sobrepasar — **exceedingly** *adv* : extremadamente
excel *v* **-celled; -celling** *vi* : sobresalir — *vt* SURPASS : superar — **excellence** *n* :

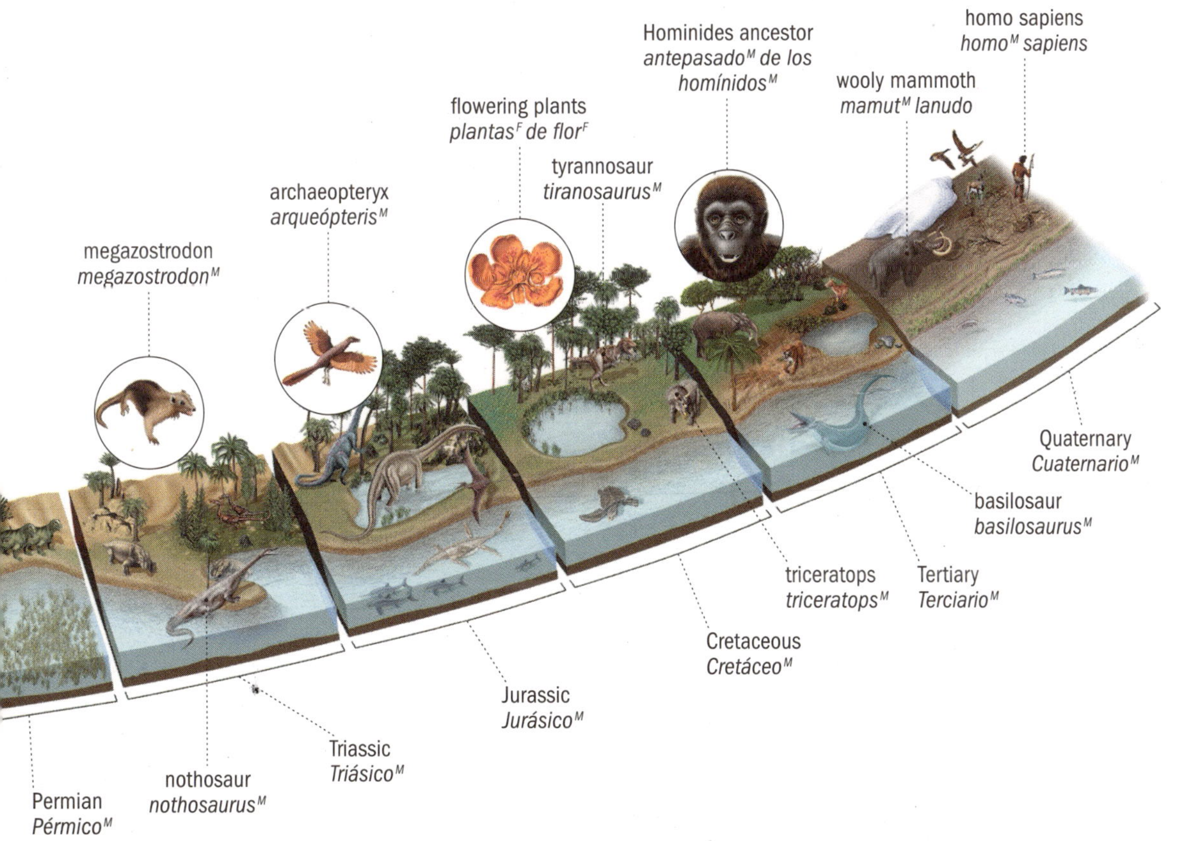

excelencia *f* — **excellent** *adj* : excelente
except *prep or* **except for** : excepto, menos, salvo — **except** *vt* : exceptuar — **exception** *n* : excepción *f* — **exceptional** *adj* : excepcional
excerpt *n* : extracto *m*
excess *n* : exceso *m* — **excess** *adj* : excesivo, de sobra — **excessive** *adj* : excesivo
exchange *n* **1** : intercambio *m* **2** : cambio *m* (en finanzas) — **exchange** *vt* **-changed; -changing** : cambiar, intercambiar
excise *n* **excise tax** : impuesto *m* interno, impuesto *m* sobre el consumo
excite *vt* **-cited; -citing** : excitar, emocionar — **excited** *adj* : excitado, entusiasmado — **excitement** *n* : entusiasmo *m*, emoción *f*
exclaim *v* : exclamar — **exclamation** *n* : exclamación *f* — **exclamation point** *n* : signo *m* de admiración
exclude *vt* **-cluded; -cluding** : excluir — **excluding** *prep* : excepto, con excepción de — **exclusion** *n* : exclusión *f* — **exclusive** *adj* : exclusivo
excrement *n* : excremento *m*
excruciating *adj* : insoportable, atroz
excursion *n* : excursión *f*
excuse *vt* **-cused; -cusing 1** : perdonar **2 excuse me** : perdóne, perdón — **excuse** *n* : excusa *f*
execute *vt* **-cuted; -cuting** : ejecutar — **execution** *n* : ejecución *f* — **executioner** *n* : verdugo *m*
executive *adj* : ejecutivo — **executive** *n* **1** MANAGER : ejecutivo *m*, -va *f* **2** *or* **executive branch** : poder *m* ejecutivo
exemplify *vt* **-fied; -fying** : ejemplificar — **exemplary** *adj* : ejemplar
exempt *adj* : exento — **exempt** *vt* : dispensar — **exemption** *n* : exención *f*
exercise *n* : ejercicio *m* — **exercise** *v* **-cised; -cising** *vt* USE : ejercer, hacer uso de — *vi* : hacer ejercicio
exert *vt* **1** : ejercer **2 exert oneself** : esforzarse — **exertion** *n* : esfuerzo *m*
exhale *v* **-haled; -haling** : exhalar
exhaust *vt* : agotar — **exhaust** *n* **1** *or* **exhaust fumes** : gases *mpl* de escape **2** *or* **exhaust pipe** : tubo *m* de escape — **exhaustion** *n* : agotamiento *m* — **exhaustive** *adj* : exhaustivo
exhibit *vt* **1** DISPLAY : exponer **2** SHOW : mostrar — **exhibit** *n* **1** : objeto *m* expuesto **2** EXHIBITION : exposición *f* — **exhibition** *n* : exposición *f*
exhilarate *vt* **-rated; -rating** : alegrar — **exhilaration** *n* : regocijo *m*
exile *n* **1** : exilio *m* **2** OUTCAST : exiliado *m*, -da *f* — **exile** *vt* **exiled; exiling** : exiliar
exist *vi* : existir — **existence** *n* : existencia *f* — **existing** *adj* : existente
exit *n* : salida *f* — **exit** *vi* : salir
exodus *n* : éxodo *m*
exonerate *vt* **-ated; -ating** : exonerar, disculpar
exorbitant *adj* : exorbitante, excesivo
exotic *adj* : exótico
expand *vt* **1** : ampliar, extender **2** : dilatar (metales, etc.) — *vi* **1** : ampliarse, extenderse **2** : dilatarse (dícese de metales, etc.) — **expanse** *n* : extensión *f* — **expansion** *n* : expansión *f*
expatriate *n* : expatriado *m*, -da *f* — **expatriate** *adj* : expatriado
expect *vt* **1** : esperar **2** REQUIRE : contar con — *vi* **be expecting** : estar embarazada — **expectancy** *n*, *pl* **-cies** : esperanza *f* — **expectant** *adj* **1** : expectante **2 expectant mother** : futura madre *f* — **expectation** *n* : esperanza *f*
expedient *adj* : conveniente — **expedient** *n* : expediente *m*, recurso *m*
expedition *n* : expedición *f*
expel *vt* **-pelled; -pelling** : expulsar (a una persona), expeler (humo, etc.)
expend *vt* : gastar — **expendable** *adj* : prescindible — **expenditure** *n* : gasto *m* — **expense** *n* **1** : gasto *m* **2 expenses** *npl* : gastos *mpl*, expensas *fpl* **3 at the expense of** : a expensas de — **expensive** *adj* : caro
experience *n* : experiencia *f* — **experience** *vt* **-enced; -encing** : experimentar — **experienced** *adj* : experimentado — **experiment** *n* : experimento *m* — **experience** *vi* : experimentar — **experimental** *adj* : experimental
expert *adj* : experto — **expert** *n* : experto *m*, -ta *f* — **expertise** *n* : pericia *f*, competencia *f*
expire *vi* **-pired; -piring 1** : caducar, vencer **2** DIE : expirar, morir — **expiration** *n* : vencimiento *m*, caducidad *f*
explain *vt* : explicar — **explanation** *n* : explicación *f* — **explanatory** *adj* : explicativo
explicit *adj* : explícito
explode *v* **-ploded; -ploding** *vt* : hacer explotar — *vi* : explotar, estallar
exploit *n* : hazaña *f*, proeza *f* — **exploit** *vt* : explotar — **exploitation** *n* : explotación *f*
exploration *n* : exploración *f* — **explore** *vt* **-plored; -ploring** : explorar — **explorer** *n* : explorador *m*, -dora *f*
explosion *n* : explosión *f* — **explosive** *adj* : explosivo — **explosion** *n* : explosivo *m*
export *vt* : exportar — **export** *n* : exportación *f*
expose *vt* **-posed; -posing 1** : exponer **2** REVEAL : descubrir, revelar — **exposed** *adj* : expuesto, al descubierto — **exposure** *n* : exposición *f*
express *adj* **1** SPECIFIC : expreso, específico **2** FAST : expreso, rápido — **express** *adv* : por correo urgente — **express** *n or* **express train** : expreso *m* — **express** *vt* : expresar — **expression** *n* : expresión *f* — **expressive** *adj* : expresivo — **expressly** *adv* : expresamente — **expressway** *n* : autopista *f*
expulsion *n* : expulsión *f*
exquisite *adj* : exquisito
extend *vt* **1** STRETCH : extender **2** LENGTHEN : prolongar **3** ENLARGE : ampliar **4 extend one's hand** : tender la mano — *vi* : extenderse — **extension** *n* **1** : extensión *f* **2** LENGTHENING : prolongación *f* **3** ANNEX : ampliación *f*, anexo *m* **4 extension cord** : alargador *m* — **extensive** *adj* : extenso — **extent** *n* **1** SIZE : extensión *f* **2** DEGREE : alcance *m*, grado *m* **3 to a certain extent** : hasta cierto punto
extenuating *adj* **extenuating circumstances** : circunstancias *fpl* atenuantes
exterior *adj* : exterior — **exterior** *n* : exterior *m*
exterminate *vt* **-nated; -nating** : exterminar — **extermination** *n* : exterminación *f*
external *adj* : externo — **externally** *adv* : exteriormente
extinct *adj* : extinto — **extinction** *n* : extinción *f*
extinguish *vt* : extinguir, apagar — **extinguisher** *n* : extintor *m*
extol *vt* **-tolled; -tolling** : ensalzar, alabar
extort *vt* : arrancar (algo a algn) por la fuerza — **extortion** *n* : extorsión *f*
extra *adj* : suplementario, de más — **extra** *n* : extra *m* — **extra** *adv* **1** : extra,

más **2 extra special** : super especial
extract *vt* : extraer, sacar — **extract** *n* :
extracto *m* — **extraction** *n* : extracción *f*
extracurricular *adj* : extracurricular
extradite *vt* **-dited; -diting** : extraditar
extraordinary *adj* : extraordinario
extraterrestrial *adj* : extraterrestre —
extraterrestrial *n* : extraterrestre *mf*
extravagant *adj* **1** WASTEFUL
: despilfarrador, derrochador **2**
EXAGGERATED : extravagante, exagerado
— **extravagance** *n* **1** WASTEFULNESS :
derroche *m*, despilfarro *m* **2** LUXURY :
lujo *m* **3** EXAGGERATION : extravagancia *f*
extreme *adj* : extremo — **extreme** *n*
: extremo *m* — **extremely** *adv* :
extremadamente — **extremity** *n*,
pl **-ties** : extremidad *f*
extricate *vt* **-cated; -cating**
: librar, (lograr) sacar
extrovert *n* : extrovertido *m*, **-da** *f*
— **extroverted** *adj* : extrovertido
exuberant *adj* **1** JOYOUS :
eufórico **2** LUSH : exuberante —
exuberance *n* **1** JOYOUSNESS :
euforia *f* **2** VIGOR : exuberancia *f*
exult *vi* : exultar
▸ **eye** *n* **1** : ojo *m* **2** VISION : **visión** *f*,
vista *f* **3** GLANCE : **mirada** *f* — **eye** *vt* **eyed;**
eyeing *or* **eying** : mirar — **eyeball** *n* :
globo *m* ocular — **eyebrow** *n* : ceja *f* —
eyeglasses *npl* : anteojos *mpl*, lentes *mpl*
— **eyelash** *n* : pestaña *f* — **eyelid** *n*
: párpado *m* — **eyesight** *n* : vista *f*,
visión *f* — **eyesore** *n* : monstruosidad *f*
— **eyewitness** *n* : testigo *mf* ocular

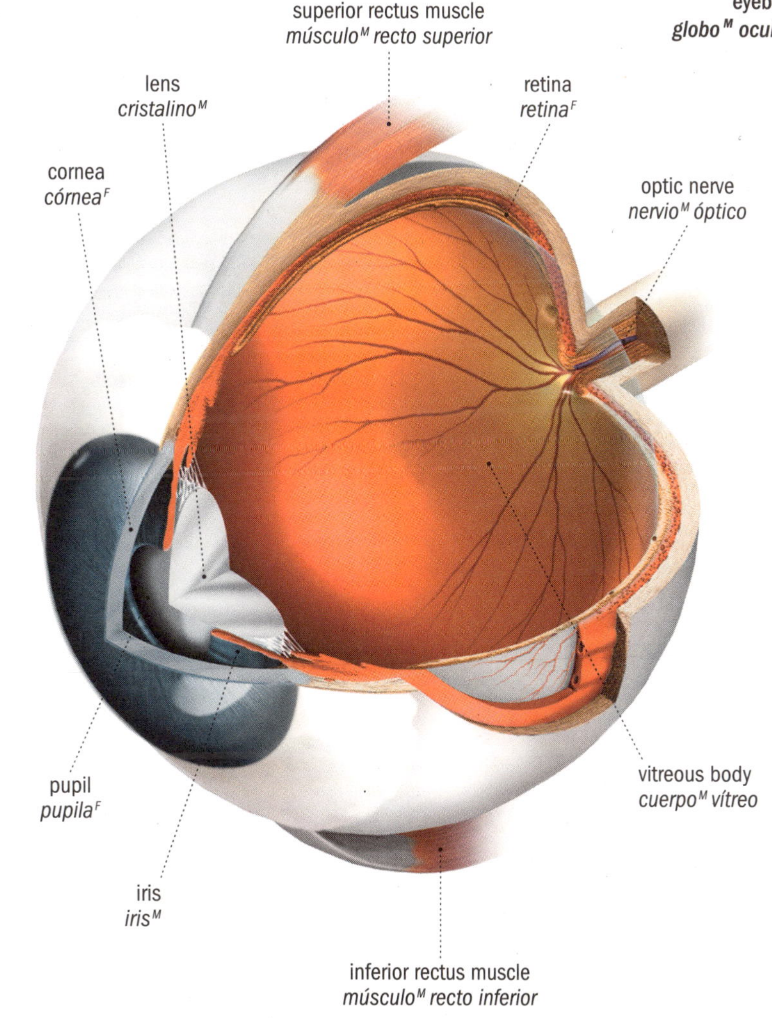

f *n, pl* **f's** *or* **fs** : f, sexta letra del alfabeto inglés
fable *n* : fábula *f*
fabric *n* : tela *f*, tejido *m*
fabulous *adj* : fabuloso
facade *n* : fachada *f*
face *n* **1** : ccra *f*, rostro *m* (de una persona) **2** APPEARANCE : fisonomía *f*, aspecto *m* **3** : cara *f* (de una moneda), fachada *f* (de un edificio) **4 face value** : valor *m* nominal **5 in the face of** : en medio de, ante **6 lose face** : desprestigiarse **7 make faces** : hacer muecas — **face faced; facing** *vt* **1** : estar frente a **2** CONFRONT : enfrentarse a **3** OVERLOOK : dar a — *vi* **face to the north** : mirar hacia el norte — **facedown** *adv* : boca abajo — **faceless** *adj* : anónimo — **face–lift** *n* : estiramiento *m* facial
facet *n* : faceta *f*
face–to–face *adv & adj* : cara a cara
facial *adj* : de la cara, facial — **facial** *n* : limpieza *f* de cutis
facetious *adj* : gracioso, burlón
facility *n, pl* **-ties 1** EASE : facilidad *f* **2** CENTER : centro *m* **3 facilities** *npl* : comodidades *fpl*, servicios *mpl*
facsimile *n* : facsímile *m*, facsímil *m*
fact *n* **1** : hecho *m* **2 in fact** : en realidad, de hecho
faction *n* : facción *m*, bando *m*

factor *n* : factor *m*
factory *n, pl* **-ries** : fábrica *f*
factual *adj* : basado en hechos
faculty *n, pl* **-ties** : facultad *f*
fad *n* : moda *f* pasajera, manía *f*
fade *v* **faded; fading** *vi* **1** WITHER : marchitarse **2** DISCOLOR : desteñirse, decolorarse **3** DIM : apagarse **4** VANISH : desvanecerse — *vt* : desteñir
fail *vi* **1** : fracasar (dícese de una empresa, un matrimonio, etc.) **2** BREAK DOWN : fallar **3 fail in** : faltar a, no cumplir con **4** FLUNK : suspender *Spain*, ser reprobado *Lat* **5 fail to do something** : no hacer algo — *vt* **1** DISAPPOINT : fallar **2** FLUNK : suspender *Spain*, reprobar *Lat* — **fail** *n* **without fail** : sin falta —
failing *n* : defecto *m* — **failure** *n* **1** : fracaso *m* **2** BREAKDOWN : falla *f*
faint *adj* **1** WEAK : débil **2** INDISTINCT : tenue, indistinto **3 feel faint** : estar mareado — **faint** *vi* : desmayarse — **faint** *n* : desmayo *m* —
fainthearted *adj* : cobarde, pusilánime — **faintly** *adv* **1** WEAKLY : débilmente **2** SLIGHTLY : ligeramente, levemente
fair[1] *n* : feria *f*
fair[2] *adj* **1** BEAUTIFUL : bello, hermoso **2** : bueno (dícese del tiempo) **3** JUST : justo **4** : rubio (dícese del pelo), blanco (dícese de la tez) **5** ADEQUATE : adecuado — **fair** *adv* **play fair** : jugar limpio — **fairly** *adv* **1** JUSTLY : justamente **2** QUITE : bastante — **fairness** *n* : justicia *f*
▸ **fairy** *n, pl* **fairies 1** : hada *f* **2 fairy tale** : cuento *m* de hadas
faith *n, pl* **faiths** : fe *f* — **faithful** *adj* : fiel — **faithfully** *adv* : fielmente — **faithfulness** *n* : fidelidad *f*
fake *v* **faked; faking** *vt* **1** FALSIFY : falsificar, falsear **2** FEIGN : fingir — *vi* PRETEND : fingir — **fake** *adj* : falso — **fake** *n* **1** IMITATION : falsificación *f* **2** IMPOSTOR : impostor *m*, -tora *f*
▸ **falcon** *n* : halcón *m*
fall *vi* **fell; fallen; falling 1** : caer, bajar (dícese de los precios), descender (dícese de la temperatura) **2 fall asleep** : dormirse **3 fall back** : retirarse **4 fall back on** : recurrir a **5 fall down** : caerse **6 fall in love** : enamorarse **7 fall out** QUARREL : pelearse **8 fall through** : fracasar — **fall** *n* **1** : caída *f*, bajada *f* (de precios), descenso *m* (de temperatura) **2** AUTUMN : otoño *m* **3**

falls *npl* WATERFALL : cascada *f*, catarata *f*
fallacy *n, pl* **-cies** : concepto *m* erróneo
fallible *adj* : falible
fallow *adj* **lie fallow** : estar en barbecho
false *adj* **falser; falsest 1** : falso **2 false alarm** : falsa alarma *f* **3 false teeth** : dentadura *f* postiza — **falsehood** *n* : mentira — **falseness** *n* : falsedad *f* — **falsify** *vt* **-fied; fying** : falsificar, falsear
falter *vi* **-tered; -tering 1** STUMBLE : tambalearse **2** WAVER : vacilar
fame *n* : fama *f*
familiar *adj* **1** : familiar **2 be familiar with** : estar familiarizado con — **familiarity** *n, pl* **-ties** : familiaridad *f* — **familiarize** *vt* **-ized; -izing** **familiarize oneself** : familiarizarse
family *n, pl* **-lies** : familia *f*
famine *n* : hambre *f*, hambruna *f*
famished *adj* : famélico
famous *adj* : famoso
▸ **fan** *n* **1** : ventilador *m*, abanico *m* **2** : aficionado *m*, -da *f* (a un pasatiempo); admirador *m*, -dora *f* (de una persona) — **fan** *vt* **fanned; fanning** : abanicar (a una persona), avivar (un fuego)
fanatic *or* **fanatical** *adj* : fanático — **fanatic** *n* : fanático *m*, -ca *f* — **fanaticism** *n* : fanatismo *m*
fancy *vt* **-cied; -cying 1** IMAGINE : imaginarse **2** DESIRE : apetecerle (algo a uno) — **fancy** *adj* **-cier; -est 1** ELABORATE : elaborado **2** LUXURIOUS : lujoso, elegante — **fancy** *n, pl* **-cies 1** WHIM : capricho *m* **2** IMAGINATION : imaginación *f* **3 take a fancy to** : aficionarse a (una cosa), tomar cariño a (una persona) — **fanciful** *adj* **1** CAPRICIOUS : caprichoso **2** IMAGINATIVE : imaginativo
fanfare *n* : fanfarria *f*
fang *n* : colmillo *m* (de un animal), diente *m* (de una serpiente)
fantasy *n, pl* **-sies** : fantasía *f* — **fantasize** *vi* **-sized; -sizing** : fantasear — **fantastic** *adj* : fantástico
far *adv* **farther** *or* **further; farthest** *or* **furthest 1** : lejos **2** MUCH : muy, mucho **3 as far as** : hasta (un lugar), con respecto a (un tema) **4 by far** : con mucho **5 far and wide** : por todas partes **6 far away** : a lo lejos **7 far from it!** : ¡todo lo contrario! **8 so far** : hasta ahora, todavía — **far** *adj* **farther** *or* **further; farthest** *or* **furthest 1** REMOTE : lejano **2** EXTREME : extremo — **faraway** *adj* : remoto, lejano
farce *n* : farsa *f*

ceiling fan
ventilador^M **de techo**^M

fare *vi* **fared; faring** : irle a uno — **fare** *n* **1** : precio *m* del pasaje **2** FOOD : comida *f*

farewell *n* : despedida *f* — **farewell** *adj* : de despedida

far–fetched *adj* : improbable, exagerado

farm *n* : granja *f*, hacienda *f* — **farm** *vt* : cultivar (la tierra), criar (animales) — *vi* : ser agricultor — **farmer** *n* : agricultor *m*, -tora *f*; granjero *m*, -jera *f* — **farmhand** *n* : peón *m* — **farmhouse** *n* : granja *f*, casa *f* de hacienda — **farming** *n* : agricultura *f*, cultivo *m* (de plantas), crianza *f* (de animales) — **farmyard** *n* : corral *m*

far–off *adj* : lejano

far–reaching *adj* : de gran alcance

farsighted *adj* **1** : hipermétrope **2** PRUDENT : previsor

farther *adv* **1** : más lejos **2** MORE : más — *adj* : más lejano — **farthest** *adv* **1** : lo más lejis **2** MOST : más — *adj* : más lejano

fascinate *vt* **-nated; -nating** : fascinar — **fascination** *n* : fascinación *f*

fascism *n* : fascismo *m* — **fascist** *adj* : fascista — **fascism** *n* : fascista *mf*

fashion *n* **1** MANNER : manera *f* **2** STYLE : moda *f* **3 out of fashion** : pasada de moda — **fashionable** *adj* : de moda

fast¹ *vi* : ayunar — **fast** *n* : ayuno *m*

fast² *adj* **1** SWIFT : rápido **2** SECURE : firme, seguro **3** : adelantado (dícese de un reloj) **4 fast friends** : amigos *mpl* leales — **fast** *adv* **1** SECURELY : firmemente **2** SWIFTLY : rápidamente **3**

fast asleep : profundamente dormido

fasten *vt* : sujetar (papeles, etc.), abrochar (una blusa, etc.), cerrar (una maleta, etc.) — *vi* : abrocharse, cerrar — **fastener** *n* : cierre *m*

fat *adj* **fatter; fattest 1** : gordo **2** THICK : grueso — **fat** *n* : grasa *f*

fatal *adj* **1** : mortal **2** FATEFUL : fatal, fatídico — **fatality** *n*, *pl* **-ties** : víctima *f* mortal

fate *n* **1** : destino *m* **2** LOT : suerte *f* — **fateful** *adj* : fatídico

father *n* : padre *m* — **father** *vt* : engendrar — **fatherhood** *n* : paternidad *f* — **father–in–law** *n*, *pl* **fathers–in–law** : suegro *m* — **fatherly** *adj* : paternal

fathom *vt* : comprender

fatigue *n* : fatiga *f* — **fatigue** *vt* **-tigued; -tiguing** : fatigar

fatten *vt* : engordar — **fattening** *adj* : que engorda

fatty *adj* **fattier; -est** : graso

faucet *n* : llave *f Lat*, grifo *m Spain*

fault *n* **1** FLAW : defecto *m* **2** RESPONSIBILITY : culpa *f* **3** : falla *f* (geológica) — *vt* : encontrar defectos a — **faultless** *adj* : impecable — **faulty** *adj* **faultier; -est** : defectuoso

fauna *n* : fauna *f*

favor *or Brit* **favour** *n* **1** : favor *m* **2 in favor of** : a favor de — **favor** *vt* **1** : favorecer **2** SUPPORT : estar a favor de **3** PREFER : preferir — **favorable** *or Brit* **favourable** *adj* : favorable — **favorite**

or Brit **favourite** *n* : favorito *m*, -ta *f* — **favorite** *adj* : favorito — **favoritism** *or Brit* **favouritism** *n* : favoritismo *m*

fawn¹ *vi* **fawn over** : adular

fawn² *n* : cervato *m*

fax *n* : fax *m* — **fax** *vt* : faxear, enviar por fax

fear *v* : temer — **fear** *n* **1** : miedo *m*, temor *m* **2 for fear of** : por temor a — **fearful** *adj* **1** FRIGHTENING : espantoso **2** AFRAID : temeroso

feasible *adj* : viable, factible

feast *n* **1** BANQUET : banquete *m*, festín *m* **2** FESTIVAL : fiesta *f* — **feast** *vi* **1** : banquetear **2 feast upon** : darse un festín de

feat *n* : hazaña *f*

feather *n* : pluma *f*

feature *n* **1** : rasgo *m* (de la cara) **2** CHARACTERISTIC : característica *f* **3** : artículo *m* (en un periódico) **4 feature film** : largometraje *m* — *v* **-tured; -turing** *vt* **1** PRESENT : presentar **2** EMPHASIZE : destacar — *vi* : figurar

February *n* : febrero *m*

feces *npl* : excremento *mpl*

federal *adj* : federal — **federation** *n* : federación *f*

fed up *adj* : harto

fee *n* **1** : honorarios *mpl* **2 entrance fee** : entrada *f*

feeble *adj* **-bler; -blest 1** : débil **2 a feeble excuse** : una pobre excusa

feed *v* **fed; feeding** *vt* **1** : dar de comer a, alimentar **2** SUPPLY : alimentar — *vi* :

falcon
halcón^M

comer, alimentarse — **feed** *n* : pienso *m*
feel *v* **felt; feeling** *vt* **1** : sentir (una sensación, etc.) **2** TOUCH : tocar, palpar **3** BELIEVE : creer — *vi* **1** : sentirse (bien, cansado, etc.) **2** SEEM : parecer **3 feel hot/thirsty** : tener calor/sed **4 feel like doing** : tener ganas de hacer — **feel** *n* : tacto *m*, sensación *f* — **feeling** *n* **1** SENSATION : sensación *f* **2** EMOTION : sentimiento *m* **3** OPINION : opinión *f* **4 hurt someone's feelings** : herir los sentimientos de algn
feet → **foot**
feign *vt* : fingir
feline *adj* : felino — **feline** *n* : felino *m*, -na *f*
fell[1] → **fall**
fell[2] *vt* : talar (un árbol)
fellow *n* **1** COMPANION : compañero *m*, -ra *f* **2** MEMBER : socio *m*, -cia *f* **3** MAN : tipo *m* — **fellowship** *n* **1** : compañerismo *m* **2** ASSOCIATION : fraternidad *f* **3** GRANT : beca *f*
felon *n* : criminal *mf* — **felony** *n*, *pl* **-nies** : delito *m* grave
felt[1] → **feel**
felt[2] *n* : fieltro *m*

female *adj* : femenino — **female** *n* **1** : hembra *f* (animal) **2** WOMAN : mujer *f*
feminine *adj* : femenino — **femininity** *n* : femineidad *f* — **feminism** *n* : feminismo *m* — **feminist** *adj* : feminista — **feminist** *n* : feminista *mf*
fence *n* : cerca *f*, valla *f*, cerco *m*, *Lat* — **fence** *v* **fenced; fencing** *vt or* **fence in** : vallar, cercar — *vi* : hacer esgrima — **fencing** *n* : esgrima *m* (deporte)
fend *vt* **fend off** : rechazar (un enemigo), eludir (una pregunta) — *vi* **fend for oneself** : valerse por sí mismo
fender *n* : guardabarros *mpl*
fennel *n* : hinojo *m*
ferment *v* : fermentar — **fermentation** *n* : fermentación *f*
fern *n* : helecho *m*
ferocious *adj* : feroz — **ferocity** *n* : ferocidad *f*
ferret *n* : hurón *m* — **ferret** *vt* **ferret out** : descubrir
Ferris wheel *n* : noria *f*
ferry *vt* **-ried; -rying** : transportar — **ferry** *n*, *pl* **-ries** : ferry *m*
fertile *adj* : fértil — **fertility** *n* :

fertilidad *f* — **fertilize** *vt* **-ized; -izing** : fecundar (un huevo), abonar (el suelo) — **fertilizer** *n* : fertilizante *m*, abono *m*
fervent *adj* : ferviente — **fervor** *or Brit* **fervour** *n* : fervor *m*
fester *vi* : enconarse
festival *n* **1** : fiesta *f* **2 film festival** : festival *m* de cine — **festive** *adj* : festivo — **festivity** *n*, *pl* **-ties** : festividad *f*
fetch *vt* **1** : ir a buscar **2** : venderse por (un precio)
fête *n* : fiesta *f*
fetid *adj* : fétido
fetish *n* : fetiche *m*
fetters *npl* : grillos *mpl* — **fetter** *vt* : encadenar
fetus *n* : feto *m*
feud *n* : enemistad *f* (entre familiares) — **feud** *vi* : pelear
feudal *adj* : feudal — **feudalism** *n* : feudalismo *m*
fever *n* : fiebre *f* — **feverish** *adj* : febril
few *adj* **1** : pocos **2 a few times** : varias veces — **few** *pron* **1** : pocos **2 a few** : algunos, unos cuantos **3 quite a few** : muchos — **fewer** *adj & pron* : menos

fencing
esgrima[M]

fencer
esgrimista[M]

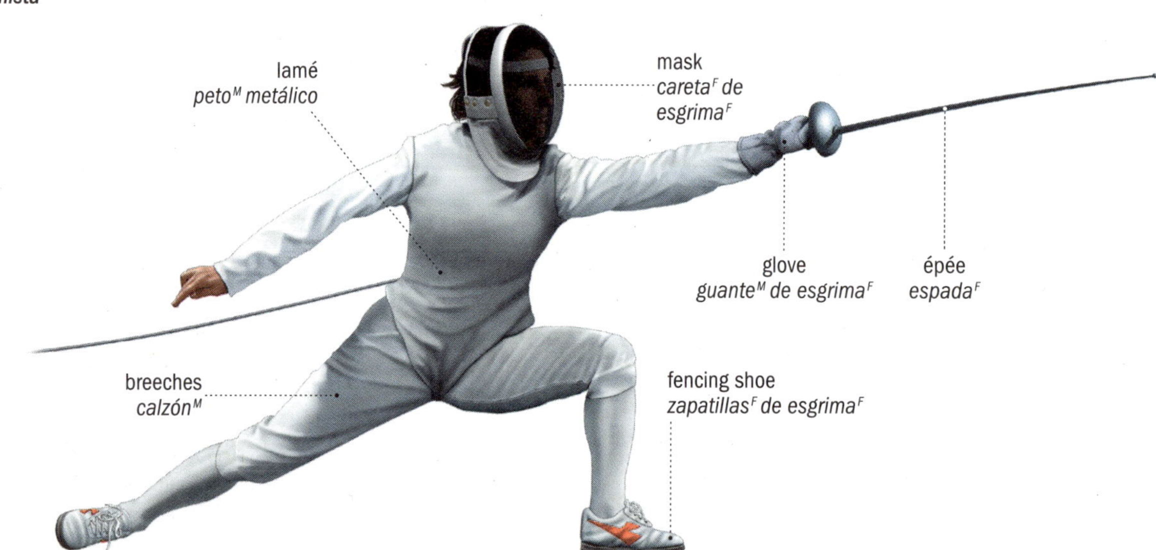

fiancé, fiancée *n* : prometido *m*, -da *f*; novio *m*, -via *f*
fiasco *n, pl* **-coes** : fiasco *m*
fib *n* : mentirilla *f* — **fib** *vi* **fibbed; fibbing** : decir mentirillas
fiber *or* **fibre** *n* : fibra *f* — **fiberglass** *n* : fibra *f* de vidrio — **fibrous** *adj* : fibroso
fickle *adj* : inconstante
fiction *n* : ficción *f* — **fictional** *or* fictitious *adj* : ficticio
fiddle *n* : violín *m* — **fiddle** *vi* **-dled; -dling 1** : tocar el violín **2 fiddle with** : juguetear con
fidelity *n, pl* **-ties** : fidelidad *f*
fidget *vi* **1** : estarse inquieto, moverse **2 fidget with** : juguetear con — **fidgety** *adj* : inquieto, nervioso
field *n* : campo *m* — **field** *vt* : interceptar (una pelota), sortear (una pregunta) — **field glasses** *n* : binoculares *mpl*, gemelos *mpl* — **field trip** *n* : viaje *m* de estudio
fiend *n* **1** : demonio *m* **2** FANATIC : fanático *m*, -ca *f* — **fiendish** *adj* : diabólico
fierce *adj* **fiercer; -est 1** : feroz **2** INTENSE : fuerte (dícese del viento), acalorado (dícese de un debate)

— **fierceness** *n* : ferocidad *f*
fiery *adj* **fierier; -est 1** BURNING : llameante **2** SPIRITED : ardiente, fogoso — **fieriness** *n* : pasión *f*, ardor *m*
fifteen *n* : quince *m* — **fifteen** *adj* : quince — **fifteenth** *adj* : decimoquinto — **fifteenth** *n* **1** : decimoquinto *m*, -ta *f* (en una serie) **2** : quinceavo *m* (en matemáticas)
fifth *n* **1** : quinto *m*, -ta *f* (en una serie) **2** : quinto *m* (en matemáticas) — **fifth** *adj* : quinto
fiftieth *adj* : quincuagésimo — **fiftieth** *n* **1** : quincuagésimo *m*, -ma *f* (en una serie) **2** : cincuentavo *m* (en matemáticas)
fifty *n, pl* **-ties** : cincuenta *m* — **fifty** *adj* : cincuenta — **fifty–fifty** *adv* : a medias, mitad y mitad — **fifty–fifty** *adj* **a fifty–fifty chance** : un cincuenta por ciento de posibilidades
fig *n* : higo *m*
fight *v* **fought; fighting** *vi* **1** BATTLE : luchar **2** QUARREL : pelear **3 fight back** : defenderse — *vt* : luchar contra — **fight** *n* **1** STRUGGLE :

lucha *f* **2** QUARREL : pelea *f* — **fighter** *n* **1** : luchador *m*, -dora *f* **2** *or* **fighter plane** : avión *m* de caza
figment *n* **figment of the imagination** : producto *m* de la imaginación
figurative *adj* : figurado
figure *n* **1** NUMBER : número *m*, cifra *f* **2** PERSON, SHAPE : figura *f* **3 figure of speech** : figura *f* retórica **4 watch one's figure** : cuidar la línea — **figure** *v* **-ured; -uring** *vt* : calcular — *vi* **1** : figurar **2 that figures!** : ¡no me extraña! — **figurehead** *n* : testaferro *m* — **figure out** *vt* **1** UNDERSTAND : entender **2** RESOLVE : resolver
file[1] *n* : lima *f* (instrumento) — **file** *vt* **filed; filing** : limar
file[2] *vt* **filed; filing 1** : archivar (documentos) **2 file charges** : presentar cargos — **file** *n* : archivo *m*
file[3] *n* LINE : fila *f* — **file** *vi* **file in/out** : entrar/salir en fila
fill *vt* **1** : llenar, rellenar **2** : cumplir con (un requisito) **3** : tapar (un agujero), empastar (un diente) — *vi* **1 fill in for** : reemplazar **2** *or* **fill up** : llenarse — **fill** *n* **1 eat one's fill** : comer lo suficiente

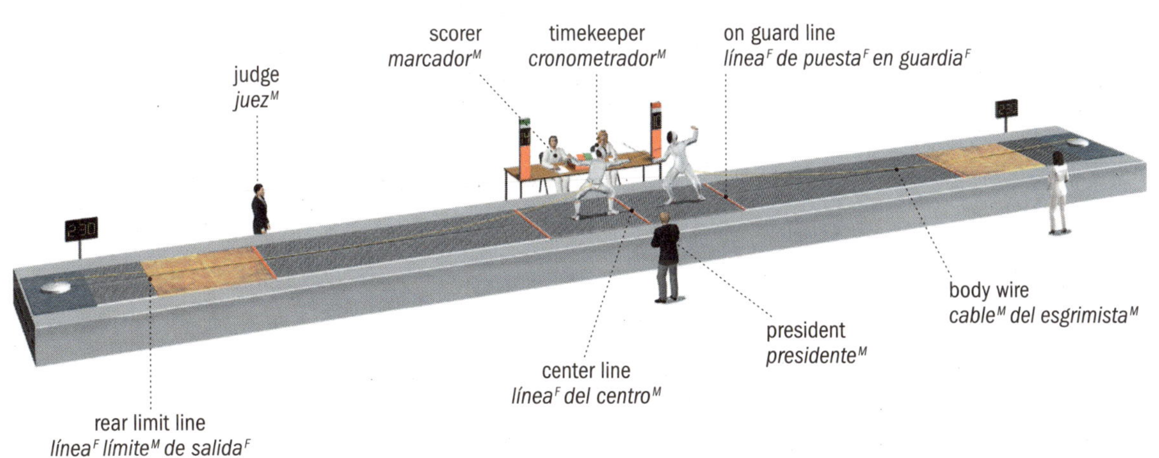

2 have one's fill of : estar harto de
fillet *n* : filete *m*
filling *n* **1** : relleno *m* **2** : empaste *m* (de dientes) **3 filling station** → **service station**
filly *n, pl* **-lies** : potra *f*
film *n* : película *f* — **film** *vt* : filmar
filter *n* : filtro *m* — **filter** *vt* : filtrar
filth *n* : mugre *f* — **filthy** *adj* **filthier; -est 1** : mugriento **2** OBSCENE : obsceno
fin *n* : aleta *f*
final *adj* **1** LAST : último **2** DEFINITIVE : definitivo **3** ULTIMATE : final — **final** *n* **1** : final *f* (en deportes) **2 finals** *npl* : exámenes *mpl* finales — **finalist** *n* : finalista *mf* — **finalize** *vt* **-ized; -izing** : finalizar — **finally** *adv* : finalmente
finance *n* **1** : finanzas *fpl* **2 finances** *npl* : recursos *mpl* financieros — **finance** *vt* **-nanced; -nancing** : financiar — **financial** *adj* : financiero — **financially** *adv* : económicamente
find *vt* **found; finding 1** LOCATE : encontrar **2** REALIZE : darse cuenta de **3 find guilty** : declarar culpable **4** *or* **find out** : descubrir — *vi* **find out** : enterarse — **find** *n* : hallazgo *m* — **findings** *n* **1** FIND : hallazgo *m* **2 findings** *npl* : conclusiones *fpl*
fine[1] *n* : multa *f* — **fine** *vt* **fined; fining** : multar
fine[2] *adj* **finer; -est 1** DELICATE : fino **2** EXCELLENT : excelente **3** SUBTLE : sutil **4** :

bueno (dícese del tiempo) **5 fine print** : letra *f* menuda **6 it's fine with me** : me parece bien — **fine** *adv* OK : bien — **fine arts** *npl* : bellas artes *fpl* — **finely** *adv* **1** EXCELLENTLY : excelentemente **2** PRECISELY : con precisión **3** MINUTELY : fino, menudo
finger *n* : dedo *m* — **finger** *vt* : tocar, toquetear — **fingernail** *n* : uña *f* — **fingerprint** *n* : huella *f* digital — **fingertip** *n* : punta *f* del dedo
finicky *adj* : maniático, mañoso *Lat*
finish *v* : acabar, terminar — **finish** *n* **1** END : fin *m*, final *m* **2** *or* **finish line** : meta *f* **3** SURFACE : acabado *m*
finite *adj* : finito
fir *n* : abeto *m*
fire *n* **1** : fuego *m* **2** CONFLAGRATION : incendio *m* **3 catch fire** : incendiarse (dícese de bosques, etc.), prenderse (dícese de fósforos, etc.) **4 on fire** : en llamas **5 open fire on** : abrir fuego sobre — **fire** *vt* **fired; firing 1** DISMISS : despedir **2** SHOOT : disparar — *vi* : disparar — **fire alarm** *n* : alarma *f* contra incendios — **firearm** *n* : arma *f* de fuego — **firecracker** *n* : petardo *m* — **fire engine** *n* : carro *m* de bomberos *Lat*, coche *m* de bomberos *Spain* — **fire escape** *n* : escalera *f* de incendios — **fire extinguisher** *n* : extintor *m* (de incendios) — **firefighter** *n* : bombero *m*, -ra *f* — **firefly** *n, pl* **-flies** : luciérnaga *f* — **firehouse** → **fire station** — **fireman** *n, pl* **-men** → **firefighter** — **fireplace** *n* : hogar *m*, chimenea *f* — **fireproof** *adj* : ignífugo — **fireside** *n* : hogar *m* — **fire station** *n* : estación *f* de bomberos *Lat*, parque *m* de bomberos *Spain* — **firewood** *n* : leña *f* — **fireworks** *npl* : fuegos *mpl* artificiales
firm[1] *n* : empresa *f*
firm[2] *adj* : firme — **firmly** *adv* : firmemente — **firmness** *n* : firmeza *f*
first *adj* **1** : primero **2 at first sight** : a primera vista **3 for the first time** : por primera vez — **first** *adv* **1** : primero **2 first and foremost** : ante todo **3 first of all** : en primer lugar — **first** *n* **1** : primero *m*, -ra *f* **2 at first** : al principio — **first aid** *n* : primeros auxilios *mpl* — **first–class** *adv* : en primera — **first–class** *adj* : de primera *f* — **firsthand** *adv* : directamente — **first** *adj* : de primera mano — **firstly** *adv* : en primer lugar — **first name** *n* : nombre *m* de pila

first–rate *adj* → **first–class**
fiscal *adj* : fiscal
fish *n, pl* **fish** *or* **fishes** : pez *m* (vivo), pescado *m* (para comer) — **fish** *vi* **1** : pescar **2 fish for** SEEK : buscar **3 go fishing** : ir de pesca — **fisherman** *n, pl* **-men** : pescador *m*, -dora *f* — **fishhook** *n* : anzuelo *m* — **fishing** *n* : pesca *f* — **fishing pole** *n* : caña *f* de pescar — **fish market** *n* : pescadería *f* — **fishy;** *adj* **fishier; -est 1** : a pescado (dícese de sabores, etc.) **2** SUSPICIOUS : sospechoso
fist *n* : puño *m*
fit[1] *n* **1** : ataque *m* **2 he had a fit** : le dio un ataque
fit[2] *adj* **fitter; fittest 1** SUITABLE : apropiado **2** HEALTHY : en forma **3 be fit for** : ser apto para — **fit** *v* **fitted; fitting** *vt* **1** : encajar en (un hueco, etc.) **2** *(relating to clothing)* : quedar bien a **3** SUIT : ser apropiado para **4** MATCH : coincidir con **5** *or* **fit out** : equipar — *vi* **1** : caber (en una caja, etc.), encajar (en un hueco, etc.) **2** *or* **fit in** BELONG : encajar **3 this dress doesn't fit** : este vestido no me queda bien — **fit** *n* **it's a good fit** : me queda bien — **fitful** *adj* : irregular — **fitness** *n* **1** HEALTH : salud *f* **2** SUITABILITY : idoneidad *f* — **fitting** *adj* : apropiado
five *n* : cinco *m* — **five** *adj* : cinco — **five hundred** *n* : quinientos *m* — **five hundred** *adj* : quinientos
fix *vt* **1** ATTACH : fijar, sujetar **2** REPAIR : arreglar **3** PREPARE : preparar — **fix** *n* PREDICAMENT : aprieto *m*, apuro *m* — **fixed** *adj* : fijo — **fixture** *n* : instalación *f*
fizz *vi* : burbujear — **fizz** *n* : efervescencia *f*
fizzle *vi* **-zled; -zling** *or* **fizzle out** : quedar en nada
flabbergasted *adj* : estupefacto, pasmado
flabby *adj* **-bier; -est** : fofo
flaccid *adj* : fláccido
flag[1] *vi* WEAKEN : flaquear
flag[2] *n* : bandera *f* — **flag** *vt* **flagged; flagging** *or* **flag down** : hacer señales de parada a — **flagpole** *n* : asta *f*
flagrant *adj* : flagrante
flair *n* : don *m*, facilidad *f*
flake *n* : copo *m* (de nieve), escama *f* (de pintura, de la piel) — **flake** *vi* **flaked; flaking** : pelarse
flamboyant *adj* : extravagante
flame *n* **1** : llama *f* **2 burst into**

flames : estallar en llamas **3 go up in flames** : incendiarse
flamingo *n, pl* **-gos** : flamenco *m*
flammable *adj* : inflamable
flank *n* : ijado *m* (de un animal), flanco *m* (militar) — **flank** *vt* : flanquear
flannel *n* : franela *f*
flap *n* : solapa *f* (de un sobre, un libro, etc.), tapa *f* (de un recipiente) — **flap** *v* **flapped; flapping** *vi* : agitarse — *vt* : batir, agitar
flapjack → **pancake**
flare *vi* **flared; flaring 1 flare up** BLAZE : llamear **2 flare up** EXPLODE, ERUPT : estallar, explotar — **flare** *n* **1** BLAZE : llamarada *f* **2** SIGNAL : (luz *f* de) bengala *f*
flash *vi* **1** : brillar, destellar **2 flash past** : pasar como un rayo — *vt* **1** : dirigir (una luz) **2** SHOW : mostrar **3 flash a smile** : sonreír — **flash** *n* **1** : destello *m* **2 flash of lightning** : relámpago *m* **3 in a flash** : de repente — **flashlight** *n* : linterna *f* — **flashy** *adj* **flashier; -est** : ostentoso
flask *n* : frasco *m*
flat *adj* **flatter; flattest 1** LEVEL : plano, llano **2** DOWNRIGHT : categórico **3** FIXED : fijo **4** MONOTONOUS : monótono **5** : bemol (en la música) **6 flat tire** : neumático *m* desinflado — **flat** *n* **1** : bemol *m* (en la música) **2** *Brit* APARTMENT : apartamento *m*, departamento *m, Lat* **3** PUNCTURE : pinchazo *m* — **flat** *adv* **1 flat broke** : pelado **2 in one hour flat** : en una hora justa — **flatly** *adv* : categóricamente — **flat-out** *adj* **1** : frenético **2** DOWNRIGHT : categórico — **flatten** *vt* **1** LEVEL : aplanar, allanar **2** KNOCK DOWN : arrasar
flatter *vt* **1** : halagar **2** BECOME : favorecer — **flatterer** *n* : adulador *m*, -dora *f* — **flattering** *adj* **1** : halagador **2** BECOMING : favorecedor — **flattery** *n, pl* **-ries** : halagos *mpl*
flaunt *vt* : hacer alarde de
flavor *or Brit* **flavour** *n* : gusto *m*, sabor *m* — **flavor** *vt* : sazonar — **flavorful** *or Brit* **flavourful** *adj* : sabroso — **flavoring** *or Brit* **flavouring** *n* : condimento *m*, sazón *f*
flaw *n* : defecto *m* — **flawless** *adj* : perfecto
flax *n* : lino *m*
flea *n* : pulga *f*
fleck *n* **1** PARTICLE : mota *f* **2** SPOT : pinta *f*
flee *v* **fled; fleeing** *vi* : huir — *vt* : huir de
fleece *n* : vellón *m* — **fleece** *vt* **fleeced; fleecing 1** SHEAR :

esquilar **2** DEFRAUD : desplumar
fleet *n* : flota *f*
fleeting *adj* : fugaz
Flemish *adj* : flamenco
flesh *n* **1** : carne *f* **2** PULP : pulpa *f* **3 in the flesh** : en persona — **fleshy** *adj* **fleshier; -est 1** : gordo **2** PULPY : carnoso
flew → **fly**
flex *vt* : flexionar — **flexibility** *n, pl* **-ties** : flexibilidad *f* — **flexible** *adj* : flexible
flick *n* : golpecito *m* — **flick** *vt* : dar un golpecito a — *vi* **flick through** : hojear
flicker *vi* : parpadear — **flicker** *n* **1** : parpadeo *m* **2 a flicker of hope** : un rayo de esperanza
flier *n* **1** AVIATOR : aviador *m*, -dora *f* **2** *or* **flyer** LEAFLET : folleto *m*, volante *m, Lat*
flight[1] *n* **1** : vuelo *m* **2** TRAJECTORY : trayectoria *f* **3 flight of stairs** : tramo *m*
flight[2] *n* ESCAPE : huida *f*
flimsy *adj* **flimsier; -est 1** LIGHT : ligero **2** SHAKY : poco sólido **3 a flimsy excuse** : una excusa floja
flinch *vi* **flinch from** : encogerse ante
fling *vt* **flung; flinging 1** : arrojar **2 fling open** : abrir de un golpe — **fling** *n* **1** AFFAIR : aventura *f* **2 have a fling at** : intentar
flint *n* : pedernal *m*
flip *v* **flipped; flipping** *vt* **1** *or* **flip over** : dar la vuelta a **2 flip a coin** : echarlo a cara o cruz — *vi* **1** *or* **flip over** : volcarse **2 flip through** : hojear — **flip** *n* SOMERSAULT : voltereta *f*
flippant *adj* : ligero, frívolo
flipper *n* : aleta *f*
flirt *vi* : coquetear — **flirt** *n* : coqueto *m*, -ta *f* — **flirtatious** *adj* : coqueto
flit *vi* **flitted; flitting** : revolotear
float *n* **1** : flotador *m* **2** : carroza *f* (en un desfile) — **float** *vi* : flotar — *vt* : hacer flotar
flock *n* : rebaño *m* (de ovejas), bandada *f* (de pájaros) — **flock** *vi* : congregarse
flog *vt* **flogged; flogging** : azotar
flood *n* **1** : inundación *f* **2** : torrente *m* (de palabras, de lágrimas, etc.) — **flood** *vt* : inundar — **floodlight** *n* : foco *m*
floor *n* **1** : suelo *m*, piso *m, Lat* **2** STORY : piso *m* **3 dance floor** : pista *f* de baile **4 ground floor** : planta *f* baja — **floor** *vt* **1** KNOCK DOWN : derribar **2** NONPLUS : desconcertar — **floorboard** *n* : tabla *f* del suelo
flop *vi* **flopped; flopping 1** FLAP : agitarse

2 COLLAPSE : dejarse caer **3** FAIL : fracasar — **flop** *n* FAILURE : fracaso *m* — **floppy** *adj* **-pier; -est** : flojo, flexible — **floppy disk** *n* : diskette *m*, disquete *m*
flora *n* : flora *f* — **floral** *adj* : floral — **florid** *adj* **1** FLOWERY : florido **2** RUDDY : rojizo — **florist** *n* : florista *mf*
floss *n* → **dental floss**
flounder[1] *n, pl* **flounder** *or* **flounders** : platija *f*
flounder[2] *vi* **1** *or* **flounder about** : resbalarse, revolcarse **2** : titubear (en un discurso)
flour *n* : harina *f*
flourish *vi* : florecer — *vt* BRANDISH : blandir — **flourish** *n* : floritura *f* — **flourishing** *adj* : floreciente
flout *vt* : desacatar, burlarse de
flow *vi* : fluir, correr — **flow** *n* **1** : flujo *m*, circulación *f* **2** : corriente *f* (de información, etc.)
flower *n* : flor *f* — **flower** *vi* : florecer — **flowered** *adj* : floreado — **flowerpot** *n* : maceta *f* — **flowery** *adj* : florido
flown → **fly**
flu *n* : gripe *f*
fluctuate *vi* **-ated; -ating** : fluctuar — **fluctuation** *n* : fluctuación *f*
fluency *n* : fluidez *f* — **fluent** *adj* **1** : fluido **2 be fluent in** : hablar con fluidez — **fluently** *adv* : con fluidez
fluff *n* : pelusa *f* — **fluffy** *adj* **fluffier; -est** : de pelusa, velloso
fluid *adj* : fluido — **fluid** *n* : fluido *m*
flung → **fling**
flunk *vt* : reprobar *Lat*, suspender *Spain* — *vi* : ser reprobado *Lat*, suspender *Spain*
fluorescence *n* : fluorescencia *f* — **fluorescent** *adj* : fluorescente
flurry *n, pl* **-ries 1** GUST : ráfaga *f* **2** *or* **snow flurry** : nevisca *f* **3 flurry of questions** : aluvión *m* de preguntas
flush *vi* BLUSH : ruborizarse, sonrojarse — *vt* **flush the toilet** : tirar de la cadena, jalarle a la cadena *Lat* — **flush** *n* BLUSH : rubor *m*, sonrojo *m* — **flush** *adj* **flush with** : a nivel con, a ras de — **flush** *adv* : al mismo nivel, a ras
fluster *vt* : poner nervioso
flute *n* : flauta *f*
flutter *vi* **1** FLIT : revolotear **2** WAVE : ondear **3** *or* **flutter about** : ir y venir — **flutter** *n* **1** : revoloteo *m* (de alas) **2** STIR : revuelo *m*
flux *n* **be in a state of flux** :

American football
fútbol^M americano

football player
jugador^M

helmet
casco^M

face mask
máscara^F

jersey
camiseta^F

player's number
pectoral^M

pants
pantalón^M

knee pad
rodillera^F

cleats
zapato^M con tacos^M

protective equipment
equipo^M de protección^F

tooth guard
protector^M dental

neck pad
protector^M de cuello^M

shoulder pad
hombrera^F

arm guard
protector^M del brazo^M

chest protector
peto^M

playing field
campo^M de juego^M

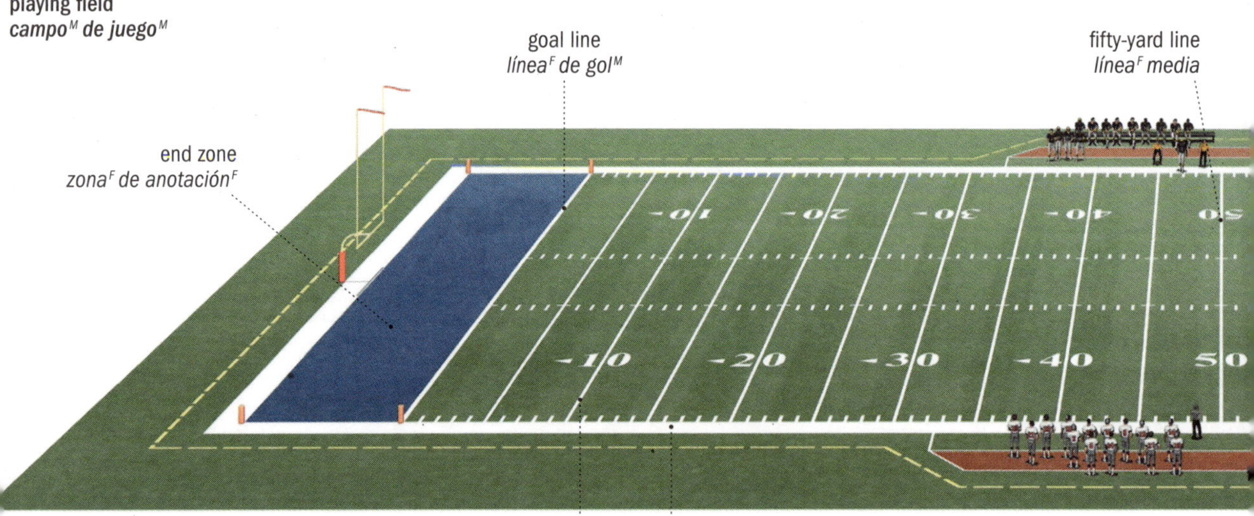

end zone
zona^F de anotación^F

goal line
línea^F de gol^M

fifty-yard line
línea^F media

yard line
línea^F yardas^F

sideline
banda^F

cambiar continuamente
fly[1] *v* **flew; flown; flying** *vi* **1** : volar **2**
TRAVEL : ir en avión **3** WAVE : ondear **4**
RUSH : correr **5 fly by** : pasar volando
— *vt* **1** PILOT : pilotar **2** : hacer volar (una
cometa), enarbolar (una bandera) —
fly *n, pl* **flies** : bragueta *f* (de un pantalón)
fly[2] *n, pl* **flies** : mosca *f* (insecto)
flyer → **flier**
flying saucer *n* : platillo *m* volador
Lat, platillo *m* volante *Spain*
flyswatter *n* : matamoscas *m*
foal *n* : potro *m*, -tra *f*
foam *n* : espuma *f* — **foam** *vi*
: hacer espuma — **foamy** *adj*
foamier; -est : espumoso
focus *n, pl* **-ci 1** : foco *m* **2 be in focus**
: estar enfocado **3 focus of attention** :
centro *m* de atención — **focus** *v* **-cused**
or **-cussed; -cusing** *or* **-cussing** *vt* **1**
: enfocar **2** : centrar (la atención, etc.)
— *vi* **focus on** : enfocar (con los ojos),
concentrarse en (con la mente)
fodder *n* : forraje *m*
foe *n* : enemigo *m*, -ga *f*
fog *n* : niebla *f* — **fog** *v* **fogged; fogging** *vt*
: empañar — *vi or* **fog up** : empañarse
— **foggy** *adj* **foggier; -est** : nebuloso
— **foghorn** *n* : sirena *f* de niebla
foil[1] *vt* : frustrar

foil[2] *n or* **aluminum foil** :
papel *m* de aluminio
fold[1] *n* **1** : redil *m* (para ovejas) **2**
return to the fold : volver al redil
fold[2] *vt* **1** : doblar, plegar **2 fold one's**
arms : cruzar los brazos — *vi* **1** *or* **fold**
up : doblarse, plegarse **2** FAIL : fracasar
— **fold** *n* : pliegue *m* — **folder** *n* : carpeta *f*
foliage *n* : follaje *m*
folk *n, pl* **folk** *or* **folks 1** : gente *f* **2**
folks *npl* PARENTS : padres *mpl* —
folk *adj* **1** : popular **2 folk dance** : danza *f*
folklórica — **folklore** *n* : folklore *m*
follow *vt* **1** : seguir **2** UNDERSTAND :
entender **3 follow up** : seguir — *vi* **1**
: seguir **2** UNDERSTAND : entender **3**
follow up on : seguir con — **follower** *n*
: seguidor *m*, -dora *f* — **following** *adj* :
siguiente — **following** *n* : seguidores *mpl*
— **following** *prep* : después de
folly *n, pl* **-lies** : locura *f*
fond *adj* **1** : cariñoso **2 be fond of**
something : ser aficionado a algo **3 be**
fond of someone : tener cariño a algn
fondle *vt* **-dled; -dling** : acariciar
fondness *n* **1** LOVE : cariño *m* **2**
LIKING : afición *f*
food *n* : comida *f*, alimento *m* —
foodstuffs *npl* : comestibles *mpl*
fool *n* **1** : idiota *mf* **2** JESTER : **bufón** *m*,

-fona *f* — **fool** *vi* **1** JOKE : bromear **2 fool**
around : perder el tiempo — *vt* TRICK :
engañar — **foolhardy** *adj* : temerario
— **foolish** *adj* : tonto — **foolishness** *n*
: tontería *f* — **foolproof** *adj* : infalible
▶ **foot** *n, pl* **feet** : pie *m* — **footage** *n* :
secuencias *fpl* (cinemáticas) — **football** *n*
: fútbol *m* americano — **footbridge** *n*
: pasarela *f*, puente *m* peatonal —
foothills *npl* : estribaciones *fpl* —
foothold *n* : punto *m* de apoyo —
footing *n* **1** BALANCE : equilibrio *m* **2**
on equal footing : en igualdad —
footlights *npl* : candilejas *fpl* — **footnote** *n*
: nota *f* al pie de la página — **footpath** *n*
: sendero *m* — **footprint** *n* : huella *f* —
footstep *n* : paso *m* — **footstool** *n* :
escabel *m* — **footwear** *n* : calzado *m*
for *prep* **1** (*indicating purpose, etc.*)
: para **2** (*indicating motivation, etc.*) :
por **3** (*indicating duration*) : durante
4 we walked for 3 miles : andamos
3 millas **5** AS FOR : con respecto a
— **for** *conj* : puesto que, porque
forage *n* : forraje *m* — **forage** *vi* **-aged;**
-aging 1 : forrajear **2 forage for** : buscar
foray *n* : incursión *f*
forbid *vt* **-bade** *or* **-bad; -bidden;**
-bidding : prohibir — **forbidding** *adj*
: intimidante, severo

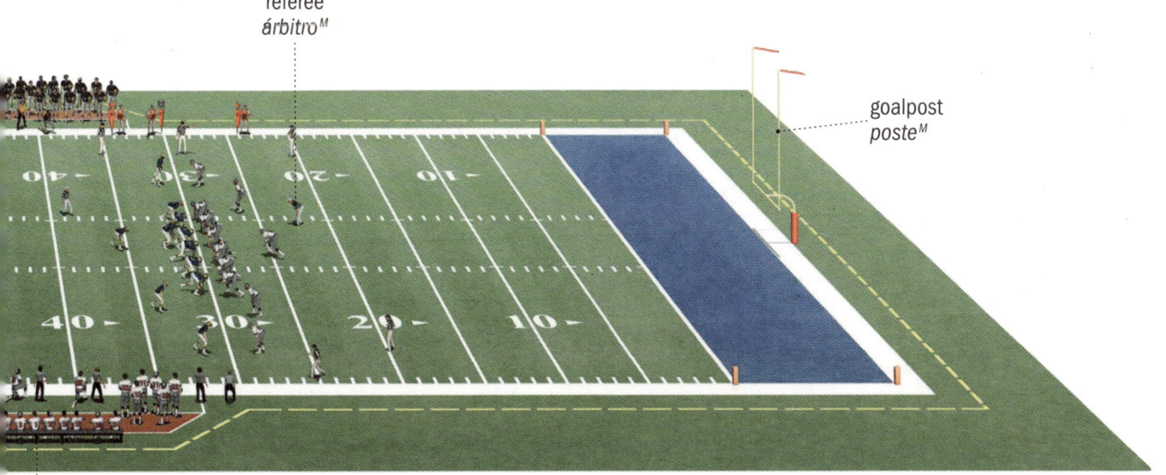

force *n* **1** : fuerza *f* **2 by force** : por la fuerza **3 in force** : en vigor, en vigencia **4 armed forces** : fuerzas *fpl* armadas — **force** *vt* **forced; forcing 1** : forzar **2** OBLIGATE : obligar — **forced** *adj* : forzado, forzoso — **forceful** *adj* : fuerte, energético

forceps *ns & pl* : fórceps *m*

forcibly *adv* : por la fuerza

ford *n* : vado *m* — **ford** *vt* : vadear

fore *n* **come to the fore** : empezar a destacarse

forearm *n* : antebrazo *m*

foreboding *n* : premonición *f*, presentimiento *m*

forecast *vt* **-cast; -casting** : predecir, pronosticar — **forecast** *n* : predicción *f*, pronóstico *m*

forefathers *n* : antepasados *mpl*

forefinger *n* : índice *m*, dedo *m* índice

forefront *n* **at/in the forefront** : a la vanguardia

forego → **forgo**

foregone *adj* **foregone conclusion** : resultado *m* inevitable

foreground *n* : primer plano *m*

forehead *n* : frente *f*

foreign *adj* **1** : extranjero **2 foreign trade** : comercio *m* exterior — **foreigner** *n* : extranjero *m*, -ra *f*

foreman *n*, *pl* **-men** : capataz *mf*

foremost *adj* : principal — **foremost** *adv* **first and foremost** : ante todo

forensic *adj* : forense

forerunner *n* : precursor *m*, -sora *f*

foresee *vt* **-saw; -seen; -seeing** : prever — **foreseeable** *adj* : previsible

foreshadow *vt* : presagiar

foresight *n* : previsión *f*

forest *n* : bosque *m* — **forestry** *n* : silvicultura *f*

foretaste *n* : anticipo *m*

foretell *vt* **-told; -telling** : predecir

forethought *n* : reflexión *f* previa

forever *adv* **1** ETERNALLY : para siempre **2** CONTINUALLY : siempre, constantemente

forewarn *vt* : advertir, prevenir

foreword *n* : prólogo *m*

forfeit *n* **1** PENALTY : pena *f* **2** : prenda *f* (en un juego) — **forfeit** *vt* : perder

forge *n* : forja *f* — **forge** *v* **forged; forging** *vt* **1** : forjar (metal, etc.) **2** COUNTERFEIT : falsificar — *vi* **forge ahead** : avanzar, seguir adelante — **forger** *n* : falsificador *m*, -dora *f* — **forgery** *n*, *pl* **-eries** : falsificación *f*

forget *v* **-got; -gotten** *or* **-got; -getting** *vt* : olvidar, olvidarse de — *vi* **1** : olvidarse **2 I forgot** : se me olvidó — **forgetful** *adj* : olvidadizo

forgive *vt* **-gave; -given; -giving** : perdonar — **forgiveness** *n* : perdón *m*

forgo *or* **forego** *vt* **-went; -gone; -going** : privarse de, renunciar a

fork *n* **1** : tenedor *m* **2** PITCHFORK : horca *f* **3** : bifurcación *f* (de un camino, etc.) — *vi* : ramificarse, bifurcarse — *vt* **fork over** : desembolsar

forlorn *adj* : triste

form *n* **1** : forma *f* **2** DOCUMENT : formulario *m* **3** KIND : tipo *m* — **form** *vt* **1** : formar **2 form a habit** : adquirir un hábito — *vi* : formarse

formal *adj* : formal — **formal** *n* **1** BALL : baile *m* (formal) **2** *or* **formal dress** : traje *m* de etiqueta — **formality** *n*, *pl* **-ties** : formalidad *f*

format *n* : formato *m* — **format** *vt* **-matted; -matting** : formatear

formation *n* **1** : formación *f* **2** SHAPE : forma *f*

former *adj* **1** PREVIOUS : antiguo, anterior **2** : primero (de dos) — **formerly** *adv* : anteriormente, antes

formidable *adj* : formidable

formula *n*, *pl* **-las** *or* **-lae 1** : fórmula *f* **2** *or* **baby formula** : preparado *m* para biberón

forsake *vt* **-sook; -saken; -saking** : abandonar

fort *n* : fuerte *m*

forth *adv* **1 and so forth** : etcétera **2 back and forth** → **back 3 from this day forth** : de hoy en adelante — **forthcoming** *adj* **1** COMING : próximo **2** OPEN : comunicativo — **forthright** *adj* : directo, franco

fortieth *adj* : cuadragésimo — **fortieth** *n* **1** : cuadragésimo *m*, -ma *f* (en una serie) **2** : cuarentavo *m*, cuarentava parte *f*

fortify *vt* **-fied; -fying** : fortificar — **fortification** *n* : fortificación *f*

fortitude *n* : fortaleza *f*

fortnight *n* : quince días *mpl*, quincena *f*

fortress *n* : fortaleza *f*

fortunate *adj* : afortunado — **fortunately** *adv* : afortunadamente — **fortune** *n* : fortuna *f* — **fortune-teller** *n* : adivino *m*, -na *f*

forty *n*, *pl* **forties** : cuarenta *m* — **forty** *adj* : cuarenta

forum *n*, *pl* **-rums** : foro *m*

forward *adj* **1** : hacia adelante (en dirección), delantero (en posición) **2** BRASH : descarado — **forward** *adv* **1** : (hacia) adelante **2 from this day forward** : de aquí en adelante — **forward** *vt* : remitir, enviar — **forward** *n* : delantero *m*, -ra *f* (en deportes) — **forwards** *adv* → **forward**

fossil *n* : fósil *m*

foster *adj* : adoptivo — **foster** *vt* : promover, fomentar

fought → **fight**

foul *adj* **1** REPULSIVE : asqueroso **2 foul language** : palabrotas *fpl* **3 foul play** : actos *mpl* criminales **4 foul weather** : mal tiempo *m* — **foul** *n* : falta *f* (en deportes) — **foul** *vi* : cometer faltas (en deportes) — *vt* : ensuciar

found[1] → **find**

found[2] *vt* : fundar, establecer — **foundation** *n* **1** : fundación *f* **2** BASIS : fundamento *m* **3** : cimientos *mpl* (de un edificio)

founder[1] *n* : fundador *m*, -dora *f*

founder[2] *vi* SINK : hundirse

fountain *n* : fuente *f*

four *n* : cuatro *m* — **four** *adj* : cuatro — **fourfold** *adj* : cuadruple — **four hundred** *adj* : cuatrocientos — **four hundred** *n* : cuatrocientos *m*

fourteen *n* : catorce *m* — **fourteen** *adj* : catorce — **fourteenth** *adj* : decimocuarto — **fourteenth** *n* **1** : decimocuarto *m*, -ta *f* (en una serie) **2** : catorceavo *m*, catorceava parte *f*

fourth *n* **1** : cuarto *m*, -ta *f* (en una serie) **2** : cuarto *m*, cuarta parte *f* — **fourth** *adj* : cuarto

fowl *n*, *pl* **fowl** *or* **fowls** : ave *f*

fox *n*, *pl* **foxes** : zorro *m*, -ra *f* — **fox** *vt* TRICK : engañar — **foxy** *adj* **foxier; -est** SHREWD : astuto

foyer *n* : vestíbulo *m*

fraction *n* : fracción *f*

fracture *n* : fractura *f* — **fracture** *vt* **-tured; -turing** : fracturar

fragile *adj* : frágil

fragment *n* : fragmento *m*

fragrant *adj* : fragante — **fragrance** *n* : fragancia *f*, aroma *m*

frail *adj* : débil, delicado

frame *vt* **framed; framing 1** ENCLOSE : enmarcar **2** COMPOSE, DRAFT : formular **3** INCRIMINATE : incriminar — **frame** *n* **1** : armazón *mf* (de un edificio, etc.) **2** :

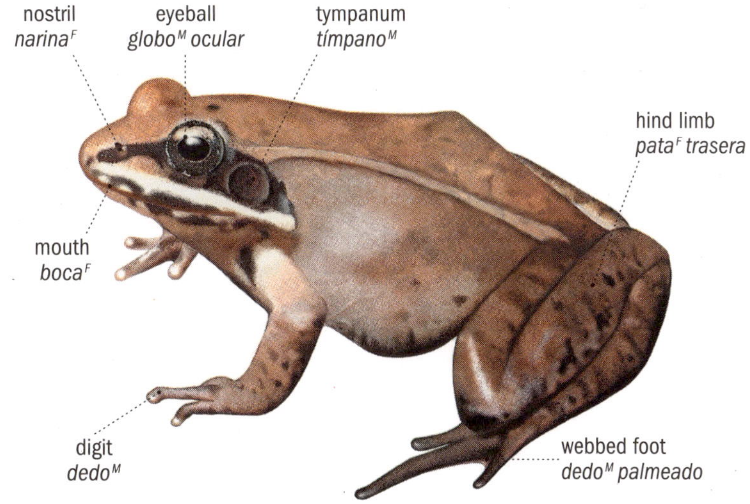

marco *m* (de un cuadro, una puerta,
etc.) **3** *or* **frames** *npl* : montura *f* (para
anteojos) **4 frame of mind** : estado *m*
de ánimo — **framework** *n* : armazón *f*
franc *n* : franco *m*
frank *adj* : franco — **frankly** *adv* :
francamente — **frankness** *n* : franqueza *f*
frantic *adj* : frenético
fraternal *adj* : fraterno, fraternal
— **fraternity** *n, pl* **-ties** :
fraternidad *f* — **fraternize** *vi*
-nized; -nizing : confraternizar
fraud *n* **1** DECEIT : fraude *m* **2**
IMPOSTOR : impostor *m*, **-tora** *f* —
fraudulent *adj* : fraudulento
fraught *adj* **fraught with** :
lleno de, cargado de
fray[1] *n* **1 join the fray** : salir a la palestra
2 return to the fray : volver a la carga
fray[2] *vt* : crispar (los nervios)
— *vi* : deshilacharse
freak *n* **1** ODDITY : fenómeno *m* **2**
ENTHUSIAST : entusiasta *mf* —
freakish *adj* : anormal
freckle *n* : peca *f*
free *adj* **freer; freest 1** : libre **2** *or* **free of**
charge : gratuito, gratis **3** LOOSE : **suelto**
— **free** *vt* **freed; freeing 1** : liberar, poner
en libertad **2** RELEASE, UNFASTEN : soltar,
desatar — **free** *adv or* **for free** : gratis —
freedom *n* : libertad *f* — **freelance** *adj*
: por cuenta propia — **freely** *adv* **1** :
libremente **2** LAVISHLY : con generosidad
— **freeway** *n* : autopista *f* — **free**
will *n* **1** : libre albedrío *m* **2 of one's**
own free will : por su propia voluntad
freeze *v* **froze; frozen; freezing** *vi* **1** :
congelarse, helarse **2** STOP : quedarse
inmóvil — *vt* : helar (agua, etc.),
congelar (alimentos, precios, etc.)
— **freeze–dry** *vt* **-dried; -drying** :
liofilizar — **freezer** *n* : congelador *m*
— **freezing** *adj* **1** CHILLY : helado **2 it's**
freezing! : ¡hace un frío espantoso!
freight *n* **1** SHIPPING : porte *m*,
flete *m*, *Lat* **2** CARGO : carga *f*
French *adj* : francés — **French** *n* **1** :
francés *m* (idioma) **2 the French** *npl* : los
franceses — **Frenchman** *n* : francés *m*
— **Frenchwoman** *n* : francesa *f* —
french fries *npl* : papas *fpl* fritas
frenetic *adj* : frenético
frenzy *n, pl* **-zies** : frenesí *m*
— **frenzied** *adj* : frenético
frequent *vt* : frecuentar — **frequent** *adj*

frog
rana^F

: frecuente — **frequency** *n, pl* **-cies**
: frecuencia *f* — **frequently** *adv*
: a menudo, frecuentemente
fresco *n, pl* **-coes** : fresco *m*
fresh *adj* **1** : fresco **2** IMPUDENT :
descarado **3** CLEAN : limpio **4** NEW :
nuevo **5 fresh water** : agua *m* dulce —
freshen *vt* : refrescar — *vi* **freshen up**
: arreglarse — **freshly** *adv* : recién —
freshman *n, pl* **-men** : estudiante *mf* de
primer año — **freshness** *n* : frescura *f*
fret *vi* **fretted; fretting** : preocuparse
— **fretful** *adj* : nervioso, irritable
friar *n* : fraile *m*
friction *n* : fricción *f*
Friday *n* : viernes *m*
friend *n* : amigo *m*, **-ga** *f* —
friendliness *n* : simpatía *f* —
friendly *adj* **-lier; -est** : simpático,
amable — **friendship** *n* : amistad *f*
frigate *n* : fragata *f*
fright *n* : miedo *m*, susto *m* —
frighten *vt* : asustar, espantar —
frightened *adj* **1** : asustado, temeroso
2 be frightened of : tener miedo de
— **frightening** *adj* : espantoso —
frightful *adj* : espantoso, terrible
frigid *adj* : frío, glacial
frill *n* **1** RUFFLE : volante *m* **2**
LUXURY : lujo *m*
fringe *n* **1** : fleco *m* **2** EDGE : periferia *f*,

margen *m* **3 fringe benefits** :
incentivos *mpl*, extras *mpl*
frisk *vt* SEARCH : cachear, registrar —
frisky *adj* **friskier; -est** : retozón, juguetón
fritter *n* : buñuelo *m* — **fritter** *vt*
or **fritter away** : malgastar
(dinero), desperdiciar (tiempo)
frivolous *adj* : frívolo —
frivolity *n, pl* **-ties** : frivolidad *f*
frizzy *adj* **frizzier; -est** : rizado, crespo
fro *adv* **to and fro** → **to**
frock *n* : vestido *m*
▶ **frog** *n* **1** : rana *f* **2 have a frog in**
one's throat : tener carraspera
frolic *vi* **-icked; -icking** : retozar
from *prep* **1** : de **2** (*indicating a starting*
point) : desde **3** (*indicating a cause*) : de,
por **4 from now on** : a partir de ahora
front *n* **1** : parte *f* delantera **2** : delantera *f*
(de un vestido, etc.), fachada *f* (de
un edificio), frente *m* (militar) **3 cold**
front : frente *m* frío **4 in front of** :
delante de, adelante de *Lat* — **front** *vi*
or **front on** : dar a, estar orientado a
— **front** *adj* **1** : delantero, de adelante
2 the front row : la primera fila
frontier *n* : frontera *f*
frost *n* **1** : helada *f* **2** : escarcha *f* (en una
superficie) — **frost** *vt* ICE : bañar (pasteles)
— **frostbite** *n* : congelación *f* — **frosting** *n*
ICING : baño *m* — **frosty** *adj* **frostier; -est**

: cubierto de escarcha **2** CHILLY **:** helado, frío
froth *n, pl* **froths :** espuma *f* —
 frothy ; *adj* **frothier; -est :** espumoso
frown *vi* **1 :** fruncir el ceño, fruncir
 el entrecejo **2 frown at :** mirar con
 ceño **3 frown upon :** desaprobar
 — frown *n* **:** ceño *m* (fruncido)
froze, frozen → freeze
frugal *adj* **:** frugal
fruit *n* **1 :** fruta *f* **2** PRODUCT, RESULT
 : fruto *m* **— fruitcake** *n* **:** pastel *m* de
 frutas **— fruitful** *adj* **:** fructífero —
 fruition *n* **come to fruition :** realizarse
 — fruitless *adj* **:** infructuoso **— fruity** *adj*
 fruitier; -est : (con sabor) a fruta
frustrate *vt* **-trated; -trating :**
 frustrar **— frustrating** *adj* **:** frustrante
 — frustration *n* **:** frustración *f*
fry *vt* **fried; frying :** freír **— fry** *n,*
 pl **fries 1 small fry :** gente *f* de poca
 monta **2 fries** *npl* **→ french fries**
 — frying pan *n* **:** sartén *mf*
fudge *n* **:** dulce *m* blando
 de chocolate y leche
fuel *n* **:** combustible *m* **— fuel** *vt* **-eled**
 or **-elled; -eling** *or* **-elling 1 :** alimentar
 (un horno), abastecer de combustible
 (un avión) **2** STIMULATE **:** estimular
fugitive *n* **:** fugitivo *m*, -va *f*
fulfill *or* **fulfil** *vt* **-filled; -filling 1**
 : cumplir con (una obligación),
 desarrollar (potencial) **2** FILL,
 MEET **:** cumplir **— fulfillment** *n* **1**
 ACCOMPLISHMENT **:** cumplimiento *m* **2**
 SATISFACTION **:** satisfacción *f*
full *adj* **1** FILLED **:** lleno **2** COMPLETE **:**
 complete, detallado **3 :** redondo (dícese
 de la cara), amplio (dícese de ropa) **4**
 at full speed : a toda velocidad **5 in**
 full bloom : en plena flor **— full** *adv* **1**
 DIRECTLY **:** de lleno **2 know full well :** saber
 muy bien **— full** *n* **1 pay in full :** pagar
 en su totalidad **2 to the full :** al máximo
 — full–fledged *adj* **:** hecho y derecho —
fully *adv* **1** COMPLETELY **:** completamente
 2 AT LEAST **:** al menos, por lo menos
fumble *vi* **-bled; -bling 1**
 RUMMAGE **:** hurgar **2 fumble**
 with : manejar con torpeza
fume *vi* **fumed; fuming 1** SMOKE **:**
 echar humo, humear **2** RAGE **:** estar
 furioso **— fumes** *npl* **:** gases *mpl*
fumigate *vt* **-gated; -gating :** fumigar
fun *n* **1** AMUSEMENT **:** diversión *f* **2 have**
 fun : divertirse **3 make fun of :** reírse
 de, burlarse de **— fun** *adj* **:** divertido
function *n* **1 :** función *f* **2** GATHERING **:**
 recepción *f*, reunión *f* social **— function** *vi*

stone marten
garduña^F

fennec
fenec^M

mink
visón^M

marten
marta^M

mongoose
mangosta^F

woodchuck
marmota^F

weasel
comadreja^F

chipmunk
ardilla^F *listada*

ferret
hurón^M

squirrel
ardilla^F

pika
pica^F

hare
liebre^F

raccoon
mapache^M

koala
koala^M

lemur
lémur^M

wolverine
glotón^M

beaver
castor^M

: funcionar — **functional** *adj* : funcional
fund *n* **1** : fondo *m* **2 funds** *npl* RESOURCES
: fondos *mpl* — **fund** *vt* : financiar
fundamental *adj* : fundamental —
fundamentals *npl* : fundamentos *mpl*
funeral *adj* : funeral, fúnebre — **funeral** *n*
: funeral *m*, funerales *mpl* — **funeral**
home *or* **funeral parlor** *n* : funeraria *f*
fungus *n, pl* **fungi** : hongo *m*
funnel *n* **1** : embudo *m* **2**
SMOKESTACK : **chimenea** *f*
funny *adj* **funnier; -est 1** : divertido,
gracioso **2** STRANGE : extraño, raro
— **funnies** *npl* : tiras *fpl* cómicas
▸ **fur** *n* **1** : pelaje *m*, pelo *m* (de un
animal) **2** *or* **fur coat** : (prenda *f*
de) piel *f* — **fur** *adj* : de piel
furious *adj* : furioso
furnace *n* : horno *m*
furnish *vt* **1** SUPPLY : proveer **2** : amueblar
(una casa, etc.) — **furnishings** *npl* :
muebles *mpl*, mobiliario *m* — **furniture** *n*
: muebles *mpl*, mobiliario *m*
furrow *n* : surco *m*
furry *adj* **furrier; -est** : peludo
(dícese de un animal), de peluche
(dícese de un juguete, etc.)
further *adv* **1** FARTHER : más lejos
2 MOREOVER : además **3** MORE : más
— **further** *vt* : promover, fomentar
— **further** *adj* **1** FARTHER : más
lejano **2** ADDITIONAL : adicional, más
3 until further notice : hasta
nuevo aviso — **furthermore** *adv* :
además — **furthest** → **farthest**
furtive *adj* : furtivo
fury *n, pl* **-ries** : furia *f*
fuse¹ *or* fuze *n* : mecha *f*
(de una bomba, etc.)
fuse² *v* **fused; fusing** *vt* **1** MELT : fundir **2**
UNITE : fusionar — *vi* : fundirse, fusionarse
— **fuse** *n* **1** : fusible *m* **2 blow a fuse** :
fundir un fusible — **fusion** *n* : fusión *f*
fuss *n* **1** : jaleo *m*, alboroto *m* **2**
make a fuss : armar un escándalo
— **fuss** *vi* **1** WORRY : preocuparse **2**
COMPLAIN : quejarse — **fussy** *adj* **fussier;**
-est 1 IRRITABLE : irritable **2** ELABORATE
: recargado **3** FINICKY : quisquilloso
futile *adj* : inútil, vano —
futility *n, pl* **-ties** : inutilidad *f*
future *adj* : futuro — **future** *n* : futuro *m*
fuze → **fuse**¹
fuzz *n* : pelusa *f* — **fuzzy** *adj* **fuzzier;**
-est 1 FURRY : con pelusa, peludo **2**
BLURRY : borroso **3** VAGUE : confuso

g *n, pl* **g's** *or* **gs** : g *f*, séptima letra del alfabeto inglés

gab *vi* **gabbed; gabbing** : charlar, cotorrear *fam* — **gab** *n* CHATTER : charla *f*

gable *n* : aguilón *m*

gadget *n* : artilugio *m*

gag *v* **gagged; gagging** *vt* : amordazar — *vi* CHOKE : atragantarse — **gag** *n* **1** : mordaza *f* **2** JOKE : chiste *m*

gage → **gauge**

gaiety *n, pl* **-eties** : alegría *f* — **gaily** *adv* : alegremente

gain *n* **1** PROFIT : ganancia *f* **2** INCREASE : aumento *m* — **gain** *vt* **1** OBTAIN : ganar, adquirir **2 gain weight** : aumentar de peso — *vi* **1** PROFIT : beneficiarse **2** : adelantar(se) (dícese de un reloj) — **gainful** *adj* : lucrativo

gait *n* : modo *m* de andar

gala *n* : fiesta *f*

galaxy *n, pl* **-axies** : galaxia *f*

gale *n* **1** : vendaval *f* **2 gales of laughter** : carcajadas *fpl*

gall *n* **have the gall to** : tener el descaro de

gallant *adj* **1** BRAVE : valiente **2** CHIVALROUS : galante

gallbladder *n* : vesícula *f* biliar

gallery *n, pl* **-leries** : galería *f*

gallon *n* : galón *m*

gallop *vi* : galopar — **gallop** *n* : galope *m*

gallows *n, pl* **-lows** *or* **-lowses** : horca *f*

gallstone *n* : cálculo *m* biliar

galore *adj* : en abundancia

galoshes *n* : galochas *fpl*, chanclos *mpl*

galvanize *vt* **-nized; -nizing** : galvanizar

gamble *v* **-bled; -bling** *vi* : jugar — *vt* : jugarse — **gamble** *n* **1** BET : apuesta *f* **2** RISK : riesga *f* — **gambler** *n* : jugador *m*, -dora *f*

game *n* **1** : juego *m* **2** MATCH : partido *m* **3** *or* **game animals** : caza *f* — **game** *adj* READY : listo, dispuesto

gamut *n* : gama *f*

garden
jardín^M

gang *n* : banda *f*, pandilla *f* —
  gang *vi* **gang up on** : unirse contra
gangplank *n* : pasarela *f*
gangrene *n* : gangrena *f*
gangster *n* : gángster *mf*
gangway *n* → **gangplank**
gap *n* **1** OPENING : espacio *m* **2** INTERVAL
  : intervalo *m* **3** DISPARITY : brecha *f*,
  distancia *f* **4** DEFICIENCY : laguna *f*
gape *vi* **gaped; gaping 1** OPEN : estar
  abierto **2** STARE : mirar boquiabierto
garage *n* : garaje *m* — **garage** *vt*
  -raged; -raging : dejar en un garaje
garb *n* : vestido *m*
garbage *n* : basura *f* — **garbage**
  can *n* : cubo *m* de la basura
garble *vt* **-bled; -bling** : tergiversar —
  garbled *adj* : confuso, incomprensible
▸ **garden** *n* : jardín *m* — **garden** *vi* : trabajar
  en el jardín — **gardener** *n* : jardinero *m*,
  -ra *f* — **gardening** *n* : jardinería *f*
gargle *vi* **-gled; -gling** : hacer gárgaras
garish *adj* : chillón
garland *n* : guirnalda *f*
garlic *n* : ajo *m*
garment *n* : prenda *f*
garnish *vt* : guarnecer — **garnish** *n*
  : adorno *m*, guarnición *f*
garret *n* : buhardilla *f*
garrison *n* : guarnición *f*
garrulous *adj* : charlatán, parlanchín
garter *n* : liga *f*
gas *n*, *pl* **gases 1** : gas *m* **2** GASOLINE
  : gasolina *f* — **gas** *v* **gassed;**
  gassing *vt* : asfixiar con gas — *vi* **gas**
  up : llenar el tanque con gasolina
gash *n* : tajo *m* — **gash** *vt* :
  hacer un tajo en, cortar
gasket *n* : junta *f*
gasoline *n* : gasolina *f*
gasp *vi* **1** : dar un grito ahogado **2** PANT
  : jadear — **gasp** *n* : grito *m* ahogado
gas station *n* : gasolinera *f*
gastric *adj* : gástrico
gastronomy *n* : gastronomía *f*
gate *n* **1** DOOR : puerta *f* **2** BARRIER :
  barrera *f* — **gateway** *n* : puerta *f*
gather *vt* **1** ASSEMBLE : reunir **2**
  COLLECT : recoger **3** CONCLUDE : deducir
  4 : fruncir (una tela) **5 gather speed**
  : acelerar — *vi* : reunirse (dícese de
  personas), acumularse (dícese de
  cosas) — **gathering** *n* : reunión *f*
gaudy *adj* **gaudier; -est** :
  chillón, llamativo

gauge *n* **1** INDICATOR : indicador *m* **2**
  CALIBER : calibre *m* — **gauge** *vt*
  gauged; gauging 1 MEASURE : medir
  2 ESTIMATE : calcular, evaluar
gaunt *adj* : demacrado, descarnado
gauze *n* : gasa *f*
gave → **give**
gawky *adj* **gawkier; -est** : desgarbado
gay *adj* **1** : alegre **2** HOMOSEXUAL
  : gay, homosexual
gaze *vi* **gazed; gazing** : mirar
  (fijamente) — **gaze** *n* : mirada *f*
gazelle *n* : gacela *f*
gazette *n* : gaceta *f*
gear *n* **1** EQUIPMENT : equipo *m* **2**
  POSSESSIONS : efectos *mpl* personales
  3 : marcha *f* (de un vehículo) **4** *or* **gear**
  wheel : rueda *f* dentada — **gear** *vt*
  : orientar, adaptar — *vi* **gear up** :
  prepararse — **gearshift** *n* : palanca *f* de
  cambio, palanca *f* de velocidades *Lat*
geese → **goose**
gelatin *n* : gelatina *f*
gem *n* : gema *f*, piedra *f* preciosa —
  gemstone *n* : piedra *f* preciosa
gender *n* **1** SEX : sexo *m* **2** :
  género *m* (en la gramática)
gene *n* : gen *m*, gene *m*
genealogy *n*, *pl* **-gies** : genealogía *f*

general *adj* : general — **general** *n* **1**
  : general *mf* (militar) **2 in general**
  : en general, por lo general —
  generalize *v* **-ized; -izing** : generalizar
  — **generally** *adv* : generalmente, en
  general — **general practitioner** *n*
  : médico *m*, -ca *f* de cabecera
generate *vt* **-ated; -ating** : generar
  — **generation** *n* : generación *f* —
  generator *n* : generador *m*
generous *adj* **1** : generoso **2**
  AMPLE : abundante — **generosity** *n*,
  pl **-ties** : generosidad *f*
genetic *adj* : genético —
  genetics *n* : genética *f*
genial *adj* : afable, simpático
genital *adj* : genital —
  genitals *npl* : genitales *mpl*
genius *n* : genio *m*
genocide *n* : genocidio *m*
genteel *adj* : refinado
gentle *adj* **-tler; -tlest 1** MILD : suave,
  dulce **2** LIGHT : ligero **3 a gentle hint** :
  una indirecta discreta — **gentleman** *n*,
  pl **-men 1** MAN : caballero *m*, señor *m* **2 a**
  perfect gentleman : un perfecto caballero
  — **gentleness** *n* : delicadeza *f*, ternura *f*
genuine *adj* **1** AUTHENTIC : verdadero,
  auténtico **2** SINCERE : sincero
▸ **geography** *n*, *pl* **-phies** :

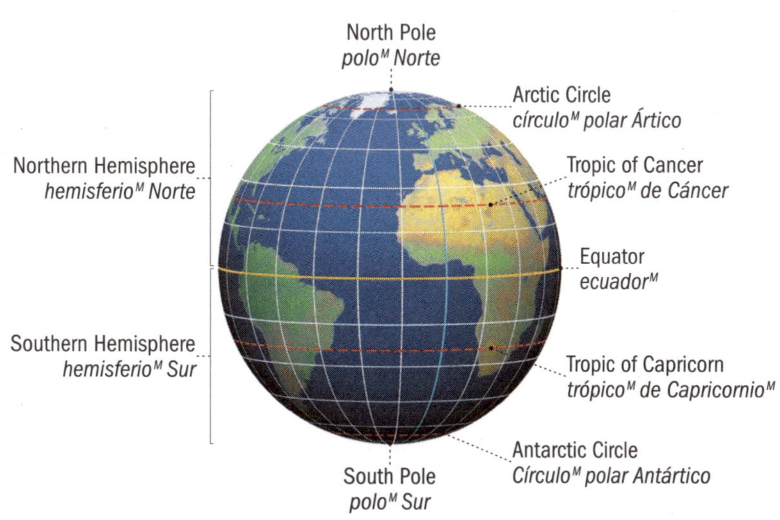

geografía *f* — **geographic** *or*
geographical *adj* : geográfico
geology *n* : geología *f* — **geologic**
or **geological** *adj* : geológico
geometry *n, pl* **-tries** : geometría *f* —
geometric *or* **geometrical** *adj* : geométrico
geranium *n* : geranio *m*
geriatric *adj* : geriátrico —
geriatrics *n* : geriatría *f*
germ *n* **1** : germen *m* **2**
MICROBE : microbio *m*
German *adj* : alemán —
German *n* : alemán *m* (idioma)
germinate *v* **-nated; -nating** *vi* :
germinar — *vt* : hacer germinar
gestation *n* : gestación *f*
gesture *n* : gesto *m* — **gesture** *vi*
-tured; -turing 1 : hacer gestos
2 gesture to : hacer señas a
get *v* **got; got** *or* **gotten; getting** *vt* **1**
OBTAIN : **conseguir, obtener 2** RECEIVE :
recibir 3 EARN : **ganar 4** FETCH : **traer 5**
CATCH : **coger, agarrar** *Lat* **6** UNDERSTAND :
entender **7** PREPARE : **preparar 8 get one's**
hair cut : cortarse el pelo **9 get someone**
to do something : lograr que uno haga
algo **1 0 have got** : tener **1 1 have got**
to : tener que — *vi* **1** BECOME : **ponerse,**
hacerse 2 GO MOVE : **ir 3** PROGRESS :
avanzar 4 get ahead : progresar **5**
get at MEAN : querer decir **6 get away**

: escaparse **7 get away with** : salir
impune de **8 get back at** : desquitarse
con **9 get by** : arreglárselas **1 0 get**
home : llegar a casa **11 get out** : salir
1 2 get over : reponerse de, consolarse
de **1 3 get together** : reunirse **14 get**
up : levantarse — **getaway** *n* : fuga *f*,
huida *f* — **get–together** *n* : reunión *f*
geyser *n* : géiser *m*
ghastly *adj* **-lier; -est** :
horrible, espantoso
ghetto *n, pl* **-tos** *or* **-toes** : gueto *m*
ghost *n* : fantasma *f*, espectro *m*
— **ghostly** *adv* : fantasmal
giant *n* : gigante *m*, -ta *f* —
giant *adj* : gigantesco
gibberish *n* : galimatías *m*, jerigonza *f*
gibe *vi* **gibed; gibing gibe at** : mofarse
de — **gibe** *n* : pulla *f*, mofa *f*
giblets *npl* : menudillos *mpl*
giddy *adj* **-dier; -est** : mareado,
vertiginoso — **giddiness** *n* : vértigo *m*
gift *n* **1** PRESENT : regalo *m* **2** TALENT :
don *m* — **gifted** *adj* : talentoso, de talento
gigantic *adj* : gigantesco
giggle *vi* **-gled; -gling** : reírse
tontamente — **giggle** *n* : risa *f* tonta
gild *vt* **gilded** *or* **gilt; gilding** : dorar
gill *n* : agalla *f*, branquia *f*
gilt *adj* : dorado
gimmick *n* : truco *m*, ardid *m*
gin *n* : ginebra *f*
ginger *n* : jengibre *m* — **ginger ale** *n* :
refresco *m* de jengibre — **gingerbread** *n*
: pan *m* de jengibre — **gingerly** *adv*
: con cuidado, cautelosamente
▸ **giraffe** *n* : jirafa *f*
girder *n* : viga *f*
girdle *n* CORSET : faja *f*
girl *n* **1** : niña *f*, muchacha *f*, chica *f*
— **girlfriend** *n* : novia *f*, amiga *f*
girth *n* : circunferencia *f*
gist *n* **get the gist of** :
comprender lo esencial de
give *v* **gave; given; giving** *vt* **1** : dar **2**
INDICATE : señalar **3** PRESENT : presentar
4 give away : regalar **5 give back** :
devolver **6 give out** : repartir **7 give up**
smoking : dejar de fumar — *vi* **1** YIELD :
ceddr **2** COLLAPSE : romperse **3 give out**
: agotarse **4 give up** : rendirse — **give** *n*
: elasticidad *f* — **given** *adj* **1** SPECIFIED :
determinado **2** INCLINED : dado, inclinado
— **given name** *n* : nombre *m* de pila
glacier *n* : glaciar *m*

glad *adj* **gladder; gladdest 1** : alegre,
contento **2 be glad** : alegrarse **3 glad to**
meet you! : ¡mucho gusto! — **gladden** *vt*
: alegrar — **gladly** *adv* : con mucho
gusto — **gladness** *n* : alegría *f*, gozo *m*
glade *n* : claro *m*
glamor *or* **glamour** *n* : atractivo *m*,
encanto *m* — **glamorous** *adj* : atractivo
glance *vi* **glanced; glancing 1**
glance at : mirar, dar un vistazo
a **2 glance off** : rebotar en —
glance *n* : mirada *f*, vistazo *m*
gland *n* : glándula *f*
glare *vi* **glared; glaring 1** : brillar,
relumbrar **2 glare at** : lanzar una
mirada feroz a — **glare** *n* **1** : luz *f*
deslumbrante **2** STARE : mirada *f*
feroz — **glaring** *adj* **1** BRIGHT :
deslumbrante **2** FLAGRANT : flagrante
glass *n* **1** : vidrio *m*, cristal *m* **2 a glass**
of milk : un vaso de leche **3 glasses** *npl*
SPECTACLES : anteojos *mpl*, lentes *fpl* —
glass *adj* : de vidrio — **glassware** *n* :
cristalería *f* — **glassy** *adj* **glassier; -est**
: vítreo **2 glassy eyes** : ojos *mpl* vidriosos
glaze *vt* **glazed; glazing 1** : poner vidrios
a (una ventana, etc.) **2** : vidriar (cerámica)
3 ICE : glasear — **glaze** *n* **1** : vidriado *m*,
barniz *m* (de cerámica) **2** ICING : glaseado *m*
gleam *n* **1** : destello *m* **2 a gleam**
of hope : un rayo de esperanza
— **gleam** *vi* : destellar, relucir
glee *n* : alegría *f* — **gleeful** *adj*
: lleno de alegría
glib *adj* **glibber; glibbest 1** : de mucha
labia **2 a glib reply** : una respuesta
simplista — **glibly** *adv* : con mucha labia
glide *vi* **glided; gliding** : deslizarse
(en una superficie), planear (en el
▸ aire) — **glider** *n* : planeador *m*
glimmer *vi* : brillar con luz trémula —
glimmer *n* : luz *f* trémula, luz *f* tenue
glimpse *vt* **glimpsed; glimpsing** :
vislumbrar — **glimpse** *n* : vislumbre *f*
glint *vi* : destellar — **glint** *n* : destello *m*
glisten *vi* : brillar
glitter *vi* : relucir, brillar
gloat *vi* **gloat over** : regodearse con
globe *n* : globo *m* — **global** *adj*
: global, mundial
gloom *n* **1** DARKNESS : oscuridad *f* **2**
SADNESS : tristeza *f* — **gloomy** *adj*
gloomier; -est 1 DARK : sombrío,
tenebroso **2** DISMAL : deprimente,
lúgubre **3** PESSIMISTIC : pesimista

glider
planeador^M

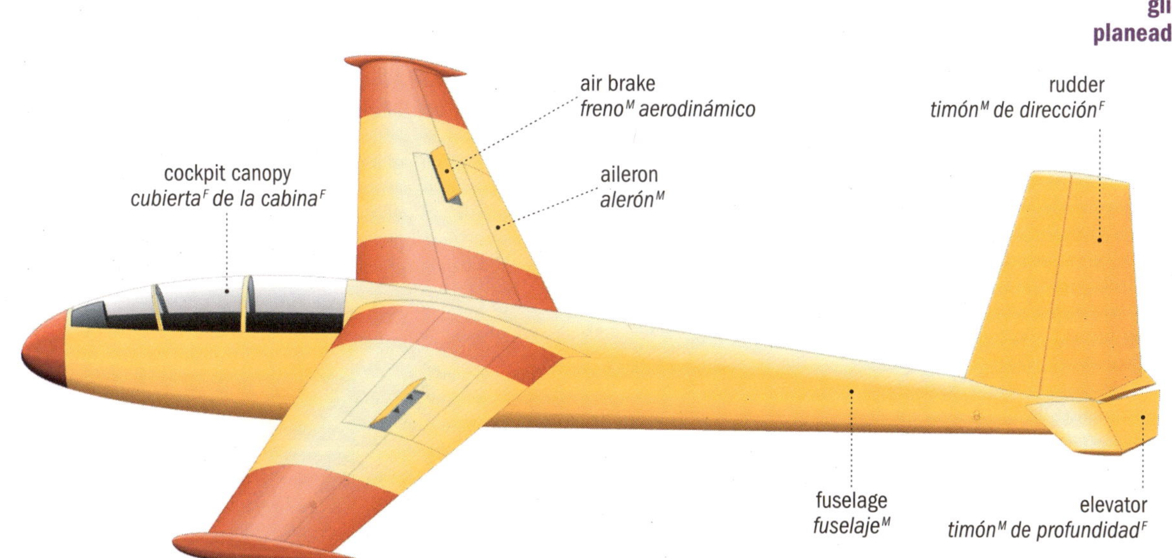

glory *n, pl* **-ries** : gloria *f* —
  glorify *vt* **-fied; -fying** : glorificar —
  glorious *adj* : glorioso, espléndido
gloss *n* : lustre *m*, brillo *m* —
  gloss *vt* **gloss over** : minimizar
  (la importancia de algo)
glossary *n, pl* **-ries** : glosario *m*
glossy *adj* **glossier; -est**
  : lustroso, brillante
glove *n* : guante *m*
glow *vi* **1** : brillar, resplandecer **2**
  glow with health : rebosar de salud
  — **glow** *n* : resplandor *m*, brillo *m*
glue *n* : pegamento *m*, cola *f* — **glue** *vt*
  glued; gluing *or* **glueing** : pegar
glum *adj* **glummer; glummest**
  : sombrío, triste
glut *n* : superabundancia *f*, exceso *m*
glutton *n* : glotón *m*, -tona *f* —
  gluttonous *adj* : glotón — **gluttony** *n,*
  pl **-tonies** : glotonería *f*
gnarled *adj* : nudoso
gnash *vt* **gnash one's teeth** :
  hacer rechinar los dientes
gnat *n* : jején *m*
gnaw *vt* : roer
go *v* **went; gone; going; goes** *vi* **1** : ir **2**
  LEAVE : irse, salir **3** EXTEND : ir, extenderse
  4 SELL : venderse **5** FUNCTION : funcionar,
  marchar **6** DISAPPEAR : desaparecer **7 go**

  back on one's word : faltar a su palabra
  8 go crazy : volverse loco **9 go for** LIKE
  : gustar **10 go off** EXPLODE : estallar **1 1**
  go with MATCH : armonizar con **1 2 go**
  without : pasar sin — *v aux* **be going**
  to : ir a — **go** *n, pl* **goes 1 be on the**
  go : no parar **2 have a go at** : intentar
goad *vt* : aguijonear (un animal),
  incitar (a una persona)
goal *n* **1** AIM : meta *m*, objetivo *m* **2** :
  gol *m* (en deportes) — **goalkeeper** *or*
  goalie *n* : portero *m*, -ra *f*; arquero *m*, -ra *f*
goat *n* : cabra *f*
goatee *n* : barbita *f* de chivo
gobble *vt* **-bled; -bling** *or*
  gobble up : engullir
goblet *n* : copa *f*
goblin *n* : duende *m*
god *n* **1** : dios *m* **2 God** : Dios *m* —
  goddess *n* : diosa *f* — **godchild** *n,*
  pl **-children** : ahijado *m*, -da *f*
  — **godfather** *n* : padrino *m* —
  godmother *n* : madrina *f* —
  godparents *npl* : padrinos *mpl* —
  godsend *n* : bendición *f* (del cielo)
goes → **go**
goggles *npl* : gafas *fpl*
  (protectoras), anteojos *mpl*
goings–on *npl* : sucesos *mpl*
gold *n* : oro *m* — **golden** *adj* **1** :

  (hecho) de oro **2** : dorado, de color
  oro — **goldfish** *n* : pez *m* de colores
  — **goldsmith** *n* : orfebre *mf*
golf *n* : golf *m* — **golf** *vi* : jugar
  (al) golf — **golf ball** *n* : pelota *f* de
  golf — **golf course** *n* : campo *m*
  de golf — **golfer** *n* : golfista *mf*
gone *adj* **1** : ido, pasado **2** DEAD :
  muerto **3** LOST : desaparecido
good *adj* **better; best 1** : bueno **2** KIND
  : amable **3 good afternoon (evening)**
  : buenas tardes **4 be good at** : tener
  facilidad para **5 feel good** : sentirse
  bien **6 good for a cold** : beneficioso
  para los resfriados **7 have a good time**
  : divertirse **8 good morning** : buenos
  días **9 good night** : buenas noches
  — **good** *n* **1** : bien *m* **2** GOODNESS
  : bondad *f* **3 goods** *npl* PROPERTY
  : bienes *mpl* **4 goods** *npl* WARES :
  mercancías *fpl*, mercaderías *fpl* **5 for**
  good : para siempre — **good** *adv* : bien
  — **good–bye** *or* **good–by** *n* : adiós *m*
  — **Good Friday** *n* : Viernes *m* Santo
  — **good–looking** *adj* : bello, guapo
  — **goodness** *n* **1** : bondad *f* **2 thank**
  goodness ! : ¡gracias a Dios!, ¡menos
  mal! — **goodwill** *n* : buena voluntad *f*
  — **goody** *n, pl* **goodies** : golosina *f*
gooey *adj* **gooier; gooiest** : pegajoso

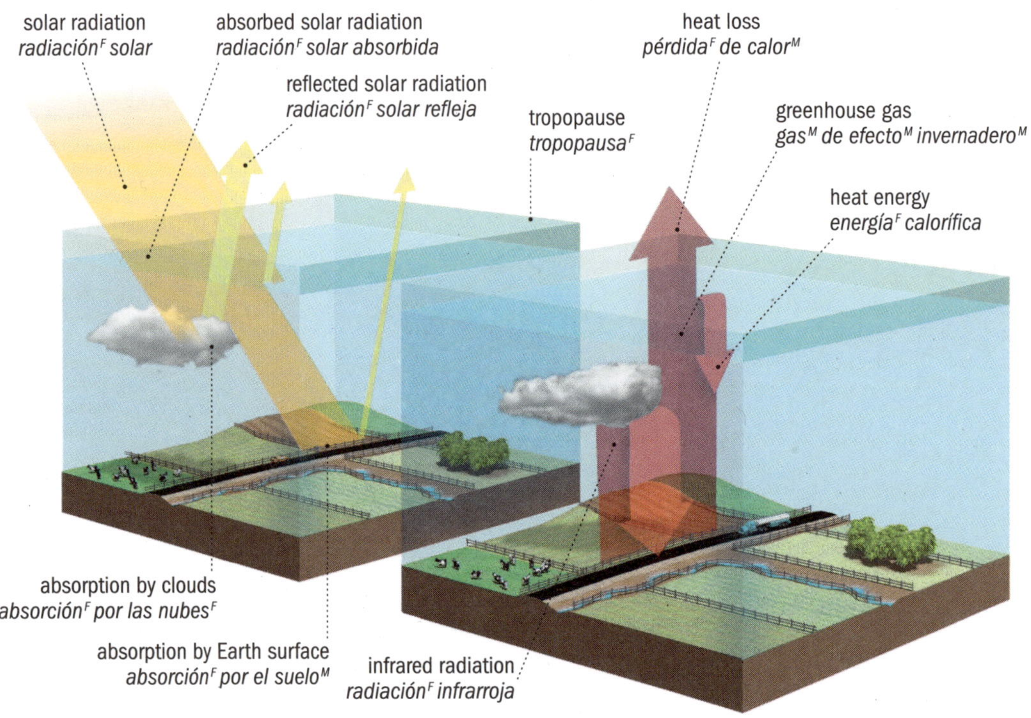

goof *n* : pifia *f fam* — **goof** *vi* **1**
 or **goof up** : cometer un error **2**
 goof around : hacer tonterías
goose *n, pl* **geese** : ganso *m*, -sa *f*;
 oca *f* — **goose bumps** *or* **goose**
 pimples *npl* : carne *f* de gallina
gopher *n* : taltuza *f*
gore[1] *n* BLOOD : sangre *f*
gore[2] *vt* **gored; goring** : cornear
gorge *n* RAVINE : cañón *m* — **gorge** *vt*
 gorged; gorging gorge oneself : hartarse
gorgeous *adj* : magnífico, espléndido
gorilla *n* : gorila *m*
gory *adj* **gorier; -est** : sangriento
gospel *n* **1** : evangelio *m* **2**
 the Gospel : el Evangelio
gossip *n* **1** : chismoso *m*, -sa *f*
 (persona) **2** RUMOR : chisme *m* —
 gossip *vi* : chismear, contar chismes
 — **gossipy** *adj* : chismoso
got → **get**
Gothic *adj* : gótico
gotten → **get**
gourmet *n* : gastrónomo *m*, -ma *f*

gout *n* : gota *f*
govern *v* : gobernar — **governess** *n* :
 institutriz *f* — **government** *n* : gobierno *m*
 — **governor** *n* : gobernador *m*, -dora *f*
gown *n* **1** : vestido *m* **2** : toga *f*
 (de magistrados, etc.)
grab *v* **grabbed; grabbing** *vt*
 : agarrar, arrebatar
grace *n* **1** : gracia *f* **2 say grace** :
 bendecir la mesa — **grace** *vt* **graced;**
 gracing 1 HONOR : honrar **2** ADORN :
 adornar — **graceful** *adj* : lleno de gracia,
 grácil — **gracious** *adj* : cortés, gentil
grade *n* **1** QUALITY : calidad *f* **2** RANK
 : grado *m*, rango *m* (militar) **3** YEAR :
 grado *m*, año *m* (a la escuela) **4** MARK
 : nota *f* **5** SLOPE : cuesta *f* — **grade** *vt*
 graded; grading 1 CLASSIFY : clasificar
 2 MARK : calificar (exámenes, etc.) —
 grade school → **elementary school**
gradual *adj* : gradual — **gradually** *adv*
 : gradualmente, poco a poco
graduate *n* : licenciado *m*, -da *f* (de la
 universidad) , bachiller *mf* (de la escuela

secondaria) — **graduate** *v* **-ated; -ating** *vi*
 : graduarse, licenciarse — *vt* CALIBRATE :
 graduar — **graduation** *n* : graduación *f*
graffiti *npl* : graffiti *mpl*
graft *n* : injerto *m* — **graft** *vt* : injertar
grain *n* **1** : grano *m* **2** CEREALS
 : cereales *mpl* **3** : veta *f*,
 vena *f* (de madera)
gram *n* : gramo *m*
grammar *n* : gramática *f* — **grammar**
 school → **elementary school**
grand *adj* **1** : magnífico, espléndido **2**
 FABULOUS, GREAT : fabuloso, estupendo
 — **grandchild** *n, pl* **-children** : nieto *m*,
 -ta *f* — **granddaughter** *n* : nieta *f*
 — **grandeur** *n* : grandiosidad *f* —
 grandfather *n* : abuelo *m* — **grandiose** *adj*
 : grandioso — **grandmother** *n* :
 abuela *f* — **grandparents** *npl* :
 abuelos *mpl* — **grandson** *n* : nieto *m*
 — **grandstand** *n* : tribuna *f*
granite *n* : granito *m*
grant *vt* **1** : conceder **2** ADMIT : reconocer,
 admitir **3 take for granted** : dar (algo)

por sentado — **grant** *n* **1** SUBSIDY :
subvención *f* **2** SCHOLARSHIP : beca *f*
grape *n* : uva *f*
grapefruit *n* : toronja *f*, pomelo *m*
grapevine *n* **1** : vid *f*, parra *f* **2**
I heard it through the grapevine
: me lo dijo un pajarito *fam*
graph *n* : gráfica *f*, gráfico *m*
— **graphic** *adj* : gráfico
grapple *vi* **-pled; -pling grapple**
with : forcejear con (una persona),
luchar con (un problema)
grasp *vt* **1** : agarrar **2** UNDERSTAND
: comprender, captar — **grasp** *n* **1**
: agarre *m* **2** UNDERSTANDING :
comprensión *f* **3** REACH : alcance *m*
grass *n* **1** : hierba *f* (planta) **2** LAWN :
césped *m*, pasto *m*, *Lat* — **grasshopper** *n*
: saltamontes *m* — **grassy** *adj*
grassier; -est : cubierto de hierba
grate[1] *v* **grated; -ing** *vt* **1** : rallar (en
cocina) **2 grate one's teeth** : hacer
rechinar los dientes — *vi* RASP : chirriar
grate[2] *n* GRATING : reja *f*, rejilla *f*
grateful *adj* : agradecido —
gratefully *adv* : con agradecimiento
— **gratefulness** *n* : gratitud *f*,
agradecimiento *m*
grater *n* : rallador *m*
gratify *vt* **-fied; -fying** **1** PLEASE :
complacer **2** SATISFY : satisfacer
grating *n* : reja *f*, rejilla *f*
gratitude *n* : gratitud *f*
gratuitous *adj* : gratuito
grave[1] *n* : tumba *f*, sepultura *f*
grave[2] *adj* **graver; -est** : grave
gravel *n* : grava *f*, gravilla *f*
gravestone *n* : lápida *f* —
graveyard *n* : cementerio *m*
gravity *n, pl* **-ties** : gravedad *f*
gravy *n, pl* **-vies** : salsa *f*
(preparada con jugo de carne)
gray *adj* **1** : gris **2 gray hair** : pelo *m*
canoso — **gray** *n* : gris *m* — **gray** *vi or*
turn gray : encanecer, ponerse gris
graze[1] *vi* **grazed; grazing** : pastar, pacer
graze[2] *vt* **1** TOUCH : rozar **2**
SCRATCH : rasguñarse
grease *n* : grasa *f* — **grease** *vt*
greased; greasing : engrasar
— **greasy** *adj* **greasier; -est 1** :
grasiento **2** OILY : graso, grasoso
great *adj* **1** : grande **2** FANTASTIC
: estupendo, fabuloso — **great–**
grandchild *n, pl* **-children** : bisnieto *m*,

-ta *f* — **great–grandfather** *n* : bisabuelo *m*
— **great–grandmother** *n* : bisabuela *f*
— **greatly** *adv* **1** MUCH : mucho **2** VERY
: muy — **greatness** *n* : grandeza *f*
greed *n* **1** : codicia *f*, avaricia *f* **2**
GLUTTONY : glotonería *f* — **greedily** *adv* :
con avaricia — **greedy** *adj* **greedier; -est**
1 : codicioso, avaro **2** GLUTTONOUS : glotón
Greek *adj* : griego — **Greek** *n*
: griego *m* (idioma)
green *adj* **1** : verde **2** INEXPERIENCED
: novato — **green** *n* **1** : verde *m*
(color) **2 greens** *npl* : verduras *fpl* —
greenery *n, pl* **-eries** : vegetación *f*
— **greenhouse** *n* : invernadero *m*
greet *vt* **1** : saludar **2** WELCOME : recibir
— **greeting** *n* **1** : saludo *m* **2 greets** *npl*
REGARDS : saludos *mpl*, recuerdos *mpl*
gregarious *adj* : sociable
grenade *n* : granada *f*
grew → **grow**
grey → **gray**
greyhound *n* : galgo *m*
grid *n* **1** GRATING : rejilla *f* **2** NETWORK :
red *f* **3** : cuadriculado *m* (de un mapa)
griddle *n* : plancha *f*
grief *n* : dolor *m*, pesar *m* — **grievance** *n*
: queja *f* — **grieve** *v* **grieved; grieving** *vt*

: entristecer — *vi* **grief for** : llorar (a),
lamentar — **grievous** *adj* : grave, doloroso
grill *vt* **1** : asar a la parrilla **2**
INTERROGATE : interrogar — **grill** *n*
: parrilla *f* (para cocinar) — **grille**
or **grill** GRATING *n* : reja *f*, rejilla *f*
grim *adj* **grimmer; grimmest 1** STERN
: severo **2** GLOOMY : sombrío
grimace *n* : mueca *f* — **grimace** *vi*
-maced; -macing : hacer muecas
grime *n* : mugre *f*, suciedad *f* — **grimy** *adj*
grimier; -est : mugriento, sucio
grin *vi* **grinned; grinning** :
sonreír (abiertamente) —
grin *n* : sonrisa *f* (abierta)
grind *v* **ground; grinding** *vt* **1** : moler
(el café, etc.) **2** SHARPEN : afilar **3 grind**
one's teeth : rechinar los dientes — *vi*
: rechinar — **grind** *n* **the daily grind** : la
rutina diaria — **grinder** *n* : molinillo *m*
grip *vt* **gripped; gripping 1** : agarrar, asir **2**
INTEREST : captar el interés de — **grip** *n* **1**
GRASP : agarre *m* **2** CONTROL : control *m*,
dominio *m* **3** HANDLE : empuñadura *f* **4**
come to grips with : llegar a entender de
gripe *vi* **griped; griping** :
quejarse — **gripe** *n* : queja *f*
grisly *adj* **-lier; -est** :

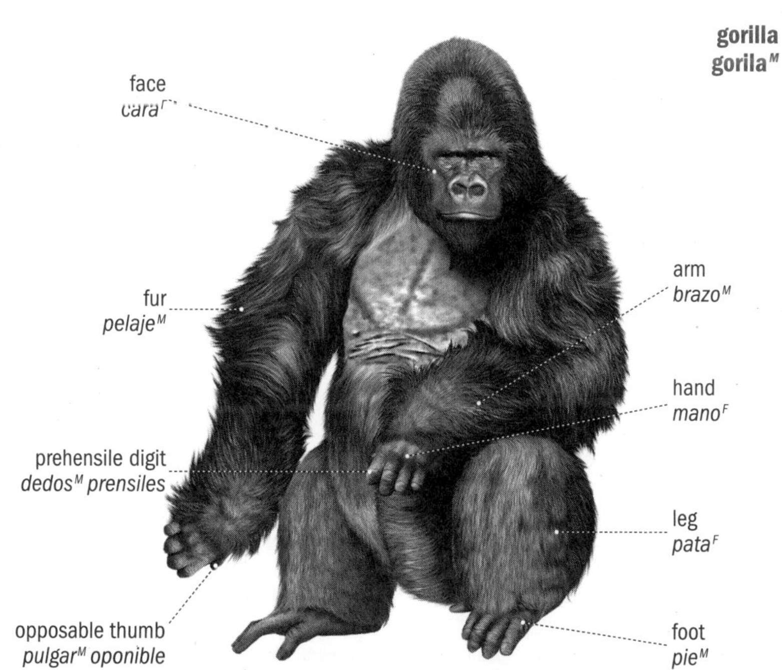

gymnastics: event platform
gimnasia*F*

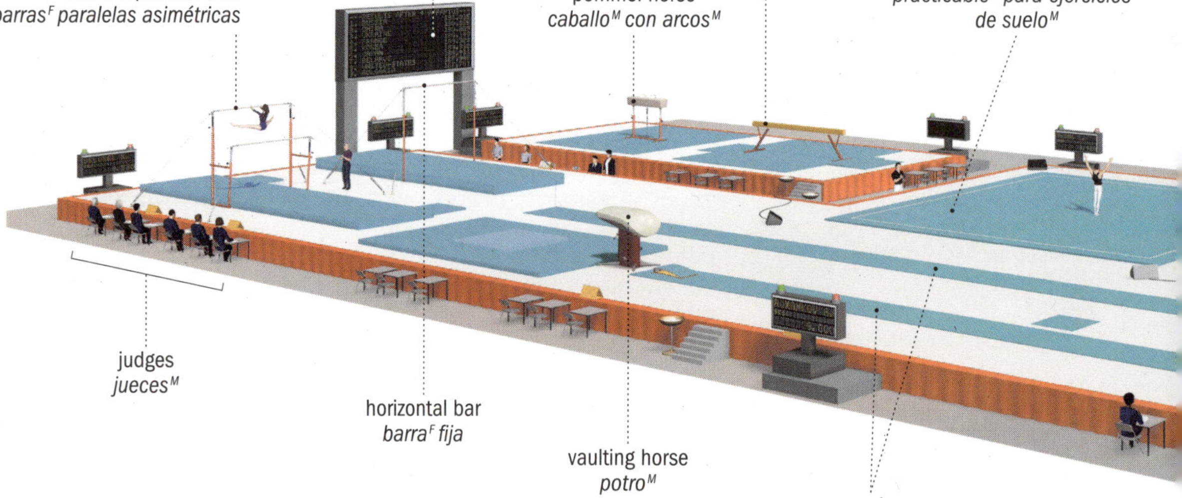

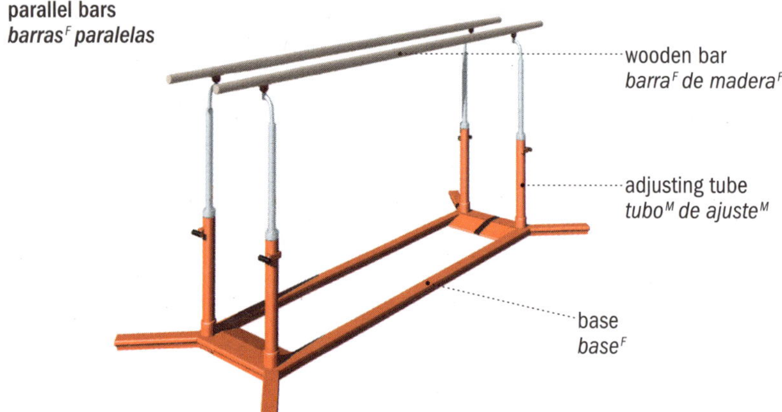

espeluznante, horrible
gristle *n* : cartílago *m*
grit *n* **1** : arena *f*, grava *f* **2** GUTS :
agallas *fpl fam* **3 grits** *npl* : sémola *f*
de maíz — **grit** *vt* **gritted; gritting**
grit one's teeth : acorazarse
groan *vi* : gemir — **groan** *n* : gemido *m*
grocery *n, pl* **-ceries 1** *or* **grocery**
store : tienda *f* de comestibles, tienda *f*
de abarrotes *Lat* **2 groceries** *npl* :
comestibles *mpl*, abarrotes *mpl Lat*

— **grocer** *n* : tendero *m*, -ra *f*
groggy *adj* **-gier; -est** :
atontado, grogui *fam*
groin *n* : ingle *f*
groom *n* BRIDEGROOM : novio *m*
— **groom** *vt* **1** : almohazar (un
animal) **2** PREPARE : preparar
groove *n* : ranura *f*, surco *m*
grope *vi* **groped; groping 1** : andar a
tientas **2 grope for** : buscar a tientas
gross *adj* **1** SERIOUS : grave **2** OBESE :

obeso **3** TOTAL : bruto **4** VULGAR : grosero,
basto — **gross** *n* **1** *or* **gross income** :
ingresos *mpl* brutos **2** *pl* **gross** : gruesa *f*
(12 docenas) — **grossly** *adv* **1** EXTREMELY
: enormemente **2** CRUDELY : groseramente
grotesque *adj* : grotesco
grouch *n* : gruñón *m*, -ñona *f fam* —
grouchy *adj* **grouchier; -est** : gruñon *fam*
ground[1] → **grind**
ground[2] *n* **1** : suelo *m*, tierra *f* **2** *or*
grounds LAND : terreno *m* **3 grounds**
REASON : razón *f*, motivos *mpl* **4**
grounds DREGS : pozo *m* (de café) —
ground *vt* **1** BASE : fundar, basar **2** :
conectar a tierra (un aparato eléctrico)
3 : restringir (un avión o un piloto) a la
tierra — **groundhog** *n* : marmota *f* (de
América) — **groundless** *adj* : infundado
— **groundwork** *n* : trabajo *m* preparatorio
group *n* : grupo *m* — **group** *vt* : agrupar
— *vi or* **group together** : agruparse
grove *n* : arboleda *f*
grovel *vi* **-eled** *or* **-elled; -eling** *or*
-elling : arrastrarse, humillarse
grow *v* **grew; grown; growing** *vi* **1** :
crecer **2** INCREASE : aumentar **3** BECOME

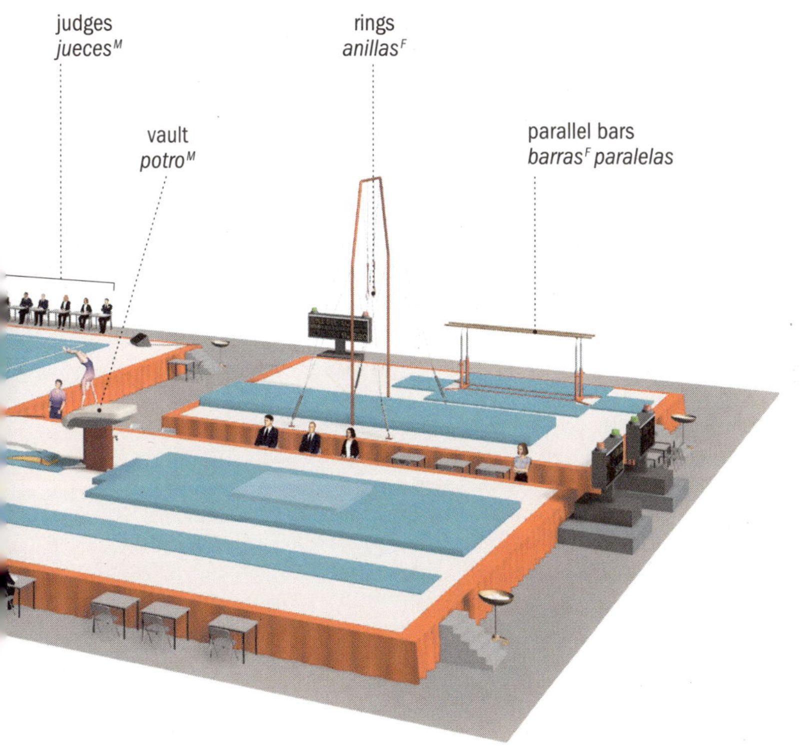

: volverse, ponerse **4 grow dark** :
oscurecerse **5 grow up** : hacerse
mayor — *vt* **1** CULTIVATE : **cultivar
2** : dejarse crecer (el pelo, etc.) —
grower *n* : cultivador *m*, -dora *f*
growl *vi* : gruñir — **growl** *n* : gruñido *m*
grown–up *adj* : mayor — **grown–
up** *n* : persona *f* mayor
growth *n* **1** : crecimiento *m* **2**
INCREASE : aumento *m* **3** DEVELOPMENT
: desarrollo *m* **4** TUMOR : tumor *m*
grub *n* **1** LARVA : larva *f* **2** FOOD : comida *f*
grubby *adj* **grubbier; -est**
: mugriento, sucio
grudge *vt* **grudged; grudging** :
dar de mala gana — **grudge** *n*
hold a grudge : guardar rencor
grueling *or* **gruelling** *adj* :
extenuante, agotador
gruesome *adj* : horripilante
gruff *adj* **1** BRUSQUE : brusco
2 HOARSE : bronco
grumble *vi* **-bled; -bling** :
refunfuñar, rezongar
grumpy *adj* **grumpier; -est** :
malhumorado, gruñón *fam*

grunt *vi* : gruñir — **grunt** *n* : gruñido *m*
guarantee *n* : garantía *f* — **guarantee** *vt*
-teed; -teeing : garantizar
guard *n* **1** : guardia *f* **2** PRECAUTION :
protección *f* — **guard** *vt* : proteger, vigilar
— *vi* **guard against** : protegerse contra
— **guardian** *n* **1** : tutor *m*, -tora *f* (de
niños) **2** PROTECTOR : guardián *m*, -diana *f*
guava *n* : guayaba *f*
guerrilla *or* guerilla *n* **1** :
guerrillero *m*, -ra *f* **2 guerrilla
warfare** : guerra *f* de guerrillas
guess *vt* **1** : adivinar **2** SUPPOSE :
suponer, creer — *vi* **guess at** : adivinar
— **guess** *n* : conjetura *f*, suposición *f*
guest *n* **1** : invitado *m*, -da *f* **2**
: huésped *mf* (a un hotel)
guide *n* : guía *mf* (persona), guía *f*
(libro, etc.) — **guide** *vt* **guided;
guiding** : guiar — **guidance** *n* :
orientación *f* — **guidebook** *n* : guía *f*
— **guideline** *n* : pauta *f*, directriz *f*
guild *n* : gremio *m*
guile *n* : astucia *f*
guilt *n* : culpa *f*, culpabilidad *f* —
guilty *adj* **guiltier; -est** : culpable

guinea pig *n* : conejillo *m*
de Indias, cobaya *f*
guise *n* : apariencia *f*
guitar *n* : guitarra *f*
gulf *n* **1** : golfo *m* **2** ABYSS : abismo *m*
gull *n* : gaviota *f*
gullet *n* **1** THROAT : garganta *f* **2**
ESOPHAGUS : esófago *m*
gullible *adj* : crédulo
gully *n, pl* **-lies** : barranco *m*
gulp *vt or* **gulp down** : tragarse, engullir
— *vi* : tragar saliva — **gulp** *n* : trago *m*
gum[1] *n* : encía *f* (de la boca)
gum[2] *n* **1** : resina *f* (de plantas) **2** CHEWING
GUM : goma *f* de mascar, chicle *m*
gumption *n* : iniciativa *f*, agallas *fpl fam*
gun *n* **1** FIREARM : arma *f* de fuego **2**
or **spray gun** : pistola *f* **3** → **cannon,
pistol, revolver, rifle** — **gun** *vt* **gunned;
gunning 1** *or* **gun down** : matar a tiros,
asesinar **2 gun the engine** : acelerar (el
motor) — **gunboat** *n* : cañonero *m* —
gunfire *n* : disparos *mpl* — **gunman** *n,
pl* **-men** : pistolero *m*, gatillero *m*,
Lat — **gunpowder** *n* : pólvora *f* —
gunshot *n* : disparo *m*, tiro *m*
gurgle *vi* **-gled; -gling 1** : borbotar,
gorgotear **2** : gorjear (dícese de un niño)
gush *vi* **1** SPOUT : salir a chorros **2 gush
with praise** : deshacerse en elogios
gust *n* : ráfaga *f*
gusto *n, pl* **gustoes** : entusiasmo *m*
gusty *adj* **gustier; -est** :
racheado, ventoso
gut *n* **1** : intestino *m* **2 guts** *npl*
INNARDS : tripas *fpl* **3 guts** *npl* COURAGE
: agallas *fpl fam* — **gut** *vt* **gutted;
gutting 1** EVISCERATE : destripar (un
pollo, etc.), limpiar (un pescado) **2** :
destruir el interior de (un edificio)
gutter *n* : canaleta *f* (de un techo),
cuneta *f* (de una calle)
guy *n* : tipo *m fam*
guzzle *vt* **-zled; -zling** :
chupar *fam*, tragar
gym *or* **gymnasium** *n, pl* **-siums** *or* **-sia** :
gimnasio *m* — **gymnast** *n* : gimnasta *mf*
▸ — **gymnastics** *ns & pl* : gimnasia *f*
gynecology *n* : ginecología *f* —
gynecologist *n* : ginecólogo *m*, -ga *f*
gyp *vt* **gypped; gypping** : estafar, timar
Gypsy *n, pl* **-sies** : gitano *m*, -na *f*
gyrate *vi* **-rated; -rating** : girar

h *n*, *pl* **h's** *or* **hs** : h *f*, octava letra del alfabeto inglés

habit *n* **1** CUSTOM : hábito *m*, costumbre *f* **2** : hábito *m* (religioso)

habitat *n* : hábitat *m*

habitual *adj* **1** CUSTOMARY : habitual **2** INVETERATE : empedernido

hack[1] *n* **1** : caballo *m* de alquiler **2** *or* **hack writer** : escritorzuelo *m*, -la *f*

hack[2] *vt* : cortar — *vi* *or* **hack into** : piratear (un sistema informático)

hackneyed *adj* : manido, trillado

hacksaw *n* : sierra *f* para metales

had → **have**

haddock *ns & pl* : eglefino *m*

hadn't (*contraction of* **had not**) → **have**

hag *n* : bruja *f*

haggard *adj* : demacrado

haggle *vi* **-gled; -gling** : regatear

hail[1] *vt* **1** GREET : saludar **2** : llamar (un taxi)

hail[2] *n* : granizo *m* (en meteorología) — **hail** *vi* : granizar — **hailstone** *n* : piedra *f* de granizo

hair *n* **1** : pelo *m*, cabello *m* **2** : vello *m* (en las piernas, etc.) — **hairbrush** *n* : cepillo *m* (para el pelo) — **haircut** *n* **1** : corte *m* de pelo **2 get a haircut** : cortarse el pelo — **hairdo** *n*, *pl* **-dos** : peinado *m* — **hairdresser** *n* : peluquero *m*, -ra *f* — **hairless** *adj* : sin pelo, calvo — **hairpin** *n* : horquilla *f* — **hair–raising** *adj* : espeluznante — **hairstyle** → **hairdo** — **hair spray** *n* : laca *f* (para el pelo) — **hairy** *adj* **hairier; -est** : peludo, velludo

hale *adj* : saludable, robusto

half *n*, *pl* **halves** **1** : mitad *f* **2** *or* **halftime** : tiempo *m* (en deportes) **3 in half** : por la mitad — **half** *adj* **1** : medio **2 half an hour** : una media hora — **half** *adv* : medio — **half brother** *n* : medio hermano *m*, hermanastro *m* — **halfhearted** *adj* : sin ánimo, poco entusiasta — **half sister** *n* : media hermana *f*, hermanaastra *f* — **halfway** *adv* : a medio camino — **half** *adj* : medio

halibut *ns & pl* : halibut *m*

hall *n* **1** HALLWAY : corredor *m*, pasillo *m* **2** AUDITORIUM : sala *f* **3** LOBBY : vestíbulo *m* **4** DORMITORY : residencia *f* universitaria

hallmark *n* : sello *m* (distintivo)

Halloween *n* : víspera *f* de Todos los Santos

hallucination *n* : alucinación *f*

hallway *n* **1** ENTRANCE : entrada *f* **2** CORRIDOR : corredor *m*, pasillo *m*

halo *n*, *pl* **-los** *or* **-loes** : aureola *f*, halo *m*

halt *n* **1 call a halt to** : poner fin a **2 come to a halt** : pararse — **halt** *vi* : pararse — *vt* : parar

halve *vt* **halved; halving** **1** DIVIDE : partir por la mitad **2** REDUCE : reducir a la mitad — **halves** → **half**

ham *n* : jamón *m*

hamburger *or* **hamburg** *n* **1** : carne *f* molida **2** *or* **hamburger patty** : hamburguesa *f*

hammer *n* : martillo *m* — **hammer** *v* : martillar, martillear

hammock *n* : hamaca *f*

hamper[1] *vt* : obstaculizar, dificultar

hamper[2] *n* : cesto *m*, canasta *f* (para ropa sucia)

hamster *n* : hámster *m*

hand *n* **1** : mano *f* **2** : manecilla *f*, aguja *f* (de un reloj, etc.) **3** HANDWRITING : letra *f*, escritura *f* **4** WORKER : obrero *m*,

handbags
bolsos[M]

accordion bag
bolso[M] *de fuelle*[M]

shoulder bag
bolso[M] *de bandolera*[F]

duffel bag
bolso[M] *de viaje*[M]

tote bag
bolsa[F] *de lona*[F]

satchel bag
bolso[M] *clásico*

drawstring bag
bolso[M] *tipo cubo*[M]

-ra *f* **5 by hand** : a mano **6 lend a
hand** : echar una mano **7 on hand** : a
mano, disponible **8 on the other hand**
: por otro lado — **hand** *vt* **1** : pasar,
dar **2 hand out** : distribuir **3 hand over**
: entregar — **handbag** *n* : cartera *f
Lat*, bolso *m Spain* — **handbook** *n*
: manual *m* — **handcuffs** *npl* :
esposas *fpl* — **handful** *n* : puñado *m*
— **handgun** *n* : pistola *f*, revólver *m*
handicap *n* **1** : minusvalía *f* (física) **2** :
hándicap *m* (en deportes) — **handicap** *vt*
-capped; -capping 1 : asignar un handicap
a (en deportes) **2** HAMPER : obstaculizar
— **handicapped** *adj* : minusválido
handicrafts *npl* : artesanía(s) *f(pl)*
handiwork *n* : trabajo *m* (manual)
handkerchief *n, pl* **-chiefs** : pañuelo *m*
handle *n* : asa *m* (de una taza, etc.),
mango *m* (de un utensilio), pomo *m* (de
una puerta), tirador *m* (de un cajón) —
handle *vt* **-dled; -dling 1** TOUCH : tocar **2**
MANAGE : tratar, manejar — **handlebars** *npl*
: manillar *m*, manubrio *m, Lat*
handmade *adj* : hecho a mano
handout *n* **1** ALMS : dádiva *f*,
limosna *f* **2** LEAFLET : folleto *m*
handrail *n* : pasamanos *m*
handshake *n* : apretón *m* de manos
handsome *adj* **-somer; -est 1**
ATTRACTIVE : apuesto, guapo **2** GENEROUS
: generoso **3** SIZABLE : considerable
handwriting *n* : letra *f*, escritura *f* —
handwritten *adj* : escrito a mano
handy *adj* **handier; -est 1** NEARBY
: a mano **2** USEFUL : práctico, útil **3**
DEFT : habilidoso — **handyman** *n,
pl* **-men** : hombre *m* habilidoso
hang *v* **hung; hanging** *vt* **1** : colgar **2** (*past
tense often* **hanged**) EXECUTE : ahorcar **3**
hang one's head : bajar la cabeza — *vi* **1**
: colgar, pender **2** : caer (dícese de la
ropa, etc.) **3 hang up on someone** : colgar
a alln — **hang** *n* **1** DRAPE : caída *f* **2**
get the hang of : agarrar la onda de
hangar *n* : hangar *m*
hanger *n* : percha *f*, gancho *m*
(para ropa) *Lat*
hangover *n* : resaca *f*
hanker *vi* **hanker for** : tener ansias de
— **hankering** *n* : ansia *f*, anhelo *m*
haphazard *adj* : casual, fortuito
happen *vi* **1** : pasar, suceder, ocurrir **2**
happen to do something : hacer algo por
casualidad **3 it so happens that…** : da

la casualidad de que… — **happening** *n*
: suceso *m*, acontecimiento *m*
happy *adj* **-pier; -est 1** : feliz **2 be
happy** : alegrarse **3 be happy with** :
estar contento con **4 be happy to do
something** : hacer algo con mucho
gusto — **happily** *adv* : alegremente —
happiness *n* : felicidad *f* — **happy–
go–lucky** *adj* : despreocupado
harass *vt* : acosar —
harassment *n* : acoso *m*
harbor *or Brit* **harbour** *n* : puerto *m*
— *vt* **1** SHELTER : albergar **2 harbor a
grudge against** : guardar rencor a
hard *adj* **1** : duro **2** DIFFICULT : difícil **3**
be a hard worker : ser muy trabajador
4 hard liquor : bebidas *fpl* fuertes **5**
hard water : agua *f* dura — **hard** *adv* **1**
FORCEFULLY : fuerte **2 work hard** : trabajar
duro **3 take something hard** : tomarse
algo muy mal — **harden** *vt* : endurecer
— **hardheaded** *adj* : testarudo, terco
— **hard–hearted** *adj* : duro de corazón
— **hardly** *adv* **1** : apenas **2 hardly
ever** : casi nunca — **hardness** *n* **1** :

dureza *f* **2** DIFFICULTY : dificultad *f* —
hardship *n* : dificultad *f* — **hardware** *n* **1** :
ferretería *f* **2** : hardware *m* (en informática)
— **hardworking** *adj* : trabajador
hardy *adj* **-dier; -est** : fuerte
(dícese de personas), resistente
(dícese de las plantas)
hare *n, pl* **hare** *or* **hares** : liebre *f*
harm *n* : daño *m* — **harm** *vt* : hacer daño a
(una persona), dañar (una cosa), perjudicar
(la reputación de algn, etc.) — **harmful** *adj*
: perjudicial — **harmless** *adj* : inofensivo
harmonica *n* : armónica *f*
harmony *n, pl* **-nies** : armonía *f*
— **harmonious** *adj* : armonioso —
harmonize *v* **-nized; -nizing** : armonizar
harness *n* : arnés *m* — **harness** *vt* **1**
: enjaezar **2** UTILIZE : utilizar
harp *n* : arpa *m* — **harp** *vi*
harp on : insistir sobre
harpoon *n* : arpón *m*
harpsichord *n* : clavicémbalo *m*
harsh *adj* **1** ROUGH : áspero **2** SEVERE :
duro, severo **3** : fuerte (dícese de una
luz), discordante (dícese de sonidos)

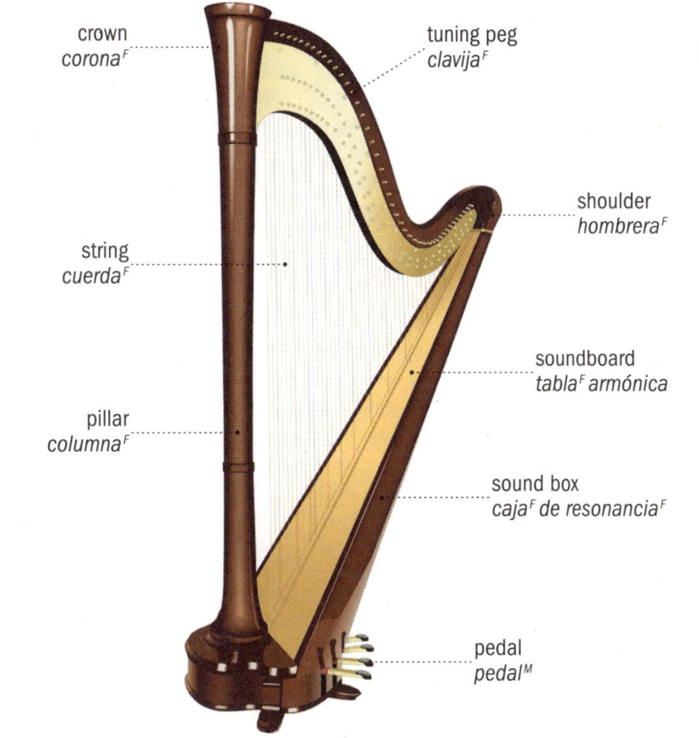

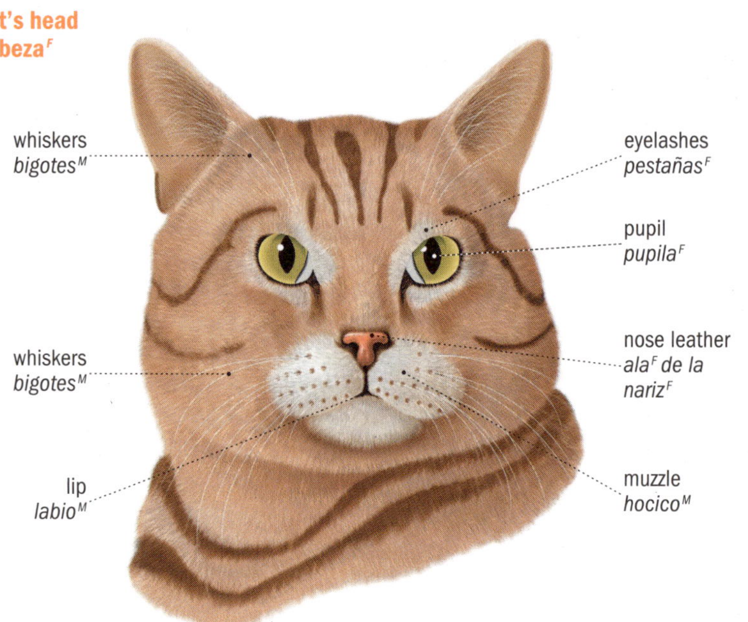

— **harshness** *n* : severidad *f*
harvest *n* : cosecha *f* —
 harvest *v* : cosechar
has → **have**
hash *vt* **1** CHOP : picar **2 hash over** DISCUSS
 : discutir — **hash** *n* : picadillo *m* (comida)
hasn't (*contraction of has not*) → **has**
hassle *n* : problemas *mpl*, lío *m* —
 hassle *vt* **-sled; -sling** : fastidiar
haste *n* **1** : prisa *f*, apuro *m*, *Lat* **2**
 make haste : darse prisa, apurarse
 Lat — **hasten** *vt* : acelerar — *vi* :
 apresurarse, apurarse *Lat* — **hasty** *adj*
 hastier; -est : precipitado
hat *n* : sombrero *m*
hatch *n* : escotilla *f* — **hatch** *vt* **1**
 : empollar (huevos) **2** CONCOCT :
 tramar — *vi* : salir del cascarón
hatchet *n* : hacha *f*
hate *n* : odio *m* — **hate** *vt* **hated; hating**
 : odiar, aborrecer — **hateful** *adj* : odioso,
 aborrecible — **hatred** *n* : odio *m*
haughty *adj* **-tier; -est** : altanero, altivo
haul *vt* : arrastrar, jalar *Lat* — **haul** *n* **1**
 CATCH : redada *f* (de peces) **2** LOOT :
 botín *m* **3 a long haul** : un trayecto largo
haunch *n* : cadera *f* (de una
 persona), anca *f* (de un animal)

haunt *vt* **1** : frecuentar, rondar **2**
 TROUBLE : inquietar — **haunt** *n* : sitio *m*
 predilecto — **haunted** *adj* : embrujado
have *v* **had; having; has** *vt* **1** : tener
 2 CONSUME : comer, tomar **3** ALLOW :
 permitir **4** : dar (una fiesta, etc.), convocar
 (una reunión) **5 have one's hair cut**
 : cortarse el pelo **6 have something**
 done : mandar hacer algo — *v aux* **1**
 : haber **2 have just done something** :
 acabar de hacer algo **4 you've finished,**
 haven't you? : has terminado, ¿no?
haven *n* : refugio *m*
havoc *n* : estragos *mpl*
hawk[1] *n* : halcón *m*
hawk[2] *vt* : pregonar (mercancías)
hay *n* : heno *m* — **hay fever** *n* : fiebre *f*
 del heno — **haystack** *n* : almiar *m* —
 haywire *adj* **go haywire** : estropearse
hazard *n* : peligro *m*, riesgo *m* —
 hazard *vt* : arriesgar, aventurar —
 hazardous *adj* : arriesgado, peligroso
haze *n* : bruma *f*, neblina *f*
hazel *n* : color *m* avellana —
 hazelnut *n* : avellana *f*
hazy *adj* **hazier; -est** : nebuloso
he *pron* : él
▸ **head** *n* **1** : cabeza *f* **2** END TOP : cabeza *f*

(de un clavo, etc.), cabecera *f* (de una
mesa) **3** LEADER : jefe *m*, -fa *f* **4 be out**
of one's head : estar loco **5 come to a**
head : llegar a un punto crítico **6 heads or**
tails : cara o cruz **7 per head** : por cabeza
— **head** *adj* MAIN : principal — **head** *vt* :
encabezar — *vi* : dirigirse — **headache** *n* :
dolor *m* de cabeza — **headband** *n* : cinta *f*
del pelo — **headdress** *n* : tocado *m* —
headfirst *adv* : de cabeza — **heading** *n* :
encabezamiento *m*, título *m* — **headland** *n*
: cabo *m* — **headlight** *n* : faro *m* —
headline *n* : titular *m* — **headlong** *adv* **1**
HEADFIRST : de cabeza **2** HASTILY :
precipitadamente — **headmaster** *n* :
director *m* — **headmistress** *n* : directora *f*
— **head–on** *adv & adj* : de frente —
headphones *npl* : auriculares *mpl*,
audífonos *mpl Lat* — **headquarters** *ns*
& pl : oficina *f* central (de una compañía),
cuartel *m* general (de los militares) —
head start *n* : ventaja *f* — **headstrong** *adj*
: testarudo, obstinado — **headwaiter** *n* :
jefe *m*, -fa *f* de comedor — **headway** *n* **1**
: progreso *m* **2 make headway** : avanzar
— **heady** *adj* **headier; -est** : embriagador
heal *vt* : curar — *vi* : cicatrizar
health *n* : salud *f* — **healthy** *adj*
 healthier; -est : sano, saludable
heap *n* : montón *m* — **heap** *vt* : amontonar
hear *v* **heard; hearing** *vt* : oír — *vi* **1**
 : oír **2 hear about** : enterarse de **3**
 hear from : tener noticias de —
 hearing *n* **1** : oído *m* **2** : vista *f* (en un
 tribunal) — **hearing aid** *n* : audífono *m*
 — **hearsay** *n* : rumores *mpl*
hearse *n* : coche *m* fúnebre
heart *n* **1** : corazón *m* **2 at heart** :
 en el fondo **3 by heart** : de memoria
 4 lose heart : descorazonarse **5 take**
 heart : animarse — **heartache** *n* :
 pena *f*, dolor *m* — **heart attack** *n*
 : infarto *m*, ataque *m* al corazón —
 heartbeat *n* : latido *m* (del corazón) —
 heartbreak *n* : congoja *f*, angustia *f*
 — **heartbroken** *adj* : desconsolado
 — **heartburn** *n* : acidez *f* estomacal
hearth *n* : hogar *m*
heartily *adv* : de buena gana
heartless *adj* : de mal corazón, cruel
hearty *adj* **heartier; -est 1** :
 cordial, caluroso **2** : abundante
 (dícese de una comida)
heat *vt* : calentar — *vi* **or heat up** :
 calentarse — **heat** *n* **1** : calor *m* **2**

HEATING : calefacción *f* — **heated** *adj* :
acalorado — **heater** *n* : calentador *m*
heath *n* : brezal *m*
heathen *adj* : pagano — **heathen** *n*,
pl **-thens** *or* **-then** : pagano *m*, -na *f*
heather *n* : brezo *m*
heave *v* **heaved** *or* **hove; heaving** *vt* **1**
LIFT : levantar (con esfuerzo) **2** HURL :
lanzar, tirar **3 heave a sigh** : suspirar
— **heave** *vi or* **heave up** : levantarse
heaven *n* : cielo *m* — **heavenly** *adj* **1**
: celestial **2 heavenly body**
: cuerpo *m* celeste
heavy *adj* **heavier; -est 1** : pesado
2 INTENSE : fuerte **3 heavy sigh** :
suspiro *m* profundo **4 heavy traffic**
: tráfico *m* denso — **heavily** *adv* **1** :
pesadamente **2** EXCESSIVELY : mucho
— **heaviness** *n* : peso *m*, pesadez *f*
— **heavyweight** *n* : peso *m* pesado
Hebrew *adj* : hebreo — **Hebrew** *n*

: hebreo *m* (idioma)
heckle *vt* **-led; -ling** : interrumpir (a
un orador) con preguntas molestas
hectic *adj* : agitado, ajetreado
he'd (*contraction of* **he had** *or*
he would) → **have, would**
hedge *n* : seto *m* vivo — **hedge** *v*
hedged; hedging *vt* **hedge one's**
bets : cubrirse — *vi* : contestar con
evasivas — **hedgehog** *n* : erizo *m*
heed *vt* : prestar atención a, hacer
caso de — **heed** *n* **take heed** :
tener cuidado — **heedless** *adj* **be**
heedless of : hacer caso omiso de
heel *n* : talón *m* (del pie),
tacón *m* (de un zapato)
hefty *adj* **heftier; -est** : robusto y pesado
heifer *n* : novilla *f*
height *n* **1** : estatura *f* (de una persona),
altura *f* (de un objeto) **2** PEAK : cumbre *f* **3**
the height of folly : el colmo de la locura
4 what is your height ? : ¿cuánto mides?

— **heighten** *vt* : aumentar, intensificar
heir *n* : heredero *m*, -ra *f* —
heiress *n* : heredera *f* — **heirloom** *n*
: reliquia *f* de familia
held → **hold**
▸ **helicopter** *n* : helicóptero *m*
hell *n* : infierno *m* — **hellish** *adj* : infernal
he'll (*contraction of* **he shall**
or **he will**) → **shall, will**
hello *interj* : ¡hola!
helm *n* : timón *m*
helmet *n* : casco *m*
help *vt* **1** : ayudar **2 help oneself** :
servirse **3 I can't help it** : no lo puedo
remediar — **help** *n* **1** : ayuda *f* **2**
STAFF : personal *m* **3 help!** : ¡socorro!,
¡auxilio! — **helper** *n* : ayudante *mf*
— **helpful** *adj* **1** OBLIGING : servicial,
amable **2** USEFUL : útil — **helping** *n* :
porción *f* — **helpless** *adj* **1** POWERLESS
: incapaz **2** DEFENSELESS : indefenso
hem *n* : dobladillo *m* — **hem** *vt*

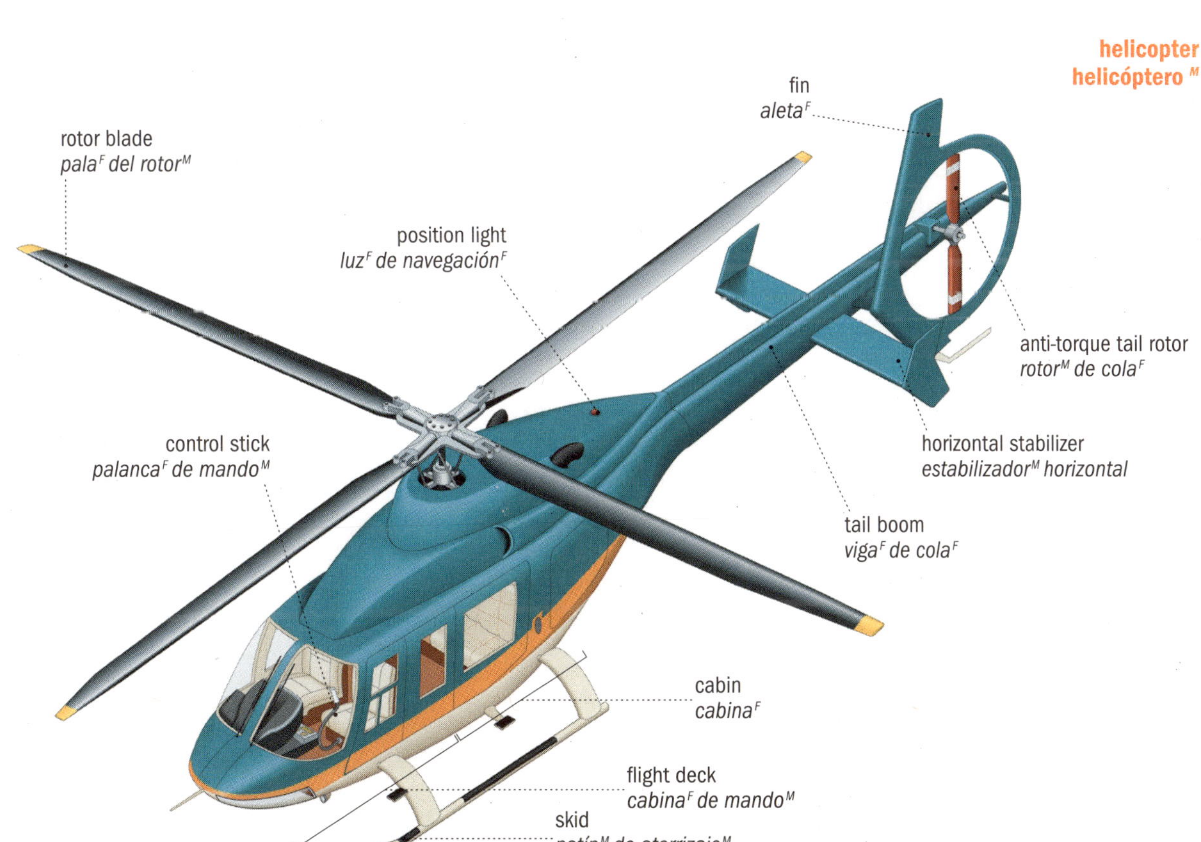

hemmed; hemming hem in : encerrar
hemisphere *n* : hemisferio *m*
hemorrhage *n* : hemorragia *f*
hemorrhoids *npl* : hemorroides *fpl*, almorranas *fpl*
hemp *n* : cáñamo *m*
hen *n* : gallina *f*
hence *adv* **1** : de aquí, de ahí **2** THEREFORE : por lo tanto **3 ten years hence** : de aquí a 10 años — **henceforth** *adv* : de ahora en adelante
henpeck *vt* : dominar (al marido)
hepatitis *n, pl* **-titides** : hepatitis *f*
her *adj* : su, sus — **her** *pron* **1** (*used as direct object*) : la **2** (*used as indirect object*) : le, se **3** (*used as object of a preposition*) : ella
herald *vt* : anunciar
herb *n* : hierba *f*
herd *n* : manada *f* — **herd** *vt* : conducir (en manada) — *vi or* **herd together** : reunir
here *adv* **1** : aquí, acá **2 here you are!** : ¡toma! — **hereabouts** *or* hereabout *adv* : por aquí (cerca) — **hereafter** *adv* : en el

futuro — **hereby** *adv* : por este medio
hereditary *adj* : hereditario — **heredity** *n* : herencia *f*
heresy *n, pl* **-sies** : herejía *f*
herewith *adv* : adjunto
heritage *n* **1** : herencia *f* **2** : patrimonio *m* (nacional)
hermit *n* : ermitaño *m*, -ña *f*
hernia *n, pl* **-nias** *or* **-niae** : hernia *f*
hero *n, pl* **-roes** : héroe *m* — **heroic** *adj* : heroico — **heroine** *n* : heroína *f* — **heroism** *n* : heroísmo *m*
▶ **heron** *n* : garza *f*
herring *n, pl* **-ring** *or* **-rings** : arenque *m*
hers *pron* **1** : (el) suyo, (la) suya, (los) suyos, (las) suyas **2 some friends of hers** : unos amigos suyos, unos amigos de ella — **herself** *pron* **1** (*used reflexively*) : se **2** (*used emphatically*) : ella misma
he's (*contraction of* **he is** *or* **he has**) → **be, have**
hesitant *adj* : titubeante, vacilante — **hesitate** *vi* **-tated; -tating** : vacilar, titubear — **hesitation** *n* : vacilación *f*, titubeo *m*

heterosexual *adj* : heterosexual — **heterosexual** *n* : heterosexual *mf*
hexagon *n* : hexágono *m*
hey *interj* : ¡eh!, ¡oye!
heyday *n* : auge *m*, apogeo *m*
hi *interj* : ¡hola!
hibernate *vi* **-nated; -nating** : hibernar
hiccup *n* **have the hiccups** : tener hipo — **hiccup** *vi* **-cuped; -cuping** : tener hipo
hide[1] *n* : piel *f*, cuero *m*
hide[2] *v* **hid; hidden** *or* **hid; hiding** *vt* **1** : esconder **2** : ocultar (motivos, etc.) — *vi* : esconderse — **hide–and–seek** *n* : escondite *m*, escondidas *fpl Lat*
hideous *adj* : horrible, espantoso
hideout *n* : escondite *m*, guarida *f*
hierarchy *n, pl* **-chies** : jerarquía *f* — **hierarchical** *adj* : jerárquico
high *adj* **1** : alto **2** INTOXICATED : borracho, drogado **3 a high voice** : una voz aguda **4 it's two feet high** : tiene dos pies de alto **5 high winds** : fuertes vientos *mpl* — **high** *adv* : alto — **high** *n* : récord *m*, máximo *m* — **higher** *adj* **1** : superior **2 higher education** : enseñanza *f* superior — **highlight** *n* : punto *m* culminante — **highly** *adv* **1** VERY : muy, sumamente **2 think highly of** : tener en mucho a — **Highness** *n* **His/Her Highness** : Su Alteza *f* — **high school** *n* : escuela *f* superior, escuela *f* secundaria — **high–strung** *adj* : nervioso, excitable — **highway** *n* : carretera *f*
hijack *vt* : secuestrar — **hijacker** *n* : secuestrador *m*, -dora *f*

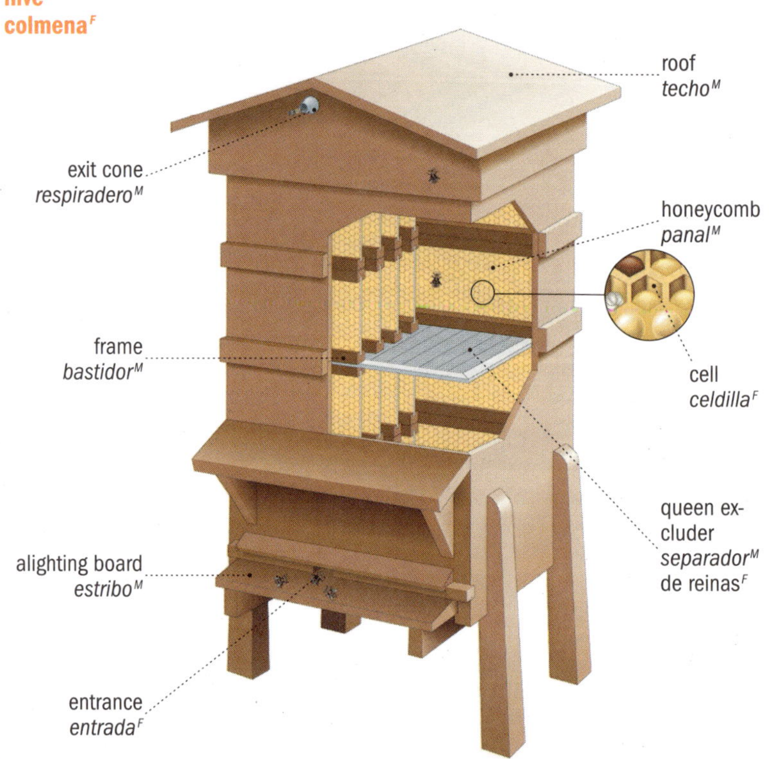

— **hijacking** *n* : secuestro *m*
hike *v* **hiked; hiking** *vi* : ir de caminata
— *vt or* **hike up** RAISE : subir —
hike *n* : caminata *f*, excursión *f*
— **hiker** *n* : excursionista *mf*
hilarious *adj* : muy divertido
— **hilarity** *n* : hilaridad *f*
hill *n* **1** : colina *f*, cerro *m* **2** SLOPE :
cuesta *f* — **hillside** *n* : ladera *f*, cuesta *f*
— **hilly** *adj* **hillier; -est** : accidentado
hilt *n* : puño *m*
him *pron* **1** (*used as direct object*) :
lo **2** (*used as indirect object*) : le, se
3 (*used as object of a preposition*) : él
— **himself** *pron* **1** (*used reflexively*) :
se **2** (*used emphatically*) : él mismo
hind *adj* : trasero, posterior
hinder *vt* : dificultar, estorbar —
hindrance *n* : obstáculo *m*
hindsight *n* **in hindsight**
: en retrospectiva
Hindu *adj* : hindú
hinge *n* : bisagra *f*, gozne *m* — **hinge** *vi*
hinged; hinging hinge on : depender de
hint *n* **1** : indirecta *f* **2** TIP : consejo *m* **3**
TRACE : asomo *m*, toque *m* — **hint** *vt* :
dar a entender — *vi* **hint at** : insinuar
hip *n* : cadera *f*
▶ **hippopotamus** *n*, *pl* **-muses**
or **-mi** : hipopótamo *m*

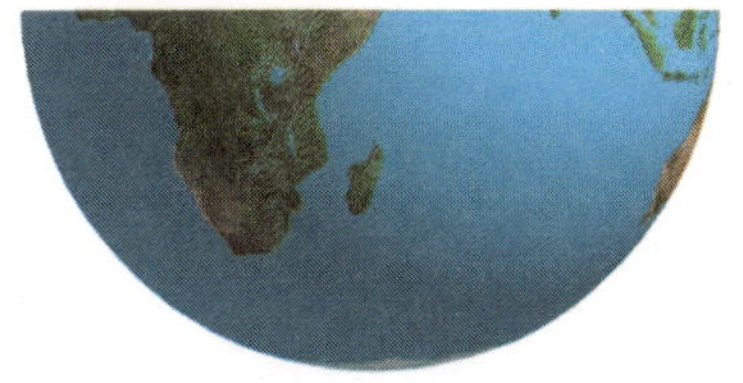

hire *n* **1** : alquiler *m* **2 for hire** : se
alquila — **hire** *vt* **hired; hiring 1** EMPLOY
: contratar, emplear **2** RENT : alquilar
his *adj* : su, sus, de él — **his** *pron* **1**
: (el) suyo, (la) suya, (los) suyos, (las)
suyas **2 some friends of his** : unos
amigos suyos, unos amigos de él
Hispanic *adj* : hispano, hispánico
hiss *vi* : silbar — *n* : silbido *m*
history *n*, *pl* **-ries 1** : historia *f* **2**
BACKGROUND : historial *m* — **historian** *n*
: historiador *m*, -dora *f* — **historic**
or historical *adj* : histórico
hit *v* **hit; hitting** *vt* **1** : golpear, pegar **2** :
dar (con un proyectil) **3** AFFECT : afectar **4**
REACH : alcanzar **5 the car hit a tree** : el
coche chocó contra un árbol — *vi* : pegar
— **hit** *n* **1** : golpe *m* **2** SUCCESS : éxito *m*
hitch *vt* **1** ATTACH : enganchar **2** *or* **hitch**
up RAISE : subirse **3 hitch a ride** : hacer
autostop — **hitch** *n* PROBLEM : problema *m*
— **hitchhike** *vi* **-hiked; -hiking** : hacer
autostop — **hitchhiker** *n* : autostopista *mf*
hitherto *adv* : hasta ahora
HIV *n* : VIH *m*, virus *m* del sida
▶ **hive** *n* : colmena *f*
hives *ns & pl* : urticaria *f*
hoard *n* : tesoro *m* (de dinero), reserva *f*
(de provisiones) — **hoard** *vt* : acumular
hoarse *adj* **hoarser; -est** : ronco
hoax *n* : engaño *m*
hobble *vi* **-bled; -bling** : cojear
hobby *n*, *pl* **-bies** : pasatiempo *m*
hobo *n*, *pl* **-boes** : vagabundo *m*, -da *f*
hockey *n* : hockey *m*

hoe *n* : azada *f* — **hoe** *vt*
hoed; hoeing : azadonar
hog *n* : cerdo *m* — **hog** *vt* **hogged;**
hogging MONOPOLIZE : acaparar
hoist *vt* **1** : izar (una vela, etc.) **2**
LIFT : levantar — **hoist** *n* : grúa *f*
hold[1] *n* : bodega *f* (en un barco o un avión)
hold[2] *v* **held; holding** *vt* **1** GRIP : agarrar
2 POSSESS : tener **3** SUPPORT : sostener **4**
: celebrar (una reunión, etc.), mantener
(una conversación) **5** CONTAIN : contener
6 CONSIDER : considerar **7** *or* **hold back**
: detener **8 hold hands** : agarrarse de
la mano **9 hold up** ROB : atracar **1 0**
hold up DELAY : retrasar — *vi* **1** LAST
: durar, continuar **2** APPLY : ser válido
— **hold** *n* **1** GRIP : agarre *m* **2 get hold**
of : conseguir **3 get hold of oneself** :
controlarse — **holder** *n* : tenedor *m*,
-dora *f* — **holdup** *n* **1** ROBBERY :
atraco *m* **2** DELAY: retraso *m*, demora *f*
hole *n* : agujero *m*, hoyo *m*
holiday *n* **1** : día *m* feriado, fiesta *f* **2**
Brit VACATION : vacaciones *fpl*
holiness *n* : santidad *f*
holler *vi* : gritar — **holler** *n* : grito *m*
hollow *n* **1** : hueco *m* **2** VALLEY :
hondonada *f* — **hollow** *adj* **-lower;**
-est 1 : hueco **2** FALSE : vacío, falso —
hollow *vt or* **hollow out** : ahuecar
holly *n*, *pl* **-lies** : acebo *m*
holocaust *n* : holocausto *m*
holster *n* : pistolera *f*
holy *adj* **-lier; -est** : santo, sagrado
homage *n* : homenaje *m*

hooves
pezuñas ^F

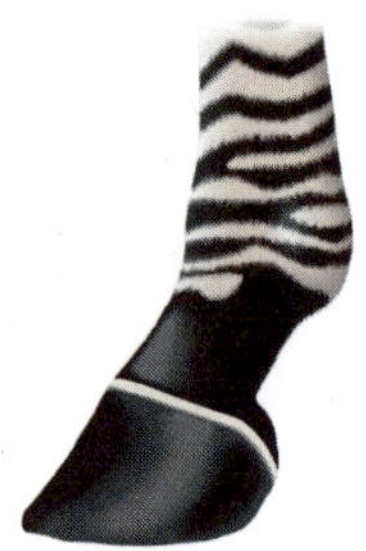

one-toed hoof
pezuña ^F *de un pesuño* ^M

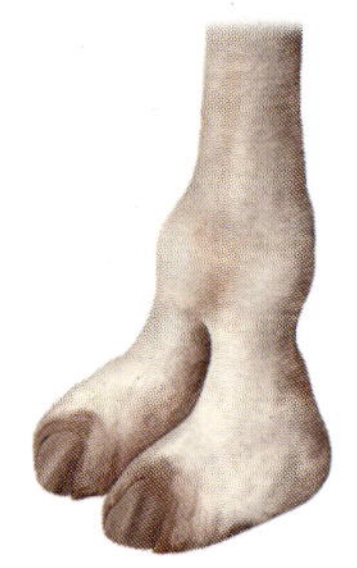

two-toed hoof
pezuña ^F *de dos pesuños* ^M

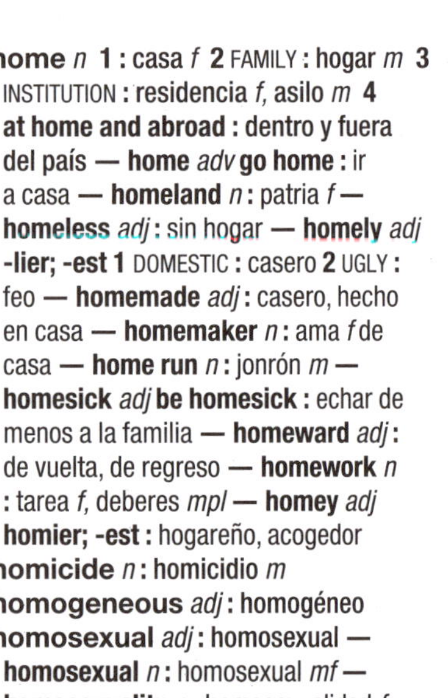

three-toed hoof
pezuña ^F *de tres pesuños* ^M

four-toed hoof
pezuña ^F *de cuatro pesuños* ^M

home *n* **1** : casa *f* **2** FAMILY : hogar *m* **3** INSTITUTION : residencia *f*, asilo *m* **4 at home and abroad** : dentro y fuera del país — **home** *adv* **go home** : ir a casa — **homeland** *n* : patria *f* — **homeless** *adj* : sin hogar — **homely** *adj* **-lier; -est 1** DOMESTIC : casero **2** UGLY : feo — **homemade** *adj* : casero, hecho en casa — **homemaker** *n* : ama *f* de casa — **home run** *n* : jonrón *m* — **homesick** *adj* **be homesick** : echar de menos a la familia — **homeward** *adj* : de vuelta, de regreso — **homework** *n* : tarea *f*, deberes *mpl* — **homey** *adj* **homier; -est** : hogareño, acogedor

homicide *n* : homicidio *m*

homogeneous *adj* : homogéneo

homosexual *adj* : homosexual — **homosexual** *n* : homosexual *mf* — **homosexuality** *n* : homosexualidad *f*

honest *adj* **1** : honrado **2** FRANK : sincero — **honestly** *adv* : sinceramente

— **honesty** *n, pl* **-ties** : honradez *f*

honey *n, pl* **-eys** : miel *f* — **honeycomb** *n* : panal *m* — **honeymoon** *n* : luna *f* de miel

honk *vi* : tocar la bocina — **honk** *n* : bocinazo *m*

honor *or Brit* **honour** *n* : honor *m* — **honor** *vt* **1** : honrar **2** : aceptar (un cheque, etc.), cumplir con (una promesa) — **honorable** *or Brit* **honourable** *adj* : honorable, honroso — **honorary** *adj* : honorario

hood *n* **1** : capucha *f* (de un abrigo, etc.) **2** : capó *m* (de un automóvil)

hoodlum *n* : matón *m*

hoodwink *vt* : engañar

▶ **hoof** *n, pl* **hooves** *or* **hoofs** : pezuña *f* (de una vaca, etc.) , casco *m* (de un caballo)

hook *n* **1** : gancho *m* **2** *or* **hook and eye** : corchete *m* **3** → **fishhook 4 off the hook** : descolgado — **hook** *vt* : enganchar — *vi* : engancharse

hoop *n* : aro *m*

hooray → **hurrah**

hoot *vi* **1** : ulular (dícese de un búho) **2 hoot with laughter** : reírse a carcajadas — **hoot** *n* **1** : ululato *m* (de un búho) **2 I don't give a hoot** : me importa un comino

hop ¹ *vi* **hopped; hopping** : saltar a la pata coja — **hop** *n* : salto *m* a la pata coja

hop ² *n* **hops** : lúpulo *m* (planta)

hope *v* **hoped; hoping** *vi* : esperar — *vt* : esperar que — **hope** *n* : esperanza *f* — **hopeful** *adj* : esperanzado — **hopefully** *adv* **1** : con esperanza **2 hopefully it will help** : se espera que ayude — **hopeless** *adj* : desesperado — **hopelessly** *adv* : desesperadamente

horde *n* : horda *f*

horizon *n* : horizonte *m* — **horizontal** *adj* : horizontal

hormone *n* : hormona *f*

horn *n* **1** : cuerno *m* (de un animal) **2** : trompa *f* (instrumento musical) **3** : bocina *f*, claxon *m* (de un vehículo)

hornet *n* : avispón *m*

horoscope *n* : horóscopo *m*

horror *n* : horror *m* — **horrendous** *adj* : horrendo — **horrible** *adj* : horrible — **horrid** *adj* : horroroso, horrible — **horrify** *vt* **-fied; -fying** : horrorizar

hors d'oeuvre *n, pl* **hors d'oeuvres** : entremés *m*

▶ **horse** *n* : caballo *m* — **horseback** *n* **on horseback** : a caballo — **horsefly** *n, pl* **-flies** : tábano *m* — **horseman** *n, pl* **-men** : jinete *m* — **horseplay** *n* : payasadas *fpl* — **horsepower** *n* : caballo *m* de fuerza — **horseradish** *n* : rábano *m* picante — **horseshoe** *n* : herradura *f* — **horsewoman** *n, pl* **-women** : jinete *f*

horticulture *n* : horticultura *f*

hose *n* **1** *pl* **hoses** : manguera *f*, manga *f* **2 hose** *npl* STOCKINGS : medias *fpl* — **hose** *vt* **hosed; hosing** : regar (con manguera) — **hosiery** *n* : calcetería *f*

hospice *n* : hospicio *m*

hospital *n* : hospital *m* — **hospitable** *adj* : hospitalario — **hospitality** *n, pl* **-ties** : hospitalidad *f* — **hospitalize** *vt* **-ized; -izing** : hospitalizar

host ¹ *n* **a host of** : toda una serie de

host ² *n* **1** : anfitrión *m*, -triona *f* **2** : presentador *m*, -dora *f* (de televisión, etc.) — **host** *vt* : presentar (un programa de televisión, etc.)

host ³ *n* EUCHARIST : hostia *f*, Eucaristía *f*

hostage *n* : rehén *m*

hostel *n* *or* **youth hostel** :

albergue *m* juvenil
hostess *n* : anfitriona *f*
hostile *adj* : hostil — **hostility** *n*,
  pl **-ties** : hostilidad *f*
hot *adj* **hotter; hottest 1** : caliente,
  caluroso (dícese del tiempo), cálido
  (dícese del clima) **2** SPICY : picante
  3 feel hot : tener calor **4 have a**
  hot temper : tener mal genio **5 hot**
  news : noticias *fpl* de última hora
  6 it's hot today : hace calor
hot dog *n* : perro *m* caliente
hotel *n* : hotel *m*
hotheaded *adj* : exaltado
hound *n* : perro *m* (de caza) —
  hound *vt* : acosar, perseguir
hour *n* : hora *f* — **hourglass** *n* :
  reloj *m* de arena — **hourly** *adv*
  & adj : cada hora, por hora
house *n, pl* **houses 1** : casa *f* **2** :
  cámara *f* (del gobierno) **3 publishing**
  house : editorial *f* — **house** *vt* **housed;**
  housing : albergar — **houseboat** *n* :
  casa *f* flotante — **housefly** *n, pl* **-flies**

: mosca *f* común — **household** *adj* **1** :
doméstico **2 household name** : nombre *m*
muy conocido — **household** *n* : casa *f*
— **housekeeper** *n* : ama *f* de llaves —
housekeeping *n* : gobierno *m* de la casa
— **housewarming** *n* : fiesta *f* de estreno
de una casa — **housewife** *n, pl* **-wives**
: ama *f* de casa — **housework** *n* :
faenas *fpl* domésticas — **housing** *n* **1** :
viviendas *fpl* **2** CASE : caja *f* protectora
hove → **heave**
hovel *n* : casucha *f*, tugurio *m*
hover *vi* **1** : cernerse **2**
  hover about : rondar
how *adv* **1** : cómo **2** (*used in*
  exclamations) : qué **3 how are you?** :
  ¿cómo está Ud.? **4 how come** : por qué
  5 how much : cuánto **6 how do you**
  do? : mucho gusto **7 how old are you?** :
  ¿cuántos años tienes? — **how** *conj* : como
however *conj* **1** : de cualquier manera
  que **2 however you like** : como quieras
  — **however** *adv* **1** NEVERTHELESS : sin
  embargo, no obstante **2 however difficult**

it is : por difícil que sea **3 however**
hard I try : por más que me esfuerce
howl *vi* : aullar — **howl** *n* : aullido *m*
hub *n* **1** CENTER : centro *m* **2**
  : cubo *m* (de una rueda)
hubbub *n* : alboroto *m*, jaleo *m*
hubcap *n* : tapacubos *m*
huddle *vi* **-dled; -dling** *or*
  huddle together : apiñarse
hue *n* : color *m*, tono *m*
huff *n* **be in a huff** : estar enojado
hug *vt* **hugged; hugging** :
  abrazar — **hug** *n* : abrazo *m*
huge *adj* **huger; hugest** :
  inmenso, enorme
hull *n* : casco *m* (de un barco, etc.)
hum *v* **hummed; humming** *vi* **1** :
  tararear **2** BUZZ : zumbar — *vt* : tararear
  (una melodía) — **hum** *n* : zumbido *m*
human *adj* : humano — **human** *n* :
  (ser *m*) humano *m* — **humane** *adj*
  : humano, humanitario —
humanitarian *adj* : humanitario —
humanity *n, pl* **-ties** : humanidad *f*

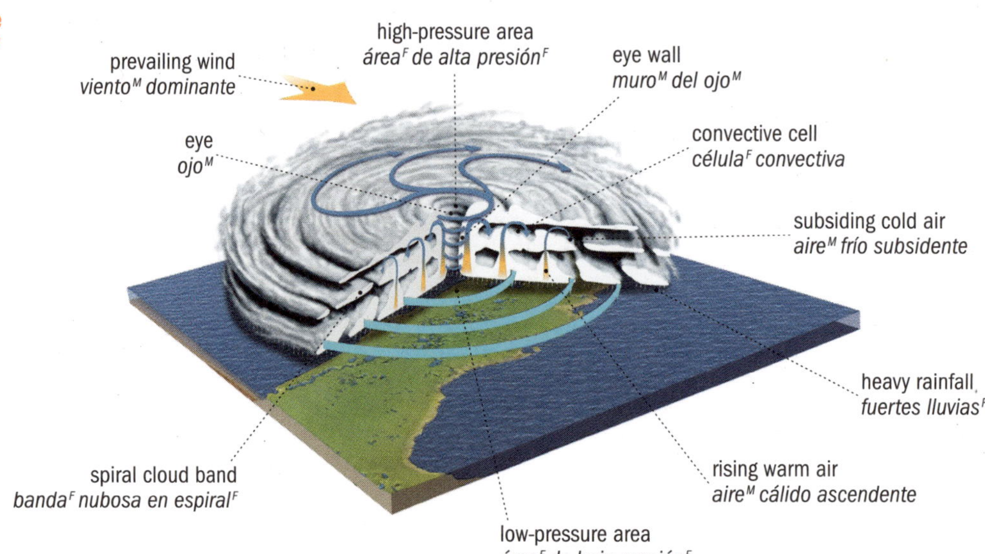

humble vt **-bled; -bling 1 :** humillar **2 humble oneself :** humillarse — **humble** adj **-bler; -blest :** humilde

humdrum adj : monótono, rutinario

humid adj : húmedo — **humidity** n, pl **-ties :** humedad f

humiliate vt **-ated; -ating :** humillar — **humiliating** adj : humillante — **humiliation** n : humillación f — **humility** n : humildad f

humor or Brit **humour** n : humor m — **humor** vt : seguir la corriente a, complacer — **humorous** adj : humorístico, cómico

hump n : joroba f

hunch vi or **hunch over :** encorvarse — **hunch** n : presentimiento m

hundred adj : cien, ciento — **hundred** n, pl **-dreds** or **-dred :** ciento m — **hundredth** adj : centésimo — **hundredth** n **1 :** centésimo m, -ma f (en una serie) **2 :** centésimo m (en matemáticas)

hung → **hang**

Hungarian adj : húngaro — **Hungarian** n : húngaro m (idioma)

hunger n : hambre m — **hunger** vi **1 :** tener hambre **2 hunger for :** ansiar, anhelar — **hungry** adj **-grier; -est 1 :** hambriento **2 be hungry :** tener hambre

hunk n : pedazo m (grande)

hunt vt **1 :** cazar **2 hunt for :** buscar — **hunt** n **1 :** caza f, cacería f **2** SEARCH **:** búsqueda f, busca f — **hunter** n : cazador m, -dora f — **hunting** n **1 :** caza f **2 go hunting :** ir de caza

hurdle n **1 :** valla f (en deportes) **2** OBSTACLE **:** obstáculo m

hurl vt : lanzar, arrojar

hurrah interj : ¡hurra!

▸ **hurricane** n : huracán m

hurry n : prisa f, apuro f Lat — v **-ried; -rying** vi : darse prisa, apurarse Lat — vt : apurar, dar prisa a — **hurried** adj : apresurado — **hurriedly** adv : apresuradamente, de prisa

hurt v **hurt; hurting** vt **1** INJURE **:** hacer daño a, lastimar **2** OFFEND **:** ofender, herir — vi **1 :** doler **2 my foot hurts :** me duele el pie — **hurt** n **1** INJURY **:** herida f **2** DISTRESS **:** dolor m, pena f — **hurtful** adj : hiriente, doloroso

hurtle vi **-tled; -tling :** lanzarse, precipitarse

husband n : esposo m, marido m

hush vt : hacer callar, acallar — **hush** n : silencio m

husk n : cáscara f

husky[1] adj **-kier; -est** HOARSE **:** ronco

husky[2] n, pl **-kies :** perro m, -rra f esquimal

husky[3] adj BURLY **:** fornido

hustle v **-tled; -tling** vt : dar prisa a, apurar Lat — vi : darse prisa, apurarse Lat — **hustle** n **hustle and bustle :** aaetreo m, bullicio m

hut n : cabaña f

hutch n or **rabbit hutch :** conejera f

hyacinth n : jacinto m

hybrid n : híbrido m — **hybrid** adj : híbrido

hydrant n or **fire hydrant :** boca f de incendios

hydraulic adj : hidráulico

hydroelectric adj : hidroeléctrico

hydrogen n : hidrógeno m

hyena n : hiena f

hygiene n : higiene f — **hygienic** adj : higiénico

hymn n : himno m

hyperactive adj : hiperactivo

hyphen n : guión m

hypnosis n, pl **-noses :** hipnosis f — **hypnotic** adj : hipnótico — **hypnotism** n : hipnotismo m — **hypnotize** vt **-tized; -tizing :** hipnotizar

hypochondriac n : hipocondríaco m, -ca f

hypocrisy n, pl **-sies :** hipocresía f — **hypocrite** n : hipócrita mf — **hypocritical** adj : hipócrita

hypothesis n, pl **-eses :** hipótesis f — **hypothetical** adj : hipotético

hysteria n : histeria f, histerismo m — **hysterical** adj : histérico

i *n, pl* **i's** *or* **is** : i *f*, novena letra del alfabeto inglés

I *pron* : yo

ice *n* : hielo *m* — **ice** *v* **iced; icing** *vt* **1** FREEZE : congelar **2** CHILL : enfriar **3** : bañar (pasteles, etc.) — **ice** *vi or* **ice up** : helarse, congelarse — **iceberg** *n* : iceberg *m* — **icebox** → **refrigerator** — **ice–cold** *adj* : helado — **ice cream** *n* : helado *m* — **ice cube** *n* : cubito *m* de hielo — **ice–skate** *vi* **-skated; -skating** : patinar — **ice skate** *n* : patín *m* de cuchilla — **icicle** *n* : carámbano *m* — **icing** *n* : baño *m*

icon *n* : icono *m*

icy *adj* **icier; -est 1** : cubierto de hielo (dícese de pavimento, etc.) **2** FREEZING : helado

I'd (*contraction of* **I should** *or* **I would**) → **should, would**

idea *n* : idea *f*

ideal *adj* : ideal — **ideal** *n* : ideal *m* — **idealist** *n* : idealista *mf* — **idealistic** *adj* : idealista — **idealize** *vt* **-ized; -izing** : idealizar

identity *n, pl* **-ties** : identidad *f* — **identical** *adj* : idéntico — **identify** *v* **-fied; -fying** *vt* : identificar — *vi* **identify with** : identificarse con — **identification** *n* **1** : identificación *f* **2 identification card** : carnet *m*, carné *m*

ideology *n, pl* **-gies** : ideología *f* — **ideological** *adj* : ideológico

idiocy *n, pl* **-cies** : idiotez *f*

idiom *n* EXPRESSION : modismo *m* — **idiomatic** *adj* : idiomático

idiosyncrasy *n, pl* **-sies** : idiosincrasia *f*

idiot *n* : idiota *mf* — **idiotic** *adj* : idiota

idle *adj* **idler; idlest 1** LAZY : haragán, holgazán **2** INACTIVE : parado (dícese de una máquina) **3** UNEMPLOYED : desocupado **4** VAIN : frívolo, vano **5 out of idle curiosity**

player's skate
patín[M] de jugador[M]

goalkeeper's skate
patín[M] del portero[M]

figure skate
patín[M] para figuras[F]

clapskate
patín[M] de pista[F] larga

short track skate
patín[M] de pista[F] corta

: por pura curiosidad — **idle** *v* **idled; idling** *vi* : andar al ralentí (dícese de un motor) — *vt* **idle away the hours** : pasar el rato — **idleness** *n* : ociosidad *f*

idol *n* : ídolo *m* — **idolize** *vt* **-ized; -izing** : idolatrar

idyllic *adj* : idílico

if *conj* **1** : si **2** THOUGH : aunque, si bien **3 if so** : si es así

igloo *n, pl* **-loos** : iglú *m*

ignite *v* **-nited; -niting** *vt* : encender — *vi* : encenderse — **ignition** *n* **1** : ignición *f* **2** *or* **ignition switch** : encendido *m*

ignore *vt* **-nored; -noring** : ignorar, no hacer caso de — **ignorance** *n* : ignorancia *f* — **ignorant** *adj* **1** : ignorante **2 be ignorant of** : desconocer, ignorar

ilk *n* : tipo *m*, clase *f*

ill *adj* **worse; worst 1** SICK : enfermo **2** BAD : malo — *adv* **worse; worst** : mal — **ill–advised** *adj* : imprudente — **ill at ease** *adj* : incómodo

I'll (*contraction of* **I shall** *or* **I will**) → **shall, will**

illegal *adj* : ilegal

illegible *adj* : ilegible

illegitimate *adj* : ilegítimo — **illegitimacy** *n* : ilegitimidad *f*

illicit *adj* : ilícito

illiterate *adj* : analfabeto — **illiteracy** *n, pl* **-cies** : analfabetismo *m*

ill–mannered *adj* : descortés, maleducado

ill–natured *adj* : de mal genio

illness *n* : enfermedad *f*

illogical *adj* : ilógico

ill–treat *vt* : maltratar

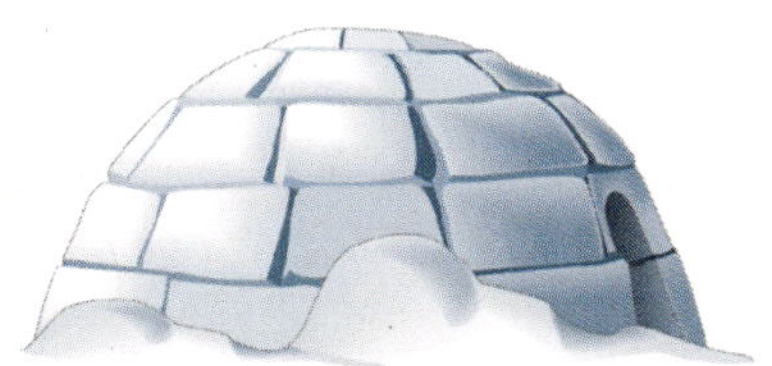

ice hockey
hockey [M] sobre hielo [M]

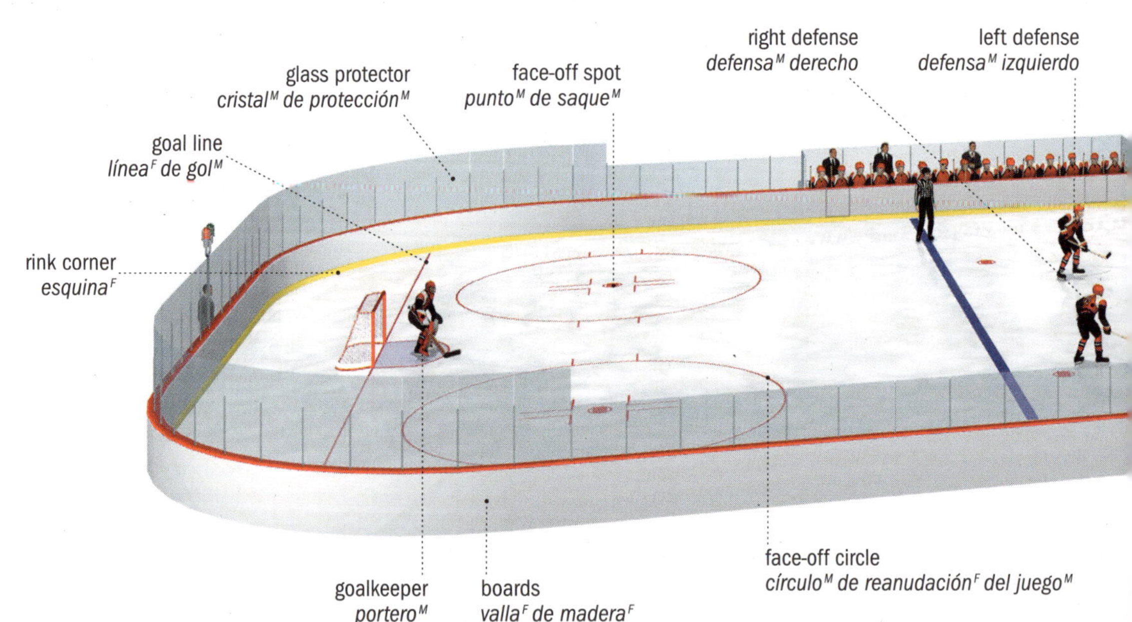

ice hockey player
jugador [M]

protection equipement
equipamiento de protección

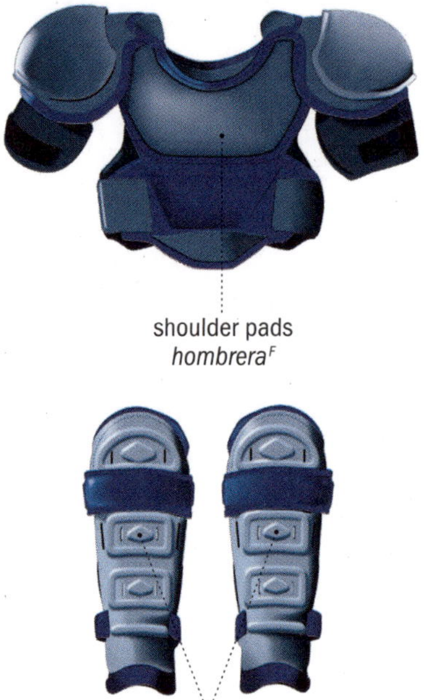

pista [F]
rink

goalkeeper
*portero*M

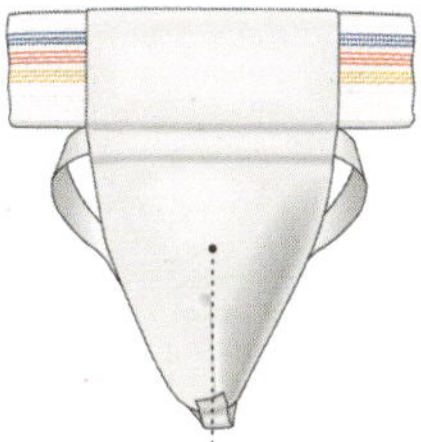

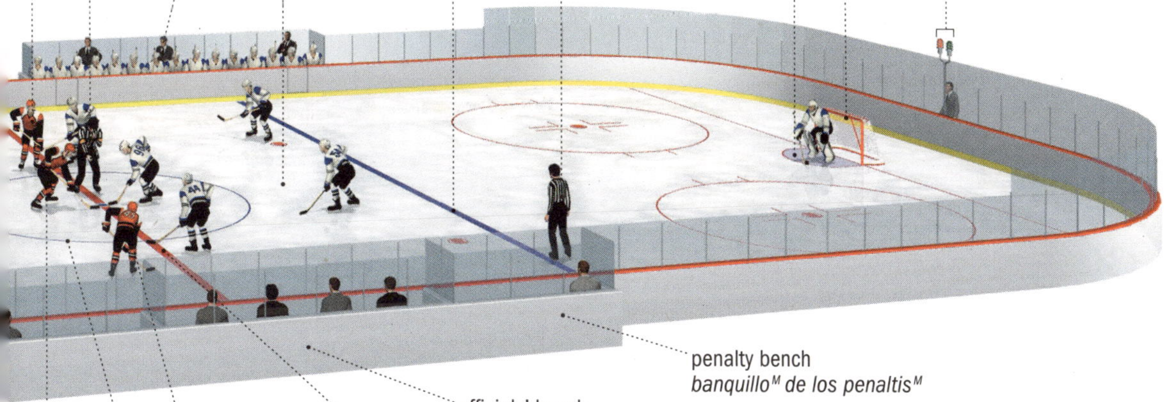

illuminate *vt* **-nated; -nating** : iluminar
— **illumination** *n* : iluminación *f*
illusion *n* : ilusión *f* —
illusory *adj* : ilusorio
illustrate *v* **-trated; -trating** : ilustrar —
illustration *n* **1** : ilustración *f* **2** EXAMPLE :
ejemplo *m* — **illustrative** *adj* : ilustrativo
illustrious *adj* : ilustre, glorioso
ill will *n* : animadversión *f*, mala voluntad *f*
I'm (*contraction of* **I am**) → **be**
image *n* : imagen *f* — **imaginary** *adj*
: imaginario — **imagination** *n* :
imaginación *f* — **imaginative** *adj*
: imaginativo — **imagine** *vt*
-ined; -ining : imaginar(se)
imbalance *n* : desequilibrio *m*
imbecile *n* : imbécil *mf*
imbue *vt* **-bued; -buing** : imbuir
imitation *n* : imitación *f* — **imitation** *adj*
: de imitación, artificial — **imitate** *vt*
-tated; -tating : imitar, remedar —
imitator *n* : imitador *m*, -dora *f*
immaculate *adj* : inmaculado
immaterial *adj* : irrelevante,
sin importancia
immature *adj* : inmaduro —
immaturity *n, pl* **-ties** : inmadurez *f*
immediate *adj* : inmediato —
immediately *adv* : inmediatamente
immense *adj* : inmenso —
immensity *n, pl* **-ties** : inmensidad *f*
immerse *vt* **-mersed; -mersing** :
sumergir — **immersion** *n* : inmersión *f*
immigrate *vi* **-grated; -grating** :
inmigrar — **immigrant** *n* : inmigrante *mf*
— **immigration** *n* : inmigración *f*
imminent *adj* : inminente —
imminence *n* : inminencia *f*
immobile *adj* : inmóvil — **immobilize** *vt*
-lized; -lizing : inmovilizar
immoral *adj* : inmoral — **immorality** *n,*
pl **-ties** : inmoralidad *f*
immortal *adj* : inmortal —
immortal *n* : inmortal *mf* —
immortality *n* : inmortalidad *f*
immune *adj* : inmune — **immunity** *n,*
pl **-ties** : inmunidad *f* — **immunization** *n*
: inmunización *f* — **immunize** *vt*
-nized; -nizing : inmunizar
imp *n* RASCAL : diablillo *m*
impact *n* : impacto *m*
impair *vt* : dañar, perjudicar
impart *vt* : impartir (información),
conferir (una calidad, etc.)
impartial *adj* : imparcial

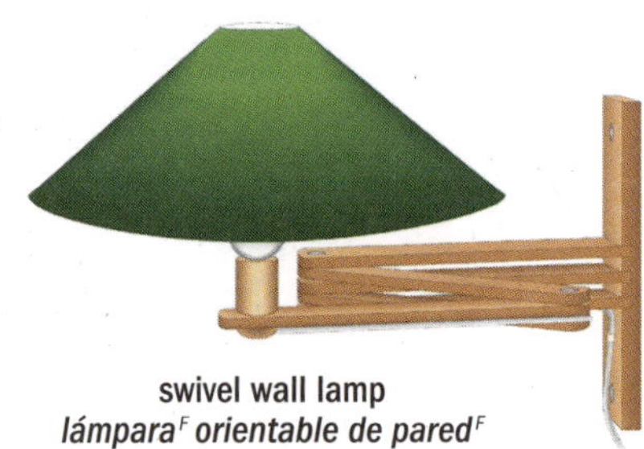

swivel wall lamp
lámpara^F orientable de pared^F

table lamp
lámpara^F de mesa^F

chandelier
araña^F

desk lamp
lámpara^F de escritorio^M

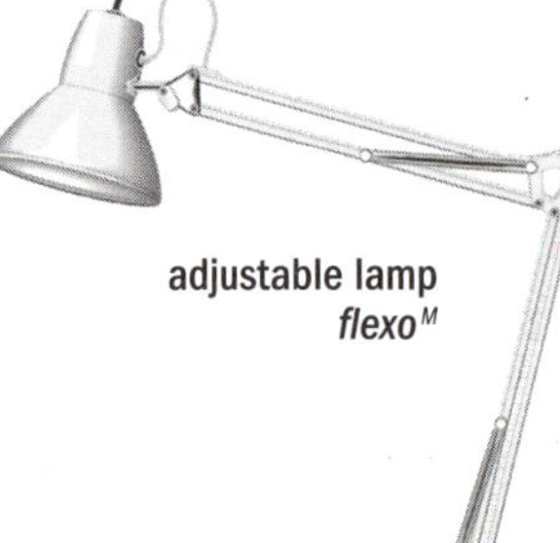

adjustable lamp
flexo^M

ceiling fitting
plafón^M

clamp spotlight
lámpara^F de pinza^F

illumination: lights
iluminación ^F: lámparas ^F

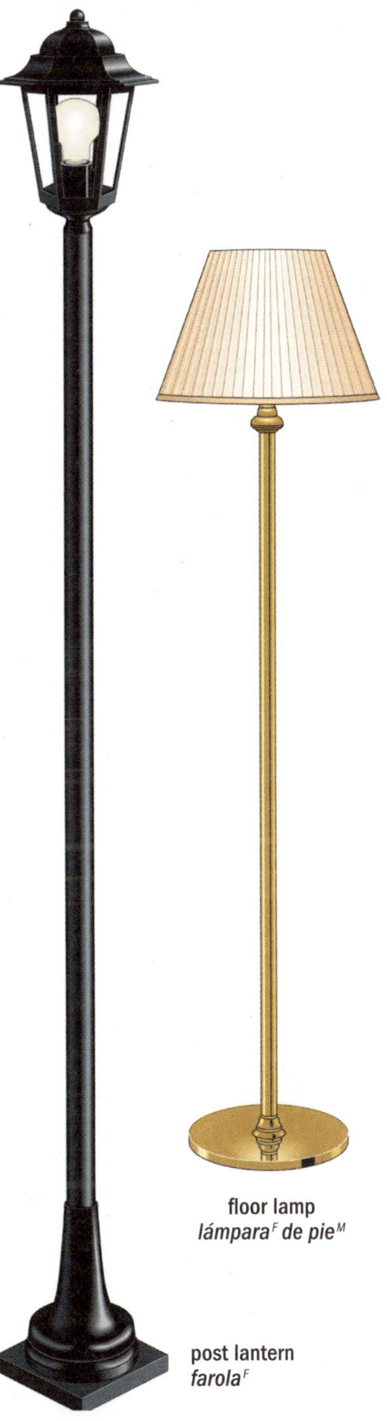

floor lamp
lámpara[F] *de pie*[M]

post lantern
farola[F]

— **impartiality** *n, pl* **-ties** : imparcialidad *f*
impassable *adj* : intransitable
impasse *n* : impasse *m*
impassioned *adj* : apasionado
impassive *adj* : impasible
impatience *n* : impaciencia *f*
— **impatient** *adj* : impaciente —
impatiently *adv* : con impaciencia
impeccable *adj* : impecable
impede *vt* **-peded; -peding** :
dificultar — **impediment** *n* :
impedimento *m*, obstáculo *m*
impel *vt* **-pelled; -pelling** : impeler
impending *adj* : inminente
impenetrable *adj* : impenetrable
imperative *adj* **1** COMMANDING :
imperativo **2** NECESSARY : imprescindible
— **imperative** *n* : imperativo *m*
imperceptible *adj* : imperceptible
imperfection *n* : imperfección *f* —
imperfect *adj* : imperfecto — **imperfect** *n*
or **imperfect tense** : imperfecto *m*
imperial *adj* : imperial —
imperialism *n* : imperialismo *m*
— **imperious** *adj* : imperioso
impersonal *adj* : impersonal
impersonate *vt* **-ated; -ating**
: hacerse pasar por, imitar —
impersonation *n* : imitación *f* —
impersonator *n* : imitador *m*, -dora *f*
impertinent *adj* : impertinente —
impertinence *n* : impertinencia *f*
impervious *adj* **impervious
to** : impermeable a
impetuous *adj* : impetuoso, impulsivo
impetus *n* : ímpetu *m*, impulso *m*
impinge *vi* **-pinged; -pinging**
impinge on : afectara, incidir en
impish *adj* : pícaro, travieso
implant *vt* : implantar
implausible *adj* : inverosímil
implement *n* : instrumento *m*,
implemento *m, Lat* — **implement** *vt*
: poner en práctica
implicate *vt* **-cated; -cating**
: implicar — **implication** *n* **1**
INVOLVEMENT : implicación *f* **2**
CONSEQUENCE : consecuencia *f* **3 by
implication** : de forma indirecta
implicit *adj* **1** : implícito **2** UNQUESTIONING
: absoluto, incondicional
implore *vt* **-plored; -ploring**
: implorar, suplicar
imply *vt* **-plied; -plying 1** HINT :
insinuar **2** ENTAIL : implicar

impolite *adj* : descortés, maleducado
import *vt* : importar (mercancías)
— **important** *adj* : importante —
importance *n* : importancia *f* —
importation *n* : importación *f* —
importer *n* : importador *m*, -dora *f*
impose *v* **-posed; -posing** *vt*
: imponer — *vi* **impose on** :
importunar, molestar — **imposing** *adj*
: imponente — **imposition** *n* **1**
ENFORCEMENT : imposición *f* **2 be
an imposition on** : molestar
impossible *adj* : imposible —
impossibility *n, pl* **-ties** : imposibilidad *f*
impostor *or* **imposter** *n* :
impostor *m*, -tora *f*
impotent *adj* : impotente —
impotence *n* : impotencia *f*
impound *vt* : incautar, embargar
impoverished *adj* : empobrecido
impracticable *adj* : impracticable
impractical *adj* : poco práctico
imprecise *adj* : impreciso —
imprecision *n* : imprecisión *f*
impregnable *adj* : impenetrable
impregnate *vt* **-nated; -nating 1** :
impregnar **2** FERTILIZE : fecundar
impress *vt* **1** : causar una buena
impresión a **2** AFFECT : impresionar
3 impress something on someone :
recalcar algo a algn — *vi* : impresionar
— **impression** *n* : impresión *f* —
impressionable *adj* : impresionable
— **impressive** *adj* : impresionante
imprint *vt* : imprimir — **imprint** *n*
MARK : impresión *f*, huella *f*
imprison *vt* : encarcelar —
imprisonment *n* : encarcelamiento *m*
improbable *adj* : improbable —
improbability *n, pl* **-ties** : improbabilidad *f*
impromptu *adj* : improvisado
improper *adj* **1** UNSEEMLY : indecoroso
2 INCORRECT : impropio — **impropriety** *n*,
pl **-eties** : inconveniencia *f*
improve *v* **-proved; -proving** : mejorar
— **improvement** *n* : mejora *f*
improvise *v* **-vised; -vising** : improvisar
— **improvisation** *n* : improvisación *f*
impudent *adj* : insolente —
impudence *n* : insolencia *f*
impulse *n* **1** : impulso *m* **2**
on impulse : sin reflexionar —
impulsive *adj* : impulsivo —
impulsiveness *n* : impulsividad *f*
impunity *n* **1** : impunidad *f* **2**

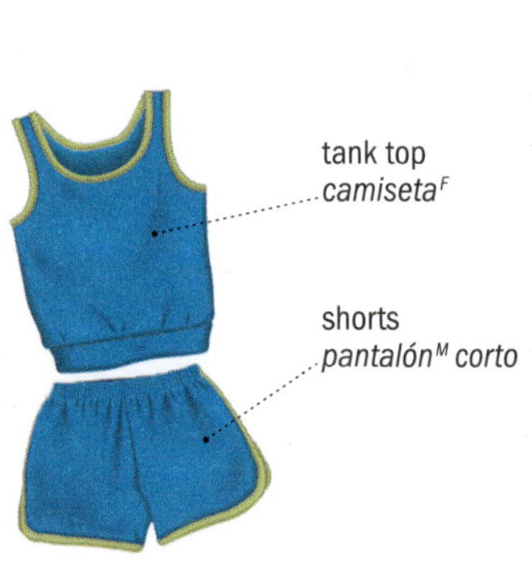

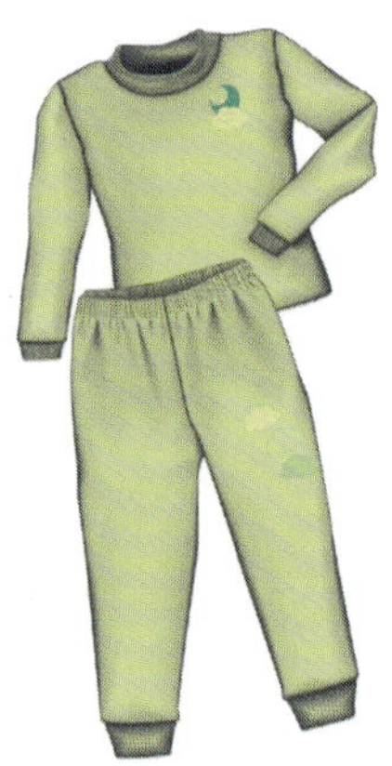

with impunity : impunemente
impure *adj* : impuro — **impurity** *n,*
pl **-ties** : impureza *f*
in *prep* **1** : en **2** DURING : por, en *Lat* **3**
WITHIN : dentro de **4 dressed in red** :
vestido de rojo **5 in the rain** : bajo la lluvia
6 in the sun : al sol **7 in this way** : de
esta manera **8 the best in the world** : el
mejor del mundo **9 written in ink/French**
: escrito con tinta/en francés — *adv* **1**
INSIDE : dentro, adentro **2 be in** : estar (en
casa) **3 be in on** : participar en **4 come in!**
: ¡entre!, ¡pase! **5 he's in for a shock** : se
va a llevar un shock — **in** *adj* : de moda
inability *n, pl* **-ties** : incapacidad *f*
inaccessible *adj* : inaccesible
inaccurate *n* : inexacto
inactive *n* : inactivo — **inactivity** *n,*
pl **-ties** : inactividad *f*
inadequate *adj* : insuficiente
inadvertently *adv* : sin querer
inadvisable *adj* : desaconsejable
inane *adj* **inaner; -est** : estúpido, tonto
inanimate *adj* : inanimado
inapplicable *adj* : inaplicable
inappropriate *adj* : impropio, inoportuno
inarticulate *adj* : incapaz de expresarse
inasmuch as *conj* : ya que, puesto que
inattentive *adj* : poco atento
inaudible *adj* : inaudible
inaugural *adj* **1** : inaugural **2 inaugural**
address : discurso *m* de investidura

— **inaugurate** *vt* **-rated; -rating**
1 : investir (a un presidente, etc.) **2**
BEGIN : inaugurar — **inauguration** *n*
: investidura *f* (de una persona),
inauguración *f* (de un edificio, etc.)
inborn *adj* : innato
inbred *adj* INNATE : innato
incalculable *adj* : incalculable
incapable *adj* : incapaz —
incapacitate *vt* **-tated; -tating**
: incapacitar — **incapacity** *n,*
pl **-ties** : incapacidad *f*
incarcerate *vt* **-ated; -ating** : encarcelar
incarnate *adj* : encarnado —
incarnation *n* : encarnación *f*
incendiary *adj* : incendiario
incense[1] *n* : incienso *m*
incense[2] *vt* **-censed; -censing**
: indignar, enfurecer
incentive *n* : incentivo *m*
inception *n* : comienzo *m*, principio *m*
incessant *adj* : incesante
incest *n* : incesto *m* —
incestuous *adj* : incestuoso
inch *n* : pulgada *f* — **inch** *v*
: avanzar poco a poco
incident *n* : incidente *m* —
incidence *n* : índice *m* (de crímenes,
etc.) — **incidental** *adj* **1** MINOR
: incidental **2** CHANCE : casual —
incidentally *adv* : a propósito
incinerate *vt* **-ated; -ating** : incinerar

— **incinerator** *n* : incinerador *m*
incision *n* : incisión *f*
incite *vt* **-cited; -citing** : incitar, instigar
incline *v* **-clined; -clining** *vt* **1** BEND :
inclinar **2 be inclineed to** : inclinarse
a, tender a — **incline** *vi* : inclinarse —
incline *n* : pendiente *f* — **inclination** *n* **1** :
inclinación *f* **2** DESIRE : deseo *m*, ganas *fpl*
include *vt* **-cluded; -cluding** :
incluir — **inclusion** *n* : inclusión *f*
— **inclusive** *adj* : inclusivo
incognito *adv & adj* : de incógnito
incoherent *adj* : incoherente —
incoherence *n* : incoherencia *f*
income *n* : ingresos *mpl* — **income**
tax *n* : impuesto *m* sobre la renta
incomparable *adj* : incomparable
incompatible *adj* : incompatible
incompetent *adj* : incompetente —
incompetence *n* : incompetencia *f*
incomplete *adj* : incompleto
incomprehensible *adj* : incomprensible
inconceivable *adj* : inconcebible
inconclusive *adj* : no concluyente
incongruous *adj* : incongruente
inconsiderate *adj* : desconsiderado
inconsistent *adj* **1** : inconsecuente
2 be inconsistent with : no
concordar con — **inconsistency** *n,*
pl **-cies** : inconsecuencia *f*
inconspicuous *adj* : que
no llama la atención

inconvenient *adj* : incómodo, inconveniente — **inconvenience** *n* **1** BOTHER : incomodidad *f*, molestia *f* **2** DRAWBACK : inconveniente *m* — **inconvenient** *vt* **-nienced; -niencing** *vt* : importunar, molestar

incorporate *vt* **-rated; -rating** : incorporar

incorrect *adj* : incorrecto

increase *n* : aumento *m* — **increase** *v* **-creased; -creasing** : aumentar — **increasingly** *adv* : cada vez más

incredible *adj* : increíble

incredulous *adj* : incrédulo

incriminate *vt* **-nated; -nating** : incriminar

incubator *n* : incubadora *f*

incumbent *n* : titular *mf*

incur *vt* **incurred; incurring** : provocar (al enojo, etc.), incurrir en (gastos)

incurable *adj* : incurable

indebted *adj* **1** : endeudado **2 be indebted to someone** : estar en deuda con algn

indecent *adj* : indecente — **indecency** *n, pl* **-cies** : indecencia *f*

indecisive *adj* : indeciso

indeed *adv* **1** TRULY : verdaderamente, sin duda **2** IN FACT : en efecto **3** indeed? : ¿de veras?

indefinite *adj* **1** : indefinido **2** VAGUE : impreciso — **indefinitely** *adv* : indefinidamente

indelible *adj* : indeleble

indent *vt* : sangrar (un párrafo) — **indentation** *n* DENT, NOTCH : mella *f*

independent *adj* : independiente — **independence** *n* : independencia *f*

indescribable *adj* : indescriptible

indestructible *adj* : indestructible

index *n, pl* **-dexes** *or* **-dices** : índice *m* — **index** *vt* : incluir en un índice — **index finger** *n* : dedo *m* índice

Indian *adj* : indio *m*, -dia *f*

indication *n* : indicio *m*, señal *f* — **indicate** *vt* **-cated; -cating** : indicar — **indicative** *adj* : indicativo — **indicator** *n* : indicador *m*

indict *vt* : acusar (de un crimen) — **indictment** *n* : acusación *f*

indifferent *adj* **1** : indiferente **2** MEDIOCRE : mediocre — **indifference** *n* : indiferencia *f*

indigenous *adj* : indígena

indigestion *n* : indigestión *f*

indigestible *adj* : indigesto

indignation *n* : indignación *f* — **indignant** *adj* : indignado — **indignity** *n, pl* **-ties** : indignidad *f*

indigo *n, pl* **-gos** *or* **-goes** : añil *m*

indirect *adj* : indirecto

indiscreet *adj* : indiscreto — **indiscretion** *n* : indiscreción *f*

indiscriminate *adj* : indiscriminado

indispensable *adj* : indispensable, imprescindible

indisputable *adj* : indiscutible

indistinct *adj* : indistinto

individual *adj* **1** : individual **2** PARTICULAR : particular — **individual** *n* : individuo *m* — **individuality** *n, pl* **-ties** : individualidad *f* — **individually** *adv* : individualmente

indoctrinate *vt* **-nated; -nating** : adoctrinar — **indoctrination** *n* : adoctrinamiento *m*

indoor *adj* **1** : (de) interior **2 indoor plant** : planta *f* de interior **3 indoor pool** : piscina *f* cubierta **4 indoor sports** : deportes *mpl* bajo techo — **indoors** *adv* : adentro, dentro

induce *vt* **-duced; -ducing 1** : inducir **2** CAUSE : provocar — **inducement** *n* : incentivo *m*

indulge *v* **-dulged; -dulging** *vt* **1** GRATIFY : satisfacer **2** PAMPER : consentir — *vi* **indulge in** : permitirse — **indulgence** *n* **1** : indulgencia *f* **2** SATISFYING : satisfacción *f* — **indulgent** *adj* : indulgente

industry *n, pl* **-tries 1** : industria *f* **2** DILIGENCE : diligencia *f* — **industrial** *adj* : industrial — **industrialize** *vt* **-ized; -izing** : industrializar — **industrious** *adj* : diligente, trabajador

inebriated *adj* : ebrio, embriagado

inedible *adj* : no comestible

ineffective *adj* **1** : ineficaz **2** INCOMPETENT : incompetente — **ineffectual** *adj* : inútil, ineficaz

inefficient *adj* **1** : ineficiente **2** INCOMPETENT : incompetente — **inefficiency** *n, pl* **-cies** : ineficiencia *f*

ineligible *adj* : inelegible

inept *adj* **1** : inepto **2 inept at** : incapaz para

inequality *n, pl* **-ties** : desigualdad *f*

inert *adj* : inerte — **inertia** *n* : inercia *f*

inescapable *adj* : ineludible

inevitable *adj* : inevitable — **inevitably** *adv* : inevitablemente

inexcusable *adj* : inexcusable

inexpensive *adj* : barato, económico

inexperienced *adj* : inexperto

inexplicable *adj* : inexplicable

infallible *adj* : infalible

infamous *adj* : infame

infancy *n, pl* **-cies** : infancia *f* — **infant** *n* : bebé *m*; niño *m*, -ña *f* — **infantile** *adj* : infantil

infantry *n, pl* **-tries** : infantería *f*

infatuated *adj* **be infatuated with** : estar encaprichado con — **infatuation** *n* : encaprichamiento *m*

infect *vt* : infectar — **infection** *n* : infección *f* — **infectious** *adj* : contagioso

infer *vt* **inferred; inferring** : deducir, inferir — **inference** *n* : deducción *f*

inferior *adj* : inferior — **inferior** *n* : inferior *mf* — **inferiority** *n, pl* **-ties** : inferioridad *f*

infernal *adj* : infernal — **inferno** *n, pl* **-nos** : infierno *m*

infertile *adj* : estéril — **infertility** *n* : esterilidad *f*

infest *vt* : infestar

infidelity *n, pl* **-ties** : infidelidad *f*

infiltrate *v* **-trated; -trating** *vt* : infiltrar — *vi* : infiltrarse

infinite *adj* : infinito

infinitive *n* : infinitivo *m*

infinity *n, pl* **-ties 1** : infinito *m* **2 an infinity of** : una infinidad de

infirm *adj* : enfermizo, endeble — **infirmary** *n, pl* **-ries** : enfermería *f* — **infirmity** *n, pl* **-ties 1** FRAILTY : endeblez *f* **2** AILMENT : enfermedad *f*

inflame *vt* **-flamed; -flaming** : inflamar — **inflammable** *adj* : inflamable — **inflammation** *n* : inflamación *f* — **inflammatory** *adj* : inflamatorio

inflate *vt* **-flated; -flating** : inflar — **inflation** *n* : inflación *f* — **inflationary** *adj* : inflacionario, inflacionista

inflexible *adj* : inflexible

inflict *vt* : infligir

influence *n* **1** : influencia *f* **2 under the influence** : embriagado — **influence** *vt* **-enced; -encing** : influir en, influenciar — **influential** *adj* : influyente

influenza *n* : gripe *f*, influenza *f*

influx *n* : afluencia *f*

inform *vt* **1** : informar **2 keep me informed** : manténme al corriente — *vi* **inform on** : delatar, denunciar

informal *adj* **1** : informal **2** : familiar (dícese del lenguaje) — **informality** *n,*

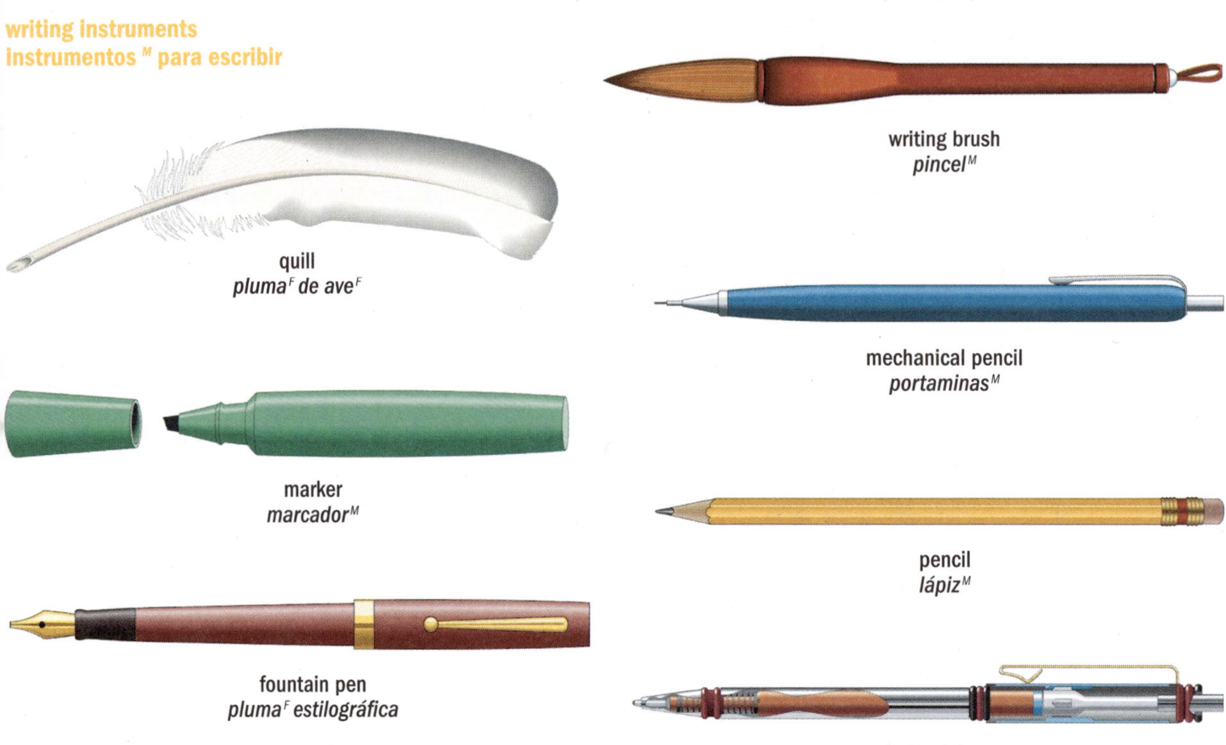

pl **-ties** : falta *f* de cereeonia —
informally *adv* : de manera informal
information *n* : información *f*
— **informative** *adj* : informativo
— **informer** *n* : informante *mf*
infrared *adj* : infrarrojo
infrastructure *n* : infraestructura *f*
infrequent *adj* : infrecuente —
infrequently *adv* : raramente
infringe *v* **-fringed; -fringing** *vt* :
infringir — *vi* **infringe on** : violar
— **infringement** *n* : violación *f*
infuriate *vt* **-ated; -ating** :
enfurecer, poner furioso —
infuriating *adj* : exasperante
infuse *vt* **-fused; -fusing** : infundir
— **infusion** *n* : infusión *f*
ingenious *adj* : ingenioso —
ingenuity *n, pl* **-ities** : ingenio
ingenuous *adj* : ingenuo
ingest *vt* : ingerir
ingot *n* : lingote *m*
ingrained *adj* : arraigado

ingratiate *vt* **-ated; -ating ingratiate**
oneself with : congraciarse con
ingratitude *n* : ingratitud *f*
ingredient *n* : ingrediente *m*
ingrown *adj* **ingrown nail**
: uña *f* encarnada
inhabit *vt* : habitar —
inhabitant *n* : habitante *mf*
inhale *v* **-haled; -haling** *vt* :
inhalar, aspirar — *vi* : inspirar
inherent *adj* : inherente —
inherently *adv* : intrínsecamente
inherit *vt* : heredar —
inheritance *n* : herencia *f*
inhibit *vt* IMPEDE : inhibir —
inhibition *n* : inhibición *f*
inhuman *adj* : inhumano —
inhumane *adj* : inhumano —
inhumanity *n, pl* **-ties** : inhumanidad *f*
initial *adj* : inicial — *n* : inicial *f*
— *vt* **-tialed** *or* **-tialled; -tialing** *or*
-tialling : poner las iniciales a
initiate *vt* **-ated; -ating 1** BEGIN : iniciar

2 initiate someone into something :
iniciar a algn en algo — **initiation** *n* :
iniciación *f* — **initiative** *n* : iniciativa *f*
inject *vt* : inyectar —
injection *n* : inyección *f*
injure *vt* **-jured; -juring 1** : herir **2**
injure oneself : hacerse daño —
injurious *adj* : perjudicial — **injury** *n,*
pl **-ries 1** : herida *f* **2** HARM : perjuicio *m*
injustice *n* : injusticia *f*
ink *n* : tinta *f* — **inkwell** *n* : tintero *m*
inland *adj* : interior — **inland** *adv*
: hacia el interior, tierra adentro
in–laws *npl* : suegros *mpl*
inlet *n* : ensenada *f*, cala *f*
inmate *n* **1** PATIENT : paciente *mf* **2**
PRISONER : **preso** *m*, **-sa** *f*
inn *n* : posada *f*, hostería *f*
innards *npl* : entrañas *fpl*, tripas *fpl fam*
innate *adj* : innato
inner *adj* : interior, interno —
innermost *adj* : más íntimo, más profundo
inning *n* : entrada *f*

innocent *adj* : inocente — **innocent** *n* :
inocente *mf* — **innocence** *n* : inocencia *f*

innocuous *adj* : inocuo

innovate *vi* **-vated; -vating** : innovar
— **innovation** *n* : innovación *f*
— **innovative** *adj* : innovador —
innovator *n* : innovador *m*, -dora *f*

innuendo *n, pl* **-dos** *or* **-does**
: insinuación *f*, indirecta *f*

innumerable *adj* : innumerable

inoculate *vt* **-lated; -lating** : inocular
— **inoculation** *n* : inoculación *f*

inoffensive *adj* : inofensivo

inpatient *n* : paciente *mf* hospitalizado

input *n* **1** : contribución *f* **2** : entrada *f*
(de datos) — **input** *vt* **-putted** *or*
-put; -putting : entrar (datos, etc.)

inquire *v* **-quired; -quiring** *vt* :
preguntar — *vi* **1 inquire about** :
informarse sobre **2 inquire into** :
investigar — **inquiry** *n, pl* **-ries 1**
QUESTION : pregunta *f* **2** INVESTIGATION
: investigación *f* — **inquisition** *n* :
inquisición *f* — **inquisitive** *adj* : curioso

insane *adj* : loco — **insanity** *n,*
pl **-ties** : locura *f*

insatiable *adj* : insaciable

inscribe *vt* **-scribed; -scribing** :
inscribir — **inscription** *n* : inscripción *f*

inscrutable *adj* : inescrutable

insect *n* : insecto *m* —
insecticide *n* : insecticida *m*

insecure *adj* : inseguro, poco seguro
— **insecurity** *n, pl* **-ties** : inseguridad *f*

insensitive *adj* : insensible —
insensitivity *n, pl* **-ties** : insensibilidad *f*

inseparable *adj* : inseparable

insert *vt* : insertar (texto),
introducir (una moneda, etc.)

inside *n* **1** : interior *m* **2 inside out**
: al revés — *adv* : dentro, adentro —
inside *adj* : interior — **inside** *prep* **1**
or **inside of** : dentro de **2 inside an**
hour : en menos de una hora

insidious *adj* : insidioso

insight *n* : perspicacia *f*

insignia *or* insigne *n, pl* **-nia** *or*
-nias : insignia *f*, enseña *f*

insignificant *adj* : insignificante

insincere *adj* : insincero

insinuate *vt* **-ated; -ating** : insinuar
— **insinuation** *n* : insinuación *f*

insipid *adj* : insípido

insist *v* : insistir —
insistent *adj* : insistente

insofar as *conj* : en la medida en que

insole *n* : plantilla *f*

insolent *adj* : insolente —
insolence *n* : insolencia *f*

insolvent *adj* : insolvente

insomnia *n* : insomnio *m*

inspect *vt* : inspeccionar, revisar
— **inspection** *n* : inspección *f* —
inspector *n* : inspector *m*, -tora *f*

inspire *vt* **-spired; -spiring** : inspirar
— **inspiration** *n* : inspiración *f* —
inspirational *adj* : inspirador

instability *n, pl* **-ties** : inestabilidad *f*

install *vt* **-stalled; -stalling** : instalar
— **installation** *n* : instalación *f*
— **installment** *n* **1** PAYMENT :
plazo *m*, cuota *f* **2** : entrega *f* (de
una publicación o telenovela)

instance *n* **1** : ejemplo *m* **2**
for instance : por ejemplo **3 in**
this instance : en este caso

instant *n* : instante *m* — **instant** *adj* **1**
IMMEDIATE : inmediato **2 instant coffee** :
café *m* instantáneo — **instantaneous** *adj*
: instantáneo — **instantly** *adv* :
al instante, instantáneamente

instead *adv* **1** : en cambio **2 I went**
instead : fui en su lugar — **instead**
of *prep* : en vez de, en lugar de

instep *n* : empeine *m*

instigate *vt* **-gated; -gating** : instigar
a — **instigation** *n* : instigación *f* —
instigator *n* : instigador *m*, -dora *f*

instill *or Brit* **instil** *vt* **-stilled;**
-stilling : inculcar, infundir

instinct *n* : instinto *m* — **instinctive**
or **instinctual** *adj* : instintivo

institute *vt* **-tuted; -tuting 1** : instituir
2 INITIATE : iniciar — **institute** *n* :
instituto *m* — **institution** *n* : institución *f*

instruct *vt* **1** : instruir **2** COMMAND :
mandar — **instruction** *n* : instrucción *f*
— **instructor** *n* : instructor *m*, -tora *f*

▸ **instrument** *n* : instrumento *m* —
instrumental *adj* **1** : instrumental
2 be instrument in : jugar un
papel fundamental en

insubordinate *adj* : insubordinado —
insubordination *n* : insubordinación *f*

insufferable *adj* : insoportable

insufficient *adj* : insuficiente

insular *adj* **1** : insular **2** NARROW-
MINDED : estrecho de miras

insulate *vt* **-lated; -lating** : aislar
— **insulation** *n* : aislamiento *m*

insulin *n* : insulina *f*

insult *vt* : insultar — **insult** *n* : insulto *m*
— **insulting** *adj* : insultante, ofensivo

insure *vt* **-sured; -suring** : asegurar
— **insurance** *n* : seguro *m*

insurmountable *adj* : insuperable

intact *adj* : intacto

intake *n* : consumo *m* (de alimentos),
entrada *f* (de aire, etc.)

intangible *adj* : intangible

integral *adj* : integral

integrate *v* **-grated; -grating** *vt*
: integrar — *vi* : integrarse

integrity *n* : integridad *f*

intellect *n* : intelecto *m* — **intellectual** *adj*
: intelectual — **intellectual** *n* :
intelectual *mf* — **intelligence** *n* :
inteligencia *f* — **intelligent** *adj* :
inteligente — **intelligible** *adj* : inteligible

intend *vt* **1 be intended for** : ser para
2 intend to do : pensar hacer, tener
la intención de hacer — **intended** *adj*
: intencionado, deliberado

intense *adj* : intenso — **intensely** *adv* :
sumamente, profundamente — **intensify** *v*
-fied; -fying *vt* : intensificar — *vi* :
intensificarse — **intensity** *n, pl* **-ties** :
intensidad *f* — **intensive** *adj* : intensivo

intent *n* : intención *f* — **intent** *adj* **1** :
atento, concentrado **2 intent on doing** :
resuelto a hacer — **intention** *n* : intención *f*
— **intentional** *adj* : intencional, deliberado
— **intently** *adv* : atentamente, fijamente

interact *vi* **1** : interactuar **2 interact**
with : relacionarse con — **interaction** *n* :
interacción *f* — **interactive** *adj* : interactivo

intercede *vi* **-ceded; -ceding** : interceder

intercept *vt* : interceptar

interchange *vt* **-changed; -changing**
: intercambiar — **interchange** *n* **1** :
intercambio *m* **2** JUNCTION : enlace *m* —
interchangeable *adj* : intercambiable

intercourse *n* : relaciones *fpl* (sexuales)

interest *n* : interés *m* — **interest** *vt* :
interesar — **interested** *adj* : interesado
— **interesting** *adj* : interesante

interface *n* : interfaz *mf* (de
una computadora)

interfere *vi* **-fered; -fering 1 interfere in** :
entrometerse en, interferir en **2 interfere**
with DISRUPT : afectar (una actividad, etc.)
— **interference** *n* **1** : interferencia *f* **2**
: intromisión *f* (en el radio, etc.)

interim *n* **1** : interín *m* **2 in**
the interim : mientras tanto

— **interim** *adj* : interino, provisional

interior *adj* : interior —
interior *n* : interior *m*

interjection *n* : interjección *f*

interlock *vt* : engranar

interloper *n* : intruso *m*, -sa *f*

interlude *n* **1** : intervalo *m* **2** :
intérludio *m* (en música, etc.)

intermediate *adj* : intermedio —
intermediary *n, pl* **-aries**
: intermediario *m*, -ria *f*

interminable *adj* : interminable

intermission *n* : intervalo *m*,
intermedio *m*

intermittent *adj* : intermitente

intern[1] *vt* : confinar

intern[2] *vi* : hacer las prácticas —
intern *n* : interno *m*, -na *f*

internal *adj* : interno

international *adj* : internacional

interpret *vt* : interpretar —
interpretation *n* : interpretación *f*
— **interpreter** *n* : intérprete *mf*

interrogate *vt* **-gated; -gating**
: interrogar — **interrogation** *n*
QUESTIONING : interrogatorio *m* —
interrogative *adj* : interrogativo

interrupt *v* : interrumpir —
interruption *n* : interrupción *f*

intersect *vt* : cruzarr(dícese de
calles), cortar (dícese de líneas) — *vi*
: cruzarse, cortarse — **intersection** *n*

: cruce *m*, intersección *f*

intersperse *vt* **-spersed;**
-spersing : intercalar

interstate *n or* **interstate highway**
: carretera *f* interestatal

intertwine *vi* **-twined;**
-twining : entrelazarse

interval *n* : intervalo *m*

intervene *vi* **-vened; -vening 1** :
intervenir **2** ELAPSE : transcurrir, pasar
— **intervention** *n* : intervención *f*

interview *n* : entrevista *f* — **interview** *vt*
: entrevistar — **interviewer** *n*
: entrevistador *m*, -dora *f*

intestine *n* : intestino *m* —
intestinal *adj* : intestinal

steam iron
plancha F de vapor M

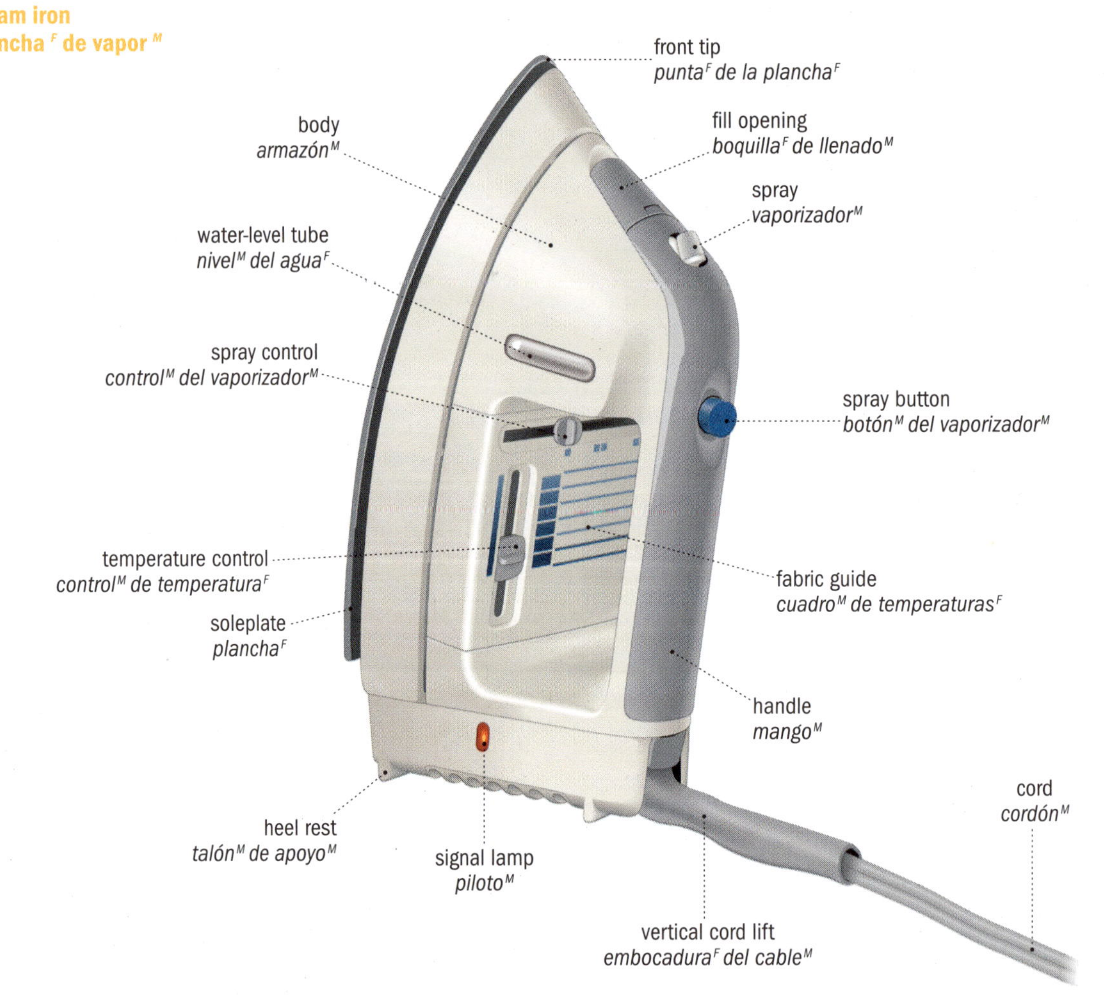

intimate[1] *vt* **-mated; -mating** : insinuar, dar a entender

intimate[2] *adj* : íntimo — **intimacy** *n, pl* **-cies** : intimidad *f*

intimidate *vt* **-dated; -dating** : intimidar — **intimidation** *n* : intimidación *f*

into *prep* **1** : en, a **2 bump into** : darse contra **3** (*used in mathematics*) **3 into 12** : 12 dividido por 3

intolerable *adj* : intolerable — **intolerance** *n* : intolerancia *f* — **intolerant** *adj* : intolerante

intoxicate *vt* **-cated; -cating** : embriagar — **intoxicated** *adj* **1** : embriagado **2 intoxicate with** : ebrio de

intransitive *adj* : intransitivo

intravenous *adj* : intravenoso

intrepid *adj* : intrépido

intricate *adj* : complicado, intrincado — **intricacy** *n, pl* **-cies** : complejidad *f*

intrigue *n* : intriga *f* — **intrigue** *v* **-trigued; -triguing** : intrigar — **intriguing** *adj* : intrigante

intrinsic *adj* : intrínseco

introduce *vt* **-duced; -ducing 1** : introducir **2** : presentar (a una persona) — **introduction** *n* **1** : introducción *f* **2** : presentación *f* (de una persona) — **introductory** *adj* : introductorio

introvert *n* : introvertido *m*, -da *f* — **introverted** *adj* : introvertido

intrude *vi* **-truded; -truding 1** : entrometerse **2 intrude on someone** : molestar a algn — **intruder** *n* : intruso *m*, -sa *f* — **intrusion** *n* : intrusión *f* — **intrusive** *adj* : intruso

intuition *n* : intuición *f* — **intuitive** *adj* : intuitivo

inundate *vt* **-dated; -dating** : inundar

invade *vt* **-vaded; -vading** : invadir

invalid[1] *adj* : inválido

invalid[2] *n* : inválido *m*, -da *f*

invaluable *adj* : inestimable, invalorable *Lat*

invariable *adj* : invariable

invasion *n* : invasión *f*

invent *vt* : inventar — **invention** *n* : invención *f* — **inventive** *adj* : inventivo — **inventor** *n* : inventor *m*, -tora *f*

inventory *n, pl* **-ries** : inventario *m*

invert *vt* : invertir

invertebrate *adj* : invertebrado — **invertebrate** *n* : invertebrado *m*

invest *vt* : invertir

investigate *v* **-gated; -gating** : investigar — **investigation** *n* : investigación *f* — **investigator** *n* : investigador *m*, -dora *f*

investment *n* : inversión *f* — **investor** *n* : inversor *m*, -sora *f*

inveterate *adj* : inveterado

invigorating *adj* : vigorizante

invincible *adj* : invencible

invisible *adj* : invisible

invitation *n* : invitación *f* — **invite** *vt* **-vited; -viting 1** : invitar **2** SEEK : buscar (problemas, etc.) — **inviting** *adj* : atrayente

invoice *n* : factura *f*

invoke *vt* **-voked; -voking** : invocar

involuntary *adj* : involuntario

involve *vt* **-volved; -volving 1** CONCERN : concernir, afectar **2** ENTAIL : suponer — **involved** *adj* **1** COMPLEX : complicado **2** CONCERNED : afectado — **involvement** *n* : participación *f*

invulnerable *adj* : invulnerable

inward *adj* INNER : interior, interno — **inward** *or* inwards *adv* : hacia adentro, hacia el interior

iodine *n* : yodo *m*, tintura *f* de yodo

ion *n* : ion *m*

iota *n* : pizca *f*, ápice *m*

IOU *n* : pagaré *m*, vale *m*

Iranian *adj* : iraní

Iraqi *adj* : iraquí

ire *n* : ira *f* — **irate** *adj* : furioso

iris *n, pl* **irises** *or* **irides 1** : iris *m* (del ojo) **2** : lirio *m* (planta)

Irish *adj* : irlandés

irksome *adj* : irritante, fastidioso

iron *n* **1** : hierro *m*, fierro *m*, *Lat* (metal) **2** : plancha *f* (para la ropa) — **iron** *v* : planchar

ironic *or* **ironical** *adj* : irónico

ironing board *n* : tabla *f* (de planchar)

irony *n, pl* **-nies** : ironía *f*

irrational *adj* : irracional

irreconcilable *adj* : irreconciliable

irrefutable *adj* : irrefutable

irregular *adj* : irregular — **irregularity** *n, pl* **-ties** : irregularidad *f*

irrelevant *adj* : irrelevante

irreparable *adj* : irreparable

irreplaceable *adj* : irreemplazable

irresistible *adj* : irresistible

irresolute *adj* : irresoluto

irrespective of *prep* : sin tener en cuenta

irresponsible *adj* : irresponsable — **irresponsibility** *n, pl* **-ties** : irresponsabilidad *f*

irreverent *adj* : irreverente

irreversible *adj* : irreversible, irrevocable

irrigate *vt* **-gated; -gating** : irrigar, regar — **irrigation** *n* : irrigación *f*, riego *m*

irritate *vt* **-tated; -tating** : irritar — **irritable** *adj* : irritable — **irritably** *adv* : con irritación — **irritating** *adj* : irritante — **irritation** *n* : irritación *f*

is → **be**

Islam *n* : el Islam — **Islamic** *adj* : islámico

island *n* : isla *f* — **isle** *n* : isla *f*

isolate *vt* **-lated; -lating** : aislar — **isolation** *n* : aislamiento *m*

Israeli *adj* : israelí

issue *n* **1** MATTER : asunto *m*, cuestión *f* **2** : número *m* (de una revista, etc.) **3 make an issue of** : insistir demasiado sobre **4 take issue with** : disentir de — **issue** *v* **-sued; -suing** *vi* **issue from** : surgir de — *vt* **1** : emitir (sellos, etc.), distribuir (provisiones, etc.) **2** PUBLISH : publicar

isthmus *n* : istmo *m*

it *pron* **1** (*as subject*) : él, ella **2** (*as indirect object*) : le, se **3** (*as direct object*) : lo, la **4** (*as object of a preposition*) : él, ella **5 it's raining** : está lloviendo **6 it's 8 o'clock** : son las ocho **7 it's hot out** : hace calor **8 it is necessary** : es necesario **9 who is it?** : ¿quién es? **10 it's me** : soy yo

Italian *adj* : italiano — **Italian** *n* : italiano *m* (idioma)

italics *n* : cursiva *f*

itch *vi* **1** : picar **2 be itching to** : morirse por — **itch** *n* : picazón *f* — **itchy** *adj* **itchier; -est** : que pica

it'd (*contraction of* **it had** *or* **it would**) → **have, would**

item *n* **1** : artículo *m* **2** : punto *m* (en una agenda) **3 item of clothing** : prenda *f* de vestir **4 news item** : noticia *f* — **itemize** *vt* **-ized; -izing** : detallar, enumerar

itinerant *adj* : ambulante

itinerary *n, pl* **-aries** : itinerario *m*

it'll (*contraction of* **it shall** *or* **it will**) → **shall, will**

its *adj* : su, sus

it's (*contraction of* **it is** *or* **it has**) → **be, have**

itself *pron* **1** (*used reflexively*) : se **2** (*used for emphasis*) : (él) mismo, (ella) misma, sí (mismo) **3 by itself** : solo

I've (*contraction of* **I have**) → **have**

ivory *n, pl* **-ries** : marfil *m*

ivy *n, pl* **ivies** : hiedra *f*

j

j *n, pl* **j's** *or* **js** : j *f*, décima letra del alfabeto inglés

jab *vt* **jabbed; jabbing 1** PIERCE : pinchar **2** POKE : golpear (con la punta de algo) — **jab** *n* **1** PRICK : pinchazo *m* **2** POKE : golpe *m* abrupto

jabber *vi* : farfullar

jack *n* **1** : gato *m* (mecanismo) **2** : sota *f* (de naipes) — **jack** *vt or* **jack up 1** : levantar (con un gato) **2** INCREASE : subir

jackal *n* : chacal *m*

jackass *n* : asno *m*, burro *m*

jacket *n* **1** : chaqueta *f* **2** : sobrecubierta *f* (de un libro), carátula *f* (de un disco)

jackhammer *n* : martillo *m* neumático

jackknife *n* : navaja *f* — **jackknife** *vi* **-knifed; -knifing** : plegarse (dícese de un camión)

jack–o'–lantern *n* : linterna *f* hecha de una calabaza

jackpot *n* : premio *m* gordo

jaded *adj* **1** TIRED : agotado **2** BORED : hastiado

jagged *adj* : dentado

jail *n* : cárcel *f* — **jail** *vt* : encarcelar — **jailer** *or* jailor *n* : carcelero *m*, -ra *f*

jalapeño *n* : jalapeño *m, Lat*

jam[1] *v* **jammed; jamming** *vt* **1** CRAM : apiñar, embutir **2** BLOCK : atascar, atorar — *vi* : atascarse, atrancarse — **jam** *n* **1** *or* **traffic jam** : embotellamiento *m* (de tráfico) **2** FIX : lío *m*, aprieto *m*

jam[2] *n* PRESERVES : mermelada *f*

jangle *v* **-gled; -gling** *vi* : hacer un ruido metálico — *vt* : hacer sonar — **jangle** *n* : ruido *m* metálico

janitor *n* : portero *m*, -ra *f*; conserje *mf*

January *n* : enero *m*

Japanese *adj* : japonés — **Japanese** *n* : japonés *m* (idioma)

jar[1] *v* **jarred; jarring** *vi* **1** GRATE : chirriar **2** CLASH : desentonar **3 jar on** IRRITATE : crispar, enervar (a algn) — *vt* JOLT : sacudir — **jar** *n* : sacudida *f*

jar[2] *n* : tarro *m*

jargon *n* : jerga *f*

jaundice *n* : ictericia *f*

jaunt *n* : excursión *f*

jaunty *adj* **-tier; -est** : garboso, desenvuelto

jaw *n* : mandíbula *f* (de una persona), quijada *f* (de un animal) — **jawbone** *n* : mandíbula *f*, quijada *f*

jay *n* : arrendajo *m*

jazz *n* : jazz *m* — **jazz** *vt or* **jazz up** : animar, alegrar — **jazzy** *adj* **jazzier; -est** FLASHY : llamativo

jealous *adj* : celoso — **jealousy** *n* : celos *mpl*, envidia *f*

jeans *npl* : jeans *mpl*, vaqueros *mpl*

jeer *vt* **1** BOO : abuchear **2** MOCK : mofarse de — *vi* **jeer at** : mofarse de — **jeer** *n* : mofa *f*

jell *vi* : cuajar

jelly *n, pl* **-lies** : jalea *f* — **jellyfish** *n* : medusa *f*

jeopardy *n* : peligro *m*, riesgo *m* — **jeopardize** *vt* **-dized; -dizing** : arriesgar, poner en peligro

jerk *n* **1** JOLT : sacudida *f* brusca **2** FOOL : idiota *mf* — **jerk** *vt* : sacudir — *vi* JOLT : dar sacudidas

jersey *n, pl* **-seys** : jersey *m*

jest *n* : broma *f* — **jest** *vi* : bromear — **jester** *n* : bufón *m*

Jesus *n* : Jesús *m*

jet *n* **1** STREAM : chorro *m* **2** *or* **jet airplane** : avión *m* a reacción, reactor *m* — **jet–propelled** *adj* : a reacción

jettison *vt* **1** : echar al mar **2** DISCARD : deshacerse de

jetty *n, pl* **-ties** : desembarcadero *m*, muelle *m*

jewel *n* **1** : joya *f* **2** GEM : piedra *f* preciosa — **jeweler** *or* **jeweller** *n* : joyero *m*, -ra *f* — **jewelry** *n* : joyas *fpl*, alhajas *fpl*

Jewish *adj* : judío

jibe *vi* **jibed; jibing** AGREE : concordar

jiffy *n, pl* **-fies** : santiamén *m*, segundo *m*

jig *n* : giga *f*

jiggle *vt* **-gled; -gling** : sacudir, zarandear — **jiggle** *n* : sacudida *f*

jigsaw *n* **1** : sierra *f* de vaivén **2** *or* **jigsaw puzzle** : rompecabezas *m*

jilt *vt* : dejar plantado

jingle *v* **-gled; -gling** *vi* : tintinear — *vt* : hacer sonar — **jingle** *n* TINKLE : tintineo *m*

jinx *n* CURSE : maldición *f*

jitters *npl* **have the jitters** : estar nervioso — **jittery** *adj* : nervioso

job *n* **1** EMPLOYMENT : empleo *m*, trabajo *m* **2** TASK : trabajo *m*

jockey *n, pl* **-eys** : jockey *mf*

jog *v* **jogged; jogging** *vt* **jog someone's memory** : refrescar la memoria a algn — *vi* : hacer footing — **jogging** *n* : footing *m*

join *vt* **1** UNITE : unir, juntar **2** MEET : reunirse con **3** : hacerse socio de (una organización, etc.) — *vi* **1** *or* **join together** : unirse **2** : hacerse socio (de una organización, etc.)

joint *n* **1** : articulación *f* (en anatomía) **2** JUNCTURE : juntura *f*, unión *f* — **joint** *adj* : conjunto — **jointly** *adv* : conjuntamente

joke *n* : chiste *m*, broma *f* — **joke** *vi* **joked; joking** : bromear — **joker** *n* **1** : bromista *mf* **2** : comodín *m* (en los naipes)

jolly *adj* **-lier; -est** : alegre, jovial

jolt *vt* : sacudir — **jolt** *n* **1** : sacudida *f* brusca **2** SHOCK : golpe *m* (emocional)

jostle *v* **-tled; -tling** *vt* : empujar, dar empujones — *vi* : empujarse

jot *vt* **jotted; jotting** *or* **jot down** : anotar, apuntar

journal *n* **1** DIARY : diario *m* **2** PERIODICAL : revista *f* — **journalism** *n* : periodismo *m* — **journalist** *n* : periodista *mf*

journey *n, pl* **-neys** : viaje *m* — **journey** *vi* **-neyed; -neying** : viajar

jovial *adj* : jovial

joy *n* : alegría *f* — **joyful** *adj* : alegre, feliz — **joyous** *adj* : jubiloso, alegre

jubilant *adj* : jubiloso — **jubilee** *n* : aniversario *m* especial

Judaism *n* : judaísmo *m*

judge *vt* **judged; judging** : juzgar — **judge** *n* : juez *mf* — **judgment**

juggler
malabarista*F*

or **judgement** *n* **1** RULING : fallo *m,* sentencia *f* **2** VIEW : juicio *m*
judicial *adj* : judicial —
judicious *adj* : juicioso
jug *n* : jarra *f*
juggle *vi* **-gled; -gling** : hacer juegos malabares — **juggler** *n* : malabarista *mf*
jugular vein *n* : vena *f* yugular
juice *n* : jugo *m* — **juicy** *adj* **juicier; -est** : jugoso
jukebox *n* : máquina *f* de discos
July *n* : julio *m*
jumble *vt* **-bled; -bling** : mezclar — **jumble** *n* : revoltijo *m*
jumbo *adj* : gigante
jump *vi* **1** LEAP : saltar **2** START : sobresaltarse **3** RISE : subir de un golpe **4 jump at** : no dejar escapar (una oportunidad, etc.) — *vt* : saltar — **jump** *n* **1** LEAP : salto *m* **2** INCREASE : aumento *m* — **jumper** *n* **1** : saltador *m,* -dora *f* (en deportes) **2** : jumper *m* (vestido) — **jumpy** *adj* **jumpier; -est** : nervioso
junction *n* **1** JOINING : unión *f* **2** : cruce *m* (de calles), empalme *m* (de un

ferrocarril) — **juncture** *n* : coyuntura *f*
June *n* : junio *m*
jungle *n* : selva *f*
junior *adj* **1** YOUNGER : más joven **2** SUBORDINATE : subalterno — **junior** *n* **1** : persona *f* de menor edad **2** SUBORDINATE : subalterno *m,* -na *f* **3** : estudiante *mf* de penúltimo año
junk *n* : trastos *mpl* (viejos) — **junk** *vt* : echar a la basura
junta *n* : junta *f* (militar)
jurisdiction *n* : jurisdicción *f*
jury *n, pl* **-ries** : jurado *m* — **juror** *n* : jurado *mf*
just *adj* : justo — **just** *adv* **1** BARELY : apenas **2** EXACTLY : exactamente **3** ONLY : sólo, solamente **4 just now** : ahora mismo **5 she has just left** : acaba de salir **6 we were just leaving** : justo íbamos a salir
justice *n* **1** : justicia *f* **2** JUDGE : juez *mf*
justify *vt* **-fied; -fying** : justificar — **justification** *n* : justificación *f*
jut *vi* **jutted; jutting** *or* **jut out** : sobresalir
juvenile *adj* **1** YOUNG : juvenil **2** CHILDISH : infantil — **juvenile** *n* : menor *mf*

K

juxtapose *vt* **-posed; -posing** : yuxtaponer
k *n, pl* **k's** *or* **ks** : k *f,* undécima letra del alfabeto inglés
kaleidoscope *n* : calidoscopio *m*
kangaroo *n, pl* **-roos** : canguro *m*
karat *n* : quilate *m*
karate *n* : karate *m*
keel *n* : quilla *f* — **keel** *vi or* **keel over** : volcarse (dícese de un barco), desplomarse (dícese de una persona)
keen *adj* **1** SHARP : afilado **2** PENETRATING : cortante, penetrante **3** ENTHUSIASTIC : entusiasta **4 keen eyesight** : visión *f* aguda
keep *v* **kept; keeping** *vt* **1** : guardar **2** : cumplir (una promesa), acudir a (una cita) **3** DETAIN : hacer quedar, detener **4** PREVENT : impedir **5 keep up** : mantener — *vi* **1** REMAIN : mantenerse **2** LAST : conservarse **3** *or* **keep on** CONTINUE : no dejar — **keep** *n* **1 earn one's keep** :

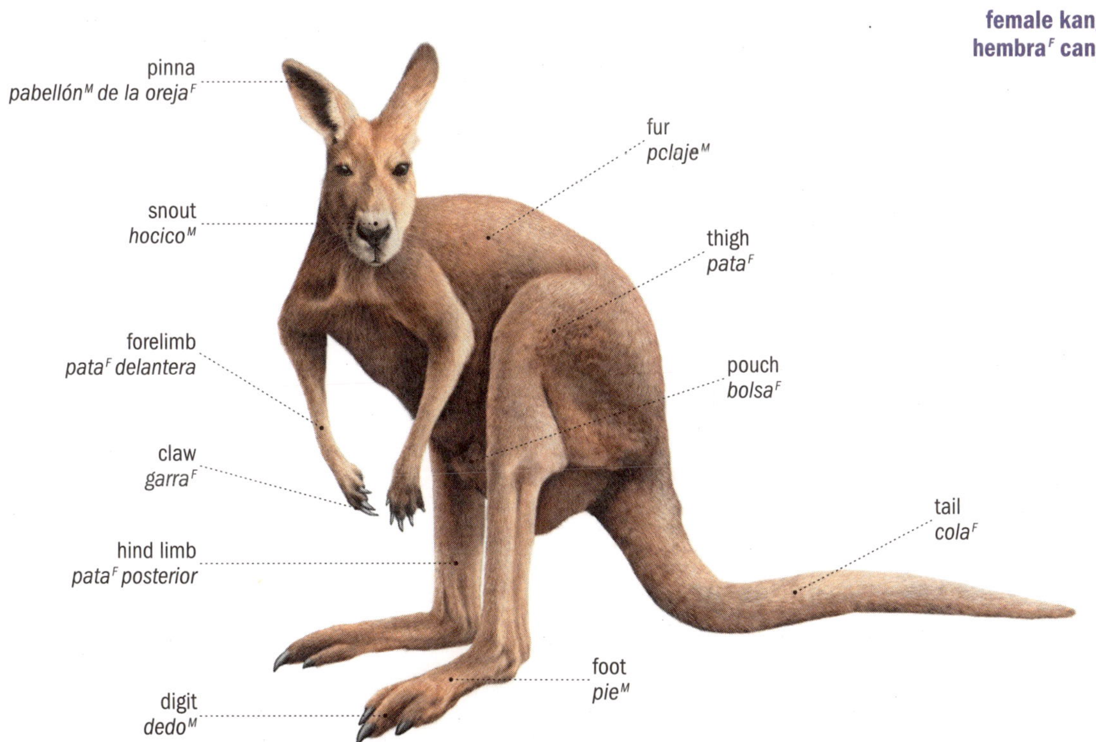

female kangaroo
hembra^F canguro^M

first aid kit
botiquín[M]

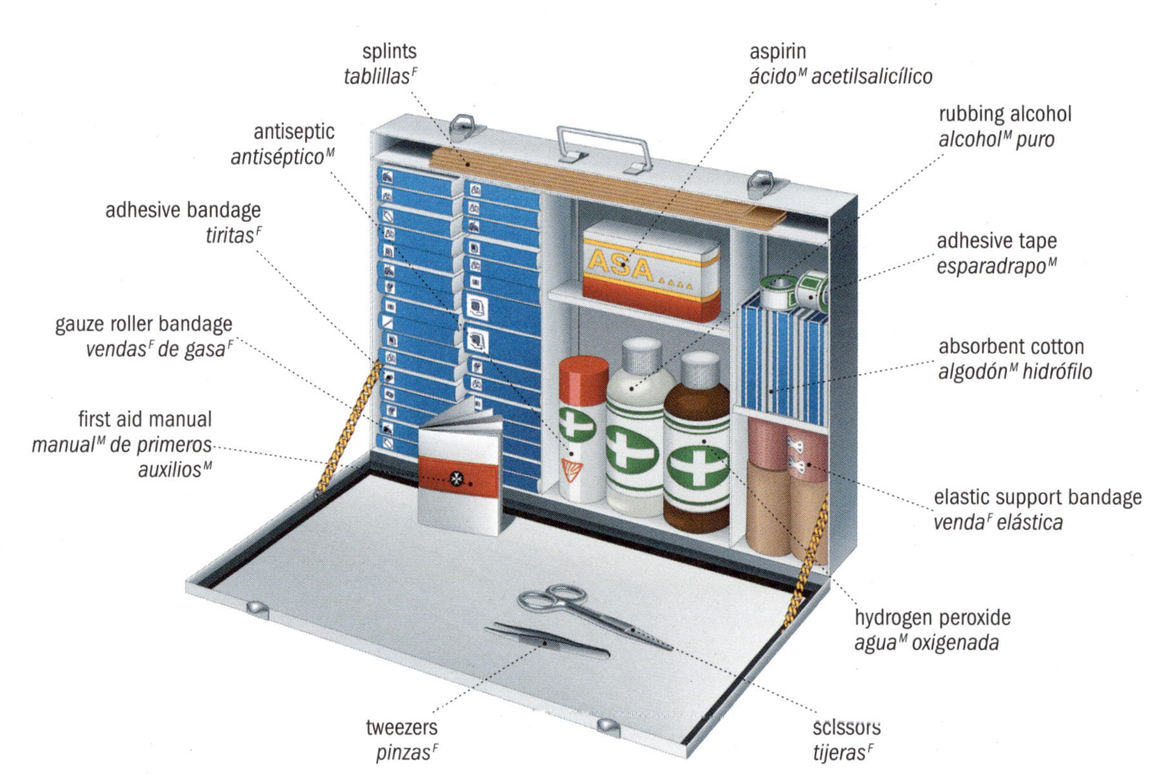

ganarse el pan **2 for keeps :** para siempre
— **keeper** *n* **:** guarda *mf* — **keeping** *n* **1**
CARE **:** cuidado *m* **2 in keeping with :** de
acuerdo con — **keepsake** *n* **:** recuerdo *m*
keg *n* **:** barril *m*
kennel *n* **:** caseta *f* para perros, perrera *f*
kept → **keep**
kerchief *n* **:** pañuelo *m*
kernel *n* **1 :** almendra *f* **2** CORE **:** meollo *m*
kerosene *or* **kerosine** *n* **:** queroseno *m*
ketchup *n* **:** salsa *f* de tomate
kettle *n* **:** hervidor *m*, tetera *f* (para hervir)
key *n* **1 :** llave *f* **2 :** tecla *f* (de un piano
o una máquina) — **key** *vt* **be keyed up**
: estar nervioso — **key** *adj* **:** clave —
keyboard *n* **:** teclado *m* — **keyhole** *n*
: ojo *m* (de la cerradura) — **keynote** *n*
: tónica *f* — **key ring** *n* **:** llavero *m*
khaki *adj* **:** caqui

kick *vt* **1 :** dar una patada a **2 kick
out :** echar a patadas — *vi* **1 :** dar
patadas (dícese de una persona), cocear
(dícese de un animal) **2** RECOIL **:** dar un
culatazo — **kick** *n* **1 :** patada *f*, coz *f*
(de un animal) **2** RECOIL **:** culatazo *m* **3**
PLEASURE, THRILL **:** placer *m*
kid *n* **1** GOAT **:** chivo *m*, -va *f*; cabrito *m* **2**
CHILD **:** niño *m*, -ña *f* — **kid** *v* **kidded;
kidding** *vi or* **kid around :** bromear — *vt*
TEASE **:** tomar el pelo a — **kidnap** *vt*
-napped *or* **-naped; -napping** *or*
-naping : secuestrar, raptar
kidney *n, pl* **-neys :** riñón *m*
kidney bean *n* **:** frijol *m*
kill *vt* **1 :** matar **2** DESTROY **:** acabar con
3 kill time : matar el tiempo — **kill** *n* **1**
KILLING **:** matanza *f* **2** PREY **:** presa *f* —
killer *n* **:** asesino *m*, -na *f* — **killing** *n* **1**

: matanza *f* **2** MURDER **:** asesinato *m*
kiln *n* **:** horno *m*
kilo *n, pl* **-los :** kilo *m* — **kilogram** *n*
: kilogramo *m* — **kilometer** *n* **:**
kilómetro *m* — **kilowatt** *n* **:** kilovatio *m*
kin *n* **:** parientes *mpl*
kind *n* **:** tipo *m*, clase *f* —
kind *adj* **:** amable
kindergarten *n* **:** jardín *m*
infantil, jardín *m* de niños *Lat*
kindhearted *adj* **:** de buen corazón
kindle *vt* **-dled; -dling 1 :** encender
(un fuego) **2** AROUSE **:** despertar
kindly *adj* **-lier; -est :** bondadoso, amable
— **kindly** *adv* **1 :** amablemente **2 take
kindly to :** aceptar de buena gana **3 we
kindly ask you not smoke :** les rogamos
que no fumen — **kindness** *n* **:** bondad *f*

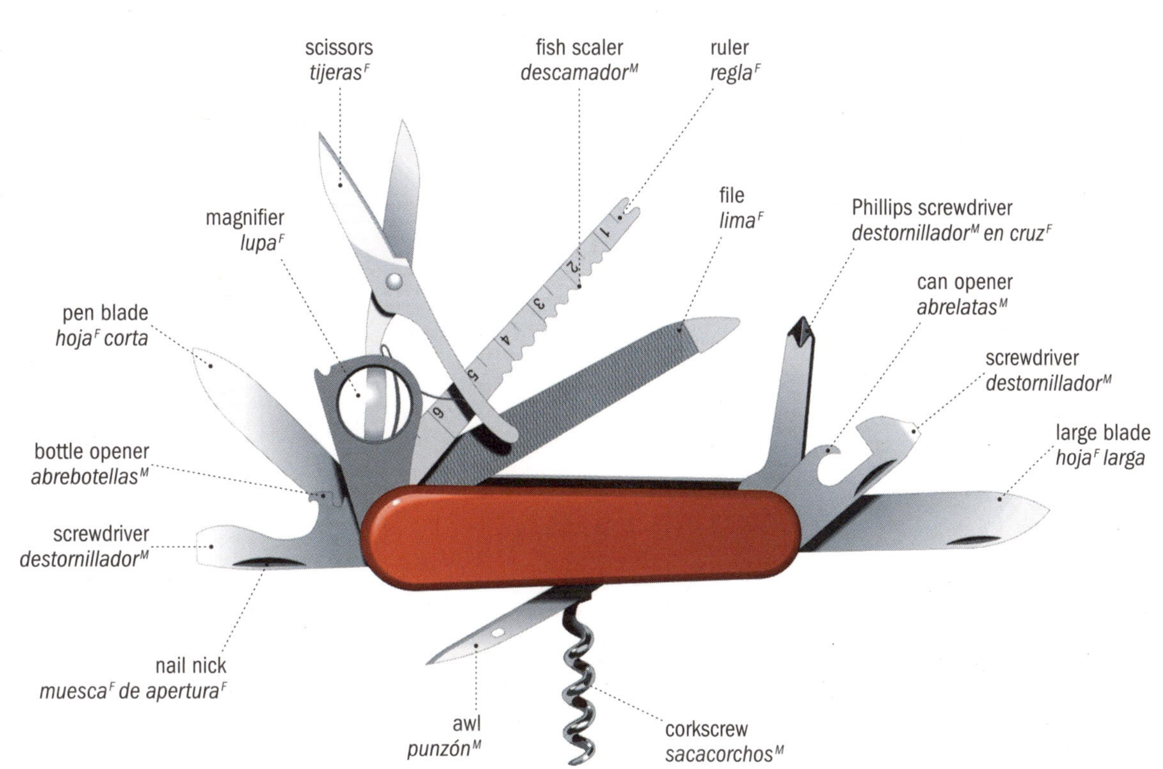

— **kind of** *adv* SOMEWHAT : un tanto, algo
kindred *adj* **1** : emparentado **2**
kindred spirit : alma *f* gemela
king *n* : rey *m* — **kingdom** *n* : reino *m*
kink *n* **1** TWIST : vuelta *f*,
curva *f* **2** FLAW : problema *m*
kinship *n* : parentesco *m*
kiss *vt* : besar — *vi* : besarse
— **kiss** *n* : beso *m*
▸ **kit** *n* **1** : juego *m*, kit *m* **2 first–**
aid kit : botiquín *m* **3 tool kit**
: caja *f* de herramientas
kitchen *n* : cocina *f*
kite *n* : cometa *f*, papalote *m*, *Lat*
kitten *n* : gatito *m*, -ta *f* — **kitty** *n*,
pl **-ties** FUND : fondo *m* común
knack *n* : maña *f*, facilidad *f*
knapsack *n* : mochila *f*

knead *vt* **1** : amasar, sobar
2 MASSAGE : masajear
knee *n* : rodilla *f* — **kneecap** *n* : rótula *f*
kneel *vi* **knelt** *or* **kneeled**;
kneeling : arrodillarse
knew → **know**
knickknack *n* : chuchería *f*
▸ **knife** *n*, *pl* **knives** : cuchillo *m* —
knife *vt* **knifed**; **knifing** : acuchillar
knight *n* **1** : caballero *m* **2** : caballo *m* (en
ajedrez) — **knighthood** *n* : título *m* de Sir
knit *v* **knit** *or* **knitted**; **knitting** *v* :
tejer — **knit** *n* : prenda *f* tejida
knob *n* : tirador *m*, botón *m*, perilla *f* *Lat*
knock *vt* **1** : golpear **2** CRITICIZE : criticar
3 knock down : derribar, echar al
suelo — *vi* **1** : dar un golpe, llamar (a
la puerta) **2** COLLIDE : darse, chocar —
knock *n* : golpe *m*, llamada *f* (a la puerta)

knot *n* : nudo *m* — **knot** *vt* **knotted**;
knotting : anudar — **knotty** *adj*
-tier; -est 1 : nudoso **2** : enredado
(dícese de un problema)
know *v* **knew**; **known**; **knowing** *vt* **1**
: saber **2** : conocer (a una persona,
un lugar) **3 know how to** : saber — *vi*
: saber — **knowing** *adj* : cómplice
— **knowingly** *adv* **1** : de manera
cómplice **2** DELIBERATELY : a sabiendas
— **know–it–all** *n* : sabelotodo *mf fam*
— **knowledge** *n* **1** : conocimiento *m* **2**
LEARNING : conocimientos *mpl*, saber *m* —
knowledgeable *adj* : informado, entendido
knuckle *n* : nudillo *m*
Koran *n* the Koran : el Corán *m*
Korean *adj* : coreano *m*, -na *f* —
Korean *n* : coreano *m* (idioma)
kosher *adj* : aprobado por la ley judía

laboratory equipment
material^M de laboratorio^M

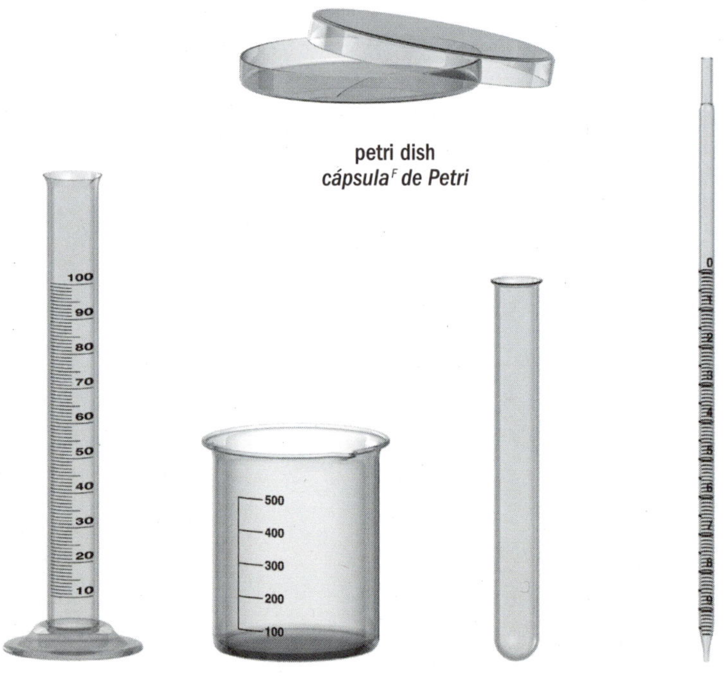

petri dish
cápsula^F de Petri

graduated cylinder
probeta^F graduada

beaker
cubeta^F de precipitación^M

test tube
tubo^M de ensayo^M

serological pipette
pipeta^F

gas burner
mechero^M de gas^M

wash bottle
frasco^M lavador

round-bottom flask
balón^M

l *n, pl* **l's** *or* **ls** : l *f,* duodécima letra del alfabeto inglés

lab → **laboratory**

label *n* **1** TAG : etiqueta *f* **2** BRAND : marca *f* — **label** *vt* **-beled** *or* **-belled; -beling** *or* **-belling** : etiquetar

labor *n* **1** : trabajo *m* **2** WORKERS : mano *f* de obra **3 in labor** : de parto — **labor** *vi* **1** : trabajar **2** STRUGGLE : avanzar penosamente — *vt* BELABOR : insistir en (un punto)

▸ **laboratory** *n, pl* **-ries** : laboratorio *m*

laborer *n* : trabajador *m,* -dora *f*

laborious *adj* : laborioso

lace *n* **1** : encaje *m* **2** SHOELACE : cordón *m* (de zapatos), agujeta *f Lat* — **lace** *vt* **laced; lacing 1** TIE : atar **2 be laced with** : echar licor a (una bebida, etc.)

lacerate *vt* **-ated; -ating** : lacerar

lack *vt* : carecer de, no tener — *vi* **be lacking** : faltar — **lack** *n* : falta *f,* carencia *f*

lackadaisical *adj* : apático, indolente

lackluster *adj* : sin brillo, apagado

laconic *adj* : lacónico

lacquer *n* : laca *f*

lacrosse *n* : lacrosse *f*

lacy *adj* **lacier; -est** : como de encaje

lad *n* : muchacho *m,* niño *m*

ladder *n* : escalera *f*

laden *adj* : cargado

ladle *n* : cucharón *m* — **ladle** *vt* **-dled; -dling** : servir con cucharón

lady *n, pl* **-dies** : señora *f,* dama *f* — **ladybug** *n* : mariquita *f* — **ladylike** *adj* : elegante, como señora

lag *n* **1** DELAY : retraso *m* **2** INTERVAL : intervalo *m* — **lag** *vi* **lagged; lagging** : quedarse atrás, rezagarse

lager *n* : cerveza *f* rubia

lagoon *n* : laguna *f*

laid *pp* → **lay 1**

lain *pp* → **lie 1**

lair *n* : guarida *f*

lake *n* : lago *m*

lamb *n* : cordero *m*

lame *adj* **lamer; lamest 1** : cojo, renco **2 a lame excuse** : una excusa poco convincente

lament *vt* **1** MOURN : llorar **2** DEPLORE : lamentar — **lament** *n* : lamento *m* — **lamentable** *adj* : lamentable

laminate *vt* **-nated; -nating** : laminar

lamp *n* : lámpara *f* — **lamppost** *n* : farol *m* — **lampshade** *n* : pantalla *f*

lance *n* : lanza *f* — **lance** *vt* **lanced;**
 lancing : abrir con lanceta (en medecina)
land *n* **1** : tierra *f* **2** COUNTRY : **país** *m* **3**
 or **plot of land** : terreno *m* — **land** *vt* **1**
 : desembarcar (pasajeros de un barco),
 hacer aterrizar (un avión) **2** CATCH : sacar
 (un pez) del agua **3** SECURE : conseguir
 (empleo, etc.) — *vi* **1** : aterrizar
 (dícese de un avión) **2** FALL : caer —
landing *n* **1** : aterrizaje *m* (de aviones) **2** :
 desembarco *m* (de barcos) **3** : descanso *m*
 (de una escalera) — **landlady** *n, pl* **-dies**
 : casera *f* — **landlord** *n* : casero *m* —
landmark *n* **1** : punto *m* de referencia
 2 MONUMENT : monumento *m* histórico
 — **landowner** *n* : hacendado *m*, -da *f;*

terrateniente *mf* — **landscape** *n* :
 paisaje *m* — **landscape** *vt* **-scaped;**
 -scaping : ajardinar — **landslide** *n* **1**
 : desprendimiento *m* de tierras **2** *or*
 landslide victory : victoria *f* arrolladora
lane *n* **1** : carril *m* (de una carretera)
 2 PATH, ROAD : **camino** *m*
language *n* **1** : idioma *m*,
 lengua *f* **2** SPEECH : lenguaje *m*
languid *adj* : lánguido —
 languish *vi* : languidecer
lanky *adj* **lankier; -est** :
 delgado, larguirucho *fam*
lantern *n* : linterna *f*
lap *n* **1** : regazo *m* (de una persona)
 2 : vuelta *f* (en deportes) — **lap** *v*

lapped; lapping *vt or* **lap up** : beber a
 lengüetadas — *vi* **lap against** : lamer
lapel *n* : solapa *f*
lapse *n* **1** : lapsus *m*, falla *f* (de
 memoria, etc.) **2** INTERVAL : lapso *m*,
 intervalo *m* — **lapse** *vi* **lapsed;**
 lapsing 1 EXPIRE : caducar **2** ELAPSE :
 transcurrir, pasar **3 lapse into** : caer en
▸ **laptop** *adj* : portátil
larceny *n, pl* **-nies** : robo *m*
lard *n* : manteca *f* de cerdo
large *adj* **larger; largest 1** : grande **2 at**
 large : en libertad **3 by and large** : por lo
 general — **largely** *adv* : en gran parte
lark *n* **1** : alondra *f* (pájaro) **2**
 for a lark : por divertirse

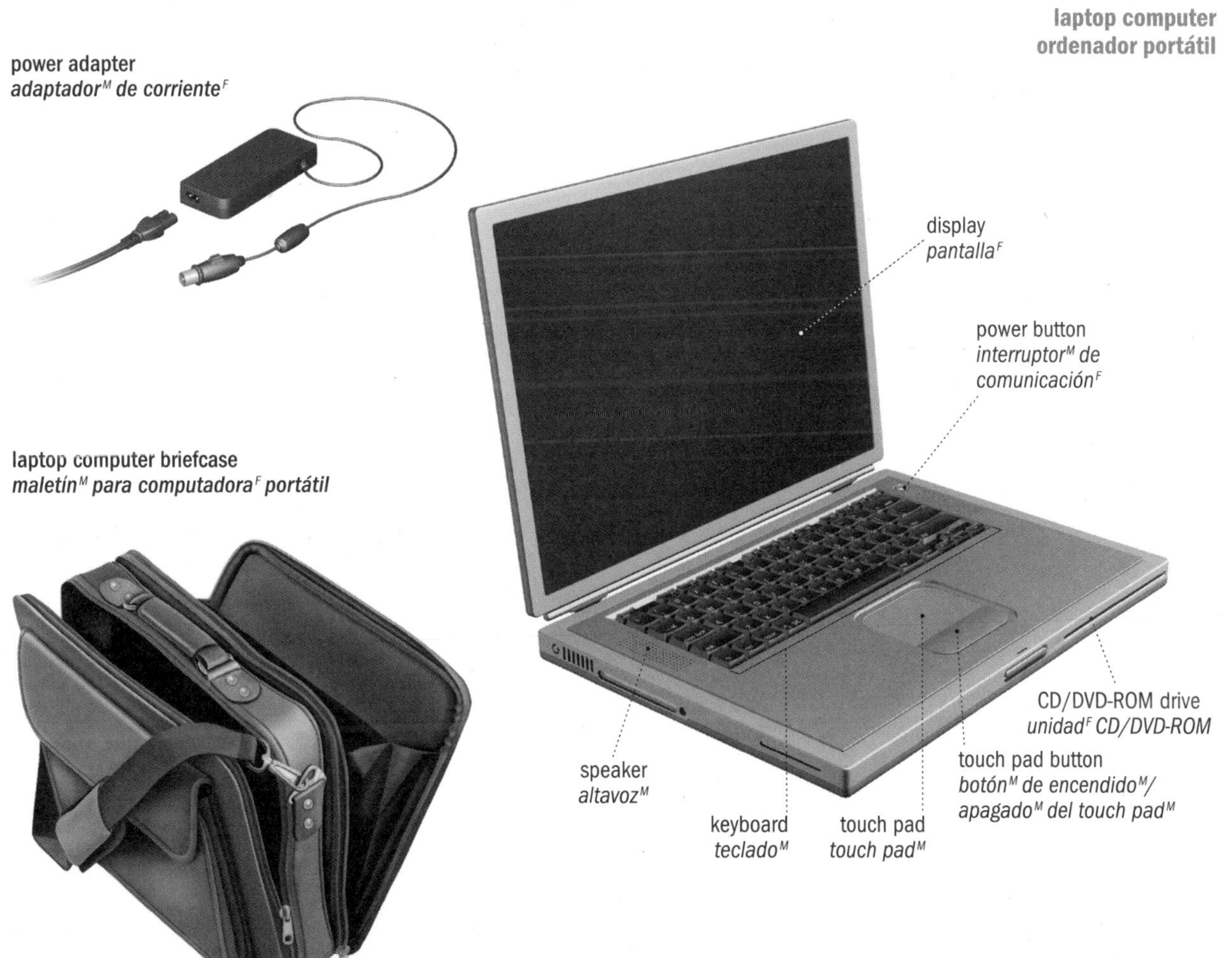

lemon
limón *M*

larva *n, pl* **-vae** : larva *f*
larynx *n, pl* **-rynges** *or* **-ynxes** : laringe *f* — **laryngitis** *n* : laringitis *f*
lasagna *n* : lasaña *f*
laser *n* : láser *m*
lash *vt* **1** WHIP : azotar **2** BIND : amarrar — *vi* **lash out at** : arremeter contra — **lash** *n* **1** BLOW : latigazo *m* (con un látigo) **2** EYELASH : pestaña *f*
lass *or* lassie *n* : muchacha *f*, chica *f*
lasso *n, pl* **-sos** *or* **-soes** : lazo *m*
last *vi* : durar — **last** *n* **1** : último *m*, -ma *f* **2 at last** : por fin, finalmente — **last** *adv* **1** : por última vez, en último lugar **2 arrive last** : llegar el último — **last** *adj* **1** : último **2 last year** : el año pasado — **lastly** *adv* : por último, finalmente
latch *n* : picaporte *m*, pestillo *m*
late *adj* **later; latest 1** : tarde **2** : avanzado (dícese de la hora) **3** DECEASED : difunto **4** RECENT : reciente — **late** *adv* **later; latest** : tarde — **lately** *adv* : recientemente, últimamente — **lateness** *n* **1** : retraso *m* **2** : lo avanzado (de la hora)
latent *adj* : latente
lateral *adj* : lateral
latest *n* **at the latest** : a más tardar
lathe *n* : torno *m*
lather *n* : espuma *f* — **lather** *vt* : enjabonar — *vi* : hacer espuma
Latin–American *adj* : latinoamericano
latitude *n* : latitud *f*
latter *adj* **1** : último **2** SECOND : segundo — **latter** *pron* **the latter** : éste, ésta, éstos *pl*, éstas *pl*
lattice *n* : enrejado *m*

laugh *vi* : reír(se) — **laugh** *n* : risa *f* — **laughable** *adj* : risible, ridículo — **laughter** *n* : risa *f*, risas *fpl*
launch *vt* : lanzar — **launch** *n* : lanzamiento *m*
launder *vt* **1** : lavar y planchar (ropa) **2** : blanquear, lavar (dinero) — **laundry** *n*, *pl* **-dries 1** : ropa *f* sucia **2** : lavandería *f* (servicio) **3 do the laundry** : lavar la ropa
lava *n* : lava *f*
lavatory *n, pl* **-ries** BATHROOM : baño *m*, cuarto *m* de baño
lavender *n* : lavanda *f*
lavish *adj* **1** EXTRAVAGANT : pródigo **2** ABUNDANT : abundante **3** LUXURIOUS : lujoso — **lavish** *vt* : prodigar
law *n* **1** : ley *f* **2** : derecho *m* (profesión, etc.) **3 practice law** : ejercer la abogacía — **lawful** *adj* : legal, legítimo
▸ **lawn** *n* : césped *m* — **lawn mower** *n* : cortadora *f* de césped
lawsuit *n* : pleito *m*
lawyer *n* : abogado *m*, -da *f*
lax *adj* : poco estricto, relajado
laxative *n* : laxante *m*
lay[1] *vt* **laid; laying 1** PLACE PUT : poner, colocar **2 lay eggs** : poner huevos **3 lay off** : dispedir (un empleado) **4 lay out** PRESENT : presentar, exponer **5 lay out** DESIGN : diseñar (el trazado de)
lay[2] *pp* → **lie 1**
lay[3] *adj* **1** SECULAR : laico **2** NONPROFESSIONAL : lego, profano
layer *n* : capa *f*
layman *n, pl* **-men** : lego *m*, laico *m* (en religión)
layout *n* ARRANGEMENT : disposición *f*
lazy *adj* **-zier; -est** : perezoso — **laziness** *n* : pereza *f*
lead[1] *vt* **led; leading 1** GUIDE : conducir **2** DIRECT : dirigir **3** HEAD : encabezar, ir al frente de — *vi* : llevar, conducir (a algo) — **lead** *n* **1** : delantera *f* **2 follow someone's lead** : seguir el ejemplo de algn
lead[2] *n* **1** : plomo *m* (metal) **2** GRAPHITE : mina *f* — **leaden** *adj* **1** : de plomo **2** HEAVY : pesado
leader *n* : jefe *m*, -fa *f* — **leadership** *n* : mando *m*, dirección *f*
leaf *n, pl* **leaves 1** : hoja *f* **2 turn over a new leaf** : hacer borrón y cuenta nueva — **leaf** *vi* **leaf through** : hojear (un libro, etc.) — **leaflet** *n* : folleto *m*
league *n* **1** : liga *f* **2 be in league with** : estar confabulado con

leak *vt* **1** : dejar escapar (un líquido o un gas) **2** : filtrar (información) — *vi* **1** : gotear, escaparse (dícese de un líquido o un gas) **2** : filtrarse (dícese de información) — **leak** *n* **1** : agujero *m* (de un cubo, etc.), gotera *f* (de un techo) **2** : fuga *f*, escape *m* (de un líquido o un gas) **3** : filtración *f* (de información) — **leaky** *adj* **leakier; -est** : que hace agua
lean[1] *v* **leaned** *or Brit* **leant; leaning** *vi* **1** BEND : inclinarse **2 lean against** : apoyarse contra — *vt* : apoyar
lean[2] *adj* **1** THIN : delgado **2** : sin grasa (dícese de la carne)
leaning *n* : inclinación *f*
leanness *n* : delgadez *f* (de una persona), lo magro (de la carne)
leap *vi* **leapt** *or* **leaped; leaping** : saltar, brincar — **leap** *n* : salto *m*, brinco *m* — **leap year** *n* : año *m* bisiesto
learn *v* **learned; learning** : aprender — **learned** *adj* : sabio, erudito — **learner** *n* : principiante *mf*, estudiante *mf* — **learning** *n* : erudición *f*, saber *m*
lease *n* : contrato *m* de arrendamiento — **lease** *vt* **leased; leasing** : arrendar
leash *n* : correa *f*
least *adj* **1** : menor **2** SLIGHTEST : más mínimo — **least** *n* **1 at least** : por lo menos **2 the least** : lo menos **3 to say the least** : por no decir más — **least** *adv* : menos
leather *n* : cuero *m*
leave *v* **left; leaving** *vt* **1** : dejar **2** : salir(se) de (un lugar) **3 leave out** : omitir — *vi* DEPART : irse — **leave** *n* **1** *or* **leave of absence** : permiso *m*, licencia *f* **2 take one's leave** : despedirse
leaves → **leaf**
lecture *n* **1** TALK : conferencia *f* **2** REPRIMAND : sermón *m*, reprimenda *f* — **lecture** *v* **-tured; -turing** *vt* : sermonear — *vi* : dar clase, dar una conferencia
led *pp* → **lead 1**
ledge *n* : antepecho *m* (de una ventana), saliente *m* (de una montaña)
leech *n* : sanguijuela *f*
leek *n* : puerro *m*
leer *vi* : lanzar una mirada lasciva — **leer** *n* : mirada *f* lasciva
leery *adj* : receloso
leeway *n* : libertad *f* de acción , margen *m*
left[1] → **leave**
left[2] *adj* : izquierdo — **left** *adv* : a la izquierda — **left** *n* : izquierda *f*

— **left–handed** *adj* : zurdo
leftovers *npl* : restos *mpl*, sobras *fpl*
leg *n* **1** : pierna *f* (de una persona, de ropa), pata *f* (de un animal, de muebles) **2** : etapa *f* (de un viaje)
legacy *n, pl* **-cies** : legado *m*
legal *adj* **1** LAWFUL : legítimo, legal **2** JUDICIAL : legal, jurídico — **legality** *n, pl* **-ties** : legalidad *f* — **legalize** *vt* **-ized; -izing** : legalizar
legend *n* : leyenda *f* — **legendary** *adj* : lengendario
legible *adj* : legible
legion *n* : legión *f*
legislate *vi* **-lated; -lating** : legislar — **legislation** *n* : legislación *f* — **legislative** *adj* : legislativo, legislador — **legislature** *n* : asamblea *f* legislativa
legitimate *adj* : legítimo — **legitimacy** *n* : legitimidad *f*
leisure *n* **1** : ocio *m*, tiempo *m* libre **2 at your leisure** : cuando te venga bien — **leisurely** *adj & adv* : lento, sin prisas
▶ **lemon** *n* : limón *m* — **lemonade** *n* : limonada *f*
lend *vt* **lent; lending** : prestar
length *n* **1** : largo *m* **2** DURATION : duración *f* **3 at length** FINALLY : por fin **4 at length** : EXTENSIVELY : extensamente **5 go to any lengths** : hacer todo lo posible — **lengthen** *vt* **1** : alargar **2** PROLONG : prolongar — *vi* : alargarse — **lengthways** *or* lengthwise *adv* : a o largo — **lengthy** *adj* **lengthier; -est** : largo
lenient *adj* : indulgente — **leniency** *n, pl* **-cies** : indulgencia *f*
lens *n* **1** : cristalino *m* (del ojo) **2** : lente *mf* (de un instrumento) **3** → **contact lens**
Lent *n* : Cuaresma *f*
lentil *n* : lenteja *f*
leopard *n* : leopardo *m*
leotard *n* : leotardo *m*, malla *f*
lesbian *n* : lesbiana *f*
less *adv* (*comparative of* **little**) : menos — **less** *adj* (*comparative of* **little**) : menos — **less** *pron* : menos — **less** *prep* MINUS : menos — **lessen** *v* : disminuir — **lesser** *adj* : menor
lesson *n* **1** CLASS : clase *f*, curso *m* **2 learn one's lesson** : aprender la lección
lest *conj* **lest we forget** : para que no olvidemos
let *vt* **let; letting 1** ALLOW : dejar, permitir **2** RENT : alquilar **3 let's go!** : ¡vamos!, ¡vámonos! **4 let down**

DISAPPOINT : fallar **5 let in** : dejar entrar **6 let off** FORGIVE : perdonar **7 let up** ABATE : amainar, disminuir
letdown *n* : chasco *m*, decepción *f*
lethal *adj* : letal
lethargic *adj* : letárgico
let's (*contraction of* **let us**) → **let**
letter *n* **1** : carta *f* **2** : letra *f* (del alfabeto)
lettuce *n* : lechuga *f*
letup *n* : pausa *f*, descanso *m*
leukemia *n* : leucemia *f*
level *n* **1** : nivel *m* **2 be on the level** : ser honrado — **level** *vt* **-eled** *or* **-elled; -eling** *or* **-elling 1** : nivelar **2** AIM : apuntar **3** RAZE : arrasar — **level** *adj* **1** FLAT : llano, plano **2** : nivel (de altura) — **levelheaded** *adj* : sensato, equilibrado
lever *n* : palanca *f* — **leverage** *n* **1** : apalancamiento *m* (en física) **2** INFLUENCE : influencia *f*
levity *n* : ligereza *f*
levy *n, pl* **levies** : impuesto *m*

— **levy** *vt* **levied; levying** : imponer, exigir (un impuesto)
lewd *adj* : lascivo
lexicon *n, pl* **-ica** *or* **-icons** : léxico *m*, lexicón *m*
liable *adj* **1** : responsable **2** LIKELY : probable **3** SUSCEPTIBLE : propenso — **liability** *n, pl* **-ties 1** RESPONSIBILITY : responsabilidad *f* **2** DRAWBACK : desventaja *f* **3 liabilities** *npl* DEBTS : deudas *fpl*, pasivo *m*
liaison *n* **1** : enlace *m* **2** AFFAIR : amorío *m*
liar *n* : mentiroso *m*, -sa *f*
libel *n* : libelo *m*, difamación *f* — **libel** *vt* **-beled** *or* **-belled; -beling** *or* **-belling** : difamar
liberal *adj* : liberal — **liberal** *n* : liberal *mf*
liberate *vt* **-ated; -ating** : liberar — **liberation** *n* : liberación *f*
liberty *n, pl* **-ties** : libertad *f*
library *n, pl* **-braries** : biblioteca *f*

power lawn mower
cortadora^F del césped

lighthouse
faro^M

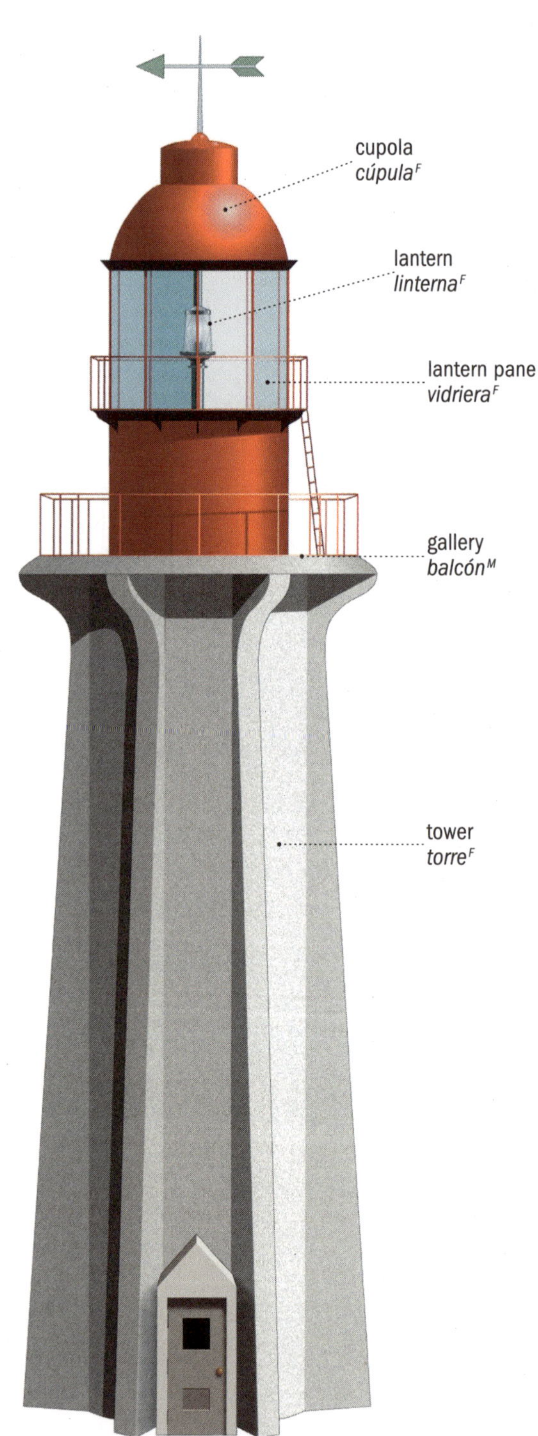

— **librarian** *n* : bibliotecario *m*, -ria *f*
lice → **louse**
license *or* licence *n* **1** PERMIT :
licencia *f* **2** FREEDOM : libertad *f* **3**
AUTHORIZATION : **permiso** *m* — **license** *vt*
licensed; licensing : autorizar
lick *vt* **1** : lamer **2** DEFEAT : **dar una**
paliza a *fam* — **lick** *n* : lamida *f*
licorice *n* : regaliz *m*
lid *n* **1** : tapa *f* **2** EYELID : párpado *m*
lie[1] *vi* **lay; lain; lying 1** *or* **lie**
down : acostarse, echarse **2**
BE : estar, encontrarse
lie[2] *vi* **lied; lying** : mentir — **lie** *n* : mentira *f*
lieutenant *n* : teniente *mf*
life *n*, *pl* **lives** : vida *f* — **lifeboat** *n* :
bote *m* salvavidas — **lifeguard** *n* :
socorrista *mf* — **lifeless** *adj* : sin vida
— **lifelike** *adj* : natural, realista —
lifelong *adj* : de toda la vida — **life**
preserver *n* : salvavidas *m* — **lifestyle** *n*
: estilo *m* de vida — **lifetime** *n* : vida *f*
lift *vt* **1** RAISE : **levantar 2** STEAL : **robar**
— *vi* **1** CLEAR UP : **despejarse 2** *or* **lift**
off : despegar (dícese de un avión, etc.)
— **lift** *n* **1** LIFTING : levantamiento *m* **2**
give someone a lift : llevar en coche
a algn — **liftoff** *n* : despegue *m*
light[1] *n* **1** : luz *f* **2** LAMP : lámpara *f* **3**
HEADLIGHT : **faro** *m* **4 do you have a**
light? : ¿tienes fuego? — **light** *adj* **1**
BRIGHT : bien iluminado **2** : claro (dícese
de los colores), rubio (dícese del pelo)
— **light** *v* **lit** *or* **lighted; lighting** *vt* **1**
: encender (un fuego) **2** ILLUMINATE :
iluminar — *vi or* **light up** : iluminarse
— **lightbulb** *n* : bombilla *f*, bombillo *m*,
Lat — **lighten** *vt* BRIGHTEN : iluminar —
▸ **lighter** *n* : encendedor *m* — **lighthouse** *n*
: faro *m* — **lighting** *n* : alumbrado *m*
— **lightning** *n* : relámpago *m*, rayo *m*
— **light–year** *n* : año *m* luz
light[2] *adj* : ligero — **lighten** *vt* : aligerar —
lightly *adv* **1** : suavemente **2 let off lightly**
: tratar con indulgencia — **lightness** *n*
: ligereza *f* — **lightweight** *adj* : ligero
like[1] *v* **liked; liking** *vt* **1** : gustarle
(a uno) **2** WANT : querer — *vi* **if**
you like : si quieres — **likes** *npl*
: preferencias *fpl*, gustos *mpl* —
likable *or* **likeable** *adj* : simpático
like[2] *adj* SIMILAR : parecido — **like** *prep*
: como — **like** *conj* **1** AS : como **2** AS IF :
como si — **likelihood** *n* : probabilidad *f* —
likely *adj* **-lier; -est** : probable — **liken** *vt*

: comparar — **likeness** n : semejanza f, parecido m — **likewise** adv 1 : lo mismo 2 ALSO : también

liking n : afición f (por una cosa), simpatía f (por una persona)

lilac n : lila f

lily n, pl **lilies** : lirio m, azucena f — **lily of the valley** n : lirio m de los valles

lima bean n : frijol m de media luna

limb n 1 : miembro m (en anatomía) 2 : rama f (de un arból)

limber vi or **limber up** : calentarse, hacer ejercicios preliminares — **limber** adj : ágil

limbo n, pl **-bos** : limbo m

▸ **lime** n : lima f, limón m verde Lat

limelight n be in the limelight : estar en el candelero

limerick n : poema m jocoso de cinco versos

limestone n : (piedra f) caliza f

limit n : límite m — **limit** vt : limitar, restringir — **limitation** n : limitación f, restricción f — **limited** adj : limitado

limousine n : limusina f

limp[1] vi : cojear — **limp** n : cojera f

limp[2] adj : flojo, fláccido

line n 1 : línea f 2 ROPE : cuerda f 3 ROW : fila f 4 QUEUE : cola f 5 WRINKLE : arruga f 6 drop a line : mándar unas líneas — **line** v **lined; lining** vt 1 : forrar (un vestido, etc.), cubrir (las paredes, etc.) 2 MARK : rayar, trazar líneas en 3 BORDER : bordear — vi **line up** : ponerse in fila, hacer cola

lineage n : linaje m

linear adj : lineal

linen n : lino m

liner n 1 LINING : forro m 2 SHIP : buque m, transatlántico m

lineup n 1 or **police lineup** : fila f de sospechosos 2 : alineación f (en deportes)

linger vi 1 : quedarse, entretenerse 2 PERSIST : persistir

lingerie n : ropa f íntima femenina, lencería f

lingo n, pl **-goes** JARGON : jerga f

linguistics n : lingüística f — **linguist** n : lingüista mf — **linguistic** adj : lingüístico

lining n : forro m

link n 1 : eslabón m (de una cadena) 2 BOND : lazo m 3 CONNECTION : conexión f — **link** vt : enlazar, conectar — vi **link up** : unirse, conectar

linoleum n : linóleo m

lint n : pelusa f

lion n : león m — **lioness** n : leona f

lip n 1 : labio m 2 EDGE : borde m — **lipstick** n : lápiz m de labios

liqueur n : licor m

liquid adj : líquido — **liquid** n : líquido m — **liquidate** vt **-dated; -dating** : liquidar — **liquidation** n : liquidación f

liquor n : bebidas fpl alcohólicas

lisp vi : cecear — **lisp** n : ceceo m

list[1] n : lista f — **list** vt 1 ENUMERATE : hacer una lista de, enumerar 2 INCLUDE : incluir (en una lista)

list[2] vi : escorar (dícese de un barco)

listen vi 1 : escuchar 2 **listen to** HEED : hacer caso de 3 **listen to reason** : atender a razones — **listener** n : oyente mf

listless adj : apático

lit pp → **light**

litany n, pl **-nies** : letanía f

liter n : litro m

literacy n : alfabetismo m

literal adj : literal — **literally** adv : literalmente, al pie de la letra

literate adj : alfabetizado

literature n : literatura f — **literary** adj : literario

lithe adj : ágil y grácil

litigation n : litigio m

litre → **liter**

litter n 1 RUBBISH : basura f 2 : camada f (de animales) 3 or **kitty litter** : arena f higiénica — **litter** vt : tirar basura en, ensuciar — vi : tirar basura

little adj **littler** or **less** or **lesser; littlest** or **least** 1 SMALL : pequeño 2 **a little** SOME : un poco de 3 **he speaks little English** : habla poco inglés — **little** adv **less; least** : poco — **little** pron 1 : poco m, -ca f 2 **little by little** : poco a poco

llama
llama[F]

liturgy n, pl **-gies** : liturgia f — **liturgical** adj : litúrgico

live vi **lived; living** 1 : vivir 2 RESIDE : residir 3 **live on** : vivir de — vt : vivir, llevar (una vida) — **live** adj 1 : vivo 2 : con corriente (dícese de cables eléctricos) 3 : en vivo, en directo (dícese de programas de televisión, etc.) — **livelihood** n : sustento m, medio m de vida — **lively** adj **-lier; -est** : animado, alegre — **liven** vt or **liven up** : animar — vi : animarse

liver n : hígado m

livestock n : ganado m

livid adj 1 : lívido 2 ENRAGED : furioso

living adj : vivo — **living** n **make a living** : ganarse la vida — **living room** n : living m, sala f (de estar)

lizard n : lagarto m

▸ **llama** n : llama f

load n 1 CARGO : carga f 2 BURDEN : carga f, peso m 3 **loads of** : un montón de — **load** vt : cargar

loaf[1] n, pl **loaves** : pan m, barra f (de pan)

loaf[2] vi : holgazanear — **loafer** n 1 : holgazán m, -zana f 2 : mocasín m (zapato)

loan n : préstamo m — **loan** vt : prestar

loathe vt **loathed; loathing** : odiar — **loathsome** adj : odioso

lobby n, pl **-bies** 1 : vestíbulo m 2 or **political lobby** : grupo m de presión, lobby m — **lobby** v **-bied; -bying** vt : ejercer presión sobre

lobe n : lóbulo m

lobster n : langosta f

local adj : local — **local** n **the locals** : los

lime
lima[F]

lock
esclusaF

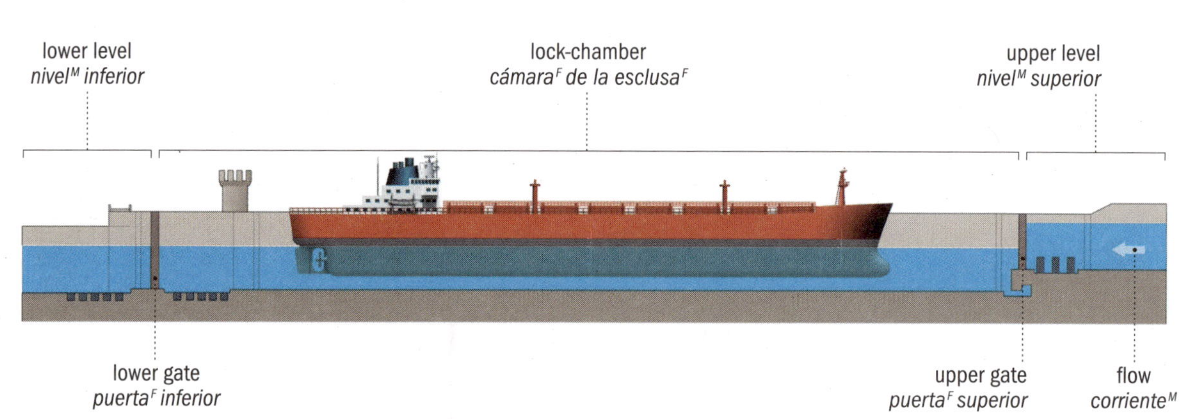

vecinos del lugar — **locale** *n* : escenario *m*
— **locality** *n, pl* **-ties** : localidad *f*
locate *vt* **-cated; -cating 1** SITUATE
: situar, ubicar **2** FIND : localizar —
location *n* : situación *f*, lugar *m*
lock[1] *n* : mechón *m* (de pelo)
lock[2] *n* **1** : cerradura *f* (de una puerta,
etc.) **2** : esclusa *f* (de un canal) —
lock *vt* **1** : cerrar (con llave) **2** *or*
lock up CONFINE : encerrar — *vi* **1**
: cerrarse con llave **2** : bloquearse
(dícese de una rueda, etc.) — **locker** *n*
: armario *m* — **locket** *n* : medallón *m*
— **locksmith** *n* : cerrajero *m*, -ra *f*
locomotive *n* : locomotora *f*
locust *n* : langosta *f*, chapulín *m, Lat*
lodge *v* **lodged; lodging** *vt* **1** HOUSE :
hospedar, alojar **2** FILE : presentar — *vi*
: hospedarse, alojarse — **lodge** *n* :
pabellón *m* — **lodger** *n* : huésped *m*,
-peda *f* — **lodging** *n* **1** : alojamiento *m* **2**
lodges *npl* : habitaciones *fpl*
loft *n* **1** : desván *m* (en una casa) **2**
HAYLOFT : pajar *m* — **lofty** *adj* **loftier; -est**
1 : noble, elevado **2** HAUGHTY : altanero
log *n* **1** : tronco *m*, leño *m* **2** RECORD
: diario *m* — **log** *vi* **logged; logging**
1 : talar (árboles) **2** RECORD : registrar,
anotar **3 log on** : entrar (en el sistema)
4 log off : salir (del sistema) —
logger *n* : leñador *m*, -dora *f*
logic *n* : lógica *f* — **logical** *adj* : lógico
— **logistics** *ns & pl* : logística *f*
logo *n, pl* **logos** : logotipo *m*

loin *n* : lomo *m*
loiter *vi* : vagar, holgazanear
lollipop *or* **lollypop** *n* :
pirulí *m*, chupete *m, Lat*
lone *adj* : solitario — **loneliness** *n* :
soledad *f* — **lonely** *adj* **-lier; -est** :
solitario, solo — **loner** *n* : solitario *m*,
-ria *f* — **lonesome** *adj* : solo, solitario
long[1] *adj* **longer; longest** : largo —
long *adv* **1** : mucho tiempo **2 all**
day long : todo el día **3 as long as** :
mientras **4 no longer** : ya no **5 so long!**
: ¡hasta luego!, ¡adiós! — **long** *n* **1**
before long : dentro de poco **2 the**
long and the short : lo esencial
long[2] *vi* **long for** : anhelar, desear
longevity *n* : longevidad *f*
longing *n* : ansia *f*, anhelo *m*
longitude *n* : longitud *f*
look *vi* **1** : mirar **2** SEEM : parecer **3 look**
after : cuidar (de) **4 look for** EXPECT :
esperar **5 look for** SEEK : buscar **6 look**
into : investigar **7 look out** : tener cuidado
8 look over EXAMINE : revisar **9 look up**
to : respetar — *vt* : mirar — **look** *n* **1**
: mirada *f* **2** APPEARANCE : aspecto *m*,
aire *m* — **lookout** *n* **1** : puesto *m* de
observación **2** WATCHMAN : vigía *mf* **3 be**
on the lookout for : estar al acecho de
loom[1] *n* : telar *m*
loom[2] *vi* **1** APPEAR : aparecer, surgir
2 APPROACH : ser inminente
loop *n* : lazada *f*, lazo *m* — **loop** *vt* : hacer
lazadas con — **loophole** *n* : escapatoria *f*

loose *adj* **looser; -est 1** MOVABLE : **flojo,**
suelto 2 SLACK : **flojo 3** ROOMY : **holgado**
4 APPROXIMATE : **libre, aproximado 5**
FREE : **suelto 6** IMMORAL : **relajado** —
loosely *adv* **1** : sin apretar **2** ROUGHLY :
aproximadamente — **loosen** *vt* : aflojar
loot *n* : botín *m* — **loot** *vt* : saquear,
robar — **looter** *n* : saqueador *m*,
-dora *f* — **looting** *n* : saqueo *m*
lop *vt* **lopped; lopping** : cortar, podar
lopsided *adj* : torcido, chueco *Lat*
lord *n* **1** : señor *m*, noble *m* **2**
the Lord : el Señor
lore *n* : saber *m* popular, tradición *f*
lose *v* **lost; losing** *vt* **1** : perder **2 lose**
one's way : perderse **3 lose time** :
atrasarse (dícese de un reloj) — *vi* :
perder — **loser** *n* : perdedor *m*, -dora *f*
— **loss** *n* **1** : pérdida *f* **2** DEFEAT :
derrota *f* **3 be at a loss for words** :
no encontrar palabras — **lost** *adj* **1**
: perdido **2 get lost** : perderse
lot *n* **1** FATE : suerte *f* **2** PLOT : solar *m* **3**
a lot of *or* **lots of** : mucho, un montón de
lotion *n* : loción *f*
lottery *n, pl* **-teries** : lotería *f*
loud *adj* **1** : alto, fuerte **2** NOISY : ruidoso
3 FLASHY : llamativo — **loud** *adv* **1** : fuerte
2 out loud : en voz alta — **loudly** *adv* : en
voz alta — **loudspeaker** *n* : altavoz *m*
lounge *vi* **lounged; lounging 1** :
repantigarse **2** *or* **lounge about** :
holgazanear — **lounge** *n* : salón *m*
louse *n, pl* **lice** : piojo *m*

— **lousy**; *adj* **lousier; -est 1** :
piojoso **2** BAD : pésimo, muy malo
love *n* **1** : amor *m* **2 fall in love** :
enamorarse — **love** *v* **loved; loving**
: querer, amar — **lovable** *adj* :
adorable, amoroso *Lat* — **lovely** *adj*
-lier; -est : lindo, precioso — **lover** *n*
: amante *mf* — **loving** *adj* : cariñoso
low *adj* **lower; -est 1** : bajo **2** SCARCE
: escaso **3** DEPRESSED : deprimido —
low *adv* **1** : bajo **2 turn the lights down**
low : bajar las luces — **low** *n* **1** : punto *m*
bajo **2** *or* **low gear** : primera velocidad *f*
— **lower** *adj* : inferior, más bajo — **low** *vt*
: bajar — **lowly** *adj* **-lier; -est** : humilde
loyal *adj* : leal, fiel — **loyalty** *n*,
pl **-ties** : lealtad *f*
lozenge *n* : pastilla *f*
lubricate *vt* **-cated; -cating** :
lubricar — **lubricant** *n* : lubricante *m*
— **lubrication** *n* : lubricación *f*
lucid *adj* : lúcido — **lucidity** *n* : lucidez *f*
luck *n* **1** : suerte *f* **2 good luck!** : ¡buena
suerte! — **luckily** *adv* : afortunadamente
— **lucky** *adj* **luckier; -est 1** : afortunado
2 luck charm : amuleto *m* (de la suerte)
lucrative *adj* : lucrativo
ludicrous *adj* : ridículo, absurdo
lug *vt* **lugged; lugging** : arrastrar
▶ **luggage** *n* : equipaje *m*
lukewarm *adj* : tibio
lull *vt* **1** CALM : calmar **2 lull to**
sleep : adormecer — **lull** *n* :
período *m* de calma, pausa *f*
lullaby *n*, *pl* **-bies** : canción *f*
de cuna, nana *f*
lumber *n* : madera *f* —
lumberjack *n* : leñador *m*, -dora *f*
luminous *adj* : luminoso

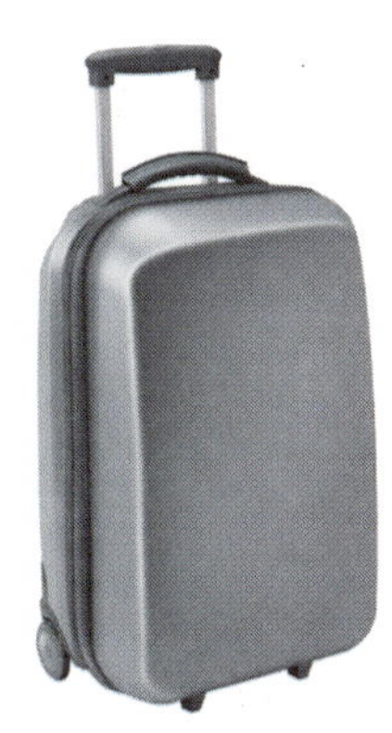
carry-on bag
bolso^M *de viaje*^M

luggage carrier
carrito^M *portamaletas*^M

upright suitcase
maleta^F *vertical*

garment bag
portatrajes^M

lynx
lince^M

lump *n* **1** CHUNK, PIECE : pedazo *m*,
trozo *m* **2** SWELLING : bulto *m* **3** :
grumo *m* (en un líquido) — **lump** *vt*
or **lump together** : juntar, agrupar —
lumpy *adj* **lumpier; -est** : grumoso
(dícese de una salsa), lleno de
bultos (dícese de un colchón)
lunacy *n*, *pl* **-cies** : locura *f*
lunar *adj* : lunar
lunatic *n* : loco *m*, -ca *f*
lunch *n* : almuerzo *m*, comida *f*
— **lunch** *vi* : almorzar, comer —
luncheon *n* : comida *f*, almuerzo *m*
lung *n* : pulmón *m*
lunge *vi* **lunged; lunging 1** : lanzarse
2 lunge at : arremeter contre
lurch[1] *vi* **1** STAGGER : tambalearse **2** :
dar bandazos (dícese de un vehículo)
lurch[2] *n* **leave in a lurch** :
dejar en la estacada
lure *n* **1** BAIT : señuelo *m* **2** ATTRACTION :

atractivo *m* — **lure** *vt* **lured; luring** : atraer
lurid *adj* **1** GRUESOME : espeluznante
2 SENSATIONAL : sensacionalista
3 GAUDY : chillón
lurk *vi* : estar al acecho
luscious *adj* : delicioso, exquisito
lush *adj* : exuberante, suntuoso
lust *n* **1** : lujuria *f* **2** CRAVING : ansia *f*,
anhelo *m* — **lust** *vi* **lust after** : desear (a
una persona), codiciar (riquezas, etc.)
luster *or* lustre *n* : lustre *m*
lusty *adj* **lustier; -est** : fuerte, vigoroso
luxurious *adj* : lujoso —
luxury *n*, *pl* **-ries** : lujo *m*
lye *n* : lejía *f*
lying → **lie**
lynch *vt* : linchar
▶ **lynx** *n* : lince *m*
lyric *or* **lyrical** *adj* : lírico — **lyrics** *npl*
: letra *f* (de una canción)

m *n, pl* **m's** *or* **ms** : m *f*, decimotercera letra del alfabeto inglés

ma'am → **madam**

macabre *adj* : macabro

macaroni *n* : macarrones *mpl*

mace *n* **1** : maza *f* (arma o símbolo) **2** : macis *f* (especia)

machete *n* : machete *m*

machine *n* : máquina *f* — **machinery** *n, pl* **-eries 1** : maquinaria *f* **2** WORKS : mecanismo *m* — **machine gun** *n* : ametralladora *f*

mad *adj* **madder; maddest 1** INSANE : loco **2** FOOLISH : insensato **3** ANGRY : furioso

madam *n, pl* **mesdames** : señora *f*

madden *vt* : enfurecer

made → **make**

madly *adv* : como un loco, locamente — **madman** *n, pl* **-men** : loco *m* — **madness** *n* : locura *f*

Mafia *n* : Mafia *f*

magazine *n* **1** PERIODICAL : revista *f* **2** : recámara *f* (de un arma de fuego)

maggot *n* : gusano *m*

magic *n* : magia *f* — **magic** *or* **magical** *adj* : mágico — **magician** *n* : mago *m*, -ga *f*

magistrate *n* : magistrado *m*, -da *f*

magnanimous *adj* : magnánimo

magnate *n* : magnate *mf*

magnet *n* : imán *m* — **magnetic** *adj* : magnético — **magnetism** *n* : magnetismo *m* — **magnetize** *vt* **-tized; -tizing** : magnetizar

magnificent *adj* : magnífico — **magnificence** *n* : magnificencia *f*

magnify *vt* **-fied; -fying 1** ENLARGE : ampliar **2** EXAGGERATE : exagerar — **magnifying glass** *n* : lupa *f*

magnitude *n* : magnitud *f*

magnolia *n* : magnolia *f*

mahogany *n, pl* **-nies** : caoba *f*

maid *n* : sirvienta *f*, criada *f*, muchacha *f*
— **maiden** *adj* FIRST : inaugural —
maiden name *n* : nombre *m* de soltera
mail *n* **1** : correo *m* **2** LETTERS :
correspondencia *f* — **mail** *vt* : enviar
por correo — **mailbox** *n* : buzón *m*
— **mailman** *n, pl* **-men** : cartero *m*
maim *vt* : mutilar
main *n* : tubería *f* principal (de
agua o gas), cable *m* principal (de
un circuito) — **main** *adj* : principal
— **mainframe** *n* : computadora *f*
central — **mainland** *n* : continente *m*
— **mainly** *adv* : principalmente —
mainstay *n* : sostén *m* (principal) —
mainstream *n* : corriente *f* principal —
mainstream *adj* : dominante, convencional
maintain *vt* : mantener —
maintenance *n* : mantenimiento *m*
maize *n* : maíz *m*
majestic *adj* : majestuoso —
majesty *n, pl* **-ties** : majestad *f*
major *adj* **1** : muy importante, principal
2 : mayor (en música) — **major** *n* **1** :
mayor *mf*, comandante *mf* (en las fuerzas
armadas) **2** : especialidad *f* (universitaria)
— **major** *vi* **-jored; -joring** : especializarse
— **majority** *n, pl* **-ties** : mayoría *f*
make *v* **made; making** *vt* **1** : hacer **2**
MANUFACTURE : **fabricar 3** CONSTITUTE
: **constituir 4** PREPARE : **preparar 5**
RENDER : **poner 6** COMPEL : **obligar 7**
make a decision : tomar una decisión
8 make a living : ganar la vida — *vi* **1**
make do : arreglárselas **2 make for** :
dirigirse a **3 make good** SUCCEED : tener
éxito — **make** *n* BRAND : marca *f* —
make–believe *n* : fantasía *f* — **make–
believe** *adj* : imaginario — **make out** *vt* **1**
: hacer (un cheque, etc.) **2** DISCERN :
distinguir **3** UNDERSTAND : comprender
— *vi* **how did you make?** : ¿qué tal
te fue? — **maker** *n* MANUFACTURER
: fabricante *mf* — **makeshift** *adj* :
improvisado — **makeup** *n* **1** COMPOSITION
: composición *f* **2** COSMETICS : maquillaje *m*
— **make up** *vt* **1** PREPARE : preparar **2**
INVENT : inventar **3** CONSTITUTE : formar
— *vi* RECONCILE : hacer las paces
maladjusted *adj* : inadaptado
malaria *n* : malaria *f*, paludismo *m*
male *n* : macho *m* (de animales o plantas),
varón *m* (de personas) — **male** *adj* **1**
: macho **2** MASCULINE : masculino
malevolent *adj* : malévolo

malfunction *vi* : funcionar mal —
malfunction *n* : mal funcionamiento *m*
malice *n* : mala intención *f*, rencor *m*
— **malicious** *adj* : malicioso
malign *adj* : maligno —
malign *vt* : calumniar
malignant *adj* : maligno
mall *n or* **shopping mall** :
centro *m* comercial
malleable *adj* : maleable
mallet *n* : mazo *m*
malnutrition *n* : desnutrición *f*
malpractice *n* : mala
práctica *f*, negligencia *f*
malt *n* : malta *f*
mama *or* mamma *n* : mamá *f*
mammal *n* : mamífero *m*
mammogram *n* : mamografía *f*
mammoth *adj* : gigantesco
man *n, pl* **men** : hombre *m* — **man** *vt*
manned; manning : tripular (un barco
o avión), encargarse de (un servicio)
manage *v* **-aged; -aging** *vt* **1** HANDLE
: manejar **2** DIRECT : administrar,
dirigir — *vi* COPE : arreglárselas
— **manageable** *adj* : manejable
— **management** *n* : dirección *f* —
manager *n* : director *m*, -tora *f*; gerente *mf*
— **managerial** *adj* : directivo
mandarin *n or* **mandarin
orange** : mandarina *f*
mandate *n* : mandato *m* —
mandatory *adj* : obligatorio
mane *n* : crin *f* (de un caballo),
melena *f* (de un león)
maneuver *n* : maniobra *f* — **maneuver** *v*
-vered; -vering : maniobrar
mangle *vt* **-gled; -gling** : destrozar
mango *n, pl* **-goes** : mango *m*
mangy *adj* **mangier; -est** : sarnoso
manhandle *vi* **-dled; -dling** : maltratar
manhole *n* : boca *f* de alcantarilla
manhood *n* **1** : madurez *f* (de un
hombre) **2** VIRILITY : virilidad *f*
mania *n* : manía *f* — **maniac** *n*
: maníaco *m*, -ca *f*
manicure *n* : manicura *f* — **manicure** *vt*
-cured; -curing : hacer la manicura a
manifest *adj* : manifiesto, patente —
manifest *vt* : manifestar — **manifesto** *n,
pl* **-tos** *or* **-toes** : manifiesto *m*
manipulate *vt* **-lated; -lating** : manipular
— **manipulation** *n* : manipulación *f*
mankind *n* : género *m*
humano, humanidad *f*

manly *adj* **-lier; -est** : viril —
manliness *n* : virilidad *f*
man–made *adj* : artificial
mannequin *n* : maniquí *m*
manner *n* **1** : manera *f* **2** KIND : clase *f* **3**
manners *npl* ETIQUETTE : modales *mpl*,
educación *f* — **mannerism** *n* :
peculiaridad *f* (de una persona)
manoeuvre *Brit* → **maneuver**
manor *n* : casa *f* solariega
manpower *n* : mano *f* de obra
mansion *n* : mansión *f*
manslaughter *n* : homicidio *m*
sin premeditación
mantel *or* **mantelpiece** *n* :
repisa *f* de la chimenea
manual *adj* : manual —
manual *n* : manual *m*
manufacture *n* : fabricación *f* —
manufacture *vt* **-tured; -turing** : fabricar
— **manufacturer** *n* : fabricante *mf*
manure *n* : estiércol *m*
manuscript *n* : manuscrito *m*
many *adj* **more; most 1** : muchos
2 as many : tantos **3 how many** :
cuántos **4 too many** : demasiados
— **many** *pron* : muchos *pl*, -chas *pl*
▸ **map** *n* : mapa *m* — **map** *vt* **mapped;
mapping 1** : trazar el mapa de **2**
or **map out** : planear, proyectar
▸ **maple** *n* : arce *m*

mar *vt* **marred; marring** : estropear
marathon *n* : maratón *m*
marble *n* **1** : mármol *m* **2 marbles** *npl* : canicas *fpl* (para jugar)
march *n* : marcha *f* — **march** *vi* : marchar, desfilar
March *n* : marzo *m*
mare *n* : yegua *f*
margarine *n* : margarina *f*
margin *n* : margen *m* — **marginal** *adj* : marginal
marigold *n* : caléndula *f*
marijuana *n* : marihuana *f*
marinate *vt* **-nated; -nating** : marinar
marine *adj* : marino — **marine** *n* : soldado *m* de marina
marionette *n* : marioneta *f*
marital *adj* **1** : matrimonial **2 marital status** : estado *m* civil
maritime *adj* : marítimo
mark *n* **1** : marca *f* **2** STAIN : mancha *f* **3** IMPRINT : huella *f* **4** TARGET : blanco *m* **5** GRADE : nota *f* — **mark** *vt* **1** : marcar **2** STAIN : manchar **3** POINT OUT : señalar **4** : calificar (un examen, etc.) **5** COMMEMORATE : conmemorar **6** CARACTERIZE : caracterizar **7 mark off** : delimitar — **marked** *adj* : marcado, notable — **markedly** *adv* : notablemente — **marker** *n* : marcador *m*
market *n* : mercado *m* — **market** *vt* : vender, comercializar — **marketable** *adj* : vendible — **marketplace** *n* : mercado *m*
marksman *n*, *pl* **-men** : tirador *m* — **marksmanship** *n* : puntería *f*
marmalade *n* : mermelada *f*
maroon[1] *vt* : abandonar, aislar
maroon[2] *n* : rojo *m* oscuro
marquee *n* CANOPY : marquesina *f*
marriage *n* **1** : matrimonio *m* **2** WEDDING : casamiento *m*, boda *f* — **married** *adj* **1** : casado **2 get married** : casarse
marrow *n* : médula *f*, tuétano *m*
marry *v* **-ried; -rying** *vt* **1** : casar **2** WED : casarse con — *vi* : casarse
Mars *n* : Marte *m*
marsh *n* **1** : pantano *m* **2** *or* **salt marsh** : marisma *f*
marshal *n* : mariscal *m* (en el ejército); jefe *m*, -fa *f* (de policía, de bomberos, etc.) — **marshal** *vt* **-shaled** *or* **-shalled; -shaling** *or* **-shalling** : poner en orden (los pensamientos, etc.), reunir (las tropas)
marshmallow *n* : malvavisco *m*
marshy *adj* **marshier; -est** : pantanoso
mart *n* : mercado *m*

martial *adj* : marcial
martyr *n* : mártir *mf* — **martyr** *vt* : martirizar
marvel *n* : maravilla *f* — **marvel** *vi* **-veled** *or* **-velled; -veling** *or* **-velling** : maravillarse — **marvelous** *or* **marvellous** *adj* : maravilloso
mascara *n* : rímel *m*
mascot *n* : mascota *f*
masculine *adj* : masculino — **masculinity** *n* : masculinidad *f*
mash *vt* **1** CRUSH : aplastar, majar **2** PUREE : hacer puré de — **mashed potatoes** *npl* : puré *m* de patatas, puré *m* de papas *Lat*
mask *n* : máscara *f* — **mask** *vt* : enmascarar
masochism *n* : masoquismo *m* — **masochist** *n* : masoquista *mf* — **masochistic** *adj* : masoquista
mason *n* : albañil *mf* — **masonry** *n*, *pl* **-ries** : albañilería *f*
masquerade *n* : mascarada *f* — **masquerade** *vi* **-aded; -ading masquerade as** : disfrazarse de, hacerse pasar por
mass *n* **1** : masa *f* **2** MULTITUDE : cantidad *f* **3 the masses** : las masas
Mass *n* : misa *f*
massacre *n* : masacre *f* — **massacre** *vt* **-cred; -cring** : masacrar
massage *n* : masaje *m* — **massage** *vt* **-saged; -saging** : dar masaje a, masajear — **masseur** *n* : masajista *m* — **masseuse** *n* : masajista *f*
massive *adj* **1** BULKY, SOLID : macizo **2** HUGE : enorme, masivo
mast *n* : mástil *m*
master *n* **1** : amo *m*, señor *m* (de la casa) **2** EXPERT : maestro *m*, -tra *f* **3 master's degree** : maestría *f* — **master** *vt* : dominar — **masterful** *adj* : magistral — **masterpiece** *n* : obra *f* maestra — **mastery** *n* : maestría *f*
masturbate *v* **-bated; -bating** *vi* : masturbarse — **masturbation** *n* : masturbación *f*
mat *n* **1** DOORMAT : felpudo *m* **2** RUG : estera *f*
matador *n* : matador *m*
match *n* **1** EQUAL : igual *mf* **2** : fósforo *m*, cerilla *f* (para encender) **3** GAME : partido *m*, combate *m* (en boxeo) **4 be a good match** : hacer buena pareja — **match** *vt* **1** *or* **match up** : emparejar **2** EQUAL : igualar **3** :

combinar con, hacer juego con (ropa, colores, etc.) — *vi* : concordar, coincidir
mate *n* **1** COMPANION : compañero *m*, -ra *f*; amigo *m*, -ga *f* **2** : macho *m*, hembra *f* (de animales) — **mate** *vi* **mated; mating** : aparearse
material *adj* **1** : material **2** IMPORTANT : importante — **material** *n* **1** : material *m* **2** CLOTH : tela *f*, tejido *m* — **materialistic** *adj* : materialista — **materialize** *vi* **-ized; -izing** : aparecer
maternal *adj* : maternal — **maternity** *n*, *pl* **-ties** : maternidad *f* — **maternal** *adj* **1** : de maternidad **2 maternal clothes** : ropa *f* de futura mamá
math → **mathematics**
mathematics *ns & pl* : matemáticas *fpl* — **mathematical** *adj* : matemático — **mathematician** *n* : matemático *m*, -ca *f*
matinee *or* **matinée** *n* : matiné(e) *f*, fonción *f* de tarde
matrimony *n* : matrimonio *m* — **matrimonial** *adj* : matrimonial
matrix *n*, *pl* **-trices** *or* **-trixes** : matriz *f*
matte *adj* : mate
matter *n* **1** SUBSTANCE : materia *f* **2** QUESTION : asunto *m*, cuestión *f* **3 as a matter of fact** : en efecto, en realidad **4 for that matter** : de hecho **5 to make matters worse** : para colmo de males **6 what's the matter?** : ¿qué pasa? — **matter** *vi* : importar
mattress *n* : colchón *m*
mature *adj* **-turer; -est** : maduro — **mature** *vi* **-tured; -turing** : madurar — **maturity** *n* : madurez *f*
maul *vt* : maltratar, aporrear
mauve *n* : malva *m*
maxim *n* : máxima *f*
maximum *n*, *pl* **-ma** *or* **-mums** : máximo *m* — **maximum** *adj* : máximo — **maximize** *vt* **-mized; -mizing** : llevar al máximo
may *v aux past* **might** *present s & pl* **may 1** : poder **2 come what may** : pase lo que pase **3 it may happen** : puede pasar **4 may the best man win** : que gane el mejor
May *n* : mayo *m*
maybe *adv* : quizás, tal vez
mayhem *n* : alboroto *m*
mayonnaise *n* : mayonesa *f*
mayor *n* : alcalde *m*, -desa *f*
maze *n* : laberinto *m*
me *pron* **1** : me **2 for me** : para mí

3 give it to me! : ¡dámelo! **4 it's me** : soy yo **5 with me** : conmigo

meadow *n* : prado *m*, pradera *f*

meager *or* **meagre** *adj* : escaso

meal *n* **1** : comida *f* **2** : harina *f* (de maíz, etc.) — **mealtime** *n* : hora *f* de comer

mean[1] *vt* **meant; meaning 1** SIGNIFY : querer decir **2** INTEND : querer, tener la intención de **3 be meant for** : estar destinado a **4 he didn't mean it** : no lo dijo en serio

mean[2] *adj* **1** UNKIND : malo **2** STINGY : mezquino, tacaño **3** HUMBLE : humilde

mean[3] *adj* AVERAGE : medio — **mean** *n* : promedio *m*

meander *vi* **-dered; -dering 1** WIND : serpentear **2** WANDER : vagar

meaning *n* : significado *m*, sentido *m* — **meaningful** *adj* : significativo — **meaningless** *adj* : sin sentido

meanness *n* **1** UNKINDNESS : maldad *f* **2** STINGINESS : mezquinidad *f*

means *n* **1** : medio *m* **2 by all means** : por supuesto **3 by means of** : por medio de **4 by no means** : de ninguna manera

meantime *n* **1** : interín *m* **2 in the meantime** : mientras tanto — **meantime** *adv* → **meanwhile**

meanwhile *adv* : mientras tanto — **meanwhile** *n* → **meantime**

measles *npl* : sarampión *m*

measly *adj* **-slier; -est** : miserable, misero

measure *n* : medida *f* — **measure** *v* **-sured; -suring** : medir — **measurable** *adj* : mensurable — **measurement** *n* : medida *f* — **measure up** *vi* **measure up to** : estar a la altura de

▸ **meat** *n* : carne *f* — **meatball** *n* : albóndiga *f* — **meaty** *adj* **meatier; -est 1** : carnoso **2** SUBSTANTIAL : sustancioso

mechanic *n* : mecánico *m*, -ca *f* — **mechanical** *adj* : mecánico — **mechanics** *ns & pl* **1** : mecánica *f* **2** WORKINGS : mecanismo *m* — **mechanism** *n* : mecanismo *m* — **mechanize** *vt* **-nized; -nizing** : mecanizar

medal *n* : medalla *f* — **medallion** *n* : medallón *m*

meddle *vi* **-dled; -dling** : entrometerse

media *or* **mass media** *npl* : medios *mpl* de comunicación

median *adj* : medio

mediate *vi* **-ated; -ating** : mediar — **mediation** *n* : mediación *f* — **mediator** *n* : mediador *m*, -dora *f*

medical *adj* : médico — **medicated** *adj* : medicinal — **medication** *n* : medicamento *m* — **medicinal** *adj* : medicinal — **medicine** *n* **1** : medicina *f* **2** MEDICATION : medicina *f*, medicamento *m*

medieval *or* **mediaeval** *adj* : medieval

mediocre *adj* : mediocre — **mediocrity** *n, pl* **-ties** : mediocridad *f*

meditate *vi* **-tated; -tating** : meditar — **meditation** *n* : meditación *f*

medium *n, pl* **-diums** *or* **-dia 1** MEANS : medio *m* **2** MEAN : punto *m* medio, término *m* medio **3** → **media** — **medium** *adj* : mediano

medley *n, pl* **-leys 1** : mezcla *f* **2** : popurrí *m* (de canciones)

meek *adj* : dócil

meet *v* **met; meeting** *vt* **1** ENCOUNTER : encontrarse con **2** SATISFY : satisfacer **3 pleased to meet you** : encantado de conocerlo — *vi* **1** : encontrarse **2** ASSEMBLE : reunirse **3** BE INTRODUCED : conocerse — **meet** *n* : encuentro *m* — **meeting** *n* : reunión *f*

megabyte *n* : megabyte *m*

megaphone *n* : megáfono *m*

melancholy *n, pl* **-cholies** : melancolía *f* — **melancholy** *adj* : melancólico, triste

mellow *adj* **1** : suave, dulce **2** CALM :

cuts of meat
cortes de carne^F

ground beef
carne[F] *picada*

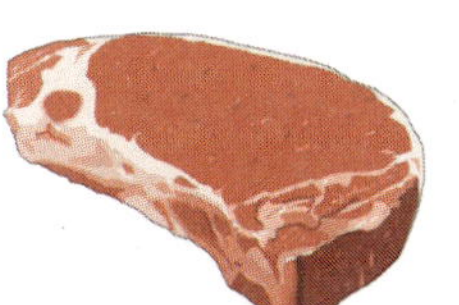

pork chop
chuleta[F]

steak
bistec[M]

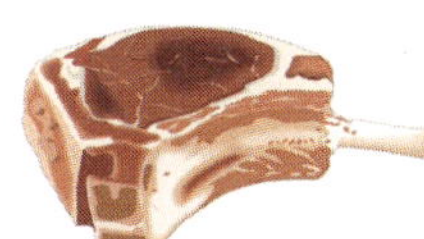

chop
chuleta[F]

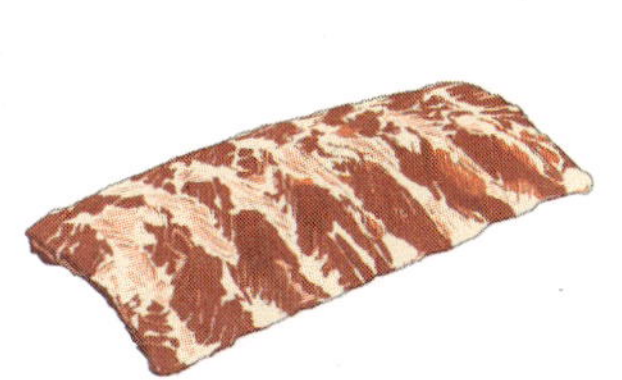

back ribs
costillar[M]

roast
asado[M]

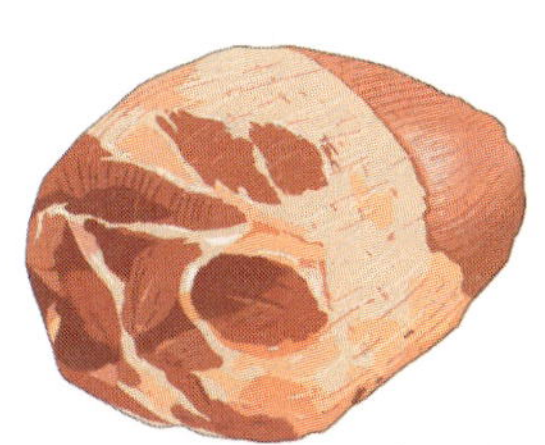

smoked ham
jamón[M] *ahumado*

apacible **3** : maduro (dícese de frutas), añejo (dícese de vinos) — **mellow** *vt* : suavizar, endulzar — *vi* : suavizarse

melody *n, pl* **-dies** : melodía *f*

melon *n* : melón *m*

melt *vi* : derretirse, fundirse — *vt* : derretir

member *n* : miembro *m* — **membership** *n* **1** : calidad *f* de miembro **2** MEMBERS : miembros *mpl*

membrane *n* : membrana *f*

memory *n, pl* **-ries 1** : memoria *f* **2** RECOLLECTION : recuerdo *m* — **memento** *n, pl* **-tos** *or* **-toes** : recuerdo *m* — **memo** *n, pl* **memos** *or* **memorandum** *n, pl* **-dums** *or* **-da** : memorándum *m* — **memoirs** *npl* : memorias *fpl* — **memorable** *adj* : memorable — **memorial** *adj* : conmemorativo — **memory** *n* : monumento *m* (conmemorativo) — **memorize** *vt* **-rized; -rizing** : aprender de memoria

men → **man**

menace *n* : amenaza *f* — **menace** *vt* **-aced; -acing** : amenazar — **menacing** *adj* : amenazador

mend *vt* **1** : reparar, arreglar **2** DARN : zurcir — *vi* HEAL : curarse

menial *adj* : servil, bajo

meningitis *n, pl* **-gitides** : meningitis *f*

menopause *n* : menopausia *f*

menstruate *vi* **-ated; -ating** : menstruar — **menstruation** *n* : menstruación *f*

mental *adj* : mental — **mentality** *n, pl* **-ties** : mentalidad *f*

mention *n* : mención *f* — **mention** *vt* **1** : mencionar **2 don't mention it!** : ¡de nada!, ¡no hay de qué!

menu *n* : menú *m*

meow *n* : maullido *m*, miau *m* — **meow** *vi* : maullar

mercenary *n, pl* **-naries** : mercenario *m*, -ria *f* — **mercenary** *adj* : mercenario

merchant *n* : comerciante *mf* — **merchandise** *n* : mercancía *f*, mercadería *f*

merciful *adj* : misericordioso, compasivo — **merciless** *adj* : despiadado

mercury *n, pl* **-ries** : mercurio *m*

Mercury *n* : Mercurio *m*

mercy *n, pl* **-cies 1** : misericordia *f*, compasión *f* **2 at the mercy of** : a merced de

mere *adj, superlative* **merest** : mero, simple — **merely** *adv* : simplemente

merge *v* **merged; merging** *vi* : unirse, fusionarse (dícese de las compañías), confluir (dícese de los ríos, las calles, etc.) — *vt* : unir, fusionar, combinar — **merger** *n* : unión *f*, fusión *f*

merit *n* : mérito *m* — **merit** *vt* : merecer

mermaid *n* : sirena *f*

merry *adj* **-rier; -est** : alegre — **merry–go–round** *n* : tiovivo *m*

mesa *n* : mesa *f*

mesh *n* : malla *f*

mesmerize *vt* **-ized; -izing** : hipnotizar

mess *n* **1** : desorden *m* **2** MUDDLE : lío *m* **3** : rancho *m* (militar) — **mess** *vt* **1** *or* **mess up** SOIL : ensuciar **2 mess up** DISARRANGE : desordenar **3 mess up** BUNGLE : echar a perder — *vi* **1 mess around** PUTTER : entretenerse **2 mess with** PROVOKE : meterse con

message *n* : mensaje *m* — **messenger** *n* : mensajero *m*, -ra *f*

messy *adj* **messier; -est** : desordenado, sucio

met → **meet**

metabolism *n* : metabolismo *m*

metal *n* : metal *m* — **metallic** *adj* : metálico

metamorphosis *n, pl* **-phoses** : metamorfosis *f*

metaphor *n* : metáfora *f*

meteor *n* : meteoro *m* — ▸ **meteorological** *adj* : meteorológico — **meteorologist** *n* : meteorólogo *m*, -ga *f* — **meteorology** *n* : meteorología *f*

meter *or Brit* **metre** *n* **1** : metro *m* **2** : contador *m* (de electricidad, etc.)

method *n* : método *m* — **methodical** *adj* : metódico

meticulous *adj* : meticuloso

metric *or* metrical *adj* : métrico

metropolis *n* : metrópoli *f* — **metropolitan** *adj* : metropolitano

Mexican *adj* : mexicano

mice → **mouse**

microbe *n* : microbio *m*

microfilm *n* : microfilm *m*

microphone *n* : micrófono *m*

microscope *n* : microscopio *m* — **microscopic** *adj* : microscópico

microwave *n or* **microwave oven** : microondas *m*

mid *adj* **1 mid morning** : a media mañana **2 in mid-August** : a mediados de agosto **3 she is in her mid thirties** : tiene alrededor de 35 años — **midair** *n* **in midair** : en el aire — **midday** *n* : mediodía *m*

middle *adj* : de en medio, del medio — **middle** *n* **1** : medio *m*, centro *m* **2 in the middle of** : en medio de (un espacio), a mitad de (una actividad) **3 in the middle of the month** : a mediados del mes — **middle–aged** *adj* : de mediana edad — **Middle Ages** *npl* : Edad *f* Media — **middle class** *n* : clase *f* media — **middleman** *n, pl* **-men** : intermediario *m*, -ria *f*

midget *n* : enano *m*, -na *f*

midnight *n* : medianoche *f*

midriff *n* : diafragma *m*

midst *n* **1 in the midst of** : en medio de **2 in our midst** : entre nosotros

midsummer *n* : pleno verano *m*

midway *adv* : a mitad de camino, a medio camino

midwife *n, pl* **-wives** : comadrona *f*

midwinter *n* : pleno invierno *m*

miff *vt* : ofender

might[1] (*used to express permission or possibility or as a polite alternative to* **may**) → **may**

might[2] *n* : fuerza *f*, poder *m* — **mighty** *adj* **mightier; -est 1** : fuerte, poderoso **2** GREAT : enorme — **might** *adv* : muy

migraine *n* : jaqueca *f*, migraña *f*

migrate *vi* **-grated; -grating** : emigrar — **migrant** *n* : trabajador *m*, -dora *f* ambulante

mild *adj* **1** GENTLE : suave **2** LIGHT : leve **3 a mild climate** : una clima templada

mildew *n* : moho *m*

mildly *adv* : ligeramente, suavemente — **mildness** *n* : apacibilidad *f* (de personas), suavedad *f* (de sabores, etc.)

mile *n* : milla *f* — **mileage** *n* : distancia *f* recorrida (en millas), kilometraje *m* — **milestone** *n* : hito *m*

military *adj* : militar — **military** *n* **the military** : las fuerzas armadas — **militant** *adj* : militante — **militant** *n* : militante *mf* — **militia** *n* : milicia *f*

milk *n* : leche *f* — **milk** *vt* **1** : ordeñar (una vaca, etc.) **2** EXPLOIT : explotar — **milky** *adj* **milkier; -est** : lechoso — **Milky Way** *n* **the Milky Way** : la Vía Láctea

mill *n* **1** : molino *m* **2** FACTORY : fábrica *f* **3** GRINDER : molinillo *m* — **mill** *vt* : moler — *vi or* **mill about** : arremolinarse

millennium *n, pl* **-nia** *or* **-niums** : milenio *m*

miller *n* : molinero *m*, -ra *f*

milligram *n* : miligramo *m* — **millimeter** *or Brit* **millimetre** *n* : milímetro *m*

million *n, pl* **millions** *or* **million 1** :

millón *m* **2 a million people** : un millón de personas — **million** *adj* **a million** : un millón de — **millionaire** *n* : millonario *m*, -ria *f* — **millionth** *adj* : millonésimo
mime *n* **1** : mimo *mf* **2** PANTOMIME : pantomima *f* — **mime** *v* **mimed; miming** *vt* : imitar — *vi* : hacer la mímica — **mimic** *vt* **-icked; -icking** : imitar, remedar — **mimic** *n* : imitador *m*, -dora *f* — **mimicry** *n, pl* **-ries** : imitación *f*
mince *v* **minced; mincing** *vt* **1** : picar, moler **2 not to mince one's words** : no tener pelos en la lengua
mind *n* **1** : mente *f* **2** INTELLECT : capacidad *f* intelectual **3** OPINION : opinión *f* **4** REASON : razón *f* **5 have a mind to** : tener intención de — **mind** *vt* **1** TEND : cuidar **2** OBEY : obedecer **3** WATCH : tener cuidado con **4 I don't mind the heat** : no me molesta el calor — *vi* **1** OBEY : obedecer **2 I don't mind** : no me importa, me es igual — **mindful** *adj* : atento — **mindless** *adj* **1** SENSELESS : estúpido, sin sentido **2** DULL : aburrido

mine[1] *pron* **1** : (el) mío, (la) mía, (los) míos, (las) mías **2 a friend of mine** : un amigo mío
mine[2] *n* : mina *f* — **mine** *vt* **mined; mining 1** : extraer (oro, etc.) **2** : minar (con artefactos explosivos) — **minefield** *n* : campo *m* de minas — **miner** *n* : minero *m*, -ra *f*
mineral *n* : mineral *m*
mingle *v* **-gled; -gling** *vt* : mezclar — *vi* **1** : mezclarse **2** : circular (a una fiesta, etc.)
miniature *n* : miniatura *f* — **miniature** *adj* : en miniatura
minimal *adj* : mínimo — **minimize** *vt* **-mized; -mizing** : minimizar — **minimum** *adj* : mínimo — **minimum** *n, pl* **-ma** *or* **-mums** : mínimo *m*
mining *n* : minería *f*
minister *n* **1** : pastor *m*, -tora *f* (de una iglesia) **2** : ministro *m*, -tra *f* (en política) — **minister** *vi* **minister to** : cuidar (de), atender a — **ministerial** *adj* : ministerial — **ministry** *n, pl* **-tries** : ministerio *m*
mink *n, pl* **mink** *or* **minks** : visón *m*

minnow *n, pl* **-nows** : pececillo *m* de agua dulce
minor *adj* **1** : menor **2** INSIGNIFICANT : sin importancia — **minor** *n* **1** : menor *mf* (de edad) **2** : asignatura *f* secundaria (de estudios) — **minority** *n, pl* **-ties** : minoría *f*
mint[1] *n* **1** : menta *f* (planta) **2** : pastilla *f* de menta (dulce)
mint[2] *n* **1 the U.S. Mint** : la casa de la moneda de los EE.UU. **2 be worth a mint** : valer un dineral — **mint** *vt* : acuñar — **mint** *adj* **in mint condition** : como nuevo
minus *prep* **1** : menos **2** WITHOUT : sin — **minus** *n or* **minus sign** : signo *m* de menos
minuscule *adj* : minúsculo
minute[1] *n* **1** : minuto *m* **2** MOMENT : momento *m* **3 minutes** *npl* : actas *fpl* (de una reunión)
minute[2] *adj* **-nuter; -est 1** TINY : diminuto, minúsculo **2** DETAILED : minucioso
miracle *n* : milagro *m* — **miraculous** *adj* : milagroso
mirage *n* : espejismo *m*
mire *n* : lodo *m*, fango *m*

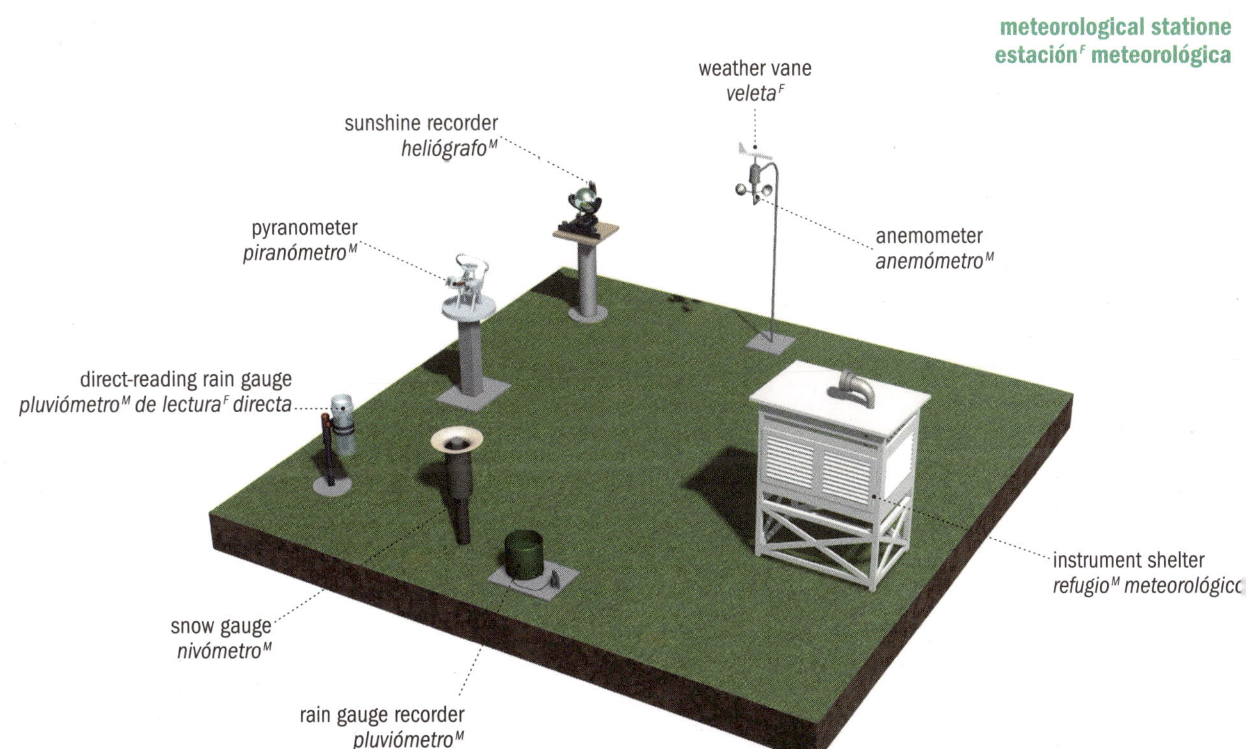

mirror *n* : espejo *m* — **mirror** *vt* : reflejar
mirth *n* : alegría *f*, risas *fpl*
misapprehension *n* : malentendido *m*
misbehave *vi* **-haved; -having** : portarse
mal — **misbehavior** *n* : mala conducta *f*
miscalculate *v* **-lated;**
-lating : calcular mal
miscarriage *n* **1** : aborto *m* **2**
miscarriage of justice : error *m* judicial
miscellaneous *adj* : diverso, vario
mischief *n* : travesuras *fpl* —
mischievous *adj* : travieso
misconception *n* : concepto *m* erróneo
misconduct *n* : mala conducta *f*
misdeed *n* : fechoría *f*
misdemeanor *n* : delito *m* menor
miser *n* : avaro *m*, -ra *f*; tacaño *m*, -ña *f*
miserable *adj* **1** UNHAPPY : triste **2**
WRETCHED : miserable **3 miserable**
weather : tiempo *m* malo
miserly *adj* : mezquino
misery *n, pl* **-eries 1** : sufrimiento *m* **2**
WRETCHEDNESS : miseria *f*
misfire *vi* **-fired; -firing** : fallar
misfit *n* : inadaptado *m*, -da *f*
misfortune *n* : desgracia *f*
misgiving *n* : duda *f*
misguided *adj* : descaminado,
equivocado
mishap *n* : contratiempo *m*
misinform *vt* : informar mal
misinterpret *vt* : interpretar mal
misjudge *vt* **-judged;**
-judging : juzgar mal
mislay *vt* **-laid; -laying** : extraviar, perder
mislead *vt* **-led; -leading** : engañar
— **misleading** *adj* : engañoso

misnomer *n* : nombre *m* inapropiado
misplace *vt* **-placed; -placing**
: extraviar, perder
misprint *n* : errata *f*, error *m* de imprenta
miss *vt* **1** : errar, faltar **2** OVERLOOK : pasar
por alto **3** : perder (una oportunidad,
un vuelo, etc.) **4** AVOID : evitar **5** OMIT
: saltarse **6 I miss you** : te echo de
menos — **miss** *n* **1** : fallo *m* (de un
tiro, etc.) **2** FAILURE : fracaso *m*
Miss *n* : señorita *f*
missile *n* **1** : misil *m* **2**
PROJECTILE : **proyectil** *m*
missing *adj* : perdido, desaparecido
mission *n* : misión *f* — **missionary** *n*,
pl **-aries** : misionero *m*, -ra *f*
misspell *vt* : escribir mal
mist *n* : neblina *f*, bruma *f*
mistake *vt* **mistook; mistaken;**
-taking 1 MISINTERPRET : entender mal
2 CONFUSE : confundir — **mistake** *n* **1** :
error *m* **2 make a mistake** : equivocarse
— **mistaken** *adj* : equivocado
mister *n* : señor *m*
mistletoe *n* : muérdago *m*
mistreat *vt* : maltratar
mistress *n* **1** : dueña *f*, señora *f*
(de una casa) **2** LOVER : amante *f*
mistrust *n* : desconfianza *f* —
mistrust *vt* : desconfiar de
misty *adj* **mistier; -est** :
neblinoso, nebuloso
misunderstand *vt* **-stood;**
-standing : entender mal —
misunderstanding *n* : malentendido *m*
misuse *vt* **-used; -using 1** : emplear
mal **2** MISTREAT : maltratar — **misuse** *n*

: mal empleo *m*, abuso *m*
mitigate *vt* **-gated; -gating** : mitigar
mitt *n* : manopla *f*, guante *m* (de béisbol)
— **mitten** *n* : manopla *f*, mitón *m*
mix *vt* **1** : mezclar **2 mix up** : confundir
— *vi* : mezclarse — **mix** *n* : mezcla *f*
— **mixture** *n* : mezcla *f* — **mix–**
up *n* : confusión *f*, lío *m fam*
moan *n* : gemido *m* — **moan** *vi* : gemir
mob *n* : muchedumbre *f* — **mob** *vt*
mobbed; mobbing : acosar
mobile *adj* : móvil — **mobile** *n* :
móvil *m* — **mobile home** *n* : caravana *f*
— **mobility** *n* : movilidad *f* —
mobilize *vt* **-lized; -lizing** : movilizar
moccasin *n* : mocasín *m*
mock *vt* : burlarse de, mofarse de —
mock *adj* : falso — **mockery** *n, pl* **-eries**
: burla *f* — **mock–up** *n* : maqueta *f*
mode *n* **1** : modo *m* **2** FASHION : moda *f*
model *n* **1** : modelo *m* **2** MOCK-UP :
maqueta *f* **3** : modelo *mf* (persona)
— **model** *v* **-eled** *or* **-elled; -eling**
or **-elling** *vt* **1** SHAPE : modelar
2 WEAR : lucir — *vi* : trabajar de
modelo — **model** *adj* : modelo
modem *n* : módem *m*
moderate *adj* : moderado — **moderate** *n*
: moderado *m*, -da *f* — **moderate** *v* **-ated;**
-ating *vt* : moderar — *vi* : moderarse
— **moderation** *n* : moderación *f* —
moderator *n* : moderador *m*, -dora *f*
modern *adj* : moderno — **modernize** *vt*
-ized; -izing : modernizar
modest *adj* : modesto —
modesty *n* : modestia *f*
modify *vt* **-fied; -fying** : modificar

mole
topo^M

tamarin
tamarino M

gibbon
gibón M

orangutan
orangután M

marmoset
tití M

chimpanzee
chimpancé M

macaque
macaco M

---

moist *adj* : húmedo — **moisten** *vt* :
humedecer — **moisture** *n* : humedad *f*
— **moisturizer** *n* : crema *f* hidratante
molar *n* : muela *f*
molasses *n* : melaza *f*
mold[1] *n* FORM : molde *m* —
mold *vt* : moldear, formar
mold[2] *n* FUNGUS : moho *m* —
moldy *adj* **moldier; -est** : mohoso
mole[1] *n* : lunar *m* (en la piel)
▸ **mole**[2] *n* : topo *m* (animal)
molecule *n* : molécula *f*
molest *vt* **1** HARASS : importunar
2 : abusar (sexualmente)
molten *adj* : fundido

mom *n* : mamá *f*
moment *n* : momento *m* —
momentarily *adv* **1** : momentáneamente
2 SOON : dentro de poco, pronto —
momentary *adj* : momentáneo
momentous *adj* : muy importante
momentum *n, pl* **-ta** *or* **-tums**
1 : momento *m* (en física)
2 IMPETUS : ímpetu *m*
monarch *n* : monarca *mf* —
monarchy *n, pl* **-chies** : monarquía *f*
monastery *n, pl* **-teries** : monasterio *m*
Monday *n* : lunes *m*
money *n, pl* **-eys** *or* **-ies** : dinero *m*
— **monetary** *adj* : monetario

— **money order** *n* : giro *m* postal
mongrel *n* : perro *m* mestizo
monitor *n* : monitor *m* (de
una computadora, etc.) —
monitor *vt* : controlar
monk *n* : monje *m*
▸ **monkey** *n, pl* **-keys** : mono *m*, -na *f*
— **monkey wrench** *n* : llave *f* inglesa
monogram *n* : monograma *m*
monologue *n* : monólogo *m*
monopoly *n, pl* **-lies** : monopolio *m* —
monopolize *vt* **-lized; -lizing** : monopolizar
monotonous *adj* : monótono
— **monotony** *n* : monotonía *f*
monster *n* : monstruo *m*

Moon
Luna[F]

phases of the Moon
fases[F] de la Luna[F]

new moon
Luna[F] nueva

full moon
Luna[F] llena

new crescent
Luna[F] creciente

waning gibbous
tercer octante[M]

first quarter
cuarto[M] creciente

last quarter
cuarto[M] menguante

waxing gibbous
quinto octante[M]

old crescent
Luna[F] menguante

— **monstrosity** *n, pl* **-ties** : monstruosidad *f* — **monstrous** *adj* **1** : monstruoso **2** HUGE : gigantesco
month *n* : mes *m* — **monthly** *adv* : mensualmente — **monthly** *adj* : mensual
monument *n* : monumento *m* — **monumental** *adj* : monumental
moo *vi* : mugir — **moo** *n* : mugido *m*
mood *n* : humor *m* — **moody** *adj* **moodier; -est 1** GLOOMY : melancólico, deprimido **2** IRRITABLE : malhumorado **3** TEMPERAMENTAL : de humor variable
moon *n* : luna *f* — **moonlight** *n* : luz *f* de la luna
moor[1] *n* : brezal *m*, páramo *m*
moor[2] *vt* : amarrar — **mooring** *n*

DOCK : atracadero *m*
moose *ns & pl* : alce *m*
moot *adj* : discutible
mop *n* **1** : trapeador *m Lat*, fregona *f Spain* **2** *or* **mop of hair** : pelambrera *f* — **mop** *vt* **mopped; mopping** : trapear *Lat*, pasar la fregona a *Spain*
mope *vi* **moped; moping** : andar deprimido
moped *n* : ciclomotor *m*
moral *adj* : moral — **moral** *n* **1** : moraleja *f* (de un cuento, etc.) **2 morals** *npl* : moral *f*, moralidad *f* — **morale** *n* : moral *f* — **morality** *n, pl* **-ties** : moralidad *f*
morbid *adj* : morboso
more *adj* : más — **more** *adv* **1** : más **2**

more and more : cada vez más **3 more or less** : más o menos **4 once more** : una vez más — **more** *n* : más *m* — **more** *pron* : más — **moreover** *adv* : además
morgue *n* : depósito *m* de cadáveres
morning *n* **1** : mañana *f* **2 good morning!** : ¡buenos días! **3 in the morning** : por la mañana
moron *n* : estúpido *m*, -da *f*; imbécil *mf*
morose *adj* : malhumorado
morphine *n* : morfina *f*
morsel *n* **1** BITE : bocado *m* **2** FRAGMENT : pedazo *m*
mortal *adj* : mortal — **mortal** *n* : mortal *mf* — **mortality** *n* : mortalidad *f*
mortar *n* : mortero *m*

mortgage *n* : hipoteca *f* — **mortgage** *vt*
-gaged; -gaging : hipotecar
mortify *vt* -fied; -fying **1** : mortificar
2 HUMILIATE : avergonzar
mosaic *n* : mosaico *m*
Moslem → **Muslim**
mosque *n* : mezquita *f*
mosquito *n, pl* -toes :
mosquito *m*, zancudo *m, Lat*
moss *n* : musgo *m*
most *adj* **1** : la mayoría de, la mayor
parte de **2 (the) most** : más — **most** *adv*
: más — **most** *n* : más *m*, máximo *m* —
most *pron* : la mayoría, la mayor parte —
mostly *adv* **1** MAINLY : en su mayor parte,
principalmente **2** USUALLY : normalmente
motel *n* : motel *m*
moth *n* : palomilla *f*, polilla *f*
mother *n* : madre *f* — **mother** *vt* **1**
: cuidar de **2** SPOIL : mimar —
motherhood *n* : maternidad *f* —
mother–in–law *n, pl* **mothers–in–law**
: suegra *f* — **motherly** *adj* : maternal
— **mother–of–pearl** *n* : nácar *m*
motif *n* : motivo *m*
motion *n* **1** : movimiento *m* **2** PROPOSAL
: moción *f* **3 set in motion** : poner en
marcha — **motion** *vi* **motion to someone**
: hacer una señal a algn — **motionless** *adj*
: inmóvil — **motion picture** *n* : película *f*
motive *n* : motivo *m* — **motivate** *vt*
-vated; -vating : motivar —
motivation *n* : motivación *f*
motor *n* : motor *m* — **motorbike** *n*
: motocicleta *f* (pequeña), moto *f*
— **motorboat** *n* : lancha *f* motora
— **motorcycle** *n* : motocicleta *f* —
motorcyclist *n* : motociclista *mf*
— **motorist** *n* : automovilista *mf*,
motorista *mf Lat*
motto *n, pl* -toes : lema *m*
mould → **mold**
mound *n* **1** PILE : montón *m* **2**
HILL : montículo *m*
mount[1] *n* **1** HORSE : montura *f* **2**
SUPPORT : soporte *m* — **mount** *vt* :
montar (un caballo, etc.), subir (una
escalera) — *vi* INCREASE : aumentar
mount[2] *n* HILL : monte *m* —
mountain *n* : montaña *f* —
mountainous *adj* : montañoso
mourn *vt* : llorar (por) — *vi* :
lamentarse — **mourner** *n* :
doliente *mf* — **mournful** *adj* :
triste — **mourning** *n* : luto *m*

mouse *n, pl* **mice** : ratón *m* —
mousetrap *n* : ratonera *f*
moustache → **mustache**
▶ **mouth** *n* : boca *f* (de una persona o un
animal), desembocadura *f* (de un río) —
mouthful *n* : bocado *m* — **mouthpiece** *n*
: boquilla *f* (de un instrumento musical)
move *v* **moved; moving** *vi* **1** GO : ir **2**
RELOCATE : mudarse **3** STIR : moverse **4** ACT
: tomar medidas — *vt* **1** : mover **2** AFFECT
: conmover **3** TRANSPORT : transportar,
trasladar **4** PROPOSE : proponer —
move *n* **1** MOVEMENT : movimiento *m* **2**
RELOCATION : mudanza *f* **3** STEP : medida *f*
— **movable** *or* **moveable** *adj* : movible,
móvil — **movement** *n* : movimiento *m*
movie *n* **1** : película *f* **2**
movies *npl* : cine *m*
mow *vt* **mowed; mowed** *or* **mown;**
mowing : cortar (la hierba) —
mower → **lawn mower**
Mr. *n, pl* **Messrs.** : señor *m*
Mrs. *n, pl* **Mesdames** : señora *f*
Ms. *n* : señora *f*, señorita *f*
much *adj* **more; most** : mucho —
much *adv* **more; most** **1** : mucho **2 as**

much as : tanto como **3 how much?**
: ¿cuánto? **4 too much** : demasiado
— **much** *pron* : mucho, -cha
muck *n* **1** DIRT : mugre *f*,
suciedad *f* **2** MANURE : estiércol *m*
mucus *n* : mucosidad *f*
mud *n* : barro *m*, lodo *m*
muddle *v* -dled; -dling *vt* **1** CONFUSE :
confundir **2** JUMBLE : desordenar — *vi*
muddle through : arreglárselas —
muddle *n* : confusión *f*, lío *m fam*
muddy *adj* -dier; -est :
fangoso, lleno de barro
muffin *n* : mollete *m*
muffle *vt* -fled; -fling : amortiguar
(un sonido) — **muffler** *n* **1** SCARF
: bufanda *f* **2** : silenciador *m*,
mofle *m, Lat* (de un automóvil)
mug *n* CUP : tazón *m* — **mug** *vt* : asaltar,
atracar — **mugger** *n* : atracador *m*, -dora *f*
muggy *adj* -gier; -est : bochornoso
mule *n* : mula *f*
mull *vt* *or* **mull over** : reflexionar sobre
multicolored *adj* : multicolor
multimedia *adj* : multimedia
multinational *adj* : multinacional

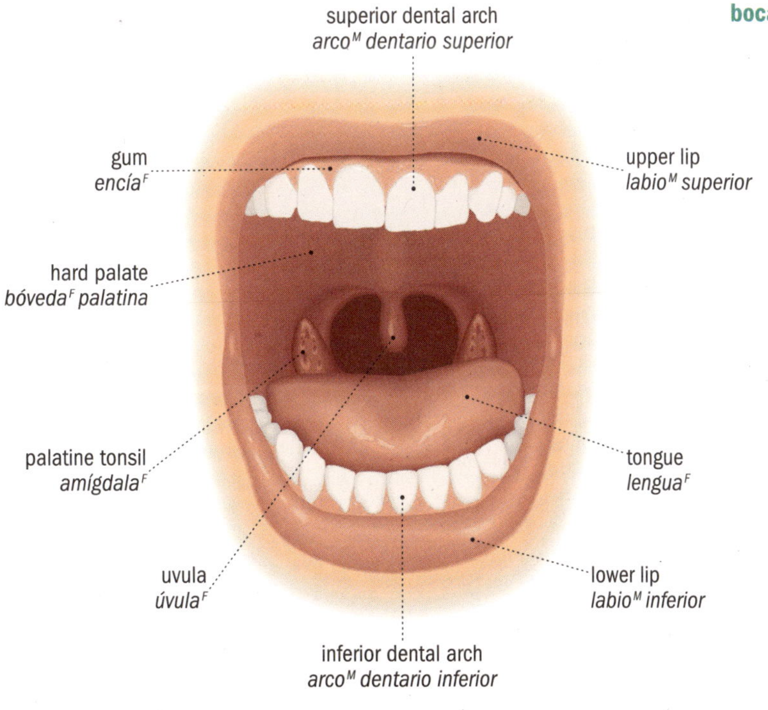

mushrooms
hongos[M]

chanterelle
rebozuelo[M]

truffle
trufa[F]

cultivated mushroom
champiñón[M]

oyster mushroom
orellana[F]

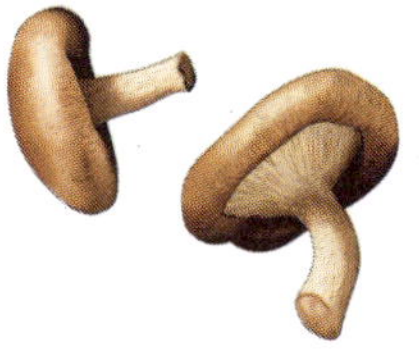

shiitake mushroom
shiitake[M]

saffron milk cap
níscalo[M]

porcini
porcini[M]

morel
morilla[F]

royal agaric
oronja[F]

multiple *adj* : múltiple — **multiple** *n*
: múltiplo *m* — **multiplication** *n* :
multiplicación *f* — **multiply** *v* **-plied;**
-plying *vt* : multiplicar — *vi* : multiplicarse
multitude *n* : multitud *f*
mum *adj* **keep mum** : guardar silencio
mumble *v* **-bled; -bling** *vt* : mascullar
— *vi* : hablar entre dientes
mummy *n, pl* **-mies** : momia *f*
mumps *ns & pl* : paperas *fpl*
munch *v* : mascar, masticar
mundane *adj* : rutinario, ordinario

municipal *adj* : municipal —
municipality *n, pl* **-ties** : municipio *m*
munitions *npl* : municiónes *fpl*
mural *n* : mural *m*
murder *n* : asesinato *m*, homicidio *m* —
murder *vt* : asesinar, atar — *vi* : matar —
murderer *n* : asesino *m*, -na *f*; homicida *mf*
— **murderous** *adj* : asesino, homicida
murky *adj* **-kier; -est** : turbio, oscuro
murmur *n* : murmullo *m* —
murmur *v* : mumurar
muscle *n* : músculo *m* — **muscle** *vi*

-cled; -cling *or* **muscle in** : meterse
por la fuerza en — **muscular** *adj* **1**
: muscular **2** STRONG : musculoso
muse[1] *n* : musa *f*
muse[2] *vi* **mused; musing** : meditar
museum *n* : museo *m*
▶ **mushroom** *n* **1** : hongo *m*, seta *f* **2**
: champiñón *m* (en la cocina)
— **mushroom** *vi* GROW : crecer
rápidamente, multiplicarse
mushy *adj* **mushier; -est 1** SOFT :
blando **2** MAWKISH : sensiblero
music *n* : música *f* — **musical** *adj* :
musical — **music** *n* : comedia *f* musical
— **musician** *n* : músico *m*, -ca *f*
Muslim *adj* : musulmán —
Muslim *n* : musulmán *m*, -mana *f*
muslin *n* : muselina *f*
mussel *n* : mejillón *m*
must *v aux* **1** : deber, tener que **2**
you must come : tienes que venir **3**
you must be tired : debes (de) estar
cansado — **must** *n* : necesidad *f*
mustache *n* : bigote *m*, bigotes *mpl*
mustang *n* : mustang *m*
mustard *n* : mostaza *f*
muster *vt* **1** : reunir **2** *or* **muster up** :
armarse de, cobrar (valor, fuerzas, etc.)
musty *adj* **mustier; -est** :
que huele a cerrado
mute *adj* **muter; mutest** : mudo
— **mute** *n* : mudo *m*, -da *f*
mutilate *vt* **-lated; -lating** : mutilar
mutiny *n, pl* **-nies** : motín *m* —
mutiny *vi* **-nied; -nying** : amotinarse
mutter *vi* : murmurar
mutton *n* : carne *f* de carnero
mutual *adj* **1** : mutuo **2** COMMON :
común — **mutually** *adv* : mutuamente
muzzle *n* **1** SNOUT : hocico *m* **2** : bozal *m*
(para un perro, etc.) **3** : boca *f* (de un
arma de fuego) — **muzzle** *vt* **-zled;**
-zling : poner un bozal a (un animal)
my *adj* : mi
myopia *n* : miopía *f* — **myopic** *adj* : miope
myself *pron* **1** (*reflexive*) : me **2**
(*emphatic*) : yo mismo **3 by myself** : solo
mystery *n, pl* **-teries** : misterio *m*
— **mysterious** *adj* : misterioso
mystic *adj or* **mystical** : místico
mystify *vt* **-fied; -fying** : dejar
perplejo, confundir
mystique *n* : aura *f* de misterio
myth *n* : mito *m* — **mythical** *adj* : mítico

n *n, pl* **n's** *or* **ns** : n *f*, decimocuarta letra del alfabeto inglés

nab *vt* **nabbed; nabbing 1** ARREST : pescar *fam* **2** GRAB : agarrar

nag *v* **nagged; nagging** *vi* COMPLAIN : quejarse — *vt* **1** ANNOY : fastidiar, dar la lata a **2** SCOLD : regañar — **nagging** *adj* : persistente

nail *n* **1** : clavo *m* **2** : uña *f* (de un dedo) — **nail** *vt or* **nail down** : clavar — **nail file** *n* : lima *f* de uñas

naive *or* naïve *adj* **-iver; -est** : ingenuo — **naïveté** *n* : ingenuidad *f*

naked *adj* **1** : desnudo **2 the naked truth** : la pura verdad **3 to the naked eye** : a simple vista

name *n* **1** : nombre *m* **2** REPUTATION : fama *f* **3 what is your name?** : ¿cómo se llama? **4** → **first name, surname** — **name** *vt* **named; naming 1** : poner nombre a **2** APPOINT : nombrar **3 name a price** : fijar un precio — **nameless** *adj* : anónimo — **namely** *adv* : a saber — **namesake** *n* : tocayo *m*, -ya *f*

nap[1] *vi* **napped; napping** : echarse una siesta — **nap** *n* : siesta *f*

nap[2] *n* : pelo *m* (de una tela)

nape *n or* **nape of the neck** : nuca *f*

napkin *n* **1** : servilleta *f* **2** → **sanitary napkin**

narcotic *n* : narcótico *m*, estupefaciente *m*

narrate *vt* **-rated; -rating** : narrar — **narration** *n* : narración *f* — **narrative** *n* : narración *f* — **narrator** *n* : narrador *m*, -dora *f*

narrow *adj* **1** : estrecho, angosto **2** RESTRICTED : limitado — **narrow** *vi* : estrecharse — *vt* **1** : estrechar **2** *or* **narrow down** : limitar — **narrowly** *adv* : por poco — **narrow-minded** *adj* : de miras estrechas

▸ **nasal** *adj* : nasal

nasty *adj* **-tier; -est 1** MEAN : malo, cruel **2** UNPLEASANT : desagradable **3** REPUGNANT : asqueroso — **nastiness** *n* : maldad *f*

nation *n* : nación *f* — **national** *adj* : nacional — **nationalism** *n* : nacionalismo *m* — **nationality** *n, pl* **-ties** : nacionalidad *f* — **nationalize** *vt* **-ized; -izing** : nacionalizar

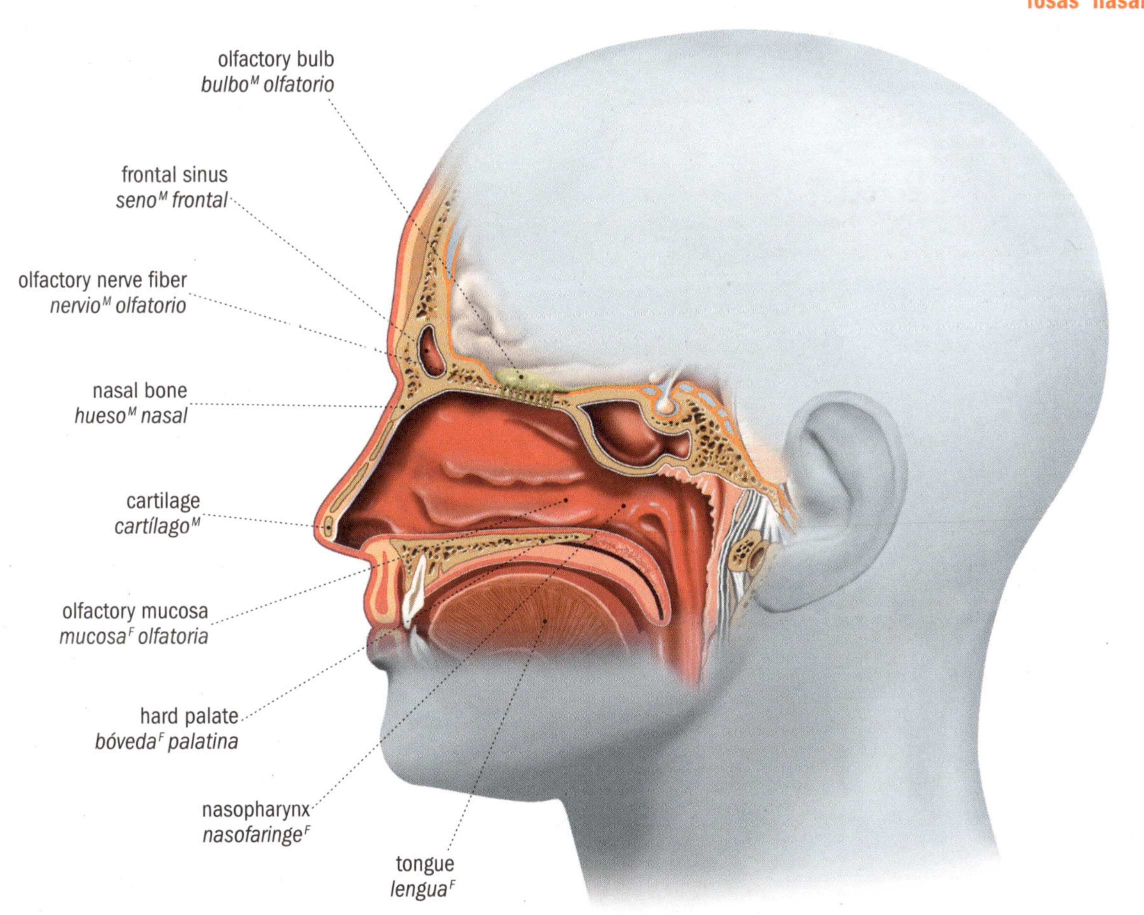

— **nationwide** *adj* : por todo el país

native *adj* **1** : natal (dícese de un país, etc.) **2** INNATE : innato **3 native language** : lengua *f* materna — **native** *n* **1** : nativo *m*, -va *f* **2 be a native of** : ser natural de — **Native American** : indio *m* americano, india *f* americana — **nativity** *n*, *pl* **-ties the Nativity** : la Navidad

nature *n* **1** : naturaleza *f* **2** KIND : índole *f*, clase *f* **3** DISPOSITION : carácter *m*, natural *m* — **natural** *adj* : natural — **naturalize** *vt* **-ized; -izing** : naturalizar — **naturally** *adv* : naturalmente

naught *n* **1** NOTHING : nada *f* **2** ZERO : cero *m*

naughty *adj* **-tier; -est 1** : travieso, pícaro **2** RISQUÉ : picante

nausea *n* : náuseas *fpl* — **nauseating** *adj* : nauseabundo — **nauseous** *adj* **1 feel nausea** : sentir náuseas **2** SICKENING : nauseabundo

nautical *adj* : náutico

naval *adj* : naval

nave *n* : nave *f* (de una iglesia)

navel *n* : ombligo *m*

navigate *v* **-gated; -gating** *vi* : navegar — *vt* **1** : gobernar (un barco), pilotar (un avión) **2** : navegar por (un río, etc.) — **navigable** *adj* : navegable — **navigation** *n* : navegación *f* — **navigator** *n* : navegante *mf*

navy *n*, *pl* **-vies 1** : marina *f* de guerra **2** *or* **navy blue** : azul *m* marino

near *adv* : cerca — **near** *prep* : cerca de — **near** *adj* : cercano, próximo — **near** *vt* : acercarse a — **nearby** *adv* : cerca — **nearby** *adj* : cercano — **nearly** *adv* : casi — **nearsighted** *adj* : miope, corto de vista

neat *adj* **1** TIDY : muy arreglado **2** CLEVER : hábil, ingenioso — **neatly** *adv* **1** : ordenadamente **2** CLEVERLY : hábilmente — **neatness** *n* : pulcritud *f*, orden *m*

nebulous *adj* : nebuloso

necessary *adj* : necesario — **necessarily** *adv* : necesariamente — **necessitate** *vt* **-tated; -tating** : exigir, requerir — **necessity** *n*, *pl* **-ties 1** : necesidad *f* **2 necessities** *npl* : cosas *fpl* indispensables

neck *n* **1** : cuello *m* (de una persona o una botella), pescuezo *m* (de un animal) **2** COLLAR : cuello *m* — **necklace** *n* : collar *m* — **necktie** *n* : corbata *f*

nectar *n* : néctar *m*

nectarine *n* : nectarina *f*

need *n* **1** : necesidad *f* **2 if need be** : si hace falta — **need** *vt* **1** : necesitar, exigir **2 need to** : tener que — *v aux* : tener que

needle *n* : aguja *f* — **needle** *vt* **-dled; -dling** : pinchar

needless *adj* **1** : innecesario **2 needless to say** : de más está decir

needlework *n* : bordado *m*

needn't (*contraction of* **need not**) → **need**

needy *adj* **needier; -est** : necesitado

negative *adj* : negativo — **negative** *n* **1** : negación *f* (en gramática) **2** : negativo *m* (en fotografía)

neglect *vt* : descuidar — **neglect** *n* : descuido *m*, abandono *m*

negligee *n* : negligé *m*

negligence *n* : negligencia *f*, descuido *m*

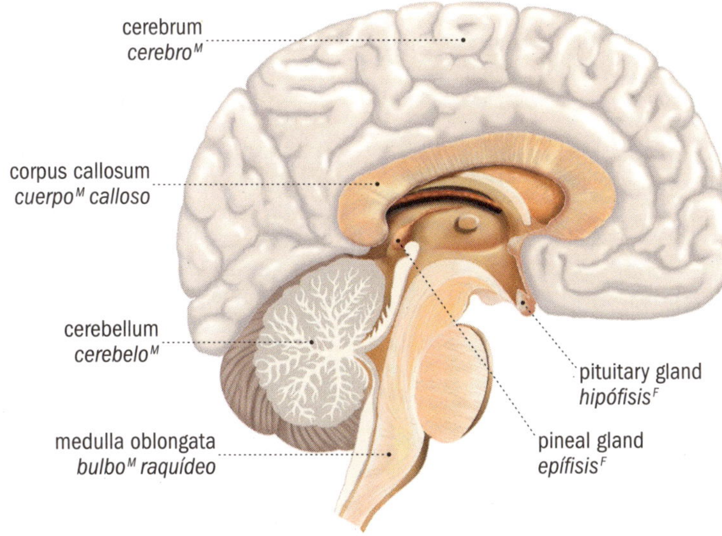

— **negligent** *adj* : negligente, descuidado
negligible *adj* : insignificante
negotiate *v* **-ated; -ating** : negociar
— **negotiable** *adj* : negociable —
negotiation *n* : negociación *f* —
negotiator *n* : negociador *m*, -dora *f*
Negro *n, pl* **-groes** *sometimes considered offensive* : negro *m*, -gra *f*
neigh *vi* : relinchar — **neigh** *n* : relincho *m*
neighbor *or Brit* **neighbour** *n* : vecino *m*, -na *f* — **neighborhood** *or Brit* **neighbourhood** *n* **1** : barrio *m*, vecindario *m* **2 in the neighborhood of** : alrededor de — **neighborly** *or Brit* **neighbourly** *adv* : amable
neither *conj* **1** neither…nor : ni… ni **2 neither am/do I** : yo tampoco — **neither** *pron* : ninguno, -na — **neither** *adj* : ninguno (de los dos)
neon *n* : neón *m*
nephew *n* : sobrino *m*
Neptune *n* : Neptuno *m*
nerve *n* **1** : nervio *m* **2** COURAGE : coraje *m* **3** GALL : descaro *m* **4 nerves** *npl* JITTERS : nervios *mpl* — **nervous** *adj* : nervioso — **nervousness** *n* : nerviosismo *m* — **nervy** *adj* **nervier; -est** : descarado
nest *n* : nido *m* — **nest** *vi* : anidar

nestle *vi* **-tled; -tling** : acurrucarse
net[1] *n* : red *f* — **net** *vt* **netted; netting** : pescar, atrapar (con una red)
net[2] *adj* : neto — **net** *vt* **netted; netting** YIELD : producir neto
nettle *n* : ortiga *f*
network *n* : red *f*
neurology *n* : neurología *f*
neurosis *n, pl* **-roses** : neurosis *f* — **neurotic** *adj* : neurótico
neuter *adj* : neutro — **neuter** *vt* : castrar
neutral *n* : punto *m* muerto (de un automóvil) — **neutral** *adj* **1** : neutral **2** : neutro (en electrotecnia o química) — **neutrality** *n* : neutralidad *f* — **neutralize** *vt* **-ized; -izing** : neutralizar
neutron *n* : neutrón *m*
never *adv* **1** : nunca, jamás **2** NOT : no **3 never again** : nunca más **4 never mind** : no importa — **nevermore** *adv* : nunca jamás — **nevertheless** *adv* : sin embargo, no obstante
new *adj* : nuevo — **newborn** *adj* : recién nacido — **newcomer** *n* : recién llegado *m*, -da *f* — **newly** *adv* : recién, recientemente — **newlywed** *n* : recién casado *m*, -da *f* — **news** *n* : noticias *fpl* — **newscast** *n* : noticiario *m*, noticiero *m*, *Lat* — **newscaster** *n* :

presentador *m*, -dora *f* (de un noticiario) — **newsletter** *n* : boletín *m* informativo — **newspaper** *n* : periódico *m*, diario *m* — **newsstand** *n* : puesto *m* de periódicos
newt *n* : tritón *m*
New Year's Day *n* : día *m* del Año Nuevo
next *adj* **1** : próximo **2** FOLLOWING : siguiente — **next** *adv* **1** : la próxima vez **2** AFTERWARD : después, luego **3** NOW : ahora — **next–door** *adj* : de al lado — **next to** *adv* ALMOST : casi — **next to** *prep* BESIDE : al lado de
nib *n* : plumilla *f*
nibble *vt* **-bled; -bling** : mordisquear
Nicaraguan *adj* : nicaragüense
nice *adj* **nicer; nicest 1** PLEASANT : agradable, bueno **2** KIND : amable — **nicely** *adv* **1** WELL : bien **2** KINDLY : amablemente — **niceness** *n* : amabilidad *f* — **niceties** *npl* : detalles *mpl*, sutilezas *fpl*
niche *n* **1** : nicho *m* **2 find one's niche** : hacerse su hueco
nick *n* **1** : corte *m* pequeño, muesca *f* **2 in the nick of time** : justo a tiempo — **nick** *vt* : hacer una muesca en
nickel *n* **1** : níquel *m* (metal) **2** : moneda *f* de cinco centavos
nickname *n* : apodo *m*, sobrenombre *m* — **nickname** *vt* **-named; -naming** : apodar

traditional dress of Native American
traje^M tradicional de amerindia^F

nicotine *n* : nicotina *f*

niece *n* : sobrina *f*

niggling *adj* **1** PETTY : insignificante **2** PERSISTENT : constante

night *n* **1** : noche *f* **2 at night** : de noche **3 last night** : anoche **4 tomorrow night** : mañana por la noche — **nightclub** *n* : club *m* nocturno — **nightfall** *n* : anochecer *m* — **nightgown** *n* : camisón *m* (de noche) — **nightly** *adj* : de todas las noches — **nightly** *adv* : cada noche — **nightmare** *n* : pesadilla *f* — **nighttime** *n* : noche *f*

nil *n* NOTHING : nada *f*

nimble *adj* **-bler; -blest** : ágil

nine *adj* : nueve — **nine** *n* : nueve *m* — **nine hundred** *adj* : novecientos — **nine hundred** *n* : novecientos *m* — **nineteen** *adj* : diecinueve — **nineteen** *n* : diecinueve *m* — **nineteenth** *adj* : decimonoveno, decimonono — **nineteenth** *n* **1** : decimonoveno *m*, -na *f*; decimonono *m*, -na *f* (en una serie) **2** : diecinueveavo *m* (en matemáticas) — **ninetieth** *adj* : nonagésimo — **ninetieth** *n* **1** : nonagésimo *m*, -ma *f* (en una serie) **2** : noventavo *m* (en matemáticas) — **ninety** *adj* : noventa — **ninety** *n, pl* **-ties** : noventa *m* — **ninth** *adj* : noveno — **ninth** *n* **1** : noveno *m*, -na *f* (en una serie) **2** : noveno *m* (en matemáticas)

nip *vt* **nipped; nipping 1** PINCH : pellizcar **2** BITE : mordisquear **3 nip in the bud** : cortar de raíz — **nip** *n* **1** PINCH : pellizco *m* **2** NIBBLE : mordisco *m*

nipple *n* **1** : pezón *m* (de una mujer) **2** : tetilla *f* (de un hombre o un biberón)

nitrogen *n* : nitrógen *m*

nitwit *n* : idiota *mf*

no *adv* : no — **no** *adj* **1** : ninguno **2 I have no money** : no tengo dinero **3 it's no trouble** : no es ningún problema **4 no smoking** : prohibido fumar — **no** *n, pl* **noes** *or* **nos** : no *m*

noble *adj* **-bler; -blest** : noble — **noble** *n* : noble *mf* — **nobility** *n* : nobleza *f*

nobody *pron* : nadie

nocturnal *adj* : nocturno

nod *v* **nodded; nodding** *vi* **1** *or* **nod yes** : asentir con la cabeza **2 nod off** : dormirse — *vt* **nod one's head** : asentir con la cabeza — **nod** *n* : señal *m* con la cabeza

noes → **no**

noise *n* : ruido *m* — **noisily** *adv* : ruidosamente — **noisy** *adj*

noisier; -est : ruidoso

nomad *n* : nómada *mf* — **nomadic** *adj* : nómada

nominal *adj* : nominal

nominate *vt* **-nated; -nating 1** : proponer, postular *Lat* **2** APPOINT : nombrar — **nomination** *n* **1** : propuesta *f*, postulación *f* *Lat* **2** APPOINTMENT : nombramiento *m*

nonalcoholic *adj* : no alcohólico

nonchalant *adj* : despreocupado

noncommissioned officer *n* : suboficial *mf*

noncommittal *adj* : evasivo

nondescript *adj* : anodino, soso

none *pron* **1** : ninguno, ninguna **2 there are none left** : no hay más — **none** *adv* **1 be none the worse** : no sufrir daño alguno **2 none too happy** : nada contento **3 none too soon** : a buena hora

nonentity *n, pl* **-ties** : persona *f* insignificante

nonetheless *adv* : sin embargo, no obstante

nonexistent *adj* : inexistente

nonfat *adj* : sin grasa

nonfiction *n* : no ficción *f*

nonprofit *adj* : sin fines lucrativos

nonsense *n* : tonterías *fpl*, disparates *mpl* — **nonsensical** *adj* : absurdo

nonsmoker *n* : no fumador *m*, -dora *f*

nonstop *adj* : directo — **nonstop** *adv* : sin parar

noodle *n* : fideo *m*

nook *n* : rincón *m*

noon *n* : mediodía *m*

no one *pron* : nadie

noose *n* **1** : dogal *m*, soga *f* **2** LASSO : lazo *m*

nor *conj* **1** neither…nor : ni… ni **2 nor I** : yo tampoco

norm *n* **1** : norma *f* **2 the norm** : lo normal — **normal** *adj* : normal — **normality** *n* : normalidad *f* — **normally** *adv* : normalmente

north *adv* : al norte — **north** *adj* : norte, del norte — **north** *n* **1** : norte *m* **2 the North** : el Norte — **North American** *adj* : norteamericano — **northeast** *adv* : hacia el nordeste — **northeast** *adj* : nordeste, del nordeste — **northeast** *n* : nordeste *m*, noreste *m* — **northeastern** *adj* : nordeste, del nordeste — **northerly** *adj* : del norte — **northern** *adj* : del norte, norteño — **northwest** *adv* : hacia el noroeste — **northwest** *adj* : noroeste, del noroeste

— **northwest** *n* : noroeste *m* — **northwestern** *adj* : noroeste, del noroeste

Norwegian *adj* : noruego

nose *n* **1** : nariz *f* (de una persona), hocico *m* (de un animal) **2 blow one's nose** : sonarse las narices — **nose** *vi* **nosed; nosing** *or* **nose around** : meter las narices — **nosebleed** *n* : hemorragia *f* nasal — **nosedive** *n* : descenso *m* en picada

nostalgia *n* : nostalgia *f* — **nostalgic** *adj* : nostálgico

nostril *n* : ventana *f* de la nariz

nosy *or* **nosey** *adj* **nosier; -est** : entrometido

not *adv* **1** : no **2 he's not tired** : no esta cansado **3 I hope not** : espero que no **4 not … anything** : no…nada

notable *adj* : notable — **notable** *n* : personaje *m* — **notably** *adv* : notablemente

notary public *n, pl* **notaries public** *or* **notary publics** : notario *m*, -ria *f*

▸ **notation** *n* : anotación *f*

notch *n* : muesca *f*, corte *m* — **notch** *vt* : hacer un corte en

note *vt* **noted; noting 1** NOTICE : observar, notar **2** RECORD : anotar — **note** *n* **1** : nota *f* **2 of note** : destacado **3 take note of** : prestar atención a **4 take notes** : apuntar — **notebook** *n* : libreta *f*, cuaderno *m* — **noted** *adj* : renombrado, célebre — **noteworthy** *adj* : notable

nothing *pron* **1** : nada **2 be nothing but** : no ser más que **3 for nothing** FREE : gratis — **nothing** *n* **1** ZERO : zero *m* **2** TRIFLE : nimiedad *f*

notice *n* **1** SIGN : letrero *m*, aviso *m* **2 at a moment's notice** : sin previo aviso **3 be given one's notice** : ser despedido **4 take notice of** : prestar atención a — **notice** *vt* **-ticed; -ticing** : notar — **noticeable** *adj* : perceptible, evidente

notify *vt* **-fied; -fying** : notificar, avisar — **notification** *n* : notificación *f*, aviso *m*

notion *n* **1** : noción *f*, idea *f* **2 notions** *npl* : artículos *mpl* de mercería

notorious *adj* : de mala fama — **notoriety** *n* : mala fama *f*, notoriedad *f*

notwithstanding *prep* : a pesar de, no obstante — **notwithstanding** *adv* : sin embargo — **notwithstanding** *conj* : a pesar de que

nougat *n* : turrón *m*

nought → **naught**

musical notation
notación[F] musical

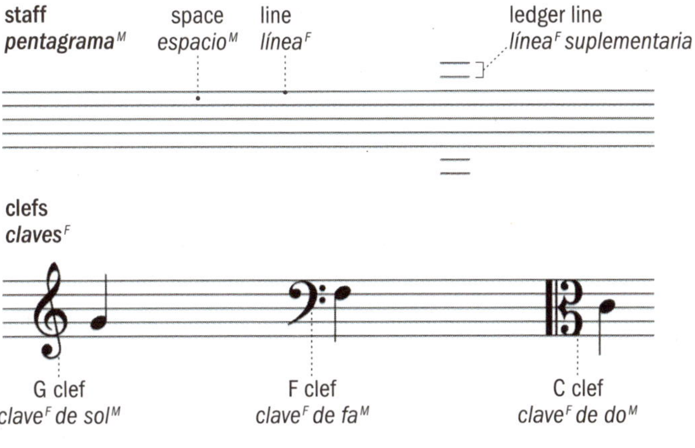

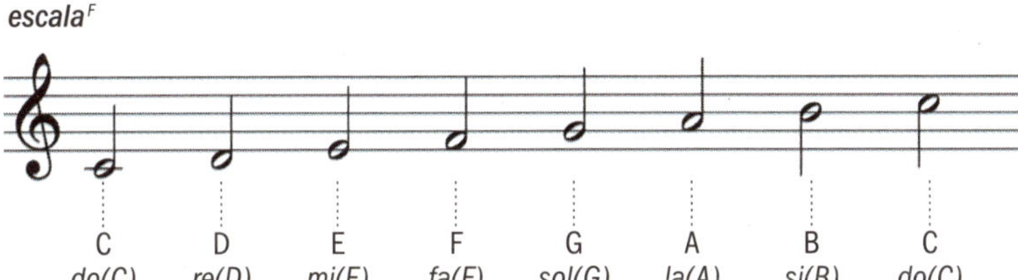

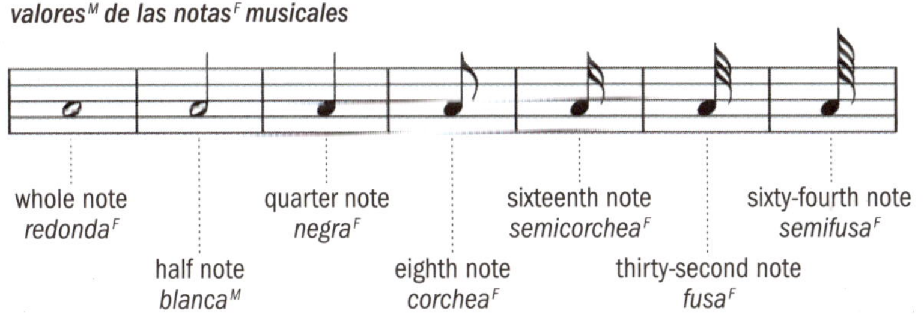

noun *n* : nombre *m*, sustantivo *m*
nourish *vt* : nutrir — **nourishing** *adj* : nutritivo — **nourishment** *n* : alimento *m*
novel *adj* : original, novedoso — **novel** *n* : novela *f* — **novelist** *n* : novelista *mf* — **novelty** *n, pl* **-ties** : novedad *f*
November *n* : noviembre *m*
novice *n* : novato *m*, -ta *f*; principiante *mf*
now *adv* **1** : ahora **2** THEN : entonces **3 from now on** : de ahora en adelante **4 now and then** : de vez en cuando **5 right now** : ahora mismo — **now** *conj* **or now that** : ahora que, ya que — **now** *n* **1 a year from now** : dentro de un año **2 by now** : ya **3 until now** : hasta ahora — **nowadays** *adv* : hoy en día
nowhere *adv* **1** (*indicating location*) : por ninguna parte, por ningún lado **2** (*indicating motion*) : a ninguna parte, a ningún lado **3 I'm nowhere near finished** : aún me falta mucho para terminar **4 it's nowhere near here** : queda bastante lejos

de aquí — **nowhere** *n* : ninguna parte *f*
nozzle *n* : boca *f* (de una manguera, etc.)
nuance *n* : matiz *m*
nucleus *n, pl* **-clei** : núcleo *m* — **nuclear** *adj* : nuclear
nude *adj* **nuder; nudest** : desnudo — **nude** *n* : desnudo *m*
nudge *vt* **nudged; nudging** : dar un codazo a — **nudge** *n* : toque *m* (con el codo)
nudity *n* : desnudez *f*
nugget *n* : pepita *f* (de oro, etc.)
nuisance *n* **1** ANNOYANCE : fastidio *m*, molestia *f* **2** PEST : pesado *m*, -da *f fam*
null *adj* **null and void** : nulo y sin efecto
numb *adj* **1** : entumecido, dormido **2 numb with fear** : paralizado de miedo — **numb** *vt* : entumecer, adormecer
number *n* **1** : número *m* **2 a number of** : varios — **number** *vt* **1** : numerar **2** INCLUDE : contar, incluir **3** TOTAL : ascender a
numeral *n* : número *m* — **numeric** *or* **numerical** *adj* : numérico — **numerous** *adj* : numeroso
nun *n* : monja *f*
nuptial *adj* : nupcial
nurse *n* **1** : enfermero *m*, -ra *f* **2** → **nursemaid** — **nurse** *vt* **nursed; nursing 1** : cuidar (de), atender **2** SUCKLE : amamantar — **nursemaid** *n* : niñera *f* — **nursery** *n, pl* **-eries 1** : cuarto *m* de los niños **2** *or* **day nursery** : guardería *f* **3** : vivero *m* (de plantas) — **nursing home** *n* : asilo *m* de ancianos
nurture *vt* **-tured; -turing 1** NOURISH : nutrir **2** EDUCATE : criar, educar **3** FOSTER : alimentar
nut *n* **1** : nuez *f* **2** LUNATIC : loco *m*, -ca *f* **3** ENTHUSIAST : fanático *m*, -ca *f* **4 nuts and bolts** : tuercas y tornillos — **nutcracker** *n* : cascanueces *m*
nutmeg *n* : nuez *f* moscada
nutrient *n* : nutriente *m*
nutrition *n* : nutrición *f* — **nutritional** *adj* : nutritivo — **nutritious** *adj* : nutritivo
nuts *adj* : loco
nutshell *n* **1** : cáscara *f* de nuez **2 in a nutshell** : en pocas palabras
nutty *adj* **-tier; -tiest** : loco
nuzzle *v* **-zled; -zling** *vi* : acurrucarse — *vt* : acariciar con el hocico
nylon *n* **1** : nilón *m* **2 nylons** *npl* : medias *fpl* de nilón
nymph *n* : ninfa *f*

o *n, pl* **o's** *or* **os 1** : o *f*, decimoquinta letra del alfabeto inglés **2** ZERO : cero *m*

O → **oh**

oaf *n* : zoquete *m*

oak *n, pl* **oaks** *or* **oak** : roble *m*

oar *n* : remo *m*

oasis *n, pl* **oases** : oasis *m*

oath *n, pl* **oaths 1** : juramento *m* **2** SWEARWORD : palabrota *f*

oats *npl* : avena *f* — **oatmeal** *n* : harina *f* de avena

obedient *adj* : obediente — **obedience** *n* : obediencia *f*

obese *adj* : obeso — **obesity** *n* : obesidad *f*

obey *v* **obeyed; obeying** : obedecer

obituary *n, pl* **-aries** : obituario *m*

object *n* **1** : objeto *m* **2** AIM : objetivo *m* **3** : complemento *m* (en gramática) — **object** *vt* : objetar — *vi* **object to** : oponerse a — **objection** *n* : objeción *f* — **objectionable** *adj* : desagradable — **objective** *adj* : objetivo — **objective** *n* : objetivo *m*

oblige *vt* **obliged; obliging 1** : obligar **2** be much obliged : estar muy agradecido **3** oblige someone : hacer un favor a algn — **obligation** *n* : obligación *f* — **obligatory** *adj* : obligatorio — **obliging** *adj* : atento, servicial

oblique *adj* **1** SLANTING : oblicuo **2** INDIRECT : indirecto

obliterate *vt* **-ated; -ating 1** ERASE : borrar **2** DESTROY : arrasar

oblivion *n* : olvido *m* — **oblivious** *adj* : inconsciente

oblong *adj* : oblongo — **oblong** *n* : rectángulo *m*

obnoxious *adj* : odioso

oboe *n* : oboe *m*

obscene *adj* : obsceno — **obscenity** *n, pl* **-ties** : obscenidad *f*

obscurity *n, pl* **-ties** : oscuridad *f* — **obscure** *adj* : oscuro — **obscurity** *vt* **-scured; -scuring 1** DARKEN : oscurecer **2** HIDE : ocultar

observe *v* **-served; -serving** *vt* : observar — *vi* WATCH : mirar — **observance** *n* **1** : observancia *f* **2** religious observes : prácticas *fpl* religiosas — **observant** *adj* : observador — **observation** *n* : observación *f* — **observatory** *n, pl* **-ries** : observatorio *m*

obsess *vt* : obsesionar — **obsession** *n* : obsesión *f* — **obsessive** *adj* : obsesivo

obsolete *adj* : obsoleto, desusado

obstacle *n* : obstáculo *m*

obstetrics *n* : obstetricia *f*

obstinate *adj* : obstinado

obstruct *vt* **1** BLOCK : obstruir **2** HINDER : obstaculizar — **obstruction** *n* : obstrucción *f*

obtain *vt* : obtener, conseguir — **obtainable** *adj* : asequible

obtrusive *adj* : entrometido (dícese de las personas), demasiado prominente (dícese de las cosas)

obtuse *adj* : obtuso

obvious *adj* : obvio, evidente — **obviously** *adv* **1** CLEARLY : obviamente **2** OF COURSE : claro, por supuesto

occasion *n* **1** : ocasión *f* **2** on occasion : de vez en cuando — **occasion** *vt* : ocasionar — **occasional** *adj* : poco frecuente, ocasional — **occasionally** *adv* : de vez en cuando

occult *adj* : oculto

occupy *vt* **-pied; -pying 1** : ocupar **2** occupy oneself : entretenerse — **occupancy** *n, pl* **-cies** : ocupación *f* — **occupant** *n* : ocupante *mf* — **occupation** *n* : ocupación *f* — **occupational** *adj* : profesional

occur *vi* **occurred; occurring 1** : ocurrir **2** APPEAR : encontrarse **3** occur to someone : occurirse a algn — **occurrence** *n* **1** EVENT : acontecimiento *m*, suceso *m* **2** INCIDENCE : incidencia *f*

ocean *n* : océano *m*

ocher *or* ochre *n* : ocre *m*

o'clock *adv* **1** at 6 o'clock : a las seis **2** it's one o'clock : es la una **3** it's ten o'clock : son las diez

octagon *n* : octágono *m* — **octagonal** *adj* : octagonal

octave *n* : octava *f*

October *n* : octubre *m*

octopus *n, pl* **-puses** *or* **-pi** : pulpo *m*

oculist *n* : oculista *mf*

odd *adj* **1** STRANGE : extraño, raro **2** : sin pareja (dícese de un calcetín, etc.) **3** forty odd years : cuarenta y tantos años **4** odd jobs : algunos trabajos *mpl* **5** odd number : número *m* impar — **oddity** *n, pl* **-ties** : rareza *f* — **oddly** *adv* : de manera extraña

oak
roble *M*

— **odds** *npl* **1** CHANCES : probabilidades *fpl*
2 at odds : en desacuerdo **3 five to one
odds** : cinco contra uno (en apuestas) —
odds and ends *npl* : cosas *fpl* sueltas
ode *n* : oda *f*
odious *adj* : odioso
odor *or Brit* **odour** *n* : olor *m* — **odorless**
or Brit **odourless** *adj* : inodoro
of *prep* **1** : de **2 five minutes of
ten** : las diez menos cinco **3 the
eighth of April** : el ocho de abril
off *adv* **1 be off** LEAVE : irse **2 cut off** :
cortar **3 day off** : día *m* de descanso **4
fall off** : caerse **5 doze off** : dormirse
6 far off : lejos **7 off and on** : de vez
en cuando **8 shut off** : apagar **9 ten
miles off** : a diez millas de aquí —
off *prep* **1** : de **2 be off duty** : estar libre
3 off center : descentrado — **off** *adj* **1**
CANCELED : cancelado **2** OUT : apagado **3
an off chance** : una posibilidad remota
offend *vt* : ofender — **offender** *n* :
delincuente *mf* — **offense** *or* **offence** *n* **1**
AFFRONT : afrenta *f* **2** ASSAULT : ataque *m* **3** :
ofensiva *f* (en deportes) **4** CRIME : delito *m* **5**
take offense : ofenderse — **offensive** *adj*
: ofensivo — **offensive** *n* : ofensiva *f*
offer *vt* : ofrecer — **offer** *n* : oferta *f*
— **offering** *n* : ofrenda *f*
offhand *adv* : de improviso, en este
momento — **offhand** *adj* : improvisado
office *n* **1** : oficina *f* **2** POSITION : cargo *m*
3 run for office : presentarse como
candiiato — **officer** *n* **1** : oficial *mf*
2 *or* **police office** : agente *mf* (de
policía) — **official** *n* : funcionario *m*,
-ria *f* — **office** *adj* : oficial
offing *n* **in the offing** : en perspectiva
offset *vt* -set; -setting : compensar
offshore *adv* : a una distancia de la costa
offspring *ns & pl* : prole *f*, progenie *f*
often *adv* **1** : muchas veces, a
menudo, con frecuencia **2 every
so often** : de vez en cuando
ogle *vt* ogled; ogling :
comerse con los ojos
ogre *n* : ogro *m*
oh *interj* **1** : ¡oh!, ¡ah! **2 oh no!** : ¡ay
no! **3 oh really?** : ¿de veras?
oil *n* **1** : aceite *m* **2** PETROLEUM : petróleo *m*
3 *or* **oil painting** : óleo *m* — **oil** *vt* :
lubricar — **oilskin** *n* : hule *m* — **oily** *adj*
oilier; -est : aceitoso, grasiento
ointment *n* : ungüento *m*, pomada *f*
OK *or* okay *adv* **1** : muy bien **2** OK!

¡de acuerdo!, ¡bueno! — **OK** *adj* **1** ALL
RIGHT : bien **2 it's OK with me** : por
mí no hay problema — **OK** *n* : visto *m*
bueno — **OK** *vt* **OK'd** *or* **okayed; OK'ing**
or **okaying** : dar el visto bueno a
okra *n* : quingombó *m*
old *adj* **1** : viejo **2** FORMER : antiguo **3 any
old** : cualquier **4 be ten years old** : tener
diez años (de edad) **5 old age** : vejez *f*
6 old man : anciano *m* **7 old woman** :
anciana *f* — **old** *n* **the old** : los viejos, los
ancianos — **old–fashioned** *adj* : anticuado
olive *n* **1** : aceituna *f* (fruta) **2** *or*
olive green : verde *m* oliva
Olympic *adj* : olímpico —
Olympics *npl* **the Olympic** : las
Olimpiadas, las Olimpíadas
omelet *or* **omelette** *n* : omelette *mf*
Lat, tortilla *f* francesa *Spain*
omen *n* : agüero *m* — **ominous** *adj*
: ominoso, de mal agüero
omit *vt* **omitted; omitting** : omitir
— **omission** *n* : omisión *f*
omnipotent *adj* : omnipotente
on *prep* **1** : en **2** ABOUT : sobre **3 on foot**
: a pie **4 on Monday** : el lunes **5 on the
right** : a la derecha **6 on vacation** : de
vacaciones **7 talk on the phone** : hablar
por teléfono — **on** *adv* **1 and so on** :

etcétera **2 from that moment on** : a partir
de ese momento **3 keep on** : seguir **4 later
on** : más tarde **5 on and on** : sin parar **6
put on** : ponerse (ropa), poner (música,
etc.) **7 turn on** : encender (una luz, etc.),
abrir (una llave) — **on** *adj* **1** : encendido
(dícese de luces, etc.), abierto (dícese de
llaves) **2 be on to** : estar enterado de
once *adv* **1** : una vez **2** FORMERLY
: antes — **once** *n* **1 at once**
TOGETHER : al mismo tiempo **2 at
once** IMMEDIATELY : inmediatamente
— **once** *conj* : una vez que
oncoming *adj* : que viene
one *adj* **1** : un, uno **2** ONLY : único **3** *or* **one
and the same** : el mismo — **one** *n* **1** :
uno *m* (número) **2 one by one** : uno a uno
— **one** *pron* **1** : uno, una **2 one another** : el
uno al otro **3 one never knows** : nunca se
sabe **4 that one** : aquél, aquella **5 which
one?** : ¿cuál? — **oneself** *pron* **1** (*used
reflexively*) : se **2** (*used after prepositions*)
: sí mismo, sí misma **3** (*used emphatically*)
: uno mismo, una misma **4 by oneself**
: solo — **one–sided** *adj* **1** UNEQUAL :
desigual **2** BIASED : parcial — **one–way** *adj*
1 : de sentido único (dícese de una calle)
2 one–way ticket : boleto *m* de ida
ongoing *adj* : en curso, corriente
▶ **onion** *n* : cebolla *f*

yellow onion
cebolla*F* amarilla

red onion
cebolla*F* roja

pearl onion
cebolleta*F*

white onion
cebolla*F* blanca

green onion
cebolla*F* tierna

symphony orchestra
orquestra[F] **sinfónica**

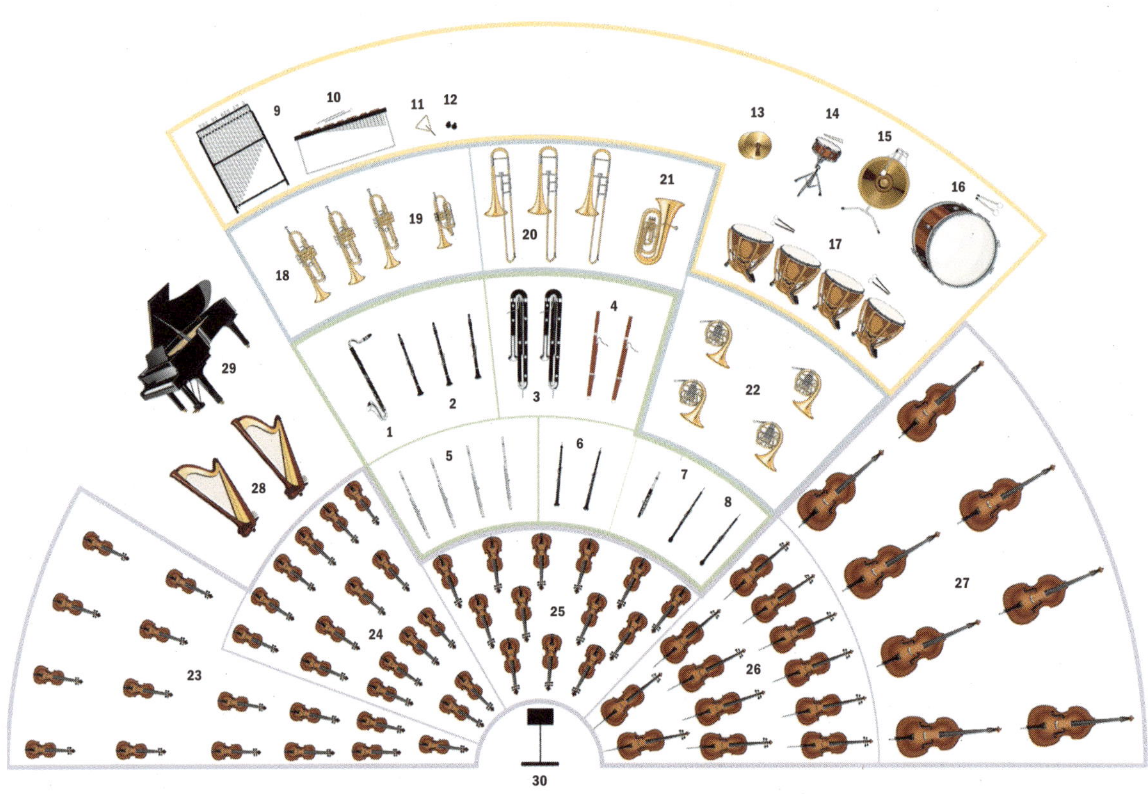

woodwind family
familia[F] *de instrumentos*[M] *de madera*[F]

1 bass clarinet
clarinete[M] *bajo*

2 clarinets
clarinetes[M]

3 contrabassoons
contrafagots[M]

4 bassoons
fagotes[M]

5 flutes
flautas[F] *traveseras*

6 oboes
oboes[M]

7 piccolo
píccolo[M]

8 English horns
cornos[M] *ingleses*

percussion instruments
instrumentos[M] *de percusión*[F]

9 tubular bells
campanas[F] *tubulares*

10 xylophone
xilófono[M]

11 triangle
triángulo[M]

12 castanets
castañuelas[F]

13 cymbals
platillos[M]

14 snare drum
caja[F] *clara*

15 gong
gong[M]

16 bass drum
bombo[M]

17 timpani
timbales[M]

28 harps
arpas[F]

brass family
familia[F] *de los metales*[M]

18 trumpets
trompetas[F]

19 cornet
cornetín[M]

20 trombones
trombones[M]

21 tuba
tuba[F]

22 French horns
cornos[M] *franceses/ trompas*[F]

29 piano
piano[M]

string family
familia[F] *de los violines*[M]

23 first violins
primeros violines[M]

24 second violins
segundos violines[M]

25 violas
violas[F]

26 cellos
violoncelos[M]

27 double basses
contrabajos[M]

30 conductor's podium
estrado[M] *del director*[M]

only *adj* : único — **only** *adv* **1** : sólo, solamente **2 if only** : ojalá, por lo menos — **only** *conj* BUT : pero
onset *n* : comienzo *m*, llegada *f*
onslaught *n* : ataque *m*, arremetida *f*
onto *prep* : sobre
onus *n* : responsabilidad *f*
onward *adv & adj* : hacia adelante
onyx *n* : ónix *m*
ooze *v* **oozed; oozing** : rezumar
opal *n* : ópalo *m*
opaque *adj* : opaco
open *adj* **1** : abierto **2** AVAILABLE : vacante, libre **3 an open question** : una cuestión pendiente — **open** *vt* : abrir — *vi* **1** : abrirse **2** BEGIN : comenzar — **open** *n* **in the open 1** OUTDOORS : al aire libre **2** KNOWN : sacado a la luz — **open–air** *adj* : al aire libre — **opener** *n* **1** : abridor *m* **2** *or* **bottle open** : abrebotellas *m* **3** *or* **can opener** : abrelatas *m* — **opening** *n* **1** : abertura *f* **2** BEGINNING : comienzo *m*, apertura *f* **3** OPPORTUNITY : opportunidad *f* — **openly** *adv* : abiertamente
opera *n* : ópera *f*
operate *v* **-ated; -ating** *vi* **1** FUNCTION : funcionar **2 operate on someone** : operar a algn — *vt* **1** : hacer funcionar (una máquina) **2** MANAGE : dirigir, manejar — **operation** *n* **1** : operación *f* **2** FUNCTIONING : funcionamiento *m* — **operational** *adj* : operacional — **operative** *adj* : en vigor — **operator** *n* **1** : operador *m*, -dora *f* **2** *or* **machine operator** : operario *m*, -ria *f*
opinion *n* : opinión *f* — **opinionated** *adj* : dogmático
opium *n* : opio *m*
opossum *n* : zarigüeya *f*, oposum *m*
opponent *n* : adversario *m*, -ria *f*; contrincante *mf* (en deportes)
opportunity *n, pl* **-ties** : oportunidad *f* — **opportune** *adj* : oportuno — **opportunist** *n* : oportunista *mf*
oppose *vt* **-posed; -posing** : oponerse a — **opposed** *adj* **oppose to** : en contra de
opposite *adj* **1** FACING : de enfrente **2** CONTRARY : opuesto — **opposite** *n* **the opposite** : lo contrario, lo opuesto — **opposite** *adv* : enfrente — **opposite** *prep* : enfrente de, frente a — **opposition** *n* **1** : oposición *f* **2 in opposition to** : en contra de
oppress *vt* : oprimir — **oppression** *n* : opresión *f* — **oppressive** *adj* **1** : opresivo **2** STIFLING : agobiante

— **oppressor** *n* : opresor *m*, -sora *f*
opt *vi* **opt for** : optar por
optic *or* optical *adj* : óptico — **optician** *n* : óptico *m*, -ca *f*
optimism *n* : optimismo *m* — **optimist** *n* : optimista *mf* — **optimistic** *adj* : optimista
optimum *n, pl* **-ma** : lo óptimo, lo ideal
option *n* **1** : opción *f* **2 have no option** : no tenerrmás remedio — **optional** *adj* : facultativo, opcional
opulence *n* : opulencia *f* — **opulent** *adj* : opulento
or *conj* **1** (*indicating an alternative*) : o (u *before* o- *or* ho-) **2** (*following a negative*) : ni **3 or else** : si no
oracle *n* : oráculo *m*
oral *adj* : oral
orange *n* **1** : naranja *f* (fruta) **2** : naranja *m* (color)
orator *n* : orador *m*, -dora *f*
orbit *n* : órbita *f* — **orbit** *vt* : girar alrededor de — *vi* : orbitar
orchard *n* : huerto *m*
orchestra *n* : orquesta *f*
orchid *n* : orquídea *f*
ordain *vt* **1** : ordenar (un sacerdote, etc.) **2** DECREE : decretar
ordeal *n* : prueba *f* dura
order *vt* **1** : ordenar **2** : pedir (mercancías, etc.) — *vi* : hacer un pedido — **order** *n*

1 ARRANGEMENT : orden *m* **2** COMMAND : orden *f* **3** REQUEST : pedido *m* **4** : orden *f* (religiosa) **5 in order that** : para que **6 in order to** : para **7 out of order** : averiado, descompuesto *Lat* — **orderly** *adj* : ordenado — **orderly** *n, pl* **-lies 1** : ordenanza *m* (en el ejército) **2** : camillero *m* (en un hospital)
ordinary *adj* **1** : normal, corriente **2** MEDIOCRE : ordinario — **ordinarily** *adv* : generalmente
ore *n* : mena *f*
oregano *n* : orégano *m*
organ *n* : órgano *m* — **organic** *adj* : orgánico — **organism** *n* : organismo *m* — **organist** *n* : organista *mf* — **organize** *vt* **-nized; -nizing** : organizar — **organization** *n* : organización *f* — **organizer** *n* : organizador *m*, -dora *f*
orgasm *n* : orgasmo *m*
orgy *n, pl* **-gies** : orgía *f*
Orient *n* **the Orient** : el Oriente — **orient** *vt* : orientar — **oriental** *adj* : del Oriente, oriental — **orientation** *n* : orientación *f*
orifice *n* : orificio *m*
origin *n* : origen *m* — **original** *n* : original *m* — **origin** *adj* : original — **originality** *n* : originalidad *f*

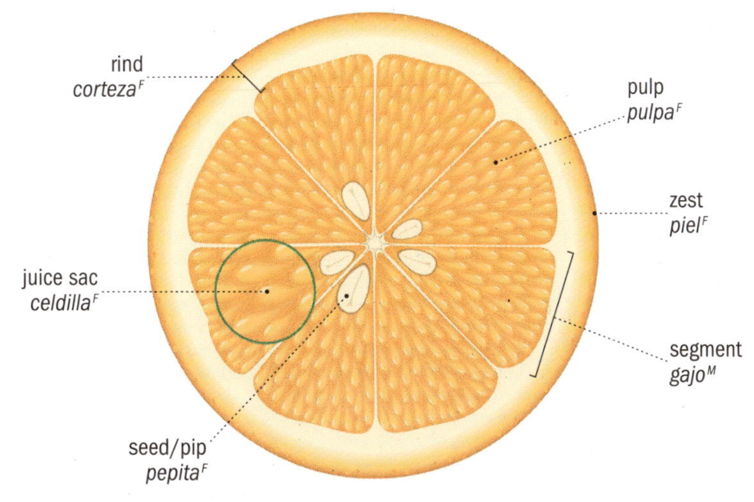

section of an orange
corte^M de una naranja^F

— **originally** *adv* : originariamente
— **originate** *v* **-nated; -nating** *vt* : originar — *vi* **1** : originarse **2 originate from** : provenir de —
originator *n* : creador *m*, -dora *f*
ornament *n* : adorno *m* — **ornament** *vt* : adornar — **ornamental** *adj* : ornamental, de adorno — **ornate** *adj* : elaborado, adornado
ornithology *n, pl* **-gies** : ornitología *f*
orphan *n* : huérfano *m*, -na *f* — **orphan** *vt* : dejar huérfano — **orphanage** *n* : orfelinato *m*, orfanato *m*
orthodox *adj* : ortodoxo — **orthodoxy** *n, pl* **-doxies** : ortodoxia *f*
orthopedic *adj* : ortopédico
oscillation *n* : oscilación *f* — **oscillate** *vi* **-lated; -lating** : oscilar
ostensible *adj* : aparente, ostensible
ostentation *n* : ostentación *f* — **ostentatious** *adj* : ostentoso
osteopath *n* : osteópata *f*
ostracism *n* : ostracismo *m* — **ostracize** *vt* **-cized; -cizing** : aislar
ostrich *n* : avestruz *m*
other *adj* **1** : otro **2 every other day** : cada dos días **3 on the other hand** : por otra parte, por otro lado — **other** *pron* **1** : otro, otra **2 the others** : los otros, las otras, los demás, las demás — **other than** *prep* : aparte de, fuera de — **otherwise** *adv* **1** : eso aparte, por lo demás **2** DIFFERENTLY : de otro modo **3** OR ELSE : si no
otter *n* : nutria *f*
ought *v aux* **1** : deber **2 you ought to have done it** : deberías haberlo hecho

ounce *n* : onza *f*
our *adj* : nuestro — **ours** *pron* **1** : (el) nuestro, (la) nuestra, (los) nuestros, (las) nuestras **2 a friend of ours** : un amigo nuestro — **ourselves** *pron* **1** (*used reflexively*) : nos **2** (*used after prepositions*) : nosotros, nosotras **3** (*used for emphasis*) : nosotros mismos, nosotras mismas
oust *vt* : desbancar
out *adv* **1** OUTSIDE : fuera, afuera **2 cry out** : gritar **3 eat out** : comer afuera **4 go out** : salir **5 look out** : mirar para afuera **6 run out of** : agotar **7 turn out** : apagar (una luz) **8 take out** REMOVE : sacar — **out** *prep* → **out of** — **out** *adj* **1** ABSENT : ausente **2** UNFASHIONABLE : fuera de moda **3** EXTINGUISHED : apagado **4 the sun is out** : hace sol
outboard motor *n* : motor *m* fuera de borde
outbreak *n* : brote *m* (de una enfermedad), comienzo *m* (de guerra)
outburst *n* : arranque *m*, arrebato *m*
outcast *n* : paria *mf*
outcome *n* : resultado *m*
outcry *n, pl* **-cries** : protesta *f*
outdated *adj* : anticuado
outdo *vt* **-did; -done; -doing; -does** : superar
outdoor *adj* : al aire libre — **outdoors** *adv* : al aire libre
outer *adj* : exterior — **outer space** *n* : espacio *m* exterior
outfit *n* **1** EQUIPMENT : equipo *m* **2** CLOTHES : conjunto *m* — **outfit** *vt* **-fitted; -fitting** EQUIP : equipar

outgoing *adj* **1** SOCIABLE : extrovertido **2 outgoing mail** : correo *m* (para enviar) **3 outgoing president** : presidente *m*, -ta *f* saliente
outgrow *vt* **-grew; -grown; -growing** : crecer más que
outing *n* : excursión *f*
outlandish *adj* : estrafalario
outlast *vt* : durar más que
outlaw *n* : forajido *m*, -da *f* — **outlaw** *vt* : declarar ilegal
outlay *n* : desembolso *m*
outlet *n* **1** EXIT : salida *f* **2** RELEASE : desahogo *m* **3** *or* **electrical outlet** : toma *f* de corriente **4** *or* **retail outlet** : tienda *f* al por menor
outline *n* **1** CONTOUR : contorno *m* **2** SKETCH : bosquejo *m*, boceto *m* **3** SUMMARY : esquema *m* — **outline** *vt* **-lined; -lining 1** SKETCH : bosquejar **2** EXPLAIN : delinear, esbozar
outlive *vt* **-lived; -living** : sobrevivir a
outlook *n* **1** PROSPECTS : perspectivas *fpl* **2** VIEWPOINT : punto *m* de vista
outlying *adj* : alejado, distante
outmoded *adj* : pasado de moda, anticuado
outnumber *vt* : superar en número a
out of *prep* **1** FROM : de **2** THROUGH : por **3** WITHOUT : sin **4 out of curiosity** : por curiosidad **5 out of control** : fuera de control **6 one out of four** : uno de cada cuatro — **out–of–date** *adj* : anticuado — **out–of–door** *or* **out–of–doors** *adj* → **outdoor**
outpatient *n* : paciente *m* externo
outpost *n* : puesto *m* avanzado
output *n* **1** : producción *f*, rendimiento *m* **2** : salida *f* (informática) — **output** *vt* **-putted** *or* **-put; -putting** : producir
outrage *n* **1** : atrocidad *f*, escándalo *m* **2** ANGER : ira *f*, indignación *f* — **outrage** *vt* **-raged; -raging** : ultrajar — **outrageous** *adj* : escandaloso
outright *adv* **1** COMPLETELY : por completo **2** INSTANTLY : en el acto — **outright** *adj* : completo, absoluto
outset *n* : comienzo *m*, principio *m*
outside *n* **1** : exterior *m* **2 from the outside** : desde fuera, desde afuera — **outside** *adj* **1** : exterior, externo **2 an outside chance** : una posibilidad remota — **outside** *adv* : fuera, afuera — **outside** *prep* *or* **outside of** : fuera de — **outsider** *n* : forastero *m*, -ra *f*
outskirts *npl* : afueras *fpl*,

river otter
nutria *f*

alrededores *mpl*
outspoken *adj* : franco, directo
outstanding *adj* **1** UNPAID : pendiente
2 EXCELLENT : excepcional
outstretched *adj* : extendido
outstrip *vt* **-stripped** *or* **-stript;**
-stripping : aventajar
outward *adj* **1** : hacia afuera
2 EXTERNAL : externo, external
— **outward** *or* **outwards** *adv* :
hacia afuera — **outwardly** *adv*
APPARENTLY : aparentemente
outweigh *vt* : pesar más que
outwit *vt* **-witted; -witting**
: ser más listo que
oval *n* : óvalo *m* — **oval** *adj* : ovalado
ovary *n, pl* **-ries** : ovario *m*
ovation *n* : ovación *f*
oven *n* : horno *m*
over *adv* **1** ABOVE : por encima **2** AGAIN :
otra vez, de nuevo **3** MORE : más **4 all over**
: por todas partes **5 ask over** : invitar **6**
cross over : cruzar **7 fall over** : caerse **8**
over and over : una y otra vez **9 over here**
: aquí **10 over there** : allí — **over** *prep* **1**
ABOVE, UPON : encima de, sobre **2** ACROSS
: por encima de, sobre **3** DURING : en,
durante **4 fight over** : pelearse por **5 over**
$5 : más de $5 **6 over the phone** : por
teléfono — **over** *adj* : terminado, acabado
overall *adv* GENERALLY : en general
— *adj* : total, en conjunto —
overalls *npl* : overol *m, Lat*
overbearing *adj* : dominante, imperioso
overboard *adv* **fall overboard**
: caer al agua
overburden *vt* : sobrecargar
overcast *adj* : nublado
overcharge *vt* **-charged;**
-charging : cobrar demasiado
overcoat *n* : abrigo *m*
overcome *v* **-came; -come;**
-coming *vt* **1** CONQUER : vencer **2**
OVERWHELM : agobiar — *vi* : vencer
overcook *vt* : cocer demasiado
overcrowded *adj* : abarrotado de gente
overdo *vt* **-did; -done; -doing; -does**
1 : hacer demasiado **2** EXAGGERATE
: exagerar **3** → **overcook**
overdose *n* : sobredosis *f*
overdraw *vt* **-drew; -drawn; -drawing**
: girar en descubierto — **overdraft** *n*
: sobregiro *m*, descubierto *m*
overdue *adj* : fuera de plazo
(dícese de pagos, libros, etc.)
overeat *vi* **-ate; -eaten; -eating**

: comer demasiado
overestimate *vt* **-mated;**
-mating : sobreestimar
overflow *vt* : desbordar — *vi*
: desbordarse — **overflow** *n* :
desbordamiento *m* (de un río)
overgrown *adj* : cubierto
(de malas hierbas, etc.)
overhand *adv* : por encima de la cabeza
overhang *v* **-hung; -hanging** : sobresalir
overhaul *vt* : revisar (un motor, etc.)
overhead *adv* : por encima
— **overhead** *adj* : de arriba —
overhead *n* : gastos *mpl* generales
overhear *vt* **-heard; -hearing**
: oír por casualidad
overheat *vt* : calentar demasiado
— *vi* : recalentarse
overjoyed *adj* : encantado
overland *adv & adj* : por tierra
overlap *v* **-lapped; -lapping** *vt* :
traslapar — *vi* : traslaparse
overload *vt* : sobrecargar
overlook *vt* **1** : dar a (un jardín, el
mar, etc.) **2** MISS : pasar por alto
overly *adv* : demasiado
overnight *adv* **1** : por la noche
2 SUDDENLY : de la noche a la
mañana — **overnight** *adj* **1** : de
noche **2** SUDDEN : repentino
overpass *n* : paso *m* elevado
overpopulated *adj* : superpoblado
overpower *vt* **1** SUBDUE : dominar
2 OVERWHELM : agobiar, abrumar
overrated *adj* : sobreestimado
override *vt* **-rode; -ridden;**
-riding 1 : predominar sobre **2** :
anular (una decisión, etc.)
overrule *vt* **-ruled; -ruling** : anular (una
decisión), rechazar (una protesta)
overrun *vt* **-ran; -running 1** INVADE
: invadir **2** EXCEED : exceder
overseas *adv* : en el extranjero —
overseas *adj* : extranjero, exterior
oversee *vt* **-saw; -seen;**
-seeing : supervisar
overshadow *vt* : eclipsar
oversight *n* : descuido *m*
oversleep *vi* **-slept; -sleeping**
: quedarse dormido
overstep *vt* **-stepped;**
-stepping : sobrepasar
overt *adj* : manifiesto
overtake *vt* **-took; -taken; -taking 1**
PASS : adelantar **2** SURPASS : superar
overthrow *vt* **-threw; -thrown;**

great horned owl
búho^M **real**

-**throwing** : derrocar
overtime *n* **1** : horas *fpl* extras (de
trabajo) **2** : prórroga *f* (en deportes)
overtone *n* SUGGESTION :
tinte *m*, insinuación *f*
overture *n* : obertura *f* (en música)
overturn *vt* **1** : dar la vuelta a **2**
NULLIFY : anular — *vi* : volcar
overweight *adj* : demasiado gordo
overwhelm *vt* **1** : abrumar,
agobiar **2** : aplastar (a un
enemigo) — **overwhelming** *adj*
: abrumador, apabullante
overwork *vt* : hacer trabajar demasiado
— *vi* : trabajar demasiado
overwrought *adj* : alterado, sobreexitado
owe *vt* **owed; owing** : deber —
owing to *prep* : debido a
▸ **owl** *n* : búho *m*
own *adj* : propio — **own** *vt* : poseer, tener
— *vi* **own up** : confesar — **own** *pron* **1**
my (your, his/her/their, our) own : el mío,
la mía; el tuyo, la tuya; el suyo, la suya; el
nuestro, la nuestra **2 be on one's own** :
estar solo **3 to each his own** : cada uno
a lo suyo — **owner** *n* : propietario *m*,
-ria *f* — **ownership** *n* : propiedad *f*
ox *n, pl* **oxen** : buey *m*
oxygen *n* : oxígeno *m*
oyster *n* : ostra *f*
ozone *n* : ozono *m*

p *n, pl* **p's** *or* **ps** : p *f*, decimosexta letra del alfabeto inglés

pace *n* **1** STEP : paso *m* **2** RATE : ritmo *m* **3 keep pace with** : andar al mismo paso que — **pace** *vi* **paced; pacing** *or* **pace up and down** : caminar de arriba para abajo

pacify *vt* **-fied; -fying** : apaciguar — **pacifier** *n* : chupete *m* — **pacifist** *n* : pacifista *mf*

pack *n* **1** BUNDLE : fardo *m* **2** BACKPACK : mochila *f* **3** PACKAGE : paquete *m* **4** : baraja *f* (de naipes) **5** : manada *f* (de lobos, etc.), jauría *f* (de perros) — **pack** *vt* **1** PACKAGE : empaquetar **2** FILL : llenar **3** : hacer (una maleta) — *vi* : hacer las maletas — **package** *vt* **-aged; -aging** : empaquetar — **pack** *n* : paquete *m* — **packet** *n* : paquete *m*

pact *n* : pacto *m*, acuerdo *m*

pad *n* **1** CUSHION : almohadilla *f* **2** TABLET : bloc *m* (de papel) **3** *or* **ink pad** : tampón *m* **4 launching pad** : plataforma *f* (de lanzamiento) — **pad** *vt* **padded; padding** : rellenar — **padding** *n* **1** : relleno *m* **2** : paja *f* (en un discurso, etc.)

paddle *n* **1** : canalete *m* (de una canoa) **2** : pala *f*, paleta *f* (en deportes)

parrot
loro^M

— **paddle** *vt* **-dled; -dling** : hacer avanzar (una canoa) con canalete

padlock *n* : candado *m* — **padlock** *vt* : cerrar con candado

pagan *n* : pagano *m*, -na *f* — **pagan** *adj* : pagano

page[1] *vt* **paged; paging** : llamar por altavoz

page[2] *n* : página *f* (de un libro, etc.)

pageant *n* : espectáculo *m* — **pageantry** *n* : pompa *f*, boato *m*

paid → **pay**

pail *n* : cubo *m Spain*, cubeta *f Lat*

pain *n* **1** : dolor *m* **2** : pena *f* (mental) **3 pains** *npl* EFFORT : esfuerzos *mpl* — **pain** *vt* : doler — **painful** *adj* : doloroso — **painkiller** *n* : analgésico *m* — **painless** *adj* : indoloro, sin dolor — **painstaking** *adj* : meticuloso, esmerado

paint *v* : pintar — **paint** *n* : pintura *f* — **paintbrush** *n* : pincel *m* (de un artista), brocha *f* (para pintar casas, etc.) — **painter** *n* : pintor *m*, -tora *f* — **painting** *n* : pintura *f*

pair *n* **1** : par *m* **2** COUPLE : pareja *f* — **pair** *vt* : emparejar

pajamas *npl* : pijama *m*, piyama *mf Lat*

Pakistani *adj* : paquistaní

pal *n* : amigo *m*, -ga *f*

palace *n* : palacio *m*

palate *n* : paladar *m* — **palatable** *adj* : sabroso

pale *adj* **paler; palest 1** PALLID : pálido **2** : claro (dícese de los colores, etc.) — **pale** *vi* **paled; paling** : palidecer — **paleness** *n* : palidez *f*

Palestinian *adj* : palestino

palette *n* : paleta *f*

pallbearer *n* : portador *m*, -dora *f* del féretro

pallid *adj* : pálido — **pallor** *n* : palidez *f*

palm[1] *n* : palma *f* (de la mano)

palm[2] *or* **palm tree** : palmera *f* — **Palm Sunday** *n* : Domingo *m* de Ramos

palpitate *vi* **-tated; -tating** : palpitar — **palpitation** *n* : palpitación *f*

paltry *adj* **-trier; -est** : mísero, mezquino

pamper *vt* : mimar

pamphlet *n* : panfleto *m*, folleto *m*

pan *n* **1** SAUCEPAN : cacerola *f* **2** FRYING PAN : sartén *mf* — **pan** *vt* **panned; panning** CRITICIZE : poner por los suelos

pancake *n* : crepe *mf*, panqueque *m, Lat*

panda *n* : panda *mf*

pandemonium *n* : pandemonio *m*

pander *vi* **pander to** : complacer a

pane *n* : cristal *m*, vidrio *m*

panel *n* **1** : panel *m* **2** GROUP : jurado *m* **3** *or* **instrument panel** : tablero *m* (de instrumentos) — **panel** *vt* **-eled** *or* **-elled; -eling** *or* **-elling** : adornar con paneles — **paneling** *n* : paneles *mpl*

pang *n* : punzada *f*

panic *n* : pánico *m* — **panic** *v* **-icked; -icking** *vt* : llenar del pánico — *vi* : ser presa del pánico — **panicky** *adj* : presa de pánico

panorama *n* : panorama *m* — **panoramic** *adj* : panorámico

pansy *n, pl* **-sies** : pensamiento *m*

pant *vi* : jadear, resoplar

panther *n* : pantera *f*

panties *npl* : bragas *fpl Spain*, calzones *mpl Lat*

pantomime *n* : pantomima *f*

pantry *n, pl* **-tries** : despensa *f*

pants *npl* TROUSERS : pantalón *m*, pantalones *mpl*

papa *n* : papá *m fam*

papal *adj* : papal

papaya *n* : papaya *f*

paper *n* **1** : papel *m* **2** DOCUMENT : documento *m* **3** NEWSPAPER : periódico *m* — **paper** *vt* WALLPAPER : empapelar — **paper** *adj* : de papel — **paperback** *n* : libro *m* en rústica — **paper clip** *n* : clip *m*, sujetapapeles *m* — **paperweight** *n* : pisapapeles *m* — **paperwork** *n* : papeleo *m*

paprika *n* : pimentón *m*

par *n* **1** : par *m* (en golf) **2 below par** : debajo de la par **3 on a par with** : al nivel de

parable *n* : parábola *f*

parachute *n* : paracaídas *m* — **parachute** *vi* **-chuted; -chuting** : lanzarse en paracaídas

parade *n* **1** : desfile *m* **2** DISPLAY : alarde *m* — **parade** *v* **-raded; -rading** *vi* MARCH : desfilar — *vt* DISPLAY : hacer alarde de

paradise *n* : paraíso *m*

paradox *n* : paradoja *f* — **paradoxical** *adj* : paradójico

paraffin *n* : parafina *f*

paragraph *n* : párrafo *m*

Paraguayan *adj* : paraguayo

parakeet *n* : periquito *m*

parallel *adj* : paralelo — **parallel** *n* **1** : paralelo *m* (en geografía) **2** SIMILARITY

: paralelismo *m*, semejanza *f* —
parallel *vt* : ser paralelo a
paralysis *n*, *pl* **-yses** : parálisis *f* —
  paralyze *or Brit* **paralise** *vt* **-lyzed** *or Brit*
  -lised; -lyzing *or Brit* **-lising** : paralizar
parameter *n* : parámetro *m*
paramount *adj* **of paramount**
  importance : de suma importancia
paranoia *n* : paranoia *f* —
  paranoid *adj* : paranoico
paraphernalia *ns & pl* : parafernalia *f*
paraphrase *n* : paráfrasis *f*
  — **paraphrase** *vt* **-phrased;**
  -phrasing : parafrasear
paraplegic *n* : parapléjico *m*, -ca *f*
parasite *n* : parásito *m*
paratrooper *n* : paracaidista *mf* (militar)
parcel *n* : paquete *m*
parch *vt* : resecar
parchment *n* : pergamino *m*
pardon *n* **1** : perdón *m* **2** REPRIEVE
  : indulto *m* **3 I beg your pardon** :
  perdone Ud., disculpe Ud. *Lat* —
  pardon *vt* **1** : perdonar **2** REPRIEVE

: indultar (a un delincuente)
parent *n* **1** : madre *f*, padre *m* **2**
  parents *npl* : padres *mpl* —
  parental *adj* : de los padres
parenthesis *n*, *pl* **-theses** : paréntesis *m*
parish *n* : parroquia *f* —
  parishioner *n* : feligrés *m*, -gresa *f*
parity *n*, *pl* **-ties** : igualdad *f*
park *n* : parque *m* — **park** *v* :
  estacionar, parquear *Lat*
parka *n* : parka *f*
parking *n* : estacionamiento *m*
parliament *n* : parlamento *m* —
  parliamentary *adj* : parlamentario
parlor *or Brit* **parlour** *n* : salón *m*
parochial *adj* **1** : parroquial **2**
  PROVINCIAL : de miras estrechas
parody *n*, *pl* **-dies** : parodia *f* —
  parody *vt* **-died; -dying** : parodiar
parole *n* : libertad *f* condicional
▸ **parrot** *n* : loro *m*, papagayo *m*
parry *vt* **-ried; -rying 1** : parar (un golpe)
  2 EVADE : eludir (una pregunta, etc.)
parsley *n* : perejil *m*

parsnip *n* : chirivía *f*
parson *n* : clérigo *m*
part *n* **1** : parte *f* **2** PIECE : pieza *f* **3** ROLE :
  papel *m* **4** : raya *f* (del pelo) — **part** *vi* **1**
  or **part company** : separarse **2 part with**
  : dehacerse de — *vt* SEPARATE : separar
partake *vi* **-took; -taken; -taking**
  partake in : participar en
partial *adj* **1** : parcial **2 be**
  partial to : ser aficionado a
participate *vi* **-pated; -pating** : participar
  — **participant** *n* : participante *mf*
participle *n* : participio *m*
particle *n* : partícula *f*
particular *adj* **1** : particular **2** FUSSY
  : exigente — **particular** *n* **1 in**
  particular : en particular, en especial
  2 particulars *npl* DETAILS : detalles *mpl*
  — **particularly** *adv* : especialmente
partisan *n* : partidario *m*, -ria *f*
partition *n* **1** DISTRIBUTION : partición *f* **2**
  DIVIDER : tabique *m* — **partition** *vt* : dividir
partly *adv* : en parte
partner *n* **1** : pareja *f* (en un juego,

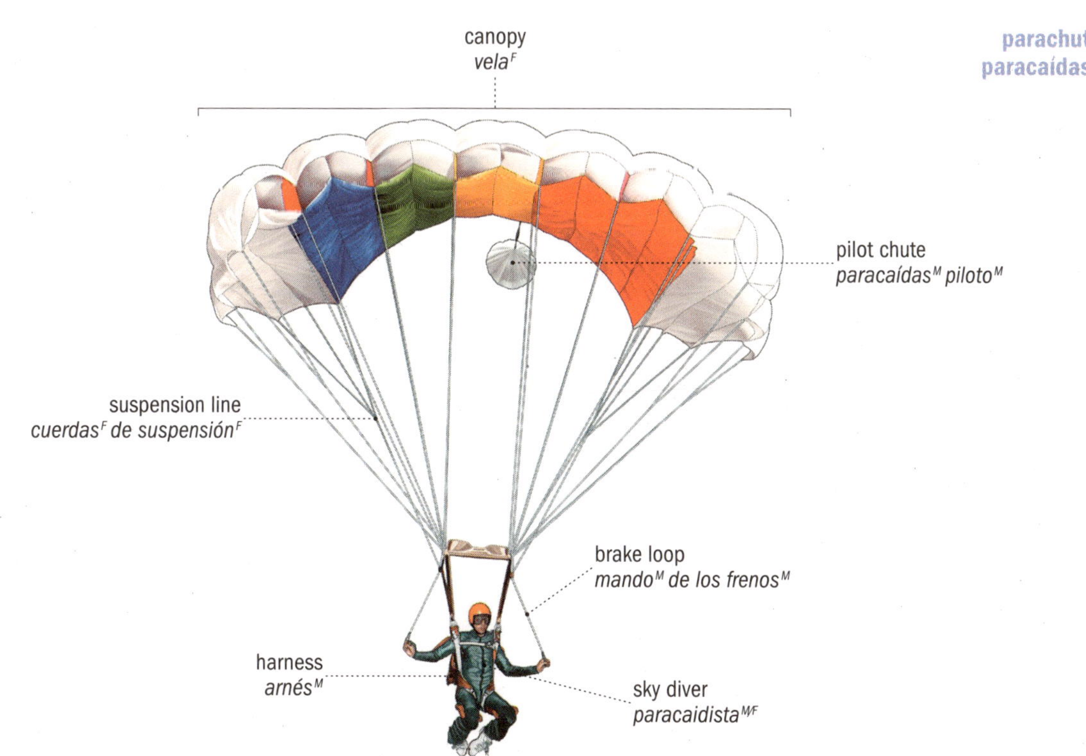

etc.) **2** *or* **business partner** : socio *m*,
-cia *f* — **partnership** *n* : asociación *f*
party *n, pl* **-ties 1** : partido *m* (político) **2**
GATHERING : fiesta *f* **3** GROUP : grupo *m*
pass *vi* **1** : pasar **2** CEASE : pasarse **3** :
aprobar (en un examen) **4** *or* **pass away**
DIE : morir **5 pass for** : pasar por **6 pass**
out FAINT : desmayarse — *vt* **1** : pasar **2**
or **pass in front of** : pasar por **3** OVERTAKE
: adelantar **4** : aprobar (un examen, una
ley, etc.) **5 pass down** : transmitir —
pass *n* **1** PERMIT : pase *m*, permiso *m* **2** :
pase *m* (en deportes) **3** *or* **mountain pass**
: paso *m* de montaña — **passable** *adj* **1**
ADEQUATE : adecuado **2** : transitable (dícese
de un camino, etc.) — **passage** *n* **1** :
paso *m* **2** CORRIDOR : pasillo *m* (dentro
de un edificio), pasaje *m* (entre edificios)
3 VOYAGE : travesía *f* (por el mar) —
passageway *n* : pasillo *m*, corredor *m*
passenger *n* : pasajero *m*, -ra *f*
passerby *n, pl* **passersby** : transeúnte *mf*
passion *n* : pasión *f* —
passionate *adj* : apasionado
passive *adj* : pasivo
Passover *n* : Pascua *f* (en el judaísmo)

passport *n* : pasaporte *m*
password *n* : contraseña *f*
past *adj* **1** : pasado **2** FORMER : anterior
3 the past few months : los últimos
meses — **past** *prep* **1** IN FRONT OF : por
delante de **2** BEYOND : más allá de **3 half**
past two : las dos y media — **past** *n* :
pasado *m* — **past** *adv* : por delante
pasta *n* : pasta *f*
paste *n* **1** : pasta *f* **2** GLUE : engrudo *m*
— **paste** *vt* **pasted; pasting** : pegar
pastel *n* : pastel *m* — **pastel** *adj* : pastel
pasteurize *vt* **-ized; -izing** : pasteurizar
pastime *n* : pasatiempo *m*
pastor *n* : pastor *m*, -tora *f*
pastry *n, pl* **-ries** : pasteles *mpl*
pasture *n* : pasto *m*
pasty *adj* **pastier; -est 1** DOUGHY
: pastoso **2** PALLID : pálido
pat *n* **1** : palmadita *f* **2 a pat of butter**
: una porción de mantequilla — **pat** *vt*
patted; patting : dar palmaditas a
— **pat** *adv* **have down pat** : saberse
de memoria — **pat** *adj* GLIB : fácil
patch *n* **1** : parche *m*, remiendo *m* (para
la ropa) **2** SPOT : mancha *f*, trozo *m* **3**

PLOT : parcela *f* (de tierra) — **patch** *vt* **1**
MEND : remender **2 patch up** : arreglar
— **patchy** *adj* **patchier; -est 1** : desigual
2 INCOMPLETE : parcial, incompleto
patent *adj* **1** *or* patented : patentado **2**
OBVIOUS : patente, evidente — **patent** *n*
: patente *f* — **patent** *vt* : patentar
paternal *adj* **1** FATHERLY : paternal
2 paternal grandmother : abuela *f*
paterna — **paternity** *n* : paternidad *f*
path *n* **1** TRACK, TRAIL : camino *m*,
sendero *m* **2** COURSE : trayectoria *f*
pathetic *adj* : patético
pathology *n, pl* **-gies** : patología *f*
pathway *n* : camino *m*, sendero *m*
patience *n* : paciencia *f* — **patient** *adj*
: paciente — **patience** *n* : paciente *mf*
— **patiently** *adv* : con paciencia
patio *n, pl* **-tios** : patio *m*
patriot *n* : patriota *mf* —
patriotic *adj* : patriótico
patrol *n* : patrulla *f* — **patrol** *v*
-trolled; -trolling : patrullar
patron *n* **1** SPONSOR : patrocinador *m*,
-dora *f* **2** CUSTOMER : cliente *m*, -ta *f*
— **patronage** *n* **1** SPONSORSHIP :
patrocinio *m* **2** CLIENTELE : clientela *f*
— **patronize** *vt* **-ized; -izing 1** :
ser cliente de (una tienda, etc.) **2** :
tratar (a algn) con condescencia
patter *n* : tamborileo *m* (de la
lluvia), correteo *m* (de los pies)
pattern *n* **1** MODEL : modelo *m* **2**
DESIGN : diseño *m* **3** STANDARD : pauta *f*,
modo *m* **4** : patrón *m* (en costura) —
pattern *vt* : basar (en un modelo)
paunch *n* : panza *f*
pause *n* : pausa *f* — **pause** *vi*
paused; pausing : hacer una pausa
pave *vt* **paved; paving** : pavimentar
— **pavement** *n* : pavimento *m*
pavilion *n* : pabellón *m*
paw *n* **1** : pata *f* **2** : garra *f* (de un
gato) — **paw** *vt* : tocar con la pata
pawn[1] *n* : peón *m* (en ajedrez)
pawn[2] *vt* : empeñar — **pawnbroker** *n*
: prestamista *mf* — **pawnshop** *n*
: casa *f* de empeños
pay *v* **paid; paying** *vt* **1** : pagar **2 pay**
attention : prestar atención **3 pay back** :
devolver **4 pay one's respects** : presentar
uno sus respetos **5 pay a visit** : hacer una
visita — *vi* **1** : pagar **2 crime doesn't**
pay : no hay crimen sin castigo —
pay *n* : paga *f* — **payable** *adj* : pagadero

pelican
pelícano*M*

— **paycheck** *n* : cheque *m* del sueldo —
payment *n* **1** : pago *m* **2** INSTALLMENT :
plazo *m*, cuota *f Lat* — **payroll** *n* : nómina *f*
PC *n*, *pl* **PCs** *or* **PC's** : PC *mf*,
computadora *f* personal
pea *n* : guisante *m*, arveja *f Lat*
peace *n* : paz *f* — **peaceful** *adj* **1**
: pacífico **2** CALM : tranquilo
peach *n* : melocotón *m*, durazno *m*, *Lat*
peacock *n* : pavo *m* real
peak *n* **1** SUMMIT : cumbre *f*, cima *f*,
pico *m* (de una montaña) **2** APEX :
nivel *m* máximo — **peak** *adj* : máximo
— **peak** *vi* : alcanzar su nivel máximo
peal *n* **1** : repique *m* **2 peals**
of laughter : carcajadas *fpl*
peanut *n* : cacajuete *m*, maní *m*, *Lat*
pear *n* : pera *f*
pearl *n* : perla *f*
peasant *n* : campesino *m*, -na *f*
peat *n* : turba *f*
pebble *n* : guijarro *m*
pecan *n* : pacana *f*, nuez *f Lat*
peck *vt* : picar, picotear — **peck** *n* **1** :
picotazo *m* (de un pájaro) **2** KISS : besito
peculiar *adj* **1** DISTINCTIVE : peculiar,
característico **2** STRANGE : extraño,
raro — **peculiarity** *n*, *pl* -**ties 1** :
peculiaridad *f* **2** ODDITY : rareza *f*
pedal *n* : pedal *m* — **pedal** *vi* -**aled** *or*
-**alled**; -**aling** *or* -**alling** : pedalear
pedantic *adj* : pedante
peddle *vt* -**dled**; -**dling** : vender
en las calles — **peddler** *n* :
vendedor *m*, -dora *f* ambulante

pedestal *n* : pedestal *m*
pedestrian *n* : peatón *m*, -tona *f*
— **pedestrian** *adj* **pedestrian**
crossing : paso *m* de peatones
pediatrics *ns & pl* : pediatría *f* —
pediatrician *n* : pediatra *mf*
pedigree *n* : pedigrí *m* (de un
animal), linaje *m* (de una persona)
peek *vi* : mirar a hurtadillas —
peek *n* : miradita *f* (furtiva)
peel *vt* : pelar (fruta, etc.) — *vi* : pelarse
(dícese de la piel), desconcharse (dícese
de la pintura) — **peel** *n* : piel *f*, cáscara *f*
peep[1] *vi* CHEEP : piar — **peep** *n*
: pío *m* (de un pajarito)
peep[2] *vi* **1** PEEK : mirar a hurtadillas
2 *or* **peep out** : asomar — **peep** *n*
GLANCE : mirada *f* (furtiva)
peer[1] *n* : par *mf*
peer[2] *vi* : mirar (con atención)
peeve *vt* : irritar — **peevish** *adj*
: malhumorado
peg *n* **1** : clavija *f* **2** HOOK : gancho *m*
pelican *n* : pelícano *m*
pellet *n* **1** : bolita *f* **2** SHOT : perdigón *m*
pelt[1] *n* : piel *f* (de un animal)
pelt[2] *vt* : lanzar (algo a algn)
pelvis *n*, *pl* -**vises** *or* -**ves** :
pelvis *f* — **pelvic** *adj* : pélvico

pen[1] *vt* **penned**; **penning** ENCLOSE :
encerrar — **pen** *n* : corral *m*, redil *m*
pen[2] *n* **1** *or* **ballpoint pen** : bolígrafo *m* **2**
or **fountain pen** : pluma *f*
penal *adj* : penal — **penalize** *vt*
-**ized**; -**izing** : penalizar — **penalty** *n*,
pl -**ties 1** : pena *f*, castigo *m* **2**
: penalty *m* (en deportes)
penance *n* : penitencia *f*
pencil *n* : lápiz *m* — **pencil**
sharpener *n* : sacapuntas *m*
pendant *n* : colgante *m*
pending *adj* : pendiente —
pending *prep* : en espera de
penetrate *v* -**trated**; -**trating** : penetrar
— **penetrating** *adj* : penetrante —
penetration *n* : penetración *f*
penguin *n* : pingüino *m*
penicillin *n* : penicilina *f*
peninsula *n* : península *f*
penis *n*, *pl* -**nes** *or* -**nises** : pene *m*
penitentiary *n*, *pl* -**ries** : penitenciaría *f*
pen name *n* : seudónimo *m*
pennant *n* : banderín *m*
penny *n*, *pl* -**nies** *or* **pence** : centavo *m* (de
los Estados Unidos), penique *m* (del Reino
Unido) — **penniless** *adj* : sin un centavo
pension *n* : pensión *m*, jubilación *f*
pensive *adj* : pensativo

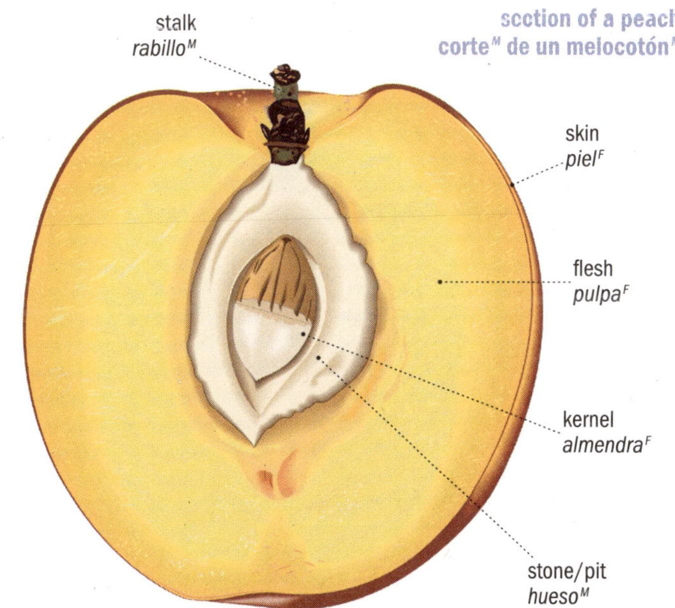

pentagon *n* : pentágono *m*
penthouse *n* : ático *m*
pent–up *adj* : reprimido
people *ns & pl* **1 people** *npl* : gente *f,*
personas *fpl* **2** *pl* **peoples** : pueblo *m*
pep *n* : energía *f,* vigor *m* —
pep *vt or* **pep up** : animar
pepper *n* **1** : pimienta *f*
(condimento) **2** : pimiento *m* (fruta)
— **peppermint** *n* : menta *f*
per *prep* **1** : por **2** ACCORDING TO :
según **3 per day** : al día **4 miles**
per hour : millas *fpl* por hora
perceive *vt* **-ceived; -ceiving** : percibir
percent *adv* : por ciento —
percentage *n* : porcentaje *m*
perception *n* : percepción *f* —
perceptive *adj* : perspicaz
perch[1] *n* : percha *f* (para los
pájaros) — **perch** *vi* : posarse
perch[2] *n* : perca *f* (pez)
percolate *vi* **-lated; -lating** : filtrarse
— **percolator** *n* : cafetera *f* de filtro
percussion *n* : percusión *f*
perennial *adj* : perenne —
perennial *n* : planta *f* perenne
perfect *adj* : perfecto — **perfect** *vt* :
perfeccionar — **perfection** *n* : perfección *f*
— **perfectionist** *n* : perfeccionista *mf*
perforate *vt* **-rated; -rating** : perforar
perform *vt* **1** CARRY OUT : realizar,
hacer **2** : representar (una obra teatral),
interpretar (una obra musical) — *vi* **1**
FUNCTION : **funcionar 2** ACT : actuar
— **performance** *n* **1** : realización *f* **2**
INTERPRETATION : interpretación *f* **3**
PRESENTATION : representación *f*
— **performer** *n* : actor *m,* -triz *f;*
intérprete *mf* (de música)
perfume *n* : perfume *m*
perhaps *adv* : tal vez, quizá, quizás
peril *n* : peligro *m* —
perilous *adj* : peligroso
perimeter *n* : perímetro *m*
period *n* **1** : período *m* (de tiempo)
2 : punto *m* (en puntuación) **3** ERA :
época *f* — **periodic** *adj* : periódico
— **periodical** *n* : revista *f*
peripheral *adj* : periférico
perish *vi* : perecer — **perishable** *adj*
: perecedero — **perishables** *npl*
: productos *mpl* perecederos
perjury *n* : perjurio *m*
perk *vi* **perk up** : animarse,
reanimarse — **perk** *n* : extra *m*

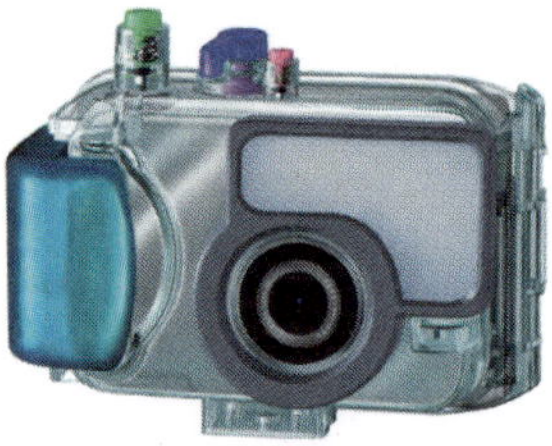

waterproof case
estuche^M sumergible

camera bag
bolsa^F de viaje^M

battery
pila^F

tripod
trípode^M

— **perky** *adj* **perkier; -est** : alegre
permanence *n* : permanencia *f*
— **permanent** *adj* : permanente —
permanence *n* : permanente *f*
permeate *v* **-ated; -ating** : penetrar
permission *n* : permiso *m* —
permissible *adj* : permisible —
permissive *adj* : permisivo —
permit *vt* **-mitted; -mitting** : permitir
— **permission** *n* : permiso *m*
peroxide *n* : peróxido *m*

perpendicular *adj* : perpendicular
perpetrate *vt* **-trated; -trating**
: cometer — **perpetrator** *n* :
autor *m,* -tora *f* (de un delito)
perpetual *adj* : perpetuo
perplex *vt* : dejar perplejo —
perplexing *adj* : desconcertante —
perplexity *n, pl* **-ties** : perplejidad *f*
persecute *vt* **-cuted; -cuting** : perseguir
— **persecution** *n* : persecución *f*
persevere *vi* **-vered; -vering** : perseverar

— **perseverance** *n* : perseverancia *f*
persist *vi* : persistir —
 persistence *n* : persistencia *f* —
 persistent *adj* : persistente
person *n* : persona *f* — **personal** *adj*
 : personal — **personality** *n, pl* -ties
 : personalidad *f* — **personally** *adv*
 : personalmente, en persona —
 personnel *n* : personal *m*
perspective *n* : perspectiva *f*
perspiration *n* : transpiración *f* —
 perspire *vi* -spired; -spiring : transpirar
persuade *vt* -suaded; -suading :
 persuadir — **persuasion** *n* : persuasión *f*
pertain *vi* **pertain to** : estar relacionado
 con — **pertinent** *adj* : pertinente
perturb *vt* : perturbar
Peruvian *adj* : peruano
pervade *vt* -vaded; -vading : penetrar
 — **pervasive** *adj* : penetrante
perverse *adj* **1** CORRUPT : perverso
 2 STUBBORN : obstinado —
 pervert *n* : pervertido *m*, -da *f*
peso *n, pl* -sos : peso *m*
pessimism *n* : pesimismo *m*
 — **pessimist** *n* : pesimista *mf* —
 pessimistic *adj* : pesimista
pest *n* **1** : insecto *m* nocivo, animal *m*
 nocivo **2** : peste *f fam* (persona)
pester *vt* -tered; -tering : molestar
pesticide *n* : pesticida *m*
pet *n* **1** : animal *m* doméstico **2**
 FAVORITE : favorito *m*, -ta *f* — **pet** *vt*
 petted; petting : acariciar
petal *n* : pétalo *m*
petite *adj* : chiquita
petition *n* : petición *f* — **petition** *vt*
 : dirigir una petición a
petrify *vt* -fied; -fying : petrificar
petroleum *n* : petróleo *m*
petticoat *n* : enagua *f*, fondo *m, Lat*
petty *adj* -tier; -est **1** UNIMPORTANT :
 insignificante, nimio **2** MEAN : mezquino
 — **pettiness** *n* : mezquindad *f*
petulant *adj* : irritable, de mal genio
pew *n* : banco *m* (de iglesia)
pewter *n* : peltre *m*
phallic *adj* : fálico
phantom *n* : fantasma *m*
pharmacy *n, pl* -cies : farmacia *f* —
 pharmacist *n* : farmacéutico *m*, -ca *f*
phase *n* : fase *f* — **phase** *vt*
 phased; phasing 1 phase in :
 introducir progresivamente **2 phase
 out** : retirar progresivamente

phenomenon *n, pl* -na
 or -nons : fenómeno *m* —
 phenomenal *adj* : fenomenal
philanthropy *n, pl* -pies : filantropía *f*
 — **philanthropist** *n* : filántropo *m*, -pa *f*
philosophy *n, pl* -phies : filosofía *f*
 — **philosopher** *n* : filósofo *m*, -fa *f*
phlegm *n* : flema *f*
phobia *n* : fobia *f*
phone → **telephone**
phonetic *adj* : fonético
phony *or* **phoney** *adj* -nier; -est : falso
 — **phony** *n, pl* -nies : farsante *mf*
phosphorus *n* : fósforo *m*
photo *n, pl* -tos : foto *f* — **photocopier** *n* :
 fotocopiadora *f* — **photocopy** *n, pl* -copies
 : fotocopia *f* — **photocopy** *vt* -copied;
 -copying : fotocopiar — **photograph** *n*
 : fotografía *f*, foto *f* — **photograph** *vt*
 : fotografiar — **photographer** *n* :
▸ fotógrafo *m*, -fa *f* — photographic *adj* :
 fotográfico — **photography** *n* : fotografía *f*
phrase *n* : frase *f* — **phrase** *vt*
 phrased; phrasing : expresar
physical *adj* : físico — **physical** *n*
 : reconocimiento *m* médico
physician *n* : médico *m*, -ca *f*
physics *ns & pl* : física *f* —
 physicist *n* : físico *m*, -ca *f*
physiology *n* : fisiología *f*
physique *n* : físico *m*
piano *n, pl* -anos : piano *m*
 — **pianist** *n* : pianista *mf*
pick *vt* **1** CHOOSE : escoger **2** GATHER
 : recoger **3** REMOVE : quitar (poco a
 poco) **4 pick a fight** : buscar camorra
 — *vi* **1 pick and choose** : ser exigente
 2 pick on : meterse con — **pick** *n* **1**
 CHOICE : selección *f* **2** *or* **pickax** :
 pico *m* **3 the pick of** : lo mejor de
picket *n* **1** STAKE : estaca *f* **2** *or* **picket
 line** : piquete *m* — **picket** *v* : piquetear
pickle *n* **1** : pepinillo *m* (encurtido)
 2 JAM : lío *m fam*, apuro *m* —
 pickle *vt* -led; -ling : encurtir
pickpocket *n* : carterista *mf*
pickup *n* **1** IMPROVEMENT : mejora *f* **2**
 or **pickup truck** : camioneta *f* — **pick
 up** *vt* **1** LIFT : levantar **2** TIDY : arreglar,
 ordenar — *vi* IMPROVE : mejorar
picnic *n* : picnic *m* — **picnic** *vi*
 -nicked; -nicking : ir de picnic
picture *n* **1** PAINTING : cuadro *m* **2**
 DRAWING : dibujo *m* **3** PHOTO :
 fotografía *f* **4** IMAGE : imagen *f* **5** MOVIE :

película *f* — **picture** *vt* -tured; -turing **1**
 DEPICT : representar **2** IMAGINE : imaginarse
 — **picturesque** *adj* : pintoresco
pie *n* : pastel *m* (con fruta o carne),
 empanada *f* (con carne)
piece *n* **1** : pieza *f* **2** FRAGMENT :
 trozo *m*, pedazo *m* **3 a piece of advice**
 : un consejo — **piece** *vt* **pieced;
 piecing** *or* **piece together** : juntar,
 componer — **piecemeal** *adv* : poco a
 poco — **piece** *adj* : poco sistemático
pier *n* : muelle *m*
pierce *vt* **pierced; piercing** : perforar
 — **piercing** *adj* : penetrante
piety *n, pl* -eties : piedad *f*
pig *n* : cerdo *m*, -da *f*; puerco *m*, -ca *f*
pigeon *n* : paloma *f* —
 pigeonhole *n* : casilla *f*
piggyback *adv & adj* : a cuestas
pigment *n* : pigmento *m*
pigpen *n* : pocilga *f*
pigtail *n* : coleta *f*, trenza *f*
pile[1] *n* HEAP : montón *m*, pila *f* — **pile** *v*
 piled; piling *vt* : amontonar, apilar — *vi*
 pile up : amontonarse, acumularse
pile[2] *n* NAP : pelo *m* (de telas)
pilfer *vt* : robar, hurtar
pilgrim *n* : peregrino *m*, -na *f* —
 pilgrimage *n* : peregrinación *f*
pill *n* : pastilla *f*, píldora *f*
pillage *n* : saqueo *m* — **pillage** *vt*
 -laged; -laging : saquear
pillar *n* : pilar *m*, columna *f*
pillow *n* : almohada *f* — **pillowcase** *n*
 : funda *f* (de almohada)
pilot *n* : piloto *mf* — **pilot** *vt* : pilotar,
 pilotear — **pilot light** *n* : piloto *m*
pimp *n* : proxeneta *m*
pimple *n* : grano *m*
pin *n* **1** : alfiler *m* **2** BROOCH : broche *m* **3**
 or **bowling pin** : bolo *m* — **pin** *vt* **pinned;
 pinning 1** FASTEN : prender, sujetar (con
 alfileres) **2** *or* **pin down** : inmovilizar
pincers *npl* : tenazas *fpl*
pinch *vt* **1** : pellizcar **2** STEAL : robar — *vi*
 : apretar — **pinch** *n* **1** : pellizco *m* **2** BIT
 : pizca *f* **3 in a pinch** : en caso necesario
pine[1] *n* : pino *m* (árbol)
pine[2] *vi* **pined; pining 1** LANGUISH :
 languidecer **2 pine for** : suspirar por
pineapple *n* : piña *f*, ananás *m*
pink *n* : rosa *m*, rosado *m* —
 pink *adj* : rosa, rosado
pinnacle *n* : pináculo *m*
pinpoint *vt* : localizar, precisar

pint *n* : pinta *f*
pioneer *n* : pionero *m*, -ra *f*
pious *adj* : piadoso
pipe *n* **1** : tubo *m*, caño *m* **2** : pipa *f* (para fumar) — **pipeline** *n* **1** : conducto *m*, oleoducto *m* (para petróleo)
piquant *adj* : picante
pique *n* : resentimiento *m*
pirate *n* : pirata *mf*
pistachio *n*, *pl* **-chios** : pistacho *m*
pistol *n* : pistola *f*
piston *n* : pistón *m*
pit *n* **1** HOLE : hoyo *m*, fosa *f* **2** MINE : mina *f* **3** : hueso *m* (de una fruta) **4 pit of the stomach** : boca *f* del estómago — **pit** *vt* **pitted; pitting 1** : marcar de hoyos **2** : deshuesar (una fruta) **3 pit against** : enfrentar a
pitch *vt* **1** : armar (una tienda) **2** THROW : lanzar — *vi* **1** *or* **pitch forward** : caerse **2** LURCH : cabecear (dícese de un barco o un avión) — **pitch** *n* **1** DEGREE, LEVEL : grado *m*, punto *m* **2** TONE : tono *m* **3** THROW : lanzamiento *m* **4** *or* **sales pitch** : presentación *f* (de un vendedor)
pitcher *n* **1** JUG : jarro *m* **2** : lanzador *m*, -dora *f* (en béisbol, etc.)
pitchfork *n* : horquilla *f*, horca *f*
pitfall *n* : riesgo *m*, dificultad *f*
pith *n* **1** : médula *f* (de un hueso, etc.) **2** CORE : meollo *m* — **pithy** *adj* **pithier; -est** : conciso y sustancioso
pity *n*, *pl* **pities 1** COMPASSION : compasión *f* **2 what a pity!** : ¡qué lástima! — **pity** *vt* **pitied; pitying** : compadecerse de — **pitiful** *adj* : lastimoso — **pitiless** *adj* : despiadado
pivot *n* : pivote *m* — **pivot** *vi* **1** : girar sobre un eje **2 pivot on** : depender de
pizza *n* : pizza *f*
placard *n* POSTER : cartel *m*, póster *m*
placate *vt* **-cated; -cating** : apaciguar
place *n* **1** : sitio *m*, lugar *m* **2** SEAT : asiento *m* **3** POSITION : puesto *m* **4** ROLE : papel *m* **5 take place** : tener lugar **6 take the place of** : sustituir a — **place** *vt* **placed; placing 1** PUT SET : poner, colocar **2** IDENTIFY : identificar, recordar **3 place an order** : hacer un pedido — **placement** *n* : colocación *f*
placid *adj* : plácido, tranquilo
plagiarism *n* : plagio *m* — **plagiarize** *vt*
-rized; -rizing : plagiar
plague *n* **1** : plaga *f* (de insectos, etc.) **2** : peste *f* (en medicina)
plaid *n* : tela *f* escocesa — **plaid** *adj* : escocés
plain *adj* **1** SIMPLE : sencillo **2** CLEAR : claro, evidente **3** CANDID : franco **4** HOMELY : poco atractivo **5 in plain sight** : a la vista (de todos) — **plain** *n* : llanura *f*, planicie *f* — **plainly** *adv* **1** CLEARLY : claramente **2** FRANKLY : francamente **3** SIMPLY : sencillamente
plaintiff *n* : demandante *mf*
plan *n* **1** : plan *m*, proyecto *m* **2** DIAGRAM : plano *m* — **plan** *v* **planned; planning** *vt* **1** : planear, proyectar **2** INTEND : tener planeado — *vi* : hacer planes
plane[1] *n* **1** LEVEL : plano *m*, nivel *m* **2** AIRPLANE : avión *m*
plane[2] *n or* **carpenter's plane** : cepillo *m*
▸ **planet** *n* : planeta *f*
plank *n* : tabla *f*
planning *n* : planificación *f*
plant *vt* : plantar (flores, árboles), sembrar (semillas) — **plant** *n* **1** : planta *f* **2** FACTORY : fábrica *f*

planets, satellites and dwarf planets
planetas[M]**, satélites**[M]** y planetas**[F]** enanos**

plantain *n* : plátano *m* (grande)
plantation *n* : plantación *f*
plaque *n* : placa *f*
plaster *n* : yeso *m* — **plaster** *vt* **1**
 : enyesar **2** COVER : cubrir —
plaster cast *n* : escayola *f*
plastic *adj* **1** : de plástico **2** FLEXIBLE
 : plástico, flexible **3 plastic surgery** :
 cirugía *f* plástica — **plastic** *n* : plástico *m*
plate *n* **1** SHEET : placa *f* **2** DISH :
 plato *m* **3** ILLUSTRATION : lámina *f* —
 plate *vt* **plated; plating** : chapar (en metal)
plateau *n, pl* **-teaus** *or* **-teaux** : meseta *f*
platform *n* **1** : plataforma *f* **2** : andén *m*
 (de una estación de ferrocarril) **3** *or*
 political platform : programa *m* electoral
platinum *n* : platino *m*
platitude *n* : lugar *m* común
platoon *n* : sección *f* (en el ejército)
platter *n* : fuente *f*
plausible *adj* : creíble, verosímil
play *n* **1** : juego *m* **2** DRAMA : obra *f* de
 teatro — **play** *vi* **1** : jugar **2 play in a**
 band : tocar en un grupo — *vt* **1** : jugar
 (deportes, etc.), jugar a (juegos) **2** : tocar
 (música o un instrumento) **3 play the role**

of : representar el papel de — **player** *n* **1**
 : jugador *m*, -dora *f* **2** ACTOR : actor *m*,
 actriz *f* **3** MUSICIAN : músico *m*, -ca *f* —
playful *adj* : juguetón — **playground** *n*
 : patio *m* de recreo — **playing card** *n*
 : naipe *m*, carta *f* — **playmate** *n* :
 compañero *m*, -ra *f* de juego — **play–off** *n*
 : desempate *m* — **playpen** *n* : corral *m*
 (para niños) — **plaything** *n* : juguete *m*
 — **playwright** *n* : dramaturgo *m*, -ga *f*
plea *n* **1** : acto *m* de declararse
 (en derecho) **2** APPEAL : ruego *m*,
 súplica *f* — **plead** *v* **pleaded** *or*
pled; pleading *vi* **1 plead for** :
 suplicar **2 plead guilty** : declararse
 culpable **3 plead not guilty** : negar la
 acusación — *vt* **1** : alegar, pretextar
 2 plead a case : defender un caso
pleasant *adj* : agradable, grato —
 please *v* **pleased; pleasing** *vt* **1**
 GRATIFY : complacer **2** SATISFY :
 satisfacer — *vi* **1** : agradar **2 do as**
 you please : haz lo que quieras —
 please *adv* : por favor — **pleased** *adj*
 : contento — **pleasing** *adj* : agradable
 — **pleasure** *n* : placer *m*, gusto *m*

pleat *vt* : plisar — **pleat** *n* : pliegue *m*
pledge *n* **1** SECURITY : prenda *f* **2**
 PROMISE : promesa *f* — **pledge** *vt*
 pledged; pledging 1 PAWN :
 empeñar **2** PROMISE : prometer
plenty *n* **1** : abundancia *f* **2**
 plenty of time : tiempo *m* de sobra
 — **plentiful** *adj* : abundante
pliable *adj* : flexible
pliers *npl* : alicates *mpl*
plight *n* : situación *f* difícil
plod *vi* **plodded; plodding 1** :
 caminar con paso pesado **2** DRUDGE
 : trabajar laboriosamente
plot *n* **1** LOT : parcela *f* **2** : argumento *m*
 (de una novela, etc.) **3** CONSPIRACY :
 complot *m*, intriga *f* — **plot** *v* **plotted;**
 plotting *vt* : tramar (un plan), trazar (una
 gráfica, etc.) — *vi* CONSPIRE : conspirar
plow *or* **plough** *n* **1** : arado *m* **2**
 → **snowplow** — **plow** *v* : arar
ploy *n* : estratagema *f*
pluck *vt* **1** : arrancar **2** : desplumar (un
 pollo, etc.) **3** : recoger (flores) **4 pluck**
 one's eyebrows : depilarse las cejas
plug *n* **1** STOPPER : tapón *m* **2** :

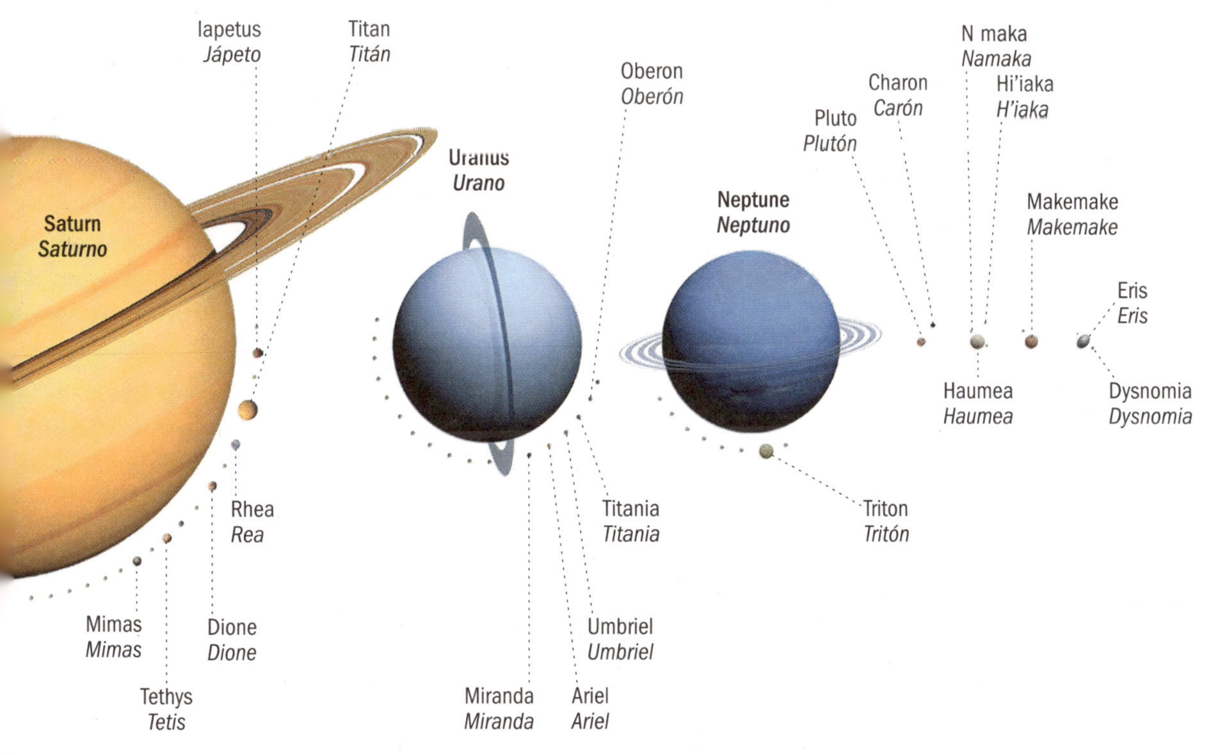

enchufe *m* (eléctrico) — **plug** *vt* **plugged;**
plugging 1 BLOCK : tapar **2** ADVERTISE :
dar publicidad a **3 plug in** : enchufar
plum *n* : ciruela *f*
plumb *adj* : a plomo, vertical —
plumber *n* : fontanero *m*, -ra *f*; plomero *m*,
-ra *f Lat* — **plumbing** *n* **1** : fontanería *f*,
plomería *f Lat* **2** PIPES : cañerías *fpl*
plume *n* : pluma *f*
plummet *vi* : caer en picado
plump *adj* : rechoncho *fam*
plunder *vi* : saquear, robar
— **plunder** *n* : botín *m*
plunge *v* **plunged; plunging** *vt* **1** IMMERSE
: sumergir **2** THRUST : hundir — *vi* **1** :
zambullirse (en el agua) **2** DESCEND :
descender en picada — **plunge** *n* **1** DIVE :
zambullida *f* **2** DROP : descenso *m* abrupto
plural *adj* : plural — **plural** *n* : plural *m*
plus *adj* : positivo — **plus** *n* **1**
or **plus sign** : signo *m* (de) más **2**
ADVANTAGE : ventaja *f* — **plus** *prep*
: más — **plus** *conj* : y, además
plush *n* : felpa *f* — **plush** *adj* **1** :
de felpa **2** LUXURIOUS : lujoso
plutonium *n* : plutonio *m*
ply *vt* **plied; plying 1** : ejercer
(un oficio) **2 ply with questions**
: acosar con preguntas
plywood *n* : contrachapado *m*
pneumatic *adj* : neumático
pneumonia *n* : pulmonía *f*
poach[1] *vt* : cocer a fuego lento
poach[2] *vt or* **poach game** : cazar
ilegalmente — **poacher** *n* : cazador *m*
furtivo, cazadora *f* furtiva
pocket *n* : bolsillo *m* — **pocket** *vt*
: meterse en el bolsillo —
pocketbook *n* : cartera *f*, bolsa *f Lat*

— **pocketknife** *n, pl* **-knives** : navaja *f*
pod *n* : vaina *f*
poem *n* : poema *m* — **poet** *n* :
poeta *mf* — **poetic** *or* **poetical** *adj*
: poético — **poetry** *n* : poesía *f*
poignant *adj* : conmovedor
point *n* **1** : punto *m* **2** PURPOSE :
sentido *m* **3** TIP : punta *f* **4** FEATURE :
cualidad *f* **5 be beside the point** : no
venir al caso **6 there's no point …** :
no sirve de nada… — **point** *vt* **1** AIM :
apuntar **2** *or* **point out** : señalar, indicar
— *vi* **point at** : señalar (con el dedo)
— **point–blank** *adv* : a quemarropa
— **pointer** *n* **1** NEEDLE : aguja *f* **2** :
perro *m* de muestra **3** TIP : consejo *m*
— **pointless** *adj* : inútil — **point of**
view *n* : perspectiva *f*, punto *m* de vista
poise *n* **1** : elegancia *f* **2**
COMPOSURE : aplomo *m*
poison *n* : veneno *m* — **poison** *vt*
: envenenar — **poisonous** *adj* :
venenoso (dícese de una culebra, etc.),
tóxico (dícese de una sustancia)

poke *vt* **poked; poking 1** JAB : golpear
(con la punta de algo), dar **2** THRUST :
introducir, asomar — **poke** *n* : golpe *m*
abrupto (con la punta de algo)
poker[1] *n* : atizador *m* (para el fuego)
poker[2] *n* : póquer *m* (juego de naipes)
polar *adj* : polar — **polar bear** *n*
: oso *m* blanco — **polarize** *vt*
-ized; -izing : polarizar
pole[1] *n* : palo *m*, poste *m*
pole[2] *n* : polo *m* (en geografía)
police *vt* **-liced; -licing** : mantener el
orden en — **police** *ns & pl* **the police**
: la policía — **policeman** *n, pl* **-men** :
policía *m* — **police officer** *n* : policía *mf*,
agente *mf* de policía — **policewoman** *n*,
pl **-women** : (mujer *f*) policía *f*
policy *n, pl* **-cies 1** : política *f* **2** *or*
insurance policy : póliza *f* de seguros
polio *or* poliomyelitis *n* :
polio *f*, poliomielitis *f*
polish *vt* **1** : pulir **2** : limpiar (zapatos),
encerar (un suelo) — **polish** *n* **1**
LUSTER : brillo *m*, lustre *m* **2** : betún *m*

fly agaric
falsa oronja^F

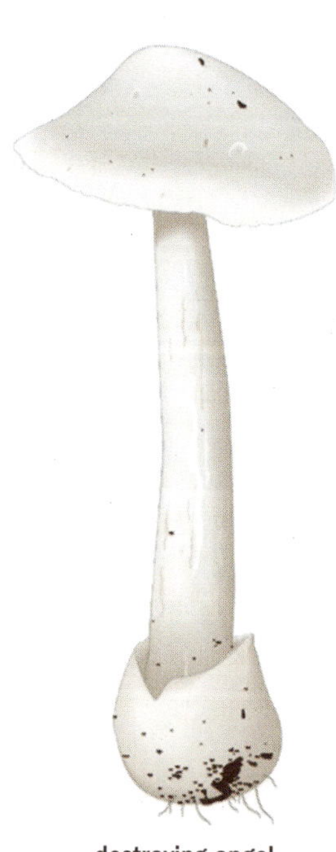

destroying angel
amanita^F *virosa*

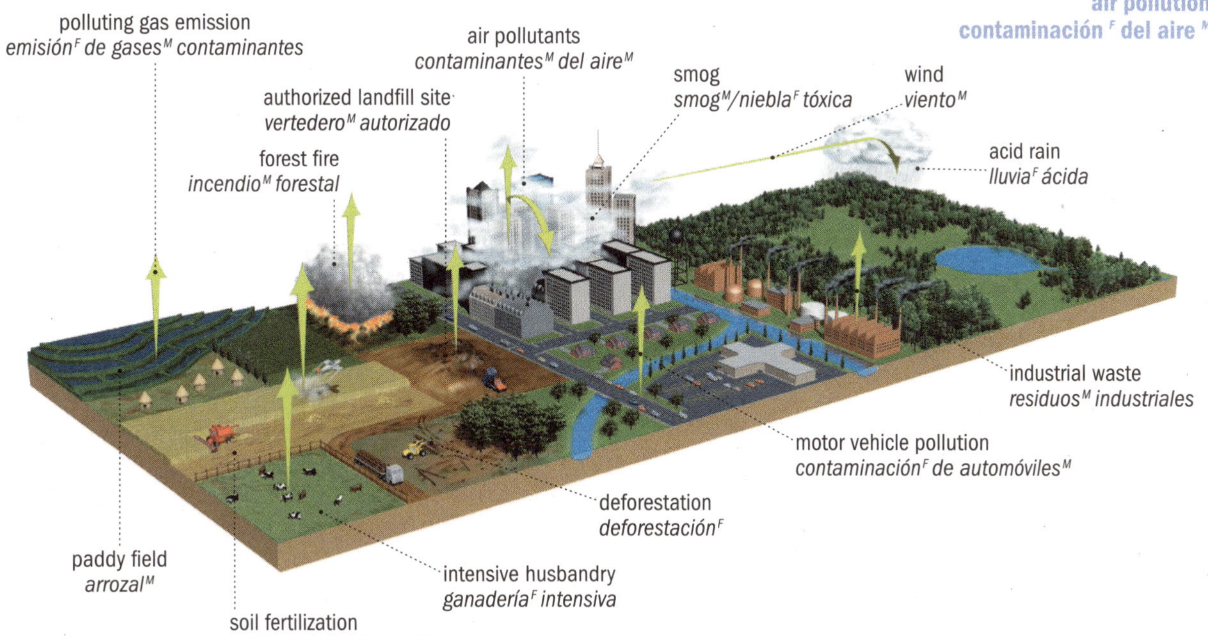

(para zapatos), cera *f* (para suelos y muebles), esmalte *m* (para las uñas)
Polish *adj* : polaco — **Polish** *n* : polaco *m* (idioma)
polite *adj* **-liter; -est** : cortés — **politeness** *n* : cortesía *f*
political *adj* : político — **politician** *n* : político *m*, -ca *f* — **politics** *ns & pl* : política *f*
polka *n* : polka *f* — **polka dot** *n* : lunar *m*
poll *n* **1** : encuesta *f*, sondeo *m* **2 the polls** : las urnas — **poll** *vt* **1** : obtener (votos) **2** CANVASS : encuestar, sondear
pollen *n* : polen *m*
pollute *vt* **-luted; -luting** : contaminar — **pollution** *n* : contaminación *f*
polyester *n* : poliéster *m*
polygon *n* : polígono *m*
pomegranate *n* : granada *f*
pomp *n* : pompa *f* — **pompous** *adj* : pomposo
pond *n* : charca *f* (natural), estanque *m* (artificial)
ponder *vt* : considerar — *vi* **ponder over** : reflexionar sobre
pony *n*, *pl* **-nies** : poni *m* — **ponytail** *n* : cola *f* de caballo

poodle *n* : caniche *m*
pool *n* **1** PUDDLE : charco *m* **2** : fondo *m* común (de recursos) **3** BILLIARDS : billar *m* **4** *or* **swimming pool** : piscina *f* — **pool** *vt* : hacer un fondo común de
poor *adj* **1** : pobre **2** INFERIOR : malo **3 the poor** : los pobres — **poorly** *adv* : mal
pop[1] *v* **popped; popping** *vt* **1** : hacer reventar **2 pop something into** : meter algo en — *vi* **1** BURST : reventarse, estallar **2 pop in** : entrar (un momento) **3 pop out** : saltar (dícese de los ojos) **4 pop up** APPEAR : aparecer — **pop** *n* **1** : ruido *m* seco **2** → **soda pop**
pop[2] *n or* **pop music** : música *f* popular
popcorn *n* : palomitas *fpl*
pope *n* : papa *m*
poplar *n* : álamo *m*
poppy *n*, *pl* **-pies** : amapola *f*
popular *adj* : popular — **popularity** *n* : popularidad *f* — **popularize** *vt* **-ized; -izing** : popularizar
populate *vt* **-lated; -lating** : poblar — **population** *n* : población *f*
porcelain *n* : porcelana *f*
porch *n* : porche *m*
porcupine *n* : puerco *m* espín

pore[1] *vi* **pored; poring pore over** : estudiar esmeradamente
pore[2] *n* : poro *m*
pork *n* : carne *f* de cerdo
pornography *n* : pornografía *f* — **pornographic** *adj* : pornográfico
porous *adj* : poroso
porpoise *n* : marsopa *f*
porridge *n* : avena *f* (cocida), gachas *fpl* (de avena)

postal service network
red[F] **de correos**[M] **pública**

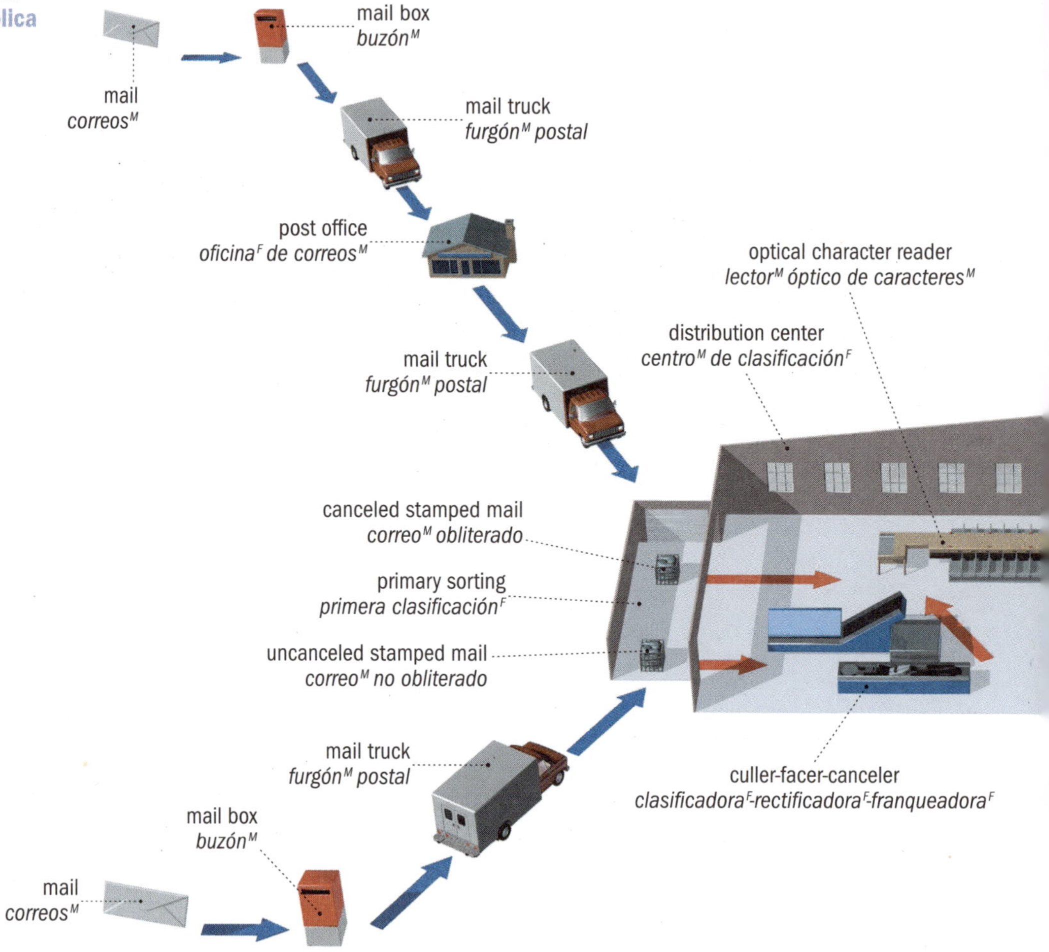

port[1] *n* HARBOR : **puerto** *m*
port[2] *n or* **port side** : **babor** *m*
port[3] *n* : oporto *m* (vino)
portable *adj* : portátil
portent *n* : presagio *m*
porter *n* : maletero *m*, mozo *m* (de estación)
portfolio *n, pl* **-lios** : cartera *f*
porthole *n* : portilla *f*
portion *n* : porción *f*
portrait *n* : retrato *m*
portray *vt* **1** : representar, retratar **2** : interpretar (un personaje)
Portuguese *adj* : portugués — **Portuguese** *n* : portugués *m* (idioma)

pose *v* **posed; posing** *vt* : plantear (una pregunta, etc.), representar (una amenaza) — *vi* **1** : posar **2 pose as** : hacerse pasar por — **pose** *n* : pose *f*
posh *adj* : elegante, de lujo
position *n* **1** : posición *f* **2** JOB : puesto *m* — **position** *vt* : colocar, situar
positive *adj* **1** : positivo **2** CERTAIN : seguro
possess *vt* : poseer — **possession** *n* **1** : posesión *f* **2 possesss** *npl* BELONGINGS : bienes *mpl* — **possessive** *adj* : posesivo
possible *adj* : posible — **possibility** *n, pl* **-ties** : posibilidad *f* — **possibly** *adv* : posiblemente

post[1] *n* POLE : poste *m*, palo *m*
post[2] *n* POSITION : puesto *m*
post[3] *n* MAIL : cartas *fpl* — **post** *vt* **1** : echar al correo **2 keep posted** : tener al corriente — **postage** *n* :
▸ franqueo *m* — **postal** *adj* : postal — **postcard** *n* : tarjeta *f* postal
poster *n* : cartel *m*
posterity *n* : posteridad *f*
posthumous *adj* : póstumo
postman → **mailman** — **post office** *n* : oficina *f* de correos
postpone *vt* **-poned; -poning** : aplazar — **postponement** *n* : aplazamiento *m*
postscript *n* : posdata *f*

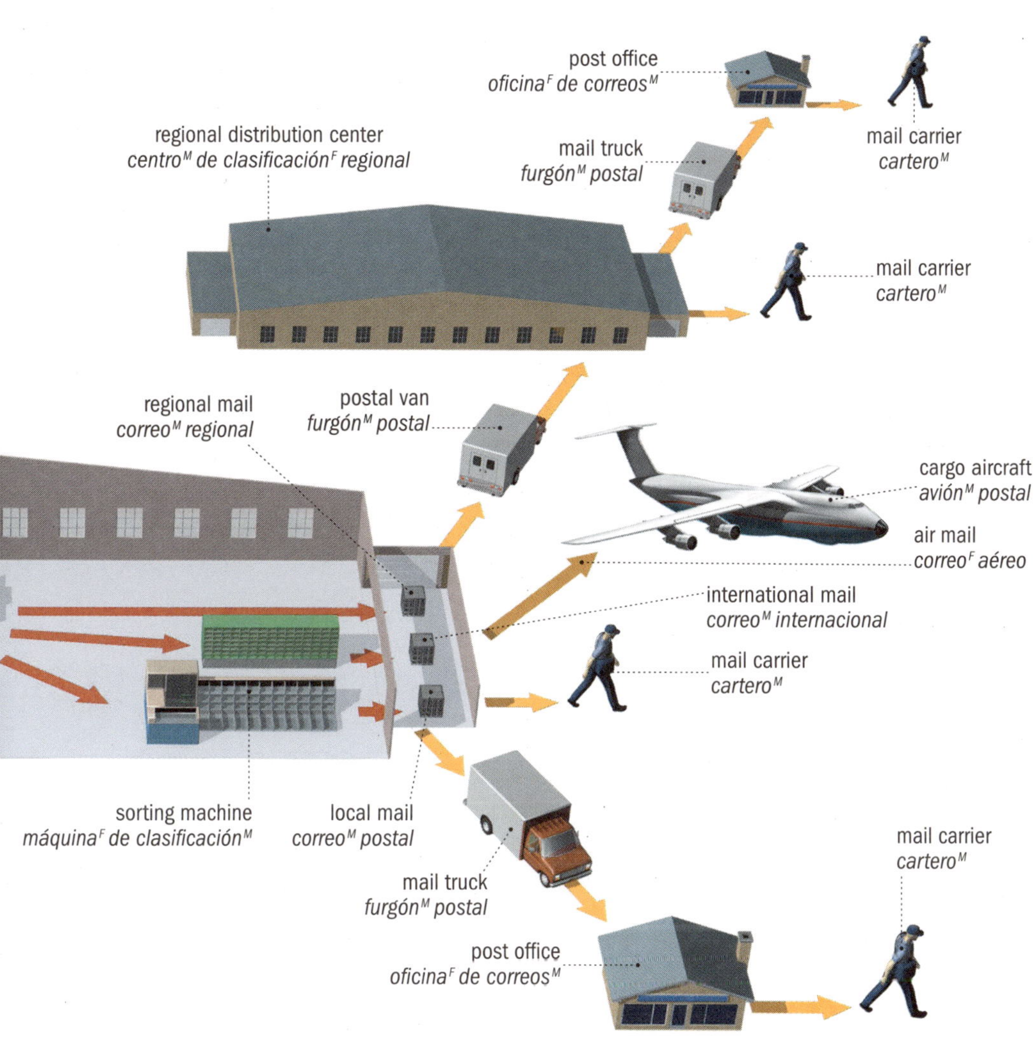

posture *n* : postura *f*
postwar *adj* : de (la) posguerra
pot *n* **1** : olla *f* (de cocina) **2** FLOWERPOT : maceta *f* **3 pots and pans** : cacharros *mpl*
potassium *n* : potasio *m*
potato *n, pl* **-toes** : patata *f*, papa *f Lat*
potent *adj* **1** POWERFUL : poderoso **2** EFFECTIVE : eficaz
potential *adj* : potencial — **potential** *n* : potencial *m*
pothole *n* : bache *m*
potion *n* : poción *f*
pottery *n, pl* **-teries** : cerámica *f*
pouch *n* **1** BAG : bolsa *f* pequeña **2** : bolsa *f* (de un animal)
poultry *n* : aves *fpl* de corral
pounce *vi* **pounced; pouncing** : abalanzarse
pound[1] *n* : libra *f* (unidad de dinero o de peso)
pound[2] *n or* **dog pound** : perrera *f*
pound[3] *vt* **1** CRUSH : machacar **2** HIT : golpear — *vi* : palpitar (dícese del corazón)
pour *vt* : verter — *vi* **1** FLOW : fluir, salir **2 it's pouring** : está lloviendo a cántaros
pout *vi* : hacer pucheros — **pout** *n* : puchero *m*
poverty *n* : pobreza *f*

powder *vt* **1** : empolvar **2** CRUSH : pulverizar — **powder** *n* **1** : polvo *m* **2** *or* **face powder** : polvos *mpl* — **powdery** *adj* : polvoriento
power *n* **1** CONTROL : poder *m* **2** ABILITY : capacidad *f* **3** STRENGTH : fuerza *f* **4** : potencia *f* (política) **5** ENERGY : energía *f* **6** ELECTRICITY : electricidad *f* — **power** *vt* : impulsar — **powerful** *adj* : poderoso — **powerless** *adj* : impotente
practical *adj* : práctico — **practically** *adv* : casi, prácticamente
practice *or* practise *v* **-ticed** *or* **-tised; -ticing** *or* **-tising** *vt* **1** : practicar **2** : ejercer (una profesión) — *vi* : practicar

— **practice** n **1** : práctica f **2** CUSTOM : costumbre f **3** : ejercicio m (de una profesión) **4 be out of practice** : no estar en forma — **practitioner** n **1** : profesional mf **2 general practice** : médico m, -ca f de medicina general
pragmatic adj : pragmático
prairie n : pradera f
praise vt **praised; praising** : elogiar, alabar — **praise** n : elogio m, alabanza f — **praiseworthy** adj : loable
prance vi **pranced; prancing** : hacer cabriolas
prank n : travesura f
prawn n : gamba f
pray vi **1** : rezar **2 pray for** : rogar — **prayer** n : oración f
preach v : predicar — **preacher** n MINISTER : pastor m, -tora f
precarious adj : precario
precaution n : precaución f
precede vt **-ceded; -ceding** : preceder a — **precedence** n : precedencia f — **precedent** n : precedente m
precinct n **1** DISTRICT : distrito m **2** precincts npl : recinto m
precious adj : precioso
precipice n : precipicio m
precipitate vt **-tated; -tating** : precipitar — **precipitation** n **1** HASTE : precipitación f **2** : precipitaciones fpl (en meteorología)
precise adj : preciso — **precisely** adv : precisamente — **precision** n : precisión f
preclude vt **-cluded; -cluding 1** PREVENT : impedir **2** EXCLUDE : excluir
precocious adj : precoz
preconceived adj : preconcebido
predator n : depredador m
predecessor n : antecesor m, -sora f; predecesor m, -sora f
predicament n : apuro m
predict vt : pronosticar, predecir — **predictable** adj : previsible — **prediction** n : pronóstico m, predicción f
predispose vt **-posed; -posing** : predisponer
predominant adj : predominante
preeminent adj : preeminente
preempt vt : adelantarse a (un ataque, etc.)
preen vt **1** : arreglarse (las plumas) **2 preen oneself** : acicalarse
prefabricated adj : prefabricado
preface n : prefacio m, prólogo m

prefer vt **-ferred; -ferring** : preferir — **preferable** adj : preferible — **preference** n : preferencia f — **preferential** adj : preferente
prefix n : prefijo m
pregnancy n, pl **-cies** : embarazo m — **pregnant** adj : embarazada
prehistoric or prehistorical adj : prehistórico
prejudice n **1** BIAS : prejuicio m **2** HARM : perjuicio m — **prejudice** vt **-diced; -dicing 1** BIAS : predisponer **2** HARM : perjudicar — **prejudiced** adj : parcial
preliminary adj : preliminar
prelude n : preludio m
premarital adj : prematrimonial
premature adj : prematuro
premeditated adj : premeditado
premier adj : principal — **premier** n PRIME MINISTER : primer ministro m, primera ministra f
premiere n : estreno m
premise n **1** : premisa f (de un argumento) **2** premises npl : recinto m, local m
premium n **1** : premio m **2** or **insurance premium** : prima f (de seguro)
preoccupied adj : preocupado
prepare v **-pared; -paring** vt : preparar — vi : prepararse — **preparation** n **1** : preparación f **2** preparations npl ARRANGEMENTS : preparativos mpl — **preparatory** adj : preparatorio
prepay vt **-paid; -paying** : pagar por adelantado
preposition n : preposición f
preposterous adj : absurdo, ridículo
prerequisite n : requisito m previo
prerogative n : prerrogativa f
prescribe vt **-scribed; -scribing 1** : prescribir **2** : recetar (en medicina) — **prescription** n : receta f
presence n : presencia f
present[1] adj **1** CURRENT : actual **2 be present at** : estar presente en — **present** n **1** : presente m **2 at present** : actualmente
present[2] n GIFT : regalo m — **present** vt **1** INTRODUCE : presentar **2** GIVE : entregar — **presentation** n **1** : presentación f **2** or **presentation ceremony** : ceremonia f de entrega
presently adv **1** SOON : dentro de poco **2** NOW : actualmente
preserve vt **-served; -serving**

1 : conservar **2** MAINTAIN : mantener — **preserve** n **1** JAM : confitura f **2** or **game preserve** : coto m de caza — **preservation** n : preservación f, conservación f — **preservative** n : conservante m
president n : presidente m, -ta f — **presidency** n, pl **-cies** : presidencia f — **presidential** adj : presidencial
press n : prensa f — **pressure** vt **1** : apretar **2** IRON : planchar — vi **1** : apretar **2** URGE : presionar — **pressing** adj : urgente — **pressure** n : presión f — **pressure** vt **-sured; -suring** : presionar, apremiar
prestige n : prestigio m — **prestigious** adj : prestigioso
presume vt **-sumed; -suming** : presumir — **presumably** adv : es de suponer, supuestamente — **presumption** n : presunción f — **presumptuous** adj : presuntuoso
pretend vt **1** CLAIM : pretender **2** FEIGN : fingir — vi : fingir — **pretense** or **pretence** n **1** CLAIM : pretensión f **2 under false pretenses** : con pretextos falsos — **pretentious** adj : pretencioso
pretext n : pretexto m
pretty adj **-tier; -est** : lindo, bonito — **pretty** adv FAIRLY : bastante
pretzel n : galleta f salada
prevail vi **1** TRIUMPH : prevalecer **2** PREDOMINATE : predominar **3 prevail upon** : persuadir — **prevalent** adj : extendido
prevent vt : impedir — **prevention** n : prevención f — **preventive** adj : preventivo
preview n : preestreno m
previous adj : previo, anterior — **previously** adv : anteriormente
prey n, pl **preys** : presa f — **prey on** vt **1** : alimentarse de **2 prey on one's mind** : atormentar a algn
price n : precio m — **price** vt **priced; pricing** : poner un precio a — **priceless** adj : inestimable
prick n : pinchazo m — **prick** vt **1** : pinchar **2 prick up one's ears** : levantar las orejas — **prickly** adj : espinoso
pride n : orgullo m — **pride** vt **prided; priding pride oneself on** : enorgullecerse de
priest n : sacerdote m — **priesthood** n : sacerdocio m
prim adj **primmer; primmest** : remilgado
primary adj **1** FIRST : primario **2** PRINCIPAL : principal — **primarily** adv

drizzle
llovizna^F

light rain
lluvia^F *ligera*

moderate rain
lluvia^F *moderada*

heavy rain
lluvia^F *intensa*

: principalmente

prime[1] *vt* **primed; priming 1** : cebar (un arma de fuego, etc.) **2** PREPARE : preparar

prime[2] *n* **the prime of one's life** : la flor de la vida — **prime** *adj* **1** MAIN : principal, primero **2** EXCELLENT : excelente — **prime minister** *n* : primero ministro *m*, primera ministra *f*

primer[1] *n* : base *f* (de pintura)

primer[2] *n* READER : cartilla *f*

primitive *adj* : primitivo

primrose *n* : primavera *f*

prince *n* : príncipe *m* — **princess** *n* : princesa *f*

principal *adj* : principal — **principal** *n* : director *m*, -tora *f* (de un colegio)

principle *n* : principio *m*

print *n* **1** MARK : huella *f* **2** LETTERING : letra *f* **3** ENGRAVING : grabado *m* **4** : estampado *m* (de tela) **5** : copia *f* (en fotografía) **6 out of print** : agotado — **print** *vt* : imprimir (libros, etc.) — *vi* : escribir con letra de molde — **printer** *n* **1** : impresor *m*, -sora *f* (persona) **2** : impresora *f* (máquina) — **printing** *n* **1** : impresión *f* **2** : imprenta *f* (profesión) **3** LETTERING : letras *fpl* de molde

prior *adj* **1** : previo **2 prior to** : antes de — **priority** *n*, *pl* **-ties** : prioridad *f*

prison *n* : prisión *f*, cárcel *f* — **prisoner** *n* **1** : preso *m*, -sa *f* **2 prisoner of war** : prisionero *m*, -ra *f* de guerra

privacy *n*, *pl* **-cies** : intimidad *f* — **private** *adj* **1** : privado **2** SECRET : secreto — **privacy** *n* : soldado *m* raso — **privately** *adv* : en privado

privilege *n* : privilegio *m* — **privileged** *adj* : privilegiado

prize *n* : premio *m* — **prize** *adj* : premiado — **prize** *vt* **prized; prizing** : valorar, apreciar — **prizefighter** *n* : boxeador *m*, -dora *f* profesional — **prizewinning** *adj* : premiado

pro *n* **1** → **professional 2 the pros and cons** : los pros y los contras

probability *n*, *pl* **-ties** : probabilidad *f* — **probable** *adj* : probable — **probably** *adv* : probablemente

probation *n* **1** : período *m* de prueba (de un empleado, etc.) **2** : libertad *f* condicional (de un preso)

probe *n* **1** : sonda *f* (en medicina, etc.) **2** INVESTIGATION : investigación *f* — **probe** *vt* **probed; probing 1** : sondar **2** INVESTIGATE : investigar

problem *n* : problema *m*

procedure *n* : procedimiento *m*

proceed *vi* **1** ACT : proceder **2** CONTINUE : **continuar 3** ADVANCE : avanzar — **proceedings** *npl* **1** EVENTS : actos *mpl* **2** : proceso *m* (en derecho) — **proceeds** *npl* : ganancias *fpl*

process *n*, *pl* **-cesses 1** : proceso *m* **2 in the process of** : en vías de — **process** *vt* : procesar — **procession** *n* : desfile *m*

proclaim *vt* : proclamar — **proclamation** *n* : proclamación *f*

procrastinate *vi* **-nated; -nating** : demorar, aplazar

procure *vt* **-cured; -curing** : obtener

prod *vt* **prodded; prodding** : pinchar, aguijonear

prodigal *adj* : pródigo

prodigy *n*, *pl* **-gies** : prodigio *m*

produce *vt* **-duced; -ducing 1** : producir **2** CAUSE : causar **3** SHOW : presentar, mostrar **4** : poner en escena (una obra de teatro) — **produce** *n* : productos *mpl* agrícolas — **producer** *n* : productor *m*, -tora *f* — **product** *n* : producto *m* — **productive** *adj* : productivo

profane *adj* **1** : profano **2** IRREVERENT : blasfemo — **profanity** *n*, *pl* **-ties** : blasfemia *f*

profess *vt* : profesar — **profession** *n* : profesión *f* — **professional** *adj* : profesional — **profess** *n* : profesional *mf* — **professor** *n* : profesor *m*, -sora *f*

proficiency *n* : competencia *f* — **proficient** *adj* : competente

profile *n* **1** : perfil *m* **2 keep a low profile** : no llamar la atención

profit *n* : beneficio *m*, ganancia *f* — **profit** *vi* : sacar provecho (de), beneficiarse (de) — **profitable** *adj* : provechoso

profound *adj* : profundo

profuse *adj* : profuso — **profusion** *n* : profusión *f*

prognosis *n*, *pl* **-noses** : pronóstico *m*

program *n* : programa *m* — **program** *vt* **-grammed** *or* **-gramed;**

-gramming *or* **-graming** : programar
progress *n* **1** : progreso *m* **2** ADVANCE : avance *m* — **progress** *vi* : progresar, avanzar — **progressive** *adj* **1** : progresista (dícese de la política, etc.) **2** INCREASING : progresiva
prohibit *vt* : prohibir — **prohibition** *n* : prohibición *f*
project *n* : proyecto *m* — **project** *vt* : proyectar — *vi* PROTRUDE : sobresalir — **projectile** *n* : proyectil *m* — **projection** *n* **1** : proyección *f* **2** PROTRUSION : saliente *m* — **projector** *n* : proyector *m*
proliferate *vi* **-ated; -ating** : proliferar — **proliferation** *n* : proliferación *f* — **prolific** *adj* : prolífico
prologue *n* : prólogo *m*
prolong *vt* : prolongar
prom *n* : baile *m* formal (en un colegio)
prominent *adj* : prominente — **prominence** *n* **1** : prominencia *f* **2** IMPORTANCE : eminencia *f*
promiscuous *adj* : promiscuo
promise *n* : promesa *f*

— **promise** *v* **-ised; -ising** : prometer
— **promising** *adj* : prometedor
promote *vt* **-moted; -moting 1** : ascender (a un alumno o un empleado) **2** FURTHER : promover, fomentar **3** ADVERTISE : promocionar — **promoter** *n* : promotor *m*, -tora *f*; empresario *m*, -ria *f* (en deportes) — **promotion** *n* **1** : ascenso *m* (de un alumno o un empleado) **2** ADVERTISING : publicidad *f*, propaganda *f*
prompt *vt* **1** INCITE : provocar (una cosa), inducir (a una persona) **2** : apuntar (a un actor, etc.) — **prompt** *adj* **1** : rápido **2** PUNCTUAL : puntual
prone *adj* **1** : boca abajo, decúbito prono **2 be prone to** : ser propenso a
prong *n* : punta *f*, diente *m*
pronoun *n* : pronombre *m*
pronounce *vt* **-nounced; -nouncing** : pronunciar — **pronouncement** *n* : declaración *f* — **pronunciation** *n* : pronunciación *f*
proof *n* : prueba *f* — **proof** *adj* **proof against** : a prueba de — **proofread** *vt* **-read; -reading** : corregir

prop *n* **1** SUPPORT : puntal *m*, apoyo *m* **2** : accesorio *m* (en teatro) — **prop** *vt* **propped; propping 1 prop against** : apoyar contra **2 prop up** SUPPORT : apoyar
propaganda *n* : propaganda *f*
propagate *v* **-gated; -gating** *vt* : propagar — *vi* : propagarse
propel *vt* **-pelled; -pelling** : propulsar — **propeller** *n* : hélice *f*
propensity *n*, *pl* **-ties** : propensión *f*
proper *adj* **1** SUITABLE : apropiado **2** REAL : verdadero **3** CORRECT : correcto **4** GENTEEL : cortés **5 proper name** : nombre *m* propio — **properly** *adv* : correctamente
property *n*, *pl* **-ties 1** : propiedad *f* **2** BUILDING : inmueble *m* **3** LAND LOT : parcela *f*
prophet *n* : profeta *m*, profetisa *f* — **prophecy** *n*, *pl* **-cies** : profecía *f* — **prophesy** *v* **-sied; -sying** *vt* : profetizar — *vi* : hacer profecías — **prophetic** *adj* : profético
proportion *n* **1** : proporción *f* **2** SHARE : parte *f* — **proportional** *adj* : proporcional — **proportionate** *adj* : proporcional

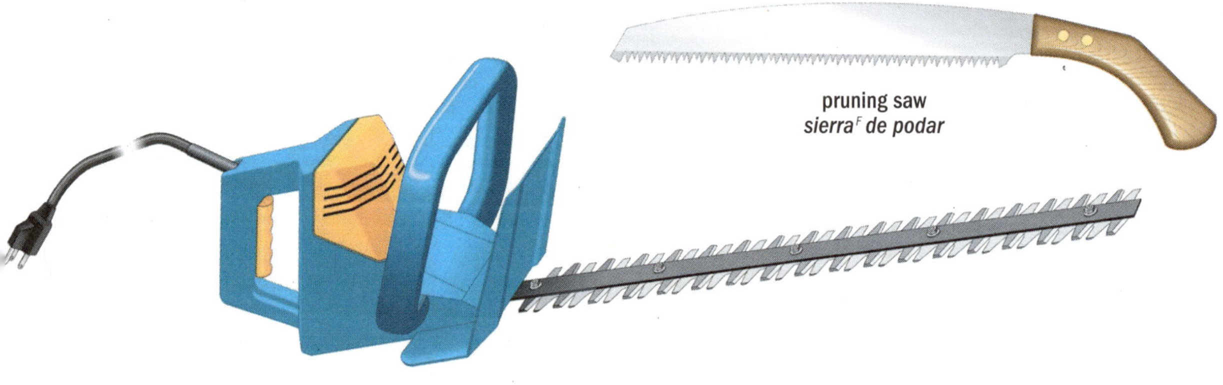

pruning saw
sierra^F de podar

hedge trimmer
cortasetos^M eléctrico

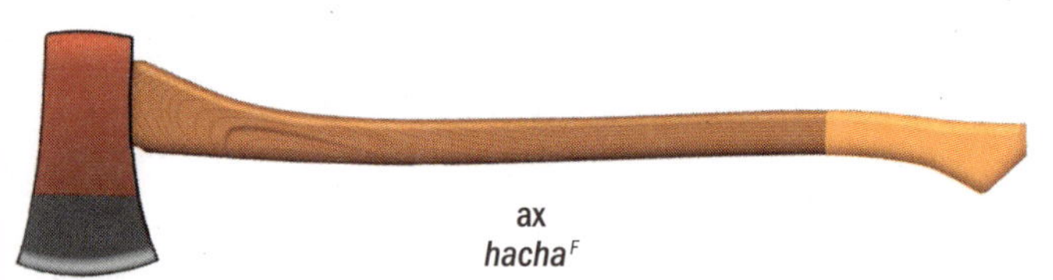

ax
hacha^F

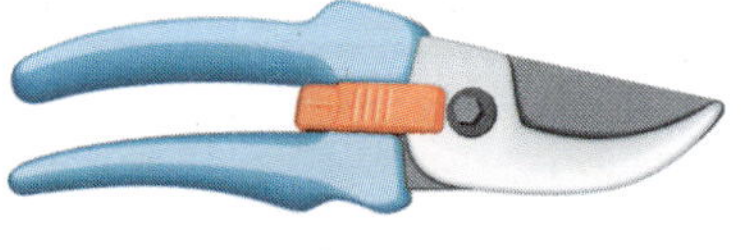

pruning shears
tijeras^F de podar

proposal *n* : propuesta *f*
propose *v* **-posed; -posing** *vt* **1**
SUGGEST : proponer **2 propose to
do something** : pensar hacer algo
— *vi* : proponer matrimonio —
proposition *n* : proposición *f*
proprietor *n* : propietario *m*, -ria *f*
propriety *n, pl* **-eties** :
decencia *f*, decoro *m*
propulsion *n* : propulsión *f*
prose *n* : prosa *f*
prosecute *vt* **-cuted; -cuting** : procesar
— **prosecution** *n* **1** : procesamiento *m* **2**
the prosecute : la acusación —
prosecutor *n* : acusador *m*, -dora *f*
prospect *n* **1** : perspectiva *f* **2**
POSSIBILITY : posibilidad *f* —
prospective *adj* : futuro, posible
prosper *vi* : prosperar — **prosperity** *n* :
prosperidad *f* — **prosperous** *adj* : próspero
prostitute *n* : prostituta *f* —
prostitution *n* : prostitución *f*
prostrate *adj* : postrado
protagonist *n* : protagonista *mf*
protect *vt* : proteger — **protection** *n* :
protección *f* — **protective** *adj* : protector
— **protector** *n* : protector *m*, -tora *f*
protégé *n* : protegido *m*, -da *f*
protein *n* : proteína *f*
protest *n* : protesta *f* — **protest** *vt* :
protestar mdash} *vi* **protest against**
: protestar contra — **Protestant** *n*
: protestante *mf* — **protester** *or*
protestor *n* : manifestante *mf*
protocol *n* : protocolo *m*
prototype *n* : prototipo *m*
protract *vt* : prolongar
protrude *vi* **-truded; -truding** : sobresalir
proud *adj* : orgulloso
prove *v* **proved; proved** *or* **proven;
proving** *vt* : probar — *vi* : resultar
proverb *n* : proverbio *m*, refrán *m*
— **proverbial** *adj* : proverbial
provide *v* **-vided; -viding** *vt* : proveer
— *vi* **provide for** SUPPORT : mantener
— **provided** *or* **provided that** *conj*
: con tal (de) que, siempre que —
providence *n* : providencia *f*
province *n* **1** : provincia *f* **2**
SPHERE : campo *m*, competencia *f*
— **provincial** *adj* : provinciano
provision *n* **1** : provisión *f*,
suministro *m* **2** STIPULATION :
condición *f* **3 provisions** *npl* : víveres *mpl*
— **provisional** *adj* : provisional

— **proviso** *n, pl* **-sos** *or* **-soes** : condición *f*
provoke *vt* **-voked; -voking** : provocar
— **provocation** *n* : provocación *f* —
provocative *adj* : provocador, provocativo
prow *n* : proa *f*
prowess *n* **1** BRAVERY :
valor *m* **2** SKILL : habilidad *f*
prowl *vi* : merodear, rondar — *vt*
: merodear por — **prowler** *n*
: merodeador *m*, -dora *f*
proximity *n* : proximidad *f* — **proxy** *n*,
pl **proxies by proxy** : por poder
prude *n* : mojigato *m*, -ta *f*
prudence *n* : prudencia *f* —
prudent *adj* : prudente
prune[1] *n* : ciruela *f* pasa
prune[2] *vt* **pruned; pruning** :
podar (arbustos, etc.)
pry *v* **pried; prying** *vi* **pry into**
: entrometerse en — *vt or* **pry
open** : abrir (a la fuerza)
psalm *n* : salmo *m*
pseudonym *n* : seudónimo *m*
psychiatry *n* : psiquiatría *f* —
psychiatric *adj* : psiquiátrico —
psychiatrist *n* : psiquiatra *mf*
psychic *adj* : psíquico
psychoanalysis *n, pl* **-yses** :
psicoanálisis *m* — **psychoanalyst** *n* :
psicoanalista *mf* — **psychoanalyze** *vt*
-lyzed; -lyzing : psicoanalizar
psychology *n, pl* **-gies** : psicología *f*
— **psychological** *adj* : psicológico —
psychologist *n* : psicólogo *m*, -ga *f*
psychopath *n* : psicópata *mf*
psychotherapy *n, pl* **-pies**
: psicoterapia *f*
psychotic *adj* : psicótico
puberty *n* : pubertad *f*
pubic *adj* : púbico
public *adj* : público — **public** *n* : público *m*
— **publication** *n* : publicación *f* —
publicity *n* : publicidad *f* — **publicize** *vt*
-cized; -cizing : publicitar, divulgar
publish *vt* : publicar — **publisher** *n* **1**
: editor *m*, -tora *f* (persona) **2** :
casa *f* editorial (negocio)
pucker *vt* : fruncir, arrugar
— *vi* : arrugarse
pudding *n* : budín *m*, pudín *m*
puddle *n* : charco *m*
pudgy *adj* **pudgier; -est** : rechoncho *fam*
Puerto Rican *adj* : puertorriqueño
puff *vi* **1** BLOW : soplar **2** PANT : resoplar
3 puff up SWELL : hincharse — *vt* **puff**

Halloween pumpkin
calabaza*F* de Halloween

out : hinchar — **puff** *n* **1** : bocanada *f*
(de humo) **2** : chupada *f* (a un cigarrillo)
3 *or* **cream puff** : pastelito *m* de
crema **4** *or* **powder puff** : borla *f* —
puffy *adj* **puffier; -est** : hinchado
pull *vt* **1** : tirar de **2** EXTRACT : sacar
3 TEAR : desgarrarse (un músculo,
etc.) **4 pull off** REMOVE : quitar **5 pull
oneself together** : calmarse **6 pull up**
: levantar, subir — *vi* **1** : tirar **2 pull
through** RECOVER : reponerse **3 pull
together** COOPERATE : reunir **4 pull up**
STOP : parar — **pull** *n* **1** : tirón *m* **2**
INFLUENCE : influencia *f* — **pulley** *n*,
pl **-leys** : polea *f* — **pullover** *n* : suéter *m*
pulp *n* **1** : pulpa *f* (de frutas, etc.) **2**
or **wood pulp** : pasta *f* de papel
pulpit *n* : púlpito *m*
pulsate *vi* **-sated; -sating** :
palpitar — **pulse** *n* : pulso *m*
pulverize *vt* **-ized; -izing** : pulverizar
pummel *vt* **-meled; -meling** : aporrear
pump[1] *n* : bomba *f* — **pump** *vt* **1**
: bombear **2 pump up** : inflar
pump[2] *n* SHOE : zapato *m* de tacón
pumpernickel *n* : pan *m*
negro de centeno
pumpkin *n* : calabaza *f*, zapallo *m*, *Lat*
pun *n* : juego *m* de palabras
— **pun** *vi* **punned; punning** :
hacer juegos de palabras
punch[1] *vt* **1** : dar un puñetazo a **2**
PERFORATE : perforar (papeles, etc.),
picar (un boleto) — **punch** *n* **1**
: golpe *m*, puñetazo *m* **2** *or*
paper punch : perforadora *f*

pyramid
pirámide[F]

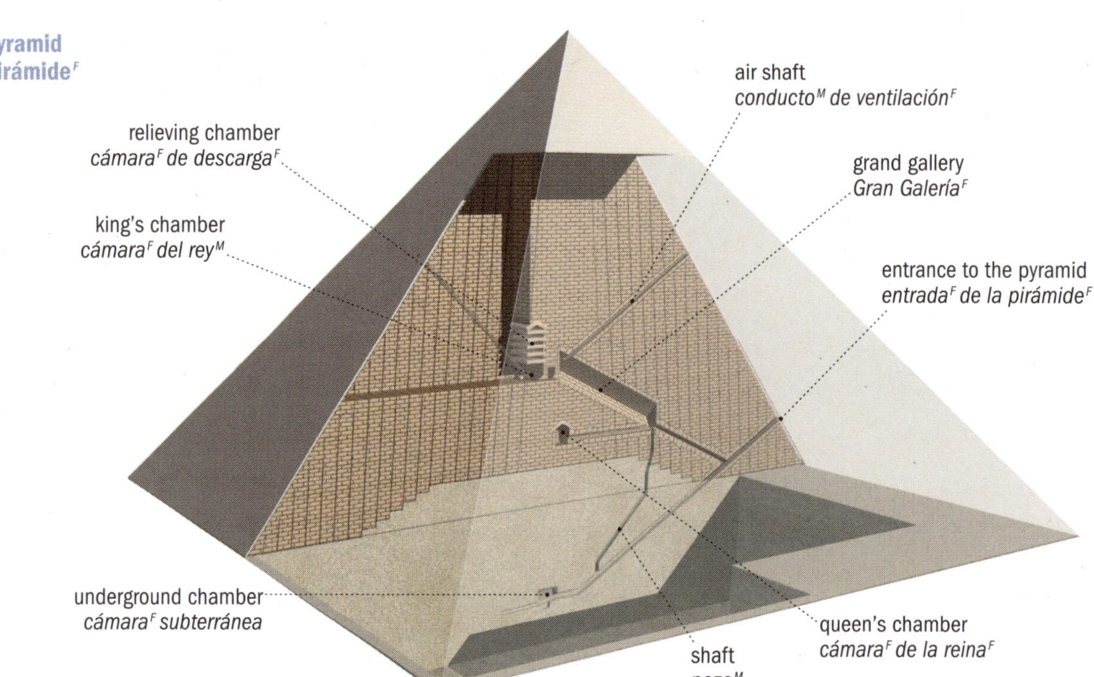

punch[2] *n* : ponche *m* (bebida)
punctual *adj* : puntual —
  punctuality *n* : puntualidad *f*
punctuate *vt* -ated; -ating : puntuar
  — **punctuation** *n* : puntuación *f*
puncture *n* : pinchazo *m*,
  ponchadura *f Lat* — **puncture** *vt*
  -tured; -turing : pinchar, ponchar *Lat*
pungent *adj* : acre
punish *vt* : castigar — **punishment** *n*
  : castigo *m* — **punitive** *adj* : punitivo
puny *adj* -nier; -est : enclenque
pup *n* : cachorro *m*, -rra *f* (de un
  perro); cría *f* (de otros animales)
pupil[1] *n* : alumno *m*, -na *f* (de colegio)
pupil[2] *n* : pupila *f* (del ojo)
puppet *n* : títere *m*
puppy *n, pl* -pies : cachorro *m*, -rra *f*
purchase *vt* -chased; -chasing :
  comprar — **purchase** *n* : compra *f*
pure *adj* purer; purest : puro
puree *n* : puré *m*
purely *adv* : puramente
purgatory *n, pl* -ries : purgatorio *m*
  — **purge** *vt* purged; purging :
  purgar — **purgatory** *n* : purga *f*
purify *vt* -fied; -fying : purificar

— **purification** *n* : purificación *f*
puritanical *adj* : puritano
purity *n* : pureza *f*
purple *n* : morado *m*
purport *vt* **purport to be** : pretender ser
purpose *n* **1** : propósito *m* **2** RESOLUTION
  : determinación *f* **3 on purpose** : a
  propósito — **purposeful** *adj* : resuelto
  — **purposely** *adv* : a propósito
purr *n* : ronroneo *m* — **purr** *vi* : ronronear
purse *n* **1** *or* **change purse** :
  monedero *m* **2** HANDBAG : cartera *f*,
  bolso *m Spain*, bolsa *f Lat* —
  purse *vt* **pursed; pursing** : fruncir
pursue *vt* -sued; -suing **1** CHASE :
  perseguir **2** SEEK : buscar — **pursuer** *n*
  : perseguidor *m*, -dora *f* — **pursuit** *n* **1**
  CHASE : persecución *f* **2** SEARCH :
  búsqueda *f* **3** OCCUPATION : actividad *f*
pus *n* : pus *m*
push *vt* **1** SHOVE : empujar **2** PRESS
  : apretar **3** URGE : presionar **4 push
  around** BULLY : mangonear — *vi* **1** :
  empujar **2 push for** : presionar para
  — **push** *n* **1** SHOVE : empujón *m* **2**
  DRIVE : dinamismo *m* **3** EFFORT :
  esfuerzo *m* — **pushy** *adj* **pushier;**

-est : mandón, prepotente
pussy *n, pl* **pussies** : gatito *m*,
  -ta *f;* minino *m*, -na *f*
put *v* put; putting *vt* **1** : poner **2** INSERT
  : meter **3** EXPRESS : decir **4 put one's
  mind to something** : proponerse hacer
  algo — *vi* **put up with** : aguantar — **put
  away** *vt* **1** STORE : guardar **2** *or* **put aside** :
  dejar a un lado — **put down** *vt* **1** SUPPRESS
  : aplastar, sofocar **2** ATTRIBUTE : atribuir
  — **put off** *vt* DEFER : aplazar, posponer —
  put on *vt* **1** ASSUME : adoptar **2** PRESENT :
  presentar (una obra de teatro, etc.) **3** WEAR
  : ponerse — **put out** *vt* INCONVENIENCE :
  incomodar — **put up** *vt* **1** BUILD : construir
  2 LODGE : alojar **3** PROVIDE : poner (dinero)
putrefy *vi* -fied; -fying : pudrirse
putty *n, pl* -ties : masilla *f*
puzzle *v* -zled; -zling *vt* : confundir,
  dejar perplejo — *vi* **puzzle over** :
  tratar de descifrar — **puzzle** *n* **1** :
  rompecabezas *m* **2** MYSTERY : enigma *m*
pylon *n* : pilón *m*
▸ **pyramid** *n* : pirámide *f*
python *n* : pitón *f*

q *n, pl* **q's** *or* **qs** : q *f*, decimoséptima
letra del alfabeto inglés
quack[1] *vi* : graznar (dícese del
pato) — **quack** *n* : graznido *m*
quack[2] *n* CHARLATAN : charlatán *m*, -tana *f*
quadruple *v* -**pled**; -**pling** *vt* :
cuadruplicar — *vi* : cuadruplicarse
quagmire *n* : atolladero *m*
quail *n, pl* **quail** *or* **quails** : codorniz *f*
quaint *adj* **1** ODD : curioso **2**
PICTURESQUE : pintoresco
quake *vi* **quaked**; **quaking** : temblar
— **quake** *n* → **earthquake**
qualify *v* -**fied**; -**fying** *vt* **1** LIMIT : matizar
2 : calificar (en gramática) **3** EQUIP :
habilitar — *vi* **1** : titularse (de abogado,
etc.) **2** : clasificarse (en deportes)
— **qualification** *n* **1** REQUIREMENT
: requisito *m* **2** qualifys *npl* ABILITY :
capacidad *f* **3 without qualification** : sin
reservas — **qualified** *adj* : capacitado
quality *n, pl* -**ties** **1** : calidad *f* **2**
PROPERTY : cualidad *f*
qualm *n* **1** DOUBT : duda *f* **2**
have no qualms about : no
tener ningún escrúpulo en
quandary *n, pl* -**ries** : dilema *m*
quantity *n, pl* -**ties** : cantidad *f*
quarantine *n* : cuarentena *f* —
quarantine *vt* -**tined**; -**tining**
: poner en cuarentena
quarrel *n* : pelea *f*, riña *f*

— **quarrel** *vi* -**reled** *or* -**relled**;
-**reling** *or* -**relling** : pelearse, reñir
— **quarrelsome** *adj* : pendenciero
quarry[1] *n, pl* **quarries** PREY : presa *f*
quarry[2] *n, pl* **quarries**
EXCAVATION : cantera *f*
quart *n* : cuarto *m* de galón
quarter *n* **1** : cuarto *m* (en matemáticas)
2 : moneda *f* de 25 centavos **3** DISTRICT
: barrio *m* **4 quarter after three** : las
tres y cuarto **5 quarters** *npl* LODGING :
alojamiento *m* — **quarter** *vt* **1** : dividir
en cuatro partes **2** : acuartelar (tropas)
— **quarterly** *adv* : cada tres meses —
quarterly *adj* : trimestral — **quarterly** *n,*
pl -**lies** : publicación *f* trimestral
quartet *n* : cuarteto *m*
quartz *n* : cuarzo *m*
quash *vt* **1** ANNUL : anular **2**
SUPPRESS : aplastar, sofocar
quaver *vi* : temblar
quay *n* : muelle *m*
queasy *adj* -**sier**; -**est** : mareado
queen *n* : reina *f*
queer *adj* ODD : extraño
quell *vt* SUPPRESS : sofocar, aplastar
quench *vt* **1** EXTINGUISH : apagar **2**
quench one's thirst : quitar la sed
query *n, pl* -**ries** : pregunta *f* —
query *vt* -**ried**; -**rying** **1** ASK :
preguntar **2** QUESTION : cuestionar
quest *n* : búsqueda *f*

question *n* **1** QUERY : pregunta *f* **2** ISSUE
: cuestión *f* **3 be out of the question** :
ser indiscutible **4 call into question** :
poner en duda **5 without question** : sin
duda — **question** *vt* **1** ASK : preguntar
2 DOUBT : cuestionar **3** INTERROGATE
: interrogar — *vi* : preguntar —
questionable *adj* : discutible — **question**
mark *n* : signo *m* de interrogación —
questionnaire *n* : cuestionario *m*
queue *n* : cola *f* — **queue** *vi* **queued**;
queuing *or* **queueing** : hacer cola
quibble *vi* -**bled**; -**bling** : discutir,
quejarse por nimiedades
quick *adj* **1** : rápido **2** CLEVER : agudo
— **quick** *n* **to the quick** : en lo vivo —
quick *adv* : rápidamente — **quicken** *vt*
: acelerar — **quickly** *adv* : rápidamente
— **quicksand** *n* : arena *f* movediza
— **quick–tempered** *adj* : irascible
— **quick–witted** *adj* : agudo
quiet *n* **1** : silencio *m* **2** CALM :
tranquilidad *f* — **quiet** *adj* **1** : silencioso
2 CALM : tranquilo **3** RESERVED : callado
4 : discreto (dícese de colores, etc.) —
quiet *vt* **1** SILENCE : hacer callar **2** CALM
: calmar — *vi or* **quiet down** : calmarse
— **quietly** *adv* **1** : silenciosamente
2 CALMLY : tranquilamente
quilt *n* : edredón *m*
▸ **quintet** *n* : quinteto *m*
quip *n* : ocurrencia *f*, salida *f* — **quip** *vt*
quipped; **quipping** : decir bromeando
quirk *n* : peculiaridad *f*
quit *v* **quit**; **quitting** *vt* **1** LEAVE :
dejar, abandonar **2 quit doing** :
dejar de hacer — *vi* **1** STOP : parar
2 RESIGN : dimitir, renunciar
quite *adv* **1** COMPLETELY :
completamente **2** RATHER : bastante
quits *adj* **call it quits** : quedar en paz
quiver *vi* : temblar
quiz *n, pl* **quizzes** TEST : prueba *f* —
quiz *vt* **quizzed**; **quizzing** : interrogar
quota *n* : cuota *f*, cupo *m*
quotation *n* **1** : cita *f* **2** ESTIMATE :
presupuesto *m* — **quotation marks** *npl*
: comillas *fpl* — **quote** *vt* **quoted**;
quoting **1** CITE : citar **2** : cotizar (en
finanzas) — **quote** *n* **1** → **quotation**
2 quotes *npl* → **quotation marks**
quotient *n* : cociente *m*

quintet
quinteto[M]

r *n, pl* **r's** *or* **rs** : r *f*, decimoctava letra del alfabeto inglés

rabbi *n* : rabino *m*, -na *f*

rabbit *n, pl* **-bit** *or* **-bits** : conejo *m*, -ja *f*

rabble *n* : chusma *f*, populacho *m*

rabies *ns & pl* : rabia *f* — **rabid** *adj* **1** : rabioso **2** FANATIC : fanático

raccoon *n, pl* **-coon** *or* **-coons** : mapache *m*

race[1] *n* **1** : raza *f* **2 human race** : género *m* humano

race[2] *n* : carrera *f* (competitiva) — **race** *vi* **raced; racing 1** : correr (en una carrera) **2** RUSH : ir corriendo — **racehorse** *n* : caballo *m* de carreras — **racetrack** *n* : pista *f* (de carreras)

racial *adj* : racial — **racism** *n* : racismo *m* — **racist** *n* : racista *mf*

rack *n* **1** SHELF : estante *m* **2 luggage rack** : portaequipajes *m* — **rack** *vt* **1 racked with** : atormentado por **2 rack one's brains** : devanarse los sesos

racket[1] *n* : raqueta *f* (en deportes)

racket[2] *n* **1** DIN : alboroto *m*, bulla *f* **2** SWINDLE : estafa *f*

racy *adj* **racier; -est** : subido de tono, picante

radar *n* : radar *m*

radiant *adj* : radiante — **radiance** *n* : resplandor *m* — **radiate** *v* **-ated; -ating** *vt* : irradiar — *vi* **1** : irradiar **2** *or* **radiant out** : extenderse (desde un centro) — **radiation** *n* : radiación *f* — **radiator** *n* : radiador *m*

rabbit
conejo[M]

radical *adj* : radical — **radical** *n* : radical *mf*

radii → **radius**

radio *n, pl* **-dios** : radio *mf* (aparato), radio *f* (medio) — **radio** *vt* : transmitir por radio — **radioactive** *adj* : radioactivo, radiactivo

radish *n* : rábano *m*

radius *n, pl* **radii** : radio *m*

raffle *vt* **-fled; -fling** : rifar — **raffle** *n* : rifa *f*

raft *n* : balsa *f*

rafter *n* : cabrio *m*

rag *n* **1** : trapo *m* **2 rags** *npl* TATTERS : harapos *mpl*, andrajos *mpl*

rage *n* **1** : cólera *f*, rabia *f* **2 be all the rage** : hacer furor — **rage** *vi* **raged; raging 1** : estar furioso **2** : bramar (dícese del viento, etc.)

ragged *adj* **1** UNEVEN : irregular **2** TATTERED : andrajoso, harapiento

raid *n* **1** : invasión *f* (militar) **2** : asalto *m* (por delincuentes), redada *f* (por la policía) — **raid** *vt* **1** INVADE : invadir **2** ROB : asaltar **3** : hacer una redada en (dícese de la policía) — **raider** *n* ATTACKER : asaltante *mf*

rail[1] *vi* **rail at someone** : recriminar a algn

rail[2] *n* **1** BAR : barra *f* **2** HANDRAIL : pasamanos *m* **3** TRACK : riel *m* **4 by rail** : por ferrocarril — **railing** *n* **1** : baranda *f* (de un balcón), pasamanos *m* (de una escalera) **2** RAILS : reja *f* — **railroad** *n* : ferrocarril *m* — **railway** → **railroad**

rain *n* : lluvia *f* — **rain** *vi* : llover — **rainbow** *n* : arco *m* iris — **raincoat** *n* : impermeable *m* — **rainfall** *n* : precipitación *f* — **rainy** *adj* **rainier; -est** : lluvioso

raise *vt* **raised; raising 1** : levantar **2** COLLECT : recaudar **3** REAR : criar **4** GROW : cultivar **5** INCREASE : aumentar **6** : sacar (objeciones, etc.) — **raise** *n* : aumento *m*

raisin *n* : pasa *f*

rake *n* : rastrillo *m* — **rake** *vt* **raked; raking** : rastrillar

rally *v* **-lied; -lying** *vi* **1** : unirse, reunirse **2** RECOVER : recuperarse — *vt* : conseguir (apoyo), unir a (la gente) — **rally** *n, pl* **-lies** : reunión *f*, mitin *m*

ram *n* : carnero *m* (animal) — **ram** *vt* **rammed; ramming 1** CRAM : meter con fuerza **2** *or* **ram into** : chocar contra

RAM *n* : RAM *f*

ramble *vi* **-bled; -bling 1** WANDER : pasear **2** *or* **ramble on** : divagar

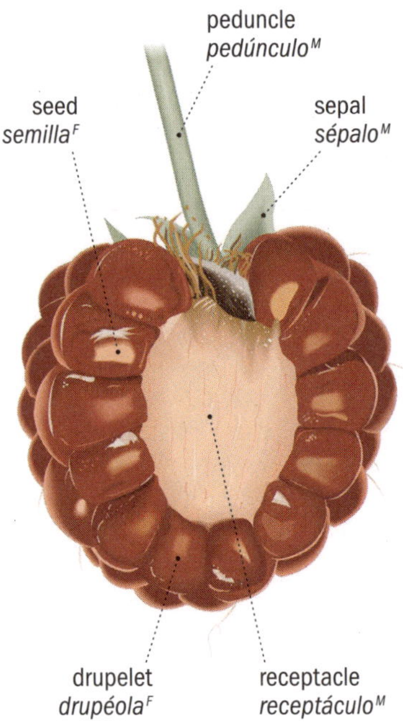

— **ramble** *n* : paseo *m*, excursión *f*

▶ **ramp** *n* : rampa *f*

rampage *vi* **-paged; -paging** : andar arrasando todo — **rampage** *n* : frenesí *m* (de violencia)

rampant *adj* : desenfrenado

rampart *n* : muralla *f*

ramshackle *adj* : destartalado

ran → **run**

ranch *n* : hacienda *f* — **rancher** *n* : hacendado *m*, -da *f*

rancid *adj* : rancio

rancor *n* : rencor *m*

random *adj* **1** : aleatorio **2 at random** : al azar

rang → **ring**

range *n* **1** GRASSLAND : pradera *f* **2** STOVE : cocina *f* **3** VARIETY : gama *f* **4** SCOPE : amplitud *f* **5** *or* **mountain range** : cordillera *f* — **range** *vi* **ranged; ranging 1** EXTEND : extenderse **2 range from… to…** : variar entre…y… — **ranger** *n* *or* **forest ranger** : guardabosque *mf*

rank[1] *adj* **1** SMELLY : fétido

2 OUTRIGHT : completo
rank[2] *n* **1** ROW : fila *f* **2** : rango *m* (militar)
3 ranks *npl* : soldados *mpl* rasos **4 the
rank and file** : las bases — **rank** *vt*
RATE : clasificar — *vi* : clasificarse
rankle *vi* **-kled; -kling** :
causar rencor, doler
ransack *vt* **1** SEARCH :
registrar **2** LOOT : saquear
ransom *n* : rescate *m* —
ransom *vt* : rescatar
rant *vi or* **rant and rave** : despotricar
rap[1] *n* KNOCK : golpecito *m* — **rap** *v*
rapped; rapping : golpear
rap[2] *n or* **rap music** : rap *m*
rapacious *adj* : rapaz
rape *vt* **raped; raping** : violar
— **rape** *n* : violación *f*
rapid *adj* : rápido —
rapids *npl* : rápidos *mpl*
rapist *n* : violador *m,* -dora *f*
rapport *n* **have a good rapport**
: entenderse bien
rapt *adj* : absorto, embelesado
rapture *n* : éxtasis *m*
rare *adj* **rarer; rarest 1** FINE : excepcional
2 UNCOMMON : raro **3** : poco cocido

(dícese de la carne) — **rarely** *adv* :
raramente — **rarity** *n, pl* **-ties** : rareza *f*
rascal *n* : pillo *m,* -lla *f;* pícaro *m,* -ra *f*
rash[1] *adj* : imprudente, precipitado
rash[2] *n* : sarpullido *m,* erupción *f*
rasp *vt* SCRAPE : raspar —
rasp *n* : escofina *f*
▶ **raspberry** *n, pl* **-ries** : frambuesa *f*
rat *n* : rata *f*
rate *n* **1** PACE : velocidad *f,* ritmo *m* **2** :
tipo *m,* tasa *m* (de interés, etc.) **3** PRICE :
tarifa *f* **4 at any rate** : de todos modos
5 birth rate : índice *m* de natalidad
— **rate** *vt* **rated; rating 1** REGARD :
considerar **2** DESERVE : merecer
rather *adv* **1** FAIRLY : bastante
2 I'd rather… : prefiero… **3**
or rather : o mejor dicho
ratify *vt* **-fied; -fying** : ratificar —
ratification *n* : ratificación *f*
rating *n* **1** : clasificación *f* **2**
ratings *npl* : índice *m* de audiencia
ratio *n, pl* **-tios** : proporción *f*
ration *n* **1** : ración *f* **2** rations *npl*
PROVISIONS : víveres *mpl* — **ration** *vt*
rationed; rationing : racionar
rational *adj* : racional — **rationale** *n*

: lógica *f,* razones *fpl* — **rationalize** *vt*
-ized; -izing : racionalizar
rattle *v* **-tled; -tling** *vi* : traquetear
— *vt* **1** SHAKE : agitar **2** UPSET :
desconcertar **3 rattle off** : decir de
corrido — **rattle** *n* **1** : traqueteo *m* **2**
or **baby's rattle** : sonajero *m* —
rattlesnake *n* : serpiente *f* de cascabel
raucous *adj* **1** HOARSE : ronco
2 BOISTEROUS : bullicioso
ravage *vt* **-aged; -aging** : estragar,
asolar — **ravages** *npl* : estragos *mpl*
rave *vi* **raved; raving 1** : delirar **2 rave
about** : hablar con entusiasmo sobre
raven *n* : cuervo *m*
ravenous *adj* **1** HUNGRY :
hambriento **2** VORACIOUS : voraz
ravine *n* : barranco *m*
ravishing *adj* : encantador
raw *adj* **rawer; rawest 1** UNCOOKED : crudo
2 INEXPERIENCED : inexperto **3** CHAFED :
en carne viva **4** : frío y húmedo (dícese
del tiempo) **5 raw deal** : trato *m* injusto
6 raw materials : materias *fpl* primas
ray *n* : rayo *m*
rayon *n* : rayón *m*
raze *vt* **razed; razing** : arrasar

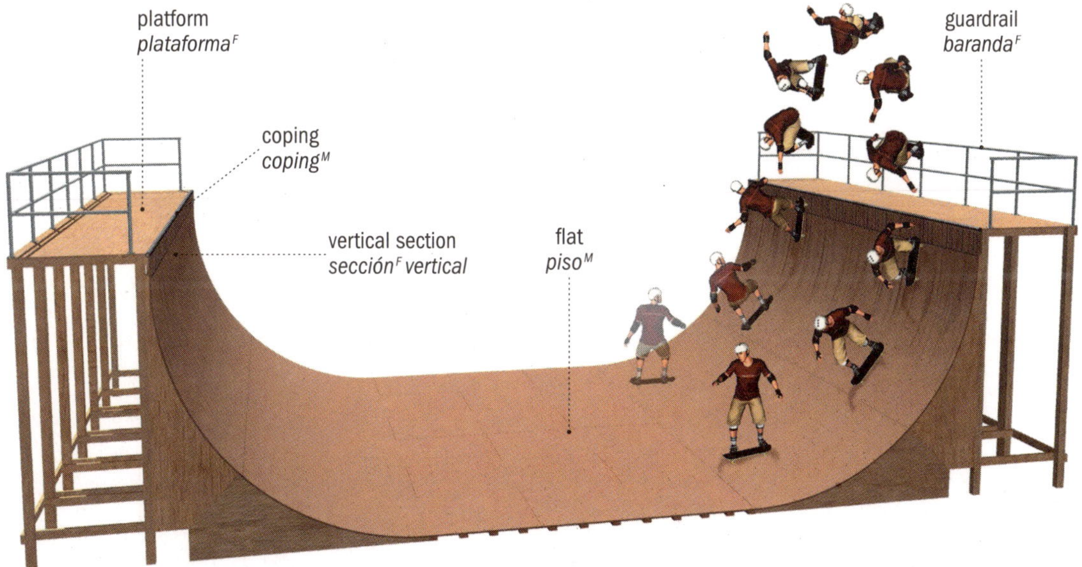

skateboarding ramp
medio tubo[M] **para skateboard**[M]

razor *n* : maquinilla *f* de afeitar —
razor blade *n* : hoja *f* de afeitar
reach *vt* **1** : alcanzar **2** *or* **reach out**
: extender **3** : llegar a (un acuerdo,
un límite, etc.) **4** CONTACT : contactar
— *vi* **1** : extenderse **2 reach for**
: tratar de agarrar — **reach** *n* **1** :
alcance *m* **2 within reach** : al alcance
react *vi* : reaccionar — **reaction** *n* :
reacción *f* — **reactionary** *adj* : reaccionario
— **react** *n, pl* **-ries** : reaccionario *m*,
-ria *f* — **reactor** *n* : reactor *m*
read *v* **read; reading** *vt* **1** : leer
2 INTERPRET : interpretar **3** SAY :
decir **4** INDICATE : marcar — *vi* **1** :
leer **2 it reads as follows** : dice lo
siguiente — **readable** *adj* : legible
— **reader** *n* : lector *m*, -tora *f*
readily *adv* **1** WILLINGLY : de buena
gana **2** EASILY : fácilmente
reading *n* : lectura *f*
readjust *vt* : reajustar — *vi*
: volverse a adaptar
ready *adj* **readier; -est 1** : listo, preparado
2 WILLING : dispuesto **3** AVAILABLE :
disponible **4 get ready** : prepararse —
ready *vt* **readied; readying** : preparar
real *adj* **1** : verdadero, real **2**
GENUINE : auténtico — **real** *adv* VERY
: muy — **real estate** *n* : propiedad *f*
inmobiliaria, bienes *mpl* raices —
realism *n* : realismo *m* — **realist** *n* :
realista *mf* — **realistic** *adj* : realista
— **reality** *n, pl* **-ties** : realidad *f*
realize *vt* **-ized; -izing 1** : darse cuenta
de **2** ACHIEVE : realizar — **realization** *n* **1** :
comprensión *f* **2** FULFILLMENT : realización *f*
really *adv* : verdaderamente
realm *n* **1** KINGDOM : reino *m* **2**
SPHERE : esfera *f*
ream *n* : resma *f* (de papel)
reap *v* : cosechar
reappear *vi* : reaparecer
rear[1] *vt* **1** RAISE : levantar **2** : criar (niños,
etc.) — *vi or* **rear up** : encabritarse
rear[2] *n* **1** BACK : parte *f* de atrás
2 BUTTOCKS : **trasero** *m fam* —
rear *adj* : trasero, posterior
rearrange *vt* **-ranged; -ranging**
: reorganizar, cambiar
reason *n* : razón *f* — **reason** *vt*
THINK : pensar — *vi* : razonar —
reasonable *adj* : razonable —
reasoning *n* : razonamiento *m*
reassure *vt* **-sured; -suring** :

tranquilizar — **reassurance** *n* :
(palabras *fpl* de) consuelo *m*
rebate *n* : reembolso *m*
rebel *n* : rebelde *mf* — **rebel** *vi* **-belled;**
-belling : rebelarse — **rebellion** *n* :
rebelión *f* — **rebellious** *adj* : rebelde
rebirth *n* : renacimiento *m*
rebound *vi* : rebotar —
rebound *n* : rebote *m*
rebuff *vt* : rechazar — **rebuff** *n* : desaire *m*
rebuild *vt* **-built; -building** : reconstruir
rebuke *vt* **-buked; -buking** : reprender
— **rebuke** *n* : reprimenda *f*
rebut *vt* **-butted; -butting** : rebatir
— **rebuttal** *n* : refutación *f*
recall *vt* **1** : llamar (al servicio,
etc.) **2** REMEMBER : recordar **3**
REVOKE : revocar — **recall** *n* **1** :
retirada *f* **2** MEMORY : memoria *f*
recant *vi* : retractarse
recapitulate *v* **-lated;**
-lating : recapitular
recapture *vt* **-tured; -turing 1**
: recobrar **2** RELIVE : revivir
recede *vi* **-ceded; -ceding** : retirarse
receipt *n* **1** : recibo *m* **2**
receipts *npl* : ingresos *mpl*
receive *vt* **-ceived; -ceiving** : recibir —
receiver *n* **1** : receptor *m* (de radio, etc.)
2 *or* **telephone receiver** : auricular *m*
recent *adj* : reciente —
recently *adv* : recientemente
receptacle *n* : receptáculo *m*,
recipiente *m*
reception *n* : recepción *f* —
receptionist *n* : recepcionista *mf*
— **receptive** *adj* : receptivo
recess *n* **1** ALCOVE : hueco *m* **2** :
recreo *m* (escolar) **3** ADJOURNMENT :
suspensión *f* de actividades *Spain*,
receso *m, Lat* — **recession** *n* : recesión *f*
recharge *vt* **-charged; -charging** :
recargar — **rechargeable** *adj* : recargable
recipe *n* : receta *f*
recipient *n* : recipiente *mf*
reciprocal *adj* : recíproco
recite *vt* **-cited; -citing 1** : recitar
(un poema, etc.) **2** LIST : enumerar
— **recital** *n* : recital *m*
reckless *adj* : imprudente —
recklessness *n* : imprudencia *f*
reckon *vt* **1** COMPUTE : calcular **2** CONSIDER
: considerar — **reckoning** *n* : cálculos *mpl*
reclaim *vt* **1** : reclamar **2**
RECOVER : recuperar

recline *vi* **-clined; -clining** :
reclinarse — **reclining** *adj* : reclinable
(dícese de un asiento, etc.)
recluse *n* : solitario *m*, -ria *f*
recognition *n* : reconocimiento *m*
— **recognizable** *adj* : reconocible —
recognize *vt* **-nized; -nizing** : reconocer
recoil *vi* : retroceder — **recoil** *n* :
culatazo *m* (de un arma de fuego)
recollect *v* : recordar —
recollection *n* : recuerdo *m*
recommend *vt* : recomendar —
recommendation *n* : recomendación *f*
reconcile *v* **-ciled; -ciling** *vt* **1** :
reconciliar (personas), conciliar (datos,
etc.) **2 reconcile oneself to** : resignarse
a — *vi* MAKE UP : reconciliarse —
reconciliation *n* : reconciliación *f*
reconnaissance *n* :
reconocimiento *m* (militar)
reconsider *vt* : reconsiderar
reconstruct *vt* : reconstruir
record *vt* **1** WRITE DOWN : anotar,
apuntar **2** REGISTER : registrar **3** :
grabar (música, etc.) — **record** *n* **1**
DOCUMENT : documento *m* **2** REGISTER
: registro *m* **3** HISTORY : historial *m* **4**
: disco *m* (de música, etc.) **5 criminal**
record : antecedentes *mpl* penales **6**
world record : récord *m* mundial —
recorder *n* **1** : flauta *f* dulce **2** *or* **tape**
recorder : grabadora *f* — **recording** *n* :
disco *m* — **record player** *n* : tocadiscos *m*
recount[1] *vt* NARRATE : narrar, relatar
recount[2] *vt* : volver a contar (votos,
etc.) **recount** — *n* : recuento *m*
recourse *n* **1** : recurso *m* **2**
have recourse to : recurrir a
recover *vt* : recobrar — *vi* RECUPERATE
: recuperarse — **recovery** *n*,
pl **-eries** : recuperación *f*
recreation *n* : recreo *m* —
recreational *adj* : de recreo
recruit *vt* : reclutar — **recruit** *n*
: recluta *mf* — **recruitment** *n*
: reclutamiento *m*
rectangle *n* : rectángulo *m* —
rectangular *adj* : rectangular
rectify *vt* **-fied; -fying** : rectificar
rector *n* **1** : parroco *m* (clérigo) **2** :
rector *m*, -tora *f* (de una universidad)
— **rectory** *n, pl* **-ries** : rectoría *f*
rectum *n, pl* **-tums** *or* **-ta** : recto *m*
recuperate *v* **-ated; -ating** *vt*
: recuperar — *vi* : recuperarse

— **recuperation** *n* : recuperación *f*
recur *vi* **-curred; -curring** : repetirse
— **recurrence** *n* : repetición *f* —
recurrent *adj* : que se repite
recycle *vt* **-cled; -cling** : reciclar
red *adj* : rojo — **red** *n* : rojo *m*
— **redden** *vt* : enrojecer — *vi* :
enrojecerse — **reddish** *adj* : rojizo
redecorate *vt* **-rated; -rating**
: pintar de nuevo
redeem *vt* **1** SAVE : salvar, rescatar
2 : desempeñar (de un monte de
piedad) **3** : canjear (cupones, etc.)
— **redemption** *n* : redención *f*
red–handed *adv or adj* : con
las manos en la masa
redhead *n* : pelirrojo *m*, -ja *f*
red–hot *adj* : al rojo vivo

redness *n* : rojez *f*
redo *vt* **-did; -done; -doing**
: hacer de nuevo
redouble *vt* **-bled; -bling** : redoblar
red tape *n* : papeleo *m*
reduce *v* **-duced; -ducing** *vt* :
reducir — *vi* SLIM : adelgazar
— **reduction** *n* : reducción *f*
redundant *adj* : redundante
reed *n* **1** : caña *f* **2** : lengüeta *f*
(de un instrumento)
reef *n* : arrecife *m*
reek *vi* : apestar
reel *n* : carrete *m* (de hilo, etc.)
— **reel** *vt* **1 reel in** : enrollar (un
sedal), sacar (un pez) del agua **2 reel
off** : enumerar — *vi* **1** SPIN : dar
vueltas **2** STAGGER : tambalearse

refrigerator
frigorífico^M

reestablish *vt* : restablecer
refer *v* **-ferred; -ferring** *vt* **1**
DIRECT : enviar, mandar **2** SUBMIT
: remitir — *vi* **refer to 1** MENTION :
referirse a **2** CONSULT : consultar
referee *n* : árbitro *m*, -tra *f* —
referee *v* **-eed; -eeing** : arbitrar
reference *n* **1** : referencia *f* **2**
CONSULTATION : consulta *f* **3** *or*
reference book : libro *m* de consulta
4 in reference to : con referencia a
refill *vt* : rellenar — **refill** *n* : recambio *m*
refine *vt* **-fined; -fining** : refinar
— **refined** *adj* : refinado —
refinement *n* : refinamiento *m* —
refinery *n, pl* **-eries** : refinería *f*
reflect *vt* : reflejar — *vi* **1** : reflejarse
2 reflect badly on : desacreditar **3**
reflect upon : reflexionar sobre —
reflection *n* **1** : reflexión *f* **2** IMAGE :
reflejo *m* — **reflector** *n* : reflector *m*
reflex *n* : reflejo *m*
reflexive *adj* : reflexivo
reform *vt* : reformar — *vi* :
reformarse — **reform** *n* : reforma *f* —
reformer *n* : reformador *m*, -dora *f*
refrain[1] *vi* **refrain from** : abstenerse de
refrain[2] *n* : estribillo *m* (en música)
refresh *vt* : refrescar —
refreshments *npl* : refrigerio *m*
refrigerate *vt* **-ated; -ating** : refrigerar
— **refrigeration** *n* : refrigeración *f*
— **refrigerator** *n* : nevera *f*,
refrigerador *m Lat*, frigorífico *m Spain*
refuel *v* **-eled** *or* **-elled; -eling** *or* **-elling** *vt*
: llenar de carburante — *vi* : repostar
refuge *n* : refugio *m* — **refugee** *n*
: refugiado *m*, -da *f*
refund *vt* : reembolsar —
refund *n* : reembolso *m*
refurbish *vt* : renovar, restaurar
refuse[1] *v* **-fused; -fusing** *vt* **1** :
rehusar, rechazar **2 refuse to do
something** : negarse a hacer algo — *vi*
: negarse — **refusal** *n* : negativa *f*
refuse[2] *n* : residuos *mpl*, desperdicios *mpl*
refute *vt* **-futed; -futing** : refutar
regain *vt* : recuperar, recobrar
regal *adj* : regio, majestuoso —
regalia *n* : ropaje *m*, insignias *fpl*
regard *n* **1** : consideración *f* **2** ESTEEM :
estima *f* **3 in this regard** : en este sentido
4 regards *npl* : saludos *mpl* **5 with
regard to** : respecto a — **regard** *vt* **1** :
mirar (con recelo, etc.) **2** HEED : tener en

reindeer
renoᴹ

cuenta **3** ESTEEM : estimar **4 as regards** : en lo que se refiere a **5 regard as** : considerar — **regarding** *prep* : respecto a — **regardless** *adv* : a pesar de todo — **regardless of** *prep* **1** : sin tener en cuenta **2** IN SPITE OF : a pesar de
regent *n* : regente *mf*
regime *n* : régimen *m* —
regimen *n* : régimen *m*
regiment *n* : regimiento *m*
region *n* : región *f* —
regional *adj* : regional
register *n* : registro *m* — **register** *vt* **1** : registrar (a personas), matricular (vehículos) **2** SHOW : marcar, manifestar **3** : certificar (correo) — *vi* ENROLL : inscribirse, matricularse — **registrar** *n* : registrador *m*, -dora *f* oficial —
registration *n* **1** : inscripción *f*, matriculación *f* **2** *or* **registration number** : número *m* de matrícula —
registry *n, pl* **-tries** : registro *m*
regret *vt* **-gretted; -gretting** : lamentar — **regret** *n* **1** REMORSE : arrepentimiento *m* **2** SORROW : pesar *m* — **regrettable** *adj* : lamentable
regular *adj* **1** : regular **2** CUSTOMARY : habitual — **regular** *n* : cliente *mf* habitual — **regularity** *n, pl* **-ties** : regularidad *f* — **regularly** *adv* : regularmente — **regulate** *vt* **-lated; -lating** : regular — **regulation** *n* **1**

CONTROL : regulación *f* **2** RULE : regla *f*
rehabilitate *vt* **-tated; -tating** : rehabilitar — **rehabilitation** *n* : rehabilitación *f*
rehearse *v* **-hearsed; -hearsing** : ensayar — **rehearsal** *n* : ensayo *m*
reign *n* : reinado *m* — **reign** *vi* : reinar
reimburse *vt* **-bursed; -bursing** : reembolsar — **reimbursement** *n* : reembolso *m*
rein *n* : rienda *f*
reincarnation *n* : reencarnación *f*
▸ **reindeer** *n* : reno *m*
reinforce *vt* **-forced; -forcing** : reforzar — **reinforcement** *n* : refuerzo *m*
reinstate *vt* **-stated; -stating** **1** : restablecer **2** : restituir (a algn en su cargo)
reiterate *vt* **-ated; -ating** : reiterar
reject *vt* : rechazar — **rejection** *n* : rechazo *m*
rejoice *vi* **-joiced; -joicing** : regocijarse
rejuvenate *vt* **-nated; -nating** : rejuvenecer
rekindle *vt* **-dled; -dling** : reavivar
relapse *n* : recaída *f* — **relapse** *vi* **-lapsed; -lapsing** : recaer
relate *v* **-lated; -lating** *vt* **1** TELL : relatar **2** ASSOCIATE : relacionar — *vi* **relate to 1** CONCERN : estar relacionado con **2** UNDERSTAND : identificarse con **3** : relacionarse con (socialmente) — **related** *adj* **related to** : emparentado con — **relation** *n* **1** CONNECTION : relación *f* **2** RELATIVE : pariente *mf* **3 in relation to** : en relación con **4 relates** *npl* : relaciones *fpl* — **relationship** *n* **1** : relación *f* **2** KINSHIP : parentesco *m* —
relative *n* : pariente *mf* — **relative** *adj* : relativo — **relatively** *adv* : relativamente
relax *vt* : relajar — *vi* : relajarse — **relaxation** *n* **1** : relajación *f* **2** RECREATION : esparcimiento *m*
relay *n* **1** : relevo *m* **2** *or* **relay race** : carrera *f* de relevos — **relay** *vt* **-layed; -laying** : transmitir
release *vt* **-leased; -leasing 1** FREE : liberar, poner en libertad **2** : soltar (un freno, etc.) **3** EMIT : despedir **4** : sacar (un libro, etc.), estrenar (una película) — **release** *n* **1** : liberación *f* **2** : estreno *m* (de una película), publicación *f* (de un libro) **3** : fuga *f* (de gases)
relegate *vt* **-gated; -gating** : relegar
relent *vi* : ceder — **relentless** *adj*

: implacable
relevant *adj* : pertinente — **relevance** *n* : pertinencia *f*
reliable *adj* : fiable (dícese de personas), fidedigno (dícese de información, etc.) — **reliability** *n, pl* **-ties** : fiabilidad *f* (de una cosa), responsabilidad *f* (de una persona) — **reliance** *n* **1** : dependencia *f* **2** TRUST : confianza *f* — **reliant** *adj* : dependiente
relic *n* : reliquia *f*
relief *n* **1** : alivio *m* **2** AID : ayuda *f* **3** : relieve *m* (en la escultura) **4** REPLACEMENT : relevo *m* — **relieve** *vt* **-lieved; -lieving 1** : aliviar **2** REPLACE : relevar (a algn) **3 relieve someone of** : liberar a algn de
religion *n* : religión *f* — **religious** *adj* : religioso
relinquish *vt* : renunciar a, abandonar
relish *n* **1** : salsa *f* (condimento) **2 with relish** : con gusto — **relish** *vt* : saborear
relocate *vt* **-cated; -cating** : trasladar — *vi* : trasladarse — **relocation** *n* : traslado *m*
reluctance *n* : reticencia *f*, desgana *f* — **reluctant** *adj* : reacio, reticente — **reluctantly** *adv* : a regañadientes
rely *vi* **-lied; -lying rely on 1** DEPEND ON : depender de **2** TRUST : confiar (en)
remain *vi* **1** : quedar **2** STAY : quedarse **3** CONTINUE : seguir, continuar — **remainder** *n* : resto *m* — **remains** *npl* : restos *mpl*
remark *n* : comentario *m*, observación *f* — **remark** *vt* : observar — *vi* **remark on** : observar — **remarkable** *adj* : extraordinario, notable
remedy *n, pl* **-dies** : remedio *m* — **remedy** *vt* **-died; -dying** : remediar — **remedial** *adj* : correctivo
remember *vt* **1** : acordarse de, recordar **2 remember to** : acordarse de — *vi* : acordarse, recordar — **remembrance** *n* : recuerdo *m*
remind *vt* : recordar — **reminder** *n* : recordatorio *m*
reminiscence *n* : recuerdo *m*, reminiscencia *f* — **reminisce** *vi* **-nisced; -niscing** : rememorar los viejos tiempos — **reminiscent** *adj* **be reminiscence of** : recordar
remiss *adj* : negligente, remiso
remit *vt* **-mitted; -mitting 1** PARDON : perdonar **2** : enviar (dinero) — **remission** *n* : remisión *f*
remnant *n* **1** : resto *m* **2**

TRACE : **vestigio** *m*
remorse *n* : remordimiento *m* —
  remorseful *adj* : arrepentido
remote *adj* **-moter; -est 1** : remoto
  2 ALOOF : **distante 3 remote from** :
  apartado de, alejado de — **remote**
  control *n* : control *m* remoto —
  remotely *adv* SLIGHTLY : remotamente
remove *vt* **-moved; -moving 1** : quitar
  (una tapa, etc.), quitarse (ropa) **2**
  EXTRACT : **sacar 3** DISMISS : **destituir 4**
  ELIMINATE : **eliminar** — **removable** *adj* :
  separable, de quita y pon — **removal** *n* **1**
  : eliminación *f* **2** EXTRACTION : extracción *f*
remunerate *vt* **-ated; -ating** : remunerar
render *vt* **1** : rendir (homenaje),
  prestar (ayuda) **2** MAKE : **hacer**
  3 TRANSLATE : **traducir**
rendezvous *ns & pl* : cita *f*
rendition *n* : interpretación *f*
renegade *n* : renegado *m*, -da *f*
renew *vt* **1** : renovar **2** RESUME :
  reanudar — **renewal** *n* : renovación *f*
renounce *vt* **-nounced;**
  -nouncing : renunciar a
renovate *vt* **-vated; -vating** : renovar
  — **renovation** *n* : renovación *f*
renown *n* : renombre *m* —
  renowned *adj* : célebre, renombrado
rent *n* **1** : alquiler *m*, arrendamiento *m*,
  renta *f* **2 for rent** : se alquila
  — **rent** *vt* : alquilar — **rental** *n* :
  alquiler *m* — **rental** *adj* : de alquiler
  — **renter** *n* : arrendatario *m*, -ria *f*
renunciation *n* : renuncia *f*
reopen *vt* : volver a abrir
reorganize *vt* **-nized; -nizing** :
  reorganizar — **reorganization** *n*
  : reorganización *f*
repair *vt* : reparar, arreglar —
  repair *n* **1** : reparación *f*, arreglo *m* **2**
  in bad repair : en mal estado
repay *vt* **-paid; -paying 1** : devolver
  (dinero), pagar (una deuda) **2** :
  corresponder a (un favor, etc.)
repeal *vt* : abrogar, revocar —
  repeal *n* : abrogación *f*, revocación *f*
repeat *vt* : repetir — **repeat** *n* : repetición *f*
  — **repeatedly** *adv* : repetidas veces
repel *vt* **-pelled; -pelling** : repeler
  — **repellent** *n* : repelente *m*
repent *vi* : arrepentirse —
  repentance *n* : arrepentimiento *m*
repercussion *n* : repercusión *f*
repertoire *n* : repertorio *m*

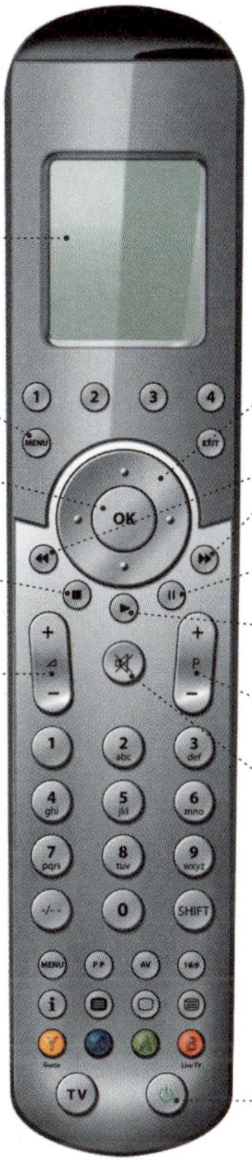

repetition *n* : repetición *f* —
  repetitious *adj* : repetitivo —
  repetitive *adj* : repetitivo
replace *vt* **-placed; -placing 1** : reponer
  2 SUBSTITUTE : **reemplazar, sustituir 3**
  EXCHANGE : **cambiar** — **replacement** *n* **1** :
  sustitución *f* **2** : sustituto *m*, -ta *f* (persona)
  3 *or* **replacement part** : repuesto *m*
replenish *vt* **1** : reponer **2** REFILL : **rellenar**
replete *adj* **replete with** : repleto de
replica *n* : réplica *f*
reply *vi* **-plied; -plying** :
  contestar, responder — **reply** *n*,
  pl **-plies** : respuesta *f*
report *n* **1** : informe *m* **2** RUMOR
  : **rumor** *m* **3** *or* **news report** :
  reportaje *m* **4 weather report** : boletín *m*

meteorológico — **report** *vt* **1** RELATE :
  anunciar 2 report a crime : denunciar
  un delito **3** *or* **report on** : informar sobre
  — *vi* **1** : informar **2 report for duty** :
  presentarse — **report card** *n* : boletín *m*
  de calificaciones — **reportedly** *adv*
  : según se dice — **reporter** *n* :
  periodista *mf*; reportero *m*, -ra *f*
repose *vi* **-posed; -posing** :
  reposar — **repose** *n* : reposo *m*
reprehensible *adj* : reprensible
represent *vt* **1** : representar
  2 PORTRAY : **presentar** —
  representation *n* : representación *f*
  — **representative** *adj* : representativo
  — **represent** *n* : representante *mf*
repress *vt* : reprimir

— **repression** *n* : represión *f*
reprieve *n* : indulto *m*
reprimand *n* : reprimenda *f* —
   reprimand *vt* : reprender
reprint *vt* : reimprimir —
   reprint *n* : reedición *f*
reprisal *n* : represalia *f*
reproach *n* **1** : reproche *m* **2 beyond**
   reproach : irreprochable — **reproach** *vt* :
   reprochar — **reproachful** *adj* : de reproche
reproduce *v* **-duced; -ducing** *vt* :
   reproducir — *vi* : reproducirse —
   reproduction *n* : reproducción *f* —
   reproductive *adj* : reproductor
reproof *n* : reprobación *f*
reptile *n* : reptil *m*
republic *n* : república *f* —
   republican *n* : republicano *m*, -na *f*
   — **republican** *adj* : republicano
repudiate *vt* **-ated; -ating** : repudiar
repugnant *adj* : repugnante, asqueroso
   — **repugnance** *n* : repugnancia *f*
repulse *vt* **-pulsed; -pulsing** : repeler,
   rechazar — **repulsive** *adj* : repulsivo
reputation *n* : reputación *f* —
   reputable *adj* : de confianza, acreditado
   — **reputed** *adj* : supuesto
request *n* : petición *f* — **request** *vt* : pedir
requiem *n* : réquiem *m*
require *vt* **-quired; -quiring 1** CALL
   FOR : requerir **2** NEED : necesitar
   — **requirement** *n* **1** NEED :
   necesidad *f* **2** DEMAND : requisito *m*
   — **requisite** *adj* : necesario
resale *n* : reventa *f*
rescind *vt* : rescindir (un contrato),
   revocar (una ley, etc.)
rescue *vt* **-cued; -cuing** : rescatar,
   salvar — **rescue** *n* : rescate *m* —
   rescuer *n* : salvador *m*, -dora *f*
research *n* : investigación *f* —
   research *vt* : investigar — **researcher** *n*
   : investigador *m*, -dora *f*
resemble *vt* **-sembled;**
   -sembling : parecerse a —
   resemblance *n* : parecido *m*
resent *vt* : resentirse de, ofenderse
   por — **resentful** *adj* : resentido —
   resentment *n* : resentimiento *m*
reserve *vt* **-servee; -serving** :
   reservar — **reserve** *n* **1** : reserva *f* **2**
   reserves *npl* : reservas *fpl* (militares) —
   reservation *n* : reserva *f* — **reserved** *adj*
   : reservado — **reservoir** *n* : embalse *m*
reset *vt* **-set; -setting** : volver

a poner (un reloj, etc.)
residence *n* : residencia *f* — **reside** *vi*
   -sided; -siding : residir — **resident** *adj*
   : residente — **residence** *n* : residente *mf*
   — **residential** *adj* : residencial
residue *n* : residuo *m*
resign *vt* **1** QUIT : dimitir **2 resign oneself**
   to : resignarse a — **resignation** *n* **1** :
   dimisión *f* **2** ACCEPTANCE : resignación *f*
resilient *adj* **1** : resistente (dícese
   de personas) **2** ELASTIC : elástico
   — **resilience** *n* **1** : resistencia *f* **2**
   ELASTICITY : elasticidad *f*
resin *n* : resina *f*
resist *vt* : resistir — *vi* : resistirse
   — **resistance** *n* : resistencia *f*
   — **resistant** *adj* : resistente
resolve *vt* **-solved; -solving** : resolver —
   resolve *n* : resolución *f* — **resolution** *n* **1**
   : resolución *f* **2** DECISION, INTENTION :
   propósito *m* — **resolute** *adj* : resuelto
resonance *n* : resonancia *f* —
   resonant *adj* : resonante
resort *n* **1** RECOURSE : recurso *m* **2**
   or **tourist resort** : centro *m* turístico
   — **resort** *vi* **resort to** : recurrir a
resounding *adj* **1** RESONANT :
   resonante **2** ABSOLUTE : rotundo
resource *n* : recurso *m* —
   resourceful *adj* : ingenioso
respect *n* **1** ESTEEM : respeto *m* **2 in**
   some respects : en algún sentido **3**
   pay one's respects : presentar uno
   sus respetos **4 with respect to** : (con)
   respecto a — **respect** *vt* : respetar
   — **respectable** *adj* : respetable
   — **respectful** *adj* : respetuoso
   — **respective** *adj* : respectivo —
   respectively *adv* : respectivamente
respiration *n* : respiración *f* —
   respiratory *adj* : respiratorio
respite *n* : respiro *m*
response *n* : respuesta *f* — **respond** *vi*
   : responder — **responsibility** *n*,
   pl **-ties** : responsabilidad *f* —
   responsible *adj* : responsable —
   responsive *adj* : sensible, receptivo
rest[1] *n* **1** : descanso *m* **2** SUPPORT :
   apoyo *m* **3** : silencio *m* (en música) —
   rest *vi* **1** : descansar **2** LEAN : apoyarse **3**
   rest on DEPEND ON : depender de — *vt* **1**
   RELAX : descansar **2** LEAN : apoyar
rest[2] *n* REMAINDER : resto *m*
restaurant *n* : restaurante *m*
restful *adj* : tranquilo, apacible

restitution *n* : restitución *f*
restless *adj* : inquieto, agitado
restore *vt* **-stored; -storing 1**
   RETURN : devolver **2** REESTABLISH :
   restablecer **3** REPAIR : restaurar —
   restoration *n* **1** : restablecimiento *m* **2**
   REPAIR : restauración *f*
restrain *vt* **1** : contener **2 restrain**
   oneself : contenerse — **restrained** *adj*
   : comedido, moderado — **restraint** *n* **1**
   : restricción *f* **2** SELF-CONTROL :
   moderación *f*, control *m* de sí mismo
restriction *n* : restricción *f* — **restrict** *vt*
   : restringir — **restricted** *adj* : restringido
   — **restrictive** *adj* : restrictivo
result *vi* : resultar — **result** *n* **1**
   : resultado *m* **2 as a result of**
   : como consecuencia de
resume *v* **-sumed; -suming** *vt* :
   reanudar — *vi* : reanudarse
résumé *or* **resume** *or* **resumé** *n*
   : currículum *m* (vitae)
resumption *n* : reanudación *f*
resurgence *n* : resurgimiento *m*
resurrection *n* : resurrección *f*
   — **resurrect** *vt* : resucitar
resuscitate *vt* **-tated; -tating** : resucitar
retail *vt* : vender al por menor — **retail** *n*
   : venta *f* al por menor — **retail** *adj* :
   detallista, minorista — **retail** *adv* :
   al detalle, al por menor — **retailer** *n*
   : detallista *mf*, minorista *mf*
retain *vt* : retener
retaliate *vi* **-ated; -ating** : tomar
   represalias — **retaliation** *n*
   : represalias *fpl*
retard *vt* : retardar, retrasar —
   retarded *adj* : retrasado
retention *n* : retención *f*
reticence *n* : reticencia *f* —
   reticent *adj* : reticente
retina *n*, *pl* **-nas** *or* **-nae** : retina *f*
retinue *n* : séquito *m*
retire *vi* **-tired; -tiring 1** WITHDRAW
   : retirarse **2** : jubilarse, retirarse
   (de un trabajo) **3** : acostarse (en la
   cama) — **retirement** *n* : jubilación *f*
   — **retiring** *adj* SHY : retraído
retort *vt* : replicar — **retort** *n* : réplica *f*
retrace *vt* **-traced; -tracing retrace**
   one's steps : volver sobre sus pasos
retract *vt* **1** WITHDRAW : retirar **2** :
   retraer (garras, etc.) — *vi* : retractarse
retrain *vt* : reciclar
retreat *n* **1** : retirada *f* **2** REFUGE :

rice
arroz^M

rice
arroz^M

wild rice
arroz^M silvestre

refugio *m* — **retreat** *vi* : retirarse
retribution *n* : castigo *m*
retrieve *vt* **-trieved; -trieving 1** :
  cobrar, recuperar **2** RESCUE : salvar
  — **retrieval** *n* : recuperación *f* —
  retriever *n* : perro *m* cobrador
retroactive *adj* : retroactivo
retrospect *n* **in retrospect**
  : mirando hacia atrás —
  retrospective *adj* : retrospectivo
return *vi* **1** : volver, regresar **2** REAPPEAR
  : reaparecer — *vt* **1** : devolver **2** YIELD
  : producir — **return** *n* **1** : regreso *m*,
  vuelta *f* **2** : devolución *f* (de algo prestado)
  3 YIELD : rendimiento *m* **4 in return for** : a
  cambio de **5** *or* **tax return** : declaración *f*
  de impuestos — **return** *adj* : de vuelta
reunite *vt* **-nited; -niting** : reunir
  — **reunion** *n* : reunión *f*
revamp *vt* : renovar
reveal *vt* **1** : revelar **2** SHOW : dejar ver
revel *vi* **-eled** *or* **-elled; -eling** *or*
  -elling revel in : deleitarse en
revelation *n* : revelación *f*
revelry *n, pl* **-ries** : jolgorio *m*,
  regocijos *mpl*
revenge *vt* **-venged; -venging** :
  vengar — **revenge** *n* **1** : venganza *f* **2**
  take revenge on : vengarse de
revenue *n* : ingresos *mpl*
reverberate *vi* **-ated; -ating**
  : retumbar, resonar
reverence *n* : reverencia *f*,
  veneración *f* — **revere** *vt* **-vered;**
  -vering : venerar — **reverend** *adj* :

reverendo — **reverent** *adj* : reverente
reverie *n, pl* **-eries** : ensueño *m*
reverse *adj* : inverso, contrario —
  reverse *v* **-versed; -versing** *vt* **1** :
  invertir **2** : cambiar (una política), revocar
  (una decisión) **3** : dar marcha atrás
  a (un automóvil) — *vi* : invertirse —
  reverse *n* **1** BACK : dorso *m*, revés *m* **2**
  or **reverse gear** : marcha *f* atrás **3 the**
  reverse : lo contrario — **reversible** *adj* :
  reversible — **reversal** *n* **1** : inversión *f* **2**
  CHANGE : cambio *m* total **3** SETBACK
  : revés *m* — **revert** *vi* : revertir
review *n* **1** : revisión *f* **2** OVERVIEW
  : resumen *m* **3** CRITIQUE : **reseña** *f*,
  crítica *f* **4** : repaso *m* (para un examen)
  — **review** *vt* **1** EXAMINE : examinar
  2 : repasar (una lección) **3** CRITIQUE :
  reseñar — **reviewer** *n* : crítico *m*, -ca *f*
revile *vt* **-viled; -viling** : injuriar
revise *vt* **-vised; -vising 1** : modificar
  (una política, etc.) **2** : revisar, corregir
  (una publicación) — **revision** *n*
  : corrección *f*, modificación *f*
revive *v* **-vived; -viving** *vt* **1** :
  reanimar, reactivar **2** : resucitar (a
  una persona) **3** RESTORE : restablecer
  — *vi* **1** : reanimarse, reactivarse **2**
  COME TO : volver en sí — **revival** *n*
  : reanimación *f*, reactivación *f*
revoke *vt* **-voked; -voking** : revocar
revolt *vi* : rebelarse, sublevarse — *vt*
  : dar asco a — **revolt** *n* : revuelta *f*,
  sublevación *f* — **revolting** *adj* : asqueroso
revolution *n* : revolución *f*

— **revolutionary** *adj* : revolucionario
— **revolution** *n, pl* **-aries** :
  revolucionario *m*, -ria *f* — **revolutionize** *vt*
  -ized; -izing : revolucionar
revolve *v* **-volved; -volving** *vt*
  : hacer girar — *vi* : girar
revolver *n* : revólver *m*
revue *n* : revista *f* (teatral)
revulsion *n* : repugnancia *f*
reward *vt* : recompensar —
  reward *n* : recompensa *f*
rewrite *vt* **-wrote; -written;**
  -writing : volver a escribir
rhetoric *n* : retórica *f* —
  rhetorical *adj* : retórico
rheumatism *n* : reumatismo *m*
  — **rheumatic** *adj* : reumático
rhino *n, pl* **-no** *or* **-nos** → **rhinoceros**
  — **rhinoceros** *n, pl* **-noceroses** *or*
  -noceros *or* **-noceri** : rinoceronte *m*
rhubarb *n* : ruibarbo *m*
rhyme *n* **1** : rima *f* **2** VERSE :
  verso *m* (en rima) — **rhyme** *vi*
  rhymed; rhyming : rimar
rhythm *n* : ritmo *m* — **rhythmic**
  or **rhythmical** *adj* : rítmico
rib *n* : costilla *f* — **rib** *vt*
  TEASE : tomar el pelo a
ribbon *n* : cinta *f*
▸ **rice** *n* : arroz *m*
rich *adj* **1** : rico **2 rich foods** :
  comidas *fpl* pesadas — **riches** *npl* :
  riquezas *fpl* — **richness** *n* : riqueza *f*
rickety *adj* : desvencijado, destartalado
ricochet *n* : rebote *m* —
  ricochet *vi* **-cheted** *or* **-chetted;**
  -cheting *or* **-chetting** : rebotar
rid *vt* **rid; ridding 1** : librar **2 get rid of**
  : deshacerse de — **riddance** *n* **good**
  riddance! : ¡adiós y buen viaje!
riddle¹ *n* : acertijo *m*, adivinanza *f*
riddle² *vt* **-dled; -dling 1** : acribillar
  2 riddled with : lleno de
ride *v* **rode; ridden; riding** *vt* **1** :
  montar (a caballo, en bicicleta),
  ir (en autobús, etc.) **2** TRAVERSE :
  recorrer — *vi* **1** *or* **ride horseback** :
  montar a caballo **2** : ir (en auto, etc.)
  — **ride** *n* **1** : paseo *m*, vuelta *f* **2** :
  aparato *m* (en un parque de diversiones)
  — **rider** *n* **1** : jinete *mf* (a caballo) **2**
  CYCLIST : ciclista *mf*, motociclista *mf*
ridge *n* : cadena *f* (de montañas)
ridiculous *adj* : ridículo —
  ridicule *n* : burlas *fpl* — **ridiculous** *vt*

speed skating rinks
pistas[F] de patinaje[F]

short track
pista[F] corta

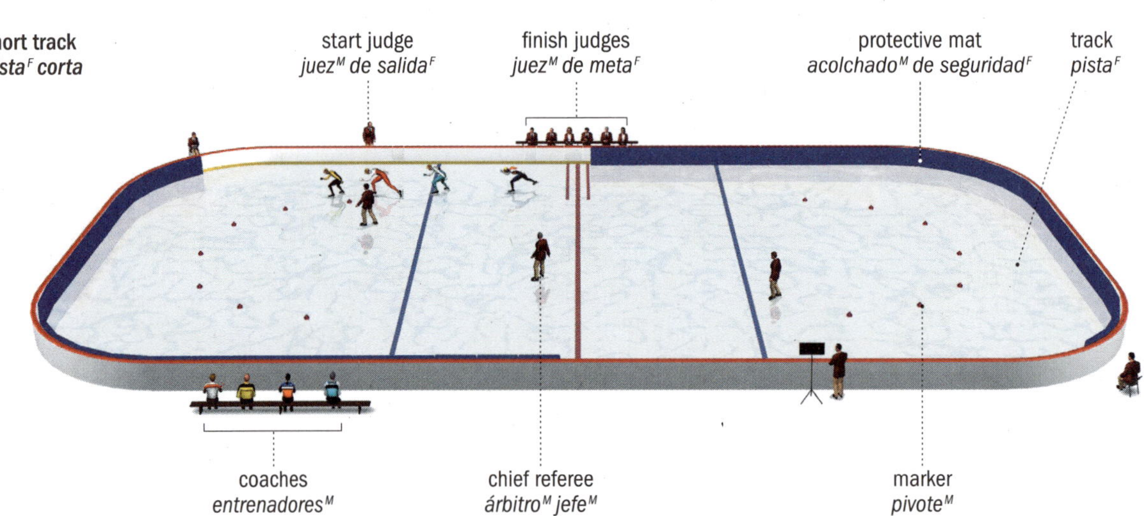

long track
pista[F] larga

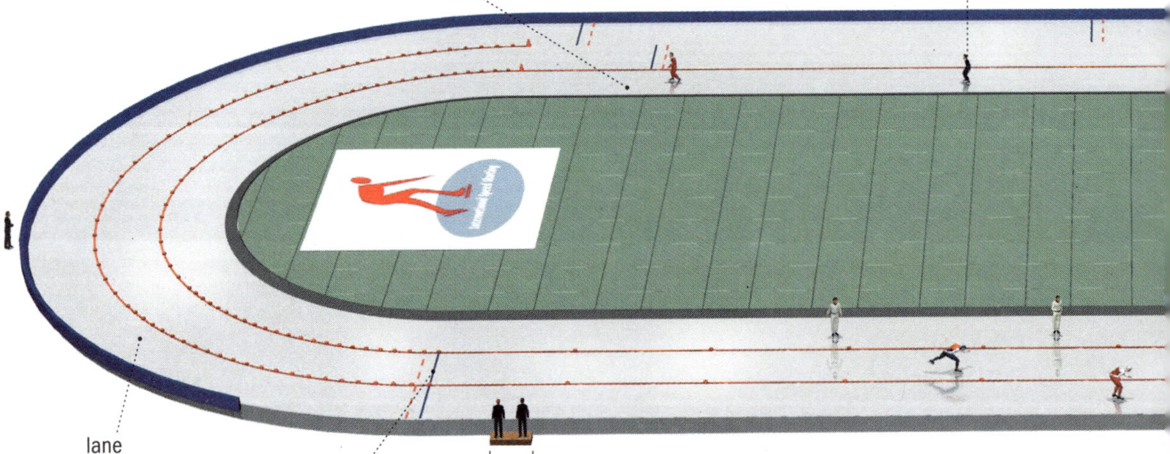

-culed; -culing : ridiculizar
rife *adj* **1** : extendido **2 be rife with** : estar plagado de
rifle[1] *vi* **-fled; -fling rifle through** : revolver
rifle[2] *n* : rifle *m*, fusil *m*
rift *n* **1** : grieta *f* **2** : ruptura *f* (entre personas)
rig[1] *vt* : amañar (una elección)
rig[2] *vt* **rigged; rigging 1** : aparejar (un barco) **2** EQUIP : equipar **3** *or* **rig out** DRESS : vestir **4** *or* **rig up** CONSTRUCT : construir — **rig** *n* **1** : aparejo *m* (de un barco) **2** *or* **oil rig** : plataforma *f* petrolífera — **rigging** *n* : aparejo *m*
right *adj* **1** JUST : bueno, justo **2** CORRECT : correcto **3** APPROPRIATE : apropiado, adecuado **4** STRAIGHT : recto **5 be right** : tener razón **6** → **right–hand** —
right *n* **1** GOOD : bien *m* **2** ENTITLEMENT : derecho *m* **3 on the right** : a la derecha **4** *or* **right side** : derecha *f* — **right** *adv* **1** WELL : bien **2** PRECISELY : justo **3** DIRECTLY : derecho **4** IMMEDIATELY : inmediatamente **5** COMPLETELY : completamente **6** *or* **to the right** : a la derecha — **right** *vt* **1** STRAIGHTEN : enderezar **2 right a wrong** : reparar un daño — **right angle** *n* : ángulo *m* recto — **righteous** *adj* : recto,

honrado — **rightful** *adj* : legítimo — **right–hand** *adj* : derecho — **right–handed** *adj* : diestro — **rightly** *adv* **1** : justamente **2** CORRECTLY : correctamente — **right–wing** *adj* : derechista
rigid *adj* : rígido
rigor *or Brit* **rigour** *n* : rigor *m* — **rigorous** *adj* : riguroso
rim *n* **1** EDGE : borde *m* **2** : llanta *f* (de una rueda) **3** : montura *f* (de anteojos)
rind *n* : corteza *f*
ring[1] *v* **rang; rung; ringing** *vi* **1** : sonar (dícese de un timbre, etc.) **2** RESOUND : resonar — *vt* : tocar (un timbre, etc.) — **ring** *n* **1** : toque *m* (de un timbre, etc.) **2** CALL : llamada *f* (por teléfono)
ring[2] *n* **1** : anillo *m*, sortija *f* **2** BAND, HOOP : aro *m* **3** CIRCLE : círculo *m* **4** *or* **boxing ring** : cuadrilátero *m* **5** NETWORK : red *f* — **ring** *vt* : cercar, rodear — **ringleader** *n* : cabecilla *mf*
ringlet *n* : rizo *m*, bucle *m*
▸ **rink** *n* : pista *f* (de patinaje)
rinse *vt* **rinsed; rinsing** : enjuagar — **rinse** *n* : enjuague *m*
riot *n* : disturbio *m* — **riot** *vi* : causar disturbios — **rioter** *n* : alborotador *m*, -dora *f*

rip *v* **ripped; ripping** *vt* **1** : rasgar, desgarrar **2 rip off** : arrancar — *vi* : rasgarse — **rip** *n* : rasgón *m*, desgarrón *m*
ripe *adj* **riper; ripest 1** : maduro **2 ripe for** : listo por — **ripen** *v* : madurar — **ripeness** *n* : madurez *f*
rip–off *n* : timo *m fam*
ripple *v* **-pled; -pling** *vi* : rizarse (dícese de agua) — *vt* : rizar — **ripple** *n* : onda *f*, rizo *m*
rise *vi* **rose; risen; rising 1** GET UP : levantarse **2** : salir (dícese del sol, etc.) **3** ASCEND : subir **4** INCREASE : aumentar **5 rise up** REBEL : sublevarse — **rise** *n* **1** ASCENT : subida *f* **2** INCREASE : aumento *m* **3** SLOPE : cuesta *f* — **riser** *n* **1 early riser** : madrugador *m*, -dora *f* **2 late riser** : dormilón *m*, -lona *f*
risk *n* : riesgo *m* — **risk** *vt* : arriesgar — **risky** *adj* **riskier; -est** : arriesgado, riesgoso *Lat*
rite *n* : rito *m* — **ritual** *adj* : ritual — **rite** *n* : ritual *m*
rival *n* : rival *mf* — **rival** *adj* : rival — **rival** *vt* **-valed** *or* **-valled; -valing** *or* **-valling** : rivalizar con — **rivalry** *n, pl* **-ries** : rivalidad *f*
river *n* : río *m*

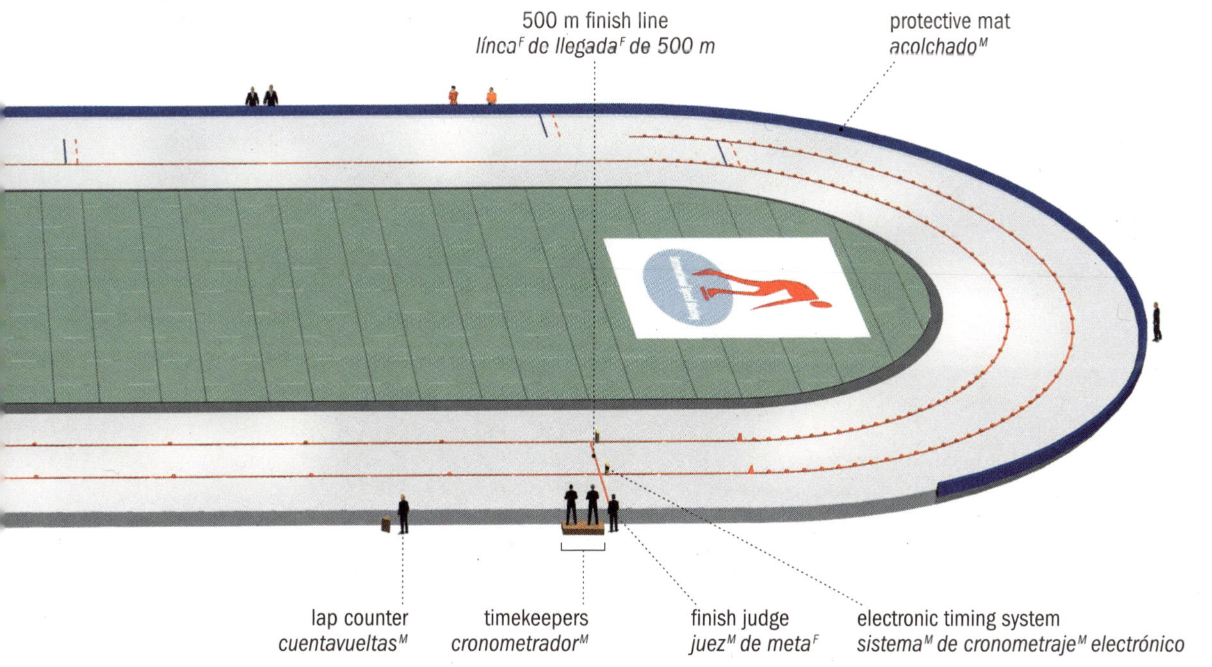

rivet *n* : remache *m* — **rivet** *vt* **1** : remachar **2** FIX : fijar (los ojos, etc.) **3 be riveted by** : estar fascinado con
roach → **cockroach**
road *n* **1** : carretera *f* **2** STREET : calle *f* **3** PATH : camino *m* — **roadblock** *n* : control *m* — **roadside** *n* : borde *m* de la carretera — **roadway** *n* : carretera *f*
roam *vi* : vagar — *vt* : vagar por
roar *vi* **1** : rugir **2 roar with laughter** : reírse a carcajadas — *vt* : decir a gritos — **roar** *n* : rugido *m* (de un animal), estruendo *m* (de un avión, etc.)
roast *vt* : asar (carne, etc.), tostar (café, etc.) — *vi* : asarse — **roast** *n* : asado *m* — **roast** *adj* : asado — **roast beef** *n* : rosbif *m*
rob *v* **robbed; robbing** *vt* **1** : robar **2 rob of** : privar de — *vi* : robar — **robber** *n* : ladrón *m*, -drona *f* — **robbery** *n, pl* **-beries** : robo *m*
robe *n* **1** : toga *f* (de un magistrado, etc.) **2** → **bathrobe**
robin *n* : petirrojo *m*
robot *n* : robot *m*
robust *adj* : robusto
rock[1] *vt* **1** : acunar (a un niño), mecer (una cuna) **2** SHAKE : sacudir — *vi* : mecerse — **rock** *n or* **rock music** : música *f* rock
rock[2] *n* **1** : roca *f* (sustancia) **2** BOULDER : peña *f*, peñasco *m* **3** STONE : piedra *f*
rocket *n* : cohete *m*
rocking chair *n* : mecedora *f*
rocky *adj* **rockier; -est 1** : rocoso **2** SHAKY : tambaleante
rod *n* **1** : varilla *f* **2** *or* **fishing rod** : caña *f* de pescar
rode → **ride**
rodent *n* : roedor *m*
rodeo *n, pl* **-deos** : rodeo *m*
roe *n* : hueva *f*
rogue *n* : pícaro *m*, -ra *f*
role *n* : papel *m*

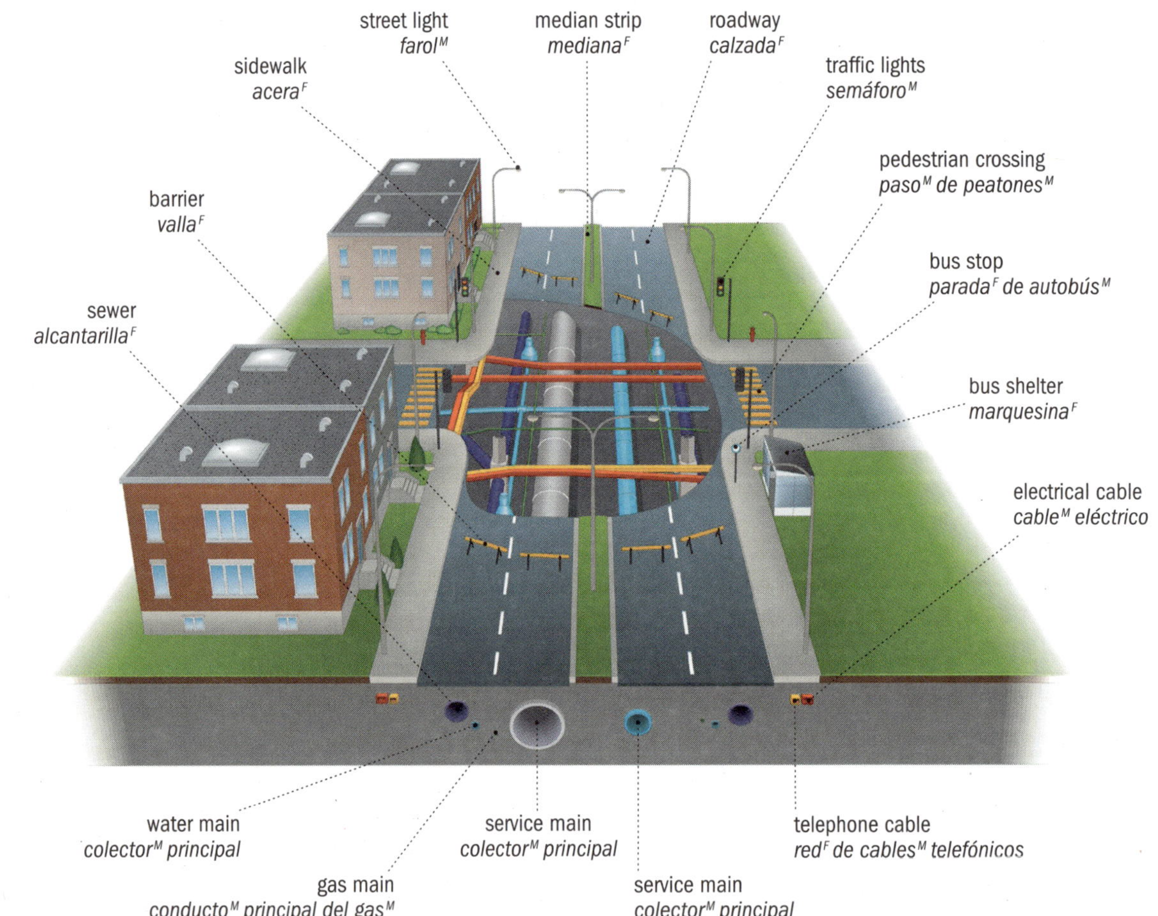

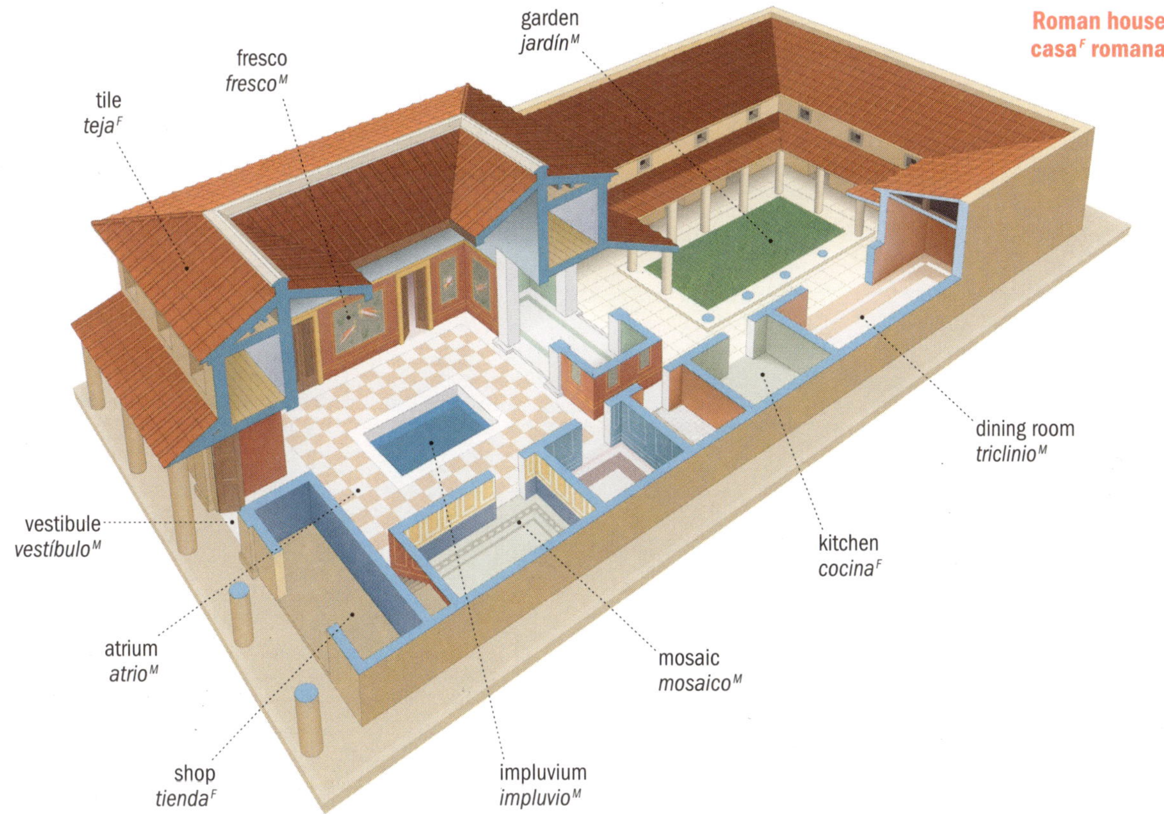

roll *n* **1** : rollo *m* (de película, etc.) **2** LIST : **lista** *f* **3** : redoble *m* (de un tamboo) **4** SWAYING : **balanceo** *m* **5** BUN : **pancito** *m Lat*, **panecillo** *m Spain* — **roll** *vt* **1** : hacer rodar **2** *or* **roll out** : estirar (masa) **3 roll up** : enrollar (papel, etc.), arremangar (una manga) — *vi* **1** : rodar **2** SWAY : balancearse **3 roll around** : revolcarse **4 roll over** : darse la vuelta — **roller** *n* **1** : rodillo *m* **2** CURLER : rulo *m* — **roller coaster** *n* : montaña *f* rusa — **roller–skate** *vi* **-skated; -skating** : patinar (sobre ruedas) — **roller skate** *n* : patín *m* (de ruedas)

▸ **Roman** *adj* : romano — **Roman Catholic** *adj* : católico

romance *n* **1** : novela *f* romántica **2** AFFAIR : romance *m*

Romanian *adj* : rumano — **Romanian** *n* : rumano *m* (idioma)

romantic *adj* : romántico

romp *n* : retozo *m* — **romp** *vi* : retozar

roof *n, pl* **roofs 1** : tejado *m*, techo *m* **2 roof of the mouth** : paladar *m* — **roofing** *n* : techumbre *f* — **rooftop** *n* : tejado *m*, techo *m*

rook[1] *n* : grajo *m* (ave)

rook[2] *n* : torre *f* (en ajedrez)

rookie *n* : novato *m*, -ta *f*

room *n* **1** : cuarto *m*, habitación *f* **2** BEDROOM : dormitorio *m* **3** SPACE : espacio *m* **4** OPPORTUNITY : posibilidad *f* — **roommate** *n* : compañero *m*, -ra *f* de cuarto — **roomy** *adj* **roomier; -est** : espacioso

roost *n* : percha *f* — **roost** *vi* :

▸ posarse — **rooster** *n* : gallo *m*

root[1] *n* : raíz *f* — **root** *vt* **root out** : extirpar

root[2] *vi* **root around in** : hurgar en

root[3] *vi* **root for** SUPPORT : alentar

rope *n* : cuerda *f* — **rope** *vt* **roped; roping 1** : atar (con cuerda) **2 rope off** : acordonar

rosary *n, pl* **-ries** : rosario *m*

rose[1] → **rise**

rose[2] *n* : rosa *f* (flor), rosa *m* (color) —
rose *adj* : rosa — **rosebush** *n* : rosal *m*
rosemary *n, pl* **-maries** : romero *m*
Rosh Hashanah *n* : el Año Nuevo judío
roster *n* : lista *f*
rostrum *n, pl* **-tra** *or* **-trums** : tribuna *f*
rosy *adj* **rosier; -est 1** : sonrosado
2 PROMISING : halagüeno
rot *v* **rotted; rotting** *vi* : pudrirse — *vt*
: pudrir — **rot** *n* : putrefacción *f*
rotary *adj* : rotativo — **rotary** *n*
: rotonda *f*, glorieta *f Spain*
rotate *v* **-tated; -tating** *vi* : girar
— *vt* **1** : girar **2** ALTERNATE : alternar
— **rotation** *n* : rotación *f*
rote *n* **by rote** : de memoria
rotor *n* : rotor *m*
rotten *adj* **1** : podrido **2** BAD : malo
rouge *n* : colorete *m*
rough *adj* **1** COARSE : áspero **2** RUGGED
: accidentado **3** CHOPPY : agitado **4**
DIFFICULT : duro **5** FORCEFUL : brusco **6**
APPROXIMATE : aproximado **7** UNREFINED
: tosco **8 rough draft** : borrador *m* —
rough *vt* **1** → **roughen 2 rough up**
BEAT : dar una paliza a — **roughage** *n* :
fibra *f* — **roughen** *vt* : poner áspero — *vi*
: ponerse áspero — **roughly** *adv* **1** :
bruscamente **2** ABOUT : aproximadamente
— **roughness** *n* COARSENESS : aspereza *f*
roulette *n* : ruleta *f*
round *adj* : redondo — **round** *adv* →
around — **round** *n* **1** : círculo *m* **2**
: ronda *f* (de bebidas, negociaciones,
etc.) **3** : asalto *m* (en boxeo), vuelta *f*
(en juegos) **4 round of applause** :
aplauso *m* **5 rounds** *npl* : visitas *fpl* (de
un médico), rondas *fpl* (de un policía, etc.)
— **round** *vt* **1** TURN : doblar **2 round off**
: redondear **3 round off** *or* **round out**
COMPLETE : rematar **4 round up** GATHER
: reunir (personas), rodear (ganado) —
round *prep* → **around** — **roundabout** *adj*
: indirecto — **round–trip** *n* : viaje *m* de
ida y vuelta — **roundup** *n* : rodeo *m* (de
animales), redada *f* (de delincuentes, etc.)
rouse *vt* **roused; rousing 1** AWAKEN
: despertar **2** EXCITE : excitar
rout *n* : derrota *f* aplastante
— **rout** *vt* : derrotar
route *n* **1** : ruta *f* **2** *or* **delivery**
route : recorrido *m*
routine *n* : rutina *f* —
routine *adj* : rutinario
rove *v* **roved; roving** *vi* : errar,

vagar — *vt* : errar por
row[1] *vt* **1** : llevar a remo **2 row**
a boat : remar — *vi* : remar
row[2] *n* **1** : fila *f* (de gente o asientos),
hilera *f* (de casas, etc.) **2 in a**
row SUCCESSIVELY : seguido
row[3] *n* **1** RACKET : bulla *f* **2**
QUARREL : pelea *f*
rowboat *n* : bote *m* de remos
rowdy *adj* **-dier; -est** : escandaloso,
alborotador — **rowdy** *n, pl* **-dies**
: alborotador *m*, -dora *f*
royal *adj* : real — **royalty** *n,*
pl **-ties 1** : realeza *f* **2 royalties** *npl*
: derechos *mpl* de autor
rub *v* **rubbed; rubbing** *vt* **1** : frotar **2**
CHAFE : rozar **3 rub in** : aplicar frotando
— *vi* **1 rub against** : rozar **2 rub off** :
salir (al frotar) — **rub** *n* : frotamiento *m*
rubber *n* **1** : goma *f*, caucho *m* **2**
rubbers *npl* : chanclos *mpl* —
rubber band *n* : goma *f* (elástica)
— **rubber stamp** *n* : sello *m* (de
goma) — **rubbery** *adj* : gomoso
rubbish *n* **1** : basura *f* **2**
NONSENSE : tonterías *fpl*
rubble *n* : escombros *mpl*
ruby *n, pl* **-bies** : rubí *m*
rudder *n* : timón *m*
ruddy *adj* **-dier; -est** : rubicundo
rude *adj* **ruder; rudest 1** IMPOLITE
: grosero, mal educado **2** ABRUPT :
brusco — **rudely** *adv* : groseramente
— **rudeness** *n* : mala educación *f*
rudiment *n* : rudimento *m* —
rudimentary *adj* : rudimentario
rue *vt* **rued; ruing** : lamentar —
rueful *adj* : triste, arrepentido
ruffle *vt* **-fled; -fling 1** : despeinar (pelo),
erizar (plumas) **2** VEX : alterar, contrariar
— **ruffle** *n* : volante *m* (de un vestido, etc.)
rug *n* : alfombra *f*, tapete *m*
rugged *adj* **1** : escabroso (dícese del
terreno), escarpado (dícese de montañas)
2 HARSH : duro **3** STURDY : fuerte
ruin *n* : ruina *f* — **ruin** *vt* : arruinar
rule *n* **1** : regla *f* **2** CONTROL :
dominio *m* **3 as a rule** : por lo general
— **rule** *v* **ruled; ruling** *vt* **1** GOVERN :
gobernar **2** : fallar (dícese de un juez)
3 rule out : descartar — *vi* : gobernar,
reinar — **ruler** *n* **1** : gobernante *mf*;
soberano *m*, -na *f* **2** : regla *f* (para
medir) — **ruling** *n* VERDICT : fallo *m*
rum *n* : ron *m*

Rumanian → **Romanian**
rumble *vi* **-bled; -bling 1** : retumbar **2** :
hacer ruidos (dícese del estómago) —
rumble *n* : retumbo *m*, estruendo *m*
rummage *vi* **-maged; -maging** : hurgar
rumor *n* : rumor *m* — **rumor** *vt*
be rumored : rumorearse
rump *n* **1** : grupa *f* (de un animal) **2**
rump steak : filete *m* de cadera
rumpus *n* : lío *m*, jaleo *m fam*
run *v* **ran; run; running** *vi* **1** : correr **2**
FUNCTION : funcionar **3** LAST : durar **4** :
desteñir (dícese de colores) **5** EXTEND
: correr, extenderse **6** : presentarse
(como candidato) **7 run away** : huir **8**
run into ENCOUNTER : tropezar con **9**
run into HIT : chocar contra **10 run late**
: ir retrasado **11 run out of** : quedarse
sin **12 run over** : atropellar — *vt* **1** :
correr **2** OPERATE : hacer funcionar **3** :
hacer correr (agua) **4** MANAGE : dirigir
5 run a fever : tener fiebre — **run** *n* **1**
: carrera *f* **2** TRIP : viaje *m*, paseo *m* (en
coche) **3** SERIES : serie *f* **4 in the long run**
: a la larga **5 in the short run** : a corto
plazo — **runaway** *n* : fugitivo *m*, -va *f*
— **runaway** *adj* : fugitivo — **rundown** *n*
: resumen *m* — **run–down** *adj* **1** :
destartalado **2** EXHAUSTED : agotado
rung[1] → **ring**[1]
rung[2] *n* : peldaño *m* (de una escalera, etc.)
runner *n* **1** : corredor *m*, -dora *f* **2** :
patín *m* (de un trineo), riel *m* (de un cajón,
etc.) — **runner–up** *n, pl* **runners–up** :
subcampeón *m*, -peona *f* — **running** *adj* **1**
FLOWING : corriente **2** CONTINUOUS :
continuo **3** CONSECUTIVE : seguido
runt *n* : animal *m* más pequeño
(de una camada)
runway *n* : pista *f* de aterrizaje
rupture *n* : ruptura *f* — **rupture** *v* **-tured;**
-turing *vt* : romper — *vi* : reventar
rural *adj* : rural
ruse *n* : ardid *m*
rush[1] *n* : junco *m* (planta)
rush[2] *vi* : ir de prisa — *vt* **1** : apresurar,
apurar **2** ATTACK : asaltar **3** : llevar
rápidamente (al hospital, etc.) —
rush *n* **1** : prisa *f*, apuro *m* **2** : ráfaga *f*
(de aire), torrente *m* (de agua) — **rush** *adj*
: urgente — **rush hour** *n* : hora *f* punta
russet *n* : color *m* rojizo
Russian *adj* : ruso — **Russian** *n*
: ruso *m* (idioma)
rust *n* : herrumbre *f*, óxido *m* —
rust *vi* : oxidarse — *vt* : oxidar

rustic *adj* : rústico
rustle *v* **-tled; -tling** *vt* **1** : hacer
  susurrar **2** : robar (ganado) — *vi* :

susurrar — **rustle** *n* : susurro *m*
rusty *adj* **rustier; -est** : oxidado
rut *n* **1** : surco *m* **2 be in a rut**

: ser esclavo de la rutina
ruthless *adj* : despiadado, cruel
rye *n* : centeno *m*

parsley
*perejil*M

chervil
*perifollo*M

coriander
*cilantro*M

rosemary
*romero*M

dill
*eneldo*M

anise
*anís*M

sweet bay
*laurel*M

oregano
*orégano*M

tarragon
*estragón*M

basil
*albahaca*F

sage
*salvia*F

thyme
*tomillo*M

mint
*hierbabuena*F

hyssop
*hisopo*M

borage
*borraja*F

lovage
*alheña*F

savory
*ajedrea*F

lemon balm
*melisa*F

s *n, pl* **s's** *or* **ss** : s *f*, decimonovena letra del alfabeto inglés

Sabbath *n* **1** : sábado *m* (día santo judío) **2** : domingo *m* (día santo cristiano)

sabotage *n* : sabotaje *m* — **sabotage** *vt* **-taged; -taging** : sabotear

saccharin *n* : sacarina *f*

sack *n* : saco *m* — **sack** *vt* **1** FIRE : despedir **2** PLUNDER : saquear

sacrament *n* : sacramento *m*

sacred *adj* : sagrado

sacrifice *n* : sacrificio *m* — **sacrifice** *vt* **-ficed; -ficing** : sacrificar

sacrilege *n* : sacrilegio *m* — **sacrilegious** *adj* : sacrílego

sad *adj* **sadder; saddest** : triste — **sadden** *vt* : entristecer

saddle *n* : silla *f* (de montar) — **saddle** *vt* **-dled; -dling 1** : ensillar (un caballo, etc.) **2 saddle someone with something** : cargar a algn con algo

sadistic *adj* : sádico

sadness *n* : tristeza *f*

safari *n* : safari *m*

safe *adj* **safer; safest 1** : seguro **2** UNHARMED : **ileso 3** CAREFUL : **prudente 4 safe and sound** : sano y salvo — **safe** *n* : caja *f* fuerte — **safeguard** *n* : salvaguarda *f* — **safeguard** *vt* : salvaguardar — **safely** *adv* **1** : sin

peligro **2 arrive safe** : llegar sin novedad — **safety** *n, pl* **-ties** : seguridad *f* — **safety belt** *n* : cinturón *m* de seguridad — **safety pin** *n* : imperdible *m*

saffron *n* : azafrán *m*

sag *vi* **sagged; sagging 1** : combarse **2** GIVE : aflojarse **3** FLAG : flaquear

saga *n* : saga *f*

sage[1] *n* : salvia *f* (planta)

sage[2] *adj* **sager; -est** : sabio — **sage** *n* : sabio *m*, -bia *f*

said → **say**

sail *n* **1** : vela *f* (de un barco) **2 go for a sail** : salir a navegar **3 set sail** : zarpar — **sail** *vi* : navegar — *vt* : gobernar (un barco), navegar (el mar) — **sailboat** *n* : velero *m* — **sailor** *n* : marinero *m*

saint *n* : santo *m*, -ta *f* — **saintly** *adj* **saintlier; -est** : santo

sake *n* **1 for goodness' sake!** : ¡por Dios! **2 for the sake of** : por (el bien de)

salad *n* : ensalada *f*

salamander *n* : salamandra *f*

salami *n* : salami *m*

salary *n, pl* **-ries** : sueldo *m*

sale *n* **1** : venta *f* **2 for sale** : se vende **3 on sale** : de rebaja — **salesman** *n, pl* **-men** : vendedor *m*, dependiente *m* — **saleswoman** *n, pl* **-women** : vendedora *f*, dependienta *f*

salient *adj* : saliente

saliva *n* : saliva *f*

sallow *adj* : amarillento, cetrino

salmon *ns & pl* : salmón *m*

salon *n* → **beauty salon**

saloon *n* : bar *m*

salsa *n* : salsa *f* mexicana, salsa *f* picante

salt *n* : sal *f* — **salt** *vt* : salar — **saltwater** *adj* : de agua salada — **salty** *adj* **saltier; -est** : salado

salute *v* **-luted; -luting** *vt* : saludar — *vi* : hacer un saludo — **salute** *n* : saludo *m*

salvage *n* : salvamento *m* — **salvage** *vt* **-vaged; -vaging** : salvar

salvation *n* : salvación *f*

salve *n* : ungüento *m*

same *adj* **1** : mismo **2 be the same (as)** : ser igual (que) **3 the same thing (as)** : la misma cosa (que) — **same** *pron* **1 all the same** : igual **2 the same** : lo mismo — **same** *adv* **the same** : igual

sample *n* : muestra *f* — **sample** *vt* **-pled; -pling** : probar

sanatorium *n, pl* **-riums** *or* **-ria** : sanatorio *m*

sanctify *vt* **-fied; -fying** : santificar
sanction *n* : sanción *f* —
  sanction *vt* : sancionar
sanctity *n, pl* **-ties** : santidad *f*
sanctuary *n, pl* **-aries** : santuario *m*
sand *n* : arena *f* — **sand** *vt* : lijar (madera)
sandal *n* : sandalia *f*
sandpaper *n* : papel *m* de lija
  — **sandpaper** *vt* : lijar
sandwich *n* : sandwich *m*,
  bocadillo *m Spain* — **sandwich** *vt*
  sandwich between : meter entre
sandy *adj* **sandier; -est** : arenoso
sane *adj* **saner; sanest 1** :
  cuerdo **2** SENSIBLE : sensato
sang → **sing**
sanitarium *n, pl* **-iums** *or*
  -ia → **sanatorium**
sanitary *adj* **1** : sanitario **2**
  HYGIENIC : higiénico — **sanitary**
  napkin *n* : compresa *f* (higiénica)
  — **sanitation** *n* : sanidad *f*
sanity *n* : cordura *f*
sank → **sink**
Santa Claus *n* : Papá *m* Noel
sap[1] *n* **1** : savia *f* (de una planta)
  2 SUCKER : inocentón *m*, -tona *f*
sap[2] *vt* **sapped; sapping** :
  minar (la fuerza, etc.)
sapphire *n* : zafiro *m*
sarcasm *n* : sarcasmo *m* —
  sarcastic *adj* : sarcástico
sardine *n* : sardina *f*
sash *n* : faja *f* (de un vestido) ,
  fajín *m* (de un uniforme)
sat → **sit**
satanic *adj* : satánico
satchel *n* : cartera *f*
satellite *n* : satélite *m*
satin *n* : raso *m*
satire *n* : sátira *f* — **satiric**
  or **satirical** *adj* : satírico
satisfaction *n* : satisfacción *f* —
  satisfactory *adj* : satisfactorio — **satisfy** *v*
  -fied; -fying *vt* **1** : satisfacer **2** CONVINCE :
  convencer — **satisfying** *adj* : satisfactorio
saturate *vt* **-rated; -rating 1** :
  saturar **2** DRENCH : empapar —
  saturation *n* : saturación *f*
Saturday *n* : sábado *m*
Saturn *n* : Saturno *m*
sauce *n* : salsa *f* — **saucepan** *n*
  : cacerola *f* — **saucer** *n* :
  platillo *m* — **saucy** *adj* **saucier;**
  -est IMPUDENT : descarado

sauna *n* : sauna *mf*
saunter *vi* : pasear
sausage *n* : salchicha *f*
sauté *vt* **-téed** *or* **-téd;**
  -téing : saltear, sofreír
savage *adj* : salvaje, feroz
  — **savage** *n* : salvaje *mf* —
  savagery *n, pl* **-ries** : ferocidad *f*
save *vt* **saved; saving 1** RESCUE : salvar
  2 RESERVE : guardar **3** : ahorrar (dinero,
  tiempo, etc.) — **save** *prep* EXCEPT : salvo
savior *n* : salvador *m*, -dora *f*
savor *vt* : saborear — **savory** *adj* : sabroso
saw[1] → **see**
saw[2] *n* : sierra *f* — **saw** *vt* **sawed;**
  sawed *or* **sawn; sawing** : serrar —
  sawdust *n* : serrín *m*, aserrín *m*
▸ **saxophone** *n* : saxofón *m*
say *v* **said; saying; says** *vt* **1** : decir **2**
  INDICATE : marcar (dícese de relojes,
  etc.) — *vi* **1** : decir **2 that is to say** : es
  decir — **say** *n, pl* **says 1 have no say** :
  no tener ni voz ni voto **2 have one's say**
  : dar su opinión — **saying** *n* : refrán *m*
scab *n* **1** : costra *f* (en una herida)

2 STRIKEBREAKER : esquirol *mf*
scaffold *n* : andamio *m* (en construcción)
scald *vt* : escaldar
scale[1] *n* : balanza *f* (para pesar)
scale[2] *n* : escama *f* (de un pez, etc.) —
  scale *vt* **scaled; scaling** : escamar
scale[3] *vt* **scaled; scaling 1** CLIMB :
  escalar **2 scale down** : reducir —
  scale *n* : escala *f* (musical, salarial, etc.)
scallion *n* : cebolleta *f*
scallop *n* : vieira *f*
scalp *n* : cuero *m* cabelludo
scam *n* : estafa *f*, timo *m fam*
scamper *vi* **scamper away**
  : irse corriendo
scan *vt* **scanned; scanning 1**
  : escandir (versos) **2** EXAMINE :
  escudriñar **3** SKIM : echar un vistazo
  a **4** : escanear (en informática)
scandal *n* **1** : escándalo *m* **2**
  GOSSIP : habladurías *fpl* —
  scandalous *adj* : escandaloso
Scandinavian *adj* : escandinavo
scant *adj* : escaso
scapegoat *n* : chivo *m* expiatorio

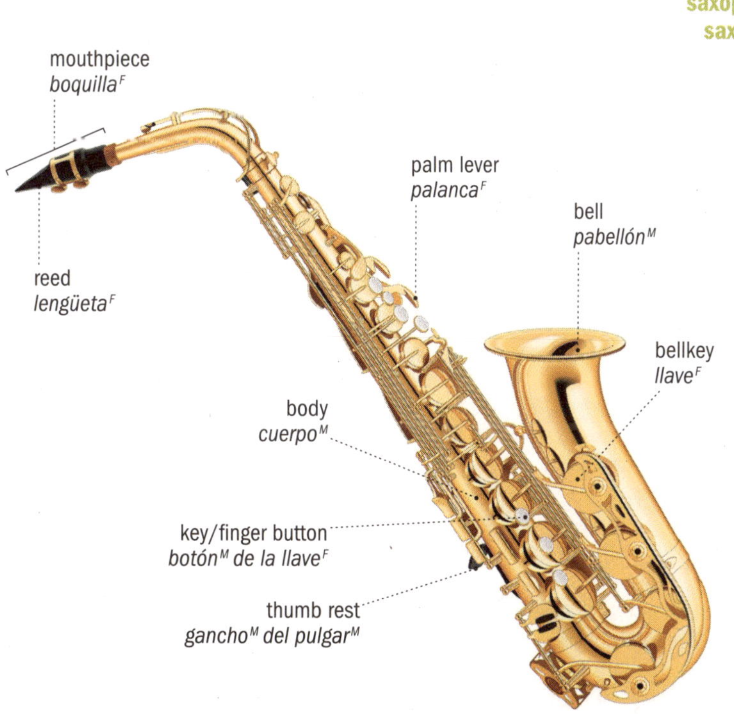

scar *n* : cicatriz *f* — **scar** *v*
scarred; scarring *vt* : dejar una
cicatriz en — *vi* : cicatrizar
scarce *adj* **scarcer; -est** : escaso
— **scarcely** *adv* : apenas —
scarcity *n, pl* **-ties** : escasez *f*
scare *vt* **scared; scaring 1** : asustar
2 be scared of : tener miedo a
— **scare** *n* **1** FRIGHT : susto *m* **2**
ALARM : pánico *m* — **scarecrow** *n* :
espantapájaros *m*, espantajo *m*
scarf *n, pl* **scarves** *or* **scarfs 1** :
bufanda *f* **2** KERCHIEF : pañuelo *m*
scarlet *adj* : escarlata — **scarlet**
fever *n* : escarlatina *f*
scary *adj* **scarier; -est** : que da miedo
scathing *adj* : mordaz
scatter *vt* **1** STREW : esparcir **2** DISPERSE
: dispersar — *vi* : dispersarse
scavenger *n* : carroñero *m*, -ra *f* (animal)
scenario *n, pl* **-ios 1** : guión *m*
(cinemático) **2 the worst-case**
scenario : el peor de los casos
scene *n* **1** : escena *f* **2 behind the**
scenes : entre bastidores **3 make a scene**
: armar un escándalo — **scenery** *n,*
pl **-eries 1** : decorado *m* **2** LANDSCAPE :
paisaje *m* — **scenic** *adj* : pintoresco
scent *n* **1** : aroma *m* **2** PERFUME
: perfume *m* **3** TRAIL : rastro *m*
— **scented** *adj* : perfumado
sceptic → **skeptic**
schedule *n* **1** : programa *m* **2** TIMETABLE
: horario *m* **3 behind schedule** :
atrasado, con retraso **4 on schedule**
: según lo previsto — **schedule** *vt*
-uled; -uling : planear, programar
scheme *n* **1** PLAN : plan *m* **2** PLOT
: intriga *f* **3** DESIGN : esquema *f* —
scheme *vi* **schemed; scheming** : intrigar
schism *n* : cisma *m*
schizophrenia *n* : esquizofrenia *f* —
schizophrenic *adj* : esquizofrénico
scholar *n* : erudito *m*, -ta *f* —
scholarly *adj* : erudito — **scholarship** *n* **1**
: erudición *f* **2** GRANT : beca *f*
school[1] *n* : banco *m* (de peces)
school[2] *n* **1** : escuela *f* **2** COLLEGE :
universidad *f* **3** DEPARTMENT : facultad *f*
— **school** *vt* : instruir — **schoolboy** *n* :
colegial *m* — **schoolgirl** *n* : colegiala *f*
— **schoolteacher** *n* → **teacher**
science *n* : ciencia *f* — **scientific** *adj* :
científico — **scientist** *n* : científico *m*, -ca *f*
scissors *npl* : tijeras *fpl*

scoff *vi* **scoff at** : burlarse de, mofarse de
scold *vt* : regañar
scoop *n* **1** : pala *f* **2** : noticia *f*
exclusiva (en periodismo) —
scoop *vt* **1** : sacar (con pala) **2 scoop**
out : ahuecar **3 scoop up** : recoger
scoot *vi* : ir rápidamente — **scooter** *n* **1** :
patinete *m* **2** *or* **motor scooter** : escúter *m*
scope *n* **1** RANGE : alcance *m* **2**
OPPORTUNITY : posibilidades *fpl*
scorch *vt* : chamuscar
score *n, pl* **scores 1** : tanteo *m* (en
deportes) **2** RATING : puntuación *f* **3** :
partitura *f* (musical) **4** *or pl* **score** TWENTY
: veintena *f* **5 keep score** : llevar la
cuenta **6 on that score** : en ese sentido
— **score** *v* **scored; scoring** *vt* **1** :
marcar, anotarse *Lat* (un tanto) **2** : sacar
(una nota) — *vi* : marcar (en deportes)
scorn *n* : desdén *m* — **scorn** *vt* :
desdeñar — **scornful** *adj* : desdeñoso
scorpion *n* : alacrán *m*, escorpión *m*
Scot *n* : escocés *m*, -cesa *f* —
Scotch *adj* → **Scottish** — **Scot** *n or*
Scot whiskey : whisky *m* escocés
— **Scottish** *adj* : escocés
scoundrel *n* : sinvergüenza *mf*
scour *vt* **1** SCRUB : fregar
2 SEARCH : registrar
scourge *n* : azote *m*
scout *n* : explorador *m*, -dora *f*
scowl *vi* : fruncir el ceño —
scowl *n* : ceño *m* fruncido
scram *vi* **scrammed;**
scramming : largarse
scramble *v* **-bled; -bling** *vi* **1** CLAMBER
: trepar **2 scramble for** : pelearse
por — *vt* : mezclar — **scramble** *n*
: rebatiña *f*, pelea *f* — **scrambled**
eggs *npl* : huevos *mpl* revueltos
scrap[1] *n* **1** PIECE : pedazo *m* **2** *or* **scrap**
metal : chatarra *f* **3 scraps** *npl* : sobras —
scrap *vt* **scrapped; scrapping** : desechar
scrap[2] *n* FIGHT : pelea *f*
scrapbook *n* : álbum *m* de recortes
scrape *v* **scraped; scraping** *vt* **1** :
rascar **2** : rasparse (la rodilla, etc.) **3** *or*
scrape off : raspar **4 scrape together**
: reunir — *vi* **1** RUB : rozar **2 scrape**
by : arreglárselas — **scrape** *n* **1** :
rasguño *m* **2** PREDICAMENT : apuro *m*
scratch *vt* **1** CLAW : arañar **2** MARK :
rayar **3** : rascarse (la cabeza, etc.) **4**
scratch out : tachar — **scratch** *n* **1** :
arañazo *m* **2** MARK : rayón *m* **3 start**

from scratch : empezar desde cero
scrawl *v* : garabatear —
scrawl *n* : garabato *m*
scrawny *adj* **scrawnier; -est** : escuálido
scream *vi* : gritar, chillar —
scream *n* : grito *m*, chillido *m*
screech *n* **1** : chillido *m* (de
personas) **2** : chirrido *m* (de frenos,
etc.) — **screech** *vi* **1** : chillar **2** :
chirriar (dícese de los frenos, etc.)
screen *n* **1** : pantalla *f* **2** PARTITION
: mampara *f* **3** *or* **window screen**
: mosquitero *m* — **screen** *vt* **1**
SHIELD : proteger **2** HIDE : ocultar **3**
: seleccionar (candidatos, etc.)
screw *n* : tornillo *m* — **screw** *vt* **1** :
atornillar **2 screw up** RUIN : fastidiar
— **screwdriver** *n* : destornillador *m*
scribble *v* **-bled; -bling** : garabatear
— **scribble** *n* : garabato *m*
script *n* **1** HANDWRITING : escritura *f* **2** :
guión *m* (de cine, etc.) — **scripture** *n* **1**
: escritos *mpl* sagrados **2 the**
Scriptures *npl* : las Escrituras *fpl*
scroll *n* : rollo *m* (de pergamino, etc.)
scrounge *v* **scrounged; scrounging** *vt*
: gorrear *fam* — *vi* **scrounge around**
for something : andar buscando algo
scrub[1] *n* UNDERBRUSH : maleza *f*
scrub[2] *vt* **scrubbed; scrubbing** SCOUR
: fregar — **scrub** *n* : fregado *m*
scruff *n* **by the scruff of the**
neck : por el pescuezo
scruple *n* : escrúpulo *m* —
scrupulous *adj* : escrupuloso
scrutiny *n, pl* **-nies** : análisis *m*
cuidadoso — **scrutinize** *vt*
-nized; -nizing : escudriñar
scuff *vt* : raspar, rayar
scuffle *n* : refriega *f*
sculpture *n* : escultura *f* — **sculpt** *v* :
esculpir — **sculptor** *n* : escultor *m*, -tora *f*
scum *n* **1** FROTH : espuma *f* **2** :
escoria *f* (dícese de personas)
scurry *vi* **-ried; -rying** : corretear
scuttle[1] *n* : cubo *m* (para carbón)
scuttle[2] *vt* **-tled; -tling** : hundir (un barco)
scuttle[3] *vi* SCAMPER : corretear
sea *n* **1** : mar *mf* **2 at sea** : en el mar
— **sea** *adj* : del mar — **seafarer** *n*
: marinero *m* — **seafood** *n* :
mariscos *mpl* — **seagull** *n* : gaviota *f*
seal[1] *n* : foca *f* (animal)
seal[2] *n* **1** STAMP : sello *m* **2** CLOSURE :
cierre *m* (hermético) — **seal** *vt* : sellar

seam *n* **1** : costura *f* **2** VEIN : veta *f*
seaman *n, pl* **-men** : marinero *m*
seamy *adj* **seamier; -est** : sórdido
seaplane *n* : hidroavión *m*
seaport *n* : puerto *m* marítimo
search *vt* : registrar — *vi* **search for** :
  buscar — **search** *n* **1** : registro *m* **2** HUNT
  : búsqueda *f* — **searchlight** *n* : reflector *m*
seashell *n* : concha *f* (marina)
  — **seashore** *n* : orilla *f* del mar —
  seasick *adj* **1** : mareado **2 be seasick** :
  marearse — **seasickness** *n* : mareo *m*
season *n* **1** : estación *f* (del año) **2**
  : temporada *f* (en deportes, etc.) —
  season *vt* **1** FLAVOR : sazonar **2** : secar
  (madera) — **seasonal** *adj* : estacional
  — **seasoned** *adj* EXPERIENCED : veterano
  — **seasoning** *n* : condimento *m*
seat *n* **1** : asiento *m* **2** : fondillos *mpl* (de
  un pantalón) **3** BUTTOCKS : trasero *m* **4**
  CENTER : sede *f* — **seat** *vt* **1 be seated**
  : sentarse **2 the bus seats 30** : el
  autobús tiene cabida para 30 — **seat
  belt** *n* : cinturón *m* de seguridad
▸ **seaweed** *n* : alga *f* marina
secede *vi* **-ceded; -ceding** :
  separarse (de una nación, etc.)
secluded *adj* : aislado —
  seclusion *n* : aislamiento *m*
second *adj* : segundo — **second**
  or **secondly** *adv* : en segundo lugar
  — **second** *n* **1** : segundo *m*, -da *f* **2**
  MOMENT : segundo *m* **3 have seconds**
  : repetir (en una comida) — **second** *vt* :
  secundar — **secondary** *adj* : secundario
  — **secondhand** *adj* : de segunda mano
  — **second–rate** *adj* : mediocre
secret *adj* : secreto — **secret** *n*
  : secreto *m* — **secrecy** *n*,
  pl **-cies** : secreto *m*
secretary *n, pl* **-taries 1** : secretario *m*,
  -ria *f* **2** : ministro *m*, -tra *f* (del gobierno)
secretion *n* : secreción *f* — **secrete** *vt*
  -creted; -creting : secretar
secretive *adj* : reservado —
  secretly *adv* : en secreto
sect *n* : secta *f*
section *n* : sección *f*, parte *f*
sector *n* : sector *m*
secular *adj* : secular
security *n, pl* **-ties 1** : seguridad *f* **2**
  GUARANTEE : garantía *f* **3 securities** *npl* :
  valores *mpl* — **secure** *adj* **-curer; -est**
  : seguro — **security** *vt* **-cured; -curing**
  1 FASTEN : asegurar **2** GET : conseguir

sedan *n* : sedán *m*
sedate *adj* : sosegado
sedative *adj* : sedante —
  sedative *n* : sedante *m*
sedentary *adj* : sedentario
sediment *n* : sedimento *m*
seduce *vt* **-duced; -ducing** :
  seducir — **seduction** *n* : seducción *f*
  — **seductive** *adj* : seductor
see *v* **saw; seen; seeing** *vt* **1** : ver
  2 UNDERSTAND : entender **3** ESCORT
  : acompañar **4 see someone off** :
  despedirse de algn **5 see something**

through : llevar algo a cabo **6 see you
later!** : ¡hasta luego! — *vi* **1** : ver **2**
UNDERSTAND : entender **3 let's see** :
vamos a ver **4 see to** : ocuparse de
seed *n, pl* **seed** *or* **seeds 1** : semilla *f* **2**
  SOURCE : germen *m* — **seedy** *adj*
  seedier; -est SQUALID : sórdido
seek *v* **sought; seeking** *vt* **1** *or* **seek
  out** : buscar **2** REQUEST : pedir **3 seek
  to** : tratar de — *vi* SEARCH : buscar
seem *vi* : parecer
seep *vi* : filtrarse
seesaw *n* : balancín *m*

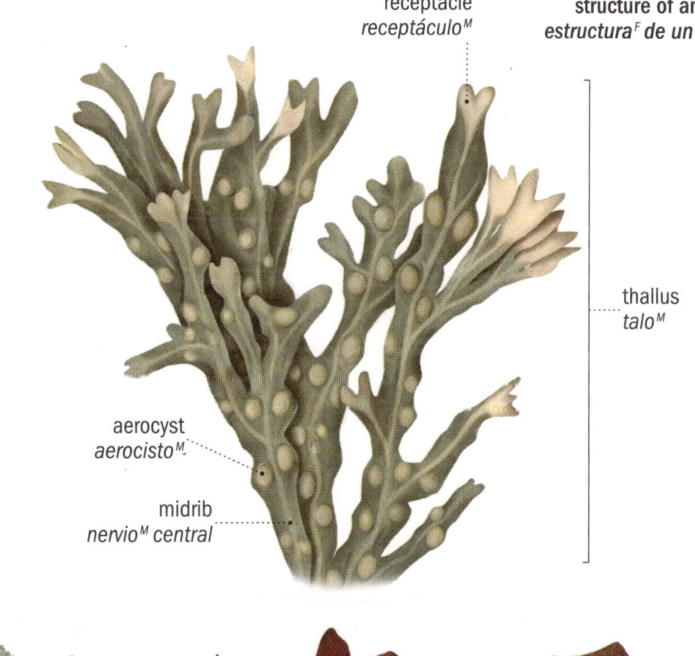

seethe *vi* **seethed; seething**
: rabiar, estar furioso
segment *n* : segmento *m*
segregate *vt* **-gated; -gating** : segregar
— **segregation** *n* : segregación *f*
seize *v* **seized; seizing** *vt* **1** GRASP :
agarrar **2** CAPTURE : tomar **3** : aprovechar
(una oportunidad) — *vi or* **seize up** :
agarrotarse — **seizure** *n* **1** CAPTURE
: toma *f* **2** : ataque *m* (en medicina)
seldom *adv* : pocas veces, raramente
select *adj* : selecto — **select** *vt* :
seleccionar — **selection** *n* : selección *f*
— **selective** *adj* : selectivo
self *n, pl* **selves 1** : ser *m* **2 her better self**
: su lado bueno — **self–addressed** *adj*
: con la dirección del remitente — **self–
assured** *adj* : seguro de sí mismo —
self–centered *adj* : egocéntrico — **self–
confidence** *n* : confianza *f* en sí mismo
— **self–confident** *adj* : seguro de sí
mismo — **self–conscious** *adj* : cohibido
— **self–control** *n* : dominio *m* de sí mismo
— **self–defense** *n* : defensa *f* propia —
self–employed *adj* : que trabaja por cuenta
propia — **self–esteem** *n* : amor *m* propio
— **self–evident** *adj* : evidente — **self–
help** *n* : autoayuda *f* — **self–important** *adj*
: presumido — **self–interest** *n* : interés *m*
personal — **selfish** *adj* : egoísta —
selfishness *n* : egoísmo *m* — **selfless** *adj*
: desinteresado — **self–pity** *n, pl* **-ties**
: autocompasión *f* — **self–portrait** *n* :
autorretrato *m* — **self–respect** *n* : amor *m*
propio — **self–righteous** *adj* : santurrón
— **self–service** *adj* : de autoservicio
— **self–sufficient** *adj* : autosuficiente
— **self–taught** *adj* : autodidacta
sell *v* **sold; selling** *vt* : vender — *vi* :
venderse — **seller** *n* : vendedor *m*, -dora *f*
selves → **self**
semantics *ns & pl* : semántica *f*
semblance *n* : apariencia *f*
semester *n* : semestre *m*
semicolon *n* : punto y coma *m*
semifinal *n* : semifinal *f*
seminary *n, pl* **-naries** : seminario *m*
— **seminar** *n* : seminario *m*
senate *n* : senado *m* — **senator** *n*
: senador *m*, -dora *f*
send *vt* **sent; sending 1** : mandar,
enviar **2 send away for** : pedir **3
send back** : devolver (mercancías,
etc.) **4 send for** : mandar a buscar
— **sender** *n* : remitente *mf*

senile *adj* : senil — **senility** *n* : senilidad *f*
senior *n* **1** SUPERIOR : superior *m* **2**
: estudiante *mf* de último año (en
educación) **3** *or* **senior citizen** :
persona *f* mayor **4 be someone's senior**
: ser mayor que algn — **senior** *adj* **1**
: superior (en rango) **2** ELDER : mayor
— **seniority** *n* : antigüedad *f*
sensation *n* : sensación *f* —
sensational *adj* : sensacional
sense *n* **1** : sentido *m* **2** FEELING
: sensación *f* **3** COMMON SENSE :
sentido *m* común **4 make sense** :
tener sentido — **sense** *vt* **sensed;
sensing** : sentir — **senseless** *adj* **1** :
sin sentido **2** UNCONSCIOUS : inconsciente
— **sensible** *adj* : sensato, práctico —
sensibility *n, pl* **-ties** : sensibilidad *f*
— **sensitive** *adj* **1** : sensible **2** TOUCHY
: susceptible — **sensitivity** *n, pl* **-ties**
: sensibilidad *f* — **sensual** *adj* :
sensual — **sensuous** *adj* : sensual
sent → **send**
sentence *n* **1** : frase *f* **2** JUDGMENT
: sentencia *f* — **sentence** *vt*
-tenced; -tencing : sentenciar
sentiment *n* **1** : sentimiento *m* **2**
BELIEF : opinión *f* — **sentimental** *adj*
: sentimental — **sentimentality** *n,
pl* **-ties** : sentimentalismo *m*
sentry *n, pl* **-tries** : centinela *m*
separation *n* : separación *f* —
separate *v* **-rated; -rating** *vt* **1** : separar
2 DISTINGUISH : distinguir — *vi* : separarse
— **separation** *adj* **1** : separado **2**
DETACHED : aparte **3** DISTINCT : distinto
— **separately** *adv* : por separado
September *n* : septiembre *m*,
setiembre *m*
sequel *n* **1** : continuación *f* **2**
CONSEQUENCE : secuela *f*
sequence *n* **1** ORDER : orden *m* **2** :
secuencia *f* (de números o escenas)
Serb *or* Serbian *adj* : serbio
serene *adj* : sereno —
serenity *n* : serenidad *f*
sergeant *n* : sargento *mf*
serial *adj* : seriado — **serial** *n* : serial *m*
— **series** *n, pl* **series** : serie *f*
serious *adj* : serio — **seriously** *adv* **1**
: seriamente **2** GRAVELY : gravemente
3 take seriously : tomar en serio
sermon *n* : sermón *m*
serpent *n* : serpiente *f*
servant *n* : criado *m*, -da *f*

serve *v* **served; serving** *vi* **1** : servir
2 : sacar (en deportes) **3 serve as**
: servir de — *vt* **1** : servir **2 serve
time** : cumplir una condena —
server *n* **1** WAITER : camarero *m*,
-ra *f* **2** : servidor *m* (en informática)
service *n* **1** : servicio *m* **2** CEREMONY
: oficio *m* **3** MAINTENANCE : revisión *f* **4
armed services** : fuerzas *fpl* armadas
— **service** *vt* **-viced; -vicing** : revisar (un
vehículo, etc.) — **serviceman** *n, pl* **-men** :
militar *m* — **service station** *n* : estación *f*
de servicio — **serving** *n* : porción *f*, ración *f*
session *n* : sesión *f*
set *n* **1** : juego *m* (de platos, etc.) **2** :
set *m* (en tenis, etc.) **3** *or* **stage set** :
decorado *m* **4 television set** : aparato *m*
de televisión — **set** *v* **set; setting** *vt* **1**
or **set down** : poner **2** : poner en hora
(un reloj) **3** FIX : fijar (una fecha, etc.) **4
set fire to** : prender fuego a **5 set free** :
poner en libertad **6 set off** : hacer sonar
(una alarma), hacer estallar (una bomba)
7 set out to (do something) : proponerse
(hacer algo) **8 set up** ASSEMBLE : montar,
armar **9 set up** ESTABLISH : establecer
— *vi* **1** : cuajarse (dícese de la gelatina,
etc.), fraguar (dícese del cemento) **2** :
ponerse (dícese del sol, etc.) **3 set in**
BEGIN : empezar **4 set off** *or* **set out** :
salir (de viaje) — **set** *adj* **1** FIXED : fijo
2 READY : listo, preparado — **setback** *n*
: revés *m* — **setting** *n* **1** : posición *f*
(de un control) **2** MOUNTING : engaste *m*
(de joyas) **3** SCENE : escenario *m*
settle *v* **settled; settling** *vi* **1** : asentarse
(dícese de polvo, colonos, etc.) **2 settle
down** RELAX : calmarse **3 settle for** :
conformarse con **4 settle in** : instalarse
— *vt* **1** DECIDE : fijar, decidir **2** RESOLVE :
resolver **3** PAY : pagar **4** CALM : calmar **5**
COLONIZE : colonizar — **settlement** *n* **1**
PAYMENT : pago *m* **2** COLONY : colonia *f*,
poblado *m* **3** AGREEMENT : acuerdo *m*
— **settler** *n* : colono *m*, -na *f*
seven *adj* : siete — **seven** *n* : siete *m*
— **seven hundred** *adj* : setecientos —
seven hundred *n* : setecientos *m* —
seventeen *adj* : diecisiete — **seventeen** *n*
: diecisiete *m* — **seventeenth** *adj* :
decimoséptimo — **seventeenth** *n* **1** :
decimoséptimo *m*, -ma *f* (en una serie)
2 : diecisieteavo *m* (en matemáticas) —
seventh *adj* : séptimo — **seventh** *n* **1**
: séptimo *m*, -ma *f* (en una serie) **2**

: séptimo *m* (en matemáticas) —
seventieth *adj* : septuagésimo —
seventieth *n* **1** : septuagésimo *m*,
-ma *f* (en una serie) **2** : setentavo *m* (en
matemáticas) — **seventy** *adj* : setenta
— **seventy** *n, pl* -**ties** : setenta *m*
sever *vt* -**ered**; -**ering** : cortar, romper
several *adj* : varios —
several *pron* : varios, varias
severance *n* : ruptura *f*
severe *adj* **severer**; -**est 1** : severo **2**
SERIOUS : **grave** — **severely** *adv* **1** :
severamente **2** SERIOUSLY : gravemente
— **severity** *n* **1** : severidad *f* **2**
SERIOUSNESS : gravedad *f*
sew *v* **sewed**; **sewn** *or*
sewed; sewing : coser
sewer *n* : cloaca *f* — **sewage** *n*
: aguas *fpl* negras
sewing *n* : costura *f*
sex *n* **1** : sexo *m* **2** INTERCOURSE :
relaciones *fpl* sexuales — **sexism** *n*
: sexismo *m* — **sexist** *adj* : sexista —
sexual *adj* : sexual — **sexuality** *n* :
sexualidad *f* — **sexy** *adj* **sexier**; -**est** : sexy
shabby *adj* **shabbier**; -**est 1** WORN :
gastado **2** UNFAIR : **malo, injusto**

shack *n* : choza *f*
shackle *n* : grillete *m*
shade *n* **1** : sombra *f* **2** : tono *m* (de
un color) **3** NUANCE : matiz *m* **4** *or*
lampshade : pantalla *f* **5** *or* window
shade : persiana *f* — **shade** *vt* **shaded**;
shading : proteger de la luz — **shadow** *n*
: sombra *f* — **shadowy** *adj* INDISTINCT
: vago — **shady** *adj* **shadier**; -**est 1** :
sombreado **2** DISREPUTABLE : sospechoso
shaft *n* **1** : asta *f* (de una flecha, etc.)
2 HANDLE : mango *m* **3** AXLE : eje *m* **4** :
rayo *m* (de luz) **5** *or* **mine shaft** : pozo *m*
shaggy *adj* **shaggier**; -**est** : peludo
shake *v* **shook**; **shaken**; **shaking** *vt* **1**
: sacudir **2** MIX : agitar **3** shake hands
with someone : dar la mano a algn
4 shake one's head : negar con la
cabeza **5** shake up UPSET : afectar — *vi*
: temblar — **shake** *n* **1** : sacudida *f* **2**
→ **handshake** — **shaker** *n* **1** salt
shaker : salero *m* **2** pepper shaker :
pimentero *m* — **shaky** *adj* **shakier**; -**est**
1 : tembloroso **2** UNSTABLE : poco firme
shall *v aux past* **should**; *pres sing & pl*
shall **1** (*expressing volition or futurity*) →
will **2** (*expressing possibility or obligation*)

→ **should 3 shall we go? : ¿nos vamos?**
shallow *adj* **1** : poco profundo
2 SUPERFICIAL : superficial
sham *n* : farsa *f* — **sham** *v*
shammed; **shamming** : fingir
shambles *ns & pl* : caos *m*, desorden *m*
shame *n* **1** : vergüenza *f* **2** what a
shame! : ¡qué lástima! — **shame** *vt*
shamed; **shaming** : avergonzar
— **shameful** *adj* : vergonzoso —
shameless *adj* : desvergonzado
shampoo *vt* : lavar (el pelo) —
shampoo *n, pl* -**poos** : champú *m*
shamrock *n* : trébol *m*
shan't (*contraction of* **shall not**) → **shall**
shape *v* **shaped**; **shaping** *vt* **1** :
formar **2** DETERMINE : determinar **3** be
shaped like : tener forma de — *vi or*
shape up : tomar forma — **shape** *n* **1**
: forma *f* **2** get in shape : ponerse en
forma — **shapeless** *adj* : informe
share *n* **1** : porción *f* **2** : acción *f*
(en una compañía) — **share** *v*
shared; **sharing** *vt* **1** : compartir **2**
DIVIDE : dividir — *vi* : compartir —
shareholder *n* : accionista *mf*
▸ **shark** *n* : tiburón *m*

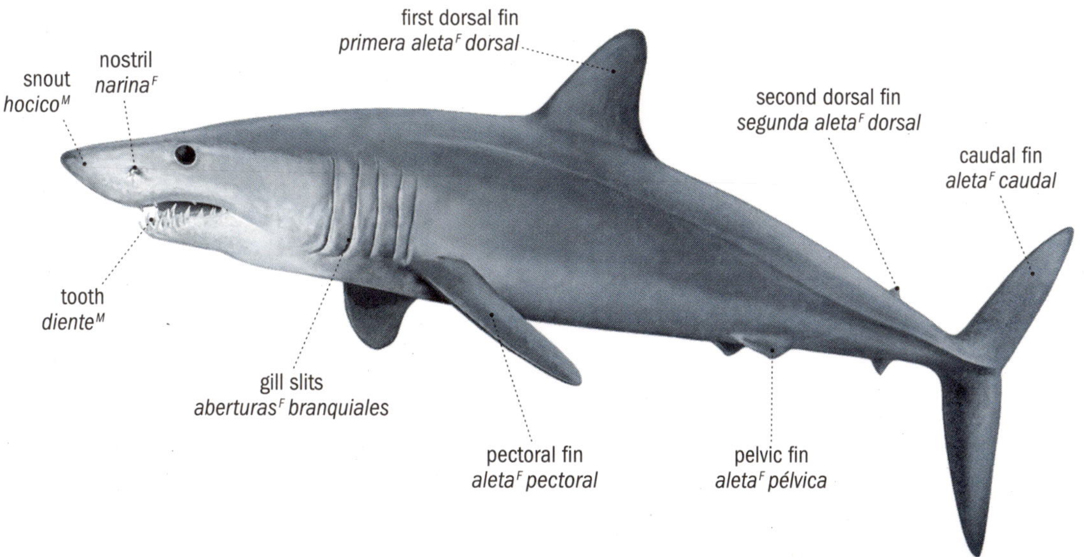

sharp *adj* **1** : afilado **2** POINTY :
puntiagudo **3** ACUTE : agudo **4** HARSH
: duro, severo **5** CLEAR : nítido **6** :
sostenido (en música) **7 a sharp curve**
: una curva cerrada — **sharp** *adv* **at**
two o'clock sharp : a las dos en punto
— **sharp** *n* : sostenido (en música) —
sharpen *vt* : afilar (un cuchillo, etc.), sacar
punta a (un lápiz) — **sharpener** *n* **1**
or **knife sharpener** : afilador *m* **2**
or **pencil sharpener** : sacapuntas *m*
— **sharply** *adv* : bruscamente
shatter *vt* **1** : hacer añicos **2** DEVASTATE
: destrozar — *vi* : hacerse añicos
shave *v* **shaved; shaved** *or* **shaven;**
shaving *vt* **1** : afeitar **2** SLICE : cortar
— *vi* : afeitarse — **shave** *n* : afeitada *f*
— **shaver** *n* : máquina *f* de afeitar
shawl *n* : chal *m*
she *pron* : ella
sheaf *n, pl* **sheaves 1** : gavilla *f* **2**
: fajo *m* (de papeles)
shear *vt* **sheared; sheared** *or*
shorn; shearing : esquilar —
shears *npl* : tijeras *fpl* (grandes)
sheath *n, pl* **sheaths** : funda *f,* vaina *f*
shed[1] *v* **shed; shedding** *vt* **1** : derramar
(lágrimas, etc.) **2** : mudar (de piel, etc.),
quitarse (ropa) **3 shed light on** : aclarar
shed[2] *n* : cobertizo *m*
she'd (*contraction of* **she had** *or*
she would) → **have, would**
sheen *n* : brillo *m,* lustre *m*
sheep *n, pl* **sheep** : oveja *f* —
sheepish *adj* : avergonzado
sheer *adj* **1** THIN : transparente **2**
PURE : puro **3** STEEP : escarpado
sheet *n* **1** : sábana *f* (de la cama) **2** :
hoja *f* (de papel) **3** : capa *f* (de hielo,
etc.) **4** PLATE : placa *f,* lámina *f*
shelf *n, pl* **shelves** : estante *m*
shell *n* **1** : concha *f* **2** : caparazón *m*
(de un crustáceo, etc.) **3** : cáscara *f*
(de un huevo, etc.) **4** : armazón *mf*
(de un edificio, etc.) **5** POD : vaína *f* **6**
MISSILE : proyectil *m* — **shell** *vt* **1** : pelar
(nueces, etc.) **2** BOMBARD : bombardear
she'll (*contraction of* **she shall**
or **she will**) → **shall, will**
shellfish *n* : marisco *m*
shelter *n* **1** : refugio *m* **2 take shelter**
: refugiarse — **shelter** *vt* **1** PROTECT
: proteger **2** HARBOR : albergar
shelve *vt* **shelved; shelving**
DEFER : dar carpetazo a

shepherd *n* : pastor *m* —
shepherd *vt* GUIDE : conducir, guiar
sherbet *n* : sorbete *m*
sheriff *n* : sheriff *mf*
sherry *n, pl* **-ries** : jerez *m*
she's (*contraction of* **she is** *or*
she has) → **be, have**
shield *n* : escudo *m* — **shield** *vt* : proteger
shier, shiest → **shy**
shift *vt* **1** MOVE : mover **2** SWITCH :
transferir — *vi* **1** CHANGE : cambiar
2 MOVE : moverse **3** *or* shift gears :
cambiar de velocidad — **shift** *n* **1**
CHANGE : cambio *m* **2** : turno *m* (de
trabajo) — **shiftless** *adj* : holgazán —
shifty *adj* **shiftier; -est** : sospechoso
shimmer *vi* : brillar, relucir
shin *n* : espinilla *f*

shine *v* **shone** *or* **shined; shining** *vi* :
brillar — *vt* **1** : alumbrar (una luz) **2**
POLISH : sacar brillo a — **shine** *n* : brillo *m*
shingle *n* : teja *f* plana y delgada (en
construcción) — **shingle** *vt* **-gled; -gling**
: techar — **shingles** *npl* : herpes *m*
shiny *adj* **shinier; -est** : brillante
▸ **ship** *n* **1** : barco *m,* buque *m* **2** →
spaceship — **ship** *vt* **shipped; shipping**
: transportar, enviar (por barco) —
shipbuilding *n* : construcción *f* naval —
shipment *n* : envío *m* — **shipping** *n* **1**
: transporte *m* **2** SHIPS : barcos *mpl* —
shipshape *adj* : ordenado — **shipwreck** *n*
: naufragio *m* — **ship** *vt* **be shiped** :
naufragar — **shipyard** *n* : astillero *m*
shirk *vt* : esquivar
shirt *n* : camisa *f*

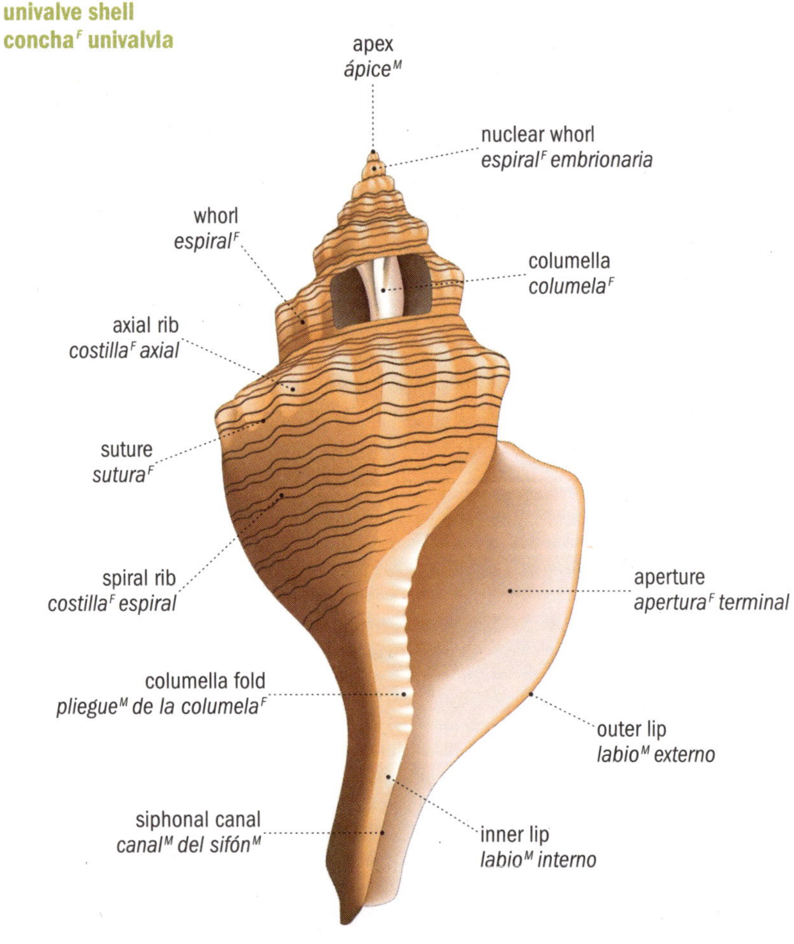

shiver *vi* : temblar (del frío, etc.)
— **shiver** *n* : escalofrío *m*
shoal *n* : banco *m*
shock *n* **1** IMPACT : choque *m* **2** SURPRISE, UPSET : golpe *m* emocional **3** : shock *m* (en medicina) **4** *or* **electric shock** : descarga *f* (eléctrica) — **shock** *vt* : escandalizar
— **shock absorber** *n* : amortiguador *m*
— **shocking** *adj* : escandaloso
shoddy *adj* **shoddier; -est** : de mala calidad
shoe *n* : zapato *m* — **shoe** *vt* **shod; shoeing** : herrar (un caballo) —
shoelace *n* : cordón *m* (de zapato) —
shoemaker *n* : zapatero *m*, -ra *f*
shone → **shine**
shook → **shake**
shoot *v* **shot; shooting** *vt* **1** : disparar **2** : echar (una mirada) **3** PHOTOGRAPH : fotografiar **4** FILM : rodar — *vi* **1** : disparar **2 shoot by** : pasar como una bala —
shoot *n* : brote *m*, retoño *m* (de una planta)
— **shooting star** *n* : estrella *f* fugaz
shop *n* **1** : tienda *f* **2** WORKSHOP : taller *m* — **shop** *vi* **shopped; shopping 1** : hacer compras **2 go shopping** : ir de compras — **shopkeeper** *n* : tendero *m*, -ra *f* — **shoplift** *vi* : hurtar mercancía (en tiendas) — **shoplifter** *n* : ladrón *m*, -drona *f* (que roba en tiendas) —
shopper *n* : comprador *m*, -dora *f*
shore *n* : orilla *f*
shorn → **shear**
short *adj* **1** : corto **2** : bajo (de estatura) **3** CURT : brusco **4 a short time ago** : hace poco **5 be short of** : estar corto de — **short** *adv* **1 stop short** : parar en seco **2 fall short** : quedarse corto
— **shortage** *n* : escasez *f*, carencia *f*
— **shortcake** *n* : tarta *f* de fruta —
shortcoming *n* : defecto *m* — **shortcut** *n* : atajo *m* — **shorten** *vt* : acortar —
shorthand *n* : taquigrafía *f* — **short–lived** *adj* : efímero — **shortly** *adv* : dentro de poco — **shortness** *n* **1** : lo corto (de una cosa), baja estatura *f* (de una persona) **2 short of breath** : falta *f* de aliento —
shorts *npl* : shorts *mpl*, pantalones *mpl* cortos — **shortsighted** → **nearsighted**
shot *n* **1** : disparo *m*, tiro *m* **2** : tiro *m* (en deportes) **3** ATTEMPT : intento *m* **4** PHOTOGRAPH : foto *f* **5** INJECTION : inyección *f* **6** : trago *m* (de licor) — **shotgun** *n* : escopeta *f*
should *past of* **shall 1 if she should**

call : si llama **2 I should have gone** : debería haber ido **3 they should arrive soon** : deben llegar pronto **4 what should we do?** : ¿qué hacemos?
shoulder *n* **1** : hombro *m* **2** : arcén *m* (de una carretera) — **shoulder** *vt* : cargar con (la responsabilidad, etc.)
— **shoulder blade** *n* : omóplato *m*
shouldn't (*contraction of* **should not**) → **should**
shout *v* : gritar — **shout** *n* : grito *m*
shove *v* **shoved; shoving** : empujar
— **shove** *n* : empujón *m*
shovel *n* : pala *f* — **shovel** *vt* **-veled** *or* **-velled; -veling** *or* **-velling 1** : mover (tierra, etc.) con una pala **2** DIG : cavar (con una pala)
show *v* **showed; shown** *or* **showed; showing** *vt* **1** : mostrar **2** TEACH : enseñar **3** PROVE : demostrar **4** ESCORT : acompañar **5** : proyectar (una película), dar (un programa de televisión) **6 show off** : hacer alarde de — *vi* **1** : notarse, verse **2 show off** : lucirse **3 show up** ARRIVE : aparecer — **show** *n* **1** : demostración *f* **2** EXHIBITION : exposición *f* **3** : espectáculo *m* (teatral), programa *m* (de televisión, etc.)
— **showdown** *n* : confrontación *f*

ancient ships
barcos^M *antiguos*

galley
galera^F

caravel
carabela^F

longship
dragón^M *vikingo*

galleon
galeón^M

shower *n* **1** : ducha *f* **2** : chaparrón *m* (en meteorología) **3** PARTY : fiesta *f* — **shower** *vt* **1** SPRAY : regar **2 shower someone with** : colmar a algn de — *vi* **1** : ducharse **2** RAIN : llover

showy *adj* **showier; -est** : llamativo, ostentoso

shrank → **shrink**

shrapnel *ns & pl* : metralla *f*

shred *n* **1** : tira *f* (de tela, etc.) **2** IOTA : pizca *f* — **shred** *vt* **shredded; shredding 1** : hacer tiras **2** GRATE : rallar

shrewd *adj* : astuto

shriek *vi* : chillar — **shriek** *n* : chillido *m*, alarido *m*

shrill *adj* : agudo, estridente

shrimp *n* : camarón *m*

shrine *n* **1** TOMB : sepulcro *m* **2** SANCTUARY : santuario *m*

shrink *v* **shrank; shrunk** *or* **shrunken; shrinking** *vt* : encoger — *vi* **1** : encogerse (dícese de ropa), reducirse (dícese de números, etc.) **2** *or* **shrink back** : retroceder

shrivel *vi* **-veled** *or* **-velled; -veling** *or* **-velling** *or* **shrivel up** : arrugarse, marchitarse

shroud *n* **1** : sudario *m*, mortaja *f* **2** VEIL : velo *m* — **shroud** *vt* : envolver

shrub *n* : arbusto *m*, mata *f*

shrug *vi* **shrugged; shrugging** : encogerse de hombros

shrunk → **shrink**

shudder *vi* : estremecerse — **shudder** *n* : estremecimiento *m*

shuffle *v* **-fled; -fling** *vt* : barajar (naipes), revolver (papeles, etc.) — *vi* : caminar arrastrando los pies

shun *vi* **shunned; shunning** : evitar, esquivar

shut *v* **shut; shutting** *vt* **1** CLOSE : cerrar **2 shut off** → **turn off 3 shut up** CONFINE : encerrar — *vi* **1** *or* **shut down** : cerrarse **2 shut up!** : ¡cállate! — **shutter** *n* **1** *or* **window shutter** : contraventana *f* **2** : obturador *m* (de una cámara)

shuttle *n* **1** : lanzadera *f* (para tejer) **2** *or* **shuttle bus** : autobús *m* (de corto recorrido) **3** → **space shuttle** — **shuttle** *v* **-tled; -tling** *vt* : transportar — *vi* : ir y venir

shy *adj* **shier** *or* **shyer; shiest** *or* **shyest** : tímido — **shy** *vi* **shied; shying** *or* **shy away** : retroceder — **shyness** *n* : timidez *f*

sibling *n* : hermano *m*, hermana *f*

sick *adj* **1** : enfermo **2 be sick** VOMIT : vomitar **3 be sick of** : estar harto de **4 feel sick** : tener náuseas — **sicken** *vt* DISGUST : dar asco a — **sickening** *adj* : nauseabundo

sickle *n* : hoz *f*

sickly *adj* **sicklier; -est 1** UNHEALTHY : enfermizo **2** → **sickening** — **sickness** *n* : enfermedad *f*

side *n* **1** : lado *m* **2** : costado *m* (de una persona), ijada *f* (de un animal) **3** : parte *f* (en una disputa, etc.) **4 side by side** : uno al lado de otro **5 take sides** : tomar partido — **side** *vi* **side with** : ponerse de parte de — **sideboard** *n* : aparador *m* — **sideburns** *npl* : patillas *fpl* — **side effect** *n* : efecto *m* secundario — **sideline** *n* : línea *f* de banda (en deportes) — **sidestep** *vt* **- stepped; -stepping** : eludir, esquivar — **sidetrack** *vt* **get sidetracked** : distraerse — **sidewalk** *n* : acera *f* — **sideways** *adj & adv* : de lado — **siding** *n* : revestimiento *m* exterior

siege *n* : sitio *m*

sieve *n* : tamiz *m*, cedazo *m*

sift *vt* **1** : cerner, tamizar **2** *or* **sift through** : pasar por el tamiz

sigh *vi* : suspirar — **sigh** *n* : suspiro *m*

sight *n* **1** : vista *f* **2** SPECTACLE : espectáculo *m* **3** : lugar *m* de interés (turístico) **4 catch sight of** : avistar — **sight** *vt* : avistar — **sightseer** *n* : turista *mf*

sign *n* **1** : signo *m* **2** NOTICE : letrero *m* **3** GESTURE : seña *f*, señal *f* — **sign** *vt* : firmar (un cheque, etc.) — *vi* **1** : firmar **2 sign up** ENROLL : inscribirse

signal *n* : señal *f* — **signal** *v* **-naled** *or* **-nalled; -naling** *or* **-nalling** *vt* **1** : hacer señas a **2** INDICATE : señalar — *vi* **1** : hacer señas **2** : señalizar (en un vehículo)

signature *n* : firma *f*

significance *n* **1** : significado *m* **2** IMPORTANCE : importancia *f* — **significant** *adj* : importante — **signify** *vt* **-fied; -fying** : significar

sign language *n* : lenguaje *m* gestual — **signpost** *n* : poste *m* indicador

silence *n* : silencio *m* — **silence** *vt* **-lenced; -lencing** : silenciar — **silent** *adj* **1** : silencioso **2** MUM : callado **3** : mudo (dícese de películas y letras)

silhouette *n* : silueta *f* — **silhouette** *vt* **-etted; -etting be silhouetted against** : perfilarse contra

silicon *n* : silicio *m*

silk *n* : seda *f* — **silky** *adj* **silkier; -est** : sedoso

sill *n* : alféizar *m* (de una ventana), umbral *m* (de una puerta)

silly *adj* **sillier; -est** : tonto, estúpido

silt *n* : cieno *m*

silver *n* **1** : plata *f* **2** → **silverware** — **silver** *adj* : de plata — **silverware** *n* : plata *f* — **silvery** *adj* : plateado

similar *adj* : similar, parecido — **similarity** *n*, *pl* **-ties** : semejanza *f*, parecido *m*

simmer *v* : hervir a fuego lento

simple *adj* **simpler; -plest 1** : simple **2** EASY : sencillo — **simplicity** *n* : simplicidad *f*, sencillez *f* — **simplify** *vt* **-fied; -fying** : simplificar — **simply** *adv* **1** : sencillamente **2** ABSOLUTELY : realmente

simulate *vt* **-lated; -lating** : simular

simultaneous *adj* : simultáneo

sin *n* : pecado *m* — **sin** *vi* **sinned; sinning** : pecar

since *adv* **1** *or* **since then** : desde entonces **2 long since** : hace mucho — **since** *conj* **1** : desde que **2** BECAUSE : ya que, como **3 it's been years since…** : hace años que… — **since** *prep* : desde

sincere *adj* **-cerer; -est** : sincero — **sincerely** *adv* : sinceramente — **sincerity** *n* : sinceridad *f*

sinful *adj* : pecador (dícese de las personas), pecaminoso (dícese de las acciones)

sing *v* **sang** *or* **sung; sung; singing** : cantar

singe *vt* **singed; singeing** : chamuscar

singer *n* : cantante *mf*

single *adj* **1** : solo, único **2** UNMARRIED : soltero **3 every single day** : cada día, todos los días — **single** *n* **1** : soltero *m*, -ra *f* **2** *or* **single room** : habitación *f* individual — **single** *vt* **-gled; -gling single out 1** SELECT : escoger **2** DISTINGUISH : señalar — **single–handed** *adj* : sin ayuda, solo

singular *adj* : singular — **singular** *n* : singular *m*

sinister *adj* : siniestro

sink *v* **sank** *or* **sunk; sunk; sinking** *vi* **1** : hundirse (en un líquido) **2** DROP : bajar, caer — *vt* **1** : hundir **2 sink something into** : clavar algo en — **sink** *n* **1** *or* **kitchen sink** : fregadero *m* **2** *or* **bathroom sink** : lavabo *m*, lavamanos *m*

sinner *n* : pecador *m*, -dora *f*

sip *v* **sipped; sipping** *vt* : sorber — *vi*

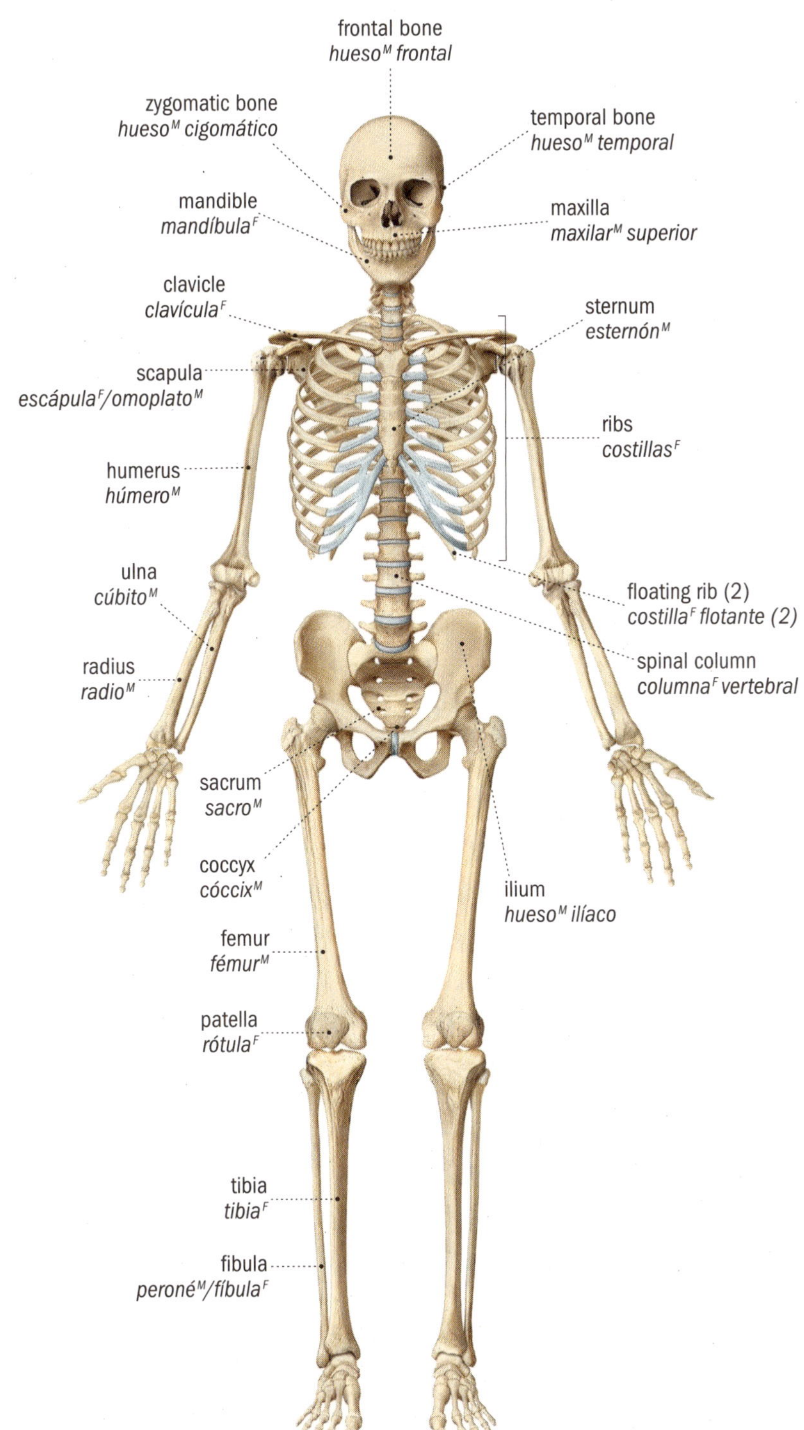

: beber a sorbos — **sip** *n* : sorbo *m*
siphon *n* : sifón *m* — **siphon** *vt*
: sacar con sifón
sir *n* **1** (*in titles*) : sir *m* **2** (*as a form of address*) : señor *m* **3**
Dear Sir : Estimado señor
siren *n* : sirena *f*
sirloin *n* : solomillo *m*
sissy *n*, *pl* **-sies** : mariquita *mf fam*
sister *n* : hermana *f* — **sister–in–law** *n*, *pl* **sisters–in–law** : cuñada *f*
sit *v* **sat**; **sitting** *vi* **1** *or* **sit down** : sentarse **2** LIE : estar (ubicado) **3** MEET : estar en sesión **4** *or* **sit up** : incorporarse — *vt* : sentar
site *n* **1** : sitio *m*, lugar *m* **2** LOT : solar *m*
sitting room → **living room**
sitter → **baby–sitter**
situated *adj* : ubicado, situado — **situation** *n* : situación *f*
six *adj* : seis — **six** *n* : seis *m* — **six hundred** *adj* : seiscientos — **six hundred** *n* : seiscientos *m* — **sixteen** *adj* : dieciséis — **sixteen** *n* : dieciséis *m* — **sixteenth** *adj* : decimosexto — **sixteenth** *n* **1** : decimosexto *m*, -ta *f* (en una serie) **2** : dieciseisavo *m*, dieciseisava parte *f* — **sixth** *adj* : sexto — **sixth** *n* **1** : sexto *m*, -ta *f* (en una serie) **2** : sexto *m* (en matemáticas) — **sixtieth** *adj* : sexagésimo — **sixtieth** *n* **1** : sexagésimo *m*, -ma *f* (en una serie) **2** : sesentavo *m* (en matemáticas) — **sixty** *adj* : sesenta — **sixty** *n*, *pl* **-ties** : sesenta *m*
size *n* **1** : tamaño *m*, talla *f* (de ropa), número *m* (de zapatos) **2** EXTENT : magnitud *f* — **size** *vt* **sized**; **sizing size up** : evaluar — **sizable** *or* sizeable *adj* : considerable
sizzle *vi* **-zled**; **-zling** : chisporrotear
skate[1] *n* : raya *f* (pez)
skate[2] *n* : patín *m* — **skate** *vi* **skated**; **skating** : patinar — **skateboard** *n* : monopatín *m* — **skater** *n* : patinador *m*, -dora *f*
▸ **skeleton** *n* : esqueleto *m*
skeptic *n* : escéptico *m*, -ca *f* — **skeptical** *adj* : escéptico — **skepticism** *n* : escepticismo *m*
sketch *n* **1** : esbozo *m*, bosquejo *m* **2** SKIT : sketch *m* — **sketch** *vt* : bosquejar — *vi* : hacer bosquejos — **sketchy** *adj* **sketchier**; **-est** : incompleto
skewer *n* : brocheta *f*, broqueta *f*
ski *n*, *pl* **skis** : esquí *m* — **ski** *vi*

skied; skiing : esquiar
skid *n* : derrape *m*, patinazo *m* — **skid** *vi*
  skidded; skidding : derrapar, patinar
skier *n* : esquiador *m*, -dora *f*
skill *n* **1** : habilidad *f*, destreza *f* **2**
  TECHNIQUE : técnica *f* — **skilled** *adj* : hábil
skillet *n* : sartén *mf*
skillful *adj* : hábil, diestro
skim *vt* **skimmed; skimming 1** :
  espumar (sopa, etc.), descremar (leche)
  2 : pasar rozando (una superficie) **3**
  or **skim through** : echar un vistazo
  a — **skim** *adj* : descremado
skimp *vi* **skimp on** : escatimar —
  skimpy *adj* **skimpier; -est 1** : exiguo,
  escaso **2** : brevísimo (dícese de ropa)
skin *n* : piel *f* — **skin** *vt* **skinned;**
  skinning : despellejar — **skin**
  diving *n* : buceo *m*, submarinismo *m*
  — **skinny** *adj* **skinnier; -est** : flaco
skip *v* **skipped; skipping** *vi* : ir
  brincando — *vt* OMIT : saltarse
  — **skip** *n* : brinco *m*, salto *m*
skipper *n* : capitán *m*, -tana *f*
skirmish *n* : escaramuza *f*
skirt *n* : falda *f* — **skirt** *vt* **1** BORDER
  : bordear **2** EVADE : eludir
skull *n* : cráneo *m* (de una persona
  viva) , calavera *f* (de un esqueleto)
skunk *n* : mofeta *f*, zorrillo *m*, *Lat*
sky *n*, *pl* **skies** : cielo *m* —
  skylight *n* : claraboya *f*, tragaluz *m*
  — **skyline** *n* : horizonte *m* —
  skyscraper *n* : rascacielos *m*

slab *n* : bloque *m* (de piedra, etc.)
slack *adj* **1** LOOSE : flojo **2** CARELESS
  : descuidado — **slack** *n* **1 take up**
  the slack : tensar (una cuerda, etc.)
  2 slacks *npl* : pantalones *mpl* —
  slacken *vt* : aflojar — *vi* : aflojarse
slain → **slay**
slam *n* : golpe *m*, portazo *m* (de
  una puerta) — **slam** *v* **slammed;**
  slamming *vt* **1** *or* **slam down** :
  tirar, plantar **2** *or* **slam shut** : cerrar
  de golpe **3 slam the door** : dar un
  portazo — *vi* **1** : cerrarse de golpe
  2 slam into : chocar contra
slander *vt* : calumniar, difamar —
  slander *n* : calumnia *f*, difamación *f*
slang *n* : argot *m*
slant *n* : inclinación *f* —
  slant *vi* : inclinarse
slap *vt* **slapped; slapping 1** : dar una
  bofetada a **2 slap someone on the back**
  : dar una palmada en la espalda a algn
  — **slap** *n* : bofetada *f*, cachetada *f* *Lat*
slash *vt* **1** : hacer un tajo en **2** :
  rebajar (precios) drásticamente
  — **slash** *n* : tajo *m*
slat *n* : tablilla *f*
slate *n* : pizarra *f*
slaughter *n* : matanza *f* —
  slaughter *vt* **1** : matar (animales)
  2 MASSACRE : masacrar —
  slaughterhouse *n* : matadero *m*
slave *n* : esclavo *m*, -va *f* — **slave** *vi*
  slaved; slaving : trabajar como un
  burro — **slavery** *n* : esclavitud *f*
Slavic *adj* : eslavo
slay *vt* **slew; slain; slaying** : asesinar
sleazy *adj* **sleazier; -est** : sórdido
sled *n* : trineo *m*
sledgehammer *n* : almádena *f*
sleek *adj* : liso y brillante
sleep *n* **1** : sueño *m* **2 go to sleep** :
  dormirse — **sleep** *vi* **slept; sleeping** :
  dormir — **sleeper** *n* **be a light sleeper**
  : tener el sueño ligero — **sleepless** *adj*
  have a sleepless night : pasar la
  noche en blanco — **sleepwalker** *n*
  : sonámbulo *m*, -la *f* — **sleepy** *adj*
  sleepier; -est 1 : somnoliento,
  soñoliento **2 be sleepy** : tener sueño
sleet *n* : aguanieve *f* —
  sleet *vi* : caer aguanieve
sleeve *n* : manga *f* —
  sleeveless *adj* : sin mangas
sleigh *n* : trineo *m*

slender *adj* : delgado
slew → **slay**
slice *vt* **sliced; slicing** : cortar —
  slice *n* : trozo *m*, rebanada *f* (de
  pan, etc.) , tajada *f* (de carne)
slick *adj* SLIPPERY : resbaladizo,
  resbaloso *Lat*
slide *v* **slid; sliding** *vi* : deslizarse — *vt* :
  deslizar — **slide** *n* **1** : deslizamiento *m* **2**
  : tobogán *m* (para niños) **3** : diapositiva *f*
  (fotográfica) **4** DECLINE : descenso *m*
slier, sliest → **sly**
slight *adj* **1** : ligero, leve **2** SLENDER
  : delgado — **slight** *vt* : desairar —
  slightly *adv* : ligeramente, un poco
slim *adj* **slimmer; slimmest 1** : delgado **2**
  a slim chance : escasas posibilidades *fpl*
  — **slim** *v* **slimmed; slimming** : adelgazar
slime *n* **1** : baba *f* (de un caracol,
  etc.) **2** MUD : limo *m* — **slimy** *adj*
  slimier; -est : viscoso
sling *vt* **slung; slinging 1** THROW :
  lanzar **2** HANG : colgar — **sling** *n* **1** :
  honda *f* **2** : cabestrillo *m* (en medicina)
  — **slingshot** *n* : tirachinas *m*
slink *vi* **slunk; slinking** :
  andar furtivamente
slip[1] *v* **slipped; slipping** *vi* **1** SLIDE
  : resbalarse **2 let something slip**
  : dejar escapar algo **3 slip away** :
  escabullirse **4 slip up** : equivocarse
  — *vt* **1** : deslizar **2 slip into** : ponerse
  (una prenda) **3 it slipped my mind**
  : se me olvidó — **slip** *n* **1** MISTAKE :
  error *m*, desliz *m* **2 slip of the tongue**
  : lapsus *m* **3** PETTICOAT : enagua *f*
slip[2] *n* **slip of paper** : papelito *m*
slipper *n* : zapatilla *f*, pantufla *f*
slippery *adj* **slipperier; -est** :
  resbaladizo, resbaloso *Lat*
slit *n* **1** OPENING : rendija *f* **2** CUT : corte *m*,
  raja *f* — **slit** *vt* **slit; slitting** : cortar
slither *vi* : deslizarse
sliver *n* : astilla *f*
slogan *n* : eslogan *m*
slop *v* **slopped; slopping** *vt* :
  derramar — *vi* : derramarse
slope *vi* **sloped; sloping** : inclinarse
  — **slope** *n* : pendiente *f*, declive *m*
sloppy *adj* **sloppier; -est 1** CARELESS :
  descuidado **2** UNKEMPT : desaliñado
slot *n* : ranura *f*
sloth *n* : pereza *f*
slouch *vi* : andar con los hombros
  caídos (en una silla)

slovenly *adj* : desaliñado
slow *adj* **1** : lento **2 be slow** : estar atrasado (dícese de un reloj) — **slow** *adv* → **slowly** — **slow** *vt* : retrasar, retardar — *vi or* **slow down** : ir más despacio — **slowly** *adv* : lentamente, despacio — **slowness** *n* : lentitud *f*
sludge *n* SEWAGE : aguas *fpl* negras
slug[1] *n* **1** : babosa *f* (molusco) **2** BULLET : bala *f* **3** TOKEN : ficha *f*
slug[2] *vt* **slugged; slugging** : pegar un porrazo a
sluggish *adj* : lento
slum *n* : barrio *m* bajo
slumber *vi* : dormir — **slumber** *n* : sueño *m*
slump *vi* **1** DROP : bajar **2** COLLAPSE : dejarse caer **3** → **slouch** — **slump** *n* : bajón *m*
slung → **sling**
slunk → **slink**
slur[1] *n* ASPERSION : calumnia *f*, difamación *f*
slur[2] *vt* **slurred; slurring** : arrastrar (las palabras)
slurp *v* : beber haciendo ruido — **slurp** *n* : sorbo *m* (ruidoso)
slush *n* : nieve *f* medio derretida
sly *adj* **slier; sliest 1** : astuto, taimado **2 on the sly** : a escondidas
smack[1] *vi* **smack of** : oler a
smack[2] *vt* **1** : pegar una bofetada a **2** KISS : besar **3 smack one's lips** : relamerse — **smack** *n* : **1** SLAP : bofetada *f* **2** KISS : beso *m* — **smack** *adv* : justo, exactamente
small *adj* : pequeño, chico — **smallpox** *n* : viruela *f*
smart *adj* **1** : listo, inteligente **2** STYLISH : elegante — **smart** *vi* STING : escocer — **smartly** *adv* : elegantemente
smash *n* **1** BLOW : golpe *m* **2** COLLISION : choque *m* **3** BANG CRASH : estrépito *m* — **smash** *vt* **1** BREAK : romper **2** DESTROY : aplastar — *vi* **1** SHATTER : hacerse pedazos **2 smash into** : estrellarse contra
smattering *n* : nociones *fpl*
smear *n* : mancha *f* — **smear** *vt* **1** : embadurnar (de pinta, etc.), untar (de aceite, etc.) **2** SMUDGE : manchar
smell *v* **smelled** *or* **smelt; smelling** : oler — **smell** *n* **1** : (sentido *m* del) olfato *m* **2** ODOR : olor *m* — **smelly** *adj* **smellier; -est** : maloliente
smelt *vt* : fundir
smile *vi* **smiled; smiling** : sonreír — **smile** *n* : sonrisa *f*
smirk *vi* : sonreír con suficiencia — **smirk** *n* : sonrisa *f* satisfecha
smitten *adj* **be smitten with** : estar enamorado de
smith → **blacksmith**
smock *n* : blusón *m*, bata *f*
smog *n* : smog *m*

smoke *n* : humo *m* — **smoke** *v* **smoked; smoking** *vi* **1** : humear (dícese de fuegos, etc.) **2** : fumar (dícese de personas) — *vt* **1** : ahumar (carne, etc.) **2** : fumar (cigarillos) — **smoker** *n* : fumador *m*, -dora *f* — **smokestack** *n* : chimenea *f* — **smoky** *adj* **smokier; -est 1** : lleno de humo **2** : a humo (dícese de sabores, etc.)
smolder *vi* : arder (sin llama)
smooth *adj* **1** : liso (dícese de superficies), suave (dícese de movimientos), tranquilo (dícese del mar) **2** : sin grumos (dícese de salsas, etc.) — **smooth** *vt* : alisar — **smoothly** *adv* : suavemente — **smoothness** *n* : suavidad *f*
smother *vt* : asfixiar (a algn), sofocar (llamas, etc.)
smudge *v* **smudged; smudging** *vt* : emborronar — *vi* : correrse — **smudge** *n* : mancha *f*, borrón *m*
smug *adj* **smugger; smuggest** : suficiente
smuggle *vt* **-gled; -gling** : pasar de contrabando — **smuggler** *n* : contrabandista *mf*
snack *n* : refrigerio *m*, tentempié *m* *fam*
snag *n* : problema *m* — **snag** *v* **snagged; snagging** *vt* : enganchar — *vi* : engancharse
snail *n* : caracol *m*
snake *n* : culebra *f*, serpiente *f*
snap *v* **snapped; snapping** *vi* **1** BREAK : romperse **2** : intentar morder (dícese de un perro, etc.) **3 snap at** : contestar bruscamente a — *vt* **1** BREAK : romper **2 snap one's fingers** : chasquear los dedos **3 snap open/shut** : abrir/cerrar de golpe — **snap** *n* **1** : chasquido *m* **2** FASTENER : broche *m* (de presión) **3 be a snap** : ser facilísimo — **snappy** *adj* **snappier; -est 1** FAST : rápido **2** STYLISH : elegante — **snapshot** *n* : instantánea *f*
snare *n* : trampa *f* — **snare** *vt* **snared; snaring** : atrapar
snarl[1] *vi* TANGLE : enmarañar, enredar — **snarl** *n* : enredo *m*, maraña *f*
snarl[2] *vi* GROWL : gruñir — *n* : gruñido *m*
snatch *vt* : arrebatar
sneak *vi* : ir a hurtadillas — *vt* : hacer furtivamente — **sneak** *n* : soplón *m*, -plona *f* *fam* — **sneakers** *npl* : tenis *mpl*, zapatillas *fpl* — **sneaky** *adj* **sneakier; -est** : solapado
sneer *vi* : sonreír con desprecio — **sneer** *n* : sonrisa *f* de desprecio
sneeze *vi* **sneezed; sneezing** :

soccer
futbol[M]

soccer player
futbolista [MF]

estornudar — **sneeze** *n* : estornudo *m*
snide *adj* : sarcástico
sniff *vi* : oler — *vt* **1** : oler **2** →
sniffle — **sniff** *n* : aspiración *f* por
la nariz — **sniffle** *vi* **-fled; -fling**
: sorberse la nariz — **sniffles** *npl*
have the sniffles : estar resfriado
snip *n* : tijeretada *f* — **snip** *vt* **snipped;**
snipping : cortar (con tijeras)
snivel *vi* **-veled** *or* **-velled; -veling**
or **-velling** : lloriquear
snob *n* : esnob *mf* — **snobbish** *adj* : esnob
snoop *vi* : husmear — **snoop** *n*
: fisgón *m*, -gona *f*
snooze *vi* **snoozed; snoozing** : dormitar
— **snooze** *n* : siestecita *f*, siestita *f*
snore *vi* **snored; snoring** : roncar
— **snore** *n* : ronquido *m*
snort *vi* : bufar — **snort** *n* : bufido *m*
snout *n* : hocico *m*, morro *m*
snow *n* : nieve *f* — **snow** *vi* : nevar —
snowfall *n* : nevada *f* — **snowflake** *n*
: copo *m* de nieve — **snowman** *n* :
muñeco *m* de nieve — **snowplow** *n* :
quitanieves *m* — **snowshoe** *n* : raqueta *f*
(para nieve) — **snowstorm** *n* : tormenta *f*
de nieve — **snowy** *adj* **snowier; -est 1**
a snowy day : un día nevoso **2 snowy**

soccer field
campo[M] *de fútbol*[M]

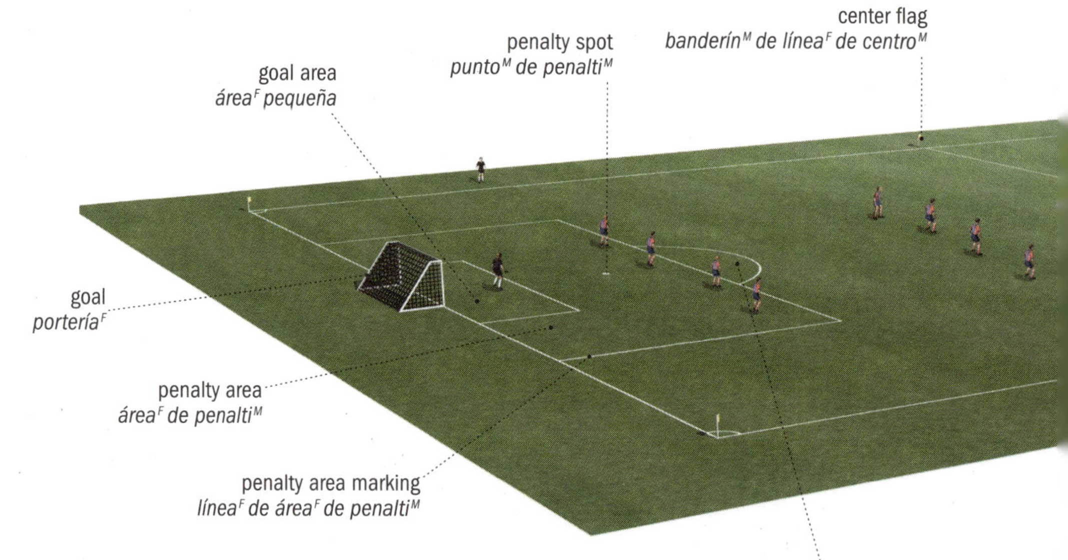

mountains : montañas *fpl* nevadas
snub *vt* **snubbed; snubbing** :
desairar — **snub** *n* : desaire *m*
snuff *vt or* **snuff out** : apagar
snug *adj* **snugger; snuggest 1** : cómodo
2 TIGHT : ajustado — **snuggle** *vi*
-gled; -gling : acurrucarse
so *adv* **1** LIKEWISE : también **2** THUS : así
3 THEREFORE : por lo tanto **4** *or* **so much**
: tanto **5** *or* **so very** : tan **6 and so on**
: etcétera **7 I think so** : creo que sí **8**
I told you so : te lo dije — **so** *conj* **1**
THEREFORE : así que **2** *or* **so that** : para
que **3 so what?** : ¿y qué? — **so** *adj* TRUE
: cierto — **so** *pron or* **so** : más o menos
soak *vi* : estar en remojo — *vt* **1**
: poner en remojo **2 soak up** :
absorber — **soak** *n* : remojo *m*
soap *n* : jabón *m* — **soap** *vt or*
soap up : enjabonar — **soapy**
adj **soapier; -est** : jabonoso
soar *vi* **1** : planear **2**
SKYROCKET : dispararse
sob *vi* **sobbed; sobbing** : sollozar
— **sob** *n* : sollozo *m*
sober *adj* **1** : sobrio **2** SERIOUS : serio
— **sobriety** *n* **1** : sobriedad *f* **2**
SERIOUSNESS : seriedad *f*

so–called *adj* : supuesto, presunto
▸ **soccer** *n* : futbol *m*, fútbol *m*
social *adj* : social — **social** *n* : reunión *f*
social — **sociable** *adj* : sociable —
socialism *n* : socialismo *m* — **socialist** *n*
: socialista *mf* — **socialist** *adj* :
socialista — **socialize** *v* **-ized; -izing** *vt*
: socializar — *vi* **socialize with** :
alternar con — **society** *n, pl* **-eties** :
sociedad *f* — **sociology** *n* : sociología *f*
sock[1] *n, pl* **socks** *or* **sox** : calcetín *m*
sock[2] *vt* : pegar, golpear —
sock *n* PUNCH : puñetazo *m*
socket *n* **1** *or* **electric socket** :
enchufe *m*, toma *f* de corriente **2**
or **eye socket** : órbita *f*, cuenca *f* **3**
: glena *f* (de una articulación)
soda *n* **1** *or* **soda pop** : refresco *m*,
gaseosa *f* **2** *or* **soda water** : soda *f*
sodium *n* : sodio *m*
sofa *n* : sofá *m*
soft *adj* **1** : blando **2** SMOOTH : suave
— **softball** *n* : softbol *m* — **soft**
drink *n* : refresco *m* — **soften** *vt* **1**
: ablandar **2** EASE, SMOOTH : suavizar
— *vi* **1** : ablandarse **2** EASE : suavizarse
— **softly** *adv* : suavemente —
software *n* : software *m*

soggy *adj* **soggier; -est** : empapado
soil *vt* : ensuciar — **soil** *n* DIRT : tierra *f*
solace *n* : consuelo *m*
solar *adj* : solar
sold → **sell**
solder *n* : soldadura *f* — **solder** *vt* : soldar
soldier *n* : soldado *mf*
sole[1] *n* : lenguado *m* (pez)
sole[2] *n* : planta *f* (del pie),
suela *f* (de un zapato)
sole[3] *adj* : único — **solely** *adv*
: únicamente, sólo
solemn *adj* : solemne — **solemnity** *n,*
pl **-ties** : solemnidad *f*
solicit *vt* : solicitar
solid *adj* **1** : sólido **2** UNBROKEN :
continuo **3 solid gold** : oro *m* macizo **4**
two solid hours : dos horas seguidas
— **solid** *n* : sólido *m* — **solidarity** *n*
: solidaridad *f* — **solidify** *v* **-fied;**
-fying *vt* : solidificar — *vi* : solidificarse
— **solidity** *n, pl* **-ties** : solidez *f*
solitary *adj* : solitario —
solitude *n* : soledad *f*
solo *n, pl* **solos** : solo *m* —
soloist *n* : solista *mf*
solution *n* : solución *f* — **soluble** *adj*
: soluble — **solve** *vt* **solved; solving**

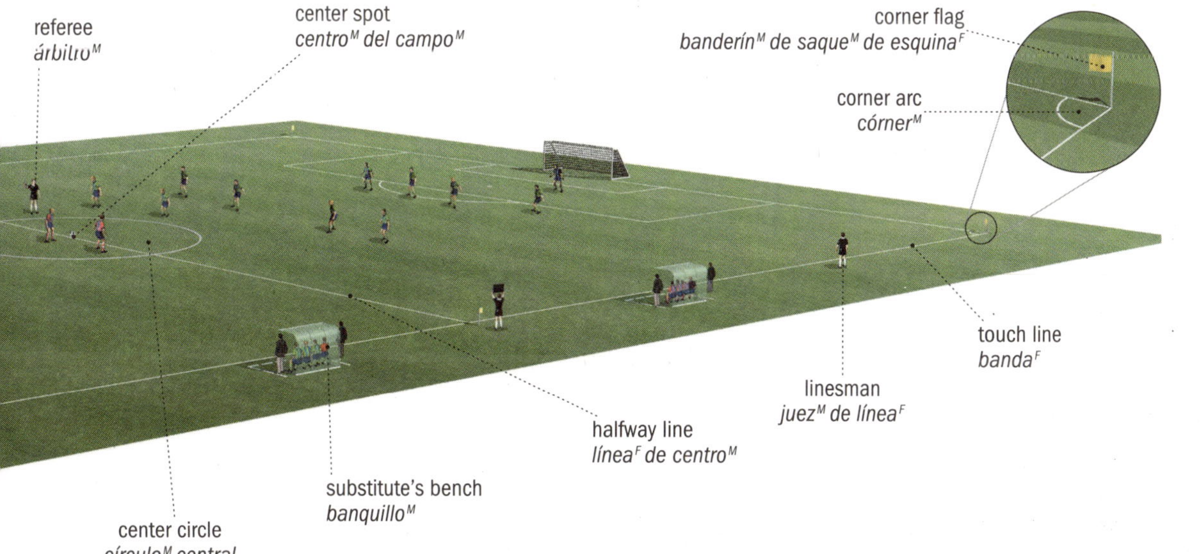

: resolver — **solvent** *n* : solvente *m*

somber *adj* : sombrío

some *adj* **1** (*of unspecified identity*) : un **2** (*of an unspecified amount*) : algo de, un poco de **3** (*of an unspecified number*) : unos **4** CERTAIN : algunos **5 that was some game!** : ¡fue un partidazo! — **some** *pron* **1** SEVERAL : algunos, unos **2** PART : un poco, algo — **some** *adv* **some twenty people** : unas veinte personas —

somebody *pron* : alguien — **someday** *adv* : algún día — **somehow** *adv* **1** : de algún modo **2 somehow or other** : de alguna manera u otra — **someone** *pron* : alguien

somersault *n* : voltereta *f*, salto *m* mortal

something *pron* **1** : algo **2 something else** : otra cosa — **sometime** *adv* **1** : algún día, en algún momento **2 sometime next month** : (durante) el mes que viene — **sometimes** *adv* : a veces — **somewhat** *adv* : algo — **somewhere** *adv* **1** : en alguna parte, en algún lado **2 somewhere around** : alrededor de **3 somewhere else** → **elsewhere**

son *n* : hijo *m*

song *n* : canción *f*

son–in–law *n, pl* **sons–in–law** : yerno *m*

sonnet *n* : soneto *m*

soon *adv* **1** : pronto **2** SHORTLY : dentro de poco **3 as soon as** : en cuanto **4 as soon as possible** : lo más pronto posible **5 soon after** : poco después **6 sooner or later** : tarde o temprano **7 the sooner the better** : cuanto antes mejor

soot *n* : hollín *m*

soothe *vt* **soothed; soothing 1** CALM : calmar **2** RELIEVE : aliviar

sop *vt* **sopped; sopping sop up** : absorber

sophistication *n* : sofisticación *f* — **sophisticated** *adj* : sofisticado

sophomore *n* : estudiante *mf* de segundo año

soprano *n, pl* **-nos** : soprano *mf*

sorcerer *n* : hechicero *m*, brujo *m* — **sorcery** *n* : hechicería *f*, brujería *f*

sordid *adj* : sórdido

sore *adj* **sorer; sorest 1** : dolorido **2** ANGRY : enfadado **3 sore throat** : dolor *m* de garganta **4 I have a sore throat** : me duele la garganta — **sore** *n* : llaga *f* — **sorely** *adv* : muchísimo — **soreness** *n* : dolor *m*

sorrow *n* : pesar *m*, pena *f* — **sorry** *adj* **sorrier; -est 1** PITIFUL

: lamentable **2 feel sorry for** : compadecer **3 I'm sorry** : lo siento

sort *n* **1** : tipo *m*, clase *f* **2 a sort of** : una especie de — **sort** *vt* : clasificar — **sort of** *adv* **1** SOMEWHAT : algo **2** MORE OR LESS : más o menos

SOS *n* : SOS *m*

so–so *adj & adv* : así así *fam*

soufflé *n* : suflé *m*

sought → **seek**

soul *n* : alma *f*

sound[1] *adj* **1** HEALTHY : sano **2** FIRM : sólido **3** SENSIBLE : lógico **4 a sound sleep** : un sueño profundo **5 safe and sound** : sano y salvo

sound[2] *n* : sonido *m* — *vt* : hacer sonar, tocar (una trompeta, etc.) — *vi* **1** : sonar **2** SEEM : parecer

sound[3] *n* CHANNEL : brazo *m* de mar — **sound** *vt* **1** : sondar (en navegación) **2** *or* **sound out** : sondear

soundly *adv* **1** SOLIDLY : sólidamente **2** DEEPLY : profundamente

soundproof *adj* : insonorizado

soup *n* : sopa *f*

sour *adj* **1** : agrio **2 sour milk** : leche *f* cortada — **sour** *vt* : agriar

source *n* : fuente *f*, origen *m*

south *adv* : al sur — **south** *adj* : (del) sur — **south** *n* : sur *m* — **South African** *adj* : sudafricano — **South American** *adj* : sudamericano — **southeast** *adv* : hacia el sureste — **southeast** *adj* : (del) sureste — **southeast** *n* : sureste *m*, sudeste *m* — **southeastern** *adj* → **southeast** — **southerly** *adv & adj* : del sur — **southern** *adj* : del sur, meridional — **southwest** *adv* : hacia el suroeste — **southwest** *adj* : (del) suroeste — **southwest** *n* : suroeste *m*, sudoeste *m* — **southwestern** *adj* → **southwest**

souvenir *n* : recuerdo *m*

sovereign *n* : soberano *m*, -na *f* — **sovereign** *adj* : soberano — **sovereignty** *n, pl* **-ties** : soberanía *f*

Soviet *adj* : soviético

sow[1] *n* : cerda *f*

sow[2] *vt* **sowed; sown** *or* **sowed; sowing** : sembrar

sox → **sock**

soybean *n* : soya *f*, soja *f*

spa *n* : balneario *m*

space *n* **1** : espacio *m* **2** ROOM, SPOT : sitio *m*, lugar *m* — **space** *vt* **spaced; spacing** : espaciar — **spaceship** *n*

: nave *f* espacial — **space shuttle** *n* : transbordador *m* espacial —

spacious *adj* : espacioso, amplio

spade[1] *n* SHOVEL : pala *f*

spade[2] *n* : pica *f* (naipe)

spaghetti *n* : espaguetis *mpl*

span *n* **1** PERIOD : espacio *m* **2** : luz *f* (entre dos soportes) — **span** *vt* **spanned; spanning 1** : abarcar (un período) **2** CROSS : extenderse sobre

Spaniard *n* : español *m*, -ñola *f*

spaniel *n* : spaniel *m*

Spanish *adj* : español — **Spanish** *n* : español *m* (idioma)

spank *vt* : dar palmadas a (en las nalgas)

spar *vi* **sparred; sparring** : entrenarse (en boxeo)

spare *vt* **spared; sparing 1** PARDON : perdonar **2** SAVE : ahorrar **3 can you spare a dollar?** : ¿me das un dólar? **4 I can't spare the time** : no tengo tiempo **5 spare no expense** : no reparar en gastos **6 to spare** : de sobra — **spare** *adj* **1** : de repuesto **2** EXCESS : de más **3** LEAN : delgado — **spare** *n* *or* **spare part** : repuesto *m* — **spare time** *n* : tiempo *m* libre — **sparing** *adj* : parco, económico

spark *n* : chispa *f* — **spark** *vi* : chispear, echar chispas — *vt* : despertar (interés), provocar (crítica) — **sparkle** *vi* **-kled; -kling** : destellar, centellear — **sparkle** *n* : destello *m*, centelleo *m* — **spark plug** *n* : bujía *f*

sparrow *n* : gorrión *m*

sparse *adj* **sparser; -est** : escaso

spasm *n* : espasmo *m*

spat[1] → **spit**

spat[2] *n* QUARREL : disputa *f*, pelea *f*

spatter *vt* : salpicar

spawn *vi* : desovar — *vt* : engendrar, producir — **spawn** *n* : hueva *f*

speak *v* **spoke; spoken; speaking** *vi* **1** : hablar **2 speak out against** : denunciar **3 speak up** : hablar más alto **4 speak up for** : defender — *vt* **1** : decir **2** : hablar (un idioma) — **speaker** *n* **1** ORATOR : orador *m*, -dora *f* **2** : hablante *mf* (de un idioma) **3** LOUDSPEAKER : altavoz *m*

spear *n* : lanza *f* — **spearhead** *n* : punta *f* de lanza — **spearhead** *vt* : encabezar — **spearmint** *n* : menta *f* verde

special *adj* : especial — **specialist** *n* : especialista *mf* — **specialization** *n* : especialización *f* — **specialize** *vi* **-ized; -izing** : especializarse

— **specially** *adv* : especialmente —
specialty *n, pl* **-ties** : especialidad *f*
species *ns & pl* : especie *f*
specify *vt* **-fied; -fying** : especificar
— **specific** *adj* : específico —
specifically *adv* **1** : específicamente
2 EXPLICITLY : expresamente —
specification *n* : especificación *f*
specimen *n* : espécimen *m*
speck *n* **1** SPOT : mancha *f* **2** BIT :
mota *f* — **speckled** *adj* : moteado
spectacle *n* **1** : espectáculo *m* **2**
spectacles *npl* GLASSES : gafas *fpl*,
lentes *fpl*, anteojos *mpl* —
spectacular *adj* : espectacular —
spectator *n* : espectador *m*, -dora *f*
specter *or* **spectre** *n* : espectro *m*
spectrum *n, pl* **-tra** *or* **-trums** **1** :
espectro *m* **2** RANGE : gama *f*
speculation *n* : especulación *f*
speech *n* **1** : habla *f* **2** ADDRESS :
discurso *m* — **speechless** *adj* : mudo
speed *n* **1** : rapidez *f* **2** VELOCITY
: velocidad *f* — **speed** *v* **sped** *or*
speeded; speeding *vi* **1** : conducir
a exceso de velocidad **2 speed off**
: irse a toda velocidad **3 speed up** :
acelerarse — *vt or* **speed up** : acelerar
— **speed limit** *n* : velocidad *f* máxima
— **speedometer** *n* : velocímetro *m* —
speedy *adj* **speedier, -est** : rápido
spell[1] *vt* **1** : escribir (las letras de) **2** *or*
spell out : deletrear **3** MEAN : significar
spell[2] *n* ENCHANTMENT : hechizo *m*
spell[3] *n* : período *m* (de tiempo)
spellbound *adj* : embelesado
spelling *n* : ortografía *f*
spend *vt* **spent; spending** **1** : gastar
(dinero) **2** : pasar (las vacaciones, etc.)
3 spend time on : dedicar tiempo a
sperm *n, pl* **sperm** *or*
sperms : esperma *mf*
spew *vt* : vomitar, arrojar (lava, etc.)
sphere *n* : esfera *f* —
spherical *adj* : esférico
spice *n* : especia *f* — **spice** *vt* **spiced;**
spicing : condimentar, sazonar —
spicy *adj* **spicier; -est** : picante
spider *n* : araña *f*
spigot *n* : grifo *m* *Spain*, llave *f* *Lat*
spike *n* **1** : clavo *m* (grande) **2** POINT
: punta *f* — **spiky** *adj* : puntiagudo
spill *vt* : derramar — *vi* : derramarse
spin *v* **spun; spinning** *vi* : girar — *vt* **1**
: hilar (lana, etc.) **2** TWIRL : hacer girar

— **spin** *n* **1** : vuelta *f*, giro *m* **2 go**
for a spin : dar una vuelta (en auto)
spinach *n* : espinacas *fpl*
spinal cord *n* : médula *f* espinal
spindle *n* : huso *m* (para hilar) —
spindly *adj* : larguirucho *fam*
spine *n* **1** : columna *f* vertebral **2**
QUILL : púa *f* **3** THORN : espina *f* **4**
: lomo *m* (de un libro)
spinster *n* : soltera *f*
spiral *adj* : de espiral, en espiral —
spiral *n* : espiral *f* — **spiral** *vi* **-raled** *or*
-ralled; -raling *or* **-ralling** : ir en espiral
spire *n* : aguja *f*
spirit *n* **1** : espíritu *m* **2 in good**
spirits : animado **3** spirits *npl* :
licores *mpl* — **spirited** *adj* : animado
— **spiritual** *adj* : espiritual —
spirituality *n, pl* **-ties** : espiritualidad *f*
spit[1] *n* ROTISSERIE : asador *m*
spit[2] *v* **spit** *or* **spat; spitting** :
escupir — *n* SALIVA : saliva *f*
spite *n* **1** : rencor *m* **2 in spite of** : a
pesar de — **spite** *vt* **spited; spiting** :
fastidiar — **spiteful** *adj* : rencoroso
spittle *n* : saliva *f*
splash *vt* : salpicar — *vi* **1** : salpicar **2** *or*
splash about : chapotear — **splash** *n* **1** :
salpicadura *f* **2** : mancha *f* (de color, etc.)
splatter → **spatter**
spleen *n* : bazo *m* (órgano)
splendor *n* : esplendor *m* —
splendid *adj* : espléndido
splint *n* : tablilla *f*
splinter *n* : astilla *f* — *vi* : astillarse
split *v* **split; splitting** *vt* **1** : partir **2** BURST
: reventar **3** *or* **split up** : dividir — *vi* **1** :
partirse, rajarse **2** *or* **split up** : dividirse
— **split** *n* **1** CRACK : rajadura *f* **2** *or* **split**
seam : descosido *m* **3** DIVISION : división *f*
splurge *vi* **splurged; splurging**
: derrochar dinero
spoil *vt* **spoiled** *or* **spoilt; spoiling** **1**
RUIN : estropear **2** PAMPER : consentir,
mimar — **spoils** *npl* : botín *m*
spoke[1] → **speak**
spoke[2] *n* : rayo *m* (de una rueda)
spoken → **speak**
spokesman *n, pl* **-men** : portavoz *mf* —
spokeswoman *n, pl* **-women** : portavoz *f*
sponge *n* : esponja *f* — **sponge** *vt*
sponged; sponging : limpiar
con una esponja — **spongy** *adj*
spongier; -est : esponjoso
sponsor *n* : patrocinador *m*,

-dora *f* — **sponsor** *vt* : patrocinar
— **sponsorship** *n* : patrocinio *m*
spontaneity *n* : espontaneidad *f*
— **spontaneous** *adj* : espontáneo
spooky *adj* **spookier; -est** : espeluzante
spool *n* : carrete *m*
spoon *n* : cuchara *f* —
spoonful *n* : cucharada *f*
sporadic *adj* : esporádico
spore *n* : espora *f*
sport *n* **1** : deporte *m* **2 be a good**
sport : tener espíritu deportivo —
sportsman *n, pl* **-men** : deportista *m* —
sportswoman *n, pl* **-women** : deportista *f*
— **sporty;** *adj* **sportier; -est** : deportivo
spot *n* **1** : mancha *f* **2** DOT : punto *m* **3**
PLACE : lugar *m*, sitio *m* **4 in a tight**
spot : en apuros **5 on the spot**
INSTANTLY : en ese mismo momento
— **spot** *vt* **spotted; spotting** **1** STAIN
: manchar **2** DETECT, NOTICE : ver,
descubrir — **spotless** *adj* : impecable —
spotlight *n* **1** : foco *m*, reflector *m* **2 be**
in the spot : ser el centro de atención
— **spotty** *adj* **spottier; -est** : irregular
spouse *n* : cónyuge *mf*
spout *vi* : salir a chorros —
spout *n* **1** : pico *m* (de una jarra,
etc.) **2** STREAM : chorro *m*
sprain *n* : esguince *m* — **sprain** *vt*
: sufrir un esguince en
sprawl *vi* **1** : repantigarse (en un
sillón, etc.) **2** EXTEND : extenderse
— **sprawl** *n* : extensión *f*
spray[1] *n* BOUQUET : ramillete *m*
spray[2] *n* **1** MIST : rocío *m* **2** *or* **aerosol**
spray : spray *m* **3** *or* **spray bottle** :
atomizador *m* — **spray** *vt* : rociar (una
superficie), pulverizar (un líquido)
spread *v* **spread; spreading** *vt* **1** :
propagar (enfermedades), difundir
(noticias, etc.) **2** *or* **spread out** : extender
3 : untar (con mantequilla, etc.) — *vi* **1** :
propagarse, difundirse **2** *or* **spread out** :
extenderse — **spread** *n* **1** : propagación *f*,
difusión *f* **2** PASTE : pasta *f* (para untar)
— **spreadsheet** *n* : hoja *f* de cálculo
spree *n* **go on a spree** : ir de juerga *fam*
sprig *n* : ramito *m*
sprightly *adj* **sprightlier; -est** : vivo
spring *v* **sprang** *or* **sprung; sprung;**
springing *vi* **1** : saltar **2 spring from** :
surgir de **3 spring up** : surgir — *vt* **1**
ACTIVATE : accionar **2 spring a leak** : hacer
agua **3 spring something on someone** :

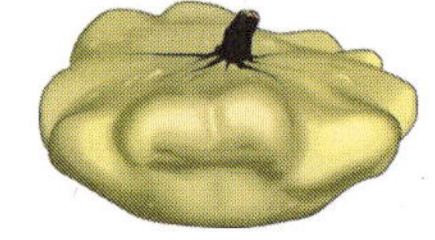

pattypan squash
calabaza F bonetera amarilla

straightneck squash
calabaza F de cuello M largo

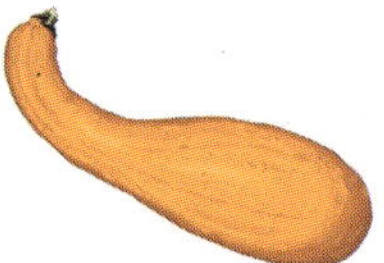

crookneck squash
calabaza F de cuello M retorcido

vegetable marrow
calabacín M

spaghetti squash
calabaza F romana

zucchini
calabacín M

acorn squash
calabaza F bonetera

buttercup squash
calabaza F botón M de oro M

sorprender a algn con algo — **spring** *n* **1** : manantial *m* (de aguas) **2** : primavera *f* (estación) **3** LEAP : salto *m* **4** RESILIENCE : elasticidad *f* **5** : resorte *m* (mecanismo) **6** *or* bedspring : muelle *m* — **springboard** *n* : trampolín *m* — **springtime** *n* : primavera *f* — **springy** *adj* **springier; -est** : mullido

sprinkle *vt* **-kled; -kling 1** : salpicar, rociar **2** DUST : espolvorear — **sprinkle** *n* : llovizna *f* — **sprinkler** *n* : aspersor *m*

sprint *vi* **1** : correr **2** : esprintar (en deportes) — **sprint** *n* : esprint *m* (en deportes)

sprout *vi* : brotar — **sprout** *n* : brote *m*

spruce[1] *vt* **spruced; sprucing spruce up** : arreglar

spruce[2] *n* : picea *f* (árbol)

spry *adj* **sprier** *or* **spryer; spriest** *or* **spryest** : ágil, activo

spun → **spin**

spur *n* **1** : espuela *f* **2** STIMULUS : acicate *m* **3 on the spur of the moment** : sin pensarlo — **spur** *vt* **spurred; spurring** *or* **spur on 1** : espolear (un caballo) **2** MOTIVATE : motivar

spurn *vt* : desdeñar, rechazar

spurt[1] *vi* : salir a chorros — **spurt** *n* : chorro *m*

spurt[2] *n* **1** : arranque *m* (de energía, etc.) **2 work in spurts** : trabajar por rachas

spy *v* **spied; spying** *vt* : ver, divisar — *vi* **spy on someone** : espiar a algn — **spy** *n* : espía *mf*

squabble *n* : riña *f*, pelea *f* — **squabble** *vi* **-bled; -bling** : reñir, pelearse

squad *n* : pelotón *m* (militar), brigada *f* (de policías)

squadron *n* : escuadrón *m* (de soldados), escuadra *f* (de aviones o naves)

squalid *adj* : miserable

squall *n* : turbión *m*

squalor *n* : miseria *f*

squander *vt* : derrochar (dinero, etc.), desperdiciar (oportunidades, etc.)

square *n* **1** : cuadrado *m* **2** : plaza *f* (de una ciudad) — **square** *adj* **squarer; -est 1** : cuadrado **2** HONEST : justo **3** EVEN : en paz **4 a square meal** : una comida decente — **square** *vt* **squared; squaring 1** : elevar al cuadrado (un número) **2** : saldar (una cuenta) — **square root** *n* : raíz *f* cuadrada

squash[1] *vt* **1** : aplastar **2** : acallar (protestas, etc.) — **squash** *n* : squash *m* (deporte)

▸ **squash**[2] *n*, *pl* **squashes** *or* **squash** : calabaza *f* (vegetal)

squat *vi* **squatted; squatting 1** *or* **squat down** : ponerse en cuclillas **2** : ocupar un lugar sin derecho — **squat** *adj* **squatter; squattest** : achaparrado

squawk *n* : graznido *m* — **squawk** *vi* : graznar
squeak *vi* **1** : chillar **2** CREAK : chirriar — **squeak** *n* **1** : chillido *m* **2** CREAK : chirrido *m* — **squeaky** *adj* **squeakier; -est** : chirriante
squeal *vi* **1** : chillar (dícese de personas, etc.), chirriar (dícese de frenos, etc.) **2** PROTEST : quejarse — **squeal** *n* : chillido *m* (de una persona), chirrido *m* (de frenos, etc.)
squeamish *adj* : impresionable, delicado
squeeze *vt* **squeezed; squeezing 1** : apretar **2** : exprimir (frutas, etc.) **3** : extraer (jugo, etc.) — **squeeze** *n* : apretón *m*
squid *n*, *pl* **squid** *or* **squids** : calamar *m*
squint *vi* : entrecerrar los ojos — **squint** *n* : estrabismo *m*
squirm *vi* : retorcerse
squirrel *n* : ardilla *f*

squirt *vt* : lanzar un chorro de — *vi* : salir a chorros — **squirt** *n* : chorrito *m*
stab *n* **1** : puñalada *f* **2 stab of pain** : pinchazo *m* **3 take a stab at** : intentar — **stab** *vt* **stabbed; stabbing 1** KNIFE : apuñalar **2** STICK : clavar
stable *n* **1** : establo *m* (para ganado) **2** *or* **horse stable** : caballeriza *f* — **stable** *adj* **-bler; -blest** : estable — **stability** *n*, *pl* **-ties** : estabilidad *f* — **stabilize** *vt* **-lized; -lizing** : estabilizar
stack *n* : montón *m*, pila *f* — **stack** *vt* : amontonar, apilar
stadium *n*, *pl* **-dia** *or* **-diums** : estadio *m*
staff *n*, *pl* **staffs** *or* **staves 1** : bastón *m* **2** *pl* **staffs** PERSONNEL : personal *m* **3** *pl* **staffs** : pentagrama *m* (en música) — **staff** *vt* : proveer de personal
stag *n*, *pl* **stags** *or* **stag** : ciervo *m*, venado *m* — **stag** *adj* : sólo para

hombres — **stag** *adv* **go stag** : ir solo
stage *n* **1** : escenario *m* (de un teatro) **2** PHASE : etapa *f* **3 the stage** : el teatro — **stage** *vt* **staged; staging 1** : poner en escena **2** ARRANGE : montar — **stagecoach** *n* : diligencia *f*
stagger *vi* : tambalearse — *vt* **1** : escalonar (turnos, etc.) **2 be staggered by** : quedarse estupefacto por — **stagger** *n* : tambaleo *m* — **staggering** *adj* : asombroso
stagnant *adj* : estancado — **stagnate** *vi* **-nated; -nating** : estancarse
stain *vt* **1** : manchar **2** : teñir (madera) — **stain** *n* **1** : mancha *f* **2** DYE : tinte *m*, tintura *f* — **stainless steel** *n* : acero *m* inoxidable
▸ **stair** *n* **1** STEP : escalón *m*, peldaño *m* **2 stairs** *npl* : escalera(s) *f(pl)* — **staircase** *n* : escalera(s) *f(pl)* — **stairway** *n* : escalera(s) *f(pl)*

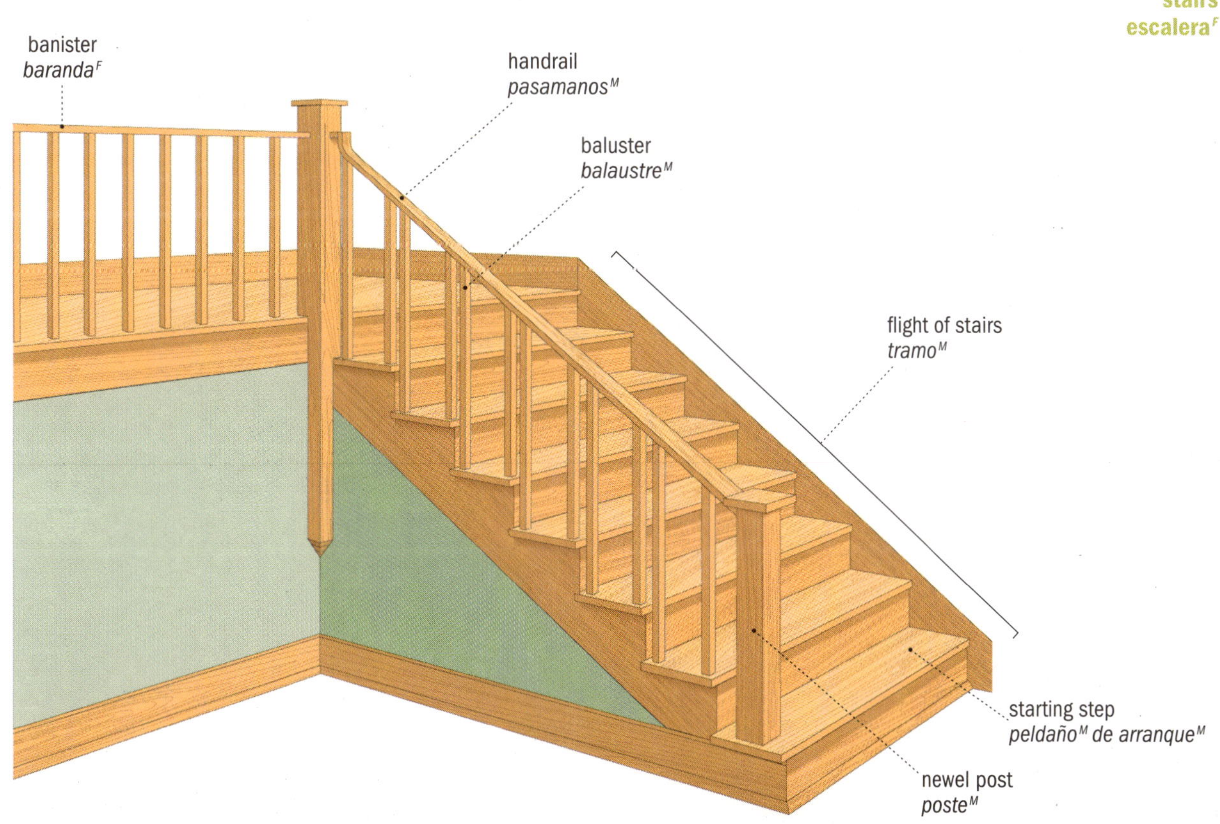

stake *n* **1** POST : estaca *f* **2** BET : apuesta *f* **3** INTEREST : intereses *mpl* **4 be at stake** : estar en juego — **stake** *vt* **staked; staking 1** : estacar **2** BET : jugarse **3 stake a claim to** : reclamar
stale *adj* **staler; stalest 1** : duro (dícese del pan) **2** OLD : viejo **3** STUFFY : viciado
stalk[1] *n* : tallo *m* (de una planta)
stalk[2] *vt* : acechar — *vi or* **stalk off** : irse con altivez
stall[1] *n* **1** : compartimiento *m* (de un establo) **2** STAND : puesto *m* — **stall** *vt* : parar (un motor) — *vi* : pararse
stall[2] *vt* DELAY : entretener — *vi* : andar con rodeos
stallion *n* : caballo *m* semental
stalwart *adj* **1** STRONG : fornido **2 stalwart supporter** : partidario *m* leal
stamina *n* : resistencia *f*
stammer *vi* : tartamudear — **stammer** *n* : tartamudeo *m*
stamp *n* **1** SEAL : sello *m* **2** DIE : cuño *m* **3** *or* **postage stamp** : sello *m*, estampilla *f Lat*, timbre *m*, *Lat* — **stamp** *vt* **1** : franquear (una carta) **2** IMPRINT : sellar **3** MINT : acuñar **4 stamp one's foot** : dar una patada (en el suelo)
stampede *n* : estampida *f* — **stampede** *vi* **-peded; -peding** : salir en estampida
stance *n* : postura *f*
stand *v* **stood; standing** *vi* **1** : estar de pie, estar parado *Lat* **2** BE : estar **3** CONTINUE : seguir vigente **4** LIE, REST : reposar **5 stand aside** *or* **stand back** : apartarse **6 stand out** : sobresalir **7** *or* **stand up** : ponerse de pie, pararse *Lat* — *vt* **1** PLACE : poner, colocar **2** ENDURE : soportar **3 stand a chance** : tener una posibilidad — **stand by** *vt* **1** : mantener (una promesa, etc.) **2** SUPPORT : apoyar — **stand for** *vt* **1** MEAN : significar **2** PERMIT : permitir — **stand up** *vi* **1 stand up for** : defender **2 stand up to** : resistir a — **stand** *n* **1** RESISTANCE : resistencia *f* **2** STALL : puesto *m* **3** BASE : base *f* **4** POSITION : posición *f* **5 stands** *npl* : tribuna *f*
standard *n* **1** : norma *f* **2** BANNER : estandarte *m* **3** CRITERION : criterio *m* **4 standard of living** : nivel *m* de vida — **standard** *adj* : estándar — **standardize** *vt* **-ized; -izing** : estandarizar
standing *n* **1** RANK : posición *f* **2** DURATION : duración *f*
standpoint *n* : punto *m* de vista

starfish
estrella*F* de mar

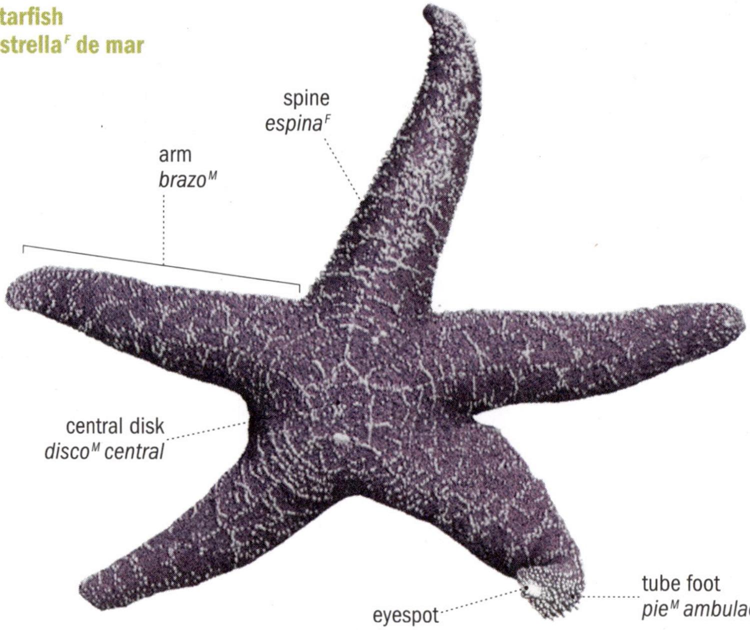

spine
espina*F*

arm
brazo*M*

central disk
disco*M* central

eyespot
mancha*F* ocular

tube foot
pie*M* ambulacral

standstill *n* **1 be at a standstill** : estar paralizado **2 come to a standstill** : pararse
stank → **stink**
stanza *n* : estrofa *f*
staple[1] *n* : producto *m* principal — **staple** *adj* : principal, básico
staple[2] *n* : grapa *f* (para papeles) — **staple** *vt* **-pled; -pling** : grapar, engrapar *Lat* — **stapler** *n* : grapadora *f*, engrapadora *f Lat*
star *n* : estrella *f* — **star** *v* **starred; starring** *vt* FEATURE : estar protagonizado por — *vi* **star in** : protagonizar
starboard *n* : estribor *m*
starch *vt* : almidonar — **starch** *n* **1** : almidón *m* **2** : fécula *f* (comida)
stardom *n* : estrellato *m*
stare *vi* **stared; staring** : mirar fijamente — **stare** *n* : mirada *f* fija
▸ **starfish** *n* : estrella *f* de mar
stark *adj* **1** PLAIN : austero **2** HARSH : severo, duro **3** SHARP : marcado — **stark** *adv* **1** : completamente **2 stark naked** : en cueros (vivos)
starlight *n* : luz *f* de las estrellas
▸ **starling** *n* : estornino *m*
starry *adj* **starrier; -est** : estrellado

start *vi* **1** : empezar, comenzar **2** SET OUT : salir **3** JUMP : sobresaltarse **4** *or* **start up** : arrancar — *vt* **1** : empezar, comenzar **2** CAUSE : provocar **3** *or* **start up** ESTABLISH : montar **4** *or* **start up** : arrancar (un motor, etc.) — **start** *n* **1** : principio *m* **2 get an early start** : salir temprano **3 give someone a start** : asustar a algn — **starter** *n* : motor *m* de arranque (de un vehículo)
startle *vt* **-tled; -tling** : asustar
starve *v* **starved; starving** *vi* : morirse de hambre — *vt* : privar de comida — **starvation** *n* : inanición *f*, hambre *f*
stash *vt* : esconder
state *n* **1** : estado *m* **2 the States** : los Estados Unidos — **state** *vt* **stated; stating 1** SAY : decir **2** REPORT : exponer — **stately** *adj* **statelier; -est** : majestuoso — **statement** *n* **1** : declaración *f* **2** *or* **bank statement** : estado *m* de cuenta — **statesman** *n*, *pl* **-men** : estadista *mf*
static *adj* : estático — **static** *n* : estática *f*
station *n* **1** : estación *f* (de trenes, etc.) **2** RANK : condición *f* (social) **3** : canal *m* (de televisión), emisora *f* (de radio) **4** → **fire station, police station** — *vt* : apostar, estacionar — **stationary** *adj* : estacionario

stationery *n* : papel *m* y sobres *mpl* (para cartas)

station wagon *n* : camioneta *f* (familiar)

statistic *n* : estadística *f* — **statistical** *adj* : estadístico

statue *n* : estatua *f*

stature *n* : estatura *f*, talla *f*

status *n* **1** : situación *f* **2** *or* **social status** : estatus *m* **3** **marital status** : estado *m* civil

statute *n* : estatuto *m*

staunch *adj* : leal

stave *vt* **staved** *or* **stove**; **staving 1** **stave in** : romper **2** **stave off** : evitar

staves → **staff**

stay[1] *vi* **1** REMAIN : quedarse, permanecer **2** LODGE : alojarse **3** **stay awake** : mantenerse despierto **4** **stay in** : quedarse en casa — *vt* : suspender (una ejecución, etc.) — **stay** *n* **1** : estancia *f*, estadía *f* *Lat* **2** SUSPENSION : suspensión *f*

stay[2] *n* SUPPORT : soporte *m*

stead *n* **1** **in someone's stead** : en lugar de algn **2** **stand someone in good stead** : ser muy útil a algn — **steadfast** *adj* **1** FIRM : firme **2** LOYAL : leal, fiel — **steadily** *adv* **1** : progresivamente **2** INCESSANTLY : sin parar **3** FIXEDLY : fijamente — **steady** *adj* **steadier**; **-est 1** FIRM, SURE : firme, seguro **2** FIXED : fijo **3** DEPENDABLE : responsable **4** CONSTANT : constante — **steady** *vt* **steadied**; **steadying 1** : mantener firme **2** : calmar (los nervios)

steak *n* : bistec *m*, filete *m*

steal *v* **stole**; **stolen**; **stealing** *vt* : robar — *vi* **1** : robar **2** **steal away** : escabullirse

stealth *n* : sigilo *m* — **stealthy** *adj* **stealthier**; **-est** : furtivo, sigiloso

steam *n* **1** : vapor *m* **2** **let off steam** : desahogarse — **steam** *vi* : echar vapor — *vt* **1** : cocer al vapor **2** **steam up** : empañar — **steam engine** *n* : motor *m* de vapor — **steamship** *n* : (barco *m* de) vapor *m* — **steamy** *adj* **steamier**; **-est 1** : lleno de vapor **2** PASSIONATE : tórrido

steel *n* : acero *m* — **steel** *vt* **steel oneself** : armarse de valor — **steel** *adj* : de acero

steep[1] *adj* **1** : empinado **2** CONSIDERABLE : considerable **3** : muy alto (dícese de precios)

steep[2] *vt* : dejar (té, etc.) en infusión

steeple *n* : aguja *f*, campanario *m*

steer[1] *n* : buey *m*

steer[2] *vt* : dirigir (un auto, etc.), pilotear (un barco) — **steering wheel** *n* : volante *m*

stem[1] *n* : tallo *m* (de una planta), pie *m* (de una copa) — **stem** *vi* **stem from** : provenir de

stem[2] *vt* **stemmed**; **stemming** : contener, detener

stench *n* : hedor *m*, mal olor *m*

stencil *n* : plantilla *f* (para marcar)

step *n* **1** : paso *m* **2** RUNG, STAIR : escalón *m* **3** **step by step** : paso por paso **4** **take steps** : tomar medidas **5** **watch your step** : mira por dónde caminas — **step** *vi* **stepped**; **stepping 1** : dar un paso **2** **step back** : retoceder **3** **step down** RESIGN : retirarse **4** **step in** : intervenir **5** **step out** : salir (por un momento) **6** **step this way** : pase por aquí — **step up** *vt* INCREASE : aumentar

stepbrother *n* : hermanastro *m* — **stepdaughter** *n* : hijastra *f* — **stepfather** *n* : padrastro *m*

stepladder *n* : escalera *f* de tijera

stepmother *n* : madrastra *f* — **stepsister** *n* : hermanastra *f* — **stepson** *n* : hijastro *m*

stereo *n*, *pl* **stereos** : estéreo *m* — **stereo** *adj* : estéreo

stereotype *vt* **-typed**; **-typing** : estereotipar — **stereotype** *n* : estereotipo *m*

sterile *adj* : estéril — **sterility** *n* : esterilidad *f* — **sterilization** *n* : esterilización *f* — **sterilize** *vt* **-ized**; **-izing** : esterilizar

sterling *adj* : excelente — **sterling silver** *n* : plata *f* de ley

stern[1] *adj* : severo, adusto

stern[2] *n* : popa *f*

stethoscope *n* : estetoscopio *m*

stew *n* : estofado *m*, guiso *m* — **stew** *vt* : estofar, guisar — *vi* **1** : cocer **2** FRET : preocuparse

steward *n* **1** : administrador *m*, -dora *f* **2** : auxiliar *m* de vuelo (en un avión) **3** : camarero *m* (en un barco) — **stewardess** *n* **1** : auxiliar *f* de vuelo, azafata *f* (en un avión) **2** : camarera *f* (en un barco)

stick[1] *n* **1** : palo *m* **2** TWIG : ramita *f* (suelta) **3** WALKING STICK : bastón *m*

stick[2] *v* **stuck**; **sticking** *vt* **1** : pegar **2** STAB : clavar **3** PUT : poner **4** **stick out** : sacar (la lengua, etc.) — *vi* **1** : pegarse **2** JAM : atascarse **3** **stick around** : quedarse **4** **stick out** PROTRUDE : sobresalir **5** **stick out** SHOW : asomar **6** **stick up** : sobresalir **7** **stick up for** : defender — **sticker** *n* : etiqueta *f* adhesiva — **stickler** *n* **be a stick for** : insistir mucho en — **sticky** *adj* **stickier**; **-est** : pegajoso

stiff *adj* **1** RIGID : rígido, tieso **2** STILTED : forzado **3** STRONG : fuerte **4** DIFFICULT : difícil **5** : entumecido (dícese de músculos) — **stiffen** *vt* : fortalecer, hacer más duro — *vi* **1** HARDEN : endurecerse **2** : entumecerse (dícese de músculos) — **stiffness** *n* : rigidez *f*

stifle *vt* **-fled**; **-fling** : sofocar

stigmatize *vt* **-tized**; **-tizing** : estigmatizar

still *adj* **1** : inmóvil **2** SILENT : callado — **still** *adv* **1** : todavía, aún **2** NEVERTHELESS : de todos modos, aún así **3** **sit still!** : ¡quédate quieto! — **still** *n* : quietud *f*, calma *f* — **stillborn** *adj* : nacido muerto — **stillness** *n* : calma *f*, silencio *m*

stilt *n* : zanco *m* — **stilted** *adj* : forzado

stimulate *vt* **-lated**; **-lating** : estimular — **stimulant** *n* : estimulante *m* — **stimulation** *n* : estimulación *f* — **stimulus** *n*, *pl* **-li** : estímulo *m*

sting *v* **stung**; **stinging** : picar — **sting** *n* : picadura *f* — **stinger** *n* : aguijón *m*

stingy *adj* **stingier**; **-est** : tacaño — **stinginess** *n* : tacañería *f*

stink *vi* **stank** *or* **stunk**; **stunk**; **stinking** : apestar, oler mal — **stink** *n* : hedor *m*, peste *f* *fam*

stint *vi* **stint on** : escatimar — **stint** *n* : período *m*

stipulate *vt* **-lated**; **-lating** : estipular

stir *v* **stirred**; **stirring** *vt* **1** : remover,

starling
estornino[M]

stork
cigüeña[F]

revolver **2** MOVE : **mover 3** INCITE : **incitar**
4 or **stir up** : despertar (memorias, etc.),
provocar (ira, etc.) — vi : **moverse,**
agitarse — **stir** n COMMOTION : revuelo m
stirrup n : estribo m
stitch n **1** : puntada f **2** PAIN : punzada f
(en el costado) — **stitch** v : coser
stock n **1** INVENTORY : existencias fpl **2**
SECURITIES : **acciones** fpl **3** ANCESTRY
: linaje m, estirpe f **4** BROTH :
caldo m **5 out of stock** : agotado **6**
take stock of : evaluar — **stock** vt
: surtir, abastecer — vi **stock up on**
: abastecerse de — **stockbroker** n
: corredor m, -dora f de bolsa
stocking n : media f
stock market n : bolsa f — **stockpile** n
: reservas fpl — **stock** vt **-piled;**
-piling : almacenar — **stocky** adj
stockier; -est : robusto, fornido
stodgy adj **stodgier; -est 1** DULL :
pesado **2** OLD-FASHIONED : anticuado
stoic n : estoico m, -ca f —
stoic or **stoical** adj : estoico —
stoicism n : estoicismo m
stoke vt **stoked; stoking** :
echar carbón o leña a
stole[1] → **steal**
stole[2] n : estola f
stolen → **steal**
stomach n : estómago m —
stomach vt : aguantar, soportar

— **stomachache** n : dolor m de estómago
stone n **1** : piedra f **2** : hueso m
(de una fruta) — **stone** vt **stoned;**
stoning : apedrear — **stony** adj
stonier; -est 1 : pedregoso **2 a stone**
silence : un silencio sepulcral
stood → **stand**
stool n : taburete m
stoop vi **1** : agacharse **2 stoop**
to : rebajarse a — **stoop** n **have**
a stoop : ser encorvado
stop v **stopped; stopping** vt **1** PLUG : tapar
2 PREVENT : **impedir 3** HALT : parar, detener
4 CEASE : **dejar de** — vi **1** : detenerse,
parar **2** CEASE : cesar, dejar **3 stop by** :
visitar — **stop** n **1** : parada f, alto m **2**
come to a stop : pararse, detenerse **3**
put a stop to : poner fin a — **stopgap** n
: arreglo m provisorio — **stoplight** n
: semáforo m — **stoppage** n or **work**
stoppage : paro m — **stopper** n : tapón m
store vt **stored; storing** : guardar
(comida, etc.), almacenar (datos,
mercancías, etc.) — **store** n **1** SUPPLY :
reserva f **2** SHOP : tienda f — **storage** n
: almacenamiento m — **storehouse** n :
almacén m — **storekeeper** n : tendero m,
-ra f — **storeroom** n : almacén m
▶ **stork** n : cigüeña f
storm n : tormenta f, tempestad f
— **storm** vi **1** RAGE : ponerse furioso
2 storm in/out : entrar/salir furioso
— vt ATTACK : asaltar — **stormy** adj
stormier; -est : tormentoso
story[1] n, pl **stories 1** TALE : cuento m **2**
ACCOUNT : **historia f 3** RUMOR : rumor m
story[2] n FLOOR : piso m, planta f
stout adj **1** BRAVE : **valiente 2** RESOLUTE :
tenaz 3 STURDY : **fuerte 4** FAT : corpulento
stove[1] n **1** : estufa f (para
calentar) **2** RANGE : cocina f
stove[2] → **stave**
stow vt **1** : guardar **2** LOAD : cargar
— vi **stow away** : viajar de polizón
— **stowaway** n : polizón m
straddle vt **-dled; -dling** :
sentarse a horcajadas sobre
straggle vi **-gled; -gling** :
rezagarse, quedarse atrás —
straggler n : rezagado m, -da f
straight adj **1** : recto, derecho **2** : lacio
(dícese del pelo) **3** HONEST : **franco 4** TIDY
: arreglado — **straight** adv **1** DIRECTLY
: derecho **2** EXACTLY : **justo 3** CLEARLY :
con claridad **4** FRANKLY : con franqueza

— **straightaway** adv : inmediatamente —
straighten vt **1** : enderezar **2 straighten**
up : arreglar — **straightforward** adj **1**
FRANK : **franco 2** CLEAR : claro, sencillo
strain[1] n **1** LINEAGE : linaje m **2**
STREAK : **veta f 3** VARIETY : **variedad f 4**
strains npl : acordes mpl (de música)
strain[2] vt **1** : forzar (la vista o la voz)
2 FILTER : **colar 3** : tensar (relaciones,
etc.) **4 strain a muscle** : sufrir un
esguince **5 strain oneself** : hacerse
daño — vi : esforzarse (por) —
strain n **1** STRESS : tensión f **2** SPRAIN :
esguince m — **strainer** n : colador m
strait n **1** : estrecho m **2 in dire**
straits : en grandes apuros
strand[1] vt **be stranded** :
quedar(se) varado
strand[2] n **1** : hebra f **2 a**
strand of hair : un pelo
strange adj **stranger; -est 1** : extraño,
raro **2** UNFAMILIAR : desconocido —
strangely adv : de manera extraña
— **strangeness** n **1** : rareza f **2**
UNFAMILIARITY : lo desconocido —
stranger n : desconocido m, -da f
strangle vt **-gled; -gling** : estrangular
strap n **1** : correa f **2** or **shoulder**
strap : tirante m — **strap** vt **strapped;**
strapping : sujetar con una correa
— **strapless** n : sin tirantes —
strapping adj : robusto, fornido
strategy n, pl **-gies** : estrategia f
— **strategic** adj : estratégico
straw n **1** : paja f **2** or **drinking straw**
: pajita f **3 the last straw** : el colmo
strawberry n, pl **-ries** : fresa f
stray n : animal m perdido —
stray vi **1** : perderse, extraviarse **2** :
apartarse (de un grupo, etc.) **3** DEVIATE
: desviarse — **stray** adj : perdido
streak n **1** : raya f **2** VEIN : **veta f 3**
streak of luck : racha f de suerte — vi
streak by : pasar como una flecha
stream n **1** : arroyo m, riachuelo m **2**
FLOW : **chorro m, corriente f** —
stream vi : correr — **streamer** n **1**
PENNANT : **banderín m 2** : serpentina f
(de papel) — **streamlined** adj **1** :
aerodinámico **2** EFFICIENT : eficiente
street n : calle f — **streetcar** n :
tranvía m — **streetlight** n : farol m
strength n **1** : fuerza f **2** FORTITUDE :
fortaleza f 3 TOUGHNESS : resistencia f,
solidez f 4 INTENSITY : intensidad f **5**

strengths and weaknesses : virtudes y defectos — **strengthen** *vt* **1** : fortalecer **2** REINFORCE : reforzar **3** INTENSIFY : intensificar

strenuous *adj* **1** : enérgico **2** ARDUOUS : duro, riguroso

stress *n* **1** : tensión *f* **2** EMPHASIS : énfasis *m* **3** : acento *m* (en lingüística) — **stress** *vt* **1** EMPHASIZE : enfatizar **2** *or* **stress out** : estresar — **stressful** *adj* : estresante

stretch *vt* **1** : estirar (músculos, elástico, etc.) **2** EXTEND : extender **3** **stretch the truth** : forzar la verdad — *vi* **1** : estirarse **2** EXTEND : extenderse — **stretch** *n* **1** : extensión *f* **2** ELASTICITY : elasticidad *f* **3** EXPANSE : tramo *m* **4** : período *m* (de tiempo) — **stretcher** *n* : camilla *f*

strew *vt* **strewed; strewed** *or* **strewn; strewing** : esparcir (semillas, etc.), desparramar (papeles, etc.)

stricken *adj* **stricken with** : aquejado de (una enfermedad), afligido por (tristeza, etc.)

strict *adj* : estricto — **strictly** *adv* **strict speaking** : en rigor

stride *vi* **strode; stridden; striding** : ir dando zancadas — **stride** *n* **1** : zancada *f* **2** **make great strides** : hacer grandes progresos

strident *adj* : estridente

strife *n* : conflictos *mpl*

strike *v* **struck; struck; striking** *vt* **1** HIT : golpear **2** *or* **strike against** : chocar contra **3** *or* **strike out** DELETE : tachar **4** : dar (la hora) **5** IMPRESS : impresionar **6** : descubrir (oro o petróleo) **7** **it strikes me as…** : me parece… **8** **strike up** START : entablar — *vi* **1** : golpear **2** ATTACK : atacar **3** : declararse en huelga **4** : sobrevenir (dícese de una enfermedad, etc.) — **strike** *n* **1** BLOW : golpe *m* **2** : huelga *f*, paro *m, Lat* (de trabajadores) **3** ATTACK : ataque *m* — **strikebreaker** *n* : esquirol *mf* — **striker** *n* : huelgista *mf* — **striking** *adj* : notable, llamativo

string *n* **1** : cordel *m* **2** : sarta *f* (de perlas, insultos, etc.), serie *f* (de eventos, etc.) **3** **strings** *npl* : cuerdas *fpl* (en música) — **string** *vt* **strung; stringing** **1** : ensartar **2** *or* **string up** : colgar — **string bean** *n* : habichuela *f* verde

stringent *adj* : estricto, severo

strip[1] *v* **stripped; stripping** *vt* **1** REMOVE : quitar **2** UNDRESS : desnudar **3** **strip someone of something** : despojar a algn

de algo — *vi* UNDRESS : desnudarse

strip[2] *n* : tira *f*

stripe *n* : raya *f*, lista *f* — **striped** *adj* : a rayas, rayado

strive *vi* **strove; striven** *or* **strived; striving 1** **strive for** : luchar por **2** **strive to** : esforzarse por

strode → **stride**

stroke *vt* **stroked; stroking** : acariciar — **stroke** *n* **1** : golpe *m* **2** : derrame *m* cerebral (en medicina)

stroll *vi* : pasearse — **stroll** *n* : paseo *m* — **stroller** *n* : cochecito *m* (para niños)

strong *adj* : fuerte — **stronghold** *n* : bastión *m* — **strongly** *adv* **1** DEEPLY : profundamente **2** WHOLEHEARTEDLY : totalmente **3** VIGOROUSLY : enérgicamente

strove → **strive**

struck → **strike**

structure *n* : estructura *f* — **structural** *adj* : estructural

struggle *vi* **-gled; -gling 1** : forcejear **2** STRIVE : luchar — **struggle** *n* : lucha *f*

strum *vt* **strummed; strumming** : rasguear

strung → **string**

strut *vi* **strutted; strutting** : pavonearse — **strut** *n* : puntal *m* (en construcción)

stub *n* : colilla *f* (de un cigarrillo), cabo *m* (de un lápiz, etc.), talón *m* (de un cheque) — **stub** *vt* **stubbed; stubbing** **stub one's toe** : darse en el dedo

stubble *n* : barba *f* de varios días

stubborn *adj* **1** : terco, obstinado **2** PERSISTENT : tenaz

stucco *n, pl* **stuccos** *or* **stuccoes** : estuco *m*

stuck → **stick** — **stuck-up** *adj* : engreído, creído *fam*

stud[1] *n* : semental *m* (animal)

stud[2] *n* **1** NAIL, TACK : tachuela *f*, tachón *m* **2** *or* **stud earring** : arete *m Lat*, pendiente *m Spain* **3** : montante *m* (en construcción)

student *n* : estudiante *mf*; alumno *m*, -na *f* (de un colegio) — **studio** *n, pl* **studios** : estudio *m* — **study** *n, pl* **studies** : estudio *m* — **study** *v* **studied; studying** : estudiar — **studious** *adj* : estudioso

stuff *n* **1** : cosas *fpl* **2** MATTER, SUBSTANCE : cosa *f* **3** **know one's stuff** : ser experto — **stuff** *vt* **1** FILL : rellenar **2** CRAM : meter — **stuffing** *n* : relleno *m* — **stuffy** *adj* **stuffier; -est 1** STODGY : pesado, aburrido

2 : tapado (dícese de la nariz) **3** **stuffy rooms** : salas *fpl* mal ventiladas

stumble *vi* **-bled; -bling 1** : tropezar **2** **stumble across** *or* upon : tropezar con

stump *n* **1** : muñón *m* (de una pierna, etc.) **2** *or* **tree stump** : tocón *m* — **stump** *vt* : dejar perplejo

stun *vt* **stunned; stunning 1** : aturdir (con un golpe) **2** ASTONISH : dejar atónito

stung → **sting**

stunk → **stink**

stunning *adj* **1** : increíble, sensacional **2** STRIKING : imponente

stunt[1] *vt* : atrofiar

stunt[2] *n* : proeza *f* (acrobática)

stupendous *adj* : estupendo

stupid *adj* **1** : estúpido **2** SILLY : tonto, bobo — **stupidity** *n* : tontería *f*, estupidez *f*

sturdy *adj* **sturdier; -est 1** : fuerte, resistente **2** ROBUST : robusto

stutter *vi* : tartamudear — **stutter** *n* : tartamudeo *m*

sty *n* **1** *pl* **sties** PIGPEN : pocilga *f* **2** *pl* **sties** *or* **styes** : orzuelo *m* (en el ojo)

style *n* **1** : estilo *m* **2** FASHION : moda *f* **3** **be in style** : estar de moda — **style** *vt* **styled; styling** : peinar (pelo), diseñar (vestidos, etc.) — **stylish** *adj* : elegante, chic — **stylist** *n* : estilista *mf*

suave *adj* : refinado y afable

sub[1] *vi* **subbed; subbing** → **substitute** — **sub** *n* → **substitute**

sub[2] *n* → **submarine**

subconscious *adj* : subconsciente — **subconscious** *n* : subconsciente *m*

subdivide *vt* **-vided; -viding** : subdividir — **subdivision** *n* : subdivisión *f*

subdue *vt* **-dued; -duing 1** CONQUER : sojuzgar **2** CONTROL : dominar **3** SOFTEN : atenuar — **subdued** *adj* : apagado

subject *n* **1** : sujeto *m* **2** : súbdito *m*, -ta *f* (de un gobierno) **3** TOPIC : tema *m* — **subject** *adj* **1** : sometido **2** **subject to** : sujeto a — **subject** *vt* **subject to** : someter a — **subjective** *adj* : subjetivo

subjunctive *n* : subjuntivo *m* — **subjunctive** *adj* : subjuntivo

sublime *adj* : sublime

submarine *adj* : submarino — **submarine** *n* : submarino *m*

submerge *v* **-merged; -merging** *vt* : sumergir — *vi* : sumergirse

submit *v* **-mitted; -mitting** *vi* **1** YIELD : rendirse **2** **submit to** : someterse a — *vt* : presentar — **submission** *n* **1** :

Sun
Sol^M

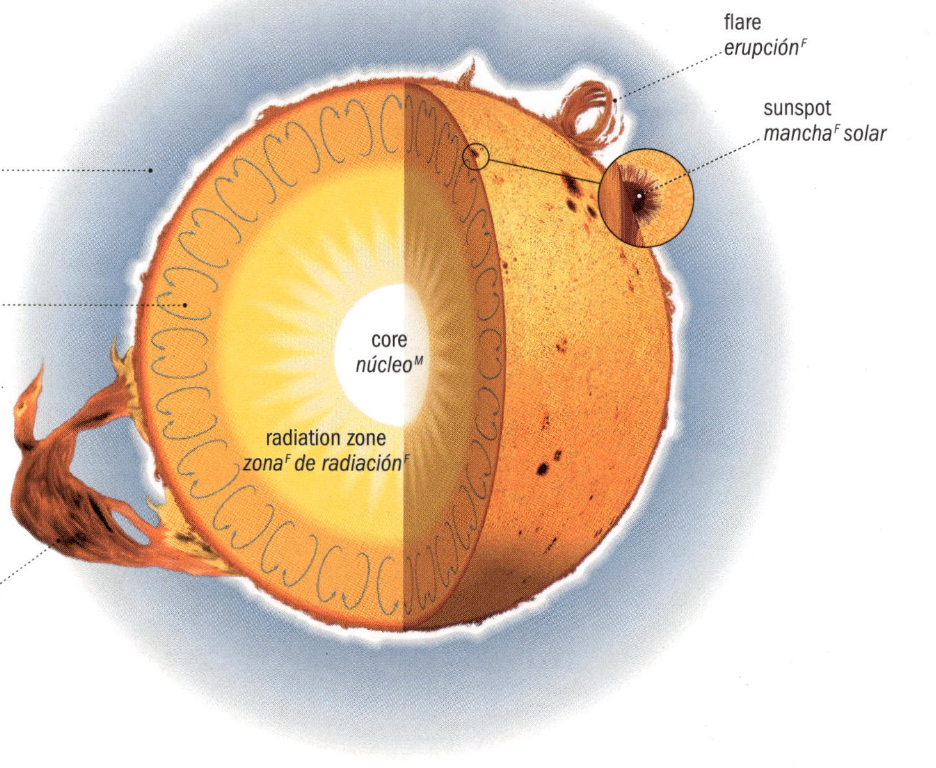

sumisión f **2** PRESENTATION : presentación f
— **submissive** adj : sumiso
subordinate adj : subordinado
— **subordinate** n : subordinado m,
-da f — **subordinate** vt -**nated;**
-**nating** : subordinar
subpoena n : citación f
subscribe vi -**scribed; -scribing**
subscribe to : suscribirse a (una revista,
etc.), suscribir (una opinión, etc.) —
subscriber n : suscriptor m, -tora f (de
una revista, etc.); abonado m, -da f (de un
servicio) — **subscription** n : suscripción f
subsequent adj **1** : subsiguiente
2 subsequent to : posterior a —
subsequently adv : posteriormente
subservient adj : servil
subside vi -**sided; -siding 1** SINK
: hundirse **2** : amainar (dícese
de tormentas, pasiones, etc.),
remitir (dícese de fiebres, etc.)
subsidiary adj : secundario

— **subsidiary** n, pl -**ries** : filial f
subsidy n, pl -**dies** : subvención f
— **subsidize** vt -**dized;**
-**dizing** : subvencionar
subsistence n : subsistencia f
— **subsist** vi : subsistir
substance n : sustancia f
substandard adj : inferior
substantial adj **1** CONSIDERABLE :
considerable **2** STURDY : sólido **3** :
sustancioso (dícese de una comida, etc.)
— **substantially** adv : considerablemente
substitute n : sustituto m, -ta f (de
una persona); sucedáneo m (de una
cosa) — **substitute** vt -**tuted; -tuting** :
sustituir — **substitution** n : sustitución f
subterranean adj : subterráneo
subtitle n : subtítulo m
subtle adj -**tler; -tlest** : sutil —
subtlety n, pl -**ties** : sutileza f
subtraction n : resta f —
subtract vt : restar

suburb n **1** : barrio m residencial,
suburbio m **2 the suburbs** : las
afueras — **suburban** adj : de
las afueras (de una ciudad)
subversion n : subversión f —
subversive adj : subversivo
subway n : metro m
succeed vt : suceder a — vi : tener
éxito (dícese de personas), dar resultado
(dícese de planes, etc.) — **success** n
: éxito m — **successful** adj : de éxito,
exitoso Lat — **successfully** adv : con éxito
succession n **1** : sucesión f **2 in**
succession : sucesivamente, seguidos
— **successive** adj : sucesivo —
successor n : sucesor m, -sora f
succinct adj : sucinto
succulent adj : suculento
succumb vi : sucumbir
such adj **1** : tal **2 such as** : como **3 such**
a pity! : ¡qué lástima! — **such** pron **1** :
tal **2 and such** : y cosas por el estilo **3 as**

such : como tal — **such** *adv* **1** VERY : muy **2 such a nice man!** : ¡qué hombre tan simpático! **3 such that** : de tal manera que

suck *vt* **1** *or* **suck on** : chupar **2** *or* **suck up** : sorber (bebidas), aspirar (con una máquina) — **sucker** *n* **1** SHOOT : chupón *m* **2** FOOL : imbécil *mf* — **suckle** *vt* **-led; -ling** : amamantar — **suction** *n* : succión *f*

sudden *adj* **1** : repentino **2 all of a sudden** : de repente — **suddenly** *adv* : de repente

suds *npl* : espuma *f* (de jabón)

sue *vt* **sued; suing** : demandar (por)

suede *n* : ante *m*, gamuza *f*

suet *n* : sebo *m*

suffer *vi* : sufrir — *vt* **1** : sufrir **2** BEAR : tolerar — **suffering** *n* : sufrimiento *m*

suffice *vi* **-ficed; -ficing** : bastar — **sufficient** *adj* : suficiente — **sufficiently** *adv* : (lo) suficientemente

suffix *n* : sufijo *m*

suffocate *v* **-cated; -cating** *vt* : asfixiar — *vi* : asfixiarse — **suffocation** *n* : asfixia *f*

suffrage *n* : sufragio *m*

sugar *n* : azúcar *mf* — **sugarcane** *n* : caña *f* de azúcar — **sugary** *adj* : azucarado

suggestion *n* **1** : sugerencia *f* **2** TRACE : indicio *m* — **suggest** *vt* **1** : sugerir **2** INDICATE : indicar

suicide *n* **1** : suicidio *m* (acto) **2** : suicida *mf* (persona) — **suicidal** *adj* : suicida

suit *n* **1** LAWSUIT : pleito *m* **2** : traje *m* (ropa) **3** : palo *m* (de naipes) — **suit** *vt* **1** ADAPT : adaptar **2** BEFIT : ser apropiado para **3 suit someone** : convenir a algn (dícese de fechas, etc.), quedar bien a algn (dícese de ropa) — **suitable** *adj* : apropiado — **suitcase** *n* : maleta *f*, valija *f* *Lat*

suite *n* **1** : suite *f* (de habitaciones) **2** : juego *m* (de muebles)

suitor *n* : pretendiente *m*

sulfur *n* : azufre *m*

sulk *vi* : enfurruñarse *fam* — **sulky** *adj* **sulkier; -est** : malhumorado

sullen *adj* : hosco

sultry *adj* **sultrier; -est 1** : bochornoso **2** SENSUAL : sensual

sum *n* : suma *f* — **sum** *vt* **summed; summing sum up** : resumir — **summarize** *v* **-rized; -rizing** : resumir — **summary** *n, pl* **-ries** : resumen *m*

summer *n* : verano *m*

summit *n* : cumbre *f*

summon *vt* **1** : llamar (a algn), convocar (una reunión) **2** : citar (en derecho) — **summons** *n, pl* **summonses** SUBPOENA : citación *f*

sumptuous *adj* : suntuoso

▶ **sun** *n* : sol *m* — **sunbathe** *vi* **-bathed; -bathing** : tomar el sol — **sunbeam** *n* : rayo *m* de sol — **sunburn** *n* : quemadura *f* de sol

Sunday *n* : domingo *m*

sundry *adj* : varios, diversos

sunflower *n* : girasol *m*

sung → **sing**

sunglasses *npl* : gafas *fpl* de sol, lentes *mpl* de sol

sunk → **sink** — **sunken** *adj* : hundido

sunlight *n* : (luz *f* del) sol *m* — **sunny** *adj* **-nier; -est** : soleado — **sunrise** *n* : salida *f* del sol — **sunset** *n* : puesta *f* del sol — **sunshine** *n* : sol *m*, luz *f* del sol — **suntan** *n* : bronceado *m*

super *adj* : súper *fam*

superb *adj* : magnífico, espléndido

superficial *adj* : superficial

superfluous *adj* : superfluo

superimpose *vt* **-posed; -posing** : sobreponer

superintendent *n* **1** : superintendente *mf* (de policía) **2** *or* **building superintendent** : portero *m*, -ra *f* **3** *or* **school superintendent** : director *m*, -tora *f* (de un colegio)

superior *adj* : superior — **superior** *n* : superior *m* — **superiority** *n, pl* **-ties** : superioridad *f*

superlative *adj* **1** : superlativo (en gramática) **2** EXCELLENT : excepcional — **superlative** *n* : superlativo *m*

supermarket *n* : supermercado *m*

supernatural *adj* : sobrenatural

superpower *n* : superpotencia *f*

supersede *vt* **-seded; -seding** : reemplazar, suplantar

supersonic *adj* : supersónico

superstition *n* : superstición *f* — **superstitious** *adj* : supersticioso

supervisor *n* : supervisor *m*, -sora *f* — **supervise** *vt* **-vised; -vising** : supervisar — **supervision** *n* : supervisión *f* — **supervisory** *adj* : de supervisor

supper *n* : cena *f*, comida *f*

supplant *vt* : suplantar

supple *adj* **-pler; -plest** : flexible

supplement *n* : suplemento *m* — **supplement** *vt* : complementar

— **supplementary** *adj* : suplementario

supply *vt* **-plied; -plying 1** : suministrar **2 supply with** : proveer de — **supply** *n, pl* **-plies 1** : suministro *m*, provisión *f* **2 supply and demand** : oferta y demanda **3 supplies** *npl* PROVISIONS : provisiones *fpl*, víveres *mpl* — **supplier** *n* : proveedor *m*, -dora *f*

support *vt* **1** BACK : apoyar **2** : mantener (una familia, etc.) **3** PROP UP : sostener — **support** *n* **1** : apoyo *m* (moral), ayuda *f* (económica) **2** PROP : soporte *m* — **supporter** *n* : partidario *m*, -ria *f*

suppose *vt* **-posed; -posing 1** : suponer **2 be supposed to (do something)** : tener que (hacer algo) — **supposedly** *adv* : supuestamente

suppress *vt* **1** : reprimir **2** : suprimir (noticias, etc.) — **suppression** *n* **1** : represión *f* **2** : supresión *f* (de información)

supreme *adj* : supremo — **supremacy** *n, pl* **-cies** : supremacía *f*

sure *adj* **surer; -est 1** : seguro **2 make sure that** : asegurarse de que — **sure** *adv* **1** OF COURSE : por supuesto, claro **2 it sure is hot!** : ¡qué calor! — **surely** *adv* : seguramente

surfing *n* : surf *m*, surfing *m*

surface *n* : superficie *f* — **surface** *v* **-faced; -facing** *vi* : salir a la superficie — *vt* : revestir

surfeit *n* : exceso *m*

surfing *n* : surf *m*, surfing *m*

surge *vi* **surged; surging 1** SWELL : hincharse (dícese del mar) **2** SWARM : moverse en tropel — **surge** *n* **1** : oleaje *m* (del mar), oleada *f* (de gente) **2** INCREASE : aumento *m* (súbito)

surgeon *n* : cirujano *m*, -na *f* — **surgery** *n, pl* **-geries** : cirugía *f* — **surgical** *adj* : quirúrgico

surly *adj* **surlier; -est** : hosco, arisco

surmount *vt* : superar

surname *n* : apellido *m*

surpass *vt* : superar

surplus *n* : excedente *m*

surprise *n* **1** : sorpresa *f* **2 take by surprise** : sorprender — **surprise** *vt* **-prised; -prising** : sorprender — **surprising** *adj* : sorprendente

surrender *vt* : entregar, rendir — *vi* : rendirse — **surrender** *n* : rendición *m* (de una ciudad, etc.), entrega *f* (de posesiones)

surrogate *n* : sustituto *m*

surround *vt* : rodear — **surroundings** *npl* : ambiente *m*

surveillance *n* : vigilancia *f*
survey *vt* **-veyed; -veying 1** : medir (un solar) **2** INSPECT : inspeccionar **3** POLL : sondear — **survey** *n*, *pl* **-veys 1** INSPECTION : inspección *f* **2** : medición *f* (de un solar) **3** POLL : encuesta *f*, sondeo *m* — **surveyor** *n* : agrimensor *m*, -sora *f*
survive *v* **-vived; -viving** *vi* : sobrevivir — *vt* : sobrevivir a — **survival** *n* : supervivencia *f* — **survivor** *n* : superviviente *mf*
susceptible *adj* **susceptible to** : propenso a — **susceptibility** *n*, *pl* **-ties** : propensión *f* (a enfermedades, etc.)
suspect *adj* : sospechoso — **suspect** *n* : sospechoso *m*, -sa *f* — **suspect** *vt* : sospechar (algo), sospechar de (algn)
suspend *vt* : suspender — **suspense** *n* **1** : incertidumbre *m* **2** : suspenso *m Lat*, suspense *m Spain* (en el cine, etc.) — **suspension** *n* : suspensión *f*
suspicion *n* : sospecha *f* — **suspicious** *adj* **1** QUESTIONABLE : sospechoso **2** DISTRUSTFUL : suspicaz
sustain *vt* **1** : sostener **2** SUFFER : sufrir
swagger *vi* : pavonearse
swallow[1] *v* : tragar — **swallow** *n* : trago *m*
swallow[2] *n* : golondrina *f* (pájaro)
swam → **swim**
swamp *n* : pantano *m*, ciénaga *f* — **swamp** *vt* : inundar — **swampy** *adj* **swampier; -est** : pantanoso, cenagoso
swan *n* : cisne *f*
swap *vt* **swapped; swapping 1** : intercambiar **2 swap something for something** : cambiar algo por algo **3 swap something with someone** : cambiar algo a algn — **swap** *n* : cambio *m*
swarm *n* : enjambre *m* — **swarm** *vi* : enjambrar
swat *vt* **swatted; swatting** : aplastar (un insecto)
sway *n* **1** : balanceo *m* **2** INFLUENCE : influjo *m* — **sway** *vi* : balancearse — *vt* : influir en
swear *v* **swore; sworn; swearing** *vi* **1** : jurar **2** CURSE : decir palabrotas — *vt* : jurar — **swearword** *n* : palabrota *f*
sweat *vi* **sweat** *or* **sweated; sweating** : sudar — **sweat** *n* : sudor *m* — **sweater** *n* : suéter *m* — **sweatshirt** *n* : sudadera *f* — **sweaty** *adj* **sweatier; -est** : sudado
Swedish *adj* : sueco — **Swedish** *n* : sueco *m* (idioma)
sweep *v* **swept; sweeping** *vt* **1** : barrer **2 sweep aside** : apartar **3 sweep through** : extenderse por — *vi* : barrer — **sweep** *n* **1** : barrido *m* **2** : movimiento *m* circular (de la mano, etc.) **3** SCOPE : alcance *m* — **sweeping** *adj* **1** WIDE : amplio **2** EXTENSIVE : extenso — **sweepstakes** *ns & pl* : lotería *f*
sweet *adj* **1** : dulce **2** PLEASANT : agradable — **sweet** *n* : dulce *m* — **sweeten** *vt* : endulzar — **sweetener** *n* : endulzante *m* — **sweetheart** *n* **1** : novio *m*, -via *f* **2** (*used as a form of address*) : cariño *m* — **sweetness** *n* : dulzura *f* — **sweet potato** *n* : batata *f*, boniato *m*
swell *vi* **swelled; swelled** *or* **swollen; swelling 1** *or* **swell up** : hincharse **2** INCREASE : aumentar, crecer — **swell** *n* : oleaje *m* (del mar) — **swelling** *n* : hinchazón *f*
sweltering *adj* : sofocante
swept → **sweep**
swerve *vi* **swerved; swerving** : virar bruscamente
swift *adj* : rápido — **swiftly** *adv* : rápidamente
swig *n* : trago *m* — **swig** *vi* **swigged; swigging** : beber a tragos
swim *vi* **swam; swum; swimming 1** : nadar **2** REEL : dar vueltas — **swim** *n* **1** : baño *m* **2 go for a swim** : ir a nadar — **swimmer** *n* : nadador *m*, -dora *f*
swindle *vt* **-dled; -dling** : estafar, timar — **swindle** *n* : estafa *f*, timo *m fam*
swine *ns & pl* : cerdo *m*, -da *f*
swing *v* **swung; swinging** *vt* **1** : balancear, hacer oscilar **2** MANAGE : arreglar — *vi* **1** : balancearse, oscilar **2** SWIVEL : girar — **swing** *n* **1** : vaivén *m*, balanceo *m* **2** SHIFT : cambio *m* **3** : columpio *m* (para niños) **4 in full swing** : en pleno proceso
swipe *v* **swiped; swiping** *vt* STEAL : birlar *fam*, robar — *vi* **swipe at** : intentar pegar
swirl *vi* : arremolinarse — **swirl** *n* **1** EDDY : remolino *m* **2** SPIRAL : espiral *f*
swish *vt* : agitar (haciendo un sonido) — *vi* **1** RUSTLE : hacer frufrú **2 swish by** : pasar silbando
Swiss *adj* : suizo
switch *n* **1** WHIP : vara *f* **2** CHANGE : cambio *m* **3** : interruptor *m*, llave *f* (de la luz, etc.) — **switch** *vt* **1** CHANGE : cambiar de **2** EXCHANGE : intercambiar **3 switch on** : encender, prender *Lat* **4 switch off** : apagar — *vi* **1** : sacudir (la cola, etc.) **2** CHANGE : cambiar **3** SWAP : intercambiarse — **switchboard** *n* : centralita *f*, conmutador *m*, *Lat*
swivel *vi* **-veled** *or* **-velled; -veling** *or* **-velling** : girar (sobre un pivote)
swollen → **swell**
swoon *vi* : desvanecerse
swoop *vi* **swoop down on** : abatirse sobre — **swoop** *n* : descenso *m* en picada
sword *n* : espada *f*
swordfish *n* : pez *m* espada
swore, sworn → **swear**
swum → **swim**
swung → **swing**
syllable *n* : sílaba *f*
syllabus *n*, *pl* **-bi** *or* **-buses** : programa *m* (de estudios)
symbol *n* : símbolo *m* — **symbolic** *adj* : simbólico — **symbolism** *n* : simbolismo *m* — **symbolize** *vt* **-ized; -izing** : simbolizar
symmetry *n*, *pl* **-tries** : simetría *f* — **symmetrical** *adj* : simétrico
sympathy *n*, *pl* **-thies 1** COMPASSION : compasión *f* **2** UNDERSTANDING : comprensión *f* **3** CONDOLENCES : pésame *m* **4 sympathies** *npl* LOYALTY : simpatías *fpl* — **sympathize** *vi* **-thized; -thizing 1 sympathize with** PITY : compadecerse de **2 sympathize with** UNDERSTAND : cooprender — **sympathetic** *adj* **1** COMPASSIONATE : compasivo **2** UNDERSTANDING : comprensivo
symphony *n*, *pl* **-nies** : sinfonía *f*
symposium *n*, *pl* **-sia** *or* **-siums** : simposio *m*
symptom *n* : síntoma *m* — **symptomatic** *adj* : sintomático
synagogue *n* : sinagoga *f*
synchronize *vt* **-nized; -nizing** : sincronizar
syndrome *n* : síndrome *m*
synonym *n* : sinónimo *m* — **synonymous** *adj* : sinónimo
synopsis *n*, *pl* **-opses** : sinopsis *f*
syntax *n* : sintaxis *f*
synthesis *n*, *pl* **-theses** : síntesis *f* — **synthesize** *vt* **-sized; -sizing** : sintetizar — **synthetic** *adj* : sintético
syphilis *n* : sífilis *f*
Syrian *adj* : sirio
syringe *n* : jeringa *f*, jeringuilla *f*
syrup *n* : jarabe *m*
system *n* **1** : sistema *m* **2** BODY : organismo *m* **3 digestive system** : aparato *m* digestivo — **systematic** *adj* : sistemático

t *n pl* **t's** *or* **ts** : t *f*, vigésima
letra del alfabeto inglés
tab *n* **1** TAG : etiqueta *f* **2** FLAP :
lengüeta *f* **3** ACCOUNT : cuenta *f* **4**
keep tabs on : vigilar
▸ **table** *n* **1** : mesa *f* **2** LIST : tabla *f* **3**
table of contents : índice *m* de
materias — **tablecloth** *n* : mantel *m*
— **tablespoon** *n* **1** : cuchara *f*
grande **2** : cucharada *f* (cantidad)
tablet *n* **1** PAD : bloc *m* **2** PILL :
pastilla *f* **3** *or* **stone tablet** : lápida *f*
tabloid *n* : tabloide *m*
taboo *adj* : tabú — **taboo** *n* : tabú *m*
tacit *adj* : tácito
taciturn *adj* : taciturno
tack *vt* **1** : fijar con tachuelas **2 tack on**
ADD : añadir — **tack** *n* **1** : tachuela *f* **2**
change tack : cambiar de rumbo
tackle *n* **1** GEAR : aparejo *m* **2** :
placaje *m*, tacle *m*, *Lat* (acción)
— **tackle** *vt* **-led; -ling 1** : placar,
taclear *Lat* **2** CONFRONT : abordar
tacky *adj* **tackier; -est 1** : pegajoso
2 GAUDY : de mal gusto
tact *n* : tacto *m* — **tactful** *adj*
: diplomático, discreto
tactical *adj* : táctico — **tactic** *n* :
táctica *f* — **tactics** *ns & pl* : táctica *f*
tactless *adj* : indiscreto
tadpole *n* : renacuajo *m*
tag[1] *n* LABEL : etiqueta *f* — **tag** *v* **tagged;**
tagging *vt* : etiquetar — *vi* **tag along**
with someone : acompañar a algn
tag[2] *vt* : tocar (en varios juegos)

tail *n* **1** : cola *f* **2 tails** *npl* : cruz *f* (de
una moneda) — **tail** *vt* FOLLOW : seguir
tailor *n* : sastre *m*, -tra *f* — **tailor** *vt* **1**
: confeccionar (ropa) **2** ADAPT : adaptar
taint *vt* : contaminar
take *v* **took; taken; taking** *vt* **1** : tomar
2 BRING : llevar **3** REMOVE : sacar **4** BEAR :
soportar, aguantar **5** ACCEPT : aceptar **6**
I take it that... : supongo que... **7 take**
a bath : bañarse **8 take a walk** : dar un
paseo **9 take back** : retirar (palabras,
etc.) **10 take in** ALTER : achicar **11 take**
in GRASP : entender **12 take in** TRICK :
engañar **13 take off** REMOVE : quitar,
quitarse (ropa) **14 take on** : asumir (una
responsabilidad, etc.) **15 take out** :
sacar **16 take over** : tomar el poder de
17 take place : tener lugar **1 8 take up**
SHORTEN : acortar **1 9 take up** OCCUPY
: ocupar — *vi* **1** : prender (dícese de
una vacuna, etc.) **2 take off** : despegar
(dícese de aviones, etc.) **3 take over** :
asumir el mando — **take** *n* **1** PROCEEDS
: ingresos *mpl* **2** : toma *f* (en el cine) —
takeoff *n* : despegue *m* (de un avión,
etc.) — **takeover** *n* : toma *f* (de poder,
etc.), adquisición *f* (de una empresa)
talcum powder *n* : polvos *mpl* de talco
tale *n* : cuento *m*
talent *n* : talento *m* —
talented *adj* : talentoso
talk *vi* **1** : hablar **2 talk about** : hablar de
3 talk to/with : hablar con — *vt* **1** SPEAK :
hablar **2 talk over** : hablar de, discutir —
talk *n* **1** CHAT : conversación *f* **2** SPEECH

: charla *f* — **talkative** *adj* : hablador
tall *adj* **1** : alto **2 how tall are**
you? : ¿cuánto mides?
tally *n pl* **-lies** : cuenta *f* — **tally** *v*
-lied; -lying *vt* RECKON : calcular
— *vi* MATCH : concordar, cuadrar
talon *n* : garra *f*
tambourine *n* : pandereta *f*
tame *adj* **tamer; -est 1** : domesticado
2 DOCILE : manso **3** DULL : insípido, soso
— **tame** *vt* **tamed; taming** : domar
tamper *vi* **tamper with** : forzar (una
cerradura), amañar (documentos, etc.)
tampon *n* : tampón *m*
tan *v* **tanned; tanning** *vt* : curtir
(cuero) — *vi* : broncearse —
tan *n* **1** SUNTAN : bronceado *m* **2**
: (color *m*) café *m* con leche
tang *n* : sabor *m* fuerte
tangent *n* : tangente *f*
tangerine *n* : mandarina *f*
tangible *adj* : tangible
tangle *v* **-gled; -gling** *vt* : enredar — *vi*
: enredarse — **tangle** *n* : enredo *m*
tango *n pl* **-gos** : tango *m*
tank *n* **1** : tanque *m*, depósito *m* **2**
: tanque *m* (militar) — **tanker** *n* **1**
: buque *m* tanque **2** *or* **tanker**
truck : camión *m* cisterna
tantalizing *adj* : tentador
tantrum *n* **throw a tantrum**
: hacer un berrinche
tap[1] *n* FAUCET : llave *f*, grifo *m* *Spain*
— **tap** *vt* **tapped; tapping 1** :
sacar (un líquido, etc.), sangrar (un

serving cart
mesita[F] de servicio[M]

nest of tables
juego[M] de mesas[F]

extension table
mesa[F] plegable

árbol) **2** : intervenir (un teléfono)
tap[2] *vt* **tapped; tapping** STRIKE
: tocar, dar un golpecito en —
tap *n* : golpecito *m*, toque *m*
tape *n* : cinta *f* — **tape** *vt* **taped; taping**
1 : pegar con cinta **2** RECORD : grabar
— **tape measure** *n* : cinta *f* métrica
taper *n* : vela *f* (larga) —
taper *vi* **1** NARROW : estrecharse
2 *or* **taper off** : disminuir
tapestry *n pl* **-tries** : tapiz *m*
tar *n* : alquitrán *m* — **tar** *vt*
tarred; tarring : alquitranar
tarantula *n* : tarántula *f*
target *n* **1** : blanco *m* **2** GOAL : objetivo *m*
tariff *n* : tarifa *f,* arancel *m*
tarnish *vt* **1** : deslustrar **2** : empañar (una
reputación, etc.) — *vi* : deslustrarse
tart[1] *adj* SOUR : ácido, agrio
tart[2] *n* : pastel *m*
tartan *n* : tartán *m*
task *n* : tarea *f*
tassel *n* : borla *f*
taste *v* **tasted; tasting** *vt* TRY : probar
— *vi* **1** : saber **2 taste like** : saber a —
taste *n* **1** FLAVOR : gusto *m*, sabor *m* **2**
have a taste of : probar **3 in good/bad
taste** : de buen/mal gusto — **tasteful** *adj*
: de buen gusto — **tasteless** *adj* **1** :
sin sabor **2** COARSE : de mal gusto —
tasty *adj* **tastier; -est** : sabroso
tatters *npl* : harapos *mpl* —
tattered *adj* : harapiento
tattle *vi* **-tled; -tling tattle on
someone** : acusar a algn
tattoo *vt* : tatuar — **tattoo** *n* : tatuaje *m*
taught → **teach**
taunt *n* : pulla *f,* burla *f* — **taunt** *vt*
: mofarse de, burlarse de
taut *adj* : tirante, tenso
tavern *n* : taberna *f*
tax *vt* **1** : gravar **2** STRAIN : poner a prueba
— **tax** *n* **1** : impuesto *m* **2** BURDEN :
carga *f* — **taxable** *adj* : imponible —
taxation *n* : impuestos *mpl* — **tax–
exempt** *adj* : libre de impuestos
taxi *n pl* **taxis** : taxi *m* — **taxi** *vi* **taxied;
taxiing** *or* **taxying; taxis** *or* **taxies** :
rodar por la pista (dícese de un avión)
taxpayer *n* : contribuyente *mf*
tea *n* : té *m*
teach *v* **taught; teaching** *vt* : enseñar,
dar clases de (una asignatura) — *vi* :
dar clases — **teacher** *n* : profesor *m*,
-sora *f;* maestro *m*, -tra *f* (de niños

pequeños) — **teaching** *n* : enseñanza *f*
teacup *n* : taza *f* de té
team *n* : equipo *m* — **team** *vi or*
team up : asociarse — **teammate** *n*
: compañero *m*, -ra *f* de equipo —
teamwork *n* : trabajo *m* de equipo
teapot *n* : tetera *f*
tear[1] *v* **tore; torn; tearing** *vt* **1** :
romper, rasgar **2 tear apart** : destrozar
3 tear down : derribar **4 tear off** *or*
tear out : arrancar **5 tear up** : romper
(papel, etc.) — *vi* **1** : romperse,
rasgarse **2** RUSH : ir a toda velocidad
— **tear** *n* : desgarro *m*, rasgón *m*
tear[2] *n* : lágrima *f* — **tearful** *adj* : lloroso
tease *vt* **teased; teasing 1** : tomar el
pelo a, burlarse de **2** ANNOY : fastidiar
teaspoon *n* **1** : cucharita *f* **2**
: cucharadita *f* (cantidad)
technical *adj* : técnico —
technicality *n pl* **-ties** : detalle *m* técnico
— **technically** *adv* : técnicamente
— **technician** *n* : técnico *m*, -ca *f*
technique *n* : técnica *f*
technological *adj* : tecnológico —
technology *n pl* **-gies** : tecnología *f*
teddy bear *n* : oso *m* de peluche
tedious *adj* : tedioso, aburrido
— **tedium** *n* : tedio *m*
tee *n* : tee *m* (en deportes)
teem *vi* **1** POUR : llover a cántaros **2**
be teeming with : estar repleto de
teenage *or* **teenaged** *adj* : adolescente
— **teenager** *n* : adolescente *mf*
— **teens** *npl* : adolescencia *f*
teepee → **tepee**
teeter *vi* : tambalearse
teeth → **tooth** — **teethe** *vi* **teethed;
teething** : echar los dientes
telecommunication *n* :
telecomunicación *f*
telegram *n* : telegrama *m*
telegraph *n* : telégrafo *m* —
telegraph *v* : telegrafiar
telephone *n* : teléfono *m* — **telephone** *v*
-phoned; -phoning : llamar por teléfono
telescope *n* : telescopio *m*
televise *vt* **-vised; -vising** : televisar
— **television** *n* : televisión *f*
tell *v* **told; telling** *vt* **1** : decir **2** RELATE
: contar **3** DISTINGUISH : distinguir **4 tell
someone off** : regañar a algn — *vi* **1** :
decir **2** KNOW : saber **3** SHOW : tener efecto
4 tell on someone : acusar a algn —
teller *n or* **bank teller** : cajero *m*, -ra *f*

temp *n* : empleado *m*, -da *f* temporal
temper *vt* MODERATE : temperar —
temper *n* **1** MOOD : humor *m* **2 have
a bad temper** : tener mal genio **3 lose
one's temper** : perder los estribos —
temperament *n* : temperamento *m* —
temperamental *adj* : temperamental
— **temperate** *adj* **1** : moderado **2**
temperate zone : zona *f* templada
temperature *n* **1** : temperatura *f* **2
have a temperature** : tener fiebre
tempest *n* : tempestad *f*
temple *n* **1** : templo *m* **2** :
sien *f* (en anatomía)
tempo *n pl* **-pi** *or* **-pos 1** :
tempo *m* **2** PACE : ritmo *m*
temporarily *adv* : temporalmente
— **temporary** *adj* : temporal
tempt *vt* : tentar —
temptation *n* : tentación *f*
ten *adj* : diez — **ten** *n* : diez *m*
tenacity *n* : tenacidad *f* —
tenacious *adj* : tenaz
tenant *n* : inquilino *m*, -na *f;*
arrendatario *m*, -ria *f*
tend[1] *vt* MIND : cuidar
tend[2] *vi* **tend to** : tender a —
tendency *n pl* **-cies** : tendencia *f*
tender[1] *adj* **1** : tierno **2** PAINFUL : **dolorido**
tender[2] *vt* : presentar —
tender *n* **1** : oferta *f* **2 legal tender**
: moneda *f* de curso legal
tenderloin *n* : lomo *f* (de cerdo o vaca)
tenderness *n* : ternura *f*
tendon *n* : tendón *m*
tenet *n* : principio *m*
tennis *n* : tenis *m*
tenor *n* : tenor *m*
tense[1] *n* : tiempo *m* (de un verbo)
tense[2] *v* **tensed; tensing** *vt* : tensar
— *vi* : tensarse — **tense** *adj* **tenser;
tensest** : tenso — **tension** *n* : tensión *f*
tent *n* : tienda *f* de campaña
tentacle *n* : tentáculo *m*
tentative *adj* **1** HESITANT : vacilante
2 PROVISIONAL : **provisional**
tenth *adj* : décimo — **tenth** *n* **1** :
décimo *m*, -ma *f* (en una serie) **2**
: décimo *m* (en matemáticas)
tenuous *adj* : tenue, endeble
tepid *adj* : tibio
term *n* **1** WORD : término *m* **2** PERIOD :
período *m* **3 be on good terms** : tener
buenas relaciones **4 in terms of** : con
respecto a — **term** *vt* : calificar de

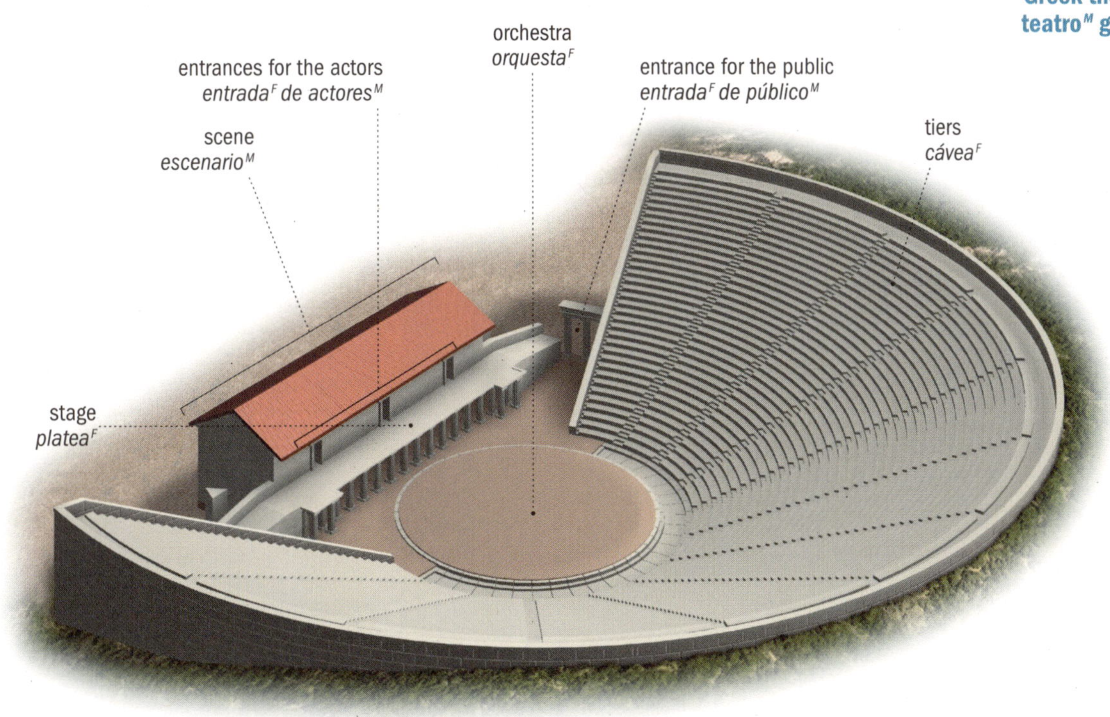

terminal adj : terminal — **terminal** n 1 : terminal m 2 or **bus terminal** : terminal f

terminate v -nated; -nating vi : terminar(se) — vt : poner fin a — **termination** n : terminación f

termlte n : termita f

terrace n : terraza f

terrain n : terreno m

terrestrial adj : terrestre

terrible adj : espantoso, terrible — **terribly** adv : terriblemente

terrier n : terrier mf

terrific adj 1 HUGE : tremendo 2 EXCELLENT : estupendo

terrify vt -fied; -fying : aterrar, aterrorizar — **terrifying** adj : aterrador

territory n pl -ries : territorio m — **territorial** adj : territorial

terror n : terror m — **terrorism** n : terrorismo m — **terrorist** n : terrorista mf — **terrorize** vt -ized; -izing : aterrorizar

terse adj terser; tersest : seco, lacónico

test n 1 TRIAL : prueba f 2 EXAM : examen m, prueba f 3 : análisis m (en medicina) — **test** vt 1 TRY : probar 2

QUIZ : examinar 3 : analizar (la sangre, etc.), examinar (los ojos, etc.)

testament n 1 WILL : testamento m 2 **the Old/New Testament** : el Antiguo/Nuevo Testamento

testicle n : testículo m

testify v -fied; -fying : testificar

testimony n pl -nies : testimonio m

test tube n : probeta f, tubo m de ensayo

tetanus n : tétano m

tether vt : atar

text n : texto m — **textbook** n : libro m de texto

textile n : textil m

texture n : textura f

than conj & prep : que, de (con cantidades)

thank vt 1 : agradecer, dar (las) gracias a 2 **thank you!** : ¡gracias! — **thankful** adj : agradecido — **thankfully** adv 1 : con agradecimiento 2 FORTUNATELY : gracias a Dios — **thanks** npl 1 : agradecimiento m 2 thank! : ¡gracias!

Thanksgiving n : día m de Acción de Gracias

that pron pl **those** 1 : ése, ésa, eso 2 (more distant) : aquél, aquélla, aquello 3 **is that you?** : ¿eres tú? 4 **like that** : así 5 **that is…** : es decir… 6 **those who…** : los que… — **that** conj : que — **that** adj pl **those** 1 : ese, esa 2 (more distant) : aquel, aquella 3 **that one** : ése, ésa — **that** adv : tan

thatched adj : con techo de paja

thaw vt : descongelar (alimentos), derretir (hielo) — vi 1 : descongelarse 2 MELT : derretirse — **thaw** n : deshielo m

the art 1 : el, la, los, las 2 PER : por — **the** adv 1 **the sooner the better** : cuanto más pronto, mejor 2 **I like this one the best** : éste es el que más me gusta

► **theater** or **theatre** n : teatro m — **theatrical** adj : teatral

theft n : robo m, hurto m

their adj : su, sus, de ellos, de ellas — **theers** pron 1 : (el) suyo, (la) suya, (los) suyos, (las) suyas 2 **some friends of their** : unos amigos suyos, unos amigos de ellos

them pron 1 (used as direct object) : los, las 2 (used as indirect

thermometer
termómetro *M*

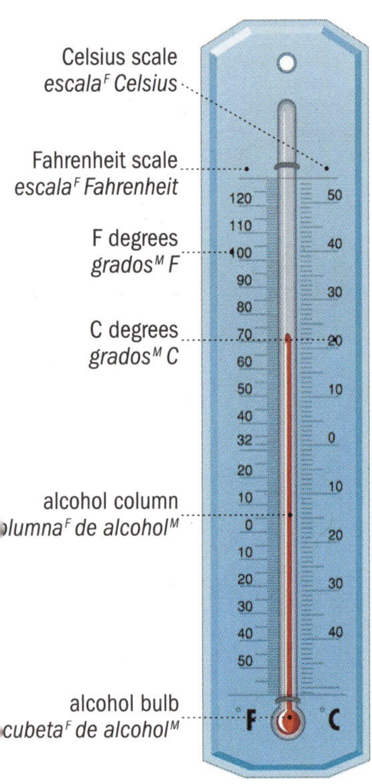

there : ahí arriba/abajo **6 who's there?** : ¿quién es? — **there** *pron* **1 there is/ are** : hay **2 there are three of us** : somos tres — **thereabouts** *or* **thereabout** *adv* **or thereabouts** : por ahí — **thereafter** *adv* : después — **thereby** *adv* : así — **therefore** *adv* : por lo tanto

thermal *adj* : térmico

▶ **thermometer** *n* : termómetro *m*

thermos *n* : termo *m*

thermostat *n* : termostato *m*

thesaurus *n pl* **-sauri** *or* **-sauruses** : diccionario *m* de sinónimos

these → **this**

thesis *n pl* **theses** : tesis *f*

they *pron* **1** : ellos, ellas **2 where are they?** : ¿dónde están? **3 as they say** : como dicen — **they'd** (*contraction of* **they had** *or* **they would**) → **have, would** — **they'll** (*contraction of* **they shall** *or* **they will**) → **shall, will** — **they're** (*contraction of* **they are**) → **be** — **they've** (*contraction of* **they have**) → **have**

thick *adj* **1** : grueso **2** DENSE : espeso **3 a thick accent** : un acento marcado **4 it's two inches thick** : tiene dos pulgadas de grosor — **thick** *n* **in the thick of** : en medio de — **thicken** *vt* : espesar — *vi* : espesarse — **thicket** *n* : matorral *m* — **thickness** *n* : grosor *m*, espesor *m*

thief *n pl* **thieves** : ladrón *m*, -drona *f*

thigh *n* : muslo *m*

thimble *n* : dedal *m*

thin *adj* **thinner; -est 1** : delgado **2** : ralo (dícese del pelo) **3** WATERY : claro, aguado **4** FINE : fino — **thin** *v* **thinned; thinning** *vt* DILUTE : diluir — *vi* : ralear (dícese del pelo)

thing *n* **1** : cosa *f* **2 for one thing** : en primer lugar **3 how are things?** : ¿qué tal? **4 it's a good thing that…** : menos mal que… **5 the important thing is…** : lo importante es…

think *v* **thought; thinking** *vt* **1** : pensar **2** BELIEVE : creer **3 think up** : idear — *vi* **1** : pensar **2 think about** *or* **think of** CONSIDER : pensar en **3 think of** REMEMBER : acordarse de **4 what do you think of it?** : ¿qué te parece? — **thinker** *n* : pensador *m*, -dora *f*

third *adj* : tercero — **third** *or* **thirdly** *adv* : en tercer lugar — **third** *n* **1** : tercero *m*, -ra *f* (en una serie) **2** : tercero *m* (en matemáticas) — **Third World** *n* : Tercer Mundo *m*

thirst *n* : sed *f* — **thirsty** *adj* **thirstier;**

-est 1 : sediento **2 be thirsty** : tener sed

thirteen *adj* : trece — **thirteen** *n* : trece *m* — **thirteenth** *adj* : décimo tercero — **thirteenth** *n* **1** : decimotercero *m*, -ra *f* (en una serie) **2** : treceavo *m* (en matemáticas)

thirty *adj* : treinta — **thirty** *n pl* **thirties** : treinta *m* — **thirtieth** *adj* : trigésimo — **thirtieth** *n* **1** : trigésimo *m*, -ma *f* (en una serie) **2** : treintavo *m* (en matemáticas)

this *pron pl* **these 1** : éste, ésta, esto **2 like this** : así — **this** *adj pl* **these 1** : este, esta **2 this one** : éste, ésta **3 this way** : por aquí — **this** *adv* **this big** : así de grande

thistle *n* : cardo *m*

thong *n* **1** : correa *f* **2** SANDAL : chancla *f*

thorn *n* : espina *f* — **thorny** *adj* : espinoso

thorough *adj* **1** : meticuloso **2** COMPLETE : completo — **thoroughly** *adv* **1** : a fondo **2** COMPLETELY : completamente — **thoroughbred** *adj* : de pura sangre — **thoroughfare** *n* : vía *f* pública

those → **that**

though *conj* : aunque — **though** *adv* **1** : sin embargo **2 as though** : como si

thought → **think** — **thought** *n* **1** : pensamiento *m* **2** IDEA : idea *f* — **thoughtful** *adj* **1** : pensativo **2** KIND : amable — **thoughtless** *adj* **1** CARELESS : descuidado **2** RUDE : desconsiderado

thousand *adj* : mil — **thousand** *n pl* **-sands** *or* **-sand** : mil *m* — **thousandth** *adj* : milésimo — **thousandth** *n* **1** : milésimo *m*, -ma *f* (en una serie) **2** : milésimo *m* (en matemáticas)

thrash *vt* : dar una paliza a — *vi or* **thrash around** : agitarse, revolcarse

thread *n* **1** : hilo *m* **2** : rosca *f* (de un tornillo) — **thread** *vt* : enhilar (una aguja), ensartar (cuentas) — **threadbare** *adj* : raído

threat *n* : amenaza *f* — **threaten** *v* : amenazar — **threatening** *adj* : amenazador

three *adj* : tres — **three** *n* : tres *m* — **three hundred** *adj* : trescientos — **three hundred** *n* : trescientos *m*

threshold *n* : umbral *m*

threw → **throw**

thrift *n* : frugalidad *f* — **thrifty** *adj* **thriftier; -est** : económico, frugal

thrill *vt* : emocionar — **thrill** *n* : emoción *f* — **thriller** *n* : película *f* de suspense *Spain*, película *f* de suspenso *Lat* — **thrilling** *adj* : emocionante

thrive *vi* **throve** *or* **thrived; thriven 1**

object) : les, se **3** (*used as object of a preposition*) : ellos, ellas

theme *n* **1** : tema *m* **2** ESSAY : trabajo *m* (escrito)

themselves *pron* **1** (*used reflexively*) : se **2** (*used emphatically*) : ellos mismos, ellas mismas **3** (*used after a preposition*) : sí (mismos), sí (mismas)

then *adv* **1** : entonces **2** NEXT : luego, después **3** BESIDES : además — **then** *adj* : entonces

thence *adv* : de ahí (en adelante)

theology *n pl* **-gies** : teología *f* — **theological** *adj* : teológico

theorem *n* : teorema *m* — **theoretical** *adj* : teórico — **theory** *n pl* **-ries** : teoría *f*

therapeutic *adj* : terapéutico — **therapist** *n* : terapeuta *mf* — **therapy** *n pl* **-pies** : terapia *f*

there *adv* **1** *or* **over there** : allí, allá **2** *or* **right there** : ahí **3 in there** : ahí (dentro) **4 there, it's done!** : ¡listo! **5 up/down**

FLOURISH : **florecer 2** PROSPER : **prosperar**
throat *n* : garganta *f*
throb *vi* **throbbed; throbbing 1** PULSATE
: palpitar **2** VIBRATE : vibrar **3 throb**
with pain : tener un dolor punzante
throes *npl* **1** PANGS : agonía *f* **2**
in the throes of : en medio de
throne *n* : trono *m*
throng *n* : muchedumbre *f*, multitud *f*
throttle *vt* **-tled; -tling** : estrangular
— **throttle** *n* : válvula *f* reguladora
through *prep* **1** : por, a través de **2**
BETWEEN : **entre 3** BECAUSE OF : **a causa**
de **4** DURING : durante **5 → throughout**
6 Monday through Friday : de lunes a
viernes — **through** *adv* **1** : de un lado a
otro (en el espacio), de principio a fin (en
el tiempo) **2** COMPLETELY : completamente
— **through** *adj* **1 be through** : haber
terminado **2 through traffic** : tráfico *m* de
paso — **throughout** *prep* : por todo (un
lugar), a lo largo de (un período de tiempo)
throw *v* **threw; thrown; throwing** *vt* **1** :
tirar, lanzar **2** : proyectar (una sombra) **3**
CONFUSE : **desconcertar 4 throw a party**
: dar una fiesta **5 throw away** *or* **throw**
out : tirar, botar *Lat* — *vi* **throw up** VOMIT :
vomitar — **throw** *n* : tiro *m*, lanzamiento *m*
thrush *n* : tordo *m*, zorzal *m*
thrust *vt* **thrust; thrusting 1** : empujar
(bruscamente) **2** PLUNGE : clavar **3**
thrust upon : imponer a — **thrust** *n* **1** :
empujón *m* **2** : estocada *f* (en esgrima)
thud *n* : ruido *m* sordo
thug *n* : matón *m*
thumb *n* : (dedo *m*) pulgar *m* —
thumb *vt* *or* **thumb through** : hojear
— **thumbnail** *n* : uña *f* del pulgar —
thumbtack *n* : tachuela *f*, chinche *f Lat*
thump *vt* : golpear — *vi* : latir
con fuerza (dícese del corazón)
— **thump** *n* : ruido *m* sordo
thunder *n* : truenos *mpl* —
thunder *vi* : tronar — *vt* SHOUT :
bramar — **thunderbolt** *n* : rayo *m*
— **thunderous** *adj* : atronador —
thunderstorm *n* : tormenta *f* eléctrica
Thursday *n* : jueves *m*
thus *adv* **1** : así **2** THEREFORE : por lo tanto
thwart *vt* : frustrar
thyme *n* : tomillo *m*
thyroid *n* : tiroides *mf*
tiara *n* : diadema *f*
tic *n* : tic *m* (nervioso)
tick[1] *n* : garrapata *f* (insecto)

tick[2] *n* **1** : tictac *m* (sonido) **2** CHECK
: marca *f* — **tick** *vi* : hacer tictac
— *vt* **1** *or* **tick off** CHECK : marcar
2 tick off ANNOY : fastidiar
ticket *n* **1** : pasaje *m* (de avión),
billete *m Spain* (de tren, avión, etc.),
boleto *m, Lat* (de tren o autobús) **2** :
entrada *f* (al teatro, etc.) **3** FINE : multa *f*
tickle *v* **-led; -ling** *vt* **1** : hacer cosquillas
a **2** AMUSE : divertir — *vi* : picar —
tickle *n* : cosquilleo *m* — **ticklish** *adj* **1**
: cosquilloso **2** TRICKY : delicado
tidal wave *n* : maremoto *m*
tidbit *n* MORSEL : golosina *f*
tide *n* : marea *f* — **tide** *vt* **tided; tiding**
tide over : ayudar a superar un apuro
tidy *adj* **-dier; -est** : ordenado,
arreglado — **tidy** *vt* **-died; -dying**
or **tidy up** : ordenar, arreglar
tie *n* **1** : atadura *f*, cordón *m* **2** BOND
: lazo *m* **3** : empate *m* (en deportes)
4 NECKTIE : corbata *f* — **tie** *v* **tied;**
tying *or* **tieing** *vt* **1** : atar, amarrar
Lat **2 tie a knot** : hacer un nudo
— *vi* : empatar (en deportes)

tier *n* : nivel *m*, piso (de un pastel),
grada *f* (de un estadio)
▸ **tiger** *n* : tigre *m*
tight *adj* **1** : apretado **2** SNUG : ajustado,
ceñido **3** TAUT : tirante **4** STINGY :
agarrado **5** SCARCE : escaso **6 a tight**
seal : un cierre hermético **7 a tight**
spot : un aprieto — **tight** *adv* **closed**
tight : bien cerrado — **tighten** *vt* **1** :
apretar **2** TENSE : tensar **3** : hacer más
estricto (reglas, etc.) — **tightly** *adv* :
bien, fuerte — **tightrope** *n* : cuerda *f* floja
— **tights** *npl* : leotardo *m*, mallas *fpl*
tile *n* **1** : azulejo *m*, baldosa *f* (de
piso) **2** *or* **roofing tile** : teja *f* — **tile** *vt*
tiled; tiling 1 : revestir de azulejos,
embaldosar (un piso) **2** : tejar (un techo)
till[1] *prep & conj* → **until**
till[2] *vt* : cultivar
till[3] *n* : caja *f* (registradora)
tilt *n* **1** : inclinación *f* **2 at full**
tilt : a toda velocidad — **tilt** *vt*
: inclinar — *vi* : inclinarse
timber *n* **1** : madera *f* (para
construcción) **2** BEAM : viga *f*

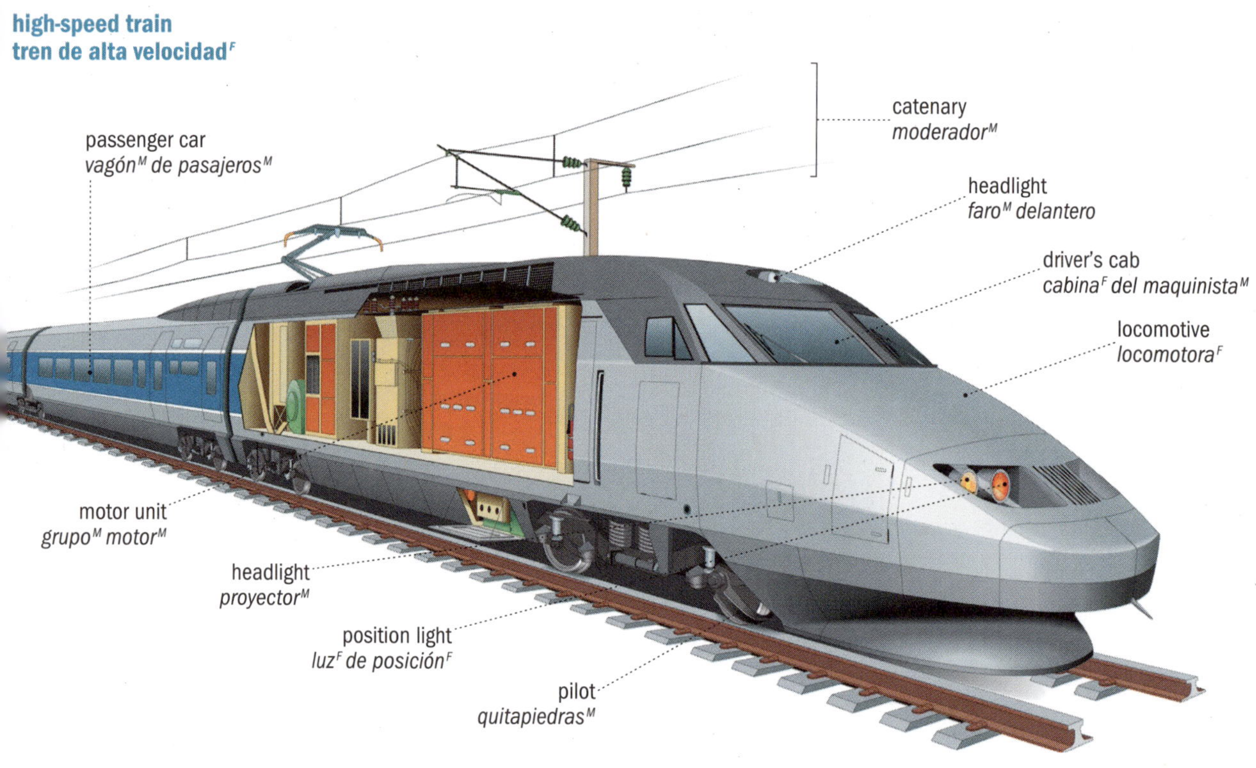

timbre *n* : timbre *m*

time *n* **1** : tiempo *m* **2** AGE : época *f* **3** : compás *m* (en música) **4 at times** : a veces **5 at this time** : en este momento **6 for the time being** : por el momento **7 from time to time** : de vez en cuando **8 have a good time** : pasarlo bien **9 many times** : muchas veces **10 on time** : a tiempo **11 time after time** : una y otra vez **12 what time is it?** : ¿qué hora es? — **time** *vt* **timed; timing** : tomar el tiempo a (algn), cronometrar (una carrera, etc.) — **timeless** *adj* : eterno — **timely** *adj* **-lier; -est** : oportuno — **timer** *n* : temporizador *m*, avisador *m* (de cocina) — **times** *prep* **3 times 4 is 12** : 3 por 4 son 12 — **timetable** *n* : horario *m*

timid *adj* : tímido

tin *n* **1** : estaño *m* **2** CAN : lata *f*, bote *m* Spain — **tinfoil** *n* : papel *m* (de) aluminio

tinge *vt* **tinged; tingeing** *or* **tinging** : matizar — **tinge** *n* **1** TINT : matiz *m* **2** TOUCH : dejo *m*

tingle *vi* **-gled; -gling** : sentir (un) hormigueo — **tingle** *n* : hormigueo *m*

tinker *vi* **tinker with** : intentar arreglar (con pequeños ajustes)

tinkle *vi* **-kled; -kling** : tintinear — **tinkle** *n* : tintineo *m*

tint *n* : tinte *m* — **tint** *vt* : teñir

tiny *adj* **-nier; -est** : diminuto, minúsculo

tip[1] *v* **tipped; tipping** *vt* **1** TILT : inclinar **2** *or* **tip over** : volcar — *vi* : inclinarse

tip[2] *n* END : punta *f*

tip[3] *n* ADVICE : consejo *m* — **tip** *vt* **tip off** : avisar

tip[4] *vt* : dar una propina a — **tip** *n* GRATUITY : propina *f*

tipsy *adj* **-sier; -est** : achispado

tiptoe *n* **on tiptoe** : de puntillas — **tiptoe** *vi* **-toed; -toeing** : caminar de puntillas

tip–top *adj* : excelente

tire[1] *n* : neumático *m*, llanta *f* Lat

tire[2] *v* **tired; tiring** *vt* : cansar — *vi* : cansarse — **tired** *adj* **1 tire of** : cansado de, harto de **2 tire out** : agotado — **tireless** *adj* : incansable — **tiresome** *adj* : pesado

tissue *n* **1** : pañuelo *m* de papel **2** : tejido *m* (en biología)

title *n* : título *m* — **title** *vt* **-tled; -tling** : titular

to *prep* **1** : a **2** TOWARD : hacia **3** IN ORDER TO : para **4** UP TO : hasta **5 a quarter to seven** : las siete menos cuarto **6 be nice to them** : trátalos bien **7 ten to the box** : diez por caja **8 the mate to this shoe** : el compañero de este zapato **9 two to four years old** : entre dos y cuatro años de edad **10 want to do** : querer hacer — **to** *adv* **1 come to** : volver en sí **2 to and fro** : de un lado a otro

toad *n* : sapo *m*

toast *vt* **1** : tostar (pan, etc.) **2** : brindar por (una persona) — **toast** *n* **1** : pan *m* tostado, tostadas *fpl* **2** DRINK : brindis *m* — **toaster** *n* : tostador *m*

tobacco *n pl* **-cos** : tabaco *m*

toboggan *n* : tobogán *m*

today *adv* : hoy — **today** *n* : hoy *m*

toddler *n* : niño *m* pequeño, niña *f*

pequeña (que comienza a caminar)
toe *n* : dedo *m* (del pie) —
toenail *n* : uña *f* (del pie)
together *adv* **1** : juntos **2**
together with : junto con
toil *n* : trabajo *m* duro —
toil *vi* : trabajar duro
toilet *n* **1** BATHROOM : baño *m*,
servicio *m* **2** : inodoro *m* (instalación)
— **toilet paper** *n* : papel *m* higiénico —
toiletries *npl* : artículos *mpl* de tocador
token *n* **1** SIGN : muestra *f* **2** MEMENTO :
recuerdo *m* **3** : ficha *f* (para un tren, etc.)
told → **tell**
tolerable *adj* : tolerable — **tolerance** *n*
: tolerancia *f* — **tolerant** *adj* : tolerante
— **tolerate** *vt* -ated; -ating : tolerar
toll[1] *n* **1** : peaje *m* **2 death**
toll : número *m* de muertos **3**
take a toll on : afectar
toll[2] *vi* RING : tocar, doblar
— **toll** *n* : tañido *m*
tomato *n pl* -toes : tomate *m*
tomb *n* : tumba *f*, sepulcro *m*
— **tombstone** *n* : lápida *f*
tome *n* : tomo *m*
tomorrow *adv* : mañana —
tomorrow *n* : mañana *m*
ton *n* : tonelada *f*
tone *n* : tono *m* — **tone** *vt* **toned;**
toning or **tone down** : atenuar
tongs *npl* : tenazas *fpl*
tongue *n* : lengua *f*
tonic *n* **1** : tónico *m* **2** or
tonic water : tónica *f*
tonight *adv* : esta noche —
tonight *n* : esta noche *f*
tonsil *n* : amígdala *f*
too *adv* **1** ALSO : también **2**
EXCESSIVELY : demasiado
took → **take**
tool *n* : herramienta *f* — **toolbox** *n*
: caja *f* de herramientas
toot *vt* : sonar (un claxon, etc.) — **toot** *n* **1**
WHISTLE : pitido *m* **2** HONK : bocinazo *m*
tooth *n pl* **teeth** : diente *m* — **toothache** *n*
: dolor *m* de muelas — **toothbrush** *n* :
cepillo *m* de dientes — **toothpaste** *n* :
pasta *f* de dientes, pasta *f* dentífrica
top[1] *n* **1** : parte *f* superior **2** SUMMIT
: cima *f*, cumbre *f* **3** COVER : tapa *f*,
cubierta *f* **4 on top of** : encima de —
top *vt* **topped; topping 1** COVER : rematar
(un edificio, etc.), bañar (un pastel, etc.)
2 SURPASS : superar **3 top off** : llenar

— **top** *adj* **1** : de arriba, superior **2** BEST :
mejor **3 a top executive** : un alto ejecutivo
top[2] *n* : trompo *m* (juguete)
topic *n* : tema *m* — **topical** *adj*
: de interés actual
topmost *adj* : más alto
topple *v* -pled; -pling *vi* : caerse — *vt* **1**
OVERTURN : **volcar 2** OVERTHROW : **derrocar**
torch *n* : antorcha *f*
tore → **tear**[1]
torment *n* : tormento *m* —
torment *vt* : atormentar
torn → **tear**[1]
tornado *n pl* -does or -dos : tornado *m*
torpedo *n pl* -does : torpedo *m*
— **torpedo** *vt* : torpedear
torrent *n* : torrente *m*
torrid *adj* : tórrido
torso *n pl* -sos or -si : torso *m*
tortilla *n* : tortilla *f*
tortoise *n* : tortuga *f* (terrestre) —
tortoiseshell *n* : carey *m*, concha *f*
tortuous *adj* : tortuoso
torture *n* : tortura *f* — **torture** *vt*
-tured; -turing : torturar
toss *vt* **1** : tirar, lanzar **2** : mezclar (una
ensalada) — *vi* **toss and turn** : dar
vueltas — **toss** *n* : lanzamiento *m*
tot *n* : pequeño *m*, -ña *f*
total *adj* : total — **total** *n* : total *m*
— **total** *vt* -taled or -talled;
-taling or -talling **1** : ascender a
2 or **total up** : totalizar, sumar
totalitarian *adj* : totalitario
tote *vt* **toted; toting** : llevar
totter *vi* : tambalearse
touch *vt* **1** : tocar **2** MOVE : conmover
3 AFFECT : afectar **4 touch up** : retocar
— *vi* : tocarse — **touch** *n* **1** : tacto *m*
(sentido) **2** HINT : toque *m* **3** BIT : pizca *f* **4**
keep in touch : mantenerse en contacto
5 lose one's touch : perder la habilidad
— **touchdown** *n* : touchdown *m* —
touchy *adj* **touchier; -est 1** : delicado **2 be**
touchy about : picarse a la mención de
tough *adj* **1** : duro **2** STRONG : fuerte **3**
STRICT : severo **4** DIFFICULT : difícil —
toughen *vt* or **tough up** : endurecer — *vi*
: endurecerse — **toughness** *n* : dureza *f*
tour *n* **1** : viaje *m* (por un país, etc.),
visita *f* (a un museo, etc.) **2** : gira *f* (de
un equipo, etc.) — **tour** *vi* **1** TRAVEL
: viajar **2** : hacer una gira (dícese
de equipos, etc.) — *vt* : viajar por,
recorrer — **tourist** *n* : turista *mf*

tournament *n* : torneo *m*
tousle *vt* -sled; -sling : despeinar
tout *vt* : promocionar
tow *vt* : remolcar — **tow** *n* : remolque *m*
toward or **towards** *prep* : hacia
towel *n* : toalla *f*
tower *n* : torre *f* — **tower** *vi* **tower over** :
descollar sobre — **towering** *adj* : altísimo
town *n* **1** VILLAGE : pueblo *m* **2** CITY :
ciudad *f* — **township** *n* : municipio *m*
tow truck *n* : grúa *f*
toxic *adj* : tóxico
toy *n* : juguete *m* — **toy** *vi*
toy with : juguetear con
trace *n* **1** SIGN : rastro *m*, señal *f* **2**
HINT : dejo *m* — **trace** *vt* **traced;**
tracing 1 : calcar (un dibujo, etc.)
2 DRAW : trazar **3** FIND : localizar
track *n* **1** : pista *f* **2** PATH : sendero *m* **3**
or **railroad track** : vía *f* (férrea) **4**
keep track of : llevar la cuenta de —
track *vt* TRAIL : seguir la pista de
tract[1] *n* **1** EXPANSE : extensión *f* **2**
: tracto *m* (en anatomía)
tract[2] *n* PAMPHLET : folleto *m*
traction *n* : tracción *f*
tractor *n* **1** : tractor *m* **2** or **tractor-**
trailer : camión *m* (con remolque)
trade *n* **1** PROFESSION : oficio *m* **2**
COMMERCE : comercio *m* **3** INDUSTRY
: industria *f* **4** EXCHANGE : cambio *m*
— **trade** *v* **traded; trading** *vi* :
comerciar — *vt* **trade something with**
someone : cambiar algo a algn —
trademark *n* : marca *f* registrada
tradition *n* : tradición *f* —
traditional *adj* : tradicional
traffic *n* : tráfico *m* — **traffic** *vi*
trafficked; trafficking traffic in : traficar
con — **traffic light** *n* : semáforo *m*
tragedy *n pl* -dies : tragedia *f*
— **tragic** *adj* : trágico
trail *vi* **1** DRAG : arrastrar **2** LAG : rezagarse
3 trail off : apagarse — *vt* **1** DRAG :
arrastrar **2** PURSUE : seguir la pista de
— **trail** *n* **1** : rastro *m*, huellas *fpl* **2**
PATH : sendero *m* — **trailer** *n* **1** :
remolque *m* **2** : caravana *f* (vivienda)
▸ **train** *n* **1** : tren *m* **2** : cola *f* (de un
vestido) **3** SERIES : serie *f* **4 train of**
thought : hilo *m* (de las ideas) —
train *vt* **1** : adiestrar, entrenar (atletas,
etc.) **2** AIM : apuntar — *vi* : prepararse,
entrenarse (en deportes, etc.) —
trainer *n* : entrenador *m*, -dora *f*

trait *n* : rasgo *m*
traitor *n* : traidor *m*, -dora *f*
tramp *vi* : caminar (pesadamente) —
  tramp *n* VAGRANT : vagabundo *m*, -da *f*
trample *vt* **-pled; -pling** : pisotear
trampoline *n* : trampolín *m*
trance *n* : trance *m*
tranquillity *or* **tranquility** *n* :
  tranquilidad *f* — **tranquil** *adj* : tranquilo —
  tranquilize *vt* **-ized; -izing** : tranquilizar
  — **tranquilizer** *n* : tranquilizante *m*
transaction *n* : transacción *f*
transatlantic *adj* : transatlántico
transcend *vt* **1** : ir más allá
  de **2** OVERCOME : superar
transcribe *vt* **-scribed; -scribing** :
  transcribir — **transcript** *n* : transcripción *f*
transfer *v* **-ferred; -ferring** *vt* **1** :
  transferir (fondos, etc.) **2** : trasladar (a
  un empleado, etc.) — *vi* **1** : cambiarse
  (de escuelas, etc.) **2** : hacer transbordo
  (entre trenes, etc.) — **transfer** *n* **1** :
  transferencia *f* (de fondos, etc.), traslado *m*
  (de una persona) **2** : boleto *m* (para hacer
  transbordo) **3** DECAL : calcomanía *f*
transform *vt* : transformar —
  transformation *n* : transformación *f*
transfusion *n* : transfusión *f*
transgression *n* : transgresión *f*

— **transgress** *vt* : transgredir
transient *adj* : pasajero
transit *n* **1** : tránsito *m* **2** TRANSPORTATION
  : transporte *m* — **transition** *n* :
  transición *f* — **transitive** *adj* : transitivo
  — **transitory** *adj* : transitorio
translate *vt* **-lated; -lating** : traducir
  — **translation** *n* : traducción *f* —
  translator *n* : traductor *m*, -tora *f*
translucent *adj* : translúcido
transmit *vt* **-mitted; -mitting** : transmitir
  — **transmission** *n* : transmisión *f*
  — **transmitter** *n* : transmisor *m*
transparent *adj* : transparente —
  transparency *n pl* **-cies** : transparencia *f*
transpire *vi* **-spired; -spiring 1** TURN
  OUT : resultar **2** HAPPEN : suceder
transplant *vt* : trasplantar —
  transplant *n* : trasplante *m*
transport *vt* : transportar —
  transport *n* : transporte *m* —
  transportation *n* : transporte *m*
transpose *vt* **-posed; -posing 1** :
  trasponer **2** : transportar (en música)
trap *n* : trampa *f* — **trap** *vt*
  trapped; trapping : atrapar —
  trapdoor *n* : trampilla *f*
trapeze *n* : trapecio *m*
trappings *npl* : adornos *mpl*, atavíos *mpl*

trash *n* : basura *f*
trauma *n* : trauma *m* —
  traumatic *adj* : traumático
travel *vi* **-eled** *or* **-elled; -eling** *or*
  -elling 1 : viajar **2** MOVE : desplazarse
  — **travel** *n* : viajes *mpl* — **traveler**
  or **traveller** *n* : viajero *m*, -ra *f*
traverse *vt* **-versed; -versing** : atravesar
travesty *n pl* **-ties** : parodia *f*
trawl *vi* : pescar (con red de arrastre)
  — **trawler** *n* : barco *m* de pesca
tray *n* : bandeja *f*
treachery *n pl* **-eries** : traición *f*
  — **treacherous** *adj* **1** : traidor
  2 DANGEROUS : peligroso
tread *v* **trod; trodden** *or* **trod;
  treading** *vt* **1** *or* **tread on** : pisar **2 tread
  water** : flotar — *vi* **1** STEP : pisar **2** WALK
  : caminar — **tread** *n* **1** STEP : paso *m* **2**
  : banda *f* de rodadura (de un neumático)
  — **treadmill** *n* : rueda *f* de andar
treason *n* : traición *f* (a la patria)
treasure *n* : tesoro *m* — **treasure** *vt*
  -sured; -suring : apreciar — **treasurer** *n*
  : tesorero *m*, -ra *f* — **treasury** *n pl*
  -suries : erario *m*, tesoro *m*
treat *vt* **1** : tratar **2** CONSIDER : considerar **3**
  treat someone to (dinner, etc.) : invitar a
  algn (a cenar, etc.) — **treat** *n* **1** : gusto *m*,

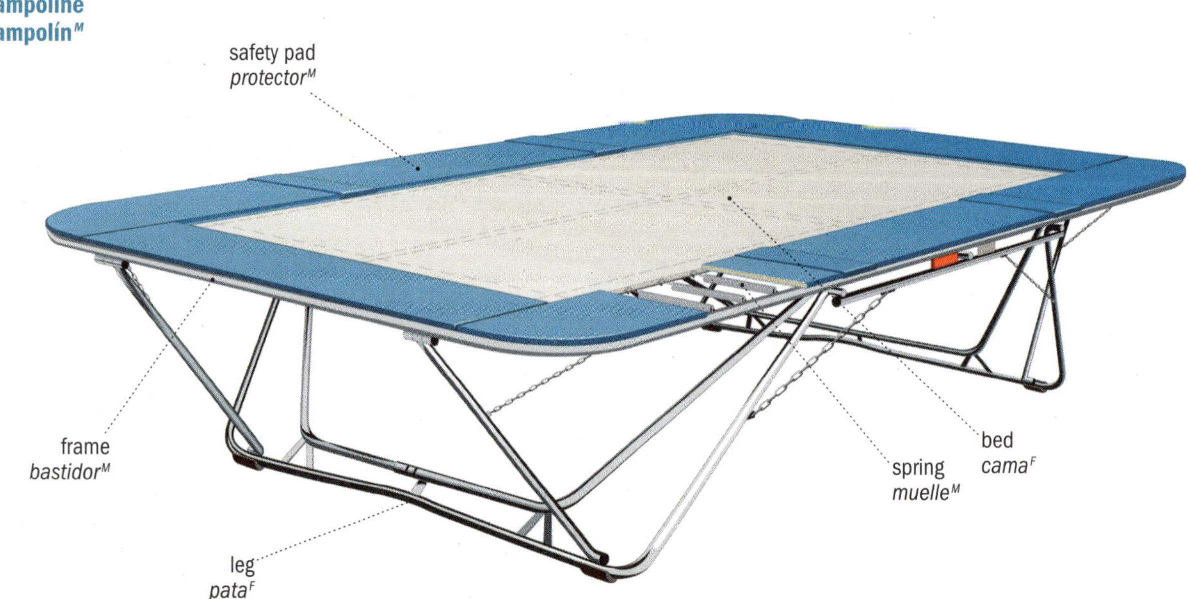

trampoline
*trampolín*M

placer *m* **2 it's my treat** : invito yo
treatise *n* : tratado *m*
treatment *n* : tratamiento *m*
treaty *n pl* **-ties** : tratado *m*
treble *adj* **1** TRIPLE : triple **2** : de tiple
(en música) — **treble** *vt* **-bled; -bling** :
triplicar — **treble clef** : clave *f* de sol
▶ **tree** *n* : árbol *m*
trek *vi* **trekked; trekking** : viajar (con
dificultad) — **trek** *n* : viaje *m* difícil
trellis *n* : enrejado *m*
tremble *vi* **-bled; -bling** : temblar
tremendous *adj* : tremendo
tremor *n* : temblor *m*
trench *n* **1** : zanja *f* **2** :
trinchera *f* (militar)
trend *n* **1** : tendencia *f* **2** FASHION : **moda** *f*
— **trendy** *adj* **trendier; -est** : de moda
trepidation *n* : inquietud *f*
trespass *vi* : entrar ilegalmente
(en propiedad ajena)
trial *n* **1** : juicio *m*, proceso *m* **2**
TEST : prueba *f* **3** ORDEAL : **dura**
prueba *f* — **trial** *adj* : de prueba
triangle *n* : triángulo *m* —
triangular *adj* : triangular
tribe *n* : tribu *f* — **tribal** *adj* : tribal
tribulation *n* : tribulación *f*
tribunal *n* : tribunal *m*
tribute *n* : tributo *m* — **tributary** *n pl*
-taries : afluente *m*
trick *n* **1** : trampa *f* **2** PRANK :
broma *f* **3** KNACK, FEAT : truco *m* **4**
: baza *f* (en naipes) — **trick** *vt* :
engañar — **trickery** *n* : engaño *m*
trickle *vi* **-led; -ling** : gotear
— **trickle** *n* : goteo *m*
tricky *adj* **trickier; -est 1** SLY : astuto,
taimado **2** DIFFICULT : difícil
tricycle *n* : triciclo *m*
trifle *n* **1** TRIVIALITY : nimiedad *f* **2 a trifle** :
un poco — **trifle** *vi* **-fled; -fling trifle with**
: jugar con — **trifling** *adj* : insignificante
trigger *n* : gatillo *m* — **trigger** *vt*
: causar, provocar
trill *n* : trino *m* — **trill** *vi* : trinar
trillion *n* : billón *m*
trilogy *n pl* **-gies** : trilogía *f*
trim *vt* **trimmed; trimming 1** : recortar
2 ADORN : adornar — **trim** *adj* **trimmer;**
trimmest 1 SLIM : esbelto **2** NEAT :
arreglado — **trim** *n* **1** : recorte *m* **2**
DECORATION : adornos *mpl* **3 in trim** :
en buena forma — **trimming** *npl* **1** :
adornos *mpl* **2** GARNISH : guarnición *f*

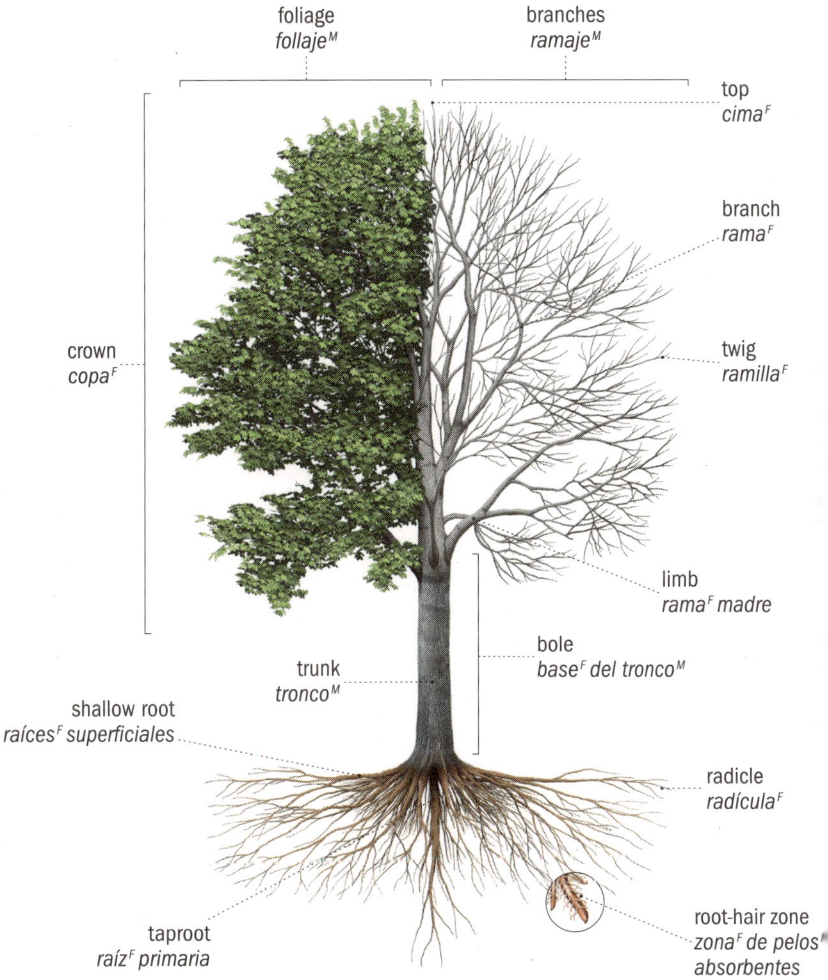

Trinity *n* : Trinidad *f*
trinket *n* : chuchería *f*
trio *n pl* **trios** : trío *m*
trip *v* **tripped; tripping** *vi* **1** : caminar
(a paso ligero) **2** STUMBLE : tropezar **3**
trip up : equivocarse — *vt* **1** ACTIVATE
: activar **2 trip someone** : hacer una
zancadilla a algn **3 trip someone up**
: hacer equivocar a algn — **trip** *n* **1**
: viaje *m* **2** STUMBLE : traspié *m*
tripe *n* **1** : mondongo *m*, callos *mpl* **2**
NONSENSE : tonterías *fpl*
triple *vt* **-pled; -pling** : triplicar — **triple** *n*

: triple *m* — **triple** *adj* : triple — **triplet** *n* :
trillizo *m*, -za *f* — **triplicate** *n* : triplicado *m*
tripod *n* : trípode *m*
trite *adj* **triter; tritest** : trillado
triumph *n* : triunfo *m* — **triumph** *vi*
: triunfar — **triumphal** *adj* : triunfal
— **triumphant** *adj* : triunfante
trivial *adj* : trivial — **trivia** *ns & pl*
: trivialidades *fpl* — **triviality** *n pl*
-ties : trivialidad *f*
trod, trodden → **tread**
trolley *n pl* **-leys** : tranvía *m*
trombone *n* : trombón *m*

trombone

trucks
camiónes[M]

tow truck
grúa[F] *remolque*

concrete mixer truck
hormigonera[F]

garbage truck
compactadora[F]

septic truck
aspiradora[F] *de fangos*[M]

street sweeper
barredora[F]

tank truck
camión[M] *cisterna*[F]

box van
camioneta[F]

dump truck
camión[M] *basculante*

tuna
atún[M]

troop *n* **1** : escuadrón *m* (de caballería), compañía *f* (de soldados) **2 troops** *npl* : tropas *fpl* — **troop** *vi* **troop in/out** : entrar/salir en tropel — **trooper** *n* **1** : soldado *m* **2** *or* **state trooper** : policía *mf* estatal
trophy *n pl* **-phies** : trofeo *m*
tropic *n* **1** : trópico *m* **2 the tropics** : el trópico — **tropic** *or* tropical *adj* : tropical
trot *n* : trote *m* — **trot** *vi* **trotted; trotting** : trotar
trouble *v* **-bled; -bling** *vt* **1** WORRY : preocupar **2** BOTHER : molestar — *vi* : molestarse — **trouble** *n* **1** PROBLEMS : problemas *mpl* **2** EFFORT : molestia *f* **3 be in trouble** : estar en apuros **4 get in trouble** : meterse en problemas **5 I had trouble doing it** : me costó hacerlo — **troublemaker** *n* : alborotador *m*, -dora *f* — **troublesome** *adj* : problemático
trough *n pl* **troughs 1** : depresión *f* **2** *or* **feeding trough** : comedero *m* **3** *or* **drinking trough** : bebedero *m*
troupe *n* : compañía *f* (de teatro)
trousers *npl* : pantalón *m*, pantalones *mpl*
trout *n pl* **trout** : trucha *f*
trowel *n* : paleta *f* (de albañil), desplantador *m* (de jardinero)
truant *n* : alumno *m*, -na *f* que falta a clase
truce *n* : tregua *f*
▶ **truck** *vt* : transportar en camión — **truck** *n* **1** : camión *m* **2** CART : carro *m* — **trucker** *n* : camionero *m*, -ra *f*
trudge *vi* **trudged; trudging** : caminar a paso pesado
true *adj* **truer; truest 1** : verdadero **2** LOYAL : fiel **3** GENUINE : auténtico **4 be true** : ser cierto, ser verdad
truffle *n* : trufa *f*
truly *adv* : verdaderamente
trump *n* : triunfo *m* (en naipes)
trumpet *n* : trompeta *f*
trunk *n* **1** STEM, TORSO : tronco *m* **2** : trompa *f* (de un elefante) **3** : baúl *m* (equipaje) **4** : maletero *m* (de un auto) **5 trunks** *npl* : traje *m* de baño (de hombre)
truss *n* **1** FRAMEWORK : armazón *m* **2** : braguero *m* (en medicina)
trust *n* **1** CONFIDENCE : confianza *f* **2** HOPE : esperanza *f* **3** CREDIT : crédito *m* **4** : trust *m* (en finanzas) **5 in trust** : en fideicomiso — **trust** *vi* **1** : confiar **2** HOPE : esperar — *vt* **1** : confiar en, fiarse de (en frases negativas) **2 trust someone**

with something : confiar algo a algn — **trustee** *n* : fideicomisario *m*, -ria *f* — **trustworthy** *adj* : digno de confianza
truth *n pl* **truths** : verdad *f* — **truthful** *adj* : sincero, veraz
try *v* **tried; trying** *vt* **1** ATTEMPT : tratar (de), intentar **2** : juzgar (un caso, etc.) **3** TEST : poner a prueba **4** *or* **try out** : probar **5 try on** : probarse (ropa) — *vi* : hacer un esfuerzo — **try** *n pl* **tries** : intento *m* — **trying** *adj* **1** ANNOYING : irritante, pesado **2** DIFFICULT : duro — **tryout** *n* : prueba *f*
tsar → **czar**
T–shirt *n* : camiseta *f*
tub **1** : cuba *f*, tina *f* **2** CONTAINER : envase *m* **3** BATHTUB : bañera *f*
tuba *n* : tuba *f*
tube *n* **1** : tubo *m* **2** *or* **inner tube** : cámara *f* **3 the tube** : la tele
tuberculosis *n pl* **-loses** : tuberculosis *f*
tubing *n* : tubería *f* — **tubular** *adj* : tubular
tuck *vt* **1** : meter **2 tuck away** : guardar **3 tuck in** : meter por dentro (una blusa, etc.) **4 tuck someone in** : arropar a algn — **tuck** *n* : jareta *f*
Tuesday *n* : martes *m*
tuft *n* : mechón *m* (de pelo), penacho *m* (de plumas)
tug *vt* **tugged; tugging** *or* **tug at** : tirar de, jalar de — **tug** *n* : tirón *m*, jalón *m* — **tugboat** *n* : remolcador *m* — **tug–of–war** *n pl* **tugs–of–war** : tira y afloja *m*
tuition *n* **1** : enseñanza *f* **2** *or* **tuition fees** : matrícula *f*
tulip *n* : tulipán *m*
tumble *vi* **-bled; -bling** : caerse — **tumble** *n* : caída *f* — **tumbler** : vaso *m* (sin pie)
tummy *n pl* **-mies** : barriga *f*, panza *f*
tumor *n* : tumor *m*
tumult *n* : tumulto *m* — **tumultuous** *adj* : tumultuoso
▶ **tuna** *n pl* **-na** *or* **-nas** : atún *m*

tune *n* **1** MELODY : melodía *f* **2** SONG : tonada *f* **3 in tune** : afinado **4 out of tune** : desafinado — **tune** *v* **tuned; tuning** *vt* : afinar — *vi* **tune in** : sintonizar — **tuner** *n* **1** : afinador *m*, -dora *f* (de pianos, etc.) **2** : sintonizador *m* (de un receptor)
tunic *n* : túnica *f*
tunnel *n* : túnel *m* — **tunnel** *vi* **-neled** *or* **-nelled; -neling** *or* **-nelling** : hacer un túnel
turban *n* : turbante *m*
turbine *n* : turbina *f*
turbulent *adj* : turbulento — **turbulence** *n* : turbulencia *f*
turf *n* **1** GRASS : césped *m* **2** SOD : tepe *m*
turgid *adj* : ampuloso (dícese de prosa, etc.)
turkey *n pl* **-keys** : pavo *m*
turmoil *n* : confusión *f*
turn *vt* **1** : hacer girar (una rueda, etc.), volver (la cabeza, una página, etc.) **2** : dar la vuelta a (una esquina) **3** SPRAIN : torcer **4 turn down** REFUSE : rechazar **5 turn down** LOWER : bajar **6 turn in** : entregar **7 turn off** : cerrar (una llave), apagar (la luz, etc.) **8 turn on** : abrir (una llave), encender, prender *Lat* (la luz, etc.) **9 turn out** EXPEL : echar **10 turn out** PRODUCE : producir **11 turn out** → **turn off 12** *or* **turn over** FLIP : dar la vuelta a, voltear *Lat* **13 turn over** TRANSFER : entregar **14 turn someone's stomach** : revolver el estómago a algn **15 turn something into something** : convertir algo en algo **16 turn up** RAISE : subir — *vi* **1** ROTATE : girar, dar vueltas **2** BECOME : ponerse **3** SOUR : agriarse **4** RESORT : recurrir **5** *or* **turn around** : darse la vuelta, volverse **6 turn into** : convertirse en **7 turn left** : doblar a la izquierda **8 turn out** COME : acudir **9 turn out** RESULT : resultar **10 turn up** APPEAR : aparecer — **turn** *n* **1** : vuelta *f* **2** CHANGE : cambio *m* **3** CURVE :

typography
tipografía[F]

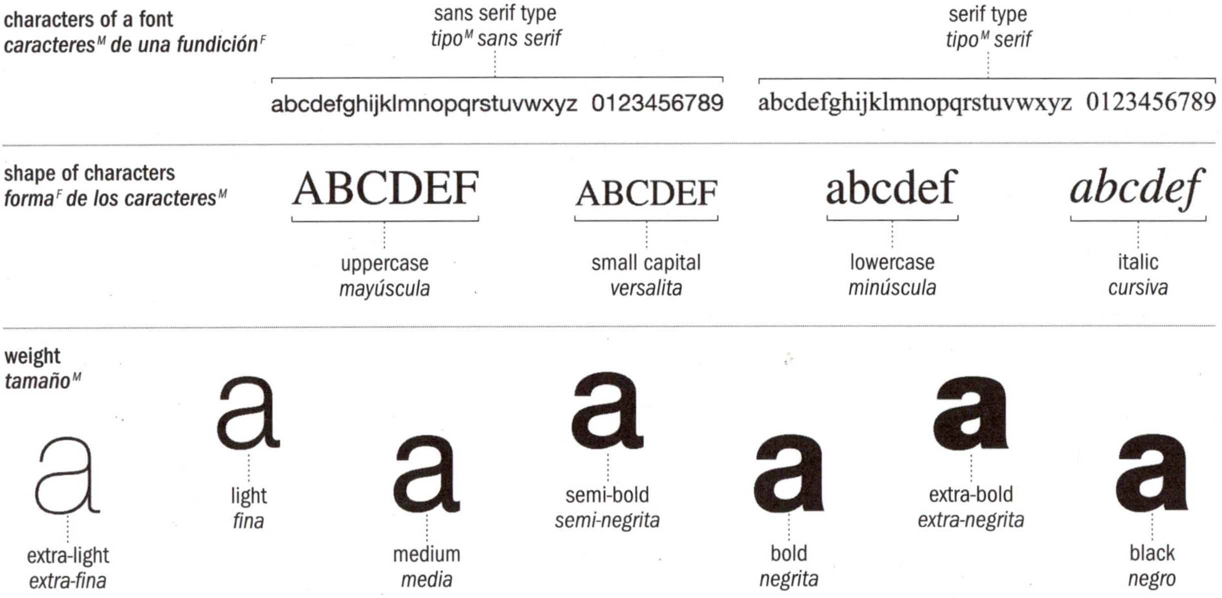

characters of a font
caracteres[M] *de una fundición*[F]

sans serif type
tipo[M] *sans serif*

serif type
tipo[M] *serif*

abcdefghijklmnopqrstuvwxyz 0123456789   abcdefghijklmnopqrstuvwxyz 0123456789

shape of characters
forma[F] *de los caracteres*[M]

ABCDEF   ABCDEF   abcdef   *abcdef*

uppercase — *mayúscula*

small capital — *versalita*

lowercase — *minúscula*

italic — *cursiva*

weight
tamaño[M]

extra-light — *extra-fina*

light — *fina*

medium — *media*

semi-bold — *semi-negrita*

bold — *negrita*

extra-bold — *extra-negrita*

black — *negro*

---

curva *f* **4 do a good turn** : hacer un favor
5 whose turn is it? : ¿a quién le toca?
turnip *n* : nabo *m*
turnout *n* : concurrencia *f* —
turnover *n* **1** : tartaleta *f* (postre) **2** :
volumen *m* (de ventas) **3** : movimiento *f*
(de personal) — **turnpike** *n* : carretera *f* de
peaje — **turntable** *n* : plato *m* giratorio
turpentine *n* : trementina *f*
turquoise *n* : turquesa *f*
turret *n* **1** : torrecilla *f* **2** :
torreta *f* (de un tanque, etc.)
turtle *n* : tortuga *f* (marina) —
turtleneck *n* : cuello *m* de tortuga
tusk *n* : colmillo *m*
tussle *n* : pelea *f* — **tussle** *vi*
-sled; -sling : pelearse
tutor *n* : profesor *m*, -sora *f* particular
— **tutor** *vt* : dar clases particulares a
tuxedo *n pl* **-dos** *or* **-does** :
esmoquin *m*, smoking *m*
TV → **television**
twang *n* **1** : tañido *m* **2** :
acento *m* nasal (de la voz)
tweak *vt* : pellizcar —
tweak *n* : pellizco *m*
tweed *n* : tweed *m*

tweet *n* : gorjeo *m*, pío *m* — **tweet** *vi* : piar
tweezers *npl* : pinzas *fpl*
twelve *adj* : doce — **twelve** *n* : doce *m* —
twelfth *adj* : duodécimo — **twelfth** *n* **1**
: duodécimo *m*, -ma *f* (en una serie)
2 : doceavo *m* (en matemáticas)
twenty *adj* : veinte — **twenty** *n pl* **-ties** :
veinte *m* — **twentieth** *adj* : vigésimo —
twentieth *n* **1** : vigésimo *m*, -ma *f* (en una
serie) **2** : veinteavo *m* (en matemáticas)
twice *adv* **1** : dos veces **2 twice
as much/many as** : el doble de
(algo), el doble que (algn)
twig *n* : ramita *f*
twilight *n* : crepúsculo *m*
twin *n* : gemelo *m*, -la *f*; mellizo *m*,
-za *f* — **twin** *adj* : gemelo, mellizo
twine *n* : cordel *m*, bramante *m Spain*
twinge *n* : punzada *f*
twinkle *vi* **-kled; -kling 1** : centellear **2** :
brillar (dícese de los ojos) — **twinkle** *n*
: centelleo *m*, brillo *m* (de los ojos)
twirl *vt* : girar, dar vueltas a — *vi* : girar,
dar vueltas — **twirl** *n* : giro *m*, vuelta *f*
twist *vt* **1** : retorcer **2** TURN : girar **3**
SPRAIN : torcerse **4** : tergiversar (palabras)
— *vi* **1** : retorcerse **2** COIL : enrollarse

3 : serpentear (entre montañas, etc.)
— **twist** *n* **1** BEND : vuelta *f* **2** TURN
: giro *m* **3 twist of lemon** : rodajita *f*
de limón — **twister** → **tornado**
twitch *vi* : moverse
(espasmódicamente) — **twitch** *n*
nervous twitch : tic *m* nervioso
two *adj* : dos — **two** *n pl* **twos** : dos *m*
— **twofold** *adj* : doble — **twofold** *adv* :
al doble — **two hundred** *adj* : doscientos
— **two hundred** *n* : doscientos *m*
tycoon *n* : magnate *mf*
tying → **tie**
type *n* : tipo *m* — **type** *v* **typed;
typing** : escribir a máquina —
typewritten *adj* : escrito a máquina —
typewriter *n* : máquina *f* de escribir
typhoon *n* : tifón *m*
typical *adj* : típico, característico —
typify *vt* **-fied; -fying** : tipificar
typist *n* : mecanógrafo *m*, -fa *f*
▸ **typography** *n* : tipografía *f*
tyranny *n pl* **-nies** : tiranía *f* —
tyrant *n* : tirano *m*, -na *f*
tzar → **czar**

u *n, pl* **u's** *or* **us** : u *f,* vigésima primera letra del alfabeto inglés

udder *n* : ubre *f*

UFO (*unidentified flying object*) *n, pl* **UFO's** *or* **UFOs** : ovni *m,* OVNI *m*

ugly *adj* **uglier; -est** : feo — **ugliness** *n* : fealdad *f*

ulcer *n* : úlcera *f*

ulterior *adj* **ulterior motive** : segunda intención *f*

ultimate *adj* **1** FINAL : final, último **2** UTMOST : máximo **3** FUNDAMENTAL : fundamental — **ultimately** *adv* **1** FINALLY : por último, finalmente **2** EVENTUALLY : a la larga

ultimatum *n, pl* **-tums** *or* **-ta** : ultimátum *m*

ultraviolet *adj* : ultravioleta

umbilical cord *n* : cordón *m* umbilical

▸ **umbrella** *n* : paraguas *m*

umpire *n* : árbitro *m,* -tra *f* — **umpire** *vt* **-pired; -piring** : arbitrar

umpteenth *adj* : enésimo

unable *adj* **1** : incapaz **2 be unable to** : no poder

unabridged *adj* : íntegro

unacceptable *adj* : inaceptable

unaccountable *adj* : inexplicable

unaccustomed *adj* **be unaccustomed to** : no estar acostumbrado a

unadulterated *adj* : puro

unaffected *adj* **1** : no afectado **2** NATURAL : sin afectación, natural

unafraid *adj* : sin miedo

unaided *adj* : sin ayuda

unanimous *adj* : unánime

unannounced *adj* : sin dar aviso

unarmed *adj* : desarmado

unassuming *adj* : modesto, sin pretensiones

unattached *adj* **1** : suelto **2** UNMARRIED : soltero

unattractive *adj* : poco atractivo

unauthorized *adj* : no autorizado

unavailable *adj* : no disponible

unavoidable *adj* : inevitable

unaware *adj* **1** : inconsciente **2 be unaware of** : ignorar — **unawares** *adv* **catch someone unawares** : agarrar a algn desprevenido

unbalanced *adj* : desequilibrado

unbearable *adj* : inaguantable, insoportable

unbelievable *adj* : increíble

unbending *adj* : inflexible

unbiased *adj* : imparcial

unborn *adj* : aún no nacido

unbreakable *adj* : irrompible

unbridled *adj* : desenfrenado

unbroken *adj* **1** INTACT : intacto **2** CONTINUOUS : continuo

unbutton *vt* : desabrochar, desabotonar

uncalled–for *adj* : inapropiado, innecesario

uncanny *adj* **-nier; -est** : extraño, misterioso

unceasing *adj* : incesante

unceremonious *adj* **1** INFORMAL : poco ceremonioso **2** ABRUPT : brusco

uncertain *adj* **1** : incierto **2 in no uncertain terms** : de forma vehemente — **uncertainty** *n, pl* **-ties** : incertidumbre *f*

unchanged *adj* : igual, sin alterar — **unchanging** *adj* : inmutable

uncivilized *adj* : incivilizado

uncle *n* : tío *m*

unclear *adj* : poco claro

uncomfortable *adj* **1** : incómodo **2** DISCONCERTING : inquietante, desagradable

uncommon *adj* : raro

uncompromising *adj* : intransigente

unconcerned *adj* : indiferente

unconditional *adj* : incondicional

unconscious *adj* : inconsciente

unconstitutional *adj* : inconstitucional

uncontrollable *adj* : incontrolable

unconventional *adj* : poco convencional

uncouth *adj* : grosero

uncover *vt* **1** : destapar **2** REVEAL : descubrir

undecided *adj* : indeciso

undeniable *adj* : innegable

under *adv* **1** : debajo **2** LESS : menos **3** *or* **under anesthetic** : bajo los efectos de la anestesia — **under** *prep* **1** BELOW BENEATH : debajo de, abajo de **2 under 20 minutes** : menos de 20 minutos **3 under the circumstances** : dadas las circunstancias

underage *adj* : menor de edad

underclothes → **underwear**

undercover *adj* : secreto

undercurrent *n* : tendencia *f* oculta

underdeveloped *adj* : subdesarrollado

underestimate *vt* **-mated; -mating** : subestimar

underfoot *adv* : bajo los pies

undergo *vt* **-went; -gone; -going** : sufrir, experimentar

undergraduate *n* : estudiante *m* universitario, estudiante *f* universitaria

underground *adv* **1** : bajo tierra **2 go underground** : pasar a la clandestinidad — **underground** *adj* **1** : subterráneo **2** SECRET : secreto, clandestino — **underground** *n* : movimiento *m* clandestino

undergrowth *n* : maleza *f*

underhanded *adj* SLY : solapado

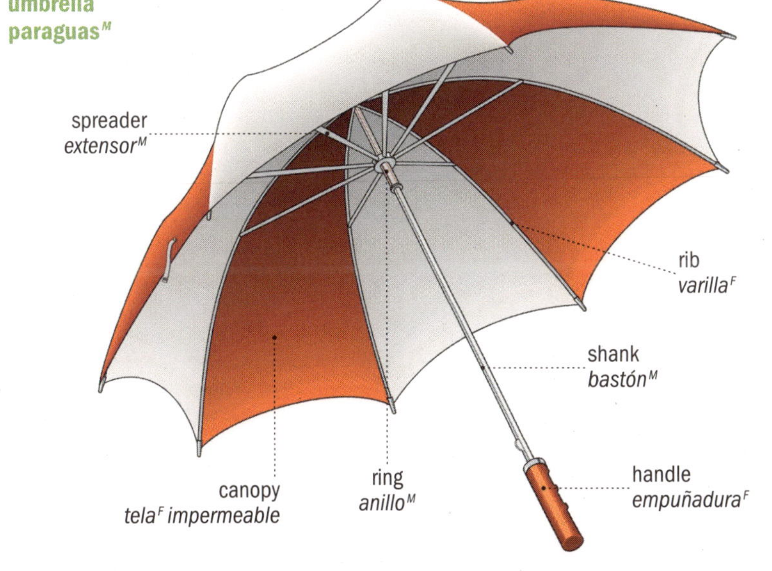

underline *vt* **-lined; -lining** : subrayar
underlying *adj* : subyacente
undermine *vt* **-mined;
-mining** : socavar, minar
underneath *adv* : debajo, abajo —
underneath *prep* : debajo de, abajo de *Lat*
underpants *npl* : calzoncillos *mpl*,
calzones *mpl Lat*
underpass *n* : paso *m* inferior
underprivileged *adj* : desfavorecido
underrate *vt* **-rated; -rating** : subestimar
undershirt *n* : camiseta *f*
understand *v* **-stood; -standing**
: comprender, entender —
understandable *adj* : comprensible
— **understanding** *adj* : comprensivo,
compasivo — **understand** *n* **1** :
comprensión *f* **2** AGREEMENT : acuerdo *m*
understatement *n* **that's an
understatement** : decir sólo
eso es quedarse corto
understudy *n, pl* **-dies** :
sobresaliente *mf* (en el teatro)
undertake *vt* **-took; -taken; -taking** :
emprender (una tarea), encargarse de
(una responsabilidad) — **undertaker** *n*
: director *m*, -tora *f* de una funeraria —
undertaking *n* : empresa *f*, tarea *f*
undertone *n* **1** : voz *f* baja
2 SUGGESTION : matiz *m*
undertow *n* : resaca *f*
underwater *adj* : submarino —
underwater *adv* : debajo (del agua)
under way *adv* **get under**
: ponerse en marcha
underwear *n* : ropa *f* interior
underwent → **undergo**
underworld *n* **the underworld**
CRIMINALS : la hampa, los bajos fondos
underwriter *n* : asegurador *m*, -dora *f*
undesirable *adj* : indeseable
undeveloped *adj* : sin desarrollar
undignified *adj* : indecoroso
undisputed *adj* : indiscutible
undo *vt* **-did; -done; -doing 1** UNFASTEN :
deshacer, desatar **2** : reparar (daños, etc.)
undoubtedly *adv* : indudablemente
undress *vt* : desnudar — *vi* : desnudarse
undue *adj* : indebido, excesivo
undulate *vi* **-lated; -lating** : ondular
unduly *adv* : excesivamente
undying *adj* : eterno
unearth *vt* : desenterrar
unearthly *adj* **-lier; -est** :
sobrenatural, de otro mundo
uneasy *adj* **-easier; -est 1** AWKWARD :
incómodo **2** WORRIED : **inquieto 3** RESTLESS
: agitado — **uneasily** *adv* : inquietamente
— **uneasiness** *n* : inquietud *f*
uneducated *adj* : inculto
unemployed *adj* : desempleado —
unemployment *n* : desempleo *m*
unerring *adj* : infalible
unethical *adj* : poco ético
uneven *adj* **1** : desigual **2** :
impar (dícese de un número)
unexpected *adj* : inesperado
unfailing *adj* **1** CONSTANT : constante
2 INEXHAUSTIBLE : inagotable
unfair *adj* : injusto — **unfairly** *adv* :
injustamente — **unfairness** *n* : injusticia *f*
unfaithful *adj* : infiel

International System of Units (SI)
sistema^F internacional de unidades^F

measurement of frequency
unidad^F de medida^F de frecuencia^F

Hz
hertz
hercio^M

measurement of electric potential difference
unidad^F de medida^F de la diferencia^F de potencial^M eléctrico

V
volt
voltio^M, volt^M

measurement of energy
unidad^F de medida^F de energía^F

J
joule
julio^M

measurement of power
unidad^F de medida^F de potencia^F eléctrica

W
watt
vatio^M

measurement of pressure
unidad^F de medida^F de presión^F

Pa
pascal
pascal^M

measurement of force
unidad^F de medida^F de fuerza^F

N
newton
newton^M

measurement of length
unidad^F de medida^F de longitud^F

m
meter
metro^M

measurement of thermodynamic temperature
unidad^F de medida^F de temperatura^F termodinámica

K
kelvin
kelvin^M

measurement of mass
unidad^F de medida^F de masa^F

kg
kilogram
kilogramo^M

— **unfaithfulness** *n* : infidelidad *f*
unfamiliar *adj* **1** : desconocido **2**
be unfamiliar with : desconocer
unfasten *vt* **1** : desabrochar (ropa, etc.)
2 UNDO : desatar (una cuerda, etc.)
unfavorable *adj* : desfavorable
unfeeling *adj* : insensible
unfinished *adj* : sin terminar
unfit *adj* **1** UNSUITABLE : impropio
2 UNSUITED : no apto, incapaz
unfold *vt* **1** : desplegar, desdoblar
2 REVEAL : revelar (un plan, etc.)
— *vi* **1** : extenderse, desplegarse
2 DEVELOP : desarrollarse
unforeseen *adj* : imprevisto
unforgettable *adj* : inolvidable
unforgivable *adj* : imperdonable
unfortunate *adj* **1** UNLUCKY :
desgraciado, desafortunado **2**
INAPPROPRIATE : inoportuno —
unfortunately *adv* : desgraciadamente
unfounded *adj* : infundado
unfriendly *adj* **-lier; -est** : poco amistoso
unfurl *vt* : desplegar
unfurnished *adj* : desamueblado
ungainly *adj* : desgarbado
ungodly *adj* **1** : impío **2 an ungodly**
hour : una hora intempestiva
ungrateful *adj* : desagradecido
unhappy *adj* **-pier; -est 1** SAD : infeliz,
triste **2** UNFORTUNATE : desafortunado
— **unhappily** *adv* **1** SADLY : tristemente
2 UNFORTUNATELY : desgraciadamente
— **unhappiness** *n* : tristeza *f*
unharmed *adj* : salvo, ileso
unhealthy *adj* **-thier; -est 1** :
malsano **2** SICKLY : enfermizo
unheard–of *adj* : sin precedente, insólito
unhook *vt* : desenganchar
unhurt *adj* : ileso
unicorn *n* : unicornio *m*
unification *n* : unificación *f*
uniform *adj* : uniforme — **uniform** *n*
: uniforme *m* — **uniformity** *n*,
pl **-ties** : uniformidad *f*
unify *vt* **-fied; -fying** : unificar
unilateral *adj* : unilateral
unimaginable *adj* : inconcebible
unimportant *adj* : insignificante
uninhabited *adj* :
deshabitado, despoblado
uninjured *adj* : ileso
unintentional *adj* : involuntario
union *n* **1** : unión *f* **2** *or* **labor union**
: sindicato *m*, gremio *m*, *Lat*

unique *adj* : único — **uniquely** *adv*
EXCEPTIONALLY : excepcionalmente
unison *n* **in unison** : al unísono
▸ **unit** *n* **1** : unidad *f* **2** : módulo *m*
(de un mobiliario)
unite *v* **united; uniting** *vt* : unir
— *vi* : unirse — **unity** *n*, *pl* **-ties 1** :
unidad *f* **2** HARMONY : acuerdo *m*
universe *n* : universo *m* —
universal *adj* : universal
university *n*, *pl* **-ties** : universidad *f*
unjust *adj* : injusto —
unjustified *adj* : injustificado
unkempt *adj* **1** : descuidado, desaseado
2 : despeinado (dícese del pelo)
unkind *adj* : poco amable,
cruel — **unkindness** *n* : falta *f*
de amabilidad, crueldad *f*
unknown *adj* : desconocido
unlawful *adj* : ilegal
unless *conj* : a menos que, a no ser que
unlike *adj* : diferente — **unlike** *prep*
: a diferencia de — **unlikelihood** *n*
: improbabilidad *f* — **unlikely** *adj*
-lier; -est : improbable
unlimited *adj* : ilimitado
unload *v* : descargar
unlock *vt* : abrir (con llave)
unlucky *adj* **-luckier; -est 1** UNFORTUNATE
: desgraciado **2** : de mala suerte
(dícese de un número, etc.)
unmarried *adj* : soltero
unmask *vt* : desenmascarar
unmistakable *adj* : inconfundible
unnatural *adj* **1** : anormal **2**
AFFECTED : afectado, forzado
unnecessary *adj* : innecesario —
unnecessarily *adv* : innecesariamente
unnerving *adj* : desconcertante
unnoticed *adj* : inadvertido
unobtainable *adj* : inasequible
unobtrusive *adj* : discreto
unofficial *adj* : no oficial
unorthodox *adj* : poco ortodoxo
unpack *vt* **1** : desempaquetar,
desempacar *Lat* (un paquete,
etc.) **2** : deshacer (una maleta)
— *vi* : deshacer las maletas
unparalleled *adj* : sin igual
unpleasant *adj* : desagradable
unplug *vt* **-plugged; -plugging**
: desconectar, desenchufar
unpopular *adj* : poco popular
unprecedented *adj* : sin precedente
unpredictable *adj* : imprevisible

unprepared *adj* **1** : no preparado
2 UNREADY : deprevenido
unqualified *adj* **1** : no calificado,
sin título **2** COMPLETE : absoluto
unquestionable *adj* : indiscutible
— **unquestioning** *adj* : incondicional
unravel *v* **-eled** *or* **-elled; -eling**
or **-elling** *vt* : desenmarañar
— *vi* : deshacerse
unreal *adj* : irreal —
unrealistic *adj* : poco realista
unreasonable *adj* **1** : irrazonable
2 EXCESSIVE : excesivo
unrecognizable *adj* : irreconocible
unrelated *adj* : no relacionado
unrelenting *adj* : implacable
unreliable *adj* : que no es de fiar
unrepentant *adj* : impenitente
unrest *n* **1** : inquietud *f*, malestar *m* **2**
or **political unrest** : disturbios *mpl*
unripe *adj* : verde, no maduro
unrivaled *or* **unrivalled** *adj* :
incomparable, sin par
unroll *vt* : desenrollar — *vi* : desenrollarse
unruly *adj* : indisciplinado
unsafe *adj* : inseguro
unsaid *adj* : sin decir
unsanitary *adj* : antihigiénico
unsatisfactory *adj* : insatisfactorio
unscathed *adj* : ileso
unscrew *vt* : destornillar
unscrupulous *adj* : sin escrúpulos
unseemly *adj* **-lier; -est** : indecoroso
unseen *adj* **1** : no visto **2**
UNNOTICED : inadvertido
unselfish *adj* : desinteresado
unsettle *vt* **-tled; -tling** DISTURB :
perturbar — **unsettled** *adj* **1** CHANGEABLE
: inestable **2** DISTURBED : agitado, inquieto
3 : variable (dícese del tiempo)
unsightly *adj* : feo
unskilled *adj* : no calificado —
unskillful *adj* : torpe, poco hábil
unsociable *adj* : poco sociable
unsound *adj* **1** : defectuoso, erróneo
2 of unsound mind : demente
unspeakable *adj* **1** : indecible
2 TERRIBLE : atroz
unstable *adj* : inestable
unsteady *adj* **1** : inestable
2 SHAKY : tembloroso
unsuccessful *adj* **1** : fracasado **2**
be unsuccessful : no tener éxito
unsuitable *adj* **1** : inadecuado **2**
INCONVENIENT : inconveniente

unsure *adj* : inseguro
unsuspecting *adj* : confiado
unsympathetic *adj* : indiferente
unthinkable *adj* : inconcebible
untidy *adj* : desordenado (dícese de una sala, etc.), desaliñado (dícese de una persona)
untie *vt* **-tied; -tying** *or* **-tieing** : desatar
until *prep* : hasta — **until** *conj* : hasta que
untimely *adj* **1** PREMATURE : prematuro **2** INOPPORTUNE : inoportuno
untold *adj* : incalculable
untoward *adj* **1** ADVERSE : adverso **2** IMPROPER : indecoroso
untroubled *adj* **1** : tranquilo **2 be untroubled by** : no estar afectado por
untrue *adj* : falso
unused *adj* **1** NEW : nuevo **2 be unused to** : no estar acustumbrado a
unusual *adj* : poco común, insólito — **unusually** *adv* : excepcionalmente
unveil *vt* : descubrir, revelar
unwanted *adj* : superfluo (dícese de un objeto), no deseado (dícese de un niño, etc.)
unwarranted *adj* : injustificado
unwelcome *adj* : inoportuno, molesto
unwell *adj* **be unwell** : sentirse mal
unwieldy *adj* : difícil de manejar
unwilling *adj* : poco dispuesto — **unwillingly** *adv* : de mala gana
unwind *v* **-wound; -winding** *vt* : desenrollar — *vi* **1** : desenrollarse **2** RELAX : relajarse
unwise *adj* : imprudente
unworthy *adj* **be unworthy of** : no ser digno de
unwrap *vt* **wrapped; -wrapping** : desenvolver
up *adv* **1** ABOVE : arriba **2** UPWARDS : hacia arriba **3 ten miles farther up** : diez millas más adelante **4 up here/there** : aquí/allí arriba **5 up north** : en el norte **6 up until** : hasta — **up** *adj* **1** AWAKE : levantado **2** FINISHED : terminado **3 be up against** : enfrentarse con **4 be up on** : estar al corriente de **5 it's up to you** : depende de tí **6 prices are up** : los precios han aumentado **7 the sun is up** : ha salido el sol **8 what's up?** : ¿qué pasa? — **up** *prep* **1 go up the river** : ir río arriba **2 go up the stairs** : subir la escalera **3 up the coast** : a lo largo de la costa — **up** *v* **upped; upping; ups** *vt* : aumentar — *vi* **she up and left** : agarró y se fue

upbringing *n* : educación *f*
upcoming *adj* : próximo
update *vt* **-dated; -dating** : poner al día, actualizar — **update** *n* : puesta *f* al día
upgrade *vt* **-graded; -grading** : elevar la categoría de (un puesto, etc.), mejorar (una facilidad, etc.)
upheaval *n* : trastorno *m*
uphill *adv* : cuesta arriba — **uphill** *adj* **1** : en subida **2 be an uphill battle** : ser muy difícil
uphold *vt* **-held; -holding** : sostener, apoyar
upholstery *n, pl* **-steries** : tapicería *f*
upkeep *n* : mantenimiento *m*
upon *prep* **1** : en, sobre **2 upon leaving** : al salir
upper *adj* : superior — **upper** *n* : parte *f* superior (del calzado, etc.)
uppercase *adj* : mayúsculo
upper class *n* : clase *f* alta

upper hand *n* : ventaja *f*, dominio *m*
uppermost *adj* : más alto
upright *adj* **1** VERTICAL : vertical **2** ERECT : derecho **3** JUST : recto, honesto — **upright** *n* : montante *m*, poste *m*
uprising *n* : insurrección *f*, revuelta *f*
uproar *n* COMMOTION : alboroto *m*
uproot *vt* : desarraigar
upset *vt* **-set; -setting 1** OVERTURN : volcar **2** DISTRESS : alterar, inquietar **3** DISRUPT : trastornar — **upset** *adj* **1** DISTRESSED : alterado **2 have an upset stomach** : estar mal del estómago — **upset** *n* : trastorno *m*
upshot *n* : resultado *m* final
upside down *adv* **1** : al revés **2 turn upside down** : volver — **upside–down** *adj* : al revés
upstairs *adv* : arriba — **upstairs** *adj* : de arriba — **upstairs** *ns & pl* : piso *m* de arriba
upstart *n* : advenedizo *m*, -za *f*

kitchen utensils
utensilios^M de cocina^F

kitchen timer
minutero^M

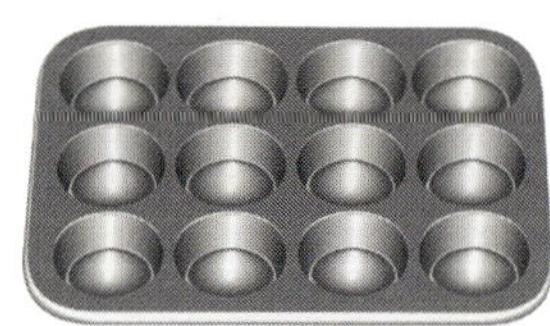

muffin pan
molde^M para magdalenas^F

colander
escurridor^M

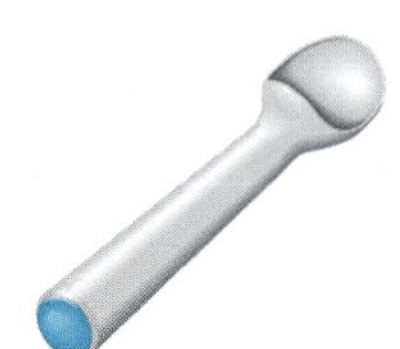

ice cream scoop
cuchara^F para servir helado^M

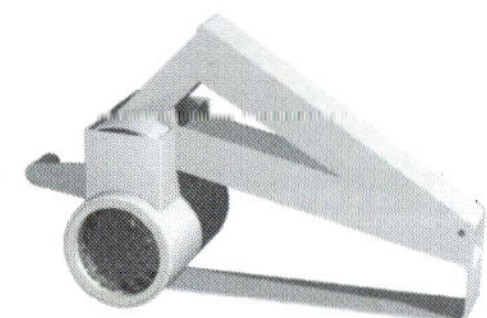

rotary cheese grater
rallador^M cilíndrico de queso^M

cutting board
tabla^F de cortar

upstream *adv* : río arriba
upswing *n* **be on the upswing**
  : estar mejorándose
up–to–date *adj* **1** : corriente,
  al día **2** MODERN : moderno
uptown *adv* : hacia la parte alta de la
  ciudad, hacia el distrito residencial
upturn *n* : mejora *f*, auge *m* (económico)
upward *or* upwards *adv* : hacia arriba —
  upward *adj* : ascendente, hacia arriba
uranium *n* : uranio *m*
urban *adj* : urbano
urbane *adj* : urbano, cortés
urge *vt* **urged; urging 1** PRESS : instar,
  exhortar **2 urge on** : animar — **urge** *n*
  : impulso *m*, ganas *fpl* — **urgency** *n*,
  pl -**cies** : urgencia *f* — **urgent** *adj* **1**
  : urgente **2 be urgent** : urgir
urine *n* : orina *f* — **urinate** *vi*
  -**nated; -nating** : orinar
urn *n* : urna *f*

Uruguayan *adj* : uruguayo
us *pron* **1** (*as direct or indirect object*)
  : nos **2** (*as object of a preposition*) :
  nosotros, nosotras **3 both of us** : nosotros
  dos **4 it's us!** : ¡somos nosotros!
usage *n* : uso *m*
use *v* **used; using** *vt* **1** : usar **2** CONSUME
  : consumir, tomar (drogas, etc.) **3 use up**
  : agotar, consumir — *vi* **1 she used to
  dance** : acostumbraba bailar **2 winters
  used to be colder** : los inviernos solían
  ser más fríos — **use** *n* **1** : uso *m* **2 have
  no use for** : no necesitar **3 have the use of**
  : poder usar, tener acceso a **4 it's no use!**
  : ¡es inútil! — **used** *adj* **1** SECONDHAND :
  usado **2 be used to** : estar acostumbrado
  a — **useful** *adj* : útil, práctico —
  usefulness *n* : utilidad *f* — **useless** *adj*
  : inútil — **user** *n* : usuario *m*, -ria *f*
usher *vt* **1** : acompañar, conducir **2
  usher in** : hacer entrar — **usher** *n*

  : acomodador *m*, -dora *f*
usual *adj* **1** : habitual, usual **2
  as usual** : como de costumbre
  — **usually** *adv* : usualmente
usurp *vt* : usurpar
▸ **utensil** *n* : utensilio *m*
uterus *n*, *pl* **uteri** : útero *m*, matriz *f*
utility *n*, *pl* -**ties 1** : utilidad *f* **2** *or* **public
  utility** : empresa *f* de servicio público
utilize *vt* -**lized; -lizing** : utilizar
utmost *adj* **1** FARTHEST : extremo **2
  of the utmost importance** : de suma
  importancia — **utmost** *n* **do one's
  utmost** : hacer todo lo posible
utopia *n* : utopía *f* — **utopian** *adj* : utópico
utter[1] *adj* : absoluto, completo
utter[2] *vt* : decir, pronunciar (palabras) —
  utterance *n* : declaración *f*, expresión *f*
utterly *adv* : completamente, totalmente

cookie cutters
moldes[M] *de pastas*[F]

stoner
deshuesador[M]

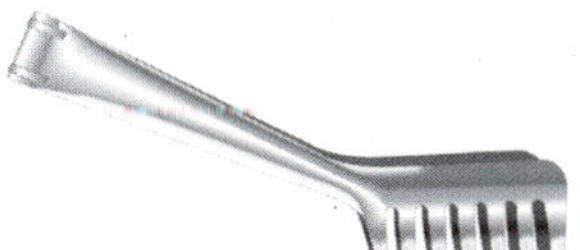

spaghetti tongs
pinzas[F] *para espagueti*[M]

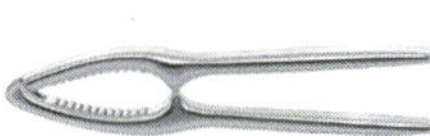

nutcracker
cascanueces[M]

apple corer
descorazonador[M]

rolling pin
rodillo[M]

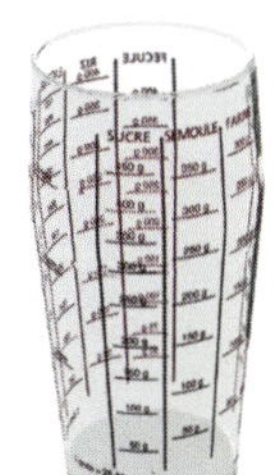

measuring beaker
vaso[M] *medidor*

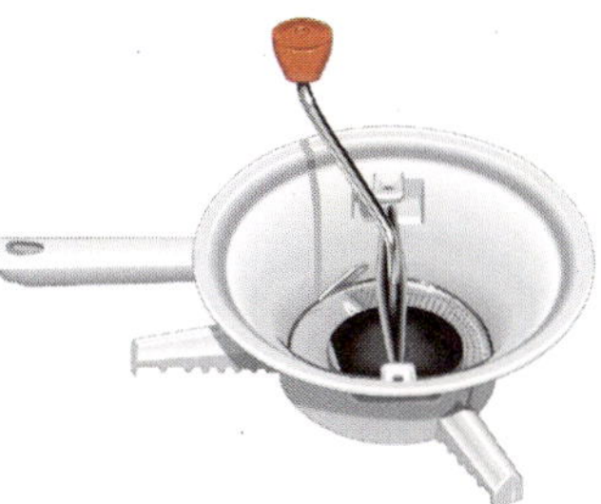

food mill
pasapurés[M]

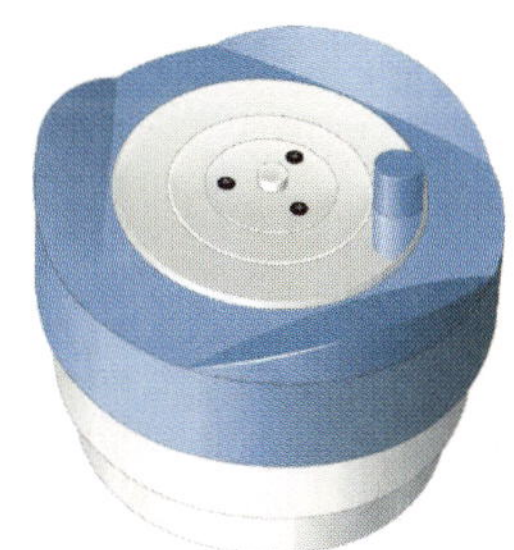

salad spinner
secadora[F] *de ensalada*[F]

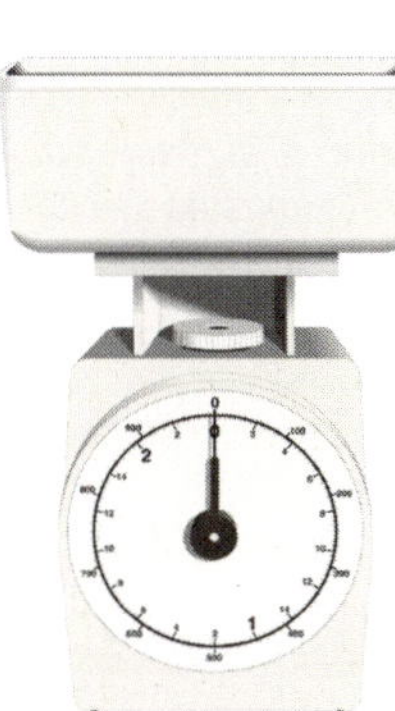

kitchen scale
báscula[F] *de cocina*[F]

v *n, pl* **v's** *or* **vs** : v *f*, vigésima
segunda letra del alfabeto inglés
vacant *adj* **1** AVAILABLE : libre **2**
UNOCCUPIED : desocupado **3** : vacante
(dícese de un puesto) **4** : ausente
(dícese de una mirada) — **vacancy** *n*,
pl **-cies 1** : (puesto *m*) vacante *f* **2** :
habitación *f* libre (en un hotel, etc.)
vacate *vt* **-cated; -cating** :
desalojar, desocupar
vacation *n* : vacaciones *fpl*
vaccination *n* : vacunación *f* —
vaccinate *vt* **-nated; -nating** :
vacunar — **vaccine** *n* : vacuna *f*
vacuum *n, pl* **vacuums** *or* **vacua** : vacío *m*
— **vacuum** *vt* : pasar la aspiradora por
— **vacuum cleaner** *n* : aspiradora *f*
vagina *n, pl* **-nae** *or* **-nas** : vagina *f*
vagrant *n* : vagabundo *m*, **-da** *f*
vague *adj* **vaguer; -est** : vago, indistinto
vain *adj* **1** CONCEITED : vanidoso
2 in vain : en vano
valentine *n* : tarjeta *f* del
día de San Valentín
valiant *adj* : valiente, valeroso
valid *adj* : válido — **validate** *vt* **-dated;**
-dating : validar — **validity** *n* : validez *f*
valley *n, pl* **-leys** : valle *m*
valor *n* : valor *m*, valentía *f*
value *n* : valor *m* — **value** *vt* **-ued; -uing**
: valorar — **valuable** *adj* : valioso —
valuables *npl* : objetos *mpl* de valor
valve *n* : válvula *f*
vampire *n* : vampiro *m*
van *n* : furgoneta *f*, camioneta *f*
vandal *n* : vándalo *m* —
vandalism *n* : vandalismo *m* —
vandalize *vt* : destrozar, destruir
vane *n or* **weather vane** : veleta *f*
vanguard *n* : vanguardia *f*
vanilla *n* : vainilla *f*
vanish *vi* : desaparecer
vanity *n, pl* **-ties 1** : vanidad *f* **2**
or **vanity table** : tocador *m*
vantage point *n* : posición *f* ventajosa
vapor *n* : vapor *m*
variable *adj* : variable — **variable** *n*
: variable *f* — **variance** *n* **at variable**
with : en desacuerdo con —
variant *n* : variante *f* — **variation** *n* :
variación *f* — **varied** *adj* : variado —
variegated *adj* : abigarrado, multicolor
— **variety** *n, pl* **-ties 1** : variedad *f* **2**
ASSORTMENT : surtido *m* **3** SORT : clase *f*
— **various** *adj* : varios, diversos

varnish *n* : barniz *f* — **varnish** *vt* : barnizar
vary *v* **varied; varying** : variar
vase *n* **1** : jarrón *m* **2** *or*
flower vase : florero *m*
vast *adj* : vasto, enorme —
vastness *n* : inmensidad *f*
vat *n* : cuba *f*
vault[1] *vi* LEAP : saltar — **vault** *n* : salto *m*
vault[2] *n* **1** DOME : bóveda *f* **2** *or* **bank**
vault : cámara *f* acorazada, bóveda *f*
de seguridad *Lat* **3** CRYPT : cripta *f*
VCR (*videocassette recorder*) *n* : video *m*
veal *n* : (carne *f* de) ternera *f*
veer *vi* : virar
▸ **vegetable** *adj* : vegetal —
vegetable *n* **1** : vegetal *m* (planta)
2 vegetables *npl* : verduras *fpl* —
vegetarian *n* : vegetariano *mf* —
vegetation *n* : vegetación *f*
vehemence *n* : vehemencia *f*
— **vehement** *adj* : vehemente
vehicle *n* : vehículo *m*
veil *n* : velo *m* — **veil** *vt* **1** : cubrir
con un velo **2** CONCEAL : velar
vein *n* **1** : vena *f* **2** : veta *f*
(de un mineral, etc.)
velocity *n, pl* **-ties** : velocidad *f*
velvet *n* : terciopelo *m* —
velvety *adj* : aterciopelado
vending machine *vt* :
máquina *f* expendedora
vendor *n* : vendedor *m*, **-dora** *f*
veneer *n* **1** : chapa *f* **2**
FACADE : apariencia *f*
venerable *adj* : venerable —
venerate *vt* **-ated; -ating** : venerar
— **veneration** *n* : veneración *f*
venereal *adj* : venéreo
venetian blind *n* : persiana *f* veneciana
Venezuelan *adj* : venezolano
vengeance *n* **1** : venganza *f* **2**
take vengeance on : vengarse de
— **vengeful** *adj* : vengativo
venison *n* : (carne *f* de) venado *m*
venom *n* : veneno *m* —
venomous *adj* : venenoso
vent *vt* : desahogar — **vent** *n* **1** *or* **air**
vent : rejilla *f* de ventilación **2** OUTLET
: desahogo *m* — **ventilate** *vt* **-lated;**
-lating : ventilar — **ventilation** *n* :
ventilación *f* — **ventilator** *n* : ventilador *m*
ventriloquist *n* : ventrílocuo *m*, **-cua** *f*
venture *v* **-tured; -turing** *vt* **1** RISK :
arriesgar **2** : aventurar (una opinión,
etc.) — *vi* : atreverse — **venture** *n*

or **business venture** : empresa *f*
venue *n* : lugar *m*
Venus *n* : Venus *m*
veranda *or* **verandah** *n* : veranda *f*
verb *n* : verbo *m* — **verbal** *adj* :
verbal — **verbatim** *adv* : palabra
por palabra — **verbatim** *adj* :
literal — **verbose** *adj* : verboso
verdict *n* **1** : veredicto *m* **2**
OPINION : opinión *f*
verge *n* **1** : borde *m* **2 on the verge**
of : a punto de (hacer algo), al
borde de (algo) — **verge** *vi* **verged;**
verging verge on : rayar en
verify *vt* **-fied; -fying** : verificar —
verification *n* : verificación *f*
vermin *ns & pl* : alimañas *fpl*
vermouth *n* : vermut *m*
versatile *adj* : versátil —
versatility *n* : versatilidad *f*
verse *n* **1** LINE : verso *m* **2** POETRY
: poesía *f* **3** : versículo *m* (en
la Biblia) — **versed** *adj* **be well**
verse in : ser muy versado en
version *n* : versión *f*
versus *prep* : versus
vertebra *n, pl* **-brae** *or* **-bras** : vértebra *f*
vertical *adj* : vertical —
vertical *n* : vertical *f*
vertigo *n, pl* **-goes** *or* **-gos** : vértigo *m*
verve *n* : brío *m*
very *adv* **1** : muy **2 at the very least** :
por lo menos **3 the very same thing** : la
misma cosa **4 very much** : mucho **5 very**
well : muy bien — **very** *adj* **verier; -est 1**
PRECISE, SAME : mismo **2** MERE : solo, mero
3 the very thing : justo lo que hacía falta
vessel *n* **1** CONTAINER : recipiente *m* **2**
SHIP : nave *f*, buque *m* **3** *or* **blood**
vessel : vaso *m* sanguíneo
vest *n* **1** : chaleco *m* **2** *Brit*
UNDERSHIRT : camiseta *f*
vestibule *n* : vestíbulo *m*
vestige *n* : vestigio *m*
vet *n* **1** → **veterinarian 2** → **veteran**
veteran *n* : veterano *m*, **-na** *f*
veterinarian *n* : veterinario *m*, **-ria** *f*
— **veterinary** *adj* : veterinario
veto *n, pl* **-toes** : veto *m* — **veto** *vt* : vetar
vex *vt* ANNOY : irritar
via *prep* : por, vía
viable *adj* : viable
viaduct *n* : viaducto *m*
vial *n* : frasco *m*
vibrant *adj* : vibrante

— **vibrate** *vi* **-brated; -brating :** vibrar — **vibration** *n* : vibración *f*

vicar *n* : vicario *m*, -ria *f*

vicarious *adj* : indirecto

vice *n* : vicio *m*

vice president *n* : vicepresidente *m*, -ta *f*

vice versa *adv* : viceversa

vicinity *n, pl* **-ties 1** : inmediaciones *fpl* **2 in the vicinity of** ABOUT : alrededor de

vicious *adj* **1** SAVAGE : feroz **2** MALICIOUS : malicioso

victim *n* : víctima *f*

victor *n* : vencedor *m*, -dora *f*

victory *n, pl* **-ries** : victoria *f*

— **victorious** *adj* : victorioso

video *n* : video *m*, vídeo *m Spain* — **video** *adj* : de video —

videocassette *n* : videocasete *m* —

videotape *n* : videocinta *f* — **video** *vt* **-taped; -taping** : videograbar

vie *vi* **vied; vying** : competir

volleyball
voleibol^M

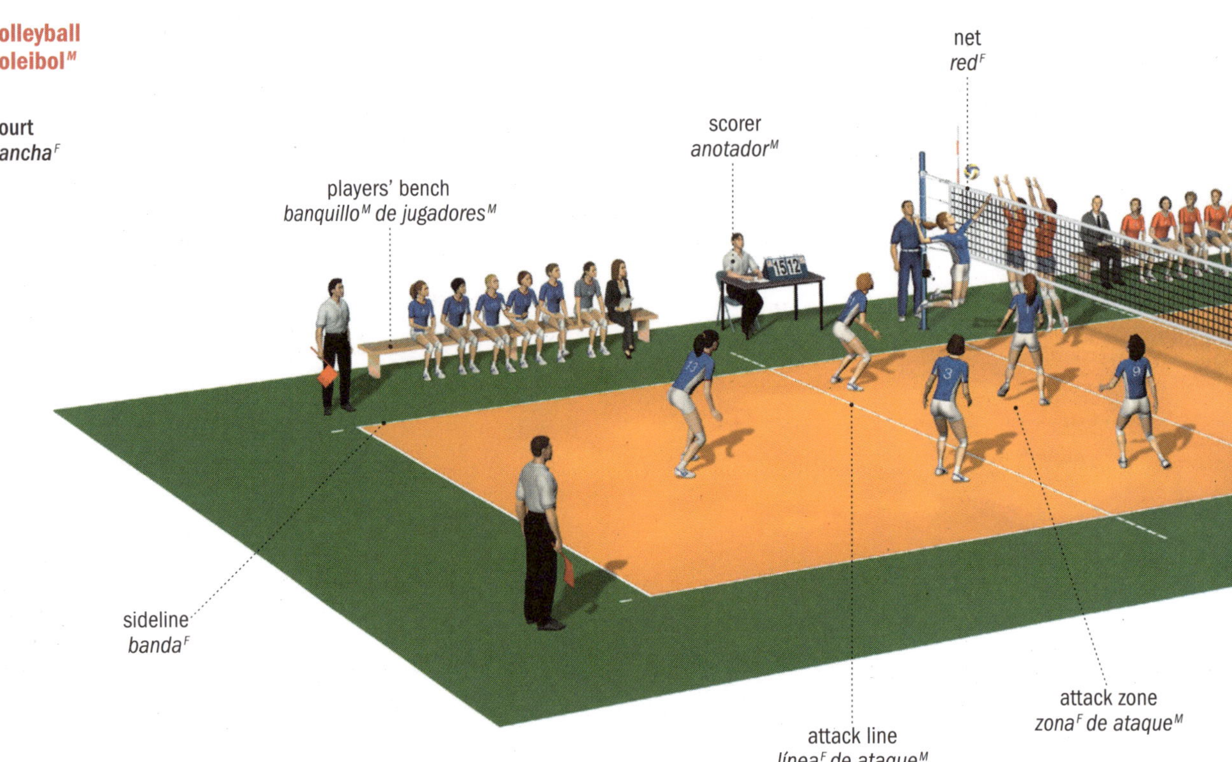

Vietnamese *adj* : vietnamita
view *n* **1** : vista *f* **2** OPINION : opinión *f* **3**
  come into view : aparecer **4 in view**
  of : en vista de (que) — **view** *vt* **1** :
  ver **2** CONSIDER : considerar — **viewer** *n*
  or **television viewer** : televidente *mf*
  — **viewpoint** *n* : punto *m* de vista
vigil *n* : vela *f* — **vigilance** *n* :
  vigilancia *f* — **vigilant** *adj* : vigilante
vigor *or Brit* **vigour** *n* : vigor *m*
  — **vigorous** *adj* **1** : enérgico
  2 ROBUST : vigoroso
Viking *n* : vikingo *m*, -ga *f*
vile *adj* **viler; vilest 1** : vil **2** REVOLTING
  : asqueroso **3** TERRIBLE : horrible
villa *n* : casa *f* de campo
village *n* : pueblo *m* (grande),
  aldea *f* (pequeña) — **villager** *n*
  : vecino *m*, -na *f* (de un pueblo);
  aldeano *m*, -na *f* (de una aldea)
villain *n* : villano *m*, -na *f*

vindicate *vt* **-cated; -cating 1** :
  vindicar **2** JUSTIFY : justificar
vindictive *adj* : vengativo
vine *n* **1** : enredadera *f* **2** GRAPEVINE : vid *f*
vinegar *n* : vinagre *m*
vineyard *n* : viña *f*, viñedo *m*
vintage *n* **1** : cosecha *f* (de vino) **2**
  ERA : época *f* — **vintage** *adj* **1** : añejo
  (dícese de un vino) **2** CLASSIC : de época
vinyl *n* : vinilo
viola *n* : viola *f*
violate *vt* **-lated; -lating** : violar
  — **violation** *n* : violación *f*
violence *n* : violencia *f* —
  violent *adj* : violento
violet *n* : violeta *f* (flor), violeta *m* (color)
violin *n* : violín *m* — **violinist** *n* :
  violinista *mf* — **violoncello** → **cello**
VIP *n, pl* **VIPs** : VIP *mf*
viper *n* : víbora *f*
virgin *n* : virgen *mf* — **virgin** *adj* **1** :

virgen (dícese de la lana, etc.) **2** CHASTE
  : virginal — **virginity** *n* : virginidad *f*
virile *adj* : viril — **virility** *n* : virilidad *f*
virtual *adj* : virtual —
  virtually *adv* : prácticamente
virtue *n* **1** : virtud *f* **2 by**
  virtue of : en virtud de
virtuoso *n, pl* **-sos** *or* **-si**
  : virtuoso *m*, -sa *f*
virtuous *adj* : virtuoso
virulent *adj* : virulento
virus *n* : virus *m*
visa *n* : visado *m*, visa *f Lat*
vis–à–vis *prep* : con respecto a
viscous *adj* : viscoso
vise *n* : torno *m* de banco
visible *adj* **1** : visible **2** NOTICEABLE
  : evidente — **visibility** *n*,
  pl **-ties** : visibilidad *f*
vision *n* **1** : visión *f* **2 have visions of** :
  imaginarse — **visionary** *adj* : visionario

— **vision** *n, pl* **-ries** : visionario *m*, -ria *f*

visit *vt* : visitar — *vi* **1** : hacer una visita **2 be visiting** : estar de visita — **visit** *n* : visita *f* — **visitor** *n* **1** : visitante *mf* **2** GUEST : visita *f*

visor *n* : visera *f*

vista *n* : vista *f*

visual *adj* : visual — **visualize** *vt* **-ized; -izing** : visualizar

vital *adj* **1** : vital **2** CRUCIAL : esencial — **vitality** *n, pl* **-ties** : vitalidad *f*, energía *f*

vitamin *n* : vitamina *f*

vivacious *adj* : vivaz, animado

vivid *adj* : vivo (dícese de colores), vívido (dícese de sueños, etc.)

vocabulary *n, pl* **-laries** : vocabulario *m*

vocal *adj* **1** : vocal **2** OUTSPOKEN : vociferante — **vocal cords** *npl* : cuerdas *fpl* vocales — **vocalist** *n* : cantante *mf*, vocalista *mf*

vocation *n* : vocación *f*

— **vocational** *adj* : profesional

vociferous *adj* : vociferante, ruidoso

vodka *n* : vodka *m*

vogue *n* **1** : moda *f*, boga *f* **2 be in vogue** : estar de moda, estar en boga

voice *n* : voz *f* — **voice** *vt* **voiced; voicing** : expresar

void *adj* **1** INVALID : nulo **2 void of** : falto de — **void** *n* : vacío *m* — **void** *vt* : anular

volatile *adj* : volátil — **volatility** *n* : volatilidad *f*

volcano *n, pl* **-noes** *or* **-nos** : volcán *m* — **volcanic** *adj* : volcánico

volition *n* **of one's own volition** : por voluntad propia

volley *n, pl* **-leys 1** : descarga *f* (de tiros) **2** : torrente *m* (de insultos, etc.) **3** : volea *f* (en deportes) — **volleyball** *n* : voleibol *m*

volt *n* : voltio *m* — **voltage** *n* : voltaje *m*

voluble *adj* : locuaz

volume *n* : volumen *m*

— **voluminous** *adj* : voluminoso

voluntary *adj* : voluntario — **volunteer** *n* : voluntario *m*, -ria *f* — **volunteer** *vt* : ofrecer — *vi* **volunteer to** : ofrecerse a

voluptuous *adj* : voluptuoso

vomit *n* : vómito *m* — **vomit** *v* : vomitar

voracious *adj* : voraz

vote *n* **1** : voto *m* **2** SUFFRAGE : **derecho** *m* al voto — **vote** *vi* **voted; voting** : votar — **voter** *n* : votante *mf* — **voting** *n* : votación

vouch *vi* **vouch for** : responder de (algo), responder por (algn) — **voucher** *n* : vale *m*

vow *n* : voto *m* — **vow** *vt* : jurar

vowel *n* : vocal *m*

voyage *n* : viaje *m*

vulgar *adj* **1** COMMON : ordinario **2** CRUDE : grosero, vulgar — **vulgarity** *n, pl* **-ties** : vulgaridad *f*

vulnerable *adj* : vulnerable — **vulnerability** *n, pl* **-ties** : vulnerabilidad *f*

vulture *n* : buitre *m*

vying → **vie**

w *n*, *pl* **w's** *or* **ws** : w *f*, vigésima
tercera letra del alfabeto inglés

wad *n* : taco *m* (de papel,
etc.), fajo *m* (de billetes)

waddle *vi* **-dled; -dling** :
andar como un pato

wade *v* **waded; wading** *vi* : caminar por
el agua — *vt or* **wade across** : vadear

wafer *n* : barquillo *m*

waffle *n* : gofre *m Spain*, wafle *m*, *Lat*

waft *vt* : llevar por el aire — *vi* : flotar

wag *v* **wagged; wagging** *vt* :
menear — *vi* : menearse

wage *n or* **wages** *npl* : salario *m*
— **wage** *vt* **waged; waging**
wage war : hacer la guerra

wager *n* : apuesta *f* — **wager** *v* : apostar

wagon *n* **1** CART : carrito *m* **2**
→ **station wagon**

waif *n* : niño *m* abandonado

wail *vi* : lamentarse — **wail** *n* : lamento *m*

waist *n* : cintura *f* — **waistline** *n* : cintura *f*

wait *vi* : esperar — *vt* **1** AWAIT : esperar **2**
wait tables : servir a la mesa — **wait** *n* **1**
: espera *f* **2 lie in wait** : estar al acecho
— **waiter** *n* : camarero *m*, mozo *m*, *Lat*
— **waiting room** *n* : sala *f* de espera —
waitress *n* : camarera *f*, moza *f Lat*

waive *vt* **waived; waiving** : renunciar
a — **waiver** *n* : renuncia *f*

wake[1] *v* **woke; woken** *or* **waked;**
waking *vi or* **wake up** : despertarse
— *vt* : despertar — **wake** *n* :
velatorio *m* (de un difunto)

wake[2] *n* **1** : estela *f* (de un barco) **2 in the**
wake of : tras, como consecuencia de

waken *vt* : despertar — *vi* : despertarse

walk *vi* **1** : caminar, andar **2** STROLL :
pasear **3 too far to walk** : demasiado
lejos para ir a pie — *vt* **1** : caminar por **2**
: sacar a pasear (a un perro) — **walk** *n* **1**
: paseo *m* **2** PATH : camino *m* **3** GAIT :
andar *m* — **walker** *n* **1** : paseante *mf* **2**
HIKER : excursionista *mf* — **walking**
stick *n* : bastón *m* — **walkout** *n* STRIKE
: huelga *f* — **walk out** *vi* **1** STRIKE :
declararse en huelga **2** LEAVE : salir,
irse **3 walk out on** : abandonar

wall *n* : muro *m* (exterior), pared *f*
(interior), muralla *f* (de una ciudad)

wallet *n* : billetera *f*, cartera *f*

wallflower *n* **be a wallflower**
: comer pavo

wallop *vt* : pegar fuerte —
wallop *n* : golpe *m* fuerte

wallow *vi* : revolcarse

wallpaper *n* : papel *m* pintado
— **wallpaper** *vt* : empapelar

walnut *n* : nuez *f*

▶ **walrus** *n*, *pl* **-rus** *or* **-ruses** : morsa *f*

waltz *n* : vals *m* — **waltz** *vi* : valsar

wan *adj* **wanner; -est** : pálido

wand *n* : varita *f* (mágica)

wander *vi* **1** : vagar, pasear **2**
STRAY : divagar — *vt* : pasear por —
wanderer *n* : vagabundo *m*, -da *f* —
wanderlust *n* : pasión *f* por viajar

wane *vi* **waned; waning** :
menguar — **wane** *n* **be on the**
wane : estar disminuyendo

want *vt* **1** DESIRE : querer **2** NEED
: necesitar **3** LACK : carecer de —
want *n* **1** NEED : necesidad *f* **2**
LACK : falta *f* **3** DESIRE : deseo *m* —
wanting *adj* **be wanting** : carecer

wanton *adj* **1** LEWD : lascivo **2 wanton**
cruelty : crueldad *f* despiadada

war *n* : guerra *f*

ward *n* **1** : sala *f* (de un hospital, etc.)
2 : distrito *m* electoral **3** : pupilo *m*,
-la *f* (de un tutor, etc.) — **ward** *vt*
ward off : protegerse contra —
warden *n* **1** : guardián *m*, -diana *f* **2**
or **game warden** : guardabosque *mf* **3**
or **prison warden** : alcaide *m*

wardrobe *n* **1** CLOSET : armario *m* **2**
CLOTHES : vestuario *m*

warehouse *n* : almacén *m*, bodega *f*
Lat — **wares** *npl* : mercancías *fpl*

warfare *n* : guerra *f*

warily *adv* : cautelosamente

warlike *adj* : belicoso

warm *adj* **1** : caliente **2** LUKEWARM : tibio
3 CARING : cariñoso **4 I feel warm** : tengo
calor **5 warm clothes** : ropa *f* de abrigo
— **warm** *vt or* **warm up** : calentar — *vi* **1**
or **warm up** : calentarse **2 warm to** :
tomar simpatía a (algn), entusiasmarse con
(algo) — **warm–blooded** *adj* : de sangre
caliente — **warmhearted** *adj* : cariñoso
— **warmly** *adv* **1** : calurosamente **2 dress**
warmly : abrigarse — **warmth** *n* **1** :
calor *m* **2** AFFECTION : cariño *m*, afecto *m*

warn *vt* : advertir, avisar —
warning *n* : advertencia *f*, aviso *m*

warp *vt* **1** : alabear (madera, etc.) **2**
DISTORT : deformar — *vi* : alabearse

warrant *n* **1** : autorización *f* **2**
arrest warrant : orden *f* judicial
— **warrant** *vt* : justificar —
warranty *n*, *pl* **-ties** : garantía *f*

warrior *n* : guerrero *m*, -ra *f*

warship *n* : buque *m* de guerra

wart *n* : verruga *f*

digital watch
reloj^M digital

analog watch
reloj^M de pulsera *F*

wartime *n* : tiempo *m* de guerra
wary *adj* **warier; -est** : cauteloso
was → **be**
wash *vt* **1** : lavar(se) **2** CARRY : arrastrar **3
wash away** : llevarse **4 wash over** : bañar
— *vi* : lavarse — **wash** *n* **1** : lavado *m* **2**
LAUNDRY : ropa *f* sucia — **washable** *adj*
: lavable — **washcloth** *n* : toallita *f*
(para lavarse) — **washed–out** *adj* **1** :
desvaído (dícese de colores) **2** EXHAUSTED
: agotado — **washer** *n* **1** → **washing
machine 2** : arandela *f* (de una llave,
etc.) — **washing machine** *n* : máquina *f*
de lavar, lavadora *f* — **washroom** *n*
: servicios *mpl* (públicos), baño *m*
wasn't (*contraction of* **was not**) → **be**
wasp *n* : avispa *f*
waste *v* **wasted; wasting** *vt* **1** :
desperdiciar, derrochar, malgastar
2 waste time : perder tiempo — *vi*
or **waste away** : consumirse —
waste *adj* : de desecho — **waste** *n* **1** :
derroche *m*, desperdicio *m* **2** RUBBISH :
desechos *mpl* **3 a waste of time** : una
pérdida de tiempo — **wastebasket** *n* :
papelera *f* — **wasteful** *adj* : derrochador
— **wasteland** *n* : yermo *m*
▶ **watch** *vi* **1** : mirar **2** *or* **keep watch**
: velar **3 watch out!** : ¡ten cuidado!,
¡ojo! — *vt* **1** : mirar **2** *or* **watch over**
: vigilar, cuidar **3 watch what you do**
: ten cuidado con lo que haces —
watch *n* **1** reloj *m* **2** SURVEILLANCE :
vigilancia *f* **3** LOOKOUT : guardia *mf*
— **watchdog** *n* : perro *m* guardián —
watchful *adj* : vigilante — **watchman** *n*,
pl **-men** : vigilante *m*, guarda *m* —
watchword *n* : santo *m* y seña
water *n* : agua *f* — **water** *vt* **1** : regar
(el jardín, etc.) **2 water down** DILUTE :
diluir, aguar — *vi* **1** : lagrimar (dícese de
los ojos) **2 my mouth is watering** : se
me hace agua la boca — **watercolor** *n*
: acuarela *f* — **watercress** *n* : berro *m*
— **waterfall** *n* : cascada *f*, salto *m*
de agua — **water lily** *n* : nenúfar *m*
— **waterlogged** *adj* : lleno de agua,
▶ empapado — **watermelon** *n* : sandía *f*
— **waterpower** *n* : energía *f* hidráulica
— **waterproof** *adj* : impermeable —
watershed *n* **1** : cuenca *f* (de un río) **2**
: momento *m* crítico — **waterskiing** *n*
: esquí *m* acuático — **watertight** *adj* :
hermético — **waterway** *n* : vía *f* navegable
— **waterworks** *npl* : central *f* de

abastecimiento de agua — **watery** *adj* **1**
: acuoso **2** DILUTED : aguado, diluido **3**
WASHED–OUT : desvaído (dícese de colores)
watt *n* : vatio *m* — **wattage** *n* : vataje *m*
wave *v* **waved; waving** *vi* **1** : saludar
con la mano **2** : flotar (dícese de una
bandera) — *vt* **1** SHAKE : agitar **2** CURL
: ondular **3** SIGNAL : hacer señas a (con
la mano) — **wave** *n* **1** : ola *f* (de agua)
2 CURL : onda *f* **3** : onda *f* (en física) **4** :
señal *f* (con la mano) **5** SURGE : oleada *f*
— **wavelength** *n* : longitud *f* de onda
waver *vi* : vacilar
wax[1] *vi* : crecer (dícese de la luna)
wax[2] *n* : cera *f* (para pisos, etc.)
— **wax** *vt* : encerar — **waxy** *adj*
waxier; -est : ceroso
way *n* **1** : camino *m* **2** MEANS : manera *f*,
modo *m* **3 by the way** : a propósito,
por cierto **4 by way of** : vía, pasando
por **5 come a long way** : hacer grandes
progresos **6 get in the way** : meterse en
el camino **7 get one's own way** : salirse
uno con la suya **8 mend one's ways** :
dejar las malas costumbres **9 out of
the way** REMOTE : remoto, recóndito **10
which way did he go?** : ¿por dónde fue?
we *pron* : nosotros, nosotras
weak *adj* **1** : débil **2** DILUTED : aguado
3 a weak excuse : una excusa poco
convincente — **weaken** *vt* : debilitar — *vi*
: debilitarse — **weakling** *n* : debilucho *m*,
-cha *f* — **weakly** *adv* : débilmente —
weakly *adj* **weaklier; -est** : enfermizo

— **weakness** *n* **1** : debilidad *f* **2**
FLAW : flaqueza *f*, punto *m* débil
wealth *n* : riqueza *f* — **wealthy** *adj*
wealthier; -est : rico
wean *vt* : destetar
weapon *n* : arma *f*
wear *v* **wore; worn; wearing** *vt* **1** : llevar
(ropa, etc.), calzar (zapatos) **2** *or* **wear
away** : desgastar **3 wear oneself out**
: agotarse **4 wear out** : gastar — *vi* **1**
LAST : durar **2 wear off** : desaparecer
3 wear out : gastarse — **wear** *n* **1**
USE : uso *m* **2** CLOTHING : ropa *f* **3 be
the worse for wear** : estar deteriorado
— **wear and tear** *n* : desgaste *m*
weary *adj* **-rier; -est** : cansado —
weary *v* **-ried; -rying** *vt* : cansar — *vi* :
cansarse — **weariness** *n* : cansancio *m*
— **wearisome** *adj* : cansado
weasel *n* : comadreja *f*
weather *n* : tiempo *m* — **weather** *vt* **1**
WEAR : erosionar, desgastar **2** ENDURE,
OVERCOME : superar — **weather–
beaten** *adj* : curtido — **weatherman** *n*,
pl **-men** : meteorólogo *m*, -ga *f*
— **weather vane** *n* : valeta *f*
weave *v* **wove** *or* **weaved; woven** *or*
weaved; weaving *vt* **1** : tejer (tela) **2**
INTERLACE : entretejer **3 weave one's way**
: abrirse camino — *vi* : tejer — **weave** *n*
: tejido *m* — **weaver** *n* : tejedor *m*, -dora *f*
web *n* **1** : telaraña *f* (de araña)
2 : membrana *f* interdigital (de
aves) **3** NETWORK : red *f*

whales and other marine mammals
balllenas[F] *y otras mamíferos*[M] *acuáticos*

porpoise
marsopa[F]

narwhal
narval[M]

dolphin
delfín[M]

killer whale
orca[F]

northern right whale
ballena[F] *franca del norte*[M]

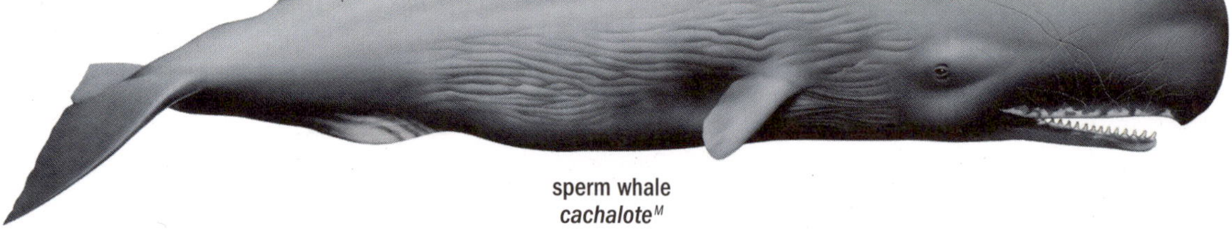

sperm whale
cachalote[M]

wed *v* **wedded; wedding** *vt* :
casarse con — *vi* : casarse
we'd (*contraction of* **we had, we should,**
or **we would**) → **have, should, would**
wedding *n* : boda *f*, casamiento *m*
wedge *n* **1** : cuña *f* **2** PIECE : porción *f*,
trozo *m* — **wedge** *vt* **wedged; wedging**
1 : apretar (con una cuña) **2** CRAM : meter
Wednesday *n* : miércoles *m*
wee *adj* **1** : pequeñito **2 in the**
wee hours : a las altas horas
weed *n* : mala hierba *f* — **weed** *vt* **1**
: desherbar **2 weed out** : eliminar
week *n* : semana *f* — **weekday** *n*
: día *m* laborable — **weekend** *n* :
fin *m* de semana — **weekly** *adv* :
semanalmente — **weekly** *adj* : semanal
— **weekly** *n, pl* **-lies** : semanario *m*
weep *v* **wept; weeping** : llorar —
weeping willow *n* : sauce *m* llorón —
weepy *adj* **weepier; -est** : lloroso
weigh *vt* **1** : pesar **2** CONSIDER :
sopesar **3 weigh down** : sobrecargar
(con una carga), abrumar (con
preocupaciones, etc.) — *vi* : pesar
weight *n* **1** : peso *m* **2 gain weight** :
engordar **3 lose weight** : adelgazar —
weighty *adj* **weightier; -est 1** HEAVY :
pesado **2** IMPORTANT : importante, de peso
weird *adj* **1** : misterioso

2 STRANGE : extraño
welcome *vt* **-comed; -coming** : dar la
bienvenida a, recibir — **welcome** *adj* **1**
: bienvenido **2 you're welcome** : de nada
— **welcome** *n* : bienvenida *f*, acojida *f*
weld *v* : soldar
welfare *n* **1** WELL-BEING : bienestar *m* **2**
AID : asistencia *f* social
well[1] *adv* **better; best 1** : bien **2**
CONSIDERABLY : bastante **3 as well** :
también **4 as well as** : además de
— **well** *adj* : bien — **well** *interj* **1**
(*used to introduce a remark*) : bueno
2 (*used to express surprise*) : ¡vaya!
well[2] *n* : pozo *m* — **well** *vi or*
well up : brotar, manar
we'll (*contraction of* **we shall**
or **we will**) → **shall, will**
well–being *n* : bienestar *m* — **well–**
bred *adj* : fino, bien educado — **well–**
done *adj* **1** : bien hecho **2** : bien cocido
(dícese de la carne, etc.) — **well–**
known *adj* : famoso, bien conocido —
well–meaning *adj* : bienintencionado
— **well–off** *adj* : acomodado — **well–**
rounded *adj* : completo — **well–**
to–do *adj* : próspero, adinerado
Welsh *adj* : galés — **Welsh** *n* **1** : galés *m*
(idioma) **2 the Welsh** : los galeses
went → **go**

wept → **weep**
were → **be**
we're (*contraction of* **we are**) → **be**
weren't (*contraction of* **were not**) → **be**
west *adv* : al oeste — **west** *adj* : oeste, del
oeste — **west** *n* **1** : oeste *m* **2 the West**
: el Oeste, el Occidente — **westerly** *adv*
& *adj* : del oeste — **western** *adj* **1** :
del oeste **2** Western : occidental —
Westerner *n* : habitante *mf* del oeste —
westward *adv* & *adj* : hacia el oeste
wet *adj* **wetter; wettest 1** : mojado **2**
RAINY : lluvioso **3 wet paint** : pintura *f*
fresca — **wet** *vt* **wet** *or* **wetted;**
wetting : mojar, humedecer
we've (*contraction of* **we have**) → **have**
whack *vt* : golpear fuertemente
— **whack** *n* : golpe *m* fuerte
▸ **whale** *n, pl* **whales** *or* **whale** : ballena *f*
wharf *n, pl* **wharves** : muelle *m*,
embarcadero *m*
what *adj* **1** (*used in questions and*
exclamations) : qué **2** WHATEVER : cualquier
— **what** *pron* **1** (*used in questions*) :
qué **2** (*used in indirect statements*) : lo
que, que **3 what does it cost?** : ¿cuánto
cuesta? **4 what for?** : ¿por qué? **5 what**
if : y si — **whatever** *adj* **1** : cualquier **2**
there's no chance whatever : no hay
ninguna posibilidad **3 nothing whatever**

humpback whale
ballena[F] *jorobada*

beluga whale
ballena[F] *blanca*

: nada en absoluto — **whatever** *pron* **1** ANYTHING : lo que **2** (*used in questions*) : qué **3 whatever it may be** : sea lo que sea — **whatsoever** *adj & pron* → **whatever**
wheat *n* : trigo *m*
wheedle *vt* **-dled; -dling** : engatusar
wheel *n* **1** : rueda *f* **2** *or* **steering wheel** : volante *m* (de automóviles, etc.), timón *m* (de barcos) — **wheel** *vt* : empujar (algo sobre ruedas) — *vi* *or* **wheel around** : darse la vuelta — **wheelbarrow** *n* : carretilla *f* — **wheelchair** *n* : silla *f* de ruedas
wheeze *vi* **wheezed; wheezing** : resollar — **wheeze** *n* : resuello *m*
when *adv* : cuándo — **when** *conj* **1** : cuando **2 the days when I clean the house** : los días (en) que limpio la casa — **when** *pron* : cuándo — **whenever** *adv* : cuando sea — **whenever** *conj* **1** : cada vez que **2 whenever you like** : cuando quieras
where *adv* **1** : dónde **2 where are you going?** : ¿adónde vas? — **where** *conj & pron* : donde — **whereabouts** *adv* : (por) dónde — **whereabouts** *ns & pl* : paradero *m* — **wherever** *adv* **1** : en cualquier parte **2 WHERE** : dónde, adónde — **wherever** *conj* : dondequiera que
whet *vt* **whetted; whetting 1** : afilar **2 whet the appetite** : estimular el apetito
whether *conj* **1** : si **2 we doubt whether he'll show up** : dudamos que aparezca **3 whether you like it or not** : tanto si quieras como si no
which *adj* **1** : qué, cuál **2 in which case** : en cuyo caso — **which** *pron* **1** (*used in questions*) : cuál **2** (*used in relative clauses*) : que, el (la) cual — **whichever** *adj* : cualquier — **whichever** *pron* : el (la) que, cualquiera que
whiff *n* **1 PUFF** : soplo *m* **2 SMELL** : olorcillo *m*
while *n* **1** : rato *m* **2 be worth one's while** : valer la pena **3 in a while** : dentro de poco — **while** *conj* **1** : mientras **2 WHEREAS** : mientras que **3 ALTHOUGH** : aunque — **while** *vt* **whiled; whiling** **while away the time** : matar el tiempo
whim *n* : capricho *m*, antojo *m*
whimper *vi* : lloriquear — **whimper** *n* : quejido *m*
whimsical *adj* : caprichoso, fantasioso
whine *vi* **whined; whining 1** : gimotear **2 COMPLAIN** : quejarse — **whine** *n* : quejido *m*, gemido *m*
whip *v* **whipped; whipping** *vt* **1** : azotar **2 BEAT** : batir (huevos, crema, etc.) **3 whip up AROUSE** : avivar, despertar — *vi* **FLAP** : agitarse — **whip** *n* : látigo *m*
whir *vi* **whirred; whirring** : zumbar — **whir** *n* : zumbido *m*
whirl *vi* **1** : dar vueltas, girar **2** *or* **whirl about** : arremolinarse — **whirl** *n* **1** : giro *m* **2 SWIRL** : torbellino *m* — **whirlpool** *n* : remolino *m* — **whirlwind** *n* : torbellino *m*
whisk *vt* **1** : batir **2 whisk away** : llevarse — **whisk** *n* *or* **egg whisk** : batidor *m* — **whisk broom** *n* : escobilla *f*
whisker *n* **1** : pelo *m* (de la barba) **2 whiskers** *npl* : bigotes *mpl* (de animales)
whiskey *or* **whisky** *n*, *pl* **-keys** *or* **-kies** : whisky *m*
whisper *vi* : cuchichear, susurrar — *vt* : susurrar — **whisper** *n* : susurro *m*
whistle *v* **-tled; -tling** *vi* **1** : silbar, chiflar *Lat* **2** : pitar (dícese de un tren, etc.) — *vt* : silbar — **whistle** *n* **1** : silbido *m*, chiflido *m* (sonido) **2** : silbato *m*, pito *m* (instrumento)
white *adj* **whiter; -est** : blanco — **white** *n* **1** : blanco *m* (color) **2** : clara *f* (de huevos) **3** *or* **white person** : blanco *m*, -ca *f* — **white–collar** *adj* **1** : de oficina **2 white–collar worker** : oficinista *mf* — **whiten** *vt* : blanquear — **whiteness** *n* : blancura *f* — **whitewash** *vt* **1** : enjalbegar **2 CONCEAL** : encubrir (un escándalo, etc.) — **whitewash** *n* **1** : jalbegue *m*, lechada *f* **2 COVER-UP** : encubrimiento *m*
whittle *vt* **-tled; -tling 1** : tallar (madera) **2** *or* **whittle down** : reducir
whiz *or* **whizz** *vi* **whizzed; whizzing 1 BUZZ** : zumbar **2 whiz by** : pasar muy rápido — **whiz** *or* **whizz** *n*, *pl* **whizzes** : zumbido *m* — **whiz kid** *n* : joven *m* prometedor
who *pron* **1** (*used in direct and indirect questions*) : quién **2** (*used in relative clauses*) : que, quien — **whodunit** *n* : novela *f* policíaca — **whoever** *pron* **1** : quienquiera que, quien **2** (*used in questions*) : quién
whole *adj* **1** : entero **2 INTACT** : intacto **3 a whole lot** : muchísimo — **whole** *n* **1** : todo *m* **2 as a whole** : en conjunto **3 on the whole** : en general — **wholehearted** *adj* : sincero — **wholesale** *n* : venta *f* al por mayor

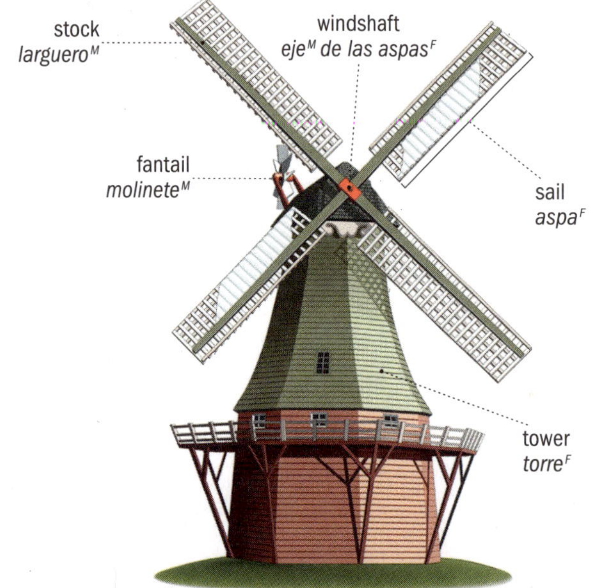

— **whole** *adj* **1** : al por mayor **2 whole
slaughter** : matanza *f* sistématica —
whole *adv* : al por mayor — **wholesaler** *n*
: mayorista *mf* — **wholesome** *adj* : sano
— **whole wheat** *adj* : de trigo integral
— **wholly** *adv* : completamente
whom *pron* **1** (*used in direct questions*)
: a quién **2** (*used in indirect questions*)
: de quién, con quién, en quién **3** (*used
in relative clauses*) : que, a quien
whooping cough *n* : tos *f* ferina
whore *n* : puta *f*
whose *adj* **1** (*used in questions*) :
de quién **2** (*used in relative clauses*)
: cuyo — **whose** *pron* : de quién
why *adv* : por qué — **why** *n*,
pl **whys** : porqué *m* — **why** *conj*
: por qué — **why** *interj* (*used to
express surprise*) : ¡vaya!, ¡mira!
wick *n* : mecha *f*
wicked *adj* **1** : malo, malvado **2**
MISCHIEVOUS : **travieso 3** TERRIBLE : **terrible,
horrible** — **wickedness** *n* : maldad *f*
wicker *n* : mimbre *m* —
wicker *adj* : de mimbre
wide *adj* **wider; widest 1** : ancho **2** VAST
: amplio, extenso **3** *or* **wide of the mark**
: desviado — **wide** *adv* **1 wide apart** :
muy separados **2 far and wide** : por todas
partes **3 wide open** : abierto de par en par
— **wide–awake** *adj* : (completamente)
despierto — **widely** *adv* : extensivamente
— **widespread** *adj* : extendido
widow *n* : viuda *f* — **widow** *vt* : dejar
viuda — **widower** *n* : viudo *m*
width *n* : ancho *m*, anchura *f*
wield *vt* **1** : usar, manejar **2** EXERT : ejercer
wiener → **frankfurter**
wife *n*, *pl* **wives** : esposa *f*, mujer *f*
wig *n* : peluca *f*
wiggle *v* **-gled; -gling** *vt* : menear,
contonear — *vi* : menearse
— **wiggle** *n* : meneo *m*
wigwam *n* : wigwam *m*
wild *adj* **1** : salvaje **2** DESOLATE : agreste
3 UNRULY : desenfrenado **4** RANDOM : al
azar **5** FRANTIC : frenético **6** OUTRAGEOUS :
extravagante — **wild** *adv* **1** → **wildly 2
run wild** : volver al estado silvestre (dícese
de las plantas), desmandarse (dícese de
los niños) — **wildcat** *n* : gato *m* montés
— **wilderness** *n* : yermo *m*, desierto *m*
— **wildfire** *n* **1** : fuego *m* descontrolado
2 spread like wildfire : propagarse como
un reguero de pólvora — **wildflower** *n*

: flor *f* silvestre — **wildlife** *n* : fauna *f*
— **wildly** *adv* **1** FRANTICALLY :
frenéticamente **2** EXTREMELY : locamente
will[1] *v past* **would;** *pres sing & pl* **will** *vi*
WISH : querer — *v aux* **1 tomorrow we
will go shopping** : mañana iremos de
compras **2 he will get angry over nothing**
: se pone furioso por cualquier cosa **3 I
will go despite them** : iré a pesar de ellos
4 I won't do it : no lo haré **5 that will be
the mailman** : eso ha de ser el cartero **6
the couch will hold three people** : en el
sofá cabrán tres personas **7 accidents
will happen** : los accidentes ocurrirán **8
you will do as I say** : harás lo que digo
will[2] *n* **1** : voluntad *f* **2** TESTAMENT
: testamento *m* **3 free will** : libre
albedrío *m* — **willful** *or* wilful *adj* **1**
OBSTINATE : terco **2** INTENTIONAL :
intencionado — **willing** *adj* **1** :
complaciente **2 to be willing to** : estar
dispuesto a — **willingly** *adv* : con gusto
— **willingness** *n* : buena voluntad *f*

willow *n* : sauce *m*
willpower *n* : fuerza *f* de voluntad
wilt *vi* : marchitarse
wily *adj* **wilier; -est** : artero, astuto
win *v* **won; winning** *vi* : ganar — *vt* **1** :
ganar, conseguir **2 win over** : ganarse
a — **win** *n* : triunfo *m*, victoria *f*
wince *vi* **winced; wincing** :
hacer una mueca de dolor —
wince *n* : mueca *f* de dolor
winch *n* : torno *m*
wind[1] *n* **1** : viento *m* **2** BREATH :
aliento *m* **3** FLATULENCE : flatulencia *f* **4
get wind of** : enterarse de
wind[2] *v* **wound; winding** *vi* : serpentear
— *vt* **1** COIL : enrollar **2 wind a
clock** : dar cuerda a un reloj
windfall *n* : beneficio *m* imprevisto
winding *adj* : tortuoso
wind instrument *n* :
instrumento *m* de viento
▶ **windmill** *n* : molino *m* de viento
▶ **window** *n* : ventana *f* (de un edificio

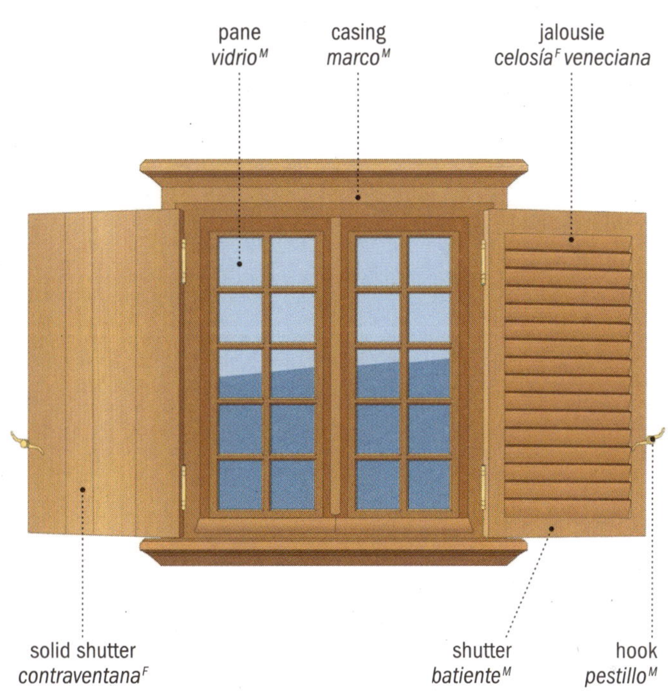

woodpecker
pájaro^M **carpintero**

o una computadora), **ventanilla** f (de
un vehículo), **vitrina** f (de una tienda)
— **windowpane** n : vidrio m —
windowsill n : repisa f de la ventana
windpipe n : tráquea f
windshield n **1** : parabrisas m **2**
windshield wiper : limpiaparabrisas m
window–shop vi **-shopped;**
-shopping : mirar las vitrinas
wind up vt : terminar, concluir
— vi : terminar, acabar —
windup n : conclusión f
windy adj **windier; -est 1** : ventoso
2 it's windy : hace viento
wine n : vino m — **wine cellar** n : bodega f
wing n **1** : ala f **2 under**
someone's wing : bajo el cargo
de algn — **winged** adj : alado
wink vi : guiñar — **wink** n **1** : guiño m **2**
not sleep a wink : no pegar el ojo
winner n : ganador m, -dora f —
winning adj **1** : ganador **2 CHARMING** :
encantador — **winnings** npl : ganancias fpl
winter n : invierno m — **winter** adj :
invernal, de invierno — **wintergreen** n
: gaultería f — **wintertime** n :
invierno m — **wintry** adj **wintrier;**
-est : invernal, de invierno
wipe vt **wiped; wiping 1** : limpiar **2 wipe**
away : enjugar (lágrimas), borrar (una
memoria) **3 wipe out** : aniquilar, destruir

— **wipe** n : pasada f (con un trapo, etc.)
wire n **1** : allmbre m **2** : cable m
(eléctrico o telefónico) **3 TELEGRAM**
: telegrama m — **wire** vt **-wired;**
wiring 1 : instalar el cableado en (una
casa, etc.) **2 BIND** : atar con alambre **3**
TELEGRAPH : enviar un telegrama a —
wireless adj : inalámbrico — **wiring** n
: cableado m — **wiry** adj **wirier; -est**
1 : hirsuto, tieso (dícese del pelo) **2** :
esbelto y musculoso (dícese del cuerpo)
wisdom n : sabiduría f — **wisdom**
tooth n : muela f de juicio
wise adj **wiser; wisest 1** : sabio **2 SENSIBLE**
: prudente — **wisecrack** n : broma f,
chiste m — **wisely** adv : sabiamente
wish vt **1** : desear **2 wish someone**
well : desear lo mejor a algn — vi **1**
: pedir (como deseo) **2 as you wish** :
como quieras — **wish** n **1** : deseo m **2**
best wishes : muchos recuerdos —
wishbone n : espoleta f — **wishful** adj **1** :
deseoso **2 wishful thinking** : ilusiones fpl
wishy–washy adj : insípido, soso
wisp n **1** : mechón m (de pelo)
2 : voluta f (de humo)
wistful adj : melancólico
wit n **1 CLEVERNESS** : ingenio m **2**
HUMOR : agudeza f **3 at one's wit's**
end : desesperado **4 scared out of**
one's wits : muerto de miedo
witch n : bruja f — **witchcraft** n
: brujería f, hechicería f
with prep **1** : con **2 I'm going with you** :
voy contigo **3 it varies with the season**
: varía según la estación **4 the girl with**

wolf
lobo^M

red hair : la muchacha de pelo rojo **5**
with all his work, the business failed : a
pesar de su trabajo, el negocio fracasó
withdraw v **-drew; -drawn;**
-drawing vt : retirar — vi : apartarse
— **withdrawal** n **1** : retirada f **2**
: abandono (de drogas, etc.) —
withdrawn adj : introvertido
wither vi : marchitarse
withhold vt **-held; -holding** : retener
(fondos), negar (permiso, etc.)
within adv : dentro — **within** prep **1** :
dentro de **2** (in expressions of distance)
: a menos de **3** (in expressions of time)
: dentro de, en menos de **4 within**
reach : al alcance de la mano
without adv **do without** : pasar
sin algo — **without** prep : sin
withstand vt **-stood; -standing 1**
BEAR : aguantar **2 RESIST** : resistir
witness n **1** : testigo mf **2 EVIDENCE**
: testimonio m **3 bear witness** :
atestiguar — **witness** vt **1 SEE** : ser
testigo de **2** : atestiguar (una firma, etc.)
witticism n : agudeza f, ocurrencia f
witty adj **-tier; -est** : ingenioso, ocurrente
wives → **wife**
wizard n **1** : mago m, brujo m **2 a math**
wizard : un genio de matemáticas
wizened adj : arrugado
wobble vi **-bled; -bling 1** :
tambalearse **2** : temblar (dícese de
la voz, etc.) — **wobbly** adj : cojo
woe n **1** : aflicción f **2 woes** npl **TROUBLES**
: penas fpl — **woeful** adj : triste
woke, woken → **wake**
▸ **wolf** n, pl **wolves** : lobo m, -ba f —
wolf vt or **wolf down** : engullir
woman n, pl **women** : mujer f
— **womanly** adj : femenino
womb n : útero m, matriz f
won → **win**
wonder n **1 MARVEL** : maravilla f **2**
AMAZEMENT : asombro m — **wonder** v
: preguntarse — **wonderful** adj
: maravilloso, estupendo
won't (contraction of **will not**) → **will**
woo vt **1 COURT** : cortejar **2** : buscar el
apoyo de (clientes, votantes, etc.)
▸ **wood** n **1** : madera f (materia) **2 FIREWOOD**
: leña f **3 or woods** npl **FOREST** : bosque m
— **wood** adj : de madera — **woodchuck** n
: marmota f de América — **wooded** adj
: arbolado, boscoso — **wooden** adj : de
▸ madera — **woodpecker** n : pájaro m

drawing
diseño M

roughing out
desbaste M

carving
talla F

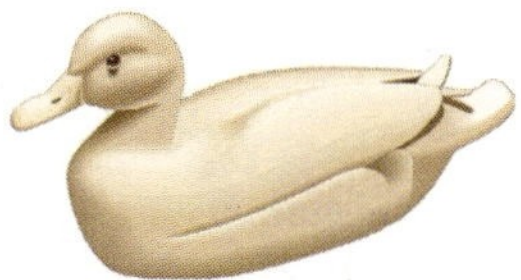

finishing
acabado M

riffler
bruñidor M con rascador M

knife
cuchillo M de contornear

block cutter
escoplo M redondo

firmer chisel
formón M

rasp
escofina F

carpintero — **woodshed** *n* : leñera *f* — **woodwind** *n* : instrumento *m* de viento de madera — **woodwork** *n* : carpintería *f*

wool *n* : lana *f* — **woolen** *or* **woollen** *adj* : de lana — **wool** *n* **1** : lana *f* (tela) **2 wools** *npl* : prendas *fpl* de lana — **woolly** *adj* **-lier; -est** : lanudo

word *n* **1** : palabra *f* **2** NEWS : noticias *fpl* **3 words** *npl* : letra *f* (de una canción, etc.) **4 have words with** : reñir con **5 just say the word** : no tienes que decirlo **6 keep one's word** : cumplir su palabra — **word** *vt* : expresar — **word processing** *n* : procesamiento *m* de textos — **word processor** *n* : procesador *m* de textos — **wordy** *adj* **wordier; -est** : prolijo

wore → **wear**

work *n* **1** LABOR : trabajo *m* **2** EMPLOYMENT : trabajo *m*, empleo *m* **3** : obra *f* (de arte, etc.) **4 works** *npl* FACTORY : fábrica *f* **5 works** *npl* MECHANISM : mecanismo *m* — **work** *v* **worked** *or* **wrought; working** *vt* **1** : hacer trabajar (a una persona) **2** : manejar, operar (una máquina, etc.) — *vi* **1** : trabajar **2** FUNCTION : funcionar **3** : surtir efecto (dícese de una droga), resultar (dícese de una idea, etc.) — **worked up** *adj* : nervioso — **worker** *n* : trabajador *m*, -dora *f*; obrero *m*, -ra *f* — **working** *adj* **1** : que trabaja (dícese de personas), de trabajo (dícese de la ropa, etc.) **2 to be in working order** : funcionar bien — **working class** *n* : clase *f* obrera — **workingman** *n, pl* **-men** : obrero *m* — **workman** *n, pl* **-men 1** : obrero *m* **2** ARTISAN : artesano *m* — **workmanship** *n* : artesanía *f*, destreza *f* — **workout** *n* : ejercicios *mpl* (físicos) — **work out** *vt* **1** DEVELOP : elaborar **2** SOLVE : resolver — *vi* **1** TURN OUT : resultar **2** SUCCEED : lograr, salir bien **3** EXERCISE : hacer ejercicio — **workshop** *n* : taller *m* — **work up** *vt* **1** EXCITE : ponerse como loco **2** GENERATE : desarrollar

world *n* : mundo *m* **2 think the world of someone** : tener a algn en alta estima — **world** *adj* : mundial, del mundo — **worldly** *adj* : mundano — **worldwide** *adv* : en todo el mundo — **worldwide** *adj* : global, mundial

worm *n* **1** : gusano *m*, lombriz *f* **2 worms** *npl* : lombrices *fpl* (parásitos)

worn → **wear** — **worn-out** *adj* **1** USED : gastado **2** TIRED : agotado

worry *v* **-ried; -rying** *vt* : preocupar, inquietar — *vi* : preocuparse, inquietarse

— **worry** *n, pl* **-ries** : preocupación *f* — **worried** *adj* : preocupado — **worrisome** *adj* : inquietante

worse *adv* (*comparative of* **bad** *or of* **ill**) : peor — **worse** *adj* (*comparative of* **bad** *or of* **ill**) **1** : peor **2 from bad to worse** : de mal en peor **3 get worse** : empeorar — **worse** *n* **1 the worse** : el (la) peor, lo peor **2 take a turn for the worse** : ponerse peor — **worsen** *v* : empeorar

worship *v* **-shiped** *or* **-shipped; -shiping** *or* **-shipping** *vt* : adorar — *vi* : practicar una religión — **worship** *n* : adoración *f*, culto *m* — **worshiper** *or* **worshipper** *n* : adorador *m*, -dora *f*

worst *adv* (*superlative of* **ill** *or of* **bad** *or* **badly**) : peor — **worst** *adj* (*superlative of* **bad** *or of* **ill**) : peor — **worst** *n* **the worst** : lo peor, el (la) peor

worth *n* **1** : valor *m* (monetario) **2** MERIT : mérito *m*, valía *f* **3 ten dollars' worth of gas** : diez dólares de gasolina — **worth** *prep* **1 it's worth $ 10** : vale $ 10 **2 it's worth doing** : vale la pena hacerlo — **worthless** *adj* **1** : sin valor **2** USELESS : inútil — **worthwhile** *adj* : que vale la pena — **worthy** *adj* **-thier; -est** : digno

would *past of* **will 1 he would often take his children to the park** : solía llevar a sus hijos al parque **2 I would go if I had the money** : iría yo si tuviera el dinero **3 I would rather go alone** : preferiría ir sola **4 she would have won if she hadn't tripped** : habría ganado si no hubiera tropezado **5 would you kindly help me with this?** : ¿tendría la bondad de ayudarme con esto? — **would-be** *adj* **a would-be poet** : un aspirante a poeta — **wouldn't** (*contraction of* **would not**) → **would**

wound[1] *n* : herida *f* — **wound** *vt* : herir

wound[2] → **wind**

wove, woven → **weave**

wrangle *vi* **-gled; -gling** : reñir — **wrangle** *n* : riña *f*, disputa *f*

wrap *vt* **wrapped; wrapping 1** : envolver **2 wrap up** FINISH : dar fin a — **wrap** *n* **1** : prenda *f* que envuelve (como un chal) **2** WRAPPER : envoltura *f* — **wrapper** *n* : envoltura *f*, envoltorio *m* — **wrapping** *n* : envoltura *f*, envoltorio *m*

wrath *n* : ira *f*, cólera *f* — **wrathful** *adj* : iracundo

wreath *n, pl* **wreaths** : corona *f* (de flores, etc.)

wreck *n* **1** WRECKAGE : restos *mpl* **2** RUIN : ruina *f*, desastre *m* **3 be a nervous wreck** : tener los nervios destrozados — **wreck** *vt* : destrozar (un automóvil), naufragar (un barco) — **wreckage** *n* : restos *mpl* (de un buque naufragado, etc.), ruinas *fpl* (de un edificio)

wren *n* : chochín *m*

wrench *vt* **1** PULL : arrancar (de un tirón) **2** SPRAIN TWIST : torcerse — **wrench** *n* **1** TUG : tirón *m*, jalón *m* **2** SPRAIN : torcedura *f* **3** *or* **monkey wrench** : llave *f* inglesa

wrestle *vi* **-tled; -tling** : luchar — **wrestler** *n* : luchador *m*, -dora *f* — **wrestling** *n* : lucha *f*

wretch *n* : desgraciado *m*, -da *f* — **wretched** *adj* **1** : miserable **2 wretch weather** : tiempo *m* espantoso

wriggle *vi* **-gled; -gling** : retorcerse, menearse

wring *vt* **wrung; wringing 1** *or* **wring out** : escurrir (el lavado, etc.) **2** TWIST : retorcer **3** EXTRACT : arrancar (información, etc.)

wrinkle *n* : arruga *f* — **wrinkle** *v* **-kled; -kling** *vt* : arrugar — *vi* : arrugarse

wrist *n* : muñeca *f* — **wristwatch** *n* : reloj *m* de pulsera

writ *n* : orden *f* (judicial)

write *v* **wrote; written; writing** : escribir — **write down** *vt* : apuntar, anotar — **write off** *vt* CANCEL : cancelar — **writer** *n* : escritor *m*, -tora *f*

writhe *vi* **writhed; writhing** : retorcerse

writing *n* : escritura *f*

wrong *n* **1** INJUSTICE : injusticia *f*, mal *m* **2** : agravio *m* (en derecho) **3 be in the wrong** : haber hecho mal — **wrong** *adj* **wronger; wrongest 1** : malo **2** UNSUITABLE : inadecuado, inapropiado **3** INCORRECT : incorrecto, equivocado **4 be wrong** : no tener razón — **wrong** *adv* : mal, incorrectamente — **wrong** *vt* **wronged; wronging** : ofender, ser injusto con — **wrongful** *adj* **1** UNJUST : injusto **2** UNLAWFUL : ilegal — **wrongly** *adv* **1** UNJUSTLY : injustamente **2** INCORRECTLY : mal

wrote → **write**

wrought iron *n* : hierro *m* forjado

wrung → **wring**

wry *adj* **wrier; wriest** : irónico, sardónico (dícese del humor)

X

x *n, pl* **x's** *or* **xs** : x *f*, vigésima
cuarta letra del alfabeto inglés
xenophobia *n* : xenofobia *f*
Xmas *n* : Navidad *f*
▸ **X ray** *n* **1** : rayo *m* X **2** *or* **X photograph**
: radiografía *f* — **x–ray** *vt* : radiografiar
xylophone *n* : xilófono *m*

Y

y *n, pl* **y's** *or* **ys** : y *f*, vigésima
quinta letra del alfabeto inglés
yacht *n* : yate *m*
yam *n* **1** : ñame *m* **2** SWEET
POTATO : batata *f*, boniato *m*

yank *vt* : tirar de, jalar *Lat* —
yank *n* : tirón *m*, jalón *m, Lat*
Yankee *n* : yanqui *mf*
yap *vi* **yapped; yapping** : ladrar
— **yap** *n* : ladrido *m*
yard *n* **1** : yarda *f* (medida) **2**
COURTYARD : patio *m* **3** : jardín *m* (de
una casa) — **yardstick** *n* **1** : vara *f*
(de medir) **2** CRITERION : criterio *m*
yarn *n* **1** : hilado *m* **2** TALE
: historia *f*, cuento *m*
yawn *vi* : bostezar — **yawn** *n* : bostezo *m*
year *n* **1** : año *m* **2 she's ten years
old** : tiene diez años **3 I haven't seen
them in years** : hace siglos que no
los veo — **yearbook** *n* : anuario *m* —
yearling *n* : animal *m* menor de dos

años — **yearly** *adv* **1** : anualmente
2 three times yearly : tres veces
al año — **yearly** *adj* : anual
yearn *vi* : anhelar — **yearning** *n*
: anhelo *m*, ansia *f*
yeast *n* : levadura *f*
yell *vi* : gritar, chillar — *vt* : gritar
— **yell** *n* : grito *m*, chillido *m*
yellow *adj* : amarillo — **yellow** *n* :
amarillo *m* — **yellowish** *adj* : amarillento
yelp *n* : gañido *m* — **yelp** *vi* : dar un gañido
yes *adv* **1** : sí **2 say yes** : decir
que sí — **yes** *n* : sí *m*
yesterday *adv* : ayer —
yesterday *n* **1** : ayer *m* **2 the day
before yesterday** : anteayer
yet *adv* **1** : aún, todavía **2 has he**

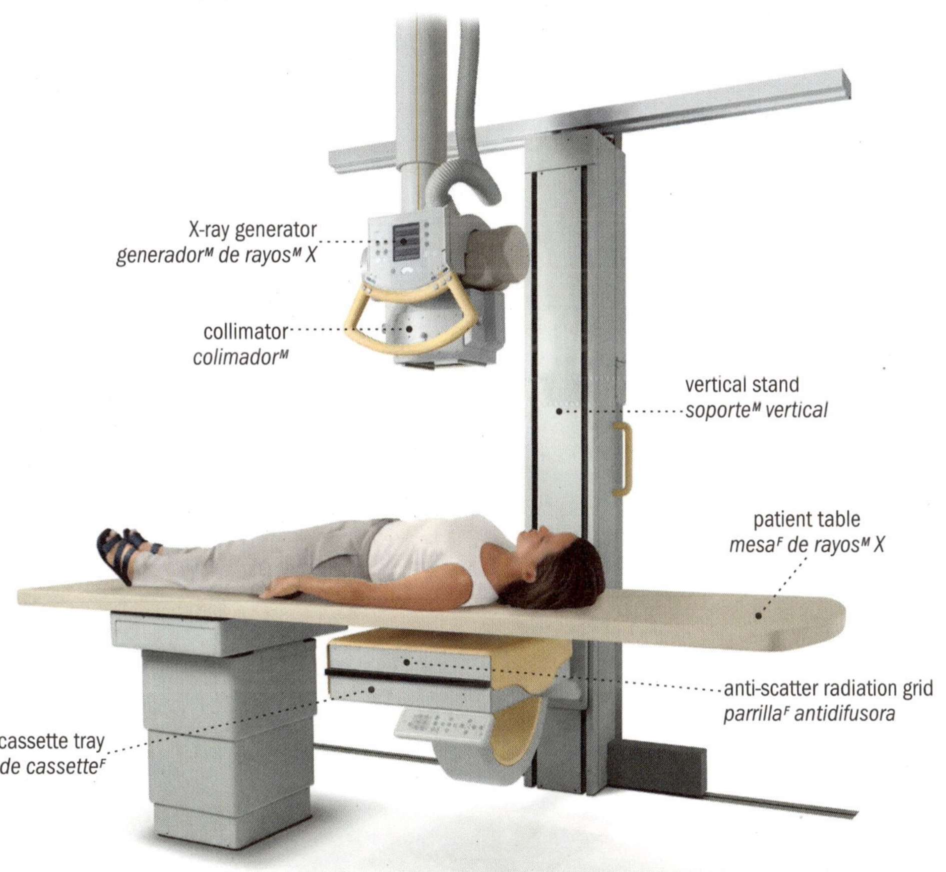

X-ray
rayos^M X

come yet? : ¿ya ha venido? **3 not yet** : todavía no **4 yet more problems** : más problemas aún **5** NEVERTHELESS : sin embargo — **yet** *conj* : pero

yield *vt* **1** PRODUCE : producir **2 yield the right of way** : ceder el paso — *vi* : ceder — **yield** *n* : rendimiento *m*, rédito *m* (en finanzas)

yoga *n* : yoga *m*

yogurt *n* : yogur *m*, yogurt *m*

yoke *n* : yugo *m*

yolk *n* : yema *f* (de un huevo)

you *pron* **1** (*used as subject — familiar*) : tú; vos (*in some Latin American countries*); ustedes *pl*; vosotros, vosotras *pl Spain* **2** (*used as subject — formal*) : usted, ustedes *pl* **3** (*used as indirect object — familiar*) : te, les *pl* (se *before lo, la, los, las*) , os *pl Spain* **4** (*used as indirect object — formal*) : lo (*Spain sometimes* le), la; los (*Spain sometimes* les), las *l* **5** (*used after a preposition — familiar*) : ti; vos (*in some Latin American countries*); ustedes *pl*; vosotros, vosotras *pl Spain* **6** (*used after a preposition — formal*) : usted, ustedes *pl* **7 with you** (*familiar*) : contigo; con ustedes *pl;* con vosotros, con vosotras *pl Spain* **8 with you** (*formal*) : con usted, con ustedes *pl* **9 you never know** : nunca se sabe — **you'd** (*contraction of* **you had** *or* **you would**) → **have, would** — **you'll** (*contraction of* **you shall** *or* **you will**) → **shall, will**

young *adj* **younger; youngest 1** : joven **2 my younger brother** : mi hermano menor **3 she is the youngest** : es la más pequeña **4 the young** : los jóvenes — **young** *npl* : jóvenes *mfpl* (de los humanos), crías *fpl* (de los animales) — **youngster** *n* : chico *m*, -ca *f;* joven *mf*

your *adj* **1** (*familiar singular*) : tu **2** (*familiar plural*) su, vuestro *Spain* **3** (*formal*) : su **4 on your left** : a la izquierda

you're (*contraction of* **you are**) → **be**

yours *pron* **1** (*belonging to one person — familiar*) : (el) tuyo, (la) tuya, (los) tuyos, (las) tuyas **2** (*belonging to more than one person — familiar*) : (el) suyo, (la) suya, (los) suyos, (las) suyas; (el) vuestro, (la) vuestra, (los) vuestros, (las) vuestras *Spain* **3** (*formal*) : (el) suyo, (la) suya, (los) suyos, (las) suyas

yourself *pron, pl* **yourselves 1** (*used reflexively — familiar*) : te, se *pl*, os *pl Spain* **2** (*used reflexively — formal*) : se **3** (*used for emphasis*) : tú mismo, tú misma;

usted mismo, usted misma; ustedes mismos, ustedes mismas *pl;* vosotros mismos, vosotras mismas *pl Spain*

youth *n, pl* **youths 1** : juventud *f* **2** BOY : joven *m* **3 today's youth** : los jóvenes de hoy — **youthful** *adj* **1** : juvenil, de juventud **2** YOUNG : joven

you've (*contraction of* **you have**) → **have**

yowl *vi* : aullar — **yowl** *n* : aullido *m*

yucca *n* : yuca *f*

Yugoslavian *adj* : yugoslavo

yule *n* CHRISTMAS : Navidad *f* — **yuletide** *n* : Navidades *fpl*

---

z *n, pl* **z's** *or* **zs** : z *f,* vigésima sexta letra del alfabeto inglés

zany *adj* **-nier; -est** : alocado, disparatado

zeal *n* : fervor *m*, celo *m* — **zealous** *adj* : entusiasta

zebra *n* : cebra *f*

zenith *n* **1** : cenit *m* (en astronomía) **2** PEAK : apogeo *m*

zero *n, pl* **-ros** : cero *m*

zest *n* **1** : gusto *m* **2** FLAVOR : sazón *f*

zigzag *n* : zigzag *m* — **zigzag** *vi* **-zagged; -zagging** : zigzaguear

zinc *n* : cinc *m*, zinc *m*

zip *v* **zipped; zipping** *vt or* **zip up** : cerrar la cremallera de, cerrar el cierre de *Lat* — *vi* SPEED : pasarse volando — **zip code** *n* : código *m* postal — **zipper** *n* : cremallera *f,* cierre *m Lat*

zodiac *n* : zodíaco *m*

zone *n* : zona *f*

zoo *n, pl* **zoos** : zoológico *m*, zoo *m* — **zoology** *n* : zoología *f*

zoom *vi* : zumbar, ir volando — **zoom** *n* **1** : zumbido *m* **2** *or* **zoom lens** : zoom *m*

zucchini *n, pl* **-ni** *or* **-nis** : calabacín *m*, calabacita *f Lat*

---

zoom and other lenses
zoom y otros objetivos[M]

wide-angle lens
objetivo[M] *gran angular*[M]

zoom lens
objetivo[M] *zoom*[M]

macro lens
objetivo[M] *macro*

IPA PRONUNCIATION SYMBOLS
International Phonetic Alphabet

M-W PRONUNCIATION SYMBOLS
Merriam-Webster Phonetic System

VOWELS

æ	ask, bat, glad
ɑ	cot, bomb
a	*New England* aunt, *British* ask, glass, *Spanish* casa
ε	egg, bet, fed
ə	about, javelin, Alabama
ə	when italicized as in *ə*l, *ə*m, *ə*n, indicates a syllabic pronunciation of the consonant as in bott**le**, pris**m**, butt**on**
i	very, any, thirty, *Spanish* piña
i:	eat, bead, bee
ɪ	id, bid, pit
o	Ohio, yellower, potato, *Spanish* óvalo
o:	oats, own, zone, blow
ɔ	awl, maul, caught, paw
ʊ	sure, should, could
u:	boot, few, coo
ʌ	under, putt, bud
eɪ	eight, wade, bay
aɪ	ice, bite, tie
aʊ	out, gown, plow
ɔɪ	oyster, coil, boy
:	indicates that the preceding vowel is long. Long vowels are almost always diphthongs in English, but not in Spanish.

CONSONANTS

b	baby, labor, cab
d	day, ready, kid
dʒ	just, badger, fudge
ð	then, either, bathe
f	foe, tough, buff
g	go, bigger, bag
h	hot, aha
j	yes, vineyard
k	cat, keep, lacquer, flock
l	law, hollow, boil
m	mat, hemp, hammer, rim
n	new, tent, tenor, run
ŋ	rung, hang, swinger
p	pay, lapse, top
r	rope, burn, tar
s	sad, mist, kiss
ʃ	shoe, mission, slush
t	toe, button, mat
ṯ	indicates that some speakers of English pronounce this sound as a voiced alveolar flap [ɾ], as in later, catty, battle
tʃ	choose, batch
θ	thin, ether, bath
v	vat, never, cave
w	wet, software
z	zoo, easy, buzz
ʒ	azure, beige
h, k, *p, t*	when italicized indicate sounds which are present in the pronunciation of some speakers of English but absent in the pronunciation of others, so that *whence* [ˈ*h*wεnṯs] can be pronounced as [ˈhwεns], [ˈhwεnts], [ˈwεnts], or [ˈwεns].

STRESS MARKS

ˈ	high stress **pen**manship
ˌ	low stress penman**ship**

M-W PRONUNCIATION SYMBOLS

ə	banana, collide, abut; raised \ᵊ\ in \ᵊl, ᵊn\ as in battle, cotton
ˈə, ˌə	humbug, abut
ər	operation, further
a	map, patch
ā	day, fate
ä	bother, cot, father
aů	now, out
b	baby, rib
ch	chin, catch
d	did, adder
e	set, red
ē	beat, nosebleed, easy
f	fifty, cuff
g	go, big
h	hat, ahead
hw	whale
i	tip, banish
ī	site, buy
j	job, edge
k	kin, cook
l	lily, cool
m	murmur, dim
n	nine, own
ŋ	sing, singer, finger, ink
ō	bone, hollow
ȯ	saw, cork
ȯi	toy, sawing
p	pepper, lip
r	rarity
s	source, less
sh	shy, mission
t	tie, attack
th	thin, ether
t̲h̲	then, either
ü	boot, few \ˈfyü\
ů	put, pure \ˈpyůr\
v	vivid, give
w	we, away
y	yard, cue \ˈkyü\
z	zone, raise
zh	vision, pleasure
\	slant line used in pairs to mark the beginning and end of a transcription
( )	indicates sounds which are present in the pronunciation of some speakers of English but absent in the pronunciation of others

STRESS MARKS

ˈ	mark at the beginning of a syllable that has primary (strongest) stress: \ˈpenmən͵ship\
ˌ	mark at the beginning of a syllable that has secondary (next-strongest) stress: \ˈpenmən͵ship\

abandon	[ə'bændən]	\ə'band³n\
abbreviate	[ə'bri:vi,eɪt]	\ə'brēvē,āt\
abdomen	['æbdəmən; æb'do:mən]	\'abdəmən; ab'dōmən\
ability	[ə'bɪləti]	\ə'bilətē\
able	['eɪbəl]	\'āb³l\
abnormal	[æb'nɔrməl]	\ab'nȯrməl\
aboard	[ə'bord]	\ə'bōrd\
abort	[ə'bɔrt]	\ə'bȯrt\
abound	[ə'baʊnd]	\ə'baund\
about	[ə'baʊt]	\ə'baut\
above	[ə'bʌv]	\ə'bəv\
abroad	[ə'brɔd]	\ə'brȯd\
absence	['æbsənts]	\'abs³n(t)s\
absolute	['æbsə,lu:t]	\'absə,lüt\
absorb	[əb'zɔrb, æb-, -'sɔrb]	\əb'zȯrb, ab-, -'sȯrb\
abstract	[æb'strækt, 'æb,-]	\ab'strakt, 'ab,-\
absurd	[əb'sərd, -'zərd]	\əb'sərd, -'zərd\
abundant	[ə'bʌndənt]	\ə'bənd³nt\
abuse	[ə'bju:z; ə'bju:s]	\ə'byüz; ə'byüs\
academy	[ə'kædəmi]	\ə'kadəmē\
accelerate	[ɪk'sɛlə,reɪt, æk-]	\ik'selə,rāt, ak-\
accent	['æk,sɛnt, æk'sɛnt]	\'ak,sent, ak'sent\
accept	[ɪk'sɛpt, æk-]	\ik'sept, ak-\
access	['æk,sɛs]	\'ak,ses\
accident	['æksədənt]	\'aksədənt\
acclaim	[ə'kleɪm]	\ə'klām\
accommodate	[ə'kɑmə,deɪt]	\ə'kämə,dāt\
accompany	[ə'kʌmpəni, -'kɑm-]	\ə'kəmpənē, -'käm-\
accomplish	[ə'kɑmplɪʃ, -'kʌm-]	\ə'kämplish, -'kəm-\
accordion	[ə'kɔrdiən]	\ə'kȯrdēən\
account	[ə'kaʊnt]	\ə'kaunt\
accuse	[ə'kju:z]	\ə'kyüz\
ace	['eɪs]	\'ās\
ache	['eɪk]	\'āk\
achieve	[ə'tʃi:v]	\ə'chēv\
acid	['æsəd]	\'asəd\
acknowledge	[ɪk'nɑlɪdʒ, æk-]	\ik'nälij, ak-\
acne	['ækni]	\'aknē\
acorn	['eɪ,kɔrn, -kərn]	\'ā,kȯrn, -kərn\
acquire	[ə'kwaɪr]	\ə'kwīr\
acrobat	['ækrə,bæt]	\'akrə,bat\
across	[ə'krɔs]	\ə'krȯs\
act	['ækt]	\'akt\
action	['ækʃən]	\'aksh³n\
activate	['æktə,veɪt]	\'aktə,vāt\
active	['æktɪv]	\'aktiv\
actor	['æktər]	\'aktər\
actual	['æktʃuəl]	\'ak(t)chúəl\
acupuncture	['ækju,pʌŋktʃər]	\'akyù,pəŋk(t)chər\
acute	[ə'kju:t]	\ə'kyüt\
adapt	[ə'dæpt]	\ə'dapt\
add	['æd]	\'ad\
addict	['ædɪkt]	\'adikt\
addition	[ə'dɪʃən]	\ə'dish³n\
address	[ə'drɛs; 'æ,drɛs]	\ə'dres; 'a,dres\
adhere	[æd'hɪr, əd-]	\ad'hir, əd-\
adjacent	[ə'dʒeɪsənt]	\ə'jās³nt\
adjective	['ædʒɪktɪv]	\'ajiktiv\
adjust	[ə'dʒʌst]	\ə'jəst\
admire	[æd'maɪr]	\ad'mīr\
admit	[æd'mɪt, əd-]	\ad'mit, əd-\
adolescent	[,ædəl'ɛsənt]	\,ad³l'es³nt\
adopt	[ə'dɑpt]	\ə'däpt\
adore	[ə'dor]	\ə'dōr\
adorn	[ə'dɔrn]	\ə'dȯrn\
adult	[ə'dʌlt, 'æ,dʌlt]	\ə'dəlt, 'a,dəlt\
advance	[æd'vænts, əd-]	\ad'van(t)s, əd-\
advantage	[əd'væntɪdʒ, æd-]	\əd'vantij, ad-\
adventure	[æd'vɛntʃər, əd-]	\ad'venchər, əd-\
adverb	['æd,vərb]	\'ad,vərb\
adversity	[æd'vərsəti, əd-]	\ad'vərsətē, əd-\
advertise	['ædvər,taɪz]	\'advər,tīz\
advice	[æd'vaɪs]	\ad'vīs\
advise	[æd'vaɪz, əd-]	\ad'vīz, əd-\
aerial	['æriəl]	\'arēəl\
aerobics	[,ær'o:bɪks]	\,ar'ōbiks\
affair	[ə'fær]	\ə'far\
affect	[ə'fɛkt, æ-]	\ə'fekt, a-\
affirm	[ə'fərm]	\ə'fərm\
afflict	[ə'flɪkt]	\ə'flikt\
afford	[ə'ford]	\ə'fōrd\
afraid	[ə'freɪd]	\ə'frād\
African	['æfrɪkən]	\'afrik³n\
after	['æftər]	\'aftər\
afternoon	[,æftər'nu:n]	\,aftər'nün\
afterward	['æftərwərd]	\'aftərwərd\
again	[ə'gɛn, -'gɪn]	\ə'gen, -'gin\
against	[ə'gɛntst, -'gɪntst]	\ə'gen(t)st, -'gin(t)st\
age	['eɪdʒ]	\'āj\
agency	['eɪdʒəntsi]	\'āj³n(t)sē\
agenda	[ə'dʒɛndə]	\ə'jendə\
agent	['eɪdʒənt]	\'āj³nt\
aggression	[ə'grɛʃən]	\ə'gresh³n\
agile	['ædʒəl]	\'aj³l\
agitate	['ædʒə,teɪt]	\'ajə,tāt\
ago	[ə'go:]	\ə'gō\
agony	['ægəni]	\'agənē\
agree	[ə'gri:]	\ə'grē\
agriculture	['ægrɪ,kʌltʃər]	\'agri,kəlchər\
ahead	[ə'hɛd]	\ə'hed\
aid	['eɪd]	\'ād\
aim	['eɪm]	\'ām\
air	['ær]	\'ar\
ajar	[ə'dʒɑr]	\ə'jär\
alarm	[ə'lɑrm]	\ə'lärm\
album	['ælbəm]	\'albəm\
alcohol	['ælkə,hɔl]	\'alkə,hȯl\
alert	[ə'lərt]	\ə'lərt\
alga	['ælgə]	\'algə\
algebra	['æld͡ʒəbrə]	\'aljəbrə\
alien	['eɪliən]	\'ālēən\
align	[ə'laɪn]	\ə'līn\

ENGLISH WORD	IPA	M-W
alike	[ə'laɪk]	\ə'līk\
alive	[ə'laɪv]	\ə'līv\
all	['ɔl]	\ȯl\
allergy	['ælərdʒi]	\'alərjē\
alley	['æli]	\'alē\
alliance	[ə'laɪənts]	\ə'līən(t)s\
alligator	['ælə,geɪtər]	\'alə,gātər\
allow	[ə'laʊ]	\ə'lau̇\
ally	[ə'laɪ, 'æ,laɪ]	\ə'lī, 'a,lī\
almanac	['ɔlmə,næk, 'æl-]	\'ȯlmə,nak, 'al-\
almond	['amənd, 'al-, 'æ-, 'æl-]	\'ämənd, 'äl-, 'a-, 'al-\
almost	['ɔl,moːst, ɔl'moːst]	\'ȯl,mōst, ȯl'mōst\
alone	[ə'loːn]	\ə'lōn\
along	[ə'lɔŋ]	\ə'lȯŋ\
aloud	[ə'laʊd]	\ə'lau̇d\
alphabet	['ælfə,bɛt]	\'alfə,bet\
already	[ɔl'rɛdi]	\ȯl'redē\
also	['ɔl,soː]	\'ȯl,sō\
altar	['ɔltər]	\'ȯltər\
alter	['ɔltər]	\'ȯltər\
alteration	[,ɔltə'reɪʃən]	\,ȯltə'rāsh^n\
alternate	['ɔltərnət, 'ɔltər,neɪt]	\'ȯltərnət, 'ȯltər,nāt\
although	[ɔl'ðoː]	\ȯl'thō\
altitude	['æltə,tuːd, -,tjuːd]	\'altə,tüd, -,tyüd\
altogether	[,ɔltə'gɛðər]	\,ȯltə'gethər\
always	['ɔlwiz, -,weɪz]	\'ȯlwēz, -,wāz\
amateur	['æmətʃər]	\'aməchər\
amaze	[ə'meɪz]	\ə'māz\
ambassador	[æm'bæsədər]	\am'basədər\
ambition	[æm'bɪʃən]	\am'bish^n\
ambulance	['æmbjələnts]	\'ambyəl^n(t)s\
amen	['eɪ'mɛn, 'a-]	\'ā'men, 'ä-\
American	[ə'mɛrɪkən]	\ə'merik^n\
amiss	[ə'mɪs]	\ə'mis\
amnesia	[æm'niːʒə]	\am'nēzhə\
among	[ə'mʌŋ]	\ə'mən\
amount	[ə'maʊnt]	\ə'mau̇nt\
amphibian	[æm'fɪbiən]	\am'fibēən\
amuse	[ə'mjuːz]	\ə'myüz\
analyze	['ænə,laɪz]	\'anə,līz\
anatomy	[ə'nætəmi]	\ə'natəmē\
ancestor	['æn,sɛstər]	\'an,sestər\
anchor	['æŋkər]	\'aŋkər\
ancient	['eɪntʃənt]	\'ān(t)ch^nt\
and	['ænd]	\'and\
angel	['eɪndʒəl]	\'ānjəl\
anger	['æŋgər]	\'aŋgər\
angle	['æŋgəl]	\'aŋgəl\
angry	['æŋgri]	\'aŋgrē\
anguish	['æŋgwɪʃ]	\'aŋgwish\
animal	['ænəməl]	\'anəm^l\
ankle	['æŋkəl]	\'aŋk^l\
anniversary	[,ænə'vərsəri]	\,anə'vərsərē\
annotate	['ænə,teɪt]	\'anə,tāt\
announce	[ə'naʊnts]	\ə'nau̇n(t)s\
annoy	[ə'nɔɪ]	\ə'nȯi\
annual	['ænjʊəl]	\'anyu̇əl\
anonymous	[ə'nanəməs]	\ə'nänəməs\
another	[ə'nʌðər]	\ə'nəthər\
answer	['æntsər]	\'an(t)sər\
ant	['ænt]	\'ant\
antarctic	[ænt'arktɪk, -'artɪk]	\ant'ärktik, -'ärtik\
antenna	[æn'tɛnə]	\an'tenə\
anthem	['ænθəm]	\'anthəm\
anthropology	[,ænθrə'palədʒi]	\,anthrə'päləjē\
antibiotic	[,æntibaɪ'atɪk]	\,antēbī'ätik\
anticipate	[æn'tɪsə,peɪt]	\an'tisə,pāt\
antipathy	[æn'tɪpəθi]	\an'tipəthē\
antiquity	[æn'tɪkwəti]	\an'tikwətē\
antisocial	[,ænti'soːʃəl, ,æntaɪ-]	\,antē'sōsh^l, ,antī-\
antonym	['æntə,nɪm]	\'antə,nim\
anxiety	[æŋk'zaɪəti]	\an(k)'zīətē\
any	['ɛni]	\'enē\
anyhow	['ɛni,haʊ]	\'enē,hau̇\
anymore	[,ɛni'mor]	\,enē'mōr\
anyone	['ɛni,wʌn]	\'enē,wən\
anything	['ɛni,θɪŋ]	\'enē,thiŋ\
anytime	['ɛni,taɪm]	\'enē,tīm\
anywhere	['ɛni,hwɛr]	\'enē,(h)wer\
apart	[ə'part]	\ə'pärt\
apartment	[ə'partmənt]	\ə'pärtmənt\
apostrophe	[ə'pastrə,fiː]	\ə'pästrə,fē\
apparent	[ə'pærənt]	\ə'parənt\
apparition	[,æpə'rɪʃən]	\,apə'rish^n\
appear	[ə'pɪr]	\ə'pir\
appendix	[ə'pɛndɪks]	\ə'pendiks\
appetite	['æpə,taɪt]	\'apə,tīt\
applause	[ə'plɔz]	\ə'plȯz\
apple	['æpəl]	\'ap^l\
appliance	[ə'plaɪənts]	\ə'plīən(t)s\
apply	[ə'plaɪ]	\ə'plī\
appoint	[ə'pɔɪnt]	\ə'pȯint\
appreciate	[ə'priːʃi,eɪt, -'prɪ-]	\ə'prēshē,āt, -'pri-\
apprentice	[ə'prɛntɪs]	\ə'prentis\
approach	[ə'proːtʃ]	\ə'prōch\
appropriate	[ə'proːpri,eɪt, ə'proːpriət]	\ə'prōprē,āt, ə'prōprēət\
approve	[ə'pruːv]	\ə'prüv\
approximate	[ə'praksəmət, ə'praksə,meɪt]	\ə'präksəmət, ə'präksə,māt\
apricot	['æprə,kat, 'eɪ-]	\'aprə,kät, 'ā-\
April	['eɪprəl]	\'āprəl\
apron	['eɪprən]	\'āpr^n\
apt	['æpt]	\'apt\
aquarium	[ə'kwæriəm]	\ə'kwarēəm\
aquatic	[ə'kwatɪk, -'kwæ-]	\ə'kwätik, -'kwa-\
aqueduct	['ækwə,dʌkt]	\'akwə,dəkt\
Arab	['ærəb]	\'arəb\
arch	['artʃ]	\'ärch\
archipelago	[,arkə'pɛlə,goː, ,artʃə-]	\,ärkə'pelə,gō, ,ärchə-\
architecture	['arkə,tɛktʃər]	\'ärkə,tek(t)chər\
archives	['ar,kaɪvz]	\'är,kīvz\

ENGLISH WORD	IPA	M-W	ENGLISH WORD	IPA	M-W
arctic	[ˈɑrktɪk, ˈɑrt-]	\ˈärktik, ˈärt-\	athlete	[ˈæθˌliːt]	\ˈathˌlēt\
area	[ˈæriə]	\ˈarēə\	atlas	[ˈætləs]	\ˈatləs\
arena	[əˈriːnə]	\əˈrēnə\	atmosphere	[ˈætməˌsfɪr]	\ˈatməˌsfir\
Argentine	[ˈɑrdʒənˌtaɪn, -ˌtiːn]	\ˈärjᵊnˌtīn, -ˌtēn\	atom	[ˈætəm]	\ˈatəm\
argue	[ˈɑrˌgjuː]	\ˈärˌgyü\	atomizer	[ˈætəˌmaɪzər]	\ˈatəˌmīzər\
arid	[ˈærəd]	\ˈarəd\	atrophy	[ˈætrəfi]	\ˈatrəfē\
arise	[əˈraɪz]	\əˈrīz\	attach	[əˈtætʃ]	\əˈtach\
arithmetic	[əˈrɪθməˌtɪk]	\əˈrithməˌtik\	attack	[əˈtæk]	\əˈtak\
arm	[ˈɑrm]	\ˈärm\	attempt	[əˈtɛmpt]	\əˈtempt\
armpit	[ˈɑrmˌpɪt]	\ˈärmˌpit\	attend	[əˈtɛnd]	\əˈtend\
army	[ˈɑrmi]	\ˈärmē\	attention	[əˈtɛntʃən]	\əˈtenchᵊn\
aroma	[əˈroːmə]	\əˈrōmə\	attitude	[ˈætəˌtuːd, -ˌtjuːd]	\ˈatəˌtüd, -ˌtyüd\
around	[əˈraʊnd]	\əˈraùnd\	attract	[əˈtrækt]	\əˈtrakt\
arrange	[əˈreɪndʒ]	\əˈrānj\	audacity	[ɔˈdæsəti]	\ȯˈdasətē\
arrest	[əˈrɛst]	\əˈrest\	audible	[ˈɔdəbəl]	\ˈȯdəbᵊl\
arrive	[əˈraɪv]	\əˈrīv\	audience	[ˈɔdiənts]	\ˈȯdēən(t)s\
arrow	[ˈæro]	\ˈarō\	audiovisual	[ˌɔdioˈvɪʒʊəl]	\ˌȯdēōˈvizhüəl\
art	[ˈɑrt]	\ˈärt\	audition	[ɔˈdɪʃən]	\ȯˈdishᵊn\
artery	[ˈɑrtəri]	\ˈärtərē\	August	[ˈɔgəst]	\ˈȯgəst\
arthritis	[ɑrˈθraɪtəs]	\ärˈthrītəs\	aunt	[ˈænt, ˈant]	\ˈant, ˈänt\
artichoke	[ˈɑrtəˌtʃoːk]	\ˈärtəˌchōk\	Australian	[ɔˈstreɪljən]	\ȯˈstrālyən\
article	[ˈɑrtɪkəl]	\ˈärtikᵊl\	authentic	[əˈθɛntɪk, ɔ-]	\əˈthentik, ȯ-\
articulate	[ɑrˈtɪkjəˌleɪt]	\ärˈtikyəˌlāt\	author	[ˈɔθər]	\ˈȯthər\
artificial	[ˌɑrtəˈfɪʃəl]	\ˌärtəˈfishᵊl\	authority	[əˈθɔrəti, -ɔ-]	\əˈthȯrətē, ȯ-\
artillery	[ɑrˈtɪləri]	\ärˈtilərē\	autobiography	[ˌɔtobaɪˈɑgrəfi]	\ˌȯtōbīˈägrəfē\
artist	[ˈɑrtɪst]	\ˈärtist\	autograph	[ˈɔtəˌgræf]	\ˈȯtəˌgraf\
as	[ˈæz]	\ˈaz\	automatic	[ˌɔtəˈmætɪk]	\ˌȯtəˈmatik\
ash	[ˈæʃ]	\ˈash\	autonomy	[ɔˈtɑnəmi]	\ȯˈtänəmē\
ashamed	[əˈʃeɪmd]	\əˈshāmd\	autopsy	[ˈɔˌtɑpsi, -təp-]	\ˈȯˌtäpsē, -təp-\
ashore	[əˈʃor]	\əˈshōr\	autumn	[ˈɔtəm]	\ˈȯtəm\
ashtray	[ˈæʃˌtreɪ]	\ˈashˌtrā\	auxiliary	[ɔgˈzɪljəri, -ˈzɪləri]	\ȯgˈzilyərē, -ˈzilərē\
Asian	[ˈeɪʒən, -ʃən]	\ˈāzhᵊn, -shᵊn\	available	[əˈveɪləbəl]	\əˈvāləbᵊl\
aside	[əˈsaɪd]	\əˈsīd\	avenge	[əˈvɛndʒ]	\əˈvenj\
ask	[ˈæsk]	\ˈask\	avenue	[ˈævəˌnuː, -ˌnjuː]	\ˈavəˌnü, -ˌnyü\
asleep	[əˈsliːp]	\əˈslēp\	average	[ˈævrɪdʒ, ˈævə-]	\ˈavrij, ˈavə-\
asparagus	[əˈspærəgəs]	\əˈsparəgəs\	aviation	[ˌeɪviˈeɪʃən]	\ˌāvēˈāshᵊn\
aspect	[ˈæˌspɛkt]	\ˈaˌspekt\	avocado	[ˌævəˈkado, ˌɑvə-]	\ˌavəˈkädo, ˌävə-\
asphalt	[ˈæsˌfɔlt]	\ˈasˌfȯlt\	avoid	[əˈvɔɪd]	\əˈvȯid\
aspire	[əˈspaɪr]	\əˈspīr\	awake	[əˈweɪk]	\əˈwāk\
aspirin	[ˈæsprən, ˈæspə-]	\ˈasprən, ˈaspə-\	aware	[əˈwær]	\əˈwar\
assault	[əˈsɔlt]	\əˈsȯlt\	away	[əˈweɪ]	\əˈwā\
assign	[əˈsaɪn]	\əˈsīn\	awful	[ˈɔfəl]	\ˈȯfᵊl\
assist	[əˈsɪst]	\əˈsist\	awhile	[əˈ*h*waɪl]	\əˈ(h)wīl\
associate	[əˈsoːʃiˌeɪt]	\əˈsōshēˌāt\	awkward	[ˈɔkwərd]	\ˈȯkwərd\
assume	[əˈsuːm]	\əˈsüm\	axis	[ˈæksɪs]	\ˈaksis\
assure	[əˈʃʊr]	\əˈshür\	baby	[ˈbeɪbi]	\ˈbābē\
asterisk	[ˈæstəˌrɪsk]	\ˈastəˌrisk\	baby-sit	[ˈbeɪbiˌsɪt]	\ˈbābēˌsit\
asthma	[ˈæzmə]	\ˈazmə\	bachelor	[ˈbætʃələr]	\ˈbachələr\
astonish	[əˈstɑnɪʃ]	\əˈstänish\	back	[ˈbæk]	\ˈbak\
astrology	[əˈstrɑlədʒi]	\əˈsträləjē\	bacon	[ˈbeɪkən]	\ˈbākᵊn\
astronaut	[ˈæstrəˌnɔt]	\ˈastrəˌnȯt\	bacteria	[bækˈtɪriə]	\bakˈtirēə\
astronomy	[əˈstrɑnəmi]	\əˈstränəmē\	bad	[ˈbæd]	\ˈbad\
astute	[əˈstuːt, -ˈstjuːt]	\əˈstüt, -ˈstyüt\	badly	[ˈbædli]	\ˈbadlē\
asylum	[əˈsaɪləm]	\əˈsīləm\	bag	[ˈbæg]	\ˈbag\
at	[ˈæt]	\ˈat\	baggage	[ˈbægɪdʒ]	\ˈbagij\
atheist	[ˈeɪθiɪst]	\ˈāthēist\	bail	[ˈbeɪl]	\ˈbāl\

ENGLISH WORD	IPA	M-W	ENGLISH WORD	IPA	M-W
bake	[ˈbeɪk]	\ˈbāk\	beast	[ˈbi:st]	\ˈbēst\
balance	[ˈbælənts]	\ˈbalən(t)s\	beat	[ˈbi:t]	\ˈbēt\
balcony	[ˈbælkəni]	\ˈbalkənē\	beauty	[ˈbju:ti]	\ˈbyütē\
bald	[ˈbɔld]	\ˈbȯld\	beaver	[ˈbi:vər]	\ˈbēvər\
ball	[ˈbɔl]	\ˈbȯl\	because	[bɪˈkʌz, -ˈkɔz]	\biˈkəz, -ˈkȯz\
ballad	[ˈbæləd]	\ˈbaləd\	become	[bɪˈkʌm]	\biˈkəm\
ballerina	[ˌbæləˈri:nə]	\ˌbaləˈrēnə\	bed	[ˈbɛd]	\ˈbed\
ballet	[bæˈleɪ, ˈbæˌleɪ]	\baˈlā, ˈbaˌlā\	bee	[ˈbi:]	\ˈbē\
ballpoint pen	[ˈbɔlˌpoɪnt]	\ˈbȯlˌpȯint\	beech	[ˈbi:tʃ]	\ˈbēch\
bamboo	[bæmˈbu:]	\bamˈbü\	beef	[ˈbi:f]	\ˈbēf\
banana	[bəˈnænə]	\bəˈnanə\	beeline	[ˈbi:ˌlaɪn]	\ˈbēˌlīn\
band	[ˈbænd]	\ˈband\	beep	[ˈbi:p]	\ˈbēp\
bandage	[ˈbændɪdʒ]	\ˈbandij\	beer	[ˈbɪr]	\ˈbir\
bandit	[ˈbændət]	\ˈbandət\	beet	[ˈbi:t]	\ˈbēt\
bang	[ˈbæŋ]	\ˈbaŋ\	beetle	[ˈbi:təl]	\ˈbētᵊl\
bangle	[ˈbæŋgəl]	\ˈbaŋgᵊl\	before	[bɪˈfor]	\biˈfōr\
banister	[ˈbænəstər]	\ˈbanəstər\	beg	[ˈbɛg]	\ˈbeg\
bank	[ˈbæŋk]	\ˈbaŋk\	begin	[bɪˈgɪn]	\biˈgin\
banner	[ˈbænər]	\ˈbanər\	behalf	[bɪˈhæf, -ˈhaf]	\biˈhaf, -ˈhäf\
banquet	[ˈbæŋkwət]	\ˈbaŋkwət\	behave	[bɪˈheɪv]	\biˈhāv\
baptize	[bæpˈtaɪz, ˈbæpˌtaɪz]	\bapˈtīz, ˈbapˌtīz\	behind	[bɪˈhaɪnd]	\biˈhīnd\
bar	[ˈbɑr]	\ˈbär\	behold	[bɪˈho:ld]	\biˈhōld\
barbarian	[bɑrˈbæriən]	\bärˈbarēən\	beige	[ˈbeɪʒ]	\ˈbāzh\
barbecue	[ˈbɑrbɪˌkju:]	\ˈbärbiˌkyü\	being	[ˈbi:ɪŋ]	\ˈbēiŋ\
barber	[ˈbɑrbər]	\ˈbärbər\	belated	[bɪˈleɪtəd]	\biˈlātəd\
bare	[ˈbær]	\ˈbar\	Belgian	[ˈbɛldʒən]	\ˈbeljᵊn\
bargain	[ˈbɑrgən]	\ˈbärgən\	belie	[bɪˈlaɪ]	\biˈlī\
bark	[ˈbɑrk]	\ˈbärk\	belief	[bəˈli:f]	\bəˈlēf\
barley	[ˈbɑrli]	\ˈbärlē\	bell	[ˈbɛl]	\ˈbel\
barracks	[ˈbærəks]	\ˈbarəks\	belly	[ˈbɛli]	\ˈbelē\
barrel	[ˈbærəl]	\ˈbarəl\	belong	[bɪˈlɔŋ]	\biˈlȯŋ\
barrier	[ˈbæriər]	\ˈbarēər\	beloved	[bɪˈlʌvəd, -ˈlʌvd]	\biˈləvəd, -ˈləvd\
bartender	[ˈbɑrˌtɛndər]	\ˈbärˌtendər\	below	[bɪˈlo:]	\biˈlō\
base	[ˈbeɪs]	\ˈbās\	belt	[ˈbɛlt]	\ˈbelt\
baseball	[ˈbeɪsˌbɔl]	\ˈbāsˌbȯl\	bench	[ˈbɛntʃ]	\ˈbench\
basement	[ˈbeɪsmənt]	\ˈbāsmənt\	bend	[ˈbɛnd]	\ˈbend\
basic	[ˈbeɪsɪk]	\ˈbāsik\	beneath	[bɪˈni:θ]	\biˈnēth\
basil	[ˈbeɪzəl, ˈbæzəl]	\ˈbāzᵊl, ˈbazᵊl\	benediction	[ˌbɛnəˈdɪkʃən]	\ˌbenəˈdikshᵊn\
basis	[ˈbeɪsəs]	\ˈbāsəs\	benefit	[ˈbɛnəfɪt]	\ˈbenəfit\
basket	[ˈbæskət]	\ˈbaskət\	berry	[ˈbɛri]	\ˈberē\
bat	[ˈbæt]	\ˈbat\	beside	[bɪˈsaɪd]	\biˈsīd\
batch	[ˈbætʃ]	\ˈbach\	best	[ˈbɛst]	\ˈbest\
bath	[ˈbæθ, ˈbaθ]	\ˈbath, ˈbäth\	bestow	[bɪˈsto:]	\biˈstō\
baton	[bəˈtɑn]	\bəˈtän\	bet	[ˈbɛt]	\ˈbet\
battery	[ˈbætəri]	\ˈbatərē\	betray	[bɪˈtreɪ]	\biˈtrā\
battle	[ˈbætəl]	\ˈbatᵊl\	better	[ˈbɛtər]	\ˈbetər\
bay	[ˈbeɪ]	\ˈbā\	between	[bɪˈtwi:n]	\biˈtwēn\
bazaar	[bəˈzɑr]	\bəˈzär\	beverage	[ˈbɛvrɪdʒ, ˈbɛvə-]	\ˈbevrij, ˈbevə-\
be	[ˈbi:]	\ˈbē\	beware	[bɪˈwær]	\biˈwar\
beach	[ˈbi:tʃ]	\ˈbēch\	bewitch	[bɪˈwɪtʃ]	\biˈwich\
beak	[ˈbi:k]	\ˈbēk\	beyond	[biˈjɑnd]	\bēˈyänd\
beam	[ˈbi:m]	\ˈbēm\	bib	[ˈbɪb]	\ˈbib\
bean	[ˈbi:n]	\ˈbēn\	Bible	[ˈbaɪbəl]	\ˈbībᵊl\
bear	[ˈbær]	\ˈbar\	bicycle	[ˈbaɪsɪkəl, -ˌsɪ-]	\ˈbīsikᵊl, -ˌsi-\
beard	[ˈbɪrd]	\ˈbird\	big	[ˈbɪg]	\ˈbig\
bearing	[ˈbæriŋ]	\ˈbariŋ\	bike	[ˈbaɪk]	\ˈbīk\

ENGLISH WORD	IPA	M-W
bikini	[bə'ki:ni]	\bə'kēnē\
bile	['baɪl]	\'bīl\
bill	['bɪl]	\'bil\
billiards	['bɪljərdz]	\'bilyərdz\
billion	['bɪljən]	\'bilyən\
bind	['baɪnd]	\'bīnd\
bingo	['bɪŋˌgo:]	\'biŋˌgō\
binoculars	[bə'nakjələrz, baɪ-]	\bə'näkyələrz, bī-\
biography	[baɪ'agrəfi, bi:-]	\bī'ägrəfē, bē-\
biology	[baɪ'alədʒi]	\bī'äləjē\
birch	['bərtʃ]	\'bərch\
bird	['bərd]	\'bərd\
birth	['bərθ]	\'bərth\
biscuit	['bɪskət]	\'biskət\
bishop	['bɪʃəp]	\'bishəp\
bit	['bɪt]	\'bit\
bite	['baɪt]	\'bīt\
bitter	['bɪtər]	\'bitər\
black	['blæk]	\'blak\
bladder	['blædər]	\'bladər\
blade	['bleɪd]	\'blād\
blame	['bleɪm]	\'blām\
blank	['blæŋk]	\'blaŋk\
blanket	['blæŋkət]	\'blaŋkət\
blazer	['bleɪzər]	\'blāzər\
bleach	['bli:tʃ]	\'blēch\
bleed	['bli:d]	\'blēd\
blend	['blɛnd]	\'blend\
bless	['blɛs]	\'bles\
blindness	['blaɪndnəs]	\'blīndnəs\
blink	['blɪŋk]	\'bliŋk\
bliss	['blɪs]	\'blis\
blister	['blɪstər]	\'blistər\
blizzard	['blɪzərd]	\'blizərd\
block	['blak]	\'bläk\
blood	['blʌd]	\'bləd\
blossom	['blasəm]	\'bläsᵊm\
blouse	['blaʊs, 'blaʊz]	\'blaús, 'blaúz\
blow	['blo:]	\'blō\
blue	['blu:]	\'blü\
bluff	['blʌf]	\'bləf\
blur	['blər]	\'blər\
blurb	['blərb]	\'blərb\
blush	['blʌʃ]	\'bləsh\
boar	['bor]	\'bōr\
board	['bord]	\'bōrd\
boast	['bo:st]	\'bōst\
boat	['bo:t]	\'bōt\
body	['badi]	\'bädē\
boil	['bɔɪl]	\'bóil\
bold	['bo:ld]	\'bōld\
Bolivian	[bə'lɪvian]	\bə'livēən\
bolt	['bo:lt]	\'bōlt\
bomb	['bam]	\'bäm\
bond	['band]	\'bänd\
bone	['bo:n]	\'bōn\
bonfire	['banˌfaɪr]	\'bänˌfīr\
bonus	['bo:nəs]	\'bōnəs\
bony	['bo:ni]	\'bōnē\
book	['bʊk]	\'bük\
boom	['bu:m]	\'büm\
boost	['bu:st]	\'büst\
boot	['bu:t]	\'büt\
booth	['bu:θ]	\'büth\
border	['bɔrdər]	\'bórdər\
bore	['bor]	\'bōr\
born	['bɔrn]	\'bórn\
borrow	['baro]	\'bärō\
Bosnian	['baznian, 'bɔz-]	\'bäznēən, 'bóz-\
bosom	['bʊzəm, 'bu:-]	\'bùzəm, 'bü-\
boss	['bɔs]	\'bós\
botany	['batəni]	\'bätᵊnē\
both	['bo:θ]	\'bōth\
bother	['baðər]	\'bäthər\
bottle	['batəl]	\'bätᵊl\
bottom	['batəm]	\'bätəm\
bough	['baʊ]	\'baú\
bound	['baʊnd]	\'baúnd\
boundary	['baʊndri, -dəri]	\'baúndrē, -dərē\
bow	['baʊ, 'bo:]	\'baú; 'bō\
bowels	['baʊəlz]	\'baúəls\
bowl	['bo:l]	\'bōl\
box	['baks]	\'bäks\
boy	['bɔɪ]	\'bói\
boyfriend	['bɔɪˌfrɛnd]	\'bóiˌfrend\
brace	['breɪs]	\'brās\
bracket	['brækət]	\'brakət\
braille	['breɪl]	\'brāl\
brain	['breɪn]	\'brān\
brake	['breɪk]	\'brāk\
branch	['bræntʃ]	\'branch\
brand	['brænd]	\'brand\
brave	['breɪv]	\'brāv\
Brazilian	[brə'zɪljən]	\brə'zilyən\
bread	['brɛd]	\'bred\
breadth	['brɛtθ]	\'bretth\
break	['breɪk]	\'brāk\
breakfast	['brɛkfəst]	\'brekfəst\
breast	['brɛst]	\'brest\
breath	['brɛθ]	\'breth\
breed	['bri:d]	\'brēd\
breeze	['bri:z]	\'brēz\
brewery	['bru:əri, 'brʊri]	\'brüərē, 'brúrē\
bribe	['braɪb]	\'brīb\
brick	['brɪk]	\'brik\
bride	['braɪd]	\'brīd\
bridge	['brɪdʒ]	\'brij\
brief	['bri:f]	\'brēf\
bright	['braɪt]	\'brīt\
brilliant	['brɪljənt]	\'brilyənt\
bring	['brɪŋ]	\'briŋ\
British	['brɪtɪʃ]	\'british\

broad	[ˈbrɔd]	\ˈbrȯd\
broadcast	[ˈbrɔdˌkæst]	\ˈbrȯdˌkast\
broaden	[ˈbrɔdən]	\ˈbrȯdᵊn\
broccoli	[ˈbrɑkəli]	\ˈbräkᵊlē\
brochure	[broˈʃʊr]	\brōˈshur\
broil	[ˈbrɔɪl]	\ˈbrȯil\
broken	[ˈbroːkən]	\ˈbrōkᵊn\
brook	[ˈbrʊk]	\ˈbruk\
broom	[ˈbruːm, ˈbrʊm]	\ˈbrüm, ˈbrum\
broth	[ˈbrɔθ]	\ˈbrȯth\
brother	[ˈbrʌðər]	\ˈbrᴧthər\
brow	[ˈbraʊ]	\ˈbrau̇\
brown	[ˈbraʊn]	\ˈbrau̇n\
brush	[ˈbrʌʃ]	\ˈbrəsh\
bubble	[ˈbʌbəl]	\ˈbəbᵊl\
buck	[ˈbʌk]	\ˈbək\
bucket	[ˈbʌkət]	\ˈbəkət\
buckle	[ˈbʌkəl]	\ˈbəkᵊl\
Buddhism	[ˈbuːˌdɪzəm, ˈbʊ-]	\ˈbüˌdizəm, ˈbu-\
buddy	[ˈbʌdi]	\ˈbədē\
budge	[ˈbʌdʒ]	\ˈbəj\
budget	[ˈbʌdʒət]	\ˈbəjət\
buffalo	[ˈbʌfəˌloː]	\ˈbəfəˌlō\
buffet	[ˌbʌˈfeɪ, ˌbuː-]	\ˌbəˈfā, ˌbü-\
bug	[ˈbʌg]	\ˈbəg\
build	[ˈbɪld]	\ˈbild\
bulb	[ˈbʌlb]	\ˈbəlb\
bulk	[ˈbʌlk]	\ˈbəlk\
bull	[ˈbʊl]	\ˈbul\
bullet	[ˈbʊlət]	\ˈbulət\
bulletin	[ˈbʊlətən, -lətən]	\ˈbulətᵊn, -lətən\
bullfight	[ˈbʊlˌfaɪt]	\ˈbulˌfīt\
bully	[ˈbʊli]	\ˈbulē\
bump	[ˈbʌmp]	\ˈbəmp\
bunch	[ˈbʌntʃ]	\ˈbənch\
bunny	[ˈbʌni]	\ˈbənē\
burden	[ˈbərdən]	\ˈbərdᵊn\
bureau	[ˈbjʊro]	\ˈbyurō\
burglar	[ˈbərglər]	\ˈbərglər\
burial	[ˈbɛriəl]	\ˈberēəl\
burn	[ˈbərn]	\ˈbərn\
burst	[ˈbərst]	\ˈbərst\
bury	[ˈbɛri]	\ˈberē\
bus	[ˈbʌs]	\ˈbəs\
bush	[ˈbʊʃ]	\ˈbush\
busily	[ˈbɪzəli]	\ˈbizəlē\
business	[ˈbɪznəs, -nəz]	\ˈbiznəs, -nəz\
busy	[ˈbɪzi]	\ˈbizē\
but	[ˈbʌt]	\ˈbət\
butcher	[ˈbʊtʃər]	\ˈbuchər\
butter	[ˈbʌtər]	\ˈbətər\
butterfly	[ˈbʌtərˌflaɪ]	\ˈbətərˌflī\
button	[ˈbʌtən]	\ˈbətᵊn\
buy	[ˈbaɪ]	\ˈbī\
buzz	[ˈbʌz]	\ˈbəz\
by	[ˈbaɪ]	\ˈbī\

bypass	[ˈbaɪˌpæs]	\ˈbīˌpas\
bystander	[ˈbaɪˌstændər]	\ˈbīˌstandər\
byte	[ˈbaɪt]	\ˈbīt\
byword	[ˈbaɪˌwərd]	\ˈbīˌwərd\
cab	[ˈkæb]	\ˈkab\
cabin	[ˈkæbən]	\ˈkabᵊn\
cable	[ˈkeɪbəl]	\ˈkābᵊl\
cactus	[ˈkæktəs]	\ˈkaktəs\
cadet	[kəˈdɛt]	\kəˈdet\
cage	[ˈkeɪdʒ]	\ˈkāj\
cake	[ˈkeɪk]	\ˈkāk\
calcium	[ˈkælsiəm]	\ˈkalsēəm\
calculate	[ˈkælkjəˌleɪt]	\ˈkalkyəˌlāt\
calendar	[ˈkæləndər]	\ˈkaləndər\
calf	[ˈkæf, ˈkaf]	\ˈkaf, ˈkäf\
call	[ˈkɔl]	\ˈkȯl\
calm	[ˈkɑm, ˈkɑlm]	\ˈkäm, ˈkälm\
calorie	[ˈkæləri]	\ˈkalərē\
camel	[ˈkæməl]	\ˈkamᵊl\
camera	[ˈkæmrə, ˈkæmərə]	\ˈkamrə, ˈkamərə\
camp	[ˈkæmp]	\ˈkamp\
campaign	[kæmˈpeɪn]	\kamˈpān\
camping	[ˈkæmpɪŋ]	\ˈkampiŋ\
campus	[ˈkæmpəs]	\ˈkampəs\
can	[ˈkæn]	\ˈkan\
Canadian	[kəˈneɪdiən]	\kəˈnādēən\
canal	[kəˈnæl]	\kəˈnal\
canary	[kəˈnɛri]	\kəˈnerē\
cancel	[ˈkæntsəl]	\ˈkan(t)sᵊl\
cancer	[ˈkæntsər]	\ˈkan(t)sər\
candid	[ˈkændɪd]	\ˈkandid\
candidate	[ˈkændəˌdeɪt, -dət]	\ˈkandəˌdāt, -dət\
candle	[ˈkændəl]	\ˈkandᵊl\
candy	[ˈkændi]	\ˈkandē\
cane	[ˈkeɪn]	\ˈkān\
canine	[ˈkeɪˌnaɪn]	\ˈkāˌnīn\
cannibal	[ˈkænəbəl]	\ˈkanəbᵊl\
cannon	[ˈkænən]	\ˈkanən\
canoe	[kəˈnuː]	\kəˈnü\
canon	[ˈkænən]	\ˈkanən\
canteen	[kænˈtiːn]	\kanˈtēn\
canvas	[ˈkænvəs]	\ˈkanvəs\
cap	[ˈkæp]	\ˈkap\
capable	[ˈkeɪpəbəl]	\ˈkāpəbᵊl\
capacity	[kəˈpæsəti]	\kəˈpasətē\
capital	[ˈkæpətəl]	\ˈkapətᵊl\
capitol	[ˈkæpətəl]	\ˈkapətᵊl\
capsule	[ˈkæpsəl, -ˌsuːl]	\ˈkapsᵊl, -ˌsül\
captain	[ˈkæptən]	\ˈkaptᵊn\
caption	[ˈkæpʃən]	\ˈkapshᵊn\
captivate	[ˈkæptəˌveɪt]	\ˈkaptəˌvāt\
capture	[ˈkæpʃər]	\ˈkapshər\
car	[ˈkɑr]	\ˈkär\
caramel	[ˈkɑrməl; ˈkærəməl, -ˌmɛl]	
		\ˈkärmᵊl; ˈkarəmᵊl, -ˌmel\
caravan	[ˈkærəˌvæn]	\ˈkarəˌvan\

card	[ˈkɑrd]	\ˈkärd\
cardiac	[ˈkɑrdiˌæk]	\ˈkärdēˌak\
cardinal	[ˈkɑrdənəl]	\ˈkärdᵊnəl\
care	[ˈkær]	\ˈkar\
career	[kəˈrɪr]	\kəˈrir\
carefree	[ˈkærˌfriː, ˌkær-]	\ˈkarˌfrē, ˌkar'-\
careful	[ˈkærfəl]	\ˈkarfᵊl\
caress	[kəˈrɛs]	\kəˈres\
caricature	[ˈkærɪkəˌtʃʊr]	\ˈkarikəˌchùr\
caring	[ˈkærɪŋ]	\ˈkariŋ\
carnival	[ˈkɑrnəvəl]	\ˈkärnəvᵊl\
carol	[ˈkærəl]	\ˈkarəl\
carpenter	[ˈkɑrpəntər]	\ˈkärpᵊntər\
carpet	[ˈkɑrpət]	\ˈkärpət\
carriage	[ˈkærɪdʒ]	\ˈkarij\
carrot	[ˈkærət]	\ˈkarət\
carry	[ˈkæri]	\ˈkarē\
carton	[ˈkɑrtən]	\ˈkärtᵊn\
cartoon	[kɑrˈtuːn]	\kärˈtün\
cash	[ˈkæʃ]	\ˈkash\
cashier	[kæˈʃɪr]	\kaˈshir\
cassette	[kəˈsɛt, kæ-]	\kəˈset, ka-\
castle	[ˈkæsəl]	\ˈkasᵊl\
casual	[ˈkæʒʊəl]	\ˈkazhúəl\
cat	[ˈkæt]	\ˈkat\
catch	[ˈkætʃ, ˈkɛtʃ]	\ˈkach, ˈkech\
category	[ˈkætəˌgori]	\ˈkatəˌgōrē\
cathedral	[kəˈθiːdrəl]	\kəˈthēdrəl\
catholic	[ˈkæθəlɪk]	\ˈkathəlik\
cattle	[ˈkætəl]	\ˈkatᵊl\
cause	[ˈkɔz]	\ˈkóz\
caution	[ˈkɔʃən]	\ˈkóshᵊn\
cave	[ˈkeɪv]	\ˈkāv\
cavern	[ˈkævərn]	\ˈkavərn\
cavity	[ˈkævəti]	\ˈkavətē\
CD	[ˌsiːˈdiː]	\ˌsēˈdē\
cease	[ˈsiːs]	\ˈsēs\
ceiling	[ˈsiːlɪŋ]	\ˈsēliŋ\
celebrate	[ˈsɛləˌbreɪt]	\ˈseləˌbrāt\
celery	[ˈsɛləri]	\ˈselərē\
cell	[ˈsɛl]	\ˈsel\
cellar	[ˈsɛlər]	\ˈselər\
cellular	[ˈsɛljələr]	\ˈselyələr\
cement	[sɪˈmɛnt]	\siˈment\
cemetery	[ˈsɛməˌtɛri]	\ˈseməˌterē\
cent	[ˈsɛnt]	\ˈsent\
centigrade	[ˈsɛntəˌgreɪd, ˈsɑn-]	\ˈsentəˌgrād, ˈsän-\
centimeter	[ˈsɛntəˌmiːtər, ˈsɑn-]	\ˈsentəˌmētər, ˈsän-\
central	[ˈsɛntrəl]	\ˈsentrəl\
century	[ˈsɛntʃəri]	\ˈsenchərē\
ceramics	[səˈræmɪks]	\səˈramiks\
cereal	[ˈsɪriəl]	\ˈsirēəl\
ceremony	[ˈsɛrəˌmoːni]	\ˈserəˌmōnē\
certain	[ˈsɜrtən]	\ˈsərtᵊn\
certify	[ˈsɜrtəˌfaɪ]	\ˈsərtəˌfī\
chain	[ˈtʃeɪn]	\ˈchān\

chair	[ˈtʃɛr]	\ˈcher\
chalk	[ˈtʃɔk]	\ˈchók\
challenge	[ˈtʃælɪndʒ]	\ˈchalinj\
champagne	[ʃæmˈpeɪn]	\shamˈpān\
champion	[ˈtʃæmpiən]	\ˈchampēən\
chance	[ˈtʃænts]	\ˈchan(t)s\
change	[ˈtʃeɪndʒ]	\ˈchānj\
channel	[ˈtʃænəl]	\ˈchanᵊl\
chaos	[ˈkeɪˌas]	\ˈkāˌäs\
chapel	[ˈtʃæpəl]	\ˈchapᵊl\
chapter	[ˈtʃæptər]	\ˈchaptər\
character	[ˈkærɪktər]	\ˈkariktər\
charge	[ˈtʃɑrdʒ]	\ˈchärj\
charity	[ˈtʃærəti]	\ˈcharətē\
charm	[ˈtʃɑrm]	\ˈchärm\
charter	[ˈtʃɑrtər]	\ˈchärtər\
chat	[ˈtʃæt]	\ˈchat\
cheap	[ˈtʃiːp]	\ˈchēp\
cheat	[ˈtʃiːt]	\ˈchēt\
check	[ˈtʃɛk]	\ˈchek\
checkers	[ˈtʃɛkərz]	\ˈchekərz\
checkup	[ˈtʃɛkˌʌp]	\ˈchekˌəp\
cheek	[ˈtʃiːk]	\ˈchēk\
cheer	[ˈtʃɪr]	\ˈchir\
cheese	[ˈtʃiːz]	\ˈchēz\
chef	[ˈʃɛf]	\ˈshef\
chemist	[ˈkɛmɪst]	\ˈkemist\
cherish	[ˈtʃɛrɪʃ]	\ˈcherish\
cherry	[ˈtʃɛri]	\ˈcherē\
chess	[ˈtʃɛs]	\ˈches\
chest	[ˈtʃɛst]	\ˈchest\
chestnut	[ˈtʃɛstˌnʌt]	\ˈches(t)ˌnət\
chew	[ˈtʃuː]	\ˈchü\
chic	[ˈʃiːk]	\ˈshēk\
chicken	[ˈtʃɪkən]	\ˈchikᵊn\
chief	[ˈtʃiːf]	\ˈchēf\
child	[ˈtʃaɪld]	\ˈchīld\
Chilean	[ˈtʃɪliən, tʃɪˈleɪən]	\ˈchilēən, chiˈlāən\
chill	[ˈtʃɪl]	\ˈchil\
chimney	[ˈtʃɪmni]	\ˈchimnē\
chin	[ˈtʃɪn]	\ˈchin\
Chinese	[ˈtʃaɪˈniːz, -ˈniːs]	\chīˈnēz, -ˈnēs\
chip	[ˈtʃɪp]	\ˈchip\
chocolate	[ˈtʃɑkələt, ˈtʃɔk-]	\ˈchäkələt, ˈchók-\
choice	[ˈtʃɔɪs]	\ˈchóis\
choir	[ˈkwaɪr]	\ˈkwīr\
choke	[ˈtʃoːk]	\ˈchōk\
choose	[ˈtʃuːz]	\ˈchüz\
chop	[ˈtʃɑp]	\ˈchäp\
chopsticks	[ˈtʃɑpˌstɪks]	\ˈchäpˌstiks\
chorus	[ˈkorəs]	\ˈkōrəs\
Christian	[ˈkrɪstʃən]	\ˈkrischᵊn\
Christmas	[ˈkrɪsməs]	\ˈkrisməs\
chronic	[ˈkrɑnɪk]	\ˈkränik\
chronology	[krəˈnɑlədʒi]	\krəˈnäləjē\
chubby	[ˈtʃʌbi]	\ˈchəbē\

chunk ['tʃʌŋk] \'chəŋk\
church ['tʃərtʃ] \'chərch\
chute ['ʃu:t] \'shüt\
cigarette [ˌsɪgə'rɛt, 'sɪgəˌrɛt] \ˌsigə'ret, 'sigəˌret\
cinema ['sɪnəmə] \'sinəmə\
cinnamon ['sɪnəmən] \'sinəmən\
cipher ['saɪfər] \'sīfər\
circle ['sərkəl] \'sərk°l\
circuit ['sərkət] \'sərkət\
circular ['sərkjələr] \'sərkyələr\
circulate ['sərkjəˌleɪt] \'sərkyəˌlāt\
circumference [sər'kʌmpfrənts] \sər'kəm(p)frən(t)s\
circumstance ['sərkəmˌstænts] \'sərk°mˌstan(t)s\
circus ['sərkəs] \'sərkəs\
cite ['saɪt] \'sīt\
citizen ['sɪtəzən] \'sitəz°n\
city ['sɪti] \'sitē\
civic ['sɪvɪk] \'sivik\
civil ['sɪvəl] \'siv°l\
claim ['kleɪm] \'klām\
clap ['klæp] \'klap\
clarify ['klærəˌfaɪ] \'klarəˌfī\
clarinet [ˌklærə'nɛt] \ˌklarə'net\
clash ['klæʃ] \'klash\
class ['klæs] \'klas\
classic ['klæsɪk] \'klasik\
classify ['klæsəˌfaɪ] \'klasəˌfī\
classmate ['klæsˌmeɪt] \'klasˌmāt\
classroom ['klæsˌru:m] \'klasˌrüm\
claw ['klɔ] \'klȯ\
clean ['kli:n] \'klēn\
clear ['klɪr] \'klir\
clef ['klɛf] \'klef\
clerk ['klərk, *British* 'klɑrk] \'klərk, *British* 'klärk\
clever ['klɛvər] \'klevər\
click ['klɪk] \'klik\
client ['klaɪənt] \'klīənt\
climate ['klaɪmət] \'klīmət\
climax ['klaɪˌmæks] \'klīˌmaks\
climb ['klaɪm] \'klīm\
clinic ['klɪnɪk] \'klinik\
clip ['klɪp] \'klip\
clock ['klɑk] \'kläk\
clockwork ['klɑkˌwərk] \'kläkˌwərk\
close ['klo:z; 'klo:s] \'klōz; 'klōs\
closet ['klɑzət] \'kläzət\
cloth ['klɔθ] \'klȯth\
clothe ['klo:ð] \'klōth\
cloud ['klaʊd] \'klau̇d\
clover ['klo:vər] \'klōvər\
clown ['klaʊn] \'klau̇n\
club ['klʌb] \'kləb\
clue ['klu:] \'klü\
clumsy ['klʌmzi] \'kləmzē\
clutch ['klʌtʃ] \'kləch\
coach ['ko:tʃ] \'kōch\

coal ['ko:l] \'kōl\
coast ['ko:st] \'kōst\
coastline ['ko:stˌlaɪn] \'kōstˌlīn\
coat ['ko:t] \'kōt\
cobweb ['kab,wɛb] \'käb,web\
cockroach ['kak,ro:tʃ] \'käk,rōch\
cocoa ['ko:,ko:] \'kō,kō\
coconut ['ko:kəˌnʌt] \'kōkə,nət\
cod ['kad] \'käd\
code ['ko:d] \'kōd\
coffee ['kɔfi] \'kȯfē\
coffin ['kɔfən] \'kȯf°n\
coil ['kɔɪl] \'kȯil\
coin ['kɔɪn] \'kȯin\
coincide [ˌko:ɪn'saɪd, 'ko:ɪnˌsaɪd] \ˌkōin'sīd, 'kōinˌsīd\
cold ['ko:ld] \'kōld\
coleslaw ['ko:lˌslɔ] \'kōlˌslȯ\
collapse [kə'læps] \kə'laps\
collar ['kalər] \'kälər\
collect [kə'lɛkt] \kə'lekt\
college ['kalɪdʒ] \'kälij\
Colombian [kə'lʌmbiən] \kə'ləmbēən\
colon ['ko:lən] \'kōlən\
column ['kaləm] \'käləm\
coma ['ko:mə] \'kōmə\
comb ['ko:m] \'kōm\
combat ['kam,bæt; kəm'bæt] \'käm,bat; kəm'bat\
combine [kəm'baɪn] \kəm'bīn\
come ['kʌm] \'kəm\
comedy ['kamədi] \'kämədē\
comet ['kamət] \'kämət\
comfortable ['kʌmpfərtəbəl, 'kʌmpftə-]
\'kəm(p)fərtəb°l, 'kəm(p)ftə-\
comic ['kamɪk] \'kämik\
command [kə'mænd] \kə'mand\
commemorate [kə'mɛmɔˌreɪt] \kə'memɔˌrāt\
comment ['kaˌmɛnt] \'käˌment\
commerce ['kamərs] \'kämərs\
commission [kə'mɪʃən] \kə'mish°n\
commit [kə'mɪt] \kə'mit\
committee [kə'mɪti] \kə'mitē\
common ['kamən] \'käm°n\
communicate [kə'mju:nəˌkeɪt] \kə'myünəˌkāt\
communion [kə'mju:njən] \kə'myünyən\
community [kə'mju:nəti] \kə'myünətē\
compact [kəm'pækt, 'kɑmˌpækt] \kəm'pakt, 'kämˌpakt\
company ['kʌmpəni] \'kəmpənē\
compare [kəm'pær] \kəm'par\
compass ['kʌmpəs, 'kam-] \'kəmpəs, 'käm-\
compassion [kəm'pæʃən] \kəm'pash°n\
compel [kəm'pɛl] \kəm'pel\
compensate ['kampənˌseɪt] \'kämp°nˌsāt\
compete [kəm'pi:t] \kəm'pēt\
complain [kəm'pleɪn] \kəm'plān\
complement ['kampləmənt; 'kampləˌmɛnt]
\'kämpləmənt; 'kämpləˌment\

complete	[kəm'pli:t]	\kəm'plēt\
complex	[kam'plɛks, 'kam,plɛks]	\käm'pleks; 'käm,pleks\
complexion	[kəm'plɛkʃən]	\kəm'pleksh³n\
complicate	['kamplə,keɪt]	\'kämplə,kāt\
compliment	['kampləmənt, -,mɛnt]	\'kämpləmənt, -,ment\
compose	[kəm'po:z]	\kəm'pōz\
compound	[kam'paʊnd, 'kam,paʊnd]	\käm'paund, 'käm,paund\
comprehend	[,kamprɪ'hɛnd]	\,kämpri'hend\
compromise	['kamprə,maɪz]	\'kämprə,mīz\
computer	[kəm'pju:tər]	\kəm'pyütər\
conceal	[kən'si:l]	\kən'sēl\
concede	[kən'si:d]	\kən'sēd\
concentrate	['kant sən,treɪt]	\'kän(t)s³n,trāt\
concept	['kan,sɛpt]	\'kän,sept\
concern	[kən'sərn]	\kən'sərn\
concert	['kan,sərt]	\'kän,sərt\
conclude	[kən'klu:d]	\kən'klüd\
concrete	[kan'kri:t, 'kan,kri:t]	\kän'krēt, 'kän,krēt\
condemn	[kən'dɛm]	\kən'dem\
condiment	['kandəmənt]	\'kändəmənt\
condition	[kən'dɪʃən]	\kən'dish³n\
conduct	['kan,dʌkt; kən'dʌkt]	\'kän,dəkt; kən'dəkt\
cone	['ko:n]	\'kōn\
conference	['kanfrənts, -fərənts]	\'känfr³n(t)s, -fər³n(t)s\
confess	[kən'fɛs]	\kən'fes\
confidence	['kanfədənts]	\'känfəd³n(t)s\
confirm	[kən'fərm]	\kən'fərm\
conflict	['kan,flɪkt; kən'flɪkt]	\'kän,flikt; kən'flikt\
confuse	[kən'fju:z]	\kən'fyüz\
congested	[kən'dʒɛstəd]	\kən'jestəd\
congratulate	[kən'grædʒə,leɪt, -'grætʃə-]	\kən'grajə,lāt, -'grachə-\
congress	['kaŋgrəs]	\'käŋgrəs\
conjunction	[kən'dʒʌŋkʃən]	\kən'jəŋksh³n\
connect	[kə'nɛkt]	\kə'nekt\
conscience	['kantʃənts]	\'känch³n(t)s\
conscious	['kantʃəs]	\'känchəs\
consequence	['kantsə,kwɛnt s, -kwənts]	\'kän(t)sə,kwen(t)s, -kwən(t)s\
conservative	[kən'sərvətiv]	\kən'sərvətēv\
consider	[kən'sɪdər]	\kən'sidər\
consist	[kən'sɪst]	\kən'sist\
console	[kən'so:l]	\kən'sōl\
constant	['kantstənt]	\'kän(t)st³nt\
constitute	['kantstə,tu:t, -,tju:t]	\'kän(t)stə,tüt, -,tyüt\
construct	[kən'strʌkt]	\kən'strəkt\
consult	[kən'sʌlt]	\kən'səlt\
consume	[kən'su:m]	\kən'süm\
contact	['kan,tækt, kən'-]	\'kän,takt, kən'-\
contain	[kən'teɪn]	\kən'tān\
contaminate	[kən'tæmə,neɪt]	\kən'tamə,nāt\
contemporary	[kən'tɛmpə,rɛri]	\kən'tempə,rerē\
content	['kan,tɛnt; kən'tɛnt]	\'kän,tent; kən'tent\
contest	[kən'tɛst; 'kan,tɛst]	\kən'test; 'kän,test\
context	['kan,tɛkst]	\'kän,tekst\
continent	['kantənənt]	\'känt³nənt\
continue	[kən'tɪnju:]	\kən'tinyü\
contract	['kan,trækt; kən'trækt]	\'kän,trakt; kən'trakt\
contradiction	[,kantrə'dɪkʃən]	\,käntrə'diksh³n\
contrary	['kan,trɛri]	\'kän,trerē\
contribute	[kən'trɪbjət]	\kən'tribyət\
control	[kən'tro:l]	\kən'trōl\
convene	[kən'vi:n]	\kən'vēn\
conversation	[,kanvər'seɪʃən]	\,känvər'sāsh³n\
convert	[kən'vərt]	\kən'vərt\
convex	[kan'vɛks, 'kan,-, kən'-]	\kän'veks, 'kän,-, kən'-\
conviction	[kən'vɪkʃən]	\kən'viksh³n\
convince	[kən'vɪnts]	\kən'vin(t)s\
convoke	[kən'vo:k]	\kən'vōk\
cook	['kʊk]	\'kùk\
cool	['ku:l]	\'kül\
cooperate	[ko'apə,reɪt]	\kō'äpə,rāt\
coordinate	[ko'ordən,eɪt]	\kō'órd³n,āt\
cope	['ko:p]	\'kōp\
copier	['kapiər]	\'käpēər\
copy	['kapi]	\'käpē\
cord	['kɔrd]	\'kórd\
cordial	['kɔrdʒəl]	\'kórj³l\
core	['kor]	\'kōr\
corn	['kɔrn]	\'kórn\
corner	['kɔrnər]	\'kórnər\
coronary	['kɔrə,nɛri]	\'kórə,nerē\
coronation	[,kɔrə'neɪʃən]	\,kórə'näsh³n\
corps	['kor]	\'kōr\
corpse	['kɔrps]	\'kórps\
correct	[kə'rɛkt]	\kə'rekt\
correspond	[,kɔrə'spand]	\,kórə'spänd\
corridor	['kɔrədər, -,dɔr]	\'kórədər, -,dór\
corruption	[kə'rʌpʃən]	\kə'rəpsh³n\
cosmetic	[kaz'mɛtɪk]	\käz'metik\
cosmos	['kazməs, -,mo:s, -,mas]	\'käzməs, -,mōs, -,mäs\
cost	['kɔst]	\'kóst\
Costa Rican	[,kɔstə'ri:kən]	\,kóstə'rēkən\
costume	['kas,tu:m, -,tju:m]	\'käs,tüm, -,tyüm\
cottage	['katɪdʒ]	\'kätij\
cotton	['katən]	\'kät³n\
couch	['kaʊtʃ]	\'kaùch\
cough	['kɔf]	\'kóf\
counsel	['kaʊntsəl]	\'kaùn(t)s³l\
count	['kaʊnt]	\'kaùnt\
counter	['kaʊntər]	\'kaùntər\
countless	['kaʊntləs]	\'kaùntləs\
country	['kʌntri]	\'kəntrē\
couple	['kʌpə l]	\'kəp³l\
courage	['kərɪdʒ]	\'kərij\
course	['kors]	\'kōrs\
court	['kort]	\'kōrt\
courtesy	['kərtəsi]	\'kərtəsē\
courtyard	['kort,jard]	\'kōrt,yärd\
cousin	['kʌzən]	\'kəz³n\

cover	[ˈkʌvər]	\ˈkəvər\
cow	[ˈkaʊ]	\ˈkau̇\
coward	[ˈkaʊərd]	\ˈkau̇ərd\
cowboy	[ˈkaʊˌbɔɪ]	\ˈkau̇ˌbȯi\
crab	[ˈkræb]	\ˈkrab\
crack	[ˈkræk]	\ˈkrak\
cracker	[ˈkrækər]	\ˈkrakər\
cradle	[ˈkreɪdəl]	\ˈkrādᵊl\
craft	[ˈkræft]	\ˈkraft\
cramp	[ˈkræmp]	\ˈkramp\
crane	[ˈkreɪn]	\ˈkrān\
crash	[ˈkræʃ]	\ˈkrash\
crawl	[ˈkrɔl]	\ˈkrȯl\
crayon	[ˈkreɪˌɑn, -ən]	\ˈkrāˌän, -ən\
crazy	[ˈkreɪzi]	\ˈkrāzē\
cream	[ˈkriːm]	\ˈkrēm\
create	[kriˈeɪt]	\krēˈāt\
creature	[ˈkriːtʃər]	\ˈkrēchər\
credit	[ˈkrɛdɪt]	\ˈkredit\
creek	[ˈkriːk, ˈkrɪk]	\ˈkrēk, ˈkrik\
creep	[ˈkriːp]	\ˈkrēp\
crew	[ˈkruː]	\ˈkrü\
crib	[ˈkrɪb]	\ˈkrib\
cricket	[ˈkrɪkət]	\ˈkrikət\
crime	[ˈkraɪm]	\ˈkrīm\
crinkle	[ˈkrɪŋkəl]	\ˈkriŋkᵊl\
cripple	[ˈkrɪpəl]	\ˈkripᵊl\
crisis	[ˈkraɪsɪs]	\ˈkrīsis\
crisp	[ˈkrɪsp]	\ˈkrisp\
criterion	[kraɪˈtɪriən]	\krīˈtirēən\
critic	[ˈkrɪtɪk]	\ˈkritik\
crocodile	[ˈkrɑkəˌdaɪl]	\ˈkräkəˌdīl\
crop	[ˈkrɑp]	\ˈkräp\
cross	[ˈkrɔs]	\ˈkrȯs\
crow	[ˈkroː]	\ˈkrō\
crowd	[ˈkraʊd]	\ˈkrau̇d\
crucial	[ˈkruːʃəl]	\ˈkrüshᵊl\
crucifix	[ˈkruːsəˌfɪks]	\ˈkrüsəˌfiks\
crude	[ˈkruːd]	\ˈkrüd\
cruel	[ˈkruːəl]	\ˈkrüəl\
cruise	[ˈkruːz]	\ˈkrüz\
crumb	[ˈkrʌm]	\ˈkrəm\
crumble	[ˈkrʌmbəl]	\ˈkrəmbᵊl\
crunch	[ˈkrʌntʃ]	\ˈkrənch\
crush	[ˈkrʌʃ]	\ˈkrəsh\
crutch	[ˈkrʌtʃ]	\ˈkrəch\
cry	[ˈkraɪ]	\ˈkrī\
crystal	[ˈkrɪstəl]	\ˈkristᵊl\
Cuban	[ˈkjuːbən]	\ˈkyübᵊn\
cube	[ˈkjuːb]	\ˈkyüb\
cucumber	[ˈkjuːˌkʌmbər]	\ˈkyüˌkəmbər\
cue	[ˈkjuː]	\ˈkyü\
cuff	[ˈkʌf]	\ˈkəf\
cultivate	[ˈkʌltəˌveɪt]	\ˈkəltəˌvāt\
culture	[ˈkʌltʃər]	\ˈkəlchər\
cup	[ˈkʌp]	\ˈkəp\

cupboard	[ˈkʌbərd]	\ˈkəbərd\
curb	[ˈkərb]	\ˈkərb\
cure	[ˈkjʊr]	\ˈkyu̇r\
curious	[ˈkjʊriəs]	\ˈkyu̇rēəs\
curl	[ˈkərl]	\ˈkərl\
currency	[ˈkərəntsi]	\ˈkərən(t)sē\
current	[ˈkərənt]	\ˈkərənt\
curriculum	[kəˈrɪkjələm]	\kəˈrikyələm\
curtain	[ˈkərtən]	\ˈkərtᵊn\
curve	[ˈkərv]	\ˈkərv\
cushion	[ˈkʊʃən]	\ˈku̇shᵊn\
custom	[ˈkʌstəm]	\ˈkəstᵊm\
cut	[ˈkʌt]	\ˈkət\
cute	[ˈkjuːt]	\ˈkyüt\
cutlery	[ˈkʌtləri]	\ˈkətlərē\
cutlet	[ˈkʌtlət]	\ˈkətlət\
cutting	[ˈkʌtɪŋ]	\ˈkətiŋ\
cycle	[ˈsaɪkəl]	\ˈsīkᵊl\
cynic	[ˈsɪnɪk]	\ˈsinik\
Czech	[ˈtʃɛk]	\ˈchek\
dad	[ˈdæd]	\ˈdad\
daily	[ˈdeɪli]	\ˈdālē\
daisy	[ˈdeɪzi]	\ˈdāzē\
damage	[ˈdæmɪdʒ]	\ˈdamij\
damn	[ˈdæm]	\ˈdam\
damp	[ˈdæmp]	\ˈdamp\
dance	[ˈdænts]	\ˈdan(t)s\
dandruff	[ˈdændrəf]	\ˈdandrəf\
danger	[ˈdeɪndʒər]	\ˈdānjər\
Danish	[ˈdeɪnɪʃ]	\ˈdānish\
daring	[ˈdærɪŋ]	\ˈdariŋ\
dark	[ˈdɑrk]	\ˈdärk\
dart	[ˈdɑrt]	\ˈdärt\
dash	[ˈdæʃ]	\ˈdash\
data	[ˈdeɪtə, ˈdæ-, ˈdɑ-]	\ˈdātə, ˈda-, ˈdä-\
date	[ˈdeɪt]	\ˈdāt\
daughter	[ˈdɔtər]	\ˈdȯtər\
dawn	[ˈdɔn]	\ˈdȯn\
day	[ˈdeɪ]	\ˈdā\
daze	[ˈdeɪz]	\ˈdāz\
dead	[ˈdɛd]	\ˈded\
deaf	[ˈdɛf]	\ˈdef\
deal	[ˈdiːl]	\ˈdēl\
death	[ˈdɛθ]	\ˈdeth\
debate	[diˈbeɪt]	\dēˈbāt\
debt	[ˈdɛt]	\ˈdet\
decade	[ˈdɛˌkeɪd, dɛˈkeɪd]	\ˈdeˌkād, deˈkād\
decal	[ˈdiːˌkæl, diˈkæl]	\ˈdēˌkal, dēˈkal\
deceive	[diˈsiːv]	\dēˈsēv\
December	[diˈsɛmbər]	\dēˈsembər\
decent	[ˈdiːsənt]	\ˈdēsᵊnt\
deception	[diˈsɛpʃən]	\dēˈsepshᵊn\
decide	[diˈsaɪd]	\dēˈsīd\
decimal	[ˈdɛsəməl]	\ˈdesəmᵊl\
decision	[dɪˈsɪʒən]	\diˈsizhᵊn\
deck	[ˈdɛk]	\ˈdek\

declare	[di'klær]	\dē'klar\
decorate	['dɛkə,reɪt]	\'dekə,rāt\
decrease	[di'kri:s; 'di:,kri:s]	\dē'krēs; 'dē,krēs\
decree	[di'kri:]	\dē'krē\
dedicate	['dɛdɪ,keɪt]	\'dedi,kāt\
deduce	[di'du:s]	\dē'düs\
deduct	[di'dʌkt]	\dē'dəkt\
deed	['di:d]	\'dēd\
deep	['di:p]	\'dēp\
deer	['dɪr]	\'dir\
defeat	[di'fi:t]	\dē'fēt\
defect	['di:,fɛkt; di'fɛkt]	\'dē,fekt; dē'fekt\
defend	[di'fɛnd]	\dē'fend\
defer	[di'fər]	\dē'fər\
defiance	[di'faɪənts]	\dē'fīən(t)s\
define	[di'faɪn]	\dē'fīn\
deflect	[di'flɛkt]	\dē'flekt\
defy	[di'faɪ]	\dē'fī\
degree	[di'gri:]	\dē'grē\
dehydrate	[di'haɪ,dreɪt]	\dē'hī,drāt\
delay	[di'leɪ]	\dē'lā\
delegate	['dɛlɪgət, -,geɪt]	\'deligət, -,gāt\
delicacy	['dɛlɪkəsi]	\'delikəsē\
delicatessen	[,dɛlɪkə'tɛsən]	\,delikə'tes°n\
delicious	[di'lɪʃəs]	\dē'lishəs\
delightful	[dɪ'laɪtfəl]	\di'lītf°l\
delinquent	[di'lɪŋkwənt]	\dē'liŋkwənt\
deliver	[di'lɪvər]	\dē'livər\
demise	[dɪ'maɪz]	\di'mīz\
democracy	[di'mɑkrəsi]	\dē'mäkrəsē\
demon	['di:mən]	\'dēm°n\
demonstrate	['dɛmən,streɪt]	\'demən,strāt\
denial	[di'naɪəl]	\dē'nīəl\
denounce	[di'naʊnts]	\dē'naún(t)s\
dentist	['dɛntɪst]	\'dentist\
deny	[di'naɪ]	\dē'nī\
deodorant	[di'o:dərənt]	\dē'ōdərənt\
department	[di'pɑrtmənt]	\dē'pärtmənt\
depend	[di'pɛnd]	\dē'pend\
deplete	[di'pli:t]	\dē'plēt\
deplorable	[di'plorəbəl]	\dē'plōrəb°l\
deposit	[di'pɑzət]	\dē'päzət\
depress	[di'prɛs]	\dē'pres\
deprive	[di'praɪv]	\dē'prīv\
depth	['dɛpθ]	\'depth\
deranged	[di'reɪndʒd]	\dē'rānjd\
descendant	[di'sɛndənt]	\dē'sendənt\
describe	[di'skraɪb]	\dē'skrīb\
deserve	[di'zərv]	\dē'zərv\
design	[di'zaɪn]	\dē'zīn\
designate	['dɛzɪg,neɪt]	\'dezig,nāt\
designer	[di'zaɪnər]	\dē'zīnər\
desire	[di'zaɪr]	\dē'zīr\
desk	['dɛsk]	\'desk\
despair	[di'spær]	\dē'spar\
desperation	[,dɛspə'reɪʃən]	\,despə'rāsh°n\

despondent	[di'spɑndənt]	\dē'spändənt\
dessert	[di'zərt]	\dē'zərt\
destination	[,dɛstə'neɪʃən]	\,destə'nāsh°n\
destroy	[di'strɔɪ]	\dē'strói\
detergent	[di'tərdʒənt]	\dē'tərj°nt\
deteriorate	[di'tɪriə,reɪt]	\dē'tirēə,rāt\
determine	[di'tərmən]	\dē'tərm°n\
detest	[di'tɛst]	\dē'test\
devalue	[di'væl,ju:]	\dē'val,yü\
develop	[di'vɛləp]	\dē'veləp\
device	[di'vaɪs]	\dē'vīs\
devil	['dɛvəl]	\'dev°l\
devise	[di'vaɪz]	\dē'vīz\
devoid	[di'vɔɪd]	\dē'vóid\
dexterity	[dɛk'stɛrəti]	\dek'sterətē\
diagnosis	[,daɪɡ'no:sɪs]	\,dīig'nōsis\
diagonal	[daɪ'æɡənəl]	\dī'agən°l\
diagram	['daɪə,græm]	\'dīə,gram\
dial	['daɪl]	\'dīl\
dialect	['daɪə,lɛkt]	\'dīə,lekt\
dialogue	['daɪə,lɔg]	\'dīə,lóg\
diamond	['daɪmənd, 'daɪə-]	\'dīmənd, 'dīə-\
diaper	['daɪpər, 'daɪə-]	\'dīpər, 'dīə-\
diaphragm	['daɪə,fræm]	\'dīə,fram\
diary	['daɪəri]	\'dīərē\
dice	['daɪs]	\'dīs\
dictate	['dɪk,teɪt, dɪk'teɪt]	\'dik,tāt, dik'tāt\
dictionary	['dɪkʃə,nɛri]	\'dikshə,nerē\
die	['daɪ]	\'dī\
differ	['dɪfər]	\'difər\
difficult	['dɪfɪ,kʌlt]	\'difi,kəlt\
dig	['dɪg]	\'dig\
digest	['daɪ,dʒɛst; daɪ'dʒɛst]	\'dī,jest; dī'jest\
digit	['dɪdʒət]	\'dijət\
digress	[daɪ'grɛs, də-]	\dī'gres, də-\
dilate	[daɪ'leɪt, 'daɪ,leɪt]	\dī'lāt, 'dī,lāt\
dilemma	[dɪ'lɛmə]	\di'lemə\
dimension	[də'mɛntʃən, daɪ-]	\də'mench°n, dī-\
dinner	['dɪnər]	\'dinər\
dint	['dɪnt]	\'dint\
diploma	[də'plo:mə]	\də'plōmə\
diplomacy	[də'plo:məsi]	\də'plōməsē\
direct	[də'rɛkt, daɪ-]	\də'rekt, dī-\
dirty	['dərti]	\'dərtē\
disability	[,dɪsə'bɪləti]	\,disə'bilətē\
disadvantage	[,dɪsəd'væntɪdʒ]	\,disəd'vantij\
disagreeable	[,dɪsə'gri:əbəl]	\,disə'grēəb°l\
disappear	[,dɪsə'pɪr]	\,disə'pir\
disaster	[dɪ'zæstər]	\di'zastər\
discharge	[dɪs'tʃɑrdʒ, 'dɪs,-]	\dis'chärj, 'dis,-\
disciple	[dɪ'saɪpəl]	\di'sīp°l\
discipline	['dɪsəplən]	\'disəplən\
disclose	[dɪs'klo:z]	\dis'klōz\
discomfort	[dɪs'kʌmfərt]	\dis'kəmfərt\
disconnect	[,dɪskə'nɛkt]	\,diskə'nekt\
discount	['dɪs,kaʊnt, dɪs'-]	\'dis,kaúnt, dis'-\

ENGLISH WORD	IPA	M-W	ENGLISH WORD	IPA	M-W
discourage	[dɪsˈkərɪdʒ]	\dis'kərij\	dogma	[ˈdɔgmə]	\ˈdȯgmə\
discover	[dɪsˈkʌvər]	\dis'kəvər\	doll	[ˈdɑl, ˈdɔl]	\ˈdäl, ˈdȯl\
discreet	[dɪsˈkriːt]	\dis'krēt\	dollar	[ˈdɑlər]	\ˈdälər\
discretion	[dɪsˈkrɛʃən]	\dis'kreshˀn\	dolphin	[ˈdɑlfən, ˈdɔl-]	\ˈdälfən, ˈdȯl-\
discriminate	[dɪsˈkrɪməˌneɪt]	\dis'krimə‚nāt\	domain	[doˈmeɪn, də-]	\dō'mān, də-\
discuss	[dɪsˈkʌs]	\dis'kəs\	domination	[ˌdɑməˈneɪʃən]	\ˌdämə'nāshˀn\
disease	[dɪˈziːz]	\di'zēz\	donate	[ˈdoːˌneɪt, doː'-]	\ˈdō‚nāt, dō'-\
disgust	[dɪˈskʌst]	\di'skəst\	done	[ˈdʌn]	\ˈdən\
dish	[ˈdɪʃ]	\ˈdish\	donkey	[ˈdɑŋki, ˈdʌŋ-]	\ˈdäŋkē, ˈdəŋ-\
dishonest	[dɪˈsɑnəst]	\di'sänəst\	donor	[ˈdoːnər]	\ˈdōnər\
dishwasher	[ˈdɪʃˌwɔʃər]	\ˈdish‚wȯshər\	door	[ˈdor]	\ˈdor\
disillusion	[ˌdɪsəˈluːʒən]	\ˌdisə'lüzhˀn\	dormitory	[ˈdɔrməˌtori]	\ˈdȯrmə‚tōrē\
dislike	[dɪsˈlaɪk]	\dis'līk\	dose	[ˈdoːs]	\ˈdōs\
disloyal	[dɪsˈlɔɪəl]	\dis'lȯiəl\	dot	[ˈdɑt]	\ˈdät\
dismiss	[dɪsˈmɪs]	\dis'mis\	double	[ˈdʌbəl]	\ˈdəbˀl\
disorder	[dɪsˈordər]	\dis'ȯrdər\	doubt	[ˈdaʊt]	\ˈdau̇t\
disorganize	[dɪsˈorgəˌnaɪz]	\dis'ȯrgə‚nīz\	dough	[ˈdoː]	\ˈdō\
dispel	[dɪsˈpɛl]	\dis'pel\	dove	[ˈdoːv]	\ˈdōv\
dispense	[dɪsˈpɛnts]	\dis'pen(t)s\	dove	[ˈdʌv]	\ˈdəv\
disperse	[dɪsˈpərs]	\dis'pərs\	down	[ˈdaʊn]	\ˈdau̇n\
displace	[dɪsˈpleɪs]	\dis'plās\	dozen	[ˈdʌzən]	\ˈdəzˀn\
display	[dɪsˈpleɪ]	\dis'plā\	draft	[ˈdræft, ˈdraft]	\ˈdraft, ˈdräft\
displease	[dɪsˈpliːz]	\dis'plēz\	drag	[ˈdræg]	\ˈdrag\
disposal	[dɪsˈpoːzəl]	\dis'pōzˀl\	drain	[ˈdreɪn]	\ˈdrān\
dispute	[dɪsˈpjuːt]	\dis'pyüt\	drama	[ˈdrɑmə, ˈdræ-]	\ˈdrämə, ˈdra-\
disqualification	[dɪsˌkwɑləfəˈkeɪʃən]	\dis‚kwäləfə'kāshˀn\	drastic	[ˈdræstɪk]	\ˈdrastik\
disrespectful	[ˌdɪsrɪˈspɛktfəl]	\ˌdisri'spektfˀl\	draw	[ˈdrɔ]	\ˈdrȯ\
disruption	[dɪsˈrʌpʃən]	\dis'rəpshˀn\	dread	[ˈdrɛd]	\ˈdred\
dissolve	[dɪˈzɑlv]	\di'zälv\	dream	[ˈdriːm]	\ˈdrēm\
distance	[ˈdɪstənts]	\ˈdistən(t)s\	dress	[ˈdrɛs]	\ˈdres\
distinct	[dɪˈstɪŋkt]	\di'stiŋkt\	drill	[ˈdrɪl]	\ˈdril\
distinguish	[dɪsˈtɪŋgwɪʃ]	\dis'tiŋgwish\	drink	[ˈdrɪŋk]	\ˈdriŋk\
distract	[dɪˈstrækt]	\di'strakt\	drive	[ˈdraɪv]	\ˈdrīv\
distress	[dɪˈstrɛs]	\di'stres\	driver	[ˈdraɪvər]	\ˈdrīvər\
distribute	[dɪˈstrɪˌbjuːt, -bjʊt]	\di'stri‚byüt, -byu̇t\	drizzle	[ˈdrɪzəl]	\ˈdrizˀl\
district	[ˈdɪsˌtrɪkt]	\ˈdis‚trikt\	drool	[ˈdruːl]	\ˈdrül\
distrust	[dɪsˈtrʌst]	\dis'trəst\	drop	[ˈdrɑp]	\ˈdräp\
disturbance	[dɪˈstərbənts]	\di'stərbən(t)s\	drown	[ˈdraʊn]	\ˈdrau̇n\
disuse	[dɪsˈjuːs]	\dis'yüs\	drugstore	[ˈdrʌgˌstor]	\ˈdrəg‚stōr\
ditto	[ˈdɪtoː]	\ˈditō\	drum	[ˈdrʌm]	\ˈdrəm\
diverse	[daɪˈvərs, də-, ˈdaɪˌvərs]	\dī'vərs, də-, ˈdī‚vərs\	drunk	[ˈdrʌŋk]	\ˈdrəŋk\
diversity	[daɪˈvərsəti, də-]	\dī'vərsətē, də-\	dry	[ˈdraɪ]	\ˈdrī\
divert	[dəˈvərt, daɪ-]	\də'vərt, dī-\	duck	[ˈdʌk]	\ˈdək\
divide	[dəˈvaɪd]	\də'vīd\	due	[ˈduː, ˈdjuː]	\ˈdü, ˈdyü\
dividend	[ˈdɪvəˌdɛnd, -dənd]	\ˈdivə‚dend, -dənd\	duel	[ˈduːəl, ˈdjuː-]	\ˈdüəl, ˈdyü-\
division	[dɪˈvɪʒən]	\di'vizhˀn\	dull	[ˈdʌl]	\ˈdəl\
divorce	[dəˈvors]	\də'vōrs\	duplicate	[ˈduːplɪˌkeɪt]	\ˈdüpli‚kāt\
divulge	[dəˈvʌldʒ, daɪ-]	\də'vəlj, dī-\	durable	[ˈdʊrəbəl, ˈdjʊr-]	\ˈdu̇rəbəl, ˈdyu̇r-\
dizzy	[ˈdɪzi]	\ˈdizē\	duration	[dʊˈreɪʃən, djʊ-]	\du̇'rāshˀn, dyu̇-\
DNA	[ˌdiːˌɛnˈeɪ]	\ˌdē‚en'ā\	during	[ˈdʊrɪŋ, ˈdjʊr-]	\ˈdu̇riŋ, ˈdyu̇r-\
do	[ˈduː]	\ˈdü\	dusk	[ˈdʌsk]	\ˈdəsk\
doctor	[ˈdɑktər]	\ˈdäktər\	dust	[ˈdʌst]	\ˈdəst\
doctrine	[ˈdɑktrɪn]	\ˈdäktrin\	Dutch	[ˈdʌtʃ]	\ˈdəch\
document	[ˈdɑkjʊmənt, -ˌmɛnt]	\ˈdäkyu̇mənt, -‚ment\	dwarf	[ˈdwɔrf]	\ˈdwȯrf\
dodge	[ˈdɑdʒ]	\ˈdäj\	dynamic	[daɪˈnæmɪk]	\dī'namik\
dog	[ˈdɔg, ˈdɑg]	\ˈdȯg, ˈdäg\	each	[ˈiːtʃ]	\ˈēch\

ENGLISH WORD	IPA	M-W	ENGLISH WORD	IPA	M-W
eager	[ˈiːgər]	\ˈēgər\	emotion	[iˈmoːʃən]	\ēˈmōshən\
eagle	[ˈiːgəl]	\ˈēgᵊl\	emphasis	[ˈɛmfəsɪs]	\ˈemfəsis\
ear	[ˈɪr]	\ˈir\	employ	[ɪmˈplɔɪ, ɛm-]	\imˈplói, em-\
early	[ˈərli]	\ˈərlē\	empty	[ˈɛmpti]	\ˈemptē\
earn	[ˈərn]	\ˈərn\	enable	[ɪˈneɪbəl, ɛ-]	\iˈnābᵊl, e-\
earnings	[ˈərnɪŋz]	\ˈərninz\	enclose	[ɪnˈkloːz, ɛn-]	\inˈklōz, en-\
earphone	[ˈɪrˌfoːn]	\ˈirˌfōn\	encourage	[ɪnˈkərɪdʒ, ɛn-]	\inˈkərij, en-\
earring	[ˈɪrˌrɪŋ]	\ˈirˌrin\	encyclopedia	[ɪnˌsaɪkləˈpiːdiə, ɛn-]	\inˌsīkləˈpēdēə, en-\
earth	[ˈərθ]	\ˈərth\	end	[ˈɛnd]	\ˈend\
ease	[ˈiːz]	\ˈēz\	ending	[ˈɛndɪŋ]	\ˈendin\
easily	[ˈiːzə li]	\ˈēzəlē\	endless	[ˈɛndləs]	\ˈendləs\
east	[ˈiːst]	\ˈēst\	endure	[ɪnˈdʊr, ɛn-, -ˈdjʊr]	\inˈdur, en-, -ˈdyúr\
easy	[ˈiːzi]	\ˈēzē\	enemy	[ˈɛnəmi]	\ˈenəmē\
eat	[ˈiːt]	\ˈēt\	energy	[ˈɛnərdʒi]	\ˈenərjē\
echo	[ˈɛˌkoː]	\ˈeˌkō\	engage	[ɪnˈgeɪdʒ, ɛn-]	\inˈgāj, en-\
eclipse	[ɪˈklɪps]	\iˈklips\	engine	[ˈɛndʒən]	\ˈenjᵊn\
ecology	[iˈkalədʒi, ɛ-]	\ēˈkäləjē, e-\	English	[ˈɪŋglɪʃ, ˈɪŋlɪʃ]	\ˈinglish, ˈinlish\
economy	[iˈkanə mi]	\ēˈkänəmē\	enhance	[ɪnˈhænts, ɛn-]	\inˈhan(t)s, en-\
Ecuadoran	[ˌɛkwəˈdorən]	\ˌekwəˈdōrən\	enjoy	[ɪnˈdʒɔɪ, ɛn-]	\inˈjói, en-\
edge	[ˈɛdʒ]	\ˈej\	enlarge	[ɪnˈlardʒ, ɛn-]	\inˈlärj, en-\
edit	[ˈɛdɪt]	\ˈedit\	enlist	[ɪnˈlɪst, ɛn-]	\inˈlist, en-\
educate	[ˈɛdʒəˌkeɪt]	\ˈejəˌkāt\	enormous	[ɪˈnɔrməs]	\iˈnórməs\
effect	[ɪˈfɛkt]	\iˈfekt\	enough	[ɪˈnʌf]	\iˈnəf\
efficient	[ɪˈfɪʃənt]	\iˈfishᵊnt\	enrage	[ɪnˈreɪdʒ, ɛn-]	\inˈrāj, en-\
effort	[ˈɛfərt]	\ˈefərt\	enrich	[ɪnˈrɪtʃ, ɛn-]	\inˈrich, en-\
egg	[ˈɛg]	\ˈeg\	ensure	[ɪnˈʃʊr, ɛn-]	\inˈshúr, en-\
eight	[ˈeɪt]	\ˈāt\	entail	[ɪnˈteɪl, ɛn-]	\inˈtāl, en-\
eighteen	[eitˈtiːn]	\ātˈtēn\	entangle	[ɪnˈtæŋgəl, ɛn-]	\inˈtangᵊl, en-\
eighth	[ˈeɪtθ]	\ˈātth\	enter	[ˈɛntər]	\ˈentər\
eighty	[ˈeɪti]	\ˈātē\	enterprise	[ˈɛntərˌpraɪz]	\ˈentərˌprīz\
either	[ˈiːðər, ˈaɪ-]	\ˈēthər, ˈī-\	entertain	[ˌɛntərˈteɪn]	\ˌentərˈtān\
eject	[iˈdʒɛkt]	\ēˈjekt\	enthusiasm	[ɪnˈθuːziˌæzəm]	\inˈthüzēˌazᵊm\
elaborate	[iˈlæbərət; iˈlæbəˌreɪt]	\ēˈlabərət; ēˈlabəˌrāt\	entire	[ɪnˈtaɪr, ɛn-]	\inˈtīr, en-\
elastic	[iˈlæstɪk]	\ēˈlastik\	entitle	[ɪnˈtaɪtəl, ɛn-]	\inˈtītᵊl, en-\
elbow	[ˈɛlˌboː]	\ˈelˌbō\	entity	[ˈɛntəti]	\ˈentətē\
elder	[ˈɛldər]	\ˈeldər\	entrance	[ɪnˈtrænts; ˈɛntrənts]	\inˈtran(t)s; ˈentrᵊn(t)s\
elect	[iˈlɛkt]	\ēˈlekt\	entrust	[ɪnˈtrʌst, ɛn-]	\inˈtrəst, en-\
electricity	[iˌlɛkˈtrɪsəti]	\ēˌlekˈtrisətē\	entry	[ˈɛntri]	\ˈentrē\
electronic	[iˌlɛkˈtranɪk]	\ēˌlekˈtränik\	envelop	[ɪnˈvɛləp, ɛn-]	\inˈveləp, en-\
elegant	[ˈɛlɪgə nt]	\ˈeligᵊnt\	envious	[ˈɛnviəs]	\ˈenvēəs\
element	[ˈɛləmənt]	\ˈeləmənt\	environment	[ɪnˈvaɪrənmənt]	\inˈvīrənmənt-\
elephant	[ˈɛləfənt]	\ˈeləfᵊnt\	envy	[ˈɛnvi]	\ˈenvē\
elevate	[ˈɛləˌveɪt]	\ˈeləˌvāt\	enzyme	[ˈɛnˌzaɪm]	\ˈenˌzīm\
eleven	[ɪˈlɛvən]	\iˈlevᵊn\	epidemic	[ˌɛpəˈdɛmɪk]	\ˌepəˈdemik\
eliminate	[ɪˈlɪməˌneɪt]	\iˈliməˌnāt\	episode	[ˈɛpəˌsoːd]	\ˈepəˌsōd\
elliptical	[ɪˈlɪptɪkəl, ɛ-]	\iˈliptikᵊl, e-\	epoch	[ˈɛpək, ˈɛˌpak, ˈiːˌpak]	\ˈepək, ˈeˌpäk, ˈēˌpäk\
elm	[ˈɛlm]	\ˈelm\	equal	[ˈiːkwəl]	\ˈēkwəl\
else	[ˈɛls]	\ˈels\	equation	[ɪˈkweɪʒən]	\iˈkwāzhᵊn\
embark	[ɪmˈbark, ɛm-]	\imˈbärk, em-\	equator	[ɪˈkweɪtər]	\iˈkwātər\
embarrass	[ɪmˈbærəs, ɛm-]	\imˈbarəs, em-\	equipment	[ɪˈkwɪpmənt]	\iˈkwipmənt\
embrace	[ɪmˈbreɪs, ɛm-]	\imˈbrās, em-\	equivalent	[ɪˈkwɪvələnt]	\iˈkwivᵊlənt\
embryo	[ˈɛmbriˌoː]	\ˈembrēˌō\	era	[ˈɪrə, ˈɛrə, ˈiːrə]	\ˈirə, ˈerə, ˈērə\
emerald	[ˈɛmrəld, ˈɛmə-]	\ˈemrəld, ˈemə-\	erase	[ɪˈreɪs]	\iˈrās\
emerge	[iˈmərdʒ]	\ēˈmərj\	errand	[ˈɛrənd]	\ˈerənd\
emergency	[iˈmərdʒəntsi]	\ēˈmərjᵊn(t)sē\	error	[ˈɛrər]	\ˈerər\
emigrant	[ˈɛmɪgrənt]	\ˈemigrᵊnt\	eruption	[ɪˈrʌpʃən]	\iˈrəpshᵊn\

ENGLISH WORD	IPA	M-W
escalator	[ˈɛskəˌleɪtər]	\ˈeskəˌlātər\
escape	[ɪˈskeɪp, ɛ-]	\iˈskāp, e-\
Eskimo	[ˈɛskəˌmoː]	\ˈeskəˌmō\
especially	[ɪˈspɛʃəli]	\iˈspesh⁽ə⁾lē\
espresso	[ɛˈsprɛˌsoː]	\eˈspreˌsō\
essay	[ˈɛˌseɪ]	\ˈeˌsā\
essence	[ˈɛsənts]	\ˈesᵊn(t)s\
establish	[ɪˈstæblɪʃ, ɛ-]	\iˈstablish, e-\
estimate	[ˈɛstəˌmeɪt, -mət]	\ˈestəˌmāt, -mət\
eternal	[ɪˈtərnəl, iː-]	\iˈtərn⁽ə⁾l, ē-\
ethics	[ˈɛθɪks]	\ˈethiks\
ethnic	[ˈɛθnɪk]	\ˈethnik\
European	[ˌjuːrəˈpiːən, -piːn]	\ˌyürəˈpēən, -pēn\
evaluate	[ɪˈvæljuˌeɪt]	\iˈvalyüˌāt\
eve	[ˈiːv]	\ˈēv\
even	[ˈiːvən]	\ˈēv⁽ə⁾n\
evening	[ˈiːvnɪŋ]	\ˈēvniŋ\
event	[ɪˈvɛnt]	\iˈvent\
ever	[ˈɛvər]	\ˈevər\
every	[ˈɛvri]	\ˈevrē\
evidence	[ˈɛvədənts]	\ˈevədən(t)s\
evil	[ˈiːvəl, -vɪl]	\ˈēv⁽ə⁾l, -vil\
evolution	[ˌɛvəˈluːʃən, ˌiː-]	\ˌevəˈlüshᵊn, ˌē-\
exact	[ɪgˈzækt, ɛg-]	\igˈzakt, eg-\
exaggerate	[ɪgˈzædʒəˌreɪt, ɛg-]	\igˈzajəˌrāt, eg-\
examine	[ɪgˈzæmən, ɛg-]	\igˈzamᵊn, eg-\
example	[ɪgˈzæmpəl, ɛg-]	\igˈzampᵊl, eg-\
excellent	[ˈɛksələnt]	\ˈeksᵊlənt\
except	[ɪkˈsɛpt]	\ikˈsept\
excess	[ɪkˈsɛs, ˈɛkˌsɛs]	\ikˈses, ˈekˌses\
exchange	[ɪksˈtʃeɪndʒ, ɛks-; ˈɛksˌtʃeɪndʒ]	\iksˈchānj, eks-; ˈeksˌchānj\
excite	[ɪkˈsaɪt, ɛk-]	\ikˈsīt, ek-\
exclaim	[ɪksˈkleɪm, ɛk-]	\iksˈklām, ek-\
excluding	[ɪksˈkluːdɪŋ, ɛks-]	\iksˈklüdiŋ, eks-\
excuse	[ɪkˈskjuːz, ɛk-; ɪkˈskjuːs]	\ikˈskyüz, ek-; ikˈskyüs\
execute	[ˈɛksɪˌkjuːt]	\ˈeksiˌkyüt\
executive	[ɪgˈzɛkjətɪv, ɛg-]	\igˈzekyətiv, eg-\
exercise	[ˈɛksərˌsaɪz]	\ˈeksərˌsīz\
exhaust	[ɪgˈzɔst, ɛg-]	\igˈzȯst, eg-\
exhibit	[ɪgˈzɪbət, ɛg-]	\igˈzibət, eg-\
exist	[ɪgˈzɪst, ɛg-]	\igˈzist, eg-\
exit	[ˈɛgzət, ˈɛksət]	\ˈegzət, ˈeksət\
expect	[ɪkˈspɛkt, ɛk-]	\ikˈspekt, ek-\
expedition	[ˌɛkspəˈdɪʃən]	\ˌekspəˈdishᵊn\
expend	[ɪkˈspɛnd, ɛk-]	\ikˈspend, ek-\
experience	[ɪkˈspɪriənts, ɛk-]	\ikˈspirēən(t)s, ek-\
expert	[ˈɛkˌspərt, ɪkˈspərt]	\ˈekˌspərt, ikˈspərt\
expire	[ɪkˈspaɪr, ɛk-]	\ikˈspīr, ek-\
explain	[ɪkˈspleɪn, ɛk-]	\ikˈsplān, ek-\
export	[ɛkˈsport, ˈɛkˌsport]	\ekˈspōrt, ˈekˌspōrt\
expose	[ɪkˈspoːz, ɛk-]	\ikˈspōz, ek-\
express	[ɪkˈsprɛs, ɛk-]	\ikˈspres, ek-\
extend	[ɪkˈstɛnd, ɛk-]	\ikˈstend, ek-\
exterior	[ɛkˈstɪriər]	\ekˈstirēər\
external	[ɪkˈstərnəl, ɛk-]	\ikˈstərn⁽ə⁾l, ek-\
extra	[ˈɛkstrə]	\ˈekstrə\
extraordinary	[ɪkˈstrɔrdənˌɛri, ˌɛkstrəˈɔrd-]	\ikˈstrȯrdᵊnˌerē, ˌekstrəˈȯrd-\
extreme	[ɪkˈstriːm, ɛk-]	\ikˈstrēm, ek-\
extrovert	[ˈɛkstrəˌvərt]	\ˈekstrəˌvərt\
eye	[ˈaɪ]	\ˈī\
fable	[ˈfeɪbəl]	\ˈfāb⁽ə⁾l\
fabric	[ˈfæbrɪk]	\ˈfabrik\
fabulous	[ˈfæbjələs]	\ˈfabyələs\
facade	[fəˈsɑd]	\fəˈsäd\
face	[ˈfeɪs]	\ˈfās\
facial	[ˈfeɪʃəl]	\ˈfāsh⁽ə⁾l\
facetious	[fəˈsiːʃəs]	\fəˈsēshəs\
facility	[fəˈsɪləti]	\fəˈsilətē\
facsimile	[fækˈsɪməli]	\fakˈsiməlē\
fact	[ˈfækt]	\ˈfakt\
faction	[ˈfækʃən]	\ˈfakshᵊn\
factor	[ˈfæktər]	\ˈfaktər\
factory	[ˈfæktəri]	\ˈfaktərē\
faculty	[ˈfækəlti]	\ˈfakᵊltē\
fad	[ˈfæd]	\ˈfad\
fail	[ˈfeɪl]	\ˈfāl\
faint	[ˈfeɪnt]	\ˈfānt\
fair	[ˈfær]	\ˈfar\
fairy	[ˈfæri]	\ˈfarē\
faith	[ˈfeɪθ]	\ˈfāth\
fall	[ˈfɔl]	\ˈfȯl\
false	[ˈfɔls]	\ˈfȯls\
fame	[ˈfeɪm]	\ˈfām\
familiar	[fəˈmɪljər]	\fəˈmilyər\
family	[ˈfæmli, ˈfæmə-]	\ˈfamlē, ˈfamə-\
famous	[ˈfeɪməs]	\ˈfāməs\
fan	[ˈfæn]	\ˈfan\
fantasy	[ˈfæntəsi]	\ˈfantəsē\
far	[ˈfɑr]	\ˈfär\
farewell	[færˈwɛl]	\farˈwel\
farm	[ˈfɑrm]	\ˈfärm\
fascinate	[ˈfæsənˌeɪt]	\ˈfasᵊnˌāt\
fashion	[ˈfæʃən]	\ˈfashᵊn\
fast	[ˈfæst]	\ˈfast\
fasten	[ˈfæsən]	\ˈfasᵊn\
fat	[ˈfæt]	\ˈfat\
fatal	[ˈfeɪtəl]	\ˈfāt⁽ə⁾l\
fate	[ˈfeɪt]	\ˈfāt\
father	[ˈfɑðər]	\ˈfäthər\
fatigue	[fəˈtiːg]	\fəˈtēg\
fatten	[ˈfætən]	\ˈfatᵊn\
faucet	[ˈfɔsət]	\ˈfȯsət\
fault	[ˈfɔlt]	\ˈfȯlt\
fauna	[ˈfɔnə]	\ˈfȯnə\
fear	[ˈfɪr]	\ˈfir\
feasible	[ˈfiːzəbəl]	\ˈfēzəb⁽ə⁾l\
feast	[ˈfiːst]	\ˈfēst\
feat	[ˈfiːt]	\ˈfēt\
feather	[ˈfɛðər]	\ˈfethər\

ENGLISH WORD	IPA	M-W	ENGLISH WORD	IPA	M-W
feature	[ˈfiːtʃər]	\ˈfēchər\	flier	[ˈflaɪər]	\ˈflīər\
February	[ˈfɛbjʊˌɛri, ˈfɛbrʊ-]	\ˈfebyu̇ˌerē, ˈfebru̇-\	flight	[ˈflaɪt]	\ˈflīt\
fee	[ˈfiː]	\ˈfē\	flipper	[ˈflɪpər]	\ˈflipər\
feeble	[ˈfiːbəl]	\ˈfēbᵊl\	float	[ˈfloːt]	\ˈflōt\
feed	[ˈfiːd]	\ˈfēd\	flock	[ˈflɑk]	\ˈfläk\
feel	[ˈfiːl]	\ˈfēl\	flood	[ˈflʌd]	\ˈfləd\
female	[ˈfiːˌmeɪl]	\ˈfēˌmāl\	floor	[ˈflor]	\ˈflōr\
feminine	[ˈfɛmənən]	\ˈfemənən\	flour	[ˈflaʊər]	\ˈflau̇ər\
fence	[ˈfɛnts]	\ˈfen(t)s\	flourish	[ˈflərɪʃ]	\ˈflərish\
fender	[ˈfɛndər]	\ˈfendər\	flow	[ˈfloː]	\ˈflō\
ferment	[fərˈmɛnt]	\fərˈment\	flower	[ˈflaʊər]	\ˈflau̇ər\
fertility	[fərˈtɪləti]	\fərˈtilətē\	flu	[ˈfluː]	\ˈflü\
festive	[ˈfɛstɪv]	\ˈfestiv\	fluctuate	[ˈflʌktʃʊˌeɪt]	\ˈfləkchu̇ˌāt\
fever	[ˈfiːvər]	\ˈfēvər\	fluency	[ˈfluːəntsi]	\ˈflüən(t)sē\
few	[ˈfjuː]	\ˈfyü\	fluid	[ˈfluːɪd]	\ˈflüid\
fiction	[ˈfɪkʃən]	\ˈfikshᵊn\	flush	[ˈflʌʃ]	\ˈfləsh\
fidelity	[fəˈdɛləti, faɪ-]	\fəˈdelətē, fī-\	flute	[ˈfluːt]	\ˈflüt\
fleld	[ˈfiːld]	\ˈfēld\	fly	[ˈflaɪ]	\ˈflī\
fifteen	[fɪfˈtiːn]	\fifˈtēn\	foamy	[ˈfoːmi]	\ˈfōmē\
fifth	[ˈfɪfθ]	\ˈfifth\	focus	[ˈfoːkəs]	\ˈfōkəs\
fifty	[ˈfɪfti]	\ˈfiftē\	fog	[ˈfɔg, ˈfɑg]	\ˈfȯg, ˈfäg\
fight	[ˈfaɪt]	\ˈfīt\	fold	[ˈfoːld]	\ˈfōld\
figure	[ˈfɪgjər, -gər]	\ˈfigyər, -gər\	folklore	[ˈfoːkˌlor]	\ˈfōkˌlōr\
file	[ˈfaɪl]	\ˈfīl\	follow	[ˈfalo]	\ˈfälō\
fill	[ˈfɪl]	\ˈfil\	fondness	[ˈfandnəs]	\ˈfändnəs\
film	[ˈfɪlm]	\ˈfilm\	food	[ˈfuːd]	\ˈfüd\
filter	[ˈfɪltər]	\ˈfiltər\	fool	[ˈfuːl]	\ˈfül\
fin	[ˈfɪn]	\ˈfin\	foot	[ˈfʊt]	\ˈfu̇t\
final	[ˈfaɪnəl]	\ˈfīnᵊl\	for	[ˈfɔr]	\ˈfȯr\
finance	[fəˈnænts, ˈfaɪˌnænts]	\fəˈnan(t)s, ˈfīˌnan(t)s\	forbid	[fərˈbɪd]	\fərˈbid\
find	[ˈfaɪnd]	\ˈfīnd\	force	[ˈfors]	\ˈfōrs\
fine	[ˈfaɪn]	\ˈfīn\	forearm	[ˈforˌɑrm]	\ˈfōrˌärm\
finger	[ˈfɪŋgər]	\ˈfiŋgər\	forecast	[ˈforˌkæst]	\ˈfōrˌkast\
finish	[ˈfɪnɪʃ]	\ˈfinish\	forefinger	[ˈforˌfɪŋgər]	\ˈfōrˌfiŋgər\
finite	[ˈfaɪˌnaɪt]	\ˈfīˌnīt\	forefront	[ˈforˌfrʌnt]	\ˈfōrˌfrənt\
fire	[ˈfaɪr]	\ˈfīr\	forehead	[ˈforəd, ˈforˌhɛd]	\ˈfȯrəd, ˈfōrˌhed\
firm	[ˈfərm]	\ˈfərm\	foreign	[ˈforən]	\ˈfȯrən\
first	[ˈfərst]	\ˈfərst\	forest	[ˈforəst]	\ˈfȯrəst\
flscal	[ˈfɪskəl]	\ˈfiskᵊl\	foretell	[forˈtɛl]	\fōrˈtel\
fish	[ˈfɪʃ]	\ˈfish\	forever	[fɔrˈɛvər]	\fȯrˈevər\
fit	[ˈfɪt]	\ˈfit\	forfeit	[ˈforfət]	\ˈfȯrfət\
five	[ˈfaɪv]	\ˈfīv\	forge	[ˈfordʒ]	\ˈfȯrj\
fix	[ˈfɪks]	\ˈfiks\	forget	[fərˈgɛt]	\fərˈget\
flag	[ˈflæg]	\ˈflag\	forgive	[fərˈgɪv]	\fərˈgiv\
flame	[ˈfleɪm]	\ˈflām\	form	[ˈform]	\ˈfȯrm\
flammable	[ˈflæməbəl]	\ˈflaməbᵊl\	formal	[ˈforməl]	\ˈfȯrmᵊl\
flap	[ˈflæp]	\ˈflap\	formation	[fɔrˈmeɪʃən]	\fȯrˈmāshᵊn\
flash	[ˈflæʃ]	\ˈflash\	former	[ˈformər]	\ˈfȯrmər\
flatter	[ˈflætər]	\ˈflatər\	formula	[ˈformjələ]	\ˈfȯrmyələ\
flaw	[ˈflɔ]	\ˈflȯ\	fortunate	[ˈfortʃənət]	\ˈfȯrchᵊnət\
flea	[ˈfliː]	\ˈflē\	forty	[ˈforti]	\ˈfȯrtē\
flee	[ˈfliː]	\ˈflē\	forward	[ˈforwərd]	\ˈfȯrwərd\
fleet	[ˈfliːt]	\ˈflēt\	foul	[ˈfaʊl]	\ˈfau̇l\
fleeting	[ˈfliːtɪŋ]	\ˈflētiŋ\	found	[ˈfaʊnd]	\ˈfau̇nd\
Flemish	[ˈflɛmɪʃ]	\ˈflemish\	fountain	[ˈfaʊntən]	\ˈfau̇ntᵊn\
flexibility	[ˌflɛksəˈbɪləti]	\ˌfleksəˈbilətē\	four	[ˈfor]	\ˈfōr\

ENGLISH WORD	IPA	M-W	ENGLISH WORD	IPA	M-W
fourteen	[for'ti:n]	\fõr'tēn\	gamble	['gæmbəl]	\'gambᵊl\
fourth	['forθ]	\'fõrth\	game	['geɪm]	\'gām\
fox	['fɑks]	\'fäks\	gang	['gæŋ]	\'gaŋ\
fraction	['frækʃən]	\'frakshᵊn\	gap	['gæp]	\'gap\
fracture	['fræktʃər]	\'frakchər\	garage	[gə'rɑʒ, -'rɑdʒ]	\gə'räzh, -'räj\
fragile	['frædʒəl, -ˌdʒaɪl]	\'frajəl, -ˌjīl\	garbage	['gɑrbɪdʒ]	\'gärbij\
fragment	['frægmənt]	\'fragmənt\	garden	['gɑrdən]	\'gärdᵊn\
fragrance	['freɪgrənts]	\'frāgrᵊn(t)s\	garlic	['gɑrlɪk]	\'gärlik\
frail	['freɪl]	\'frāl\	gas	['gæs]	\'gas\
frame	['freɪm]	\'frām\	gasoline	['gæsəˌli:n, ˌgæsə'-]	\'gasəˌlēn, ˌgasə'-\
frank	['fræŋk]	\'fraŋk\	gasp	['gæsp]	\'gasp\
fraternal	[frə'tərnəl]	\frə'tərnᵊl\	gate	['geɪt]	\'gāt\
freckle	['frɛkəl]	\'frekᵊl\	gather	['gæðər]	\'gathər\
free	['fri:]	\'frē\	gauze	['gɔz]	\'göz\
freeze	['fri:z]	\'frēz\	gay	['geɪ]	\'gā\
French	['frɛntʃ]	\'fren(t)ch\	gaze	['geɪz]	\'gāz\
frequent	[fri'kwɛnt, 'fri:kwənt]	\frē'kwent, 'frēkwənt\	gear	['gɪr]	\'gir\
fresh	['frɛʃ]	\'fresh\	gelatin	['dʒɛlətən]	\jelətᵊn\
friction	['frɪkʃən]	\'frikshᵊn\	gender	['dʒɛndər]	\jendər\
Friday	['fraɪˌdeɪ, -di]	\'frīˌdā, -dē\	gene	['dʒi:n]	\jēn\
friend	['frɛnd]	\'frend\	genealogy	[ˌdʒi:ni'ɑlədʒi, ˌdʒɛ-, -'æ-]	
fright	['fraɪt]	\'frīt\			\ˌjēnē'äləjē, ˌje-, -'a-\
frill	['frɪl]	\'fril\	general	['dʒɛnrəl, 'dʒɛnə-]	\jenrəl, 'jenə-\
frisk	['frɪsk]	\'frisk\	generate	['dʒɛnəˌreɪt]	\jenəˌrāt\
frivolous	['frɪvələs]	\'frivələs\	generous	['dʒɛnərəs]	\jenərəs\
frog	['frɔg, 'frɑg]	\'frȯg, 'fräg\	genial	['dʒi:niəl]	\jēnēəl\
from	['frʌm, 'fram]	\'frəm, 'främ\	genius	['dʒi:njəs]	\jēnyəs\
front	['frʌnt]	\'frənt\	gentle	['dʒɛntəl]	\jentᵊl\
frontier	[ˌfrʌn'tɪr]	\ˌfrən'tir\	genuine	['dʒɛnjuwən]	\jenyùwən\
frost	['frɔst]	\'frȯst\	geography	[dʒi'ɑgrəfi]	\jē'ägrəfē\
froth	['frɔθ]	\'frȯth\	geology	[dʒi'ɑlədʒi]	\jē'äləjē\
fruit	['fru:t]	\'früt\	geometry	[dʒi'amətri]	\jē'ämətrē\
frustrate	['frʌsˌtreɪt]	\'frəsˌträt\	geriatric	[ˌdʒɛri'ætrɪk]	\ˌjerē'atrik\
fry	['fraɪ]	\'frī\	German	['dʒərmən]	\jərmən\
fuel	['fju:əl]	\'fyüəl\	gesture	['dʒɛstʃər]	\jeschər\
fugitive	['fju:dʒətɪv]	\'fyüjətiv\	get	['gɛt]	\'get\
full	['fʊl, 'fʌl]	\'fül, 'fəl\	ghost	['goʊst]	\'gōst\
fun	['fʌn]	\'fən\	giant	['dʒaɪənt]	\jīənt\
function	['fʌŋkʃən]	\'fəŋkshᵊn\	gift	['gɪft]	\'gift\
fund	['fʌnd]	\'fənd\	gigantic	[dʒaɪ'gæntɪk]	\jī'gantik\
fundamental	[ˌfʌndə'mɛntəl]	\ˌfəndə'mentᵊl\	gild	['gɪld]	\'gild\
funeral	['fju:nərəl]	\'fyünərəl\	ginger	['dʒɪndʒər]	\jinjər\
fungus	['fʌŋgəs]	\'fəŋgəs\	giraffe	[dʒə'ræf]	\jə'raf\
funny	['fʌni]	\'fənē\	girl	['gərl]	\'gərl\
furious	['fjʊriəs]	\'fyùrēəs\	gist	['dʒɪst]	\jist\
furnace	['fərnəs]	\'fərnəs\	give	['gɪv]	\'giv\
furnish	['fərnɪʃ]	\'fərnish\	glad	['glæd]	\'glad\
furry	['fəri]	\'fərē\	glance	['glænts]	\'glan(t)s\
furthermore	['fərðərˌmor]	\'fərthərˌmōr\	glare	['glær]	\'glar\
fuss	['fʌs]	\'fəs\	glass	['glæs]	\'glas\
future	['fju:tʃər]	\'fyüchər\	gleam	['gli:m]	\'glēm\
gain	['geɪn]	\'gān\	glide	['glaɪd]	\'glīd\
galaxy	['gæləksi]	\'galəksē\	glimmer	['glɪmər]	\'glimər\
gallery	['gæləri]	\'galərē\	globe	['gloʊb]	\'glōb\
gallon	['gælən]	\'galᵊn\	gloom	['glu:m]	\'glüm\
gallop	['gæləp]	\'galəp\	glory	['glori]	\'glōrē\

glossary	[ˈglɔsəri, ˈglɑ-]	\ˈglósərē, ˈglä-\
glove	[ˈglʌv]	\ˈgləv\
glow	[ˈglo:]	\ˈglō\
glue	[ˈglu:]	\ˈglü\
glum	[ˈglʌm]	\ˈgləm\
go	[ˈgo:]	\ˈgō\
goal	[ˈgo:l]	\ˈgōl\
goat	[ˈgo:t]	\ˈgōt\
god	[ˈgɑd, ˈgɔd]	\ˈgäd, ˈgód\
gold	[ˈgo:ld]	\ˈgōld\
golf	[ˈgɑlf, ˈgɔlf]	\ˈgälf, ˈgólf\
gone	[ˈgɔn]	\ˈgón\
good	[ˈgʊd]	\ˈgùd\
goose	[ˈgu:s]	\ˈgüs\
gorilla	[gəˈrɪlə]	\gəˈrilə\
gossip	[ˈgɑsɪp]	\ˈgäsip\
gourmet	[ˈgʊrˌmeɪ, gʊrˈmeɪ]	\ˈgùrˌmā, gùrˈmā\
govern	[ˈgʌvərn]	\ˈgəvərn\
gown	[ˈgaʊn]	\ˈgaùn\
grace	[ˈgreɪs]	\ˈgrās\
grade	[ˈgreɪd]	\ˈgrād\
gradual	[ˈgrædʒʊəl]	\ˈgrajùəl\
graduate	[ˈgrædʒʊət; ˈgrædʒʊˌeɪt]	\ˈgrajùət; ˈgrajùˌāt\
graffiti	[grəˈfi:ti, græ-]	\grəˈfētē, gra-\
grain	[ˈgreɪn]	\ˈgrān\
gram	[ˈgræm]	\ˈgram\
grammar	[ˈgræmər]	\ˈgramər\
grand	[ˈgrænd]	\ˈgrand\
grant	[ˈgrænt]	\ˈgrant\
grape	[ˈgreɪp]	\ˈgrāp\
grapefruit	[ˈgreɪpˌfru:t]	\ˈgrāpˌfrüt\
graph	[ˈgræf]	\ˈgraf\
grasp	[ˈgræsp]	\ˈgrasp\
grass	[ˈgræs]	\ˈgras\
grateful	[ˈgreɪtfəl]	\ˈgrātfᵊl\
gratitude	[ˈgrætəˌtu:d, -ˌtju:d]	\ˈgratəˌtüd, -ˌtyüd\
grave	[ˈgreɪv]	\ˈgrāv\
graveyard	[ˈgreɪvˌjɑrd]	\ˈgrāvˌyärd\
gravity	[ˈgrævəti]	\ˈgravətē\
gray	[ˈgreɪ]	\ˈgrā\
grease	[ˈgri:s]	\ˈgrēs\
great	[ˈgreɪt]	\ˈgrāt\
Greek	[ˈgri:k]	\ˈgrēk\
green	[ˈgri:n]	\ˈgrēn\
greet	[ˈgri:t]	\ˈgrēt\
grid	[ˈgrɪd]	\ˈgrid\
grief	[ˈgri:f]	\ˈgrēf\
grill	[ˈgrɪl]	\ˈgril\
grim	[ˈgrɪm]	\ˈgrim\
grime	[ˈgraɪm]	\ˈgrīm\
grinder	[ˈgraɪndər]	\ˈgrīndər\
grip	[ˈgrɪp]	\ˈgrip\
groan	[ˈgro:n]	\ˈgrōn\
groggy	[ˈgrɑgi]	\ˈgrägē\
groom	[ˈgru:m, ˈgrʊm]	\ˈgrüm, ˈgrùm\
ground	[ˈgraʊnd]	\ˈgraùnd\
group	[ˈgru:p]	\ˈgrüp\
grove	[ˈgro:v]	\ˈgrōv\
grow	[ˈgro:]	\ˈgrō\
growl	[ˈgraʊl]	\ˈgraùl\
grown-up	[ˈgro:nˌəp]	\ˈgrōnˌəp\
growth	[ˈgro:θ]	\ˈgrōth\
grumble	[ˈgrʌmbəl]	\ˈgrəmbᵊl\
grunt	[ˈgrʌnt]	\ˈgrənt\
guarantee	[ˌgærənˈti:]	\ˌgarənˈtē\
guard	[ˈgɑrd]	\ˈgärd\
guess	[ˈgɛs]	\ˈges\
guest	[ˈgɛst]	\ˈgest\
guide	[ˈgaɪd]	\ˈgīd\
guilt	[ˈgɪlt]	\ˈgilt\
guitar	[gəˈtɑr, gɪ-]	\gəˈtär, gi-\
gulf	[ˈgʌlf]	\ˈgəlf\
gull	[ˈgʌl]	\ˈgəl\
gulp	[ˈgʌlp]	\ˈgəlp\
gum	[ˈgʌm]	\ˈgəm\
gun	[ˈgʌn]	\ˈgən\
gut	[ˈgʌt]	\ˈgət\
guy	[ˈgaɪ]	\ˈgī\
gym	[ˈdʒɪm]	\ˈjim\
habit	[ˈhæbɪt]	\ˈhabit\
habitual	[həˈbɪtʃʊəl]	\həˈbichùəl\
hack	[ˈhæk]	\ˈhak\
hail	[ˈheɪl]	\ˈhāl\
hair	[ˈhær]	\ˈhar\
hale	[ˈheɪl]	\ˈhāl\
half	[ˈhæf, ˈhaf]	\ˈhaf, ˈhäf\
hall	[ˈhɔl]	\ˈhól\
hallmark	[ˈhɔlˌmɑrk]	\ˈhólˌmärk\
Halloween	[ˌhæləˈwi:n, ˌhɑ-]	\ˌhaləˈwēn, ˌhä-\
hallucination	[həˌlu:sənˈeɪʃən]	\həˌlüsᵊnˈāshᵊn\
hallway	[ˈhɔlˌweɪ]	\ˈhólˌwā\
halt	[ˈhɔlt]	\ˈhólt\
halve	[ˈhæv, ˈhav]	\ˈhav, ˈhäv\
ham	[ˈhæm]	\ˈham\
hamburger	[ˈhæmˌbərgər]	\ˈhamˌbərgər\
hammer	[ˈhæmər]	\ˈhamər\
hammock	[ˈhæmək]	\ˈhamək\
hamper	[ˈhæmpər]	\ˈhampər\
hamster	[ˈhæmpstər]	\ˈham(p)stər\
hand	[ˈhænd]	\ˈhand\
handicap	[ˈhændiˌkæp]	\ˈhandēˌkap\
handicrafts	[ˈhændiˌkræfts]	\ˈhandēˌkrafts\
handkerchief	[ˈhæŋkərtʃəf, -ˌtʃi:f]	\ˈhaŋkərchəf, -ˌchēf\
handle	[ˈhændəl]	\ˈhandᵊl\
handout	[ˈhændˌaʊt]	\ˈhandˌaùt\
handrail	[ˈhændˌreɪl]	\ˈhandˌrāl\
handshake	[ˈhændˌʃeɪk]	\ˈhandˌshāk\
handsome	[ˈhæntsəm]	\ˈhan(t)sᵊm\
handwriting	[ˈhændˌraɪtɪŋ]	\ˈhandˌrītiŋ\
hang	[ˈhæŋ]	\ˈhaŋ\
happen	[ˈhæpən]	\ˈhapᵊn\
happy	[ˈhæpi]	\ˈhapē\

hard	['hɑrd]	\'härd\
hardy	['hɑrdi]	\'härdē\
harm	['hɑrm]	\'härm\
harmony	['hɑrməni]	\'härmənē\
harness	['hɑrnəs]	\'härnəs\
harsh	['hɑrʃ]	\'härsh\
harvest	['hɑrvəst]	\'härvəst\
haste	['heɪst]	\'hāst\
hat	['hæt]	\'hat\
hatchet	['hætʃət]	\'hachət\
hate	['heɪt]	\'hāt\
haughty	['hɔti]	\'hȯtē\
haul	['hɔl]	\'hȯl\
haunt	['hɔnt]	\'hȯnt\
have	['hæv, 'hæf]	\'hav, 'haf\
haven	['heɪvən]	\'hāvᵊn\
hawk	['hɔk]	\'hȯk\
hazard	['hæzərd]	\'hazərd\
haze	['heɪz]	\'hāz\
he	['hi:]	\'hē\
head	['hɛd]	\'hed\
heal	['hi:l]	\'hēl\
health	['hɛlθ]	\'helth\
hear	['hɪr]	\'hir\
heart	['hɑrt]	\'härt\
heat	['hi:t]	\'hēt\
heaven	['hɛvən]	\'hevᵊn\
heavy	['hɛvi]	\'hevē\
Hebrew	['hi:ˌbru:]	\'hēˌbrü\
heel	['hi:l]	\'hēl\
height	['haɪt]	\'hīt\
heir	['ær]	\'ar\
helicopter	['hɛləˌkɑptər]	\'heləˌkäptər\
hello	[hə'lo:, hɛ-]	\hə'lō, he-\
helmet	['hɛlmət]	\'helmət\
help	['hɛlp]	\'help\
hem	['hɛm]	\'hem\
hemisphere	['hɛməˌsfɪr]	\'heməˌsfir\
hen	['hɛn]	\'hen\
her	['hər]	\'hər\
herb	['ərb, 'hərb]	\'ərb, 'hərb\
here	['hɪr]	\'hir\
hero	['hi:ˌro:, 'hɪrˌo:]	\'hēˌrō, 'hirˌō\
hers	['hərz]	\'hərz\
hi	['haɪ]	\'hī\
hiccup	['hɪkəp]	\'hikəp\
hide	['haɪd]	\'hīd\
hierarchy	['haɪəˌrɑrki]	\'hīəˌrärkē\
high	['haɪ]	\'hī\
hiker	['haɪkər]	\'hīkər\
hill	['hɪl]	\'hil\
hilt	['hɪlt]	\'hilt\
him	['hɪm, əm]	\'him, əm\
Hindu	['hɪnˌdu:]	\'hinˌdü\
hinge	['hɪndʒ]	\'hinj\
hip	['hɪp]	\'hip\

his	['hɪz, ɪz]	\'hiz, iz\
Hispanic	[hɪ'spænɪk]	\hi'spanik\
history	['hɪstəri]	\'histərē\
hit	['hɪt]	\'hit\
hoarse	['hors]	\'hȯrs\
hobby	['hɑbi]	\'häbē\
hockey	['hɑki]	\'häkē\
hog	['hɔg, 'hɑg]	\'hȯg, 'häg\
hold	['ho:ld]	\'hōld\
hole	['ho:l]	\'hōl\
holiday	['hɑləˌdeɪ]	\'häləˌdā\
hollow	['hɑˌlo:]	\'häˌlō\
holy	['ho:li]	\'hōlē\
homage	['ɑmɪdʒ, 'hɑ-]	\'ämij, 'hä-\
home	['ho:m]	\'hōm\
homicide	['hɑməˌsaɪd, 'ho:-]	\'häməˌsīd, 'hō-\
homogeneous	[ˌho:mə'dʒi:niəs, -njəs]	\ˌhōmə'jēnēəs, -nyəs\
honest	['ɑnəst]	\'änəst\
honey	['hʌni]	\'hənē\
hook	['hʊk]	\'hu̇k\
hope	['ho:p]	\'hōp\
horizon	[hə'raɪzən]	\hə'rīzᵊn\
hormone	['hɔrˌmo:n]	\'hȯrˌmōn\
horn	['hɔrn]	\'hȯrn\
horoscope	['hɔrəˌsko:p]	\'hȯrəˌskōp\
horror	['hɔrər]	\'hȯrər\
horse	['hɔrs]	\'hȯrs\
hose	['ho:z]	\'hōz\
hospital	['hɑsˌpɪtəl]	\'häsˌpitᵊl\
host	['ho:st]	\'hōst\
hostage	['hɑstɪdʒ]	\'hästij\
hostel	['hɑstəl]	\'hästᵊl\
hot	['hɑt]	\'hät\
hotel	[ho:'tɛl]	\hō'tel\
hound	['haʊnd]	\'hau̇nd\
hour	['aʊər]	\'au̇r\
house	['haʊs; 'haʊz]	\'hau̇s; 'hau̇z\
how	['haʊ]	\'hau̇\
however	[haʊ'ɛvər]	\hau̇'evər\
hug	['hʌg]	\'həg\
human	['hju:mən, 'ju:-]	\'hyümən, 'yü-\
humble	['hʌmbəl]	\'həmbᵊl\
humid	['hju:məd, 'ju:-]	\'hyüməd, 'yü-\
humiliate	[hju:'mɪliˌeɪt, ju:-]	\hyü'milēˌāt, yü-\
hundred	['hʌndrəd]	\'həndrəd\
Hungarian	[hʌŋ'gæriən]	\həŋ'garēən\
hunger	['hʌŋgər]	\'həŋgər\
hunt	['hʌnt]	\'hənt\
hurdle	['hərdəl]	\'hərdᵊl\
hurl	['hərl]	\'hərl\
hurrah	[hʊ'rɑ, -'rɔ]	\hu̇'rä, -'rȯ\
hurricane	['hərəˌkeɪn]	\'hərəˌkān\
hurry	['həri]	\'hərē\
hurt	['hərt]	\'hərt\
husband	['hʌzbənd]	\'həzbənd\
hut	['hʌt]	\'hət\

hygiene	[ˈhaɪˌdʒiːn]	\ˈhīˌjēn\
hymn	[ˈhɪm]	\ˈhim\
hyperactive	[ˌhaɪpərˈæktɪv]	\ˌhīpərˈaktiv\
hyphen	[ˈhaɪfən]	\ˈhīfᵊn\
hypothesis	[haɪˈpɑθəsɪs]	\hīˈpäthəsis\
hysteria	[hɪsˈtɛriə, -tɪr-]	\hisˈterēə, -tir-\
ice	[ˈaɪs]	\ˈīs\
idea	[aɪˈdiːə]	\ī'dēə\
ideal	[aɪˈdiːəl]	\ī'dēəl\
identity	[aɪˈdɛntəti]	\ī'dentətē\
ideology	[ˌaɪdiˈɑlədʒi, ˌɪ-]	\ˌīdēˈäləjē, ˌi-\
idiocy	[ˈɪdiəsi]	\ˈidēəsē\
idiom	[ˈɪdiəm]	\ˈidēəm\
idiot	[ˈɪdiət]	\ˈidēət\
idol	[ˈaɪdəl]	\ˈīdᵊl\
if	[ˈɪf]	\ˈif\
ignore	[ɪgˈnor]	\igˈnōr\
ill	[ˈɪl]	\ˈil\
illegal	[ɪlˈliːgəl]	\ilˈlēgᵊl\
illegitimate	[ˌɪlɪˈdʒɪtəmət]	\ˌiliˈjitəmət\
illiterate	[ɪlˈlɪtərət]	\ilˈlitərət\
illogical	[ɪlˈlɑdʒɪkəl]	\ilˈläjikᵊl\
illuminate	[ɪˈluːməˌneɪt]	\iˈlüməˌnāt\
illusion	[ɪˈluːʒən]	\iˈlüzhᵊn\
illustrate	[ˈɪləsˌtreɪt]	\ˈiləsˌtrāt\
illustrious	[ɪˈlʌstriəs]	\iˈləstrēəs\
image	[ˈɪmɪdʒ]	\ˈimij\
imbalance	[ɪmˈbælənts]	\imˈbalən(t)s\
imitation	[ˌɪməˈteɪʃən]	\ˌiməˈtāshᵊn\
immature	[ˌɪməˈtʃʊr, -ˈtjʊr, -ˈtʊr]	
		\ˌiməˈchur, -ˈtyur, -ˈtur\
immediate	[ɪˈmiːdiət]	\iˈmēdēət\
immense	[ɪˈmɛnts]	\iˈmen(t)s\
immigrant	[ˈɪmɪgrənt]	\ˈimigrənt\
imminent	[ˈɪmənənt]	\ˈimənənt\
immobile	[ɪmˈoːbəl]	\imˈōbᵊl\
immoral	[ɪˈmɔrəl]	\iˈmórəl\
impact	[ˈɪmˌpækt]	\ˈimˌpakt\
impartial	[ɪmˈpɑrʃəl]	\imˈpärshᵊl\
impatience	[ɪmˈpeɪʃənts]	\imˈpāshᵊn(t)s\
impeccable	[ɪmˈpɛkəbəl]	\imˈpekəbᵊl\
impede	[ɪmˈpiːd]	\imˈpēd\
impending	[ɪmˈpɛndɪŋ]	\imˈpendiŋ\
impenetrable	[ɪmˈpɛnətrəbəl]	\imˈpenətrəbᵊl\
imperative	[ɪmˈpɛrətɪv]	\imˈperətiv\
imperceptible	[ˌɪmpərˈsɛptəbəl]	\ˌimpərˈseptəbᵊl\
imperfection	[ɪmˌpərˈfɛkʃən]	\imˌpərˈfekshᵊn\
imperialism	[ɪmˈpɪriəˌlɪzəm]	\imˈpirēəˌlizᵊm\
impersonal	[ɪmˈpərsə nəl]	\imˈpərsᵊnəl\
impersonation	[ɪmˌpərsə nˈeɪʃən]	\imˌpərsᵊnˈāshᵊn\
implement	[ˈɪmpləmənt, -ˌmɛnt]	\ˈimpləmənt, -ˌment\
implicate	[ˈɪmpləˌkeɪt]	\ˈimpləˌkāt\
imply	[ɪmˈplaɪ]	\imˈplī\
impolite	[ˌɪmpəˈlaɪt]	\ˌimpəˈlīt\
import	[ɪmˈport]	\imˈpōrt\
impose	[ɪmˈpoːz]	\imˈpōz\

impossible	[ɪmˈpɑsəbəl]	\imˈpäsəbᵊl\
imprecise	[ˌɪmprɪˈsaɪs]	\ˌimpriˈsīs\
impregnable	[ɪmˈprɛgnəbəl]	\imˈpregnəbᵊl\
impress	[ɪmˈprɛs]	\imˈpres\
improbable	[ɪmˈprɑbəbəl]	\imˈpräbəbᵊl\
improve	[ɪmˈpruːv]	\imˈprüv\
improvise	[ˈɪmprəˌvaɪz]	\ˈimprəˌvīz\
impulse	[ˈɪmˌpʌls]	\ˈimˌpəls\
impure	[ɪmˈpjʊr]	\imˈpyur\
in	[ˈɪn]	\ˈin\
inability	[ˌɪnəˈbɪləti]	\ˌinəˈbilətē\
inactive	[ɪnˈæktɪv]	\inˈaktiv\
inadequate	[ɪnˈædɪkwət]	\inˈadikwət\
inanimate	[ɪnˈænəmət]	\inˈanəmət\
inappropriate	[ˌɪnəˈproːpriət]	\ˌinəˈprōprēət\
inaugurate	[ɪˈnɔgjəˌreɪt, -gə-]	\iˈnógyəˌrāt, -gə-\
incapable	[ɪnˈkeɪpəbəl]	\inˈkāpəbᵊl\
incense	[ˈɪnˌsɛnts]	\ˈinˌsen(t)s\
incense	[ɪnˈsɛnts]	\inˈsen(t)s\
inch	[ˈɪntʃ]	\ˈinch\
incidentally	[ˌɪntsəˈdɛntəli, -ˈdɛntli]	
		\ˌin(t)səˈdentᵊlē, -ˈdentlē\
incite	[ɪnˈsaɪt]	\inˈsīt\
incline	[ɪnˈklaɪn; ˈɪnˌklaɪn]	\inˈklīn; ˈinˌklīn\
include	[ɪnˈkluːd]	\inˈklüd\
incoherent	[ˌɪnkoˈhɪrənt, -ˈhɛr-]	\ˌinkōˈhirənt, -ˈher-\
income	[ˈɪnˌkʌm]	\ˈinˌkəm\
incomparable	[ɪnˈkɑmpərəbəl]	\inˈkämpərəbᵊl\
incompetent	[ɪnˈkɑmpətənt]	\inˈkämpətənt\
incomplete	[ˌɪnkəmˈpliːt]	\ˌinkəmˈplēt\
inconceivable	[ˌɪnkənˈsiːvəbəl]	\ˌinkənˈsēvəbᵊl\
inconsiderate	[ˌɪnkənˈsɪdərət]	\ˌinkənˈsidərət\
inconvenient	[ˌɪnkənˈviːnjənt]	\ˌinkənˈvēnyənt\
incorrect	[ˌɪnkəˈrɛkt]	\ˌinkəˈrekt\
increase	[ˈɪnˌkriːs, ɪnˈkriːs]	\ˈinˌkrēs, inˈkrēs\
incredible	[ɪnˈkrɛdəbəl]	\inˈkredəbᵊl\
incredulous	[ɪnˈkrɛdʒələs]	\inˈkrejələs\
indebted	[ɪnˈdɛtəd]	\inˈdetəd\
indecisive	[ˌɪndɪˈsaɪsɪv]	\ˌindiˈsīsiv\
indefinite	[ɪnˈdɛfənət]	\inˈdefənət\
indelible	[ɪnˈdɛləbəl]	\inˈdeləbᵊl\
independent	[ˌɪndəˈpɛndənt]	\ˌindəˈpendənt\
index	[ˈɪnˌdɛks]	\ˈinˌdeks\
Indian	[ˈɪndiən]	\ˈindēən\
indication	[ˌɪndəˈkeɪʃən]	\ˌindəˈkāshᵊn\
indifferent	[ɪnˈdɪfrənt, -ˈdɪfə-]	\inˈdifrənt, -ˈdifə-\
indigenous	[ɪnˈdɪdʒənəs]	\inˈdijənəs\
indigestion	[ˌɪndaɪˈdʒɛstʃən, -dɪ-]	\ˌindīˈjeschᵊn, -di-\
indirect	[ˌɪndəˈrɛkt, -daɪ-]	\ˌindəˈrekt, -dī-\
indiscreet	[ˌɪndɪˈskriːt]	\ˌindiˈskrēt\
indiscriminate	[ˌɪndɪˈskrɪmənət]	\ˌindiˈskrimənət\
indispensable	[ˌɪndɪˈspɛntsəbəl]	\ˌindiˈspen(t)səbᵊl\
indisputable	[ˌɪndɪˈspjuːtəbəl, ɪnˈdɪspjuːtə-]	
		\ˌindiˈspyütəbᵊl, inˈdispyütə-\
individual	[ˌɪndəˈvɪdʒuəl]	\ˌindəˈvijüəl\
induce	[ɪnˈduːs, -ˈdjuːs]	\inˈdüs, -ˈdyüs\

invasion	[ɪnˈveɪʒən]	\in'vāzhᵊn\
invention	[ɪnˈvɛntʃən]	\in'venchᵊn\
inventory	[ˈɪnvənˌtɔri]	\'invənˌtórē\
invert	[ɪnˈvərt]	\in'vərt\
invertebrate	[ɪnˈvərtəbrət, -ˌbreɪt]	\in'vərtəbrət, -ˌbrāt\
investigator	[ɪnˈvɛstəˌgeɪtər]	\in'vestəˌgātər\
investment	[ɪnˈvɛstmənt]	\in'vestmənt\
invitation	[ˌɪnvəˈteɪʃən]	\ˌinvə'tāshᵊn\
invoice	[ˈɪnˌvɔɪs]	\'inˌvóis\
involuntary	[ɪnˈvalənˌtɛri]	\in'välənˌterē\
involve	[ɪnˈvalv]	\in'välv\
IOU	[ˌaɪˌoˈjuː]	\ˌīˌō'yü\
Iranian	[ɪˈreɪniən, -ˈræ-, -ˈra-; aɪˈ-]	
		\i'rānēən, -'ra-, -'rä-; ī'-\
Iraqi	[ɪˈraki, -ˈræk-]	\i'räkē, -'rak-\
irate	[aɪˈreɪt]	\ī'rāt\
iris	[ˈaɪrəs]	\'īrəs\
Irish	[ˈaɪrɪʃ]	\'īrish\
iron	[ˈaɪərn]	\'īərn\
ironic	[aɪˈranɪk]	\ī'ränik\
irony	[ˈaɪrəni]	\'īrənē\
irrational	[ɪˈræʃənəl]	\i'rashᵊnᵊl\
irregular	[ɪˈrɛgjələr]	\i'regyələr\
irrelevant	[ɪˈrɛləvənt]	\i'reləvənt\
irresponsible	[ˌɪrɪˈspant səbəl]	\ˌiri'spän(t)səbᵊl\
irreverent	[ɪˈrɛvərənt]	\i'revərənt\
irrigate	[ˈɪrəˌgeɪt]	\'irəˌgāt\
irritate	[ˈɪrəˌteɪt]	\'irəˌtāt\
Islamic	[ɪsˈlamɪk, ɪz-, -ˈlæ-]	\is'lämik, iz-, -'la-\
island	[ˈaɪlənd]	\'īlənd\
isolate	[ˈaɪsəˌleɪt]	\'īsəˌlāt\
Israeli	[ɪzˈreɪli]	\iz'rālē\
issue	[ˈɪˌʃuː]	\'iˌshü\
isthmus	[ˈɪsməs]	\'isməs\
it	[ˈɪt]	\'it\
Italian	[ɪˈtæliən, aɪ-]	\i'talēən, ī-\
italics	[ɪˈtælɪks, aɪ-]	\i'taliks, ī-\
item	[ˈaɪtəm]	\'ītəm\
itinerant	[aɪˈtɪnərənt]	\ī'tinərənt\
itinerary	[aɪˈtɪnəˌrɛri]	\ī'tinəˌrerē\
its	[ˈɪts]	\'its\
itself	[ɪtˈsɛlf]	\it'self\
jab	[ˈdʒæb]	\'jab\
jack	[ˈdʒæk]	\'jak\
jacket	[ˈdʒækət]	\'jakət\
jail	[ˈdʒeɪl]	\'jāl\
jam	[ˈdʒæm]	\'jam\
jangle	[ˈdʒæŋgəl]	\'jangᵊl\
January	[ˈdʒænjuˌɛri]	\'janyùˌerē\
Japanese	[ˌdʒæpəˈniːz, -ˈniːs]	\ˌjapə'nēz, -'nēs\
jar	[ˈdʒar]	\'jär\
jargon	[ˈdʒargən]	\'järgᵊn\
jaw	[ˈdʒɔ]	\'jó\
jazz	[ˈdʒæz]	\'jaz\
jealous	[ˈdʒɛləs]	\'jeləs\
jeans	[ˈdʒiːnz]	\'jēnz\
jersey	[ˈdʒərzi]	\'jərzē\
jet	[ˈdʒɛt]	\'jet\
jewel	[ˈdʒuːəl]	\'jüəl\
Jewish	[ˈdʒuːɪʃ]	\'jüish\
jiggle	[ˈdʒɪgəl]	\'jigᵊl\
jingle	[ˈdʒɪŋgəl]	\'jingᵊl\
job	[ˈdʒab]	\'jäb\
jockey	[ˈdʒaki]	\'jäkē\
jog	[ˈdʒag]	\'jäg\
join	[ˈdʒɔɪn]	\'jóin\
joint	[ˈdʒɔɪnt]	\'jóint\
joke	[ˈdʒoːk]	\'jōk\
jolly	[ˈdʒali]	\'jälē\
jot	[ˈdʒat]	\'jät\
journal	[ˈdʒərnəl]	\'jərnᵊl\
journey	[ˈdʒərni]	\'jərnē\
jovial	[ˈdʒoːviəl]	\'jōvēəl\
joy	[ˈdʒɔɪ]	\'jói\
Judaism	[ˈdʒuːdəˌɪzəm, ˈdʒuːdi-, ˈdʒuːˌdeɪ-]	
		\'jüdəˌizəm, 'jüdē-, 'jüˌdā-\
judge	[ˈdʒʌdʒ]	\'jəj\
judicial	[dʒʊˈdɪʃəl]	\jù'dishᵊl\
juice	[ˈdʒuːs]	\'jüs\
July	[dʒʊˈlaɪ]	\jù'lī\
jumble	[ˈdʒʌmbəl]	\'jəmbᵊl\
jumbo	[ˈdʒʌmˌboː]	\'jəmˌbō\
jump	[ˈdʒʌmp]	\'jəmp\
June	[ˈdʒuːn]	\'jün\
jungle	[ˈdʒʌŋgəl]	\'jəngᵊl\
junior	[ˈdʒuːnjər]	\'jünyər\
junk	[ˈdʒʌŋk]	\'jəŋk\
jury	[ˈdʒʊri]	\'jùrē\
just	[ˈdʒʌst]	\'jəst\
justice	[ˈdʒʌstɪs]	\'jəstis\
justify	[ˈdʒʌstəˌfaɪ]	\'jəstəˌfī\
kangaroo	[ˌkæŋgəˈruː]	\ˌkaŋgə'rü\
karate	[kəˈrati]	\kə'rätē\
keen	[ˈkiːn]	\'kēn\
keep	[ˈkiːp]	\'kēp\
kernel	[ˈkərnəl]	\'kərnᵊl\
ketchup	[ˈkɛtʃəp, ˈkæ-]	\'kechəp, 'ka-\
key	[ˈkiː]	\'kē\
kick	[ˈkɪk]	\'kik\
kid	[ˈkɪd]	\'kid\
kidney	[ˈkɪdni]	\'kidnē\
kill	[ˈkɪl]	\'kil\
kilo	[ˈkiːˌloː]	\'kēˌlō\
kin	[ˈkɪn]	\'kin\
kind	[ˈkaɪnd]	\'kīnd\
kindergarten	[ˈkɪndərˌgartən, -dən]	\'kindərˌgärtᵊn, -dᵊn\
kindle	[ˈkɪndəl]	\'kindᵊl\
kindly	[ˈkaɪndli]	\'kīndlē\
kinship	[ˈkɪnˌʃɪp]	\'kinˌship\
kiss	[ˈkɪs]	\'kis\
kit	[ˈkɪt]	\'kit\
kitchen	[ˈkɪtʃən]	\'kichᵊn\

ENGLISH WORD	IPA	M-W	ENGLISH WORD	IPA	M-W
knapsack	[ˈnæpˌsæk]	\ˈnapˌsak\	left	[ˈlɛft]	\ˈleft\
knead	[ˈniːd]	\ˈnēd\	leg	[ˈlɛg]	\ˈleg\
knee	[ˈniː]	\ˈnē\	legal	[ˈliːgəl]	\ˈlēgᵊl\
kneel	[ˈniːl]	\ˈnēl\	legible	[ˈlɛdʒəbəl]	\ˈlejəbᵊl\
knife	[ˈnaɪf]	\ˈnīf\	legislate	[ˈlɛdʒəsˌleɪt]	\ˈlejəsˌlāt\
knight	[ˈnaɪt]	\ˈnīt\	legitimate	[lɪˈdʒɪtəmət]	\liˈjitəmət\
knit	[ˈnɪt]	\ˈnit\	leisure	[ˈliːʒər, ˈlɛ-]	\ˈlēzhər, ˈle-\
knock	[ˈnɑk]	\ˈnäk\	lemon	[ˈlɛmən]	\ˈlemᵊn\
knot	[ˈnɑt]	\ˈnät\	lend	[ˈlɛnd]	\ˈlend\
know	[ˈnoː]	\ˈnō\	length	[ˈlɛŋkθ]	\ˈleŋ(k)th\
knuckle	[ˈnʌkəl]	\ˈnəkᵊl\	lens	[ˈlɛnz]	\ˈlenz\
Korean	[kəˈriːən]	\kəˈrēən\	less	[ˈlɛs]	\ˈles\
label	[ˈleɪbəl]	\ˈlābᵊl\	lesson	[ˈlɛsən]	\ˈlesᵊn\
labor	[ˈleɪbər]	\ˈlābər\	let	[ˈlɛt]	\ˈlet\
laboratory	[ˈlæbrəˌtori, ləˈbɔrə-]	\ˈlabrəˌtōrē, ləˈbȯrə-\	letter	[ˈlɛtər]	\ˈletər\
lace	[ˈleɪs]	\ˈlās\	lettuce	[ˈlɛtəs]	\ˈletəs\
lack	[ˈlæk]	\ˈlak\	level	[ˈlɛvəl]	\ˈlevᵊl\
ladder	[ˈlædər]	\ˈladər\	lever	[ˈlɛvər, ˈliː-]	\ˈlevər, ˈlē-\
lady	[ˈleɪdi]	\ˈlādē\	liable	[ˈlaɪəbəl]	\ˈlīəbᵊl\
lake	[ˈleɪk]	\ˈlāk\	liberal	[ˈlɪbrəl, ˈlɪbərəl]	\ˈlibrəl, ˈlibərəl\
lamb	[ˈlæm]	\ˈlam\	liberate	[ˈlɪbəˌreɪt]	\ˈlibəˌrāt\
lame	[ˈleɪm]	\ˈlām\	liberty	[ˈlɪbərti]	\ˈlibərtē\
lament	[ləˈmɛnt]	\ləˈment\	library	[ˈlaɪˌbrɛri]	\ˈlīˌbrerē\
lamp	[ˈlæmp]	\ˈlamp\	lie	[ˈlaɪ]	\ˈlī\
land	[ˈlænd]	\ˈland\	life	[ˈlaɪf]	\ˈlīf\
lane	[ˈleɪn]	\ˈlān\	lift	[ˈlɪft]	\ˈlift\
language	[ˈlæŋgwɪdʒ]	\ˈlaŋgwij\	light	[ˈlaɪt]	\ˈlīt\
laptop	[ˈlæpˌtɑp]	\ˈlapˌtäp\	like	[ˈlaɪk]	\ˈlīk\
large	[ˈlɑrdʒ]	\ˈlärj\	limb	[ˈlɪm]	\ˈlim\
lasagna	[ləˈzɑnjə]	\ləˈzänyə\	limit	[ˈlɪmət]	\ˈlimət\
laser	[ˈleɪzər]	\ˈlāzər\	limp	[ˈlɪmp]	\ˈlimp\
lash	[ˈlæʃ]	\ˈlash\	line	[ˈlaɪn]	\ˈlīn\
last	[ˈlæst]	\ˈlast\	linguistics	[lɪŋˈgwɪstɪks]	\liŋˈgwistiks\
late	[ˈleɪt]	\ˈlāt\	link	[ˈlɪŋk]	\ˈliŋk\
Latin-American	[ˈlætənəˈmɛrəkən]	\ˈlatᵊnəˈmerəkᵊn\	lion	[ˈlaɪən]	\ˈlīən\
laugh	[ˈlæf]	\ˈlaf\	lip	[ˈlɪp]	\ˈlip\
launch	[ˈlɔntʃ]	\ˈlȯnch\	liquid	[ˈlɪkwəd]	\ˈlikwəd\
launder	[ˈlɔndər]	\ˈlȯndər\	list	[ˈlɪst]	\ˈlist\
lavatory	[ˈlævəˌtori]	\ˈlavəˌtōrē\	listen	[ˈlɪsən]	\ˈlisᵊn\
law	[ˈlɔ]	\ˈlȯ\	liter	[ˈliːtər]	\ˈlētər\
lawn	[ˈlɔn]	\ˈlȯn\	literacy	[ˈlɪtərəsi]	\ˈlitərəsē\
lay	[ˈleɪ]	\ˈlā\	literal	[ˈlɪtərəl]	\ˈlitərəl\
layer	[ˈleɪər]	\ˈlāər\	literature	[ˈlɪtərəˌtʃʊr, -tʃər]	\ˈlitərəˌchùr, -chər\
lazy	[ˈleɪzi]	\ˈlāzē\	little	[ˈlɪtəl]	\ˈlitᵊl\
lead	[ˈliːd]	\ˈlēd\	live	[ˈlɪv, ˈlaɪv]	\ˈliv; ˈlīv\
lead	[ˈlɛd]	\ˈled\	liver	[ˈlɪvər]	\ˈlivər\
leaf	[ˈliːf]	\ˈlēf\	living	[ˈlɪvɪŋ]	\ˈliviŋ\
league	[ˈliːg]	\ˈlēg\	lizard	[ˈlɪzərd]	\ˈlizərd\
lean	[ˈliːn]	\ˈlēn\	load	[ˈloːd]	\ˈlōd\
leap	[ˈliːp]	\ˈlēp\	loaf	[ˈloːf]	\ˈlōf\
learn	[ˈlərn]	\ˈlərn\	loan	[ˈloːn]	\ˈlōn\
lease	[ˈliːs]	\ˈlēs\	lobby	[ˈlɑbi]	\ˈläbē\
least	[ˈliːst]	\ˈlēst\	lobster	[ˈlɑbstər]	\ˈläbstər\
leather	[ˈlɛðər]	\ˈlethər\	local	[ˈloːkəl]	\ˈlōkᵊl\
leave	[ˈliːv]	\ˈlēv\	locate	[ˈloːˌkeɪt, loˈkeɪt]	\ˈlōˌkāt, lōˈkāt\
lecture	[ˈlɛktʃər]	\ˈlekchər\	lock	[ˈlɑk]	\ˈläk\

ENGLISH WORD	IPA	M-W	ENGLISH WORD	IPA	M-W
lodge	[ˈlɑdʒ]	\ˈläj\	manual	[ˈmænjʊəl]	\ˈmanyùəl\
loft	[ˈlɔft]	\ˈlóft\	manufacture	[ˌmænjəˈfæktʃər]	\ˌmanyəˈfakchər\
log	[ˈlɔg, ˈlɑg]	\ˈlóg, ˈläg\	many	[ˈmɛni]	\ˈmenē\
logic	[ˈlɑdʒɪk]	\ˈläjik\	map	[ˈmæp]	\ˈmap\
loin	[ˈlɔɪn]	\ˈlóin\	march	[ˈmɑrtʃ]	\ˈmärch\
lone	[ˈlo:n]	\ˈlōn\	margarine	[ˈmɑrdʒərən]	\ˈmärjərən\
long	[ˈlɔŋ]	\ˈlóŋ\	margin	[ˈmɑrdʒən]	\ˈmärjᵊn\
longitude	[ˈlɑndʒə,tu:d, -,tju:d]	\ˈlänjə,tüd, -,tyüd\	mark	[ˈmɑrk]	\ˈmärk\
look	[ˈlʊk]	\ˈlùk\	market	[ˈmɑrkət]	\ˈmärkət\
loom	[ˈlu:m]	\ˈlüm\	marriage	[ˈmærɪdʒ]	\ˈmarij\
loose	[ˈlu:s]	\ˈlüs\	marry	[ˈmæri]	\ˈmarē\
lord	[ˈlɔrd]	\ˈlórd\	Mars	[ˈmɑrz]	\ˈmärz\
lose	[ˈlu:z]	\ˈlüz\	martyr	[ˈmɑrtər]	\ˈmärtər\
lot	[ˈlɑt]	\ˈlät\	marvel	[ˈmɑrvəl]	\ˈmärvᵊl\
lotion	[ˈlo:ʃən]	\ˈlōshᵊn\	masculine	[ˈmæskjələn]	\ˈmaskyələn\
lottery	[ˈlɑtəri]	\ˈlätərē\	mask	[ˈmæsk]	\ˈmask\
loud	[ˈlaʊd]	\ˈlaùd\	mass	[ˈmæs]	\ˈmas\
love	[ˈlʌv]	\ˈləv\	massage	[məˈsɑʒ, -ˈsɑdʒ]	\məˈsäzh, -ˈsäj\
low	[ˈlo:]	\ˈlō\	massive	[ˈmæsɪv]	\ˈmasiv\
loyal	[ˈlɔɪəl]	\ˈlóiəl\	master	[ˈmæstər]	\ˈmastər\
lubricate	[ˈlu:brɪ,keɪt]	\ˈlübri,kāt\	match	[ˈmætʃ]	\ˈmach\
lucid	[ˈlu:səd]	\ˈlüsəd\	material	[məˈtɪriəl]	\məˈtirēəl\
luck	[ˈlʌk]	\ˈlək\	maternal	[məˈtərnəl]	\məˈtərnᵊl\
luggage	[ˈlʌgɪdʒ]	\ˈləgij\	mathematics	[ˌmæθəˈmætɪks]	\ˌmathəˈmatiks\
lumber	[ˈlʌmbər]	\ˈləmbər\	matter	[ˈmætər]	\ˈmatər\
luminous	[ˈlu:mənəs]	\ˈlümənəs\	mattress	[ˈmætrəs]	\ˈmatrəs\
lunar	[ˈlu:nər]	\ˈlünər\	mature	[məˈtʊr, -ˈtjʊr, -ˈtʃʊr]	\məˈtùr, -ˈtyùr, -ˈchùr\
lunch	[ˈlʌntʃ]	\ˈlənch\	maximum	[ˈmæksəməm]	\ˈmaksəməm\
lung	[ˈlʌŋ]	\ˈləŋ\	may	[ˈmeɪ]	\ˈmā\
luxurious	[ˌlʌgˈʒʊriəs, ˌlʌkˈʃʊr-]	\ˌləgˈzhùrēəs, ˌləkˈshùr-\	maybe	[ˈmeɪbi]	\ˈmābē\
			mayonnaise	[ˈmeɪə,neɪz]	\ˈmāə,nāz\
machine	[məˈʃi:n]	\məˈshēn\	mayor	[ˈmeɪər, ˈmɛr]	\ˈmāər, ˈmer\
mad	[ˈmæd]	\ˈmad\	me	[ˈmi:]	\ˈmē\
madam	[ˈmædəm]	\ˈmadᵊm\	mean	[ˈmi:n]	\ˈmēn\
madness	[ˈmædnəs]	\ˈmadnəs\	meander	[miˈændər]	\mēˈandər\
magazine	[ˈmægə,zi:n]	\ˈmagə,zēn\	meaning	[ˈmi:nɪŋ]	\ˈmēniŋ\
magic	[ˈmædʒɪk]	\ˈmajik\	means	[ˈmi:nz]	\ˈmēnz\
magnificent	[mægˈnɪfəsənt]	\magˈnifəsənt\	meanwhile	[ˈmi:n,hwaɪl]	\ˈmēn,(h)wīl\
mail	[ˈmeɪl]	\ˈmāl\	measure	[ˈmɛʒər, ˈmeɪ]	\ˈmezhər, ˈmā-\
main	[ˈmeɪn]	\ˈmān\	meat	[ˈmi:t]	\ˈmēt\
maintain	[meɪnˈteɪn]	\mānˈtān\	mechanic	[mɪˈkænɪk]	\miˈkanik\
majority	[məˈdʒɔrəti]	\məˈjórətē\	media	[ˈmi:diə]	\ˈmēdēə\
make	[ˈmeɪk]	\ˈmāk\	medical	[ˈmɛdɪkəl]	\ˈmedikᵊl\
male	[ˈmeɪl]	\ˈmāl\	meditate	[ˈmɛdə,teɪt]	\ˈmedə,tāt\
malnutrition	[ˌmælnʊˈtrɪʃən, -njʊ-]	\ˌmalnùˈtrishᵊn, -nyù-\	meet	[ˈmi:t]	\ˈmēt\
mammal	[ˈmæməl]	\ˈmamᵊl\	megabyte	[ˈmɛgə,baɪt]	\ˈmegə,bīt\
man	[ˈmæn]	\ˈman\	melancholy	[ˈmɛlən,kɑli]	\ˈmelᵊn,kälē\
manage	[ˈmænɪdʒ]	\ˈmanij\	melody	[ˈmɛlədi]	\ˈmelədē\
mandate	[ˈmæn,deɪt]	\ˈman,dāt\	melon	[ˈmɛlən]	\ˈmelən\
maneuver	[məˈnu:vər, -ˈnju:-]	\məˈnüvər, -ˈnyü-\	melt	[ˈmɛlt]	\ˈmelt\
mania	[ˈmeɪniə, -njə]	\ˈmānēə, -nyə\	member	[ˈmɛmbər]	\ˈmembər\
manipulate	[məˈnɪpjə,leɪt]	\məˈnipyə,lāt\	memory	[ˈmɛmri, ˈmɛmə-]	\ˈmemrē, ˈmemə-\
mankind	[ˈmænˈkaɪnd, -,kaɪnd]	\ˈmanˈkīnd, -,kīnd\	menace	[ˈmɛnəs]	\ˈmenəs\
manly	[ˈmænli]	\ˈmanlē\	mental	[ˈmɛntəl]	\ˈmentᵊl\
manner	[ˈmænər]	\ˈmanər\	mention	[ˈmɛntʃən]	\ˈmenchᵊn\
mansion	[ˈmæntʃən]	\ˈmanchᵊn\	menu	[ˈmɛnju:]	\ˈmen,yü\

ENGLISH WORD	IPA	M-W	ENGLISH WORD	IPA	M-W
merchant	[ˈmərtʃənt]	\ˈmərchᵊnt\	molar	[ˈmoːlər]	\ˈmōlər\
merciful	[ˈmərsɪfəl]	\ˈmərsifᵊl\	mom	[ˈmɑm, ˈmʌm]	\ˈmäm, ˈməm\
merge	[ˈmərdʒ]	\ˈmərj\	moment	[ˈmoːmənt]	\ˈmōmənt\
merit	[ˈmɛrət]	\ˈmerət\	Monday	[ˈmʌnˌdeɪ, -di]	\ˈmənˌdā, -dē\
mess	[ˈmɛs]	\ˈmes\	money	[ˈmʌni]	\ˈmənē\
message	[ˈmɛsɪdʒ]	\ˈmesij\	monitor	[ˈmɑnətər]	\ˈmänətər\
metal	[ˈmɛtəl]	\ˈmetᵊl\	monkey	[ˈmʌŋki]	\ˈməŋkē\
metamorphosis	[ˌmɛtəˈmɔrfəsɪs]	\ˌmetəˈmörfəsis\	monologue	[ˈmɑnəˌlɔg]	\ˈmänəˌlóg\
metaphor	[ˈmɛtəˌfɔr, -fər]	\ˈmetəˌfór, -fər\	month	[ˈmʌnθ]	\ˈmənth\
method	[ˈmɛθəd]	\ˈmethəd\	monument	[ˈmɑnjəmənt]	\ˈmänyəmənt\
metropolis	[məˈtrɑpələs]	\məˈträpələs\	moon	[ˈmuːn]	\ˈmün\
Mexican	[ˈmɛksɪkən]	\ˈmeksikᵊn\	mop	[ˈmɑp]	\ˈmäp\
microbe	[ˈmaɪˌkroːb]	\ˈmīˌkrōb\	moral	[ˈmɔrəl]	\ˈmórəl\
microphone	[ˈmaɪkrəˌfoːn]	\ˈmīkrəˌfōn\	more	[ˈmor]	\ˈmōr\
microscope	[ˈmaɪkrəˌskoːp]	\ˈmīkrəˌskōp\	morning	[ˈmɔrnɪŋ]	\ˈmórniŋ\
microwave	[ˈmaɪkrəˌweɪv]	\ˈmīkrəˌwāv\	mortal	[ˈmɔrtəl]	\ˈmórtᵊl\
mid	[ˈmɪd]	\ˈmid\	mortgage	[ˈmɔrgɪdʒ]	\ˈmórgij\
middle	[ˈmɪdəl]	\ˈmidᵊl\	mosque	[ˈmɑsk]	\ˈmäsk\
midnight	[ˈmɪdˌnaɪt]	\ˈmidˌnīt\	most	[ˈmoːst]	\ˈmōst\
might	[ˈmaɪt]	\ˈmīt\	mother	[ˈmʌðər]	\ˈmət͟hər\
mile	[ˈmaɪl]	\ˈmīl\	motion	[ˈmoːʃən]	\ˈmōshᵊn\
military	[ˈmɪləˌtɛri]	\ˈmiləˌterē\	motive	[ˈmoːtɪv]	\ˈmōtiv\
milk	[ˈmɪlk]	\ˈmilk\	motor	[ˈmoːtər]	\ˈmōtər\
millennium	[məˈlɛniəm]	\məˈlenēəm\	mount	[ˈmaʊnt]	\ˈmaůnt\
million	[ˈmɪljən]	\ˈmilyən\	mourning	[ˈmornɪŋ]	\ˈmōrniŋ\
mimic	[ˈmɪmɪk]	\ˈmimik\	mouse	[ˈmaʊs]	\ˈmaůs\
mind	[ˈmaɪnd]	\ˈmīnd\	mouth	[ˈmaʊθ]	\ˈmaůth\
mine	[ˈmaɪn]	\ˈmīn\	move	[ˈmuːv]	\ˈmüv\
mineral	[ˈmɪnərəl]	\ˈminərəl\	movie	[ˈmuːvi]	\ˈmüvē\
minimize	[ˈmɪnəˌmaɪz]	\ˈminəˌmīz\	Mr.	[ˈmɪstər]	\ˈmistər\
minister	[ˈmɪnəstər]	\ˈminəstər\	Mrs.	[ˈmɪsəz, -səs, ˈmɪzəz, -zəs]	\ˈmisəz, -səs, ˈmizəz, -zəs\
minor	[ˈmaɪnər]	\ˈmīnər\	Ms.	[ˈmɪz]	\ˈmiz\
mint	[ˈmɪnt]	\ˈmint\	much	[ˈmʌtʃ]	\ˈməch\
minus	[ˈmaɪnəs]	\ˈmīnəs\	mud	[ˈmʌd]	\ˈməd\
minute	[maɪˈnuːt; ˈmɪnət]	\mīˈnüt; ˈminət\	muddy	[ˈmʌdi]	\ˈmədē\
miracle	[ˈmɪrɪkəl]	\ˈmirikᵊl\	mug	[ˈmʌg]	\ˈməg\
mirror	[ˈmɪrər]	\ˈmirər\	multimedia	[ˌmʌltiˈmiːdiə, ˌmʌltaɪ-]	\ˌməltēˈmēdēə, ˌməltī-\
mischief	[ˈmɪstʃəf]	\ˈmischəf\	multinational	[ˌmʌltiˈnæʃənəl, ˌmʌltaɪ-]	\ˌməltēˈnashənᵊl, ˌməltī-\
miss	[ˈmɪs]	\ˈmis\	multiple	[ˈmʌltəpəl]	\ˈməltəpᵊl\
missing	[ˈmɪsɪŋ]	\ˈmisiŋ\	multitude	[ˈmʌltəˌtuːd, -ˌtjuːd]	\ˈməltəˌtüd, -ˌtyüd\
mission	[ˈmɪʃən]	\ˈmishᵊn\	municipal	[mjʊˈnɪsəpəl]	\myůˈnisəpəl\
mist	[ˈmɪst]	\ˈmist\	muscle	[ˈmʌsəl]	\ˈməsᵊl\
mistake	[mɪˈsteɪk]	\miˈstāk\	museum	[mjʊˈziːəm]	\myůˈzēəm\
mistreat	[mɪsˈtriːt]	\misˈtrēt\	mushroom	[ˈmʌʃˌruːm, -ˌrʊm]	\ˈməshˌrüm, -ˌrům\
misunderstanding	[ˌmɪsˌʌndərˈstændɪŋ]	\ˌmisˌəndərˈstandiŋ\	music	[ˈmjuːzɪk]	\ˈmyüzik\
mix	[ˈmɪks]	\ˈmiks\	Muslim	[ˈmʌzləm, ˈmʊs-, ˈmʊz-]	\ˈməzləm, ˈmůs-, ˈmůz-\
moan	[ˈmoːn]	\ˈmōn\	must	[ˈmʌst]	\ˈməst\
mobile	[ˈmoːbəl, -ˌbiːl, -ˌbaɪl]	\ˈmōbᵊl, -ˌbēl, -ˌbīl\	mustache	[ˈmʌˌstæʃ, mʌˈstæʃ]	\ˈməˌstash, məˈstash\
moccasin	[ˈmɑkəsən]	\ˈmäkəsᵊn\	mute	[ˈmjuːt]	\ˈmyüt\
model	[ˈmɑdəl]	\ˈmädᵊl\	mutiny	[ˈmjuːtəni]	\ˈmyütᵊnē\
modem	[ˈmoːdəm, -ˌdɛm]	\ˈmōdəm, -ˌdem\	my	[ˈmaɪ]	\ˈmī\
moderate	[ˈmɑdərət, -ˌreɪt]	\ˈmädərət, -ˌrāt\	myself	[maɪˈsɛlf]	\mīˈself\
modern	[ˈmɑdərn]	\ˈmädərn\	mystery	[ˈmɪstəri]	\ˈmistərē\
modest	[ˈmɑdəst]	\ˈmädəst\	myth	[ˈmɪθ]	\ˈmith\
modify	[ˈmɑdəˌfaɪ]	\ˈmädəˌfī\			
moist	[ˈmɔɪst]	\ˈmóist\			

ENGLISH WORD	IPA	M-W
nail	[ˈneɪl]	\ˈnāl\
naked	[ˈneɪkəd]	\ˈnākəd\
name	[ˈneɪm]	\ˈnām\
nap	[ˈnæp]	\ˈnap\
nape	[ˈneɪp, ˈnæp]	\ˈnāp, ˈnap\
napkin	[ˈnæpkən]	\ˈnapkən\
narrate	[ˈnærˌeɪt]	\ˈnarˌāt\
narrow	[ˈnærˌoː]	\ˈnarˌō\
nasal	[ˈneɪzəl]	\ˈnāzᵊl\
nasty	[ˈnæsti]	\ˈnastē\
nation	[ˈneɪʃən]	\ˈnāshᵊn\
native	[ˈneɪtɪv]	\ˈnātiv\
nature	[ˈneɪtʃər]	\ˈnāchər\
naughty	[ˈnɔti]	\ˈnȯtē\
naval	[ˈneɪvəl]	\ˈnāvᵊl\
navel	[ˈneɪvəl]	\ˈnāvᵊl\
navigate	[ˈnævəˌgeɪt]	\ˈnavəˌgāt\
near	[ˈnɪr]	\ˈnir\
neat	[ˈniːt]	\ˈnēt\
necessary	[ˈnɛsəˌseri]	\ˈnesəˌserē\
neck	[ˈnɛk]	\ˈnek\
need	[ˈniːd]	\ˈnēd\
needle	[ˈniːdəl]	\ˈnēdᵊl\
negative	[ˈnɛgətɪv]	\ˈnegətiv\
neglect	[nɪˈglɛkt]	\niˈglekt\
negotiate	[nɪˈgoːʃiˌeɪt]	\niˈgōshēˌāt\
Negro	[ˈniːˌgroː]	\ˈnēˌgrō\
neither	[ˈniːðər, ˈnaɪ-]	\ˈnēthər, ˈnī-\
nephew	[ˈnɛˌfjuː]	\ˈneˌfyü\
nerve	[ˈnərv]	\ˈnərv\
nest	[ˈnɛst]	\ˈnest\
net	[ˈnɛt]	\ˈnet\
network	[ˈnɛtˌwərk]	\ˈnetˌwərk\
neutral	[ˈnuːtrəl, ˈnjuː-]	\ˈnütrəl, ˈnyü-\
never	[ˈnɛvər]	\ˈnevər\
new	[ˈnuː, ˈnjuː]	\ˈnü, ˈnyü\
next	[ˈnɛkst]	\ˈnekst\
Nicaraguan	[ˌnɪkəˈrɑgwən]	\ˌnikəˈrägwən\
nice	[ˈnaɪs]	\ˈnīs\
nickname	[ˈnɪkˌneɪm]	\ˈnikˌnām\
niece	[ˈniːs]	\ˈnēs\
night	[ˈnaɪt]	\ˈnīt\
nine	[ˈnaɪn]	\ˈnīn\
no	[ˈnoː]	\ˈnō\
nobody	[ˈnoːbədi, -ˌbɑdi]	\ˈnōbədē, -ˌbädē\
nod	[ˈnɑd]	\ˈnäd\
noise	[ˈnɔɪz]	\ˈnȯiz\
nominate	[ˈnɑməˌneɪt]	\ˈnäməˌnāt\
none	[ˈnʌn]	\ˈnən\
nonetheless	[ˌnʌnðəˈlɛs]	\ˌnənthəˈles\
nonsense	[ˈnɑnˌsɛnts, ˈnɑntsənts]	\ˈnänˌsen(t)s, ˈnän(t)sᵊn(t)s\
nonstop	[ˌnɑnˈstap]	\ˌnänˈstäp\
noodle	[ˈnuːdəl]	\ˈnüdᵊl\
noon	[ˈnuːn]	\ˈnün\
nor	[ˈnɔr]	\ˈnȯr\
norm	[ˈnɔrm]	\ˈnȯrm\
north	[ˈnɔrθ]	\ˈnȯrth\
Norwegian	[nɔrˈwiːdʒən]	\nȯrˈwējᵊn\
nose	[ˈnoːz]	\ˈnōz\
nostalgia	[nɑˈstældʒə, nə-]	\näˈstaljə, nə-\
not	[ˈnɑt]	\ˈnät\
note	[ˈnoːt]	\ˈnōt\
nothing	[ˈnʌθɪŋ]	\ˈnəthiŋ\
notice	[ˈnoːtɪs]	\ˈnōtis\
notion	[ˈnoːʃən]	\ˈnōshᵊn\
noun	[ˈnaʊn]	\ˈnaůn\
nourish	[ˈnərɪʃ]	\ˈnərish\
novel	[ˈnɑvəl]	\ˈnävᵊl\
November	[noˈvɛmbər]	\nōˈvembər\
now	[ˈnaʊ]	\ˈnaů\
nowhere	[ˈnoːˌʍɛr]	\ˈnōˌ(h)wer\
nuclear	[ˈnuːkliər, ˈnjuː-]	\ˈnüklēər, ˈnyü-\
nude	[ˈnuːd, ˈnjuːd]	\ˈnüd, ˈnyüd\
number	[ˈnʌmbər]	\ˈnəmbər\
nun	[ˈnʌn]	\ˈnən\
nurse	[ˈnərs]	\ˈnərs\
nurture	[ˈnərtʃər]	\ˈnərchər\
nut	[ˈnʌt]	\ˈnət\
nutrition	[nʊˈtrɪʃən, njʊ-]	\nůˈtrishᵊn, nyů-\
nylon	[ˈnaɪˌlɑn]	\ˈnīˌlän\
oak	[ˈoːk]	\ˈōk\
oath	[ˈoːθ]	\ˈōth\
oats	[ˈoːts]	\ˈōts\
obedient	[oˈbiːdiənt]	\ōˈbēdēənt\
obey	[oˈbeɪ]	\ōˈbā\
object	[ˈɑbdʒɪkt; əbˈdʒɛkt]	\ˈäbjikt; əbˈjekt\
obligation	[ˌɑbləˈgeɪʃən]	\ˌäbləˈgāshᵊn\
obscurity	[ɑbˈskjʊrəti, əb-]	\äbˈskyůrətē, əb-\
observe	[əbˈzərv]	\əbˈzərv\
obsession	[ɑbˈsɛʃən, əb-]	\äbˈseshᵊn, əb-\
obstacle	[ˈɑbstɪkəl]	\ˈäbstikᵊl\
obtain	[əbˈteɪn]	\əbˈtān\
obvious	[ˈɑbviəs]	\ˈäbvēəs\
occasion	[əˈkeɪʒən]	\əˈkāzhᵊn\
occult	[əˈkʌlt, ˈɑˌkʌlt]	\əˈkəlt, ˈäˌkəlt\
occupy	[ˈɑkjəˌpaɪ]	\ˈäkyəˌpī\
occur	[əˈkər]	\əˈkər\
ocean	[ˈoːʃən]	\ˈōshᵊn\
October	[ɑkˈtoːbər]	\äkˈtōbər\
odd	[ˈɑd]	\ˈäd\
of	[ˈʌv, ˈav]	\ˈəv, ˈäv\
off	[ˈɔf]	\ˈȯf\
offend	[əˈfɛnd]	\əˈfend\
offer	[ˈɔfər]	\ˈȯfər\
office	[ˈɔfəs]	\ˈȯfəs\
often	[ˈɔfən, ˈɔftən]	\ˈȯfᵊn, ˈȯftᵊn\
oh	[ˈoː]	\ˈō\
oil	[ˈɔɪl]	\ˈȯil\
OK	[ˌoːˈkeɪ]	\ˌōˈkā\
old	[ˈoːld]	\ˈōld\
olive	[ˈɑlɪv, -ləv]	\ˈäliv, -ləv\

ENGLISH WORD	IPA	M-W	ENGLISH WORD	IPA	M-W
Olympic	[oˈlɪmpɪk]	\ōˈlimpik\	oven	[ˈʌvən]	\ˈəvᵊn\
omit	[oˈmɪt]	\ōˈmit\	over	[ˈoːvər]	\ˈōvər\
on	[ˈan, ˈɔn]	\ˈän, ˈȯn\	overall	[ˌoːvərˈɔl]	\ˌōvərˈȯl\
once	[ˈwʌnts]	\ˈwən(t)s\	overcoat	[ˈoːvərˌkoːt]	\ˈōvərˌkōt\
oncoming	[ˈanˌkʌmɪŋ, ˈɔn-]	\ˈänˌkəmiŋ, ˈȯn-\	overcome	[ˌoːvərˈkʌm]	\ˌōvərˈkəm\
one	[ˈwʌn]	\ˈwən\	overdo	[ˌoːvərˈduː]	\ˌōvərˈdü\
ongoing	[ˈanˌgoːɪŋ]	\ˈänˌgōiŋ\	overdose	[ˈoːvərˌdoːs]	\ˈōvərˌdōs\
onion	[ˈʌnjən]	\ˈənyən\	overdraft	[ˈoːvərˌdræft]	\ˈōvərˌdraft\
only	[ˈoːnli]	\ˈōnlē\	overhand	[ˈoːvərˌhænd]	\ˈōvərˌhand\
onto	[ˈanˌtuː, ˈɔn-]	\ˈänˌtü, ˈȯn-\	overhead	[ˌoːvərˈhɛd]	\ˌōvərˈhed\
open	[ˈoːpən]	\ˈōpᵊn\	overland	[ˈoːvərˌlænd, -lənd]	\ˈōvərˌland, -lənd\
operate	[ˈapəˌreɪt]	\ˈäpəˌrāt\	overlook	[ˌoːvərˈlʊk]	\ˌōvərˈlu̇k\
opinion	[əˈpɪnjən]	\əˈpinyən\	overly	[ˈoːvərli]	\ˈōvərlē\
opponent	[əˈpoːnənt]	\əˈpōnᵊnt\	overnight	[ˌoːvərˈnaɪt]	\ˌōvərˈnīt\
opportunity	[ˌapərˈtuːnəti, -ˈtjuː-]	\ˌäpərˈtünətē, -ˈtyü-\	overpass	[ˈoːvərˌpæs]	\ˈōvərˌpas\
oppose	[əˈpoːz]	\əˈpōz\	overseas	[ˌoːvərˈsiːz]	\ˌōvərˈsēz\
opposite	[ˈapəzət]	\ˈäpəzət\	oversleep	[ˌoːvərˈsliːp]	\ˌōvərˈslēp\
oppress	[əˈprɛs]	\əˈpres\	overt	[oˈvərt, ˈoːˌvərt]	\ōˈvərt, ˈōˌvərt\
optimism	[ˈaptəˌmɪzəm]	\ˈäptəˌmizᵊm\	overtake	[ˌoːvərˈteɪk]	\ˌōvərˈtāk\
option	[ˈapʃən]	\ˈäpshᵊn\	overtime	[ˈoːvərˌtaɪm]	\ˈōvərˌtīm\
or	[ˈɔr]	\ˈȯr\	overwhelm	[ˌoːvərˈhwɛlm]	\ˌōvərˈ(h)welm\
oral	[ˈorəl]	\ˈōrəl\	owe	[ˈoː]	\ˈō\
orange	[ˈɔrɪndʒ]	\ˈȯrinj\	owl	[ˈaʊl]	\ˈau̇l\
orchestra	[ˈɔrkəstrə]	\ˈȯrkəstrə\	own	[ˈoːn]	\ˈōn\
orchid	[ˈɔrkɪd]	\ˈȯrkid\	oxygen	[ˈaksɪdʒən]	\ˈäksijᵊn\
order	[ˈɔrdər]	\ˈȯrdər\	pace	[ˈpeɪs]	\ˈpās\
ordinary	[ˈɔrdənˌeri]	\ˈȯrdᵊnˌerē\	pacify	[ˈpæsəˌfaɪ]	\ˈpasəˌfī\
organ	[ˈɔrgən]	\ˈȯrgᵊn\	pack	[ˈpæk]	\ˈpak\
origin	[ˈɔrədʒən]	\ˈȯrəjᵊn\	pact	[ˈpækt]	\ˈpakt\
ornament	[ˈɔrnəmənt]	\ˈȯrnəmənt\	pad	[ˈpæd]	\ˈpad\
orphan	[ˈɔrfən]	\ˈȯrfᵊn\	padlock	[ˈpædˌlak]	\ˈpadˌläk\
ostrich	[ˈastrɪtʃ, ˈɔs-]	\ˈästrich, ˈȯs-\	page	[ˈpeɪdʒ]	\ˈpāj\
other	[ˈʌðər]	\ˈəthər\	pain	[ˈpeɪn]	\ˈpān\
ought	[ˈɔt]	\ˈȯt\	paint	[ˈpeɪnt]	\ˈpānt\
ounce	[ˈaʊnts]	\ˈau̇n(t)s\	pair	[ˈpær]	\ˈpar\
our	[ˈar, ˈaʊr]	\ˈär, ˈau̇r\	pajamas	[pəˈdʒaməz, -ˈdʒæ-]	\pəˈjäməz, -ˈja-\
out	[ˈaʊt]	\ˈau̇t\	Pakistani	[ˌpækɪˈstæni, ˌpakɪˈstani]	
outcome	[ˈaʊtˌkʌm]	\ˈau̇tˌkəm\			\ˌpakiˈstanē, ˌpäkiˈstänē\
outdo	[ˌaʊtˈduː]	\ˌau̇tˈdü\	palace	[ˈpæləs]	\ˈpaləs\
outdoor	[ˈaʊtˈdor]	\ˈau̇tˈdor\	palate	[ˈpælət]	\ˈpalət\
outer	[ˈaʊtər]	\ˈau̇tər\	pale	[ˈpeɪl]	\ˈpāl\
outgoing	[ˈaʊtˌgoːɪŋ]	\ˈau̇tˌgōiŋ\	Palestinian	[ˌpæləˈstɪniən]	\ˌpaləˈstinēən\
outlay	[ˈaʊtˌleɪ]	\ˈau̇tˌlā\	palm	[ˈpam, ˈpalm]	\ˈpäm, ˈpälm\
outlet	[ˈaʊtˌlɛt, -lət]	\ˈau̇tˌlet, -lət\	palpitate	[ˈpælpəˌteɪt]	\ˈpalpəˌtāt\
outline	[ˈaʊtˌlaɪn]	\ˈau̇tˌlīn\	pan	[ˈpæn]	\ˈpan\
outlook	[ˈaʊtˌlʊk]	\ˈau̇tˌlu̇k\	pancake	[ˈpænˌkeɪk]	\ˈpanˌkāk\
output	[ˈaʊtˌpʊt]	\ˈau̇tˌpu̇t\	panic	[ˈpænɪk]	\ˈpanik\
outrage	[ˈaʊtˌreɪdʒ]	\ˈau̇tˌrāj\	panorama	[ˌpænəˈræmə, -ˈra-]	\ˌpanəˈramə, -ˈrä-\
outright	[ˌaʊtˈraɪt]	\ˌau̇tˈrīt\	panther	[ˈpænθər]	\ˈpanthər\
outset	[ˈaʊtˌsɛt]	\ˈau̇tˌset\	pants	[ˈpænts]	\ˈpants\
outside	[ˌaʊtˈsaɪd, ˈaʊtˌ-]	\ˌau̇tˈsīd, ˈau̇tˌ-\	papaya	[pəˈpaɪə]	\pəˈpīə\
outskirts	[ˈaʊtˌskərts]	\ˈau̇tˌskərts\	paper	[ˈpeɪpər]	\ˈpāpər\
outspoken	[ˌaʊtˈspoːkən]	\ˌau̇tˈspōkᵊn\	paprika	[pəˈpriːkə, pæ-]	\pəˈprēkə, pa-\
outstanding	[ˌaʊtˈstændɪŋ]	\ˌau̇tˈstandiŋ\	parachute	[ˈpærəˌʃuːt]	\ˈparəˌshüt\
outward	[ˈaʊtwərd]	\ˈau̇twərd\	paradise	[ˈpærəˌdaɪs, -ˌdaɪz]	\ˈparəˌdīs, -ˌdīz\
oval	[ˈoːvəl]	\ˈōvᵊl\	paragraph	[ˈpærəˌgræf]	\ˈparəˌgraf\

ENGLISH WORD	IPA	M-W	ENGLISH WORD	IPA	M-W
Paraguayan	[ˌpærəˈgwaɪən, -ˈgweɪ-]	\ˌparəˈgwīən, -ˈgwā-\	pedal	[ˈpɛdəl]	\ˈpedᵊl\
paralysis	[pəˈræləsɪs]	\pəˈraləsis\	pedestrian	[pəˈdɛstriən]	\pəˈdestrēən\
paratrooper	[ˈpærəˌtruːpər]	\ˈparəˌトrüpər\	pediatrician	[ˌpiːdiəˈtrɪʃən]	\ˌpēdēəˈtrishᵊn\
parcel	[ˈparsəl]	\ˈpärsᵊl\	peel	[ˈpiːl]	\ˈpēl\
pardon	[ˈpard n]	\ˈpärdᵊn\	pelt	[ˈpɛlt]	\ˈpelt\
parent	[ˈpærənt]	\ˈparənt\	pelvis	[ˈpɛlvɪs]	\ˈpelvis\
parenthesis	[pəˈrɛnθəsɪs]	\pəˈrenthəsis\	pen	[ˈpɛn]	\ˈpen\
parish	[ˈpærɪʃ]	\ˈparish\	penal	[ˈpiːnəl]	\ˈpēnᵊl\
park	[ˈpark]	\ˈpärk\	penance	[ˈpɛnənts]	\ˈpenᵊn(t)s\
parking	[ˈparkɪŋ]	\ˈpärkiŋ\	pencil	[ˈpɛntsəl]	\ˈpen(t)sᵊl\
parliament	[ˈparləmənt, ˈparljə-]	\ˈpärləmənt, ˈpärlyə-\	pending	[ˈpɛndɪŋ]	\ˈpendiŋ\
parole	[pəˈroːl]	\pəˈrōl\	penetrate	[ˈpɛnəˌtreɪt]	\ˈpenəˌtrāt\
parrot	[ˈpærət]	\ˈparət\	penicillin	[ˌpɛnəˈsɪlən]	\ˌpenəˈsilən\
parsley	[ˈparsli]	\ˈpärslē\	peninsula	[pəˈnɪntsələ, -ˈnɪntʃʊlə]	
part	[ˈpart]	\ˈpärt\			\pəˈnin(t)sələ, -ˈninchùlə\
partial	[ˈparʃəl]	\ˈpärshᵊl\	pension	[ˈpɛntʃən]	\ˈpenchᵊn\
participate	[pərˈtɪsəˌpeɪt, par-]	\pərˈtisəˌpāt, pär-\	pensive	[ˈpɛntsɪv]	\ˈpen(t)siv\
participle	[ˈpartəˌsɪpəl]	\ˈpärtəˌsipᵊl\	pentagon	[ˈpɛntəˌgan]	\ˈpentəˌgän\
particular	[parˈtɪkjələr]	\pärˈtikyələr\	people	[ˈpiːpəl]	\ˈpēpᵊl\
partition	[pərˈtɪʃən, par-]	\pərˈtish'n, pär-\	pepper	[ˈpɛpər]	\ˈpepər\
partner	[ˈpartnər]	\ˈpärtnər\	peppermint	[ˈpɛpərˌmɪnt]	\ˈpepərˌmint\
party	[ˈparti]	\ˈpärtē\	perceive	[pərˈsiːv]	\pərˈsēv\
pass	[ˈpæs]	\ˈpas\	percent	[pərˈsɛnt]	\pərˈsent\
passenger	[ˈpæsə ndʒər]	\ˈpasᵊnjər\	perception	[pərˈsɛpʃən]	\pərˈsepshᵊn\
passion	[ˈpæʃən]	\ˈpashᵊn\	percussion	[pərˈkʌʃən]	\pərˈkəshᵊn\
passive	[ˈpæsɪv]	\ˈpasiv\	perfect	[ˈpərfɪkt; pərˈfɛkt]	\ˈpərfikt; pərˈfekt\
Passover	[ˈpæsˌoːvər]	\ˈpasˌōvər\	perforate	[ˈpərfəˌreɪt]	\ˈpərfəˌrāt\
passport	[ˈpæsˌport]	\ˈpasˌpōrt\	perform	[pərˈform]	\pərˈfòrm\
password	[ˈpæsˌwərd]	\ˈpasˌwərd\	perfume	[ˈpərˌfjuːm, pər-]	\ˈpərˌfyüm, pər-\
past	[ˈpæst]	\ˈpast\	perhaps	[pərˈhæps]	\pərˈhaps\
paste	[ˈpeɪst]	\ˈpāst\	peril	[ˈpɛrəl]	\ˈperəl\
pastime	[ˈpæsˌtaɪm]	\ˈpasˌtīm\	period	[ˈpɪriəd]	\ˈpirēəd\
pastor	[ˈpæstər]	\ˈpastər\	peripheral	[pəˈrɪfərəl]	\pəˈrifərəl\
pasture	[ˈpæstʃər]	\ˈpaschər\	perish	[ˈpɛrɪʃ]	\ˈperish\
paternal	[pəˈtərnəl]	\pəˈtərnᵊl\	permanent	[ˈpərmənənt]	\ˈpərmənənt\
path	[ˈpæθ, ˈpaθ]	\ˈpath, ˈpäth\	permission	[pərˈmɪʃən]	\pərˈmishᵊn\
patience	[ˈpeɪʃənts]	\ˈpāshᵊn(t)s\	perpendicular	[ˌpərpənˈdɪkjələr]	\ˌpərpᵊnˈdikyələr\
patio	[ˈpætiˌoː]	\ˈpatēˌō\	persecute	[ˈpərsɪˌkjuːt]	\ˈpərsiˌkyüt\
patriot	[ˈpeɪtriət]	\ˈpātrēət\	person	[ˈpərsən]	\ˈpərsᵊn\
patrol	[pəˈtroːl]	\pəˈtrōl\	perspective	[pərˈspɛktɪv]	\pərˈspektiv\
pattern	[ˈpætərn]	\ˈpatərn\	persuade	[pərˈsweɪd]	\pərˈswād\
paunch	[ˈpontʃ]	\ˈpònch\	Peruvian	[pəˈruːviən]	\pəˈrüvēən\
pause	[ˈpoz]	\ˈpòz\	perverse	[pərˈvərs]	\pərˈvərs\
pave	[ˈpeɪv]	\ˈpāv\	pessimist	[ˈpɛsəmɪst]	\ˈpesəmist\
pavilion	[pəˈvɪljən]	\pəˈvilyən\	petal	[ˈpɛtəl]	\ˈpetᵊl\
paw	[ˈpo]	\ˈpò\	petition	[pəˈtɪʃən]	\pəˈtishᵊn\
pawn	[ˈpon]	\ˈpòn\	petroleum	[pəˈtroːliəm]	\pəˈtrōlēəm\
pay	[ˈpeɪ]	\ˈpā\	phenomenon	[fɪˈnaməˌnan, -nən]	\fiˈnäməˌnän, -nən\
pea	[ˈpiː]	\ˈpē\	philosophy	[fəˈlasəfi]	\fəˈläsəfē\
peace	[ˈpiːs]	\ˈpēs\	phobia	[ˈfoːbiə]	\ˈfōbēə\
peach	[ˈpiːtʃ]	\ˈpēch\	phosphorus	[ˈfasfərəs]	\ˈfäsfərəs\
peak	[ˈpiːk]	\ˈpēk\	photocopy	[ˈfoːtoˌkapi]	\ˈfōtōˌkäpē\
peanut	[ˈpiːˌnʌt]	\ˈpēˌnət\	phrase	[ˈfreɪz]	\ˈfrāz\
pear	[ˈpær]	\ˈpar\	physical	[ˈfɪzɪkəl]	\ˈfizikᵊl\
pearl	[ˈpərl]	\ˈpərl\	physics	[ˈfɪzɪks]	\ˈfiziks\
peasant	[ˈpɛzənt]	\ˈpezᵊnt\	physiology	[ˌfɪziˈalədʒi]	\ˌfizēˈäləjē\

ENGLISH WORD	IPA	M-W
physique	[fə'zi:k]	\fə'zēk\
piano	[pi'æno:]	\pē'anō\
pick	['pɪk]	\'pik\
pickle	['pɪkəl]	\'pikᵊl\
picnic	['pɪk,nɪk]	\'pik,nik\
picture	['pɪktʃər]	\'pikchər\
pie	['paɪ]	\'pī\
piece	['pi:s]	\'pēs\
piety	['paɪəti]	\'pīətē\
pig	['pɪg]	\'pig\
pigeon	['pɪdʒən]	\'pijᵊn\
pigtail	['pɪg,teɪl]	\'pig,tāl\
pile	['paɪl]	\'pīl\
pill	['pɪl]	\'pil\
pillow	['pɪ,lo:]	\'pi,lō\
pilot	['paɪlət]	\'pīlət\
pin	['pɪn]	\'pin\
pinch	['pɪntʃ]	\'pinch\
pineapple	['paɪn,æpəl]	\'pīn,apᵊl\
pink	['pɪŋk]	\'piŋk\
pioneer	[,paɪə'nɪr]	\,pīə'nir\
pipe	['paɪp]	\'pīp\
pistol	['pɪstəl]	\'pistᵊl\
piston	['pɪstən]	\'pistᵊn\
pit	['pɪt]	\'pit\
pizza	['pi:tsə]	\'pētsə\
place	['pleɪs]	\'plās\
plagiarism	['pleɪdʒə,rɪzəm]	\'plājə,rizᵊm\
plaid	['plæd]	\'plad\
plain	['pleɪn]	\'plān\
plan	['plæn]	\'plan\
plane	['pleɪn]	\'plān\
planet	['plænət]	\'planət\
plank	['plæŋk]	\'plaŋk\
planning	['plænɪŋ]	\'planiŋ\
plant	['plænt]	\'plant\
plantain	['plæntən]	\'plantᵊn\
plaque	['plæk]	\'plak\
plaster	['plæstər]	\'plastər\
plastic	['plæstɪk]	\'plastik\
plate	['pleɪt]	\'plāt\
platform	['plæt,fɔrm]	\'plat,fòrm\
platter	['plætər]	\'platər\
play	['pleɪ]	\'plā\
pleasant	['plɛzənt]	\'plezənt\
pledge	['plɛdʒ]	\'plej\
plot	['plɑt]	\'plät\
plug	['plʌg]	\'pləg\
plum	['plʌm]	\'pləm\
plumber	['plʌmər]	\'pləmər\
plunge	['plʌndʒ]	\'plənj\
plural	['plʊrəl]	\'plùrəl\
plus	['plʌs]	\'pləs\
pocket	['pɑkət]	\'päkət\
poem	['po:əm]	\'pōəm\
point	['pɔɪnt]	\'pòint\
poison	['pɔɪzən]	\'pòizᵊn\
poker	['po:kər]	\'pōkər\
polarize	['po:lə,raɪz]	\'pōlə,rīz\
pole	['po:l]	\'pōl\
police	[pə'li:s]	\pə'lēs\
policy	['paləsi]	\'päləsē\
polish	['palɪʃ]	\'pälish\
Polish	['po:lɪʃ]	\'pōlish\
polite	[pə'laɪt]	\pə'līt\
political	[pə'lɪtɪkəl]	\pə'litikᵊl\
poll	['po:l]	\'pōl\
pollute	[pə'lu:t]	\pə'lüt\
pool	['pu:l]	\'pül\
poor	['pʊr, 'por]	\'pùr, 'pōr\
popcorn	['pap,kɔrn]	\'päp,kórn\
pope	['po:p]	\'pōp\
popular	['papjələr]	\'päpyələr\
population	[,papjə'leɪʃən]	\,päpyə'lāshᵊn\
porcelain	['porsələn]	\'pōrsələn\
port	['port]	\'pōrt\
portable	['portəbəl]	\'pōrtəbᵊl\
porter	['portər]	\'pōrtər\
portion	['porʃən]	\'pōrshᵊn\
portrait	['portrət, -,treɪt]	\'pōrtrət, -,trāt\
portray	[por'treɪ]	\pōr'trā\
Portuguese	[,portʃə'gi:z, -'gi:s]	\,pōrchə'gēz, -'gēs\
pose	['po:z]	\'pōz\
position	[pə'zɪʃən]	\pə'zishᵊn\
positive	['pazətɪv]	\'päzətiv\
possess	[pə'zɛs]	\pə'zes\
possible	['pasəbəl]	\'päsəbᵊl\
postal	['po:stəl]	\'pōstᵊl\
poster	['po:stər]	\'pōstər\
postpone	[,po:st'po:n]	\,pōst'pōn\
postwar	[,po:st'wɔr]	\,pōst'wòr\
pot	['pat]	\'pät\
potato	[pə'teɪto]	\pə'tātō\
pottery	['patəri]	\'pätərē\
pound	['paʊnd]	\'paùnd\
poverty	['pavərti]	\'pävərtē\
powder	['paʊdər]	\'paùdər\
power	['paʊər]	\'paùər\
practical	['præktɪkəl]	\'praktikᵊl\
prank	['præŋk]	\'praŋk\
pray	['preɪ]	\'prā\
preach	['pri:tʃ]	\'prēch\
precaution	[pri'kɔʃən]	\prē'kòshᵊn\
precedent	['prɛsədənt]	\'presədənt\
precious	['prɛʃəs]	\'preshəs\
precipitation	[pri,sɪpə'teɪʃən]	\prē,sipə'tāshᵊn\
precise	[pri'saɪs]	\prē'sīs\
precocious	[pri'ko:ʃəs]	\prē'kōshəs\
predict	[pri'dɪkt]	\prē'dikt\
predominant	[pri'damənənt]	\prē'dämᵊnənt\
preface	['prɛfəs]	\'prefəs\
prefer	[pri'fər]	\prē'fər\

ENGLISH WORD	IPA	M-W
prefix	[ˈpriːˌfɪks]	\ˈprēˌfiks\
pregnancy	[ˈprɛgnənt si]	\ˈpregnən(t)sē\
prehistoric	[ˌpriːhɪsˈtɔrɪk]	\ˌprēhisˈtȯrik\
prejudice	[ˈprɛdʒədəs]	\ˈprejədəs\
preliminary	[priˈlɪməˌnɛri]	\prēˈliməˌnerē\
premarital	[ˌpriːˈmærətəl]	\ˌprēˈmarətᵊl\
premature	[ˌpriːməˈtʊr, -ˈtjʊr, -ˈtʃʊr] \ˌprēməˈtür, -ˈtyür, -ˈchür\
premise	[ˈprɛmɪs]	\ˈpremis\
premium	[ˈpriːmiəm]	\ˈprēmēəm\
prepare	[priˈpær]	\prēˈpar\
preposition	[ˌprɛpəˈzɪʃən]	\ˌprepəˈzishᵊn\
prescription	[priˈskrɪpʃən]	\prēˈskripshᵊn\
presence	[ˈprɛzənts]	\ˈprezᵊn(t)s\
present	[ˈprɛzənt; priˈzɛnt]	\ˈprezᵊnt; prēˈzent\
preserve	[priˈzɜrv]	\prēˈzərv\
president	[ˈprɛzədənt]	\ˈprezədənt\
press	[ˈprɛs]	\ˈpres\
prestige	[prɛˈstiːʒ, -ˈstiːdʒ]	\preˈstēzh, -ˈstēj\
pretend	[priˈtɛnd]	\prēˈtend\
pretext	[ˈpriːˌtɛkst]	\ˈprēˌtekst\
pretty	[ˈprɪti]	\ˈpritē\
prevent	[priˈvɛnt]	\prēˈvent\
previously	[ˈpriːviəsli]	\ˈprēvēəslē\
price	[ˈpraɪs]	\ˈprīs\
prickly	[ˈprɪkəli]	\ˈprikᵊlē\
pride	[ˈpraɪd]	\ˈprīd\
priest	[ˈpriːst]	\ˈprēst\
primary	[ˈpraɪˌmɛri, ˈpraɪməri]	\ˈprīˌmerē, ˈprīmərē\
primitive	[ˈprɪmətɪv]	\ˈprimətiv\
principal	[ˈprɪnt səpəl]	\ˈprin(t)səpᵊl\
principle	[ˈprɪnt səpəl]	\ˈprin(t)səpᵊl\
print	[ˈprɪnt]	\ˈprint\
priority	[praɪˈɔrəti]	\prīˈȯrətē\
prison	[ˈprɪzən]	\ˈprizᵊn\
privacy	[ˈpraɪvəsi]	\ˈprīvəsē\
privilege	[ˈprɪvlɪdʒ, ˈprɪvə-]	\ˈprivlij, ˈprivə-\
prize	[ˈpraɪz]	\ˈprīz\
pro	[ˈproː]	\ˈprō\
probability	[ˌprabəˈbɪləti]	\ˌpräbəˈbilətē\
problem	[ˈprabləm]	\ˈpräbləm\
procedure	[prəˈsiːdʒər]	\prəˈsējər\
proceed	[proˈsiːd]	\prōˈsēd\
process	[ˈpraˌsɛs, ˈproː-]	\ˈpräˌses, ˈprō-\
proclaim	[proˈkleɪm]	\prōˈklām\
produce	[prəˈduːs, ˈproː-]	\prəˈdüs, ˈprō-\
profession	[prəˈfɛʃən]	\prəˈfeshᵊn\
profile	[ˈproːˌfaɪl]	\ˈprōˌfīl\
profit	[ˈprafət]	\ˈpräfət\
profound	[prəˈfaʊnd]	\prəˈfaünd\
prognosis	[pragˈnoːsɪs]	\prägˈnōsis\
program	[ˈproːˌgræm, -grəm]	\ˈprōˌgram, -grəm\
progress	[ˈpragrəs, -ˌgrɛs; prəˈgrɛs] \ˈprägrəs, -ˌgres; prəˈgres\
prohibit	[proˈhɪbət]	\prōˈhibət\
project	[ˈpraˌdʒɛkt, -dʒɪkt; prəˈdʒɛkt] \ˈpräˌjekt, -jikt; prəˈjekt\
prologue	[ˈproːˌlɔg]	\ˈprōˌlȯg\
prolong	[prəˈlɔŋ]	\prəˈlȯŋ\
promise	[ˈpraməs]	\ˈpräməs\
promote	[prəˈmoːt]	\prəˈmōt\
prompt	[ˈprampt]	\ˈprämpt\
prong	[ˈprɔŋ]	\ˈprȯŋ\
pronoun	[ˈproːˌnaʊn]	\ˈprōˌnaün\
pronounce	[prəˈnaʊnts]	\prəˈnaün(t)s\
proof	[ˈpruːf]	\ˈprüf\
propaganda	[ˌprapəˈgændə, ˌproː-]	\ˌpräpəˈgandə, ˌprō-\
propeller	[prəˈpɛlər]	\prəˈpelər\
property	[ˈprapərti]	\ˈpräpərtē\
proportion	[prəˈpɔrʃən]	\prəˈpōrshᵊn\
proposal	[prəˈpoːzəl]	\prəˈpōzᵊl\
propose	[prəˈpoːz]	\prəˈpōz\
proprietor	[prəˈpraɪətər]	\prəˈprīətər\
prose	[ˈproːz]	\ˈprōz\
prosecute	[ˈprasɪˌkjuːt]	\ˈpräsiˌkyüt\
prospect	[ˈpraˌspɛkt]	\ˈpräˌspekt\
prosper	[ˈpraspər]	\ˈpräspər\
protect	[prəˈtɛkt]	\prəˈtekt\
protest	[ˈproːˌtɛst; proˈtɛst]	\ˈprōˌtest; prōˈtest\
protrude	[proˈtruːd]	\prōˈtrüd\
proud	[ˈpraʊd]	\ˈpraüd\
prove	[ˈpruːv]	\ˈprüv\
proverb	[ˈpraˌvɜrb]	\ˈpräˌvərb\
provide	[prəˈvaɪd]	\prəˈvīd\
provision	[prəˈvɪʒən]	\prəˈvizhᵊn\
provoke	[prəˈvoːk]	\prəˈvōk\
proximity	[prakˈsɪməti]	\präkˈsimətē\
prudent	[ˈpruːdənt]	\ˈprüdᵊnt\
prune	[ˈpruːn]	\ˈprün\
pseudonym	[ˈsuːdəˌnɪm]	\ˈsüdəˌnim\
psychiatrist	[səˈkaɪətrɪst, saɪ-]	\səˈkīətrist, sī-\
psychology	[saɪˈkalədʒi]	\sīˈkäləjē\
puberty	[ˈpjuːbərti]	\ˈpyübərtē\
public	[ˈpʌblɪk]	\ˈpəblik\
publish	[ˈpʌblɪʃ]	\ˈpəblish\
pudding	[ˈpʊdɪŋ]	\ˈpůdiŋ\
puddle	[ˈpʌdəl]	\ˈpədᵊl\
Puerto Rican	[ˌpwɛrtəˈriːkən, ˌportə-]	\ˌpwertəˈrēkᵊn, ˌpōrtə-\
pull	[ˈpʊl, ˈpʌl]	\ˈpůl, ˈpəl\
pulse	[ˈpʌls]	\ˈpəls\
pumpkin	[ˈpʌmpkɪn, ˈpʌŋkən]	\ˈpəmpkin, ˈpəŋkᵊn\
punch	[ˈpʌntʃ]	\ˈpənch\
punctual	[ˈpʌŋktʃuəl]	\ˈpəŋkchùəl\
punctuation	[ˌpʌŋktʃuˈeɪʃən]	\ˌpəŋkchùˈāshᵊn\
punish	[ˈpʌnɪʃ]	\ˈpənish\
pupil	[ˈpjuːpəl]	\ˈpyüpᵊl\
puppet	[ˈpʌpət]	\ˈpəpət\
puppy	[ˈpʌpi]	\ˈpəpē\
purchase	[ˈpɜrtʃəs]	\ˈpərchəs\
pure	[ˈpjʊr]	\ˈpyůr\
puree	[pjʊˈreɪ, -ˈriː]	\pyůˈrā, -ˈrē\

ENGLISH WORD	IPA	M-W	ENGLISH WORD	IPA	M-W
purify	[ˈpjʊrəˌfaɪ]	\ˈpyu̇rəˌfī\	raw	[ˈrɔ]	\ˈrȯ\
purity	[ˈpjʊrəti]	\ˈpyu̇rətē\	ray	[ˈreɪ]	\ˈrā\
purple	[ˈpərpəl]	\ˈpərpᵊl\	razor	[ˈreɪzər]	\ˈrāzər\
purpose	[ˈpərpəs]	\ˈpərpəs\	reach	[ˈriːtʃ]	\ˈrēch\
purse	[ˈpərs]	\ˈpərs\	reaction	[riˈækʃən]	\rēˈakshᵊn\
pursue	[pərˈsuː]	\pərˈsü\	read	[ˈriːd]	\ˈrēd\
push	[ˈpʊʃ]	\ˈpu̇sh\	readily	[ˈrɛdəli]	\ˈredᵊlē\
quality	[ˈkwɑləti]	\ˈkwälətē\	ready	[ˈrɛdi]	\ˈredē\
quantity	[ˈkwɑntəti]	\ˈkwäntətē\	real	[ˈriːl]	\ˈrēl\
quarrel	[ˈkwɔrəl]	\ˈkwȯrəl\	realize	[ˈriːəˌlaɪz]	\ˈrēəˌlīz\
quarter	[ˈkwɔrtər]	\ˈkwȯrtər\	really	[ˈrɪli, ˈriː-]	\ˈrilē, ˈrē-\
quartet	[kwɔrˈtɛt]	\kwȯrˈtet\	rear	[ˈrɪr]	\ˈrir\
queen	[ˈkwiːn]	\ˈkwēn\	rearrange	[ˌriːəˈreɪndʒ]	\ˌrēəˈrānj\
query	[ˈkwɪri, ˈkwɛr-]	\ˈkwirē, ˈkwer-\	reason	[ˈriːzən]	\ˈrēzᵊn\
quest	[ˈkwɛst]	\ˈkwest\	rebel	[ˈrɛbəl; rɪˈbɛl]	\ˈrebᵊl; riˈbel\
question	[ˈkwɛstʃən]	\ˈkweschᵊn\	rebuild	[ˌriːˈbɪld]	\ˌrēˈbild\
quick	[ˈkwɪk]	\ˈkwik\	recall	[riˈkɔl; ˈriːˌkɔl]	\rēˈkȯl; ˈrēˌkȯl\
quiet	[ˈkwaɪət]	\ˈkwīət\	receipt	[riˈsiːt]	\rēˈsēt\
quit	[ˈkwɪt]	\ˈkwit\	receive	[riˈsiːv]	\rēˈsēv\
quota	[ˈkwoːtə]	\ˈkwōtə\	recent	[ˈriːsənt]	\ˈrēsᵊnt\
quotation	[kwoˈteɪʃən]	\kwōˈtāshᵊn\	receptacle	[riˈsɛptɪkəl]	\rēˈseptikᵊl\
rabbit	[ˈræbət]	\ˈrabət\	reception	[riˈsɛpʃən]	\rēˈsepshᵊn\
race	[ˈreɪs]	\ˈrās\	recharge	[ˌriːˈtʃɑrdʒ]	\ˌrēˈchärj\
racial	[ˈreɪʃəl]	\ˈrāshᵊl\	recipe	[ˈrɛsəˌpiː]	\ˈresəˌpē\
rack	[ˈræk]	\ˈrak\	recipient	[riˈsɪpiənt]	\rēˈsipēənt\
racket	[ˈrækət]	\ˈrakət\	recite	[riˈsaɪt]	\rēˈsīt\
radar	[ˈreɪˌdɑr]	\ˈrāˌdär\	reckon	[ˈrɛkən]	\ˈrekᵊn\
radiance	[ˈreɪdiənts]	\ˈrādēən(t)s\	reclaim	[riˈkleɪm]	\rēˈklām\
radio	[ˈreɪdiˌoː]	\ˈrādēˌō\	recline	[riˈklaɪn]	\rēˈklīn\
raft	[ˈræft]	\ˈraft\	recognition	[ˌrɛkɪgˈnɪʃən]	\ˌrekigˈnishᵊn\
rag	[ˈræg]	\ˈrag\	recommend	[ˌrɛkəˈmɛnd]	\ˌrekəˈmend\
rage	[ˈreɪdʒ]	\ˈrāj\	reconsider	[ˌriːkənˈsɪdər]	\ˌrēkənˈsidər\
raid	[ˈreɪd]	\ˈrād\	record	[riˈkɔrd; ˈrɛkərd]	\rēˈkȯrd; ˈrekərd\
rail	[ˈreɪl]	\ˈrāl\	recover	[riˈkʌvər]	\rēˈkəvər\
rain	[ˈreɪn]	\ˈrān\	rectangle	[ˈrɛkˌtæŋgəl]	\ˈrekˌtaŋgᵊl\
raise	[ˈreɪz]	\ˈrāz\	rector	[ˈrɛktər]	\ˈrektər\
raisin	[ˈreɪzən]	\ˈrāzᵊn\	recuperate	[riˈkuːpəˌreɪt, -ˈkjuː-]	\rēˈküpəˌrāt, -ˈkyü-\
rally	[ˈræli]	\ˈralē\	recur	[riˈkər]	\rēˈkər\
RAM	[ˈræm]	\ˈram\	recycle	[riˈsaɪkəl]	\rēˈsīkᵊl\
ramble	[ˈræmbəl]	\ˈrambᵊl\	red	[ˈrɛd]	\ˈred\
ramp	[ˈræmp]	\ˈramp\	redo	[ˌriːˈduː]	\ˌrēˈdü\
ranch	[ˈræntʃ]	\ˈranch\	reduce	[riˈduːs, -ˈdjuːs]	\rēˈdüs, -ˈdyüs\
random	[ˈrændəm]	\ˈrandəm\	refer	[riˈfər]	\rēˈfər\
range	[ˈreɪndʒ]	\ˈrānj\	referee	[ˌrɛfəˈriː]	\ˌrefəˈrē\
rank	[ˈræŋk]	\ˈraŋk\	refill	[ˌriːˈfɪl; ˈriːˌfɪl]	\ˌrēˈfil; ˈrēˌfil\
rap	[ˈræp]	\ˈrap\	reflect	[riˈflɛkt]	\rēˈflekt\
rapid	[ˈræpɪd]	\ˈrapid\	reflex	[ˈriːˌflɛks]	\ˈrēˌfleks\
rapport	[ræˈpor]	\raˈpōr\	reform	[riˈfɔrm]	\rēˈfȯrm\
rare	[ˈrær]	\ˈrar\	refrain	[riˈfreɪn]	\rēˈfrān\
rash	[ˈræʃ]	\ˈrash\	refresh	[riˈfrɛʃ]	\rēˈfresh\
raspberry	[ˈræzˌbɛri]	\ˈrazˌberē\	refrigerate	[riˈfrɪdʒəˌreɪt]	\rēˈfrijəˌrāt\
rat	[ˈræt]	\ˈrat\	refuel	[riˈfjuːəl]	\rēˈfyüəl\
rate	[ˈreɪt]	\ˈrāt\	refund	[riˈfʌnd, ˈriːˌfʌnd]	\rēˈfənd, ˈrēˌfənd\
rather	[ˈræðər, ˈrʌ-, ˈrɑ-]	\ˈrathər, ˈrə-, ˈrä-\	refuse	[ˈrɛˌfjuːs, -ˌfjuːz]	\ˈreˌfyüs, -ˌfyüz\
rating	[ˈreɪtɪŋ]	\ˈrātiŋ\	regain	[riːˈgeɪn]	\rēˈgān\
rational	[ˈræʃənəl]	\ˈrashənᵊl\	regard	[riˈgɑrd]	\rēˈgärd\

ENGLISH WORD	IPA	M-W
region	[ˈriːdʒən]	\ˈrējᵊn\
register	[ˈrɛdʒəstər]	\ˈrejəstər\
regret	[riˈgrɛt]	\rēˈgret\
regular	[ˈrɛgjələr]	\ˈregyələr\
rehabilitate	[ˌriːhəˈbɪləˌteɪt, ˌriːə-]	\ˌrēhəˈbiləˌtāt, ˌrēə-\
rehearse	[riˈhərs]	\rēˈhərs\
reign	[ˈreɪn]	\ˈrān\
reinforce	[ˌriːənˈfors]	\ˌrēənˈfōrs\
reject	[riˈdʒɛkt]	\rēˈjekt\
relate	[riˈleɪt]	\rēˈlāt\
relax	[riˈlæks]	\rēˈlaks\
release	[riˈliːs]	\rēˈlēs\
relevant	[ˈrɛləvənt]	\ˈreləvənt\
reliable	[riˈlaɪəbəl]	\rēˈlīəbᵊl\
relief	[riˈliːf]	\rēˈlēf\
religion	[riˈlɪdʒən]	\rēˈlijᵊn\
remain	[riˈmeɪn]	\rēˈmān\
remark	[riˈmɑrk]	\rēˈmärk\
remedy	[ˈrɛmədi]	\ˈremədē\
remember	[riˈmɛmbər]	\rēˈmembər\
remind	[riˈmaɪnd]	\rēˈmīnd\
remote	[riˈmoːt]	\rēˈmōt\
remove	[riˈmuːv]	\rēˈmüv\
rendition	[rɛnˈdɪʃən]	\renˈdishᵊn\
renew	[riˈnuː, -ˈnjuː]	\rēˈnü, -ˈnyü\
renovate	[ˈrɛnəˌveɪt]	\ˈrenəˌvāt\
renown	[riˈnaʊn]	\rēˈnaùn\
rent	[ˈrɛnt]	\ˈrent\
repair	[riˈpær]	\rēˈpar\
repeat	[riˈpiːt]	\rēˈpēt\
repetition	[ˌrɛpəˈtɪʃən]	\ˌrepəˈtishᵊn\
replace	[riˈpleɪs]	\rēˈplās\
reply	[riˈplaɪ]	\rēˈplī\
report	[riˈport]	\rēˈpōrt\
represent	[ˌrɛprɪˈzɛnt]	\ˌrepriˈzent\
repress	[riˈprɛs]	\rēˈpres\
reproduce	[ˌriːprəˈduːs, -ˈdjuːs]	\ˌrēprəˈdüs, -ˈdyüs\
republic	[riˈpʌblɪk]	\rēˈpəblik\
reputation	[ˌrɛpjəˈteɪʃən]	\ˌrepyəˈtāshᵊn\
request	[riˈkwɛst]	\rēˈkwest\
require	[riˈkwaɪr]	\rēˈkwīr\
rescue	[ˈrɛsˌkjuː]	\ˈresˌkyü\
research	[riˈsərtʃ, ˈriːˌsərtʃ]	\rēˈsərch, ˈrēˌsərch\
resemble	[riˈzɛmbəl]	\rēˈzembᵊl\
reserve	[riˈzərv]	\rēˈzərv\
reset	[ˌriːˈsɛt]	\ˌrēˈset\
residence	[ˈrɛzədənts]	\ˈrezədən(t)s\
resign	[riˈzaɪn]	\rēˈzīn\
resistant	[riˈzɪstənt]	\rēˈzistᵊnt\
resolve	[riˈzɑlv]	\rēˈzälv\
resort	[riˈzɔrt]	\rēˈzȯrt\
resource	[ˈriːˌsors, riˈsors]	\ˈrēˌsōrs, rēˈsōrs\
respect	[riˈspɛkt]	\rēˈspekt\
respiration	[ˌrɛspəˈreɪʃən]	\ˌrespəˈrāshᵊn\
response	[riˈspɑnts]	\rēˈspän(t)s\
rest	[ˈrɛst]	\ˈrest\
restaurant	[ˈrɛstəˌrɑnt, -rənt]	\ˈrestəˌränt, -rənt\
restful	[ˈrɛstfəl]	\ˈrestfᵊl\
restless	[ˈrɛstləs]	\ˈrestləs\
restore	[riˈstor]	\rēˈstōr\
restrain	[riˈstreɪn]	\rēˈstrān\
restriction	[riˈstrɪkʃən]	\rēˈstrikshᵊn\
result	[riˈzʌlt]	\rēˈzəlt\
resume	[riˈzuːm]	\rēˈzüm\
retire	[riˈtaɪr]	\rēˈtīr\
retrieve	[riˈtriːv]	\rēˈtrēv\
return	[riˈtərn]	\rēˈtərn\
reveal	[riˈviːl]	\rēˈvēl\
reverse	[riˈvərs]	\rēˈvərs\
review	[riˈvjuː]	\rēˈvyü\
revise	[riˈvaɪz]	\rēˈvīz\
revival	[riˈvaɪvəl]	\rēˈvīvəl\
revolution	[ˌrɛvəˈluːʃən]	\ˌrevəˈlüshᵊn\
reward	[riˈwɔrd]	\rēˈwȯrd\
rewrite	[ˌriːˈraɪt]	\ˌrēˈrīt\
rhyme	[ˈraɪm]	\ˈrīm\
rhythm	[ˈrɪðəm]	\ˈrithᵊm\
rib	[ˈrɪb]	\ˈrib\
ribbon	[ˈrɪbən]	\ˈribᵊn\
rice	[ˈraɪs]	\ˈrīs\
rich	[ˈrɪtʃ]	\ˈrich\
rid	[ˈrɪd]	\ˈrid\
riddle	[ˈrɪdəl]	\ˈridᵊl\
ride	[ˈraɪd]	\ˈrīd\
ridiculous	[rəˈdɪkjələs]	\rəˈdikyələs\
rifle	[ˈraɪfəl]	\ˈrīfᵊl\
right	[ˈraɪt]	\ˈrīt\
rigid	[ˈrɪdʒɪd]	\ˈrijid\
ring	[ˈrɪŋ]	\ˈriŋ\
rink	[ˈrɪŋk]	\ˈriŋk\
rinse	[ˈrɪnts]	\ˈrin(t)s\
ripe	[ˈraɪp]	\ˈrīp\
rise	[ˈraɪz]	\ˈrīz\
risk	[ˈrɪsk]	\ˈrisk\
rival	[ˈraɪvəl]	\ˈrīvᵊl\
river	[ˈrɪvər]	\ˈrivər\
road	[ˈroːd]	\ˈrōd\
roast	[ˈroːst]	\ˈrōst\
robot	[ˈroːˌbɑt, -bət]	\ˈrōˌbät, -bət\
robust	[roˈbʌst, ˈroːˌbʌst]	\rōˈbəst, ˈrōˌbəst\
rock	[ˈrɑk]	\ˈräk\
role	[ˈroːl]	\ˈrōl\
roll	[ˈroːl]	\ˈrōl\
romance	[roˈmænts, ˈroːˌmænts]	\rōˈman(t)s, ˈrōˌman(t)s\
Romanian	[rʊˈmeɪniən, ro-]	\rùˈmānēən, rō-\
romantic	[roˈmæntɪk]	\rōˈmantik\
roof	[ˈruːf, ˈrʊf]	\ˈrüf, ˈrùf\
room	[ˈruːm, ˈrʊm]	\ˈrüm, ˈrùm\
rooster	[ˈruːstər, ˈrʊs-]	\ˈrüstər, ˈrùs-\
root	[ˈruːt, ˈrʊt]	\ˈrüt, ˈrùt\
rope	[ˈroːp]	\ˈrōp\

ENGLISH WORD	IPA	M-W
rose	['ro:z]	\'rōz\
rotate	['ro:ˌteɪt]	\'rō̱ˌtāt\
rough	['rʌf]	\'rəf\
round	['raʊnd]	\'raùnd\
route	['ru:t, 'raʊt]	\'rüt, 'raùt\
routine	[ru:'ti:n]	\rü'tēn\
row	['ro:]	\'rō\
row	['raʊ]	\'raù\
rowdy	['raʊdi]	\'raùdē\
rub	['rʌb]	\'rəb\
rubber	['rʌbər]	\'rəbər\
rubbish	['rʌbɪʃ]	\'rəbish\
rude	['ru:d]	\'rüd\
rug	['rʌg]	\'rəg\
rugged	['rʌgəd]	\'rəgəd\
ruin	['ru:ən]	\'rüən\
rule	['ru:l]	\'rül\
rumor	['ru:mər]	\'rümər\
run	['rʌn]	\'rən\
runner	['rʌnər]	\'rənər\
runway	['rʌnˌweɪ]	\'rənˌwā\
rupture	['rʌptʃər]	\'rəpchər\
rural	['rʊrəl]	\'rúrəl\
rush	['rʌʃ]	\'rəsh\
Russian	['rʌʃən]	\'rəshᵊn\
sacred	['seɪkrəd]	\'sākrəd\
sacrifice	['sækrəˌfaɪs]	\'sakrəˌfīs\
sad	['sæd]	\'sad\
sadness	['sædnəs]	\'sadnəs\
safe	['seɪf]	\'sāf\
sail	['seɪl]	\'sāl\
saint	['seɪnt, ˌseɪnt, sənt]	\'sānt, ˌsānt, sᵊnt\
sake	['seɪk]	\'sāk\
salad	['sæləd]	\'saləd\
salary	['sæləri]	\'salərē\
sale	['seɪl]	\'sāl\
saliva	[sə'laɪvə]	\sə'līvə\
salt	['sɔlt]	\'sólt\
salvage	['sælvɪdʒ]	\'salvij\
salvation	[sæl'veɪʃən]	\sal'vāshᵊn\
same	['seɪm]	\'sām\
sample	['sæmpəl]	\'sampᵊl\
sand	['sænd]	\'sand\
sandal	['sændəl]	\'sandᵊl\
sandwich	['sændˌwɪtʃ]	\'sandˌwich\
sane	['seɪn]	\'sān\
sanitary	['sænətɛri]	\'sanəterē\
Santa Claus	['sæntəˌklɔz]	\'santəˌklóz\
satellite	['sætəˌlaɪt]	\'satəˌlīt\
satire	['sæˌtaɪr]	\'saˌtīr\
satisfaction	[ˌsætəs'fækʃən]	\ˌsatəs'fakshᵊn\
Saturday	['sætərˌdeɪ, -di]	\'satərˌdā, -dē\
Saturn	['sætərn]	\'satərn\
sauce	['sɔs]	\'sós\
sauna	['sɔnə, 'saʊnə]	\'sónə, 'saùnə\
sausage	['sɔsɪdʒ]	\'sósij\

ENGLISH WORD	IPA	M-W
savage	['sævɪdʒ]	\'savij\
save	['seɪv]	\'sāv\
saw	['sɔ]	\'só\
say	['seɪ]	\'sā\
scale	['skeɪl]	\'skāl\
scan	['skæn]	\'skan\
scandal	['skændəl]	\'skandᵊl\
Scandinavian	[ˌskændə'neɪviən]	\ˌskandə'nāvēən\
scar	['skɑr]	\'skär\
scarce	['skɛrs]	\'skers\
scare	['skɛr]	\'sker\
scarf	['skɑrf]	\'skärf\
scene	['si:n]	\'sēn\
schedule	['skɛˌdʒu:l, -dʒəl, *British* 'ʃɛdˌju:l] \'skeˌjül, -jəl, *British* 'shedˌyül\	
scheme	['ski:m]	\'skēm\
scholar	['skɑlər]	\'skälər\
school	['sku:l]	\'skül\
science	['saɪənts]	\'sīən(t)s\
scissors	['sɪzərz]	\'sizərz\
scoop	['sku:p]	\'küp\
scoot	['sku:t]	\'küt\
scope	['sko:p]	\'skōp\
score	['skor]	\'skōr\
Scot	['skɑt]	\'skät\
scout	['skaʊt]	\'skaùt\
scramble	['skræmbəl]	\'skrambᵊl\
scrap	['skræp]	\'skrap\
scrape	['skreɪp]	\'skrāp\
scratch	['skrætʃ]	\'skrach\
scream	['skri:m]	\'skrēm\
screen	['skri:n]	\'skrēn\
screw	['skru:]	\'skrü\
script	['skrɪpt]	\'skript\
scuff	['skʌf]	\'skəf\
sculpture	['skʌlptʃər]	\'skəlpchər\
sea	['si:]	\'sē\
seal	['si:l]	\'sēl\
search	['sərtʃ]	\'sərch\
season	['si:zən]	\'sēzᵊn\
seat	['si:t]	\'sēt\
second	['sɛkənd]	\'sekənd\
secret	['si:krət]	\'sēkrət\
secretary	['sɛkrəˌtɛri]	\'sekrəˌterē\
secretly	['si:krətli]	\'sēkrətlē\
sect	['sɛkt]	\'sekt\
section	['sɛkʃən]	\'sekshᵊn\
sector	['sɛktər]	\'sektər\
security	[sɪ'kjʊrəti]	\si'kyùrətē\
see	['si:]	\'sē\
seed	['si:d]	\'sēd\
seek	['si:k]	\'sēk\
seem	['si:m]	\'sēm\
segregate	['sɛgrɪˌgeɪt]	\'segriˌgāt\
seldom	['sɛldəm]	\'seldəm\
select	[sə'lɛkt]	\sə'lekt\

ENGLISH WORD	IPA	M-W	ENGLISH WORD	IPA	M-W
self	[ˈsɛlf]	\ˈself\	shoot	[ˈʃuːt]	\ˈshüt\
sell	[ˈsɛl]	\ˈsel\	shop	[ˈʃɑp]	\ˈshäp\
semester	[səˈmɛstər]	\səˈmestər\	shore	[ˈʃor]	\ˈshōr\
semicolon	[ˈsɛmiˌkoːlən, ˈsɛˌmaɪ-]	\ˈsemēˌkōlən, ˈseˌmī-\	short	[ˈʃort]	\ˈshórt\
semifinal	[ˈsɛmiˌfaɪnəl, ˈsɛˌmaɪ-]	\ˈsemēˌfīnᵊl, ˈseˌmī-\	shot	[ˈʃɑt]	\ˈshät\
seminar	[ˈsɛməˌnɑr]	\ˈseməˌnär\	shoulder	[ˈʃoːldər]	\ˈshōldər\
senate	[ˈsɛnət]	\ˈsenət\	shout	[ˈʃaʊt]	\ˈshaůt\
send	[ˈsɛnd]	\ˈsend\	shove	[ˈʃʌv]	\ˈshəv\
senior	[ˈsiːnjər]	\ˈsēnyər\	shovel	[ˈʃʌvəl]	\ˈshəvᵊl\
sensation	[sɛnˈseɪʃən]	\senˈsāshᵊn\	show	[ˈʃoː]	\ˈshō\
sense	[ˈsɛnts]	\ˈsen(t)s\	shower	[ˈʃaʊər]	\ˈshaůər\
sentence	[ˈsɛntənts, -ənz]	\ˈsentᵊn(t)s, -ᵊnz\	shrink	[ˈʃrɪŋk]	\ˈshriŋk\
sentiment	[ˈsɛntəmənt]	\ˈsentəmənt\	shrivel	[ˈʃrɪvəl]	\ˈshrivᵊl\
separation	[ˌsɛpəˈreɪʃən]	\ˌsepəˈrāshᵊn\	shuffle	[ˈʃʌfəl]	\ˈshəfᵊl\
September	[sɛpˈtɛmbər]	\sepˈtembər\	shun	[ˈʃʌn]	\ˈshən\
sequence	[ˈsiːkwənts]	\ˈsēkwən(t)s\	shut	[ˈʃʌt]	\ˈshət\
Serb	[ˈsərb]	\ˈsərb\	shy	[ˈʃaɪ]	\ˈshī\
serene	[səˈriːn]	\səˈrēn\	sick	[ˈsɪk]	\ˈsik\
sergeant	[ˈsɑrdʒənt]	\ˈsärjənt\	side	[ˈsaɪd]	\ˈsīd\
series	[ˈsɪrˌiːz]	\ˈsirˌēz\	sigh	[ˈsaɪ]	\ˈsī\
serious	[ˈsɪriəs]	\ˈsirēəs\	sight	[ˈsaɪt]	\ˈsīt\
sermon	[ˈsərmən]	\ˈsərmən\	sign	[ˈsaɪn]	\ˈsīn\
serve	[ˈsərv]	\ˈsərv\	signal	[ˈsɪgnəl]	\ˈsignᵊl\
service	[ˈsərvəs]	\ˈsərvəs\	signature	[ˈsɪgnəˌtʃʊr]	\ˈsignəˌchůr\
session	[ˈsɛʃən]	\ˈseshᵊn\	significance	[sɪgˈnɪfɪkənts]	\sigˈnifikən(t)s\
set	[ˈsɛt]	\ˈset\	silence	[ˈsaɪlənts]	\ˈsīlən(t)s\
settle	[ˈsɛtəl]	\ˈsetᵊl\	silk	[ˈsɪlk]	\ˈsilk\
seven	[ˈsɛvən]	\ˈsevᵊn\	silly	[ˈsɪli]	\ˈsilē\
several	[ˈsɛvrəl, ˈsɛvə-]	\ˈsevrəl, ˈsevə-\	silver	[ˈsɪlvər]	\ˈsilvər\
sew	[ˈsoː]	\ˈsō\	similar	[ˈsɪmələr]	\ˈsimələr\
sewing	[ˈsoːɪŋ]	\ˈsōiŋ\	simple	[ˈsɪmpəl]	\ˈsimpᵊl\
sex	[ˈsɛks]	\ˈseks\	simultaneous	[ˌsaɪməlˈteɪniəs]	\ˌsīməlˈtānēəs\
shade	[ˈʃeɪd]	\ˈshād\	sin	[ˈsɪn]	\ˈsin\
shake	[ˈʃeɪk]	\ˈshāk\	since	[ˈsɪnts]	\ˈsin(t)s\
shame	[ˈʃeɪm]	\ˈshām\	sincere	[sɪnˈsɪr]	\sinˈsir\
shampoo	[ʃæmˈpuː]	\shamˈpü\	sing	[ˈsɪŋ]	\ˈsiŋ\
shape	[ˈʃeɪp]	\ˈshāp\	singer	[ˈsɪŋər]	\ˈsiŋər\
share	[ˈʃɛr]	\ˈsher\	single	[ˈsɪŋgəl]	\ˈsiŋgᵊl\
shark	[ˈʃɑrk]	\ˈshärk\	singular	[ˈsɪŋgjələr]	\ˈsiŋgyələr\
sharp	[ˈʃɑrp]	\ˈshärp\	sink	[ˈsɪŋk]	\ˈsiŋk\
shave	[ˈʃeɪv]	\ˈshāv\	sinner	[ˈsɪnər]	\ˈsinər\
she	[ˈʃiː]	\ˈshē\	sir	[ˈsər]	\ˈsər\
sheet	[ˈʃiːt]	\ˈshēt\	sister	[ˈsɪstər]	\ˈsistər\
shelf	[ˈʃɛlf]	\ˈshelf\	sit	[ˈsɪt]	\ˈsit\
shell	[ˈʃɛl]	\ˈshel\	site	[ˈsaɪt]	\ˈsīt\
shepherd	[ˈʃɛpərd]	\ˈshepərd\	situation	[ˌsɪtʃʊˈeɪʃən]	\ˌsichůˈāshᵊn\
shield	[ˈʃiːld]	\ˈshēld\	six	[ˈsɪks]	\ˈsiks\
shift	[ˈʃɪft]	\ˈshift\	skate	[ˈskeɪt]	\ˈskāt\
shimmer	[ˈʃɪmər]	\ˈshimər\	skeleton	[ˈskɛlətən]	\ˈskelətᵊn\
shin	[ˈʃɪn]	\ˈshin\	sketch	[ˈskɛtʃ]	\ˈskech\
shine	[ˈʃaɪn]	\ˈshīn\	ski	[ˈskiː]	\ˈskē\
ship	[ˈʃɪp]	\ˈship\	skill	[ˈskɪl]	\ˈskil\
shirt	[ˈʃərt]	\ˈshərt\	skillful	[ˈskɪlfəl]	\ˈskilfᵊl\
shiver	[ˈʃɪvər]	\ˈshivər\	skin	[ˈskɪn]	\ˈskin\
shock	[ˈʃɑk]	\ˈshäk\	skip	[ˈskɪp]	\ˈskip\
shoe	[ˈʃuː]	\ˈshü\	skirt	[ˈskərt]	\ˈskərt\

ENGLISH WORD	IPA	M-W
skull	[ˈskʌl]	\ˈskəl\
sky	[ˈskaɪ]	\ˈskī\
slap	[ˈslæp]	\ˈslap\
Slavic	[ˈslɑvɪk, ˈslæ-]	\ˈslävik, ˈsla-\
sled	[ˈslɛd]	\ˈsled\
sleep	[ˈsli:p]	\ˈslēp\
sleeve	[ˈsli:v]	\ˈslēv\
slender	[ˈslɛndər]	\ˈslendər\
slice	[ˈslaɪs]	\ˈslīs\
slide	[ˈslaɪd]	\ˈslīd\
slight	[ˈslaɪt]	\ˈslīt\
slim	[ˈslɪm]	\ˈslim\
slip	[ˈslɪp]	\ˈslip\
slipper	[ˈslɪpər]	\ˈslipər\
slit	[ˈslɪt]	\ˈslit\
slot	[ˈslɑt]	\ˈslät\
slow	[ˈslo:]	\ˈslō\
small	[ˈsmɔl]	\ˈsmȯl\
smart	[ˈsmɑrt]	\ˈsmärt\
smash	[ˈsmæʃ]	\ˈsmash\
smell	[ˈsmɛl]	\ˈsmel\
smile	[ˈsmaɪl]	\ˈsmīl\
smoke	[ˈsmo:k]	\ˈsmōk\
smooth	[ˈsmu:ð]	\ˈsmüth\
snack	[ˈsnæk]	\ˈsnak\
snake	[ˈsneɪk]	\ˈsnāk\
snappy	[ˈsnæpi]	\ˈsnapē\
snarl	[ˈsnɑrl]	\ˈsnärl\
sneakers	[ˈsni:kərz]	\ˈsnēkərz\
sneaky	[ˈsni:ki]	\ˈsnēkē\
sneeze	[ˈsni:z]	\ˈsnēz\
sniff	[ˈsnɪf]	\ˈsnif\
snoop	[ˈsnu:p]	\ˈsnüp\
snooze	[ˈsnu:z]	\ˈsnüz\
snore	[ˈsnor]	\ˈsnōr\
snow	[ˈsno:]	\ˈsnō\
so	[ˈso:]	\ˈsō\
soap	[ˈso:p]	\ˈsōp\
soccer	[ˈsɑkər]	\ˈsäkər\
social	[ˈso:ʃəl]	\ˈsōshᵊl\
sock	[ˈsɑk]	\ˈsäk\
socket	[ˈsɑkət]	\ˈsäkət\
soda	[ˈso:də]	\ˈsōdə\
sofa	[ˈso:fə]	\ˈsōfə\
soft	[ˈsɔft]	\ˈsȯft\
soggy	[ˈsɑgi]	\ˈsägē\
soil	[ˈsɔɪl]	\ˈsȯil\
solar	[ˈso:lər]	\ˈsōlər\
soldier	[ˈso:ldʒər]	\ˈsōljər\
sole	[ˈso:l]	\ˈsōl\
solid	[ˈsɑləd]	\ˈsäləd\
solitary	[ˈsɑlə,tɛri]	\ˈsälə,terē\
solo	[ˈso:,lo:]	\ˈsō,lō\
solution	[sə'lu:ʃən]	\sə'lüshᵊn\
some	[ˈsʌm]	\ˈsəm\
something	[ˈsʌmθɪŋ]	\ˈsəmthiŋ\
son	[ˈsʌn]	\ˈsən\
song	[ˈsɔŋ]	\ˈsȯŋ\
son-in-law	[ˈsʌnɪn,lɔ]	\ˈsənin,lȯ\
soon	[ˈsu:n]	\ˈsün\
soothe	[ˈsu:ð]	\ˈsüth\
sophomore	[ˈsɑf,mor, ˈsɑfə,mor]	\ˈsäf,mōr, ˈsäfə,mōr\
sore	[ˈsor]	\ˈsōr\
sorry	[ˈsɑri]	\ˈsärē\
sort	[ˈsɔrt]	\ˈsȯrt\
SOS	[,ɛs,o:'ɛs]	\,es,ō'es\
so-so	[ˈso:'so:]	\ˈsō'sō\
soul	[ˈso:l]	\ˈsōl\
sound	[ˈsaʊnd]	\ˈsaund\
soundly	[ˈsaʊndli]	\ˈsaundlē\
soup	[ˈsu:p]	\ˈsüp\
sour	[ˈsaʊər]	\ˈsaůər\
source	[ˈsors]	\ˈsōrs\
south	[ˈsaʊθ]	\ˈsauth\
souvenir	[,su:və'nɪr, 'su:və,-]	\,süvə'nir, ˈsüvə,-\
space	[ˈspeɪs]	\ˈspās\
spaghetti	[spə'gɛti]	\spə'getē\
Spaniard	[ˈspænjərd]	\ˈspanyərd\
Spanish	[ˈspænɪʃ]	\ˈspanish\
spark	[ˈspɑrk]	\ˈspärk\
speak	[ˈspi:k]	\ˈspēk\
special	[ˈspɛʃəl]	\ˈspeshᵊl\
species	[ˈspi:,ʃi:z, -,si:z]	\ˈspē,shēz, -,sēz\
specify	[ˈspɛsə,faɪ]	\ˈspesə,fī\
spectacle	[ˈspɛktɪkəl]	\ˈspektikᵊl\
speech	[ˈspi:tʃ]	\ˈspēch\
speed	[ˈspi:d]	\ˈspēd\
spell	[ˈspɛl]	\ˈspel\
spelling	[ˈspɛlɪŋ]	\ˈspeliŋ\
spend	[ˈspɛnd]	\ˈspend\
spice	[ˈspaɪs]	\ˈspīs\
spider	[ˈspaɪdər]	\ˈspīdər\
spill	[ˈspɪl]	\ˈspil\
spin	[ˈspɪn]	\ˈspin\
spinach	[ˈspɪnɪtʃ]	\ˈspinich\
spine	[ˈspaɪn]	\ˈspīn\
spiral	[ˈspaɪrəl]	\ˈspīrəl\
spirit	[ˈspɪrət]	\ˈspirət\
spite	[ˈspaɪt]	\ˈspīt\
splash	[ˈsplæʃ]	\ˈsplash\
splendor	[ˈsplɛndər]	\ˈsplendər\
split	[ˈsplɪt]	\ˈsplit\
spoil	[ˈspɔɪl]	\ˈspȯil\
sponge	[ˈspʌndʒ]	\ˈspənj\
sponsor	[ˈspɑntsər]	\ˈspän(t)sər\
spontaneous	[spɑn'teɪniəs]	\spän'tānēəs\
spoon	[ˈspu:n]	\ˈspün\
sport	[ˈsport]	\ˈspōrt\
spot	[ˈspɑt]	\ˈspät\
spouse	[ˈspaʊs]	\ˈspaůs\
spray	[ˈspreɪ]	\ˈsprā\
spread	[ˈsprɛd]	\ˈspred\

ENGLISH WORD	IPA	M-W	ENGLISH WORD	IPA	M-W
spring	[ˈsprɪŋ]	\ˈspriŋ\	stock	[ˈstɑk]	\ˈstäk\
sprinkle	[ˈsprɪŋkəl]	\ˈspriŋkəl\	stocking	[ˈstɑkɪŋ]	\ˈstäkiŋ\
sprint	[ˈsprɪnt]	\ˈsprint\	stocky	[ˈstɑki]	\ˈstäkē\
sprout	[ˈspraʊt]	\ˈspraút\	stomach	[ˈstʌmɪk]	\ˈstəmik\
spy	[ˈspaɪ]	\ˈspī\	stone	[ˈstoːn]	\ˈstōn\
squadron	[ˈskwɑdrən]	\ˈskwädrən\	stop	[ˈstɑp]	\ˈstäp\
square	[ˈskwær]	\ˈskwar\	store	[ˈstor]	\ˈstōr\
squeak	[ˈskwiːk]	\ˈskwēk\	storm	[ˈstɔrm]	\ˈstórm\
squeeze	[ˈskwiːz]	\ˈskwēz\	story	[ˈstori]	\ˈstōrē\
squirrel	[ˈskwərəl]	\ˈskwərᵊl\	stove	[ˈstoːv]	\ˈstōv\
stab	[ˈstæb]	\ˈstab\	straight	[ˈstreɪt]	\ˈstrāt\
stable	[ˈsteɪbəl]	\ˈstābᵊl\	strain	[ˈstreɪn]	\ˈstrān\
stadium	[ˈsteɪdiəm]	\ˈstādēəm\	strand	[ˈstrænd]	\ˈstrand\
staff	[ˈstæf]	\ˈstaf\	strange	[ˈstreɪndʒ]	\ˈstrānj\
stage	[ˈsteɪdʒ]	\ˈstāj\	strap	[ˈstræp]	\ˈstrap\
stagger	[ˈstægər]	\ˈstagər\	strategy	[ˈstrætədʒi]	\ˈstratəjē\
stair	[ˈstær]	\ˈstar\	strawberry	[ˈstrɔˌberi]	\ˈstróˌberē\
stalk	[ˈstɔk]	\ˈstók\	stream	[ˈstriːm]	\ˈstrēm\
stamp	[ˈstæmp]	\ˈstamp\	street	[ˈstriːt]	\ˈstrēt\
stand	[ˈstænd]	\ˈstand\	strength	[ˈstreŋkθ]	\ˈstreŋ(k)th\
standard	[ˈstændərd]	\ˈstandərd\	stress	[ˈstres]	\ˈstres\
standing	[ˈstændɪŋ]	\ˈstandiŋ\	stretch	[ˈstretʃ]	\ˈstrech\
standpoint	[ˈstændˌpɔɪnt]	\ˈstandˌpóint\	strict	[ˈstrɪkt]	\ˈstrikt\
star	[ˈstɑr]	\ˈstär\	strike	[ˈstraɪk]	\ˈstrīk\
stare	[ˈstær]	\ˈstar\	string	[ˈstrɪŋ]	\ˈstriŋ\
starlight	[ˈstɑrˌlaɪt]	\ˈstärˌlīt\	strip	[ˈstrɪp]	\ˈstrip\
starry	[ˈstɑri]	\ˈstärē\	stripe	[ˈstraɪp]	\ˈstrīp\
start	[ˈstɑrt]	\ˈstärt\	stroke	[ˈstroːk]	\ˈstrōk\
starve	[ˈstɑrv]	\ˈstärv\	stroll	[ˈstroːl]	\ˈstrōl\
state	[ˈsteɪt]	\ˈstāt\	strong	[ˈstrɔŋ]	\ˈstróŋ\
station	[ˈsteɪʃən]	\ˈstāshᵊn\	structure	[ˈstrʌktʃər]	\ˈstrəkchər\
statistic	[stəˈtɪstɪk]	\stəˈtistik\	struggle	[ˈstrʌgəl]	\ˈstrəgᵊl\
statue	[ˈstæˌtʃuː]	\ˈstaˌchü\	stubborn	[ˈstʌbərn]	\ˈstəbərn\
stature	[ˈstætʃər]	\ˈstachər\	student	[ˈstuːdənt, ˈstjuː-]	\ˈstüdᵊnt, ˈstyü-\
status	[ˈsteɪtəs, ˈstæ-]	\ˈstātəs, ˈsta-\	stuff	[ˈstʌf]	\ˈstəf\
stay	[ˈsteɪ]	\ˈstā\	stumble	[ˈstʌmbəl]	\ˈstəmbᵊl\
steady	[ˈstedi]	\ˈstedē\	stupid	[ˈstuːpəd, ˈstjuː-]	\ˈstüpəd, ˈstyü-\
steak	[ˈsteɪk]	\ˈstāk\	style	[ˈstaɪl]	\ˈstīl\
steal	[ˈstiːl]	\ˈstēl\	subconscious	[səbˈkɑntʃəs]	\səbˈkänchəs\
steam	[ˈstiːm]	\ˈstēm\	subject	[ˈsʌbdʒɪkt, səbˈdʒɛkt]	\ˈsəbjikt; səbˈjekt\
steel	[ˈstiːl]	\ˈstēl\	subordinate	[səˈbɔrdənət]	\səˈbórdᵊnət\
stem	[ˈstɛm]	\ˈstem\	subscribe	[səbˈskraɪb]	\səbˈskrīb\
step	[ˈstɛp]	\ˈstep\	substance	[ˈsʌbstənts]	\ˈsəbstən(t)s\
stereo	[ˈstɛriˌoː, ˈstɪr-]	\ˈsterēˌō, ˈstir-\	substitute	[ˈsʌbstəˌtuːt, -ˌtjuːt]	\ˈsəbstəˌtüt, -ˌtyüt\
sterile	[ˈstɛrəl]	\ˈsterəl\	subterranean	[ˌsʌbtəˈreɪniən]	\ˌsəbtəˈrānēən\
stern	[ˈstərn]	\ˈstərn\	subtitle	[ˈsʌbˌtaɪtəl]	\ˈsəbˌtītᵊl\
stew	[ˈstuː, ˈstjuː]	\ˈstü, ˈstyü\	subtle	[ˈsʌtəl]	\ˈsətᵊl\
stick	[ˈstɪk]	\ˈstik\	subtraction	[səbˈtrækʃən]	\səbˈtrakshᵊn\
stiff	[ˈstɪf]	\ˈstif\	suburb	[ˈsʌˌbərb]	\ˈsəˌbərb\
still	[ˈstɪl]	\ˈstil\	subway	[ˈsʌbˌweɪ]	\ˈsəbˌwā\
stimulate	[ˈstɪmjəˌleɪt]	\ˈstimyəˌlāt\	succeed	[səkˈsiːd]	\səkˈsēd\
sting	[ˈstɪŋ]	\ˈstiŋ\	such	[ˈsʌtʃ]	\ˈsəch\
stingy	[ˈstɪndʒi]	\ˈstinjē\	sudden	[ˈsʌdən]	\ˈsədᵊn\
stink	[ˈstɪŋk]	\ˈstiŋk\	suffer	[ˈsʌfər]	\ˈsəfər\
stir	[ˈstər]	\ˈstər\	sufficient	[səˈfɪʃənt]	\səˈfishənt\
stitch	[ˈstɪtʃ]	\ˈstich\	sugar	[ˈʃʊgər]	\ˈshügər\

ENGLISH WORD	IPA	M-W
suggestion	[səgˈdʒɛstʃən, sə-]	\səgˈjeschən, sə-\
suicide	[ˈsuːəˌsaɪd]	\ˈsüəˌsīd\
suit	[ˈsuːt]	\ˈsüt\
suite	[ˈswiːt, ˈsuːt]	\ˈswēt, ˈsüt\
sulky	[ˈsʌlki]	\ˈsəlkē\
sum	[ˈsʌm]	\ˈsəm\
summer	[ˈsʌmər]	\ˈsəmər\
summon	[ˈsʌmən]	\ˈsəmən\
sun	[ˈsʌn]	\ˈsən\
Sunday	[ˈsʌnˌdeɪ, -di]	\ˈsənˌdā, -dē\
superior	[sʊˈpɪriər]	\sủˈpirēər\
superlative	[sʊˈpərlətɪv]	\sủˈpərlətiv\
supermarket	[ˈsuːpərˌmarkət]	\ˈsüpərˌmärkət\
supervisor	[ˈsuːpərˌvaɪzər]	\ˈsüpərˌvīzər\
supper	[ˈsʌpər]	\ˈsəpər\
supplement	[ˈsʌpləˌmɛnt]	\ˈsəpləˌment\
supply	[səˈplaɪ]	\səˈplī\
support	[səˈport]	\səˈpōrt\
suppose	[səˈpoːz]	\səˈpōz\
suppress	[səˈprɛs]	\səˈpres\
supreme	[sʊˈpriːm]	\sủˈprēm\
sure	[ˈʃʊr]	\ˈshủr\
surface	[ˈsərfəs]	\ˈsərfəs\
surgeon	[ˈsərdʒən]	\ˈsərjᵊn\
surname	[ˈsərˌneɪm]	\ˈsərˌnām\
surpass	[sərˈpæs]	\sərˈpas\
surprise	[səˈpraɪz, sər-]	\səˈprīz, sər-\
surrender	[səˈrɛndər]	\səˈrendər\
surround	[səˈraʊnd]	\səˈraůnd\
survey	[sərˈveɪ; ˈsərˌveɪ]	\sərˈvā; ˈsərˌvā\
survive	[sərˈvaɪv]	\sərˈvīv\
susceptible	[səˈsɛptəbəl]	\səˈseptəbᵊl\
suspect	[ˈsʌsˌpɛkt, səˈspɛkt]	\ˈsəsˌpekt, səˈspekt\
suspend	[səˈspɛnd]	\səˈspend\
sustain	[səˈsteɪn]	\səˈstān\
swallow	[ˈswaloː]	\ˈswälō\
swamp	[ˈswamp]	\ˈswämp\
swan	[ˈswan]	\ˈswän\
swap	[ˈswap]	\ˈswäp\
swarm	[ˈsworm]	\ˈswórm\
sway	[ˈsweɪ]	\ˈswā\
swear	[ˈswær]	\ˈswar\
sweat	[ˈswɛt]	\ˈswet\
Swedish	[ˈswiːdɪʃ]	\ˈswēdish\
sweep	[ˈswiːp]	\ˈswēp\
sweet	[ˈswiːt]	\ˈswēt\
swell	[ˈswɛl]	\ˈswel\
swift	[ˈswɪft]	\ˈswift\
swim	[ˈswɪm]	\ˈswim\
swindle	[ˈswɪndəl]	\ˈswindᵊl\
swing	[ˈswɪŋ]	\ˈswiŋ\
swirl	[ˈswərl]	\ˈswərl\
Swiss	[ˈswɪs]	\ˈswis\
switch	[ˈswɪtʃ]	\ˈswich\
swivel	[ˈswɪvəl]	\ˈswivᵊl\
swoon	[ˈswuːn]	\ˈswün\

ENGLISH WORD	IPA	M-W
sword	[ˈsord]	\ˈsórd\
syllable	[ˈsɪləbəl]	\ˈsiləbᵊl\
symbol	[ˈsɪmbəl]	\ˈsimbᵊl\
symmetry	[ˈsɪmətri]	\ˈsimətrē\
sympathy	[ˈsɪmpəθi]	\ˈsimpəthē\
symptom	[ˈsɪmptəm]	\ˈsimptəm\
synonym	[ˈsɪnəˌnɪm]	\ˈsinəˌnim\
Syrian	[ˈsɪriən]	\ˈsirēən\
syrup	[ˈsərəp, ˈsɪrəp]	\ˈsərəp, ˈsirəp\
system	[ˈsɪstəm]	\ˈsistəm\
table	[ˈteɪbəl]	\ˈtābᵊl\
tablet	[ˈtæblət]	\ˈtablət\
taboo	[təˈbuː, tæ-]	\təˈbü, ta-\
tacit	[ˈtæsɪt]	\ˈtasit\
tact	[ˈtækt]	\ˈtakt\
tactical	[ˈtæktɪkəl]	\ˈtaktikᵊl\
tag	[ˈtæg]	\ˈtag\
tail	[ˈteɪl]	\ˈtāl\
tailor	[ˈteɪlər]	\ˈtālər\
take	[ˈteɪk]	\ˈtāk\
talcum powder	[ˈtælkəm]	\ˈtalkəm\
tale	[ˈteɪl]	\ˈtāl\
talent	[ˈtælənt]	\ˈtalənt\
talk	[ˈtɔk]	\ˈtók\
tall	[ˈtɔl]	\ˈtól\
tally	[ˈtæli]	\ˈtalē\
tampon	[ˈtæmˌpan]	\ˈtamˌpän\
tan	[ˈtæn]	\ˈtan\
tangle	[ˈtæŋgəl]	\ˈtaŋgᵊl\
tank	[ˈtæŋk]	\ˈtaŋk\
tape	[ˈteɪp]	\ˈtāp\
target	[ˈtargət]	\ˈtärgət\
tariff	[ˈtærɪf]	\ˈtarif\
tart	[ˈtart]	\ˈtärt\
tartan	[ˈtartən]	\ˈtärtᵊn\
task	[ˈtæsk]	\ˈtask\
taste	[ˈteɪst]	\ˈtāst\
tax	[ˈtæks]	\ˈtaks\
taxi	[ˈtæksi]	\ˈtaksē\
tea	[ˈtiː]	\ˈtē\
teach	[ˈtiːtʃ]	\ˈtēch\
team	[ˈtiːm]	\ˈtēm\
tear	[ˈtær]	\ˈtar\
tear	[ˈtɪr]	\ˈtir\
tease	[ˈtiːz]	\ˈtēz\
teaspoon	[ˈtiːˌspuːn]	\ˈtēˌspün\
technical	[ˈtɛknɪkəl]	\ˈteknikᵊl\
technique	[tɛkˈniːk]	\tekˈnēk\
technological	[ˌtɛknəˈladʒɪkəl]	\ˌteknəˈläjikᵊl\
teddy bear	[ˈtɛdi]	\ˈtedē\
teenage	[ˈtiːnˌeɪdʒ]	\ˈtēnˌāj\
telecommunication	[ˈtɛləkəˌmjuːnəˈkeɪʃən]	\ˈteləkəˌmyünəˈkāshᵊn\
telephone	[ˈtɛləˌfoːn]	\ˈteləˌfōn\
televise	[ˈtɛləˌvaɪz]	\ˈteləˌvīz\
tell	[ˈtɛl]	\ˈtel\

ENGLISH WORD	IPA	M-W
temper	['tɛmpər]	\'tempər\
temperature	['tɛmpər,tʃʊr, -prə-, -pərə-, -tʃər]	\'tempər,chùr, -prə-, -pərə-, -chər\
tempest	['tɛmpəst]	\'tempəst\
temple	['tɛmpəl]	\'temp'l\
temporarily	[ˌtɛmpə'rɛrəli]	\ˌtempə'rerəlē\
tempt	['tɛmpt]	\'tempt\
ten	['tɛn]	\'ten\
tend	['tɛnd]	\'tend\
tender	['tɛndər]	\'tendər\
tenderness	['tɛndərnəs]	\'tendərnəs\
tennis	['tɛnəs]	\'tenəs\
tense	['tɛnts]	\'ten(t)s\
tent	['tɛnt]	\'tent\
tenth	['tɛnθ]	\'tenth\
term	['tərm]	\'tərm\
terminate	['tərmə,neɪt]	\'tərmə,nāt\
terrain	[tə'reɪn]	\tə'rān\
terrible	['tɛrəbəl]	\'terəb'l\
terrific	[tə'rɪfɪk]	\tə'rifik\
terrify	['tɛrə,faɪ]	\'terə,fī\
territory	['tɛrə,tori]	\'terə,tōrē\
terror	['tɛrər]	\'terər\
test	['tɛst]	\'test\
testament	['tɛstəmənt]	\'testəmənt\
testify	['tɛstə,faɪ]	\'testə,fī\
testimony	['tɛstə,mo:ni]	\'testə,mōnē\
text	['tɛkst]	\'tekst\
than	['ðæn]	\'than\
thank	['θæŋk]	\'thank\
Thanksgiving	[θæŋks'gɪvɪŋ, 'θæŋks,-]	\thanks'givin, 'thanks,-\
that	['ðæt]	\'that\
the	[ðə, ði:]	\thə, thē\
their	['ðɛr]	\'ther\
them	['ðɛm]	\'them\
theme	['θi:m]	\'thēm\
themselves	[ðəm'sɛlvz, ðɛm-]	\thəm'selvz, them-\
then	['ðɛn]	\'then\
thence	['ðɛnts, 'θɛnts]	\'then(t)s, 'then(t)s\
theology	[θi'alədʒi]	\thē'äləjē\
theoretical	[ˌθi:ə'rɛtɪkəl]	\ˌthēə'retik'l\
therapeutic	[ˌθɛrə'pju:tɪk]	\ˌtherə'pyütik\
there	['ðɛr]	\'thar\
thermometer	[θər'mamətər]	\thər'mämətər\
thermos	['θərməs]	\'thərməs\
thesaurus	[θɪ'sɔrəs]	\thi'sórəs\
thesis	['θi:sɪs]	\'thēsis\
they	['ðeɪ]	\'thā\
thick	['θɪk]	\'thik\
thief	['θi:f]	\'thēf\
thigh	['θaɪ]	\'thī\
thin	['θɪn]	\'thin\
thing	['θɪŋ]	\'thin\
think	['θɪŋk]	\'think\
third	['θərd]	\'thərd\
thirst	['θərst]	\'thərst\
thirteen	[ˌθər'ti:n]	\ˌthər'tēn\
thirty	['θərti]	\'thərtē\
this	['ðɪs]	\'this\
thorn	['θɔrn]	\'thórn\
though	['ðo:]	\'thō\
thought	['θɔt]	\'thót\
thousand	['θaʊzənd]	\'thaùz'nd\
thread	['θrɛd]	\'thred\
threat	['θrɛt]	\'thret\
three	['θri:]	\'thrē\
thrill	['θrɪl]	\'thril\
throat	['θro:t]	\'thrōt\
through	['θru:]	\'thrü\
throw	['θro:]	\'thrō\
thumb	['θʌm]	\'thəm\
thunder	['θʌndər]	\'thəndər\
Thursday	['θərz,deɪ, -di]	\'thərz,dā, -dē\
thus	['ðʌs]	\'thəs\
tic	['tɪk]	\'tik\
tick	['tɪk]	\'tik\
ticket	['tɪkət]	\'tikət\
tie	['taɪ]	\'tī\
tiger	['taɪgər]	\'tīgər\
tight	['taɪt]	\'tīt\
time	['taɪm]	\'tīm\
tiny	['taɪni]	\'tīnē\
tip	['tɪp]	\'tip\
tire	['taɪr]	\'tīr\
tissue	['tɪ,ʃu:]	\'ti,shü\
title	['taɪtəl]	\'tīt'l\
to	['tu:]	\'tü\
toast	['to:st]	\'tōst\
today	[tə'deɪ]	\tə'dā\
toe	['to:]	\'tō\
together	[tə'gɛðər]	\tə'gethər\
toilet	['tɔɪlət]	\'tóilət\
token	['to:kən]	\'tōk'n\
tolerance	['talərənts]	\'tälərən(t)s\
toll	['to:l]	\'tōl\
tomato	[tə'meɪto, -'ma-]	\tə'mātō, -'mä-\
tomb	['tu:m]	\'tüm\
tomorrow	[tə'maro]	\tə'märō\
ton	['tʌn]	\'tən\
tongue	['tʌŋ]	\'tən\
tonight	[tə'naɪt]	\tə'nīt\
too	['tu:]	\'tü\
tool	['tu:l]	\'tül\
tooth	['tu:θ]	\'tüth\
top	['tap]	\'täp\
topic	['tapɪk]	\'täpik\
torment	[tɔr'mɛnt, 'tɔr,-]	\tór'ment, 'tór,-\
tornado	[tɔr'neɪdo]	\tór'nādo\
tortilla	[tɔr'ti:jə]	\tór'tēyə\
tortoise	['tɔrtəs]	\'tórtəs\
torture	['tɔrtʃər]	\'tórchər\

ENGLISH WORD	IPA	M-W
total	['to:təl]	\'tōt³l\
touch	['tʌtʃ]	\'təch\
tough	['tʌf]	\'təf\
tour	['tʊr]	\'tu̇r\
toward	['tord, tə'wɔrd]	\'tōrd, tə'wȯrd\
towel	['taʊəl]	\'tau̇əl\
tower	['taʊər]	\'tau̇ər\
town	['taʊn]	\'tau̇n\
toxic	['tɑksɪk]	\'täksik\
toy	['tɔɪ]	\'tȯi\
trace	['treɪs]	\'trās\
track	['træk]	\'trak\
trade	['treɪd]	\'trād\
tradition	[trə'dɪʃən]	\trə'dish³n\
traffic	['træfɪk]	\'trafik\
tragedy	['trædʒədi]	\'trajədē\
trailer	['treɪlər]	\'trālər\
train	['treɪn]	\'trān\
traitor	['treɪtər]	\'trātər\
trampoline	[ˌtræmpə'li:n, 'træmpə-]	\ˌtrampə'lēn, 'trampə-\
transatlantic	[ˌtræntsət'læntɪk, ˌtrænz-]	
		\ˌtran(t)sət'lantik, ˌtranz-\
transfer	[trænts'fər, 'trænts͵fər]	
		\tran(t)s'fər, 'tran(t)s͵fər\
transform	[trænts'form]	\tran(t)s'fȯrm\
transit	['træntsɪt, 'trænzɪt]	\'tran(t)sit, 'tranzit\
translate	[trænts'leɪt, trænz-; 'trænts͵-, 'træns͵-]	
		\tran(t)s'lāt, tranz-; 'tran(t)s͵-, 'trans͵-\
transmit	[trænts'mɪt, trænz-]	\tran(t)s'mit, tranz-\
transparent	[trænts'pærənt]	\tran(t)s'parənt\
transport	[trænts'port, 'trænts͵-]	
		\tran(t)s'pōrt, 'tran(t)s͵-\
trap	['træp]	\'trap\
trash	['træʃ]	\'trash\
trauma	['trɔmə, 'traʊ-]	\'trȯmə, 'trau̇-\
travel	['trævəl]	\'trav³l\
tray	['treɪ]	\'trā\
treason	['tri:zən]	\'trēz³n\
treasure	['trɛʒər, 'treɪ-]	\'trezhər, 'trā-\
treat	['tri:t]	\'trēt\
treatment	['tri:tmənt]	\'trētmənt\
treaty	['tri:ti]	\'trētē\
tree	['tri:]	\'trē\
tremble	['trɛmbəl]	\'tremb³l\
tremendous	[trɪ'mɛndəs]	\tri'mendəs\
trend	['trɛnd]	\'trend\
trial	['traɪəl]	\'trīəl\
triangle	['traɪˌæŋgəl]	\'trīˌang³l\
tribe	['traɪb]	\'trīb\
trick	['trɪk]	\'trik\
tricky	['trɪki]	\'trikē\
tricycle	['traɪsəkəl, -ˌsɪkəl]	\'trīsək³l, -ˌsik³l\
trillion	['trɪljən]	\'trilyən\
trim	['trɪm]	\'trim\
trio	['tri:ˌo:]	\'trēˌō\
trip	['trɪp]	\'trip\

ENGLISH WORD	IPA	M-W
triumph	['traɪəmpf]	\'trīəm(p)f\
trivial	['trɪviəl]	\'trivēəl\
troop	['tru:p]	\'trüp\
tropic	['trɑpɪk]	\'träpik\
trot	['trɑt]	\'trät\
trouble	['trʌbəl]	\'trəb³l\
trousers	['traʊzərz]	\'trau̇zərz\
truck	['trʌk]	\'trək\
true	['tru:]	\'trü\
truly	['tru:li]	\'trülē\
trumpet	['trʌmpət]	\'trəmpət\
trunk	['trʌŋk]	\'trəŋk\
trust	['trʌst]	\'trəst\
truth	['tru:θ]	\'trüth\
try	['traɪ]	\'trī\
T-shirt	['ti:ˌʃərt]	\'tēˌshərt\
tub	['tʌb]	\'təb\
tube	['tu:b, 'tju:b]	\'tüb, 'tyüb\
tuberculosis	[tʊˌbərkjə'lo:sɪs, tjʊ-]	\tu̇ˌbərkyə'lōsis, tyu̇-\
tubing	['tu:bɪŋ, 'tju:-]	\'tübiŋ, 'tyü-\
Tuesday	['tu:zˌdeɪ, 'tju:z-, -di]	\'tüzˌdā, 'tyüz-, -dē\
tuition	[tu:'ɪʃən, tju:-]	\tü'ishən, tyü-\
tulip	['tu:lɪp, 'tju:-]	\'tülip, 'tyü-\
tumble	['tʌmbəl]	\'təmb³l\
tumor	['tu:mər, 'tju:-]	\'tümər, 'tyü-\
tumult	['tu:ˌmʌlt, 'tju:-]	\'tüˌməlt, 'tyü-\
tuna	['tu:nə, 'tju:-]	\'tünə, 'tyü-\
tune	['tu:n, 'tju:n]	\'tün, 'tyün\
tunnel	['tʌnəl]	\'tən³l\
turkey	['tərki]	\'tərkē\
turn	['tərn]	\'tərn\
turtle	['tərtəl]	\'tərt³l\
twelve	['twɛlv]	\'twelv\
twenty	['twʌnti, 'twɛn-]	\'twəntē, 'twen-\
twice	['twaɪs]	\'twīs\
twilight	['twaɪˌlaɪt]	\'twīˌlīt\
twin	['twɪn]	\'twin\
twinkle	['twɪŋkəl]	\'twiŋk³l\
twist	['twɪst]	\'twist\
two	['tu:]	\'tü\
type	['taɪp]	\'tīp\
typical	['tɪpɪkəl]	\'tipik³l\
UFO	[ˌju:ɛf'o:, 'ju:ˌfo:]	\ˌyüˌef'ō, 'yüˌfō\
ugly	['ʌgli]	\'əglē\
ultimate	['ʌltəmət]	\'əltəmət\
umbrella	[ˌʌm'brɛlə]	\ˌəm'brelə\
umpire	['ʌmˌpaɪr]	\'əmˌpīr\
unacceptable	[ˌʌnɪk'sɛptəbəl]	\ˌənik'septəb³l\
unafraid	[ˌʌnə'freɪd]	\ˌənə'frād\
unattached	[ˌʌnə'tætʃt]	\ˌənə'tacht\
unattractive	[ˌʌnə'træktɪv]	\ˌənə'traktiv\
unavailable	[ˌʌnə'veɪləbəl]	\ˌənə'vāləb³l\
unavoidable	[ˌʌnə'vɔɪdəbəl]	\ˌənə'vȯidəb³l\
unaware	[ˌʌnə'wær]	\ˌənə'war\
unbalanced	[ˌʌn'bæləntst]	\ˌən'bal³n(t)st\
unbearable	[ˌʌn'bærəbəl]	\ˌən'barəb³l\

ENGLISH WORD	IPA	M-W	ENGLISH WORD	IPA	M-W
unbelievable	[ˌʌnbə'li:vəbəl]	\ˌənbə'lēvəbᵊl\	unkempt	[ˌʌn'kɛmpt]	\ˌən'kempt\
unbending	[ˌʌn'bɛndɪŋ]	\ˌən'bendiŋ\	unknown	[ˌʌn'no:n]	\ˌən'nōn\
unborn	[ˌʌn'bɔrn]	\ˌən'bórn\	unless	[ən'lɛs]	\ən'les\
unbreakable	[ˌʌn'breɪkəbəl]	\ˌən'brākəbᵊl\	unlike	[ˌʌn'laɪk]	\ˌən'līk\
unbroken	[ˌʌn'bro:kən]	\ˌən'brōkᵊn\	unlimited	[ˌʌn'lɪmətəd]	\ˌən'limətəd\
unbutton	[ˌʌn'bʌtən]	\ˌən'bət°n\	unlock	[ˌʌn'lɑk]	\ˌən'läk\
uncalled-for	[ˌʌn'kɔld‚fɔr]	\ˌən'kóld‚fór\	unlucky	[ˌʌn'lʌki]	\ˌən'ləkē\
uncertain	[ˌʌn'sərtə n]	\ˌən'sərtᵊn\	unmarried	[ˌʌn'mærid]	\ˌən'marēd\
unchanged	[ˌʌn'tʃeɪndʒd]	\ˌən'chānjd\	unmistakable	[ˌʌnmɪ'steɪkəbəl]	\ˌənmi'stākəbᵊl\
uncivilized	[ˌʌn'sɪvə‚laɪzd]	\ˌən'sivə‚līzd\	unnatural	[ˌʌn'nætʃərəl]	\ˌən'nachərəl\
uncle	['ʌŋkə l]	\'əŋkᵊl\	unnecessary	[ˌʌn'nɛsə‚sɛri]	\ˌən'nesə‚serē\
unclear	[ˌʌn'klɪr]	\ˌən'klir\	unpleasant	[ˌʌn'plɛzənt]	\ˌən'plezᵊnt\
uncomfortable	[ˌʌn'kʌmpfərtəbəl]	\ˌən'kəm(p)fərtəbᵊl\	unreal	[ˌʌn'ri:l]	\ˌən'rēl\
uncommon	[ˌʌn'kɑmən]	\ˌən'kämən\	unsanitary	[ˌʌn'sænə‚tɛri]	\ˌən'sanə‚terē\
unconcerned	[ˌʌnkən'sərnd]	\ˌənkən'sərnd\	unsettled	[ˌʌn'sɛtəld]	\ˌən'setᵊld\
unconditional	[ˌʌnkən'dɪʃənəl]	\ˌənkən'dishənᵊl\	unstable	[ˌʌn'steɪbəl]	\ˌən'stābᵊl\
unconscious	[ˌʌn'kɑntʃəs]	\ˌən'känchəs\	untidy	[ˌʌn'taɪdi]	\ˌən'tīdē\
unconventional	[ˌʌnkən'vɛntʃənəl]	\ˌənkən'venchənᵊl\	untie	[ˌʌn'taɪ]	\ˌən'tī\
uncover	[ˌʌn'kʌvər]	\ˌən'kəvər\	until	[ˌʌn'tɪl]	\ˌən'til\
undecided	[ˌʌndi'saɪdəd]	\ˌəndē'sīdəd\	untimely	[ˌʌn'taɪmli]	\ˌən'tīmlē\
undeniable	[ˌʌndi'naɪəbəl]	\ˌəndē'nīəbᵊl\	untroubled	[ˌʌn'trʌbə ld]	\ˌən'trəbᵊld\
under	['ʌndər]	\'əndər\	untrue	[ˌʌn'tru:]	\ˌən'trü\
underdeveloped	[ˌʌndərdɪ'vɛləpt]	\ˌəndərdi'veləpt\	unused	[ˌʌn'ju:zd]	\ˌən'yüzd\
underground	[ˌʌndər'graʊnd]	\ˌəndər'graünd\	unusual	[ˌʌn'ju:ʒʊəl]	\ˌən'yüzhùəl\
underneath	[ˌʌndər'ni:θ]	\ˌəndər'nēth\	unwanted	[ˌʌn'wɑntəd]	\ˌən'wäntəd\
undershirt	['ʌndər‚ʃərt]	\'əndər‚shərt\	unwieldy	[ˌʌn'wi:ldi]	\ˌən'wēldē\
understand	[ˌʌndər'stænd]	\ˌəndər'stand\	unwilling	[ˌʌn'wɪlɪŋ]	\ˌən'wiliŋ\
underwater	[ˌʌndər'wɔtər, -'wɑ-]	\ˌəndər'wótər, -'wä-\	unworthy	[ˌʌn'wərði]	\ˌən'wərth̄ē\
undo	[ˌʌn'du:]	\ˌən'dü\	up	['ʌp]	\'əp\
undress	[ˌʌn'drɛs]	\ˌən'dres\	update	[ˌʌp'deɪt; 'ʌp‚deɪt]	\ˌəp'dāt; 'əp‚dāt\
uneasy	[ˌʌn'i:zi]	\ˌən'ēzē\	upgrade	['ʌp‚greɪd, ˌʌp'-]	\'əp‚grād, ˌəp'-\
uneducated	[ˌʌn'ɛdʒə‚keɪtəd]	\ˌən'ejə‚kātəd\	uphill	[ˌʌp'hɪl]	\ˌəp'hil\
unemployed	[ˌʌnɪm'plɔɪd]	\ˌənim'plóid\	upon	[ə'pɔn, ə'pɑn]	\ə'pón, ə'pän\
unexpected	[ˌʌnɪk'spɛktəd]	\ˌənik'spektəd\	upper	['ʌpər]	\'əpər\
unfair	[ˌʌn'fær]	\ˌən'far\	uppercase	[ˌʌpər'keɪs]	\ˌəpər'kās\
unfaithful	[ˌʌn'feɪθfəl]	\ˌən'fāthfᵊl\	upright	['ʌp‚raɪt]	\'əp‚rīt\
unfasten	[ˌʌn'fæsə n]	\ˌən'fas°n\	upset	[ˌʌp'sɛt]	\ˌəp'set\
unfavorable	[ˌʌn'feɪvərəbəl]	\ˌən'fāvərəbᵊl\	upside down	[ˌʌp‚saɪd'daʊn]	\ˌəp‚sīd'daün\
unfeeling	[ˌʌn'fi:lɪŋ]	\ˌən'fēliŋ\	upstairs	['ʌp‚stærz, ˌʌp'-]	\'əp‚starz, ˌəp'-\
unfit	[ˌʌn'fɪt]	\ˌən'fit\	upward	['ʌpwərd]	\'əpwərd\
unfold	[ˌʌn'fo:ld]	\ˌən'fōld\	urban	['ərbən]	\'ərbən\
unforgettable	[ˌʌnfər'gɛtəbəl]	\ˌənfər'getəbᵊl\	urgency	['ərdʒəntsi]	\'ərjᵊn(t)sē\
unforgivable	[ˌʌnfər'gɪvəbəl]	\ˌənfər'givəbᵊl\	Uruguayan	[ˌʊrə'gwaɪən, ˌjʊr-]	\ˌùrə'gwīən, ˌyür-\
unfortunate	[ˌʌn'fɔrtʃənət]	\ˌən'fórchənət\	us	['ʌs]	\'əs\
ungrateful	[ˌʌn'greɪtfəl]	\ˌən'grātfᵊl\	usage	['ju:sɪdʒ, -zɪdʒ]	\'yüsij, -zij\
unharmed	[ˌʌn'hɑrmd]	\ˌən'härmd\	use	['ju:z; 'ju:s]	\'yüz; 'yüs\
uniform	['ju:nə‚fɔrm]	\'yünə‚fórm\	usher	['ʌʃər]	\'əshər\
unilateral	[ˌju:nə'lætərəl]	\ˌyünə'latərəl\	usual	['ju:ʒʊəl]	\'yüzhùəl\
uninhabited	[ˌʌnɪn'hæbətəd]	\ˌənin'habətəd\	utility	[ju:'tɪləti]	\yü'tilətē\
union	['ju:njən]	\'yünyən\	utilize	['ju:tə l‚aɪz]	\'yütᵊl‚īz\
unique	[jʊ'ni:k]	\yù'nēk\	vacant	['veɪkə nt]	\'vākᵊnt\
unit	['ju:nɪt]	\'yünit\	vacate	['veɪ‚keɪt]	\'vā‚kāt\
unite	[jʊ'naɪt]	\yù'nīt\	vacation	[veɪ'keɪʃən, və-]	\vā'kāshᵊn, və-\
universe	['ju:nə‚vərs]	\'yünə‚vərs\	vaccine	[væk'si:n, 'væk‚-]	\vak'sēn, 'vak‚-\
university	[ˌju:nə'vərsəti]	\ˌyünə'vərsətē\	vacuum	['væ‚kju:m, -kjəm]	\'va‚kyüm, -kyəm\
unjust	[ˌʌn'dʒʌst]	\ˌən'jəst\	vain	['veɪn]	\'vān\

ENGLISH WORD	IPA	M-W
valid	[ˈvæləd]	\ˈvaləd\
valley	[ˈvæli]	\ˈvalē\
value	[ˈvælˌjuː]	\ˈvalˌyü\
van	[ˈvæn]	\ˈvan\
vanguard	[ˈvænˌgɑrd]	\ˈvanˌgärd\
vanilla	[vəˈnɪlə, -ˈnɛ-]	\vəˈnilə, -ˈne-\
vanity	[ˈvænəti]	\ˈvanətē\
vapor	[ˈveɪpər]	\ˈvāpər\
variable	[ˈvɛriəbəl]	\ˈverēəbᵊl\
vary	[ˈvɛri]	\ˈverē\
vase	[ˈveɪs, ˈveɪz, ˈvɑz]	\ˈvās, ˈvāz, ˈväz\
VCR	[ˌviːsiːˈɑr]	\ˌvēˌsēˈär\
vegetable	[ˈvɛdʒtəbəl, ˈvɛdʒətə-]	\ˈvejtəbᵊl, ˈvejətə-\
vehicle	[ˈviːəkəl, ˈviːˌhɪkəl]	\ˈvēəkᵊl, ˈvēˌhikᵊl\
veil	[ˈveɪl]	\ˈvāl\
vein	[ˈveɪn]	\ˈvān\
velocity	[vəˈlɑsəti]	\vəˈläsətē\
venetian blind	[vəˈniːʃən-]	\vəˈnēshᵊn-\
Venezuelan	[ˌvɛnəˈzweɪlən, -zʊˈeɪ-]	\ˌvenəˈzwālən, -zùˈā-\
vengeance	[ˈvɛndʒənts]	\ˈvenjᵊn(t)s\
ventilate	[ˈvɛntəlˌeɪt]	\ˈventᵊlˌāt\
venture	[ˈvɛntʃər]	\ˈvenchər\
Venus	[ˈviːnəs]	\ˈvēnəs\
verb	[ˈvərb]	\ˈvərb\
verify	[ˈvɛrəˌfaɪ]	\ˈverəˌfī\
versatile	[ˈvərsətəl]	\ˈvərsətᵊl\
verse	[ˈvərs]	\ˈvərs\
version	[ˈvərʒən]	\ˈvərzhᵊn\
vertical	[ˈvərtɪkəl]	\ˈvərtikᵊl\
vertigo	[ˈvərtɪˌgoː]	\ˈvərtiˌgō\
very	[ˈvɛri]	\ˈverē\
veteran	[ˈvɛtərən, ˈvɛtrən]	\ˈvetərən, ˈvetrən\
veterinarian	[ˌvɛtərəˈnɛriən, ˌvɛtəˈnɛr-]	\ˌvetərəˈnerēən, ˌvetəˈner-\
veto	[ˈviːto]	\ˈvētō\
vibrate	[ˈvaɪˌbreɪt]	\ˈvīˌbrāt\
vice	[ˈvaɪs]	\ˈvīs\
victim	[ˈvɪktəm]	\ˈviktəm\
victory	[ˈvɪktəri]	\ˈviktərē\
video	[ˈvɪdiˌoː]	\ˈvidēˌō\
Vietnamese	[viˌɛtnəˈmiːz, -ˈmiːs]	\vēˌetnəˈmēz, -ˈmēs\
view	[ˈvjuː]	\ˈvyü\
vigil	[ˈvɪdʒəl]	\ˈvijᵊl\
vinegar	[ˈvɪnɪgər]	\ˈvinigər\
violate	[ˈvaɪəˌleɪt]	\ˈvīəˌlāt\
violence	[ˈvaɪlənts, ˈvaɪə-]	\ˈvīlən(t)s, ˈvīə-\
violet	[ˈvaɪlət, ˈvaɪə-]	\ˈvīlət, ˈvīə-\
violin	[ˌvaɪəˈlɪn]	\ˌvīəˈlin\
VIP	[ˌviːˌaɪˈpiː]	\ˌvēˌīˈpē\
virtual	[ˈvərtʃʊəl]	\ˈvərchùəl\
virtue	[ˈvərˌtʃuː]	\ˈvərˌchü\
virus	[ˈvaɪrəs]	\ˈvīrəs\
visible	[ˈvɪzəbəl]	\ˈvizəbᵊl\
vision	[ˈvɪʒən]	\ˈvizhᵊn\
visit	[ˈvɪzət]	\ˈvizət\
visor	[ˈvaɪzər]	\ˈvīzər\
vista	[ˈvɪstə]	\ˈvistə\
visual	[ˈvɪʒʊəl]	\ˈvizhùəl\
vital	[ˈvaɪtəl]	\ˈvītᵊl\
vitamin	[ˈvaɪtəmən]	\ˈvītəmən\
vocabulary	[voːˈkæbjəˌlɛri]	\vōˈkabyəˌlerē\
vocal	[ˈvoːkəl]	\ˈvōkᵊl\
vocation	[voːˈkeɪʃən]	\vōˈkāshᵊn\
vogue	[ˈvoːg]	\ˈvōg\
voice	[ˈvɔɪs]	\ˈvóis\
volley	[ˈvɑli]	\ˈvälē\
volume	[ˈvɑljəm, -ˌjuːm]	\ˈvälyəm, -ˌyüm\
voluntary	[ˈvɑlənˌtɛri]	\ˈvälənˌterē\
vomit	[ˈvɑmət]	\ˈvämət\
vote	[ˈvoːt]	\ˈvōt\
vow	[ˈvæʊ]	\ˈvaù\
vulnerable	[ˈvʌlnərəbəl]	\ˈvəlnərəbᵊl\
wade	[ˈweɪd]	\ˈwād\
waft	[ˈwɑft, ˈwæft]	\ˈwäft, ˈwaft\
wage	[ˈweɪdʒ]	\ˈwāj\
wager	[ˈweɪdʒər]	\ˈwājər\
waist	[ˈweɪst]	\ˈwāst\
wait	[ˈweɪt]	\ˈwāt\
wake	[ˈweɪk]	\ˈwāk\
waken	[ˈweɪkən]	\ˈwākᵊn\
walk	[ˈwɔk]	\ˈwók\
wall	[ˈwɔl]	\ˈwól\
wallet	[ˈwalət]	\ˈwälət\
want	[ˈwant, ˈwɔnt]	\ˈwänt, ˈwónt\
war	[ˈwɔr]	\ˈwór\
wardrobe	[ˈwɔrdˌroːb]	\ˈwórdˌrōb\
warehouse	[ˈwærˌhaʊs]	\ˈwarˌhaùs\
warm	[ˈwɔrm]	\ˈwórm\
warn	[ˈwɔrn]	\ˈwórn\
warranty	[ˈwɔrənti, ˌwɔrənˈtiː]	\ˈwórəntē, ˌwórənˈtē\
wash	[ˈwɔʃ, ˈwaʃ]	\ˈwósh, ˈwäsh\
wasp	[ˈwasp]	\ˈwäsp\
waste	[ˈweɪst]	\ˈwāst\
watch	[ˈwatʃ]	\ˈwäch\
water	[ˈwɔtər, ˈwa-]	\ˈwótər, ˈwä-\
wave	[ˈweɪv]	\ˈwāv\
wax	[ˈwæks]	\ˈwaks\
way	[ˈweɪ]	\ˈwā\
we	[ˈwiː]	\ˈwē\
weak	[ˈwiːk]	\ˈwēk\
wealth	[ˈwɛlθ]	\ˈwelth\
weapon	[ˈwɛpən]	\ˈwepᵊn\
wear	[ˈwær]	\ˈwar\
weariness	[ˈwɪrinəs]	\ˈwirēnəs\
weave	[ˈwiːv]	\ˈwēv\
web	[ˈwɛb]	\ˈweb\
wedding	[ˈwɛdɪŋ]	\ˈwediŋ\
wedge	[ˈwɛdʒ]	\ˈwej\
Wednesday	[ˈwɛnzˌdeɪ, -di]	\ˈwenzˌdā, -dē\
week	[ˈwiːk]	\ˈwēk\
weep	[ˈwiːp]	\ˈwēp\
weigh	[ˈweɪ]	\ˈwā\

ENGLISH WORD	IPA	M-W	ENGLISH WORD	IPA	M-W
weight	[ˈweɪt]	\ˈwāt\	witness	[ˈwɪtnəs]	\ˈwitnəs\
welcome	[ˈwɛlkəm]	\ˈwelkᵊm\	witticism	[ˈwɪtəˌsɪzəm]	\ˈwitəˌsizᵊm\
welfare	[ˈwɛlˌfær]	\ˈwelˌfar\	witty	[ˈwɪti]	\ˈwitē\
well	[ˈwɛl]	\ˈwel\	wolf	[ˈwʊlf]	\ˈwu̇lf\
well-being	[ˈwɛlˈbiːɪŋ]	\ˈwelˈbēiŋ\	woman	[ˈwʊmən]	\ˈwu̇mᵊn\
Welsh	[ˈwɛlʃ]	\ˈwelsh\	wonder	[ˈwʌndər]	\ˈwəndər\
west	[ˈwɛst]	\ˈwest\	wood	[ˈwʊd]	\ˈwu̇d\
wet	[ˈwɛt]	\ˈwet\	wool	[ˈwʊl]	\ˈwu̇l\
whale	[ˈʰweɪl]	\ˈ(h)wāl\	word	[ˈwərd]	\ˈwərd\
what	[ˈʰwɑt, ˈʰwʌt]	\ˈ(h)wät, ˈ(h)wət\	work	[ˈwərk]	\ˈwərk\
wheat	[ˈʰwiːt]	\ˈ(h)wēt\	world	[ˈwərld]	\ˈwərld\
wheel	[ˈʰwiːl]	\ˈ(h)wēl\	worm	[ˈwərm]	\ˈwərm\
when	[ˈʰwɛn]	\ˈ(h)wen\	worry	[ˈwəri]	\ˈwərē\
where	[ˈʰwɛr]	\ˈ(h)wer\	worse	[ˈwərs]	\ˈwərs\
whether	[ˈʰwɛðər]	\ˈ(h)wethər\	worship	[ˈwərʃəp]	\ˈwərshəp\
which	[ˈʰwɪtʃ]	\ˈ(h)wich\	worst	[ˈwərst]	\ˈwərst\
while	[ˈʰwaɪl]	\ˈ(h)wīl\	worth	[ˈwərθ]	\ˈwərth\
whim	[ˈʰwɪm]	\ˈ(h)wim\	would	[ˈwʊd]	\ˈwu̇d\
whine	[ˈʰwaɪn]	\ˈ(h)wīn\	wound	[ˈwuːnd]	\ˈwünd\
whip	[ˈʰwɪp]	\ˈ(h)wip\	wound	[ˈwaʊnd]	\ˈwau̇nd\
whirlwind	[ˈʰwərlˌwɪnd]	\ˈ(h)wərlˌwind\	wrap	[ˈræp]	\ˈrap\
whisper	[ˈʰwɪspər]	\ˈ(h)wispər\	wreck	[ˈrɛk]	\ˈrek\
whistle	[ˈʰwɪsəl]	\ˈ(h)wisᵊl\	wrench	[ˈrɛntʃ]	\ˈrench\
white	[ˈʰwaɪt]	\ˈ(h)wīt\	wrestle	[ˈrɛsəl]	\ˈresᵊl\
who	[ˈhuː]	\ˈhü\	wretch	[ˈrɛtʃ]	\ˈrech\
whole	[ˈhoːl]	\ˈhōl\	wrinkle	[ˈrɪŋkəl]	\ˈriŋkᵊl\
whom	[ˈhuːm]	\ˈhüm\	wrist	[ˈrɪst]	\ˈrist\
whose	[ˈhuːz]	\ˈhüz\	write	[ˈraɪt]	\ˈrīt\
why	[ˈʰwaɪ]	\ˈ(h)wī\	wrong	[ˈrɔŋ]	\ˈrȯŋ\
wide	[ˈwaɪd]	\ˈwīd\	X ray	[ˈɛksˌreɪ]	\ˈeksˌrā\
widow	[ˈwɪˌdoː]	\ˈwiˌdō\	yard	[ˈjɑrd]	\ˈyärd\
width	[ˈwɪdθ]	\ˈwidth\	yawn	[ˈjɔn]	\ˈyȯn\
wife	[ˈwaɪf]	\ˈwīf\	year	[ˈjɪr]	\ˈyir\
wig	[ˈwɪg]	\ˈwig\	yearn	[ˈjərn]	\ˈyərn\
wild	[ˈwaɪld]	\ˈwīld\	yellow	[ˈjɛlo]	\ˈyelō\
will	[ˈwɪl]	\ˈwil\	yes	[ˈjɛs]	\ˈyes\
win	[ˈwɪn]	\ˈwin\	yesterday	[ˈjɛstərˌdeɪ, -di]	\ˈyestərˌdā, -dē\
wind	[ˈwɪnd]	\ˈwind\	yet	[ˈjɛt]	\ˈyet\
wind	[ˈwaɪnd]	\ˈwīnd\	yield	[ˈjiːld]	\ˈyēld\
window	[ˈwɪnˌdoː]	\ˈwinˌdō\	yoga	[ˈjoːgə]	\ˈyōgə\
windpipe	[ˈwɪndˌpaɪp]	\ˈwindˌpīp\	yogurt	[ˈjoːgərt]	\ˈyōgərt\
windshield	[ˈwɪndˌʃiːld]	\ˈwindˌshēld\	yolk	[ˈjoːk]	\ˈyōk\
wing	[ˈwɪŋ]	\ˈwiŋ\	you	[ˈjuː]	\ˈyü\
wink	[ˈwɪŋk]	\ˈwiŋk\	young	[ˈjʌŋ]	\ˈyəŋ\
winner	[ˈwɪnər]	\ˈwinər\	your	[ˈjʊr, ˈjoːr, jər]	\ˈyu̇r, ˈyōr, yər\
winter	[ˈwɪntər]	\ˈwintər\	yours	[ˈjʊrz, ˈjoːrz]	\ˈyu̇rz, ˈyōrz\
wipe	[ˈwaɪp]	\ˈwīp\	yourself	[jərˈsɛlf]	\yərˈself\
wire	[ˈwaɪr]	\ˈwīr\	youth	[ˈjuːθ]	\ˈyüth\
wisdom	[ˈwɪzdəm]	\ˈwizdᵊm\	yucca	[ˈjʌkə]	\ˈyəkə\
wise	[ˈwaɪz]	\ˈwīz\	Yugoslavian	[juːgoˈslɑviən]	\ˌyügōˈslävēən\
wit	[ˈwɪt]	\ˈwit\	zeal	[ˈziːl]	\ˈzēl\
with	[ˈwɪð, ˈwɪθ]	\ˈwith, ˈwith\	zero	[ˈziːro, ˈzɪro]	\ˈzērō, ˈzirō\
withdraw	[wɪðˈdrɔ, wɪθ-]	\withˈdrȯ, with-\	zigzag	[ˈzɪgˌzæg]	\ˈzigˌzag\
within	[wɪðˈɪn, wɪθ-]	\withˈin, with-\	zipper	[ˈzɪpər]	\ˈzipər\
without	[wɪðˈaʊt, wɪθ-]	\withˈau̇t, with-\	zone	[ˈzoːn]	\ˈzōn\
withstand	[wɪθˈstænd, wɪð-]	\withˈstand, with-\	zoology	[zoˈɑlədʒi, zuː-]	\zōˈäləjē, zü-\